Dieses Buch wurde auf chlor- und säurefreiem Papier gedruckt.

Vollständige Taschenbuchausgabe August 1992
Droemersche Verlagsanstalt Th. Knaur Nachf., München

Umschlaggestaltung Manfred Waller
Druck und Bindung Ebner Ulm
Printed in Germany 5 4 3 2 1
ISBN 3-426-82011-0

Knaurs Etymologisches Lexikon

Herkunft und Geschichte von 10 000 Wörtern unserer Gegenwartssprache

Von Ursula Hermann

Herausgegeben vom
Lexikographischen Institut,
München

Knaur®

ZUR EINFÜHRUNG

Was dieses Buch will

Im Lauf meiner Wörterbucharbeit sind mir immer wieder Fragen gestellt worden wie „Was bedeutet dieses Wort *eigentlich*, was heißt es wörtlich? Aus welchen Bestandteilen setzt es sich zusammen?“ Meist handelte es sich dabei um Fremdwörter; die Wörter der eigenen Muttersprache sind dem Sprecher offenbar so selbstverständlich, daß er weniger nach ihrer Herkunft und ursprünglichen Bedeutung fragt. Fremdwörter jedoch in ihrem ungewöhnlichen Lautbild, denen man in der Technik, Medizin, Biologie, ja in allen Lebensbereichen immer häufiger begegnet, geben eher Anlaß zu Fragen. Man weiß zwar vielleicht, was eine Idiosynkrasie und was ein Sweepstake ist, aber was bedeuten die Wörter in ihren Bestandteilen? Was haben die Koteletten mit einem Kotelett zu tun, was der Diskjockey mit einem Reiter? So entstand der Gedanke eines etymologischen Wörterbuches insbesondere für Fremdwörter. Die meisten deutschsprachigen etymologischen Wörterbücher führen zwar auch Fremdwörter auf, doch nur die geläufigsten, und in den Fremdwörterbüchern und allgemeinen Lexika findet man nur Angaben über die Ursprungssprache, vielleicht auch noch über die Vermittlersprache und ab und an einen Hinweis auf das Ursprungswort. Oder die Angaben beschränken sich auf den ersten Schritt zurück, ohne den Weg des Wortes bis zum Ursprung zu verfolgen oder Erklärungen über sachliche Zusammenhänge zu geben. Ein etymologisches Wörterbuch für Fremdwörter mit möglichst genauer Herleitung schien also recht wünschenswert.
Gleichwohl sollten die deutschen Wörter nicht völlig ausgeklammert werden, denn die Grenze zwischen Fremdwort, Lehnwort und deutschstämmigem Wort ist fließend. Auch gibt es im Deutschen ungewöhnliche Wörter, bei denen sich die Frage nach ihrer Herkunft aufdrängt.
Ebenso fließend wie die Grenze zwischen Fremdwort und deutschem Wort ist die Grenze zwischen dem, was wichtig, und dem, was nicht ganz so wichtig ist. Je nach Berufs- und Lebensbereich, nach Interessen und Neigungen wird man an ein Wörterbuch unterschiedliche Ansprüche stellen und sich eine bestimmte Auswahl wünschen. So wird mancher Leser dieses oder jenes Wort vermissen, ein anderes dafür überflüssig finden. Denn hier und da sind Wörter aufgenommen worden, die über das Prinzip „Fremdwörter im Deutschen“ hinausgehen, doch wird man diese Inkonsequenz nicht als negativ empfinden.
Verfolgt man nun den Weg des Wortes zurück in seine Vergangenheit, so gibt es zwei Methoden: entweder man geht den Weg geradlinig bis zum Ur-

sprung (soweit das möglich ist), oder man zeigt zunächst, welche Verbreitung es in verwandten Sprachen gefunden hat, und geht erst dann weiter zu seinem Ursprung zurück. Nach meinen Erfahrungen ist es dem Leser im allgemeinen wichtiger, zu erfahren, was ein Wort früher bedeutet hat und woher es kommt, als die Frage, welche Verwandten es in einer Sprachgruppe hat. Ich habe mich deshalb für die erste Methode entschieden: lieber eine größere Anzahl Stichwörter etwas kürzer abzuhandeln als den Leser mit Varianten eines Wortes in anderen Sprachen zu überschütten. Es würde auch den Rahmen dieses Buches weit überschreiten, wenn alle Strömungen und Einflüsse aufgezeigt würden, denen ein Wort ausgesetzt war, ehe es die Form angenommen hat, in der wir es heute vor uns haben. Diese Methode erweckt allerdings oft den Eindruck, als sei die Entwicklung des Wortes ganz einfach vor sich gegangen, während in Wahrheit der Weg viele Windungen durchlaufen und viele Abzweigungen gebildet hat. Durch die Kürze der Darstellung soll jedoch ein möglichst klares Bild gewonnen werden mit den wichtigsten Stationen des Weges. Ich bin davon ausgegangen, daß der Leser, der zu einem Buch dieses Umfanges greift, sich rasch orientieren und nicht in sprachwissenschaftliche Studien versenken will.
Andererseits genügt es nicht, einfach zu sagen, aus welchen Wörtern welcher Sprachen sich ein Wort entwickelt hat, weil oft die Brücke zum Verständnis fehlt, nämlich dann, wenn der Bedeutungswandel scheinbar einen Sprung gemacht hat, so daß auf den ersten Blick kein Zusammenhang zu erkennen ist. Zum Beispiel ist nicht sofort einzusehen, was ein Gag mit einem Knebel zu tun haben soll, was für ein Zusammenhang zwischen „vegetieren" und „Vegetation" besteht oder was das Grillenfangen mit der Grille verbindet. Hier ist eine Erklärung notwendig, um den inhaltlichen Bezug deutlich zu machen. Auch hier schien mir der sachliche Zusammenhang für den Leser interessanter als breitgefächerte sprachliche Verwandtschaften.
Ab und zu kommt es vor, daß sich ein Wort nicht klar auf einen Ursprung zurückführen läßt oder daß es sich der Deutung überhaupt entzieht. In solchen Fällen habe ich, wenn es möglich war, die verschiedenen Erklärungsversuche dargestellt, und der Leser kann selbst beurteilen, welchen er für den wahrscheinlichsten hält.
Auf die Definition der Artikel und die Auswahl im einzelnen sowie die Umschrift von Wörtern aus anderen Schriftsystemen wird in den „Hinweisen für den Benutzer" ausführlicher eingegangen.
Selbstverständlich wäre es mir nicht möglich gewesen, dieses Buch zu schreiben, wenn ich mich nicht auf den Rat und die Hilfe namhafter Fachwissenschaftler hätte stützen können. In den Bereichen der nah- und fernöstlichen Sprachen und des Ungarischen haben sie in liebenswürdiger und großzügiger Weise zur Erarbeitung der Artikel beigetragen. Ihnen sei mein herzlicher Dank ausgesprochen. Insbesondere danke ich Frau Irmgard von Beckerath für die kritische Durchsicht großer Teile des Manuskripts und zahlreiche konstruktive Hinweise auf den Gebieten des Griechischen und Lateinischen, die mir die Arbeit sehr erleichtert haben.

November 1982 — Ursula Hermann

Hinweise für den Benutzer

Auswahl

Als formales Prinzip der Auswahl gilt, daß aus einer Wortfamilie nur ein einziges Wort herausgegriffen ist, an dem die Bedeutungsgeschichte aufgezeigt wird. Für die übrigen Wörter derselben Familie gilt die Bedeutungsgeschichte ebenso. Es gibt also ein Stichwort „intern", nicht aber „Internist" und „Internat". Weichen jedoch zwei Wörter einer Wortfamilie formal sehr weit voneinander ab, dann sind beide aufgeführt, z. B. „Induktion" und „induzieren". Reicht die etymologische Ableitung eines Wortes zur Erklärung eines anderen Wortes aus derselben Wurzel nicht aus, dann sind ebenfalls beide Wörter aufgeführt, z. B. „Infrarot" und „Infrastruktur".

Definition

Am Anfang jedes Artikels steht noch vor der Etymologie eine (mehr oder minder) kurze Definition, die Auskunft darüber gibt, was das Wort heute bedeutet. Grundsätzlich kann das Wort zwar als bekannt vorausgesetzt werden (denn andernfalls würde sich der Leser eher in einem Fremdwörterbuch darüber orientieren), trotzdem soll ein Anhaltspunkt gegeben werden; meist nur die Grundbedeutung, in manchen Fällen auch die übertragene Bedeutung, wenn sie von der Grundbedeutung abweicht. Ebenso wird auch eine abweichende Bedeutung in bestimmten Fachgebieten angegeben. Die Definition soll jedoch nicht sämtliche Bereiche ausloten, in denen ein Wort vorkommen kann.

Grammatische Angaben

Auf grammatische Angaben (Artikel, Beugung usw.) sowie auf die Aussprache oder Betonung des Stichworts ist verzichtet worden, da hierüber ein Fremdwörterbuch Auskunft gibt.

Verweise

Haben sich zwei Wörter aus demselben Grundwort entwickelt, sich in ihrer Bedeutung aber sehr stark voneinander entfernt, so werden beide angeführt, z. B. „Indikation" und „Indikativ". In solchen Fällen wird jedoch nicht an beiden Stellen die ganze Etymologie gegeben, sondern ein Verweis (→) führt zu dem Stichwort, bei dem Weiteres über den Ursprung nachzulesen ist. Ebenso wird von einem abgeleiteten Wort auf das Grundwort verwiesen, z. B. Addition ..., → addieren.

Bei zwei verschiedenen Schreibweisen desselben Wortes ist von einer Form auf die andere verwiesen, z. B. Bucintoro → Buzentaur; die Etymologie steht bei Buzentaur.

Das Zeichen = verweist auf ein Synonym, z. B. Epagoge = Induktion. Das heißt, beide Wörter haben dieselbe Bedeutung, sie wird aber nur beim zweiten Wort (hier: Induktion) erklärt; die Etymologie steht selbstverständlich bei beiden Wörtern.

Ein Sternchen * bezeichnet eine nur erschlossene, schriftlich nicht belegte Form.

Umschrift

Eine gewisse Schwierigkeit bereitet die Umschrift von Wörtern aus Sprachen, die ein eigenes Schriftsystem haben, z.B. aus dem Arabischen, Hebräischen, Türkischen und Indischen. Es gibt in ihnen Laute, die mit lateinischen Buchstaben nicht wiedergegeben werden können, deren Aussprache aber doch annähernd bezeichnet werden sollte. Für diese Sprachen sind in mehreren Tabellen (s.u.) die wichtigsten Buchstaben mit diakritischen Zeichen aufgeführt, wie sie in den betreffenden Fachbereichen üblich sind, sowie die ungefähre Aussprache. In Sprachen, die die lateinische Schrift benutzen und in denen diakritische Zeichen zur Orthographie gehören (z.B. im Französischen und Tschechischen) werden keine besonderen Hinweise gegeben, da man hier die Kenntnis der Aussprache eher voraussetzen kann.

Tabellen für Buchstaben außereuropäischer Sprachen

Arabisch

ḍ am mittleren Gaumen gesprochenes d
ḏ stimmhaftes, geriebenes d, wie in engl. that
ġ geriebenes g, ähnlich dem Zäpfchen-r
ǧ dsch wie in engl. gentleman oder ital. giorno
ḥ stimmloses, tief in der Kehle gesprochenes h mit Reibegeräusch
ḫ ch wie in ach
q in der Kehle gesprochenes k
ṣ intensiv gesprochenes s
š sch
ṭ intensiv gesprochenes t
ṯ stimmloses, geriebenes t, wie in engl. thing
ẓ stimmhaftes s
ʾ ein als voller Konsonant geltender Laut, der einem in der Kehle gesprochenen Knacklaut ähnelt, wie er im Deutschen vor anlautendem Vokal vorkommt, z.B. in Ulme oder vor dem a in Beamter
ʿ ein stimmhafter, tief in der Kehle gepreßter Laut
ā ein Strich über einen Vokal bedeutet, daß er lang gesprochen wird

Hebräisch

ə schwach gesprochenes, zwischen e und ö liegendes e
ê offenes e, wie in deutsch ä
ḥ ch wie in ach
ḵ ch wie in ich
q in der Kehle gesprochenes k
ṣ ts
š sch
ṭ intensiv gesprochenes t
z stimmhaftes s
ʿ kleiner Absatz beim Sprechen
ā ein Strich über einem Vokal bedeutet, daß er lang gesprochen wird

Indisch

c, ch tsch
ḥ schwaches, stimmloses h
ḷ am Gaumen gesprochenes l, ähnlich dem engl. l in hall, well
ṇ ng wie in singen
ṅ ng vor Gaumenlauten wie in Anker
ñ im Sanskrit am Gaumen gesprochenes n, mittelindisch nj
ṛ Zungen-r mit nachklingendem i
ś vorn am Gaumen gesprochenes sch vor oder nach hellen Vokalen, wie in mischen, Schiene
ṣ mit nach hinten gebogener Zungenspitze gesprochenes sch vor oder nach dunklen Vokalen, wie in Schaf, schon, Schule
ā ein Strich über einem Vokal bedeutet, daß er lang gesprochen wird

Anm.: Bei den indischen Wörtern ist immer die Stammform (nicht die deklinierte Form) des Wortes angegeben, deshalb steht ein Bindestrich am Ende; der Wortstamm ist dem Stichwort meist näher

Persisch

č tsch
ġ geriebenes g, wie im Arabischen
ǧ dsch wie in engl. gentleman oder ital. giorno
ḫ ch wie in ach
š sch

Türkisch

ı sehr schwach gesprochenes, zwischen e und ö liegendes i
ç tsch
ğ geriebenes, fast unhörbares g, ähnlich einem weit in der Kehle gesprochenen j
s sch

Verzeichnis der Abkürzungen

ahd.	althochdeutsch
amerik.	amerikanisch
aram.	aramäisch
Astron.	Astronomie
AT	Altes Testament
bes.	besonders
Bez.	Bezeichnung
Biol.	Biologie
bulg.	bulgarisch
eigtl.	eigentlich
evang.	evangelisch
dt.	deutsch
fem.	femininum
frz.	französisch
Gen.	Genitiv
Gramm.	Grammatik
hebr.	hebräisch
in ders. Bed.	in derselben Bedeutung
i. e. S.	im engeren Sinne
i. w. S.	im weiteren Sinne
jidd.	jiddisch
jmd.	jemand
jmds.	jemandes
jmdm.	jemandem
jmdn.	jemanden
kath.	katholisch
lat.	lateinisch
MA	Mittelalter
mal.	malaiisch
mask.	maskulinum

Math.	Mathematik
Med.	Medizin
mengl.	mittelenglisch
mfrz.	mittelfranzösisch
mgriech.	mittelgriechisch
mhd.	mittelhochdeutsch
mlat.	mittellateinisch
mnddt.	mittelniederdeutsch
mndrl.	mittelniederländisch
Mus.	Musik
Myth.	Mythologie
ndrl.	niederländisch
neulat.	neulateinisch
neutr.	neutrum
norw.	norwegisch
NT	Neues Testament
o. ä.	oder ähnliche(s)
Part. Perf.	Partizip Perfekt
Part. Präs.	Partizip Präsens
Philos.	Philosophie
Pl.	Plural
port.	portugiesisch
prov.	provenzalisch
Rechtsw.	Rechtswesen
rotw.	rotwelsch
skand.	skandinavisch
Sprachw.	Sprachwissenschaft
tamil.	tamilisch (Tamil), eine drawidische Sprache
ugs.	umgangssprachlich
Zus.	Zusammensetzung

Indianische Sprachennamen

Aimara	Indianersprache in Bolivien und Peru
Algonkin	Indianersprache im Nordosten Nordamerikas mit zahlreichen Dialekten
Araukanisch	Indianersprache in Chile und Westargentinien
Aruakisch	Indianersprache in Guayana und auf den vorgelagerten Inseln
Ketschua	Sprache der Inkas in Peru
Nahuatl	Sprache der Azteken in Mexiko
Tupi	Indianersprache in Paraguay, Peru und Bolivien mit zahlreichen Dialekten

Literaturverzeichnis

Audebert, Jean-Baptiste: Histoire naturelle des singes et des makis. Paris 1800.
Barcia, Roque: Diccionario general etimológico de la lengua española. Buenos Aires 1945.
Barrère, Albert: A Dictionary of Slang, Jargon and Cant. Detroit 1967.
Basedow, Herbert: The Australian Aborigin. Adelaide 1929.
Battisti, Carlo, und Giovanni Alessio: Dizionario etimologico italiano. Firenze 1950.
Benecke, Georg Friedrich: Mittelhochdeutsches Wörterbuch. Ausgearbeitet von Friedrich Müller und Friedrich Zarncke. Leipzig 1861.
Bloch, Oscar, und Walther von Wartburg: Dictionnaire étymologique de la langue française. Paris 1975.
Braune, Wilhelm: Althochdeutsches Lesebuch (mit Glossar). Halle 1942.
Brückner, Aleksander: Słownik etymologiczny języka polskiego. Warszawa 1970.
Burrow, Thomas, und Murray Barnson Emeneau: A Dravidian Etymological Dictionary. Oxford 1961.
Corominas, Joan: Diccionario crítico etimológico de la lengua castellana. Bern 1954.
Diego, Vincente: Diccionario etimológico español e hispánico. Madrid 1955.
Diez, Friedrich: Etymologisches Wörterbuch der romanischen Sprachen. Hildesheim 1969.
Dizionario Garzanti della lingua italiana. Milano 1965.
Douzat, Albert: Dictionnaire étymologique de la langue française. Paris 1954.
Du Cange s. Du Fresne du Cange.
Duden. Das große Wörterbuch der deutschen Sprache. Mannheim 1977–80.
Duden. Etymologie. Mannheim 1963.
Duden. Wörterbuch medizinischer Fachausdrücke. Mannheim 1968.
Du Fresne du Cange, Carolus: Glossarium mediae et infimae latinitatis. Niort 1883–87.
Fengler, Heinz, Gerhard Gierow und Willy Unger: Lexikon der Numismatik. Innsbruck 1976.
Frey, Albert Romer: Dictionary of Numismatic Names. o.O. [New York] 1947.
Friederici, Georg: Amerikanistisches Wörterbuch. Hamburg 1947.
Frisk, Hjalmar: Griechisches etymologisches Wörterbuch. Heidelberg 1973.
Fuchs, Konrad, und Heribert Raab: Wörterbuch zur Geschichte. München 1975.
Funk and Wagnall's Standard Dictionary of the English Language. New York 1976.
Gablers Wirtschaftslexikon. Wiesbaden 1979.
Gamillscheg, Ernst: Etymologisches Wörterbuch der französischen Sprache. Heidelberg 1969.

Garzanti s. Dizionario Garzanti.
Genaust, Helmut: Etymologisches Wörterbuch der botanischen Pflanzennamen. Basel 1976.
Georges, Karl Ernst und Heinrich: Ausführliches lateinisch-deutsches Handwörterbuch. Hannover 1972.
Godefrey, Frédéric: Dictionnaire de l'ancienne langue française du IXe au XVe siècle. Paris 1880–1902.
Gorys, Erhard: dtv Küchen-Lexikon. München 1980.
Grzimeks Tierleben. Zürich 1968–71.
Gundel, Wilhelm: Die Herkunft unserer Gestirnnamen, in: Welt und Mensch Nr. VIII. Leipzig 1926.
Hellquist, Elof: Svensk etymologisk Ordbok. Lund 1948.
Hentschel, Erwin, und Günther Wagner: Tiernamen und zoologische Fachwörter. Stuttgart 1976.
Hobson-Jobson s. Yule.
Hodge, Frederick Webb: Handbook of American Indians. Totowa, New Jersey 1979.
Holthausen, Ferdinand: Gotisches etymologisches Wörterbuch. Heidelberg 1934.
Holub, Josef, und František Kopečný: Etymologický slovník jazyka českého. Praha 1952.
Hulbert, James Root: A Dictionary of American English. London 1940.
Irmscher, Johannes: Lexikon der Antike. Leipzig 1972.
Karg-Gasterstädt, Elisabeth, und Theodor Frings: Althochdeutsches Wörterbuch. [Bisher:] Bd. 1.2. Berlin 1952–75.
Karow, Otto, und Irene Hilgers-Hesse: Indonesisch-deutsches Wörterbuch. Wiesbaden 1978.
Kienle, Richard von: Fremdwörterlexikon. München 1965.
Klein, Ernest: A Comprehensive Etymological Dictionary of the English Language. Amsterdam 1971.
Kluge, Friedrich, und Alfred Götze: Etymologisches Wörterbuch der deutschen Sprache. 13. Aufl., bearbeitet von Walther Mitzka. Berlin 1967.
Kroha, Tyll: Lexikon der Numismatik. Gütersloh 1977.
Kück, Eduard: Lüneburger Wörterbuch. Neumünster 1942.
Küpper, Heinz: Wörterbuch der deutschen Umgangssprache. Hamburg 1963.
Lamer, Hans: Wörterbuch der Antike. Stuttgart 1933. Neu bearbeitet und fortgeführt von Paul Kroh. Stuttgart 1976.
Landmann, Salcia: Jiddisch, das Abenteuer einer Sprache. Freiburg 1962.
Latham, R. E.: Revised Medieval Latin Word-list. London 1965.
Lexer, Matthias: Mittelhochdeutsches Handwörterbuch. Leipzig 1872.
Lexer, Matthias: Mittelhochdeutsches Taschenwörterbuch. Stuttgart 1974.
Lira, Jorge A.: Diccionario Kechuwa-Español. Tucumán 1944.
Littmann, Enno: Morgenländische Wörter im Deutschen. Tübingen 1924.
Littré, Émile: Dictionnaire de la langue française. Paris 1958.
Lokotsch, Karl: Etymologisches Wörterbuch der amerikanischen (indianischen) Wörter im Deutschen. Heidelberg 1926.

Lokotsch, Karl: Etymologisches Wörterbuch der europäischen Wörter orientalischen Ursprungs. Heidelberg 1975.
Lüschen, Hans: Die Namen der Steine. Das Mineralreich im Spiegel der Sprache. Thun 1979.
Machek, Václav: Etymologický slovník jazyka českého. Praha 1968.
Marzell, Heinrich: Wörterbuch der deutschen Pflanzennamen. Leipzig, Stuttgart, Wiesbaden 1943–79.
Mathews, Mitford McLeod: A Dictionary of Americanisms. Chicago 1951.
Mayrhofer, Manfred: Kurzgefaßtes etymologisches Wörterbuch des Altindischen. Heidelberg 1963.
Menge, Hermann: Langenscheidts Großwörterbuch Lateinisch-Deutsch, unter Berücksichtigung der Etymologie. Berlin 1977.
Menge, Hermann: Langenscheidts Großwörterbuch Griechisch-Deutsch, unter Berücksichtigung der Etymologie. Berlin 1973.
Mensing, Otto: Schleswig-Holsteinisches Wörterbuch. Neumünster 1927–35.
Mittellateinisches Wörterbuch bis zum ausgehenden 13. Jahrhundert [Bisher:] Bd. 1.2. München 1967–76.
Müller, Fritz Carl: Wer steckt dahinter? Düsseldorf 1964.
Murawsky, Hans: Geologisches Wörterbuch. Stuttgart 1963.
Neumüller, Otto-Albrecht: Römpps Chemie-Lexikon. Stuttgart 1979.
Nielsen, Niels Åge: Dansk etymologisk Ordbok. Gyldendal 1969.
Niermeyer, Jan Frederik: Mediae latinitatis lexicon minus. Leiden 1976.
Onions, Charles Talbut: The Oxford Dictionary of English Etymology. Oxford 1966.
Oxford English Dictionary. Oxford 1933. (Früher: Murray, James Augustus Henry: A New English Dictionary. Oxford 1887–1928.)
Palander s. Suolahti.
Paracelsus, Theophrastus: Werke. Hrsg. von Will-Erich Peuckert. Darmstadt 1965–68.
Partridge, Eric: A Dictionary of Slang and Unconventional English. London 1961.
Partridge, Eric: Dictionary of the Underworld. London 1968.
Parker, Gary John: Ayacucho Quechua. The Hague 1969.
Paul, Hermann: Deutsches Wörterbuch. Tübingen 1966.
Pianigiani, Ottorino: Vocabolario etimologico della lingua italiana. Milano 1937.
Pisani, Vittore: Die Etymologie. Aus dem Italienischen übersetzt von Irene Riemer. München 1975.
Pontano, Giovanni: Dialogus „Actius“, in: G. P.: Opera omnia. Venezia 1519.
Pschyrembel, Willibald: Klinisches Wörterbuch. Berlin 1972.
Riemann, Hugo: Musiklexikon. Mainz 1967.
Ringgren, Helmer, und Åke Viktor Ström: Die Religionen der Völker. Deutsche Ausgabe von Inga Ringgren und Christel Matthias Schröder. Stuttgart 1959.
Sanders, Daniel: Wörterbuch der deutschen Sprache. Hildesheim 1969.

Santamaria, Francisco Javier: Diccionario general de americanismos. Mexico 1942.
Scherer, Anton: Gestirnnamen bei den indogermanischen Völkern. Heidelberg 1953.
Schiller, Karl, und August Lübben: Mittelniederdeutsches Wörterbuch. Münster 1931.
Schrötter, Friedrich von: Wörterbuch der Münzkunde. Berlin 1930.
Schubert, Rudolf, und Günther Wagner: Pflanzennamen und botanische Fachwörter. Leipzig 1979.
Schulz, Hans: Deutsches Fremdwörterbuch. [Bisher:] Bd. 1–5. Straßburg, später Berlin 1913–81.
Schützeichel, Rudolf: Althochdeutsches Wörterbuch. Tübingen 1974.
Scott, George Ryley: Swan's Anglo-American Dictionary. London 1950.
Silveira Bueno, Francisco da: Grande dicionario etimológico prosódico da lingua portuguêsa. São Paolo 1963–67.
Siméon, Remi: Dictionnaire de la langue Nahuatl. Graz 1963.
Skeat, Walter William: Etymological Dictionary of the English Language. Oxford 1961.
Skinner, Henry Alan: The Origin of Medical Terms. Baltimore 1949.
Slawski, Franciszek: Słownik etymologiczny języka polskiego. [Bisher:] Teil 1. Krakow 1952.
Souter, Alexander: A Glossary of Later Latin to 600 A. D. Oxford 1949.
Storfer, Adolf Josef: Wörter und ihre Schicksale. Berlin, Zürich 1935.
Sturmfels, Wilhelm und Heinz Bischof: Unsere Ortsnamen. Bonn 1961.
Suolahti, Hugo: Die deutschen Vogelnamen. Straßburg 1909.
Suolahti (Palander), Hugo: Die althochdeutschen Tiernamen. Darmstadt 1899.
Thiel, Eberhard: Sachwörterbuch der Musik. Stuttgart 1962.
Trésor de la langue française. Publié sous la direction de Paul Imbs. Paris 1977–79.
Trübners Deutsches Wörterbuch. Hrsg. von Alfred Götze. Berlin 1939–57.
Vasmer, Max: Russisches etymologisches Wörterbuch. Heidelberg 1976.
Verwijs, Eelco und Jacob Verdam: Middelnederlandsch woordenboek. 's Gravenhage 1885–1969.
Vries, Jan de: Altnordisches etymologisches Wörterbuch. Leiden 1961.
Wahrig, Gerhard: Deutsches Wörterbuch. Gütersloh 1978.
Walde, Alois, und Johann Baptist Hofmann: Lateinisches etymologisches Wörterbuch. Heidelberg 1965.
Webster's Third New International Dictionary of the English Language. Unabridged. Chicago 1966.
Weigand, Friedrich Ludwig Karl: Deutsches Wörterbuch. Gießen 1909.
Weimann, Karlheinz: Paracelsus und der deutsche Wortschatz, in: Deutsche Wortforschung in europäischen Bezügen, Band 2. Gießen 1963.
Werner, Fritz Clemens: Wortelemente lateinisch-griechischer Fachausdrükke in den biologischen Wissenschaften. Halle 1968.
Wijk, Nicolaas van: Francks etymologisch woordenboek der Nederlandsche taal. 's Gravenhage 1949.

Wilkinson, Richard James: A Malay-English Dictionary. Mytilene 1932.
Wolf, Siegmund Andreas: Wörterbuch des Rotwelschen. Mannheim 1956.
Wossidlo, Richard, und Hermann Teuchert: Mecklenburgisches Wörterbuch. Neumünster 1942–70.
Wright, Joseph: The English Dialect Dictionary. London 1898.
Yule, Henry, und Arthur Coke Burnell (Hobson-Jobson): A Glossary of Colloquial Anglo-Indian Words and Phrases and of Kindred Terms. London 1903.

A

Abakus antikes Rechen- und Spielbrett; *antike Baukunst:* quadratische oder rechteckige Platte als oberer Abschluß des Kapitells; aus lat. *abacus* „Brett, Spielbrett“, aus griech. *abax,* Gen. *abakos,* „Brett“ (zum Zeichnen, Spielen)

Abaton das Allerheiligste in der griech.-orthodoxen Kirche; aus griech. *abatos* „geweihter Ort“, zu *abatos* „unbetreten, unbetretbar, unzugänglich“, aus *a-* „nicht“ und *bainein* „gehen“

Abbé Titel der niederen frz. Weltgeistlichen; frz. *abbé* „Abt“, aus lat. *abbas* „Abt“, aus aram. *abba* „Vater“, vermutlich Lallwort

Abbreviatur Abkürzung; aus lat. *abbreviatio* „Abkürzung“, zu *abbreviare* „abkürzen“, aus *ab-* (in Zus. vor b für *ad*) „zu hin“ und *brevis* „kurz“

Abdikation Abdankung; aus lat. *abdicatio,* Gen. *-onis,* „Niederlegung eines Amtes“, zu *abdicere* „absagen“, → abdizieren

Abelmoschus ein tropischer Strauch; aus ital., span. *abelmosco,* aus arab. *ḥabb al-misk,* „Samen des Moschus, Moschuskörner“, unter lautlicher Anlehnung an *Moschus,* da die Samen nach Moschus riechen

abdizieren abdanken; aus lat. *abdicere* „absagen, etwas verweigern“, aus *ab* „weg“ und *dicere* „sagen, sprechen“

Abdomen Bauch; Hinterleib (der Gliederfüßer); aus lat. *abdomen* „Bauch, Wanst“, urspr. war damit wahrscheinlich „der verborgene Teil des Körpers“ gemeint, denn das Wort geht vermutlich über **abdemen* auf *abdere* „verbergen“ zurück

Abduktion Bewegung von der Körperachse weg, Abspreizen; aus lat. *abductio,* Gen. *-onis,* „das Wegführen“, zu *abducere* „wegführen, von etwas abziehen, wegziehen“, aus *ab* „weg“ und *ducere* „führen“, zu *dux,* Gen. *ducis,* „Führer“

Abenteuer gefährliches, nicht alltägliches Ereignis, Wagnis; *übertr.:* (kurze) Liebesbeziehung; aus mhd. *aventiure* „(wunderbare) Begebenheit, gewagtes Unternehmen, glückliches Ereignis“, aus frz. *aventure* „unerwartetes Erlebnis“, über vulgärlat. **avventura* „das, was geschehen wird, auf einen zukommen wird“ aus lat. *advenire* „hinzu-, herankommen“, aus *ad* „zu hin“ und *venire* „kommen“

Aberglaube (ältere Form auch Abglaube) Glaube an Kräfte und Geschehnisse, die der gewohnten Erfahrung und den Naturgesetzen oder der kirchlichen Lehre widersprechen; aus mhd. *abe* „weg von“ und *Glaube,* also „falscher, abweichender Glaube“

Aberration Abweichung; aus lat. *aberratio,* Gen. *-onis,* „Entfernung, Zerstreuung“, zu *aberrare* „abweichen, abirren, sich verirren“, aus *ab* „weg“ und *errare* „schwanken, umherirren, sich verirren, sich irren“

Aberwitz Wahnwitz; aus mhd. *aberwitze, abewitze* „Unverstand, Wahnsinn“, aus *abe* „weg von“ und *witze* „Wissen, Verstand, Einsicht“, also eigtl. „Unwissen, Unverstand“

abgefeimt durchtrieben, gerissen, sehr schlau (im üblen Sinne); Part. Perf. vom veralteten *abfeimen* „von Schaum, Unreinheiten befreien“, *abgefeimt* ist also „geläutert, geklärt“, d.h. „klarsehend und daher schlau“, zu veraltetem *Feim* aus mhd. *veim* „Schaum“

Abgott falscher Gott, Götze; *übertr.:* sehr, übertrieben geliebter Mensch; aus mhd. *abgot, apgot* „falscher Gott, Götze“, zu *ab, abe, ap* „weg von“ und *Gott*

Abiogenese (früher vermutete) Entstehung von Lebewesen aus unbelebter Materie; aus griech. *a-* „nicht“, *bios* „Leben“ und → *Genese*

Abitur Reifeprüfung; lat. *abitur* „man geht weg“, zu lat. *abire* „weggehen“, aus *ab* „weg“ und *ire* „gehen“

Abjudikation Aberkennung; aus lat. *ab* „weg“ und *iudicatio,* Gen. *-onis,* „Urteil“, dazu *abiudicare* „aberkennen“, zu *iudicare* „Recht sprechen, Richter sein, urteilen“, zu *iudicium* „gerichtliche Untersuchung, richterliches Urteil“, zu *iudex,* Gen. *iudicis,* „Richter“

Ablaktation Entwöhnung von der Muttermilch, Abstillen; aus lat. *ablactatio,* Gen. *-onis,* „Entwöhnung“, zu *ablactare* „entwöhnen“, aus *ab* „weg“ und *lactare* „Milch geben“, zu *lac,* Gen. *lactis,* „Milch“

Ablation Abschmelzen (von Gletschern), Abtragung, Einebnung (der Erdoberfläche) durch Wind; aus lat. *ablatio,* Gen. *-onis,* „Wegnahme“, → Ablativ

Ablativ Beugungsfall zur Angabe der Richtung von ... her; aus lat. *casus ablativus* „die Entfernung oder Trennung bezeichnender Fall“, zu *ablatus* „weggetragen, weggebracht“, aus *ab* „weg“ und *latus* „getragen, gebracht“, Perf. Passiv von *ferre* „tragen, bringen“

abnorm von der Norm, der Regel abweichend, nicht normal; aus lat. *abnormis* „von der Regel abweichend, von besonderem Schlag“, aus *ab* „weg“ und *norma* „Regel, Richtschnur, Maßstab“

Abolition Niederschlagung (eines Strafverfahrens), Abschaffung, Aufhebung; aus lat. *abolitio,* Gen. *-onis,* „Abschaffung, Aufhebung“, zu *abolere* „abschaffen, aufheben“, aus *ab* „weg“ und über **olere* zu griech. *olesthai* „vernichten, verderben“

abonnieren (eine Zeitung) beziehen, (einen Platz) mieten; aus frz. *abonner* „vorausbestellen, -bezahlen, festsetzen“, ältere Form *aborner,* aus altfrz. *abosner* „abgrenzen“, zu *bosne* (neufrz. borne) „Grenzstein“, verwandt mit engl. *bound* „Grenze“, wahrscheinlich aus dem Keltischen

Abort Fehlgeburt; aus lat. *abortus,* Nebenform von *abortio* „Fehl-, Frühgeburt“, aus *ab* „weg“ und *oriri* „entstehen, geboren werden“

Abrakadabra Zauberwort, *übertr.:* sinnloses Gerede; Ableitung von → *Abraxas*

Abrasio Ausschabung (der Gebärmutter); **Abrasion** Abtragung (der Küste durch die Brandung); aus lat. *abrasus* „abgekratzt“, zu *abradere* „abkratzen“, aus *ab* „weg“ und *radere* „kratzen, schaben, glätten“

Abraxas im System des Basilides, des Hauptvertreters der ägypt. Gnosis (um 130) Geheimname für Gott; jedem der sieben Buchstaben des Wortes ist ein bestimmter Zahlenwert zugeschrieben, und ihre Summe ergibt die Zahl 365; diese Zahl entspricht den 365 Tagen des Jahres und zugleich der Summe der Geisterreiche, die aus Gott hervorgegangen sind und zusammen den Himmel bilden

Abrogation Abschaffung, Aufhebung (eines Gesetzes), Zurücknahme (eines Auftrages); aus lat. *abrogatio,* Gen. *-onis,* „Abschaffung, Aufhebung eines Gesetzes“, zu *abrogare* „abschaffen, aufheben“, aus *ab* „weg“ und *rogare* „beantragen“ (z. B. ein Gesetz)

abrupt ohne Übergang, plötzlich; aus lat. *abruptus* „abgerissen“, zu *abrumpere* „abreißen, abbrechen“, aus ab „weg“ und *rumpere* „brechen, zerbrechen, zerreißen“

absentieren sich a.: sich entfernen; aus frz. *s'absenter* „sich entfernen“, zu *absent* „abwesend“, aus lat. *absens,* Gen. *-entis,* „abwesend“, zu *abesse* „abwesend sein“, aus *ab* „weg“ und *esse* „sein“

Absenz Abwesenheit; aus lat. *absentia* „Abwesenheit“, zu *absens,* Gen. *-entis,* „abwesend“, → absentieren

Absinth Wermutbranntwein; aus griech. *apsinthion* „Wermut“, wahrscheinlich aus dem Persischen

absolut unabhängig, uneingeschränkt, unbedingt; aus lat. *absolutus* „von nichts anderem abhängig, für sich bestehend“, zu *absolvere* „lösen, befreien, lossprechen“, aus *ab* „weg“ und *solvere* „lösen, trennen“

Absolution Freisprechung von Sünden; aus lat. *absolutio,* Gen. *-onis,* „Freisprechung“, → absolut

absolvieren erfolgreich beenden;

jmdn. a.: (von Sünden) freisprechen; aus lat. *absolvere* „beenden, vollenden, lösen, befreien", aus *ab* „weg" und *solvere* „beenden, lösen"

absorbieren aufsaugen; aus lat. *absorbere* „verschlingen, verschlucken", aus *ab* „weg" und *sorbere* „schlürfen, einschlürfen, verschlucken"

abspenstig *in der Fügung* jmdn. jmdm. a. machen: jmdn. durch Verlockung dazu bringen, eine Bindung zu jmdm. aufzugeben; aus mhd. *abe, ab,* ahd. *aba* „weg von" und ahd. *spenstig* „verlockbar, verführbar", zu *spanan* „lokken"

Abstinenz Enthaltsamkeit; aus lat. *abstinentia* „Enthaltsamkeit", aus *abstinens* „sich enthaltend", zu *abstinere* „abhalten, zurückhalten, sich enthalten, sich fernhalten", aus *abs-* „weg-" und *tenere* „halten, festhalten"

abstrahieren verallgemeinern, zum Begriff erheben; aus lat. *abstrahere* „abziehen, wegziehen, entfernen, trennen" (nämlich vom Konkreten, Besonderen), aus *abs-* „weg-" und *trahere* „ziehen, schleppen"

abstrakt unanschaulich, begrifflich; aus lat. *abstractus* „abgezogen, weggezogen", zu *abstrahere,* →abstrahieren

abstrus schwer verständlich, verworren; aus lat. *abstrusus* „versteckt, verborgen, heimlich", zu *abstrudere* „verstecken, verbergen", aus *abs-* „weg-" und *trudere* „drängen, verdrängen"

absurd unsinnig, unvernünftig; aus lat. *absurdus* „mißtönend, ungereimt, töricht, ungeschickt, unfähig", aus *ab* „weg" und zur idg. Wurzel **suer-*, **swer-* „tönen"

Abszeß Eitergeschwulst; aus lat. *abscessio* „Weggang, Entfernung", als medizinischer Terminus auch „Eitergeschwulst", zu *abscessus* (aus *abs-* „weg" und *cedere* „gehen"), das eine Lehnübersetzung von griech. *apostema, apostasis* „Absonderung, Eiteransammlung, Auswuchs" ist, dieses zu griech. *apostatein* „sich trennen"

Abszisse parallel zur Abszissenachse abgemessener Linienabschnitt; aus lat. *abscissus* „ab-, losgerissen", zu *abscindere* „ab-, losreißen", aus *ab* „weg" und *scindere* „trennen, teilen"

Abt Vorsteher eines Mönchsklosters oder Stifts; aus mhd. *abbes,* ahd. *abbat* „Abt", aus kirchenlat. *abbas,* Gen. *abbatis,* „Abt", aus aram. *abba* „Vater"

Abtei Kloster, dem ein Abt oder eine Äbtissin vorsteht; aus ahd. *abbateia* aus mlat. *abbatia* in ders. Bed., zu *Abt*

abtrünnig von einem Glauben, einer Lehrmeinung abgefallen; aus mhd. *abetrünnic,* ahd. *abatrünnic* in ders. Bed., zu *abatrünne* „Abfall vom Glauben", aus *aba* „weg von" und *trünne* „Schar, Rudel"

Abundanz Überfluß; Häufigkeit; aus lat. *abundantia* „Überfluß, Reichtum", eigentlich „das Überfließen", zu *abundare* „überfließen, im Überfluß vorhanden sein, überreich sein", aus *ab* „weg" und *undare* „wogen, wallen", zu *unda* „Woge, Welle, Fluß, Strom"

Abusus Mißbrauch, übermäßiger Gebrauch; lat. *abusus* „das Aufbrauchen, Verbrauch", aus *ab* „weg" und *usus* „Gebrauch, Anwendung, Benutzung", zu *abuti* „verbrauchen, benutzen, ausnutzen"

Abyssus Tiefe der Erde, Abgrund, Unergründliches; aus griech. *abyssos* „grundlos, bodenlos, unergründlich; Abgrund, Hölle", aus *a-* „nicht" und *byssos* „tief unten befindlicher Grund, Meeresboden", also „etwas, was keinen noch so tiefen Boden hat, etwas Grund-, Bodenloses, Abgrund"

a cappella ohne Instrumentalbegleitung; im MA bedeutete *a cappella* „nach Art eines Kapellchores", d.h. eines aus Geistlichen und Chorknaben bestehenden Sängerchores, dem der gottesdienstliche Choralgesang oblag; dieser war nach bestimmten kontrapunktischen Regeln aufgebaut und wurde mit oder ohne Instrumentalbegleitung ausgeführt; der Ausdruck war also zunächst ein Stilbegriff; die strenge Trennung von der Instrumentalmusik erfolgte erst im 19. Jh.

accelerando schneller werdend, beschleunigend; ital. *accelerando* in ders. Bed., zu ital., lat. *accelerare* „beschleunigen", aus *ac-* (in Zus. vor c für *ad*) „zu hin" und *celer* „schnell"

Accent aigu im Frz. Zeichen für die geschlossene Aussprache des e, in anderen Sprachen für die Betonung oder offene Aussprache eines Vokals; frz. *accent* „Akzent" und *aigu* „spitz, scharf", aus lat. *acutus* „spitz, scharf", zu *acuere* „spitzen, schärfen"

Accent çirconflexe im Frz. Zeichen für die Dehnung eines Vokals infolge des Wegfalls eines Lautes, meist des s, in anderen Sprachen für die Länge eines Vokals; → *Akzent* und → *Zirkumflex*

Accent grave im Frz. Zeichen bes. für die lange, offene Aussprache des e, im Ital. für die Betonung eines Vokals; frz. *accent* „Akzent" und *grave* „schwer", aus lat. *gravis* „schwer"

Accessoires modisches Zubehör; frz. *accessoires* „Nebensächlichkeiten, Zubehör", aus lat. *accessus* „Zugang, das Hinzukommen, Vermehrung", zu *accedere* „hinzukommen", aus *ac-* (in Zus. vor c für *ad*) „hinzu" und *cedere* „kommen"

Accompagnato das vom Orchester begleitete Rezitativ; ital. *accompagnato* „begleitet", zu *accompagnare* „begleiten", aus *ac-* (in Zus. vor c für *a-*, lat. *ad*) „zu, bei" und *compagno* „Gefährte, Genosse", → Kompagnon

Account Werbeetat; engl. *account* „Rechnung, Berechnung, Rechenschaft, Verantwortung", zum Verb *to account* „Rechenschaft ablegen, sich verantworten", über mengl. *acounten* aus altfrz. *aconter* „hinzuzählen", aus *a-* „hinzu" und *conter* „zählen", aus lat. *computare* „zusammenrechnen, berechnen", aus *com,* ältere Form von *cum* „zusammen, mit" und *putare* „(be)rechnen"

accrescendo *Mus.:* anschwellend, lauter werdend; ital. *accrescendo* in ders. Bed., aus *ac-* (in Zus. vor c für *a-*, lat. *ad*) „zu hin" und → *crescendo*

Acetat Salz der Essigsäure; aus lat. *acetum* „Essig", zu *acer* „scharf, beißend, sauer"

Achat ein Halbedelstein; nach dem ersten Fundort, dem (heute nicht mehr genau zu bestimmenden) Fluß *Achates* auf Sizilien

Acheiropoieta byzantinische Bildnisse von Christus, Maria oder Heiligen, deren Ursprung man früher für außerirdisch hielt; griech. *acheiropoieta* in ders. Bed., aus *a-* „nicht" und *cheiropoietos* „von Menschenhand gemacht", aus *cheir,* Gen. *cheiros,* „Hand" und *poietos* „gemacht", zu *poiein* „machen, schaffen"

Achillesferse verwundbare Stelle, schwacher Punkt; nach *Achilles,* dem Helden der griech. Sage; um ihn unverwundbar zu machen, hielt ihn seine Mutter Thetis als kleines Kind ins heilige Feuer bzw. (nach anderer Überlieferung) ins Wasser des Styx; die Fersen jedoch, an denen sie ihn festhielt, blieben als einzige Stellen verwundbar, so daß er später (nach vielen Heldentaten) durch einen Pfeilschuß in die Ferse starb

Achroit ein Mineral, ein Turmalin; aus griech. *achroos* „farblos", aus *a-* „nicht" und *chroos, chros* „Hautfarbe, Farbe"

Achromasie Brechung des Lichts ohne Zerlegung in Farben; aus griech. *a-* „nicht" und *chroma* „Farbe"

Achromatopsie Farbenblindheit; aus griech. *a-* „nicht", *chroma,* Gen. *chromatos* „Farbe" und *opsis* „das Sehen, Sehkraft", zu *ops* „Auge"

Acidum Säure; aus lat. *acidus* „sauer, scharf", zu *acer* in derselben Bedeutung

Acquit Empfangsbescheinigung, Quittung; frz. *acquit* „Quittung; Zahlung, Tilgung", zu *acquitter* „freimachen, bezahlen", aus lat. *acquiescere* „(mit seinen Wünschen) zur Ruhe kommen", aus *ac-* (in Zus. für *ad*) „zu" und *quies* „Ruhe"

Acrylsäure Äthylencarbonsäure, Ausgangsstoff für Kunstharze und synthetische Fasern; zu lat. *acer* „scharf" gebildetes Kunstwort

Actinium chemisches Element; vom Entdecker nach griech. *aktis,* Gen. *aktinos,* „Strahl" benannt

Action Painting Aktionsmalerei, Richtung innerhalb der amerikan. abstrakten Malerei; aus engl. *action* „Handeln, Tun" (→ Aktion) und *painting* „das Malen", zu *to paint* „malen", aus

mengl. *painten, peynten*, aus altfrz. *peindre*, dieses aus lat. *pingere* „malen"
adagio langsam, ruhig; ital. *adagio* „langsam", eigtl. *ad agio* „mit Muße, in Bequemlichkeit", aus altfrz. *a aise* „gemächlich", aus mlat. *(in) aiace* „(in der) Umgebung, gleich bei der Hand" (im Sinne von „bequem erreichbar"), aus lat. *adiacens* „bei oder neben etwas liegend", also „naheliegend, bequem", zu *adiacere* „bei, neben etwas liegen"
Adamsapfel der Schildknorpel am Hals, der beim Mann oft stark hervortritt; nach volkstümlicher Auffassung rührt das Wort daher: als Adam im Paradies von dem verbotenen Apfel aß, sei ihm ein Stück davon im Hals steckengeblieben. In Wirklichkeit geht das Wort wahrscheinlich auf hebr. *tappuaḥ* „Apfel" zurück, das gemeinsemitisch auch „etwas Rundes" bedeutete. Vermutlich ist diese ältere Bedeutung mit hebr. „Apfel" zusammengefallen und auf die Erhebung am Hals des Mannes bezogen worden, und da *Adam* in der Bibel der Name des ersten Menschen (Mannes) ist, hat sich *Apfel* mit dem Namen *Adam* verbunden
adaptieren anpassen; *österr.:* neu herrichten (Wohnung); für den Film aufbereiten (Roman u. ä.); aus lat. *adaptare* „anpassen", aus *ad* „an, nach, hin zu" und *aptare* „anfügen, anpassen"
adäquat angemessen, entsprechend; aus lat. *adaequatus* „gleichgemacht", zu *adaequare* „gleichmachen, gleichkommen", aus *ad* „an, hin zu" und *aequare* „eben machen, gleichmachen, gleichstellen", zu *aequus* „eben, flach, gleich"
addieren dazu-, zusammenzählen; aus lat. *addere* „hinzufügen, beigeben", aus *ad* „an, hin zu" und *dare* „geben"
Addition Hinzufügung, Zusammenzählung; aus lat. *additio,* Gen. *-onis,* „Hinzufügung", → addieren
ade leb wohl; aus mhd. *ade,* volkstümliche Form des frz. *adieu = à Dieu* „zu Gott", also etwa „Gott befohlen" oder „ich befehle dich Gott", aus lat. *ad Deum* „zu Gott"
Adebar *volkstümlicher Name für den* Storch; die Ableitung des Namens ist nur aus erschlossenen Wörtern möglich: aus altnord. **odabaro* über älteres **odafaro* aus germ. **udafaran;* **uda* beruht auf dem germ. Stamm **ud* „Flut, Meer", zur idg. Wurzel **eudh-* „fließen, feucht sein", was auf die Sümpfe und feuchten Wiesen hindeutet, in denen der Storch seine Nahrung sucht; germ. **faran* bedeutet „gehen"; *Adebar* ist also „der durch den Sumpf geht". Nach anderer Deutung liegt die Form **odaboro* zugrunde, aus altsächs. *od,* ahd. *ot* „Reichtum, Glück", und *boro* zu ahd. *beran* „tragen, bringen, hervorbringen", was „Glücksbringer" bedeuten würde. Der Storch bringt nach altem Volksglauben demjenigen Glück, auf dessen Haus er nistet, und es lag deshalb nahe, ihm auch die Gabe zuzuschreiben, die kleinen Kinder ins Haus zu bringen
Adenom gutartige Drüsengeschwulst; aus griech. *aden,* Gen. *adenos,* „Drüse"
Adept Eingeweihter; Schüler, Jünger; aus lat. *adeptus* „erlangt, erreicht", zu *adipisci* „erlangen, erreichen", aus *ad* „an, hin zu" und *apisci* „geistig erlangen, erfassen, sich aneignen"
Adespota Schriften unbekannter Verfasser; aus griech. *adespotos* „herrenlos, ohne bekannten Verfasser", zu *a-* „nicht" und *despotes* „Herr, Besitzer, Eigentümer"
adhärent anhaftend, zusammenhängend; aus lat. *adhaerens,* Gen. *-entis,* „anhängend, haftend", zu *adhaerere* „an etwas festhängen", aus *ad* „an, zu hin" und *haerere* „hängen"
Adhäsion das Haften aneinander (von Stoffen), Verwachsung (von Geweben); aus lat. *adhaesio,* Gen. *-onis,* „das Anhaften", → adhärent
ad hoc zu diesem Zweck; aus dem Augenblick heraus; lat. *ad hoc* „zu diesem", d. h. „nur zu diesem Zweck", aus *ad* „zu" und *hoc* Neutr. Akk. von *hic* „dieser"
Adiaphora zwischen Gut und Böse liegende Dinge; aus griech. *a-* „nicht" und *diaphoros* „verschieden, abweichend, anders", aus *dia* „auseinander" und *phoros* „tragend", zu *phorein, pherein* „tragen"

adieu →ade
Ädikula Nische (für ein Standbild o.ä.); aus lat. *aedicula* „Zimmerchen, kleine Kapelle", Verkleinerungsform von *aedes, aedis* „Wohnung, Tempel", eigentlich „Feuerstätte", zur idg. Wurzel **eidh-,* **idh-* „brennen"
Ädil *im alten Rom:* hoher Beamter; aus lat. *aedilis* „Tempelaufseher", dem auch die bauliche Erhaltung des Tempels oblag, zu *aedes, aedis* „Tempel"
Adipositas Fettsucht, Fettleibigkeit; Neubildung zu lat. *adiposus* „fett", zu *adeps,* Gen. *adipis,* „Fett"
Adjektiv Eigenschaftswort; aus lat. *adiectio* „Hinzufügung", zu *adicere* „an oder auf etwas werfen, stellen, setzen, legen", aus *ad* „an, hin zu" und *iacere* „werfen"
Adjudikation *Rechtsw.:* Zuerkennung; aus lat. *adiudicatus* „zuerkannt, zugesprochen", zu *adiudicare* „zuerkennen, zusprechen", aus *ad* „an, hin zu" und *iudicare* „Recht sprechen, urteilen", zu *iudex* „Richter", dieses zu *ius* „Recht"
Adjunkt *veraltet:* Gehilfe; *Sprachw.:* sprachliches Element, das ein anderes ersetzen, aber nicht gleichzeitig mit ihm im gleichen Satz auftreten kann; aus lat. *adiunctus* „eng verbunden", zu *adiungere* „anfügen, hinzufügen, verbinden", aus *ad* „an, hin zu" und *iungere* „verbinden, vereinigen", eigentlich „anspannen, ins Joch spannen", zu *iugum* „Joch"
adjustieren anpassen, eichen; *österr.:* mit Uniform versehen; aus frz. *ajuster,* älter *adjuster* „anpassen", aus mlat. *adjustare,* eigtl. *adiuxtare* „annähern, nebeneinanderbringen", aus *ad* „an, hin zu" und *iuxta* „dicht daneben, nahe an, nahe bei, fast so, ebenso"
Adjutant einem höheren Offizier zur Hilfe zugeteilter junger Offizier; aus lat. *adiutans,* Gen. *-antis,* „helfend", zu *adiutare,* dieses ist Frequentativum zu *adiuvare* „helfen, unterstützen", aus *ad* „an, hin zu" und *iuvare* „helfen, fördern"
Adjutor Helfer, Gehilfe; aus lat. *adiutor* „Gehilfe, Helfer, Beistand", →Adjutant
Adlatus Helfer, Amtsgehilfe; aus lat. *ad latus* „zur Seite", d.h. „zur Hilfe", zu *latus* „Seite"
Administration Verwaltung; aus lat. *administratio,* Gen. *-onis,* „Verwaltung, Besorgung", zu *administrare* „verwalten, besorgen, ausführen", aus *ad* „an, hin zu" und *ministrare* „bedienen, darreichen, verschaffen", zu *minister* „Diener, Gehilfe", →Minister
Admiral Seeoffizier im Generalsrang; aus frz. *amiral* (ältere Formen: *amirail, amirant* u.a.), ital. *ammiraglio,* über mlat. Zwischenformen aus arab. *al-amīr* „der Befehlshaber"; am normannischen Hof in Sizilien verengte sich die Bedeutung zu „Befehlshaber der Flotte"; das d ist durch engl. *admiral,* dieses unter formaler Anlehnung an lat. *admirare* „bewundern" entstanden
Adnex Anhang, Anhängsel; aus lat. *adnexus, annexus* „Verbindung", zu *adnectere, annectere* „anknüpfen, anbinden", aus *ad* „an" und *nectere* „knüpfen, verknüpfen"
Adoleszenz Jugendalter; aus lat. *adolescentia, adulescentia* „Jünglingsalter, Jugend", zu *adolescens, adulescens* „Jüngling", zu *adolescere* „heranwachsen", über **adalescere* aus *ad* „an, hin zu" und *alescere* „heran-, aufwachsen", zu *alere* „nähren, ernähren, großziehen"
adoptieren an Kindes Statt annehmen; aus lat. *adoptare* „an Kindes Statt annehmen", eigentlich „erwählen, ausersehen", aus *ad* „an" und *optare* „wählen"
Adresse Anschrift; aus frz. *adresse* „Adresse, Richtung", zu *adresser* „an jmdn. richten", aus *à* „an" und *dresser* „richten", aus lat. *ad* „an, zu" und *dirigere* (Perf. *directus*) „richten, Richtung geben, lenken"
adrett hübsch, sauber und ordentlich; ältere Bedeutung: flink, gewandt; aus frz. *adroit* „geschickt, gewandt", aus lat. *ad* „zu" und *dextra, dextera* „rechte Hand", weil man im allg. mit der rechten Hand geschickter ist als mit der linken
adsorbieren auf der Oberfläche eines festen Stoffes anlagern, verdichten (Gase oder gelöste Stoffe); aus lat. *ad*

„an, hin zu“ und *sorbere* „einschlürfen, in sich ziehen, verschlucken“

Adstringenz Fähigkeit, sich zusammenzuziehen; aus lat. *ad* „an, hin zu“ und *stringere* „zusammenziehen, -schnüren“

Advantage Vorteil; *Tennis:* erster Fehler nach dem Einstand als Pluspunkt für den Gegner; engl. *advantage* „Vorteil, Gewinn“, aus mengl., altfrz. *avantage* in ders. Bed., zu frz., altfrz. *avant* „vor, vorwärts“, aus lat. *abante* „vor etwas weg“, aus *ab* „weg“ und *ante* „vor“

Advektion horizontales Heranführen von Luftmassen; aus lat. *advectio,* Gen. *-onis,* „das Herbei-, Heranführen“, zu *advehere* „heranführen“, aus *ad* „an hin, nach hin“ und *vehere* „führen, tragen, bringen“

Advent die vier Wochen vor Weihnachten; aus lat. *adventus* „Ankunft“, zu *advenire* „ankommen, sich nähern“, aus *ad* „nach, hin zu“ und *venire* „kommen“

adventiv an ungewöhnlicher Stelle befindlich; aus lat. *adventicius* „außergewöhnlich, zufällig, fremd“, zu *advenire* „hinzukommen“, → Advent

Adverb Umstandswort, das ein Verb oder Adjektiv genauer bezeichnet; aus spätlat. *adverbium,* wörtlich „was zum Verb hinzugefügt ist“, aus *ad* „an, hin zu“ und → *Verb*

adversativ entgegenstellend, gegensätzlich; aus lat. *adversus* „zugekehrt, gegenüberstehend“, zu *advertere* „hinwenden“, aus *ad* „an, hin zu“ und *vertere* „wenden, drehen“

Advokat *veraltet für* Rechtsanwalt; aus lat. *advocatus* „Rechtsbeistand“, zu *advocare* „herbeirufen, berufen, zuziehen“, aus *ad* „an, hin zu“ und *vocare* „rufen, berufen, nennen“, zu *vox,* Gen. *vocis,* „Stimme“

Adyton das Allerheiligste in griech. und röm. Tempeln; griech. *adyton* „Allerheiligstes“, aus *a-* „nicht“ und *dyein* „betreten, eindringen, hineingehen“, eigentlich „eintauchen“

Aerobier, Aerobiont Lebewesen, das nur mit Sauerstoff leben kann; aus griech. *aer,* Gen. *aeros,* „Luft“ und *bion,* Gen. *biontos,* „lebend“, zu *bioun* „leben“ und *bios* „Leben“

Aerologie Teilgebiet der Meteorologie, das sich mit dem Zustand und der Veränderung der freien Atmosphäre befaßt; aus griech. *aer,* Gen. *aeros,* „Luft“ und *logos* „Wort, Lehre, Kunde“, zu *legein* „sagen, sprechen, erklären“

Aerometer Gerät zum Messen von Gewicht und Dichte der Luft; aus griech. *aer,* Gen. *aeros,* „Luft“ und *metron* „Maß“, zu *metrein* „messen“

Aerophon Musikinstrument, bei dem der Ton durch Luft erzeugt wird, z. B. Blasinstrument; aus griech. *aer,* Gen. *aeros,* „Luft“ und *phone* „Stimme“

Affäre Angelegenheit, (unangenehmer) Vorfall; Liebschaft; aus frz. *affaire* „Geschäft, Angelegenheit, Handel“, altfrz. auch „Art und Weise“, aus *a faire* in Fügungen wie *avoir a faire, estre a faire* „nötig sein“, eigtl. „die Art, wie etwas zu machen ist, zu sein hat“, aus lat. *facere* „machen“

Affekt starke Gemütsbewegung, Erregung; aus lat. *affectus* „Zustand, Verfassung, Gemütsbewegung, Leidenschaft“, zu *afficere* „in eine Stimmung versetzen, anregen, erregen“, aus *af-* (in Zus. vor f für *ad*) „an, hin zu“ und *facere* (in Zus. *-ficere)* „machen, hervorrufen, bewirken“

affektiert geziert, unnatürlich; aus frz. *affecté* in ders. Bed., zu *affecter* „erkünsteln, erheucheln, tun, als ob, scheinen, was man nicht ist“, aus lat. *affectare* „anstreben, bedacht sein auf“, Intensivum zu *afficere* „einwirken, anregen, stimmen, in eine Stimmung versetzen, behandeln“, aus *af-* (in Zus. vor f für *ad*) „zu hin“ und *facere* „tun, machen“

affektioniert *veraltet:* zugeneigt, wohlgesinnt; aus frz. *affectionner* „gewogen sein, Zuneigung empfinden“, zu *affection* „Zuneigung, Liebe, Wohlwollen“, aus lat. *affectio,* Gen. *-onis,* „Gemüts-, Geistesverfassung, Stimmung, Gesinnung“, bes. „wohlwollende, zärtliche Gesinnung, Neigung“, zu *afficere* „in eine Stimmung versetzen, stimmen, anregen“, aus *af-* (in Zus. vor f für *ad*) „zu hin“ und *facere* (in Zus. *-ficere*) „tun, machen“

Affiche Anschlagzettel, Plakat; frz. *affiche* in derselben Bedeutung, zu *afficher* „anheften, anschlagen“, aus lat. *affigere,* aus *af-* (in Zus. vor f für *ad*) „an hin“ und *figere* „heften, stecken, anschlagen“

Affidavit eidesstattliche Erklärung, Bürgschaft für einen Einwanderer; mlat. „er hat versichert“, zu *affidare* „versichern, Treue, Schutz versprechen“, aus lat. *af-* (in Zus. vor f für *ad*) „an, zu hin“ und *fidere* „trauen, vertrauen“, zu *fides* „Glaube, Zutrauen“

affin parallelverwandt, wesensverwandt; aus lat. *affinis* „angrenzend, benachbart“, aus *af-* (in Zus. vor f für *ad*) „an, hin zu“ und *finis* „Grenze, Gebiet, Land“

Affirmation Bejahung, Zustimmung; aus lat. *affirmatio,* Gen. *-onis,* „Versicherung, Beteuerung“, zu *affirmare* „behaupten, beteuern, bestätigen, bekräftigen“, aus *af-* (in Zus. vor f für *ad*) „an, hin zu“ und *firmare* „sichern, festigen, stärken“, zu *firmus* „sicher, fest, stark“

Affix Vor- oder Nachsilbe; aus lat. *affixum* „das Angeheftete“, zu *affigere* „anheften, an etwas befestigen“, aus *af-* (in Zus. vor f für *ad*) „an, hin zu“ und *figere* „befestigen, heften“

affizieren reizen, erregen, krankhaft verändern; aus lat. *afficere* „in eine Stimmung versetzen, erregen, anregen“, → Affekt

Affodill, Asphodill meist weißblühendes Liliengewächs; aus griech. *a-* „nicht“ und *sphodros* „heftig, wild“, also soviel wie „mild, still“; die Blume galt bei den alten Griechen als Sinnbild der Trauer und wurde oft auf Gräbern angepflanzt

Affrikate Verschlußlaut mit folgendem Reibelaut, z. B. pf; aus lat. *affricatio* „Anreibung“, zu *affricare* „anreiben“, aus *af-* (in Zus. vor f für *ad*) „an, zu“ und *fricare* „reiben“

Affront Beleidigung, Kränkung; frz. *affront* „Beleidigung, Beschimpfung“, zu *affronter* „die Stirn bieten, angreifen“, altfrz. in umgekehrter Bedeutung „(durch Hieb auf die Stirn) niederschlagen“, über galloroman. **affrontare* aus lat. *ad* „an, auf“ und *frons,* Gen. *frontis,* „Stirn“

Agamie Ehelosigkeit; aus griech. *agamos* „unverheiratet“, aus *a-* „nicht“ und *gamein* „heiraten“

Agamogonie Fortpflanzung ohne Befruchtung; aus griech. *a-* „nicht“ und *gamein* „heiraten“ und *gone* „Geburt, Abstammung“

Agape Liebe Gottes; Nächstenliebe; *in der altchristl. Gemeinde:* gemeinsame Mahlzeit mit Speisung der Armen, Liebesmahl; aus griech. *agape* „Liebe, Liebesmahl“, zu *agapan* „gastlich aufnehmen, willkommen heißen, lieben, hochschätzen“

Agave trop. Pflanze; aus griech. *agauos* „edel, vortrefflich“, wegen ihrer Stattlichkeit

Agenda Notizbuch, Terminkalender; aus lat. *agenda* „Dinge, die betrieben werden müssen, zu Betreibendes“, zu *agere* „treiben, führen, in Bewegung setzen“

Agent Vertreter, Vermittler; Spion; aus lat. *agens,* Gen. *-entis* „treibend; einer, der etwas betreibt, führt, in Bewegung setzt“, zu *agere* „treiben, führen, in Bewegung setzen“

Agglomerat Ablagerung von Gesteinsbrocken; aus lat. *agglomeratus* „fest angeschlossen, zusammengedrängt“, zu *agglomerare* „zu einem Knäuel dicht aneinanderdrängen, fest anschließen, beigesellen“, aus *ag-* (in Zus. vor g für *ad*) „zu“ und *glomerare* „zu einem Knäuel ballen“, zu *glomus* „Knäuel“

agglutinieren zusammenballen, verkleben, verklumpen; aus lat. *agglutinare* „anleimen, ankleben, anheften“, aus *ag-* (in Zus. vor g für *ad*) „an, zu“ und *glutinare* „leimen“, zu *gluten,* Gen. *glutinis,* „Leim, Kitt“

Aggravation Verschlimmerung, Erschwerung; Übertreibung von Krankheitserscheinungen; aus lat. *aggravare* „schwer machen, vermehren“, aus *ag-* (in Zus. vor g für *ad,* hier nur verstärkend) „zu hin“ und *gravare* „schwer, schwerer machen, beschweren“, zu *gravis* „schwer“

Aggregat mehrgliedriges Ganzes; aus

lat. *aggregatus* „zu-, beigesellt", zu *aggregare* „zu-, beigesellen", eigtl. „zur Herde scharen", aus *ag-* (in Zus. vor g für *ad*) „zu hin" (hier nur verstärkend) und *gregare* „zur Herde scharen", zu *grex,* Gen. *gregis,* „Herde, Schar, Schwarm, Haufe", zu griech. *ageirein* „sammeln"

Aggression Angriff; aus lat. *aggressio,* Gen. *-onis,* „Angriff", zu *aggredi* „angreifen, überfallen, sich nähern", aus *ag-* (in Zus. vor g für *ad*) „zu, nach hin" und *gradi* „schreiten, festen Schrittes gehen", zu *gradus* „Schritt"

Ägide Schutz, Obhut, Schirmherrschaft; aus lat. *aegis,* griech. *aigis,* Gen. *aigidos,* „Ziegenfell, Lederharnisch" (zu *aix* „Ziege"), dann „Sturmschild" des Jupiter bzw. Zeus, den er trägt, um Gewitter zu erzeugen und Schrecken zu erregen

agieren handeln, wirken; aus lat. *agere* „tätig sein, handeln, zu Werke gehen"

agil flink, behende, beweglich; aus lat. *agilis* „lenksam, behende, rasch", zu *agere* „tätig sein, handeln"

Agio Betrag, um den der Kurs einer Währung oder eines Wertpapiers über dem Nennwert steht; aus ital. *agio* „Spielraum", eigtl. „Bequemlichkeit", →adagio

Agitation aufreizende politische Werbung; aus lat. *agitatio,* Gen. *-onis,* „Bewegung, Ausübung, Regsamkeit", zu *agitare* „eifrig treiben, hetzen, in Lauf setzen", Intensivum zu *agere* „tätig sein, handeln"

Agnat männlicher Blutsverwandter der männlichen Linie; aus lat. *agnatus* „Blutsverwandter seitens des Vaters, nachgeborener Sohn", zu *agnasci, adnasci* „nachgeboren, später geboren werden", aus *ad* „zu" und *nasci* „geboren, erzeugt werden"

Agnomen *im alten Rom:* Beiname; lat. *agnomen* „Beiname", aus *ag-* (für *ad*) „zu" und *nomen* „Name"

Agnostizismus Lehre von der Unerkennbarkeit Gottes und der Wahrheit überhaupt; aus griech. *agnostos* „unerkannt, unerkennbar", aus *a-* „nicht" und *gnostos* „erkennbar", zu *gnosis* „Erkenntnis", zu *gignoskein, gnorizein* „erkennen, kennenlernen"

Agogik Lehre von den Tempi als Ausdrucksmittel, lebendige Gestaltung eines Musikstücks; aus griech. *agogos* „hinführend, hinleitend, anziehend", dazu *agoge* „die (richtige) Führung, Abstufung des Tempos", zu *agein* „führen, leiten"

Agonie Todeskampf; aus griech. *agonia* „Kampf, Angst, Aufregung, Beklemmung", zu *agon* „Wettkampf"

Agora altgriechischer Markt und Versammlungsplatz; griech. *agora* „Markt" als Mittelpunkt des öffentlichen Lebens, „Versammlung, Versammlungsplatz", zu *ageirein* „versammeln"

Agraffe Brosche, Schmuckspange; aus frz. *agrafe* „Haken, Spange, Brosche", zu *agrafer* „zuhaken", aus altfrz. *agraper* „festklammern", aus vulgärlat. **agrappare* „mit Haken befestigen", zu got. **krappa,* aus dem sich ahd. *krapho* „Haken" und mhd. *krapfe* „Haken, Klammer" entwickelten

Agrapha nicht in den vier Evangelien überlieferte Aussprüche Christi; aus griech. *a-* „nicht" und *graphein* „schreiben"

Agrarier Grundbesitzer, Landwirt; aus lat. *agrarius* „die Felder betreffend, auf dem Land befindlich", zu *ager* „Acker, Feld, Boden"

Agreement Vereinbarung, Übereinkunft; engl. *agreement* in ders. Bed., aus mengl. *agreen,* altfrz. *agreer* „willkommen sein", aus *a-* „zu, hin", *gré* „Freundschaft" und Suffix *-ment,* das eine Handlung oder deren Ergebnis bezeichnet

Agronomie Landwirtschaftswissenschaft; aus griech. *agros* „Feld, Acker" und *nomos* „Gesetz", eigentlich „das Zugeteilte", zu *nemein* „verteilen, zuteilen"

Agrumen Zitrusfrüchte; aus ital. *agrumi* in derselben Bedeutung, aus mlat. (selten) *acrumen* „säuerliche, scharf schmeckende Früchte, Würzgemüse", zu lat. *acer* „scharf, herb, sauer"

Agrypnie Schlaflosigkeit; über lat. aus griech. *agrypnia* in ders. Bed., zu *agrypnos* „schlaflos", übertr. „wachsam";

weitere Herkunft nicht geklärt, vielleicht aus *agros* „Feld" und *hypnos* „Schlaf", also eigtl. „Schlaf auf dem Feld, im Freien"
Agstein *oberdt. für* Bernstein; aus mhd. *agestein, agetstein,* aus griech. *achates* „Achat"
Ai Faultier; nach seiner Lautäußerung, die wie ein geseufztes „aiii" klingt
Aide-mémoire Niederschrift einer mündlichen diplomatischen Erklärung; frz. „Nachschlagebuch, Notizbuch", aus *aide* „Hilfe" (zu *aider* „helfen", aus lat. *adiuvare* „helfen, unterstützen", aus *ad* „an hin, zu" und *iuvare* „helfen") und *mémoire* „Gedächtnis, Erinnerung", → Memoiren
Aigrette Federbusch; Büschel; Strahlenbündel; frz. *aigrette* urspr. „Reiher", dann auch „Federbusch, Haarbüschel, Strahlenbündel", aus prov. *aigreta* „Reiher", aus fränk. **heigiro* „Reiher"
Aiguière metallenes Tischkännchen; frz. *aiguière* „Kanne mit weiter Öffnung, Wasserkanne", aus veraltetem *aigue* „Wasser", aus lat. *aqua* „Wasser"
Air 1 Aussehen, Haltung, Benehmen; frz. *air* „Luft; Aussehen, Äußeres, Miene, Benehmen, Haltung", aus lat. *aer* „Luft; mit der Luft zugeführte Witterung"; der Bedeutungswandel ist über die Brücke „uns umgebende Luft, die einen Menschen umgebende Atmosphäre, Dunstkreis eines Menschen" zu erklären, woraus sich dann „Erscheinungsbild, Gehaben, Benehmen" ergab; **2** liedartiges, melodisches Musikstück; frz. *air* „Melodie, Lied, Singweise", aus ital. *aria* „Lied", aus lat. *aer,* Gen. *aeris,* „Luft, Luftzug, Hauch"
Airbag mit Luft gefülltes Kissen (in Kraftfahrzeugen am oberen Teil der Lenksäule zur Sicherheit bei Auffahrunfällen); engl. airbag „Luftsack", aus *air* (aus griech. *aer*) „Luft" und *bag* „Beutel, Sack, Tasche" (aus mengl. *bagge,* aus altnord. *baggi* „Bündel")
Airbus großes Passagierflugzeug für kurze und mittlere Strecken; engl. *airbus* in ders. Bed., aus *air* (aus griech. *aer*) „Luft, Luftraum" und *bus* Kurzform von → *Omnibus*
Aircondition Lüftung und Temperaturregelung durch Klimaanlage; aus engl. *airconditioning* „Klimaanlage", aus *air* (aus griech. *aer*) „Luft" und *condition* „Zustand, Beschaffenheit", → Kondition
Airedale eine Hunderasse; aus engl. *Airedale* „Tal des Flusses Aire" in Yorkshire in England, wo die Hunde zuerst gezüchtet wurden
Akademie der Forschung dienende Vereinigung von Gelehrten oder Künstlern; Fachhochschule, Forschungsanstalt; aus griech. *akademia,* Name eines nach dem attischen Heros *Akademos* benannten Hains bei Athen, in dem Plato lehrte
Akanthit ein Mineral, Silberglanz; aus griech. *akantha* „Stachel, Dorn", wegen der rhombischen Formen der Kristalle
Akanthus eine Pflanze, Bärenklau; aus griech. *akantha* „Stachel, Dorn"
Akazie ein trop. Laubbaum; aus griech. *akakia,* zu *ake* „Spitze", zur idg. Wurzel **ak-* „spitz"
Akelei ein Hahnenfußgewächs; entweder aus lat. *aquilegia* „wassersammelnd", aus *aqua* „Wasser" und *legere* „sammeln", wegen der trichterförmigen Blütenblätter, oder aus lat. *aquila* „Adler", wegen der einem Adlerschnabel ähnelnden Verlängerung des Blütenblattes, oder aus griech. *agkylos* „krumm, gekrümmt", ebenfalls wegen der gebogenen Form des Blütenblattes
Akinesie Bewegungshemmung (bei Gehirnerkrankungen); aus griech. *a-* „nicht" und *kinesis* „Bewegung", zu *kinein* „bewegen"
Akklamation zustimmender Zuruf, Beifall; aus lat. *acclamatio,* Gen. *-onis,* „(bes. mißbilligender) Zuruf", selten auch „„Beifallsruf", zu *acclamare* „zurufen, zuschreien", aus *ac-* (in Zus. vor c für *ad*) „zu" und *clamare* „rufen"
akklimatisieren (sich) anpassen; aus frz. *acclimater* in derselben Bedeutung, aus *à* „an, in, auf, zu, nach hin" und *climat* „Klima, Zone, Erdgürtel", aus griech. *klima,* → Klima
Akkolade zeremonielle Umarmung

beim Ritterschlag und bei Ordensverleihungen; geschweifte Klammer; aus frz. *accolade* „Umarmung, Bruderkuß; Klammer", über vulgärlat. **accollare* aus lat. *ac-* (in Zus. vor c für *ad*) „hin zu, nach hin" und *collum* „Hals"

akkommodieren *veraltet für* anpassen; sich a.: sich mit jmdm. über etwas einigen; aus frz. *accommoder* „gelegen kommen, behagen, passen, in Ordnung bringen, einrichten", aus lat. *accommodare* „anpassen, einrichten", aus *ac-* (in Zus. vor c für *ad*) „zu hin, nach" und *commodus* „geeignet, zweckmäßig", eigentlich „das rechte Maß habend", aus *com*, ältere Form von *cum* „mit" und *modus* „Maß, Art und Weise"

Akkord Übereinstimmung, Zusammenklang, *früher auch:* Abkommen, Vereinbarung; aus frz. *accord* „Übereinstimmung, Eintracht", gebildet nach dem Verb *accorder* „in Übereinstimmung bringen, vereinigen", über vulgärlat. **accordare* aus lat. *ac-* (in Zus. vor c für *ad*) „hin zu, nach, gemäß" und *cor*, Gen. *cordis* „Herz"; die Bedeutung „Leistungs-, Stücklohn" kam erst im 19. Jh. auf, zugrunde liegt ihr die alte Bedeutung „Vertrag, Vereinbarung"

akkreditieren (jmdm.) Kredit gewähren, (jmdn.) beglaubigen; aus frz. *accréditer* „in Ansehen bringen, Glauben verschaffen", aus lat. *accredere* „Glauben schenken, geneigt sein zu glauben", aus *ac-* (in Zus. vor c für *ad*) „hin zu, nach" und *credere* „glauben, trauen, vertrauen"

akkumulieren anhäufen; aus lat. *accumulare* „an-, aufhäufen", aus *ac-* (in Zus. vor c für *ad*) „zu" und *cumulare* „häufen, füllen, steigern", zu *cumulus* „Haufen, Überschuß", wohl zur idg. Wurzel **kew-*, **ku-* „wölben, schwellen"

akkurat genau, sorgfältig; aus lat. *accuratus* „genau, sorgfältig", zu *accurare* „pünktlich besorgen, sorgfältig betreiben", aus *ac-* (in Zus. vor c für *ad*) „hin zu, gemäß" und *curare* „Sorge tragen, besorgen, sich kümmern, verwalten", zu *cura* „Sorge, Sorgfalt, Pflege, Wartung"

Akkusativ vierter Beugungsfall, Wenfall; aus lat. *casus accusativus* „die Anklage betreffender Fall" (zu *accusare* „anklagen, beschuldigen"), nicht ganz treffend übersetzt aus griech. *ptosis aitiatike* „die Ursache, den Grund, die Wirkung ausdrückender Fall", womit im Griech. gemeint war, daß das Verb an dem Objekt etwas verursacht, etwas verändert oder bewirkt oder daß es überhaupt etwas schafft. Nun bedeutet aber *aitiatikos* außerdem auch „anklägerisch", und das dazugehörige Verb *aitiasthai* bedeutet sowohl „als Grund angeben" wie auch „anklagen, beschuldigen", und man wählte bei der Übersetzung ins Lateinische als Entsprechung das Wort *accusare*, das ebenfalls „beschuldigen, anklagen" bedeutet (zu *causa* „Grund, Ursache, Schuld")

Akne eitrige Entzündung einer Talgdrüse; wahrscheinlich durch eine falsche Lesart oder einen Schreibfehler aus griech. *akme* „Spitze, höchster Punkt", auch „Blüte, volle Reife" entstanden

Akonit eine Heilpflanze, Eisenhut, Sturmhut; aus griech. *akoniton*, zu *akone* „Wetzstein, Schleifstein", aus *ake* „Spitze" und *konos* „Kegel"

akquirieren erwerben, anschaffen; aus lat. *acquirere* „hinzuerwerben, dazugewinnen", aus *ac-* (in Zus. vor qu für *ad*) „zu" und *quaerere* „suchen, zu erwerben versuchen, erwerben, sich verschaffen"

Akribie Genauigkeit, Sorgfalt; aus griech. *akribeia* in derselben Bedeutung, zu *akribes* „genau, gründlich, sorgfältig"

Akrobat Artist, der turnerische, auf körperlicher Kraft und Gelenkigkeit beruhende Übungen vorführt, Trapezkünstler; aus griech. *akrobatein* „auf den Zehen gehen", aus *akros* „Spitze, Gipfel" und *batein* „besteigen", zu *bainein* „gehen"

Akrolith Standbild, bei dem die bekleideten Teile aus Holz, die unbekleideten aus Stein bestehen; aus griech. *akros* „zuoberst, äußerst" und *lithos* „Stein", da meist die äußersten Glied-

maßen, also Hände und Füße, aus Stein sind
Akromegalie übermäßiges Wachstum von hervorstehenden Körperteilen (Nase, Ohren, Gliedmaßen); aus griech. *akros* „äußerst“ und *megas*, Gen. *megalos*, „groß, hoch“
Akronym aus den ersten Buchstaben mehrerer Wörter gebildeter Name; aus griech. *akros* „äußerst“ und *onyma* „Name“
Akropolis altgriech., auf einem Hügel liegende Stadtburg; aus griech. *akros* „äußerst, oberst, höchst“ und *polis* „Stadt“
Akrostichon Lied oder Gedicht, bei dem die ersten Buchstaben, Silben oder Wörter jeder Zeile (oder der ersten Zeile jeder Strophe) einen Satz ergeben; aus spätgriech. *akrostichis* in derselben Bedeutung, aus *akros* „äußerst“ und *stichos* „Vers, Zeile, Reihe“
Akroterion Verzierung (in Form von Ranken oder Blättern) an Tempelgiebeln; aus griech. *akroterion* „äußerster, hervorragender Teil, Vorsprung; verzierter Endziegel, Schmuck des Firstes“, aus *akros* „äußerst, oberst, höchst; spitz“
Akt Handlung, Tat, Vorgang; Abschnitt eines Bühnenwerkes, Aufzug; künstlerische Darstellung des nackten Körpers; aus lat. *actus* „Bewegung, Tätigkeit, Ausführung, Handlung; Aufzug eines Theaterstückes“, zu *agere* „treiben, in Bewegung setzen“; die Bedeutung „Darstellung des nackten Körpers“ kam um 1700 auf: bei den Malern wurde als *Akt* die Stellung eines lebenden Modells sowie das Modell selbst und die künstlerische Darstellung bezeichnet; um 1900 engte sich die Bedeutung dann auf „das nackte Modell und seine Darstellung“ ein
Akte alle schriftlichen Unterlagen eines geschäftlichen Vorgangs; aus lat. *acta* „Taten, Werke, Amtshandlungen, Verordnungen“, Plural von *actum* „das Geschehene, Vollbrachte“, zu *actus*, → Akt
Akteur Handelnder; Schauspieler; aus frz. *acteur* „handelnde Person, Schauspieler“, aus lat. *actor* „Treiber (= Hirt), Ausführender, Vollzieher; Darsteller durch Rede, Schauspieler“, zu *agere* „treiben, in Bewegung setzen“
Aktie Urkunde über den Anteil am Grundkapital einer Aktiengesellschaft; aus lat. *actio* „Tätigkeit, Amtshandlung“, auch „Klage, Verfolgen eines Rechts, Recht zur Klage“, also eigtl. ein „klagbarer Anspruch“
Aktinie eine Meerespolyp, Seerose, Seeanemone; aus griech. *aktis*, Gen. *aktinos*, „Strahl“
Aktinometer Gerät zum Messen von Lichtstrahlen, bes. der Sonne; aus griech. *aktis*, Gen. *aktinos*, „Strahl“ und *metron* „Maß“, zu *metrein* „messen“
Aktion Handlung, Tat, Unternehmung, Maßnahme; aus lat. *actio*, Gen. *-onis*, „Handlung, Tätigkeit, Amtshandlung“, zu *agere* „treiben, in Bewegung setzen“
aktiv wirksam, handelnd; aus lat. *activus* „tätig, handelnd“, zu *agere* „treiben, in Bewegung setzen“
Aktuar *veraltet für* Gerichtsangestellter; *schweiz.:* Schriftführer; aus lat. *actuarius* „Schreiber bei Verhandlungen, Schnellschreiber, Rechnungsführer, Kopist“, zu *actus*, → Akt
aktuell zeitnah, für die Gegenwart wichtig oder interessant; aus frz. *actuel* „wirklich, tatsächlich, jetzig, gegenwärtig“, aus mlat. *actualis* „tatsächlich“, lat. *actualis* „tätig, wirksam“, zu *actus*, → Akt
Akupunktur sehr altes Heilverfahren: Stiche mit Gold- oder Silbernadeln in bestimmte Hautstellen; aus lat. *acus* „Nadel“ und *punctura* „das Stechen, Stich“, zu *pungere* „stechen“
Akustik Lehre vom Schall; Wiedergabe, Zurückwerfen von Schall; aus griech. *akousis* „das Hören“, *akoustos* „hörbar“, zu *akouein* „hören“
akut im Augenblick wichtig, dringend; *Med:* rasch und heftig verlaufend; aus lat. *acutus* „scharf, spitz“, zu *acuere* „schärfen, spitzen“
Akzeleration Beschleunigung; aus lat. *acceleratio* in ders. Bed., zu *accelerare* „beschleunigen“, aus *ac-* (in Zus. vor c

für *ad*) „zu" (hier nur verstärkend) und *celerare* „beschleunigen", zu *celer* „schnell, eilig"

Akzent Betonung, Tonfall; Zeichen für die Betonung oder Aussprache; aus lat. *accentus* „Ton", aus *ac-* (in Zus. vor c für *ad*) „zu" und *cantus* „Ton, Klang", zu *canere* „tönen"

akzeptieren annehmen, billigen; über frz. *accepter* aus lat. *acceptare* „(wiederholt) empfangen, einnehmen", Frequentativum zu *accipere* „annehmen, in Empfang nehmen", aus *ac-* (in Zus. vor c für *ad*) „zu" und *capere* (in Zus. *-cipere*) „fassen, ergreifen, nehmen"

Akzession Zugang, Erwerb; Beitritt; aus lat. *accessio,* Gen. *-onis,* „Zuwachs, Zunahme", zu *accedere* „hinzukommen, wachsen", aus *ac-* (in Zus. vor c für *ad*) „zu" und *cedere* „zuteil werden, anheimfallen"

Akzidenz Drucksache für bestimmte Gelegenheiten oder Ereignisse; aus lat. *accidens* „sich ereignend", zu *accidere* „sich ereignen, vorfallen, sich zutragen", aus *ac-* (in Zus. vor c für *ad*) „zu" und *cadere* „fallen, begegnen, widerfahren"

Akzise indirekte Verbrauchssteuer, Zoll; aus frz. *accise* „Verbrauchssteuer", aus lat. *accisum* „das Angeschnittene, Angehauene", zu *accidere* „anschneiden, zum Teil abhauen", aus *ac-* (in Zus. vor c für *ad*) „zu" und *caedere* „hauen, schlagen, fällen"

Alabaster dem Marmor ähnliche Gipsart; aus griech. *alabastros, alabastos* als Bezeichnung für dieses Material sowie *alabastron, alabaston* „Gefäß für Salbe aus diesem Material"; die weitere Herkunft ist nicht geklärt. Nach E. O. Lippmann (zitiert nach Lüschen) könnte griech. *alabe* „ohne Henkel" (aus *a-* „nicht" und *labe* „Henkel") zuerst das Gefäß und dann auch dessen Material bezeichnet haben, doch fehlt dabei die Erklärung für die letzte Silbe. Oft wird das Wort auch vom Namen der mittelägypt. Stadt *Alabastron (polis)* „Stadt der Alabaster(gefäße)" abgeleitet, doch ist diese erst spätgriechisch nach dem Material oder den daraus gefertigten Gefäßen benannt worden, ägyptisch hieß sie Hebenu. Ägypt. Ursprung des Wortes vermutet G. Fecht („Wortakzente und Silbenstruktur", in: Ägypt. Forschungen, Bd. 21, 1960), und zwar aus *ana(r)-bast(et)* „Stein der (Göttin) Bastet", weil der Name der Göttin und ihrer Stadt Bubastis mit der Hieroglyphe *bas,* die ein Salbgefäß aus Alabaster darstellt, geschrieben wird. (Daß es sich bei der Hieroglyphe um ein Gefäß aus Alabaster handelt, ist deshalb anzunehmen, weil die Ägypter konsequent Gefäße nur in bestimmter Form und aus bestimmtem Material für bestimmte Dinge verwendeten.)

à la bonne heure! recht so!, bravo!; frz. in ders. Bed., wörtlich „zur guten Stunde, zur rechten Zeit (getan, gesprochen), gerade recht", zu *bon, bonne* (aus lat. *bonus, -a, -um*) „gut, recht, günstig, gelegen" und *heure* (aus lat. *hora*) „Stunde, Zeitpunkt, Augenblick"

Alant eine Heilpflanze; vielleicht aus griech. *helenion,* aus *helene* „geflochtener Korb", zu *eilein* „winden, schlingen", wegen der kranzförmig angeordneten Blütendolden

Alarm Warnzeichen, Gefahrensignal; aus frz. *alarme* „Lärm, Notsignal, Ruf zu den Waffen", aus *à l'arme!* „zur Waffe!", zu *arme* „Waffe", aus lat. *arma* (Pl.) „Waffen"

Alaun Kalium-Aluminium-Sulfat, ein blutstillendes Mittel, Gerbmittel u. a.; aus lat. *alumen* „Alaun", dieses geht auf die idg. Wurzel **alu-* „bitter" zurück; verwandt mit engl. *ale* „Bier", altpreuß. *alu* „Met", wegen des bitteren Geschmacks

Alba (Albe) langes, weißes liturgisches Gewand katholischer und anglikanischer Geistlicher; aus lat. *alba,* Fem. von *albus* „weiß, hell, fahl"

Albatros ein Meeresvogel; aus frz. *albatros,* engl. *albatross,* span. *albatros;* die Herkunft ist nicht geklärt; wegen der ersten Silbe *al* nahm man arab. Ursprung an (im Arab. ist *al* der bestimmte Artikel „der"), der jedoch nicht gesichert ist; vielleicht zu *ġaṭṭās* „Art Seeadler" (zur Wurzel *ġṭs* „tauchen, eintauchen"); eine andere Deutung führt zu span. *alcaduz, arcaduz* „Brunnenrohr" (zu arab. *al-qādūs* „Schöpfgefäß am Wasserrad"), wegen der röhrenförmigen Verlängerung der Nase auf dem Schnabel des Vogels, was jedoch angezweifelt wird, obwohl dieser röhrenförmige Fortsatz charakteristisch für Sturmvögel ist; in beiden Deutungen jedoch besteht die Schwierigkeit, den Übergang von g bzw. c zu b zu erklären

Albedo Verhältnis des auf eine Fläche fallenden Lichts zum zurückgestrahlten Licht; aus lat. *albedo* „weiße Farbe", zu *albus* „weiß"

Albino Mensch oder Tier, bei dem in Haut, Augen und Haar kein oder zu wenig Farbstoff gebildet wird; aus lat. *albus* „weiß", griech. *alphos* „weißer Ausschlag", *alphiton* „Mehl", eigtl. „Weißes", zu iran. **arbi* „Gerste"

Album Gedenkbuch, Sammelbuch; aus lat. *album* „weiße Tafel", die mit Bekanntmachungen beschrieben und öffentlich ausgestellt wurde, zu *albus* „weiß"

Albumen Eiweiß; lat. *albumen* „das Weiße" aus *album,* Neutr. zu *albus* „weiß"

Albuminurie krankhafte Ausscheidung von Eiweiß im Urin; aus *Albumen* „Eiweiß" (lat. *albumen* „das Weiße", zu *albus* „weiß") und griech. *ouron* „Harn"

Alchimie Vorstufe der wissenschaftlichen Chemie, Goldmacherkunst; aus arab. *al-kīmiyā°* „die Alchimie", aus griech. *chymeia* „Kunst der Metallverwandlung"; weitere Herkunft unbekannt, die versuchte Ableitung aus dem Koptischen ist heute überholt

Aldehyd Vertreter einer Gruppe von chem. Verbindungen, die durch Entzug von Wasserstoff aus Alkoholen gewonnen werden; Kurzwort aus lat. *alcoholus dehydrogenatus* „Alkohol, dem Wasserstoff entzogen wurde", zu → *Alkohol* und → *dehydrieren*

Alderman *in angelsächs. Ländern:* Mitglied der gesetzgebenden Körperschaft einer Gemeinde; engl. *alderman* „Ratsherr, Stadtrat", aus *alder,* altengl. *aldor* „Oberhaupt, Anführer" (zu *ald* „alt") und *man* „Mann"

aleatorisch vom Zufall abhängig; aus lat. *aleatorius* „zum (Würfel-) Spiel gehörig", zu *alea* „Würfel", übertr. „Zufall, Wagnis, Risiko"

Aleuron Reserveeiweiß pflanzlicher Zellen, Kleber; aus griech. *aleuron* „Mehl", zu *alein* „mahlen"

Alexandrit grünes, bei Lampenlicht rotes Mineral; nach dem Zaren *Alexander* II., da man es an dem Tag im Ural fand, als er für mündig erklärt wurde

Alfanzerei Possenreißerei, Vorspiegelung, Betrügerei; aus frühnhd. *alfanzen* „Possen reißen, betrügen", aus mhd. *alvanz, anvanz* „Betrug", aus ahd. *ganavenzôn, gianawinzôn* „Scherz treiben, necken, spotten, höhnen", dazu mhd. *vanz* „Schalk, Schelm, Taugenichts" (ein ahd. Grundwort *vanz* ist nicht belegt), weitere Herkunft unklar

Alge niedere Wasserpflanze; aus lat. *alga* „Seegras, Seetang", zur idg. Wurzel **el-*, **ol-* „modern, faulen"

Algebra Rechnung mit Buchstaben, mit Gleichungen; aus arab. *al-ǧabr* „die Wiederherstellung", dem ersten Teil des Titels eines algebraischen Lehrbuches: *al-ǧabr wa-l-muqābala* „Wiederherstellung und Gegenüberstellung"

Algesie Schmerz, Schmerzempfindlichkeit; aus griech. *algos* (poet. auch *algesis*) „Schmerz", zu *algein* „Schmerz empfinden, leiden"

... algie *in Zus.:* Schmerz; aus griech. *algos* „Schmerz"

Algonkium = Archäozoikum; nach dem nordamerikan. Indianervolk der *Algonkin,* in deren Gebiet die charakteristischen Schichten zuerst entdeckt wurden

Algorithmus Rechenformel, die man beim Lösen einer Rechenaufgabe ständig wieder anwenden kann; nach dem pers. Mathematiker Muḥammed *al-Ḫwārizmī* (gest. um 840), der Lehrbücher über Arithmetik und Algebra verfaßte, die im Mittelalter ins Lat. übersetzt wurden

Alhidade drehbarer Teil an Winkelmeßgeräten; aus frz. *alidade,* span. *alidada* „Diopterlineal", aus arab.

al-ᶜiḍāda „bewegliches Lineal am Astrolabium“ (einem mittelalterlichen astronomischen Instrument)
alias anders, sonst, auch ... genannt; lat. *alias* „woanders, zu anderer Zeit“, Adverb zu *alius* „ein anderer“
Alibi Nachweis der Abwesenheit eines Verdächtigen vom Tatort des Verbrechens zur Tatzeit; lat. *alibi* „woanders, bei anderen Leuten“, zu → *alias*
Alimente Beiträge zum Lebensunterhalt für nichteheliche Kinder; aus lat. *alimenta* (Pl.) „Nahrungsmittel, Nahrung“, zu *alere* „ernähren, großziehen“
Aliphaten Kohlenwasserstoffe, deren Kohlenstoffatome kettenförmig aneinandergereiht sind, Hauptbestandteile der Fette und Wachse; aus griech. *aleiphar,* Gen. *aleiphatos,* „Öl, Salbe, Fett“, zu *lipos* „Fett“
aliquant nur mit Rest teilbar (Zahl); aus lat. *aliquantus* „ziemlich viel“, aus *alis,* ältere Form von *alius* „der andere, der übrige; sonst, außerdem, überdies“ und *quantus* „wieviel“
Aliquote Zahl, durch die eine andere ohne Rest geteilt werden kann; aus lat. *aliquotie(n)s* „mehrmals“
Alizarin ein Pflanzenfarbstoff, Krapprot; aus frz. *alizari* „getrocknete Krappwurzel“, aus span. *alizarina* „Krapprot“, aus arab. *al-ᶜuṣāra* „der Saft“, zu *ᶜaṣara* „pressen“, also „Saft, der durch Pressen aus der Pflanze gewonnen wird“
Alkalde *in Spanien:* Bürgermeister mit richterlichen Befugnissen; aus span. *alcalde,* aus arab. *al-qāḍī* „der Richter“
Alkali eine chemische Verbindung, die in wässeriger Lösung alkalisch (basisch) reagiert; über das Mittellat. aus arab. *al-qily* „die Salzasche, Pottasche“, die aus der salzreichen Pflanze Salicornia durch Kochen gewonnen wurde, zu *qalā* „im Tiegel kochen, rösten“
Alkanna eine Pflanze, aus deren Wurzel roter Farbstoff gewonnen wird; aus span. *alcana,* aus arab. *al-ḥinnāᵓ* „Farbstoff aus Blättern und Stengeln von Lawsonia inermis“
Alkazar Burg, befestigtes Schloß in Spanien; aus span. *alcazar,* aus arab. *al-qaṣr* „die Burg, das Kastell, Schloß“, über syr. und griech. Zwischenglieder aus lat. *castra,* Plural von *castrum* „mit Mauern oder Schanzen umgebener Platz, Burg, Kriegslager“
Alkohol eine organisch-chemische Verbindung, Weingeist; in der Alchimie „feines Pulver“; aus arab. *al-kuḥl,* „das Spießglanzpulver“ zum Färben der Augenbrauen, -wimpern und -lider
Alkoven kleiner Nebenraum, Bettnische; aus frz. *alcove,* aus span. *alcoba* „Nebenzimmer, Schlafzimmer“, aus arab. *al-qubba* „das Gewölbe, der gewölbte Raum“
alkyonisch windstill, ruhig, friedlich; in der Wendung: *alkyonische Tage* „glückliche, ruhige Tage“; aus lat. *alcedonia* „Windstille“, zu *alcedo,* griech. *alkyon* „Eisvogel“, da während der Brutzeit der Vögel um die Wintersonnenwende meist Windstille herrscht; der Name des Vogels geht nach der griech. Sage auf *Alkyone (Halkyone),* die Gemahlin des Keyx in Trachis, zurück; nach dessen Tod (er ertrank bei einem Schiffbruch) stürzte sich Alkyone ins Meer; Zeus verwandelte beide in Eisvögel und ließ während ihrer Brutzeit alle Winde ruhen
Alkyl- Name für Verbindungen mit einwertigen Kohlenwasserstoffen; aus → *Alkali* und griech. *hyle* „Stoff, Rohstoff, Materie“
Allah Bezeichnung der Muslime für Gott; aus arab. *allāh* „Gott“, zusammengezogen aus *al-ilāh* „der Gott“
Allantois embryonaler Harnsack; aus griech. *allas,* Gen. *allantos,* „Wurst“
Allee beidseitig von Bäumen gesäumte Straße; frz. *allée* „Gang (zum Lustwandeln), Allee“, Pl. *allées* „Schritte“, zu *aller* „gehen“, aus mlat. Soldatensprache *alare* „im Schritt marschieren“, Kurzform von lat. *ambulare* „(auf und ab) gehen“
Allegation Anführung einer Textstelle, Berufung darauf; aus lat. *allegare* „anführen, vorbringen“, aus *al-* (in Zus. vor l für *ad*) „hinzu“ und *legere* „lesen“
Allegorie bildhafte, gleichnishafte Darstellung eines Begriffs oder Vorgangs; aus griech. *allegoria* „bildliche

Rede, bildliche Bezeichnung“, zu *allegorein* „bildlich reden, etwas bildlich erklären“, aus *alle* „auf andere Weise“ und *agoreuein* „reden, sagen, verkünden“, eigentlich „auf einer Volksversammlung reden“, zu *agora* „Markt, Versammlungsplatz“, → Agora

allegretto mäßig schnell; ital. *allegretto* „ein wenig lebhaft“, Verkleinerungsform von → *allegro*

allegro lebhaft, bewegt; ital. *allegro* „lebhaft, munter“, über vulgärlat. *alecrum* aus lat. *alacer,* Gen. *alacris,* „lebhaft, munter, erregt“, weitere Herkunft nicht geklärt

Allel Zustandsform einer Erbanlage, bezogen auf homologe Chromosomen; aus griech. *allelon* „einander, gegenseitig“, aus *allos allon* „einer den andern“, zu *allos* „ein anderer, ein zweiter“

Allemande aus einem dt. Volkstanz entstandener Gesellschaftstanz im 16./17. Jh.; frz. *allemande* „deutscher Tanz“, zu *allemand* „deutsch“, aus lat. *Alaman(n)ia* „Deutschland“, nach den *Alemannen,* einer Völkergruppe zwischen Donau, Main und Oberrhein, deren Name dann in den roman. Ländern auf alle im Dt. Reich wohnenden germ. Stämme übertragen wurde

Allergen Stoff, der bei manchen Menschen Krankheitserscheinungen hervorruft; aus → *Allergie* und griech. *gennan* „erzeugen, hervorbringen“

Allergie Überempfindlichkeit gegen bestimmte Stoffe; aus griech. *allos* „anders, fremd“ und *ergon* „Werk“, zu *ergazesthai* „arbeiten, tätig sein“, eigtl. also „andere Reaktion als erwartet oder beabsichtigt“

Allianz Bündnis, Vereinigung; aus frz. *alliance* „Verbindung, Bund, Bündnis“, zu *allier* „vereinigen, verknüpfen“, aus lat. *alligare* „festbinden, fesseln, verbindlich machen, verpflichten“, aus *al-* (in Zus. vor l für *ad*) „an hin, zu“ und *ligare* „zusammen-, festbinden“

Alligation Mischung (z. B. von Metallen); aus lat. *alligatio,* Gen. *-onis,* „das Anbinden, Fesseln“ und *alligationes* „Bindemittel“, zu *alligare* „fest-, anbinden, fesseln“, aus *al-* (in Zus. vor l für *ad*) „hinzu, zu hin“ und *ligare* „binden“

Alligator ein Krokodil; aus span. *aligator,* aus *el lagarto* „die große Eidechse“, aus lat. *lacerta* „Eidechse“, zu *lacertus* „Oberarm, Muskel“, zur idg. Wurzel **leq-* „biegen, winden, zappeln“

Alliierter Verbündeter; Ableitung von *alliieren* aus frz. *s'allier* „sich verbünden“, zu *allier* „vereinigen“, → Allianz

Alliteration Stabreim; der Begriff *Alliteratio* wurde 1519 von Giovanni Pontano in seinem Dialog „Actius“ geprägt: es handelt sich bei dieser Art Reim um ein Spiel mit Buchstaben, das der Melodie der Rede eine gewisse Würze gibt, um ein Spiel, bei dem man *ad literas* „auf die Buchstaben“ schaut; aus lat. *ad* „zu hin, an, auf“ und *litera, littera* „Buchstabe“

Allmende *früher:* ungeteiltes, gemeinsam genutztes Gemeindeeigentum an Wald, Weide und Wasser; aus mhd. *almeinde, almende* „Gemeindeflur“, aus *al* „all, jeder“ und *meinde* „Gemeinde“

Allochorie Verbreitung von Früchten und Pflanzensamen durch Einwirkung von außen, z. B. durch Wind oder Tiere, Fremdverbreitung; aus griech. *allos* „anders“ und *chorein* „weggehen, sich ausbreiten“

allochromatisch andersfarbig, als es der Substanz nach zu erwarten wäre; aus griech. *allos* „anders“ und *chroma,* Gen. *chromatos,* „Farbe“, bes. „Hautfarbe“, zu *chros* „Haut, Fleisch“

allochthon an anderer Stelle, nicht am Fundort entstanden (Gesteine), vom Menschen verbreitet, nicht einheimisch (Pflanzen); aus griech. *allos* „anders“ und *chthon* „Erde, Gegend, Land“

Allogamie Fremdbestäubung; aus griech. *allos* „anders“ und *gamein* „heiraten“

Allokution feierliche Ansprache des Papstes an die Kardinäle; aus lat. *allocutio* oder *alloquium* „Ansprache“, aus *al-* (in Zus. vor l für *ad*) „zu hin“ und *locutio,* Gen. *-onis,* „das Sprechen“, zu *loqui* „sprechen, reden“

Allonge Verlängerungsstreifen (z. B. an Wechseln) für zusätzliche Angaben; frz. *allonge* „Anhang, Ansatz-, Verlängerungsstück", zu *allonger* „verlängern", aus *al-* (in Zus. vor l für *à*, aus lat. *ad*) „an, zu" und *long* (aus lat. *longus*) „lang"

Allopathie das herkömml. Heilverfahren, gegen eine Krankheit ein ihrer Ursache entgegenwirkendes Mittel anzuwenden; aus griech. *allos* „anders" und *pathos, pathe* „Leiden"

allothigen nicht am Fundort entstanden (von Gesteinen); aus griech. *allothi* „anderswo" (zu *allos* „anders") und *gennan* „hervorbringen, erzeugen"

Allotria Unfug, Dummheiten; aus griech. *allotrios* „fremdartig, sonderbar, unangemessen, unpassend", zu *allos* „fremd, anders"

Allotropie Eigenschaft eines chem. Stoffes, in verschiedenen festen Zustandsformen vorzukommen, z. B. des Kohlenstoffs als Graphit und Diamant; aus griech. *allos* „anders" und *tropos* „Art und Weise, Eigentümlichkeit, Beschaffenheit", zu *trepein* „drehen, wenden"

all right! in Ordnung, gut, einverstanden!; engl., aus *all* „alles" und *right* „recht, richtig", altengl. „gerade, recht", aus altnord. *rettr* „recht, gerade, aufrecht"

Allroundman jmd., der auf vielen Gebieten Bescheid weiß und tätig ist; aus engl. *all round* „rings umher" (*all* „alles" und *round* „rundum") und *man* „Mann"

Allüre Gangart des Pferdes; **Allüren** ungewöhnliches, übertriebenes Benehmen; aus frz. *allure* „Gang, Lauf", übertr. „Benehmen", zu *aller* „gehen"

Allusion Anspielung (auf Werke, Personen, Ereignisse); aus lat. *allusio,* Gen. *-onis,* „Spiel (mit), Anspielung", zu *alludere* „sich spielend nähern, Scherz treiben (mit), anspielen", aus *al-* (in Zus. vor l für *ad*) „zu hin" und *ludere* „spielen"

Alluvium *frühere Bez. für* jüngste Abteilung des Quartärs; aus lat. *alluvio,* Gen. *-onis,* „Anschwemmung, angeschwemmtes Land", zu *alluere* „anschwemmen, anspülen", aus *al-* (in Zus. vor l für *ad*) „zu hin" und *luere* „spülen, waschen"

Alma mater *poet. Bez. für* Universität; lat. *alma mater* „nährende Mutter", Nährmutter", aus *alma,* Fem. zu *almus* „nährend, fruchtbar, segenspendend" (zu *alere* „nähren") und *mater* „Mutter"

Almanach Kalender, Jahrbuch; über mlat. *almanachus* „Kalender" aus arab. (13. Jh.) *al-manāḫ* „Tafel, auf der der tägliche Stand von Sonne und Mond verzeichnet ist"

Almandin ein Mineral; nach der kleinasiatischen Stadt *Alabanda,* in deren Nähe es gefunden und in der es verarbeitet wurde

Almosen Gabe an Bedürftige; aus ahd. *alamuosan,* aus griech. *eleemosyne* „Mitleid, Wohltätigkeit, milde Gabe", aus *eleemon* „mitleidig" und Endung *-syne* zur Bezeichnung eines weiblichen abstrakten Begriffes

Aloe eine Heilpflanze; wahrscheinlich über griech. *aloe* aus hebr. *ahalim* „Aloe", beeinflußt von hebr. *halal* „bitter"

Alpaka[1] südamerikanisches Lama; aus Ketschua *p'akko* „gelblich, rötlich", wegen der Farbe des Fells, oder aus *pakko* „wolletragendes Tier, Wollvieh", im Aimara gibt es die Form *alpako* für das Tier

Alpaka[2] eine Kupfer-Nickel-Zink-Legierung bes. für Bestecke; die Herkunft des Wortes ist nicht geklärt, wahrscheinlich kommt es von *packfong,* einer falschen Lesart von *paktong,* dieses wiederum ist eine ungenaue Transkription von chines. *pai t'ung* „weißes Kupfer", womit eine bestimmte, in China hergestellte Legierung bezeichnet wurde. Ende des 18. Jh. gelangte diese Legierung nach Europa, wurde hier analysiert und um 1825 ebenfalls hergestellt. Bis ins 20. Jh. wurden dann ähnliche Legierungen unter den Namen *Alpaka, Alpacca* auf den Markt gebracht. Zweifellos hat das chines. Wort an der Bezeichnung mitgewirkt, doch ist nicht bekannt, woher der erste Wortteil *al-*

stammt. Vielleicht dachte man dabei an lat. *albus* „weiß"

Alphabet die in bestimmter Reihenfolge angeordneten Buchstaben einer Sprache; nach den ersten Buchstaben des griech. Alphabets: *alpha* „a" und *beta* „b"

Alraune Wurzel der Mandragora officinarum mit menschenähnlicher Gestalt, galt früher als Zaubermittel; aus ahd. *alruna;* der erste Teil des Wortes ist unsicherer Herkunft, vielleicht aus *Alb* „Kobold, Geist", der zweite Teil aus ahd. *runen* „heimlich reden, flüstern" („raunen")

Alt tiefe Stimmlage der Frauen und Knaben; aus ital. *alto* „hoch, hohe Stimmlage der Männer", aus lat. *altus* „hoch, groß (geworden)", zu *alere* „ernähren und großziehen"

Altan vom Boden aus gestützter Balkon, Söller; aus ital. *altana* in ders. Bed., zu *alto* „hoch", aus lat. *altus* „hoch"

Altar *urspr.:* Platz zum Darbringen von Opfern, Opferstein, Opfertisch; *heute:* Tisch für gottesdienstliche Handlungen; aus ahd. *altari,* aus lat. *altaria* (Pl.) „zum Verbrennen der Opfertiere errichteter Aufsatz oder Herd auf dem Opfertisch", wahrscheinlich aus *altus* „hoch"; früher auch mit *adolere* „als Opfer verbrennen" in Verbindung gebracht

alterieren chromatisch verändern; sich a.: sich aufregen; aus lat. *alterare* „anders machen, verändern", zu *alter* „der eine, der andere"

Alternative Wahl zwischen zwei Möglichkeiten; aus mlat. *alternativus* „zweideutig", zu lat. *alternare* „abwechseln", zu *alter* „der eine, der andere"

Altigraph automat. Höhenschreiber; aus lat. *altum,* Gen. *alti,* „Höhe" und griech. *grapheus* „Schreiber", zu *graphein* „schreiben", also „Schreiber der Höhe"

Altimeter Höhenmesser; aus lat. *altum,* Gen. *alti,* „Höhe" und griech. *metron* „Maß", zu *metrein* „messen"

Altruismus Uneigennützigkeit; aus frz. *altruisme* in derselben Bedeutung, dieses ist eine nachträgliche Bildung zu *autrui* „anderer" unter Anlehnung an lat. *alter* „der eine, der andere"

Aluminium chemisches Element; nach lat. *alumen,* Gen. *aluminis,* „Alaun" gebildet

Alumne Schüler eines Schülerheims (Alumnats); aus lat. *alumnus* „Pflegling, Zögling", zu *alere* „ernähren, großziehen"

Alveole Lungenbläschen; Zahnfach im Kiefer; aus lat. *alveolus* „kleine Wanne oder Mulde", Verkleinerungsform von *alveus* „Höhlung, Wanne, Mulde", zu *alvus* „Bauch"

Amalgam eine Quecksilberlegierung; aus arab. *al-malġam* „die erweichende Salbe", aus griech. *malagma* „Mittel zum Erweichen, Material zum Polstern", zu *malaxis* „Erweichung", zu *malakos* „weich, sanft"

Amarant eine Zierpflanze, Tausendschön, Samtblume; aus griech. *amarantos* „unverwelklich", zu *a-* „nicht" und *marainein* „welken, schwinden", da sie auch verblüht noch schön bleibt

Amaryllis eine Zierpflanze, Ritterstern; aus griech. *amaryssein* „funkeln, schimmern (lassen), aus den Augen Blitze schießen lassen", eigtl. Name einer in der antiken Literatur vorkommenden schönen Hirtin

Amateur jmd., der eine Beschäftigung aus Liebhaberei, nicht berufsmäßig betreibt; frz. *amateur* „Liebhaber, Verehrer, Freund", aus lat. *amator* in derselben Bedeutung, zu *amare* „lieben"

Amaurose Erblindung, „schwarzer Star"; aus griech. *amaurosis* „Verdunkelung", zu *amauros* „dunkel, blind"

Amazone *griech. Myth.:* Angehörige eines krieger. Frauenvolkes; *übertr.:* Reiterin; aus griech. *amazon* in derselben Bedeutung, Herkunft unsicher, vielleicht nach dem Namen eines iran. Volksstammes, der „Krieger" bedeutet; nach anderer Deutung aus griech. *a-* „nicht" und *mazos, mastos* „Mutterbrust"; nach der Sage haben sich die Amazonen eine Brust amputiert, um beim Schießen den Bogen besser spannen zu können

Ambassadeur *veraltet:* Botschafter,

Gesandter; frz. *ambassadeur* in ders. Bed., aus ital. *ambasciatore* „Botschafter“, aus mlat. *ambascia, ambactia* „Dienst, Auftrag“, aus lat. *ambactus* „Dienstmann“, wahrscheinlich aus dem Keltischen

Ambe (Ambo) Doppeltreffer im Lotto; aus ital. *ambi-* „beide, beid-“, aus lat. *ambo* „beide“

ambidexter mit beiden Händen gleich geschickt; aus lat. *ambi* „zu beiden Seiten“ und *dexter* „rechts“, übertr. auch „gewandt, geschickt“, dazu *dextera* „rechte Hand“, also etwa „mit zwei rechten (= geschickten) Händen versehen“

Ambiente Umgebung (einer Gestalt in der Kunst), Umwelt, Milieu; ital. *ambiente* in derselben Bedeutung, aus lat. *ambiens,* Gen. *-entis,* „herumgehend“, zu *ambire* „herumgehen“, aus *ambi* „herum“ und *ire* „gehen“

Ambiguität Zweideutigkeit, Doppelsinn; aus lat. *ambiguitas,* Gen. *-atis,* in derselben Bedeutung, zu *ambiguus* „zwischen zweien schwankend, zweifelhaft, unsicher“, zu *ambigere* „zweifeln, schwanken“, eigentlich *ambiagere* „etwas von zwei Seiten betreiben“, aus *ambi* „zu beiden Seiten, herum“ und *agere* „treiben“

Ambition Ehrgeiz, Streben; aus lat. *ambitio,* Gen. *-onis,* „Bewerbung um ein Amt“, übertr. „Ehrgeiz“, eigtl. „das Herumgehen der Kandidaten, um sich Stimmen zu verschaffen“, zu *ambire* „herumgehen, bittend umhergehen, jmdn. umwerben“, zu *ambi* „herum“

Ambitus Tonumfang (einer Stimme, eines Instruments); aus lat. *ambitus* „Umkreis, Umfang, Ausdehnung“, zu *ambire* „rings umgeben“, zu *ambi* „herum“

ambivalent zweiwertig; aus lat. *ambi-* „zu beiden Seiten“ und *valens,* Gen. *-entis,* „stark, mächtig“, zu *valere* „stark, mächtig sein, gelten“

Ambo → Ambe

Ambrosia *griech. Myth.:* Speise der Götter; eine Pflanze; aus griech. *ambrosios, ambrotos* „unsterblich“, aus *a-* „nicht“ und *brotos* „sterblich“, aus **mrotos* „sterblich“, zur idg. Wurzel **mer, *mor* „sterben“

ambulant wandernd, umherziehend; *Med.:* während der Sprechstunde, nicht im Krankenhaus; aus lat. *ambulans,* Gen. *-antis,* „umhergehend“, zu *ambulare* „umhergehen“, zu *ambi* „herum“

Ameise ein Insekt; aus mhd. *ameize,* auch *emesselin,* aus ahd. *a-, ab* „weg, fort, ab“ und *meizan* „schneiden“, da man das Tier beim Abnagen, „Abschneiden“ von Holzteilchen, Halmen usw. beobachtete

Amelie angeborenes Fehlen von Gliedmaßen; aus griech. *a-* „nicht“ und *melos* „Glied“

ameliorieren verbessern; aus frz. *améliorer* „verbessern“, zu lat. *melior* „besser“

Amen Schlußwort des Gebetes, des Segens u. ä.; aus hebr. *āmēn* „wahrlich, sicher, so sei es“, zu *aman* „fest, sicher, beständig sein“

Amendement Zusatz-, Änderungsvorschlag zu einem Gesetz; frz. *amendement* in derselben Bedeutung sowie „Verbesserung“, zu *amender* „verbessern, ändern, einen Zusatz machen“, aus lat. *emendare* „verbessern, von Fehlern befreien“ (mit sehr altem Präfixwechsel), aus *e-* (in Zus. für *ex*) „heraus“ und *mendum* „Fehler“

Amenorrhö Ausbleiben der Menstruation; aus griech. *a-* „nicht“ und → *Menorrhö*

Americium chemisches Element; nach *Amerika,* da es in den USA entdeckt wurde

Amethyst ein Edelstein; aus griech. *amethystos* „dem Rausch nicht verfallend“, aus *a-* „nicht“ und *methyein* „vom Wein berauscht sein“, zu *methy* „Wein“; der Stein galt als Talisman gegen Trunkenheit

Amiant ein Mineral; aus griech. *amiantos* „unbefleckt, rein“, aus *a-* „nicht“ und *miainein* „beflecken“, weil er unverbrennbar und im Feuer zu reinigen ist sowie allen giftigen Stoffen widersteht

... ämie → ... hämie

Aminosäure eine organische Säure; Ableitung aus den beiden ersten

Buchstaben von →*Ammoniak*

Amme Frau, die eben ein Kind geboren hat und (meist zusammen mit ihrem eigenen) ein fremdes Kind stillt; mhd. *amme,* aus ahd. *amma* „Mutter, sofern sie ein Kind nährt", wahrscheinlich Lallwort der Kindersprache, wie „Mama"

Ammoniak ein stechend riechendes Gas aus Wasserstoff und Stickstoff, Ausgangsstoff für Düngemittel; aus lat. *ammoniacum,* aus griech. *ammoniakon* „bitteres Harz" aus der Pflanze Dorema in der Oase Siwah in Libyen; der antike Name der Oase war *Ammonion,* da sich dort ein Heiligtum des ägypt. Gottes *Ammon* befand

Ammonit ausgestorbener, als Versteinerung erhaltener Kopffüßer mit spiralig gewundener Kalkschale, Ammonshorn; nach den Widderhörnern des ägypt. Gottes *Ammon*

Amnesie Gedächtnisschwund; aus griech. *a-* „nicht" und *mneme, mnestis* „Gedächtnis, Erinnerung"

Amnestie Begnadigung, Straferlaß (durch Gesetz); aus griech. *amnestia* „Vergessen, Vergessenheit", aus *a-* „nicht" und *mnestis* „Gedächtnis, Erinnerung"

Amnion innerste Embryonalhülle der höheren Wirbeltiere, Schafhaut; aus griech. *amnion* „Opferschale" zum Auffangen des Blutes der Opfertiere, zu *amnos* „Lamm"

Amöbe Wechseltierchen; aus griech. *amoibe* „Wechsel", aus *ameibein* „wechseln"

Amoklaufen infolge Geistesstörung auftretendes, blindwütiges Umherlaufen (meist mit einer Waffe), wobei der Betreffende jeden angreift, der ihm begegnet; aus malai. *amok, amuk* „Wutlauf, heftiger Angriff", zu *amuk* „wütend angreifen, vor Wut außer sich sein"

Amorette *bildende Kunst:* Figur eines geflügelten Knaben mit Pfeil und Bogen; eigtl. „kleiner Amor", mit frz. Verkleinerungsendung aus *Amor,* dem Namen des röm. Gottes der Liebe, zu lat. *amor* „Liebe"

amoroso *Mus.:* zärtlich, innig; ital. *amoroso* „liebevoll", zu *amore* aus lat. *amor* „Liebe"

amorph formlos, gestaltlos; aus griech. *a-* „nicht" und *morphe* „Gestalt"

amortisieren tilgen; sich a.: Anschaffungskosten durch Ertrag tilgen; aus mlat. **amortare, admortizare, admortificare* „(Besitz) in die tote Hand überführen", aus lat. *a-* bzw. *ad* „zu hin" und *mors,* Gen. *mortis,* „Tod"

amourös Liebes ...; aus frz. *amoureux* „verliebt", zu *amour* „Liebe", aus lat. *amor* „Liebe"

Ampel Hängelampe; Verkehrslicht; aus mhd. *ampel* „Lampe", aus lat. *ampulla* „kleines, bauchiges Gefäß", →Ampulle

Amperemeter Stromstärkemesser; nach dem frz. Physiker André-Marie *Ampère* (1775–1836) und griech. *metron* „Maß", zu *metrein* „messen"

Amphibie Tier, das an ein Leben im Wasser und auf dem Land gebunden ist; aus griech. *amphibios* „doppellebig", aus *amphi* „zweifach, verschieden" und *bios* „Leben"

Amphibol ein Mineral, Hornblende; aus griech. *amphibolos* „zweifelhaft, unsicher", weil die Gruppe der Mineralien, zu der es gehört, sehr verschiedene Substanzen umfaßt

Amphigonie zweigeschlechtl. Fortpflanzung (durch Ei und Samen); aus griech. *amphis* „zweifach" und *gone* „Erzeugung"

Amphiktyonie Verband altgriech. Stämme zum Schutz eines Heiligtums; aus griech. *amphiktyones* „Umwohner, Grenznachbarn, Nachbarvölker", aus *amphi* „ringsum, um ... herum" und *ktizein* „bebauen, bevölkern", zu *ktisis* „Gründung, Ansiedlung", zur idg. Wurzel **kthei-* „wohnen, sich ansiedeln"

Amphimixis Vermischung der Erbanlagen bei der Amphigonie; aus griech. *amphis* „zweifach" und *mixis* „Vermischung"

Amphiole Ampulle mit spritzfertigem Arzneimittel (Warenzeichen); wahrscheinlich aus *Ampulle* und *Phiole*

Amphioxus Lanzettfisch; aus griech. *amphis* „zweifach, beidseitig" und *oxys*

„scharf, spitz"; der Fisch ist vorn und hinten zugespitzt und hat eine lanzettförmige Schwanzflosse
Amphipode Flohkrebs; aus griech. *amphi* „ringsherum, auf allen Seiten" und *pous*, Gen. *podos*, „Fuß"
Amphiprostylos altgriech. Tempel mit Säulenhalle an der Vorder- und Rückseite; aus griech. *amphi* „zweifach" und → *Prostylos*
Amphitheater (urspr. antikes) Theater unter freiem Himmel mit kreis- oder ellipsenförmigem Grundriß und ansteigenden Sitzreihen; aus griech. *amphi* „ringsherum" und → *Theater*
Amphora, Amphore altgriech. Gefäß mit engem Hals und zwei senkrechten Henkeln; aus griech. *amphoreus*, kurz für *amphiphoreus* „Krug mit zwei Henkeln", aus *amphi* „beiderseits" und *phorein, pherein* „tragen", also ein Krug, der beiderseits getragen wird
amphoter teils sauer, teils basisch reagierend; aus griech. *amphoteros* „beides, beiderseitig", zu *amphi* „zweifach, beiderseitig"
amplifizieren erweitern; aus lat. *amplificare* „erweitern, ausdehnen, vergrößern", aus *amplus* „geräumig, weit, groß" und *facere* (in Zus. *-ficare*) „machen"
Amplitude größte Schwingungsweite, Schwankungsbreite; aus lat. *amplitudo* „Geräumigkeit, großer Umfang, Weite", zu *amplus* „geräumig, umfangreich, weit"
Ampulle kleines, bauchiges Gefäß, Glasröhrchen mit Arzneimittel zum Einspritzen; aus lat. *ampulla* „kleines, bauchiges Gefäß", Verkleinerungsform von *amphora* „großes, krugähnliches Gefäß", → Amphora
amputieren durch Operation abtrennen; aus lat. *amputare* „(ringsum) abschneiden", aus *ambi* „herum" und *putare* „beschneiden, reinigen, putzen", zu *putus* (selten für *purus*) „sauber, rein"
Amulett am Körper getragener Gegenstand, dem eine schützende Wirkung zugeschrieben wird; aus lat. *amuletum* „Abwehrmittel gegen Unheil"; hier liegt eine volksetymologische Vermischung zweier Wörter vor: lat. *amolimentum* „Abwehr-, Abwendungsmittel" (zu *amolitio* „das Wegschaffen, Entfernen", zu *amoliri* „wegbringen, beseitigen", aus *a-* „von weg" und *moliri* „in Bewegung setzen") wurde, wohl der leichteren Sprechbarkeit wegen, mit dem ähnlich klingenden, aber nicht verwandten spätlat. *amolum*, lat. *amylum* zu *amuletum* verschmolzen; *amylum* bedeutet „Stärke-, Kraftmehl" und geht auf griech. *amylon* „Stärkemehl", eigtl. „Nichtgemahlenes" bzw. „nicht in der Mühle Gemahlenes" zurück
amüsant vergnüglich, unterhaltend; aus frz. *amusant* „unterhaltend, belustigend", zu *amuser* „unterhalten, die Zeit vertreiben", Ableitung von *muser* „trödeln, tändeln, müßig sein", vielleicht über eine vulgärlat. Form zu *Muse* im Sinne von „sich dem Dienst der Musen hingeben, schöne Dinge tun"
Amygdalin Geschmacksstoff in bitteren Mandeln; aus griech. *amygdalon* „Mandel", weitere Herkunft unbekannt
Anabaptismus Lehre der Wiedertäufer; aus spätgriech. *anabaptizein* „wiederholt untertauchen", aus *ana* „wieder" und *baptizein* „unter-, eintauchen", zu *baptisma* „Waschung, Taufe"
Anabasis Aufstieg, Hinaufmarsch, Zug von der Küste ins Binnenland; aus griech. *anabainein* „hinaufsteigen", aus *ana* „hinauf" und *bainein* „gehen, schreiten" (Titel von Geschichtswerken des Xenophon und Arrianos)
Anabiose Überdauern und Wiederaufleben mancher Lebewesen nach längerem Scheintod; aus griech. *anabioun* „wiederaufleben", aus *ana* „hinauf, aufwärts" und *bioun* „leben", zu *bios* „Leben"
Anabolie Erwerb neuer Merkmale im Lauf der Entwicklung des Individuums; aus griech. *anabole* „Überwurf, Umhang, Mantel", aus *anaballein* „auf sich nehmen, übernehmen, sich umlegen, überwerfen", aus *ana* „auf" und *ballein* „anlegen, anziehen",

also gewissermaßen „das Anlegen einer neuen Hülle, das Erwerben eines neuen Erscheinungsbildes"
Anachoret Einsiedler; aus griech. *anachoresis* „Rückzug, Zurückgezogenheit, Zufluchtsort", aus *ana* „zurück" und *chorein* „weichen, Platz machen, zurückweichen, sich zurückziehen", zu *chora* „freier Raum, Platz, Gegend"
Anachronismus nicht zeitgemäße Einrichtung, falsche zeitliche Einordnung; aus griech. *anachronizein* „in eine andere, unrichtige Zeit versetzen", aus *ana* „über ... hin, durch ... hin, überall darin, entgegen" und *chronizein* „eine Zeit zubringen, verweilen, lange bleiben", zu *chronos* „Zeit"
Anaerobier, Anaerobiont niederes Lebewesen, das ohne Sauerstoff leben kann; aus griech. *an-* „nicht" und → *Aerobier*
Anagenese Höherentwicklung im Lauf der Stammesgeschichte; aus griech. *ana* „hinauf" und → *Genese*
Anagramm Umstellen von Buchstaben oder Silben eines Wortes zu einem neuen Wort; eigentlich „Aufgeschriebenes", aus griech. *ana* „auf" und *gramma* „Geschriebenes, Buchstabe, Schriftzeichen", zu *anagraphein* „aufschreiben, aufzeichnen"
Anakoluth formal falsche Weiterführung eines angefangenen Satzes, Satzbruch; aus griech. *anakolouthos* in derselben Bedeutung, aus *an-* „nicht" und *akoluthia* „Aufeinanderfolge, logische Folge" sowie *akolouthein* „folgen; entsprechen, übereinstimmen", zu *keleuthos* „Weg, Pfad, Bahn", zu *kellein* „treiben"
Anakusis Taubheit; aus griech. *an-* „nicht" und *akousis* „das Hören", zu *akouein* „hören"
Anakonda eine südamerikan. Riesenschlange; der Name bezeichnete urspr. eine ceylonesische Schlange und wurde dann durch ein Versehen auf die Eunectes murinus übertragen; ein Deutungsversuch führt zu singhales. *henakandayā: hena* „Blitz" und *kanda* „Stamm, Stengel" und Suffix *-yā*
anal zum After gehörig; Ableitung von lat. *anus* „After", eigtl. „Kreis, Ring"
Analekten Sammlung von Aufsätzen oder von Auszügen aus Dichtwerken, Sammlung von Urkunden; aus griech. *analegein* „auflesen, aufsammeln", aus *ana* „auf" und *lektos* „gesammelt, auserlesen", zu *legein* „lesen, sammeln"
Analeptikum den Kreislauf anregendes Mittel; aus griech. *analeptikos* „erquickend", aus *analambanein* „wiederherstellen, wiedergutmachen, erquikken", aus *ana* „wieder" und *lambanein* „fassen, nehmen"
Analgesie Aufhebung der Schmerzempfindlichkeit, Schmerzlosigkeit; aus griech. *an-* „nicht" und → *Algesie*
analog ähnlich, entsprechend; aus griech. *analogos* „übereinstimmend", eigentlich „der Vernunft entsprechend", aus *ana* „auf, hinauf, längs, entlang, gemäß, entsprechend" und *logos* „Vernunft"
Analyse Zergliederung eines Ganzen in seine Teile und Untersuchung der Teile in ihrem Verhältnis zum Ganzen; aus griech. *analysis* „Auflösung", aus *ana* „auf" und *lysis* „Lösung", zu *analyein* „auflösen", zu *lyein* „lösen"
Anämie Blutarmut; aus griech. *anaimia* „Blutleere, Blutlosigkeit", zu *anaimos* „blutlos", aus *an-* „nicht" und *haima* „Blut"
Anamnese *griech. Philos.:* Erinnerung der Seele an ihre vorgeburtl. Ideen; *Med.:* Vorgeschichte der Krankheit nach Angaben des Patienten; aus griech. *anamnesis* „Gedächtnis, Erinnerung", aus *ana* „zurück" und *mneme, mnestis* „Gedächtnis, Erinnerung"
Anamorphot Linse, die bei Breitwandfilmaufnahmen die Bilder verzerrt und bei der Vorführung wieder entzerrt; aus griech. *ana* „zurück" und *morphosis* „äußere Form, Beschaffenheit", zu *morphe* „Gestalt"
Ananas eine tropische Frucht; über das Portugies. aus Tupi *naná, anamá* als Bezeichnung für die Frucht, wobei das anlautende a unter Einfluß des portugies. Artikels *a* und das auslautende s durch den ursprünglichen Plural entstanden sind
Anapäst Versfuß aus zwei kurzen, unbetonten und einer langen, betonten

Silbe; aus griech. *anapaistos* „zurückgeschlagen“, aus *ana* „zurück“ und *paiein* „schlagen“
Anapher Wiederholung des Anfangswortes in aufeinanderfolgenden Sätzen; aus griech. *anaphora* „Erhebung, Aufsteigen“, zu *anapherein* „hinauftragen“, aus *ana* „hinauf“ und *pherein* „tragen“
Anaphylaxie Überempfindlichkeit, bes. gegen artfremdes Eiweiß; aus griech. *ana* „überall darin“ und *phylax* „Wächter, Hüter“, dazu *phylassein* „wachen, Wache halten“
Anarchie Zustand der Gesetzlosigkeit, polit. Unordnung; aus griech. *anarchia* „Herrenlosigkeit, Mangel an Oberbefehl, an Obrigkeit, gesetzloser Zustand“, aus *an-* „nicht“ und *arche* „Herrschaft, Regierung“, zu *archein* „herrschen“
anastatisch wiederauffrischend, neubildend; aus griech. *anastatos* „aufgestanden“, zu *anastasis* „Aufstehen, Auferweckung, Wiederaufrichtung“, aus *ana* „auf“ und *stasis* „Stehen, Stand“, zu *anistanai* „aufstehen“
Anästhesie Schmerzbetäubung; aus griech. *anaisthesia* „Unempfindlichkeit, Gefühllosigkeit“, aus *an-* „nicht“ und *aisthesis* „Wahrnehmung, Empfindung“, zu *aisthanesthai, aisthesthai* „wahrnehmen, fühlen“
Anastigmat Objektiv, das keinen Astigmatismus aufweist, das unverzerrte Bilder ermöglicht; aus griech. *an-* „nicht“ und → *Astigmatismus*
Anastrophe Umkehrung der Wortstellung, z.B. „zweifelsohne“ statt „ohne Zweifel“; aus griech. *anastrophe* „Umkehr, Wendung“, zu *anastrephein* „umkehren, umwenden, zurückwenden“, aus *ana* „zurück“ und *strephein* „wenden, drehen“
Anathema Kirchenbann, Verfluchung; griech. *anathema* „Verfluchung“, zu *anatithenai* „jmdm. etwas aufladen, aufbürden, jmdm. eine Schmach antun“
Anatomie Wissenschaft vom Körperbau der Lebewesen; aus griech. *anatome* „das Aufschneiden“, aus *ana* „auf“ und *tome* „Schnitt“, zu *anatemnein* „aufschneiden“, zu *temnein* „schneiden“
Anchovis kleine eingesalzene Sardelle; aus ndrl. *ansjovis,* aus span. *anchoa, anchova* in ders. Bed., aus ital. mundartl. (Genua) *anciùa,* (Verona) *anciòa,* hochital. *acciuga* „Sardelle“, über **apjuga* aus vulgärlat. **apiura* aus griech. *aphye* „kleine Fische verschiedener Art, Fischbrut“, weitere Herkunft nicht bekannt
andante *Mus.:* mittelschnell; ital. *andante* „gehend“, zu *andare* „gehen“
andantino *Mus.:* etwas schneller als andante; ital. *andantino* in ders. Bed., Verkleinerungsform von → *andante*
Andesin ein Mineral; nach den *Anden,* in denen es hauptsächlich vorkommt
Andragogik Erwachsenenbildung; aus griech. *aner,* Gen. *andros,* „Mann, Mensch“ und *agoge* „Führung, Leitung, Erziehung“, zu *agein* „führen, leiten“
Androgamet männl. Keimzelle; aus griech. *aner,* Gen. *andros,* „Mann“ und *gametes* „Ehemann“, zu *gamein* „heiraten“
androgyn männliche und weibliche Blüten zugleich aufweisend; aus griech. *androgynos* „Mannweib, Zwitter“, aus *aner,* Gen. *andros,* „Mann“ und *gyne* „Frau“
Andrologie Lehre von den Männerkrankheiten; aus griech. *aner,* Gen. *andros,* „Mann“ und *logos* „Wort, Lehre, Kunde“, zu *legein* „sagen, sprechen, erklären“
Anekdote kurze, witzige, eine historische Persönlichkeit charakterisierende, jedoch nicht verbürgte Geschichte; aus griech. *anekdotos* „(noch) nicht aus dem Haus gegeben, unverheiratet; (noch) nicht herausgegeben“ (von Büchern), aus *an-* „nicht“ und *ekdidonai* „herausgeben, aus dem Haus geben, unter die Leute bringen, bekannt machen“, aus *ek* „hinaus, heraus“ und *didonai* „geben, schenken“
Anemogamie Bestäubung durch Wind; aus griech. *anemos* „Wind“ und *gamein* „heiraten“
Anemometer Windmeßgerät; aus griech. *anemos* „Wind“ und *metron*

„Maß", zu *metrein* „messen"

Anemone eine Pflanze, Windröschen; aus griech. *anemos* „Wind"; man sagt, die Blüten öffnen sich bei leichtem, warmem Wind

Anepigrapha Schriften ohne Titel; aus griech. *an-* „nicht" und *epigraphe* „Aufschrift", aus *epi* „auf, darauf" und *graphe* „Schriftstück", zu *graphein* „schreiben"

Anergie Energielosigkeit, Reizunempfindlichkeit; nicht umwandelbare Energie; aus griech. *an-* „nicht" und *energos* „arbeitend, wirksam, tätig, tatkräftig", dieses aus *en* „hinein" und *ergon* „Arbeit, Werk"

Aneroidbarometer Luftdruckmesser, der den Luftdruck auf eine luftleere Dose anzeigt; aus griech. *a-, an-* „nicht", *aer* „Luft" und *eidos* „Beschaffenheit, Aussehen, Gestalt"

Aneurie Nervenschwäche; aus griech. *a-* „nicht" und *neuron* „Nerv", urspr. „Sehne, Pflanzenfaser"

Angelika eine Heilpflanze, Engelwurz; aus lat. *angelica (herba)* „Engelskraut", zu *angelus* „Engel"; früher gewann man aus ihrer Wurzel ein Heilmittel gegen Gifte

Angina fieberhafte Mandel-Rachen-Entzündung; aus lat. *angina* „Halsentzündung", aus griech. *agchone* „das Erdrosseln, Erhängen, würgende Angst", zum Verb *agchein* „würgen, drosseln"; bei der Übernahme ins Lat. wäre eigtl. die Form *ancina* zu erwarten, die Umbildung zu *angina* ist vermutlich durch Anlehnung an lat. *angere* „beengen, zusammendrücken, würgen" zustande gekommen. – *Angina pectoris* Anfälle von starken Schmerzen in der linken Brustseite; aus lat. *pectus,* Gen. *pectoris,* „Brust", übertr. „Herz"

Angiogramm Röntgenbild der Blutgefäße; aus griech. *aggeion* „Gefäß" und *gramma* „Zeichen, Schriftzeichen", zu *graphein* „schreiben"

Angiologie Lehre von den Blutgefäßen; aus griech. *aggeion* „Gefäß" und *logos* „Wort, Lehre, Kunde", zu *legein* „sagen, sprechen, erklären"

Angiom Geschwulst an Blut- oder Lymphgefäßen; aus griech. *aggeion* „Gefäß, Behältnis, Schlauch"

Angiospermen bedecktsamige Blütenpflanzen; aus griech. *aggeion* „Gefäß" und *sperma* „Same"

Anglophilie Vorliebe für alles Englische; aus lat. *Angli* „Angeln" (Engländer) und griech. *philia* „Liebe, Zuneigung", zu *philein* „lieben, gernhaben", zu *philos* „Freund"

Anglophobie Abneigung gegen alles Englische; aus lat. *Angli* „Angeln" (Engländer) und → *Phobie*

Angorawolle feine, weiche Wolle der Angoraziege oder des Angorakaninchens; nach der türk. Stadt *Angora,* heute *Ankara,* da die beste Angorawolle aus der Gegend von Angora stammt

angular zu einem Winkel gehörig, ekkig; aus lat. *angularis* „eckig, winkelig", zu *angulus* „Ecke, Winkel", vielleicht zu *uncus* „Haken, Klammer"

anheischig *in der Fügung* sich a. machen: etwas zu tun versprechen, erklären, daß man etwas wird tun können; unter Anlehnung an *heischen* „wünschen, verlangen" aus mhd. *antheiz, entheiz,* ahd. *antheizza* „Gelübde, Versprechen", zu *ant-, ent-* „entgegen, zu hin", oft nur verstärkend, und *heizen* „sagen, verheißen, geloben"

Anhydrid chem. Verbindung, die durch Wasserabspaltung aus einer anderen entsteht; aus griech. *an-* „nicht" und *hydor* „Wasser"

Anilin eine organische Verbindung, Ausgangsstoff für Farb- und Kunststoffe und für Arzneimittel; aus frz. *aniline,* span. *anilina,* aus arab. *an-nīla* (eigtl. *al-nīla,* mit assimiliertem l des Artikels *al-,* der im Span. mit übernommen wurde) „Indigo", über das Pers. aus Sanskrit *nīla-* „dunkelblau", urspr. „dunkel", und *nīlī* „Indigopflanze"

animalisch tierisch; aus lat. *animalis* „lebend, lebendig", zu *animal* „Lebewesen, Geschöpf", bes. „Tier", zu *anima* „Atem, Seele", übertr. „belebtes Wesen"

animato *Mus.:* belebt, beseelt; ital. *animato,* Part. Präs. von *animare* „beleben, beseelen", aus lat. *anima* „Atem, Seele"

animieren anregen, in Stimmung bringen; aus frz. *animer* „beleben, beseelen, anfeuern, in Schwung bringen", aus lat. *animare* „beleben, beseelen", zu *anima* „Atem, Seele"

Animosität Abneigung, Widerwille; aus frz. *animosité* „Gereiztheit, Zorn, Unwille, Leidenschaftlichkeit", aus lat. *animositas,* Gen. *-atis,* „Ungestüm, Leidenschaftlichkeit, Heftigkeit", zu *animosus* „stürmisch, hitzig, leidenschaftlich", → animalisch

Anion negatives Ion; aus → *Anode* und → *Ion*

Anis eine Gewürz- und Heilpflanze; aus lat. *anisum,* griech. *anison* „Dill"; weitere Herkunft aus dem Orientalischen unklar

Ankylose Gelenkversteifung; aus griech. *agkylos* „gekrümmt, krumm", zu *agkon* „Biegung, Krümmung"

Annalen geschichtliche Jahrbücher; aus lat. *annales* „Jahrbücher, Chronik, Geschichtswerk", zu *annus* „Jahr"

Annaten Abgaben an den päpstlichen Stuhl für die Verleihung kirchlicher Pfründen; aus mlat. *annatae* „Erträge einer Pfründe während eines Jahres oder des ersten Jahres", zu lat. *annus* „Jahr"

annektieren sich (mit Gewalt) aneignen; aus lat. *annectere* „anknüpfen, anbinden, anfügen", aus *an-* (in Zus. vor n für *ad*) „an, zu" und *nectere* „knüpfen, flechten"

Anneliden Ringelwürmer; aus lat. *anulus, annulus, anellus* „Ringelchen, Fingerring", aus *anus* „Kreis, Ring, Fußring" und griech. *eidos* „Form, Gestalt, Aussehen"

Annex Anhang, Anbau; aus lat. *annexus* „Verbindung", → annektieren

Anniversarium *kath. Kirche:* jährliche Gedächtnisfeier; aus lat. *anniversarius* „jedes Jahr wiederkehrend, jährlich", aus *annus,* Pl. *anni,* „Jahr" und *versare* „hin und her wenden", Frequentativum zu *vertere* „wenden"

Annonce Zeitungsanzeige; frz. *annonce* „Anzeige", zu *annoncer* „bekanntmachen, verkünden, anzeigen", aus lat. *annuntiare* „ankündigen, berichten", aus *an-* (in Zus. vor n für *ad*) „an hin, nach, zu" und *nuntiare* „melden, anzeigen", zu *nuntius* „Bote, Melder"

Annotation Anmerkung; aus lat. *annotatio,* Gen. *-onis,* „schriftliche Bemerkung", zu *annotare* „schriftlich vermerken", aus *an-* (in Zus. vor n für *ad*) „an, zu" und *notare* „auf-, bezeichnen, bemerken, wahrnehmen, mit einem Kennzeichen versehen", zu *nota* „Merkmal, Kennzeichen, Schriftzeichen"

annuell jährlich; *Bot.:* einjährig; aus frz. *annuel* „jährlich", aus lat. *annualis* „für ein Jahr, jährlich", zu *annus* „Jahr"

annullieren für ungültig, nichtig erklären; über frz. *annuler* aus lat. *annullare* „zunichte machen", aus *an-* (in Zus. vor n für *ad*) „zu, an" und *nullus* „keiner, niemand, gar nicht", → null

Anode positiver Pol einer Batterie oder mit dem positiven Pol einer Gleichstromquelle verbundene Elektrode; aus griech. *anodos* „Aufstieg, Weg hinauf", aus *ana* „hinauf" und *hodos* „Weg"

anomal von der Regel abweichend, regelwidrig; aus griech. *a-* „nicht" und *nomos* „Gesetz"

Anomie Gesetzlosigkeit; *Soziol.:* Unfähigkeit, sich in der Gesellschaft zu orientieren; aus griech. *anomia* „Gesetzlosigkeit, Verachtung der Gesetze", aus *a-* „nicht" und *nomos* „Gesetz", eigentlich „das Zugeteilte", zu *nemein* „verteilen, zuteilen"

anonym ohne Angabe des Namens, ungenannt; aus griech. *anonymos* „namenlos, unbenannt", aus *an-* „nicht" und *onyma, onoma* „Name"

Anopheles eine Stechmücke, Überträgerin der Malaria; aus griech. *anophelos* „schädlich", aus *an-* „nicht" und *ophelos* „Nutzen, Gewinn", zur idg. Wurzel **obhel-* „vermehren"

Anopie, Anopsie Untätigkeit der Netzhaut eines Auges (z. B. beim Schielen); aus griech. *an-* „nicht" und *opsis* „das Sehen", zu *ops,* Gen. *opos,* „Auge"

Anorak Windjacke (mit Kapuze); aus eskimoisch *anǒraq* „Windjacke"

anormal nicht normal; Kreuzung aus → *anomal* und → *abnorm*

Anorthit ein Mineral; aus griech. *an-*

„nicht" und *orthos* „gerade", da die Hauptspaltungsebene (wie beim Plagioklas) nicht senkrecht verläuft

Anostose Störung des Knochenwachstums, Knochenschwund; aus griech. *an-* „nicht" und *osteon, ostoun* „Knochen"

Anoxämie, Anoxyhämie Sauerstoffmangel im Blut; aus griech. *an-* „nicht", *oxys* „sauer" und *haima* „Blut"

anrüchig in keinem guten Ruf stehend; ältere Form *anrüchtig,* beides in der urspr. Bedeutung „im Begriff, einen schlechten Ruf zu bekommen, ins Gerede zu kommen", zu *Gerücht* aus mhd. *gerucht, gerücht* „Ruf, Nachrede", zu *rufen* (vgl. *ruchbar werden* „durch Gerücht, Gerede bekannt werden", sowie die veraltete Redensart *in keinem guten Ruch [= Ruf] stehen*)

Antagonismus Widerstreit, (unversöhnlicher) Gegensatz; aus griech. *antagonistes* „Gegner, Widersacher", aus *anta* „gegen, entgegen" und *agonia* „Kampf", zu *agon* „Wettkampf"

Antarktis Gebiet um den Südpol; aus griech. *anti-* „gegen" und →*Arktis*

Antenne Vorrichtung zum Empfangen und Senden von elektromagnetischen Wellen; aus vulgärlat. *antenna,* lat. *antemna* „Segelstange, Rah", wohl zu *an-* „auf-, hinauf-" und verwandt mit *tendere,* griech. *teinein* „spannen, straff anziehen", also eigtl. „die Aufgespannte"

Antepänultima drittletzte Silbe; aus lat. *ante* „vor, voran", *paene* „fast, beinahe" und *ultima* „die letzte"

Antependium Verkleidung des Altarunterbaues; aus lat. *ante* „vor" und *pendere* „hängen"

Antezedens Voraussetzung, Ursache, Grund; aus lat. *antecedens* „vorhergehend", aus *ante* „vor, voran" und *cedere* „gehen"

Anthem engl., der Motette oder Kantate ähnliches musikalisches Werk, Hymne; engl. *anthem* in ders. Bed., aus mengl. *antem, atefne,* aus altengl. *antefn* in ders. Bed., urspr. „Wechselgesang", aus mlat. *antiphona* „Wechselgesang", →Antiphon

Anthemion *antike Baukunst:* Fries aus Blumenornamenten; aus griech. *anthemion* „Blume", zu *anthos* „Blüte"

Anthemis eine Pflanze; aus griech. *anthemion* „Blume", aus *anthos* „Blüte"

Anthere Staubbeutel der Blütenpflanzen; aus griech. *antheros* „blühend", zu *anthos* „Blüte"

Anthologie Sammlung von Gedichten, Sprüchen oder kleinen Prosastücken, „Blütenlese"; aus griech. *anthos* „Blüte" und *logos* „Schriftwerk", zu *legein* „lesen, sammeln"

Anthozoon Korallentier; aus griech. *anthos* „Blüte" und *zoon* „Lebewesen, Tier"

Anthrazit Steinkohle mit hohem Heizwert; aus griech. *anthrax,* Gen. *anthrakos,* „(glühende) Kohle"

Anthropogenie Lehre von der stammesgeschichtl. Entwicklung des Menschen; aus griech. *anthropos* „Mensch" und *genesis* „Werden, Entstehen", →Genese

Anthropologie Lehre vom Menschen in natur- und geisteswissenschaftlicher Hinsicht; aus griech. *anthropos* „Mensch" und *logos* „Wort, Lehre, Kunde", zu *legein* „sagen, sprechen, erklären"

Anthropometrie Lehre von den Maßverhältnissen des menschlichen Körpers; aus griech. *anthropos* „Mensch" und *metrein* „messen"

anthropomorph menschenähnlich gestaltet; aus griech. *anthropos* „Mensch" und *morphe* „Gestalt"

Anthropophagie Menschenfresserei, Kannibalismus; aus griech. *anthropos* „Mensch" und *phagein* „essen"

Anthropophobie Menschenscheu; aus griech. *anthropos* „Mensch" und *phobos* „Scheu, Furcht, Angst"

Anthroposophie von Rudolf Steiner begründete Lehre vom Menschen in seiner Beziehung zum Übersinnlichen; aus griech. *anthropos* „Mensch" und *sophia* „Wissenschaft, Weisheit", zu *sophos* „geschickt, gewandt, geübt; gelehrt, weise"

anti..., Anti... gegen..., Gegen...; aus griech. *anta* „gegen, entgegen" und *anti* (Lokativform) „gegen, gegenüber"

Antibarbarus früher Titel von Büchern, die gegen Sprachverwilderung ankämpften; aus griech. *anti* „gegen" und *barbaros* „nichtgriechisch, ausländisch, fremd; roh, ungebildet"
Antibiotikum Stoff, der Kleinstlebewesen, bes. Bakterien, vernichtet; aus griech. *anti* „gegen" und *bios* (Nebenform: *bioteia)* „Leben"
antichambrieren im Vorzimmer warten; sich um Gunst bemühen; aus frz. *antichambre* „Vorzimmer", aus *anti-*, lat. *ante* „vor" und *chambre* „Zimmer", aus lat. *camera* „Gewölbe"
Antidot Gegengift; aus griech. *antidoton* „Gegengift", aus *antididonai* „dagegen geben, dafür geben", aus *anti* „gegen" und *didonai* „geben, schenken"
Antigen artfremder Eiweißstoff, der im Blut die Bildung von Antikörpern bewirkt, die ihn vernichten; aus griech. *anti* „gegen" und *gennan* „erzeugen"
Antikaglien kleine antike Kunstwerke; aus ital. *anticaglia* „altes Zeug, alte, unmoderne Dinge", Ableitung von *antico* „alt", aus lat. *anticus, antiquus* „alt, einstig", zu *ante* „vor, früher"
Antike das griech.-röm. Altertum; aus frz. *antique* „antik, Antike", aus lat. *antiquus* „alt", zu *ante* „vor, früher"
Antilope ein Huftier; das Wort soll auf den griech. Namen eines Fabeltieres *anthalops* „Blumenauge" zurückgehen, aus *anthos* „Blume" und *ops,* Gen. *opos,* „Auge"
Antimon chemisches Element; anderer Name für →Stibium; aus spätgriech. *anthemon* „Blüte", aus griech. *anthos* „Blüte", wegen der stengelartigen Kristalle, die büschelförmig angeordnet sind und wie eine Blüte aussehen
Antinomie Widersprüchlichkeit, Widerspruch in sich oder innerhalb eines Satzes; aus griech. *antinomia* „Widerspruch eines Gesetzes mit sich selbst oder der Gesetze miteinander", aus *anti* „gegen" und *nomos* „Gesetz"
Antipathie gefühlsmäßige Abneigung, Widerwille; aus griech. *anti* „gegen" und *pathos* „Gemütsbewegung, Seelenstimmung"
Antiphon liturg. Wechselgesang; aus griech. *antiphonein* „antworten", aus *anti* „gegen, gegenüber" und *phone* „Ton, Klang, Stimme"
Antipode auf dem entgegengesetzten Punkt der Erde lebender Mensch; *übertr.:* den entgegengesetzten Standpunkt vertretender Mensch; aus griech. *antipous,* Gen. *antipodos,* „Gegenfüßler", aus *anti* „gegen, gegenüber" und *pous,* Gen. *podos,* „Fuß"
Antiquar Händler mit gebrauchten Büchern, Kunstblättern, Noten; aus lat. *antiquarius* „Liebhaber von Altertümern, Verehrer des Altertums", zu *antiquus* „alt"
antizipieren vorwegnehmen; aus lat. *anticipare* „vorausnehmen, vorher gewinnen", aus *ante* „vor, voran" und *capere* (in Zus. *-cipere,* dazu als Intensivum *-cipare)* „fassen, nehmen"
Antlitz *poet. für* Gesicht; aus mhd. *antlitze, antlütze, anlütte,* ahd. *antlitze, antluzzi, antlutti* „Gesicht", aus got. *andawleizn* „Gesicht", aus *and(a)* „auf hin, zu hin" und einem untergegangenen Verb **wleitan* „sehen", belegt ist got. *wleitôn* „umherschauen", also ist Antlitz eigtl. „das, was einem entgegenschaut, was zu einem hinschaut"
Antonomasie Umschreibung eines Eigennamens, z.B. „Dichterfürst" für Goethe; Bezeichnung eines Gattungsbegriffs durch einen Eigennamen, z.B. „er ist ein Herkules" statt „ein starker Mann"; aus griech. *antonomazein* „anders benennen, einen neuen Namen geben", aus *anti* „gegen, gegenüber" und *onomazein* „nennen", zu *onoma* „Name"
Antonym Wort mit entgegengesetzter Bedeutung, z.B. „schön" als Gegensatz zu „häßlich"; aus griech. *anti* „gegen, gegenüber" und *onyma* „Name"
Anurie Versagen der Ausscheidung von Urin; aus griech. *an-* „nicht" und *ouron* „Harn, Urin"
Äolsharfe Harfe, deren Saiten durch Wind zum Schwingen gebracht werden; nach *Äolus,* griech. *Aiolos,* dem griech. Gott der Winde; der Name kommt von *aiolos* „beweglich, sich schnell bewegend, schnell"

Äon unendlich langer Zeitraum, Weltalter; aus griech. *aion* „Zeit, Zeitraum, Zeitalter, Lebenszeit", zu *aiei* „immer, ewig"

Aorist griech. Erzählform, die eine einmalige, zu einem unbestimmten oder gleichgültigen Zeitpunkt abgelaufene Handlung wiedergibt; griech. *aoristos* „unbestimmt, nicht abgegrenzt", aus *a-* „nicht" und *horistikos* „genau begrenzend", zu *horizein* „bestimmen, abgrenzen, begrenzen", zu *horos* „Grenze"

Aorta Hauptschlagader des Körpers; aus griech. *aorte* in derselben Bedeutung und *aorter* „Tragband, Gehenk", zu *aeirein, airein* „in die Höhe heben, aufheben, aufhängen"; im alten Griechenland glaubte man, das Herz sei an der großen Schlagader aufgehängt

apagogisch *in der Fügung* apagogischer Beweis: Beweis für die Richtigkeit einer Behauptung dadurch, daß man die Falschheit des Gegenteils beweist; aus griech. *apagoge* „das Ab-, Wegführen", zu *apagein* „weg-, fortführen", aus *apo* „weg" und *agein* „führen"

Apanage Unterhalt nicht regierender Angehöriger eines regierenden Fürsten; frz. *apanage* „Jahresgehalt (eines Fürsten), angemessener Unterhalt", aus mlat. *apanagium* „Unterstützung aus dem fürstlichen Erbe für Familienmitglieder des Fürsten", zu *appanare* „unterstützen, ausstatten", eigtl. „mit Brot versehen", aus lat. *ap-* (in Zus. vor p für *ad*) „zu hin" und *panis* „Brot"

apart eigenartig, ungewöhnlich und reizvoll; aus frz. *à part* „beiseite, abgesondert", übertr. „eigenartig", aus lat. *a parte* „auf der Seite", zu *pars,* Gen. *partis,* „Seite, Teil, Anteil"

Apathie Teilnahmslosigkeit; aus griech. *apatheia* „Gefühllosigkeit, Stumpfsinn", zu *apathes* „frei von Leiden, unempfänglich, unempfindlich", aus *a-* „nicht" und *pathos* „Gemütsbewegung, Leiden"

Apatit ein Mineral; aus griech. *apatan* „trügen, täuschen"; das Wort wurde von dem Geologen und Mineralogen Abraham Gottlob Werner (1750–1817) geprägt, weil der Stein von Mineralogen und Chemikern schon mehrmals verkannt worden war

Aperçu geistreiche Bemerkung; frz. *aperçu* „Übersicht, Überblick, kurze Darstellung", Pl. *aperçus* „Bemerkungen, Ansichten", zu *apercevoir* „wahrnehmen, bemerken", aus *à* „zu hin" und *percevoir* „wahrnehmen", aus lat. *percipere* „wahrnehmen, bemerken", aus *per* „ganz, völlig" und *capere* (in Zus. *-cipere*) „fassen, ergreifen"

Aperitif alkoholisches, appetitanregendes Getränk; frz. *apéritif* „appetitanregend, Appetitanreger", eigtl. „abführend", aus lat. *aperire* „öffnen"

Apex Zielpunkt der Bewegung eines Gestirns; Zeichen für die Länge eines Vokals; aus lat. *apex* „Spitze, spitzes Ende"

Apfelsine eine Zitrusfrucht; aus ndrl. *appelsina* „Apfel aus China", nach dem alten Namen *Sina* für „China"; →Sinologie

Aphärese Wegfall des Anlauts, z. B. 's statt „es"; aus griech. *aphairesis* „das Wegnehmen, Entziehen", zu *aphairein, apoairein* „wegnehmen", aus *apo* „weg" und *hairein* „nehmen"

Aphasie *Philos.:* Enthaltung des Urteils; *Med.:* Verlust des Sprechvermögens oder des Sprachverständnisses (bei Gehirnstörungen); aus griech. *a-* „nicht" und *phasis* „Bejahung, Gerücht, Redensart" zu *phanai* „sprechen, sagen, reden"

Aphel Punkt der größten Entfernung eines Planeten von der Sonne, Sonnenferne; aus griech. *ap' heliou* „von der Sonne entfernt", aus *apo* „weg, entfernt" und *helios* „Sonne"

Aphonie tonloses Sprechen, Flüsterstimme; aus griech. *a-* „nicht" und *phone* „Stimme, Ton, Klang"

Aphorismus kurz und treffend formulierter, in sich geschlossener Gedanke; aus griech. *aphorizein* „(von etwas) abgrenzen, trennen, ab-, aussondern, auswählen", aus *apo* „ab, weg" und *horismos* „Begrenzung, Bestimmung, bes. Begriffsbestimmung", zu *horizein* „begrenzen, bestimmen", zu *horos* „Grenze"

Aphrodisiakum den Geschlechtstrieb

anregendes Mittel; aus griech. *aphrodisiazein* „der Liebe pflegen, Liebesverlangen haben" und *aphrodisios* „zur Liebe, zum Liebesgenuß gehörig", nach *Aphrodite,* der griech. Göttin der Liebe; der Name wird als *aphrodyte* „Schaumgeborene" erklärt, aus *aphros* „Schaum" und *dyein* „tauchen"

Aphthe Bläschenausschlag im Mund, Mundfäule; aus griech. *aphtha,* Pl. *aphtai,* „Bläschen, Mundschwämmchen"

Aphyllen blattlose Pflanzen; aus griech. *a-* „nicht" und *phyllon* „Blatt"

Apiarium Bienenhaus; lat. *apiarium,* aus *apis* „Biene" und Suffix *-arium* zur Bezeichnung eines Behälters

Aplanat die Aberration korrigierendes Linsensystem; aus griech. *a-* „nicht" und *planasthai* „abirren, abschweifen"

Aplasie angeborenes Fehlen oder Fehlleistung eines Organs; aus griech. *a-* „nicht" und *plasis* „das Bilden, Formen", zu *plassein* „bilden, formen"

Aplomb Nachdruck im öffentlichen Auftreten; frz. *aplomb* „Sicherheit, Festigkeit im Auftreten", eigtl. „senkrechte Stellung, Gleichgewicht", aus *à plomb* „in Richtung des Senkbleis", aus *à* „an, zu hin" und *plomb* „Blei, Bleilot", aus lat. *plumbum* „Blei"

Apochromat Farbfehler korrigierendes Linsensystem; aus griech. *apo* „weg" und *chroma* „Farbe"

apodiktisch unwiderleglich, keinen Widerspruch duldend; aus griech. *apodeiknynai* „vorzeigen, beweisen, erklären, darlegen", aus *apo* „von etwas her, mittels, durch" und *deiknynai* „zeigen, beweisen, begreiflich machen"

Apogamie ungeschlechtl. Fortpflanzung; aus griech. *apo* „weg" und *gamein* „heiraten"

Apogäum Punkt der größten Entfernung des Mondes oder anderer Erdsatelliten von der Erde, Erdferne; aus griech. *apo* „weg" und *gaia, ge* „Erde"

Apokalypse prophet. Schrift über das (schreckliche) Weltende, bes. die Offenbarung des Johannes im NT; aus griech. *apokalypsis* „Enthüllung, Offenbarung", zu *apokalyptein* „enthüllen, offenbaren", aus *apo* „weg" und *kalyptein* „verhüllen, verbergen"

Apokope Wegfall des Auslauts, z.B. „am Bach" statt „am Bache"; aus griech. *apokoptein* „abschlagen, abhauen", aus *apo* „weg" und *koptein* „schlagen, hauen"

Apokryphe nicht anerkannte, später zu einem Werk (bes. zur Bibel) hinzugefügte Schrift; aus griech. *apokryphos* „verborgen, versteckt, heimlich", zu *apokryptein* „verbergen, verstecken, verheimlichen", aus *apo* „weg" und *kryptein* „verbergen, verstecken"

Apologetik Verteidigung, Rechtfertigung, bes. des christl. Glaubens; aus griech. *apologia* „Verteidigung", zu *apologeisthai* „verteidigen, rechtfertigen", aus *apo* „weg" und *legein* „sagen, sprechen", eigtl. also „lossprechen"

Apophthegma witziger, treffender Ausspruch; griech. *apophthegma* „Denkspruch, (witziger) Ausspruch", aus *apo* „weg, heraus" und *phthegma* „Rede, Wort, Sprache", zu *phtheggesthai* „sagen, äußern", zu *phthogge* „Rede, Sprache"

Apophyllit ein Mineral aus der Gruppe der Hornblenden; aus griech. *apo* „weg" und *phyllon* „Blatt", wegen seiner Neigung, abzublättern

Apophyse Knochenfortsatz; *Geol.:* Seitenader; aus griech. *apophysis* „Fortsatz", aus *apo* „weg" und *phyein* „wachsen"

Apoplexie Schlaganfall; aus griech. *apoplessein* „niederschlagen, hinstrekken", aus *apo* „weg" und *plessein* „schlagen, stoßen"

Aporie Ausweglosigkeit, Unmöglichkeit, ein schwieriges Problem zu lösen; aus griech. *aporia* „Ratlosigkeit, Schwierigkeit", zu *aporos* „hilflos, ratlos; schwierig; unwegsam, ungangbar", aus *a-* „nicht" und *poros* „Weg, Pfad"

Apostasie Abfall vom Glauben; aus griech. *apostasis* „Trennung, Entfernung, Abfall", zu *apostatein* „sich trennen, abfallen, abtrünnig werden", aus *apo* „weg" und *stasis* „Stellung, Stand; Aufstehen", zu *histanai* „stellen, sich stellen, stehen"

Apostel Jünger Jesu; Vorkämpfer,

Vertreter einer Lehre; aus griech. *apostolos* „Gesandter, Botschafter", zu *apostellein* „ab-, wegsenden", aus *apo* „weg" und *stellein* „senden, schicken"
Apostroph Zeichen für einen weggefallenen Vokal, Auslassungszeichen; aus griech. *apostrophos* „abgewandt", zu *apostrephein* „wegfallen, verlieren", aus *apo* „weg" und *strephein* „drehen, wenden"
Apostrophe Wendung des Redners an eine andere Person als die bisher angeredete; feierl. Anrede an eine abwesende Person oder auch Dinge; aus griech. *apostrophe* „Abwendung", aus *apo* „weg" und *strephein* „drehen, wenden"
Apotheke Räume zur Herstellung und zum Verkauf von Arzneimitteln; aus griech. *apotheke* „Ort oder Behältnis zum Aufbewahren", aus *apo* „weg" und *tithenai* „setzen, stellen, legen"
Apotheose Vergöttlichung, Verherrlichung; *im Theater:* prächtiges Schlußbild; aus griech. *apotheosis* „Vergötterung", zu *apotheoun* „vergöttern", aus *apo* „gemäß, nach Art und Weise" und *theos* „Gott", also „nach Art eines Gottes, wie einen Gott behandeln"
Apparat Gerät aus mehreren Teilen; alle für eine Tätigkeit nötigen Hilfsmittel; aus lat. *apparatus* „Rüstzeug, Gerät(e), Werkzeug(e)", zu *apparare* „zurüsten, zubereiten", aus *ap-* (in Zus. vor p für *ad*) „zu hin" und *parare* „vorbereiten, einrichten, rüsten"
Apparition Erscheinung, Sichtbarwerden; frz. *apparition,* aus lat. *apparitio,* Gen. *-onis,* „Erscheinung", zu *apparere* „zum Vorschein kommen, erscheinen, sich zeigen", aus *ap-* (in Zus. vor p für *ad*) „zu, nach hin" und *parere* „erscheinen"
Appartement Wohn- und Schlafzimmer mit Bad (in Hotels); moderne Kleinstwohnung; frz. *appartement* „Reihe von Zimmern, größere Wohnung", aus ital. *appartamento* „Wohnung", zu *appartare* „abtrennen, absondern", zu *parte* „Teil", aus lat. *pars,* Gen. *partis,* „Teil, Anteil"
appassionato *Mus.:* leidenschaftlich; ital. *appassionato* „begeistert, leidenschaftlich", zu *appassionare* „Begeisterung, Leidenschaft wecken", aus *ap-* (in Zus. vor p für *a-,* lat. *ad*) „zu hin" und *passione* „Leidenschaft, Vorliebe; Leiden" aus lat. *passio,* Gen. *-onis,* „Leiden", übertr. „Empfindsamkeit, Gemütsbewegung", zu *pati* „leiden"
Appeal Anreiz, Anziehungskraft; engl. *appeal* „Anziehungskraft, Anklang", Rückbildung zum Verb *to appeal* „sich wenden an, sich berufen; Anklang finden", aus mengl. *appelen,* aus altfrz. *apeler* „rufen, nennen", aus lat. *appellare* „benennen", → Appell
Appell Aufruf, Mahnruf; Ruf zum Antreten; aus frz. *appel* „Aufruf", Rückbildung zum Verb *appeler* „rufen, nennen", aus lat. *appellare* „benennen, für oder als etwas erklären, ansprechen, sich wenden an", aus *ap-* (in Zus. vor p für *ad*) „an, zu" und *pellere* „stoßen, treiben, in Bewegung setzen"
Appellativum Substantiv, das eine Gattung bezeichnet; lat. *appellativum* „das zum Benennen Dienende", zu *appellare* „benennen, für oder als etwas erklären", → Appell
appellieren an jmdn. oder etwas a.: sich an jmdn. wenden, jmdn. oder etwas anrufen; aus frz. *appeler* „anrufen, Berufung einlegen", zu → *Appell*
Appendektomie operative Entfernung des Appendix; aus → *Appendix* und griech. *ek-* „heraus" und *tome* „Schnitt", zu *temnein* „schneiden"
Appendix Anhang; lat. *appendix* „Anhängsel, Zugabe, Beilage", zu *appendere* „zuwägen", aus *ap-* (in Zus. vor p für *ad*) „zu" und *pendere* „hängen, wägen"
apperzipieren bewußt wahrnehmen; aus lat. *ap-* (in Zus. vor p für *ad*) „zu" und *percipere* „wahrnehmen, auffassen, begreifen", zu *capere* (in Zus. *-cipere*) „fassen, greifen"
Appetenzverhalten zielstrebiges Verhalten höherer Tiere, um die Auslösung einer Triebhandlung zu erreichen, z.B. die Suche nach Nahrung, um fressen zu können; aus lat. *appetentia* „das Begehren, Verlangen, Trachten nach etwas", zu *appetere* „begehren, verlangen nach", aus *ap-* (in Zus. vor p für *ad*) „zu" und *petere* „erstreben, zu erreichen suchen"

Appetit Verlangen nach Speise; aus lat. *appetitio* „Verlangen, Begehren, Streben", zu *appetere* „nach etwas greifen, streben, verlangen", aus *ap-* (in Zus. vor p für *ad*) „zu" und *petere* „erstreben, zu erlangen suchen, fordern, wünschen"

applanieren einebnen; aus frz. *aplaner* „einebnen, glätten", aus *à* „nach hin" und *plain* „eben", aus lat. *planus* „flach, eben"

applaudieren Beifall klatschen; aus lat. *applaudere* „etwas an etwas schlagen, Beifall klatschen", aus *ap-* (in Zus. vor p für *ad*) „an, zu" und *plaudere* „klatschend schlagen, klopfen, Beifall klatschen"

applizieren aufnähen (auf ein Kleidungsstück); verabreichen (Heilmittel); aus lat. *applicare* „hinzufügen, verbinden", eigtl. „zusammenfalten oder -rollen", übertr. „jmdm. etwas nahebringen, aufbürden, etwas bei jmdm. anwenden", aus *ap-* (in Zus. vor p für *ad*) „zu, nach hin" und *plicare* „falten, rollen"

Appoggiatur *Mus.:* langer Vorschlag; ital. *appoggiatura* in ders. Bed., zu *appoggiare* „anlehnen, stützen", über vulgärlat. **appodiare* aus lat. *ap-* (in Zus. vor p für *ad*) „zu hin" und *podium* „Erhöhung", → Podium

Appoint eine Restschuld ausgleichender Wechsel; Gelddokument, z.B. Wertpapier; frz. *appoint* „Ergänzungssumme, Zuschuß, Restzahlung", aus altfrz. *appointier* „zurechtmachen, festsetzen", aus vulgärlat. **appunctare* „bis aufs letzte, auf den letzten Punkt bringen, bereinigen, ausgleichen", zu lat. *punctum* „Punkt"

apportieren herbeibringen; aus frz. *apporter* „herbeitragen, -bringen", aus lat. *apportare* in ders. Bed., aus *ap-* (in Zus. vor p für *ad*) „an, zu" und *portare* „tragen, bringen"

Apposition Beifügung; aus lat. *appositio,* Gen. *-onis,* „das Hinsetzen, -legen, Zusatz", zu *apponere* „hinsetzen, -stellen, -legen, beigeben, an die Seite (von etwas) setzen", aus *ap-* (in Zus. vor p für *ad*) „an, zu" und *ponere* „setzen, legen, stellen"

Apprehension Erfassen, Begreifen, Begriffsvermögen; aus lat. *apprehensio,* Gen. *-onis,* „Begreifen, Verstehen", zu *apprehendere* „fassen, ergreifen", aus *ap-* (in Zus. vor p für *ad*) „an, zu" und *prehendere, prendere* „fassen, greifen, ergreifen"

appretieren Gewebe a.: ihnen Glanz und Festigkeit verleihen; aus frz. *apprêter* „steif machen, pressen", eigtl. „zurechtmachen, zubereiten", aus altfrz. *apprester* „vorbereiten", aus lat. *praesto esse* „bei der Hand, zugegen, zur Verfügung sein", zu *praestare* „für etwas stehen, etwas vertreten", aus *prae* „vor" und *stare* „stehen"

Approbation Genehmigung, Bewilligung; staatliche Zulassung (zur Berufsausübung); Bestätigung durch die Kurie; aus lat. *approbatio,* Gen. *-onis,* „Billigung, Genehmigung, Anerkennung", zu *approbare* „billigen, genehmigen, anerkennen", aus *ap-* (in Zus. vor p für *ad*) „zu" und *probare* „billigen, gutheißen, gelten lassen, anerkennen", zu *probus* „tüchtig, gut, passend, richtig"

Appropriation Aneignung; aus lat. *appropriare* „sich zueignen", aus *ap-* (in Zus. vor p für *ad*) „zu, an" und *propriare* „zu eigen machen", zu *proprius* „allein gehörig, eigen"

Approximation Annäherung; *Math.:* Näherungswert; aus lat. *approximare* „sich nähern, herankommen", aus *ap-* (in Zus. vor p für *ad*) „an, zu" und *proximare* „sich nähern", zu *proximus* „der nächste"

Aprikose eine Steinfrucht; über die Herkunft des Namens sind viele Vermutungen angestellt worden; die nächstliegende Deutung führt zu lat. *apricus* „sonnig", nach dem bevorzugten Standort, eine andere zu lat. *praecoquum* „frühzeitig Reifendes", zu *praecox* „frühreif, vorzeitig", da die Pflanze früher als der mit ihr verwandte Pfirsich blüht, die dritte über frz. *abricot,* span. *albercoque,* ital. *albercocco, albicocco* zu arab. *al-barqūq,* das ebenfalls auf lat. *praecox* zurückgehen soll

April vierter Monat des Jahres; aus lat. *Aprilis* „April", die Herkunft ist nicht bekannt, bisher gibt es folgende Vermutungen: zu lat. *apricus* „sonnig, sonnenliebend“, oder zu *aperire* „öffnen, ans Licht bringen“, oder zu einer nicht belegten Form **apero* „der hintere“, da der April nach alter Zählung der zweite Monat des mit dem 1. März beginnenden altröm. Jahres war, oder zu einer ebenfalls nicht belegten Kurzform **Apris* von *Aphrodite*, entsprechend dem Muster anderer, nach Göttern benannter Monatsnamen

apropos übrigens, dabei fällt mir ein; aus frz. *à propos* „im Augenblick passend, zum Gegenstand, zur Rede passend“, aus *à* „zu“ und *propos* „Gespräch, Rede, Äußerung, Anlaß“, zu *proposer* „vorbringen, erzählen, schildern“, aus lat. *proponere* „vortragen, erzählen“, eigtl. „öffentlich hinstellen, vorstellen“, aus *pro* „vor“ und *ponere* „stellen, setzen“

Apside Punkt der kleinsten oder größten Entfernung eines Planeten von dem Gestirn, um das er kreist; aus griech. *apsis* „Rundung“, → Apsis

Apsis halbrunde oder vieleckige Altarnische im Chor einer Kirche; aus griech. *apsis*, eigentl. „Verknüpfung, Verschlingung, Schlinge“, auch „Rad“, übertr.: „Rundung, Wölbung“, aus *haptein* „knüpfen, befestigen, (zu einem Reigen) schlingen“

Apterygoten flügellose Insekten; aus griech. *a-* „nicht“ und *pteron*, Gen. *pterygos*, „Flügel“

Aquädukt (bes. altröm.) Wasserleitung; aus lat. *aquaeductus* „Wasserleitung“, aus *aqua*, Gen. *aquae*, „Wasser“ und *ductus* „Leitung, Führung“, zu *ducere* „leiten, führen“, zu *dux*, Gen. *ducis*, „Leiter, Führer“

Aquamanile Gefäß zur Handwaschung des Priesters während des Gottesdienstes; aus lat. *aquaemanale, aquamanile* „Waschbecken, Krug“, aus *aqua*, Gen. *aquae*, „Wasser“; die Deutung des zweiten Wortteiles ist nicht gesichert, vielleicht aus *manale* „für die Hand bzw. die Hände“, zu *manus* „Hand“, oder aus *manabilis, manalis* „fließend“, zu *manare* „fließen“; im ersten Fall also „Handwaschbecken“, im zweiten „Gefäß für fließendes Wasser“

Aquamarin ein meerblauer Edelstein; aus lat. *aqua* „Wasser“ und *marina*, Fem. zu *marinus* „zum Meer gehörig“, zu *mare* „Meer“

Aquanaut Tiefseeforscher; nach lat. *aqua* „Wasser“ und → *Nautik* gebildet

Aquaplaning Wasserglätte, Verlust der Bodenhaftung von Autoreifen bei rascher Fahrt durch gestautes Wasser auf der Fahrbahn; unter Anlehnung an engl. *to aquaplane* „wellenreiten“ aus engl., lat. *aqua* „Wasser“ und engl. *to plane* „gleiten“, eigtl. „glätten“, aus lat. *planare* „glätten, ebnen“

Aquarell mit Wasserfarben gemaltes Bild; aus ital. *acquerello*, älter *acquarello* „Wasserfarbe sowie damit gemaltes Bild“, zu *acqua*, lat. *aqua* „Wasser“

Aquarium Glasbehälter oder Gebäude zur Pflege und Zucht kleiner Wassertiere; aus lat. *aqua* „Wasser“ und Suffix *-arium* zur Bezeichnung eines Behälters

Aquatinta ein Kupferstichverfahren, bei dem die Zeichnung aus der Platte herausgeätzt wird; aus ital. *acquatinta*, aus *acqua* „Wasser“ und *tinta* „Farbe“, zu *tingere* „färben“, aus lat. *tingere* „färben, eintauchen, benetzen“; die Bezeichnung „Wasserfarbe“ scheint irreführend, da es sich bei der Aquatinta um eine Ätzung in Metall handelt; sie hat ihren Grund darin, daß man durch dieses Verfahren die Wirkung der Tuschzeichnung, also der Zeichnung mit flüssiger Farbe, erzielen wollte

Äquator größter Breitenkreis der Erd- bzw. Himmelskugel; aus lat. *aequatio* „Gleichstellung, das Gleichmachen“, zu *aequare* „gleichmäßig verteilen“, zu *aequus* „gleich, gleichmäßig verteilt“

Äquilibristik Gleichgewichtskunst; aus lat. *aequilibrium* „Gleichgewicht“, zu *aequilibris* „im Gleichgewicht, waagerecht“, aus *aequus* „gleich, gleichmäßig verteilt“ und *libra* „Waage“

Äquinoktium Tagundnachtgleiche; aus lat. *aequinoctium* in derselben Bedeutung, aus *aequus* „gleich“ und *nox*, Gen. *noctis*, „Nacht“

äquipollent Gleiches bedeutend, aber

verschieden ausgedrückt; aus lat. *aequus* „gleich" und *pollens,* Gen. *-entis,* „stark, viel vermögend", zu *pollere* „können, vermögen", also eigtl. „das gleiche ausdrücken könnend"
äquivalent gleichwertig; aus lat. *aequus* „gleich" und *valens,* Gen. *-entis,* „geltend, viel vermögend", zu *valere* „gelten, vermögen, stark sein"
äquivok doppelsinnig, mehrdeutig; aus lat. *aequus* „gleich" und *vox,* Gen. *vocis,* „Stimme; Wort, Ausdruck, Bezeichnung"
Ar Flächenmaß; aus frz. *are* „Ar", aus lat. *area,* → Areal
Ara ein Papagei; vielleicht aus Tupi *gwira* „Vogel" oder einem karib. Wort *awaras* „Papagei" (nach Lokotsch)
Arachnide, Arachnoide Spinnentier; aus griech. *arachne* „Spinne", weitere Herkunft dunkel, verwandt mit *arkys* „Netz"; vielleicht nach Arachne, der Tochter eines Purpurfärbers in Lydien, die eine geschickte Weberin war. Nach der Sage war sie aus einem Wettstreit im Weben mit zwei anderen Mädchen als Siegerin hervorgegangen; sie hatte Zeus in seinem Liebesabenteuer mit Io dargestellt, allerdings in einer für ihn nicht sehr schmeichelhaften Weise. Seine Tochter Athene geriet darüber in Zorn und zerriß das Gewebe, worauf sich Arachne erhängen wollte. Athene verwandelte sie darauf in eine Spinne, so daß sie nun hängend ihre Kunst auf ewig weiter ausüben mußte
Aragonit ein Mineral; nach der span. Landschaft *Aragonien,* wo es zuerst gefunden wurde
Aräometer Gerät zum Messen der Dichte von Flüssigkeiten, Senkwaage; aus griech. *araios* „dünn" und *metron* „Maß", zu *metrein* „messen"
Ärar Staatsschatz, Staatsvermögen; aus lat. *aerarium* „Schatzkammer, Staatskasse", aus *aes,* Gen. *aeris,* „Erz, Kupfer, Kupfergeld, Münze", allg. „Geld, Vermögen" und Suffix *-arium* zur Bezeichnung eines Behälters
Araukarie Zimmertanne; nach dem chilen. Indianerstamm der *Araukaner,* zu *Arauko,* einer Provinz in Chile, wo sie zuerst gefunden wurde
Arbitrage Schiedsspruch; Ausnützung von Preis- und Kursschwankungen; frz. *arbitrage* in ders. Bed., zu *arbitrer* „als Schiedsrichter entscheiden; schätzen", aus lat. *arbitrari* „als Schiedsrichter entscheiden; spähen, beobachten, horchen", zu *arbiter* „Ohren- oder Augenzeuge", aus *ar-* (in Zus. für *ad*) „herzu" und *bitere* „gehen"
Arboretum Baumgarten; aus lat. *arbor* „Baum"
...arch *in Zus.:* Herrscher, Oberhaupt; aus griech. *archos* „Anführer, Oberhaupt", zu *archein* „der erste sein, vorangehen, herrschen"
Archaikum = Azoikum; mit lat. Endung aus spätgriech. *archaikos,* Neutrum *archaikon,* zu *archaios* „alt", zu *arche* „Anfang, Ursprung"
Archäologie Wissenschaft von den alten Kulturen, bes. auf Grund von Ausgrabungen, Altertumskunde; aus griech. *archaiologia* „Erzählung alter Geschichten; Altertumskunde", aus *archaios* „alt, altertümlich" und *logos* „Wort, Lehre, Kunde", zu *legein* „sagen, sprechen, erklären"
Archäopteryx ausgestorbener Urvogel; aus griech. *archaios* „alt" und *pteryx* „Flügel"
Archäozoikum Erdfrühzeit mit Beginn des organ. Lebens; aus griech. *archaios* „alt" und *zoikos* „tierisch", zu *zoon* „Lebewesen, bes. Tier"
Arche kastenähnliches Schiff; aus mhd. *arke, arche,* aus ahd. *archa, arca* „Kasten, Schiff Noahs", aus lat. *arca* „Kasten, Kiste"
Archetyp Urbild, Urform; Muster, Vorbild; aus griech. *archetypos* „Urbild, Vorbild", aus *arche* „Anfang, Beginn, Ursprung" und *typos* „Vorbild, Muster, Gestalt, Bild", zu *typoun* „bilden, gestalten"
Archidiakon *kath. Kirche:* Vorsteher eines Kirchensprengels, Erzdiakon; *evang. Kirche:* zweiter Geistlicher; aus griech. *archein* „der erste sein, gebieten, herrschen" und → *Diakon*
...archie *in Zus.:* Herrschaft; aus griech. *arche* „Herrschaft, Regierung", zu *archein* „herrschen"
Archimandrit *Ostkirche:* Vorsteher ei-

nes oder mehrerer Klöster, Abt, auch Titel höherer Geistlicher; aus griech. *archein* „der erste sein, gebieten, herrschen" und *mandra* „Kloster"

Archipel Inselgruppe, Inselmeer; aus ital. *arcipelago* in derselben Bedeutung, wahrscheinlich aus lat. *Aegaeus pelagus*, griech. *Aigaios pelagos* „Ägäisches Meer", mit lautlicher Angleichung an ital. *arci*... „Groß..., Ober..."

Architekt Baumeister; aus griech. *architekton* „Baumeister", eigentl. „oberster, leitender Zimmermann", aus *archein* „der erste sein, gebieten, herrschen" und *tekton* „Handwerker", und zwar jeder mit hartem Material arbeitende Handwerker, z.B. Tischler, Maurer, Steinmetz, Schmied, Bildhauer, insbes. aber Zimmermann

Architrav *antike Baukunst:* die Säulen verbindender, den Oberbau tragender Querbalken; aus ital. *architrave* in derselben Bedeutung, aus ital. *arci*... „Ober..., Haupt..." (aus griech. *archein* „der erste, oberste sein") und *trave* „Balken" (aus lat. *trabs*, Gen. *trabis*, „Balken", bes. „Querbalken"), also „Hauptbalken"; nach anderer Deutung aus ital. *arco* (Pl.: *archi*) „Bogen" und *trave* „Balken", also „Balken, der die Funktion eines Bogens ausübt"

Archiv Sammlung von Urkunden sowie der Raum, das Gebäude dafür; aus griech. *archeion* „Regierungsgebäude, Rathaus", zu *arche* „Regierung, Oberbefehl, Herrschaft"

Archivolte Stirnseite, Vorderseite (auch Innenseite) eines Rundbogens; meist figürlich verzierter Bogen eines Portals; aus ital. *arcivolto* in derselben Bedeutung, aus *arci*... „Ober..., Haupt..." (aus griech. *archein* „der erste, oberste sein") und *volta* (aus lat. *voluta, volutum* „gerollt, gedreht", zu *volvere* „rollen, drehen"), oder aus ital. *arco* „Bogen" und *volto* „Gesicht", hier im Sinne von „Vorder-, Stirnseite" (aus lat. *vultus* „Gesicht")

Archon, Archont *in altgriech. Städten:* höchster Beamter; aus griech. *archon*, Gen. *archontos*, „Vorsteher, Oberster, Befehlshaber; Beamter", zu *archein* „der erste sein, gebieten, herrschen"

Areal Bodenfläche, Siedlungsgebiet; aus mlat. *areale* „städtischer Platz mit Gebäude oder für ein Gebäude", auch „ländliches Grundstück, Bauplatz", zu lat. *area* „freier, ebener Platz, Hofraum, Rennbahn"

Arena mit Sand bestreuter Kampfplatz, Zirkusmanege; aus lat. *arena* „Sand, mit Sand bestreuter Kampfplatz im Amphitheater"

Areopag *im alten Athen:* höchster Gerichtshof; aus griech. *Areios pagos* „dem Ares (= Mars) geweihter Hügel" westlich der Akropolis, sowie „der auf dem Areshügel tagende Gerichtshof"

Argentit ein Mineral, Silberglanz; aus lat. *argentum* „Silber", aus griech. *arges* „weißschimmernd, glänzendweiß, strahlend"

Argon chem. Element; aus griech. *argos* „untätig, unwirksam", aus *a-* „nicht" und *ergon* „Arbeit"; Edelgase gehen keine chem. Verbindungen ein

Argonaut *griech. Myth.:* Angehöriger der Besatzung des Schiffes „Argo"; der Name des Schiffes geht wohl auf *Argos*, den Sohn des Zeus und der Niobe, König von Argos, zurück, dazu griech. *nautes* „Schiffer, Seemann", zu *naus* „Schiff"

Argot die frz. Gaunersprache; *allg. auch:* Sondersprache einer sozialen Schicht; frz. *argot* „Gaunersprache", vielleicht Rückbildung zu veraltetem (17. Jh.) *argoter* „betteln"; weitere Herkunft nicht bekannt

Argument Beweisgrund, einleuchtende Entgegnung; aus lat. *argumentum* „Gegenstand einer Darstellung, Beweis(grund)", zu *arguere* „klar darstellen, erweisen", und Infix *-men-* zur Bezeichnung eines Mittels oder Werkzeugs, zur idg. Wurzel **areg-* „weiß sein, glänzen", eigtl. also „erhellen, klar machen"

Argusaugen scharfe, wachsame Augen; nach *Argus*, einem Riesen der griech. Sage, der hundert Augen hatte, von denen ein Teil immer wachte

Ariadnefaden Leitfaden, rettendes Mittel; nach *Ariadne*, der Tochter des Königs Minos von Kreta; als Theseus ins Labyrinth des Königspalastes eindrang, um den Minotauros zu suchen und zu töten, gab sie ihm einen zum Knäuel gewickelten Faden mit, den er am Eingang festband und bei seiner Wanderung durch die Irrgänge ablaufen ließ; auf diese Weise fand er den Weg zurück wieder

arid trocken, dürr (Boden, Klima); aus lat. *aridus* „trocken, dürr", zu *arere* „trocken, dürr sein, vor Durst schmachten"

Arie Sologesangsstück; aus ital. *aria* „Arie, Melodie", eigtl. „Luft, Windhauch", dann auch „die mit dem Wind herangetragenen Töne", aus lat. *aer,* Gen. *aeris,* „Luft, mit dem Wind herangetragener Duft"

Aristokratie Adel; Adelsherrschaft; aus griech. *aristokratia* „Herrschaft der Vornehmsten" (meist des Geburtsadels), aus *aristo* „bester, tüchtigster, edelster, vornehmster" (Superlativ von *agathos* „gut, tüchtig, edel, vornehm"), aus *aristeuein* „sich auszeichnen, der beste sein" und *kratein* „herrschen", zu *kratos* „Kraft, Macht, Gewalt"

Arithmetik Zahlenlehre, das Rechnen mit Zahlen; aus griech. *arithmetike techne* „Rechenkunst, Zahlenlehre", zu *arithmos* „Zahl", Ableitung auf *-thmo* von der idg. Wurzel **rei-*, **ri-* „zählen, rechnen"

Arkade auf zwei Säulen oder Pfeilern ruhender Bogen; aus ital. *arcata,* frz. *arcade* „bogenförmige Öffnung", aus lat. *arcus* „Bogen"

Arkansit ein Mineral; nach dem Staat *Arkansas* in den USA, wo es zuerst gefunden wurde

Arkanum Geheimmittel; aus lat. *arcanum* „Geheimnis, Geheimes", zu *arcere* „zurückhalten, bewahren, einschließen"

Arkebuse schweres, beim Schießen in einen Haken zu hängendes Gewehr, Hakenbüchse; aus frz. *arquebuse,* flandrisch *haquebusche,* aus ndrl. *hakebusse* „Hakenbüchse", aus *hake* „Haken" und *busse* „Büchse"

Arkosolium *in Katakomben:* Wandgrab unter einer bogenförmigen Nische; aus lat. *arcus* „Bogen" und *solium* „Sarg, Sarkophag"

Arktis Gebiet um den Nordpol; aus griech. *arktikos* „nördlich, die Nordgestirne (d.h. den Großen und den Kleinen Bären) betreffend, unter ihnen gelegen", zu *arktos* „Bär, Nordgestirn, Norden"

Arkuballiste Bogenschleuder, Wurfmaschine; aus lat. *arcuballista* „mit Bogen versehene Schleudermaschine, Bogenballista", aus *arcus* „Bogen (zum Schießen)" und *ballista* „Wurfmaschine", zu griech. *ballein* „werfen"

Armatur Bedienungsvorrichtung an Maschinen; aus lat. *armatura* „Bewaffnung, Ausrüstung", zu *armatus* „bewaffnet", zu *arma* „Gerät(e), Werkzeug(e), Rüstzeug, Waffen"

Armbrust alte Schußwaffe mit Pfeilen; aus mhd. *armbrust,* mitteldt. *armburst, armborst* „Bogenschleuder", durch volksetymologische Umdeutung aus mlat. *arbalista* aus lat. *arcubalista,* → Arkuballiste

Armee Gesamtheit der Landstreitkräfte eines Staates; frz. *armée* in ders. Bed., eigtl. „bewaffnete Schar", zu *armer* „bewaffnen", zu *arme* „Waffe", aus lat. *arma* (Pl.) „Waffen"

Armorial Wappenbuch; frz. *armorial* in ders. Bed., zu *armoiries* (Pl.) „Wappen", zu *armes* „Wappen", Ableitung von *arme* „Waffe", → Wappen

Arnika eine Wiesenpflanze, Heilpflanze; vielleicht aus lat. *achillea ptarmika,* aus griech. *ptarmike* „Nieskraut" (zu *ptarmos* „das Niesen"), da die zerriebenen Blätter der Pflanze Niesreiz erregen; vielleicht liegt auch eine volksetymolog. Anlehnung an griech. *aren,* Gen. *arnos,* „Schaf" vor, also „Schafskraut"; die Arnika ist giftig, doch Schafe und Ziegen fressen sie ohne Gefahr

Aroma Duft; aus griech. *aroma* „würziges Kraut, Gewürz", weitere Herkunft nicht bekannt

Aronstab eine Pflanze; vielleicht über lat. *arum* aus *arunda, harunda* „Rohr"; der Volksmund machte daraus *Aron* und entwickelte eine Sage, nach der die Pflanze aus dem in die Erde gesteckten Stab des Hohenpriesters *Aaron* entstanden ist

Arpeggio Akkord, dessen Töne rasch einzeln nacheinander gespielt werden; ital. *arpeggio* in ders. Bed., zu *arpeggiare* „in Arpeggien spielen, Harfe oder ein anderes Zupfinstrument spielen", zu *arpa* aus lat. *harpa* „Harfe"

Arrak Branntwein, in Indien aus Reis, in Arabien aus Datteln gewonnen; aus arab. *ᶜaraq* „Saft", auch „aus dem Saft von Früchten (Weintrauben u. ä.) gewonnenes, berauschendes Getränk"

arrangieren anordnen, bearbeiten; sich a.: übereinkommen (mit jmdm.), sich abfinden; aus frz. *arranger* „ordnen, einrichten; vermitteln, beilegen", aus *ar-* (in Zus. vor r für *à*) „in, an, zu" und *rang* „Ordnung, Reihe"

Arrest leichte Freiheitsstrafe, Strafstunde; Beschlagnahme"; aus mlat. *arrestum* „Verhaftung", zu *arrestare* „verhaften", aus lat. *ar-* (in Zus. vor r für *ad*) „zu" und *restare* „zurückbleiben, stillstehen"

arrivieren beruflich vorwärtskommen, Erfolg haben; aus frz. *arriver*, ital. *arrivare* „ankommen", über vulgärlat. **arripare* „ans Ufer gelangen" aus lat. *ar-* (in Zus. vor r für *ad*) „an, zu" und *ripa* „Ufer"

arrogant anmaßend, dünkelhaft; frz. *arrogant* in ders. Bed., zu *arroger* „sich anmaßen", aus lat. *arrogare* „sich anmaßen, für sich in Anspruch nehmen", aus *ar-* (in Zus. vor r für *ad*) „für, herzu, herbei" und *rogare* „bitten, ersuchen, bittend verlangen"

arrondieren abrunden, zusammenlegen; aus frz. *arrondir* „abrunden, sein Besitztum erweitern", aus *ar-* (in Zus. vor r für *à*) „an, an hin, zu hin" und *rond* „rund"

Arrosion allmähliche Zerstörung von Gewebe durch Entzündung oder Geschwür; aus lat. *arrosus* „angenagt", zu *arrodere* „annagen, benagen", aus *ar-* (in Zus. vor r für *ad*) „zu, an" und *rodere* „nagen"

Arrowroot Stärkemehl aus Wurzeln oder Knollen verschiedener tropischer Pflanzen; aus aruak. *aru* „Mehl"; die Umdeutung zu engl. *arrowroot* „Pfeilwurzel" erklärt sich dadurch, daß man früher die Wurzel als Heilmittel bei Wunden durch vergiftete Pfeile verwendete

Arschin früheres russ. Längenmaß, 71 cm; aus russ. *arschin*, über das Turktatar. aus türk. *arsın* „Elle" (etwa 68 cm)

Arsen chem. Element; vielleicht aus syr. *zarnika*, altpers. *zaranya* „goldfarben" (in der Antike verstand man darunter gelbes Schwefelarsen); nach anderer Deutung aus griech. *arsen* „männlich, kräftig, stark", da Arsen ein stark wirkendes Gift ist

Arsenal Lagerhaus für Waffen, Geräte usw.; aus ital. *arsenale*, aus arab. *dār aṣ-ṣināᶜa* „Haus des Handwerks; Fabrik, Werft", zu *ṣināᶜa* „Kunst, Fertigkeit, Beruf, Handwerk, Gewerbe", zu *ṣanaᶜa* „machen, verfertigen"

Arsis *antike Metrik:* unbetonter Taktteil; *neuere Metrik:* betonter Taktteil, Hebung; *Musik:* Aufheben des Fußes bzw. der Arme beim Taktschlagen; aus griech. *arsis* „Hebung, Emporsteigen", zu *airein* „in die Höhe heben, emporsteigen"

Artefakt Kunsterzeugnis; aus lat. *arte factum* „durch Kunst gemacht", aus *ars*, Gen. *artis*, „Kunst(fertigkeit), Können, Geschicklichkeit" und *factum* „das Zurechtgemachte", zu *facere* „machen"

Arterie Schlagader, vom Herzen wegführendes Blutgefäß; aus griech. *arteria* „Schlagader", zu *artan* „anknüpfen, aufhängen"; → Aorta

artesisch artesischer Brunnen: durch Druck zutage tretendes Grundwasser, Springquell; nach der frz. Grafschaft *Artois*, in der angeblich die ältesten artesischen Brunnen in Europa hergestellt worden sind (bekannt waren diese Brunnen bereits im Altertum)

Arthritis Gelenkentzündung; aus griech. *arthron* „Gelenk, Glied" und Endung *-itis* zur Bezeichnung einer Entzündung

Arthropode Gliederfüßer; aus griech. *arthron* „Gelenk, Glied" und *pous*, Gen. *podos*, „Fuß"

Artikel Geschlechtswort; Abschnitt; kleiner Aufsatz; Ware; aus lat. *articulus* „Gelenk, Glied", übertr. „Teil,

Stück, Abschnitt", Verkleinerungsform von *artus* (Pl.) „Gelenke, Gliedmaßen"

artikulieren deutlich aussprechen, in Worten ausdrücken; *Mus.:* gliedern und betonen; aus frz. *articuler* „deutlich nach den Silben aussprechen, Punkt für Punkt vortragen", zu *article* „Abschnitt, Punkt", veraltet „Gelenk", aus lat. *articulus* „Gelenk, Glied", → Artikel

Artillerie mit Geschützen ausgerüstete Truppengattung; frz. *artillerie* in ders. Bed., aus altfrz. *artiller* „ausrüsten", in Anlehnung an *art* „Kunst, Handwerk" aus *atillier* „ausstatten, zurechtmachen, zu *atirier* „ausrüsten, anordnen", *s'atirier* „sich bereit machen", zu *tire* „Ordnung"

Artischocke eine Gemüsepflanze wärmerer Länder; aus ital. *carciofo* (aus arab. *ḫaršūf,* ohne Artikel) und span. *alcarchofa,* mit dem Artikel *al-* aus arab. *al-ḫaršūf*

Artist Varieté- oder Zirkuskünstler; aus frz. *artiste* „Künstler", zu lat. *ars,* Gen. *artis,* „Kunst(fertigkeit), Können, Geschicklichkeit"

Artothek Institution, die Werke der bildenden Kunst ausleiht; aus lat. *ars,* Gen. *artis,* „Kunst" und griech. *theke* „Behältnis"

Arznei Heilmittel; aus mhd. *arzenîe, arzatîe* „Arznei", zu *arzat,* → Arzt

Arzt Heilkundiger (heute mit Hochschulausbildung); aus mhd. *arzet, arzât* „Arzt", aus mlat., lat. *archiater* „erster Arzt am Kaiserhof, Leibarzt", aus griech. *archiatros* „Leibarzt, Oberarzt", aus *archein* „der erste sein, gebieten" und *iatros* „Arzt", → Iatrik

Asbest ein faseriges, hitzebeständiges Mineral; aus griech. *asbestos* „unauslöschlich, unvergänglich", aus *a-* „nicht" und *sbesis* „Erlöschen", zu *sbennynai* „auslöschen, unwirksam machen, unterdrücken"

Aschkenasim (Plural) die ost- und mitteleuropäischen Juden, bes. die Juden in Deutschland, deren Aussprache des Hebräischen sich von der der sephardischen Juden (→ Sephardim) wesentlich unterscheidet; aus hebr. *Aschkenas,* in der Bibel (1. Buch Mosis 10, 3) Bezeichnung für ein Volk wahrscheinlich in Kleinasien (benannt nach *Aschkenas,* dem Urenkel Noahs), später für „Deutscher"

Ascorbinsäure chemische Bezeichnung für Vitamin C; aus griech. *a-* „nicht" und → *Skorbut*

Asebie Gottlosigkeit, aus griech. *asebeia* „Gottlosigkeit, Frevel", zu *asebein* „gottlos handeln, sich versündigen" und *asebes* „gottlos, ruchlos, frevelhaft", aus *a-* „nicht" und *sebein* „Ehrfurcht haben, heiligen, ehren", zu *sebas* „Ehrfurcht, Scheu"

äsen *Jägerspr.:* fressen (vom Rotwild); aus mhd. *asen* „essen, abweiden", zu *az* „Speise (für Mensch und Tier)", zu *essen*

Asepsis Keimfreiheit; aus griech. *a-* „nicht" und → *Sepsis*

Askariden Spulwürmer, Springwürmer; aus griech. *askaris* „Eingeweidewurm", vielleicht zu *askarizein* „springen", zu *skairein* „hüpfen, springen"

Askese streng enthaltsame Lebensweise, Selbstüberwindung; aus griech. *askesis* „Übung", zu *askein* „üben, sich einer Sache befleißigen"

Asparagus Spargel; aus griech. *asparagos* „Spargel; junger Trieb", vielleicht zu *spargan* „strotzen, geschwollen sein", zur idg. Wurzel **sperg-* „hervorbrechen"

Aspekt Betrachtungsweise; eine Aktionsart des Verbums; bestimmte Stellung der Planeten untereinander; aus lat. *aspectus* „Anblick, Aussehen", zu *aspicere* „anblicken, erblicken", aus *a-* (in Zus. vor sp für *ad*) „zu, an" und *specere* oder *spectare* „schauen, sehen"

Aspergill Weihwasserwedel; aus mlat. *aspergillum,* „kleine Bürste, Wedel, Gefäß zum Verspritzen", Verkleinerungsform von *aspergo* „hingespritzte Feuchtigkeit, Regen, Gischt, Naß", zu *aspergere* „hinspritzen, bespritzen, bestreuen", aus *a-* (in Zus. vor sp für *ad*) „an, zu hin" und *spargere* „spritzen, streuen"

Aspermie Fehlen der Samenzellen im Samenerguß; aus griech. *a-* „nicht" und → *Sperma*

Aspersion Besprengung mit Weihwasser; aus lat. *aspersio,* Gen. *-onis,* „das Hinspritzen“, zu *aspergere,* → Aspergill
Asphalt Gemisch aus Bitumen und Mineralstoffen, Erdpech; aus griech. *asphaltos* „Erdpech“, aus *a-* „nicht“ und *sphallesthai* „umgestoßen werden“; Asphalt wurde als Bindemittel zum Mauern verwendet
Asphodill → Affodill
Aspik säuerliches Gallert; aus frz. *aspic* 1. „Sülze“, 2. „Viper“, vielleicht besteht ein Zusammenhang wegen der Buntfarbigkeit von Fleisch oder Fisch in Aspik und manchen Vipern; aus lat., griech. *aspis* „Viper“; das auslautende c in frz. *aspic* könnte unter dem Einfluß von *piquer* „stechen, beißen“ entstanden sein
Aspirant Anwärter, Bewerber; aus lat. *aspirans,* Gen. *-antis,* Part. Präs. von *aspirare* „nach etwas trachten, zu etwas hinstreben“, aus *a-* (in Zus. vor sp für *ad*) „zu hin“ und *spirare* „atmen“, auch „trachten, streben“
aspirieren mit Hauchlaut aussprechen; *österr.:* sich um etwas bewerben; aus lat. *aspirare* „hinhauchen, hinwehen“, aus *a-* (in Zus. vor sp für *ad*) „zu“ und *spirare* „hauchen, blasen“; für die österr. Bedeutung vgl. Aspirant
Assasine Angehöriger einer politisch-religiösen islamischen Sekte im MA; *übertr. veraltet:* Meuchelmörder; aus ital. *assassino,* aus arab. *ḥaššāšīn* „Haschischesser“ (Pl.), zu *ḥašīš* „Kräuter, Unkraut, Hanfpflanze, Haschisch“; der Gründer der Sekte ließ seine Anhänger einen mit Haschisch versetzten Trank trinken, um sie für die von ihm befohlenen Morde gefügig zu machen
Assekuranz Versicherung, Versicherungsgesellschaft; über ital. *assicurare* „jmdm. etwas versichern“ aus lat. *as-* (in Zus. vor s für *ad*) „zu“ und *securus* „sicher, unbesorgt“, aus *se-* „ohne“ und *cura* „Sorge“
Assembling Zusammenschluß von Industriebetrieben zur Rationalisierung; aus engl. *to assemble* „versammeln, zusammenbringen, -rufen“, aus mengl. *assemblen,* über vulgärlat. **assimulare* aus lat. *as-* (in Zus. vor s für *ad*) „zu hin“ und *simul* „zugleich, zusammen“
assentieren zustimmen; *österr.:* für tauglich zum Militärdienst erklären; aus lat. *assentiri* „zu-, bestimmen, seine Zustimmung geben“, aus *as-* (in Zus. vor s für *ad*) „zu“ und *sentiri* „meinen, denken“, zu *sensus* „Sinn, Verstand“
Assertion Behauptung, Feststellung; aus lat. *assertio,* Gen. *-onis,* „Behauptung“, eigtl. „die (juristische) Behauptung, daß jmd. ein freier Mensch sei“, zu *asserere* „jmdm. oder sich zueignen“, als juristischer Terminus „durch Auflegen der Hand für frei oder unfrei erklären, einem Stand (dem der Freien oder Unfreien) hinzufügen“, aus *as-* (in Zus. vor s für *ad*) „zu hin“ und *serere* „fügen, knüpfen, verknüpfen“
asservieren aufbewahren; aus lat. *asservare* „in Obhut nehmen, bewahren, aufbewahren“, aus *as-* (in Zus. vor s für *ad*) „zu hin“ und *servare* „erhalten, unversehrt bewahren, in acht nehmen“
Assessor Anwärter auf die höhere Beamtenlaufbahn; aus lat. *assessor* „Beisitzer, Amtsgehilfe“, zu *assessus* „das Sitzen bei jmdm.“, zu *assidere* „beistehen, zur Seite stehen“, eigtl. „bei jmdm. sitzen“, aus *as-* (in Zus. vor s für *ad*) „zu, an, bei“ und *sedere* „sitzen“
assimilieren angleichen, sich einverleiben; aus lat. *assimulare, assimilare* „ähnlich machen“, aus *as-* (in Zus. vor s für *ad*) „an, zu“ und *simulare* „ähnlich machen“, zu *similis* „ähnlich“, zur idg. Wurzel **sem-* „eins“
Assisen *in Frankr. und der Schweiz:* Schwurgericht sowie dessen Sitzungen; aus frz. *assise* in denselben Bedeutungen, zu *assis* „sitzend“, zu *asseoir* „hinsetzen“, *s'asseoir* „sich setzen“, aus lat. *assidere* „als Helfer, Berater neben jmdm. sitzen, zur Seite sitzen oder stehen“, aus *as-* (in Zus. vor s für *ad*) „bei, zu hin“ und *sedere* „sitzen“
Assistent Helfer, Mitarbeiter; aus lat. *assistens,* Gen. *-entis,* „dabei-, beistehend“, zu *assistere* „dabeistehen, jmdm. beistehen“, aus *as-* (in Zus. vor s für *ad*) „zu hin“ und *sistere* „stellen“
Associé *veraltet:* Teilhaber; frz. *associé* „Teilhaber, Genosse“, zu *associer* „zugesellen, teilnehmen lassen, ver-

einigen, verbinden", → *Assoziation*
Assonanz Gleichklang nur der Vokale, nicht der Konsonanten, beim Reim; aus lat. *assonans,* Part. Präs. von *assonare* „tönend antworten", aus *as-* (in Zus. vor s für *ad*) „zu" und *sonare* „tönen, schallen"
assortieren mit Waren versehen, vervollständigen (Lager); aus frz. *assortir* „passend zusammenstellen, ausstatten", aus *as-* (in Zus. vor s für *à*) „an, zu" und *sortir* „nach Sorten zusammenstellen", zu *sorte* „Art, Gattung, Sorte", aus lat. *sors,* Gen. *sortis,* „Art, Sorte"
Assoziation Vereinigung, Verknüpfung, Zusammenschluß; aus frz. *association* „Vereinigung, Verbindung", zu *associer* „vereinigen, verbinden", aus lat. *associare* „beigesellen, vereinigen, verbinden", aus *as-* (in Zus. vor s für *ad*) „an, zu" und *sociare* „vereinigen, verbinden", zu *socius* „gemeinsam; Gefährte, Genosse"
Assumtion, Assumption Himmelfahrt Mariä; aus lat. *assumptio,* Gen. *-onis,* „Annahme, Aufnahme" (nämlich Marias in den Himmel), zu *assumere* „an-, aufnehmen", aus *as-* (in Zus. vor s für *ad*) „zu, an" und *sumere* „nehmen, an sich, zu sich nehmen"
Astat chemisches Element; aus griech. *astates* „unstet, aufgeregt", aus *a-* „nicht" und *statos* „stehend", wegen seiner sehr kurzen Zerfallszeit
Aster eine Pflanze, Sternblume; aus griech. *aster* „Stern"
Asteriskus *Buchdruck:* Sternchen (*); lat. *asteriscus* „Sternchen" (das an lükkenhaften Stellen in Texten als kritisches Zeichen gesetzt wurde), aus griech. *asteriskos* in ders. Bed., zu griech. *aster* „Stern"
Asthenie allgemeine Körperschwäche; aus griech. *astheneia* „Schwäche, Kraftlosigkeit, Krankheit", aus *a-* „nicht" und *sthenos* „Kraft"
Ästhetik Lehre vom Schönen; aus griech. *aisthetike episteme* „Wissen, Kenntnis von den sinnlich wahrgenommenen Eindrücken und den Empfindungen" (deren harmonische Einheit als Grundgesetz des Schönen galt), aus *aisthetikos* „sinnlich wahrgenommen, empfunden", zu *aisthesis* „Wahrnehmung, Sinneseindruck, Empfindung", zu *aisthanesthai* „wahrnehmen, empfinden", über unbelegte Zwischenformen wahrscheinlich zu *aiein* „wahrnehmen, empfinden"
Asthma anfallsweise auftretende Atemnot; aus griech. *asthma* „Atemnot, Keuchen, Beklemmung", aus *asthmainein* „schwer atmen, keuchen", über **ansthma* zur idg. Wurzel **an-* „hauchen, atmen"
Astigmatismus Abbildungsfehler von optischen Linsen sowie Sehstörung, linear verzerrte Punktwiedergabe; aus griech. *a-* „nicht" und *stigma* „Stich, Punkt"
Astrologie Lehre vom angebl. Einfluß der Gestirne auf das menschl. Schicksal, Sterndeutung; aus griech. *astrologia* „Sternkunde" und *astrologos* „Sternkundiger, Sterndeuter", aus *aster* „Stern", *astron* „Gestirn, Sternbild" und *logos* „Wort, Lehre, Kunde", zu *legein* „sagen, sprechen, erklären"
Astronautik Weltraumfahrt sowie die Wissenschaft davon; aus griech. *astron* „Gestirn" und *nautes* „Schiffer, Seemann", zu *naus* „Schiff"
Astronomie Wissenschaft von den Gestirnen, Sternkunde; aus griech. *astronomia* „Sternkunde", zu *astronomein* „die Sterne zuordnen, verteilen", aus *aster* „Stern", *astron* „Gestirn, Sternbild" und *nomos* „Gesetz" (eigentl. „das Zugeteilte"), zu *nemein* „verteilen, zuteilen, zuordnen", also „das Gesetz der Sterne erforschen, die Sterne einander zuordnen"
Ästuar trichterförmige Flußmündung; aus lat. *aestuarium* „Bucht, bes. unter Einwirkung von Ebbe und Flut stehende Flußmündung", zu *aestus* „wallen, wogen, Brandung", auch „wallende, kochende Hitze, Glut", zu *aestuare* „wallen, wogen, sprudeln, schäumen, lodern, glühen", zu *aedes* „Tempel, Haus", urspr. „Feuerstätte, häuslicher Herd", zur idg. Wurzel **aid-* „brennen"
Asyl Zufluchtsort (für Verfolgte), Heim (für Obdachlose); aus griech.

asylon „Freistatt, Ort der Sicherheit", zu *asylos* „unverletzt, unberaubt, unverletzlich, sicher", aus *a-* „nicht" und *sylan* „berauben", zu *sylon* „Raub, Tempelraub"
Asymptote Gerade, der sich eine Kurve nähert, ohne sie (im Endlichen) zu erreichen; aus griech. *a-* „nicht" und *symptosis* „Einsturz, Zusammenfallen", zu *sympiptein* „zusammenfallen, zusammentreffen, zusammenstoßen", aus *sym-* (in Zus. vor p für *syn*) „zusammen, zugleich" und *piptein* „fallen, stürzen"
asynchron nicht gleichzeitig; aus griech. *a-* „nicht" und → *synchron*
Asyndeton Aneinanderreihung von Sätzen oder Satzteilen ohne Bindewörter, z. B. „Ich kam, ich sah, ich siegte"; aus griech. *a-* „nicht" und *syndeton* „zusammengebunden", zu *syndein* „zusammenbinden, verbinden, verknüpfen", aus *syn* „zusammen" und *dein* „binden"
Aszendent Verwandter in aufsteigender Linie; aufgehendes Gestirn, Aufgangspunkt eines Gestirns; aus lat. *ascendens,* Gen. *-entis,* „aufsteigend", zu *ascendere* „auf-, emporsteigen", aus *a-* (in Zus. vor sc für *ad*) „an, auf, zu" und *scandere* „steigen"
Ataman Stammes- und militär. Führer der Kosaken; russ. *ataman* „Kosakenältester", vielleicht aus turktatar. *odaman* „Ältester der Hirten und eines Kosakenlagers", zu krimtatar. *oda* „Rotte"
Ataraxie unerschütterl. Ruhe, Gleichmut; aus griech. *ataraxia* „Gemütsruhe", aus *a-* „nicht" und *tarassein* „verwirren, beunruhigen, erschrecken"
Atavismus Wiederauftreten von Merkmalen stammesgeschichtlicher Ahnen; *übertr.:* Rückfall in überholte Anschauungen; aus lat. *atavus* „Vater des Ururgroßvaters, Ahn, Vorfahr", aus *at-* „darüber hinaus, und auch" und *avus* „Groß-, Urgroßvater"
Ataxie Störung des geordneten Bewegungsablaufs in Form von schleudernden Bewegungen; aus griech. *ataxia* „Unordnung, Zuchtlosigkeit", aus *a-* „nicht" und *taxis* „Ordnung", zu *tassein* „ordnen, aufstellen"
Atelier Werkstatt eines Künstlers, Raum für fotografische oder Filmaufnahmen; frz. *atelier* „Werkstatt, bes. des Tischlers", entweder aus älterem *astelier* „Haufen von Holzspänen", aus altfrz. *astele* „Span", oder über *attelle,* altfrz. *astelle* „Beinschiene", ebenfalls aus *astele* „Span", aus lat. *attula, astula* „Span, Splitter"
Äthan ein gasförmiger, gesättigter Kohlenwasserstoff; zu → *Äther*
Athanasie Unsterblichkeit; aus griech. *athanasia* „Unsterblichkeit", zu *athanates* „unsterblich", aus *a-* „nicht" und *thanatos* „Tod", wahrscheinlich zur idg. Wurzel **dhwen-* „erlöschen, dunkel werden"
Atheismus Verneinung der Existenz Gottes; aus griech. *a-* „nicht" und *theos* „Gott"
Äther Himmelsluft; *griech. Philos.:* feinster Urstoff, aus dem alles entsteht und der in allem wirkt; *Chemie:* über ein Sauerstoffatom verbundene Kohlenwasserstoffe; aus griech. *aither* „reine Himmelsluft, strahlendes Sonnenlicht" als Wohnsitz der Götter und Ort der Sterne, zu *aithein* „brennen, leuchten"
atherman undurchlässig für Wärme; eigentl. *adiatherman,* aus griech. *a-* „nicht", *dia* „durch" und *thermainein* „(er)wärmen, heiß werden", zu *thermos* „Wärme"
Atherom Talgdrüsengeschwulst, Grützbeutel; aus griech. *athere* „Weizengraupen; Brei daraus", zu *ather* „Granne, Ährenspitze"
Athlet Wettkämpfer; sehr starker, stark gebauter Mann; aus griech. *athletes* „Wettkämpfer", zu *athlein* „im Wettkampf kämpfen", zu *athlos* „Wettkampf"
Äthyl organische, einwertige Atomgruppe; aus → *Äther* und griech. *hyle* „Holz", da Äthyl früher durch trockenes Erhitzen von Holz gewonnen wurde
Athymie Schwermut; aus griech. *athymia* „Mutlosigkeit, Verzagtheit", aus *a-* „nicht" und *thymos* „Lebenskraft, Wille"

Ätiologie Lehre von den Ursachen, bes. der Krankheiten; aus griech. *aitia* „Ursache, Schuld" (zu *aisa* „gebührender Anteil, Schicksal") und *logos* „Wort, Lehre, Kunde", zu *legein* „sagen, sprechen, erklären"

Atlant *Baukunst:* das Gebälk tragende Männergestalt; nach dem Riesen →*Atlas* (Gen. *Atlantos*) der griech. Sage, der die Himmelskugel auf seinen Schultern trägt

Atlas[1] *griech. Myth.:* das Himmelsgewölbe tragender Riese; *danach:* Sammlung von Erdkarten (früher auch Sternkarten); Intensivbildung mit *a-* zu *tlas, tles* „tragend", zu *tlenai* „ertragen, dulden, ausharren, standhalten"

Atlas[2] ein Seidengewebe; vielleicht aus arab. *aṭlas* „glatt, fein"

Atmometer Gerät zum Messen der Wasserverdunstung; aus griech. *atmos* „Dampf" und *metron* „Maß", zu *metrein* „messen"

Atmosphäre Gashülle eines Planeten, bes. der Erde; aus griech. *atmos* „Dampf" und *sphaira* „Kugel"

Atoll ringförmige Koralleninsel; aus malai. *atol* in derselben Bedeutung; das Wort ist im Malaiischen Fremdwort unbekannter Herkunft

Atom kleinstes Teilchen eines chem. Elements; aus griech. *atomos* „ungeschnitten, unteilbar", aus *a-* „nicht" und *tome* „Schnitt", zu *temnein* „schneiden"

Atonie Erschlaffung, bes. der Muskeln; aus griech. *atonos* „schlaff, matt, ohne Spannung", aus *a-* „nicht" und *tonos* „Spannung"

Atout Trumpf (im Kartenspiel); frz. *atout,* aus *à tout* „für alles (stechend)" im Kartenspiel, aus lat. *ad* „an, hin, zu" und *totum* „das Ganze"

Atrichie Haarlosigkeit, Kahlheit; aus griech. *a-* „nicht" und *thrix,* Gen. *trichos,* „Haar"

Atrium Innenhof; durch Säulen gebildete Vorhalle; lat. *atrium* „mittlerer Raum des altitalischen Hauses, Wohn- und Eßraum der Familie, Raum zur Abwicklung von Geschäften"; die Herkunft ist nicht bekannt; die Verbindung zu *ater* „dunkel, schwarz" wegen der angeblich rußgeschwärzten Decke ist irreführend, da sich in diesem Raum kein Herd befand

Atrophie Schwund von Muskeln, Zellgewebe, Organen infolge mangelhafter Ernährung; aus griech. *atrophos* „schlecht ernährt", aus *a-* „nicht" und *trophe* „Nahrung, Ernährung", zu *trephein* „ernähren"

Atrozität Grausamkeit; aus lat. *atrocitas* „Schrecklichkeit, Härte, Strenge", zu *atrox,* Gen. *atrocis,* „schrecklich, streng, hart, grausam", zu *ater* „dunkel, finster, traurig"

Attaché Diplomat auf der untersten Rangstufe; einer Auslandsvertretung beigegebener Sachverständiger; aus frz. *attaché* „Bevollmächtigter", zu *attacher* „befestigen, festbinden" (die Bedeutungsverlagerung ist dadurch zu erklären, daß der *Attaché* einer diplomatischen Vertretung zugeordnet, angeschlossen, sozusagen an sie gebunden ist; dazu *attachieren:* „beigeben, bei-, zugesellen"); aus altfrz. *estachier* „befestigen", zu *estache* „Pfosten, Pfahl", *tache* „kleiner Nagel", aus fränk., got. **stacca* „Pfahl"

Attacke Angriff; aus frz. *attaque* „Angriff", zu *attaquer* „angreifen", aus ital. *attaccare* „angreifen", eigtl. „anbinden, befestigen" (*attaccare lite* „Streit anfangen, mit jmdm. anbinden"), aus älterem **estaccare* „befestigen", wie frz. *attacher* aus altfrz. *estachier* „befestigen", →Attaché

Attentat politischer Mordanschlag; frz. *attentat* „Anschlag", aus lat. *attentatio* „Versuch", zu *attentare, attemptare* „versuchen, angreifen", eigtl. „antasten", aus *at-* (in Zus. vor t für *ad*) „an" und *temptare* „betasten, befühlen, angreifen"

Attentismus Zurückhaltung der Entscheidung, bis eine von zwei streitenden Parteien erfolgreich ist; über frz. *attention* „Aufmerksamkeit" aus lat. *attentio,* Gen. *-onis,* „Aufmerksamkeit, Anspannung des Geistes für einen bestimmten Zweck", zu *attendere* „seine Aufmerksamkeit auf etwas richten, seinen Geist in einer Richtung anspannen, aufmerksam auf etwas achten",

aus *at-* (in Zus. vor t für *ad*) „zu hin" und *tendere* „spannen, ausstrecken"
Attest ärztliche Bescheinigung, Zeugnis; aus lat. *attestatio* „Bescheinigung, Beglaubigung", zu *attestari* „bezeugen", aus *at-* (in Zus. vor t für *ad*) „zu" und *testari* „bezeugen, beweisen, zum Zeugen nehmen", zu *testis* „Zeuge"
Attitüde Körperhaltung; Einstellung, innere Haltung; aus frz. *attitude* „Stellung, Haltung", aus ital. *attitudine* „Haltung", aus lat. *actus* „Bewegung, Gebärdenspiel", zu *agere* „handeln, treiben, in Bewegung setzen"
Attraktion Anziehung, Anziehungskraft; frz. *attraction* in ders. Bed., aus lat. *attractio,* Gen. *-onis,* „das Ansichziehen", zu *attrahere* „heranziehen, an sich ziehen", aus *at-* (in Zus. vor t für *ad*) „an" und *trahere* „ziehen"
Attrappe Nachbildung, Schaupakkung; aus frz. *attrape* „Falle, Schlinge", zu *attraper* „überlisten, täuschen, fangen, erwischen", zu *trappe* „Falle"
Attribut Merkmal, Eigenschaft; *Gramm.:* Beifügung; aus lat. *attributio* „die einer Person oder Sache nebenbei zukommende Eigenschaft, Nebenumstand", zu *attribuere* „zuschreiben, beimessen, zuerteilen", aus *at-* (in Zus. vor t für *ad*) „zu" und *tribuere* „zuschreiben, beimessen"
atzen *Jägerspr.:* füttern (von Raubvögeln); mhd. *atzen* „zu essen geben", zu *az* „Speise"; vgl. äsen
Aubergine eine Gemüsepflanze warmer Länder, Eierpflanze; frz. *aubergine,* aus katalan. *albergina,* aus arab. *al-bāḏinǧān* in derselben Bedeutung, wahrscheinlich aus dem Persischen
Aubrietie eine Zierpflanze, Blaukissen; nach dem frz. Blumen- und Tiermaler Claude *Aubriet* (1665–1742)
Audienz feierlicher offizieller Empfang; aus lat. *audientia* „Aufmerksamkeit für einen Redenden, das Gehör, das man ihm schenkt", zu *audiens,* Gen. *-entis,* „hörend; Zuhörer", zu *audire* „hören"
Audiometer Gerät zum Messen des Hörvermögens; aus lat. *audire* „hören" und griech. *metron* „Maß", zu *metrein* „messen"
audiovisuell das Hören und Sehen betreffend; aus lat. *audire* „hören" und → *visuell*
Auditorium Hörsaal; Zuhörerschaft; lat. *auditorium* „Hörsaal, Schule, Gerichtssaal", auch „die versammelten Zuhörer", zu *auditor* „ständiger Hörer, Schüler", zu *audire* „hören"
Auerhahn ein Vogel; aus ahd. *orehan, urhano,* nach *ur* → „Auerochse" gebildet und verbunden mit *hano* „Hahn", eigtl. „männlicher Vogel, zeugungsfähiger Hahn"; die Bezeichnung ging vom männlichen Vogel dann auch auf den weiblichen, das Auerhuhn, über
Auerochse ausgestorbenes Wildrind; aus ahd. *ur, urohso,* aus den idg. Wurzeln **uer-* und **ugh-,* beides „befeuchten, bespritzen" im Sinne von „mit Samen befeuchten", also „zeugungsfähiges Rind"
aufwiegeln zum Aufstand anstacheln; zu mhd. *wigeln* „wanken", Intensivum zu *wegen* „bewegen machen, in Bewegung bringen, schütteln, schwingen"
Augiasstall verschmutzter Raum, vernachlässigte Arbeit; nach dem König *Augias (Augeias)* der griech. Sage, der riesige Viehherden besaß und diese in völlig verschmutzten Ställen hielt; Herakles reinigte in einem einzigen Tag die von Mist erfüllten Ställe, indem er die beiden Flüsse Alpheios und Peneios hindurchleitete
Augit eine Mineralgruppe; von Abraham Gottlob Werner nach der bei Plinius erwähnten Bezeichnung *augitis* geprägt, aus griech. *auge* „Licht, Glanz, Strahl", wegen des Glanzes mancher Arten
Augment Zusatz; aus lat. *augmentum* „Vermehrung, Wachstum, Zunahme", zu *augmen* „Vermehrung", aus *augere* „vermehren, vergrößern" und Infix *-men-* zur Bezeichnung eines Mittels oder Werkzeugs
Augur *im alten Rom:* Priester, Wahrsager, der in ältester Zeit die Fruchtbarkeitsriten ausführte und später aus dem Flug, dem Schrei und Fressen der Vögel eines bestimmten Bezirks den Willen der Gottheit deutete; aus *augere* „vermehren, das Wachstum, Gedei-

hen fördern" (wegen des Fruchtbarkeitszaubers), nicht, wie häufig angenommen, aus *avis* „Vogel" (der zweite Wortteil *-gur* blieb bei diesem Deutungsversuch immer ungeklärt); **Augurenlächeln** Lächeln unter Eingeweihten, die wissen, daß ihr Tun nur Blendwerk ist; die Praktiken der Auguren sowie der Haruspizes (→Haruspex) wurden schon früh von den Gebildeten als Täuschung durchschaut, aber trotzdem weiter gepflegt

August achter Monat des Jahres; nach dem Beinamen *Augustus* des Kaisers Octavian (1. Jh. v. Chr.) „der Erhabene", zu *augere* „vergrößern, erhöhen"

Auktion Versteigerung; aus lat. *auctio,* Gen. *-onis,* „Versteigerung", eigtl. „Vermehrung", zu *augere* „vermehren, vergrößern"

Aula Versammlungssaal; aus lat. *aula* „Hof, Gehöft, Königshof, Palast", aus griech. *aule* in denselben Bedeutungen, über idg. **awla* „Ruhestätte für Mensch und Tier" aus der idg. Wurzel **aw-* „ruhen, weilen"

au pair auf Gegenleistung, ohne Bezahlung; frz. *au pair* „für Kost und Wohnung (ohne Gehalt)", eigtl. „auf Gleiches, auf gleichen Wert, auf Gegenleistung" (d. h. nicht als Gast), aus *au* „auf, für" und *pair* „gleicher Wert", aus lat. *par* „gleich, gleichkommend, entsprechend"

Aura *Okkultismus:* Strahlenkranz, der angeblich einen Menschen umgibt; *übertr.:* Gesamtheit der von einem Menschen ausgehenden Wirkungen; aus lat., griech. *aura* „Luft(hauch), Wind, Dunst"

Aureole *Kunst:* Heiligenschein um eine Gestalt; *allg.:* Lichterscheinung verschiedener Art; aus lat. *aureolus* „schön golden", Verkleinerungsform von *aureus* „golden", zu *aurum* „Gold"

Aurikel eine Pflanze; aus lat. *auricula* „Öhrchen", zu *auris* „Ohr", wegen der Form der Blätter

Auripunktur *veraltet für* Parazentese; aus lat. *auris* „Ohr" und *punctura* „das Stechen, Stich", zu *pungere* „stechen"

ausbaldowern *ugs.:* erkunden, auskundschaften; zu rotw. *Baldower* „Auskundschafter, Anführer", aus jidd. *baal* „Kenner" (aus hebr. *ba^{c}al* „Herr") und *dawar* „Wort, Sache" (aus hebr. *dābār* „Wort, Erkundigung")

Ausbund Muster, das Höchste, Beste von etwas; eigtl. das „Ausgebundene, zur Schau außen Aufgebundene"; früher pflegten Kaufleute auf verpackte Waren ein Muster zur Schau zu binden, und dieses Muster war natürlich immer besonders gut oder schön

ausflippen aus den gesellschaftlichen Normen ausbrechen; nach den *Flippern* im Flipperspiel, zwei Markierungen am Ende der Bahn; wenn die Kugel zwischen ihnen hindurchrollt, „flippt sie aus", d. h. scheidet sie aus; zu engl. *to flip* „leicht schlagen, schnellen"

Ausgedinge Altenteil; eigtl. „etwas, was man sich ausbedungen hat" (nämlich als Wohnsitz), aus mhd. (das) *gedinge* „versprochene Sache, versprochene Zahlung", sowie (die) *gedinge* „Bedingung", zu *dingen* „einen Vertrag schließen, vertraglich mieten, kaufen, verkaufen", zu *dinc* „Ding, Sache; Vertrag"

ausgemergelt abgezehrt, abgemagert, blutlos; zu *Mark,* eigtl. also „das Mark entziehen", angelehnt an *Mergel,* der schon in ältester Zeit zum Düngen verwendet wurde, der aber den Boden auslaugt, wenn er zu oft gegeben wird

auskultieren *Med.:* abhorchen; aus lat. *auscultare* „eifrig zuhören, horchen, lauschen", wohl zu *auris,* eigtl. *ausis,* „Ohr"; die Herkunft des zweiten Wortteiles ist nicht geklärt, vielleicht aus *cluere,* das im Altlat. „hören" bedeutet

ausmerzen aus der Zucht herausnehmen, als ungeeignet aussondern; wahrscheinlich zu *März,* da im Frühjahr die zur Zucht nicht geeigneten Tiere, urspr. die Schafe, ausgesondert wurden (diese Tiere nannte man *Merzvieh, Merzschafe*)

Auspizien Aussichten, Vorzeichen; Obhut, Leitung; aus lat. *auspicium* „Weissagung aus dem Vogelflug und -ruf; das Recht dazu", allg.: „Wahrzeichen, Vorzeichen", übertr.: „Oberbefehl, Leitung" (da im Krieg nur der

Oberbefehlshaber das Recht zur Vogelschau hatte), zu *auspex*, Gen. *auspicis* „jmd., der den Vogelflug beobachtet, Vogelschauer", übertr.: „Anführer, Leiter", aus *avis* „Vogel" und *specere* „schauen, sehen"

auspowern ausplündern, ausbeuten; aus frz. *pauvre* „arm", aus lat. *pauper* „arm", → Pauperismus

ausrotten gänzlich vernichten, vertilgen, beseitigen; eigtl. *ausreuten*, aus mhd. *ûzriuten* „roden, urbar machen, indem man Wurzeln, Baumstümpfe, Unkraut usw. ausreißt", zur idg. Wurzel **reu-* „(auf)reißen", **reudh-* „roden"

ausstaffieren schmücken, herausputzen, ausrüsten; aus veraltetem *staffieren* in ders. Bed., aus nieder-, mittelniederdt. *stafferen* „ausschmücken, verzieren, herrichten", aus altfrz. *estoffer* „ausstatten, herstellen", weitere Herkunft nicht geklärt

Auster eine Muschel; aus lat. *ostrea, ostreum,* aus griech. *ostreon* „Muschel", zu *osteon* „Knochen"

austral *veraltet:* zur südlichen Erdhalbkugel gehörig; aus lat. *australis* „südlich", zu *auster* „Südwind, Süden"

autark (bes. wirtschaftlich) unabhängig; aus griech. *autarkes* „sich selbst genügend, unabhängig", aus *autos* „selbst" und *arkein* „genügen, ausreichen"

authentisch verbürgt, echt; aus griech. *authentikos* „zuverlässig, richtig", zu *authentes* „Urheber, Täter", vollständige Form: *autoentes,* aus *autos* „selbst, allein" und *anyein, anytein* „vollenden"; ein *authentes* ist also „einer, der etwas selbst vollbringt"

authigen am Fundort entstanden (Gestein); aus griech. *authigenes* „an Ort und Stelle, im Lande selbst entstanden, eingeboren, einheimisch", aus *authi* „an Ort und Stelle" und *gennan* „hervorbringen, erzeugen"

Autismus *Med.:* schwere Kontaktstörung unter völliger Abkapselung von der Umwelt; aus griech. *autos* „selbst, für sich, allein"

Auto[1] *Kurzwort für* → Automobil; *Kurzwort für* → Autotypie

Auto[2] relig. einaktiges span. und portug. Schauspiel; aus lat. *actus* „Handlung, Bewegung, Vortrag", zu *agere* „handeln, treiben, in Bewegung setzen"

auto..., Auto... selbst..., Selbst...; aus griech. *autos* „selbst, persönlich, allein, für sich selbst", auch „unmittelbar, gerade, genau"

Autobiographie Beschreibung des eigenen Lebens, Selbstbiographie; aus griech. *autos* „selbst", *bios* „Leben" und *graphein* „schreiben"

Autobus = Omnibus; moderne Bildung aus → *Automobil* und → *Omnibus*

Autochorie Verbreitung von Früchten und Pflanzensamen durch die Pflanze selbst, z. B. durch Spritzen oder Schleudern; aus griech. *autos* „selbst" und *chorein* „weggehen, sich ausbreiten"

autochthon alteingesessen, bodenständig, am Ort entstanden; aus griech. *autos* „unmittelbar" und *chthon* „Erdboden, Heimat"

Auto-Cross Geschicklichkeitswettbewerb für Autofahrer im Gelände; aus → *Auto*[1] *(1)* und engl. *to cross* „durchqueren, überqueren, kreuzen", zu *cross* „Kreuz", mengl. *cros* aus lat. *crux,* Gen. *crucis,* „Kreuz"

Autodafé öffentliches Verbrennen verbotener Bücher, eigtl. Ketzerverbrennung; aus port. *auto da fé* „feierliches Glaubens-, Ketzergericht", *auto* „wichtige, feierliche Handlung, Werk, Tat" (aus lat. *actio* „Handlung, Tun, Tätigkeit, Gerichtsverhandlung"), *da fé* „für den Glauben", zu *fé* „Glaube" (aus lat. *fides* „Glaube")

Autodidakt jmd., der durch Selbstunterricht Wissen erworben hat; aus griech. *autos* „selbst" und *didaktos* „gelehrt", zu *didaskein* „lehren"

Autodrom *österr.:* Fahrbahn für elektrische Kleinautos (auf Jahrmärkten); aus → *Automobil* und griech. *dromos* „Rennbahn, Übungsplatz"

Autogamie Selbstbefruchtung; aus griech. *autos* „selbst" und *gamein* „heiraten"

autogen selbsttätig; aus griech. *autos* „selbst" und *gennan* „hervorbringen, erzeugen"

Autogiro Hubschrauber; aus span. *autogiro* „Tragschrauber", aus *auto-* „selbst-" (aus griech. *autos* „selbst") und *giro* „Kreisbewegung, Umlauf, Drehung" (aus griech. *gyros* „rund")
Autogramm eigenhändig geschriebener eigener Name; aus griech. *autos* „selbst" und *gramma* „Schrift, Schriftzeichen", zu *graphein* „schreiben"
Autograph eigenhändig geschriebenes Schriftstück einer bekannten Persönlichkeit; aus griech. *autos* „selbst" und *graphe* „Schriftstück", zu *graphein* „schreiben"
Autoklav luftdicht verschlossenes Stahlgefäß zum Erhitzen bei Überdruck; aus griech. *autos* „selbst" und lat. *clavis* „Riegel, Schloß, Schlüssel"
Autokratie Alleinherrschaft; aus griech. *autos* „selbst, allein" und *kratein* „herrschen", zu *kratos* „Kraft, Macht, Gewalt"
Autolyse Auflösung abgestorbener pflanzlicher oder tierischer Lebewesen ohne Beteiligung von Bakterien, Selbstauflösung; aus griech. *autos* „selbst" und *lysis* „das Lösen, Auflösung", zu *lyein* „lösen, auflösen"
Automat selbsttätiger Apparat; aus griech. *automatos* „sich selbst bewegend, von selbst geschehend", aus *autos* „selbst" und vielleicht *maiesthai* „streben, trachten, suchen"
Automobil Kraftfahrzeug; aus griech. *autos* „selbst" und lat. *mobilis* „beweglich"
automorph = idiomorph; aus griech. *autos* „für sich, eigen" und *morphe* „Gestalt"
autonom unabhängig, nach eigenen Gesetzen lebend; aus griech. *autos* „selbst" und *nomos* „Gesetz", eigentlich „das Zugeteilte", zu *nemein* „verteilen, zuteilen"
autonym unter dem wirklichen Namen des Verfassers; aus griech. *autos* „selbst" und *onyma* „Name"
Autopsie eigener Augenschein; Leichenöffnung, Leichenschau; aus griech. *autos* „selbst" und *opsis* „das Sehen", zu *ops* „Auge"
Autor Urheber, Verfasser; aus frz. *auteur* „Urheber", aus lat. *autor,* richtiger *auctor* „Förderer, Veranlasser, Urheber, Gewährsmann, Bürge", zu *augere* „fördern, gedeihen machen, wachsen lassen"
autoritär mit uneingeschränkter Macht herrschend; aus frz. *autoritaire* „selbständig auftretend, befehlshaberisch, herrisch", zu *autorité* „Machtvollkommenheit, Ansehen", aus lat. *auctoritas* „Vollmacht, Ansehen, Einfluß, Glaubwürdigkeit", zu *auctor,* → Autor
Autorität Ansehen, Geltung; aus frz. *autorité,* → autoritär, Autor
Autotomie Selbstverstümmelung von Tieren durch Abwerfen eines Körperteils bei Gefahr; aus griech. *autos* „selbst" und *tome* „Schnitt", zu *temnein* „schneiden"
autotroph sich selbst ernährend durch Umwandlung anorganischer Nahrung in organische Stoffe; aus griech. *autos* „selbst" und *trophe* „Nahrung, Ernährung", zu *trephein* „ernähren"
Autotypie Ätzung für den Buchdruck, die ein Original in Schwarz, Weiß und Grautönen wiedergibt, Rasterätzung; aus griech. *autos* „selbst" und *typos* „Abdruck, Bild, Vorbild"
auxiliar *veraltet für* zur Hilfe, Hilfs-; aus lat. *auxiliaris* „Hilfe leistend, hilfreich", zu *auxilium* „Hilfe, Beistand", zu *augere* „fördern, wachsen lassen, verstärken"
Aval Wechselbürgschaft; frz. *aval* in ders. Bed., vielleicht aus *à valoir* „auf Abrechnung, auf Abschlag", zu *valoir* „gelten, wert sein" oder aus arab. *ḥawāla* „Mandat, Wechsel"
avancieren befördert werden, aufrükken; aus frz. *avancer* „vorwärtskommen, befördert werden", zu *avant* „vor", aus spätlat. *abante* „vorweg", aus lat. *ab* „weg" und *ante* „vor"
Avantgarde Vorhut, Vorkämpfer; frz. *avantgarde* in ders. Bed., aus *avant* „vor" und *garde* „Wache, Wachmannschaft"
Aventurin mit Glimmer- oder Eisenglanzteilchen durchsetzter und daher farbig schillernder Quarz; die Herkunft ist nicht gesichert; das Material soll zuerst in Murano bei Venedig her-

gestellt worden sein, indem man *a ventura* „auf gut Glück, aufs Geratewohl" Kupferspäne in geschmolzenes Glas streute (nach Lüschen); ital. *ventura* „das Kommende, Zukunft", lat. *ventura* „Dinge, die kommen werden", Neutr. Pl. von *venturum* „etwas, das kommen wird", zu *venire* „kommen"

Avers Vorderseite (einer Münze); frz. *avers* in ders. Bed., aus lat. *adversus* „(mit der Vorderseite) zugewandt", aus *ad* „zu" und *versus* „gewandt, gedreht", zu *vertere* „wenden, drehen"

Aversion Widerwille, Abneigung; aus lat. *aversio*, Gen. *-onis*, „das Abwenden", zu *avertere* „abwenden, fernhalten, vertreiben, entfremden", aus *a* „von weg" und *vertere* „wenden, drehen"

Aviarium großes Vogelhaus; lat. *aviarium* „Vogelhaus", zu *avis* „Vogel" und *-arium* zur Bezeichnung eines Behälters oder Raumes für etwas

Aviatik *veraltet für* Flugtechnik, Flugwesen; aus lat. *aviarius* „zu den Vögeln gehörig", zu *avis* „Vogel"

avisieren ankündigen, anmelden; aus frz. *aviser* „benachrichtigen", zu *avis* „Meldung, Warnung", aus altfrz. *ço m'est a vis* „das ist meine Ansicht, so scheint es mir", wörtlich „so ist es mir (kommt es mir vor) beim Sehen", aus lat. *visus* „das Sehen", zu *videre* „sehen"

Avocado birnenförmige, tropische und subtropische Frucht; aus Nahuatl *ahuacatl, auacatl* „Hoden" sowie Bezeichnung für die Frucht; die Übertragung vielleicht wegen der Form und besonders deshalb, weil die Frucht als Aphrodisiakum galt

Axiologie *Philos.:* Wertlehre; aus griech. *axios* „würdig, wert, angemessen" (zu *axioun* „für wert erachten, würdigen", vielleicht zu *agein* „wiegen, wägen") und *logos* „Wort, Lehre, Kunde", zu *legein* „sagen, erklären"

Axiom grundlegender, ohne Beweis einleuchtender Lehrsatz; aus griech. *axioma* „Grundsatz", zu *axioun* „für wahr, richtig halten", zu *axios* „würdig, wert", vielleicht zu *agein* „wiegen, wägen"

Axolotl mexikanischer Wassermolch; aus Nahuatl *axolotl,* aus *atl* „Wasser" und *xolo* oder *xolotl* „Diener", also „Diener des Wassers"

Ayatollah *im schiitischen Islam:* hoher Würdenträger; das Wort ist ursprünglich arabisch und bedeutet „Zeichen Gottes", aus arab. *āya* „Zeichen" und *allāh* „Gott", in Zus.: *āyat allāh* (in modern-arab. Aussprache) bzw. *āyatullāh* (in klassisch-arab. Aussprache); in dieser Form ist es mit Umfärbung des u zu o ins Persische übernommen worden

Azalee eine Zierpflanze; nach Linné geht der Name auf griech. *azaleos* „trocken, dürr, wasserlos" zurück, da er glaubte, die Pflanze liebe einen trokkenen Standort (die derben Blätter vertragen eine relativ geringe Luftfeuchtigkeit)

Azimut Winkelabstand zwischen dem Schnittpunkt des durch ein Gestirn gehenden Vertikalkreises mit dem Horizont und dem Südpunkt (auf dem Horizont); aus arab. *as-sumūt, as-simūt,* Plural von *samt* „Weg, Richtung"

Azoikum ältestes Erdzeitalter ohne organisches Leben; aus griech. *a-* „nicht" und *zoikos* „tierisch", zu *zoon* „Lebewesen", *zoe* „Leben"

Azulejos bunte, bes. blaue, von den Arabern in Spanien eingeführte Fayencefliesen; span. *azulejo* „(urspr. blaue) Fliese", zu *azul* „blau", aus dem Arab., → Azur

Azur Himmelsbläue; frz. *azur,* aus ital. *azurro* in derselben Bedeutung, über arab. *lāzuward* „blau" (das anlautende l wurde im Italien. als Artikel mißverstanden und deshalb weggelassen), aus pers. *lāǧward* „himmelblau, blauer Stein"

B

Babusche warmer Hausschuh, Stoffpantoffel; aus frz. *babouche* in ders. Bed., über türk. *pabuş* aus pers. *pāpūš* „Schuh", aus *pā* „Fuß" und *pūš* „Bedeckung, Bekleidung"

Baby Säugling; engl. *baby* „Säugling", Verkleinerungsform von *babe* in ders. Bed., urspr. kindliches Lallwort

Babysitter jmd., der ein Baby in Abwesenheit der Eltern beaufsichtigt; aus engl. *to babysit* „ein kleines Kind hüten", zu → *Baby* und *to sit* „sitzen", also bei einem Baby sitzen, solange die Eltern fort sind

Bachstelze Wasserstelze, ein Singvogel; „Stelze" heißt der Vogel wegen des zwar flinken, aber etwas steifen, stelzenden Ganges; die Bezeichnung ist auch auf *Sterz* „Schwanz" zurückgeführt worden, doch gibt es in der Zusammensetzung mit -sterz unabhängige, eigenständige Bezeichnungen in Norddeutschland, z. B. Wippstert, Kwickstert, während die Namen mit -stelze in Süd- und Mitteldeutschland gebräuchlich sind

Backbord linke Schiffsseite (von hinten gesehen); aus engl. *back* „hinten, rückwärts" und *Bord* „Schiffsrand, Deck- und Seitenplanken des Schiffes", aus nddt. *bord* „Rand, Randbrett der Schiffswand"; früher stand der Steuermann beim Halten des Steuerruders (mit der rechten Hand) auf dessen linker Seite und drehte also der linken Seite des Schiffes den Rücken zu

Backfisch *veraltet für* Mädchen zwischen etwa vierzehn und siebzehn Jahren; eigtl. kleiner, nicht ausgewachsener Fisch, entweder, weil er sich seiner Zartheit wegen besser zum Backen (Braten) eignet als zum Kochen, oder weil die kleinen Fische auf dem Schiff aussortiert und über die Back (Backbord) wieder ins Meer geworfen wurden

Background Hintergrund; geistige Herkunft; engl. *background* „Hintergrund", aus *back* „hinten, rückwärts; Hinterteil, Rücken" (aus mengl. *bak,* mndrl. *bak* in ders. Bed., aus altnord. *bak* „Rücken", wohl urspr. „runde Erhöhung, Wölbung") und *ground* „Grund, Boden" (aus altengl. *grund,* aus altnord. *grunn* „flacher Platz, seichte Stelle, Grundlage", zu *grunnr* „Grund, Boden")

Badinerie schnelles, heiteres Musikstück; frz. *badinerie* „Spielerei, Schäkerei, Narrenspossen", zu *badin* „schäkernd, mutwillig; Schäker, Spaßvogel", zu prov. *badin* „Dummkopf", zu *badar* „gaffen"

Badminton sportlich betriebenes Federballspiel; nach *Badminton* in Gloucestershire in England, dem Sitz des Herzogs von Beaufort, wo das Spiel zum ersten Mal nach festen Regeln gespielt worden sein soll

Bafel Ausschußware; Gerede, Geschwätz; aus rotw. *Bafel* „Ramsch, wertloses Zeug"; weitere Herkunft nicht geklärt

Bagage *veraltet für* Reisegepäck; Troß; frz. *bagage* „Gepäck", wahrscheinlich aus altfrz. *bague* „Bündel", mlat. *baga* „Sack"

Bagatelle kurzes, leichtes Musikstück; Kleinigkeit, Geringfügigkeit; frz. *bagatelle,* aus ital. *bagatella,* beides „Kleinigkeit", mit Verkleinerungsendung zu lat. *baca, bacca* „Beere"

Bagger Maschine zum Heben und Wegschaffen von Erdreich u. ä.; Rückbildung von *baggern,* aus ndrl. *baggeren* „von Schlamm befreien", zu *bagger* „Schlamm"

Bagno *früher in Italien und Frankreich:* Kerker; ital. *bagno* „Bad, Baderaum, -anstalt", früher „Kerker für lebenslänglich Verurteilte", über vulgärlat. *balneum* aus lat. *balineum* „Bad", aus griech. *balaneion,* weitere Herkunft nicht bekannt; *balaneion* bezeichnete urspr. die Bäder des Serails in Konstantinopel, neben denen sich ein Gefängnis für Galeerensträflinge befand; der Name ging zuerst auf dieses Gefängnis über, dann auf den Kerker und das Zuchthaus allgemein

Baguette langes, dünnes frz. Weißbrot; länglicher Schliff von Edelsteinen; frz. *baguette* „dünner Stab, Stek-ken, Gerte“, aus ital. *bacchetto* „Stab“, über vulgärlat. *bacculus* aus lat. *baculus,* älter *baculum* „Stock, Stab“

Baiser Gebäck aus Eischnee und Zuk-ker; frz. *baiser* „Kuß“, aus lat. *basium* „Kuß“

Baisse niedriger Stand (von Aktien); frz. *baisse* „Fallen, Sinken“, zu *baisser* „senken“, zu *bas* „niedrig“, aus spätlat. *bassus* „tief“

Bajadere indische Tempeltänzerin; über frz. *bayadère* „indische Tänzerin“, auch „Freudenmädchen“, aus port. *bailadeira* „Tänzerin“, zu *bailar* aus spätlat. *ballare* „tanzen“

Bajazzo Spaßmacher, Hanswurst; aus mailänd. mundartl. *pajazz,* ital. *pagliaccio* in ders. Bed., zu *paja, paglia* „Stroh“, weil er einen Anzug aus grobem Gewebe mit weiten, schlotternden Hosen trägt, der einem Strohsack ähnelt

Bajonett Stoß- und Stichwaffe; aus frz. *baionette* in ders. Bed., nach der Stadt *Bayonne,* wo diese Waffen zuerst hergestellt wurden

Bakkalaureus *in England, Frankreich und den USA:* niedrigster akademischer Grad; aus mlat. *baccalarius, baccalaureus* „fortgeschrittener Student, der unter Aufsicht seines Lehrers Vorlesungen hält, aber keinen eigenen Lehrauftrag hat“, auch „Ritter, der einem anderen untergeordnet ist, Knappe“, Herkunft unsicher, vielleicht aus *buccellarius* „Söldner, der von seinem Herrn beköstigt wird“, zu *buccella* „kleiner Brotlaib, Mundvoll, Bissen“, zu *bucca* „Mündung“, nach anderer Deutung volksetymologisch angelehnt an *baca, bacca* „Beere, kleine Baumfrucht“ und *laurea* „Lorbeer“

Bakschisch Trinkgeld, Bestechungsgeld; aus pers. *bāḫšiš* „Geschenk“, zu *bāḫšidān* „schenken“

Bakteriologie Wissenschaft von den Bakterien; aus →*Bakterium* und griech. *logos* „Wort, Lehre, Kunde“, zu *legein* „sagen, sprechen, erklären“

Bakterium einzelliges, häufig stäbchenförmiges pflanzliches Lebewesen, meist Krankheitserreger; aus griech. *bakteria, baktron* „Stab, Stock“

Balalaika russ. Zupfinstrument mit drei Saiten und dreieckigem Klangkörper; Herkunft unsicher, vielleicht zu russ. *balakat* „schwatzen“ oder rumän. *balalai* „mit schlenkernder Handbewegung etwas tun“

Balance Gleichgewicht; frz. *balance* „Waage, Waagschale; Gleichgewicht“, aus lat. *bilanx,* Gen. *-lancis,* „Waage“, eigtl. „zwei Waagschalen habend“, aus *bis* „zweimal“ und *lanx* „Schale, Waagschale“

Baldachin Dach aus verziertem Seidenstoff über Bett, Thron oder dem Allerheiligsten (bei Prozessionen); aus ital. *baldacchino* in ders. Bed., aus *Baldacco,* der toskanischen Bezeichnung für die Stadt *Bagdad,* die für ihre Seidenstoffe berühmt war

Baldrian eine Heilpflanze; aus lat. *Valerianus,* →Valeriana

Balkon offener Vorbau eines Hauses im oberen Stockwerk; frz. *balcon,* aus ital. *balcone* in ders. Bed., über das Langobard. aus ahd. *balko* „Balken“

Ball festliche Tanzveranstaltung; aus frz. *bal* in ders. Bed., zu *baller* aus lat. *ballare* „tanzen“

Ballade episch-lyrisches, dramatisch bewegtes Gedicht; frz. *ballade* in ders. Bed., ältere Bedeutung „Tanzlied“, aus prov. *balada* „Tanz“, zu *balar* aus ital., lat. *ballare* „tanzen“

Ballast wertlose Fracht (bei Schiffen zum Ausgleich des Tiefgangs); aus ndrl. *ballast, barlast* „bloße Last“, also Last ohne Nutzwert, zu *baar* „bloß, nackt“

Ballerina Ballettsolistin; ital. *ballerina* in ders. Bed., zu ital., lat. *ballare* „tanzen“

Ballett Bühnentanz; aus ital. *balletto* in ders. Bed., eigtl. „Tänzchen“, Verkleinerungsform von *ballo* „Tanzfest, Ball", zu *ballare* „tanzen"

Ballistik Lehre von der Bewegung geworfener oder geschossener Körper; aus lat. *ballista* „Wurf-, Schleudermaschine, Wurfgeschoß", zu griech. *ballein* „werfen"

Ballon mit Gas gefüllter Ball, mit Gas gefülltes Luftfahrzeug, bauchiges Glasgefäß; frz. *ballon,* in Anlehnung an *balle* „Spielball" aus ital. *pallone* „Ballon", zu *palla* „Kugel", über das Langobard. aus fränk., ahd. *balla* „Kugel"

Ballotade *Hohe Schule:* Sprung des Pferdes mit angezogenen Vorderbeinen und nach hinten gerichteten Hufen; aus frz. *ballottade* in ders. Bed., zu *ballotter* „hin und her schwanken, sich hin und her bewegen", aus mundartl. *balocher* „hin und her schwanken", zu *baller* (aus lat. *ballare*) „tanzen", mundartl. auch „schweben, schwanken"

Ballotage geheime Abstimmung mit weißen und schwarzen Kugeln; frz. *ballottage* in ders. Bed., zu *ballotter* „durch Kugeln abstimmen", zu *ballotte* „Kugel zum Abstimmen", zu *balle* „Kugel"

Balneologie Bäderkunde, Heilquellenkunde; aus lat. *balneum* „Badezimmer, Badehaus", aus griech. *balaneion* in derselben Bedeutung, zu *balaneus* „Bader, Bademeister" (weitere Herkunft nicht bekannt, wahrscheinlich im Griechischen selbst entstanden) und *logos* „Wort, Lehre, Kunde", zu *legein* „sagen, sprechen, erklären"

Balsam Gemisch aus Harzen und ätherischen Ölen; aus lat. *balsamum,* griech. *balsamon* „Balsamstrauch sowie dessen Harz", aus hebr. *bêsêm, bāsām* „Balsam, Wohlgeruch"

Balustrade Geländer, Brüstung mit kleinen Säulen (Balustern) als Stütze; aus frz. *balustrade,* aus ital. *balaustrata* in derselben Bedeutung, aus lat. *balaustium,* griech. *balaustion* „Granatapfelblüte", wegen der Form der Säulchen

Bambus ein trop. Riesengras; aus einer Mundart der Malabarküste in Südindien *mambu,* weitere Formen: *bambu* (Tulu) und *vampu* (Tamil) als Bez. für das Gras, wörtliche Bedeutung nicht bekannt

Bammel *ugs.:* Angst; aus jidd. *ba^cal-ēmā* „furchtsamer Mensch, Angsthase", eigtl. „Besitzer eines Schreckens", aus *ba^cal* „Herr" und *ēmā* „Angst"

banal alltäglich, fad, geistlos; frz. *banal* in ders. Bed. sowie „gemeinnützig, allen gehörig", eigtl. „innerhalb eines Gerichtsbezirks allen dort Ansässigen gehörig", zu *ban* „Gerichtsbarkeit und der Bezirk, in dem sie gilt"

Banane eine tropische Frucht; wahrscheinlich aus einer Kongo-Sprache, Näheres nicht bekannt

Banause Mensch ohne Sinn für Kunst und geistige Dinge; aus griech. *banausos* „Handwerker; handwerksmäßig", übertr. abwertend „gewöhnlich, niedrig, philisterhaft", urspr. *baunasos, *baunausos* „Ofenheizer", zu *baunos* „Ofen" und *auein* „anzünden"

Band Kapelle für Tanzmusik; engl. *band* in ders. Bed. sowie „Schar, Trupp", aus frz. *bande,* prov. *bande* „Schar, Trupp", zu got. *bandwa* „Zeichen, Banner", germ. **banda* „Fähnlein"

Bandage Stütz-, Schutz-, Wundverband; frz. *bandage* „Verband, Binde", zu *bande* „Binde", aus fränk., ahd. *binda* „Binde"

Banderilla mit Fähnchen geschmückter Wurfspieß mit Widerhaken; span. *banderilla,* Verkleinerungsform von *bandera* „Banner, Fahne, Flagge", zu *banda* „Binde, Band, Streifen"

Banderole mit Preis oder steuerlichem Vermerk versehener Streifen an der Verpackung einer steuerpflichtigen Ware; frz. *banderole* „Fähnchen, Spruchband, Wehrgehenk", aus ital. *banderuola* „Fähnchen", Verkleinerungsform von *bandiera* „Fahne", zu *banda* „Banner, Flagge, Streifen"

Bandit Räuber; aus ital. *bandito* „Straßenräuber", eigtl. „Verbannter, Ausgestoßener", zu *bandire* „verbannen", außerdem „öffentlich verkünden, ausrufen"; hier mischen sich zwei Wortgruppen, einmal got. *bandwjan* „Zeichen geben" (zu *bandwa* „Zeichen"), das zu ital. *bandire* „öffentlich bekanntmachen" wird, und fränk. *bannjan* „verbannen", das zu mlat. *bannire* „verbannen", altfrz. *bannir* „unter Strafandrohung ge- oder verbieten" wird; dieses behält im Ital. die Bedeutung „öffentlich bekanntmachen" bei, bekommt aber unter Einfluß der ersten Gruppe die Form *bandire*; inhaltlich läßt sich diese Vermischung dadurch erklären, daß der zu Verbannende öffentlich bekanntgemacht wurde

Bandoneon, Bandonion Handharmonika mit Knöpfen auf beiden Seiten; nach dem Erfinder Heinrich *Band* (1846 in Krefeld)

Bandura ukrain. sowie antikes Zupfinstrument; russ., ukrain. *bandura,* über poln. *bandura* aus ital., lat. *pandura* aus griech. *pandoura* in ders. Bed.; weitere Herkunft nicht bekannt; das Instrument galt als Erfindung des *Pan,* der zweite Teil könnte dann auf griech. *doura, dory* „Holz, aus Holz Gefertigtes" zurückgehen

Banjo Zupfinstrument der nordamerikan. Neger; engl. *banjo* in ders. Bed., in der Sprache der Negersklaven verstümmelt aus engl. *bandore* → „Bandura"

Bänkelsang *im 17./18. Jh.:* monotoner Vortrag von Liedern über seltsame oder schaurige Ereignisse zu Drehorgelmusik; zu *Bank,* da die Bänkelsänger auf einer Holzbank standen, um für ihr Publikum gut sicht- und hörbar zu sein

Bankert uneheliches Kind; aus mhd. *banchart* „Bastard", zu *banc* „Bank" und *-hart* in Anlehnung an Personennamen wie Gerhard usw.; der *Bankert* ist das auf der Bank, d. h. nicht im Ehebett gezeugte Kind

Bankett 1 Festmahl; aus frz. *banquet* „Festmahl", urspr. „kleine Mahlzeit, die nach der abendlichen Hauptmahlzeit auf der Bank vor dem Haus eingenommen wird", zu *banque* „Bank"; **2** Absatz einer Grundmauer; befestigter Seitenstreifen einer Straße; aus frz. *banquette* „lange Bank ohne Lehne; erhöhter Fußweg; Fensterbank", zu *banque* „Bank"

Bankrott finanzieller Zusammenbruch; aus ital. *bancarotta* in ders. Bed., eigtl. „zerbrochene Bank", weil man im MA dem zahlungsunfähigen Geldwechsler auf dem Forum seinen Wechslertisch (die Wechselbank) zerbrochen haben soll; zu *banca* „Bank, Tisch des Wechslers" und *rompere* „zerbrechen"

Bantamhuhn in England gezüchtete Zwerghuhnrasse; nach der javan. Hafenstadt *Bantam*

Baptisterium Schwimmbecken im altröm. Bad; Taufkapelle, Taufbecken; aus griech. *baptisma, baptismos* „Eintauchen, Waschung, Taufe", zu *baptizein, baptein* „eintauchen", und lat. Endung *-erium, -arium* zur Bezeichnung eines Platzes, an dem etwas hervorgebracht, getan wird

Bar[1] Lokal; Theke, Schanktisch; engl. *bar* „Theke, Schanktisch", eigtl. „Stange, Querholz", aus altfrz. *barre* „Balken, Schranke", aus dem Gallischen

Bar[2] Maßeinheit des Luftdrucks; aus griech. *baros* „Schwere, Gewicht"

Baracke ebenerdiges, nicht unterkellertes, zerlegbares Haus; über frz. *baraque* aus ital. *baracca,* span. *barraca* in ders. Bed.; Herkunft unbekannt

Barbar roher, ungesitteter Mensch; aus lat. *barbarus* „Fremder, Ausländer, Nichtrömer", aus griech. *barbaros* „Fremder, Nichtgrieche, bes. Asiat, Perser; ungesittet, ungebildet, wild", aus Sanskrit *barbara-* „stammelnd, unverständlich redend"

Barbecue Gartenfest, bei dem ganze Tiere am Spieß oder auf dem Rost gebraten werden; Gerät zum Rösten von Fleisch; das so geröstete Fleisch selbst; aus engl. *barbecue* in denselben Bedeutungen, über span. *barbacoa* aus aruak. *barbacoa* „Lattengerüst zum Räuchern von Fleisch, Fisch, Früchten usw."

Barbier *veraltet für* Friseur; frz. *barbier* „Bartscherer, Friseur", zu *barbe* „Bart", aus lat. *barba* „Bart"

Barbiton altgriech. harfenähnl. Saiteninstrument; aus griech. *barbitos* „große Leier", weitere Herkunft nicht bekannt, vielleicht aus dem Phrygischen

Barchent Baumwollflanell; aus mittel-

lat. *barracanus* „grober Stoff", aus arab. *barrakān* in derselben Bedeutung
Barde kelt. Dichter und Sänger; frz. *barde* aus mlat. *barda*, lat. *bardus* „gallischer Dichter und Sänger", aus gall. **bardo* „Sänger"
Barett flache Kopfbedeckung ohne Rand; aus frz. *barrette*, ital. *barretta* in ders. Bed., aus lat. *birrus* „Mantelkragen oder kurzer Mantel mit Kapuze"
Bariton Männerstimme in der Mittellage; aus ital. *baritono* in ders. Bed., aus griech. *barys* „schwer" und *tonos* „Ton, Klang"
Barium chemisches Element; abgeleitet aus → *Baryt*, in dem es enthalten ist und das eins der schwersten Mineralien ist, zu griech. *barys* „schwer"
Barkarole Lied des Gondoliere, Schifferlied; aus ital. *barcarola* in ders. Bed., zu venezian. *barcarolo* (hochital. *barcaiolo*) „Ruderer einer Barke", zu *barca* „Boot", → Barke
Barkasse kleines Dampfboot; größtes Beiboot auf Kriegsschiffen; über ndrl. *barkas* in denselben Bedeutungen aus span. *barcaza* „großes, flaches Boot", aus ital. *barcaccia*, Vergrößerungsform von *barca* „Ruder-, Segel-, Motorboot", aus spätlat. *barca* „Boot", → Barke
Barke kleines Boot; aus frz. *barque*, aus ital., spätlat. *barca* in ders. Bed., über **barica* aus griech. *baris* „kleines Ruderboot", über kopt. *ba°are* aus altägypt. *bajare* „Art Seeschiff"
Bärlapp eine Pflanze; aus *Bär* und ahd. *lappo* „flache Hand"; in der lappigen Form der Blätter glaubte man eine Ähnlichkeit mit einer Bärentatze zu sehen
Barock schmuckreicher Kunststil des 17./18. Jh.; als Adj.: zum Barock gehörend; überladen; aus ital. *barocco*, frz. *baroque* „Barock", als Adj. „barock", übertr. „lächerlich, sonderbar, merkwürdig", urspr. (16. Jh.) in der Fügung *perle baroque* „unregelmäßig geformte Perle", aus port. *barroco* „unregelmäßige, schiefrunde Perle, Brockenperle, schiefrunder Kieselstein", als Adj. „schiefrund", übertr. „lächerlich, sonderbar"; weitere Herkunft unklar
Barometer Luftdruckmesser; aus griech. *baros* „Schwere, Gewicht" (→ Bar 1) und *metron* „Maß", zu *metrein* „messen"
Baron Freiherr, unterster Adelstitel; frz. *baron* „Freiherr", aus fränk. **baro* „Mann, Lehnsmann, Krieger"
Barras *süddt.*: Kommißbrot; Militär; wahrscheinlich aus jidd. *baras* „Fladenbrot, Kommißbrot"; der Begriff wurde dann allgemein auf den „Kommiß" bezogen
Barrel engl. und amerikan. Hohlmaß, Faß, Tonne; engl. *barrel* aus mengl. *barel*, aus altfrz. *baril* „Faß, Tonne", aus dem Normannischen
Barriere Schranke, Sperre, Schlagbaum; frz. *barrière* in ders. Bed., zu *barre* „Stange, Balken, Querholz"
Barrikade Straßensperre, Hindernis; aus frz. *barricade* in ders. Bed., zu *barrer* „versperren", zu *barre* „Stange, Balken, Querholz" oder zu *barrique* „Faß", da früher häufig Fässer für Barrikaden verwendet wurden
Barsch ein Fisch; aus germ. *bars* „Spitze, Stachel", wegen der stachligen Rükkenflosse
Barsoi russ. Windhund; aus russ. *borsoi* „Windhund", zu *borsoi* „schnell, rasch" (von Hunden), verwandt mit litau. *burzdus* „beweglich, rührig"
Barutsche zweirädrige Kutsche; aus ital. *barroccio, birroccio* „zweirädriger Karren", aus lat. *birotus* „zweirädrig", aus *bis* „zweimal, doppelt" und *rota* „Rad"
Baryt ein Mineral, Schwerspat; aus griech. *barys* „schwer", *barytes* „Schwere"
Baryton gambenähnl. Streichinstrument; aus griech. *bary-* „schwer" und *tonos* „Ton, Klang"
Basalt ein schwärzl. Vulkangestein; lat. Name *basanites;* nach dem verwitterten Lavaboden der Landschaft *Basan* in Nordostpalästina
Basar Warenverkauf für wohltätige Zwecke; über frz. *bazar* „Kaufhaus" aus pers. *bāzār* „Markt"
Baschlik kaukasische Wollkapuze; aus türk. *başlık* „Kopfbedeckung", aus *baş* „Kopf" (zu *baş, bat* „hoch, Ober-

haupt") und Nachsilbe *-lık* „etwas zu etwas Gehöriges, Passendes"

Baseball dem Schlagball ähnliches amerikan. Mannschaftsspiel; eigtl. „Malspiel", aus engl. *base* „Stützpunkt, Grundlage", im Spiel „Mal", im Baseball Bezeichnung für jeden der vier Eckpunkte des Spielquadrates, die im Spielverlauf bes. wichtige Punkte sind, und *ball* „Ball"

Basilika altröm. Markt- und Gerichtshalle; daraus entstandene altchristl. Kirchenform; aus griech. *stoa basilike* „königliche Halle", aus *stoa* „Säulenhalle" und *basilikos* „königlich", zu *basileus* „König, Herrscher"; in Athen hieß urspr. eine Halle so, die wahrscheinlich Amtssitz des *Basileus* war, des zweiten Archonten, der den Gottesdienst und die Strafprozesse zu beaufsichtigen hatte

Basilikum eine Gewürzpflanze; aus lat. *basilicum remedium,* griech. *basilikon pharmakon,* beides „königliches Heilmittel", zu griech. *basileus* „König"

Basilisk *in orientalischen Sagen:* Ungeheuer mit geflügeltem Schlangenleib, gekröntem Kopf und vier Hahnenfüßen, dessen Atem giftig ist und dessen Blick tötet; für diese Vorstellung der Antike soll eine gelbe afrikanische Schlange mit weißem Fleck und drei spitzen Fortsätzen auf dem Kopf das Vorbild abgegeben haben, was auf die Hornviper der Sahara und der arabischen Wüsten sowie auf die Nashornviper des tropischen Afrikas hinweisen könnte; aus lat. *basiliscus* „kleiner König", zu griech. *basileus* „König"; benannt wurde das Ungeheuer entweder nach dem Kopfschmuck, der einer kleinen Krone ähnelt, oder weil es der König aller Schlangen ist, vor dem alle Tiere fliehen

Basis Grundlage, Ausgangspunkt, Fundament, Grundlinie, Grundfläche; aus griech. *basis* „Schritt, Gang; Grundlage, Sockel, Stütze", zu *bainein* „gehen, schreiten; feststehen, sich befinden"

Basketball engl. Korbballspiel; aus engl. *basket* „Korb", aus lat. *bascauda* „Metallschüssel", das seinerseits aus dem Britann. stammt, wo es urspr. wahrscheinlich „Weidenkorb" hieß, und *ball* „Ball"

Basküle Verschluß, der nach zwei Richtungen je einen Riegel vorschiebt; aus frz. *bascule,* älter *bassecule* „Schwengel, Schlagbalken, Schaukelbrett, Wippe, Brücken-, Hebelwaage", zu *basculer* aus älterem *baculer* „schaukeln, wippen" (dazu mundartlich *batcul* „hinteres Querholz am Pferdegeschirr"), wahrscheinlich scherzhafte Zus. aus *battre* „schlagen" und *cul* „Hinterer, Unterseite, Boden (eines Gefäßes)", also eigtl. „auf den Hintern, auf den Boden schlagen" nach dem Aufschlag der Wippe auf den Boden; nachdem das Wort längere Zeit in Gebrauch war, wurde diese Bedeutung vergessen, und unter volksetymologischer Anlehnung an *bas, basse* „tief, niedrig, abwärts" änderte sie sich zu „den Hintern, den Boden nach unten senken", und die Bewegung nach unten und wieder nach oben brachte dann die Bedeutung der Waage und des Verschlusses

Basrelief Flachrelief; frz. *basrelief,* aus *bas* „niedrig, flach" und → *Relief*

Baß tiefe Stimmlage der Männer; aus ital. *basso* in ders. Bed., eigtl. „niedrig, tief", aus mlat. *bassus* „niedrig, tief"

Basselisseweberei Webart mit waagerechter Kette; aus frz. *basselice* „tiefer Schaft (mit waagerecht aufgezogener Kette)", aus *bas, basse* „tief, niedrig" und *lice* „Schaft", aus lat. *licium* „Faden, an dem der neue Aufzug angeknüpft wird", eigtl. „Querfaden", zu *oblicus, obliquus* „seitwärts"

Basset eine Jagdhundrasse; aus frz. *basset* „kurzbeinig", zu *bas* „niedrig"

Bassetthorn Altklarinette; Übersetzung von ital. *corno di bassetto, corno* „Horn" und *bassetto* „kleiner Baß", zu *basso* „Baß"

Bassin künstlich angelegtes Wasserbecken; frz. *bassin* „Becken, Schüssel", aus altfrz. *bacin* „Becken", aus gall. *bacca* „Wassergefäß"

basta! genug!, Schluß!; ital. *basta* „es genügt", zu *bastare* „genügen", viel-

leicht über vulgärlat. **bastare* „als Stütze dienen" aus spätlat. *bastum* „Stock"
Bastard nichteheliches Kind; Mischling; über ital. *bastardo* aus altfrz. *bastart* „als natürlicher Sohn anerkannter unehelicher Sohn eines Adligen"; die weitere Herkunft ist unsicher, vielleicht aus altfrz. *fils de bast: fils* „Sohn" und *bast* „Saumsattel, Packsattel", also „auf dem Packsattel gezeugter Sohn", was damit erklärt wird, daß früher in der Provence und in Spanien die Maultiertreiber sich aus ihren Sätteln im Wirtshaus ein Lager zurechtmachten und dort mit den Mägden verkehrten; verglichen wird diese Herkunft mit der dt. Entsprechung *Bankert,* was eigtl. „auf der Bank, d.h. nicht im ehelichen Bett gezeugtes Kind" bedeutet (Diez)
Bastei vorspringender Teil einer Festung, Bollwerk; aus spätmhd. *bastîe,* aus mlat. *bastida, bastia* in ders. Bed., zu *bastire* „bauen"
Bastille befestigtes Schloß in Frankreich; frz. *bastille* in ders. Bed., aus mlat. *bastile, bastilla, bastia, bastida* „Festung, Burg", zu *bastire* „bauen"
Bastion Bollwerk, Schutzwehr; aus ital. *bastione* in ders. Bed., aus mlat. *bastire* aus fränk. **bastjan* „bauen"
Bastonade Stockhiebe (als Strafe); über frz. *bastonnade* aus ital. *bastonato* „Stockschlag", zu *bastone* „Stock"
Bataillon Teil eines Regiments; frz. *bataillon* „Schar, Bataillon", zu *bataille* „Schlacht", zu *battre* „schlagen, beschießen", aus lat. *battuere* „schlagen"
Batate Süßkartoffel, Knollenwinde; über span. *batata, patata* aus hait. *patata* „Süßkartoffel" (vgl. engl. *potato* „Kartoffel")
Bathophobie Furcht und Schwindelgefühl beim Blick in die Tiefe oder aus der Tiefe in große Höhe; aus griech. *bathos* „Tiefe" und → *Phobie*
Bathymeter Gerät zum Messen der Meerestiefe; aus griech. *bathys* „tief, hoch" und *metron* „Maß", zu *metrein* „messen"
Batik javanisches Verfahren zum Färben von Gewebe, bei dem das aufgezeichnete Muster je nach Farbe wechselnd mit Wachs abgedeckt wird; aus javan. *batik* „gemalt, gesprenkelt"
Batist feines, leinenartiges Gewebe; aus frz. *batiste,* weitere Herkunft nicht geklärt, wahrscheinlich nicht, wie vermutet, nach einem ersten Hersteller namens *Baptiste*
Batterie kleinste Artillerie-Einheit; Zusammenschaltung mehrerer gleichartiger Stromquellen; Reihe gleichartiger Gegenstände; frz. *batterie* „Reihe gefechtsbereiter Kanonen; deren Bedienungsmannschaft; Reihe nebeneinandergestellter Gegenstände; Hammerwerk; Schlägerei", zu *battre* „schlagen", aus lat. *battuere* „schlagen"
Bauxit ein Mineral; nach dem Ort *Les Baux* in Südfrankreich, wo es sehr häufig vorkommt
Bazillus stäbchenförmiges Bakterium, häufig Krankheitserreger; aus lat. *bacillum* „Stäbchen, Stöckchen", Verkleinerungsform zu *baculus,* älter *baculum* „Stock"
Beagle kleiner engl. Spürhund; aus mengl. *begle* in ders. Bed., wahrscheinlich aus altfrz. *beegueule* „Schreihals, lärmende Person", aus *bee* „weit offen" und *gueule* (aus lat. *gula*) „Kehle, Rachen", wegen des auffallend lauten, aufgeregten Hechelns
Beat *Jazz:* gleichmäßiger Schlagrhythmus; Musik in diesem Rhythmus; aus engl. *to beat* „schlagen", aus mengl. *beten,* altengl. *beatan,* aus altnord. *bauta* „schlagen"
Beatifikation Seligsprechung; aus lat. *beatificatio,* Gen. *-onis,* „Beglückung", zu *beatificare* „beglücken", aus *beatus* „glücklich, glückselig" und *facere* (in Zus. *-ficare,* Intensivum zu *-ficere*) „machen"
Beatle Selbstbezeichnung der Mitglieder einer engl. Beatmusikgruppe, die dichte, pilzförmige Frisuren trugen; danach auch eine Zeitlang Bez. für: junger Mann mit pilzförmiger Frisur; zu → *Beat* mit der Verkleinerungsendung *-le,* wie z.B. im engl. gleichlautenden *beetle* „Käfer"
Beatnik Vertreter der Beat-Generation, einer Gruppe amerikan. Schriftsteller nach dem 2. Weltkrieg, die sich gegen Staat und Gesellschaft auflehn-

te; aus engl. *beat(en)* „geschlagen" (zu *to beat* „schlagen") und jidd., urspr. russ. *-nik,* Nachsilbe zur Bezeichnung für „jmd., der an etwas beteiligt ist, zu etwas gehört"

Beau schöner, eitler Mann; frz. *beau* „schön"

Beauté schöne Frau; frz. *beauté* „Schönheit", zu *beau* „schön"

Bebop nordamerikan. Jazzstil um 1940, bei dem die verminderte Quinte als melodisches Intervall im Vordergrund steht; sie soll durch die bedeutungslosen Silben *be* und *bop* angedeutet werden; im Gesangsstil des Bebop, dem Bopgesang (Bop-Vocals oder Bop-Scat), werden nur Silben ohne Bedeutung aneinandergereiht

Béchamelsoße Soße aus Mehl, Milch, Butter und Gewürzen; nach dem Kochkünstler und Haushofmeister Ludwigs XIV., *Béchamel,* Marquis von Nointel, der übrigens ein Kochbuch in Versen verfaßte

Beckmesserei kleinlicher Tadel, kleinliche Kritik; nach dem Meistersinger Sixtus *Beckmesser* in Richard Wagners Oper „Die Meistersinger von Nürnberg", der beim Preislied des jungen Walther von Stolzing alle Verstöße gegen die Tradition übereifrig vermerkt

Beduine nomadisch lebender Araber; aus arab. *badawī* „Wüstenbewohner, in der Wüste Umherstreifender", zu *badw* „Wüste"

Beefsteak gebratene Fleischscheibe oder gebratenes Fleischklößchen; aus engl. *beef* „Rind, Rindfleisch" (über mengl. *beef, boef* aus altfrz. *boef* „Rind", aus lat. *bos,* Gen. *bovis,* „Rind") und *steak* „Fleischschnitte" (über mengl. *steke, steyke* aus altnord. *steik* „Braten", zu *stik* „Stock, Pfahl", als Verb „stecken", also „etwas an einen Spieß Gestecktes" zum Braten)

Beelzebub *im NT:* Satan als oberster Teufel, Herr der Dämonen und bösen Geister; aus hebr. *baᶜal* „Herr, Gott" und vielleicht *zebub* „Fliege", also „Fliegengott"; nach anderer Deutung aus syr. *beᶜel debaba* „Feind"

Beffchen *an Amtstrachten:* Halsbinde mit vorn zwei kleinen, rechteckigen Läppchen; aus mnddt. *beffe, beve* „Chorhut oder -mütze, auch Chorrock der Prälaten", mndrl. *beffe, beve* „Kragen, Pelzkragen", aus mlat. *biffa, bife* „Tuch, Lappen, Kopfbinde, ärmliches Gewand, Lumpen", weitere Herkunft nicht bekannt

Beffroi Hauptturm einer Burg; frz. *beffroi,* aus altfrz. *berfroi* „Wachturm", aus mlat. *berfredus, belfredus, berfridus* „Bergfried"

Begonie eine Zierpflanze; nach Michel *Bégon,* dem Gouverneur von Santo Domingo und Förderer der Botanik (1638–1710)

Behaviorismus Richtung der Psychologie, die aus dem Verhalten von Mensch und Tier seelische Merkmale zu erschließen sucht; aus amerik. *behavior* „Benehmen, Verhalten", zu *to behave* „sich benehmen, sich verhalten", aus mengl. *behaben,* altengl. *behabban* „zurückhalten, unterdrücken, bezähmen", aus *be-* (verstärkend) und *habban* „haben", also etwa „sich in der Kontrolle haben, Haltung bewahren"

behelligen belästigen, stören; aus mhd. *hellegen, helligen* „durch Verfolgung ermüden, stören, plagen, quälen", zu *hellec, hellic* „ermüdet, erschöpft", zu *hel* „schwach, matt"

Beifuß eine Gewürzpflanze; aus frühnhd. *peipus,* mhd. *biboz,* ahd. *pipoz;* der zweite Wortteil geht auf ahd. *bozzan* „stoßen" zurück, was damit zusammenhängen könnte, daß man der Pflanze eine geisterabwehrende Wirkung zuschrieb; die volksetymologische Umdeutung zu „-fuß" kam wahrscheinlich dadurch zustande, daß man nach altem Volksglauben die Pflanze bei sich tragen oder ans Bein binden müsse, um nicht müde zu werden

beige gelbbraun, sandfarben; frz. *beige* „bräunlich grau", urspr. im Zusammenhang mit Wolle gebraucht: „ungefärbt, ungebleicht", aus altfrz. *bege* aus lat. *Baeticus* „bätisch, zur Provinz Baetica in Südwestspanien gehörig, von dort stammend"; *Baetica* war wegen seiner Wolle berühmt, so daß der Name auf die Farbe der ungebleichten Wolle überging.

Beignet Schmalzgebackenes mit Fruchtfüllung; frz. *beignet* „Schmalzgebackenes, Krapfen", aus älterem *bugnet,* eigtl. „kleine Beule", aus altfrz. *buigne* (neufrz. *bigne*) „Beule"
Beinbrech eine Pflanze; der lat. Name *Ossifragum* „Beinbrecher" (zu lat. *os,* Gen. *ossis,* „Knochen" und *frangere,* Perf. *fractus,* „zerbrechen") geht auf die Meinung zurück, das Vieh werde knochenbrüchig, wenn es die Pflanze fresse
Beinwell eine Heilpflanze; zu *Bein* „Knochen" und *wellen, wallen* im Sinne von „zusammenwallen, zusammenwachsen, sich zusammenschließen"; die Pflanze wurde besonders bei Knochenbrüchen verwendet
Beisel, Beisl kleine Gastwirtschaft, Kneipe; aus rotw. *Baiss, Beiz* „Kneipe", aus *Bajis* „Haus, Herberge, Gastwirtschaft", aus jidd. *bajis, bes* „Haus"
Bekassine Sumpfschnepfe; aus frz. *bécasson, bécassin,* Verkleinerungsform von *becasse* „Schnepfe", aus *bec* „Schnabel" und *agace,* ältere Form *agasse* „Elster"
Belcanto die Schönheit der Stimme zur Geltung bringender Gesang des 17.–19. Jh.; ital. *bel canto* „schöner Gesang", zu *cantare* „singen", lat. *cantare* „singen, spielen", Intensivum zu *canere* „tönen, singen, spielen"
belemmert hereingefallen; unangenehm, peinlich; verlegen, betreten; dazu belemmern: betrügen; belästigen; mecklenburg. *belemmern* „lähmen, lahmlegen", seemannssprachlich „behindern, hemmen", aus mnddt. *belemen* „lähmen, lahm machen", aus mndrl. *belemmeren,* Frequentativum zu *belemmen* „lahm machen"
Belemnit ausgestorbener Kopffüßer; versteinerter Rest seines Gehäuses, Donnerkeil; aus griech. *belemnon* „Geschoß", aus *ballomenon* „das Geworfene, Geschleuderte", zu *ballein* „werfen"; man glaubte früher, der Stein sei ein Geschoß des Donners
Beletage *veraltet:* erstes Stockwerk, Hauptgeschoß; aus frz. *bel étage* „schönes Stockwerk", aus *beau, bel* „schön" (aus lat. *bellus* hübsch, angenehm", → Belvedere) und → *Etage*
Belial biblische Bezeichnung für den Teufel; aus hebr. *bəlija^c l,* im NT „Verderber", personifiziert aus der abstrakten Bedeutung im AT: „schädliche, nichtswürdige Sache, Heillosigkeit, Schlechtigkeit, Unheil, Verderben", zu *bəlī* „ohne, nicht" und *ja^c al* „Nutzen"
Belladonna Tollkirsche; aus ital. *bella donna* „schöne Frau", da aus dem roten Saft der Frucht Schönheitsmittel für Frauen hergestellt wurden; außerdem wirkt der in die Augen geträufelte Saft pupillenerweiternd, so daß das Auge ausdrucksvoller erscheint
Belletristik schöne Literatur, Unterhaltungsliteratur; aus frz. *belles-lettres* „schöne Wissenschaften", aus *belle,* Fem. von *beau* „schön" und *lettres* (Pl.) „Literatur(wissenschaft)", aus lat. *litterae* „schriftliche Aufzeichnungen, Schriftwerke", zu *littera* „Buchstabe"
Bellevue Name von Schlössern und Aussichtspunkten; frz. *belle vue* „schöne Aussicht", aus *belle,* Fem. von *beau* „schön" und *vue* „Anblick, Aussicht", zu *voir* aus lat. *videre* „sehen, schauen"
Bellizist Kriegstreiber; aus lat. *bellicus* „zum Krieg gehörig, Kriegs-", zu *bellum* „Krieg", aus altlat. *dvellum* „Krieg", weitere Herkunft nicht geklärt
Beluga Weißwal; aus russ. *bjelyj* „weiß"
Belvedere Aussichtspunkt (oft Name von Schlössern); ital. *belvedere* „Aussichtspunkt, -turm", eigtl. „schöner Anblick", aus *bello* „schön" (aus lat. *bellus* „hübsch, allerliebst", verkürzt aus *benulus,* Verkleinerungsform von *benus* = *bonus* „gut, hübsch, schön") und *vedere* „Anblick, das Sehen; sehen" (aus lat. *videre* „sehen")
benedeien segnen; aus mhd. *benedîen, benedîgen* „segnen", aus lat. *benedicere,* urspr. „Gutes (von jmdm.) reden, loben", später in der Kirchensprache „lobpreisen, segnen", aus *bene* „gut" und *dicere* „sagen, sprechen"
Benediktion Segnung; aus lat. *benedictio,* Gen. *-onis,* „Lobpreisung, Segen", zu *benedicere,* → benedeien
Benefizium zur Nutzung überlassenes,

vererbbares Land; mit einer Pfründe verbundenes Kirchenamt; aus lat. *beneficium* „Wohltat, Gnade, Auszeichnung, Begünstigung", aus *bene* „gut" und *facere* „machen"

benigne *Med.:* gutartig; lat. *benigne* „gütig, gnädig, mild", eigtl. *benigenus,* aus *bonus* „gut" und *genus* „Art, Beschaffenheit"

Benthos Tier- und Pflanzenwelt auf dem Boden stehender Gewässer; aus griech. *benthos* „Tiefe"

Benzin aus Erdöl gewonnene, farblose, feuergefährliche Flüssigkeit, bes. als Treibstoff; → Benzoe

Benzoe Harz verschiedener ostasiatischer Laubbäume; aus frz. *benjoin* „Benzoegummi", aus arab. *lubān ǧāwī* „javanischer Weihrauch", zu *lubān* „Weihrauch" und *ǧāwī* „Java" (obwohl das Benzoe aus Sumatra stammt)

berappen *ugs.:* bezahlen; aus rotw. *berabbeln, berebben, beribbeln* „bezahlen", zu *rebbes* aus jidd. *ribbis* „Zins, Gewinn"; weitere Herkunft nicht geklärt

Berberitze ein Zierstrauch, Sauerdorn; aus lat. *barbaris, berberis* in derselben Bedeutung, weitere Herkunft nicht bekannt

Berceuse Wiegenlied; frz. *berceuse* „Wiegenlied", eigtl. „wiegende Frau", wörtlich „die Einlullende", zu *berceur* „einlullend", zu *bercer* „wiegen"

Bergamotte eine Zitrusfrucht, Pomeranze; eine Birnensorte; aus türk. *beg armudı* „Herrenbirne", da sie bes. groß und schmackhaft ist, zu *beg* „Herr", früher „Fürst", und *armut* „Birne"; die Bezeichnung entspricht den deutschen Zus. mit „Königs-" für eine bes. schöne Pflanze oder ein bes. prächtiges Tier; die Anlehnung an die Stadt *Bergamo* ist volksetymologisch

Bergenie eine Zierpflanze; nach dem dt. Arzt und Botaniker Karl August von *Bergen* (gest. 1760)

Beriberi eine Vitamin-B-Mangelkrankheit; aus singhales. *beri* „Schwäche", *beriberi* „äußerste Schwäche"

Berkelium chemisches Element; nach der Stadt *Berkeley* in Kalifornien, wo es zum erstenmal dargestellt wurde

Berlocke Schmuckanhänger für Uhrketten u. a.; aus frz. *berloque,* Nebenform von *breloque* „Uhrgehänge, zierliche Kleinigkeit", weitere Herkunft nicht sicher, vielleicht zu *loque* „Fetzen", altfrz. wahrscheinlich auch „Haarlocke, Haarzotte", aus fränk. **loc* „Locke", dazu altnord. *lokr* „Herabhängendes"

Bernstein fossiles Kiefernharz aus dem Tertiär; aus nddt. *bernstein* „Brennstein", d.h. „brennbarer Stein"

Berserker *nord. Myth.:* wilder, starker Kämpfer; aus altnord. *berserkr* „Bärenhäuter, Krieger im Bärenfell", aus *bera* „Bärin", *bersi* „Bär" und *serkr* „Hemd, ärmelloses Gewand, Waffenrock"

berüchtigt in schlechtem Ruf stehend, auf schlimme Weise berühmt; zu frühnhd. *berüchtigen* „in schlechten Ruf, ins Gerede bringen", → anrüchig

Beryll ein Edelstein; aus griech. *beryllos,* mit Metathese aus Prakrit *veluriya-,* nach der südind. Stadt *Velur* (heute *Belur*), in deren Umgebung es früher Edelsteinminen gab; das b in der griech. Bezeichnung ist aus der kanares. (drawid.) Form von *Velur* zu erklären

beschummeln *ugs.:* betrügen; aus rotw. *schummeln, beschumlen, beschunden* „betrügen", aus *schunden* „scheißen", zu *Schund* „Kot, Schmutz", also soviel wie „bescheißen"

beschwichtigen beruhigen; aus nddt. *swichten* „zum Schweigen bringen"; zu *swichtig* „ruhig, still, schweigsam"

bessemern in der Bessemerbirne herstellen; die *Bessemerbirne* ist ein feuerfester Behälter, in dem Roheisen gereinigt und in Stahl verwandelt wird; nach dem engl. Ingenieur Sir Henry *Bessemer* (1813–1898)

Bestie wildes Tier; aus lat. *bestia* „Tier" (als vernunftloses Geschöpf, im Unterschied zum Menschen), „Raubtier", zur idg. Wurzel **dhwes-* „atmen"

Bestseller Buch, Schallplatte o.ä. mit großem Verkaufserfolg; engl. *bestseller* in ders. Bed., aus *best* „am besten" und *to sell* „verkaufen", aus mengl. *sellen, sillen,* altengl. *sellan, sillan* „verkau-

fen", aus altnord. *selja* „übergeben, ausliefern, verkaufen"
Betatron Gerät zum Beschleunigen von Elektronen; aus *Betastrahlen* und → *Elektron*
Beton ein Baustoff; frz. *béton,* aus altfrz. *betun,* aus lat. *bitumen* „Erdharz", → Bitumen
Betonie eine Heilpflanze; aus lat. *betonica, vettonica,* nach dem Volk der Vettonen in Lusitanien (Portugal)
betucht vermögend, wohlhabend; aus rotwelsch *betuach* „sicher, vertrauenswürdig" im Sinne von „zahlungsfähig", aus hebr. *bātuaḥ* „sicher, vertrauenswürdig", zu *bātaḥ* „sicher sein, vertrauen"
bezichtigen beschuldigen; zu mhd. *ziht* „Beschuldigung", zu *zihen,* ahd. *zihan* „beschuldigen, zeihen"; verwandt mit *zeigen* und *Zeichen*
Bezoar kleiner Ballen im Magen von Wiederkäuern, vor allem aus Haaren, die beim Lecken aufgenommen wurden; frz. *bezoar,* über arab. *bāzahr, bādizahr* aus pers. *pādzahr* „Gegengift", aus *pād* „Schutz" und *zahr* „Gift"; Bezoar wurde früher als Heilmittel verwendet
bezirzen *ugs.:* bezaubern, verliebt machen; nach der Zauberin *Circe* in Homers „Odyssee"
Biarchie Doppelherrschaft; aus lat. *bi-* „zwei-, doppelt" und griech. *arche* „Herrschaft, Regierung"
Biathlon aus Schilanglauf und Schießübungen kombinierter sportlicher Wettbewerb; aus lat. *bi-* „zwei-" und griech. *athlon, athlos* „Wettkampf"
Bibel heiliges Buch der Christen, Heilige Schrift; aus mhd. *biblie, bibel* „Buch", bes. „Bibel", aus kirchenlat. *biblia* in derselben Bedeutung, aus griech. *biblion* „Papierblatt, Buch", aus *biblos, byblos* „Papyrusstaude" (die den Rohstoff zur Herstellung des → Papyrus lieferte), nach der phönik. Hafenstadt *Byblos,* wo der Papyrosbast verarbeitet und nach Griechenland verschifft wurde
Bibliographie Bücherkunde; Bücherverzeichnis; aus griech. *biblion* „Buch" (→ Bibel) und *graphein* „schreiben"
Bibliomanie übertrieben leidenschaftl. Sammeln von Büchern; aus griech. *biblion* „Buch" (→ Bibel) und → *Manie*
Bibliophilie Freude an schönen Büchern; aus griech. *biblion* „Buch" (→ Bibel) und *philia* „Liebe, Zuneigung", zu *philein* „lieben, gernhaben", zu *philos* „Freund"
Bibliophobie Abneigung gegen Bücher; aus griech. *biblion* „Buch" (→ Bibel) und *phobos* „Scheu, Furcht, Angst"
Bibliothek Büchersammlung, Bücherei; aus griech. *bibliotheke* „Büchersammlung, Bücherei", aus *biblion* „Buch" (→ Bibel) und *theke* „Behältnis, Speicher, Kasten, Kiste"
Bicinium kurzes, zweistimmiges Musikstück; lat. *bicinium* „Zwiegesang", aus *bini* „zwei, ein Paar" und *canere* „singen, tönen, blasen, (auf einem Instrument) spielen"
Bidet Sitzbadebecken; frz. *bidet* „Waschbecken; kleines Pferd", weitere Herkunft nicht geklärt
Biennale alle zwei Jahre stattfindende Ausstellung und Vorführung von Werken der bildenden Kunst, Musik und des Films; ital. *biennale* in ders. Bed., aus lat. *biennalis* „zweijährig, zweijährlich", zu *biennium* „Zeitraum von zwei Jahren", aus *bis* „zweimal" und *annus,* Pl. *anni,* „Jahr"
bifilar *Tech.:* zweifädig, zweidrahtig; aus lat. *bis* „zweimal" und *filum* „Faden"
Bifokalglas Brillenglas mit zweifachem Schliff für Nah- und Fernsicht; aus lat. *bis* „zweimal" und *focus* „Brennpunkt", → Fokus
Bifurkation Gabelung; aus lat. *bifurcus* „zweizackig, zweizinkig", aus *bis* „zweimal" und *furca* „Gabel"
Biga antiker, mit zwei Pferden bespannter, zweirädriger Wagen; lat. *biga* „Zweigespann", eigtl. *biiugae,* aus *bis* „zweimal" und *iugae,* Plural fem. von *iugus* „zusammengehörig", zu *iugum* „Joch"
Bigamie Doppelehe; aus lat. *bigamus* „zweifach verheiratet", aus *bis* „zweimal" und griech. *gamein* „heiraten"
Bignonie eine tropische Kletter- und

Zierpflanze, Trompetenblume; nach Jean-Paul *Bignon,* dem Bibliothekar von Saint-Quentin unter Ludwig XIV.

bigott frömmelnd, blindgläubig; aus frz. *bigot* „abergläubisch, buchstabengläubig, fromm", aus ags. *bî god* „bei Gott"; diese Fügung war urspr. englische Schwurformel; sie wurde von den normann. Soldaten übernommen und später im fränk. Reich substantiviert und als Spottname für die Normannen gebraucht

Bilanz Gegenüberstellung von Vermögenswerten und Verpflichtungen; aus ital. *bilancio* in ders. Bed., zu *bilanciare* „ins Gleichgewicht bringen, ausgleichen", zu *bilancia* „Waage", aus lat. *bilanx,* Gen. *bilancis,* „Waage", → Balance

bilateral zweiseitig; aus lat. *bis* „zweimal" und *latus* „Seite"

Bilirubin rötlich-brauner Gallenfarbstoff; aus lat. *bilis* „Galle" und *ruber* „rot"

Biliverdin grüner Gallenfarbstoff; aus lat. *bilis* „Galle" und vulgärlat. **virdis* aus lat. *viridis* „grün", zu *virere* „grün sein, grünen", verwandt mit *vivere* „leben"; das e in *-verdin* vielleicht in Anlehnung an frz. *vert,* ital. *verde* „grün"

Billard Spiel, bei dem Kugeln mittels eines langen Stabes auf einem mit Tuch bespannten Tisch gestoßen werden; frz. *billard* in ders. Bed., zu *bille* „Billardkugel, kleine Steinkugel, Murmel", aus fränk. **bikil* „Knöchel, Knöchlein"

Billbergie eine Zierpflanze; nach dem schwedischen Botaniker J.G. *Billberg* (1772–1844)

Billett Eintritts-, Fahrkarte; *früher:* Briefchen; aus frz. *billet* „Briefchen, Einladungskarte, Bescheinigung, Schuldschein u.a.", aus lat. *bulla,* → Bulle

Billion eine Million Millionen; frz. *billion* „tausend Millionen", früher „eine Million Millionen", aus lat. *bis* „zweimal, doppelt" und frz. *million* „Million", zu *mille* „tausend"

Bimsstein ein Ergußgestein, Schleif- und Putzmittel; aus lat. *pumex* „Bimsstein" und *pumicare* „mit Bimsstein glätten", zu *spuma* „Schaum", wegen des Aussehens

binär aus zwei Einheiten bestehend; aus frz. *binaire,* lat. *binarius* „zwei enthaltend", zu lat. *bini* „zwei, ein Paar"

binaural mit beiden Ohren; aus lat. *bini* „zwei, ein Paar", und *auris* „Ohr"

Binokel Brille, Fernrohr, Mikroskop für beide Augen; aus frz. *binocle* „Doppelfernrohr", aus lat. *bini* „zwei, ein Paar" und *oculus* „Auge"

Binom aus zwei Gliedern bestehender mathematischer Ausdruck, zoologischer oder botanischer Name; aus lat. *binominis* „mit zwei Namen versehen", aus *bini* „zwei, ein Paar" und *nomen* „Name, Benennung"

Biogenese Entstehung, Entwicklungsgeschichte des Lebens; aus griech. *bios* „Leben" und → *Genese*

Biogramm Aufzeichnung der Lebensvorgänge innerhalb einer zusammengehörigen Gruppe; aus griech. *bios* „Leben" und *gramma* „Schriftzeichen, Schrift", zu *graphein* „schreiben"

Biographie Lebensbeschreibung; aus griech. *bios* „Leben" und *graphein* „schreiben"

Biologie Wissenschaft von der belebten Natur; aus griech. *bios* „Leben" und *logos* „Wort, Lehre, Kunde", zu *legein* „sagen, sprechen, erklären"

Biolyse Zersetzung von organischer Substanz durch Lebewesen; aus griech. *bios* „Leben" und *lysis* „Lösung, Auflösung", zu *lyein* „lösen"

Biomantie Wahrsagen aus Handlinien, Puls u.ä.; aus griech. *bios* „Leben" und *manteia* „Weissagung", zu *mantis* „Seher", zu *mainein* „außer sich, verzückt sein"

biomorph von natürl. Lebenskräften geformt; aus griech. *bios* „Leben" und *morphe* „Gestalt"

Bionik Wissenschaftszweig, der die Funktionsweise von Organen zur Lösung technischer Probleme heranzieht; aus → *Biologie* und → *Technik*

Bionomie Wissenschaft von den Gesetzen des Lebens; aus griech. *bios* „Leben" und *nomos* „Gesetz", eigentlich „das Zugeteilte", zu *nemein* „verteilen, zuteilen"

Biont (selbständiges) Lebewesen; aus griech. *bios* „Leben" und *on*, Gen. *ontos*, „seiend"
Biopsie Untersuchung von Gewebe u.ä., das dem lebenden Organismus entnommen wurde; aus griech. *bios* „Leben" und *opsis* „das Sehen, Anschauen"
Biorheuse der Vorgang des Alterns; aus griech. *bios* „Leben" und *rhoos* „Fließen, Fluß, Strom", zu *rhein* „fließen, strömen", also eigtl. „Fluß, Verfließen des Lebens"
Biorhythmus rhythmischer Ablauf von Lebensvorgängen; aus griech. *bios* „Leben" und → *Rhythmus*
Bioskop ein kinematograph. Apparat; aus griech. *bios* „Leben" und *skopein* „sehen, schauen"
Biosphäre der belebte Teil der Erdoberfläche; aus griech. *bios* „Leben" und *sphaira* „Kugel"
Biotit schwarzer Glimmer; nach dem französischen Physiker J.B. *Biot*, der 1816 zuerst auf die optische Verschiedenheit der Glimmer aufmerksam machte
Biotonus Lebenskraft, Spannkraft; aus griech. *bios* „Leben" und *tonos* „Spannung"
Biotop einheitl. Lebensraum mit bestimmten Pflanzen- und Tierarten; aus griech. *bios* „Leben" und *topos* „Ort, Stelle, Landstrich, Gegend"
Biotropie Witterungsempfindlichkeit des Organismus; aus griech. *bios* „Leben" und *trope* „Wechsel, Wandel, Veränderung"
Biotyp Gesamtheit aller reinerbigen Exemplare einer Nachkommenschaft; aus griech. *bios* „Leben" und *typos* „Gepräge, Gestalt, Muster"
Biozid = Pestizid; aus griech. *bios* „Leben" und *caedere* (in Zus. *-cidere*) „töten"
Biozönose Lebensgemeinschaft von Pflanzen und Tieren in einem Biotop; aus griech. *bios* „Leben" und *koinos* „gemeinsam, gemeinschaftlich"
Bipede Zweifüßer, zweifüßiges Tier; aus lat. *bipes*, Gen. *bipedis*, „zweifüßig, Zweifüßer", aus *bis* „zweimal" und *pes*, Gen. *pedis*, „Fuß"
Bireme antikes Kriegsschiff mit zwei Ruderreihen übereinander; aus lat. *biremis* in derselben Bedeutung, aus *bis* „zweimal" und *remus* „Ruder"
Birutsche → Barutsche
Bisam ein Nagetier mit Duftdrüse; aus mittellat. *bisamum*, aus hebr. *bêsêm*, *bāsām* „Balsam, Wohlgeruch"
Bischof oberster geistlicher Würdenträger eines begrenzten Gebietes; aus ahd. *biscof*, got. *aipiscaupus* „Bischof", aus lat. *episcopus* „Aufseher, Bischof", aus griech. *episkopos*, urspr. „Aufseher, Hüter, Wächter", dann auch „Bischof", zu *episkopein* „auf etwas sehen, beobachten", aus *epi* „auf, nach hin, auf zu" und *skopein* „schauen"
bisexuell mit beiden Geschlechtern verkehrend; aus lat. *bis* „zweimal, doppelt" und → *sexuell*
Biskotte *österr.:* Biskuitplätzchen; aus ital. *biscotto* „Zwieback, Biskuit", aus *bis* „zweimal" und *cotto* „gebacken", zu *cuocere* aus lat. *coquere* „kochen, backen, braten"
Biskuit leichtes, feines Gebäck ohne Fett; aus frz. *biscuit* „Zwieback", aus *bis* „noch einmal" (aus lat. *bis* „zweimal") und *cuit* „gebacken", zu *cuire* „backen, kochen, braten" (aus lat. *coquere* „kochen, backen")
Bison nordamerikan. Wildrind; lat. *bison*, aus ahd. *wisunt*; → Wisent
Bistouri kleines Operationsmesser mit beweglicher Klinge; frz. *bistouri* in ders. Bed., aus altfrz. *bistorie* „Messer, Dolch, Lanzette", aus mlat. *bastoria* „Art Messer", weitere Herkunft nicht geklärt; die Ableitung aus ital. *pistorino* „aus Pistoia", weil dort erstklassige Messer hergestellt wurden, ist nicht stichhaltig, weil der Wandel von p zu b unerklärt bleibt, wenn man nicht eine Form **bistorino* voraussetzt
Bistro kleine frz. Gaststätte, Kneipe; Schankwirt; die Herkunft ist unbekannt, urspr. ein Wort des Dialekts und Argots in verschiedenen Formen mit ders. Bed.; man vermutete eine Ableitung von *bistraud:* urspr. „kleiner Diener", dann „Helfer des Weinhändlers", schließlich Bez. für den Weinhändler selbst

bit *in der EDV Abk. für* binary digit, Element eines nur aus zwei Zeichen bestehenden Codes; aus engl. *binary* „aus zwei Ziffern oder Einheiten bestehend, binär" (→ binär) und *digit* „einstellige Zahl", eigtl. „Finger", da man zum Rechnen gern die Finger nimmt (→ digital)
Bitumen Erdwachs, Erdpech; aus lat. *bitumen* „Erdpech", verwandt mit Sanskrit *jatu-* „Gummi, Lack"
Biwak Nachtlager im Freien, Feldlager; aus frz. *bivouac* in ders. Bed., aus nddt. *bîwake* „Beiwache", d.h. Wache im Freien neben der in einem Gebäude untergebrachten Hauptwache oder auch Nachtlager eines Teils der Truppe vor dem Stadttor, während die übrige Truppe im Ort untergebracht war
bizarr seltsam, ungewöhnlich; launenhaft, wunderlich; aus frz. *bizarre* „wunderlich", aus ital. *bizarro* „zornig, hitzig, jähzornig", zu *bizza* „Jähzorn", weitere Herkunft unsicher
Bizeps zweiköpfiger Beugemuskel; aus lat. *biceps,* Gen. *bicipitis,* „zweiköpfig", aus *bis* „zweimal" und *caput* „Kopf"
Blackout plötzliche Verdunkelung der Bühne; Ausfall der Funkverbindung mit einem Raumschiff; vorübergehender Verlust der Sehfähigkeit; Aussetzen der Wahrnehmungsfähigkeit; engl. *blackout* in denselben Bedeutungen, Grundbedeutung „Verdunkelung", aus *black* „schwarz" (aus mengl. *blak, blakke,* altengl. *blæk* „schwarz", aus altnord. *blakke* „dunkel") und *out* „aus"
blamieren bloßstellen, beschämen; aus frz. *blâmer* „tadeln, rügen", zu *blasphémer* „lästern, schmähen, fluchen", → Blasphemie
blanchieren Geflügel, Mandeln b.: brühen; aus frz. *blanchir* „weiß machen, bleichen, abkochen", zu *blanc, blanche* „weiß"
blanko unausgefüllt, aber unterschrieben; aus ital. *bianco* „weiß, unbeschrieben", aus fränk. **blank,* ahd. *blanc* „weiß"
Blankvers fünffüßiger Jambus ohne Reim; aus engl. *blank verse* „reimloser Vers", aus *blank* „reimlos, leer" (über mengl. aus altfrz. *blanc* „weiß", aus fränk. **blank* „glänzend, hell", zur idg. Wurzel **bhleg-* „glänzen") und *verse* „Vers", → Vers
blasiert eingebildet und eitel; aus frz. *blasé* „übersättigt, gleichgültig", zu *blaser* „abstumpfen, übersättigen", zu prov. *blazir* „verwelken lassen, abnützen", eigtl. „versengen"
Blason Wappen, Wappenschild; frz. *blason* „Wappenschild, Wappenkunde", im Altfrz. „Schild", urspr. „Wappen auf dem Schild", vielleicht zu prov. *blazir* „versengen", was darauf hindeuten könnte, daß das Wappen als Verzierung in den Schild eingebrannt wurde, zu got. *blas* „Flamme"
Blasphemie Beschimpfung von etwas Heiligem, Gotteslästerung; aus griech. *blasphemia* „Lästerung, Schmähung", zu *pheme* „Ausspruch, Wort" (zu *phanai* „sagen, reden, aussprechen", *phemi* „ich sage"); die Herkunft des ersten Wortteiles ist dunkel, vielleicht über eine unbelegte Form **mlas* aus **melos* „Fehler, Böses", zu *meleos* „unglücklich, elend", oder aus *blabos* „Schaden"
Blastoderm Zellwand der Blastula; aus griech. *blaste, blastos* „Keim, Sproß" und *derma* „Haut"
Blastogenese ungeschlechtl. Vermehrung durch Sprossung oder Knospung; aus griech. *blaste, blastos* „Keim, Sproß" und → *Genese*
Blastula frühe Entwicklungsstufe des Embryos, Blasenkeim; latinisierende Verkleinerungsform von griech. *blaste, blastos* „Sproß, Keim"
Blazer sportliche, hüftlange Jacke mit aufgesetzten Taschen; engl. *blazer* „Klubjacke mit auffällig leuchtendem Abzeichen", dann allg. „farbige Sportjacke", zu *to blaze* „leuchten", zu *blaze* „Flamme", aus mengl. altengl. *blase* „Feuer", *blysa* „Flamme", zur idg. Wurzel **bhles-* „glänzen"
Blennorrhö *veraltet:* eitrige Schleimabsonderung, bes. eitrige Bindehautentzündung; aus griech. *blenna, blennos* „Schleim, Rotz" und *rhoos, rhous* „Fließen, Strömen", zu *rhein* „fließen"

blessieren verletzen; aus frz. *blesser* „verwunden, verletzen", aus altfrz. *blecier* „beschädigen, verletzen", weitere Herkunft nicht bekannt, wohl aus dem Fränkischen

Blizzard Schneesturm (in Nordamerika); engl. *blizzard* „Schneesturm", ältere Form *blizz* „Regen mit Sturm", weitere Herkunft nicht bekannt

Blow-up Aufbauschen, Vergrößern, Vergrößerung (eines Fotos u.ä.); engl. *to blow up* „aufblasen", aus *to blow* „blasen" (aus mengl. *blowen,* altengl. *blawan* „blasen, blähen") und *up* „auf"

Blue Jeans blaue Drillichhose; aus engl. *blue* „blau" und *jean* „festes Baumwollgewebe", aus frz. *Gênes* „Genua"; Genua war früher ein wichtiger Einfuhrhafen für Baumwolle

Blues schwermütiges Volkslied der nordamerikan. Neger; langsamer Gesellschaftstanz; verkürzt aus engl. *blue devils* „Trübsinn, Melancholie", eigtl. „böse (dunkle) Dämonen", zu *blue* „traurig, bedrückt, niedergeschlagen", über mittel- und altengl. Zwischenformen aus altnord. *blar* „dunkel (blau), schwarz"

Bluff Irreführung, Täuschung, Blendwerk; engl. *bluff* in ders. Bed., dazu *to bluff* „irreführen, täuschen", aus ndrl. *bluffen* „aufschneiden, prahlen, protzen", dazu schleswig-holstein. *bluffen* „durch Worte oder Gesten in Schrekken setzen", wohl letztlich zur ndrl. Interjektion *plof, bof,* die einen Knall bezeichnet

blümerant flau, schwach; ältere Schreibung *bleumourant* mit der Bedeutung „blaßblau, bleichblau, mattblau", aus frz. *bleu mourant* „sterbendes Blau", zu *mourir* „sterben"

Boa Riesenschlange; aus lat. *boa* „Wasserschlange"; weitere Herkunft unsicher, vielleicht Zusammenhang mit vulgärlat. **bola* „große Schlange"

Bobine Garnspule; endloser Papierstreifen; Trommel für Förderbänder; frz. *bobine* „Spule, Rolle, Scheibe", zu *bobiner* „aufspulen, aufwickeln", ältere Form *balbiner,* vielleicht aus altfr. *baubeter, bauboter* „stottern", übertr. „schnurren" (vom Faden beim Weben oder Spinnen), aus lat. *balbus* „stammelnd, lallend"

Bobsleigh lenkbarer Rennschlitten; engl. *bobsleigh* in ders. Bed., aus *to bob* „sich ruckweise bewegen" (ohne weitere Etymologie, eine Wortbildung, um die Bewegung auszudrücken) und *sleigh* „Schlitten" (aus ndrl. *slee,* verkürzt aus *slede* „Schlitten", aus altnord. *sleði* „Schlitten", dazu altengl. *slidan* „gleiten"); die Fahrer des Bobsleighs schnellen gleichmäßig den Oberkörper nach vorn („bobben"), um die Geschwindigkeit zu erhöhen

Bodhisattva Wesen (Tier oder Mensch), das auf dem Wege ist, ein Buddha zu werden; aus Sanskrit *bodhisat(t)va* „zur Erleuchtung bestimmtes Wesen", aus *bodhi-* „Erleuchtung" und *sat(t)va-* „Wesen, Existenz"

Bodmerei Darlehen an den Kapitän eines Schiffes zur Finanzierung der Weiterfahrt; aus nddt. *Bodmeri* „Geldleihe auf Schiff und Ladung" (eigtl. „bis auf den Boden des Schiffes"), aus ndrl. *bodem(e), boddeme* „Boden, Grund, Grundlage"

Bodybuilding Muskeltraining zur Ausbildung guter Körperformen; aus engl. *body* „Körper" (aus altengl. *bodig,* weitere Herkunft nicht bekannt) und *to build* „formen, gestalten, bauen", aus mengl. *bulden, bilden,* altengl. *byldan* in ders. Bed.

Boheme unbürgerliches, ungebundenes Künstlerleben und -milieu; frz. *bohème* „leichtsinnige Welt der Pariser Künstler; Bummler", zu *Bohème* „Zigeuner", eigtl. „Böhme", aus lat. *Bohemia* „Böhmen"

Boiler Heißwasserbereiter und -speicher; engl. *boiler* „Kocher, Dampfkessel", zu *to boil* „kochen", aus mengl. *boilen,* altfrz. *boillir,* aus lat. *bullire* „wallen, sprudeln", zu *bulla* „Wasserblase, Buckel, Kapsel"

Bojar *im alten Rußland:* Angehöriger des Hochadels, *in Bulgarien und Rumänien:* adliger Großgrundbesitzer; aus russ. *bojarin* „Großer, Vornehmster" zur Bezeichnung des Altadeligen gegenüber dem Dienstadeligen, aus altbulgar. *boljarin;* eine Deutung führt weiter zu altruss. *bojarin,* zu *boj* „Kampf", eine andere zu alttürk. *bai* „vornehm, reich"

Boje verankertes Seezeichen; aus mndrl. *boie, boye, boei* in ders. Bed., aus altfrz. *boie* zu altfränk. **bokan* „Zeichen"

Bolero span. Tanz; die Herkunft ist nicht geklärt, möglicherweise zu span. *balo* „Ball" oder zu *vuelo* „Flügel"; vielleicht erinnert die Haltung des Armes, der bei einem bestimmten Taktteil über den Kopf nach oben gestreckt wird, an einen Flügel

Boletus Röhrenpilz, z. B. Steinpilz; aus lat. *boletus,* griech. *boletes* „Pilz, bes. Champignon", vielleicht aus griech. *bolos* „Klumpen", *bolion* „Klümpchen"

Bolid großer, heller Meteor, Feuerkugel; aus spätgriech. *bolis,* Gen. *bolidos,* „Geschoß", zu *ballein* „werfen"

Bolometer Gerät zum Messen der Energie elektromagnetischer Strahlung; aus griech. *bole* „Strahl" und *metron* „Maß", zu *metrein* „messen"

Bolschewik *bis 1952 Bez. für* Angehöriger der Kommunist. Partei der UdSSR; aus russ. *bolschewiki* „die aus der Mehrheit", zu *bolsche* „mehr, größer", da sie im 2. Kongreß der Sozialdemokrat. Partei Rußlands 1903 die Mehrheit hatten

Bolus kalkhaltiger Ton; lat. *bolus,* aus griech. *bolos* „Erdscholle, Erdklumpen"

Bombage Biegung, Wölbung; mit französisierender Endung aus frz. *bomber* „wölben", zu *bombe* „Bombe, Ballon", → Bombe

Bombarde **1** altes Steinschleudergeschütz; frz. *bombarde* in ders. Bed., aus vulgärlat. *bombus* „Lärm", → Bombe; **2** altes Holzblasinstrument, → Pommer

Bombast Prunk, Schwulst, Überladenheit; aus engl. *bombast* „Baumwolle oder ähnliches weiches, faseriges Material, z. B. Watte" (zum Polstern, Ausstopfen und Aufbauschen, daher auch) „Wortschwall, Redeschwulst", aus griech. *pambax* „Baumwolle", aus türk. *pamuk* „Baumwolle", pers. *panbäh* „Baumwolle"

Bombe mit Spreng- oder Brandstoff gefüllter Metallkörper; frz. *bombe* in ders. Bed., aus vulgärlat. *bombus* „Lärm", aus lat. *bombus* „tiefes Summen, Brummen", aus griech. *bombos* „dumpfes Getöse", lautmalend

Bon Kassenzettel, Gutschein; frz. *bon* „Gutschein, Anweisung; gut, gültig", aus lat. *bonus* „gut, tauglich, geeignet, zweckmäßig"

Bonbon kleines Zuckerwerk; frz. *bonbon* „Zuckerwerk", mit kindersprachlicher Verdoppelung zu *bon* aus lat. *bonus* „gut"

Bönhase unzünftiger Handwerker, Pfuscher; aus nddt. *Boenhase* „ungelernter, unzünftiger Handwerker, der heimlich auf dem Dachboden arbeitet", weil ihn sonst der Zunftmeister verfolgen und ausweisen würde, zu *boen* „Dachboden, Speicher, Bühne"

Bonhomme gutmütiger, einfältiger Mensch; frz. *bonhomme* „gutmütiger Mensch, Biedermann, guter Kerl", aus *bon* (aus lat. *bonus* „gut") „gut, einfältig" und *homme* (aus lat. *homo*) „Mensch"

bonifizieren vergüten, entschädigen; aus frz. *bonifier* „verbessern, entschädigen", aus mlat. *bonificare* „gut machen, zum Gutsein formen", aus lat. *bonus* „gut" und *facere* (in Zus. *-ficare,* Intensivum zu *-ficere*) „machen"

Bonität Güte, Wert; kaufmännischer Ruf; Zahlungsfähigkeit; aus lat. *bonitas,* Gen. *-atis,* „gute Beschaffenheit (einer Sache)", zu *bonus* „gut"

Bonmot witzige, geistreiche Bemerkung; frz. *bon mot* „guter Witz, geistreicher Ausspruch", aus *bon* „gut, witzig, geistreich" und *mot* „Wort, Ausdruck, Ausspruch", aus vulgärlat. **muttus* „Muckser, Grunzer"

Bonne *veraltet für:* Kindermädchen; frz. *bonne* in ders. Bed., eigtl. „die Gute", urspr. Kosewort *ma bonne* „meine Gute, Liebe", zu *bon, bonne* „gut, lieb", aus lat. *bonus* „gut"

Bonsai in Schale oder Topf gezüchteter Zwergbaum; aus jap. *bon* „Schale, Schüssel" und *sai* „kultivieren"

Bonus Gutschrift, Sondervergütung; verbessernder Zuschlag auf Zeugnis-

noten; aus lat. bonus „gut"
Bonvivant Lebemann; Rollenfach des Salonhelden; aus frz. *bon vivant* „munterer Kerl", eigtl. „einer, der gut lebt", aus *bon* „gut" und *vivant* „lebend", zu *vivre* „leben"
Bonze *urspr.:* lamaistischer Mönch; *übertr.:* (engstirniger) Parteifunktionär; aus japan. *bonsō* „buddhistischer Priester", aus *bon,* eigentlich *bongyō* „keuscher Wandel, heiliges Leben", und *sō* „buddhistischer Mönch, Priester"
Boom wirtschaftlicher Aufschwung; engl. *boom* „Aufschwung", amerik. auch „Reklamerummel", dazu *to boom* „in die Höhe treiben, sich schnell, aufwärts entwickeln"; möglicherweise Zusammenhang mit *to boom* „brummen, mit großer Geschwindigkeit segeln", dann würde *Boom* etwa dem „Losbrausen, Davonrauschen, Abbrummen" eines Gefährtes entsprechen
Bootlegger *amerikan. Bezeichnung für* Alkoholschmuggler; aus *bootleg* „Stiefelschaft", aus *boot* „Stiefel" und *leg* „Bein, Stiefelschaft"; weil die Alkoholflaschen anfangs im Stiefelschaft versteckt wurden
Bor chemisches Element; aus mlat. *borax,* → Borax
Bora kalter Wind an der nördlichen Adria; zu *Boreas* „Nordwind am Ägäischen Meer", in der griech. Sage der Gott des Nordwindes, Sohn der Göttin der Morgenröte, Eos; die Herkunft beider Wörter ist nicht geklärt, man vermutete Zusammenhänge mit illyr. *bora* „Berg", kirchenslaw. *gora* „Berg", alban. *goren* „Norden", also „Bergwind, Nordwind"
Borax Natriumsalz der Borsäure; mlat. *borax,* aus arab. *būraq,* pers. *būrāh* in derselben Bedeutung
Borazit ein borhaltiges Mineral; aus *Borax* und lat. *acidus* „sauer, scharf"
Bordell Haus zur Ausübung der Prostitution; über ital. *bordello* „Bordell" aus frz. *bordel* in ders. Bed., urspr. „Hütte", aus altfrz. *borda* „Bretterwerk", zu fränk. **bord* „Brett"
Bordun ständig mitklingender Baßton; tiefes Orgelregister; aus frz. *bourdon* „Brummbaß, Orgelregister, große Glocke, Hummel" oder ital. *bordone* „anhaltender Brummton, Orgelregister", vermutlich lautmalend
Bordüre farbiger Rand, Einfassung, gemusterter Streifen; frz. *bordure* „Borte, Besatz, Tresse, Saum", zu *border* „einfassen, säumen, verbrämen", zu *bord* „Rand, Borte, Saum"
borniert geistig beschränkt, engstirnig, stur; aus frz. *borné* „begrenzt, abgegrenzt", übertr. „beschränkt, dumm", zu *borner* „abgrenzen, begrenzen", zu *borne* „Grenzstein"
Borretsch eine Gewürzpflanze; aus frz. *bourrache,* älter *bourrace* „Borretsch", weitere Herkunft nicht geklärt; die versuchte Ableitung über span. *borraja,* mlat. *borrago* „Borretsch" aus arab. *abū ᶜaraq* „Vater des Schweißes", da man die Pflanze als schweißtreibendes Mittel benutzte, ist aus sprachlichen Gründen nicht stichhaltig, da *ᶜaraq* „berauschendes Getränk, Art Branntwein" bedeutet; die Ableitung aus frz. *bourre* „Schurwolle, Wollhaar" aus lat. *burra* „Wolle, zottiges Gewand", wegen der haarigen Blätter, ist ebenfalls sprachlich nicht einleuchtend
Borschtsch russ. Kohlsuppe mit Fleisch; russ. *borschtsch* „Bärenklau; Roterübensuppe", ukrain. *borschtsch* „Bärenklau", urspr. also Bezeichnung für die Pflanze, dann für die Suppe, die aus ihr gemacht wurde; abgeleitet aus Sanskrit *bhṛṣṭi-* „Zacke, Spitze", wegen der zackigen Blätter
Börse Geldbeutel; regelmäßiger Markt zum Handel mit Wertpapieren und bestimmten Gütern; aus mittellat. *bursa* „Geldbeutel", aus griech. *byrsa* „abgezogene Haut, Fell, Leder"
Boskett Lustwäldchen; aus frz. *bosquet* in ders. Bed., aus ital. *boschetto* „Wäldchen", Verkleinerungsform von *bosco* „Wald", aus mlat. *buscus, boscus* „Wald, Waldland"
Boskop eine Apfelsorte; nach dem ndrl. Ort *Boskoop*
Boß Vorgesetzter, Chef; aus amerik. Slang *boss* „Meister, Vorgesetzter,

Chef", ältere Formen: *bass, base* aus ndrl. *baas* „Meister"; im frz. Argot gibt es die entsprechende Form *bausse* „Hausherr, Vorgesetzter, wichtiger Mann", die wohl durch flämische Vagabunden nach Frankreich gekommen ist

bosseln **1** sorgfältig leichte handwerkliche Arbeit tun; aus frz. *bosseler* „erhabene bildhauerische Arbeit machen", →bossieren; **2** Kegel schieben, Eisschießen spielen; aus ahd. *bozzan* „stoßen"

bossieren roh behauen (Stein), formen (Wachs, Ton); aus frz. *ouvrage à bosse* „bildhauerische erhabene Arbeit", zu *bosse* „Beule, Buckel, Anschwellung"

Botanik Pflanzenkunde; aus griech. *botane* „Gras, Futterkraut, Weide", auch allg. „Pflanze", zu *boskein* „auf die Weide führen, füttern"

Botulismus Lebensmittel-, bes. Wurstvergiftung; aus lat. *botulus* „Darm, Wurst"

Bouclé frotteeartiger Zwirn; Gewebe daraus; frz. *bouclé* „gelockt, geringelt", zu *boucle* „Locke, Öse, Ring", aus lat. *buccula* „Bäckchen, Backenstück am Helm", zu *bucca* „vollgestopfte, aufgeblasene Backe"

Boudoir kleines, elegantes Damenzimmer; frz. *boudoir* in ders. Bed., auch „Schmollwinkel", also „kleines Zimmer, in das man sich zurückziehen kann, wenn man schlechte Laune hat", zu *bouderie* „schlechte Laune" und *bouder* „schmollen, maulen"

Bougainvillea eine Kletterpflanze; nach dem frz. Seefahrer Louis-Antoine Comte de *Bougainville* (1729–1811)

Bougie Stäbchen zum Dehnen krankhaft verengter Körpergänge; frz. *bougie* „Sonde, Katheter; Wachskerze", nach der algerischen Hafenstadt *Bougie,* aus der Wachs und Kerzen ausgeführt wurden

Bouillabaisse provenzalische Fischsuppe; prov. *bouillabaisso,* eigtl. *bouli abaissà* „kocht (und) setzt sich", zu frz. *bouillir* „kochen" und *s'abaisser* „sich senken"; die Suppe wird einige Minuten stark gekocht und dann abgeschreckt

Bouillon Fleischbrühe; frz. *bouillon* in ders. Bed., zu *bouillir* „kochen", aus lat. *bullire* „wallen, sprudeln, Blasen werfen", zu *bulla* „Blase"

Boulevard Ring-, Prachtstraße; frz. *boulevard* in ders. Bed., urspr. „Festungswall, Bollwerk", aus ndrl. *bolwerc* „Festungswall", zu mittelndrl. *bolle* „Baumstumpf"

Bouquinist Händler mit gebrauchten Büchern, bes. in Paris; frz. *bouquiniste* in ders. Bed., zu *bouquin* „altes Buch, Schmöker", aus ndrl. *boekje,* mittelndrl. *boekijn* „Büchlein"

Bourgeois wohlhabender, selbstzufriedener Bürger; frz. *bourgeois* „Bürger einer Stadt", zu *bourg* „Marktflecken", über fränk. **borg* aus ahd. *burg* „Stadt"

Bourrée altfrz. bäuerlicher Tanz, Satz der Suite; frz. *bourrée* „ländlicher Tanz in der Auvergne", die weitere Herkunft ist nicht bekannt, doch gibt es mundartlich das Wort *bourrée* auch in der Bedeutung „Freudenfeuer" (zu *bourrée* „Reisigbündel"), und es könnte sein, daß die *Bourrée* ein Tanz um ein brennendes Feuer war

Bourrette Abfallseide; frz. *bourrette* „rohe Seide, erste Lage am Kokon der Seidenraupe", zu *bourre* „Wollhaar", aus lat. *burra* „zottiges Gewand, Schurwolle"

Bouteille Flasche; frz. *bouteille* „Flasche", aus mlat. *but(t)icula* „Fäßchen", Verkleinerungsform von **buttis* „Faß"

Boutique kleiner Laden für Modeartikel; frz. *boutique* „Kramladen", aus prov. *botica* „Laden", aus griech. *apotheke* „Speicher", →Apotheke

Bouton Schmuckknopf fürs Ohr, bes. in Form einer Knospe; frz. *bouton* „Knospe", auch „Knopf", aus altfrz. *boton* „Knospe", zu *boter,* fränk. *botan* „stoßen"

Bovist ein Bauchpilz, Stäubling; aus mhd. *vohenfist* „Fähenfurz", aus mhd. *vohe* „Fähe, Füchsin" und *vist* „Darmwind", da die Sporen mit Geräusch und wie eine Staubwolke aus ihrem Behälter geschleudert werden

Bowle Getränk aus Wein, Sekt, Früchten und Zucker; Glasgefäß dafür; aus engl. *bowl* in ders. Bed. sowie „Becken,

Schale, Schüssel", aus mengl. *bolle,* altengl. *bolla* „rundes Gefäß"

Box Abteil im Pferdestall oder in der Autogarage; Unterstellraum; Behälter; einfache Kamera in Kastenform; engl. *box* „Büchse, Kasten, Schachtel", urspr. „Behälter aus Buchsbaum", zu *box* „Buchsbaum", aus lat. *buxus,* griech. *pyxos* „Buchsbaum"

Boxer Faustkämpfer; engl. *boxer* in ders. Bed., zu *box* „Ohrfeige"; Herkunft nicht bekannt, vielleicht lautmalend; der Hund ist deshalb so benannt worden, weil er schon bei den Germanen als Kampfhund verwendet wurde, bes. zur Verteidigung des Lagers

Boxkalf chromgegerbtes Kalbsleder; engl. *boxcalf* in ders. Bed., aus *box* „Kasten, Kästchen" und *calf* „Kalb", wegen der viereckigen Musterung, die bei der Bearbeitung des Leders entsteht

Boykott Waren-, Liefersperre, Verrufserklärung; nach Ch.C. *Boycott* (1832–1897), einem Gutsverwalter in der irischen Grafschaft Mayo, der sich durch seine Strenge gegen die Pächter so verhaßt machte, daß niemand mehr für ihn arbeiten, ihm etwas verkaufen oder von ihm kaufen wollte, so daß die Ernte im Jahr 1880 von Arbeitern aus Ulster unter militärischer Bewachung eingebracht werden mußte. Das Wort *boycotting* „das Boykottieren" tauchte kurz danach in einer Dubliner Zeitung zum ersten Mal auf

brachial zum Oberarm gehörig; aus lat. *brachialis* „zum Arm gehörig", zu *brachium* „Arm, bes. Unterarm", aus griech. *brachion* „Arm, Oberarm, Schulter"

Brachykephalie, Brachyzephalie kurze, runde Kopfform; aus griech. *brachy* „kurz", und *kephale* „Kopf"

Brachylogie gedrängte Kürze, Knappheit des Ausdrucks; aus griech. *brachy* „kurz", und *logos* „Wort", zu *legein* „sagen, sprechen, erklären"

Bracke Spürhund; mhd. *bracke* „Spürhund, Spiel-, Schoßhund", aus ahd. *bracko, braccho* „Hirten-, Hofhund", dazu frühmhd. *braehen* „(etwas) riechen", aus lat. *fragrare* „riechen"

Brainstorming Konferenzmethode, bei der in begrenzter Zeit spontan Vorschläge zu einem Problem abgegeben werden, Ideenfindung; aus engl. *brainstorm* „Anfall von Geistesstörung", übertr.: „verrückter Einfall", dann amerik. ugs. „glänzender Gedanke, Geistesblitz", dazu das Verb *to brainstorm* „gedanklich lösen, klären", aus *brain* „Gehirn, Verstand" und *storm* „Sturm, Gewitter"

Braintrust Beratungsausschuß aus hochqualifizierten Fachleuten; amerik. *brain trust* in ders. Bed., aus *brain* „Gehirn, Verstand" und *trust,* →Trust

Braise Würzbrühe; aus frz. *braise* „Schmorfleisch; Glut", aus fränk., got. **brasa* „Glut"

Brakteat aus dünnem Silber-, selten auch Goldblech bestehende, einseitig geprägte Münze des Mittelalters; aus lat. *bracteatus,* unrichtig für *bratteatus* „mit Goldblech überzogen; nur äußerlich schimmernd (und also nicht echt)", zu *bractea, brattea* „dünnes Metallblättchen"; weitere Herkunft nicht geklärt

Bramarbas Prahlhans, Aufschneider; Name eines Großsprechers in einem 1710 anonym erschienenen satirischen Gedicht „Cartell (= Herausforderung) des Bramarbas an Don Quixote"; zu span. *bramar* „schreien, brüllen", *bramuras* „Prahlerei, Großsprecherei"

Branche Geschäfts-, Wirtschaftszweig; frz. *branche* „Ast, Zweig, Wissenszweig", aus lat. *branca* „Pranke, Pfote", urspr. „Fußspur", nämlich der Abdruck der Zehen mit dem Fußballen; aus diesem Bild ergab sich dann die Bedeutung „Zweig" (nach Gamillscheg)

Branchiat durch Kiemen atmendes Wassertier; aus griech. *bragchia* „Kiemen", aus *brogchos, brochthos* „Luftröhre", vielleicht zur idg. Wurzel **gregh-,* **grogh-* „schlucken"

Brandy *engl. Bez. für* Branntwein; engl. Kurzform von *brandwine: brand* „Brand" und *wine* „Wein"

Brasselett Armband; **Brasseletts** *Gaunerspr.:* Handschellen; aus frz. *bracelet*

„Armband", über altfrz. **bracel* aus lat. *brachiale, brachialis* „(am Oberarm getragene) Armspange", zu *brachium* „Unterarm"

Bratsche Altgeige, Viola; verkürzt aus *Bratschvioline,* aus ital. *viola da braccio* „Armgeige", wörtlich „Geige für den Arm" im Unterschied zur Viola da gamba, → Gambe

bravo! sehr gut!; aus ital. *bravo* „gut, tüchtig, brav", span. *bravo* „tapfer, wild" (von Tieren), mit Metathese aus lat. *barbarus* „wild, ungebildet, roh", → Barbar

Bravour sehr großes technisches Können; Kühnheit, Schneid; frz. *bravoure* „Tapferkeit; meisterhafter Vortrag eines schwierigen Musikstücks", aus ital. *bravura* „Tüchtigkeit, Können", zu *bravo,* → bravo

Break *Jazz:* Zwischensolo mit entgegengesetztem Rhythmus; *Sport:* unerwarteter Durchbruch; aus engl. *break* „Bruch, Unterbrechung, Bresche, Durchbruch", zu *to break* „brechen"

Breccie aus scharfkantigen Gesteinstrümmern verkittetes Sedimentgestein; aus ital. *breccie* (Plural) „Schotter", aus lat. *imbrex,* Gen. *imbricis,* „Hohlziegel"

Bredouille Bedrängnis, Verlegenheit; frz. *bredouille* „völliger Verlust" (im Spiel), eigtl. „Dreck", weitere Herkunft nicht bekannt

Brekzie → Breccie

Brevier Gebetbuch der kath. Geistlichen; Stundengebet; kleine Zusammenstellung aus den Werken eines Dichters; aus lat. *breviarium* „kurze Übersicht, kurzer Auszug", zu *brevis* „kurz"

Breviloquenz Kürze, Knappheit des Ausdrucks; aus lat. *breviloquentia* „Kürze im Ausdruck", zu *breviloquens* „sich kurz fassend", aus *brevis* „kurz" und *loqui* „sprechen"

Bridge ein Kartenspiel; die Herkunft ist unbekannt, man vermutet orientalischen Ursprung; ein Zusammenhang mit engl. *bridge* „Brücke" besteht sicher nicht, obwohl im amerik. Slang *bridge* ein Trick im Kartenspiel ist, durch den eine bestimmte Karte gekennzeichnet wird, nämlich durch leichtes Biegen in der Art einer Brücke

Brie ein frz. Weichkäse; nach dem Herkunftsland, der frz. Landschaft *Brie* zwischen Seine und Marne

Brigade größere Truppeneinheit; frz. *brigade* in ders. Bed., aus ital. *brigata* „Gesellschaft, bewaffnete Schar, Brigade", zu *briga* „Gesellschaft"

Brigant Straßenräuber; aus ital. *brigante* „Räuber", zu *briga* in der veralteten Bedeutung „Betrug, Machenschaft" (heute „Unannehmlichkeit, Verwicklung"), weitere Herkunft nicht bekannt

Brighella *in der Commedia dell'arte:* listiger, intriganter Diener; ital., zu *brigare* „sich eifrig bemühen, auch mit Hilfe von Intrigen, etwas zu erreichen", zu *briga* „Machenschaft", weitere Herkunft nicht bekannt

Brikett in Form gepreßte Kohle; aus frz. *briquette* „Preßkohle", Verkleinerungsform von *brique* „Mauer-, Ziegelstein"

brillant glänzend, ausgezeichnet; aus frz. *brillant* „glänzend, leuchtend, herrlich, prächtig", zu *briller* „glänzen, leuchten, hervorragen, hervorstechen", über ital. *brillare* „leuchten, strahlen" vielleicht zu *berillo* aus lat. *beryllus* „Beryll"

Brimborium unnützer Aufwand, Umschweife, Getue; aus frz. *brimborion* „Geringfügigkeit, Lappalie", im 16. Jh. „gemurmelte Gebete, unaufmerksam geplapperte Gebete", auch „Zauberformel", aus *breborion* „Brevier", dieses ist eine Verstümmelung von lat. *breviarium,* → Brevier

Brioche ein feines Hefegebäck; frz. *brioche* „feiner, gewölbter Kuchen, Windbeutel", normann. Verkleinerungsform von normann. *pain brié* „Brot mit harter Kruste", zu *brier* „kneten"

brisant hochexplosiv; sensationell; aus frz. *briser* „zerschlagen, zertrümmern"

Brisolett gebratenes Fleischklößchen; französisierende Verkleinerungsform zu frz. *briser* „zerschlagen, zerbrechen, zertrümmern", allg. „zerkleinern", urspr. „zerquetschen" (von Weinbeeren), wegen des kleingehackten Fleischs

Broccoli Spargelkohl, Sprossenkohl; ital. *broccolo,* Pl. *-li,* in ders. Bed., zu *brocco* „Locke, Ringelchen, Gekräuseltes", aus lat. *brocchus, broccus* „hervorstehend" (Zähne)

Brom chem. Element (Flüssigkeit, die rotbraune, schwere, beizende Dämpfe von charakterist. Geruch entwickelt); aus griech. *bromos* „Gestank", urspr. „Geräusch", über die Bedeutung „Körpergeräusch, Furz" hat das Wort den Sinn von „Gestank" angenommen

Bromatologie Lehre von der Zubereitung der Nahrungs- und Genußmittel; aus griech. *broma,* Gen. *bromatos,* „Nahrung, Speise" (zu *bibroskein* „verzehren, essen") und *logos* „Wort, Lehre, Kunde"

Bronchien Äste der Luftröhre; aus griech. *brogchia* in derselben Bedeutung, zu *brogchos* „Luftröhre, Kehle"

Brontosaurus ein Riesensaurier; aus griech. *bronte* „Donner" und *saura* „Eidechse"

Bronze eine Kupfer-Zinn-Legierung; frz. *bronze* aus ital. *bronzo* in ders. Bed., aus mlat. *brundium* „Bronze", weitere Herkunft nicht geklärt; die vermutete Ableitung aus lat. *aes Brundusinum* „Erz (Kupfer) aus Brindisi" (da die Stadt berühmt für ihre Metallwerkstätten war), wird heute abgelehnt

Brosame Brotkrume, Krümel; aus mhd. *brosem(e), brosme,* aus ahd. *brosma, brosama, brosoma* „Krume, Brotkrümel, Bröckchen", zu germ. **brusjan* „zerkleinern, zerstoßen, zerreiben"

Brosche Schmucknadel; aus frz. *broche* „Spieß, lange Nadel, Ansstecknadel", aus prov. *broc* „Spieß, Dorn"

broschieren heften oder leimen; aus frz. *brocher* „heften; durchwirken", zu *broche* „Spieß, lange Nadel", → Brosche

Bruitismus Richtung in der Musik, in der Geräusche als Gestaltungsmaterial verwendet werden; aus frz. *bruit* „Lärm, Geräusch", zu *bruire* „brausen, rauschen, lärmen", vielleicht Kreuzung aus mlat. *bragare* „schreiben" und *rugire* „röhren, schreien"

brünett braunhaarig; aus frz. *brunet* (mask.), *brunette* (fem.) „braunhaariger Mensch", zu *brun, brune* „braun"

brüsk schroff, kurz, abweisend; aus frz. *brusque* „rauh, barsch", aus ital. *brusco* „herb (vom Wein), barsch, schroff", weitere Herkunft unklar

brutal roh, gewalttätig, grausam; aus lat. *brutalis* „tierisch, unvernünftig", zu *brutus* „schwerfällig, langsam von Begriff, unvernünftig, gefühllos, stumpfsinnig"

brutto mit Verpackung, ohne Abzug von Kosten; ital. *brutto* „roh, unrein", d. h. nicht bearbeitet, ohne Abzüge, mit Verpackung, aus lat. *brutus* „schwer, schwerfällig"

Bryologie Lehre von den Moosen; aus griech. *bryon* „Moos" (zu *bryein* „üppig sprossen") und *logos* „Wort, Lehre, Kunde", zu *legein* „sagen, sprechen, erklären"

Bubonenpest Beulenpest; aus griech. *boubon* „Schamgegend, Unterleib", in der Medizin auch „geschwollene Drüse in der Leiste"

Buchtel *österr.:* mit Marmelade gefülltes Hefegebäck; aus tschech. *buchta* „mit Obst (Pflaume, Aprikose o. ä.) gefülltes Hefegebäck", zu *puchnouti* „schwellen"

Bucintoro → Buzentaur

Bückling warm geräucherter Hering; aus mhd. *bücking* in ders. Bed. (die Endung *-ing* wurde durch das geläufigere *-ling* ersetzt), aus mndrl. *buckinc* „geräucherter Hering", zu *buc, boc* „Bock", wegen des strengen Geruchs

Budget (bes. staatlicher) Haushaltplan sowie die Gelder dafür; frz. *budget* in ders. Bed., aus engl. *budget* „Haushaltplan, Geldsumme dafür, Vorrat", mundartl. „Ledertasche sowie deren Inhalt", aus frz. *bougette* „Ranzen", zu *bouge* „Reisesack, Ranzen", aus lat. *bulga* „lederner Sack, bes. Geldsack"

Buen Retiro Ort der Ruhe und Entspannung; aus span. *buen* „gut" und *retiro* „Zufluchtsort, Unterschlupf, Einsamkeit", zu *retirar* „sich zurückziehen, verbergen", aus *re-* „zurück-" und *tirar* „ziehen"

Büfett Anrichte, Geschirrschrank,

Schanktisch; frz. *buffet* in ders. Bed., Herkunft nicht bekannt

Buffo Sänger komischer Rollen; ital. *buffo* „drollig, spaßig", Rückbildung von *buffone* „Possenreißer, Spaßmacher", zu *buffare* „Spaß machen", eigtl. „schnaufen, indem man die Backen aufbläst", auch „wehen, blasen" (vom Wind), lautmalend

Buggy kleines zwei- oder vierrädriges Gefährt; engl. *buggy* „leichter Wagen", Herkunft nicht bekannt

bugsieren ins Schlepptau nehmen; mit Mühe an einen andern Ort bringen; aus ndrl. *boegseeren* „bugsieren, lotsen", aus älterem *boechseerden, boesjarden, boesjaren,* aus port. *puxar* „ziehen, zerren, schleppen, stoßen, antreiben", aus lat. *pulsare* „stoßen, treiben, vertreiben"

Bukanier im 17. Jh. Seeräuber im Karib. Meer; aus frz. *boucanier* „Seeräuber", auch „Büffeljäger", eigtl. „der, der abends zum boucan zurückkehrt, um dort zu nächtigen", zu *boucan* „Räucherkammer, Räucherkate der Seeräuber von Santo Domingo"; *boucan* bedeutete urspr. „Lattenrost zum Räuchern", dann „das darauf geräucherte Fleisch", dann „Räucherplatz, Räucherkammer", aus Tupi *moquém, mocaém, mukém* „Lattenrost zum Räuchern"; *boucan* ist verwandt mit *barbacoa,* → Barbecue

Bukett Blumenstrauß; Duft, Blume (des Weins); aus frz. *bouquet* „Blumenstrauß, Büschel" (z. B. *bouquet d'arbres, bouquet de verdure* „Baumgruppe"), sowie „Blume (des Weins)", zu *bosquet* „Wäldchen", zu *bois* „Wald", aus mlat. *boscus, buscus* „Wald, Waldland"

Bukolik Hirten-, Schäferdichtung; aus griech. *boukolikos* „zu den Hirten gehörig, in der Art der Hirten", zu *boukolos* „Hirt, bes. Rinderhirt", zu *boskein* „weiden, auf die Weide treiben", zu *bous* „Rind"

Bulbus Zwiebel, Knolle; rundliches Organ; Anschwellung; lat. *bulbus* „Zwiebel, Knolle", aus griech. *bolbos* „Zwiebel", zur idg. Wurzel **bal-, *bol-, *bul-* „schwellen"

Bulette gebratenes Fleischklößchen; aus frz. *boulette* „Kügelchen, Fleischklößchen", Verkleinerungsform von *boule* „Kugel, Ball", aus lat. *bulla* „Blase, Kapsel"

Bulkcarrier Frachtschiff für Massengut, bes. Schüttgut; aus engl. *bulk* „Größe, Umfang, Masse, lose Schiffsladung" (aus mengl. *bulke* in ders. Bed., vielleicht aus altnord. *bulki* „Schiffslast, Ladung") und *carrier* „Träger, Beförderer", zu *to carry* „tragen, befördern"

Bullauge kleines, rundes Fenster (am Schiff); aus engl. *bull's eye* „Bullenauge, Ochsenauge", aus *bull* „Stier, Bulle" (→ Bulle[1]) und *eye* „Auge"

Bulldogge eine mittelgroße, schwere Hunderasse; aus engl. *bull* „Stier" und *dog* „Hund", da die Hunde früher zu Stierhetzen verwendet wurden, deshalb auch „Bullenbeißer"; nach anderer Deutung soll der erste Wortteil auf *bold* „kühn, mutig, furchtlos" zurückgehen, doch dürfte sich das Wort dann sehr bald, eben wegen der Bullenhetzen, zu *bull* umgebildet haben

Bulldozer schwere Planierraupe; engl. *bulldozer* in ders. Bed. sowie „jmd., der einen andern einschüchtert, Quäler", zu *to bulldoze* „ebnen, planieren, sich seinen Weg mit Gewalt bahnen", übertr. „einschüchtern, mißhandeln", weitere Herkunft nicht bekannt

Bulle[1] geschlechtsreifes männliches Tier (beim Rind, Kamel, Elefanten u. a.); über nddt. aus engl. *bull,* aus mengl. *bule,* altengl. *bula* „Bulle", zu *bulluc* „kleiner Bulle" und *bealluc* „Hoden", zu altnord. *böllr* „Kugel", zur idg. Wurzel **bhel-* „schwellen, strotzen", was auf das Zeugungsglied hinweist; die Bedeutung verlagerte sich dann auf das ganze Tier

Bulle[2] *urspr.:* in eine Kapsel eingeschlossenes Siegel einer Urkunde, *dann:* das Siegel selbst, *dann:* Urkunde mit Metallsiegel, bes. päpstlicher Erlaß; aus lat. *bulla* „Blase, Buckel, Knopf, Kapsel" (die von freigeborenen Knaben als Amulett um den Hals getragen wurde)

Bulletin amtlicher Tagesbericht, öffentliche Bekanntmachung, frz. *bulletin* „Wahlzettel, Bericht, Sammlung", aus ital. *bullettino, bollettino* „Bericht, öffentliche Bekanntmachung, Empfangsschein", zu *bolletta* „Schein", Verkleinerungsform von *bolla* „Siegel, gesiegelte Urkunde, Warenbegleitschein", aus lat. *bulla*, → Bulle²

Bullion Barren aus Gold oder Silber; engl. *bullion* „ungeprägtes Gold oder Silber", aus mndrl. *bulioen, boelioen, billioen* aus frz. *billon* „Metallbarren" (der früher aus einem wertvollen und einem oder mehreren weniger wertvollen Metallen bestand), aus mlat. *billio, bullio*, Gen. *-onis*, „Mischung aus Gold oder Silber mit andern Metallen", auch „Falschgold, Falschgeld", weitere Herkunft nicht bekannt

Bumerang gekrümmtes Wurfholz; über engl. *boomerang, bomarang* aus einer Eingeborenensprache in Neusüdwales (Australien), wahrscheinlich aus *buma* „schlagen, treffen" und Suffix *-arang*

Bungalow kleines Wohnhaus ohne Oberstock, meist mit flachem Dach; engl. *bungalow* (engl. Aussprache [baŋ-]) in ders. Bed., eigtl. „bengalisches Haus", aus Hindi *bāṅlā* „bengalisch"

Bunker Behälter für Massengüter; betonierter Schutzraum; engl. *bunker* „Kohlenbunker, Truhe, Kiste", Herkunft nicht bekannt, vielleicht zu *bench* „Bank", da *bunker* im Schott. auch „Bank" bedeutet

Buphthalmie, Buphthalmus Augapfelvergrößerung; aus griech. *bous* „Rind, Ochse" und *ophthalmos* „Auge", also „Ochsenauge, Glotzauge"

Bure Südafrikaner niederländischer Herkunft; aus Afrikaans *Boer* in ders. Bed. sowie *boer* allg. „Bauer, Knecht", aus ndrl. *boer* „Landmann, Bauer", *buur* „Einwohner, Landbewohner, Bauer"

Bürette Glasröhrchen zum Abmessen von Flüssigkeiten; aus frz. *burette* „Krug, Kännchen", zu *buire* (veraltet) „Schenkkanne"

burlesk possenhaft, derb-komisch; aus ital. *burlesco* „spaßhaft, possenhaft", zu *burla* „Spaß", aus vulgärlat. **burrula*, Verkleinerungsform von lat. *burrae* (Pl.) „Possen, läppisches Zeug", zu *burra* „zottiges Gewand"

Burnus Kapuzenmantel der Beduinen; über frz. *burnous* aus arab. *burnus* in ders. Bed., über syrisch-aramäische Formen aus griech. *birrhos* „Art Überwurf", aus lat. *birrus* „mit Kapuze versehener Überwurf", vielleicht aus dem Gallischen

Büro Raum oder Räume für Schreibarbeiten oder Abwicklung von Geschäften, kleine Firma; aus frz. *bureau* „grober Wollstoff; Arbeits-, Rechen-, Zahltisch; Amtszimmer, Schreibstube; Amtspersonal"; früher waren die Tische mit Stoff bezogen, und die Bedeutung ging vom Stoff auch auf den Tisch über, dann auf den Raum, in dem gerechnet, geschrieben usw. wurde, und schließlich auf die Angestellten; zu *bure* „grober Wollstoff", aus lat. *burra* „Schurwolle"

Bürokratie mit Beamten arbeitendes Verwaltungssystem; *übertr.:* engstirnige Beamtenwirtschaft; aus frz. *bureau* „öffentliche Anstalt, Amt, Amtspersonal" (→ Büro) und griech. *kratein* „herrschen"

burschikos sehr ungezwungen; zu *Bursche* im alten, noch heute in Studentenverbindungen üblichen Sinne von „Student" mit griech. adverbialer Endung *-kos*, also eigtl. „burschenhaft, studentisch"

Burse *im MA:* Studentenheim, dessen Bewohner aus einer gemeinsamen Kasse lebten; *heute auch:* Studentenkantine, Mensa; aus mhd. *burso* „Beutel, Kasse; zusammenlebende Genossenschaft sowie ihr Haus", aus mlat. *bursa* „Geldbeutel", → Börse

Bursitis Schleimbeutelentzündung; aus mittellat. *bursa* „Geldbeutel", aus griech. *byrsa* „abgezogene Haut, Fell, Leder"

Busineß Geschäft, Geschäftsleben, Geschäftemacherei; engl. *business* „Geschäft, Arbeit, Aufgabe", zu *busy* „beschäftigt, geschäftig, emsig", aus mengl. *busy, bisy*, aus altengl. *bysig, bisig* (dazu mnddt. *bezich*, ndrl. *bezig* „emsig, eifrig", zum west- und nordgerman. Verbstamm *bas-* „sich lebhaft bewegen") und Suffix *-ness* zur Bezeichnung eines Zustandes oder der Art, Beschaffenheit

Bussard ein Raubvogel; aus frz. *bussard,* altfrz. *buison, buson* „Weihe", aus lat. *buteo* „Falkenart, Bussard", *butio* „Rohrweihe", zu *butire* „wie die Rohrweihe rufen"; der Ruf klingt ungefähr wie „püiee"

Bussole Meßgerät mit Magnetnadel zum Bestimmen der Himmelsrichtung und zum Vermessen des erdmagnetischen Feldes; aus frz. *boussole* „Magnetnadel, Kompaß", aus ital. *bussola* „Kompaß; Büchse, Holzschachtel", aus lat. *buxus* „Buchsbaum(holz)"

Bustrophedon abwechselnd rechts- und linksläufige Schrift, Furchenschrift; aus griech. *bous* „Rind, Ochse" und *strophe* „Drehung, Wendung", zu *strephein* „drehen, wenden", also eigentlich „Schrift, die so verläuft, wie man pflügt und am Ende der Furche die Ochsen wendet"

Butike →Boutique

Butler Leiter des Hauspersonals; engl. *butler,* aus mengl. *buteler,* aus altfrz. *butuiller* (frz. *bouteillier)* „Kellermeister", zu frz. *bouteille,* engl. *bottle* „Flasche"

Butzenscheibe kleine, runde Fensterscheibe mit Verdickung in der Mitte; zu *Butzen* „Verdickung, Klümpchen", zu nddt. *butt* „kurz und dick, stumpf"

Buzentaur Prunkschiff des Dogen von Venedig; die ital. Form lautet *Bucintoro,* für die es mehrere Deutungen gibt; die wahrscheinlichsten sind folgende: 1. aus *bue centauro* „Stiermensch", zu *bue* „Stier" und *centauro* „Zentaur"; im mittelalterlichen Italien wurde das Wort *bue* jedoch auch im Sinne von „groß" gebraucht, also eigentlich „großer Zentaur"; die Bezeichnung geht wahrscheinlich auf die „Äneis" von Virgil zurück, in der eines der Schiffe *Centaurus magna* „großer Zentaur" heißt (nach Garzanti); 2. aus lat. *hippocentaurus,* griech. *hippokentauros* „Hippozentaur, Roßmensch" (halb Mensch, halb Pferd); am Bug des Schiffes waren solche Figuren als Verzierung angebracht (nach Battisti-Alessio)

C

Caballero *span. Bezeichnung für* Reiter, Ritter, Edelmann; span. aus lat. *caballarius* „Pferdeknecht“, zu *caballus* „Pferd“
Cabochon rundgeschliffener Edelstein; frz. *cabochon* in ders. Bed. sowie „Tapeziernagel, Kopf“, zu *caboche* „Kuppe, Kopf“, aus lat. *caput* „Kopf“
Cachenez Halstuch; frz. *cachenez* „Halstuch, Schal“, aus *cacher* „verstekken“ und *nez* „Nase, Gesicht“
Caddie Junge, der den Golfspielern die Schläger trägt; kleiner Wagen für die Golfschläger; engl. *caddie* in ders. Bed., Ableitung von *cadet* „jüngster Sohn oder Bruder“, → Kadett
Cadmium chemisches Element; aus griech. *kadmeia,* → Galmei
Caisson Senkkasten für Unterwasserarbeiten; frz. *caisson* „Kastenwagen, Proviantkiste, Senkkasten“, ältere Form: *casson,* aus ital. *cassone* „große Kiste“, zu *cassa* „Kiste, Kasten“, aus lat. *capsa* „Kasten, Behältnis“, zu *capere* „fassen“
Calcium chemisches Element; aus lat. *calx,* Gen. *calcis,* „Kalk“, aus griech. *kalix* „Kalk, Mörtel“
Californium chemisches Element; nach *Kalifornien,* da es in Berkeley in Kalifornien zum erstenmal dargestellt wurde
Callgirl Prostituierte, die auf telefonischen Anruf hin kommt oder jmdn. empfängt; engl. *call girl* in ders. Bed., aus *to call* „rufen“ (aus mengl. *callen,* altengl. *ceallian* „rufen“, zu altnord. *kalla* „rufen, singen“) und *girl* „Mädchen“, → Girl
Calvados ein Apfelbranntwein; nach dem Herstellungsland, dem Département *Calvados* in Nordwestfrankreich
Camembert ein Weichkäse; nach dem Ort *Camembert* in Nordwestfrankreich, wo er zuerst hergestellt wurde
Camionnage Spedition; frz. *camionnage* „Transport mit Camion“, zu *camion* „Roll-, Güterwagen“, wahrscheinlich zu prov. *caminier* „Vagabund, Rollfuhrmann“, zu *caminar* „marschieren“
Camouflage Irreführung, Täuschung, Tarnung; mit französisierender Endung aus frz. *camoufler* „verschleiern, tarnen“, unter Einfluß von *camouflet* „ins Gesicht geblasene Rauchwolke“ aus ital. *camuffare* „verkleiden, vermummen, unkenntlich machen“, vielleicht zu mlat. *muffola, muffula* „Halstuch, Schal“, *muffolae, muffulae* „Pulswärmer“
Campanile freistehender Glockenturm; ital. *campanile* „Glockenturm“, insbes. der freistehende in Oberitalien, zu *campana* „Glocke“, aus lat. *campana* „Glocke“, eigtl. „Metallgerät aus der Campania“, der Landschaft in Mittelitalien
Campanula Glockenblume; aus lat. *campanella* „Glöckchen“, zu *campana* „Glocke“, dazu *campanum* „Pauke, ehernes Gefäß“, beides eigtl. „Metallgerät aus der Campania“, der Landschaft in Mittelitalien
Camping Leben im Freien mit Zelt oder Wohnwagen während des Urlaubs; engl. *camping* „das Lagern im Freien“, zu *to camp* „im Freien lagern“, zu *camp* „Feldlager, Lager im Freien“, aus lat. *campus* „offenes, ebenes Gelände, freier Platz“
Campmeeting Gottesdienst im Freien oder im Zelt; aus engl. *camp* „Lager im Freien“ (→ Camping) und *meeting* „das Treffen“, zu *to meet* „treffen, sich begegnen“
Cancan lebhafter Bühnentanz mit Hochwerfen der Beine; frz. *cancan* in ders. Bed., Herkunft nicht geklärt, vielleicht zu *cancan, quanquan* „Lärm, Entengeschnatter, Papageiengeschrei“, wegen der lärmenden Wildheit des Tanzes und der dabei ausgestoßenen Schreie
Cannabis Hanf; aus lat. *cannabis,*

griech. *kannabis* „Hanf", Lehnwort aus einer nicht genau bekannten, nichtidg., wahrscheinlich osteurop. Quelle, vielleicht aus tscheremiss. *kene* „Hanf" und udmurt. *pis* „Hanf"

Cant Gaunersprache; Scheinheiligkeit, Heuchelei; engl. *cant* „Sondersprache der Bettler", urspr. „Jammern, Klagen der Bettler", aus altnordfrz. *cant* (frz. *chant*) „Gesang", aus lat. *cantus* „das Singen, Gesang", zu *canere* „singen"

cantabile *Mus.:* sanglich, beseelt; ital. cantabile „sanglich, harmonisch und melodiös", aus kirchenlat. *cantabilis* „besingenswert", zu lat. *cantare,* Intensivum zu *canere* „tönen, singen, (ein Instrument) spielen"

Cape ärmelloser Umhang; engl. *cape* in ders. Bed., aus altprov. *capa* „Mantel", aus lat. *cappa* „kleiner Kapuzenmantel", → Kapelle

Capriccio heiteres, launiges Musikstück; ital. *capriccio* „merkwürdige Laune, Grille, seltsamer Einfall oder Wunsch, Eigensinn, Trotz", aus älterem *caporiccio* „Schauder, Haaresträuben", vielleicht aus *capo* „Kopf" und *riccio* „krauses Haar", also „Zustand, in dem sich einem die Haare sträuben"

Caprice Laune, Grille, schnurriger Einfall; frz. *caprice* in ders. Bed., aus ital. *capriccio,* → Capriccio

care of *engl. Bez. für* per Adresse, wohnhaft bei; aus *care* „Pflege, Wartung, Obhut" und *of* „von", also eigtl. „unter der Obhut von"

Cartoon *engl. Bez. für* Karikatur; eigtl. „Zeichnung auf starkem Papier", aus frz. *carton,* → Karton

Casanova Frauenheld, galanter Verführer; nach dem Abenteurer und Schriftsteller Giovanni *Casanova* (1725–1798), der in seinen Memoiren seine zahlreichen Liebeserlebnisse beschrieb

Cashew Frucht eines südamerikanischen Baumes; engl., aus frz. *acajou,* aus portug. *acajú,* aus Tupi cajú, acajú

Cäsium chemisches Element; aus lat. *caesium,* Neutrum von *caesius* „blaugrau", weil es mit blaugrauer Flamme verbrennt

Catgut → Katgut

Causerie Plauderei, heitere Unterhaltung; frz. *causerie* „Plauderei, Geschwätz", zu *causer* „sich vertraulich unterhalten, schwatzen, boshaft reden", aus lat. *causari* „sich beklagen, einen (meist fingierten) Grund vorbringen", zu *causa* „Grund, Anlaß"

Cédille Zeichen (Häkchen) unter dem c, wenn dieses wie s gesprochen werden soll; frz. *cédille* in ders. Bed., aus span. *cedilla, zedilla* „Cédille" sowie „Häkchen", eigtl. „kleines z" (wegen der Form), Verkleinerungsform von *ceda, zeda* „z", aus lat. *zeta,* griech. *zeta* „z"

Celesta zartklingendes Tasteninstrument, bei dem zur Tonerzeugung hohle Metallstäbe oder Metallplatten verwendet werden; ital. *celesta* in ders. Bed., zu *celeste,* der Bezeichnung für ein Orgelregister, dem der Ton des Glockenspiels ähnelt, eigtl. „himmlisch", aus lat. *caelestis* „himmlisch", zu *caelum* „Himmel"

Cello Kurzwort für → Violoncello

Cembalo altes Tasteninstrument, bei dem die Saiten angerissen werden; ital. *cembalo* in ders. Bed., aus lat. *cymbalum,* → Zymbal

Cent kleine Münze in verschiedenen Ländern, meist der 100. Teil einer größeren; aus lat. *centum* „hundert"

Centime kleine Münze in Frankreich, Belgien, Luxemburg und der Schweiz; nach der Frz. Revolution wurde mit der Einführung des Dezimalsystems in der Währung die frz. Livre in 10 Décimes und der Décime in 10 *Centimes* geteilt (und von da an als „Franc" bezeichnet); das Wort ist also eine Kreuzung von frz. *cent* „hundert" (aus lat. *centum* „hundert") und *décime* „Zehent, Zehnter, Zehntelfranc" (aus lat. *decem* „zehn")

Cento literarisches Werk (z.B. Hörspiel), das nur aus Zitaten (aus Dichtwerken, Tagebüchern u.ä.) zusammengesetzt ist; aus lat. *cento* „Titel eines Gedichts, das aus anderen Dichtungen zusammengestoppelt ist", eigtl. „Flickwerk, aus Lumpen zusammengestükkelter Rock"

Cer chemisches Element; nach dem 1801 entdeckten Planetoiden *Ceres,* dieser nach der röm. Göttin der Feldfrüchte und des Ackerbaus, *Ceres*

Chaconne span. Reigentanz; Satz der Suite; frz. Form von ital. *ciaccona* aus span. *chacona,* urspr. (16. Jh.) Instrumentalstück, dann (17. Jh.) leidenschaftlich bewegter Tanz, oft mit vokalen Einlagen, dazu *chacota* „bäuerliches Lied", wahrscheinlich lautmalenden Ursprungs, aus einem Wortstamm *chac-* im Sinne von „fröhlicher Lärm"

Chagrinleder Leder aus Esels- oder Pferdehaut mit künstlicher Narbung; frz. *chagrin* in ders. Bed., aus türk. *sağrı* „gegerbte Rindshaut", aus pers. *sāğarī* „Rückenhaut vom Pferd oder Esel"

Chairman *engl. für* Vorsitzender; aus *chair* „Sitz, Sessel; Vorsitz" (aus mengl., altfrz. *chaiere, chaere,* ältere altfrz. mundartliche Form: *chaise* „Stuhl, Sessel", aus lat. *cathedra* in ders. Bed., →Katheder) und *man* „Mann"

Chaiselongue Sofa ohne Rückenlehne, Liege; frz. *chaise longue* „Ruhebett", aus *chaise* „Stuhl, Sessel" und *long, longue* (aus lat. *longus*) „lang", zu *chaire* „Sitz, Kanzel, Bischofsstuhl", aus lat. *cathedra,* →Katheder

Chalet Sennhütte; kleines Landhaus; frz. *chalet* „Sennhütte, kleine hölzerne Villa", über älteres **chaselet* „Hüttchen" aus altfrz. *chasel* „Hütte", aus lat. *casa* „Hütte, Häuschen"

Chalkographie *veraltet:* Kupferstechkunst; aus griech. *chalkos* „Erz, Metall, bes. Kupfer" und *graphein* „schreiben"

Chalzedon ein Mineral; entweder nach der Stadt *Kalchedon* am Bosporus oder nach *Karchedon,* dem griech. Namen von Karthago; im Lat. kommen beide Formen vor: *calcedonius* und *carcedonius*

Chamäleon Baumeidechse; aus griech. *chamaileon,* aus *chamai* „zur Erde hin, auf der Erde" und *leon* „Löwe", also „Erdlöwe"

Chambre séparée kleiner, abgetrennter Raum im Restaurant; frz., aus *chambre* „Raum, Zimmer" (urspr. gewölbter, bes. fest gebauter Raum im Palast, aus lat. *camera* „Gewölbe, gewölbte Dekke") und *séparée* (fem.) „abgetrennt", zu *séparer* aus lat. *separare* „trennen", →separat

chamois gemsfarben, gelbbräunlich; frz. *chamois* „Gemse, gemsfarben", aus ital. *camoscio* „Gemse", aus spätlat. *camox,* Gen. *camocis,* „Gemse", weitere Herkunft nicht geklärt

Champagner Schaumwein; eigtl. Wein aus der *Champagne,* der frz. Landschaft zwischen Marne und unterer Aube, aus lat. *campania* „Ebene, flaches Land", zu *campus* „flaches Feld, freier Platz"

Champignon ein Speisepilz; frz. *champignon* aus älterem *champaignon* „eßbarer Pilz", über galloroman. **campaniolus* zu lat. *campania* „flaches Land" (obwohl der Pilz nicht nur auf Feldern, sondern auch in Wäldern wächst)

Champion Meister in einer Sportart; engl. *champion* in ders. Bed., aus altfrz. *champion* „Kämpfer", zu *champ* „Kampf, Kampfplatz", aus lat. *campus* „ebenes, offenes Gelände"

Champlevé Art der Emailmalerei, Grubenschmelz; frz. *champlevé* in ders. Bed., aus *champ* „Feld" und *lever* „heben", weil dabei aus dem Metall„feld" kleine Gruben heraus„gehoben" werden

Chance günstige Gelegenheit; frz. *chance* „möglicher Fall, Wahrscheinlichkeit, Glücksfall", eigtl. „Wurf, Fall der Würfel", aus altfrz. *cheance,* zu *cheoir* „fallen"

changieren schillern, im Farbton wechseln; aus frz. *changer* „wechseln, sich verändern", aus lat. *cambiare* „wechseln"

Chanson witzig-freches, oft zeitkritisches Lied; frz. *chanson* „Lied, Gesang, sangliches Gedicht", aus lat. *cantio,* Gen. *-onis,* „das Singen, Gesang, Lied", zu *canere* „singen"

Chaos die ungeformte Masse der Welt vor der Schöpfung; *übertr.:* Durcheinander, Wirrwarr; aus griech. *chaos* „unermeßlicher, gähnender, leerer Weltraum", zu *chaskein* „gähnen, klaffen"

Chapeau claque zusammenklappbarer

Zylinderhut; aus frz. *chapeau* „Hut" (aus altfrz. *chapel* „Kopfbedeckung, Helm", über **capellum* aus lat. *cappa* „Kapuzenmantel") und *claque* „Klapphut, zusammendrückbarer Hut; Schlag mit der Hand" (lautmalend); da beim Gebrauch im Deutschen das Wort *claque* allein nicht als stark genug empfunden wurde, setzte man zur Verdeutlichung noch *chapeau* davor und drückte das Zusammenklappen durch die zweite Bedeutung des frz. Wortes *claque* aus

Charakter Gepräge, Eigenart; *auch:* feste Haltung; aus griech. *charakter,* urspr. „das Eingeprägte", dann „Gepräge, Abdruck, Bild; Eigenart", zu *charassein* „eingraben, einritzen, einschneiden", zu *charax,* Gen. *charakos,* „Pfahl"

Charge Würde, Rang, Dienstgrad; kleine, aber sehr ausgeprägte Bühnenrolle; frz. *charge* „Last, Auftrag, Verpflichtung; Übertreibung", früher auch „Dienst, Amt", zu *charger* „belasten, beladen, bepacken, beauftragen; übertreiben", über altfrz. *chargier* aus spätlat. *carricare* „beladen", zu lat. *carrus* „Wagen, Karren"

Charisma göttliches Gnadengeschenk; Berufung; Ausstrahlung (einer Persönlichkeit); griech. *charisma* „Gnadengeschenk", zu *charis* „Gunst, Huld, Gnade", zu *charizesthai* „gern geben, schenken"

Charivari Durcheinander, Katzenmusik, Lärm; *in Frankreich:* Polterabend; frz. *charivari* „Wirrwarr, großer Lärm, Polterabend", vermutlich aus mfrz. *charivalli, chalivali,* →Krawall; nach anderer Deutung aus spätlat. *caribaria* „Kopfschmerz, Kopfschwere", aus griech. *karebares, karebarys* „drückender Kopfschmerz, schwerer Kopf" (zu *kara* „Kopf" und *barys* „schwer"), doch ist die Bedeutungsübertragung von „Kopfschmerz" auf „Lärm" unwahrscheinlich, da der Lärm die Ursache für den Kopfschmerz ist

Charme Liebreiz, gewinnendes Wesen; frz. *charme* „Reiz, Anmut", eigtl. „Bezauberung, Zauberei, Zaubermittel", aus lat. *carmen* „Lied, Gedicht, Gesang; Zauberformel", zu *canere* „singen"

Charter Urkunde, Freibrief; *Seerecht:* Frachtvertrag; engl. *charter* „Verfassungsurkunde, Freibrief", aus frz., altfrz. *chartre* „Urkunde", aus lat. *chartula* „kleine Schrift, Briefchen", zu *charta,* griech. *chartes* „zubereitetes Blatt der Papyrusstaude, Papier, auf Papier geschriebener Text, Brief"

Chartreuse ein frz. Kräuterlikör; nach dem Herstellungsort, dem Kloster *Grande-Chartreuse* bei Grenoble, dem Haupthaus des Karthäuserordens

Chase *Jazz:* ständiger Wechsel zwischen improvisierenden Solisten; engl. *chase* „Verfolgung, Jagd", aus mengl. *chasen, chacen,* aus altfrz. *chacier* „jagen", über vulgärlat. **captiare* aus lat. *captare* „fahnden, Jagd machen (auf), ergreifen", Intensivum zu *capere* „fangen, fassen, ergreifen"

Chassis Gestell für Aufbauten, Fahrgestell, Montagerahmen; frz. *châssis* „Rahmen, Einfassung, Gestell", aus altfrz. *chassiz* „Einfassung", über galloroman. **capsiceum* aus lat. *capsa* „Kästchen, Kapsel, Behältnis", zu *capere* „fassen"

Chateaubriand doppelt dicke, als Steak gebratene Rindsfiletschnitte; nach dem frz. Schriftsteller und Staatsmann François René Vicomte de *Chateaubriand* (1768–1848)

Chaudeau Weinschaumsoße; frz. *chaudeau* „Getränk aus heißer Milch, Zucker und Eiern", aus altfrz. *chaudel,* Verkleinerungsform von *chaud* „warme Speise", als Adj. „heiß", aus lat. *calidus, caldus* „heiß, warm", zu *calere* „heiß sein"

Chauffeur berufsmäßiger Fahrer eines Kraftwagens; frz. *chauffeur* „Fahrer, Heizer", zu *chauffer* „heizen, wärmen", über vulgärlat. **calefare* aus lat. *calefacere, calfacere* „erwärmen, erhitzen, heizen", aus *calidus, caldus* „warm" und *facere* „machen"

Chaussee Landstraße; frz. *chaussée* „Damm, Deich, Fahrdamm, angelegte Straße", aus lat. *via calceata* „mit Kalkstein, Schotter bedeckter Weg", zu *calx,* Gen. *calcis,* „Kalkstein"

Chauvinismus übersteigerte Vaterlandsliebe; aus frz. *chauvin* „säbelrasselnder Patriot, Hurrapatriot", nach der literarischen Figur eines napoleonischen Soldaten namens *Chauvin,* dessen überschwengliche Begeisterung für den Kaiser sprichwörtlich wurde; die Figur tauchte immer wieder in Flugschriften, Zeitungen usw. auf, um nach Napoleons Rückkehr aus Elba Stimmung für ihn zu machen

checken prüfen, vergleichen; *Sport:* behindern, anrempeln; aus engl. *to check* „behindern, hemmen; prüfen, kontrollieren", Subst. *check* „plötzlicher Halt, Hindernis"; der Zusammenhang ist so zu erklären, daß etwas, wenn es geprüft, kontrolliert wird, sich nicht weiterbewegen kann, aufgehalten wird; das Wort geht über frz. *échec* „Schach; Mißerfolg", altfrz. *eschec, eschac* „Schach" auf pers. *šāh* „König" zurück; die Bedeutung „Mißerfolg, Hindernis" hat sich aus dem Ruf „Schach" beim Angriff auf den König und aus der Wendung „schachmatt setzen" entwickelt

cheerio *ugs.:* auf Wiedersehen; prost, zum Wohl!; aus engl. *cheer* „Hurraruf, Beifallsruf", auch „gute Laune, frohe Stimmung" (z.B. *good cheer* „guter Dinge, guten Mutes"), eigtl. „fröhliches, freundliches Gesicht", aus mengl. *chere* aus altfrz. *chiere* „Gesicht" (als Ausdruck der Gemütsstimmung)

Chef Vorgesetzter, Leiter, Inhaber; Ober..., Haupt...; frz. *chef* „Kopf, Oberhaupt, Anführer, Vorgesetzter, Leiter", über altfrz. *chief* aus lat. *caput* „Kopf"

Chemie Lehre von den Eigenschaften und der Umwandlung der Stoffe; aus griech. *chymeia, chemeia* „Kunst der Metallverwandlung", weitere Herkunft unbekannt

Chemisett(e) gestärkte Hemdbrust zum Vorbinden; weißer Einsatz am vorderen Oberteil von Damenkleidern; Verkleinerungsform von frz. *chemise* „Hemd", aus mlat. *camisia* „Hemd, leinener, unmittelbar auf dem Körper getragener Überwurf", wahrscheinlich aus dem Gallischen und Germanischen

Chemonastie durch chemischen Reiz ausgelöste, ungerichtete Bewegung von Pflanzen; aus → *Chemie* und → *Nastie*

Cherub, richtiger: Kerub, *im AT:* urspr. tiergestaltiges Fabelwesen, später Engel höherer Ordnung, der Gott lobpreist; Herkunft nicht bekannt, wahrscheinlich assyr. *krub*

chevaleresk ritterlich, höflich und liebenswürdig; Ableitung von frz. *chevalier* „Ritter, Edelmann" (unterster frz. Adelstitel), altfrz. „Reiter, unbewaffneter, berittener Soldat", aus lat. *caballarius* „Pferdeknecht", zu *caballus* „Pferd", → Kavalier

Chevreau Ziegenleder; frz. *chevreau* „Zicklein, Ziegenleder", zu *chèvre* „Ziege", über altfrz. *chievre* aus lat. *capra* „Ziege"

Chianti ein ital. Rotwein; nach den *Monti del Chianti,* einer Hügellandschaft in Mittelitalien, wo er angebaut wird

Chiasmus Stilfigur, kreuzweise Gegenüberstellung von gleichen oder gegensätzlichen Begriffen; nach dem griech. Buchstaben *chi,* der die From eines liegenden Kreuzes hat: X

Chicoree Trieb der Zichorie; frz., aus lat. *cichoreum,* griech. *kichorion* „Zichorie"; weitere Herkunft nicht geklärt

Chiffon schleierartiges Gewebe; frz. *chiffon* „Fetzen, Lumpen", zu *chiffe* „dünnes Zeug, Papierlumpen"

Chiffre Ziffer; Kennwort, Geheimzeichen; frz. *chiffre* „Zahl, Ziffer, Betrag, Gesamtsumme, Geheimzeichen, Geheimschrift", ältere Form: *cifre,* urspr. „Null", aus ital. *cifra* „Ziffer", aus mlat. *cifra* „Null", aus arab. *ṣifr* „Null, leer"

Chiliasmus Lehre von der Erwartung des Tausendjährigen Reiches (nach Christi Wiederkunft); aus griech. *chilias,* Gen. *chiliados,* „die Zahl 1000, Anzahl von 1000, das Tausend", zu *chilioi* „tausend"

Chimära *griech. Myth.:* Ungeheuer, Löwe, Ziege und Schlange in einem; aus griech. *chimaira* „Ziege"

Chinchilla ein Nagetier, Hasenmaus,

Wollmaus; span. *chinchilla,* vielleicht Verkleinerungsform von argentin. *chincha* „Stinktier“

Chip Spielmarke; dünnes, knusprig gebackenes Kartoffelscheibchen; aus engl. *chip* „Schnitzel, abgeschnittenes Stückchen“, *to chip* „in kleine Stücke schneiden“, aus mengl. *chippen,* aus altengl. *cippian* „schneiden“

Chiragra Gicht in den Handgelenken; aus griech. *cheiragra* „Handgicht“, zu *cheir* „Hand“ und *agra* „Jagdbeute, Fang“, dazu die Ableitung *agreuma* „Jagdnetz, Fessel“, die zur Wortbildung beigetragen hat; *Chiragra* bedeutet also eigentlich „Handfessel“; → Podagra

Chirograph *im MA:* eigenhändig geschriebene Urkunde; aus griech. *cheir,* Gen. *cheiros,* „Hand“ und *graphe* „Schriftstück“, zu *graphein* „schreiben“

Chirologie Lehre von der Charakterdeutung aus Form und Linien der Hände; aus griech. *cheir,* Gen. *cheiros,* „Hand“ und *logos* „Wort, Lehre, Kunde“, zu *legein* „sagen, sprechen, erklären“

Chiromantie Charakter- und Zukunftsdeutung aus Form und Linien der Hände, Handlesekunst; aus griech. *cheir,* Gen. *cheiros,* „Hand“, und *manteia* „Weissagung“, zu mantis „Seher“, zu *mainesthai* „außer sich, verzückt sein“

Chiropraktik Behandlung von Wirbelverrenkungen und Bandscheibenschäden mit den Händen; aus griech. *cheir,* Gen. *cheiros,* „Hand“ und *Praktik,* → Praktikum, Praxis

Chirurgie Heilbehandlung durch operativen Eingriff; aus griech. *cheirourgia,* urspr. „Tätigkeit mit der Hand, Handarbeit“, dann „Ausübung einer Kunst, bes. Wundarznei“, zu *cheirourgein* „mit der Hand verrichten, handhaben“, aus *cheir,* Gen. *cheiros,* „Hand“ und *ergon* „Werk, Beschäftigung“, zu *ergazesthai* „arbeiten, tätig sein“

Chitin der Zellulose verwandte Substanz in den Panzern von Gliedertieren sowie in den Zellwänden von Bakterien und Pilzen; aus griech. *chiton* „Gewand, Kleid“

Chlor chem. Element; aus griech. *chloros* „hellgrün, gelbgrün, bleich, fahl, farblos“

Chloroform ein Narkosemittel; aus → *Chlor* und → *Formyl*

Chlorophyll grüner Farbstoff in Pflanzenzellen; Blattgrün; aus griech. *chloros* „hellgrün“ und *phyllon* „Blatt“

Choke Vorrichtung zum Erzeugen eines stärker benzinhaltigen Gemisches für den leichteren Start von Verbrennungsmotoren; engl. *choke* „Luftklappe, Drosselklappe“, zum Verb *to choke* „würgen, hemmen, drosseln“, aus mengl. *choken, cheken,* wohl verwandt mit altnord. *kok* „Kanal, Graben, Schlund“

Cholera schwere Infektionskrankheit mit Erbrechen und starkem, dünnem Durchfall; aus griech. *chole* „Galle“ und *rhein* „fließen“; *chole* bezeichnet hier wohl allg. die „Körpersäfte“, die durch Erbrechen und Durchfall heftig aus dem Körper ausgestoßen werden; es ist nicht klar, ob man im alten Griechenland unter *Cholera* dieselben Krankheitserscheinungen verstand wie wir heute

Choleriker reizbarer, leicht aufbrausender Mensch; aus griech. *cholerikos* „gallig, zornig“, zu *chole, cholos* „Galle“, auch „Zorn, Wut“; in der antiken Medizin galt die gelbe Galle als einer der vier Körpersäfte, deren ausgewogenes Verhältnis zueinander die innere Ausgeglichenheit des Menschen bewirkte; überwiegt die gelbe Galle, so ergibt sich als äußeres Erscheinungsbild der *Choleriker,* der sich rasch erregt

Cholesterin ein Fett, Hauptbestandteil der Gallensteine; aus griech. *chole* „Galle“ und *stear* „Fett“

Chor *urspr.:* Kulttanz, Kultgesang sowie die Ausführenden; *dann:* Raum am Ende des Kirchenschiffs mit dem Hochaltar; Sängergruppe; gemeinsamer Gesang; aus griech. *choros* „Tanz, Reigentanz; Gesamtheit der Sänger und Tänzer; Tanzplatz“

Chorda strangartiges Gebilde, Sehne;

gallertiger Stützstab als Vorläufer der Wirbelsäule; aus griech. *chorde* „Darm, aus Darm hergestellte Saite", entspricht Sanskrit *hira-* „Band, Streifen"
Chorea Veitstanz; aus griech. *choreia* „Tanz, Reigentanz"; im MA bezeichnete man mit *Chorea* die Tanzwut, eine epidemische Volkskrankheit auf Grund religiöser Wahnvorstellungen mit ähnlichem Erscheinungsbild wie der Veitstanz
Choreographie zeichnerischer Entwurf für Ballettänze, Tanzschrift; aus griech. *choreia* „Tanz" (zu *choros,* →Chor) und *graphein* „schreiben"
Choreutik Tanzkunst; aus griech. *choreutike techne* „Tanzkunst, Lehre vom Tanz", zu *choreia* „Tanz", zu *choros,* →Chor
Chorion äußerste Hülle des Embryos, Zottenhaut; harte Hülle von Insekteneiern; aus griech. *chorion* „Haut, Leder"
Chose Sache, Angelegenheit; frz. *chose* „Sache, Gegenstand, Angelegenheit", aus lat. *causa* „Grund, Anlaß; Angelegenheit, Sache, Gegenstand"
Chow-chow dem Spitz ähnliche, aus China stammende Hunderasse; aus engl. *chow* oder *chow-chow,* aus chin. *kou,* im kantones. Dialekt *kau* „Hund"; die Verdoppelung gibt es im Chines. nicht
Chrestomathie Auswahl von Prosastücken für den Unterricht; aus griech. *chrestos* „brauchbar, nützlich" und *mathesis* „das Lernen, Unterricht", zu *manthanein* „lernen"
Chrisam, Chrisma geweihtes Salböl; aus griech. *chrima, chrisma* „Salbe", zu *chriein* „bestreichen, salben"
Christologie Lehre von der Person und Natur Christi; aus →*Christus* und griech. *logos* „Wort, Lehre, Kunde", zu *legein* „sagen, sprechen, erklären"
Christophanie Erscheinung des auferstandenen Christus; aus →*Christus* und griech. *phainesthai* „erscheinen, sich zeigen"
Christus Ehrenname Jesu; aus griech. *christos* „der Gesalbte", zu *chriein* „bestreichen, salben"
Chrom chem. Element; aus griech. *chroma* „Farbe, Schminke, charakterist. Anstrich", zu *chroa, chros* „Haut, Hautfarbe"
Chromatik Erhöhung oder Erniedrigung eines Tons um einen halben Ton; aus griech. *chromatikos* „gefärbt", zu *chroma* „Farbe", eigentlich also die „Umfärbung" von Tönen, die Veränderung der Klangfarbe
Chromosom Träger der Erbanlagen im Zellkern; aus griech. *chroma* „Farbe" und *soma* „Körper", wegen der leichten Färbbarkeit
Chronik Aufzeichnung geschichtlicher Vorgänge in der Reihenfolge ihres Geschehens; aus griech. *chronika* (Pl.) „Zeitangaben", zu *chronos* „Zeit"
chronisch langsam verlaufend, lang andauernd; aus griech. *chronizein* „die Zeit zubringen, verweilen, bleiben", zu *chronos* „Zeit"
Chronologie Lehre von der Zeitrechnung; zeitlicher Ablauf; aus griech. *chronos* „Zeit" und *logos* „Wort, Lehre, Kunde", zu *legein* „sagen, sprechen, erklären"
Chronometrie Zeitmessung; aus griech. *chronos* „Zeit" und *metrein* „messen"
Chrysantheme eine Zierpflanze, Wucherblume; aus lat. *chrysanthemum,* griech. *chrysanthemon* „Goldblume", aus *chrysos* „Gold" und *anthemion* „Blume"
Chrysolith ein Mineral; aus griech. *chrysos* „Gold" und *lithos* „Stein"
Chrysopras ein Mineral; aus griech. *chrysos* „Gold" und *prason* „Lauch, Porree", *prasinos* „lauchfarben"; im Mittelalter bezeichnete man damit einen grünen Stein mit goldenen Punkten (heute nur noch einen grünen Stein)
chthonisch unterirdisch, unter der Erde lebend; aus griech. *chthon* „Erde, Erdboden"
Chutney Würzpaste aus Früchten, bes. aus Mango; aus Hindi *caṭni* „dicke Würzsoße aus Früchten", zu *caṭ-* „lekken", weil es so gut ist, daß man es leckt
Chuzpe Dreistigkeit, Unverschämtheit; über jidd. *chuzpe* in ders. Bed. aus

hebr. *chuzpā* „Unverschämtheit“

Chylus fettreiche Darmlymphe; aus griech. *chylos* „Saft“

Chymus Speisebrei im Magen; aus griech. *chymos,* Nebenform von *chylos* „Saft“

Ciao! Servus!, Auf Wiedersehen!; ital. *ciao* freundschaftliche Grußformel, aus venezian. *sciao,* verkürzt aus *Sono vostro schiavo!* „Ich bin Ihr Diener!“, zu *schiavo* „Diener, Sklave“

Cicerone Fremden-, Kunstführer in Italien; nach dem röm. Staatsmann Marcus Tullius *Cicero* (106–43 v. Chr.), der für seine Beredsamkeit berühmt war

Cicisbeo Liebhaber, Hausfreund; ital. *cicisbeo,* früher „Diener und Begleiter einer Dame“, heute „(verliebter) Geck, Süßholzraspler“, lautmalend in Anlehnung an verliebtes Flüstern und Wispern

Cineast Filmschaffender, Filmfachmann, Filmfan; aus ital. *cineasta* in ders. Bed., zu *cinematografo,* →Kinematograph

Cinemathek →Kinemathek

Cipollin streifiger Marmor; aus ital. *cipollino,* Verkleinerungsform von *cipolla* „Zwiebel“

Circulus vitiosus Zirkelbeweis, Schlußfolgerung, bei der das zu Beweisende im Beweisgrund enthalten ist; Kreislauf ohne positives Ergebnis, weil das Beheben eines Fehlers zu einem weiteren Fehler führt; lat. *circulus* „kleiner Kreis“, zu *circus* „Kreis“, und *vitiosus* „fehlerhaft, mangelhaft“, zu *vitium* „Fehler“

City Geschäftsviertel einer Großstadt, Innenstadt; engl. *city* „Stadt, Geschäftszentrum (einer Stadt)“, aus mengl., altfrz. *cite* „Stadt“, aus lat. *civitas* „Gemeinde, Staat, Bürgerschaft“, zu *civis* „Bürger“

Claim Anrecht, Anteil (bes. an einer Goldmine); engl. *claim* „Anspruch“, zu *to claim* „beanspruchen, behaupten“, aus mengl. *claimen* aus altfrz. *clamer* „rufen, ausrufen“, aus lat. *clamare* „rufen, laut verkünden“

Clairet junger, hellroter frz. Wein; frz. *clairet* „blaßrot, blaßroter Wein“, zu *clair* „hell, durchsichtig“, aus lat. *clarus* „hell, klar“

Clairon Signalhorn; hohe Trompete; frz. *clairon* „helltönende Trompete“, zu *clair* „hell“, aus lat. *clarus* „hell“

Clan Untergruppe eines Stammes; Sippe, Großfamilie; *auch:* Clique; engl. *clan* in denselben Bedeutungen, aus gäl., altir. *clann* „Nachkomme, Nachkommenschaft“

Claqueur bezahlter Beifallklatscher; frz. *claqueur* in ders. Bed., zu *claquer* „klatschen“, zu *claque* „Klatsch, Schlag mit der flachen Hand“, lautmalend

clean infolge Behandlung nicht mehr rauschgiftsüchtig; aus engl. *clean* „sauber, klar, rein“, aus mengl. *clene,* altengl. *claene* „klar, rein“

clever geschickt, geschäftstüchtig; engl. *clever* „klug, gescheit; geschickt, gewandt“, aus mengl. *cliver* „gewandt, geschickt“, vielleicht zu mengl. *clivers* „Klauen, Krallen“, also eigtl. „geschickt im Zupacken, Ergreifen“

Clinch *Boxen:* Umklammerung; *allg.:* allzu feste Verbindung; engl. *clinch* „Umklammerung“, eigtl. „Vernietung“, zu *to clinch* „nieten, festmachen“, aus mengl. *clenchen,* altengl. *-clencan* „festhalten“

Clique befreundete oder durch egoistische Interessen verbundene Gruppe; frz. *clique* „Sippschaft, Gelichter, Rotte“, aus altfrz. *cliquer, clinquer* „lärmen“, wahrscheinlich lautmalend

Clivia eine Zierpflanze; nach Lady Charlotte Florentia *Clive,* der späteren Herzogin von Northumberland, Erzieherin der engl. Kronprinzessin Victoria (gest. 1866)

Clochard Pennbruder (in Großstädten), Stadtstreicher; frz. *clochard* in ders. Bed., vielleicht zu *cloche* „Glocke, Glockenschlag“, weil sich früher die Clochards von Paris täglich beim Glockenschlag vier in den Markthallen einstellten, um beim Ausladen der Lebensmittel etwas zu ergattern (Gamillscheg), oder zu *clocher* „hinken“, aus lat. *claudicare* „hinken“, zu *claudus* „lahm, hinkend“

Cloisonné Art der Emailmalerei, Zellenschmelz; frz. *cloisonné* „Zellenschmelz; durch Scheidewände abgeteilt", zu *cloisonner* „durch Scheidewände trennen", zu *cloison* „Scheidewand", aus vulgärlat. *clausione* „das Verschließen", zu lat. *clausus* „verschlossen", zu *claudere* „verschließen"

Clou Höhe-, Glanz-, Hauptpunkt; frz. *clou* in ders. Bed., eigtl. „Nagel", aus lat. *clavus* „Nagel"

Clown Spaßmacher, dummer August (im Zirkus); engl. *clown* „lustige Person" (im altengl. Theater), auch „Grobian, Tölpel", veraltet „Bauer", Herkunft nicht geklärt, vielleicht verwandt mit isländ. *klunni* „schwerfälliger, plumper Bursche", nordfries. *klönne* „Hanswurst"

Coach Trainer und Betreuer eines Sportlers; engl. *coach* „Nachhilfelehrer, Trainer", beim Baseball „Beobachter, der während des Spiels Anweisungen gibt", verkürzt aus *coachman* „Kutscher", also „der, der die Pferde leitet", zu *coach* „Kutsche", unter Einfluß von frz. *coche* „Kutsche" aus dt. → *Kutsche*

Cochonnerie Schweinerei, Unanständigkeit; frz. *cochonnerie* „Schweinemetzgerei; Schweinerei", zu *cochon* „Schwein, Ferkel", zu *coche* „Sau"

Cockerspaniel eine Hunderasse, kleine Art der Spaniels; erster Wortteil aus engl. *cocking* „Schnepfenjagd", zu *woodcock* „Schnepfe", eigtl. „Waldhahn"

Cockney Einwohner der Stadtteile im östlichen London; die dort gesprochene Mundart; eigtl. „verweichlichter, verzärtelter Junge, Muttersöhnchen", dann „Städter" im Unterschied zum robusteren Dörfler oder Bauern; die urspr. Bedeutung war „kleines, mißgebildetes Ei, Hahnenei", aus mengl. *cokeney, cokene* (Gen. Pl. von *cok* „Hahn") und *ey, ay,* altengl. *æg* „Ei"

Cockpit Pilotenkabine im Flugzeug; vertiefter Sitzraum in Jacht und Motorboot; Fahrersitz im Rennwagen; engl. *cockpit* in denselben Bedeutungen, urspr. „Platz für Hahnenkämpfe", auf alten Segelschiffen „Raum für die jungen Offiziere sowie für die Versorgung von Verwundeten", aus *cock* „Hahn" (aus mengl., altengl. *coc(e)* „Hahn", wahrscheinlich lautmalend nach dem glucksenden Laut des Huhns) und *pit* „Bodensenke, Grube, Platz für Tierkämpfe, Platz für das Orchester im Theater" (aus mengl. *pytt, put,* altengl. *pytt* „Grube, Teich", aus lat. *puteus* „Loch, Grube, Graben")

Cocktail alkoholisches Mischgetränk; engl. *cocktail* in ders. Bed., eigtl. „Pferd mit gestutztem Schweif, nicht reinrassiges Pferd", aus *cock* „Hahn" (→ Cockpit) und *tail* „Schwanz" (aus altengl. *tægel* „Haarbüschel", zu altnord. *tag* „Faser"), also „Pferd mit kurzem Schweif wie ein Hahnenschwanz"; man stutzte früher nur den mischrassigen Pferden die Schweife, daher die Übertragung auf das Getränk, das aus verschiedenen Bestandteilen gemischt ist

Coiffeur Friseur; frz. *coiffeur* „Friseur", zu *coiffer* „die Haare ordnen, frisieren, den Kopf bedecken", zu *coiffe* „Haube"

Collage aus Papierstücken oder anderem Material geklebtes Bild; frz. *collage* „Leimen (von Papier), Ankleben (von Tapeten)", zu *coller* „leimen, bekleben, zusammenkleben", zu *colle* „Leim, Kleister", über ital. *colla* und vulgärlat. **colla* aus griech. *kolla* „Leim"

College *in England:* Wohnheim für Studenten und Lehrer (einer Universität); *in den USA:* auf der High School aufbauende Bildungsstätte; engl. *college* in denselben Bedeutungen, aus lat. *collegium* „Verbindung, Gemeinschaft von Amtsgenossen"; → Kollege

Collie eine Hunderasse, schott. Schäferhund, braun und hell oder schwarz und hell gefärbt; wahrscheinlich aus dem engl. Dialektwort *colly* „schwarz, rußig"

Collier (wertvoller) Halsschmuck; frz. *collier* „Halskette; Kummet, Joch; Federring um den Hals (bei Vögeln)", zu *col* aus lat. *collum* „Hals"

Comeback Wiederauftreten eines bekannten Künstlers, Sportlers, Politikers nach längerer Pause; engl. *comeback* „erneutes Auftreten", eigtl. „das

Zurückkehren", aus *to come* „kommen" und *back* „zurück"

Common Sense gesunder Menschenverstand, praktischer Sinn, Wirklichkeitssinn; engl., aus *common* „gewöhnlich, alltäglich, normal, üblich" (aus mengl. *commun,* über altfrz. *comun* aus lat. *communis* „gemeinsam", →Kommune) und *sense* „Sinn, Verstand" (aus lat. *sensus* „Gefühl, Bewußtsein")

Commonwealth Staatenbund, Völkergemeinschaft; engl., aus *common* „gemeinsam" (aus mengl. *commun,* über altfrz. *comun* aus lat. *communis* „gemeinsam", →Kommune) und *wealth* „Wohlstand" (aus mengl. *welthe, wele* „Wohlergehen", aus altengl. *wel* „gut"), also etwa „Gemeinwohl"

Compiler *EDV:* Programm, das die Sprache des einzugebenden Programms in die von dem Computer lesbare Maschinensprache überträgt; aus engl. *to compile* „zusammentragen, -stellen", →Kompilation

Composer elektrische Schreibmaschine mit Randausgleich und auswechselbaren Schrifttypen; engl. *composer* „Schriftsetzer, Komponist, Verfasser", also jeder, der etwas „zusammensetzt", zu *to compose* „zusammensetzen", über frz. *composer* aus lat. *componere* (Perfekt *compositus*) „zusammensetzen", →komponieren

Computer programmgesteuerte elektronische Rechenanlage; engl. *computer* „Rechenautomat", zu *to compute* „rechnen", aus lat. *computare* „berechnen, zusammenrechnen", aus *com,* ältere Form von *cum* „mit, zusammen" und *putare* „rechnen"

Concentus die gesungenen, ausgeprägt melodischen Teile des Gregorianischen Gesangs; lat. *concentus* „Zusammenklang, Einklang, Harmonie", zu *concinere* „einstimmig, harmonisch singen oder tönen", aus *con-* (in Zus. für *cum*) „mit, zusammen" und *canere* (in Zus. *-cinere*) „singen, tönen"

Conférencier unterhaltender Ansager; frz. *conférencier* „jmd., der einen Vortrag hält, Vorsitzender einer Konferenz", zu *conférence* „Besprechung, Verhandlung, Zusammenkunft", zu *conférer* „sich besprechen", aus lat. *conferre* „zusammentragen, -bringen, sich besprechen", aus *con-* (in Zus. für *cum*) „mit, zusammen" und *ferre* „tragen, bringen"

Container Großbehälter zum Gütertransport; engl. *container* „Behälter", zu *to contain* „enthalten, umfassen", aus mengl. *conteinen* aus altfrz. *contenir* in ders. Bed., über vulgärlat. **contenire* aus lat. *continere* „zusammenhalten, umfassen", aus *con* (in Zus. für *cum*) „zusammen" und *tenere* „halten"

Contenance Haltung, Fassung, Gelassenheit; frz. *contenance* in ders. Bed., aus lat. *continentia* „Selbstbeherrschung, Mäßigung", zu *continere* „zusammenhalten, aufrechterhalten", aus *con-* (in Zus. für *cum*) „zusammen" und *tenere* „halten"

Copyright Urheberrecht; engl. *copyright* in ders. Bed., eigtl. „Recht zur Abschrift, zum Kopieren", zu *copy* „Abschrift, Kopie" (→kopieren) und *right* „Recht", aus mengl., altengl. *riht* „gerade, aufgerichtet", zu got. *raihts,* lat. *rectus* in ders. Bed., zur idg. Wurzel **reg-* „aufrichten, geraderichten"

Cordon bleu zwei zusammengelegte Kalbsschnitzel mit Käse und Schinken dazwischen; frz. *cordon bleu* „blaues Band" des von Heinrich III. von Frankreich gegründeten Heilig-Geist-Ordens; der Orden wurde an bedeutende Persönlichkeiten verliehen, darunter auch an besonders gute Köche, und auch ein hervorragendes Gericht wurde dann scherzhaft so bezeichnet; hängengeblieben ist der Name schließlich an dem obengenannten Gericht

Cornea Hornhaut des Auges; aus lat. *cornea,* Fem. von *corneus* „aus Horn", also „die aus Horn Bestehende", zu *cornu* „Horn"

Corner *Börse:* Vereinigung von Kaufleuten zwecks Aufkäufen von Wertpapieren u. a., um deren Kurs in eine bestimmte Richtung zu treiben und andere dadurch in Schwierigkeiten zu bringen; zu engl. *corner* „Ecke, Winkel" und *to corner* „sich an einer Ecke treffen" sowie „jmdn. in die Enge treiben, in Schwierigkeiten bringen", danach

Übertragung auf Leute, die in diesem Sinne handeln
Cornichon Pfeffergurke; aus frz. *cornichon* „Hörnchen, Gurke", zu *corne* „Horn"
Corpus delicti Gegenstand eines Verbrechens, Beweisstück; lat. *corpus* „Körper, Substanz, Masse" und *delicti*, Gen. von *delictum* „strafbares Vergehen, Fehltritt, Verstoß", →Delikt, Delinquent
Couch Ruhebett, Liegesofa; engl. *couch* in ders. Bed., aus frz. *couche* „Bett, Lager", zu *coucher* „niederlegen, zu Bett bringen", aus lat. *collocare* „niederlegen, -setzen, -stellen, seinen Platz geben", aus *col-* (vor l statt *con-*, in Zus. für *cum*) „mit, zusammen" und *locus* „Ort"
Couleur *Kartenspiel:* Trumpf; Farbe einer Studentenverbindung; Auffassung, innere Einstellung; frz. *couleur* „Farbe, Färbung, Darstellungsweise, (politische) Meinung", aus lat. *color* „Farbe"
Coup Kunstgriff, kühnes Unternehmen; frz. *coup* „Stoß, Schlag; Streich, kühne Handlung", aus ital. *colpo* „Schlag", über vulgärlat. **colpus* aus lat. *colaphus*, griech. *kolaphos*, beides „Faustschlag", weitere Herkunft nicht geklärt
Couplet witziges, satirisches Kehrreimlied im Kabarett; frz. *couplet* „Liedchen, Strophe, Reim mehrerer Strophen; eisernes Band", zu *couple* „Paar, Koppelriemen", aus lat. *copula* „etwas Verknüpfendes, Band, Seil, Strick"
Coupon Abschnitt, Zinsabschnitt (an Wertpapieren); frz. *coupon* „Stoffrest, Zinsschein", zu *couper* „abschneiden", →kupieren
Courage Mut, Schneid; frz. *courage* „Mut, Beherztheit", aus altfrz. *corage* „Mut, Stimmung, Gemüt, Sinn", zu *cœur* (aus lat. *cor*) „Herz", da das Herz als Sitz der Gemüts- und Seelenkräfte galt
Courante altfrz. Tanz; schneller Satz der Suite; frz. *courante* in ders. Bed., eigtl. „laufend, eilend", zu *courir* aus lat. *currere* „laufen"
Courbette *Hohe Schule:* Aufrichten auf die Hinterbeine und einige Schritte oder kleine Sprünge nach vorn, Bogensprung; frz. *courbette* in ders. Bed., zu *courber* aus lat. *curvare* „krümmen, biegen", zu *curvus* „krumm, gekrümmt, gebogen"
Courtage Maklergebühr; frz. *courtage* in ders. Bed., zu *courtier* „Makler, Agent", über prov. *corratier* aus lat. *collectarius* „Kassierer, Eintreiber von Auktionsgeldern", zu *colligere* „sammeln, zusammenlesen", aus *col-* (vor l statt *con-*, in Zus. für *cum*) „zusammen" und *legere* „sammeln, lesen"
Courtoisie höfliches, ritterliches Benehmen; frz. *courtoisie* in ders. Bed., zu *courtois* „höflich, ritterlich" (wie es sich bei Hofe gehört), zu *cour* „Hof, Hofstaat", über ital. *corte* „Hof" aus lat. *cors*, Gen. *cortis* (verkürzt aus *cohors*) „Hofraum, Gehege"
Cousin, Cousine Vetter bzw. Base; aus vulgärlat. *cosinus, cosina*, lat. *consobrinus, consobrina* „Vetter bzw. Base seitens der Mutter, Kind des Bruders der Mutter, Geschwisterkind der Mutter" (*consobrini* sind die Kinder von Bruder und Schwester im Verhältnis zueinander), zu *sobrinus, sobrina* (statt *sororinus, sororina*) „Kind der Schwester der Mutter, Schwesterkind der Mutter" (*sobrini* sind die Kinder zweier Schwestern), zu *soror* „Schwester"
Couvade Männerkindbett; aus frz. *couver*, altfrz. *cover* „brüten", aus lat. *cubare* „ruhend liegen"
Covergirl auf der Titelseite einer Illustrierten abgebildetes Mädchen; aus engl. *cover* „Decke, Deckel, Einband, Umschlag" (zu altfrz. *covrir, cuvrir* „bedecken" aus lat. *cooperire* „von allen Seiten bedecken", aus *co-* (für *con-*, in Zus. statt *cum*) „mit, zusammen" und *operire* „be-, zudecken") und *girl* „Mädchen", →Girl
Cowboy nordamerikan. berittener Rinderhirt; engl. *cowboy* in ders. Bed., aus *cow* „Kuh" und *boy* „Junge"
Crack Spitzensportler; sehr gutes Rennpferd; aus engl. ugs. *crack* „Prachtstück, tolle Sache, ‚Kanone' (im Sport)", eigtl. „Knall, Krach"

Cracker sprödes, salziges Kleingebäck; Knallkörper; engl. *cracker* in denselben Bedeutungen, zu *to crack* „krachen oder knallen lassen, zersprengen", lautmalend

Craquelé feine, absichtlich hervorgebrachte Risse in der Glasur von Geschirr; frz. *craquelé* „rissig, runzlig, gefurcht", zu wallon. *craque* in dessen alter Bedeutung „Riß"

Credo Glaubensbekenntnis (Teil der kath. Messe); lat. *credo* „ich glaube", zu *credere* „glauben"

Creme schaumige Süßspeise; Salbe; frz. *crème* „Rahm, Sahne", aus lat. *cremor* „dicker Saft, Schleim"

Crêpe sehr dünner Eierkuchen; frz. *crêpe* „kleiner, hauchdünner Eierkuchen", aus altfrz. *crespe* aus lat. *crispus* „kraus", weil die dünnen Eierkuchen sich leicht wellen

crescendo *Mus.:* anschwellend, lauter werdend; ital. *crescendo* „wachsend", zu ital., lat. *crescere* „wachsen"

Crew Schiffs-, Flugzeugbesatzung; *allg.:* Gruppe, Team; engl. *crew* „Bedienungsmannschaft, Besatzung", ältere Form: *crue,* aus altfrz. *creue, crue* „Vermehrung, Vergrößerung, Zuwachs, Nachwuchs", zu *croistre* „wachsen, sich mehren", aus lat. *crescere* „wachsen"

Croquis einfache Geländezeichnung, Kartenskizze; frz. *croquis* „erster Entwurf, Skizze", zu *croquer* „mit wenigen Strichen darstellen, skizzieren", eigtl. „knabbern, in kleinen Stückchen beißen"

Cross-Country Querfeldeinrennen zu Pferde; Geländelauf; aus engl. *to cross* „durchqueren, kreuzen" (zu *cross* „Kreuz", aus lat. *crux,* Gen. *crucis,* „Kreuz") und *country* „Land, Landschaft, Gegend" (aus mengl. *contree, cuntree,* aus spätlat. *contrata* „gegenüberliegendes, vor einem liegendes Land", zu lat. *contra* „gegen, gegenüber")

Croupade *Hohe Schule:* Sprung, bei dem das Pferd beide Hinterbeine an den Bauch zieht; frz. *croupade* in ders. Bed., zu *croupe* „Hinterteil, Kruppe", aus fränk. **kruppa* „Rumpf"

Croupier Bankhalter beim Glücksspiel; frz. *croupier* in ders. Bed., zu *croupe* „Gewinnanteil", eigtl. „Kruppe, Hinterteil", also einer, der hinten aufsitzt und damit auch etwas vom Gewinn erhält

Csárdás ungarischer Nationaltanz; ungar. *csárdás* in ders. Bed., urspr. „Wirt einer Heideschenke", zu *csárda* „Heideschenke"; erst im 19. Jh. ging die Bedeutung von „Schenkwirt" auf „Musik, die in einer Heideschenke gespielt, Tanz, der dort getanzt wird" über

Csikós ungarischer Pferdehirt; ungar. *csikós* in derselben Bedeutung, zu *csikó* „Fohlen", lautmalend nach einem Lockruf für Fohlen

Cup Pokal (als Ehrenpreis); engl. *cup* „Schale, Becher, Pokal", aus altengl. *cuppe* in ders. Bed., aus lat. *cuppa, cupa* „Küpe, Tonne"

Curium chemisches Element; nach dem frz. Physiker-Ehepaar Pierre und Marie *Curie* (1859–1906 und 1867–1934)

Curriculum Lehrplan; lat. *curriculum* „Lauf, Umlauf, Kreislauf", zu *currere* „laufen"; Curriculum vitae: Lebenslauf; lat. *vitae,* Gen. von *vita* „Leben"

Curry ein scharfes ind. Gewürz; engl. *curry* „Gewürz" sowie „damit gewürztes Ragout", aus Hindi *kaṛhi* „Soße aus Mehl, Sauermilch und Gewürzen"

Cutter *Film, Funk:* Schnittmeister; engl. *cutter* in ders. Bed., zu *to cut* „schneiden" aus mengl. *cutten,* wahrscheinlich zu schwed. mundartlich *kuta* „mit dem Messer schneiden", zu *kuti* „Messer"

Cuvée Verschnitt von Weinen zur Herstellung von Schaumwein; frz. *cuvée* „Weinmischung (um eine bestimmte Güte zu erzielen)", auch „bestimmte Qualität von Wein", eigtl. „Wein aus derselben Kufe, Kufevoll, Büttevoll", zu *cuver* „in der Kufe mischen; in der Kufe stehenbleiben, lagern", zu *cuve* aus lat. *cupa* „Kufe, Bütte, Faß"

D

da capo *Mus.:* noch einmal von Anfang an; ital. *da capo* in ders. Bed., eigtl. „vom Kopf an", zu *capo* aus lat. *caput* „Kopf"

Dadaismus literarisch-künstlerische Strömung etwa 1915 bis 1925; das Wort *dada* wurde von Richard Huelsenbeck und Hugo Ball in einem frz. Wörterbuch entdeckt, als sie in einem anderen Zusammenhang eine Bezeichnung suchten; von da an verwendeten sie es für ihre künstlerischen Bestrebungen. Es ist ein kindlicher Stammellaut und bedeutet im Frz. zugleich „Holzpferdchen"; in slawischen Sprachen und im Rumän. bedeutet es „Jaja"

Dahlie eine Zierpflanze; nach dem schwed.-finn. Botaniker Andreas *Dahl* (1751–1799)

Daktylogramm Fingerabdruck; aus griech. *daktylos* „Finger" und *gramma* „Schriftzeichen", zu *graphein* „schreiben"

Daktylographin *schweiz.:* Maschinenschreiberin; aus griech. *daktylos* „Finger" und *graphein* „schreiben"

Daktylus Versfuß aus einer langen, betonten und zwei kurzen, unbetonten Silben; aus griech. *daktylos* „Finger", wegen der Dreigliedrigkeit

Dalai-Lama *bis 1959:* geistliches und weltliches Oberhaupt Tibets; aus mongol. *talai, dalai* „Meer, Ozean" (des Wissens, der Macht) und tibet. *bla ma* „der Höhere, Hochgestellte"

Dalles *umg.:* Geldverlegenheit, Geldnot; rotw., aus hebr. *dallūth* „Armut", zu *dal* „arm, leer", ältere Bedeutung „schlapp, schwach, gering"

Dalmatika altröm., über der Tunika getragenes Gewand; *kath. Kirche:* liturgisches Gewand; aus lat. *dalmaticus* „dalmatinisch", nach der Landschaft *Dalmatien* (an der Ostküste der Adria), aus der das Gewand unter Diokletian (284–305) nach Rom eingeführt wurde

Damast Seidengewebe mit gleichfarbigem eingewebtem Muster; aus lat. *damascenus* „aus Damaskus stammend", nach der syrischen Hauptstadt *Damaskus,* dem Mittelpunkt der orientalischen Seidenindustrie während der Kreuzzüge

Dame *höfl. Bez. für* Frau; frz. *dame* „Frau, weibliche Person", früher auch „Edelfrau", altfrz. *dame* neben *domme* „Herrin, Gebieterin, Frau eines Ritters", aus lat. *domina* „Herrin, Hausherrin", zu *dominus* „Herr", zu *domus* „Haus"; die erstgenannte altfrz. Form, *dame,* wurde in Verbindung mit dem Namen, also in unbetonter Stellung, gebraucht, daher die Abschwächung der Vokale

Damhirsch Hirsch mit schaufelartig verbreitertem Geweih; aus ahd. *tam,* frz. *daim* in ders. Bed., aus lat. *damma, dama,* der Bezeichnung für alle Tiere aus dem Rehgeschlecht (Reh, Gemse, Antilope, Gazelle), die Bedeutung engte sich erst ein, als das Tier im Mittelalter aus dem westlichen Asien nach Europa gebracht wurde; wohl zur idg. Wurzel **doma-* „zähmen"

Damoklesschwert ständig drohende Gefahr; nach *Damokles,* dem Günstling des Dionys, des Tyrannen von Syrakus; Damokles nannte den Tyrannen den glücklichsten Menschen der Welt, worauf Dionys ihn in den Besitz großer Reichtümer und aller Genüsse setzte, über die er selber verfügte; als Damokles aber einmal beim Festmahl über sich blickte, sah er gerade über seinem Kopf ein an einem Pferdehaar befestigtes Schwert hängen und erkannte so die Unsicherheit alles irdischen Glücks

Dämon (meist böser) Geist; innere Stimme; aus griech. *daimon* „Gottheit, göttliches Wesen; Schicksal"

Danaergeschenk verdächtiges, unheilbringendes oder unwillkommenes Geschenk; nach den *Danaern*, den Bewohnern der griech. Insel Argos, bei Homer Name der Griechen allgemein; die Einnahme Trojas im Trojanischen Krieg gelang den Griechen durch eine List: sie gaben zum Schein die Belagerung von Troja auf, ließen aber ein großes hölzernes Pferd vor der Stadt zurück, in dessen hohlem Bauch sich eine Schar Krieger verborgen hatte; voller Neugier brachten die Trojaner das Pferd in die Stadt, die Krieger sprangen heraus, und zusammen mit den übrigen zurückkehrenden Griechen eroberten sie die Stadt

Danaidenarbeit ermüdende, vergebliche Arbeit; nach den *Danaiden*, den 50 Töchtern des Danaos (des Königs von Argos in der griech. Sage), die wegen eines Vergehens von den Göttern dazu verurteilt wurden, in der Unterwelt Wasser in ein durchlöchertes Faß zu schöpfen; daher auch *Faß der Danaiden:* nie endende, vergebliche Arbeit

Dandy übertrieben modisch gekleideter und frisierter Mann, Geck; engl. *dandy* in ders. Bed., wahrscheinlich Koseform von *Andrew*, aber wie es zu der Bedeutung kam, ist unbekannt

Dasymeter Gerät zum Messen der Gasdichte, Gaswaage; aus griech. *dasy* „dicht", und *metron* „Maß", zu *metrein* „messen"

Dativ dritter Fall, Wemfall; aus lat. *casus dativus* „Gebefall", *dativus:* „zum Geben gehörig", zu *dare* „geben"

Datscha, Datsche kleines russ. Sommerhaus auf dem Land; aus russ. *datscha* „Geben, Auszahlen, Anteil", auch „kleiner Landsitz", urspr. „vom Fürsten verliehene Schenkung", aus urslaw. **datia*, zu *dam* „geben"

Dattel Frucht der Dattelpalme; aus lat. *dactylus* „Finger", aus griech. *daktylos* 1. „Finger", 2. „Dattel"; *daktylos* im Sinne von „Dattel" hat urspr. nichts mit „Finger" zu tun, sondern geht auf ein Wort der semit. Sprachgruppe zurück (z. B. arab. *daqal*), dieses wurde jedoch wegen der länglichen Form der Frucht und der Blattform des Baumes, die einer gespreizten Hand ähnelt, volksetymologisch zu *daktylos* „Finger" umgebildet

Datum Zeitpunkt, Zeitangabe; lat. *datum* „das Gegebene", zu *dare* „geben"

Dauphin *1349–1830:* Titel des frz. Thronfolgers; frz. *dauphin* „Delphin", nach dem Delphin im Wappen, → Delphin

Daus *im dt. Kartenspiel:* As, *im Würfelspiel:* zwei Augen; aus mhd. *dûs, tûs* aus mfrz. *deus*, altfrz. *doues* „zwei Augen", aus lat. *duo* (Akk. *duos*) „zwei"; in der alten Redensart *Ei der Daus!* ist *Daus* eine verhüllende Entstellung von „Teufel" und ist mit dem Ausdruck des Karten- und Würfelspiels nicht verwandt

de- bei vielen Wörtern Vorsilbe mit der Bedeutung „weg-, ent-, nicht"; (oft über frz. *dé-* oder ital. *de-*) aus lat. *de* „weg von"

Dealer Rauschgifthändler, urspr. Händler mit weichen Drogen (vgl. Pusher); aus engl. *to deal* „handeln, Handel treiben", eigtl. „verteilen", aus mengl. *delen*, altengl. *dælan* „teilen"

Debakel Zusammenbruch, Niederlage; frz. *débâcle* „Eisbruch, Eisgang, plötzliche Verwirrung, Auflösung", zu *débâcler* „aufbrechen, gewaltsam öffnen, plötzlich aufgehen (von vereisten Gewässern)", eigtl. „entriegeln, aufriegeln", aus *dé-* „von weg, ent-" und *bâcler* „verriegeln, verrammeln", vielleicht zu lat. *baculum* „Stock", möglicherweise auch aus ostfries. *bakken* „zusammenhalten, -kleben" und *bakkelen* „gefrieren"

Debardage Löschen der Schiffsladung (von Holzfracht); frz. *débardage* „Ausladen des Flößholzes", zu *débarder* „Holz wegschaffen", aus *dé-* „weg" und wahrscheinlich zu *bard* „Tragbahre"

debarkieren ausschiffen, ausladen, an Land bringen; aus frz. *débarquer* in ders. Bed., aus *dé-* „weg von" und *barque* „Barke"

Debatte lebhafte Erörterung; aus frz. *débat* „Wortstreit, lebhafte Besprechung", zu *débattre* „streiten, erörtern, lebhaft besprechen", aus *dé-* (lat. *dis-*) „auseinander" und *battre* (aus lat. *battuere*) „schlagen"

Debet Soll, Schuld; lat. *debet* „er schuldet", zu *debere* „schuldig sein", aus *de* „von" und *habere* „haben", also eigtl. „etwas von jmdm. haben (und verpflichtet sein, es ihm wiederzugeben)"
debil leicht schwachsinnig; aus lat. *debilis,* eigtl. *dehabilis,* „gelähmt, gebrechlich, schwach, haltlos", aus *de* „von weg" und *habilis* „tauglich, behende, beweglich", zu *habere* „(die Fähigkeit oder Mittel) haben, vermögen, können"
Debüt erstes öffentliches Auftreten; frz. *début* „Anfang, erster Versuch, Wurf, Schlag, Stoß usw. (im Spiel), erstes Auftreten", aus *jouer de but* „aufs Ziel hin (an)spielen", zu *but* „Ziel, Zweck"
Decoding Entschlüsselung; aus engl. *to decode* „entziffern, entschlüsseln", aus *de-* „weg-, ent-" und *code* „Kode, Schlüssel", → Kodex
decrescendo *Mus.:* leiser werdend; aus ital. *de-* „von weg" und → *crescendo*
dedizieren widmen, schenken; aus lat. *dedicare,* urspr. „aus der Überlieferung mitteilen, kundtun, erklären", dann in der Religionssprache auch „weihen, feierlich zueignen, widmen", aus *de* „von her" und *dicare* „feierlich verkündigen", Intensivum zu *dicere* „sagen, erklären"
Deduktion Ableitung des Besonderen aus dem Allgemeinen; aus lat. *deductio,* Gen. *-onis,* „Wegführung", zu *deducere* „wegführen, ableiten", aus *de* „von weg" und *ducere* „führen, leiten"
Deepfreezer Tiefkühltruhe; aus engl. *deep-freeze* in ders. Bed., aus *deep* „tief" und *to freeze* „gefrieren lassen", aus mengl. *fresen, freosen,* entspricht dt. *frieren*
de facto den Tatsachen nach, tatsächlich; lat. „von der Tatsache aus oder her", aus *de* „von weg" und *factum* „Tatsache", zu *facere* „machen"
Defäkation Darmentleerung; aus lat. *defaecatio,* Gen. *-onis,* „Reinigung", zu *defaecare* „vom Bodensatz, von Hefe reinigen, klären", aus *de* „von weg" und *faex,* Gen. *faecis,* „Bodensatz gegorener Flüssigkeiten, bes. Weinhefe"
Defätismus Schwarzseherei, *eigtl.:* Voraussehen der Niederlage, die Überzeugung, geschlagen zu werden; aus frz. *défaite* „Niederlage, Vernichtung", zu *défaire* „schlagen, vernichten", aus *dé-* (lat. *de*) „weg" und *faire* (aus lat. *facere*) „machen, tun"
Defekt Schaden, Mangel, Fehler, Gebrechen; aus lat. *defectus* „das Abnehmen, Schwinden, Mangeln, Fehlen", zu *deficere* „zu fehlen beginnen, ausgehen, fehlen", eigtl. „sich von etwas losmachen", aus *de* „von weg" und *facere* (in Zus. *-ficere*) „machen"
defensiv verteidigend, abwehrend; aus lat. *defensio* „Abwehr, Verteidigung", zu *defendere* „abwehren, verteidigen", aus *de* „von weg" und **fendere* „stoßen"
Defibrator Maschine zum Zerfasern von Holz; Neubildung aus lat. *de* „von weg" und *fibra* „Faser, Fiber"
Defilee Hohlweg, Engpaß; Vorbeimarsch, Parademarsch; frz. *défilé* in ders. Bed., zu *défiler* „vorbeimarschieren", aus *de file* „der Reihe nach", zu *file* „Reihe, Zug", zu *filer* „zu einer Reihe, einem Faden vereinigen", zu *fil* aus lat. *filum* „Faden"
definieren erklären, begrifflich bestimmen; aus lat. *definire* „abgrenzen, durch Abgrenzung von anderem genau bestimmen", aus *de* „von weg" und *finire* „abgrenzen, Grenzen setzen", zu *finis* „Grenze"
definitiv endgültig, abschließend, bestimmt; aus lat. *definitivus* „näher bestimmend, erläuternd; bestimmt" zu *definire,* → definieren
Defizit fehlender Betrag, Verlust; aus lat. *deficit* „es fehlt", zu *deficere* „fehlen, mangeln", → Defekt
Deflagration Abbrennen von Sprengstoffen ohne Explosion, Verpuffung; aus lat. *deflagratio,* Gen. *-onis,* „völliges Verbrennen, Vernichtung durch Feuer", zu *deflagrare* „völlig verbrennen", aus *de-* (verstärkend) „völlig, gänzlich" und *flagrare* „brennen, lodern"
Deflation Verringerung des Geldumlaufs im Verhältnis zur Gütermenge; Abtragung von lockerem Gestein

durch Wind; aus lat. *de* „von weg" und *flare* „blasen, wehen" sowie „(Geld aus Metall) gießen, prägen"; im Sinne von „Verringerung des Geldumlaufs" bedeutet das Wort also eigtl. „das Aufhören zu prägen"

Deflektor Aufsatz auf dem Schornstein, Rauchkappe; in Kreisbeschleunigern Vorrichtung zur Ablenkung von Elektronen; aus lat. *deflectere* „ablenken, abwenden, zur Seite biegen", aus *de* „von weg" und *flectere* „drehen, wenden, lenken"

deflorieren entjungfern; aus lat. *deflorare* „der Blüte(n) berauben, entblättern", aus *de* „von weg" und *florere* „in Blüte stehen, blühen", zu *flos,* Gen. *floris,* „Blüte"

deformieren verformen, verunstalten, entstellen; aus lat. *deformare* „verunstalten, entstellen", eigtl. „der Form berauben", aus *de* „von weg" und *formare* „formen, gestalten", zu *forma* „Form, Gestalt"

Defraudation Betrug, Unterschlagung, Hinterziehung; aus lat. *defraudatio,* Gen. *-onis,* „Übervorteilung, Betrug", zu *defraudare* „übervorteilen, betrügen; durch Betrug entziehen, schmälern, wegnehmen", aus *de* „von weg" und *fraus,* Gen. *fraudis,* „Tücke, Täuschung, Betrug"

Degagement Befreiung von einer Verpflichtung, Zwanglosigkeit; frz. *dégagement* „Auslösung, Freiwerden, Freimachen, Zwanglosigkeit", zu *dégager* „befreien, lösen", aus *dé-* „von weg" und *gager* „als Pfand einsetzen, besolden, bezahlen", zu *gage* „Pfand, Lohn", → Gage

degenerieren sich zurückbilden, entarten; aus lat. *degenerare* „entarten", zu *degener* „aus der Art schlagend", aus *de* „von weg" und *genus* „Art, Gattung"

degoutant ekelhaft, widerlich, abstoßend; frz. *dégoûtant* in ders. Bed., zu *dégoûter* „mit Widerwillen erfüllen, den Appetit verderben, die Lust nehmen, langweilen", aus *dé-* (lat. *de*) „von weg" und *goût* „Geschmack, Lust, Neigung", aus lat. *gustus* „Geschmack, Genuß"

degradieren im Rang herabsetzen, herabwürdigen; aus lat. *degradare* „herabsetzen", aus *de* „von weg" und *gradus* „Stellung, Stand, Stufe, Grad"

degressiv nachlassend, sinkend, sich vermindernd; aus lat. *degressum* „herabgestiegen", zu *degredi* „herabschreiten, -steigen", aus *de* „von weg, von her" und *gradi* „schreiten", zu *gradus* „Schritt"

Dehors gesellschaftlicher Anstand, gute Sitte; nur noch in der Wendung *die Dehors wahren* „sich anständig, höflich benehmen" (frz. *garder les dehors* „den äußeren Schein wahren"), frz. *dehors* „Äußeres, Außenseite", aus *dé-* „von" und *hors,* auch *fors* „außen, außerhalb", aus lat. *foris* „draußen, außerhalb", eigtl. „vor der Tür", zu *foris* „Tür"

dehydrieren (aus einer chemischen Verbindung) Wasserstoff abspalten; aus lat. *de-* „weg-" und griech. *hydor* „Wasser"

deifizieren zum Gott, zur Gottheit machen; aus lat. *deificare* „vergöttern, vergotten", aus *deus* „Gott" und *facere* (in Zus. *-ficare,* Intensivum zu *-ficere*) „machen"

deiktisch hinweisend, durch Beispiele zeigend, auf Beispiele gegründet; aus griech. *deiktikos* „hinweisend, zeigend", zu *deiknynai* „hinweisen, zeigen, vorführen"

Deismus religionsphilosophische Anschauung, die die Existenz Gottes zwar anerkennt, aber den Glauben an sein Einwirken auf die Welt nach der Schöpfung ablehnt; aus lat. *deus* „Gott", über **deivos* oder **dejevos* zur idg. Wurzel **deieu-* „scheinen, leuchten" (vom Himmel oder hellen Tag)

Dejekt *Med.:* Auswurfstoff, bes. Kot; aus lat. *deiectio* „das Hinunterwerfen", in der medizinischen Sprache „das Abführen, Durchfall", zu *deicere* „hinunterwerfen, fallen lassen", aus *de* „von weg" und *iacere* „werfen, fallen lassen"

Dejeuner *veraltet für* Frühstück; frz. *déjeuner* „Frühstück", oft auch „Mittagessen" (nach einem sehr kargen Frühstück), eigtl. „Mahlzeit, mit der man den nüchternen Zustand, das Fasten, beendet“, aus *dé-* (lat. *de*) „von weg“ und *jeûner* „fasten“, aus lat. *ieiunum* „Fasten, Hunger“, weitere Herkunft nicht geklärt

de jure auf rechtlicher Grundlage, rechtlich; lat. *de iure* „vom Recht her“, aus *de* „von her“ und *ius*, Gen. *iuris*, „Recht“

Dekade zehn Stück, Zeitraum von zehn Tagen, Wochen, Monaten; aus frz. *décade* „zehn Stück, zehn Tage“, aus griech. *dekas*, Gen. *dekados*, „Anzahl von zehn“, zu *deka* „zehn“

Dekadenz Niedergang, Verfall, Kraftlosigkeit; aus mlat. *decadentia* „Zusammenbruch, Ruin“, aus lat. *de* „von her“ und *cadere* „fallen“

Dekaeder von zehn regelmäßigen Flächen begrenzter Körper, Zehnflächner; aus griech. *deka* „zehn“ und *hedra* „Grundlage, Grundfläche“

Dekagon Zehneck; aus griech. *deka* „zehn“ und *gonia* „Winkel, Ecke“

Dekalog die Zehn Gebote; aus griech. *deka* „zehn“ und *logos* „Wort, Lehre, Kunde“, zu *legein* „sagen, sprechen, erklären“

Dekamerone Sammlung von 100 Novellen von Boccaccio, die an zehn Tagen erzählt werden; aus griech. *deka* „zehn“ und *hemera* „Tag“

Dekan Leiter einer Hochschulfakultät; *evang. Kirche:* Superintendent; *kath. Kirche:* Vorsteher eines Kirchenbezirks oder Domkapitels; aus lat. *decanus* „Vorgesetzter von zehn Mann (Soldaten oder Mönchen)“, zu *decem* „zehn“

dekapieren geglühte Metalle d.: durch Beizen von Zunder reinigen; frz. *décaper* „abbeizen“, aus *dé-* (lat. *de*) „weg“ und *cape* „Bedeckung, Überzug, Mantel“, aus lat. *cappa* „Mantel“

Dekapode Zehnfußkrebs; aus griech. *deka* „zehn“ und *pous*, Gen. *podos*, „Fuß“

deklamieren künstlerisch vortragen; aus lat. *declamare* „laut hersagen, vortragen“, eigtl. „herunterrufen“, aus *de* „von her“ und *clamare* „rufen, schreien, laut nennen“

deklarieren den Inhalt, Wert von etwas angeben, erklären; aus lat. *declarare* „deutlich bezeichnen, klarmachen, klar darlegen“, aus *de* „von her“ und *clarare* „klarmachen“, eigtl. „erhellen“, zu *clarus* „klar, hell“

deklassieren in eine sozial niedrigere Klasse verstoßen, herabsetzen; aus frz. *déclasser* „in eine andere Klasse einordnen, aus einer gesellschaftlichen Klasse streichen“, aus lat. *de* „von herab“ und *classis* „Klasse, Abteilung“

deklinieren beugen, abwandeln; aus lat. *declinare* „abbiegen, abwenden, ablenken“, aus *de* „von weg“ und über **clinare* aus griech. *klinein* „beugen, biegen“

Dekokt durch Kochen hergestellte Brühe, Absud; aus lat. *decoctum* „abgekocht“, auch „wässerig“, zu *decoquere* „abkochen“, aus *de* „von weg“ und *coquere* „kochen“

Dekolleté tiefer Halsausschnitt; frz. *décolleté* „tief ausgeschnitten“, zu *décolleter* „einen Halsausschnitt machen, den Hals entblößen“, aus *dé-* (lat. *de*) „von weg“ und *collet* „Kragen“, zu *col* (aus lat. *collum*) „Hals“

Dekor Verzierung, Vergoldung, Muster; frz. *décor* „Verzierung“, zu *décorer* „verzieren“, aus lat. *decorare*, →dekorieren

dekorieren schmücken, verzieren; mit einem Orden o. ä. auszeichnen; aus lat. *decorare* „schmücken, verzieren“, zu *decus*, Gen. *decoris* „Zierde, Schmuck“

Dekort Zahlungs-, Preisnachlaß; unter Anlehnung an ital. *corto* „kurz“ aus lat. *decurtare* „abkürzen, verkürzen“, aus *de* „von weg“ und *curtus* „kurz, verkürzt, verstümmelt“

Dekorum Anstand, Form, gute Sitte; aus lat. *decorum* „das Schickliche, Anständige, Passende“, zu *decor* „Schicklichkeit, Anstand“, zu *decere* „sich schicken, sich gehören“

Dekrement Verminderung, Abnahme; aus lat. *decrementum* in derselben Bedeutung, zu *decrescere* „im Wachstum zurückbleiben, kleiner werden, sich vermindern“, aus *de* „von weg“ und *crescere* „wachsen“

Dekret behördliche Verordnung, Regierungserlaß; aus lat. *decretum* „Beschluß, Entscheidung“, zu *decernere*

„beschließen, bestimmen, entscheiden", aus *de* „von weg" und *cernere* „scheiden, sondern, entscheiden"

Dekubitus *Med.:* Wundliegen; aus lat. *decubitus* „krank darniedergelegen", zu *decumbere* „sich niederlegen, krankliegen", aus *de* „herab, darnieder" und *cubare* „liegen"

dekupieren aussägen; aus frz. *decouper* „ausschneiden, zerschneiden", aus *de* „von" und *couper* „(ab)schneiden", aus altfrz. *coper, couper* „schlagen", zu galloroman. **cuppare* „den Kopf abschlagen", zu **cuppum* (provenzal. *cop*) „Schädel"

dekuvrieren aufdecken, entlarven, sich zu erkennen geben; frz. *découvrir* „enthüllen, offenbaren", eigtl. „ab-, aufdecken", aus *dé-* „von weg" und *couvrir* „bedecken", aus lat. *de* „von weg" und *cooperire* „von allen Seiten bedecken, umhüllen", aus *co-* (für *con-,* in Zus. statt *cum*) „zusammen" und *operire* „bedecken, zudecken"

delatorisch verleumderisch; aus lat. *delator,* Gen. *-oris,* „Ankläger, Verleumder", zu *deferre* (Perf. *delatus*) „angeben, anzeigen", aus *de* „von weg" und *ferre* „herumtragen, verbreiten, überall erzählen"

delegieren abordnen, als Vertreter schicken; aus lat. *delegare* „an einen Ort schicken, beauftragen, überweisen", aus *de* „von weg" und *legare* „als Gesandten schicken, abordnen"

delektieren sich gütlich tun, sich ergötzen; aus lat. *delectare* „erfreuen", eigtl. „stark anlocken", über **delicere* aus *de* „von weg" und *lacere* „locken"

delikat lecker, köstlich; heikel, behutsam zu behandeln; frz. *délicat* „köstlich, wohlschmeckend; zartfühlend, gewissenhaft; heikel, mißlich, bedenklich", aus lat. *delicatus* „fein, elegant; üppig, die Sinne reizend; zart, sanft", zu *deliciae* „ergötzliche Dinge, feine, üppige Genüsse", aus *de-* (verstärkend) „heftig, sehr" und *lacere* „locken"

Delikt Straftat, Vergehen; aus lat. *delictum* „strafbares Vergehen, Verstoß, Fehltritt", zu *delinquere* „sich vergehen", → Delinquent

Delinquent Übeltäter, Angeklagter; aus spätlat. *delinquens,* Gen. *-entis,* „Sünder", zu lat. *delinquere* „sich vergehen, etwas verschulden, einen Fehler machen", aus *de* „von weg" und *linquere* „lassen, unterlassen, bleiben lassen, jmdm. den Dienst versagen, jmdn. im Stich lassen", also etwa „etwas nicht so machen, wie es erwartet wird"

Delirium Bewußtseinstrübung (im Fieber oder Rausch) mit Wahnvorstellungen; aus lat. *delirium* „das Irresein", zu *delirare* „wahnsinnig, irre sein, faseln", aus *de* „von weg" und *lira* „Akkerfurche", also eigtl. „(beim Pflügen) aus der Furche geraten", d.h. übertr. „vom Normalen, Richtigen abweichen"

deliziös köstlich, fein, erlesen; aus frz. *delicieux* „köstlich, lieblich", zu *delice* „Vergnügen, Lust, Wonne", aus lat. *deliciae* „feine, üppige Genüsse", → delikat

Delkredere Bürgschaft, Haftung (für eine Forderung); aus ital. *star del credere* „Bürgschaft", eigtl. „für den Glauben, für das Vertrauen stehen", aus ital., lat. *stare* „stehen" und ital., lat. *credere* „glauben, vertrauen"

Delphin ein Zahnwal; aus griech. *delphis,* zu *delphys* „Gebärmutter", also eigentlich „Tier, das lebende Junge gebiert"

Delusion Täuschung, Verspottung; aus lat. *delusio,* Gen. *-onis,* „das Verspotten", zu *deludere* „zum besten haben, verspotten, täuschen", aus *de-* (verstärkend) „heftig, sehr" und *ludere* „spielen", zu *ludus* „Spiel"

Demagogie Volksverführung; aus griech. *demos* „Volk" und *agoge* „Führung, Leitung", zu *agein* „führen"

Demarche diplomatischer Schritt (einer Regierung bei einem anderen Staat); mündlicher Einspruch; frz. *démarche* „Schritt, Maßregel", zu *démarcher* „niedertreten", aus *dé-* „herab, hinab" und *marcher* „gehen, schreiten"

Demarkation Abgrenzung; frz. *demarcation* „Abgrenzung, Bezeichnung der Grenze(n)", aus span. *demarcación* „Abgrenzung", aus *de* „von" und *marca* „Grenzbezirk, Kennzeichen, Merkmal", aus germ. *mark* „Kennzeichen"

dementieren leugnen, bestreiten; frz. *démentir* „leugnen, für falsch erklären", aus *dé-* (lat. *de*) „von weg" und *mentir* „lügen", aus lat. *mentiri* „fabeln, sich ausdenken", zu *mens*, Gen. *mentis*, „Sinn, Verstand, Denkvermögen"

Demenz erworbener Schwachsinn; aus lat. *dementia* „Unverstand, Wahnsinn", zu *demens*, Gen. *-entis*, „ohne Verstand, unsinnig, wahnsinnig", aus *de* „weg von" und *mens*, Gen. *mentis*, „Verstand, Sinn"

Demijohn bauchige, umflochtene Flasche; engl. *demijohn* in ders. Bed., verstümmelt aus *Dame* (= Lady) *Jane*, Übersetzung von frz. *dame-jeanne* „Frau Johanna", scherzh. Bez. für „große Flasche"

Demimonde Halbwelt; frz. *demimonde* in ders. Bed., aus *demi* „halb" (aus lat. *dimidius* „halb, in der Mitte geteilt", aus *dis-* „auseinander" und *medium* „Mitte") und *monde* „Welt" (aus lat. *mundus* „Welt")

Demission Abdankung, Amtsniederlegung; Entlassung; aus frz. *démission* „Abdankung", aus lat. *demissio*, Gen. *-onis*, „das Sinkenlassen, Niederlassen", zu *demittere* „herablassen, fallen lassen", aus *de* „herunter" und *mittere* „loslassen, gehen lassen, aufhören lassen"; vgl. Dimission

Demiurg *bei Plato:* Weltschöpfer, Baumeister der Welt; aus griech. *demiourgos* „Handwerker, Meister, Künstler, Schöpfer", zu *demiourgein* „ein Gewerbe treiben, etwas anfertigen, schaffen, bilden", zu *demios* „das Volk angehend, öffentlich" und *ergon* „Werk"

Demographie Beschreibung der Bevölkerung als natürliche und soziale Erscheinung; aus griech. *demos* „Volk" und *graphein* „schreiben"

Demokratie Volksherrschaft; aus griech. *demos* „Volk" und *kratein* „herrschen", zu *kratos* „Kraft, Macht, Gewalt"

demolieren zerstören, zerschlagen, niederreißen; frz. *démolir* aus lat. *demoliri*, beides „ein-, niederreißen", aus *de* „von weg" und *moliri* „schaffen, erbauen", zu *moles* „Masse, Grundbau"

demonstrieren darlegen, anschaulich vor Augen führen; aus lat. *demonstrare* „genau zeigen, bezeichnen", aus *de* „von her" und *monstrare* „zeigen, bezeichnen, hinweisen", zu *monstrum* „Wahrzeichen"

Demoskopie Meinungsforschung, Meinungsumfrage; aus griech. *demos* „Volk" und *skopein* „schauen, betrachten, untersuchen"

demotisch volkstümlich; aus griech. *demotikos* „zum Volk gehörig, dem gemeinen Mann gemäß", zu *demos* „Volk"

Denar altröm. Silbermünze; lat. *denarius* „Münze im Wert von zehn Assen" (ein As war urspr. ein röm. Pfund, sank mit der Zeit auf 1/24 Pfund), dazu das Adj. *denarius* „je zehn, zehn auf einmal", zu *decem* „zehn"

denaturieren ungenießbar machen (Spiritus); aus lat. *de* „von weg" und *natura* „Natur", also „vom natürlichen Zustand wegbringen"

Dendrologie Lehre von den Bäumen und Gehölzen; aus griech. *dendron*, *dendros* „Baum" und *logos* „Wort, Lehre, Kunde", zu *legein* „sagen, sprechen, erklären"

Denier Maßeinheit für die Feinheit von Seide und Kunstfasern; frz. *denier* „Heller", auch Bezeichnung für den kleinsten Wert, aus lat. *denarius* „Denar", → Denar

Densimeter Gerät zum Messen des spezifischen Gewichts; aus lat. *densus* „dicht" und griech. *metron* „Maß", zu *metrein* „messen"

Densitometer Gerät zum Messen der Schwärze (Dichte) einer fotograf. Schicht; aus lat. *densitas* „Dichte, dichte Masse" und griech. *metron* „Maß", zu *metrein* „messen"

Dentologie Zahnheilkunde; aus lat. *dens*, Gen. *dentis*, „Zahn" und griech. *logos* „Wort, Lehre, Kunde"

Denudation flächenhafte Abtragung der Erdoberfläche durch Wind oder Wasser; *Med.:* Fehlen einer natürlichen Hülle, z. B. von Zahnfleisch; aus lat. *denudare* „nackt machen, entblößen", aus *de-* (verstärkend) „völlig, gänzlich" und *nudare* „entblößen", zu *nudus* „nackt"

denunzieren anzeigen, anschwärzen; aus lat. *denuntiare* „anzeigen, melden, kundtun", aus *de* „von weg" und *nuntiare* „anzeigen, zur Kenntnis bringen", zu *nuntius* „Meldung, Anzeige, Mitteilung"

Deodorant = Desodorans; engl. *deodorant* „geruchtilgendes Mittel", aus lat. *de* „von weg" und *odorans,* Gen. *-antis,* „riechend", zu *odor* „Geruch"

Departement Verwaltungsbezirk, Geschäftsbereich, Abteilung, *schweiz. auch:* (einem Ministerium entsprechende) Verwaltungsinstanz; frz. *département* „Verwaltungsbezirk, Geschäftsbereich", eigtl. (veraltet) „Verteilung", zu *départir* „verteilen", aus *dé-* „auseinander, zer-" und *partir* „teilen" (veraltet), aus lat. *partire* „teilen", zu *pars,* Gen. *partis,* „Teil"

Dependance Nebengebäude, Zweigstelle; frz. *dépendance* „Nebengebäude, Zusammengehörigkeit, enge Verbindung", zu *dépendant* „abhängig, zugehörig", zu *dépendre* aus lat. *dependere* „abhängen, abhängig sein", aus *de* „herab" und *pendere* „hängen"

Depesche Telegramm, Funkspruch; aus frz. *dépêche* in ders. Bed., zu *dépêcher* „Hindernisse beseitigen, beschleunigen", mit der Vorsilbe *dé-* „weg von, ent-" nach dem Muster von *empêcher* „verhindern" gebildet, dieses aus *em-, en-* „in hinein" und lat. *pedica* „Fußfessel", zu *pes,* Gen. *pedis,* „Fuß"

depilieren enthaaren; aus lat. *depilare* „enthaaren, rupfen", aus *de* „von weg", und *pilus* „Haar"

deplaciert unangebracht, unpassend; aus frz. *déplacé* in ders. Bed., zu *déplacer* „von seinem Platz wegnehmen, an eine andere Stelle setzen", aus *dé-* (lat. *de*) „von weg" und *place* „Platz", aus lat. *platea* „Straße innerhalb einer Stadt, freier Platz im Haus, Hof", aus griech. *plateia* „breiter Weg, Straße", zu *platys* „breit, ausgedehnt"

deplantieren verpflanzen; aus lat. *deplantare* „einen Schößling einsetzen", aus *de* „von weg" und *plantare* „pflanzen", zu *planta* „Setzling, Pfropf-, Pflanzreis"

deponieren in Verwahrung geben, hinterlegen; aus lat. *deponere* „niedersetzen, -legen, -stellen, bes. zur Aufbewahrung niederlegen, ab-, weglegen", aus *de* „von weg" und *ponere* „setzen, legen, stellen"

deportieren verbannen; aus lat. *deportare* „fortbringen, bes. verbannen", aus *de* „von weg" und *portare* „tragen, bringen"

Deposition Hinterlegung; Absetzung (bes. von Geistlichen); aus lat. *depositio,* Gen. *-onis,* „das Ab-, Niederlegen, Absetzung", zu *deponere* „ab-, weglegen, ein Amt niederlegen, jmdn. absetzen", → deponieren

Depot Aufbewahrungsort; Abstellplatz; *Med.:* Ablagerung, Ansammlung; aus frz. *dépôt* „Hinterlegung, hinterlegter Gegenstand, Lager, Niederlage", aus lat. *depositum* „Hinterlegtes, Anvertrautes", zu *deponere,* → deponieren

depravieren verringern; sich verschlechtern; aus lat. *depravare* „verschlechtern, verderben", aus *de-* (verstärkend) „völlig, gänzlich" und *pravus* „schlecht, verkehrt"

Depression Niedergeschlagenheit, Tiefstand; aus lat. *depressio,* Gen. *-onis,* „das Niederdrücken", zu *deprimere,* → deprimieren

deprimieren niederdrücken, entmutigen; aus lat. *deprimere* „niederdrükken", aus *de* „herunter, hinunter" und *premere* „drücken"

Deprivation Absetzung (eines kath. Geistlichen); Entbehrung, Entzug; aus lat. *de* „von weg" und *privatio,* Gen. *-onis,* „Befreiung (von)", zu *privare* „befreien", zu *privus* „frei von, ohne"

Deputat Naturalien als Teil des Lohns; aus lat. *deputatio* „Anweisung, Zuteilung", eigtl. „das Abgeschnittene", zu *deputare* „abschneiden, beschneiden", aus *de* „von weg" und *putare* „beschneiden"

deputieren abordnen; aus lat. *deputare* (→ Deputat), spätlat. in der Bedeutung „einem etwas bestimmen, hingeben, zuweisen"

derangiert verwirrt, in Unordnung; zu *derangieren* aus frz. *déranger* „in Unordnung bringen, verwirren", aus *dé-*

„von weg" und *rang* „Reihe, Ordnung", → Rang[1]

Derivation *Sprachw.:* Ableitung; *Technik:* seitliche Abweichung (eines Geschosses von der Visierlinie); aus lat. *derivatio,* Gen. *-onis,* „Ableitung", zu *derivare* „ab-, wegleiten, abzweigen", aus *de* „von weg" und *rivus* „Bach, Wasserlauf"

Dermatologie Lehre von den Hautkrankheiten; aus griech. *derma,* Gen. *dermatos,* „Haut" und *logos* „Wort, Lehre, Kunde", zu *legein* „sagen, sprechen, erklären"

Dernier cri letzte Neuheit der Mode, letzter Schrei; frz. *dernier cri* in ders. Bed., aus *dernier* „letzter" (aus altfrz. *derrain* „letzter", zu *derrière* „rückwärts", aus spätlat. *deretro,* lat. *retro* „rückwärts") und *cri* „Schrei", zu *crier* „schreien", aus lat. *quiritare* „um Hilfe schreien, Angstgeschrei ausstoßen", eigtl. „die Hilfe eines Quiriten (römischen Staatsbürgers) anrufen"

Derogation Beschränkung; teilweise Aufhebung eines Gesetzes; aus lat. *derogatio,* Gen. *-onis,* in derselben Bedeutung, zu *derogare* „teilweise abschaffen, vermindern", aus *de* „von weg" und *rogare* „holen"

Deroute *Mil.:* wilde Flucht; *Börse:* Kurs-, Preissturz; aus frz. *déroute* „wilde Flucht, Auflösung", aus *dé-* „weg von" und *route* „Weg, Straße, Marschroute", → Route

Derwisch Angehöriger eines islamischen Ordens; über frz. *derviche* aus türk. *derviş,* pers. *darwīš* „Armer, Wanderer"

des- bei vielen, mit Vokal beginnenden Wörtern Vorsilbe mit der Bedeutung „weg-, ent-, gegen, nicht"; aus lat. *de* „von weg" und *s* als Gleitlaut

desarmieren entwaffnen; aus frz. *désarmer* „entwaffnen, abrüsten", aus *dé-,* vor Vokalen *dés-* „auseinander, gegen, ent-" und *armer* „bewaffnen", zu *arme* „Waffe", aus lat. *arma* (Pl.) „Waffen, Kriegsgerät"

Desaster Unheil, Unglück, Zusammenbruch; aus frz. *désastre* „schweres Unglück, Unheil, Mißgeschick", unter Einfluß von ital. *disastro* in ders. Bed. aus *dés-,* ital. *dis-* „weg von" (zur Bezeichnung der Trennung, Lösung) und *astre,* ital. *astro* aus lat. *astrum* „Stern", also „Trennung vom guten Stern, vom guten Geschick" (vgl. dt. „Unstern" für „böses Geschick")

desavouieren leugnen; im Stich lassen, bloßstellen; aus frz. *désavouer* „im Stich lassen, rügen, verurteilen, mißbilligen", aus *dé-,* vor Vokalen *dés-* „von weg, nicht" und *avouer* „anerkennen, gutheißen", aus lat. *advocare* „helfen, unterstützen", → Advokat

desertieren fahnenflüchtig werden; aus frz. *déserter* in ders. Bed., über vulgärlat. **desertare* aus lat. *deserere* „aufgeben, (treulos) verlassen, im Stich lassen, abtrennen", aus *de-* „von weg, nicht" und *serere* „anreihen, verknüpfen"

desiderabel wünschenswert; aus lat. *desiderabilis* „wünschenswert", zu *desiderare* „verlangen, begehren, wünschen", aus *de* „von her" und *sidus,* Gen. *sideris,* „Gestirn", also eigtl. „von den Sternen (dem Schicksal) erwarten"

Design Plan, Entwurf; Muster, Modell; Formgebung, Gestaltung; engl. *design* in denselben Bedeutungen, zu *to design* „aufzeichnen, entwerfen, ausdenken, planen", aus frz. *désigner* „bezeichnen, kenntlich machen; bestimmen, ernennen", aus lat. *designare,* → designieren

designieren bezeichnen, bestimmen; im voraus ernennen; aus lat. *designare* „bezeichnen, zu einem Amt bestimmen", eigtl. „abgrenzend bezeichnen", aus *de* „von her" und *signare* „bezeichnen, kenntlich machen", zu *signum* „Zeichen"

Desjatine russ. Flächenmaß, ein Hektar; aus russ. *desjatina,* urspr. „der Zehnte vom Ernteertrag", dann „Stück Land von 2400 Quadratfaden", zu *desjat* „zehn"

deskriptiv beschreibend; aus frz. *descriptif, -ive* „beschreibend, schildernd", zu *description* „Beschreibung, Schilderung", aus lat. *descriptio,* Gen. *-onis,* in ders. Bed., zu *describere* „abzeichnen, abschreiben, beschreiben, schildern", aus *de* „von her" und *scri-*

bere „schreiben, zeichnen, schildern"
Desodorans geruchtilgendes Mittel; aus frz. *dé-*, vor Vokalen *dés-* „gegen, ent-" (aus lat. *de* „von weg") und lat. *odorans,* Part. Präs. von *odorari* „riechen", zu *odor* „Duft, Geruch", auch „übler Geruch, Gestank"
desolat vereinsamt; trostlos, traurig; aus lat. *desolatus* „vereinsamt, verlassen", zu *desolare* „einsam machen, einsam lassen, verlassen", aus *de* „von weg" (verstärkend) und *solus* „allein, einsam"
Desperado politischer Heißsporn, asozialer Draufgänger; aus span. *desperado* „verzweifelnd", zu *desperar* „verzweifeln", aus lat. *desperare* „keine Hoffnung mehr haben, die Hoffnung aufgeben, verzweifeln", aus *de* „von weg" und *sperare* „hoffen", zu *spes* „Hoffnung"
Despot Gewaltherrscher, Tyrann; herrschsüchtiger Mensch; aus griech. *despotes* „Herr, Hausherr, Herrscher, Gebieter", wahrscheinlich aus der idg. Wurzel **dem-* „bauen" und idg. **poti-* „Herr", eigtl. „selbst"; eine parallele Bildung liegt in Sanskrit *dampati-* „Hausherr" vor
Dessert Nachspeise, Nachtisch; frz. *dessert* in ders. Bed., zu *desservir* „die Speisen abtragen, den Tisch abdekken", aus *dés-* „weg-" und *servir* „(Speisen) auftragen, auf den Tisch stellen", eigtl. „dienen, bedienen", aus lat. *servire* „dienen", zu *servus* „Diener"
Dessin Muster, Musterzeichnung, Entwurf; frz. *dessin* „Zeichnung, Skizze", zu *dessiner* „zeichnen", aus lat. *designare* „im Umriß darstellen, zeichnen", eigtl. „abgrenzend bezeichnen", aus *de-* (verstärkend) „ganz, völlig" und *signare* „zeichnen, bezeichnen", zu *signum* „Zeichen"
Dessous Unterwäsche (für Damen); frz. *dessous* „unten, darunter, Unterteil, Unterwäsche", aus *sous* „unten, unterhalb", aus lat. *subtus, sub* „unter"
Destillation Verdampfung und Wiederflüssigmachen einer Flüssigkeit; aus lat. *destillatio,* Gen. *-onis,* „das Herabträufeln, das Fließen, Abfluß", zu *destillare* „herabträufeln", aus *de* „von her, herunter" und *stillare* „träufeln, tröpfeln", zu *stilla* „Tropfen", Verkleinerungsform von *stiria* „Eiszapfen"
Destruktion Zerstörung; *Geol.:* Abtragung durch Verwitterung; aus lat. *destructio,* Gen. *-onis,* „das Niederreißen", zu *destruere* „(ein Bauwerk) niederreißen", aus *de-* „weg, nicht" und *struere* „schichten, aufbauen"
Deszendenz Abstammung; Nachkommenschaft; aus lat. *descendentes* „die Verwandten in absteigender Linie", zu *descendere* „herabsteigen", aus *de* „von her, herunter" und *scandere* „steigen"
detachieren abkommandieren; von Flecken reinigen; auflockern (Mahlgut); aus frz. *détacher* „trennen, absondern; losreißen", mit der Vorsilbe *dé-* „weg von" nach dem Muster von *attacher* „befestigen" gebildet, →Attaché
Detail Einzelheit, Einzelteil; frz. *détail* „einzelner Umstand, Kleinigkeit", zu *détailler* „in Stücke zerschneiden, im einzelnen darstellen, im kleinen verkaufen", aus *dé-* (verstärkend) „zer-" und *tailler* „(zer)schneiden, (zer)stükkeln", aus spätlat. *taliare* „spalten", zu *talea* „abgeschnittenes Stück, Setzling, Pfropfreis"
Detektiv jmd., der berufsmäßig Ermittlungen anstellt; aus lat. *detector* „Aufdecker, Offenbarer, Enthüller", →Detektor
Detektor *früher:* Rundfunkempfangsgerät, dessen Abstimmung durch einen Kristall erfolgte; Wünschelrute; aus lat. *detector* „Aufdecker, Enthüller, Offenbarer", zu *detegere* „aufdecken, entdecken, enthüllen", aus *de-* „von weg, ent-" und *tegere* „decken"; in der Anfangszeit der Radiotechnik hat man mittels Detektors den Sender gesucht und „entdeckt"
deteriorieren verschlechtern, im Wert mindern; aus frz. *détériorer* „verschlechtern", aus lat. *deterior* „geringer an Wert, schlechter", Komparativ des ungebräuchlichen Adjektivs *deter* „unten befindlich", zu *de* „herunter"
determinieren festlegen, bestimmen, begrenzen; aus lat. *determinare* „abgrenzen, bestimmen, festsetzen", aus *de-* (verstärkend) „gänzlich" und *termi-*

nare „begrenzen“, zu *terminus* „Grenze, Grenzzeichen“

Detonation mit Knall und Gasentwicklung verbundene Zersetzung von explosiven Stoffen mit starker Sprengwirkung; über frz. *détonation* in derselben Bedeutung aus lat. *detonare* „herabdonnern, losdonnern“, aus *de* „herunter, von her, von weg“ und *tonare* „donnern, krachen“

detonieren 1 sich in Form einer → Detonation zersetzen; aus frz. *détoner* „knallen, zerplatzen“; **2** *Mus.:* unrein singen oder spielen, den Ton herunterziehen; aus frz. *détonner* „den Ton verfehlen“, aus *dé-* „von weg“ und *ton* „Ton“, aus lat. *tonus* „Ton“

Detritus *Med.:* breiig zerfallenes Gewebe; *Geol.:* zerriebenes Gestein, Gesteinsschutt; lat. *detritus* „das Abgeriebene“, zu *deterere* „abreiben, glattreiben“, aus *de* „von weg“ und *terere* „reiben“

Detumeszenz Abschwellen (einer Geschwulst); aus lat. *detumescens,* Part. Präs. von *detumescere* „aufhören zu schwellen“, aus *de* „von weg“ und *tumescere* „schwellen“, zu *tumor* „Schwellung, Geschwulst“

Deuteragonist *im altgriech. Theater:* zweiter Schauspieler; aus griech. *deuteros* „zweiter“ und *agonistes* „Wettkämpfer“, übertr. auch „Meister, Virtuose“, zu *agon* „Wettkampf, Schauspiel“

Deuteronomium das fünfte Buch Mosis; aus griech. *deuteros* „zweiter“ und *nomos* „Gesetz“, also eigentlich „zweites Gesetz“; die Bezeichnung ist auf Grund der irrigen Annahme entstanden, das Deuteronomium sei nur eine ergänzende Wiederholung des im dritten und vierten Buch gegebenen Gesetzes mit Bezug auf spätere Verhältnisse

Deuteroplasma, Deutoplasma im Eiplasma eingelagerte Nährstoffe (das Nährdotter); aus griech. *deuteros* „zweiter“ und → *Plasma,* eigtl. also „zweites Plasma“, vgl. Protoplasma

Deutzie ein Zierstrauch; nach dem holländ. Ratsherrn und Förderer der Naturwissenschaften Johan *Deutz* (18. Jh.; nicht: van der Deutz)

devalvieren im Wert herabsetzen; Neubildung aus lat. *de* „von weg, ent-“ und mlat. *valor* „Macht, rechtliche Gewalt, Wert, Preis“, zu lat. *valere* „gelten, Macht haben, Kraft haben, vermögen“, auch „wert sein“

devastieren verwüsten; aus lat. *devastare* „gänzlich verwüsten, ausplündern“, aus *de-* (verstärkend) „gänzlich, völlig“ und *vastare* „verwüsten, leer machen“, zu *vastus* „öde, leer“

devestieren (jmdm.) die priesterliche, herrscherliche oder militärische Würde entziehen; aus lat. *devestire* „entkleiden“, aus *de-* „von weg, ent-“ und *vestire* „kleiden, bekleiden“, zu *vestis* „Kleidung“

Deviation Abweichung von der Richtung, von der Norm; aus mlat. *deviatio,* Gen. *-onis,* „das Abweichen, Abirren, Übertretung, Überschreitung“, zu lat. *deviare* „vom Weg abweichen, abirren“, aus *de* „weg von“ und *via* „Weg“

Devise¹ Wahlspruch, Motto; frz. *devise* „Denk-, Sinnspruch, mit einem Spruch bedruckter Papierstreifen“, früher „Spruch, Wahlspruch im Wappen“, urspr. bedeutete das Wort nur „eingeteiltes, abgeteiltes Feld im Wappen“; da dieses Feld aber oft mit dem Wahlspruch des Betreffenden versehen war, ging die Bezeichnung vom Feld auf den Spruch selbst über; aus lat. *dividere* „teilen, ein-, abteilen“, → dividieren

Devise² *ugs.:* Zahlungsmittel in ausländischer Währung, *korrekt:* Zahlungsanweisung in fremder Währung an einen ausländischen Platz, bes. Wechselscheck; aus mlat. *de viso* „auf Sicht“ zahlbares Papier, zu lat. *videre* „sehen“

devolvieren abwälzen, an eine höhere Instanz weitergeben; aus lat. *devolvere* „hinabwälzen“, aus *de* „von her, von weg“ und *volvere* „wälzen, rollen“

Devon eine Formation des Paläozoikums; nach der englischen Grafschaft *Devonshire*

devot übertrieben diensteifrig, unterwürfig; aus lat. *devotus* „sehr ergeben, ganz zu eigen gegeben“, eigtl. „den unterirdischen Göttern geweiht“, zu *devotare* „den unterirdischen Göttern als Opfer geloben, dem Tode weihen“, Intensivum zu *devovere* „als Opfer geloben, zum Opfer bestimmen, preisgeben, dahingeben“, aus *de* „von weg“ und *vovere* „(einer Gottheit) geloben, weihen“

Dexiographie Schreibung von links nach rechts; aus griech. *dexios* „rechts“ und *graphein* „schreiben“

dextrogyr die Ebene des polarisierten Lichts nach rechts drehend; aus lat. *dexter* „rechts“ und griech. *gyros* „Kreis, Windung“

Dextrose ein Traubenzucker; aus lat. *dexter* „rechts“, weil die Substanz infolge ihrer optischen Aktivität die Ebene des polarisierten Lichts nach rechts dreht

Dezember zwölfter Monat des Jahres; aus lat. *mensis december* „zehnter Monat“ (da das altrömische Jahr mit dem 1. März begann), zu *decem* „zehn“ und *-ber* von unklarer Herkunft

Dezennium Zeitraum von zehn Jahren, Jahrzehnt; lat. *decennium* in derselben Bedeutung, aus *decem* „zehn“ und *annus* „Jahr“

dezent anständig, schicklich, unaufdringlich, gedämpft; aus lat. *decens*, Gen. *decentis*, „schicklich, anständig“, zu *decere* „sich schicken, sich gehören“

Dezernat Aufgaben-, Geschäfts-, Sachbereich; aus lat. *decernere* „(Zweifelhaftes, Streitigkeiten) entscheiden, beschließen, bestimmen, anordnen“, aus *de* „von her“ (verstärkend) und *cernere* „beschließen, entscheiden“

dezidiert *österr., schweiz.:* entschieden, entschlossen, unwiderruflich; aus lat. *decidere* „entscheiden, fest abmachen, ein Abkommen treffen“, → dezisiv

dezimal auf der Zahl zehn beruhend; aus lat. *decimus* „der zehnte“, zu *decem* „zehn“

dezimieren durch Verluste schwächen, stark verringern; aus lat. *decimare* „jeden zehnten Mann zur Bestrafung herausholen; den zehnten Teil zum Opfer auswählen; mit dem Zehnt (als Abgabe) belegen“, zu *decimus* „der zehnte“, zu *decem* „zehn“

dezisiv entscheidend, bestimmt; Ableitung von *Dezision* „Entscheidung“, aus lat. *decisio* „Abkommen, durch Abkommen herbeigeführte Entscheidung“, zu *decidere* „ein Abkommen treffen, zum Abschluß bringen, (ein Geschäft) abschließen“, eigtl. „abschneiden“, aus *de* „von weg“ und *caedere* (in Zus. *-cidere*) „abschneiden, abhauen, fällen“

Diabas ein Ergußgestein, Grünstein; der Name müßte eigentlich „Diabase“ lauten, da er „Gestein mit zwei Basen“ bedeuten sollte, wurde jedoch dann mit griech. *diabasis* „Übergang, Durchgang“ (zu *diabainein* „überschreiten“, zu *dia* „durch, hindurch“ und *bainein* „ausschreiten, gehen“) zusammengebracht, da das Gestein viele geologische Schichten durchdringt

Diabetes Harnruhr; aus griech. *diabetes* „Zirkel“, zu *diabainein* „die Beine spreizen“, wegen der vermehrten Harnausscheidung

diabolisch teuflisch; aus griech. *diabolos* „Verleumder, Teufel“; zu *diaballein* „verleumden; verfeinden, entzweien“, aus *dia* „auseinander“ und *ballein* „werfen, setzen, stellen, legen“

Diadem kostbarer Stirnreif; aus griech. *diadema* „Stirnbinde, bes. das blauweiße Band um die Tiara der persischen Könige“, zu *diadein* „umbinden“, aus *dia* „durch, hindurch“ und *dein* „binden“

Diadochen Feldherren und Nachfolger Alexanders des Großen; aus griech. *diadochos* „etwas übernehmend; Nachfolger“, zu *diadechesthai* „(etwas) übernehmen, erben, (jmdn.) ablösen, Nachfolger sein“, aus *dia* „von Grund auf, völlig“ und *dechesthai* „in Empfang nehmen“

Diaglyphe vertieft gearbeitete Relieffigur, z.B. Gemme; aus griech. *dia* „durch, hindurch“ und *glyphein* „einschneiden, gravieren“

Diagnose Erkennung, Feststellung (z. B. einer Krankheit); aus griech. *diagignoskein* „genau erkennen, unterscheiden“, aus *dia* „durch und durch“ (verstärkend im Sinne von „genau“) und *gignoskein* „wahrnehmen, erkennen“, zu *gnosis* „Wissen“

diagonal schräg verlaufend; aus griech. *dia* „durch, hindurch, über

hin" und *gonia* „Winkel, Ecke"
Diagramm zeichnerische Darstellung von Zahlenwerten in einem Koordinatensystem, Schaubild; aus griech. *diagramma* „Zeichnung, Umriß", aus *dia* „durch, hindurch" und *gramma* „Schriftzeichen", zu *diagraphein* „aufzeichnen, ein genaues Bild entwerfen", zu *graphein* „schreiben, zeichnen, malen"
Diakaustik beim Durchgang paralleler Strahlen durch eine nicht korrigierte Linse entstehende Brennlinie oder -fläche; aus griech. *dia* „durch, hindurch" und *kaustikos* „fähig zu brennen", zu *diakaiein* „durchglühen, durchwärmen, ausbrennen", zu *kaiein* „brennen, verbrennen"
Diakon *kath. Kirche:* niederer Geistlicher; *evang. Kirche:* Gemeindehelfer, Krankenpfleger; aus griech. *diakonos* „Diener, Gehilfe", aus *dia* „auseinander" und vielleicht *enkonein* „eilen, sich beeilen"
Diakrise Trennung, Absonderung, Unterscheidung (bes. von Krankheiten); aus griech. *diakrisis* „Trennung, Unterscheidung", zu *diakrinein* „absondern, trennen", aus *dia* „auseinander" und *krinein* „scheiden, sondern, trennen"
Dialekt Mundart; aus griech. *dialektos* „Redeweise, Mundart", zu *dialegesthai* „sich besprechen, sich unterreden"; → Dialektik
Dialektik Kunst des Diskutierens; Methode zur Wahrheitsfindung durch Denken in Gegensatzbegriffen, durch Aufdecken und Überwinden von Gegensätzen; aus griech. *dialektos* „Unterredung, Gespräch", zu *dialegesthai* „sich besprechen, sich unterreden, verhandeln", aus *dia* „auseinander" und *legein* „sagen, sprechen, reden, erklären", also etwas „auseinandersetzen, erklären durch Auseinanderlegen"
Diallele logisch nicht zwingender Schluß; aus griech. *dia allelon* „durcheinander", aus *dia* „auseinander" und *allelon* „gegenseitig, wechselseitig"
Dialog Zwiegespräch, Wechselrede; aus griech. *dialogos* „Unterredung, Gespräch", zu *dialegesthai* „sich unterreden, sich aussprechen", zu *dia* „auseinander" und *legesthai* „sich unterreden, besprechen, sich unterhalten", zu *legein* „sagen, sprechen", also im Sinne von „auseinandersetzen"
Dialyse Trennung von Stoffen nach der Größe ihrer Moleküle mittels einer halbdurchlässigen Scheidewand; aus griech. *dialysis* „Auflösung, Trennung", aus *dia* „auseinander" und *lysis* „Lösung, Trennung"
Diamant ein Edelstein; über frz. *diamant* aus vulgärlat. **adiamante,* das eine Verbindung von griech. *adamas,* Gen. *adamantos,* „härtestes Eisen, Stahl" und *diaphainein* „durchscheinen" ist
Diameter Durchmesser; aus griech. *diametros* „Durchmesser", aus *dia* „durch, hindurch" und *metron* „Maß", zu *metrein* „messen"
diametral entgegengesetzt, *eigentlich:* an beiden Endpunkten des Durchmessers stehend; zu → *Diameter*
Diapason altgriech. Oktave; Kammerton; Stimmgabel; aus griech. *dia pason* „durch alle", d.h. „durch alle acht Töne", aus *dia* „durch, hindurch" und *pason,* Gen. Pl. von *pas* „all, gesamt"
Diapause Periode mit stark herabgesetztem Stoffwechsel und verlangsamter Entwicklung (z.B. das Puppenstadium der Schmetterlinge); aus griech. *diapauesthai* „ganz aufhören", aus *dia* „gänzlich, durch und durch" und *pauesthai* „aufhören"
diaphan durchscheinend; aus griech. *diaphainesthai* „durchscheinen", aus *dia* „durch, hindurch" und *phainesthai* „leuchten, zum Vorschein kommen, sich zeigen"
Diaphora *Rhetorik:* Betonung des Unterschieds zweier Dinge; Wiederholung eines Wortes, aber mit abgewandelter Bedeutung; aus griech. *diaphora* „Unterschied, Zwist, Uneinigkeit", zu *diapherein* „auseinandertragen; verschieden sein, sich unterscheiden; sich entzweien, uneins werden"; aus *dia* „auseinander" und *pherein* „tragen"
Diaphorese das Schwitzen; aus griech. *diaphoresis* „Zerstreuung, Verdunstung" (der Körpersäfte), zu *diaphorein*

„zerstreuen, auseinandertragen" im Sinne von „durch Schweiß verdunsten", aus *dia* „auseinander" und *phorein* „tragen, bringen"

Diaphragma poröse Scheidewand zur Trennung gelöster Stoffe durch elektrischen Strom; *Med.:* Zwerchfell; aus griech. *diaphragma* „Scheidewand", zu *diaphragnynai* „einzäunen, umzäunen", aus *dia* „auseinander" und *phragnynai, phrassein* „einzäunen", zu *phragma* „Zaun", also eigentlich „durch Zaun trennen"

Diapositiv durchsichtiges Lichtbild; aus → *Diaskop* und *Positiv* „Lichtbild in wirklichkeitsgetreuer Wiedergabe von Licht und Schatten bzw. der Farben", → positiv

Diärese getrennte Aussprache zweier aufeinanderfolgender Vokale, z. B. in Alëuten; *Philos.:* Zerlegung eines Oberbegriffs in die ihm untergeordneten Begriffe; aus griech. *diairesis* „Trennung", zu *diairein* „trennen, auseinandernehmen, zerlegen", aus *dia* „auseinander" und *hairein* „nehmen"

Diarium Buch für tägliche Eintragungen; lat. *diarium* „Tagebuch; täglich zugeteilte Menge" (an Kost, z. B. für Soldaten), zu *dies* „Tag"

Diarrhö Durchfall; aus griech. *diarrhoia* „Durchfließen, Durchfall", zu *diarrhein* „durchfließen", aus *dia* „hindurch" und *rhein* „fließen"

Diaskop Projektionsapparat für Diapositive; aus griech. *diaskopein* „genau betrachten", aus *dia* „durch, hindurch" und *skopein* „schauen, betrachten"

Diaspora Mitglieder und Gemeinden einer Kirche in einem Land mit andersgläubiger Bevölkerung; das Gebiet, in dem diese Minderheit lebt; aus griech. *diaspora* „Zerstreuung; die in der Zerstreuung Lebenden", aus *dia* „auseinander" und *speirein* „ausstreuen, zerstreuen"

Diastase *Biol.:* Enzym, das tierische und pflanzliche Stärke in Maltose umwandelt; *Med.:* Auseinanderklaffen von Gelenkflächen oder Muskeln; aus griech. *diastasis* „Zwischenraum, Abstand", aus *dia* „auseinander" und *stasis* „das Stehen"

Diastole die auf die Zusammenziehung (Systole) in regelmäßigem Wechsel folgende Erweiterung des Herzens; *antike Metrik:* Dehnung eines Vokals; aus griech. *diastole* „Ausdehnung", zu *diastellein* „auseinanderbringen", aus *dia* „auseinander" und *stellein* „bringen, schicken"

Diät eine dem Gesundheitszustand entsprechende Ernährungsweise; **Diäten:** Tagegelder, Aufwandsentschädigung für Abgeordnete; aus griech. *diaita* „Lebensweise, Lebensunterhalt", zu *diaitasthai* „ein Leben führen, sein Leben zubringen, leben"

Diathermie Wärmebehandlung mit Kurzwellen zu Heilzwecken; aus griech. *dia* „durch, hindurch" und *therme* „Wärme"

Diathese Empfänglichkeit für bestimmte Krankheiten; aus griech. *diathesis* „Beschaffenheit, Zustand, innere Verfassung", zu *diatithenai* „in einen Zustand versetzen", aus *dia* „durch, mittels" und *tithenai* „setzen, legen, stellen; verursachen, bewirken"

Diatomee Kieselalge; aus griech. *diatomos* „zerschneidbar, trennbar", zu *diatemnein* „zerschneiden, durchtrennen", aus *dia* „auseinander" und *temnein* „schneiden", wegen der leicht zertrennbaren Fäden, Ketten, Bänder, die diese Pflanzen miteinander bilden, wenn sie in Kolonien leben

Diatonik Tonleitersystem mit sieben überwiegend Ganztonstufen, Dur-Moll-System; aus griech. *dia* „durch, hindurch" und *tonos* „Ton", also „durch die Tonfolge hindurch"

Diatribe *veraltet:* weitschweifige gelehrte Abhandlung, belehrende Schrift, auch Streitschrift; aus griech. *diatribe* „Zeitvertreib, Beschäftigung, Unterhaltung, bes. Studium, Unterricht", aus *dia* „durch" und *tribein* „verweilen, sich aufhalten, die Zeit hinbringen; sich um etwas mühen, sich in etwas üben"

dichotom zweiteilig, gegabelt; aus griech. *dicha* „zweifach, doppelt" und *tome* „Schnitt", zu *temnein* „schneiden"

Dichroismus Eigenschaft vieler Kristalle, bei Lichtdurchgang in zwei verschiedenen Blickrichtungen zwei verschiedene Farben zu zeigen, Doppelbrechung; aus griech. *di-* „zweifach, doppelt“ und *chroa, chroia* „Farbe“

Dictionnaire → Diktionär

Didaktik Lehre vom Unterricht; aus griech. *didaktike techne* „belehrende Kunst, Kunst zu lehren“, zu *didaskein* „lehren, unterrichten“, zur idg. Wurzel **dek-* „lehren, mitteilen“

Didaskalien Regieanweisungen altgriechischer Dichter für die Aufführung ihrer Dramen; Verzeichnis der aufgeführten Dramen im altgriech. Theater; aus griech. *didaskalia* „Belehrung, Unterricht“, bes. „Einübung des Chors, Aufführung eines Dramas“; → Didaktik

Diegese *veraltet:* weitläufige Erzählung, Ausführung; aus griech. *diegesis* „Erörterung, Erzählung“, zu *diegeisthai* „auseinandersetzen, erzählen, eingehend beschreiben“, aus *di-* „auseinander“ und *hegeisthai* „führen“

Dielektrikum nichtleitendes Material, das in seinem Innern ein elektrisches Gegenfeld gegen ein äußeres Feld aufbaut; aus griech. *dia* „auseinander, entzwei“ und → *elektrisch*

diffamieren verleumden, herabsetzen; aus lat. *diffamare* „unter die Leute bringen, überall erzählen, ausschreien“, aus *dif-* (in Zus. vor f für *dis-*) „auseinander, nach allen Seiten“ und *fama* „Rede, Gerede, Gerücht“

Differenz Unterschied; aus lat. *differentia* „Unterschied, Verschiedenheit“, zu *differre,* → differieren

differieren voneinander abweichen; aus lat. *differre* „sich unterscheiden, verschieden sein“, eigtl. „auseinandertragen, verbreiten“, aus *dif-* (in Zus. vor f für *dis-*) „auseinander“ und *ferre* „tragen“

diffizil schwierig, peinlich, heikel; aus lat. *difficilis* „schwer, schwierig, mühsam“, aus *dif-* (in Zus. vor f für *dis-*) „un-“ und *facilis* „leicht“

difform mißgestaltet, *eigtl.:* von der (normalen) Form abweichend; aus mlat. *difformare* „abweichen, anders sein“, aus lat. *dif-* (in Zus. vor f für *dis-*) „auseinander, weg-, un-“ und *forma* „Form, Gestalt“

diffrakt zerbrochen; aus lat. *diffractus* „zerbrochen“, zu *diffringere* „zerbrechen“, aus *dif-* (in Zus. vor f für *dis-*) „entzwei-, zer-“ und *frangere* (in Zus. *-fringere*) „brechen, zerbrechen“

diffus verschwommen, nicht abgegrenzt, zerstreut, ohne geordneten Verlauf, nach allen Richtungen; aus lat. *diffusus* „ausgebreitet, zerstreut“, zu *diffundere* „ausbreiten, zerstreuen“, aus *dif-* (in Zus. vor f für *dis-*) „auseinander“ und *fundere* „aus-, verbreiten“

digerieren auslaugen; verdauen; aus lat. *digerere* „trennen, teilen, verteilen; verdauen“, eigtl. „auseinandertragen“, aus *di-* (in Zus. vor g für *dis-*) „auseinander“ und *gerere* „tragen, besorgen, betreiben“

Digest Auswahl, Zusammenstellung von Artikeln aus Zeitschriften und von Auszügen aus Büchern; engl. *digest* „Auszug, Sammlung“, aus lat. *digesta* „geordnete, in Paragraphen, Abschnitte usw. gegliederte Sammlung“, zu *digerere* „verteilen“, → digerieren

Digestion Auslaugung, Auszug; Verdauung; aus lat. *digestio,* Gen. *-onis,* „Verteilung, Verdauung“, zu *digerere* „verteilen“, → digerieren

Digit *bei elektronischen Rechnern:* Anzeigeneinheit; engl. *digit* „einstellige Zahl“, → bit

digital *Med.:* mit dem Finger; *bei Rechenmaschinen und ähnlichen Geräten:* mit Ziffern; aus lat. *digitalis* „zum Finger gehörig“, zu *digitus* „Finger“, eigtl. „Zeiger“, über **dicitus* aus *dicere* „zeigen“

Digitalaufnahme Schallplattenaufnahme, bei der die Schallwellen nicht als elektrische Signale, sondern in einem Zahlencode gespeichert werden; aus engl. *digit* „einstellige Zahl“, eigtl. „Finger“ (da man beim Rechnen gern die Finger benutzt), → digital

Digitalis eine Heilpflanze, Fingerhut; aus lat. *digitalis* „Finger-, wie ein Finger“, zu *digitus* „Finger“

Diglyph bes. in der italien. Renaissance beliebte Abart des Triglyphs, Platte mit nur zwei senkrechten Rinnen am

Fries; aus griech. *di-* „zweifach, doppelt" und *glyphis* „Einschnitt, Kerbe"

Dignitar *kath. Kirche:* Würdenträger; aus frz. *dignitaire* „Würdenträger", zu *digne* „würdig", aus lat. *dignus* „würdig, wert, geziemend", über **decnos* zu *decere* „sich ziemen, angemessen, schicklich, passend sein"

Digression Abweichung; aus lat. *digressio,* Gen. *-onis,* „das Auseinandergehen, Trennung, Scheidung", zu *digredi* „auseinandergehen, sich trennen", aus *di-* (in Zus. vor g für *dis-*) „auseinander, weg-" und *gradi* (in Zus. *-gredi*) „gehen, schreiten", zu *gradus* „Schritt"

Dikasterion altgriech. Gerichtshof; aus griech. *dikasterion* „Gerichtshof", zu *dikazein* „Recht sprechen", zu *dike* „Recht, Sitte, Brauch"

Diktam (Diptam) eine Pflanze; aus griech. *diktamnon* „vom Berg Dikte" (auf Kreta), botanischer Name: *Amaracus dictamnus* „Majoran vom Berg Dikte"

Diktaphon Diktiergerät; aus lat. *dictare* „vorsagen, diktieren" und griech. *phone* „Ton, Klang, Stimme"

Diktator unbeschränkter Herrscher, Gewaltherrscher; aus lat. *dictator* „höchster, in Notzeiten oder für besondere Geschäfte vom Senat ernannter Beamter", aus *dictare* „vorsagen, vorsprechen, befehlen", → diktieren

diktieren ansagen (zum Nachschreiben); auferlegen, aufzwingen; aus lat. *dictare* „beständig oder wiederholt sagen, zum Nachschreiben oder Auswendiglernen vorsagen, zu sagen pflegen; befehlen", Frequentativum zu *dicere* „sagen, sprechen"

Diktion Ausdrucksweise, Schreibart; aus lat. *dictio,* Gen. *-onis,* „das Sprechen, Vortrag, Redeweise", zu *dictare,* → diktieren

Diktionär *veraltet für* Wörterbuch; frz. *dictionnaire* „Wörterbuch, Lexikon", zu *diction* „Vortrag, Sprache, Schreibweise", → Diktion

Dilation Aufschub, Verzögerung; aus lat. *dilatio,* Gen. *-onis,* in derselben Bedeutung, zu *dilatus* „aufgeschoben, verzögert", zu *differre* „aufschieben, verzögern, hinhalten, vertrösten", eigtl. „auseinandertragen, ausbreiten, verbreiten", aus *dif-* (in Zus. vor f für *dis-*) „auseinander" und *ferre* „tragen"

dilatorisch aufschiebend; aus lat. *dilatorius* „aufschiebend, verzögernd", zu → Dilation

Dilemma Wahl zwischen zwei gleich unangenehmen Dingen, Zwangslage; *eigentlich:* Schwanken zwischen zwei richtigen, entgegengesetzten Annahmen; aus griech. *di-* „zweifach" und *lemma* „Voraussetzung, Annahme"

Dilettant jmd., der eine Sache nur aus Liebhaberei, nicht beruflich betreibt; aus ital. *dilettante* in ders. Bed., Part. Präs. von *dilettarsi* „sich ergötzen, sich erfreuen, Gefallen finden", aus lat. *delectare* „erfreuen", → delektieren

Diligence *früher:* Eilpostwagen; frz. *diligence* „Emsigkeit, Schnelligkeit", übertr.: „Eilpostwagen", zu *diligent* „flink, schnell, fleißig", aber auch „sorgfältig", aus lat. *diligens,* Gen. *-entis,* „gewissenhaft, umsichtig, gründlich, achtsam", zu *diligere* „auswählen, auslesen, auseinandernehmen", aus *dis-* „aus, heraus, auseinander" und *legere* (in Zus. *-ligere*) „lesen, sammeln"

Dilution Verdünnung; über frz. *dilution* „Verdünnung" aus lat. *dilutus* „zersetzt, verdünnt", zu *diluere* „zerweichen, zergehen lassen, verdünnen", aus *di-* (in Zus. vor l für *dis-*) „auseinander" und *-luere* (fast nur in Zus.) „waschen, spülen", zu *lavare* „waschen"

Diluvium Eiszeitalter; lat. *diluvium* „Überschwemmung, Wasserflut", zu *diluere* „zerweichen, verdünnen", → Dilution

Dimension Abmessungen (in Breite, Höhe, Tiefe, Länge), Ausmaß; aus lat. *dimensio,* Gen. *-onis,* „das Ausmessen, Vermessen", zu *dimetiri* „aus-, vermessen", aus *di-* (in Zus. vor m für *dis-*) „auseinander" und *metiri* „messen"

dimer *Chem.:* aus zwei Bestandteilen zusammengesetzt, zweiteilig; aus griech. *di-* „zweifach" und *meros* „Teil"

Dimeter Vers aus zwei gleichen, doppelten Versfüßen; aus griech. *di-* „zweifach" und *metron* „Maß", zu *metrein* „messen"

diminuendo *Mus.:* abnehmend, leiser werdend; ital. *diminuendo* in ders. Bed., Part. Präs. von *diminuire* „(sich) vermindern, abnehmen“, aus lat. *deminuere* „vermindern, verringern“, aus *de* „von weg“ (verstärkend) und *minuere* „verkleinern, vermindern“, zu *minus* „kleiner, geringer“, Komparativ (neutr.) von *parvus* „klein, gering“

Dimission *veraltet:* Entlassung, Verabschiedung (heute dafür: Demission); aus lat. *dimissio,* Gen. *-onis,* „das Abschicken, Aussenden, Entlassung“, zu *dimittere* „ausschicken, entsenden, weggehen lassen, entlassen“, aus *di-* (in Zus. vor m für *dis-*) „auseinander“ und *mittere* „schicken, gehen lassen, entlassen“

Dimmer Schalter zur stufenlosen Veränderung der Helligkeit des elektrischen Lichts, Helligkeitsregler; aus engl. *to dim* „verdunkeln, trüben, abblenden“ und *dim* „düster, halbdunkel, trübe“, aus mengl., altengl. *dimm*, zu altnord. *dimmr* „dunkel“

dimorph zweigestaltig, in zwei Formen auftretend; aus griech. *di-* „zweifach“ und *morphe* „Gestalt“

Diner Festmahl; aus frz. *dîner* „die am Abend eingenommene Hauptmahlzeit, Abendessen; die Hauptmahlzeit einnehmen, zu Abend essen“; urspr. bedeutete das Wort „Morgenmahlzeit, Frühstück“, wurde dann von *déjeuner* verdrängt und bezeichnete die Mittagsmahlzeit; noch später wurde die Hauptmahlzeit auf den Abend verlegt; das Wort ist eine verkürzte Form von → *Dejeuner*

Diode Elektronenröhre, die eine Anode und eine Kathode enthält, Zweipolröhre; aus griech. *di-* „zweifach“ und *hodos* „Weg“

Dioptrie Maßeinheit für die Brechkraft von Linsen; aus griech. *dioptra* „Augenglas“, zu *diopteuein* „hindurchspähen“, aus *dia* „durch, hindurch“ und *-opteuein* „spähen“, zu *optos* „sichtbar“, zu *ops* „Auge“

Diorama Bild auf durchscheinendem Stoff; plastische Darstellung mit gemaltem Hintergrund; aus griech. *di-* „durch, hindurch“ und *horama* „Anblick, Schauspiel, Erscheinung“

Diorit ein Tiefengestein; aus griech. *diorizein* „trennen, unterscheiden, genau bestimmen“, da sich die beiden Bestandteile, aus denen sich das Gestein im wesentlichen zusammensetzt, Feldspat und Hornblende, auffallend voneinander unterscheiden

Dioskuren Zwillingssöhne des Zeus, Kastor und Pollux; *übertr.:* unzertrennliche Freunde; aus griech. *dioskoroi, dioskouroi* „Söhne des Zeus, göttliche Söhne“, aus *Dios,* Gen. von „Zeus“, *dios* „göttlich“, und *koros, kouros* „Jüngling, Knabe“, mit Gen. auch „Sohn“

Diözese Amtsbereich eines Bischofs, Kirchensprengel; aus griech. *dioikesis* „Haushalt, Wirtschaft, Verwaltung“, zu *dioikein* „verwalten“, aus *di-, dia* „gänzlich“ und *oikein* „haushalten, wirtschaften, wohnen“, zu *oikos* „Haus“

Diözie Vorhandensein von männlichen und weiblichen Blüten auf verschiedenen Pflanzen derselben Art, Zweihäusigkeit, Getrenntgeschlechtigkeit; aus griech. *dioikizein* „getrennt wohnen lassen, zerstreuen“, aus *di-* „auseinander, getrennt“ und *oikos* „Haus“

Diphtherie Infektionskrankheit des Hals- und Rachenraumes; aus griech. *diphthera* „Tierhaut, Fell“, wegen des hautartigen Belages auf den Mandeln

Diphthong Zwielaut, z.B. ei, au; aus griech. *di-* „zweifach“ und *phthoggos* „Ton, Laut“

diploid mit normalem (doppeltem) Chromosomensatz; aus griech. *diploos* „zweifach, doppelt“, spätgriech. *diplois,* Gen. *diploidos,* „doppelt gelegt, zweimal gefaltet“, zu *diploizein, diploun* „verdoppeln“, eigentlich „zweimal falten“, aus *di-* „zweimal“ und *plektein* „falten, flechten“, zur idg. Wurzel **pel-* „falten“

Diplom Urkunde; Zeugnis über eine abgelegte Prüfung an einer Hochschule; *auch:* die Prüfung selbst; aus lat. *diploma* „Urkunde, Beglaubigungs-, Bestätigungsschreiben“, aus griech. *diploma* „gefaltetes Schreiben“, aus *diploun*

„verdoppeln, falten“ und *diplous* „doppelt“, also „doppelt gelegtes oder aus zwei Blättern bestehendes Schreiben“
Diplomat Beamter im auswärtigen Dienst; aus frz. *diplomate* in derselben Bedeutung, Rückbildung aus *diplomatique* „urkundlich, durch Urkunde bestätigt“, zu → *Diplom*
Diplopie Doppeltsehen; aus griech. *diploos* „zweifach, doppelt“ und *opope* „Anblick, das Sehen, Sehkraft“, zu *ops,* Gen. *opos,* „Auge, Gesicht“
Dipodie metrische Einheit aus zwei Versfüßen; aus griech. *di-* „zweifach“ und *pous,* Gen. *podos,* „Fuß“
Dipol Anordnung zweier gleich starker, entgegengesetzt geladener elektrischer oder magnetischer Pole; aus griech. *di-* „zweifach“ und → *Pol*
Dipsomanie periodisch auftretende Trunksucht, Quartalstrunksucht; aus griech. *dipsos, dipsa* „Durst“ und → *Manie*
Diptam → Diktam
Diptere Zweiflügler; aus griech. *di-* „zwei-“ und *pteron* „Flügel“
Dipteros altgriech. Tempel mit doppeltem Säulenumgang; aus griech. *dipteros* „zweiflügelig“, aus *di-* „zweifach, doppelt“ und *pteron* „Flügel“
Diptychon *im Altertum:* zusammenklappbare Schreibtafel; *im MA:* zweiteiliges Altarbild; aus griech. *di-* „zweifach“ und *ptychon* „Gefaltetes“, zu *ptyssein* „falten“
Dipylon Eingangstor (Doppeltor) im Nordwesten des alten Athen; aus griech. *di-* „zweifach“ und *pylon* „Tor“
direkt gerade, unmittelbar, ohne Umwege; über frz. *direct* „geradlinig, geradeaus, unmittelbar“ aus lat. *directus* „gerade, waagerecht, senkrecht, aufrecht“, übertr.: „geradezu, ohne Umschweife“, eigtl. „gerade gerichtet“, zu *dirigere,* → dirigieren
Direktor Leiter, Vorsteher; aus lat. *director* „Lenker, Leiter“, zu *dirigere,* → dirigieren
dirigieren den Takt schlagen, musikalisch leiten; *ugs.:* lenken, leiten; aus lat. *dirigere* „in eine bestimmte Richtung bringen, in allen Teilen geraderichten, nach einem Ziel richten, hinlenken“, aus *di-* (in Zus. vor r für *dis-*) „nach allen Seiten“ und *regere* „(gerade)richten“
Dirt-Track-Rennen Rad- oder Motorradrennen auf der Aschenbahn; aus engl. *dirt-track* „Aschenbahn“, aus *dirt* „Schmutz“ (mit Metathese aus mengl. *drit,* zu altnord. *dritr* „Kot“) und *track* „Fuß-, Wagenspur, Rennbahn“ (aus mengl. *trak* aus altfrz. *trac* „Pferdespur“)
dis- bei vielen Wörtern Vorsilbe mit der Bedeutung „weg-, auseinander-, anders-“; lat. *dis-* „auseinander“
Disagio Betrag, um den der Kurs einer Währung oder eines Wertpapiers unter dem Nennwert steht; aus ital. *disagio* „Unbequemlichkeit, Beschwerlichkeit“, aus *dis-* „von weg“ und → *Agio*
Discountladen Einzelhandelsgeschäft, das unter Verzicht auf Verkaufskultur und Kundendienst Waren mit Rabatt verkauft; engl. *discount* „Preisnachlaß“, aus engl., lat. *dis-* „weg“ und *to count* „zählen, rechnen, berechnen“, aus mengl. *counten* aus altfrz. *conter* „zählen“, → Account
Diseur Vortragskünstler im Kabarett; frz. *diseur* „Erzähler, Sprecher“, zu *dire* aus lat. *dicere,* beides „sagen, sprechen, reden“
Diseuse weiblicher → Diseur
Disjunktion Trennung, Sonderung; Gegenüberstellung zweier gegensätzlicher, aber zusammengehöriger Begriffe, z.B. Tag-Nacht; aus lat. *disiunctio,* Gen. *-onis,* „Trennung; Verschiedenheit, Ungleichheit, Entgegenstellung, Gegensatz“, zu *disiungere* „trennen, scheiden“, eigtl. „auseinanderknüpfen, losbinden“, aus *dis-* „auseinander“ und *iungere* „verbinden, vereinigen“, zu *iugum* „Joch“
Diskant höchste Stimmlage; höchste Tonlage (von Instrumenten); urspr. Gegenstimme zu einem Cantus (Gesang), bes. zum Cantus firmus, der vorgegebenen Melodie, dann auch Gesamtheit mehrerer Stimmen, Mehrstimmigkeit, seit dem 15. Jh. oberste Stimme eines mehrstimmigen Satzes; aus mlat. *discantus* „Gegengesang“ (eigtl. „Auseinandergesang“), aus *dis-*

„auseinander“ und *cantus* „Gesang“, zu *cantare* „singen“

Diskjockey Conférencier bei Radiosendungen moderner Schallplattenmusik; Angestellter in einer Diskothek, der die Schallplatten verwaltet und auswählt; engl. *diskjockey* in ders. Bed., aus *disk* „Scheibe, Platte, Schallplatte“ (→Diskus) und →*Jockey; to jockey* bedeutet im Amerik. „geschickt handhaben, hin und her bewegen“; der Diskjockey ist also jmd., der mit Schallplatten umgeht, sie handhabt, ähnlich wie ein Reiter sein Pferd lenkt, antreibt, zügelt usw.

Diskographie Verzeichnis von Schallplatten eines bestimmten Themenkreises mit Angaben über Besetzung, Interpretation, technische Daten usw.; aus engl. *disk* „Scheibe, Schallplatte“ (aus lat. *discus,* →Diskus) und griech. *graphein* „schreiben“

Diskont Zinsvergütung bei Zahlung einer noch nicht fälligen Forderung; aus ital. *disconto* „Abzug“, aus *dis-* „weg von“ und *conto* „Rechnung“, →Konto

Diskophile Liebhaber und Sammler von Schallplatten; aus engl. *disk* „Scheibe, Schallplatte“ (aus lat. *discus,* →Diskus) und griech. *philos* „Freund“

diskordant nicht übereinstimmend; uneinig; aus lat. *discordans,* Part. Präs. zu *discordare* „nicht übereinstimmen, uneinig sein“, zu *discors,* Gen. *discordis,* „uneinig, unverträglich“, aus *dis-* „auseinander“ und *cor,* Gen. *cordis,* „Herz, Seele“

Diskothek Schallplattensammlung; Lokal, in dem die Tanzmusik von Schallplatten übertragen wird; aus engl. *disk* „Scheibe, Schallplatte“ (aus lat. *discus,* →Diskus) und griech. *theke* „Behältnis“

diskreditieren in Verruf bringen, verleumden; aus lat. *discredere* „nicht glauben, nicht trauen“, aus *dis-* „nicht, miß-“ und *credere* „glauben, trauen, vertrauen“

Diskrepanz Unstimmigkeit, Mißverhältnis, Widerspruch; aus lat. *discrepantia* „Nichtübereinstimmung, bestehender Widerspruch“, zu *discrepare* „nicht übereinstimmen, verschieden sein“, aus *dis-* „auseinander, miß-“ und *crepare* „tönen, schallen“

diskret taktvoll, verschwiegen; unaufdringlich, unauffällig; aus frz. *discret* „besonnen, bedeutsam, taktvoll, zurückhaltend“, aus mlat. *discretus* „abgesondert, getrennt“, auch „weise, klug“, zu lat. *discernere* „absondern, trennen, unterscheiden, beurteilen“, aus *dis-* „auseinander“ und *cernere* „scheiden, sondern“; der Bedeutungswandel ist so zu erklären, daß jemand, der zu trennen, zu sondern, zu unterscheiden weiß, auch urteilen kann und sich in bestimmten Situationen daher richtig verhält, vor allem abwartet und sich nicht vordrängt

diskriminieren anders behandeln (als die übrigen), herabsetzen, herabwürdigen; aus lat. *discriminare* „trennen, scheiden“, zu *discrimen* „Scheidelinie, Scheidewand“, eigtl. „das Trennende, Scheidende“, zu *discernere* „absondern, trennen, unterscheiden“, aus *dis-* „auseinander“ und *cernere* „scheiden, sondern“

diskurrieren lebhaft etwas erörtern, sich eifrig unterhalten; aus frz. *discourir* (altfrz. *discorre*) „ausführlich reden, sich unterhalten, schwatzen“, aus lat. *discurrere* „hin und her laufen“, übertr. „sich in Worten über etwas auslassen, mitteilen“, aus *dis-* „auseinander“ und *currere* „laufen“

Diskus Wurfscheibe; aus lat. *discus* „Wurfscheibe, Platte, Teller“, aus griech. *diskos* „Wurfscheibe“, zu *dikein* „werfen“

Diskussion Erörterung, Meinungsaustausch; aus lat. *discussio,* Gen. *-onis,* „Untersuchung, Prüfung“, zu *discutere,* →diskutieren

diskutieren erörtern, Meinungen austauschen (über etwas); aus lat. *discutere* „auseinandertreiben, -teilen, zerteilen“, übertr. „untersuchen, erörtern“, aus *dis-* „auseinander“ und *quatere* „schlagen, stoßen, stampfen“

dislozieren verschieben, verlagern (Truppen); aus mlat. *dislocare* „verlegen, verrücken, verdrängen, entfernen“, aus lat. *dis-* „auseinander“ und

locare „setzen, legen, stellen", zu *locus* „Ort, Platz, Stelle"
disparat ungleichartig, nicht zueinander passend; aus lat. *disparatus* „getrennt, abgesondert", zu *disparare* „trennen, absondern", zu *dispar* „ungleich", aus *dis-* „un-" und *par* „gleich, gleich groß"
Dispatcher leitender Angestellter eines Großbetriebes, der die Produktion plant, lenkt und überwacht; aus engl. *to dispatch* „befördern, absenden, erledigen", aus engl., lat. *dis-* „weg, ent-", über vulgärlat. **pactare* aus lat. *pangere* (Perf. *pactus*) „befestigen"
Dispens Befreiung von einer Verpflichtung, Genehmigung einer Ausnahme; aus kirchenlat. *dispensa* „Erteilung einer Gunst", zu lat. *dispensare* „zuteilen, zumessen, gleichmäßig verteilen", Intensivum zu *dispendere* „mehreren zuwägen", d.h. „abwägen und verteilen", eigtl. „auseinanderwägen", aus *dis-*„auseinander" und *pendere* „wägen, abwägen"
dispergieren fein verteilen; aus lat. *dispergere* „zerstreuen, ausbreiten, verteilen", aus *di-* (in Zus. vor sp für *dis-*) „auseinander" und *spargere* (in Zus. *-spergere*) „streuen, ausbreiten"
Dispermie Besamung (einer Eizelle) mit zwei Samenfäden; aus griech. *di-* „zweifach" und *sperma* „Samen"
dispers fein verteilt; aus lat. *dispersum* „zerstreut, auseinandergestreut", zu *dispergere*, → dispergieren
Display Zurschaustellung von Waren im Schaufenster; engl. *to display* „ausbreiten, entfalten, zeigen", über altfrz. *displeier* aus lat. *displicare* „entfalten", aus *dis-* „weg, ent-" und *plicare* „falten, wickeln"
disponieren ordnen, einteilen; verfügen; aus lat. *disponere* „in Ordnung aufstellen, zweckmäßig verteilen", eigtl. „auseinanderstellen", aus *dis-* „auseinander" und *ponere* „setzen, stellen, legen"
Disposition Ordnung, Gliederung, Einteilung; Veranlagung, Bereitschaft für eine Krankheit; aus lat. *dispositio*, Gen. *-onis*, „Bereitstellung, planmäßige Anordnung, ordentliche Verteilung", zu *disponere*, → disponieren
Disput Wortwechsel, Erörterung, Streitgespräch; aus lat. *disputare* „wissenschaftlich erörtern, untersuchen, sich unterreden", eigtl. „gänzlich ins reine bringen, nach allen Seiten hin betrachten, hin und her überlegen", aus *dis-* „auseinander, nach allen Seiten, gänzlich" und *putare* „erwägen, überlegen, ins reine bringen, ordnen", zu *putus, purus* „rein, lauter"
Dissemination Aussaat von Krankheitserregern im Körper, Ausbreitung einer Seuche; aus lat. *disseminare* „aussäen, ausbreiten", aus *dis-* „auseinander" und *seminare* „säen", zu *semen*, Gen. *seminis*, „Same, Samenkorn"
Dissens Meinungsverschiedenheit, Abweichung; aus lat. *dissensio* „Meinungsverschiedenheit, Uneinigkeit, Streit", zu *dissentire* „verschiedener Meinung sein, uneinig sein", aus *dis-* „auseinander" und *sensus* „Sinn, Verstand, Meinung, Denkweise"
Dissenter *in England:* nicht zur anglikan. Kirche gehörender Gläubiger, Nonkonformist; engl. *dissenter* in ders. Bed. sowie allg. „Andersdenkender", zu *to dissent* „anderer Meinung sein, nicht übereinstimmen, abweichen", aus lat. *dissentire* in ders. Bed., aus *dis-* „auseinander-, anders-" und *sentire* „empfinden, urteilen, denken"
dissentieren anderer Meinung sein, sich von einer Kirche trennen; aus lat. *dissentire* „uneinig sein", → Dissens
Dissertation Doktorarbeit; aus lat. *dissertatio*, Gen. *-onis*, „Erörterung, erörternder Vortrag", zu *dissertare* „mit Worten auseinandersetzen, entwickeln, erörtern, ausführlich besprechen", Intensivum zu *disserere* „erörtern, besprechen usw.", aus *dis-* „auseinander" und *serere* „verknüpfen"
Dissident jmd., der keiner staatlich anerkannten Religionsgemeinschaft angehört; *im kommunistischen Sprachgebrauch:* jmd., der von der herrschenden Ideologie abweicht; aus lat. *dissidens*, Gen. *-entis*, Part. Präs. von *dissidere* „nicht übereinstimmen, uneinig, entzweit sein", eigtl. „auseinandersitzen", aus *dis-* „auseinan-

der“ und *sedere* „sitzen“

Dissimilation Unähnlichmachen, Veränderung; *bei Pflanzen:* Abbau von Nährstoffen; aus lat. *dissimilis* „unähnlich, ungleich“, aus *dis-* „nicht, un-“ und *similis* „ähnlich“

dissimulieren verheimlichen; aus lat. *dissimulare* „unkenntlich, unähnlich machen, verstecken, sich verstellen“, aus *dis-* „nicht, un-“ und *simulare* „ähnlich machen“, zu *similis* „ähnlich“

dissolubel auflösbar, löslich, schmelzbar, zerlegbar; aus lat. *dissolubilis* in derselben Bedeutung, zu *dissolvere* „auflösen, zerlegen“, aus *dis-* „auseinander“ und *solvere* „lösen“

dissolut haltlos, zügellos; aus lat. *dissolutus* „aufgelöst, locker, ungebunden; zügellos, liederlich“, zu *dissolvere* „auflösen“, → dissolubel

Dissonanz Mißklang; aus lat. *dissonantia* „Mißklang“, zu *dissonare* „verworren, schlecht klingen, nicht übereinstimmen“, aus *dis-* „nicht, miß-“ und *sonare* „tönen“

Dissoziation Auflösung, Trennung, Zerfall; aus lat. *dissociatio,* Gen. *-onis,* „Trennung“, zu *dissociare* „trennen, spalten“ (und zwar das, was zusammengehören, zusammenhalten sollte), eigtl. „auseinandergesellen“, aus *dis-* „auseinander“ und *sociare* „verbinden, vereinigen, gemeinschaftlich machen“, zu *socius* „gemeinsam; Genosse, Gefährte“

Distanz Abstand, Entfernung; aus lat. *distantia* „Abstand, Entfernung“, zu *distare* „auseinanderstehen, getrennt, entfernt sein“, aus *di-* (in Zus. vor st für *dis-*) „auseinander“ und *stare* „stehen“

Distelfink ein Singvogel, Stieglitz; ein *Finken*vogel, der gern *Distel*samen frißt

Distichon Verspaar aus Hexameter und Pentameter; aus griech. *distichos* „zweizeilig“, aus *di-* „zweifach“ und *stichos* „Reihe, Linie“; das Distichon besteht aus zwei Zeilen

distingiert vornehm; über frz. *distingué* „vornehm“ aus lat. *distinguere* „absondern, unterscheiden“, eigtl. „mit einem spitzen Werkzeug Punkte machen und dadurch abteilen, trennen“, aus *di-* (in Zus. vor st für *dis-*) „auseinander“ und *stinguere* „stechen“, oder aus lat. *distinguere* „verschieden färben und dadurch absondern“, aus *dis-* „auseinander“ und *ting(u)ere* „färben“

Distinktion hoher Rang, Würde; *österr.:* Rangabzeichen; aus lat. *distinctio,* Gen. *-onis,* „Unterscheidung, Unterschied“, zu *distinguere* „unterscheiden“, → distingiert

Distorsion Verstauchung; aus lat. *distorsio,* Gen. *-onis,* „Verdrehung, Verrenkung“, zu *distorquere* „verdrehen, verrenken“, aus *dis-* „auseinander“ und *torquere* „drehen, verrenken“

Distraktion das Auseinanderziehen, Strecken; aus lat. *distractio,* Gen. *-onis,* „das Auseinanderziehen“, zu *distrahere* „auseinanderziehen“, aus *dis-* „auseinander“ und *trahere* „ziehen“

Distribution Verteilung, Auflösung; aus lat. *distributio,* Gen. *-onis,* „Verteilung, Auflösung eines Begriffs in mehrere“, zu *distribuere* „verteilen, logisch einteilen“, aus *dis-* „auseinander“ und *tribuere* „ein-, zuteilen“

Distrikt Bezirk, Bereich; aus lat. *districtus* „das Land um eine Stadt, Umgebung“, als Adj.: „zerstreut“, zu *distringere* „zerstreuen, auseinanderziehen, ausdehnen“, aus *di-* (in Zus. vor st für *dis-*) „auseinander, nicht“ und *stringere* „berühren, an etwas angrenzen, straffziehen“

Disziplin Zucht, straffe Ordnung; Fach-, Wissensgebiet; aus lat. *disciplina* „Erziehung, Zucht; Unterricht, Kenntnis, Wissen, Lehrmethode, einzelne Wissenschaft“, zu *discipulus* „Schüler, Zögling, Lehrling“, vielleicht aus **discipere* „geistig aufnehmen“, aus *dis-* „gänzlich“ und *capere* (in Zus. *-cipere*) „erfassen, ergreifen, aufnehmen“

Diszission *Med.:* Spaltung; aus lat. *discissio,* Gen. *-onis,* „Zerreißen, Spaltung“, zu *discindere* „auseinanderreißen, zerspalten“, aus *di-* (in Zus. vor sc für *dis-*) „auseinander“ und *scindere* „zerreißen, spalten“

Dithyrambe begeistertes Lob-, Festlied; aus griech. *Dithyrambos* Beiname des Gottes Dionysos (Bacchus); *da-*

nach: „Chorlied zu Ehren des Gottes Dionysos, das bei den Dionysosfesten gesungen wurde"; die Herkunft des Wortes, das neben →Jambus und Thriambos „Festlied" steht, ist nicht gesichert, →Triumph

dito ebenso; aus ital. *ditto, detto* „gesagt", hier im Sinne von „wie schon gesagt", zu *dire* aus lat. *dicere* „sagen, sprechen"

Dittographie fehlerhafte Doppelschreibung von Buchstaben; zweierlei Lesart in den Texten antiker Schriftsteller; aus griech. *dittos* „zweifach, doppelt", zu *dicha* „entzwei, getrennt", und *graphein* „schreiben"

Diurese Harnausscheidung; aus griech. *di-* „durch" und *ouresis* „das Harnen", zu *ouron* „Harn"

Diurnal *kath. Kirche:* Gebetbuch der Geistlichen mit den Stundengebeten; aus lat. *diurnus* „zum Tag, zu einem Tag gehörig", zu *dies* „Tag"

Diva gefeierte Bühnen- oder Filmkünstlerin; ital., lat. *diva* „Göttin", zu lat. *dea* „Göttin"

divergent auseinanderstrebend, abweichend, in entgegengesetzter Richtung verlaufend; aus frz. *divergent* „auseinanderlaufend, voneinander abweichend", zum Verb *diverger,* aus lat. *di-* (in Zus. vor v für *dis-*) „auseinander" und *vergere* „sich neigen, sich erstrekken, liegen"

divers verschieden; aus lat. *diversus* „entgegengesetzt, völlig verschieden", aus *di-* (in Zus. vor v für *dis-*) „auseinander" und *vertere* „wenden, drehen"

Divertikel sackartige Ausstülpung von Hohlorganen, bes. an Darm und Speiseröhre; aus lat. *diverticulum,* Nebenform von *deverticulum* „Nebenweg, Abweichung", zu *divertere* „auseinandergehen", *devertere* „sich abwenden, einen Abstecher machen", aus *dis-* „auseinander" bzw. *de-* „weg von" und *vertere* „wenden"

Divertimento unterhaltendes Musikstück in meist mehreren Sätzen; ital. *divertimento* „heiteres, leichtes Musikstück", zu *divertire* „unterhalten, zerstreuen, auf andere Gedanken bringen", aus lat. *divertere* „sich woandershin wenden, sich abwenden, auseinandergehen", aus *di-* (in Zus. vor v für *dis-*) „auseinander" und *vertere* „wenden"

dividieren teilen; aus lat. *dividere* „trennen, scheiden, teilen, zerteilen", aus *di-* (in Zus. vor v für *dis-*) „auseinander" und der idg. Wurzel **uidh-* „trennen"

Divinität Göttlichkeit; aus lat. *divinitas,* Gen. *-atis,* „Göttlichkeit, göttliche Natur", zu *divinus* „göttlich", zu *divus, deus* „Gott"

Division *Math.:* Teilung; *Mil.:* aus mehreren Waffengattungen bestehender Großverband; aus lat. *divisio,* Gen. *-onis,* „Teilung", zu *dividere,* →dividieren

Diwan *früher:* türk. Regierung oder Amtsstelle; Ruhebett ohne Rückenlehne; orientalische Gedichtsammlung; über frz. *divan* aus pers. *dīwān* „Amtszimmer sowie Sitz des Beamten; Rat, Staatsrat; Gerichtshof"

Dochmius fünfteiliger Vers aus Jambus und Kretikus, der durch Verlängerung der Kürzen und Auflösung der Längen die verschiedensten Formen annehmen kann; latinisiert aus griech. *dochmios* „in die Quere gehend, schief, schräg"

Dock Anlage zum Trockensetzen und Reparieren von Schiffen; durch Tore abgeschlossenes, vom Außenwasser unabhängiges Hafenbecken; aus ndrl. *dok,* mndrl. *docke,* Herkunft nicht bekannt

Dodekaeder von zwölf gleichen Flächen begrenzter Körper, Zwölfflächner; aus griech. *dodeka* „zwölf" und *hedra* „Grundlage, Grundfläche"

Dodekaphonie Zwölftonmusik; aus griech. *dodeka* „zwölf" und *phone* „Ton, Klang, Stimme"

Doelenstücke Gemälde niederländ. Maler des 16./17. Jh. mit Darstellungen von Schützengesellschaften; aus ndrl. *doelen* „Schützenhaus", mndrl. „Scheibenschießen", zu mndrl. *doel* „Sandhaufen als Zielscheibe", auch „Schießbahn", urspr. „aufgeworfene Erde, Wall" oder auch „Graben" (als Grenzzeichen)

Doge *früher:* Oberhaupt der Republi-

ken Venedig und Genua; venezian. Weiterbildung von lat. *dux,* Gen. *ducis,* „Führer"
Dogge eine große Hunderasse; aus engl. *dog* „Hund"
Dogma Glaubenssatz, kirchl. Lehrsatz mit dem Anspruch unbedingter Gültigkeit; aus griech. *dogma* „Meinung, Grundsatz, Lehrsatz", zu *dokein* „glauben, meinen", Ableitung von *dechesthai* „aufnehmen, annehmen, erwarten", wahrscheinlich zur idg. Wurzel **dek-* „(mit den offenen Händen) hingeben oder hinnehmen"
Dokimasie *im alten Griechenland:* Prüfung, Untersuchung der Anwärter für den Staatsdienst; aus griech. *dokimasia* „Prüfung, Untersuchung", zu *dokimazein* „prüfen, untersuchen", zu *dokimos* „bewährt, erprobt, tüchtig", zu *dokein* „glauben, meinen, erwarten"
Doktor Titel auf Grund einer akademischen Prüfung; *ugs.:* Arzt; aus lat. *doctor* „wissenschaftlich gebildeter Lehrer", zu *docere* „lehren, Unterricht geben"
Doktrin Lehrsatz, Lehrmeinung; aus lat. *doctrina* „Belehrung, Unterricht, Wissenschaft", zu *docere* „lehren, Unterricht geben"
Dokument Urkunde, amtliches Schriftstück; als Beweis dienendes Schriftstück; aus lat. *documentum* „Lehre, Belehrung, (warnendes) Beispiel, Beweis, der als Beispiel dienen kann", zu *docere* „lehren, Unterricht geben"
dolce *Mus.:* sanft, süß; ital. *dolce* „süß, sanft, zärtlich, weich", aus lat. *dulcis* (neutr. *dulce*) „süß, lieblich, zärtlich";
Dolcefarniente süßes Nichtstun, ital. *dolce far niente* „(es ist) süß, nichts (zu) tun"
Doldrum windstille Zone am Äquator, Kalmenzone; engl. *doldrum* in ders. Bed., im Slang auch „Kummer, Niedergeschlagenheit", vielleicht zu *dull* „trübe, matt, flau, still, traurig", die Endung *-drum* nach dem Muster des veralteten *tantrum* „schlechte Laune" gebildet
Dollar Währungseinheit in den USA und anderen Ländern; aus nddt. *daler* „Taler", dieses verkürzt aus *Joachimstaler (Groschen),* einer Silbermünze, die seit 1518 in St. Joachimsthal im Erzgebirge geprägt wurde
Dolmetscher jmd., der beim Gespräch zwischen Personen verschiedener Sprachen das Gesprochene übersetzt; aus türk. *dilmaç* „Erklärer, Ausleger", aus *dil* „Zunge, Sprache" und Nachsilbe *-maç,* also etwa „einer, der mit der Sprache umgeht"
Dolomit ein Mineral und Gestein; nach dem frz. Geologen und Mineralogen Déodat de *Dolomieu* (1750–1801); die Dolomiten sind nach dem Gestein benannt worden, da es dort ganze Gebirgsstöcke aufgebaut hat
doloros, auch **dolorös** schmerzhaft, schmerzempfindlich; aus lat. *dolorosus* „schmerzhaft", zu *dolor* „Schmerz"
dolos heimtückisch, vorsätzlich; aus lat. *dolosus* „trügerisch, betrügerisch, arglistig, heimtückisch", zu *dolus* „Trug, Betrug, Arglist", aus griech. *dolos* „List"
Dom Bischofskirche, Hauptkirche (einer Stadt); aus lat. *domus* „Haus, Wohnung", aus der idg. Wurzel **dem-* „bauen"
Domäne fürstliches oder staatliches Landgut; frz. *domaine* „Eigentum, Besitztum, Gut", aus lat. *dominium* „Eigentum, Besitz, Herrschaft, Gewalt (über etwas)", zu *dominus* „Herr", zu *domus* „Haus"
Domestik Dienstbote; frz. *domestique* „zum Haus gehörig, häuslich; Diener", aus lat. *domesticus* „zum Haus, zur Familie gehörig", zu *domus* „Haus"
domestizieren zu Haustieren zähmen, zu Kulturpflanzen machen, heimisch machen; frz. *domestiquer* „zum Haustier machen", aus lat. *domesticus* „zum Haus gehörig", zu *domus* „Haus"
dominieren vorherrschen, herrschen; aus lat. *dominari* „herrschen, den Herrn spielen", zu *dominus* „Herr, Hausherr", zu *domus* „Haus"
Dominion sich selbst regierender Teil des brit. Commonwealth; aus lat. *dominium* „Herrschaft über etwas, Besitz, Eigentum", zu *dominari* „herrschen, den Herrn spielen, tyrannisieren", zu

dominus „Herr, Hausherr", zu *domus* „Haus"
Domino Maskenkostüm aus weitem Mantel mit Kapuze; frz. *domino* bezeichnete im 16. Jh. den winterlichen schwarzen Chormantel der kath. Geistlichen, wahrscheinlich scherzhaft nach der liturgischen Formel *benedicamus Domino* „laßt uns den Herrn loben", die von den Geistlichen häufig gesprochen wird; warum der Name dann auf das Spiel überging, ist nicht geklärt. Im Frz. sagt man *faire domino* „das Spiel gewinnen", wörtlich „den Domino machen", d. h. „Herr sein, Sieger sein"; aber auch der einzelne Spielstein heißt *Domino,* vielleicht wegen der schwarzen Farbe
Domizellar *veraltet:* studierender junger Kleriker, Domschüler; aus mlat. *domicellus* „Fürstensohn, junger Edelmann, der noch nicht zum Ritter geschlagen ist", Verkleinerungsform von lat. *dominus* „Herr, Hausherr", zu *domus* „Haus"
Domizil Wohnsitz; aus lat. *domicilium* „Wohnung, Wohnsitz", zu **domicula,* Verkleinerungsform von *domus* „Haus"
Dompteur Tierlehrer, Tierbändiger; frz. *dompteur* „Tierbändiger, Bezwinger", zu *dompter* „bezwingen, zähmen", aus lat. *domitare* „bändigen, überwinden", Intensivum zu *domare* „zähmen", eigtl. „ans Haus fesseln oder gewöhnen", zu *domus* „Haus"
Domra lautenähnliches russ. Zupfinstrument; aus russ. *domra, dombra* in derselben Bedeutung; das Wort ist in zahlreichen Formen im Tatarischen, Kalmückischen u. a. zu finden, ohne daß sich eine Grundbedeutung feststellen ließe; vielleicht ist es eine lautmalende Bildung, da *dom-* früher nasal gesprochen wurde und der Ton im Russischen auf der zweiten Silbe liegt
Don *span. Bez. für* Herr, aus lat. *dominus* „Herr, Hausherr", zu *domus* „Haus"
Donja *ugs., abwertend:* Dienstmädchen; Freundin, Geliebte; aus span. *doña* „Herrin", aus lat. *domina* „Herrin", → Don
Dontgeschäft Börsengeschäft, dessen Vertrag zum Kurs des Abschlußtages, aber zu einem späteren Termin erfüllt wird und von dem jeder Partner gegen Zahlung einer Prämie *(Dontprämie)* zurücktreten kann; aus frz. *dont* für *de qui, duquel* usw. „von diesem, davon", nach der Wendung *dont 100 Francs* oder *dont 50 Francs* o. ä. „davon" (d. h. von der Gesamtsumme) „100 Francs"
doof dumm, langweilig; nddt. *doof, dof* „taub, schwerhörig", dann auf leere, gehaltlose Gegenstände übertragen, wie taube Nüsse oder Körner, unfruchtbare Eier, schließlich auf jmdn., bei dem geistig nicht viel da ist, oder eine Sache, die nichts zu bieten hat
dopen *Sport:* durch verbotene Anregungsmittel zu Höchstleistungen treiben; aus engl. Slang *dope* „Rauschgift, Narkotikum, bes. Opium", eigtl. „Lack, dicke Flüssigkeit", aus ndrl. *dopen* „eintauchen, taufen"
Dormeuse bequemer Lehnstuhl, Schlafstuhl; frz. *dormeuse* „Schlafstuhl, bequemer Reisewagen", zu *dormir* „schlafen"
Dormitorium Schlafsaal; lat. *dormitorium* „Schlafzimmer", zu *dormire* „schlafen"
Dorsale Rückwand des Chorgestühls; aus lat. *dorsualis* „zum Rücken gehörig, auf dem, am Rücken befindlich", zu *dorsum* „Rücken"
Dose kleiner Behälter aus Holz oder Metall, Büchse; zu *Dosis,* da früher in den Apotheken jede Dosis ihren eigenen Behälter hatte
Dosis vom Arzt verordnete Menge eines Heilmittels; aus griech. *dosis* „Gabe", zu *didonai* „geben"
Dossier alle zu einem Vorgang gehörenden Akten, Aktenbündel; frz. *dossier* „Umschlag um ein Aktenbündel, Aktenstoß", zu *dos* „Rücken", aus vulgärlat. *dossum* für lat. *dorsum* „Rükken"
dossieren abschrägen; aus frz. *dossier* „Rückenlehne", zu *dos* „Rücken"
dotieren stiften, schenken; mit Einkünften versehen, mit Bezahlung verbinden; aus lat. *dotare* „ausstatten", zu *dos,* Gen. *dotis,* „Gabe", zu *dare* (1.

Person: *do*) „geben"
Douane *frz. Bez. für* Zoll, Zollamt; ältere Form *douwaine,* aus arab., pers. *dīwān* „Amtszimmer, Empfangszimmer, Behörde"
Double Ersatzmann, der für den Schauspieler Rollenpartien spielt, die dieser nicht spielen kann; frz. *double* „doppelt", im Theater „Stellvertreter", aus lat. *duplus, duplex* „zweifach, doppelt", → Duplikat
down niedergeschlagen, erschöpft, erledigt; engl. *down* „unten, herunter, hinunter", verkürzt aus *adown* aus altengl. *adune, ofdune* in ders. Bed., eigtl. „den Hügel hinunter, vom Hügel herunter", aus *of, a-* „von" und *dune,* Dativ von *dun* „Hügel"
Doxale *in mittelalterl. Kirchen:* Lettner; *in Barockkirchen:* Gitter zwischen Hauptschiff und Chor; *später:* Empore für Orgel und Sängerchor; der Begriff stammt aus dem Mittellat. und ist vermutlich von → *Doxologie* abgeleitet, dem Lobgesang in der christl. Liturgie, der vom Sängerchor auf der Empore gesungen wurde
Doxograph (meist Pl.) antiker Autor, der philosophische Lehrmeinungen nach Problemen geordnet und überliefert hat; aus griech. *doxa* „Meinung, Lehre, Lehrsatz" und *grapheus* „Schreiber, Schriftsteller", zu *graphein* „schreiben"
Doxologie *im christl. Gottesdienst:* Lobpreisungsformel, z. B. die letzten Worte des Vaterunsers; aus griech. *doxa* „Ruhm, Herrlichkeit, Ehre" und *logos* „Wort", zu *legein* „sagen, sprechen"
Doyen Rang- und Dienstältester, Wortführer eines diplomatischen Korps; frz. *doyen* „Dekan, Dienstältester, Alterspräsident", aus lat. *decanus* „Vorgesetzter von zehn Mann", zu *decem* „zehn"
Dozent Lehrer an einer Hochschule; aus lat. *docens,* Gen. *-entis,* „lehrend", zu *docere* „lehren, unterrichten"
Drache Fabeltier, riesige Echse; aus lat. *draco,* griech. *drakon* „Schlange", zu *derkesthai* „sehen, blicken, Augen haben", also eigtl. „Tier, bei dem die Augen bes. auffallen, scharf oder starr blickendes Tier"; die Bezeichnung wurde später auf den Lindwurm übertragen
Drachme griech. Währungseinheit; griech. *drachme* „Münze im Wert von sechs Obolen" (→ Obolus), etwa 80 Pfennig, eigentlich: „eine Handvoll" (Obolen), zu *drassesthai* „greifen, ergreifen, fassen"
Dragée mit Zucker überzogene Süßigkeit oder Pille; frz. *dragée* „Zuckermandel, -erbse, Stück Zuckerwerk", wahrscheinlich aus griech. *tragemata* „Naschwerk", eigtl. „Knabberwerk", zu *trogein* „nagen, benagen, knabbern, Nüsse, Mandeln essen"
Dragoman *früher im Vorderen Orient:* Dolmetscher; aus arab. *turǧumān* „Erklärer, Dolmetscher", zu *tarǧama* „dolmetschen", aus dem Babylonischen
Dragoner leichter Reiter; aus frz. *dragon* „Dragoner; Drache", altfrz. auch „Feldzeichen", also eigtl. „Reiter unter dem Feldzeichen des Drachen", aus lat. *draco* „Drache" sowie ein zu Trajans Zeit im röm. Heer eingeführtes „Feldzeichen einer Kohorte, eine Lanze mit einem darauf befestigten Drachen aus gemaltem Zeug oder Häuten, der sich, wenn der Wind in den offenen Rachen blies, hin und her bewegte" (nach Georges), aus griech. *drakon* „Schlange" (→ Drache)
drainieren (Wundabsonderungen) mittels Gummiröhrchen oder Gazestreifen ableiten; aus engl. *to drain* „abfließen lassen, entwässern", aus mengl. *draynen,* altengl. *drehnian, dreahnian* „sieben, filtrieren", eigtl. „austrocknen", zu *dryge* „trocken"
drakonisch streng, hart, unnachsichtlich; nach *Drakon,* dem altgriech. Verfasser eines wegen seiner Härte berüchtigten Gesetzbuches (um 621 v. Chr.)
Drama Schauspiel, Bühnendichtung; aus griech. *drama* „Handlung, Schauspiel", zu *dran* „tun, handeln"
Dramaturgie Lehre vom Drama und seiner Bearbeitung für die Bühne; aus griech. *dramatourgein* „dramatisch

darstellen", zu *drama*, Gen. *dramatos*, „Handlung, Schauspiel" und *ergon* „Werk", zu *ergazesthai* „arbeiten, anfertigen"

dränieren (den Boden) entwässern; auch = drainieren, →drainieren

drapieren kunstvoll in Falten anordnen; aus frz. *draper* „mit Tuch ausschlagen, behängen; in Falten legen, schön ordnen", zu *drap* „Tuch", aus lat. *drappus* „Tuch, Lappen"

drastisch stark wirkend (Heilmittel); sehr wirksam, energisch (Maßnahme); derb, deutlich (Ausdruck); aus griech. *drastikos* „wirksam", zu *dran* „tätig sein, tun, handeln"

Dredge Schleppnetz für kleine Meerestiere; engl. *dredge* „Schleppnetz", aus altengl. *dragan* „ziehen", wahrscheinlich verwandt mit lat. *trahere* „ziehen, schleppen"

Dreß Sportkleidung; engl. *dress* „Kleidung, Kleid, Anzug", zu *to dress* „kleiden, anziehen; zurichten, zubereiten", aus altfrz. *dresser, drecier* „ankleiden, herrichten", über vulgärlat. **directiare* aus lat. *dirigere* „in allen Teilen geraderichten, nach einem Ziel richten, hinlenken", →dirigieren

dressieren abrichten, lehren (Tier); hübsch anrichten (Speise u. a.); aus frz. *dresser* „errichten, aufstellen; abrichten (Tier); anrichten, zubereiten", über *direct* aus lat. *directus* „gerade", →direkt, dirigieren

Dreßman jmd., der auf Modenschauen Herrenkleidung vorführt; männliches Fotomodell; aus engl. *dress* „Kleidung" (→Dreß) und *man* „Mann"

dribbeln *Fußball:* den Ball in kurzen Stößen vor sich her treiben; aus engl. *to dribble* in ders. Bed. sowie „tröpfeln", Iterativum zum untergegangenen Verb *to drib* = *to drip* „tropfen", zu *drop* „Tropfen"

Drive *Jazz:* drängender, treibender Rhythmus; *Golf, Tennis, Polo:* auf große Entfernung berechneter Schlag, Treibschlag; engl. *drive* in ders. Bed., allg. „Triebkraft, Schwung", zu *to drive* „treiben, antreiben"

Droge zu Arzneien verwendeter pflanzlicher oder tierischer Stoff; *ugs.:* Rauschgift; über frz. *drogue*, span. *droga* aus mittelniederdt. *droge* „trocken", und zwar aus der Fügung *droge-fate* „trockene Fässer, Trockenfässer", was irrtümlich als „ Fässer mit Trockenware" verstanden wurde, so daß die Bezeichnung von der Verpackung auf den Inhalt, das Material, überging

Drolerie Drolligkeit, Komik; kurze, komische Erzählung; drollige, bildhauerische oder geschnitzte Darstellung; frz. *drôlerie* „komischer Einfall, Schnurre", zu *drôle* „drollig, lustig, possierlich; Schlingel", aus prov. *drolo* „Kind"

Dromedar ein Kamel; aus lat. *dromedarius*, griech. *dromedarios*, zu griech. *dromaios* „laufend, schnell"

Dropout jmd., der außerhalb der etablierten Gesellschaft (deren Regeln er nicht anerkennt) lebt; *EDV:* Signalausfall; aus engl. *to drop out* „ausscheiden, sich zurückziehen", eigtl. „heraustropfen", zu *to drop* „tropfen" und *out* „aus, heraus"

Drops ungefülltes Fruchtbonbon; aus engl. *drops* (Pl.) „Zuckerplätzchen, Bonbons", eigtl. „Tropfen" (Pl.), wegen der runden Form

Droschke Mietauto, Mietpferdewagen; aus russ. *drožki* „leichter Wagen", zu *droga* „Verbindung zwischen Vorder- und Hinterachse des Wagens, Wagenbaum"

Drosera eine fleischfressende Pflanze, Sonnentau; aus griech. *droseros* „tauig", zu *drosos* „Tau"; an den Haaren der Blätter sitzen knöpfchenartige Drüsen, die eine wasserhelle, klebrige Flüssigkeit absondern, mit der Insekten angelockt und festgehalten werden

Drosograph selbstschreibendes Taumeßgerät; aus griech. *drosos* „Tau" und *grapheus* „Schreiber", zu *graphein* „schreiben"

Drude *germ. Myth.:* Nachtgeist, Gespenst; aus mhd. *trut* „männlicher oder weiblicher Alp", zu got. *truden* „treten"

Drugstore *amerik. Bezeichnung für* Schnellgaststätte mit Laden (urspr. Drogerie) für verschiedene Bedarfsartikel; aus engl. *drug* „Droge, Arzneimittel" (→Droge) und *store*, amerik. „Laden", engl. „Vorrat, Vorratslager, Speicher", zu *to store* „aufbewahren, lagern", aus mengl. *storen* in ders. Bed., aus altfrz. *estorer* „einrichten, einsetzen", aus lat. *instaurare* „ins Werk setzen", aus *in* „in hinein" und griech. *stauroun* „einen Pfahl einschlagen", zu *stauros* „Pfahl"

Drumlin langgestreckter Hügel aus eiszeitlichem Grundmoränenmaterial; aus irisch-gälisch *druim* „Bergkamm, Grat, Rücken" und engl. Verkleinerungsendung *-lin*, Nebenform von *-ling*

Dryade *griech. Myth.:* Wald-, Baumnymphe; aus griech. *dryas*, Gen. *dryados*, in derselben Bedeutung, zu *drys*, Gen. *dryos*, „Baum"

Dschungel tropischer Urwald, bes. in Indien; über engl. *jungle* aus Sanskrit *jangala-* „Wüstenei, unbebauter Boden"

Dschunke chines. Segelschiff; aus malai. *djung, jung* „großes Boot, seetüchtiges Schiff"; da mit diesem Wort bes. die chines. Schiffe, eben die Dschunken, bezeichnet werden, liegt die Herkunft aus dem Chines. nahe, sie ist aber nicht sicher; vielleicht aus chin. *tschuan* „Boot, Schiff", dem entspricht im Amoy-Dialekt *tsun* „Schiff"

Dualismus Widerstreit zweier entgegengesetzter Kräfte; aus lat. *dualis* „zwei enthaltend", zu *duo* „zwei"

dubios, dubiös zweifelhaft, unsicher; aus lat. *dubiosus* „zweifelhaft", zu *dubius* „zwischen zweien schwankend, zweifelnd, ungewiß", zu *duo* „zwei"

Dublette zweimal vorhandener Gegenstand, Doppelstück, Doppeltreffer; mit einem imitierten Stück zusammengekitteter Edelstein; aus frz. *doublet* „falscher Edelstein, zwei gleiche Karten", zu *double* „doppelt", vgl. Double

Dublone alte span. Goldmünze; aus frz. *doublon*, span. *doblón* in derselben Bedeutung, eigtl. „Doppelstück", zu span. *doble* „doppelt", aus lat. *duplus, duplex* „doppelt", →Duplikat

Duca *ital. Bez. für* Herzog; aus lat. *dux*, Gen. *ducis*, „Führer"

Duckmäuser sich sofort fügender, allzu demütiger, eilfertiger Mensch; aus frühnhd. *duckelmûser*, mhd. *tockelmûser* „Schleicher, Heuchler", zu *tockelmûsen* „Heimlichkeit treiben, unter dem Schein der Demut seinen Vorteil suchen"; der erste Wortteil ist mundartlich erhalten in *duckeln* „sich oft ein wenig ducken, demütig sein oder tun", Iterativum zu *ducken*, der zweite gehört zu mhd. *mûsen* „mausen, Mäuse fangen, stehlend schleichen, betrügen", zu *mûs* „Maus"

Duell Zweikampf; aus mlat. *duellum* „Zweikampf", aus lat. *bellum*, altlat. *dvellum* „Krieg", wahrscheinlich mit volksetymologischer Anlehnung an *duo* „zwei"

Duett Musikstück für zwei Singstimmen oder zwei gleiche Instrumente; aus ital. *duetto* in ders. Bed., Verkleinerungsform von *duo* „Musikstück für zwei verschiedene Instrumente", zu *due* „zwei"

dufte *ugs.:* großartig, prächtig; rotw. *dufte*, aus *tof* „gut", dieses aus jidd. *tow* „gut", aus hebr. *tōb* „gut, tüchtig, schön"

Dukaten alte deutsche, urspr. venezianische Goldmünze; nach den im 13. Jh. geprägten venezianischen Goldmünzen mit der Inschrift *Sit tibi Christe datus quem tu regis iste ducatus* „Dir, Christus, sei der Dukat geweiht, den du regierst"; lat. *ducatus* bedeutete urspr. „Feldherrnwürde, Amt eines Anführers, Kommando", zu *dux* „Führer, Feldherr, Befehlshaber"; als im frühen MA der Dux auch zivile Aufgaben und Befugnisse in einer Provinz erhielt, verschob sich die Bedeutung von *ducatus* auf „Amts-, Herrschaftsbereich eines Dux" (hier: des Dogen von Venedig); die Bezeichnung *ducatus* in der Inschrift ging dann auf die Münze selbst über

Duke *engl. Bez. für* Herzog; aus mengl. *duk, duc*, aus altfrz. *duc* aus lat. *dux*, Gen. *ducis*, „Führer"

Duktus Art des Schreibens, Linienführung einer Zeichnung, der Schrift usw.; aus lat. *ductus* „Zug (Schrift-, Gesichtszug)", eigtl. „das Gezogene", zu *ducere* „führen, ziehen, leiten"

Dulzinea *ugs., abwertend:* Geliebte, Freundin; nach *Dulcinea,* der Geliebten des Don Quijote (Titelheld des Romans von Miguel de Cervantes Saavedra)
Dumka schwermütiges slaw. Volkslied, auch Instrumentalstück; aus dem Ukrain., Verkleinerungsform von *duma* „Lied"
Dummy Schaupackung, Attrappe; lebensgroße Puppe zu Testzwecken; Sandsack in menschlicher Form zum Boxtraining; engl. *dummy* in denselben Bedeutungen, eigtl. „stumme Person, stummes Geschöpf", zu *dumb* „stumm"
Dumping Verkauf auf ausländischen Märkten zu Preisen, die unter den Inlandspreisen liegen; engl. *dumping* in ders. Bed. sowie „Schleuderverkauf, Schuttabladen", zu *to dump* „abladen, verschleudern", eigtl. „hinfallen lassen, hinplumpsen lassen", urspr. lautmalend
Duodenum Zwölffingerdarm; aus lat. *duodeni* „je zwölf, zusammen zwölf", zu *duodecim* „zwölf", aus *duo* „zwei" und *decem* „zehn"
Duodez altes Buchformat in der Größe eines Zwölftelbogens; aus lat. *duodecim* „zwölf", aus *duo* „zwei" und *decem* „zehn"
Duplikat Doppel, Abschrift, Durchschlag, Kopie; aus lat. *duplicatus* „verdoppelt", zu *duplicare* „verdoppeln, doppelt zusammenlegen", zu *duplex* „doppelt", eigtl. „zweimal zusammengelegt", aus *duo* „zwei" und *plaga* „Fläche"
Dur eines der beiden Tongeschlechter; aus lat. *durus* „hart", wegen des härteren Klangs der großen Terz im Dreiklang der Tonika im Unterschied zu → Moll
durabel dauerhaft, beständig; aus lat. *durabilis* „dauerhaft, ausdauernd", zu *durus* „hart"
Durchlaucht Titel und Anrede für einen Fürsten; aus spätmhd. *durchluht,* mhd. *durchliuht(ic)* „berühmt, erhaben", eigentlich „durchleuchtet, erleuchtet"
Dusche Brausebad; aus frz. *douche* „Wasserrinne, Gießbad", aus ital. *doccia* „Dusche, Brause", aus lat. *ductio,* Gen. *-onis,* „Leitung, bes. Wasserleitung", zu *ducere* „führen, leiten", zu *dux,* Gen. *ducis,* „Führer, Leiter"
Dutzend zwölf Stück; aus frz. *douzaine* „zwölf Stück", zu *douze* „zwölf", aus lat. *duodecim* „zwölf", aus *duo* „zwei" und *decem* „zehn"
Dyadik auf der Zahl 2 aufgebautes Zahlensystem; aus griech. *dyas,* Gen. *dyados* „Zweiheit, die Zahl 2"
Dynamik Lehre von der Bewegung von Körpern unter dem Einfluß von Kräften; *allg.:* lebendige Bewegtheit, Schwung; aus griech. *dynamos* „Kraft, Vermögen, Leistungsfähigkeit", zu *dynasthai* „können, vermögen"
Dynamometer Gerät zum Messen von Kräften und mechanischer Leistung; aus griech. *dynamos* „Kraft" (→ Dynamik) und *metron* „Maß", zu *metrein* „messen"
Dynastie Herrscherhaus, Herrscherfamilie; aus griech. *dynasteia* „Herrschaft", zu *dynasteuein* „herrschen" und *dynastes* „Herrscher", zu *dynasthai* „können, vermögen" und *dynamis* „Vermögen, Macht, Kraft", weitere Herkunft nicht geklärt, vielleicht zur idg. Wurzel **dya, *dye-* „sich vorwärts bewegen"
Dysästhesie Empfindungsstörung, bei der Reize anders als normal (oft unangenehm) wahrgenommen werden; aus griech. *dys-* „un-, nicht, miß-, widrig" und *aisthesis* „Empfindlichkeit", zu *aisthanesthai* „wahrnehmen, empfinden"; → Ästhetik
Dysenterie Ruhr; aus griech. *dysenteria* „Durchfall", zu *dys-* „schlecht, übel" und *enteros* „Darm", Pl.: *entera* „Eingeweide"
Dyskolie Verdrießlichkeit, Unzufriedenheit; aus griech. *dyskolia* „Unzufriedenheit, mürrisches Wesen", zu *dyskolos* „unzufrieden", weitere Herkunft nicht bekannt
Dyskrasie fehlerhafte Zusammensetzung (der Körperflüssigkeiten, bes. des Blutes); aus griech. *dyskrasia* „schlechte Mischung", zu *dys-* „schlecht, übel" und *krasis* „Mischung", zu *kerannynai*

„mischen", zur idg. Wurzel **ker-*, **kra-* „mischen"

Dysmelie angeborene Mißbildung (von Gliedmaßen); aus griech. *dys-* „schlecht, übel" und *melos* „Glied"

Dyspepsie Verdauungsstörung; aus griech. *dyspepsia* „schlechte Verdauung", zu *dys-* „schlecht, übel" und *pepsis* „das Kochen", übertr.: „Verdauung", zu *pessein* „kochen", übertr.: „verdauen"

Dysphasie Sprechstörung, Unfähigkeit, die den Vorstellungen und Dingen entsprechenden Wörter zu finden; aus griech. *dys-* „schlecht, nicht" und *phasis* „das Sprechen, Ausspruch", zu *phanai* „sprechen"

Dysphorie Übellaunigkeit, Gereiztheit, Verstimmung; aus griech. *dysphoros* „schwer zu ertragen, beschwerlich, lästig, schwierig", aus *dys-* „schlecht, übel" und *phorein, pherein* „tragen"

Dysphrenie seelische Störung; aus griech. *dysphron* „kummervoll, traurig", aus *dys-* „übel, schlecht" und *phren* „Zwerchfell"; das Zwerchfell galt als Sitz der Geistes- und Seelenkräfte, daher bedeutet *phren* übertragen auch „Seele, Geist"

Dysplasie körperliche Mißbildung, Fehlentwicklung; aus griech. *dys-* „schlecht, übel" und *plasis* „Form, Gebilde, Bildung"

Dyspnoe Atemstörung, Kurzatmigkeit; aus griech. *dys-* „schlecht, nicht" und *pnoe, pnoie* „Atem", zu *pnein* „atmen"

Dysprosium chemisches Element; aus griech. *dysprositos* „schwer zu erlangen, schwer zugänglich" (weil es von den übrigen Metallen der seltenen Erden schwer zu trennen ist), aus *dys-* „schlecht, nicht" und *prositos* „zugänglich", zu *prosienai* „herankommen lassen", aus *pros* „nach hin, zu hin" und *hienai* „in Bewegung setzen, loslassen"

Dystonie Störung des normalen Spannungszustandes (von Muskeln, Gefäßen, Nerven); aus griech. *dys-* „schlecht, nicht" und *tonos* „Spannung"

Dystrophie Ernährungsstörung (von Muskeln, Organen); aus griech. *dys-* „miß-, übel" und *trophe* „Ernährung, Nahrung", zu *trephein* „ernähren"

E

Earl *engl. Bez. für* Graf; aus mengl. *erl,* altengl. *eorl* „Mann, Krieger, Held, Anführer, Fürst, Edelmann", zu altnord. *jarl* „Anführer, Häuptling"

Ebenholz dunkles, schweres, hartes Holz verschiedener tropischer Laubbäume; aus lat. *ebenum, hebenum* „Ebenholz", zu *ebenus, hebenus* „Ebenholzbaum", aus altägypt. *hbnj* „Ebenholz" (der Baum selbst war in Ägypten nicht bekannt)

Ecce-Homo Darstellung Christi mit der Dornenkrone; nach dem Ausspruch des Pilatus *Ecce homo!* „Seht, welch ein Mensch!" (Johannes 19,5); lat. *ecce* „da, sieh, seht da" (eigtl. *ence,* aus *en* „siehe, seht" und *-ce* „da") und *homo* „Mensch"

Echappement *veraltet für* Flucht; Hemmvorrichtung (in der Uhr); Auslösung, Freigabe (einer Mechanik); frz. *échappement* in ders. Bed., zu *échapper* „entfliehen, entweichen", aus ital. *scappare* „entschlüpfen", eigtl. „aus dem Mantel schlüpfen", aus *s-* (für *es-,* lat. *ex*) „aus, heraus" und *cappa* „Mantel mit Kapuze"

echauffieren sich e.: sich erhitzen, erregen; aus frz. *échauffer* „erwärmen", übertr. „erhitzen, erregen", aus *é-* (verstärkend) „sehr, heftig" und *chauffer* „erwärmen", → Chauffeur

Echeveria eine Zimmerpflanze; nach dem mexikan. Pflanzenmaler M. *Echeverria* (Anfang des 19. Jh.)

Echinus Seeigel; aus griech. *echinos* „Seeigel", zu *echis* „Schlange, Otter", aus der idg. Wurzel **egh-* „stechen"

Echo Widerhall; aus griech. *echo* „Schall, Widerhall", zu *eche* „Ton, Geräusch, Brausen, Ruf", wohl zur idg. Wurzel **wagh-* „tönen"

Eclair ein mit Creme gefülltes, längliches Gebäck; frz. *éclair* „Blitz" (altfrz. „Licht, Glanz, Schein"), zu *éclairer* „erleuchten", über vulgärlat. **exclariare* aus lat. *exclarare* „erhellen", zu *clarus* „hell, klar"; die Bezeichnung wurde wahrscheinlich deshalb auf das Gebäck übertragen, weil der Teig gespritzt wird und dadurch die Zackenform eines Blitzes erhält

Economiser Vorwärmer für das Wasser von Dampfkesselanlagen; engl. *economizer* „Vorwärmer, Sparanlage", zu *to economize* „sparsam wirtschaften, sich einschränken", zu *economy* „Sparsamkeit, Wirtschaftlichkeit; Wirtschaft", → Ökonomie

Edaphon die Welt der Kleinlebewesen im und auf dem Erdboden; aus griech. *edaphos* „Boden, Erdboden"

Edentate zahnarmes Säugetier, z. B. Faultier, Ameisenbär; aus lat. *edentatus* „zahnlos", zu *edentare* „der Zähne berauben", aus *e-,* (in Zus. für *ex*) „aus, heraus" und *dens,* Gen. *dentis,* „Zahn"

edieren herausgeben (Buch); aus lat. *edere* „herausgeben", → Edition

Edikt Erlaß, Verordnung (von Kaisern oder Königen); aus lat. *edictum* „amtlicher Befehl, Verordnung, Bekanntmachung", zu *edicere* „aussagen, verkünden, öffentlich ankündigen", aus *e-* (in Zus. für *ex*) „aus, heraus" und *dicere* „sagen"

Edition Ausgabe, Herausgabe (von Büchern u. ä.); aus lat. *editio,* Gen. *-onis,* „Herausgabe, Ausgabe", zu *edere* „herausgeben", aus *e-* (in Zus. für *ex*) „aus, heraus" und *dare* „geben"

Efendi früher türk. Titel für ranghohe Personen, danach bis 1934: Herr (als höfl. Anrede); aus griech. *authenti,* Vokativ zu *authentis* „Selbstherrscher, Gewaltherrscher", in der neugriech. Aussprache [aftendis], aus *autoentis* „der selbst Vollendende"; → authentisch

Effekt Wirkung, Erfolg; aus lat. *effectus* „Ausführung, Verwirklichung, Wirkung, Erfolg", zu *efficere* „hervorbringen, schaffen, bewirken, veranlassen", aus *ef-* (in Zus. vor f für *ex*) „aus, her-

aus" und *facere* (in Zus. *-ficere*) „machen"
effilieren Haare e.: beim Schneiden dünner machen; aus frz. *effiler* „ausfasern, ausfädeln, dünner schneiden", aus *é-* (altfrz. *es-*, lat. *ex*) „aus, heraus" und *fil* aus lat. *filum* „Faden"
Effizienz Wirkkraft, Wirksamkeit; über engl. *efficiency* aus lat. *efficientia* „Wirksamkeit", zu *efficere*, → Effekt
Effloreszenz *Med.:* Hautblüte; *Geol.:* Salzüberzug auf Böden und Gesteinen; aus lat. *efflorescens*, Part. Präs. von *efflorescere* „erblühen, hervorsprießen", aus *ef-* (in Zus. vor f für *ex*) „aus, heraus" und *florescere* „aufblühen, erblühen", zu *florere* „blühen", zu *flos*, Gen. *floris*, „Blüte, Blume"
effluieren *Med.:* ausfließen, ausdünsten; aus lat. *effluere* „herausfließen, entströmen", aus *ef-* (in Zus. vor f für *ex*) „aus, heraus" und *fluere* „fließen, strömen"
Effusion Ausströmen, Erguß; aus lat. *effusio*, Gen. *-onis*, „das Ausgießen, Erguß", zu *effundere* „ausgießen, vergießen", aus *ef-* (in Zus. vor f für *ex*) „aus, heraus" und *fundere* „gießen"
egal gleichmäßig; gleichgültig; über frz. *égal* in ders. Bed. aus lat. *aequalis*, *aequus* „gleich beschaffen"
Egoismus Ichsucht, Selbstsucht; aus lat. *ego* „ich"
Egoutteur Walze zum Erzeugen des Wasserzeichens im Papier; aus frz. *égoutter* „ablaufen, abtropfen lassen", aus *é-* „aus, heraus" und *goutte* aus lat. *gutta* „Tropfen"
egozentrisch alles auf sich selbst beziehend, nur vom eigenen Standpunkt aus denkend und handelnd; aus lat. *ego* „ich" und *centrum* „Mittelpunkt", → Zentrum
Eidechse ein Reptil; aus ahd. *idehsa;* die weitere Herkunft ist dunkel, vielleicht aus germ. **agi*, **awi* „Schlange" und ahd. *dehse* „Spindel"; die Sammelbezeichnung „Echse" für bestimmte Kriechtiere geht auf eine falsche Silbentrennung bei der Klassifizierung im 19. Jh. zurück
Eidetik Fähigkeit, früher Gesehenes als anschauliches Bild wieder vor sich zu sehen; aus griech. *eidos* „das Sehen, Schauen; Form, Bild"
Eidophor Fernsehgerät für Großbilder; aus griech. *eidos* „Bild" und *phorein, pherein* „tragen"
einwecken kochen und luftdicht abschließen (Obst u. a.); nach dem Erfinder, Johannes *Weck* (1841–1914)
Ejakulation Samenerguß; aus lat. *eiaculari* „herausschleudern", aus *e-* (in Zus. für *ex*) „aus, heraus" und *iaculari* „schleudern, werfen", zu *iaculum* „Wurf, das Geworfene", zu *iacere* „werfen"
Ekchymose blutunterlaufene Stelle; aus griech. *ek* „heraus, hinaus" und *chymos* „Saft"
ekdemisch auswärts befindlich, abwesend; aus griech. *ekdemos* „auswärtig, fern, außer Landes", zu *ek* „heraus, hinaus" und *demos* „Land, Gebiet"
Ekklesiologie Lehre von der Kirche; aus griech. *ekklesia* urspr. „Volksversammlung, Versammlungsplatz", dann auch „Kirche, Gemeinde" und *logos* „Wort, Lehre, Kunde", zu *legein* „sagen, sprechen, erklären"
Eklampsie Krampfanfall während der Spätschwangerschaft, der Entbindung oder des Wochenbettes infolge Stoffwechselversagens; aus griech. *eklampsis* „Aufleuchten, Aufblitzen", zu *eklampein* „aufflammen, hervorleuchten", aus *ek* „heraus, hinaus" und *lampein* „leuchten, lodern, blitzen"; der Anfall tritt oft unerwartet und blitzartig auf
Eklat aufsehenerregendes Ereignis, Skandal; frz. *éclat*, altfrz. *esclate* „Splittern, Span; Knall, Getöse, Krachen, Lärm (beim Zersplittern)", übertr. „Aufsehen, Skandal", zu *éclater*, altfrz. *esclater* „zersplittern, zerbersten, knallen, prasseln, krachen", über vulgärlat. **ascla* aus lat. *assula, astula* „Splitter, Span"
Eklektizismus Übernahme fremden Gedankengutes oder fremder Stile ohne eigene schöpferische Leistung; aus griech. *eklektikos* „jemand, der auswählt", zu *eklegein* „auswählen", aus *ek* „heraus" und *legein* „lesen, sammeln"

Eklipse Sonnen- oder Mondfinsternis; aus griech. *ekleipsis* „Ausbleiben, Verschwinden", zu *ekleipein* „verlassen, verschwinden", aus *ek* „heraus, hinaus" und *leipein* „lassen, zurücklassen, schwinden, sich entfernen" **Ekliptik** größter Kreis der Himmelskugel, den die Sonne scheinbar im Lauf eines Jahres durchläuft; sie wurde so genannt, als man feststellte, daß die Sonnen- und Mondfinsternisse (→ Eklipse) nur dann eintreten, wenn der Mond auf diesem Kreis steht

Ekloge altrömisches Hirten-, Schäfergedicht; aus griech. *ekloge* „Auswahl, ausgewähltes Stück", in der altröm. Literatur „auserwähltes, auserlesenes Gedicht", später auf die Hirtengedichte beschränkt

Ekossaise schottischer Volkstanz; frz. *écossaise* „Schottin, schott. Tanz", zu *Écosse* aus lat. *Scotia* „Schottland"

ekrü naturfarben; frz. *écru* „ungebleicht", zu *cru* „roh, unbearbeitet", aus lat. *crudus* „roh, unbearbeitet, unreif"

Ekstase rauschhafte Verzückung, Entrückung, übersteigerte Begeisterung; aus griech. *ekstasis* „Verwunderung, Entsetzen; Verzückung", eigentlich „das Außersichgeraten", aus *ek* „heraus" und *stasis* „das Stehen, Stand, Stellung", zu *histasthai* „stehen"

Ektasie *Med.:* Ausdehnung, Erweiterung; aus griech. *ektasis* „Ausdehnung", zu *ekteinein* „ausdehnen, ausspannen, ausstrecken", aus *ek* „heraus, hinaus" und *teinein* „dehnen, spannen, strecken"

Ektoderm äußere Zellschicht (Keimblatt) des vorerst zweischichtigen Embryos; aus griech. *ektos* „außerhalb, der äußere, Außenseite" und *derma* „Haut"

Ekzem juckende Hautentzündung; aus griech. *ekzema* „etwas durch Hitze Herausgebrachtes, Herausgeworfenes", sozusagen ein „Ausbruch" der Haut, der als „Überkochen der Körpersäfte" betrachtet wurde, bes. bei Fieber; zu *ekzein* „aufkochen, aufbrausen", aus *ek* „heraus, hinaus" und *zein* „wallen, sprudeln"

Elaborat *urspr.:* Ausarbeitung, ausführliche schriftliche Darstellung, *heute fast nur noch abwertend:* schnell zusammengeschriebene, unsorgfältige Arbeit, Machwerk; aus lat. *elaboratio* „eifrige Tätigkeit, Bemühung, Anstrengung", zu *elaborare* „sich eifrig bemühen, anstrengen, ausarbeiten, ins Werk setzen", dazu *elaboratus* „sorgfältig ausgearbeitet", aus *e-* (in Zus. für *ex*) „aus" und *laborare* „arbeiten", zu *labor* „Arbeit, Mühe, Anstrengung"

Elan Schwung, Begeisterung; frz. *élan* „Anlauf, Sprung, Satz", übertr. „plötzliche Erregung, Feuer, Begeisterung", zu *élancer* „vorwärtsschnellen", *s'élancer* „sich stürzen", aus *é-* (verstärkend) „heftig" und *lancer* „schleudern, in Schwung bringen", zu *lance* aus lat. *lancea* „Lanze"

elastisch dehnbar, biegsam, beweglich; aus frz. *élastique* „federnd; Sprungfeder", aus griech. *elastes, elastor* „Treiber", zu *elastrein, elaunein* „treiben, stoßen"

Elativ absoluter Superlativ, z. B. schönstens, eiligst; aus lat. *elatio* „das Hervorragen, Hebung, Überordnung", zu *elatus* „hoch, erhaben", zu *efferre* „herausragen, -bringen, in die Höhe heben", aus *ef-* (in Zus. vor f für *ex*) „aus, heraus, hinaus" und *ferre* „tragen, bringen"

Elch ein großes Hirschtier mit schaufelförmigem Geweih; aus mhd. *elch, elhe,* aus ahd. *elaho, elah,* zur idg. Wurzel **el-* „Hirsch"

Eldorado Land von großem Reichtum, Paradies; aus span. *el Dorado* „das goldene (Land)", als Bezeichnung für ein angeblich märchenhaft reiches Land in Südamerika

Elefant ein Säugetier; aus griech. *elephas,* Gen. *elephantos,* „Elefant, Elfenbein"; weitere Herkunft ungeklärt

elegant modisch und geschmackvoll; fein und gewandt, geschickt; frz. *élégant* „fein, zierlich, schick, schmuck, reizvoll", aus lat. *elegans,* Gen. *-tis,* „wählerisch, gewählt, geschmackvoll, fein gebildet", eigtl. *eligens,* Part. Präs. von *eligere* „auswählen", aus *e-* (in Zus. für *ex*) „aus" und *legere* „lesen, aus-

lesen, aussuchen, auswählen“
Elegie *urspr.:* Gedicht in Distichen; *danach:* wehmütiges, klagendes Gedicht oder Musikstück; aus griech. *elegeia* „Gedicht in Distichen“, zu *elegos* „Klagelied, Trauergesang“, Herkunft unbekannt, wahrscheinlich aus einer kleinasiatischen Sprache
Elektion Auswahl; aus lat. *electio* „Auswahl, Wahl“, zu *eligere* „auswählen, aussuchen, auslesen“, aus *e-* (in Zus. für *ex*) „aus, heraus“ und *legere* „lesen, sammeln“
elektrifizieren auf elektrischen Betrieb ein-, umstellen; Neubildung aus →*elektrisch* und lat. *facere* (in Zus.: *ficere*) „machen“
elektrisch auf den Wirkungen von ruhenden oder bewegten, positiv oder negativ geladenen Teilchen beruhend; aus lat. *electrum,* griech. *elektron* „Silbergold (Mischung aus ⅘ Gold und ⅕ Silber), Bernstein“, zu *elektor, elektoros* „strahlend, strahlende Sonne“, zur idg. Wurzel **welg-* „leuchten“
Elektrizität elektrische Energie; aus frz. *électricité,* zu *électrique* „elektrisch“, aus neulat. *electricus,* Ableitung von *electrum,* →elektrisch
Elektrode Metall- oder Kohlekörper zum Zu- oder Ableiten von elektrischem Strom; aus →*elektrisch* und griech. *hodos* „Weg“
Elektron negativ geladenes Elementarteilchen; in der Natur vorkommende Gold-Silber-Legierung; →elektrisch
Element Urstoff, Grundstoff, Grundbestandteil; Naturgewalt; aus lat. *elementum* „Ur-, Grundstoff, Anfangsgründe (in Kunst und Wissenschaft)“, Plural *elementa* „die Buchstaben, Alphabet“; die Herkunft ist unklar, man vermutete u.a., daß das Wort aus lat. *elephantus* (Nebenform von *elephas*) „Elfenbein“ (→Elefant) gebildet worden sei, da im alten Rom die Kinder der Reichen das Lesen mit Buchstaben aus Elfenbein gelernt hätten; der Übergang von p zu m bleibt dabei ungeklärt und hat seinerseits verschiedene Vermutungen ausgelöst, z.B. könnte das bedeutungsähnliche Wort *rudimentum* „erster Versuch, Anfang“ Einfluß ausgeübt haben (nach Kluge)
Elen = Elch; über mhd. *elen* aus litauisch *elnis* „Hirsch“, zur idg. Wurzel **el-* „Hirsch“
Elevation Erhöhung, Emporheben, Erhebung; aus lat. *elevare* „in die Höhe heben“, eigtl. „aufhebend wegnehmen“, aus *e-* (in Zus. für *ex*) „aus, von“ und *levare* „erheben, aufrichten“
Eleve Land- und Forstwirt während der praktischen Ausbildung; Schüler einer Schauspiel- oder Ballettschule; frz. *élève* „Zögling, Schüler“, zu *élever* „großziehen“, eigtl. „aufheben, heraufsetzen, herausheben“, aus *é-* (lat. *ex*) „aus, heraus“ und *lever* (aus lat. *levare*) „heben“
elidieren *Sprachw.:* auslassen, ausstoßen; aus lat. *elidere* „herausstoßen“, →Elision
eliminieren ausscheiden, entfernen; aus lat. *eliminare* „ausstoßen, entfernen, aus dem Haus treiben“, eigtl. „über die Schwelle treiben“, aus *e-* (in Zus. für *ex*) „aus, heraus“ und *limen,* Gen. *liminis,* „Schwelle“, auch „Haus, Wohnung“
Elision Weglassen, Ausstoßen eines Vokals; aus lat. *elisio* „das Herausstoßen“, zu *elidere* „herausschlagen, -stoßen“, aus *e-* (in Zus. für *ex*) „aus, heraus“ und *laedere* „schlagen, stoßen“
Elite Auslese, die Besten; frz. *élite* „Auserlesenes, Auswahl“, zu *élire* „auswählen, aussuchen“, aus lat. *eligere* „auswählen“, aus *e-* (in Zus. für *ex*) „aus, heraus“ und *legere* „lesen, sammeln“
Elixier Zaubertrank, Heiltrank; über frz. *élixir,* ital. *elisìr* aus arab. *al-iksīr* „der Stein der Weisen“, d.h. Substanz, mit der man glaubte, Gold machen zu können, und der man auch kräftigende, heilbringende Wirkung zuschrieb, letztlich aus griech. *xerion* „Pulver, trockene Masse“, zu *xeros* „trocken“
Ellipse *Math.:* ein Kegelschnitt; *Sprachw.:* Auslassungsatz, Satz, in dem die zum Verständnis nicht nötigen Teile weggelassen sind; aus griech. *elleipsis* „das Zuwenig, Mangel“, zu *elleipein* „fehlen lassen, aus-, weglassen“,

aus *ek* „aus, heraus“ und *leipein* „lassen“

Eloge Lobrede, Schmeichelei; frz. *éloge* „Lobrede, Lobeserhebung“, aus mlat. *eulogium, eulogia* „Gedächtnisfeier, Lobrede“, aus griech. *eulogia* „Lobpreis“, zu *eulogein* „loben, preisen“, zu *eulogos* „schönklingend, leicht begreiflich, einleuchtend, vernünftig“, aus *eu* „gut, wohl, recht, schön, verständig“ und *logos* „Wort, Rede“

Elongation Abstand; Neubildung zu lat. *elongare* „(sich) entfernen, fernhalten“, aus *e-* (in Zus. für *ex*) „aus, heraus“ und *longus* „fern, entfernt“

eloquent beredt, beredsam; aus lat. *eloquens,* Gen. *-entis,* „mit Sprache begabt, redend, beredt“, zu *eloqui* „heraussagen, aussprechen, vortragen“, aus *e-* (in Zus. für *ex*) „aus, heraus“ und *loqui* „sprechen, reden“

Email Glasfluß, Schmelzmalerei, farbiger Schutzüberzug auf Metall; frz. *émail,* altfrz. *esmail* „Schmelzglas, Schmelz“, aus fränk. **smalt* „Schmelz“

Emanation Ausströmen, Ausstrahlung; aus lat. *emanatio,* Gen. *-onis,* „das Ausfließen, Ausfluß“, zu *emanare* „herausfließen, entspringen, entstehen“, aus *e-* (in Zus. für *ex*) „aus, heraus“ und *manare* „fließen, strömen“

Emanzipation Befreiung aus Abhängigkeit, Gleichstellung, Gleichberechtigung; aus lat. *emancipatio,* Gen. *-onis,* „Entlassung eines Sohnes aus der väterlichen Gewalt“, aus *e* (in Zus. für *ex*) „aus, heraus“ und *mancipatio* „feierliche Übergabe oder Übernahme einer Sache zum Eigentum“, also „Verkauf bzw. Kauf“ (der Sohn wurde im alten Rom urspr. nach weitläufigen Formalitäten, nämlich durch dreimaligen Scheinverkauf, später durch Erklärung des Vaters vor Gericht aus dem Schutz des Vaters in die Selbständigkeit entlassen), zu *mancipare* (juristisch) „zum vollen Eigentum hingeben, übergeben, in aller Form verkaufen“, wie auch umgekehrt (allgemeine und eigtl. Bedeutung) „mit der Hand ergreifen, in Besitz nehmen“, aus *manus* „Hand“ und *capere* (in Zus. *-cipare,* Intensivum zu *-cipere*) „fassen, ergreifen“

Emballage Verpackung; frz. *emballage* „das Einpacken, Verpacken“, zu *emballer* „ein-, verpacken“, aus *em-* (in Zus. vor b für *en*) „in, hinein“ und *balle* „Ballen“

Embargo Beschlagnahme eines Schiffes oder seiner Ladung durch einen Staat; Ausfuhrverbot; span. *embargo* „Beschlagnahme, Sperre“, vielleicht aus vulgärlat. **imbarricare* „versperren“, zu **barra,* das dem span. *barra* „Querstange, Riegel, Querholz, Schranke“ entsprechen würde

Emblem Kennzeichen, Abzeichen, Hoheitszeichen; aus frz. *emblème,* urspr. „eingelegte Arbeit“, dann übertr. „symbolische Figur mit Sinnspruch, Sinnbild“, aus griech. *emblema* „An-, Eingesetztes, eingelegte Arbeit“, zu *emballein* „hineinwerfen, hineintun“, aus *em-* (in Zus. für *en*) „hinein“ und *ballein* „werfen, setzen, legen“

Embolie Verstopfung eines Blutgefäßes durch ein Blutgerinnsel, Fetttröpfchen oder ähnliches; aus griech. *embolon, embolos* „etwas Hineingeschobenes, Keil“, zu *embole* „das Eindringen“, zu *emballein* „hineinwerfen, hineintun“, aus *em-, en* „hinein“ und *ballein* „werfen“

Embonpoint Beleibtheit, Spitzbauch; frz. *embonpoint* „Beleibtheit“, frühere Bedeutung und Schreibung: *en bon point* „gesund“, eigtl. „in gutem Zustand“

Embryo ungeborenes Lebewesen, Keimling; aus griech. *embryon* „ungeborene Leibesfrucht, Junges“, aus *em-, en* „in, darin“ und *bryein* „sprießen, wachsen“

Emergenz Entwicklung, Auftauchen einer neuen Seinsstufe aus einer niedereren mit einer neuen Qualität; aus engl. *emergence* „das Auftauchen, Sichtbarwerden, Hervortreten“, zu *to emerge* „auftauchen, sichtbar werden, hervortreten, -kommen“, aus lat. *emergere,* → Emersion

emeritieren in den Ruhestand versetzen; aus lat. *emeritus* „ausgedienter Soldat, verdienter Mann“, zu *emerere* „ausdienen, zu Ende dienen; sich Verdienste erwerben, sich ein Recht, einen

Anspruch erwerben", aus *e-* (in Zus. für *ex*) „aus" und *merere* „verdienen, erwerben"

Emersion Auftauchen, Hervor-, Heraustreten; aus lat. *emersus* „das Auftauchen, Sichtbarwerden", zu *emergere* „auftauchen, zum Vorschein kommen", aus *e-* (in Zus. für *ex*) „aus, heraus" und *mergere* „tauchen, ein-, untertauchen"

Emetikum Brechmittel; aus griech. *emetos* „Erbrechen, Speien, Erguß", zu *emein* „erbrechen, sich erbrechen, ausspeien"

emigrieren auswandern; aus lat. *emigrare* „auswandern", aus *e-* (in Zus. für *ex*) „aus, heraus" und *migrare*, →migrieren

eminent hervorragend, außerordentlich; aus lat. *eminens*, Gen. *-entis*, Part. Präs. von *eminere* „heraus-, hervorragen, in die Augen fallen, sich hervortun, sich auszeichnen"; weitere Herkunft nicht bekannt, ein einfaches Verb *minere* „ragen", das mit *e-* (bzw. *ex*) zusammengesetzt sein könnte, ist im Lateinischen nicht belegt; vielleicht zu *mons* „Berg"

Emir arabischer Stammesfürst; aus arab. *amīr* „Befehlshaber, Fürst", zu *amara* „befehlen"

Emission Aussendung, Ausgabe; Ausstrahlung von elektromagnetischen Wellen oder Teilchen; *Med.:* Entleerung; aus lat. *emissio*, Gen. *-onis*, „das Entsenden, Ausschicken", zu *emittere* „entsenden, ausschicken, loslassen", aus *e-* (in Zus. für *ex*) „aus" und *mittere* „schicken"

Emotion Gefühls-, Gemütsbewegung; aus lat. *emotio*, Gen. *-onis*, „das Fortbewegen", zu *emovere* „herausbewegen, -schaffen, um und um bewegen, erschüttern, aufwühlen", aus *e-* (in Zus. für *ex*) „aus, heraus" und *movere* „bewegen"

Emphase leidenschaftliche, schwungvolle Betonung, Nachdruck; aus griech. *emphasis* „Kraft des Ausdrucks, Nachdruck", zu *emphainein* „darin sichtbar machen", aus *em-, en* „in, darin" und *phainein* „sichtbar machen, zeigen"

Emphysem Luftansammlung im Gewebe (bes. in den Lungen); aus griech. *em-, en* „in, darin, hinein" und *physan* „blasen, hauchen", zu *physa* „das Blasen, Wind, Hauch"

Empire das Kaiserreich Napoleons I. und III., danach benannter Kunststil in Frankreich; das brit. Weltreich; engl., frz. *empire* „Reich, Herrschaft, Gewalt", beides aus altfrz. *emperie, empirie* aus lat. *imperium* „Macht, Staatsgewalt, Oberbefehl; Verwaltungsgebiet, Reich, Staat (bes. der römische)", zu *imperare* „befehlen, gebieten, herrschen", aus *im-* (in Zus. vor p für *in*) „nach hin, zu hin, für" und *parare* „gehörig einrichten, zubereiten, sich rüsten"

Empirie Erfahrung, auf Erfahrung beruhende Erkenntnis; aus griech. *empeiria* „Erfahrung, Kenntnis, Übung", zu *empeiros* „erfahren, kundig, geübt", aus *em-, en* „in, darin" und *peira, peire* „Versuch, Probe"

Empyem Eiteransammlung in einer natürlichen Körperhöhle; aus griech. *empyos* „eitrig", aus *em-, en* „in, darin" und *pyon* „Eiter", zu *pythein* „faulen, verfaulen"

Empyreum *antike Kosmologie:* oberste Weltgegend, Feuerhimmel; *scholast. Philos.:* Himmel, Lichtreich; aus griech. *empyros* „in Feuer stehend, feurig, brennend", aus *em-, en* „in, darin" und *pyr* „Feuer"

Emulsion feinste Verteilung zweier nicht miteinander mischbarer Flüssigkeiten; lichtempfindliche Schicht fotografischen Materials; aus lat. *emulsum* „das Gemolkene", zu *emulgere* „ausmelken, ausschöpfen", aus *e-* (in Zus. für *ex*) „aus" und *mulgere* „melken"

Enallage das Setzen eines Adjektivs vor ein Substantiv, zu dem es logisch nicht gehört, z.B. fünfköpfiger Familienvater; aus griech. *enallassein* „vertauschen", zu *en* „in, darin" und *allage* „Wechsel, Tausch, Vertauschung", zu *allassein* „ändern", zu *allos* „anders"

Enanthem Schleimhautausschlag; aus griech. *en* „in, darin" und *anthein* „blühen"

Enantiotropie Umwandelbarkeit eines

Stoffes von einer Zustandsform in eine andere und wieder zurück; aus griech. *enantios* „gegenüber, entgegen" und *trope* „Wendung, Wechsel", zu *trepein* „drehen, wenden"

Encoding Verschlüsselung; aus engl. *to encode* „verschlüsseln", aus *en-* „in hinein" und *code* „Kode, Schlüssel", →Kodex

Endemie nur in einem begrenzten Gebiet auftretende Krankheit; →endemisch

endemisch einheimisch; aus griech. *endemos* „einheimisch", aus *en* „in, darin" und *demos* „Land, Gebiet"

Endogamie Heirat innerhalb des Stammes, Verwandtenehe; aus griech. *endon* „darin, innen, innerhalb" und *gamein* „heiraten"

endogen von innen kommend, im Innern entstanden; aus griech. *endon* „darin, innen, innerhalb" und *gennan* „erzeugen, hervorbringen"

Endokard Herzinnenhaut; aus griech. *endon* „innen, darin, innerhalb" und *kardia* „Herz"

Endokarp Innenschicht der Fruchtwand; aus griech. *endon* „innen, darin" und *karpos* „Frucht"

endokrin mit innerer Sekretion; aus griech. *endon* „innen, darin, innerhalb" und *krinein* „scheiden, sondern, trennen"

Endophyt in anderen Pflanzen oder Tieren schmarotzende Pflanze; aus griech. *endon* „innen, darin" und *phyton* „Pflanze", zu *phyein* „hervorbringen, wachsen lassen"

Endoskop Instrument mit Spiegel und Lichtquelle zur Untersuchung von Körperhöhlen; aus griech. *endon* „innen, darin, innerhalb" und *skopein* „sehen, betrachten, untersuchen"

Endothel Blut- und Lymphgefäße sowie Körperhöhlen auskleidende Zellschicht; aus griech. *endon* „innen, darin, innerhalb" und *thele* „Warze, Zitze", wegen der Form der einzelnen Zellen

endotherm Wärme aufnehmend, Wärme bindend; aus griech. *endon* „innen, darin, innerhalb" und *therme* „Wärme"

Energie Fähigkeit eines Körpers oder physikalischen Systems, Arbeit zu leisten; Tatkraft; aus griech. *energeia* „Tätigkeit, Wirksamkeit, Wirkung, Kraft", zu *energes* „tätig, wirksam", aus *en* „in, darin" und *ergon* „Werk"

enervieren entnerven, entkräften; *Med.:* die Verbindung eines Nervs mit dem dazugehörigen Organ ausschalten; aus lat. *enervare* „entnerven, entkräften, lähmen, schwächen", zu *enervis* „entnervt, kraftlos, schwach", aus *e-* (in Zus. für *ex*) „heraus" und *nervus* „Nerv"

enfilieren auffädeln, aneinanderreihen; (jmdn.) in etwas verwickeln; aus frz. *enfiler* „einfädeln, aufreihen (Perlen)", aus *en* „in hinein" und *fil* aus lat. *filum* „Faden, Faser, Garn"

engagieren auffordern, verpflichten; aus frz. *engager* „verpflichten, binden, in Dienst nehmen", aus *en* „in" und *gage* „Lohn, Gehalt", →Gage

Engramm bleibende Veränderung der Gehirnsubstanz durch Reize als Grundlage des Gedächtnisses; aus griech. *en* „in, darin" und *gramma* „Schrift, Schriftzeichen", eigentlich „Eingegrabenes, Eingeritztes", zu *graphein* „ritzen, einritzen, eingraben, schreiben"

Enharmonik unterschiedliche Bezeichnung und Notierung desselben Tones, z. B. cis und des; aus griech. *en* „in, darin, innerhalb" und *Harmonik* (→Harmonie)

Enjambement Übergreifen eines Satzes in die nächste Verszeile; frz. *enjambement* in ders. Bed., zu *enjamber* „überschreiten, überspringen", ältere Bedeutung „mit den Beinen überspannen", aus *en* „mittels" und *jambe* „Bein", aus lat. *gamba* „Fessel" (des Pferdes)

enkaustisch mit Wachs verschmolzen und dadurch feuchtigkeitsbeständig (Farben); aus griech. *en* „in, darin, hinein" und *kausis* „das Brennen", zu *kaiein* „brennen, anbrennen"

Enklave fremdes Staatsgebiet, das vom eigenen Staatsgebiet eingeschlossen ist; frz. *enclave* in ders. Bed., zu *enclaver* „einschließen", über vulgärlat. **incla-*

vare aus lat. *in* „in" und *clavis* „Schlüssel"
Enklise Verkürzung eines unbetonten Wortes durch Anlehnung an ein vorhergehendes betontes Wort, z. B. gib's mir statt: gib es mir; aus griech. *enklisis* „Beugung, Neigung", zu *enklinein* „neigen, sich neigen, sich hinneigen", aus *en* „hin, hinein" und *klinein* „neigen, beugen"
Enkomion Lobrede, Lobschrift; aus griech. *enkomion* „Lobgedicht, Lobrede", zu *enkomios* „festlich", eigentlich „wie beim komos üblich", zu *komos* „Festlied, Festzug, festlicher Umzug, bes. zu Ehren des Gottes Dionysos"; → Komödie
ennuyieren *veraltet für* lästig sein, langweilen; aus frz. *ennuyer* „langweilen, ermüden", zu *ennui* „Langweile; Verdruß, Kummer, Sorge", aus lat. *inodiare* „hassen", eigtl. *in odio habere* „im Haß haben", zu *odium* „Haß"
enorm ungeheuer, außerordentlich; herrlich, großartig; über frz. *énorme* „unermeßlich, ungeheuer" aus lat. *enormis* „unverhältnismäßig groß, übermäßig", eigtl. „von der Regel abweichend", aus *e-* (in Zus. für *ex*) „aus, heraus", und *norma* „Regel, Richtschnur"
en passant beiläufig, nebenbei; frz., „im Vorbeigehen", zu *passer* „vorbeigehen", zu *pas* aus lat. *passus* „Schritt"
Enquete amtliche Untersuchung, Rundfrage, Umfrage; aus frz. *enquête* „Untersuchung, Verhör", zu *enquérir* „untersuchen, sich erkundigen", aus lat. *inquirere,* → inquirieren
enragieren sich e.: sich aufregen, sich leidenschaftlich begeistern; aus frz. *enrager* „toll, rasend werden, sich scheußlich ärgern", aus *en* „in" und *rage* „Wut, Raserei", → Rage
Ensemble Gesamtheit der Mitwirkenden; Zusammenspiel; frz. *ensemble* „Ganzes, Summe; Zusammenspiel; zusammen", über vulgärlat. **insemul aus* lat. *insimul* „zugleich", aus *in* „in" und *semel* „einmal"
Entase Anschwellung des Säulenschaftes nach der Mitte zu; aus griech. *entasis* „Anspannung", zu *enteinein* „anspannen, ausdehnen", eigentlich „hineinspannen", aus *en* „in, hinein" und *teinein* „spannen, dehnen"; die Schwellung vermittelt den Eindruck der Spannung oder gespannten Kraft der Säule gegen den Druck von oben
Entelechie zielstrebige Kraft eines Lebewesens, sich seinen Anlagen gemäß zu entwickeln; aus griech. *entelecheia* „ununterbrochene Tätigkeit oder Wirksamkeit", aus *en telei echein* „in Verwirklichung sein", *en* „in", *telos,* Dat. *telei,* „Verwirklichung, Vollendung" und *echein* „sein"
Entente freundschaftliches Staatenbündnis; frz. *entente* „Einverständnis, Einvernehmen", zu *entendre* „verstehen, einwilligen, beabsichtigen, wünschen", *s'entendre* „sich verständigen", aus lat. *intendere* „beabsichtigen, nach etwas streben, sich bemühen", aus *in* „zu hin, nach hin" und *tendere* „nach etwas streben, sich zu etwas neigen"
Enteritis Dünndarmentzündung, Darmkatarrh; aus griech. *enteron* „Darm" und Endung *-itis* zur Bezeichnung einer Entzündung
enterogen vom Darm ausgehend; aus griech. *enteron* „Darm" und *gennan* „erzeugen, hervorbringen"
Enteroskop Gerät mit Spiegel und elektr. Lichtquelle zur Untersuchung des Dickdarms; aus griech. *enteron* „Darm" und *skopein* „sehen, schauen, untersuchen"
Enterostomie Anlegen eines künstlichen Afters; aus griech. *enteron* „Darm" und *stoma* „Öffnung"
Enterotomie operative Öffnung des Darms; aus griech. *enteron* „Darm" und *tome* „Schnitt", zu *temnein* „schneiden"
Enterozoon Darmschmarotzer; aus griech. *enteron* „Darm" und *zoon* „Lebewesen, bes. Tier"
Enthelminthen Eingeweidewürmer; aus griech. *entos* „innen, darin" und *helmins,* Gen. *helminthos,* „schmarotzender Wurm"; → Helminthologie
Enthusiasmus Begeisterung; aus griech. *enthousiasmos* „göttliche Begeisterung, Verzückung; Erregung", zu *entheos, enthous* „der Gottheit, des

Göttlichen voll", aus *en* „in" und *theos* „Gott"

Entität das Dasein (eines Dinges ohne Rücksicht darauf, „was" es ist); aus lat. *ens*, Gen. *entis*, „Ding", eigtl. „das Seiende", aus griech. *on* „seiend"

Entoderm innere Zellschicht (Keimblatt) des vorerst zweischichtigen Embryos; aus griech. *entos* „innen, darin" und *derma* „Haut"

Entomologie Lehre von den Insekten (Kerbtieren); aus griech. *entomos* „eingeschnitten" (zu *entemnein* „einschneiden", aus *en* „in" und *temnein* „schneiden") und *logos* „Wort, Lehre, Kunde", zu *legein* „sagen, sprechen, erklären"

Entozoon in anderen Tieren schmarotzendes Tier; aus griech. *entos* „innen, darin" und *zoon* „Lebewesen, Tier"

Entreakt Zwischenakt, Zwischenspiel; frz. *entr'acte*, eigtl. *entre acte* in ders. Bed., *entre* (aus lat. *inter*) „zwischen" und *acte* (aus lat. *actus* „Handlung")

Entrechat *Ballett:* Sprung in die Höhe, wobei die Füße mehrmals schnell übereinandergeschlagen werden, Kreuzsprung; frz. *entrechat* „Kreuzsprung, Luftsprung", aus ital. *salto intrecciato* „verflochtener Sprung, Sprung mit verflochtenen Füßen", zu *intrecciare* „verflechten, verschlingen", aus *in* „in" und *treccia* „Geflecht, Flechte"

Entrecote Rippenstück (vom Rind); frz. *entrecôte* „Mittelrippenstück", aus *entre* (aus lat. *inter*) „zwischen" und *côte* (aus lat. *costa*) „Rippe"

Entree Eingang; Vorzimmer, Diele; Vorspeise; Vorspiel; frz. *entrée* „Eingang, Eintritt", zu *entrer* aus lat. *intrare* „hineingehen, eintreten"

Entrelacs Zierform aus verschlungenen Bändern oder Linien; frz. *entrelacs* „Geflecht, Verschlingung", aus *entre* (aus lat. *inter*) „zwischen" und *lacs* „Schnur, Schlinge, Schleife" (aus lat. *laqueus* „Schlinge")

Entrepot Lagerhaus für Waren beim Zoll; frz. *entrepot* „Lagerhaus, Speicher, Warenniederlage", in Anlehnung an *dépot* (→ Depot) zu *entreposer* „vorübergehend lagern, zwischenlagern, deponieren", aus *entre* (aus lat. *inter*) „zwischen" und *poser* (aus lat. *ponere*) „setzen, legen, stellen"

Enurese unwillkürliches Harnlassen, Bettnässen; aus griech. *en* „in, hinein" und *ouresis* „das Harnen", zu *ourein* „harnen", zu *ouron* „Harn"

Enveloppe *veraltet:* Briefumschlag, Hülle; *Math.:* einhüllende Kurve; frz. *enveloppe* „Hülle, Umhüllung", zu *envelopper* „einhüllen", aus altfrz. *envoloper;* weitere Herkunft nicht geklärt, vielleicht aus dem Gallischen

Environment Arrangement aus Gegenständen der alltäglichen Umgebung, das den Betrachter zur geistigen Auseinandersetzung herausfordern soll; engl. *environment* „Umgebung, Umwelt", zu *to environ* „umgeben" (aus frz. *environner* „umgeben", zu *environ* „um herum", aus *en* „in, an, nach, zu" und altfrz. *viron* „Runde, Kreis", zu *virer* „drehen") und Suffix *-ment* zur Bezeichnung einer Handlung oder deren Ergebnis

en vogue in Mode, im Schwange, beliebt; frz. *en vogue* in ders. Bed., wörtlich „in Beliebtheit, in Ansehen", urspr. „beim Schwimmen, beim Auf-dem-Wasser-Fahren", zu *voguer* „rudern, schwimmen (vom Schiff), auf dem Wasser fahren" (zu altnddt. **wogôn*, ahd. *wagôn* „bewegt werden, wogen"), übertr. „erfolgreich", etwa unserem „mit vollen Segeln" zu vergleichen; was mit vollen Segeln daherfährt, Erfolg hat, ist auch beliebt, daher wandelte sich *vogue* zu „Beliebtheit, Ansehen"

Enzephalogramm Röntgenaufnahme des Gehirns; aus griech. *enkephalos* „Gehirn" (aus *en* „in" und *kephalos* „Kopf") und *gramma* „Schrift, Schriftzeichen", zu *graphein* „schreiben"

Enzephalomalazie Gehirnerweichung; aus griech. *enkephalos* (aus *en* „in" und *kephale* „Kopf") und *malakia* „Weichlichkeit, Schlaffheit", zu *malakos* „weich"

Enzyklika päpstliches Rundschreiben; latinisiert aus griech. *enkyklios* „kreisförmig, sich im Kreis bewegend", übertr. „im Kreis umlaufend, bei allen herumgehend", aus *en* „in" und *kyklos* „Kreis"

Enzyklopädie Gesamtheit des Wissens; Nachschlagewerk über alle Wissensgebiete; aus griech. *enkyklios* „kreisförmig, im Kreis verlaufend", hier im Sinne von „umfassend", und *paideia* „Erziehung, Unterricht, Lehre", zu *paideuein* „erziehen, unterrichten", zu *pais,* Gen. *paidos,* „Kind"

Enzym = Ferment; aus mittelgriech. *enzymos* „gesäuert", aus *en* „in" und *zyme* „Sauerteig"

eo ipso von selbst, gerade dadurch; lat., „durch sich selbst", Ablativ des Mittels von *is ipse* „er selbst"; *is* „er, der, derjenige" und *ipse* „selbst", dieses aus *is* und Suffix *-pse* „gerade der"; das mit dem Suffix verschmolzene *is* wurde sehr bald nicht mehr als stark genug empfunden bzw. nicht mehr erkannt, so daß man es zur Verdeutlichung noch einmal davorsetzte

Eolith Stein, an dem man erste, primitive Spuren menschlicher Bearbeitung zu erkennen glaubt; aus griech. *eos* „Morgenröte" und *lithos* „Stein"

Eosin ein roter Farbstoff; aus griech. *eos* „Morgenröte"

Eozän zweitälteste Abteilung des Tertiärs; aus griech. *eos* „Morgenröte" und *kainos* „neu"

Eozoikum = Archäozoikum; aus griech. *eos* „Morgenröte" und *zoon* „Lebewesen"

Epagoge = Induktion; aus griech. *epagoge* „das Herbeirufen, Herbeischaffen; das Schließen vom Besonderen aufs Allgemeine", zu *epagein* „heran-, herbeiführen", aus *epi* „heran, herbei" und *agein* „führen"

Epakris eine Zierpflanze, Bergheide; aus griech. *epi* „auf" und *akris* „Berggipfel", zu *akros* „Spitze"

Eparch *in der griechisch-orthodoxen Kirche:* Bischof; *im oströmischen Reich:* Statthalter; aus griech. *eparchos* „Vorsteher, Statthalter", zu *eparchein* „herrschen, Befehlshaber sein", aus *epi* „über" und *archein* „herrschen"

Epauletten Achselklappen, Schulterstücke; frz. *épaulette* „Achselstück, Achselschnur", zu *épaule,* altfrz. *espalle* „Schulter, Achsel", aus lat. *spatula* „Schulterblatt", eigtl. „kleiner Rührlöffel, Spatel", Verkleinerungsform von *spatha* „Rührlöffel", aus griech. *spathe* „Spatel, Werkzeug der Weber zum Festschlagen des Einschlags"

Ephebe *im alten Athen:* Jüngling im wehrfähigen Alter (zwischen 18 und 20 Jahren); aus griech. *ephebos* in derselben Bedeutung, zu *epheban* „zum Jüngling heranwachsen", aus *eph-, epi* „in" und *hebe* „Jünglingsalter, Eintritt der Mannbarkeit, Jugend"

Ephedra eine Gebirgspflanze, rutenförmiger Strauch; aus griech. *ephedros* „darauf sitzend", aus *epi* „darauf" und *hedra* „Sitz", da sie an Bäumen hinaufklettert und von den Zweigen herabhängt

Epheliden Sommersprossen; aus griech. *epi* „darauf" und *helios* „Sonne"

ephemer nur einen Tag lebend oder dauernd; kurzlebig, vergänglich; aus griech. *ephemeros* „für den Tag, auf einen Tag beschränkt", aus *eph-, epi* „auf" und *hemera* „Tag"

Ephorus Dekan in der reformierten Kirche; Leiter eines evang. Predigerseminars oder Wohnheims; aus griech. *ephoros* „Aufseher", zu *ephoran* „nach etwas hinsehen, beaufsichtigen", aus *epi* „nach hin, auf" und *horan* „sehen, hinsehen, besichtigen"

Epideiktik schwülstige Redeweise (wie in Lob- oder Festreden); aus griech. *epideiktikos* „prunkend, zur Schau stellend", aus *epi* „auf" und *deiktikos* „zeigend, hinweisend"; → deiktisch

Epidemie ansteckende, sich rasch ausbreitende Massenerkrankung innerhalb eines größeren Lebensraumes; aus griech. *epidemios* „im Land, über das Land verbreitet", aus *epi* „in, auf, über" und *demos* „Land, Gebiet"

Epidermis oberste Schicht der Haut, Oberhaut; aus griech. *epi* „auf" und *derma* „Haut"

Epidiaskop Bildwerfer für durchsichtige und undurchsichtige Bilder; Verbindung von → *Episkop* und → *Diaskop*

Epigaion Gesamtheit der auf der Erdoberfläche lebenden Organismen; aus griech. *epi* „auf" und *gaia, ge* „Erde"
Epigenese biolog. Neubildung, Umformung; aus griech. *epi* „dazu" und → *Genese*
Epigone Künstler, der einen Stil unschöpferisch nachahmt; nach den *Epigonoi* der griech. Sage, den Söhnen der „Sieben gegen Theben", der sieben griech. Fürsten, die im Kampf gegen Theben bis auf einen gefallen waren; die Söhne zogen nach zehn Jahren ebenfalls gegen Theben, um ihre Väter zu rächen; aus griech. *epigonos* „nachgeboren; Nachkomme", zu *epigignesthai* „danach entstehen, nachgeboren werden", aus *epi* „nach" und *gignesthai* „entstehen, geboren werden", zu *genos* „Geburt, Abstammung"
Epigramm kurzes Sinn- oder Spottgedicht; aus griech. *epigramma* „Aufschrift, Inschrift", aus *epi* „auf, darauf" und *gramma* „Schrift, Schriftzeichen", zu *graphein* „schreiben"
Epigraph (bes. antike) Inschrift; aus griech. *epigraphein* „einritzen, daraufschreiben, mit Inschrift versehen", aus *epi* „auf, darauf" und *graphein* „schreiben"
Epikanthus sichelförmige Hautfalte über dem inneren Augenwinkel; aus griech. *epi* „auf, über" und *kanthos* „Augenwinkel"
Epikarp äußere Schicht der Frucht; aus griech. *epi* „darauf, darüber" und *karpos* „Frucht"
Epiklese *griech.-orthodoxe und kath. Kirche:* Anrufung des Heiligen Geistes; aus griech. *epiklesis* „Benennung, Berufung", aus *epi* „heran, herbei" und *klesis* „Ruf, Berufung, Einladung", zu *epikalein* „anrufen, herbeirufen"
Epikrise abschließendes Urteil über einen abgelaufenen Krankheitsfall; aus griech. *epikrisis* „letzte Entscheidung, Endurteil", aus *epi* „nach, danach" und *krisis* „Entscheidung", zu *krinein* „entscheiden, urteilen"
Epilepsie Erkrankung mit anfallsweise auftretenden Krämpfen; aus griech. *epilepsis* „das Ergreifen, Anfall", zu *epilambanein* „erfassen, befallen, überfallen", aus *epi* „auf, über" und *lambanein* „erfassen, ergreifen, packen"
epilieren enthaaren; Neubildung aus lat. *e-* (in Zus. für *ex*) „aus, heraus" und *pilum* „Haar"
Epilimnion oberste, durchlichtete Schicht eines stehenden Gewässers und die in ihr lebenden Organismen; aus griech. *epi* „auf" und *limne* „See, Teich, Sumpf"
Epilog Nachwort, Schlußwort (eines Buches), Nachspiel (eines Theaterstücks); aus griech. *epilogos* „Schluß einer Rede; Nachwort", zu *epilegein* „hinzufügen", aus *epi* „nach" und *legein* „sagen, sprechen, reden"
Epiphanie das Erscheinen einer Gottheit, bes. Christi; aus griech. *epiphaneia* „Erscheinung", zu *epiphainesthai* „erscheinen, sich zeigen", aus *epi* „in Gegenwart, vor" und *phainesthai* „sichtbar werden, erscheinen, sich zeigen"
Epiphora Wiederholung eines oder mehrerer Wörter am Ende mehrerer aufeinanderfolgender Sätze; *Med.:* Tränenfluß; aus griech. *epiphora* „Hinzufügung, Andrang", zu *epipherein* „herandringen, herankommen, herbeibringen", aus *epi* „auf … hin, nach … hin" und *pherein* „tragen, bringen"
Epiphyllum Blattkaktus; aus griech. *epi* „auf" und *phyllon* „Blatt", weil die Blüten auf blattähnlichen Sproßgliedern stehen
Epiphyse Zirbeldrüse; Gelenkstück der Röhrenknochen; aus griech. *epiphyesthai* „an oder auf etwas wachsen, noch mehr wachsen", aus epi „auf" und *phyesthai* „entstehen, wachsen", zu *physis* „Erzeugung, Geburt"
Epiphyt auf anderen Pflanzen lebende, aber sich selbst ernährende Pflanze; aus griech. *epi* „auf" und *phyton* „Pflanze", zu *phyein* „hervorbringen, wachsen lassen"
Epirogenese langsame, weiträumige Hebung oder Senkung größerer Teile der Erdkruste ohne Bruch oder Faltung; aus griech. *epeiros* „Festland, Kontinent", und → *Genese*
Episiotomie *Med.:* Dammschnitt; aus griech. *epision* „Schamgegend" und

tome „Schnitt“, zu *temnein* „schneiden“

Episit räuberisch lebendes Tier; aus griech. *episitizesthai* „sich Nahrung holen“, aus *epi* „nach hin, zu hin“ und *sitos* „Nahrung“

Episkop Bildwerfer für undurchsichtige Bilder; aus griech. *episkopos* „Beobachter“, zu *episkopein* „auf etwas schauen, beobachten, betrachten“, aus *epi* „auf“ und *skopein* „schauen, betrachten“

Episkopat Gesamtheit der Bischöfe; Amt, Würde eines Bischofs; aus griech. *episkopos* „Aufseher, Leiter, Beschützer“, zu *episkopein* „auf etwas achten, sich um etwas kümmern“, aus *epi* „auf, über, an der Spitze“ und *skopein* „schauen, betrachten“

Episode eingeschobenes Zwischenstück (im Drama oder Roman), Zwischenspiel; nebensächliches Ereignis; aus frz. *épisode* in derselben Bedeutung, aus griech. *epeisodion* „eingeschobener Abschnitt, bes. dialogischer Teil zwischen zwei Chorliedern“, zu *epeisodos* „Dazwischentreten, Eintreten“, aus *epi* „darauf, dazu“, *eis* „in … hinein, nach … hin“ und *hodos* „Weg“

Epistel längerer Brief; aus lat. *epistula* „Brief“, aus griech. *epistole* „Brief, Sendung“, zu *epistellein* „schicken, senden“, aus *epi* „nach … hin“ und *stellein* „schicken“

Epistyl = Architrav; aus griech. *epistylion* „das auf den Säulen Ruhende“, aus *epi* „auf, darauf“ und *stylos* „Säule“, zu *styein* „steif aufrichten, stützen“

Epitaph Grabinschrift; Grabmal mit Inschrift; aus griech. *epitaphios* „zum Begräbnis gehörig, Grab …“, aus *epi* „auf, darauf“ und *taphos* „Grab“

Epithel die Oberfläche und inneren Hohlräume des Körpers begrenzende Zellschicht; aus griech. *epi* „auf, darauf“ und *thele* „Warze, Zitze“, wegen der Form der einzelnen Zellen

Epitheton Beiwort, Attribut; aus griech. *epitheton* „hinzugefügt; das Hinzugefügte, Beiwort“, zu *epitithenai* „dazusetzen“, aus *epi* „dazu“ und *tithenai* „setzen, legen, stellen“; Epitheton ornans: schmückendes Beiwort, lat. *ornans* „schmückend“, zu *ornare* „schmücken“

Epizentrum Stelle auf der Erdoberfläche senkrecht über dem Erdbebenherd; aus griech. *epi* „auf, darauf“ und → *Zentrum*

Epizoon auf einem anderen Tier oder auf einer Pflanze lebendes Tier; aus griech. *epi* „auf, darauf“ und *zoon* „Lebewesen, bes. Tier“

Epoche bedeutungsvoller Zeitabschnitt; historischer Wendepunkt; *Astr.:* Zeitpunkt des Standorts eines Gestirns; *Philos.:* Enthaltung des Beifalls oder Urteils; aus griech. *epoche* „Anhalten, Haltepunkt, Unterbrechung“, zu *epechein* „anhalten, haltmachen; zögern, warten; einen Raum einnehmen, sich über etwas erstrecken“

Epopöe *veraltet:* Epos; *auch:* kurzes, komisches Heldengedicht; aus griech. *epopoiia* „Abfassung eines epischen Gedichts; episches Gedicht“, aus *epos* „Lied, Gedicht, Dichtwerk“ und *poiein* „schaffen, machen, anfertigen“

Epos erzählende Dichtung in rhythmisch oder metrisch gebundener Sprache; aus griech. *epos* „Wort, Rede; Lied, Gedicht“, zu *eipein* „sagen, sprechen, verkünden, vortragen“

Eppich Sellerie, auch Efeu; aus lat. *apium* „Sellerie“, zu *apis* „Biene“, also „von Bienen bevorzugte Pflanze“

Eprouvette *österr.:* Probierröhrchen (für chemische Versuche); frz. *éprouvette* „Probier-, Reagenzglas“, zu *éprouver* „ausprobieren, versuchen“, aus *é-* (verstärkend) „aus“ und *prouver* „probieren, versuchen, prüfen“, aus lat. *probare* „auf seine Brauchbarkeit hin prüfen, untersuchen“, zu *probus* „gut, tüchtig“

Equestrik Reitkunst; aus lat. *equester,* Gen. *equestris,* „zum Reiter gehörig“, zu *eques* „Reiter“ und *equus* „Pferd“

Equilibristik → Äquilibristik

Equipage elegante Kutsche; *veraltet:* Schiffsmannschaft; Offiziersausrüstung; frz. *équipage* „Kutsche mit Pferden, Reisezug, Troß, Schiffsmannschaft“, zu *équiper,* altfrz. *esquiper* „ausrüsten, mit dem Nötigen versehen, bemannen“, zu altnord. **skipa* „(ein

Schiff) ausrüsten, bemannen"
Equipe Reiter-, Sportmannschaft; frz. *équipe* „Mannschaft, Anzahl Arbeiter", zu *équiper* „ausrüsten", → Equipage
Equisetum Schachtelhalm; aus lat. *equisaetum,* aus *equus,* Gen. *equi,* „Pferd" und *saeta* „Borste, hartes Tierhaar", wegen der dünnen Äste der Pflanze
Erbium chemisches Element; nach dem Ort *Ytterby* in Schweden, wo es entdeckt wurde
Eremit Einsiedler; aus griech. *eremites* „in der Einsamkeit lebend; Einsiedler", zu *eremia* „Einsamkeit" und *eremos* „einsam, verlassen", zu *eremoun* „öde machen, verwüsten" und *eremousthai* „öde werden"
Erektion Anschwellung, Aufrichtung (von Organen); aus lat. *erectio,* Gen. *-onis,* „Aufrichtung, kräftige Haltung", zu *erigere* „aufrichten", aus *e-* (in Zus. für *ex*) „aus, von unten hinauf" und *regere* „geraderichten, lenken"
Erethismus krankhaft gesteigerte Reizbarkeit, Erregbarkeit; aus griech. *eris,* Gen. *eridos,* „Streit, Hader, Streitlust", zu *erethein, erethizein* „reizen, erregen, erzürnen", zur idg. Wurzel **ereth, *er-* „erregen"
ergo deshalb, infolgedessen, darum; lat. *ergo* in ders. Bed., eigtl. *e-rego* „ich leite daraus (her, ab)", aus *e-* (in Zus. für *ex*) „aus, heraus" und *regere* „richten, lenken, leiten"
Ergometer Gerät zum Messen der körperlichen Leistungsfähigkeit, z. B. der Muskelkraft oder Ausdauer; aus griech. *ergon* „Werk" und *metron* „Maß", zu *metrein* „messen"
Ergosterin Vorstufe des Vitamin D; aus frz. *ergot* „Mutterkorn" (eigtl. „Sporn, Kralle", auch „Auswuchs, Geschwulst") und griech. *stear* „Fett"
Ergotismus Mutterkornvergiftung; aus frz. *ergot* „Mutterkorn", eigtl. „Sporn, Kralle, Auswuchs", wahrscheinlich zu altfrz. *harigot* „Nadel", weitere Herkunft ungeklärt
erigieren anschwellen und sich aufrichten; aus lat. *erigere* „sich aufrichten", → Erektion
Erinnye *griech. Myth.:* Rachegöttin; aus griech. *erinys* „Rachegöttin, Rachegeist", übertr.: „Rache, Flucht, Verderben"; die Erinnyen wurden jedoch nicht mit diesem, ihrem wirklichen Namen bezeichnet, sondern verhüllend → Eumeniden genannt, um sie nicht zu erzürnen
Erisapfel Zankapfel, Streitobjekt; nach *Eris,* der griech. Göttin der Zwietracht; da sie zur Hochzeit von Peleus und Thetis als einzige von den Göttern nicht eingeladen worden war, warf sie aus Rache einen goldenen Apfel unter die Gäste, der die Aufschrift trug „der Schönsten"; darauf entbrannte ein Streit zwischen Hera, Athene und Aphrodite, der erst durch das Urteil des Paris zugunsten Aphrodites entschieden wurde
Eristik Kunst des wissenschaftlichen Redestreits; aus griech. *eris,* Gen. *eridos,* „Streit, Hader, Streitlust", nach *Eris,* der griechischen Göttin der Zwietracht
erodieren wegschwemmen, auswaschen, abtragen (von Erdreich, Uferland); aus lat. *erodere* „abnagen, anfressen", → Erosion
erogen geschlechtlich reizbar; aus → *Eros* und griech. *gennan* „erzeugen, hervorbringen"
Eros schöpferischer Trieb; geschlechtliche Liebe; aus griech. *eros,* Gen. *erotos,* „Liebe, Verlangen", zu *eran* „lieben"; weitere Herkunft nicht bekannt
Erosion Abtragung (von Land), Auswaschung; aus lat. *erosio,* Gen. *-onis,* „das Zerfressenwerden", zu *erodere* „abnagen, anfressen, ätzen", aus *e-* (in Zus. für *ex*) „aus, von weg" und *rodere* „nagen, benagen"
Erotik Liebeskunst; aus griech. *erotikos* „zur Liebe gehörig, zur Liebe geneigt, der Liebe ergeben", zu → *Eros*
Erotomanie krankhaft gesteigerter Geschlechtstrieb; aus *erotisch* (→ Erotik) und → *Manie*
Errata Druckfehler, Irrtümer; Plural von lat. *erratum* „Irrtum", zu *errare* „schwanken, irregehen, sich irren"
erratisch verstreut, verirrt; aus lat. *erraticus* „umherirrend", zu *errare* „sich

verirren, auf Abwege geraten“
eruieren ergründen, ermitteln, herausbringen; aus lat. *eruere* „ausgraben, ausfindig machen, zutage fördern“, aus *e-* (in Zus. für *ex*) „aus, heraus“ und *ruere* „aus der Tiefe wühlen, eilig fortnehmen“
Eruption Ausbruch (eines Vulkans); aus lat. *eruptio,* Gen. *-onis,* „das Hervorbrechen, Ausbruch“, zu *erumpere* „hervorbrechen, -stürzen, -stürmen, zum Ausbruch kommen“, aus *e-* (in Zus. für *ex*) „aus, heraus“ und *rumpere* „brechen, sprengen, bersten, sich einen Weg bahnen“
Erysipel infektiöse Hautentzündung, Rose, Wundrose; aus griech. *erysipelas* „eine Hautkrankheit, Rose, Rotlauf“, medizinischer Fachausdruck, wahrscheinlich vermischt aus *erysibe* „Rost (bei Pflanzen)“ (verwandt mit *erythros* „rot“) und *pella* „Haut“
Erythem entzündliche Hautrötung; aus griech. *erythema* „Röte“, zu *ereuthein* „rot färben“, zu *erythros* „rot“
Erythrin ein pfirsichblütenrotes Mineral, Kobaltblüte; aus griech. *erythros* „rot“
Erythrismus Rotfärbung (bei Tieren), Rothaarigkeit (bei Menschen); aus griech. *erythros* „rot“, zu *ereuthein* „rot färben“
Erythrozyt rotes Blutkörperchen; aus griech. *erythros* „rot“ und *kytos* „Höhlung, Gefäß, Zelle“
Erzbischof *kath. und anglikan. Kirche:* erster Bischof einer Kirchenprovinz mit höherer Rechtsbefugnis als die übrigen Bischöfe; aus ahd. *erzibischof,* über kirchenlat. *arci-* aus griech. *archi-* „der erste, oberste“ (zu *archein* „der erste sein, gebieten“) und → *Bischof*
Escarpins *im 18. Jh.:* leichte Schnallenschuhe, die zu Kniehosen getragen wurden, *fälschlich auch:* Kniehosen; frz. *escarpins* „leichte Schuhe, Tanzschuhe“, aus ital. *scarpino* „Schnallenschuh“, zu *scarpa* „Schuh“, wahrscheinlich aus dem Germanischen
Eschatologie Lehre vom Weltende und Anbruch einer neuen Welt, von Tod und Auferstehung; aus griech. *eschatos* „äußerster, letzter“, aus *ek, ex* „außerhalb, fern (von)“, und *logos* „Wort, Lehre, Kunde“, zu *legein* „sagen, sprechen, erklären“
Eskadron kleinste Einheit der Kavallerie, Schwadron; frz. *escadron* in ders. Bed., aus ital. *squadrone* „größere Kavallerieeinheit“, → Schwadron
eskaladieren *früher:* mit Leitern erstürmen; *heute:* an der Eskaladierwand turnen; aus frz. *escalader* „mit Leitern ersteigen“, aus ital. *scalata* „Ersteigung“, aus lat. *scalae* „Leiter, Treppe“, zu *scandere* „steigen“
Eskalation schrittweise Steigerung; aus engl. *escalator* „Rolltreppe“, aus ital. *scalata* „Ersteigung“, → eskaladieren
eskalieren stufenweise steigen, sich steigern; Ableitung von → Eskalation
Eskamotage Taschenspielerkunststück; frz. *escamotage* „das Verschwindenlassen“, zu *escamoter* „verschwinden lassen“, aus span. *escamotear* „wegzaubern, mit leichter Hand verschwinden lassen“ und volkstüml. *camodar* „vertauschen“, aus lat. *commutare* „verändern, wechseln, vertauschen“
Eskapade falscher Sprung (eines Schulpferdes); Seitensprung, mutwilliger Streich; frz. *escapade* „leichtsinniger Streich, unüberlegte Handlung“, aus ital. *scappata* „das Durchgehen, Ausreißen“, → Echappement
Eskariol eine Salatpflanze; aus frz. *escarole,* mundartlich *escariole* „wilder Lattich“, aus lat. *esca* „Futter, Nahrung, Lockspeise“, zu *edere* „essen“
Eskimo Ureinwohner Grönlands und des nördlichen Amerika; aus frz. *Esquimau,* der Name soll aus einem Wort des Abnaki-Dialekts, *Esquimantsic,* oder des Chippewa-Dialekts, *Ashkimeq,* entstanden sein, beide Wörter bedeuten „Rohfleischesser“; die Eskimos selbst nennen sich Inuit „Menschen“
Eskorte Geleit, Begleitmannschaft; frz. *escorte* „Geleit, Bedeckung, Gefolge“, aus ital. *scorta* „Geleit, Geleitzug“, zu *scorgere* „geleiten, führen“, aus vulgärlat. *excorrigere* „begleiten“, eigtl. „herausführen“, aus lat. *ex* „heraus“

und *corrigere* „auf den richtigen Weg führen", eigtl. „geraderichten, berichtigen", → korrigieren

esoterisch nur für Eingeweihte bestimmt, geheim; aus griech. *esoteros* „innerer, innerhalb", zu *eiso, eso* „hinein, innen, darin"

Esparto ein Gras, Alfa-, Halfagras; aus lat. *spartum* „Pfriemengras", aus griech. *sparton* „Strick, Seil, Tau", zu *speira* „gedrehter Faden"

Esperanto eine künstliche Welthilfssprache; nach dem Pseudonym des Erfinders, *Doktoro Esperanto; esperanto* „der Hoffende", mit ital. Endung gekreuzt aus frz. *espérance* „Hoffnung" und lat. *sperans,* Gen. *sperantis,* „hoffend, der Hoffende", zu frz. *espérer* und lat. *sperare* „hoffen", zu lat. *spes* „Hoffnung"

Esplanade freier Platz in Festungen; großer, freier Platz; frz. *esplanade* in ders. Bed., aus ital. *spianata* in ders. B., zu *spianare* „einebnen, glatt machen", aus lat. *explanare* „eben ausbreiten", aus *ex* „aus" und *planus* „eben, flach"

espressivo *Mus.:* ausdrucksvoll; ital. *espressivo* „ausdrucksvoll", zu *esprimere* „ausdrücken, zum Ausdruck bringen", → Espresso

Espresso in der Kaffeemaschine zubereiteter, sehr starker Kaffee; ital., verkürzt aus der Fügung *caffè espresso* „eigens für den Gast oder Kunden in der Maschine zubereiteter Kaffee"; *espresso* (frz. *exprès*) „eigens, besonders", eigtl. „ausdrücklich", zu *esprimere* „ausdrücken", aus lat. *exprimere* „(deutlich) ausdrücken", aus *ex* „aus" und *premere* „drücken"

Esprit Geist und Witz; frz. *esprit* „Geist, Witz, Verstand, Scharfsinn; Seele; Wesen, Eigentümlichkeit", aus lat. *spiritus* „Geist, Seele", eigtl. „Hauch, Luftzug, Lebenshauch", zu *spirare* „atmen", eigtl. „wehen, blasen"

Essay literarische Abhandlung; frz. *essai* „literarischer Versuch, kurze Abhandlung", eigtl. „Probe, Versuch", über vulgärlat. **exagiare* „abwägen" aus lat. *exagium* „das Wägen", zu *exigere* „genau abwägen, abmessen, prüfen, untersuchen", eigtl. „heraustreiben", aus *ex* „heraus" und *agere* (in Zus. *-igere*) „treiben, in Bewegung setzen"

Essenz Wesen, Geist (einer Sache); Auszug aus einem pflanzlichen oder tierischen Stoff, der die wesentlichen Bestandteile des Stoffes enthält; aus lat. *essentia* „das Wesen einer Sache", zu *esse* „sein"

Establishment Gesamtheit der in einer Gesellschaft herrschenden, die Erhaltung der bestehenden Ordnung anstrebenden Gruppen; engl. *establishment* „Errichtung, Einrichtung, Gründung, Ein-, Festsetzung", zu *to establish* „ein-, festsetzen, einrichten, schaffen", über mengl. *establissen* aus altfrz. *establir* „befestigen", aus lat. *stabilire* „befestigen", zu *stabilis* „fest(stehend)", zu *stare* „stehen"

estinguendo *Mus.:* verlöschend; ital. *estinguendo* in ders. Bed., Part. Präs. von *estinguere* „auslöschen, erlöschen", aus lat. *extinguere, exstinguere* „auslöschen, gänzlich löschen", aus *ex* „aus, gänzlich" und *stinguere* „löschen"

Estrade erhöhter Platz in Innenräumen; frz. *estrade* in ders. Bed., prov. *estrata* „Straße", wahrscheinlich früher auch „erhöhter Platz", aus lat. *strata* „gepflasterte Straße", eigtl. „die Hingebreitete, sich Erstreckende", zu *sternere* „hinbreiten" und *sterni* „sich erstrecken"

Estragon eine Gewürzpflanze, Drachenwurz, Schlangenwurz, auch Dragun genannt; frz. *estragon,* aus älterem *estargon, targon,* aus arab. *ṭarḫūn,* der Bezeichnung für diese Pflanze; oder aus dem botanischen Namen *Artemisia dracunculus,* zu lat. *dracunculus* „kleiner Drache", zu *draco* „Drache", griech. *drakon* „Schlange", wegen der schlangenförmig gewundenen Wurzel

Estrich fugenloser Fußboden (aus Lehm, Zement o.ä.); aus mhd. *estrich, esterich* „Straßenpflaster", ahd. *asterih* „Boden, Fußboden", aus mittellat. *astricus* „Pflaster", aus griech. *ostrakon* „gebrannter Ton, Scherbe", zu *osteon* „Knochen, Schale (der Krebse)"

etablieren gründen; sich e.: sich niederlassen, sich selbständig machen; aus frz. *établir* „festmachen, befestigen, gründen, einrichten", *s'établir* „sich niederlassen, sich ansässig machen", aus lat. *stabilire* „befestigen; aufrecht erhalten", zu *stabilis* „feststehend, dauerhaft", zu *stare* „stehen"

Etage Stockwerk; frz. *étage* „Stockwerk; Stufe", aus mlat. *stagium, estagium* „oberes Stockwerk", zu lat. *stare* „stehen, stehend verweilen, sich aufhalten"

Etappe Teilstrecke, Abschnitt; Gebiet hinter der Front; frz. *étape* „Rastplatz, Quartier auf dem Marsch; Tagesmarsch; Handels-, Stapelplatz", aus altfrz. *estaple,* aus mndrl. *stapel* „Stapelplatz"

Etat Haushaltplan; die Gelder dafür; frz. *état* „Lage, Stand, Zustand; Hausstand; Kostenberechnung, Überschlag", aus lat. *status* „Stand, Stellung", zu *stare* „stehen"

et cetera pp. und so weiter; eigtl. *et cetera, perge, perge!,* lat. „und die übrigen (Dinge), fahre fort, fahre fort!", zu *ceterum* „das übrige" und *pergere* „weitergehen, fortfahren"

etepetete übertrieben empfindsam, zimperlich, übertrieben auf Formen haltend; im Niederdt. in vielen Formen gebräuchlich: *etjerpotetjer, enterpetenter, ennebedenne, itepetite, edjerkatedjer* „zimperlich, peinlich ordentlich, wählerisch u. a.", dazu niederdt. *öt* „geziert, zimperlich"; wahrscheinlich eine lautmalende Wortspielerei (wie holterdiepolter, eiapopeia usw.) für zimperliches Gerede mit hoher Stimme

eternisieren verewigen, in die Länge ziehen; aus frz. *éterniser* „verewigen", zu *éternel* „ewig", aus lat. *aeternus* „ewig", über **aeviternus* zu *aevum* „unbegrenzte Zeitdauer, Ewigkeit", zu griech. *aion,* → Äon

Etesien regelmäßig auftretende, trockene Nordwest-Winde vom April bis Oktober im östlichen Mittelmeer; aus griech. *etesiai* in derselben Bedeutung, zu *etesios* „jährlich, alle Jahre wiederkehrend", zu *etos* „Jahr"

Ethnologie vergleichende Völkerkunde; aus griech. *ethnos* „Volk, Volksstamm, Völkerschaft, Schar, Herde" und *logos* „Wort, Lehre, Kunde", zu *legein* „sagen, sprechen, erklären"

Ethologie Lehre von den Verhaltensweisen der Tiere, früher von den Sitten und Gebräuchen eines Volkes; aus griech. *ethos* „Sitte, Brauch, Herkommen" (→ Ethos) und *logos* „Wort, Lehre, Kunde" zu *legein* „sagen, sprechen, erklären"

Ethos sittliche Gesinnung; aus griech. *ethos* „Sitte, Brauch, Herkommen", zu *etho* „ich bin gewöhnt", zu *ethizein* „gewöhnen", *ethizesthai* „sich gewöhnen", vielleicht über eine ältere Form **swetho* zu Sanskrit *svadhā* „Eigenart, Gewohnheit", zu einem Reflexivstamm **swe-* „sich selbst" und der Wurzel **dhe-* „machen, setzen"

Etikett Aufklebschildchen; aus frz. *étiquette* „aufgeklebter, angesteckter Zettel mit Aufschrift, in die Erde gesteckter Pflock, Einkerbung", aus altfrz. *estichier* „hineinstechen, -stecken", aus fläm. *steeken* „stecken"; **Etikette** herkömmliche feine Umgangsformen; ebenfalls aus frz. *étiquette* entstanden, wobei sich aus der Bedeutung „Zettel mit Aufschrift" über „aus der Aufschrift hervorgehende Anweisung" die Bedeutung „Vorschrift, gesellschaftlicher Zwang" entwickelte

etiolieren bei Lichtmangel treiben und bleich werden (von Pflanzen, bes. Spargel); aus frz. *étioler* „bleichsüchtig machen, dahinsiechen lassen", *s'étioler* „bleichsüchtig werden, verkümmern", vielleicht aus *é-* „weg von, ent-" und altfrz. *tiolé* „ziegelrot", dann „rötlich, schwach rot", zu *tieule* „Ziegel", also eigtl. „entröten, der roten (gesunden) Farbe berauben", anfangs für Menschen gebraucht, dann auf Pflanzen übertragen

Etüde Musikstück zum Üben; frz. *étude* „Übungsstück; Studium, Streben, Gelehrsamkeit, Wissen", aus altfrz. *estuide, estudie* „Studium, Eifer", aus lat. *studium* „Streben, Eifer, Neigung, wissenschaftliche Beschäftigung"

Etui Behälter, Futteral; frz. *étui* „Hülse, Behälter", aus altfrz. *estui,* zu *estuier, estoier* „einhüllen, in einen Behälter legen, verbergen", weitere Herkunft unsicher

Etymologie Lehre von der Herkunft der Wörter sowie die Herkunft der Wörter selbst; aus griech. *etymologia* in derselben Bedeutung, aus *etymos, eteos* „wirklich, wahr" und *logos* „Wort, Lehre, Kunde", zu *legein* „sagen, sprechen, erklären"

Eubiotik Lehre vom gesunden Leben; aus griech. *eu* „gut, recht" und *bios, biote, bioteia* „Leben"

Eubulie *veraltet:* Vernunft, Einsicht; aus griech. *eu* „gut, recht" und *boule* „Rat, Wille, Wunsch"

Eucharistie *kath. Kirche:* Dankgebet vor dem Abendmahl; Abendmahl; Altarsakrament; aus griech. *eu* „gut, recht" und *charisterion* „Zeichen des Dankes, Dankopfer", zu *charis* „Gunst, Huld, Gnade"

Eudämonie *Philos.:* Glückseligkeit; aus griech. *eudaimonia* „Glück, Glückseligkeit, Wohlergehen, Wohlstand", zu *eudaimonein* „glücklich sein, Glück haben", zu *eudaimon* „glücklich", aus *eu* „gut, recht" und *daimon* „Schicksal"

Eudiometrie Messung des Sauerstoffgehalts der Luft; aus griech. *eudios* „heiter, ruhig" (vom Wetter; aus *eu* „gut" und *dios* „leuchtend, glänzend") und *metrein* „messen"

Eudoxie *veraltet:* sicheres Urteil; guter Ruf; aus griech. *eudoxia* „guter Ruf, Ehre, Ansehen", aus *eu* „gut" und *doxa* „Ruf, Ansehen"

Euergie normale, uneingeschränkte Widerstandskraft; aus griech. *euergos* „gut bestellt, gut bearbeitet", aus *eu* „gut, recht" und *ergon* „Werk"

Eugenetik, Eugenik Lehre von der Erbgesundheit; aus griech. *eugenes* „von edler Abstammung, edelgeboren", aus *eu* „gut" und *genesis* „Werden, Entstehen", → Genese

Eukalyptus ein Laubbaum; aus griech. *eu* „gut" und *kalyptein* „bedecken, verbergen"; die Blütenblätter sind zu einem Deckel verwachsen (der dann abgeworfen wird)

Eukolie heitere, unbeschwerte Zufriedenheit; aus griech. *eukolia* „Zufriedenheit, Genügsamkeit", zu *eukolos* „heiter, vergnügt", weitere Herkunft nicht bekannt

Eukrasie glückliche Veranlagung, *eigentlich:* gute Mischung aller Körpersäfte; aus griech. *eukrasia* „richtige Mischung", aus *eu* „gut, recht" und *krasis* „Mischung"

Eumenide verhüllende Bezeichnung für → Erinnye mit der Bedeutung „die Wohlmeinende, Gnädige"; aus griech. *eumenes* „wohlgesinnt, wohlwollend, gnädig, freundlich", aus *eu* „gut" und *menos* „Wunsch, Wille"

Eunuch kastrierter Mann, bes. als Haremswächter; aus griech. *eunouchos* in derselben Bedeutung, eigentlich „Betthüter", aus *eune* „Lagerstatt, Bett" (dazu *eunis* „Ehefrau") und *echein* „beaufsichtigen, verwalten"

Euphemismus verhüllende, beschönigende Bezeichnung; aus griech. *euphemia* „gutes Reden, Sprechen glückbedeutender Worte", aus *eu* „gut" und *pheme* „Rede, Sprache, Sprechen", zu *phanai* „sagen, reden, sprechen"

Euphonie Wohlklang; aus griech. *euphonos* „wohltönend, mit schöner Stimme", aus *eu* „gut" und *phone* „Ton, Klang, Stimme"

Euphorbia eine Pflanze, Wolfsmilch; aus griech. *eu* „gut" und *phorbe* „Nahrung, Futter", da der milchige Saft als Arznei verwendet wurde; vielleicht auch nach *Euphorbos,* dem Leibarzt des Königs Juba II. von Numidien (1. Jh. v. Chr.); Juba war in Rom erzogen worden, hatte dort eine gründliche wissenschaftliche Ausbildung erhalten und schrieb eine griech. Abhandlung über die Pflanze

Euphorie Zustand subjektiven Wohlbefindens (bei Schwerkranken kurz vor dem Tod, auch nach dem Genuß von Rauschmitteln); aus griech. *euphoros* „leicht dahintragend, leicht ertragend, geduldig", aus *eu* „gut" und *phorein, pherein* „tragen"

euphotisch lichtreich (von Schichten des Wassers); aus griech. *eu* „gut, reichlich" und *phos,* Gen. *photos,* „Licht, Helligkeit"

euryök fähig, sich größeren Schwan-

kungen in den Lebensbedingungen der Umwelt anzupassen; aus griech. *eurys* „breit, weit“ und *oikos* „Haus“
euryphag nicht auf bestimmte Nahrung angewiesen; aus griech. *eurys* „breit, weit“ und *phagein* „essen“
eurytherm widerstandsfähig gegen größere Temperaturschwankungen; aus griech. *eurys* „breit, weit“ und *therme* „Wärme“
Eurhythmie Gleichmaß, Ebenmaß von Bewegung und Ausdruck; aus griech. *eu* „gut“ und → *Rhythmus*
Eusebie Frömmigkeit; aus griech. *eusebeia* „Frömmigkeit, Gottesfurcht“, zu *eusebes* „fromm, gottesfürchtig“, aus *eu* „gut, gehörig, recht“ und *sebein* „Ehrfurcht haben“, zu *sebas* „Ehrfurcht, Scheu“
Eustasie Schwankung der Höhe des Meeresspiegels infolge Veränderungen im Wasserhaushalt der Erde; aus griech. *eu* „gut, gehörig, recht“ und *stasis* „Stehen, Stand“
Euthanasie Erleichterung des Todeskampfes durch Narkotika; aus griech. *eu* „gut“ und *thanatos* „Tod“, zur idg. Wurzel **dhwen-* „erlöschen, dunkel werden“
Euthymie *veraltet:* innere Heiterkeit, Seelenfrieden; aus griech. *euthymia* „Freude, Frohsinn, Heiterkeit, Seelenruhe“, aus *eu* „gut“ und *thymos* „Gemüt, Gefühl, Seele“
Eutrophie Nährstoffreichtum (von Böden und Gewässern); guter Ernährungszustand; aus griech. *eutrophia* „gute Ernährung, Wohlgenährtheit“, aus *eu* „gut“ und *trophe* „Nahrung, Ernährung“, zu *trephein* „ernähren“
evakuieren luftleer machen; von Bewohnern räumen; aussiedeln; aus lat. *evacuatio,* Gen.*-onis,* „Ausleerung“, zu *evacuare* „ausleeren“, aus *e-* (in Zus. für *ex*) „aus“ und *vacuare* „leer machen“, zu *vacuus* „leer“
Evaluierung Bewertung; aus frz. *évaluer* „berechnen, schätzen“, aus *é-* (lat. *ex*) „aus, heraus“ und *valeur* „Wert“, aus mlat. *valor* „Wert, Preis“
Evangelium die Botschaft Christi; jede der vier Schriften des NT über Leben und Tod Christi; über lat. *euangelium* aus griech. *euaggelion* „gute Botschaft, Freudenbotschaft“, zu *euaggelos* „Gutes meldend, gute Botschaft bringend“ sowie „der eine gute Botschaft bringt, Freudenbote“, aus *eu* „gut“ und *aggelos* „Bote, Gesandter“; weitere Herkunft nicht bekannt, vielleicht orientalischen Ursprungs
Evaporation Verdampfung, Verdunstung; aus lat. *evaporatio,* Gen. *-onis,* „Ausdampfung, Ausdünstung (trockener oder feuchter, rauchartiger Bestandteile aus der Erde)“, zu *evaporare* „ausdünsten, Dampf ausstoßen“, aus *e-* (in Zus. für *ex*) „aus, heraus“ und *vapor* „Dampf, Dunst“
Evasion Flucht; aus lat. *evasio,* Gen. *-onis,* „das Entrinnen“, zu *evadere* „heraus-, hervorgehen, entkommen, entschlüpfen“, aus *e-* (in Zus. für *ex*) „aus, heraus“ und *vadere* „gehen“
eventuell möglicherweise (eintretend), vielleicht; über frz. *éventuel* „möglich, zufällig“ aus lat. *eventus* „Ereignis“, eigtl. „Ausgang, Ergebnis, Erfolg“, zu *evenire* „sich ereignen, ablaufen, ausgehen“, aus *e-* (in Zus. für *ex*) „aus, heraus“ und *venire* „kommen“
Evergreen Schlager, der lange beliebt bleibt; engl. *evergreen* „Immergrün“ (Pflanze), aus *ever* „immer“ und *green* „grün“
Evertebrat wirbelloses Tier; aus lat. *e-* (in Zus. für *ex*) „aus heraus, weg von“ und *vertebra* „Wirbelknochen, Gelenk“, zu *vertere* „drehen, wenden“
evident offenkundig, völlig klar, einleuchtend; aus lat. *evidens,* Gen. *-entis,* „sichtbar, in die Augen springend, einleuchtend“, eigtl. „hervorscheinend“, aus *e-* (in Zus. für *ex*) „aus, heraus, hervor“ und *videri* „scheinen, sichtbar werden“
Eviktion gerichtliche Entziehung von Besitz zugunsten einer anderen Person, die größeres Recht darauf hat; aus lat. *evictio,* Gen. *-onis,* „gerichtliche Wiedererlangung seines Eigentums vom bisherigen Besitzer“, zu *evincere* „gänzlich besiegen, die Oberhand gewinnen, Herr werden über“, aus *e-* (in Zus. für *ex*) „aus, von Grund aus“ und *vincere* „siegen, besiegen“

Evokation Vorladung; Hervortreten von Vorstellungen oder Erlebnissen beim Betrachten eines Kunstwerks; aus lat. *evocatio,* Gen. *-onis,* „das Heraus-, Hervorrufen, Aufruf, Vorladung", zu *evocare,* → evozieren
Evolution allmähliche Entwicklung; aus lat. *evolvere* „auseinanderrollen, entwickeln, entfalten", aus *e-* (in Zus. für *ex*) „aus, heraus" und *volvere* „rollen, wälzen, drehen"
Evonymus ein Zierstrauch, Pfaffenhütchen, Spindelstrauch; aus lat. *euonymus,* griech. *euonymos,* aus *eu* „gut" und *onyma* „Name", also „mit gutem Namen"; der Name ist eine verhüllende Bezeichnung, denn der Strauch galt als unheilbringend, da er nicht gut riecht und die Früchte giftig sind
evozieren vorladen; aus lat. *evocare* „heraus-, hervorrufen, kommen lassen, zu sich rufen", aus *e* (in Zus. für *ex*) „heraus, hervor" und *vocare* „rufen", zu *vox,* Gen. *vocis,* „Stimme"
Exaggeration übertreibende Darstellung (von Krankheitserscheinungen); aus lat. *exaggeratio,* Gen. *-onis,* „Anhäufung, Steigerung", zu *exaggerare* „aufschütten, aufhäufen", übertr. „vermehren, vergrößern, hervorheben", aus *ex* „aus, heraus" (hier nur verstärkend) und *aggerare* „(als Damm) aufschütten, vermehren, vergrößern", zu *agger* „Material zum Aufschütten, Erde, Erdschutt; daraus errichteter Damm, Wall"
exakt genau, sorgfältig; aus lat. *exactus* „genau, pünktlich, vollkommen, vollendet, bestimmt, wohlerwogen, abgemessen", zu *exigere* „heraustreiben, zu Ende bringen, vollenden, abmessen, abwägen", aus *ex* „aus, heraus" und *agere* „treiben, führen" (in Zus. *-igere*)
exaltieren sich e.: sich übermäßig erregen; aus lat. *exaltare* „erhöhen", aus *ex* „aus, von her, aus der Tiefe heraus", und *altare* „erhöhen", zu *altus* „hoch"
Examen Prüfung; lat. *examen* (zusammengezogen aus **exagimen*) „Untersuchung, Prüfung", eigtl. „das Hinausgeführte, Hinausgetriebene, das Zünglein an der Waage, das, was abwägt, was prüft", aus *ex* „heraus" und *agere* „führen, treiben, lenken"
Exanthem entzündlicher Hautausschlag; aus griech. *exanthein* „hervorblühen, hervorbrechen", aus *ex, ek* „hinaus" und *anthemion* „Blume", zu *anthos* „Blüte"
Exarch byzantinischer Statthalter in Italien und Afrika; *Ostkirche:* kirchlicher Würdenträger, Leiter eines Kirchengebietes in der Diaspora; aus griech. *exarchos* „Vorsänger, Chorführer, Befehlshaber", zu *exarchein* „Anführer sein", zu *ex, ek* „heraus, außerhalb" und *archon* „Herrscher, Anführer", zu *archein* „herrschen"
ex cathedra maßgeblich, verbindlich, unanfechtbar, *eigtl.:* vom Bischofssitz aus, d. h. vom Sitz des Papstes aus, dessen Entscheidung unfehlbar ist; lat. „vom Bischofssitz, vom Lehrstuhl aus", *ex* „aus, von her" und *cathedra* „Lehrstuhl, Bischofssitz", eigtl. „Lehnstuhl, Armsessel, Tragsessel", aus griech. *kathedra* „Stuhl, Sitz, Lehrstuhl", → Katheder
Exchange *engl. Bezeichnung für* Tausch, Austausch, Wechsel; aus *ex* (lat. *ex*) „aus" und *change* „Tausch, Wechsel", zu *to change* „tauschen, wechseln", aus mengl. *changen, chaungen* aus altfrz. *changer* aus lat. *cambiare* „wechseln"
Exedra halbrunder oder eckiger Raum mit Bank als Abschluß eines Säulengangs; in mittelalterlichen Kirchen: Apsis; aus griech. *exedros* „außerhalb sitzend", aus *ex, ek* „heraus, außen, außerhalb" und *hedra* „Sitz, Thron, Ehrensessel"
Exegese Ausdeutung, Erklärung (von Rechtsquellen sowie der Bibel); aus griech. *exegesis* „Auseinandersetzung, Deutung, Erklärung", zu *exegeisthai* „auseinandersetzen, erklären, deutlich machen, zeigen", zu *ex, ek* „heraus" und *hegeisthai* „den Weg zeigen, Führer sein"
Exekution Vollstreckung, Vollzug; aus lat. *exsecutio,* Gen. *-onis,* „Vollziehung, Gerichtsbarkeit", zu *exsequi* „verfolgen, nachgehen, ausführen, vollziehen", aus *ex* „aus, hinaus, bis ganz hin" und *sequi* „folgen, streben"

Exempel Aufgabe; Beispiel; aus lat. *exemplum* „Probe, Beispiel", zu *eximere* „herausnehmen, ab-, aussondern", aus *ex* „aus, heraus" und *emere* „nehmen"

exemplifizieren durch ein Beispiel erläutern; über mlat. *exemplificare* in ders. Bed. aus lat. *exemplum* „Beispiel" (→ Exempel) und *facere* (in Zus. *-ficare,* Intensivum zu *-ficere*) „machen"

Exemtion Befreiung von gesetzlichen Lasten und Pflichten; aus lat. *exemtio,* Gen. *-onis,* „das Herausnehmen", zu *eximere,* → eximieren

Exequien *kath. Kirche:* Begräbnisfeier; aus lat. *exsequiae* „Leichenbegängnis", zu *exsequi* „zum Grab geleiten", aus *ex* „heraus, hinaus, bis ganz hin" und *sequi* „folgen"

exerzieren üben, ausbilden (bes. Truppen); aus lat. *exercere* „in rastlose Bewegung setzen, in anhaltender Tätigkeit beschäftigen, ausbilden, üben", eigtl. „nicht ruhen und rasten lassen, aus dem Zustand der Ruhe heraushalten", aus *ex* „aus, heraus" und *arcere* „in Ruhe halten"

Exhalation Ausatmung, Ausdünstung; Ausströmen (von vulkanischen Gasen und Dämpfen); aus lat. *exhalatio,* Gen. *-onis,* „Ausdünstung", zu *exhalare* „ausdünsten, aushauchen", aus *ex* „aus, heraus" und *halare* „hauchen, wehen"

Exhaustor Gebläse zum Absaugen von Gas, Dampf, Staub u. a., Entlüfter; eigtl. „Ausschöpfer, Ausleerer", aus lat. *exhaurire* „ausschöpfen, ausleeren", aus *ex* „aus" und *haurire* „schöpfen, entnehmen'

Exhibitionismus krankhafte Neigung, die Geschlechtsteile zu entblößen und öffentlich zu zeigen; *übertr.:* auffallendes Verhalten, um Aufmerksamkeit zu erregen; aus lat. *exhibitio,* Gen. *-onis,* „das Vorzeigen, Darbieten", zu *exhibere* „darbieten, darstellen, wahrnehmbar machen", eigtl. „heraushalten", aus *ex* „aus, heraus" und *habere* „halten, haben"

exhumieren wieder ausgraben (von Leichen zur gerichtlichen Untersuchung); aus lat. *exhumare* „wieder ausgraben", aus *ex* „aus, heraus" und *humare* „beerdigen, begraben", eigtl. „mit Erde bedecken", zu *humus* „Erde"

Exil Verbannung; Verbannungsort; aus lat. *exsilium* „Aufenthalt im Ausland, Verbannung, Flucht aus dem Vaterland", zu *exsul* „der im Ausland Lebende, Verbannte, Vertriebene", aus *ex* „aus, heraus" und *solus* „allein, einsam, verlassen"

eximieren von einer gesetzlichen Pflicht befreien; aus lat. *eximere* „heraus-, wegnehmen, losmachen, befreien", aus *ex* „aus, heraus" und *emere* „nehmen"

Existenz Leben, Dasein, Vorhandensein; Lebensunterhalt; aus neulat. *existentia* zu lat. *exsistere* „heraustreten, hervorkommen, ins Leben treten", aus *ex* „aus, heraus" und *sistere* „stellen, bringen, führen"

Exkardination Entlassung eines Geistlichen aus einem Diözesanverband (mit nachfolgender Aufnahme in eine andere Diözese oder in ein Kloster); aus lat. *ex* „aus, heraus" und *cardo,* Gen. *cardinis,* „Türangel, Türzapfen"

Exkavation Aushöhlung, Ausbuchtung (eines Organs); Ausgrabung, Ausbaggerung, Ausbohrung; aus lat. *excavatio,* Gen. *-onis,* „Aushöhlung", zu *excavare* „aushöhlen", aus *ex* „aus" und *cavare* „hohl machen", zu *cavus* „hohl"

Exklamation *veraltet:* Ausruf; aus lat. *exclamatio,* Gen. *-onis,* „Ausruf, Aufschrei", zu *exclamare* „einen Schrei ausstoßen, laut schreien", aus *ex* „aus, heraus" und *clamare* „rufen, schreien"

Exklave von fremdem Staatsgebiet umgebener Teil des eigenen Staates; nach dem Muster von → Enklave gebildet aus lat. *ex* „aus, heraus" und *clavis* „Schlüssel"

exklusiv nicht allen zugänglich, ausschließend; gesellschaftlich abgesondert; vornehm und außergewöhnlich; über engl. *exclusive* aus lat. *excludere* „ausschließen", aus *ex* „aus, heraus" und *claudere* (in Zus. *-cludere*) „schließen", zu *clavis* „Schlüssel"

exkommunizieren aus der Kirchengemeinschaft ausschließen; aus kirchen-

lat. *excommunicare* „in den Bann tun", aus *ex* „aus, heraus" und → *kommunizieren*
Exkrement Körperausscheidung, Kot bzw. Urin; aus lat. *excrementum* „Auswurf (aus dem Körper), Kot", aus *excretum* „das Ausgeschiedene" (→ Exkret) mit Infix *-men-* zur Bez. eines Werkzeugs, Mittels, zu *excernere* „aussondern, ausscheiden", aus *ex* „aus" und *cernere* „scheiden, sondern"
Exkret vom Körper nicht weiter verwendbares und daher ausgeschiedenes Stoffwechselprodukt; aus lat. *excretum* „das Ausgeschiedene", zu *excernere* „ausscheiden", aus *ex* „aus" und *cernere* „scheiden, sondern"
Exkulpation Rechtfertigung, Befreiung von Schuld; aus lat. *ex* „aus, weg von" und *culpa* „Schuld"
Exkurs Abschweifung; kurze Ausarbeitung; aus lat. *excursus* „das Herauslaufen, Auslaufen", aus *ex* „aus, heraus" und *cursus* „Lauf", zu *currere* „laufen"
Exkursion Ausflug (unter wissenschaftlicher Leitung); aus lat. *excursio,* Gen. *-onis,* eigtl. „das Herauslaufen", → Exkurs
exmatrikulieren aus der Matrikel streichen; aus lat. *ex* „aus, heraus" und → *Matrikel*
exmittieren gerichtlich ausweisen; aus lat. *emittere* „hinaus-, wegschicken", aus *e-* (in Zus. für *ex*) „aus, heraus" und *mittere* „schicken"
Exodermis äußeres, verkorktes Gewebe der Pflanzenwurzel; aus griech. *exo* „außen, außerhalb" und *derma* „Haut"
Exodus Auszug (der Juden aus Ägypten); lat. *exodus* aus griech. *exodos* „Ausgang, Auszug, Aufbruch", aus *ek-, ex-* „hinaus, heraus" und *hodos* „Weg, Marsch, Reise"
ex officio von Amts wegen, amtlich; lat., „aus dem Amt (heraus), vom Amt her, dem Amt gemäß", *ex* „aus, heraus, von her, gemäß" und *officium* „Amt, Geschäft"
Exogamie Heirat außerhalb des Stammes; aus griech. *exo* „außen, draußen, außerhalb" und *gamein* „heiraten"
exogen von außen stammend, von außen einwirkend, außen entstehend; aus griech. *exo* „außen, draußen, außerhalb" und *gennan* „erzeugen, hervorbringen"
Exokarp äußere Schicht der Fruchtwand; aus griech. *exo* „außen, außerhalb" und *karpos* „Frucht"
exokrin mit äußerer Sekretion; aus griech. *exo* „außen, draußen, außerhalb" und *krinein* „scheiden, sondern, trennen"
exorbitant übertrieben, übermäßig; gewaltig, außerordentlich; aus lat. *exorbitans,* Gen. *-antis,* Part. Präs. von *exorbitare* „aus der Bahn, seitwärts springen, von der Bahn abweichen", übertr. „von der Wahrheit abweichen", aus *ex* „aus, von weg" und *orbita* „Wagen-, Radspur, Bahn", zu *orbis* „Kreis, Kreislauf, Kreisbahn"
Exorzismus Geisterbeschwörung, Austreibung von Geistern; aus griech. *exorkizein* „beschwören", aus *ex, ek* „hinaus, heraus" und *horkos, horkion* „Eid, Schwur"
Exosphäre oberste Schicht der Atmosphäre; aus griech. *exo* „außen, draußen, außerhalb" und → *Sphäre*
exoterisch für die Öffentlichkeit, die Allgemeinheit bestimmt; aus griech. *exoterikos* „äußerlich; verständlich, für Laien bestimmt", zu *exoteros* „äußerer, außerhalb", Komparativ von *exo* „außen, draußen, außerhalb"
exotherm Wärme abgebend; aus griech. *exo* „heraus, hinaus" und *therme* „Wärme"
exotisch aus fernen Ländern stammend; über lat. *exoticus* aus griech. *exotikos* „ausländisch", zu *exoteros* „äußerer, außen befindlich", Komparativ zu *exo* „außen, draußen, außerhalb"
Expansion Ausdehnung, Ausbreitung; aus lat. *expansio,* Gen. *-onis,* „Ausdehnung", zu *expandere* „auseinanderbreiten, -spannen", aus *ex* (verstärkend) „aus" und *pandere* „ausbreiten, ausspannen", auch „gangbar machen, bahnen"
expatriieren ausbürgern, die Staatsbürgerschaft entziehen; aus frz. *expa-*

trier in derselben Bedeutung, aus *ex-* „aus, heraus" und *patrie* aus lat. *patria* „Vaterland", zu lat. *pater,* Gen. *patris,* „Vater"

expedieren zum Versand fertig machen und verschicken; aus lat. *expedire* „losbinden, freimachen, befreien", aus *ex* „aus, von weg" und *pedica* „Fußfessel", zu *pes,* Gen. *pedis,* „Fuß"

Expedition das Absenden, Verschikken; Entdeckungsreise in unerforschtes Gebiet; aus lat. *expeditio,* Gen. *-onis* „Erledigung, Abfertigung; Feldzug", zu *expedire* „losbinden, freimachen", → expedieren

Expektoration Aushusten (von Schleim), Auswurf; aus lat. *expectorare* „aus der Brust herausbringen", aus *ex* „aus, heraus" und *pectus,* Gen. *pectoris,* „Brust"

expensiv teuer, kostspielig; aus lat. *expensa* „Ausgabe, Aufwand", zu *expendere* „ausgeben, auszahlen", eigtl. „abwägen, auf der Waage ausgleichen", aus *ex* „aus" und *pendere* „wägen, zahlen"; früher wurden Geldmittel auf der Waage abgewogen

Experiment (bes. wissenschaftlicher) Versuch; aus lat. *experimentum* „Versuch, Probe, Beweis (infolge Erfahrung)", zu *experiri* „(durch Versuch) in Erfahrung bringen, versuchen, erproben", aus *ex* „aus, heraus, zufolge, kraft" und *periri* „erfahren" und Infix *-men-* zur Bez. eines Mittels oder Werkzeugs

Experte Sachverständiger, erfahrener Fachmann; aus lat. *expertus* „erfahren, erprobt, bewährt", zu *experiri,* → Experiment

Explanation Erklärung (von literarischen Texten); aus lat. *explanatio,* Gen. *-onis,* „Erklärung", zu *explanare* „erklären, erläutern, deutlich machen", aus *ex* „aus, heraus, von Grund aus, völlig" und *planus* „gerade, eben, flach", übertr. „deutlich, klar, verständlich"

Explantation Züchtung von Zellen oder Gewebe auf künstlichem Nährboden; aus lat. *explantare* „aus der Erde herausheben", aus *ex* „aus, heraus" und *plantare* „pflanzen", zu *planta* „Setzling, Senker, Schößling"

explizieren erklären; aus lat. *explicare* „auseinanderfalten, -wickeln, auseinandersetzen, verdeutlichen, erklären", aus *ex* „aus, heraus" und *plicare* „falten, rollen"

explodieren zerplatzen, knallend bersten; aus lat. *explodere* „klatschend, schlagend hinaustreiben", → Explosion

exploitieren ausbeuten, nutzbar machen; aus frz. *exploiter* „ausnützen, ausbeuten", aus altfrz. *exploit* „Leistung, Vorteil, Ertrag", aus lat. *explicare* „bis ins letzte, restlos ausführen", eigtl. „auseinanderfalten, -wickeln", aus *ex* „aus" und *plicare* „falten, rollen"

explorieren erforschen, auskundschaften; ärztlich untersuchen und befragen; aus lat. *explorare* „auskundschaften, erkunden, erforschen, durchsuchen", urspr. Ausdruck der Jägersprache: „herausschreiben, durch Geschrei herausjagen, aufstöbern", nämlich das Wild aus seinem Versteck, aus *ex* „aus" und *plorare* „weinen, heulen, schreien"

Explosion knallendes Bersten, Zerplatzen; aus lat. *explosio,* Gen. *-onis,* „das Auszischen, Auspfeifen (eines Schauspielers)", zu *explodere* „klatschend, schlagend hinaustreiben, durch Schreien, Pochen, Klatschen, Zischen usw. von der Bühne vertreiben", aus *ex* „aus, hinaus" und *plaudere* „klatschend schlagen, klopfen, Beifall klatschen" wie auch „zum Zeichen des Mißfallens mit den Füßen scharren"

exponieren aussetzen (einer Gefahr, dem Licht, Angriffen usw.); aus lat. *exponere* „herausstellen, offen hinstellen, vor Augen stellen", aus *ex* „aus, heraus" und *ponere* „stellen, setzen, legen"

exportieren ins Ausland verkaufen, ausführen; aus lat. *exportare* „hinaus-, fortschaffen", aus *ex* „aus, hinaus" und *portare* „tragen, bringen, schaffen"

Exposé Bericht, Darlegung; ausgearbeiteter Entwurf; frz. *exposé* in ders. Bed., zu *exposer* „auseinandersetzen, darlegen, erklären", aus lat. *exponere* (Perf.: *expositus*) „herausstellen, offen hinstellen, vor Augen führen", aus *ex*

„aus, heraus" und *ponere* „setzen, stellen, legen"

Exposition Ausstellung; Darlegung; Einführung (im 1. Akt eines Dramas) in die vor Beginn des Stückes abgelaufene Handlung; aus lat. *expositio,* Gen. *-onis,* „Auseinandersetzung, Darlegung", zu *exponere,* → exponieren

expreß eilig, mit Eilpost; aus lat. *expressus* „ausdrücklich, nachdrücklich", zu *exprimere* „hervorstoßen, herauspressen", aus *ex* „aus, heraus" und *premere* „drücken, pressen"

Expressionismus Ausdruckskunst, Kunstrichtung Anfang des 20. Jh., die den unmittelbaren Ausdruck von Leidenschaft, innerer Bewegung usw. erstrebte; aus lat. *expressio,* Gen. *-onis,* eigtl. „das Auspressen, Ausdrücken", übertr. „Ausdruck, genaue Darlegung", zu *exprimere* „deutlich aussprechen, ausdrücken, genau darlegen", aus *ex* „aus, heraus" und *premere* „drücken, pressen"

expropriieren enteignen; aus frz. *exproprier* „enteignen", aus *ex-* „weg von" und *propre* aus lat. *proprius* „allein gehörig, eigen"

Expulsion Aus-, Vertreibung; aus lat. *expulsio,* Gen. *-onis,* „Vertreibung", zu *expellere* „hinaus-, wegtreiben", aus *ex* „aus, heraus" und *pellere* „in Bewegung setzen, vertreiben"

exquisit erlesen, vorzüglich, ausgezeichnet; aus lat. *exquisitus* „ausgewählt, vorzüglich", zu *exquirere* „aussuchen, ausfindig machen", aus *ex* „aus" und *quaerere* (in Zus. *-quirere*) „suchen"

Exsekration Verfluchung, Verwünschung; aus lat. *exsecratio,* Gen. *-onis,* „Verfluchung", zu *exsecrari* „verfluchen", eigtl. „erklären, daß jmd. der Rache der Götter ausgeliefert, also dem Wohlwollen der Götter entzogen sei", aus *ex* „aus, weg von" und *sacer* „heilig"

Exsikkation Austrocknung; aus lat. *exsiccatio,* Gen. *-onis,* „Austrocknung", zu *exsiccare* „austrocknen", aus *ex* „aus" und *siccare* „trocknen", zu *siccus* „trocken"

exspektativ in Aussicht stellend; *Med.:* abwartend (Behandlung); aus lat. *exspectatio,* Gen. *-onis,* „Erwartung, Spannung, Sehnsucht", zu *exspectare* „erwarten, entgegensehen", eigtl. „ausschauen (nach)", aus *ex* „aus" und *spectare* „schauen, sehen"

exspirieren ausatmen; aus *lat. exspirare* „aushauchen, herausblasen, ausatmen", aus *ex* „aus, heraus" und *spirare* „hauchen, blasen, wehen, atmen"

Exstirpation vollständige operative Entfernung eines erkrankten Organs; aus lat. *exstirpatio,* Gen. *-onis,* „Ausrottung", zu *exstirpare* „mit Stumpf und Wurzel ausreißen, ausrotten", aus *ex* „aus, heraus" und *stirps,* Gen. *-pis,* „Wurzel, Stamm"

Exsudation Ausschwitzung einer Flüssigkeit infolge Entzündung; aus lat. *exsudatio,* Gen. *-onis,* „Ausschwitzung", zu *exsudare* „ausschwitzen", aus *ex* „aus" und *sudare* „schwitzen"

Extemporale unvorbereitete schriftliche Klassenarbeit; aus lat. *extemporalis* „unvorbereitet", aus *ex tempore* „aus dem Augenblick", aus *ex* „aus" und *tempus,* Gen. *temporis,* „Augenblick, Zeit(punkt)"

Extension Ausdehnung; Streckung (eines Gliedes); aus lat. *extensio,* Gen. *-onis,* „Ausdehnung, das Ausstrecken", zu *extendere* „ausdehnen, ausstrecken, ausbreiten", aus *ex* „aus, von weg" und *tendere* „spannen, strecken, straff anziehen"

Exterieur Äußeres, äußere Erscheinung; frz. *extérieur* „Äußeres, Außenseite", aus lat. *exterior,* Komparativ von *exter* „außen, äußerlich", aus *ex* „aus, heraus" und Nachsilbe *-terus,* die die Stellung, Lage bezeichnet, etwa im Sinne von „befindlich"

Extermination *veraltet:* Ausweisung (aus einem Land), Vertreibung; aus lat. *exterminatio,* Gen. *-onis,* „Vertreibung", zu *exterminare* „fortjagen, vertreiben", eigtl. „über die Grenze treiben", aus *ex* „aus" und *terminus* „Grenze"

extern auswärtig, außerhalb des Internats wohnend; aus lat. *externus* „äußerlich, auswärtig, ausländisch", zu *exter(us)* „außen befindlich, auswärtig", aus *ex* „aus, heraus" und Nachsilbe *-terus,* die die Stellung, Lage bezeichnet, etwa im Sinne von „befindlich"

exterritorial der Staatsgewalt des Gastlandes nicht unterstellt; aus lat. *ex* „aus" und → *Territorium*

extra zusätzlich; besonders, für sich; außergewöhnlich; lat. *extra* (eigtl. *extera*) „außen, außerhalb", zu *exter(us)* „außen befindlich, außerhalb", aus *ex* „aus, heraus" und Nachsilbe *-terus,* die die Stellung, Lage bezeichnet, etwa im Sinne von „befindlich"

extrahieren herausziehen; herausschreiben, einen Auszug machen (aus einem Buch); aus lat. *extrahere* „herausziehen", aus *ex* „aus, heraus" und *trahere* „ziehen"

Extrakt Auszug (aus einem Buch oder Stoff); aus lat. *extractum* „herausgezogen", zu *extrahere* „herausziehen", → extrahieren

extramundan außerweltlich; aus lat. *extra* „außerhalb" und *mundanus* „zur Welt gehörig", zu *mundus* „Welt(all)"

extraordinär außergewöhnlich; aus lat. *extraordinarius* „außergewöhnlich, außerordentlich", aus *extra* „außerhalb" und *ordinarius* „gewöhnlich, ordentlich", zu *ordo,* Gen. *ordinis,* „Ordnung"

Extrapolation Schluß von Funktionswerten innerhalb eines mathematischen Bereichs auf solche außerhalb dieses Bereichs; mit lat. *extra* „außerhalb" nach dem Muster von → *Interpolation* gebildet

extravagant ungewöhnlich, aus dem Rahmen fallend; frz. *extravagant* „überspannt, närrisch, ungereimt", zu *extravaguer* „unsinnige Dinge tun oder sagen, faseln, schwärmen", eigtl. „abschweifen", aus mlat. *extravagans* „verirrt, verlaufen", auch „verrückt, unsinnig", Part. Präs. von *extravagari* aus lat. *extra* „außen, außerhalb" und *vagari* „umherschweifen, -irren", zu *vagus* „unbeständig, schwankend, ungebunden"

extravertiert der Außenwelt zugewandt, an äußeren Objekten interessiert; aus lat. *extra* „außen, außerhalb" und *vertere* „wenden"

extrem äußerst; aus lat. *extremus* „äußerster, am weitesten entfernter, letzter", zu *exter(us)* „außen befindlich", aus *ex* „aus, heraus" und Nachsilbe *-terus,* die die Stellung, Lage bezeichnet, etwa im Sinne von „befindlich"

extrors *bei Blütenpflanzen:* nach außen gewendet (Staubbeutel); aus lat. *extrorsus* „auswärts, nach außen", zusammengezogen aus *extra versus: extra* „außen" und *versus* „gewendet", zu *vertere* „wenden"

Extrusion Vulkanausbruch; aus lat. *extrusum* „das Aus-, Herausgestoßene", zu *extrudere* „herausstoßen", aus *ex* „aus, heraus" und *trudere* „stoßen, drängen"

Exuberanz Üppigkeit; Überschwenglichkeit, Schwulst; aus lat. *exuberantia* „Überfluß", zu *exuberare* „reichlich hervorkommen, sich in Fülle zeigen, Überfluß haben", aus *ex* „aus, heraus" und *uberare* „fruchtbar sein", zu *uber* „ergiebig, fruchtbar, reichhaltig"

Exulzeration Geschwürbildung; aus lat. *exulceratio,* Gen. *-onis,* „Eiterung", zu *exulcerare* „zum Herauseitern bringen", aus *ex* „heraus" und *ulcerare* „zum Eitern bringen", zu *ulcus* „Geschwür"

Exuvien abgestreifte Tierhaut; als Reliquien aufbewahrte Gewänder eines Heiligen; aus lat. *exuviae* (Pl.) „das, was man sich oder jmdm. ab-, ausgezogen hat, abgelegte Kleidung, abgestreifte Tierhaut", zu *exuere* „ablegen, ausziehen", aus *ex* „aus" und zur idg. Wurzel **ouo-*, **euo-* „bekleiden"

ex voto auf Grund eines Gelübdes; lat., „aus einem Gelübde heraus", *ex* „aus" und *votum* „Gelübde", zu *vovere* „geloben"

exzellent ausgezeichnet, vortrefflich; aus lat. *excellens,* Gen. *-entis,* „hervorragend, vortrefflich, ausgezeichnet", zu *excellere* „hervorragen, sich auszeichnen", aus *ex* „aus" und dem unselbständigen Verb *-cellere,* das nur als zweites Glied von Zus. auftritt, „emporragen"

exzentrisch außerhalb des Mittelpunktes liegend; überspannt, verschroben; aus lat. *ex* „aus, heraus" und *centrum,* → Zentrum

exzeptionell ausnahmsweise, außergewöhnlich; aus lat. *exceptio,* Gen. *-onis,* „Ausnahme, Einschränkung", zu *excipere* „herausnehmen, eine Ausnahme machen", aus *ex* „aus, heraus" und *capere* (in Zus. *-cipere*) „fassen, ergreifen"

exzerpieren herausschreiben (aus Büchern); aus lat. *excerpere* „herausklauben, auslesen, einen Auszug machen", aus *ex* „aus, heraus" und *carpere* (in Zus. *-cerpere*) „zupfen, rupfen, pflükken"

Exzeß Ausschreitung, Überschreitung gesellschaftlicher Grenzen, Ausschweifung; aus lat. *excessus* „das Hinausgehen (über die Grenze), Ausschweifung", zu *excedere* „über die Grenze, über ein gewisses Maß hinausgehen, ein Maß überschreiten", aus *ex* „aus, hinaus" und *cedere* „gehen, schreiten"

Exzision *Med.:* das Herausschneiden; aus lat. *excisio,* Gen. *-onis,* in derselben Bedeutung, zu *excidere* „herausschneiden", aus *ex* „aus, heraus" und *caedere* (in Zus. *-cidere*) „abschneiden, abhauen, fällen"

Eyrir, Pl. Aurar, isländ. Währungseinheit; aus altnord. *eyrir* „Unze", wie auch → Öre aus lat. *aureus* „golden", zu *aurum* „Gold"

F

Fabel lehrhafte, meist satirische Tiergeschichte; erdichtete Geschichte; das Handlungsgerüst einer Dichtung; aus lat. *fabula* „Geschichte, Erzählung", zu *fari* „verkünden, prophetisch sprechen, besingen"
Fabrik Unternehmen zur maschinellen Herstellung von Waren; aus lat. *fabrica* „Handwerk, Kunst; Werkstatt", zu *faber* „Handwerker, Künstler", weitere Herkunft nicht geklärt
fabrizieren in einer Fabrik herstellen; *ugs.:* laienhaft herstellen, zusammenbasteln; aus lat. *fabricari* „anfertigen, bes. zimmern, bauen, schmieden", zu *faber* „Handwerker, Künstler"
fabulieren phantasievoll erzählen, Geschichten erfinden; aus lat. *fabulari* „sprechen, reden, schwatzen, plaudern", zu *fabula*, → Fabel
Facette kleine, eckig geschliffene Fläche, schräge Kante; frz. *facette* „Seitenfläche, kleine Rautenfläche", eigtl. „kleine Oberfläche", Verkleinerungsform von *face* „Oberfläche, Vorder-, Außenseite, Gesicht", aus vulgärlat. *facia*, lat. *facies* „äußere Erscheinung, Äußeres, Gesicht"
fad, fade reizlos, langweilig, ohne Geschmack; aus frz. *fade* in ders. Bed., über vulgärlat. **fatidus* aus lat. *fatuus* „geschmacklos, albern, einfältig"
Fading Schwanken der Empfangsfeldstärke bei Radiosendungen; Nachlassen der Bremskraft bei Fahrzeugen; engl. *fading* in der ersten Bedeutung, eigtl. „vergänglich, verblassend", zu *to fade* „verblassen, dahinschwinden, vergehen", aus frz. *fade* „reizlos, fad", → fad
Fagott ein Holzblasinstrument; aus ital. *fagotto* in ders. Bed. sowie „Bündel", da das Instrument in seiner Frühform mit einem Blasebalg ausgestattet war; weitere Herkunft des Wortes nicht geklärt
Faible Vorliebe, Neigung, Schwäche; frz. *faible* „schwache Stelle, schwache Seite, Schwäche", über altfrz. *foible, flebe, fleve, floive* aus lat. *flebilis* „kläglich, weinerlich, rührend", zu *flere* „weinen"
fair ehrlich, anständig, redlich; engl. *fair* „anständig, redlich, gerecht" sowie (eigtl.) „schön, hübsch; hell; günstig, gut; reichlich", aus mengl. *fair, faiger,* altengl. *faeger,* altnord. *fagr* „schön, hübsch, freundlich", Grundbedeutung (wie auch im Litau., Lett.) „schmücken, rein, hell machen"
Fait accompli vollendete Tatsache; frz., aus *fait* „Tatsache", wörtlich „etwas Getanes, Gemachtes, Geschehenes" (zu *faire* aus lat. *facere* „tun, machen") und *accompli* „vollendet", zu *accomplir* „vollenden, verwirklichen, ausführen", über vulgärlat. **accomplere* aus lat. *ad* „zu, hinzu" (verstärkend) und *complere* „vollfüllen, vollzählig machen, ergänzen"
Fäkalien Ausscheidungen, Kot, Harn; aus lat. *faeces,* Plural von *faex* „Bodensatz, Niederschlag (in einer Flüssigkeit)"
Fakir indischer Asket; aus arab. *faqīr* „arm"
Faksimile originalgetreue Nachbildung (eines Druckes, einer Handschrift); aus lat. *fac simile* „mach (es) ähnlich", zu *facere* „machen" und *simile* „ähnlich"
Faktion parteiähnliche, politisch bes. aktive Gruppe; Gruppierung innerhalb einer Partei; aus lat. *factio,* Gen. *-onis,* „politischer Umbruch, Parteiwesen, Partei, Clique, Rotte", eigtl. „das Tun, Machen", zu *facere* „machen"
faktisch tatsächlich, in Wirklichkeit; zu lat. *factum* „vollendete Tat, Handlung, Vorfall, Ereignis, Geschehen", zu *facere* „machen"
Faktor Leiter einer Faktorei; Werkmeister in einer Druckerei; Zahl, die mit einer andern multipliziert wird;

mitwirkender Umstand; aus lat. *factor* „Schöpfer, Urheber, jmd., der etwas tut", zu *facere* „tun, machen"

Faktorei überseeische Handelsniederlassung; *urspr.:* Wohnung und Geschäft eines Faktors; zu *Faktor* „Geschäftsführer, Vorsteher, Verwalter", aus mlat. *factor* „Agent, Vertreter, Verwalter", lat. „Schöpfer, Verfertiger, Urheber", zu *facere* „tun, machen"

Faktotum jmd., der die verschiedensten Arbeiten verrichtet, „Mädchen für alles"; aus lat. *fac totum* „mach alles", zu *facere* „machen" und *totum,* Neutrum von *totus* „ganz, gänzlich, völlig, alles zugleich"

Faktum Tatsache, Ereignis, Vorgang; aus lat. *factum* „das Geschehene, Tat, Handlung", zu *facere* „tun, machen"

Faktur Rechnung; aus lat. *factura* „Bearbeitung", in der Bedeutung von ital. *fattura* „Anfertigung, Warenrechnung" beeinflußt, aus lat. *factum* „das Machen, Bearbeitung", zu *facere* „machen"

Fakultät fachlich begrenzte Abteilung einer Hochschule; aus mlat. *facultas,* Gen. *-atis,* „Wissens-, Forschungs-, Wissenschaftszweig", aus lat. *facultas* „Fähigkeit, Geschicklichkeit, Talent", zu *facilis* „leicht, mühelos, gewandt, geschickt", eigtl. „leicht zu tun, geeignet zu tun", zu *facere* „tun, machen"

Falange faschistische span. Partei; span. *falange* „Truppenabteilung, Heer", aus lat. *phalanx (falanx),* Gen. *phalangis,* → Phalanx

Falkonett *16./17. Jh.:* leichtes Geschütz, Feldschlange; aus ital. *falconetto* in ders. Bed., Verkleinerungsform von *falcone* „Jagdfalke", aus lat. *falco,* Gen. *falconis,* „Falke"; Übertragungen von Vogelnamen auf Waffen kamen früher nicht selten vor (vgl. Muskete)

fallieren zahlungsunfähig werden, in Konkurs gehen; über ital. *fallire* in derselben Bedeutung sowie „fehlschlagen, mißlingen" aus lat. *fallere* „nicht leisten, unerfüllt lassen, versagen"

Fallott *österr.:* Betrüger; stammt aus der österr. Gaunersprache, wo es „Glücksspieler" heißt, aus ital. *fa lotto* „er macht das Spiel", zu *fare* „machen" und *lotto* „Los-, Lottospiel", → Lotto (nach Wehle)

Fallout radioaktiver Niederschlag bei Kernwaffenexplosionen; engl. *fall-out* in ders. Bed., zu *to fall out* „herausfallen"

Falsett durch Brustresonanz verstärkte Kopfstimme des Mannes; aus ital. *falsetto* in ders. Bed., Verkleinerungsform von *falso* „falsch, unrichtig", aus lat. *falsus* „unecht, vermeintlich, falsch", zu *fallere* „unkenntlich machen, irreführen, täuschen"; durch das Falsett wird mit Männerstimme die Frauenstimme sozusagen vorgetäuscht

Falsifikat Fälschung, gefälschter Gegenstand; aus lat. *falsificatus* „verfälscht", aus *falsus* „falsch" und *facere* (in Zus. *-ficare,* Intensivum zu *-ficere)* „machen"

Fama Gerücht; lat. *fama* „Gerede der Leute, Gerücht, Sage", aus griech. *phama* (dorisch) und *pheme* (attisch) in ders. Bed., zu *phanai* „sagen, sprechen, erzählen"

Familie *i. e. S.:* Eltern und Kinder; *i. w. S.:* alle Verwandten; aus lat. *familia* „alle einem Hausherrn unterstehenden Personen, einschließlich Dienerschaft", zu *famulus* „Diener", weitere Herkunft unsicher

famos großartig, prächtig; aus lat. *famosus* „berühmt", eigtl. „viel besprochen", zu *fama* „Gerede der Leute, Gerücht, öffentliche Meinung"

famulieren während des Medizinstudiums in einem Krankenhaus praktisch arbeiten; aus lat. *famulari* „dienen", zu *famulus* „Diener"

Fan begeisterter Anhänger, Liebhaber (von etwas); engl. *fan* in ders. Bed., verkürzt aus *fanatic* „Fanatiker", → fanatisch

Fanal Feuerzeichen, eine Wende ankündigendes Zeichen; aus frz. *fanal* „große Laterne, Leuchtfeuer", aus ital. *fanale* in derselben Bedeutung, aus griech. *phanos* „Laterne, Fackel", zu *phaos* „Licht, Laterne, Fackel", zur idg. Wurzel **bhaw-*, **bha-* „Licht"

fanatisch unduldsam eifernd, sich übertrieben und rücksichtslos einsetzend; aus lat. *fanaticus* „von einer

Gottheit in Begeisterung, Raserei versetzt, schwärmend, entzückt, rasend", zu *fanum* „einer Gottheit geweihter Ort, Heiligtum, Tempel"

Fandango urspr. gesungener, feuriger span. Tanz; span. *fandango* in ders. Bed., vielleicht über **fadango* aus port. *fado* „volkstümliches, schwermütiges Liebeslied", weitere Herkunft nicht geklärt; man vermutete eine Verbindung mit lat. *fatum* „Schicksal", da das Lied vom Schicksal der besungenen Personen erzähle

Fanfare Dreiklangtrompete ohne Ventile; Trompetensignal in gebrochenem Dreiklang; aus ital. *fanfara*, frz. *fanfare* in ders. Bed., wahrscheinlich lautmalend; die gelegentlich vermutete Ableitung aus dem Arab. ist nicht sicher nachgewiesen

Fango mineralhaltiger Schlamm; aus ital. *fango* „Schlamm", aus germ. **fanga* „Sumpf, Schlamm", zur idg. Wurzel **pan-* „Sumpf, feucht"

Fant unreifer junger Bursche; frühere Form *Fante*, aus mnddt. *vant* „Knabe", dazu mhd. *vanz* „Schelm", wahrscheinlich aus einem germ. Grundwort **vant*, das etwas „Lockeres" bezeichnet

Farce derbkomisches, kurzes Theaterstück; lächerliche, als wichtig hingestellte Angelegenheit; Fleischfüllung für Geflügel und Pasteten; frz. *farce*, urspr. „Fleischfüllung", dann übertr. „Posse, Schwank" (als „füllendes" Zwischenspiel im Theater), zu *farcir* „füllen, spicken", aus lat. *farcire* „stopfen, hineinstopfen"

Farinade Puderzucker; aus lat. *farina* „Mehl", eigtl. „Dinkelmehl", zu *far*, Gen. *farris*, urspr. wohl allgemein „Getreide", dann „Dinkel" (das älteste Brotgetreide der Römer)

Fasan ein Hühnervogel; aus griech. *phasianos* „Fasan", nach der Stadt *Phasis* und dem gleichnamigen, ins Schwarze Meer mündenden Fluß

faschieren *österr.:* durch den Fleischwolf drehen; zu *farcieren* „mit einer Farce füllen", zu → *Farce* „Fleischfüllung"

Faschine Reisiggeflecht für Uferbefestigungen; aus ital. *fascina* „Reisigbündel", aus lat. *fascis* „Bündel, Rutenbündel"

Fasching *bair.-österr. für* Fastnacht; das Wort ist zuerst im Mhd. als *vaschanc, vaschang, vassang* belegt und wurde früher als „Ausschank des Fastentrunks" gedeutet, so wie man *Fastnacht* als „Abend vor Beginn der Fastenzeit" auslegte. Wahrscheinlich liegt aber das Wort *faseln* „fruchtbar sein, gedeihen" zugrunde mit ahd. *fasal* „Nachkommenschaft" und mhd. *vasel* „Zuchtvieh" (vgl. *Faselhengst* „Zuchthengst"), was auf eine alte Bedeutung „Fruchtbarkeit" hinweist. Vermutlich war der Fasching oder die Fastnacht urspr. ein Fruchtbarkeitsfest im Vorfrühling, worauf auch heute noch manche Bräuche und Spiele an diesem Tag hindeuten

Faschismus die von Mussolini begründete nationalistische Bewegung in Italien (bis 1945); aus ital. *fascismo* in ders. Bed., zu *fascio* „politische Vereinigung", eigtl. „Bündel", aus lat. *fascis* „Bündel"; ein Rutenbündel mit einem Beil in der Mitte war im alten Rom das Zeichen der Herrschergewalt und wurde den röm. Magistraten, wenn sie öffentlich auftraten, von den Liktoren vorangetragen; das Rutenbündel war auch das Emblem des Faschismus

Fase abgeschrägte Kante (an Werkstücken); aus frz. *face* „Oberfläche, Vorderseite", eigtl. „Gestaltung", aus lat. *facies* „äußere Beschaffenheit, äußere Erscheinung, Aussehen", zu *facere* „machen, hervorbringen"

Fashion Mode; feiner Lebensstil; engl. *fashion* „Mode; Stil, Art und Weise, Zuschnitt, Machart", aus mengl. *faciun, fasoun*, altfrz. *faceon* (frz. *façon*), → *Fasson*

Fassade Vorderseite, *übertr.:* Außenseite; aus frz. *façade* „Vorderseite, Außenseite", zu *face* „Gesicht, Oberfläche, Außenseite", aus lat. *facies* „Äußeres, äußere Erscheinung", zu *facere* „hervorbringen, anfertigen, machen"

Fasson Zuschnitt, Art und Weise; aus frz. *façon*, altfrz. *faceon* „Form, Gestalt,

Zuschnitt, Art und Weise", aus lat. *factio,* Gen. *-onis,* „das Tun, Machen", zu *facere* „machen"

Faszikel Aktenbündel; Heft, Band (eines in Fortsetzungen erscheinenden Werkes); aus lat. *fasciculus* „kleines Bündel, Päckchen", Verkleinerungsform von *fascis* „Bündel, Paket"

faszinieren fesseln, bezaubern, blenden; aus lat. *fascinare* „behexen, verzaubern" (durch böse Worte, Zauberformeln u.a.), zu *fari* „prophetisch sprechen, verkünden"

fatal unangenehm, peinlich; verhängnisvoll; aus lat. *fatalis* „vom Schicksal bestimmt, verhängt, verhängnisvoll", zu *fatum* „Götterspruch, Weissagung; Schicksal, Verhängnis", zu *fari* „prophetisch sprechen, verkünden"

Fata Morgana Luftspiegelung, bes. über Wüsten und in der Meerenge von Messina; der Volksglaube schrieb die Erscheinung einer wundertätigen *Fee Morgana* zu; aus ital., vulgärlat. *fata* „Fee", zu lat. *fatum* „Schicksal", also eigtl. „Schicksalsgöttin, Schicksalsfee", und *Morgana,* einem Frauennamen, dessen Herkunft nicht geklärt ist

Faun *röm. Myth.:* halbtierischer Waldgeist mit Gehörn und Bocksfüßen; aus lat. *Faunus,* dem Namen eines sagenhaften Königs von Latium, des Vaters der *Fauni* (der häßlichen, behaarten, bocksfüßigen Walddämonen), der nach seinem Tod als Beschützer des Waldes und Feldes und der weidenden Herden verehrt wurde (später mit dem griech. Pan gleichgesetzt), eigtl. „der Gnädige", zu *favere* „gnädig, gewogen, günstig gesinnt sein"

Fauna Tierwelt; nach der röm. Fruchtbarkeitsgöttin *Fauna,* Tochter oder Gemahlin (je nach Überlieferung) des *Faunus,* eigtl. „die Gnädige", → Faun

Fauteuil *veraltet, noch österr. für* Lehn-, Armsessel; frz. *fauteuil* in ders. Bed., ältere Formen: *faudeteuil, faldestueil,* aus altfrz. *faldestoel,* fränk. **faldstôl,* ahd. *faltstuol* „Faltstuhl"; bezeichnet wurde damit ein kleiner Sessel nur mit Armlehnen und herausnehmbarem Polster, der zusammengeklappt werden konnte

Fauvismus Richtung der frz. Malerei Anfang des 20. Jh., deren Vertreter den Spottnamen *Les Fauves* „Die Wilden" erhielten; aus frz. *bête fauve* „wildes Tier", eigtl. „(einzelnes) Rotwild"; *bête* „jagdbares Tier" (→ Bestie) und *fauve* „falb, fahlrot", aus fränk. **falw,* ahd. *falo* „fahl, bleich"

Fauxpas Verstoß gegen die gesellschaftlichen Formen; frz. *faux pas* „Fehltritt", eigtl. „falscher Schritt bzw. Tritt", aus lat. *falsus* „falsch" und *passus* „Schritt, Tritt"

Favorit Günstling, Liebling; *Sport:* voraussichtlicher Sieger; aus frz. *favori* (mask.), *favorite* (fem.) „Günstling, Liebling", aus ital. *favorito* „begünstigt", zu *favorire* „begünstigen", zu *favore* „Gunst, Wohlwollen", aus lat. *favor,* Gen. *favoris,* „Gunst, Gewogenheit", zu *favere* „geneigt, gewogen sein"

Fayence Feinkeramik mit Zinnglasur; nach *Fayence,* der frz. Bezeichnung für die ital. Stadt *Faenza* bei Ravenna, einen der Orte, in denen die Keramiken zuerst hergestellt wurden

Fäzes → Fäkalien

Fazetie kurze, witzige Erzählung, Schnurre, Schwank; witziger Einfall, Spaß; aus lat. *facetiae* (Pl.) „launiger Witz, Humor (des Weltmannes)", auch „Spott, Witzelei, Stichelei", zu *facetus* „fein, zierlich, elegant, witzig, launig, heiter", eigtl. „glänzend", zu *fax,* Gen. *facis,* „Fackel, Flamme, Feuer"

Fazialis Gesichtsnerv; aus mlat. *facialis* „zum Gesicht gehörig, aufs Gesicht bezüglich", zu lat. *facies* „Gesicht", eigtl. „Gestaltung, Beschaffenheit, äußere Erscheinung", zu *facere* „bilden, schaffen, tun, machen"

Fazit Endsumme, Ergebnis, Schlußfolgerung; aus lat. *facit* „es macht", zu *facere* „machen"

Feature dramaturgisch gestalteter Dokumentarbericht für Funk und Fernsehen; engl. *feature* „Spielfilm, Hörfolge", aus mengl. *feture* „Gestalt, Form", aus altfrz. *feture, faiture* in ders. Bed., aus lat. *factura* „das Gemachte", zu *factum* „das Machen, Bearbeiten", zu *facere* „machen"

febril fieberhaft; aus lat. *febris* „Fieber", zu *fovere* „warm machen", zu *favilla* „glühende Asche"
Februar zweiter Monat des Jahres; aus lat. *mensis februarius* „Reinigungsmonat", zu *februa* (Pl.) „Reinigungs-, Sühnefest am Ende des Jahres" (der Februar war bei den Römern der letzte Monat des Jahres), zu *februare* „(rituell) reinigen, sühnen", die weitere Herkunft ist schwierig zu verfolgen, wahrscheinlich zu idg. **dhwesruos* „räuchernd", zur Wurzel **dhewes* „räuchern"
Feedback Rückkopplung, Rückmeldung, zurückkehrende Reaktion; engl. *feedback* in ders. Bed., aus *to feed* „zuführen", eigtl. „mit Nahrung versorgen, füttern" (aus mengl. *fedan,* altengl. *fadan,* zur idg. Wurzel **pat-* „weiden, füttern") und *back* „zurück"
Feh sibir. Eichhörnchen sowie dessen Pelz; aus mhd. *vech* „bunter Pelz", aus ahd. *feh* „bunt", aus germ. **faihu* „bunt"; das Fell des Tieres ist oben, wie auch der Schwanz, rot, rotgrau und grau bis schwarz, am Bauch weiß
fekund fruchtbar; aus lat. *fecundus* „fruchtbar", zu *fetus* „befruchtet, trächtig, schwanger" sowie „Leibesfrucht, Sprößling, Schößling"
Feliden Katzen und katzenartige Raubtiere; aus lat. *felis, feles* „Wildkatze, Marder" und griech. *eidos* „Aussehen, Gestalt"; weitere Herkunft nicht bekannt
Fellach Bauer in den arab. Ländern; aus arab. *fallāḥ* „Ackerbauer", eigtl. „Pflüger", zu *falaḥa* „pflügen, beackern, spalten"
Felonie Treubruch gegenüber dem Lehnsherrn; frz. *félonie* „Bruch der Lehnstreue, militärischer Verrat", zu *félon* „treubrüchig; Verräter", aus altfrz. *felon* „tückisch, gefährlich, böse, treulos" sowie eine solche Person, wohl aus lat. *fel,* Gen. *fellis,* „Galle", übertr. „Gehässigkeit, Bosheit, Zorn"
Feluke zweimastiges Küstenfahrzeug der Mittelmeerländer; aus frz. *felouque* „kleines Ruderschiff", aus span. *falua* „Wachtschiff, Zollschiff, Feluke" und *falucho* „kleine Feluke", aus arab. *falūka, fulūka* „Boot, kleines Schiff", aus griech. *epholkion* „Schleppboot", zu *ephelkein* „hinter sich herziehen"; oder aus arab. *ḥarrāqa* „Boot, von dem aus Brandsätze gegen feindliche Schiffe geschleudert werden", dann allg. „Boot", zu *ḥaraqa* „in Brand setzen"
Feme heimliches Gericht (zur Selbsthilfe); aus mhd. *veime,* mittelndrl. *veime, veme, veem* in ders. Bed., wahrscheinlich zusammenhängend mit *veem* „Bund, Verband", Herkunft nicht geklärt
Femel männliche Hanf- und Hopfenpflanze; aus lat. *femella,* poet. Verkleinerungsform von *femina* „Frau"; da die männliche Pflanze kleiner und schwächer ist als die weibliche, wurde sie oft für die weibliche gehalten
feminin weiblich, weibisch; aus lat. *femininus* „weiblich", zu *femina* „Frau"
Fenchel eine Gewürz- und Gemüsepflanze; aus lat. *feniculum* „Fenchel", zu *fenum* „Heu", wegen des Duftes
Ferien arbeitsfreie Tage; aus lat. *feriae,* altlat. *festiae* „Fest-, Feiertage, an denen die gottesdienstlichen Handlungen vorgenommen werden", zu *fanum* „Heiligtum, Tempel"
Fermate *Mus.:* Zeichen zum Aushalten des Tons oder zur Verlängerung der Pause; aus ital. *fermata* „Ruhepunkt, Haltepunkt, Haltestelle", zu *fermare* „anhalten, zum Stillstand bringen", aus lat. *firmare* „befestigen", zu *firmus* „fest"
Ferment in der Zelle gebildeter, zum Stoffwechsel nötiger Stoff; aus lat. *fermentum* „Sauerteig", übertr. „gegorener Trank, Bier, Most", eigtl. **fervimento,* zu *fervere* „sieden, wallen, brausen", wörtlich also „Gärungsmittel"
Fermium chemisches Element; nach dem ital. Physiker Enrico *Fermi* (1901–1959)
Ferroskop Gerät, mit dem von Tieren verschluckte Eisengegenstände nachgewiesen werden können; aus lat. *ferrum* „Eisen" und griech. *skopein* „schauen"
fertil fruchtbar; aus lat. *fertilis* „fruchtbar", zu *ferre* „tragen", eigtl. also „tragend, trächtig"

Fes *im Vorderen Orient:* rote, kegelstumpfförmige Kopfbedeckung mit Quaste; nach der marokkan. Stadt *Fes,* wo die Mütze hergestellt oder besonders viel getragen wurde

fesch *bes. österr.:* hübsch und elegant, flott; verkürzt aus engl. *fashionable* „modisch, elegant", → Fashion

Feston Girlande aus Blumen, Blättern und Früchten; frz. *feston,* aus ital. *festone* in ders. Bed., zu *festa* „Fest", aus lat. *festum* „feierlich, festlich; Fest, Festtag"

Fete *scherzh.:* Fest; frz. *fête* „Fest, Festtag, Feiertag", aus lat. *festum* „Fest, Festtag"

Fetisch *bei Naturvölkern:* Gegenstand, dem magische Kraft zugeschrieben wird; aus port. *feitiço* „unecht, künstlich, nachgemacht; Hexerei, Zauberei", aus lat. *facticius* „nachgemacht, durch Kunst gemacht", zu *facere* „tun, machen"

Fetus Leibesfrucht vom dritten Monat an; lat. *fetus* „Junges, Leibesfrucht, Frucht"

feudal zum Lehnswesen gehörig; *übertr.:* vornehm, prunkvoll; aus mlat. *feodale* „Lehen", *feodalis, feudalis* „belehnt", zu *feodum, feudum* „Lehen; bewegliches Eigentum", wahrscheinlich aus got. *faihu* „Vermögen, Vieh" (der Maßstab für Vermögen war früher der Besitz an Vieh); die Bedeutungsverschiebung zu „vornehm" ist vielleicht über „zum Feudalherrn gehörig, in der Art eines Herrn" zustande gekommen

Feuilleton der kulturelle Teil einer Zeitung; allgemeinverständlich und ansprechend geschriebener Beitrag für die Zeitung; frz. *feuilleton* „dünnes Heft; literarischer Artikel, Kritiken u. ä. in der Zeitung"; diese Artikel wurden früher der Zeitung als Beiheft oder Beiblatt mitgegeben; zu *feuillet* „Druckblatt" und *feuille* „Blatt", aus lat. *folium* „Blatt"

Fex jmd., der für etwas begeistert ist, z. B. Bergfex, eigtl. jmd., der verrückt nach oder auf etwas ist; die urspr. Bedeutung war „Narr, Dummkopf, Blödsinniger", vielleicht gekürzt aus *Narrifex,* das in der Studentensprache des 18. Jh. „Narr" bedeutete und nach dem Muster lateinischer Wörter wie → Pontifex gebildet worden war, also wörtlich „einer, der sich zum Narren macht"; oder zu *Faxe* „Narrensposse", das im 18. Jh. auch in der Form *Fexe* vorkam, also „jmd., der Faxen, Narrenspossen treibt"

Fiaker Mietkutsche, Pferdedroschke sowie deren Kutscher; aus frz. *fiacre* in ders. Bed., nach dem *Hôtel Saint-Fiacre* in Paris, vor dem 1640 die ersten Pferdedroschken ihren Standplatz hatten; das Gebäude hieß nach dem hl. *Fiacrius* so, dessen Bild als Hausschild daran angebracht war; *Fiacrius* war ein aus Schottland stammender Mönch, der im 7. Jh. als Einsiedler in der Brie lebte und zum Schutzpatron der Gärtner wurde

Fiale *got. Baukunst:* schlankes, spitzes Türmchen über Strebepfeilern; aus lat. *fiala, phiala* „Trinkgefäß für Wein", aus griech. *phiale* „Schale, Gefäß"

Fianchetto *Schach:* Vorbereitung eines Seitenangriffs durch die Läufer; ital. *fianchetto* in ders. Bed., Verkleinerungsform von *fianco* „Seite", aus altfrz. *flanc* „Seite, Weiche, Flanke"

Fiasko Mißerfolg; ital. *fiasco* „Flasche" sowie „Mißerfolg", verkürzt aus der Redensart *far fiasco,* wörtlich „eine Flasche machen", übertr. „einen Mißerfolg haben"; die Redensart soll bei den venezian. Glasbläsern entstanden sein, die, wenn in das Glas, das sie gerade bearbeiteten, Wolken oder Blasen gerieten, den fehlerhaften Gegenstand beiseitestellten, um dann eine einfache Flasche daraus zu machen, bei der es nicht so darauf ankam. Von daher ist das Wort dann in den Bereich des Theaters und des Sports gedrungen im Sinne von „etwas Fehlerhaftes zustande bringen, einen Mißerfolg haben" (nach Klein)

Fibel¹ Buch zum Lesenlernen; vermutlich wegen der leichteren Sprechbarkeit in der Kindersprache aus *Bibel* gebildet, da die Kinder früher nach der Bibel das Lesen lernten

Fibel² Spange, Gewandnadel; aus lat. *fibula* „Klammer zum Zusammenhalten, Spange", über **figibula* aus *figere* „heften, stecken, befestigen"

Fiber Faser (von Muskeln oder Pflanzen); aus lat. *fibra* „Faser", zu *findere* „spalten, zerteilen"

Fibrille Ausläufer der Muskel-, Nerven- und Pflanzenfaser; zu lat. *fibra* „Faser" gebildete Verkleinerungsform

Fichu *Ende des 18. Jh.:* dreieckiges, auf der Brust gekreuztes und auf dem Rükken zusammengebundenes Schultertuch; frz. *fichu* in ders. Bed., zu *ficher* „befestigen", aus lat. *figere* „heften, stecken"

Fideikommiß *früher:* unverkäufliches, unbelastbares und nur im Ganzen vererbliches Landgut; aus lat. *fideicommissum,* urspr. „testamentarische Verfügung, durch die der Erblasser dem Erben, zu dem er Vertrauen hat, einen Gegenstand überläßt, der einer anderen Person, die rechtlich nicht als Erbe zugelassen ist, zukommen soll", dann auch „der auf Treu und Glauben anvertraute Vermögensteil selbst" (meist Grundbesitz), dann „Erbschaft, über die der Erblasser für alle folgenden Generationen Verfügungen getroffen hat", zum Verbum *fideicommittere* in der entsprechenden Bedeutung, aus *fides,* Gen. *fidei,* „Vertrauen, Glaube", zu *fidere* „trauen, vertrauen, glauben", und *committere* „übergeben, anvertrauen", aus *com-* (in Zus. für *cum*) „mit, samt, zugleich" und *mittere* „schicken, fortlassen"

fidel lustig, vergnügt; im 18./19. Jh. „treuherzig, burschikos", aus lat. *fidelis* „treu, tüchtig", zu *fides* „Vertrauen; Redlichkeit, Zuverlässigkeit"

Fidibus Span oder mehrmals gefalteter Papierstreifen zum Anzünden der Pfeife oder des Brennmaterials; vielleicht aus lat. *fidibus,* Ablativ des Mittels zu *fides* „Darmsaite, Saitenspiel"; die Bezeichnung ist wahrscheinlich durch eine witzige studentensprachliche Verdrehung entstanden: beim Pfeifenanzünden zitierte ein Student folgende Stelle aus einer Ode von Horaz (I, 36) *Et ture et fidibus iuvat placare deos* „Es freut uns, die Götter mit Weihrauch und Saitenspiel zu versöhnen", wobei er zu verstehen gab, daß „Weihrauch" durch „Tabaksrauch" und „Saitenspiel" bzw. „Saite" durch „Papierstreifen zum Anzünden" zu übersetzen sei (nach Kluge und Trübner)

Fiduz *ugs.:* Vertrauen, Zutrauen; aus lat. *fiducia* in derselben Bedeutung, zu *fidere* „trauen, vertrauen"

Fieldwork *Meinungsforschung:* persönliche Befragung am Arbeitsplatz, zu Hause usw., nicht durch Fragebogen; engl. *fieldwork* „praktische Arbeit, Einsatz im Außendienst", aus *field* „Feld, Gelände, Bereich" (aus mengl., altengl. *feld* „Feld", zu altnord. *fold* „Erde") und *work* „Arbeit, Werk"

Fight *Boxen:* rascher, harter Schlagabtausch, auch der Kampf selbst; engl. *fight* „Kampf, Gefecht", zu *to fight* „kämpfen, fechten", aus mengl. *fehten,* altengl. *feohtan* in ders. Bed.; das boxerische Fighten ist als Steigerung, als bes. harter Kampf zu verstehen

Figur Gesamtform des menschlichen Körpers, Wuchs; Nachbildung eines Körpers u.a.; aus lat. *figura* „Gestalt, Form, Äußeres, Aussehen", zu *fingere* „bilden, formen, gestalten"

Fiktion etwas Ausgedachtes, Erfindung, Erdichtung; aus lat. *fictio,* Gen. *-onis,* „Bildung, Gestaltung, bes. Wortbildung; Erdichtung", zu *fingere* „bilden, formen, gestalten"

Filament *Bot.:* Staubfaden; *Astron.:* schmales, langgestrecktes Gebilde auf der Sonnenscheibe; aus lat. *filamentum* „Fadenwerk", zu *filum* „Faden"

Filet durchbrochene, netzartige Wirkware; Lendenstück (vom Schlachttier und Wild), entgrätetes Rückenstück (vom Fisch); frz. *filet* in denselben Bedeutungen, eigtl. „Faden, Netz, Garn", Verkleinerungsform von *fil* „Faden", aus lat. *filum* „Faden"; auf das Fleischstück wurde die Bezeichnung wahrscheinlich deshalb übertragen, weil es ein langer, schmaler Streifen längs des Rückgrats ist

Filiale Zweigniederlassung, Zweiggeschäft; aus mlat. *filialis* „das Verhältnis zwischen Mutter- und Tochterkirche betreffend", zu *filia* „Tochterkirche", aus lat. *filia* „Tochter"

Filibuster Seeräuber; *im US-amerikan. Parlament:* jmd., der durch Dauerreden die Verabschiedung eines Gesetzes zu verzögern sucht; engl. *filibuster* aus älterem *flibutor* „Freibeuter, Seeräuber", →Flibustier; die Übertragung der Bedeutung „Seeräuber" auf den Verschleppungstaktiker ist so zu verstehen, daß er durch Dauerreden Zeit vergeudet, verschleudert, sie dem andern also wegnimmt, sozusagen „plündert, sich aneignet"

Filigran Geflecht aus feinem Edelmetalldraht; aus ital. *filigrana* in derselben Bedeutung, zusammengezogen aus *filo e grano* „Faden und Korn", aus lat. *filum* „Faden" und *granum* „Korn"

Film dünne Schicht; mit einer lichtempfindlichen Schicht überzogener Kunststoffstreifen; auf einen solchen Streifen aufgenommene fotografische Folge von Szenen; engl. *film* „Film", eigtl. „Häutchen, Membran, dünner Überzug", aus altfries. *filmene* „Haut", dazu altengl. *fell* „Haut, Fell"

Filou Schlaukopf, gerissener Bursche, Spitzbube; frz. *filou* „Gauner", aus engl. *fellow* „Bursche, Kerl, Genosse", im Slang, aber veraltet, auch „Komplize", aus mengl. *felaghe,* altengl. *feolaga,* aus altnord. *felagi* „Partner, Teilhaber", zu *felag* „Teilhaberschaft", eigtl. „das Hinlegen von Geld, von Eigentum", zu *fe* „Vieh" (das früher als Zahlungsmittel gebraucht wurde) und *lag* „das Hinlegen"

Filüre Gewebe, Gespinst; aus frz. *filure* „Gespinst", zu *filer* „spinnen", zu *fil* aus lat. *filum* „Faden"

Finale *Mus.:* Schlußsatz; *Sport:* Endrunde, Endspiel; ital. *finale* „Endkampf, Endspiel, Schlußsatz oder -szene", zu *fine* „Ende" aus lat. *finis* „Ende, Abschluß"

Finanzen Geldmittel; Staatshaushalt; aus frz. *finance* „Barschaft, bares Geld", aus mlat. *financia* „Steuer, geldliche Leistung oder Bürgschaft", *finantia, finatio* „Geldbuße, Bezahlung, Lösegeld", auch „Begleichung, Ausgleich, Beilegung", zu *finare* „eine Buße bezahlen, um einen Streit zu beenden", zu lat. *finire* „enden, beenden", zu *finis* „Ende, Ausgang, Abschluß"

Finesse Feinheit; Kniff, Kunstgriff; frz. *finesse* in ders. Bed., zu *fin* „fein" im Sinne von „das Äußerste an Feinheit, das Beste, Letztmögliche", aus lat. *finis* „Ende, Grenze"

fingieren vortäuschen, erdichten; aus lat. *fingere* „bilden, gestalten, ersinnen, erdichten, erlügen"

Finish Schlußkampf; letzter Schliff, Vollendung; aus engl. *finish* „Ende, Endkampf, Vollendung", aus lat. *finis* „Ende"

finit *Gramm.:* bestimmt; aus lat. *finitus* „bestimmt", zu *finire* „durch Grenzen festlegen, durch Erklärungen bestimmen", zu *finis* „Grenze, Ende", auch „Erklärung, genaue Bestimmung"

Finte Scheinangriff, Täuschung; aus ital. *finta* „Verstellung", zu *finto* „künstlich, falsch, erheuchelt", zu *fingere* „heucheln, vorgeben", lat. *fingere* „ersinnen, erdichten, erlügen", eigtl. „formen, gestalten"

Fioritur Verzierung beim Kunstgesang, z. B. Triller, Koloratur; ital. *fioritura* in ders. Bed., eigtl. „Blüte, das Blühen", zu *fiorire* „blühen", zu *fiore* „Blume", aus lat. *flos,* Gen. *floris,* „Blume, Blüte"

Firlefanz albernes, unnötiges Gehabe, unnötige Dinge; *ältere Bedeutung:* fröhlicher Tanz, Springtanz; komische, alberne Person; aus mhd. *firlifanz* „Springtanz, fröhlicher, rascher Tanz", aus *firlei, firlifei* in ders. Bed., aus frz. *virelai* „Ringellied", zu *virer* „sich drehen" und *lai* „Lied"; ins Dt. wurde das Wort mit der Bedeutung „Tanz" übernommen, wobei sich in den dt. Mundarten aus der Form *firl* zahlreiche Bedeutungen entwickelten, die alle auf die Grundbedeutung „flink, behende, sich drehend" zurückgehen, z. B. „flinker, behender Bursche", „Kreisel" usw. Durch Verbindung mit mhd. *vanz* „Schelm, Schalk" kam es dann zu der Bedeutung „komische Person", doch blieb die alte Bedeutung „lustiger Tanz" trotzdem weiter bestehen. Durch Kreuzung mit mundartlichen Wörtern wie *fanzen, alfanzen, fenzen*

„Possen treiben" entstand schließlich die heutige Bedeutung „albernes Gehabe"

firm bewandert, kenntnisreich (in einem Fachgebiet); aus lat. *firmus* „fest, stark, sicher, tüchtig"

Firma Name eines Geschäfts oder Unternehmens; Geschäft, Betrieb, Unternehmen; ital. *firma* „Unterschrift, Unterschriftsvollmacht, Prokura", auch „Name einer Person (sowie diese selbst), die einen guten Ruf genießt", zu *firmare* „unterschreiben (und damit gewährleisten)", aus lat. *firmare* „bekräftigen, bestätigen", zu *firmus* „fest, sicher, zuverlässig"

Firmament Himmelsgewölbe; aus lat. *firmamentum* „Befestigungsmittel, Stütze; der über der Erde befestigte Himmel" (daher auch die altertümliche poetische Bezeichnung „Himmelsfeste"), zu *firmare* „befestigen", zu *firmus* „fest"

Firmung ein kath. Sakrament zur Stärkung im Glauben; aus lat. *firmare* „befestigen", zu *firmus* „fest"

Firn zu Eis gewordener Schnee im Hochgebirge; aus mhd. *virne,* ahd. *firni* „alt", aus got. *fairneis* „alt", *fairns* „vorjährig"; das Wort gehört zum selben Stamm wie *fern* „zeitlich entfernt = alt"; *Firnewein* ist die frühere Bezeichnung für „alter Wein"

Firnis rasch trocknende Flüssigkeit; Schutzanstrich damit; aus frz. *vernis,* aus mlat. *vernix,* vielleicht aus mittelgriech. *berniki,* zu griech. *Berenike,* dem Namen der Stadt in Libyen (heute Bengasi), wo der Lack zuerst verwendet worden sein soll

Fisimatenten *ugs.:* Ausflüchte, Vorwände; Faxen; urspr. (18. Jh.) „überflüssige Schwierigkeiten, lügenhafte, trügerische Vorspiegelungen, Umstände, Vorwände, um etwas zu verweigern", aus *visipatenten* (16. Jh.) in derselben Bedeutung (der Wandel von p zu m kam vermutlich durch Einfluß von mhd. *visamente, visimente* „Aussehen, Gestalt, Beschreibung eines Wappens" zustande), aus lat. *visae patentes (litterae)* „geprüfte öffentliche (Urkunden, Schriftstücke)"; da die Ausfertigung und Prüfung einer Urkunde mit manchen Mühen und bürokratischen Schwierigkeiten verbunden war, hat sich die Bedeutung zu „überflüssige Umstände oder Scherereien" und von daher zu „Ausflüchte, Vorwände" gewandelt

Fiskus Staatskasse, Staatsvermögen; der Staat als Vermögensträger; aus lat. *fiscus,* urspr. „geflochtener Korb" (für Früchte sowie für Geld), dann „Kasse, bes. Staatskasse", weitere Herkunft nicht bekannt

Fission Teilung einzelliger Organismen in zwei gleiche Teile; Atomkernspaltung; aus lat. *fissio,* Gen. *-onis,* „Spaltung, Zerteilung", zu *findere* „spalten"

Fistel abnormer, röhrenförmiger Kanal zwischen zwei Körperhöhlen oder zwischen Körperinnerem und -oberfläche; aus lat. *fistula* „Rohr, bes. Wasserrohr, Hirtenpfeife, Hirtenflöte", als medizinischer Fachausdruck „Eitergang, röhrenförmiges Geschwür"

Fistelstimme die nicht durch Brustresonanz verstärkte Kopfstimme des Mannes; hohe, feine Stimme; zu → *Fistel* in der Bedeutung „Hirtenflöte, -pfeife" wegen des hohen, feinen Tons

fit leistungsfähig, gesund, wohlauf; engl. *fit* „passend, geeignet, tauglich, fähig", zu *to fit* „einordnen, einfügen", aus mengl. *fitten* „in Ordnung bringen", zu altnord. *fitja* „zusammenknüpfen", wahrscheinlich beeinflußt von mengl. *fet* „passend, gut gemacht"

Fitis ein Singvogel; lautnachahmend wegen seines weichen, zarten Rufs *füt, hüit*

Fitting Verbindungsstück von Rohrleitungen; engl. *fitting* in ders. Bed., zu *to fit* „einfügen, einordnen", → fit

fix fest, feststehend; flink, gewandt, behende; aus lat. *fixus* „fest, unveränderlich", zu *figere* „befestigen"; die Bedeutung „gewandt, flink" ist vermutlich über „unveränderlich – sicher – gewandt" zustande gekommen: was man immer wieder und auf immer gleiche Weise tut und daher sicher beherrscht, geht einem leicht und flink von der Hand

fixen Wertpapiere in Erwartung einer Baisse auf Zeit verkaufen; *ugs.:* Rauschgift einspritzen; aus engl. *to fix* „festlegen, festsetzen, bestimmen; festmachen, einspannen, montieren; zubereiten, herrichten, präparieren", im amerikan. Slang „eine Dosis Rauschgift einspritzen", aus lat. *fixus* „fest", zu *figere* „befestigen"
fixieren härten, festigen, haltbar machen; starr ansehen; aus frz. *fixer* „befestigen", zu *fixe* aus lat. *fixus* „fest, unbeweglich, unveränderlich", zu *figere* „befestigen"
Fizz alkoholisches Mischgetränk; aus engl. *fizz* „Sekt", eigtl. „das Zischen, Sprudeln", zu *to fizz* „zischen, sprudeln, sprühen", lautmalend
Flagellant Angehöriger einer Bruderschaft im MA, deren Mitglieder sich zur Buße selbst geißelten, Geißelbruder; aus lat. *flagellans,* Gen. *-antis,* Part. Präs. von *flagellare* „peitschen", zu *flagellum* „kleine Peitsche, Geißel", Verkleinerungsform von *flagrum* „Peitsche"
Flageolett kleine Flöte, Flötenregister der Orgel; frz. *flageolet* „Flötchen", zu *flageoler* „Flöte blasen", aus altfrz. *flageol, flageul* „Flöte", aus lat. *flare* „blasen"
Flagge Fahne; aus engl. *flag* aus mengl. *flagge* „Fahne", wahrscheinlich zu altnord. *flaggra* „flattern"
flagrant offenkundig, ins Auge springend; aus lat. *flagrans,* Gen. *-antis,* „brennend", zu *flagrare* „brennen"; *in flagranti* „auf frischer Tat", eigtl. „im brennenden, glühenden (Zustand)"
Flair Spürsinn, Ahnungsvermögen; persönliche Note, Ausstrahlung, Hauch; frz. *flair* „Witterung, Spürsinn", zu *flairer* „wittern, riechen", aus lat. *fragrare* „stark riechen"; die Dissimilation von r zu l in *fragrare* und *flairer* dürfte im Vulgärlat. der besseren Sprechbarkeit wegen vor sich gegangen sein, vielleicht liegt auch Einfluß von lat. *flagrare* „brennen" vor, wobei an das Verbrennen von Räucherwerk gedacht werden kann
Flakon Fläschchen (bes. mit Glasstöpsel); frz. *flacon* in ders. Bed., aus altfrz. *flascon* aus mlat. *flasco* „Weingefäß, kleines Faß", aus dem Germanischen
Flambeau *urspr.:* Fackel; *heute:* vielarmiger Leuchter; frz. *flambeau* „Fackel, große Kerze, Leuchter", aus altfrz. *vlamble* „Flamme", aus lat. *flammula* „Flämmchen", zu *flamma* „Flamme"
Flamberg mit zwei Händen zu führendes Schwert mit gerader oder wellenförmiger Klinge; aus frz. *flamberge* in ders. Bed.; *Flamberge* war der Name des Schwertes von Renaut de Montauban, eines altfrz. Sagenhelden, und ist in Anlehnung an *flamme* „Flamme" aus *floberge, froberge* „Schutz des Herrn", umgebildet worden, aus ahd. *frô* „Herr" und *bergan* „schützen, bewahren"
flambieren mit Alkohol übergießen, anzünden und brennend servieren; aus frz. *flamber* in ders. Bed. sowie „brennen", zu *flamme* aus lat. *flamma* „Flamme"
Flamenco Tanz und Tanzlied der andalusischen Zigeuner; das span. Wort *flamenco* bezeichnet 1. den Tanz und das Tanzlied, 2. den Flamen und 3. den andalusischen Zigeuner; der Name für den Zigeuner geht vielleicht auf die europäischen Zigeuner zurück, die im 15. Jh. vom Norden her über die Pyrenäen nach Spanien einwanderten und fälschlich mit den Flamen in Verbindung gebracht wurden; die Bezeichnung wäre dann von den „flämischen" Zigeunern auf deren Tänze und Lieder übergegangen; nach anderer Deutung geht der Name für Tanz und Lied auf den Gesang der im 16. Jh. aus Flandern zurückkehrenden spanischen Soldaten zurück
Flamingo ein tropischer und subtropischer Watvogel; aus frz. *flamant* „Flamingo", aus span. *flamenco,* ital. *fiammingo,* aus lat. *flamma* „Flamme", wegen der leuchtendroten Flügelfedern; ein Zusammenhang mit „flämisch, Flame" (das im Span. auch *flamenco* heißt) trifft sicher nicht zu; der lat. Name des Vogels ist *phoenicopterus* (aus *Phoenix,* dem sagenhaften, sich im Feuer verjüngenden Vogel, und griech. *pteron* „Flügel"), der ebenfalls auf

„Feuer, Flamme" hinweist; andere Bezeichnungen sind *Flammant, Flammenreiher;* über den Zusammenhang von span. *flamenco* und „Flame" → Flamenco

Flammeri kurz aufgekochte, nach dem Erkalten gestürzte Süßspeise aus Stärkeprodukten und Fruchtsaft; aus engl. *flummery* „Sülze oder Gallert aus Hafermehl, urspr. nur aus Haferspelzen", aus walis. *llymru* „Haferspelzenbrei"

Flanell weicher, ein- oder beidseitig gerauhter Baumwollstoff; aus frz. *flanelle,* engl. *flannel,* aus walis. *gwlanen* in ders. Bed., zu *gwlân* „Wolle", verwandt mit lat. *lana* „Wolle"

flanieren müßig schlendern; aus frz. *flâner* in ders. Bed., aus dem Normannischen

Flanke Seite, Weiche; aus frz. *flanc* in ders. Bed., aus altfrz. *flanche* aus fränk. **hlanka,* zu ahd. *hlanca, lancha* „Weiche, Lende, Seite"

Flash *Film:* kurze Einblendung in eine Szenenfolge; aus engl. *flash* „Blitz, plötzliches Aufleuchten", zu *to flash* „aufflammen, kurz aufleuchten", aus mengl. *flasken, flaschen* „spritzen", lautmalend

flattieren jmdm. Schmeicheleien sagen; aus frz. *flatter* „schmeicheln", altfrz. „lecken, liebkosen, schmeicheln", weitere Herkunft nicht geklärt

Flatulenz Entstehung und Abgang von Darmgasen, Darmwinde; aus mlat. *flatulentus* „windig", zu lat. *flatus* „Wind", zu *flare* „blasen, wehen"

fleddern berauben (bes. Tote); aus rotw. *fleddern,* „bestehlen, berauben", zu *flattern, fladern* „waschen" (von *Flader, Flatter* „Wäsche")

Fledermaus ein Säugetier, Flattermaus, Handflügler; aus mhd. *vledermus,* ahd. *fledarmus,* aus *fledaron* „flattern" und *mus* „Maus"; der noch ältere Name war *mustro* „einer Maus ähnliches Tier"

flektieren *Oberbegriff für* deklinieren und konjugieren; *eigtl.:* beugen; aus lat. *flectere* „biegen, beugen, lenken, richten, in eine Richtung bringen"

Fleurist Blumenkenner, -gärtner, frz. *fleuriste* in ders. Bed., zu *fleur* „Blume", aus lat. *flos,* Gen. *floris,* „Blume"

flexibel biegsam, nachgebend, elastisch; aus lat. *flexibilis* „biegsam, geschmeidig", zu *flectere* „biegen, beugen"

Flexion *Oberbegriff für* Deklination und Konjugation; aus lat. *flexio,* Gen. *-onis,* „Biegung", zu *flectere* „biegen, beugen"

Flibustier Seeräuber, Freibeuter; frz. *flibustier* in ders. Bed., ältere Formen: *fribustier, frybuiter,* aus ndrl. *vrijbuiter* „Freibeuter"

Flip Mischgetränk, das ein Ei enthält; engl. *flip* „Getränk aus Bier, Ei und Zucker", zu *flip* „kurze, ruckartige Bewegung", zu *to flip* „aufschlagen, rukken, schnellen, schnipsen", weil das Ei hineingeschlagen und das Getränk geschüttelt wird

Flirt Liebelei; aus engl. *to flirt* „kokettieren, liebäugeln", aus frz. *fleureter* „schöntun", zu *fleurette* „Schmeichelei", eigtl. „Blümchen", zu *fleur* „Blume", aus lat. *flos,* Gen. *floris,* „Blume, Blüte"

floaten schwanken (von Währungskursen); aus engl. *to float* „schwimmen, treiben; in Umlauf sein", dazu *floating* „im Umlauf befindlich; schwankend, unsicher", aus mengl. *floten* „schwimmen, treiben", *flote* „Schiff, Flotte", aus altengl. *flota* „das, was schwimmt", zu *flotian* „schwimmen"

Flor[1] alle Blüten einer Pflanze; aus lat. *flos,* Gen. *floris,* „Blüte, Blume"

Flor[2] dünner Seidenstoff; über ndrl. *floers* aus frz. *velours,* → Velour

Flora Pflanzenwelt; nach der röm. Blumengöttin *Flora,* zu lat. *flos,* Gen. *floris,* „Blume"

Floreszenz Blütenstand; Gesamtheit der Blüten einer Pflanze; Blütezeit; aus lat. *florescere* „zu blühen anfangen, auf-, erblühen", zu *florere* „blühen, in Blüte stehen", zu *flos,* Gen. *floris,* „Blüte, Blume"

Florett leichte Stoßwaffe beim Fechten; aus frz. *fleuret* in ders. Bed., aus ital. *fioretto* „Knopf, Kugel an der Spitze der Klinge des Degens sowie der Degen selbst", eigtl. „Blümchen", da der Knopf wie eine Knospe aussieht, zu *fiore* aus lat. *flos*, Gen. *floris*, „Blume, Blüte“

florid rasch fortschreitend (Krankheit); aus lat. *floridus* „blühend, in Blüte stehend“, zu *flos*, Gen. *floris*, „Blüte“

florieren blühen, gedeihen, gut vorangehen; aus lat. *florere* „blühen“, zu *flos*, Gen. *floris*, „Blüte“

Florilegium Sammlung von Gedichten, Sprüchen oder Prosastücken, eigtl. Blütenlese; aus lat. *florilegus* „Blumen sammelnd“, zu *flos*, Gen. *floris*, „Blüte, Blume“ und *legere* „lesen, sammeln“

Florin *frz. Bez. für* Gulden; früher Münze in Großbritannien; aus ital. *Fiorino*, Bez. einer Goldmünze, die im 13. Jh. zuerst in Florenz geprägt und von vielen Staaten nachgeahmt wurde, mit einer Lilienblüte, dem Stadtsymbol von Florenz, und der Inschrift *Florentia*, zu *fiore* „Blume, Blüte“, aus lat. *flos*, Gen. *floris*, „Blume“

Florist Blumenkenner, Erforscher einer Flora, → Flora

Floskel Redensart, Formel; aus lat. *flosculus* „Blümchen“, übertr. „Zierde, Denkspruch“, Verkleinerungsform von *flos* „Blume“

Flotation Verfahren zum Aufbereiten von Erzen; aus engl. *floatation, floatage* „das Schwimmen, Treiben auf dem Wasser“, zu *to float* „schwimmen, dahintreiben“, → floaten

flötengehen kaputt-, verlorengehen; wahrscheinlich aus jidd. *plete gehen* „fliehen“, zu → *Pleite*

Flott etwas, das oben schwimmt, z. B. Milchrahm, Schicht kleiner Wasserpflanzen; nddt., mnddt. *vlot* in ders. Bes., zu nddt. *fleiten* „fließen“

flottieren schwimmen, schweben; nicht fundiert sein (Schuld); aus frz. *flotter* „schwimmen, flattern, schwanken“, zu *flot* „Welle, Woge“, altfrz. „Flut, Wasserschwall“

Flottille *früher:* Verband kleiner Kriegsschiffe; aus span. *flotilla* „kleine Flotte“, zu *flota* „Flotte“, aus mittelniederdt. *vlote* „Floß“, zu *fließen;* das tt entstand durch Anlehnung an *Flotte*

Fluidum die von einer Person oder Sache ausgehende, eigentümliche Wirkung; lat. *fluidum* „das Fließende“, zu *fluere* „fließen, strömen“, allg. „sich verbreiten, entstehen, herrühren“

fluktuieren schwanken, wechseln; in ständigem Flusse sein; aus lat. *fluctuare* „wogen, wallen“, zu *fluctus* „Woge, Flut“, zu *fluere* „fließen“

Fluor chemisches Element; Ausfluß aus der Scheide und Gebärmutter; lat. *fluor* „das Fließen, Strömen, Fluß“, zu *fluere* „fließen“; die Bezeichnung für das Element wurde deshalb gewählt, weil das meistverbreitete Fluormineral, der Flußspat, als Flußmittel zur Herabsetzung des Schmelzpunktes von Erzen verwendet wird

fluoreszieren bei Bestrahlung aufleuchten; zu → *Fluor*, da am Flußspat diese Erscheinung zuerst beobachtet wurde

fluvial, fluviatil durch einen Fluß bewirkt, von einem Fluß abgesetzt, zum Fluß gehörig; aus lat. *fluvialis, fluviatilis* „im oder am Fluß befindlich“, zu *fluvius* „fließendes Wasser, Fluß“, zu *fluere* „fließen“

Fluviograph selbsttätig registrierender Pegel; aus lat. *fluvius* „fließendes Wasser, Fluß“ und griech. *grapheus* „Schreiber“, zu *graphein* „schreiben“

Fluxion Wallung, Blutandrang; aus lat. *fluxio*, Gen. *-onis*, „das Fließen“, zu *fluere* „fließen“

Föderation Bündnis, Staatenbund, Bundesstaat; aus lat. *foederatio*, Gen. *-onis*, „Verbindung, Vereinigung“, zu *foederare* „(sich) verbünden“, zu *foedus*, Gen. *foederis*, „Bündnis, Vertrag“, zu *fidere* „trauen, vertrauen“

Fohlen sehr junges Pferd, *auch:* sehr junger Esel; aus mhd. *vol, vole*, ahd. *folo*, got. *fula*, verwandt mit lat. *pullus* „Junges“ sowie griech. *polos* „junges Pferd“, auch allg. „junges Tier“

Föhn warmer, trockener Fallwind nördlich der Alpen; über vulgärlat. **faonius* aus lat. *favonius* „lauer Westwind“, der Mitte Februar den Frühling ankündigt, zu *fovere* „wärmen, warm halten“

Fokus Brennpunkt; aus lat. *focus* „Feuerstätte, Herd“, dann auch „Feuer“

Foliant Buch in Folioformat; großes, schweres (meist auch altes) Buch; Ableitung von *Folio,* einem alten, sehr großen Buchformat, aus lat. *folium* „Blatt"; das Folioformat umfaßt das ganze, nicht gefaltete Blatt des Druckbogens
Folklore alle Überlieferungen eines Volkes, bes. die Volksmusik; engl. *folklore* in ders. Bed. sowie „Volkskunde", aus *folk* „Volk" (aus germ. **fulka* „Kriegerschar, Heerhaufe") und *lore* „Überlieferung, Lehre, Kunde" (aus mengl. *lare, lore, loor* aus altengl. *lar* „Wissen, Lehre")
Follikel Säckchen, Knötchen, Bläschen; Hülle des ausgereiften Eies im Eierstock; aus lat. *folliculus* „kleiner, lederner Sack, Schlauch", als medizinischer Fachausdruck auch „Harnblase, Hodensack", Verkleinerungsform von *follis* „lederner Sack, Schlauch"
Fond Hintergrund; Rücksitz; im Topf angebackener Bratensaft; frz. *fond* „Grund, Boden, Tiefe, Hintergrund, Bodensatz, Rücksitz", aus lat. *fundus* „Grund, Boden"
Fondant Zuckerpraline, Zuckermasse zum Überziehen; frz. *fondant* „gefülltes Zuckerwerk; im Munde zergehend, saftig", Med.: „auflösend", zu *fondre* „schmelzen, sich auflösen", aus lat. *fundere* „gießen, fließen lassen"
Fonds Geldvorrat (für bestimmte Zwecke); frz. *fonds* „Grundstück, Vorrat, Kapital", aus lat. *fundus* „Grund, Boden"
Fondue Käse oder Fleischstückchen, geschmolzen und gewürzt bzw. in Fett gegart; frz. *fondue* „Rührei mit Käse", zu *fondre* „schmelzen, zergehen lassen", aus lat. *fundere* „fließen lassen, gießen"
Fontanelle mehrere Knochenlücken am Schädel des Neugeborenen; bes. die große auf dem Scheitel; aus ital. *fontanella* in ders. Bed. sowie „Quelle, kleiner Springbrunnen" (wahrscheinlich wegen des Pulsschlages, der an dieser Stelle zu sehen und zu fühlen ist), zu *fontana* „Brunnenbecken, Springbrunnen", aus spätlat. *fontana* „Quelle", zu lat. *fons,* Gen. *fontis,* „Quelle"; im Ital. wird auch die kleine Halsgrube unterhalb der Kehle *fontanella* genannt, so daß *fontana* auch in der Bedeutung „Brunnenbecken" eine Rolle gespielt haben kann, wegen der kleinen Vertiefung der Grube und der Knochenlücke
Fontäne Springbrunnen; aus frz. *fontaine* „Quelle, Brunnen, Springbrunnen", aus lat. *fons,* Gen. *fontis,* „Quelle"
Foraminifere ein Wurzelfüßer, Kammerling; aus lat. *foramen,* Gen. *foraminis,* „Loch, Öffnung" und *fero* „ich trage", zu *ferre* „tragen", wegen des aus einer oder mehreren Kammern bestehenden Gehäuses
forcieren heftig oder mit Gewalt beschleunigen, überlaut singen oder spielen; aus frz. *forcer* „sprengen, gewaltsam öffnen; zwingen, nötigen, übermäßig anstrengen", zu *force* „Kraft, Macht, Gewalt", zu lat. *fortis* „stark"
Forelle ein Fisch; aus mhd. *forhel, forhen,* ahd. *forhana,* wohl zur idg. Wurzel **perk-, *prek-* „gesprenkelt, bunt", wegen der roten Tupfen des Tieres
Forint *ungar. Bez. für den* → Florin
Formalität Formsache, Formvorschrift; aus lat. *formalis* (Adverb: *formaliter*) „an eine Form gebunden, förmlich, formal", zu *forma* „Form, Gestalt"
Format Maß, Ausmaß, Größe; aus lat. *formatus* „gestaltet, geformt", zu *formare* „bilden, formen, gestalten", zu *forma* „Form, Gestalt"
formidabel furchtbar, schrecklich, riesig; ungewöhnlich, erstaunlich; aus frz. *formidable* „furchtbar, fürchterlich", aus lat. *formidabilis* „grausig, schrecklich", zu *formido* „Grausen, Furcht", wahrscheinlich aus griech. *mormo(n)* „Schreckbild, Gespenst, Popanz" (mit Dissimilation des m zu f), Lallwort
Formular gedruckter Fragebogen, Vordruck; aus lat. *formularium* „das zu den Rechtsformeln Gehörige", zu *formula* „Regel, Vorschrift, Gesetz, Rechtsformel", eigtl. „kleine Form, kleine Regel", Verkleinerungsform von *forma* „Form, Gestalt"

Formyl Säurerest der Ameisensäure; aus lat. *formica* „Ameise" und griech. *hyle* „Stoff, Materie, Material"
Forsythia ein gelbblühender Zierstrauch; nach dem engl. Botaniker William A. *Forsyth* (1737–1804)
Fort kleine Befestigungsanlage; frz. *fort* „kleine Festung; stark", aus lat. *fortis* „stark"
forte *Mus.:* laut, stark; ital. *forte* in ders. Bed., aus lat. *fortis,* neutr. *forte,* „stark"
Foße leere Karte (im Kartenspiel); Fehlfarbe; aus frz. *faux, fausse* „falsch, fehl, blind", zu *fausser* „(ver)fälschen, verderben", aus lat. *falsus* „falsch"
fossil versteinert, als Versteinerung aus der Urzeit erhalten; aus lat. *fossilis* „ausgegraben", zu *fossa* „Graben, Grube"
foul *Sport:* regelwidrig; engl. *foul* „schmutzig, widerwärtig, anrüchig", übertr. „regelwidrig, unehrlich", aus altengl., altfries. (dazu ahd., schwed., norw. u. a.) *ful* „faul, verdorben"
Foxterrier eine kleine, als Hetzhund auf Sau- und Fuchsjagden verwendete Hunderasse; aus engl. *fox* „Fuchs" und → *Terrier*
Foxtrott amerik. Gesellschaftstanz; engl. *foxtrott* in ders. Bed., im Amerik. urspr. „leichter, weicher Trab des Pferdes", eigtl. „Fuchstrab", aus *fox* „Fuchs" und *trot* „Trab"
Frack festlicher Herrenrock, vorn in der Taille abgeschnitten, hinten knielang; er entstand aus dem langen, vorn durchgeknöpften Männer- und Uniformrock, von dem zum besseren Gehen und Reiten die vorderen Ecken zurückgeschlagen und in der Taille angeknöpft wurden; später arbeitete man die Röcke gleich mit vorn abgeschnittenen Schößen; als die Röcke dann kürzer getragen wurden, hielt sich der Frack noch als festlicher Anzug; aus engl. *frock* „Kittel, Mönchskutte", aus mengl. *frok, froc* aus altfrz. *froc* „Kutte", aus fränk. **hroc,* zu altnord., altfries. *rokkr* „Rock, Mantel"
fragil zerbrechlich, zart; aus lat. *fragilis* „zerbrechlich, gebrechlich, schwach", zu *frangere* „brechen, zerbrechen, schwächen, entkräften"
Fragment Bruchstück; aus lat. *fragmentum* „Bruchstück, Splitter", zu *frangere* „brechen, zerbrechen"
Frais, meist Mz. *Fraisen* Krämpfe; aus ahd. *freisig* „gefährlich, schrecklich", zu *freisa* „Unglück, Bedrängnis, Schrecken"
Fraktion alle Abgeordneten einer Partei im Parlament; ein durch Verdampfung aus einem Gemisch isolierter Stoff; frz. *fraction* in der ersten Bedeutung sowie „Truppenabteilung; Bruchteil, Bruchstück", aus lat. *fractio,* Gen. *-onis,* „das Brechen, Zerbrechen", zu *frangere* „brechen, zerbrechen"
Fraktur eine Druckschrift mit „gebrochenen", d. h. nicht gerundeten Linien; Knochenbruch; aus lat. *fractura* „das Brechen, Zerbrechen, Bruch", zu *frangere* „brechen, zerbrechen"; *mit jmdm. Fraktur reden* „jmdm. energisch die Meinung sagen", eigtl. „ihm etwas mit geraden, deutlichen oder groben Buchstaben mitteilen"
Frambösie tropische, der Syphilis ähnliche Hautkrankheit, Himbeerpocken; aus frz. *framboise* „Himbeere", wegen des himbeerähnlichen Hautausschlags
Franchise Abgaben-, Zollfreiheit; frz. *franchise* „Abgabenfreiheit", zu *franc* „frei"
Francium chemisches Element; nach *Francium,* dem latinisierten Namen *France* „Frankreich"
frankieren (Postsendungen) freimachen; aus ital. *francare* „freimachen", zu *franco* „frei", → franko
franko porto-, kostenfrei; ital. *franco* „frei", urspr. identisch mit „Franke"; die Franken waren die Eroberer Nordfrankreichs und galten daher als die „Freien" im Unterschied zu den unterworfenen Galliern
Franktireur *früher:* Freischärler in Frankreich; frz. *franctireur* „Freischärler", eigtl. „Freischütze", aus *franc* „frei" und *tireur* „Schütze", zu *tirer* „schießen", auch „ziehen" (nämlich die Sehne am Bogen anziehen zum Schießen), aus germ. **teran,* got. *teiran* „ziehen"
frappieren überraschen, verblüffen;

aus frz. *frapper* „überraschen, Eindruck machen“, eigtl. „schlagen, treffen“, aus altfrz. *frap* „Schlag“

fraternisieren sich verbrüdern; aus frz. *fraterniser* „brüderlich verkehren, Brüderschaft trinken, sich verbrüdern“, aus lat. *fraternus* „brüderlich“, zu *frater* „Bruder“

Freak jmd., der die Normen der Gesellschaft nicht anerkennt und seinen eigenen, häufig extremen Neigungen lebt; aus engl. *freak* „wunderlicher Einfall, Laune, Grille; etwas Ungewöhnliches“; Herkunft nicht geklärt, vielleicht aus mengl. *frek* „kühn, rasch, flink“, aus altengl. *frec* „kühn, gefährlich“, dann wäre das Wort verwandt mit mhd. *vrech* „kühn, keck, dreist, lebhaft“

Freesie eine Zierpflanze; nach dem deutschen Arzt Friedrich Heinrich Theodor *Freese* (gest. 1876)

Fregatte *früher:* dreimastiges Segelschiff; *heute:* Kriegsschiff; aus frz. *frégate* in denselben Bedeutungen, aus ital. *fregata,* weitere Herkunft nicht geklärt; vermutet wurde u.a. aus griech. *naus aphraktos* „Schiff ohne Deck, ungeschütztes, ungerüstetes Schiff“, aus *a-* „nicht“ und *phraktos* „geschützt“, zu *phrassein* „verschanzen, sichern, schützen“

frenetisch stürmisch, rasend (Beifall); aus frz. *frénétique* „tobsüchtig, verrückt“, zu *frénésie* „Tobsucht, Raserei, Wahnsinn“, → Phrenesie

Frequentativum Verb, das eine wiederholte Tätigkeit ausdrückt, z.B. hüsteln „oft ein wenig husten“; aus lat. *frequentativus* „ein häufiges Tun anzeigend“, → Frequenz

Frequenz Häufigkeit; Besucherzahl; Schwingungen pro Sekunde; aus lat. *frequentia* „zahlreiche Gegenwart lebender Wesen, zahlreiche Versammlung, zahlreicher Besuch, große Zahl, Häufigkeit“, zu *frequens* „häufig, zahlreich“, vielleicht zu *farcire* „vollstopfen, füllen“

Fresko auf die frisch verputzte, noch feuchte Wand gemaltes Bild; aus ital. *fresco* „frisch“, aus fränk. **frisk* „frisch“

Frettchen zur Kaninchenjagd abgerichteter Iltis; aus ital. *furetto,* frz. *furet* „Frettchen“, aus spätlat. *furo* „Iltis“, *furetus* „Frettchen“, aus lat. *fur,* Gen. *furis,* „Dieb“ (schon in röm. Zeit auch Bezeichnung für das Tier)

frigid kühl, geschlechtlich schwer oder nicht erregbar; aus lat. *frigidus* „kalt, kühl, frostig; untätig, schlaff, matt“, zu *frigere* „kalt oder erstarrt sein, gleichgültig, untätig sein“

Frikadelle gebratenes Fleischklößchen; frz. *fricadelle* „Fleischklößchen“, zu *fricandeau* „gebratene, gespickte Scheibe Kalbfleisch“, aus prov. *fricandel,* weitere Herkunft unklar, verwandt mit → Frikassee

Frikandeau zarter, innerer Teil der Kalbskeule, Kalbsnuß; aus frz. *fricandeau,* → Frikadelle

Frikassee kleingeschnittenes helles Fleisch in heller Soße; frz. *fricassée* in ders. Bed., aus prov. *fricasso, fricassi* „Braten, Ragout“, aus lat. *frigere* „rösten“

Frikativlaut Reibelaut; aus lat. *fricatus* „gerieben“, zu *fricare* „reiben“

Friktion Reibung; *Med.:* Einreibung; *übertr.:* Reiberei, Zwist; aus lat. *frictio,* Gen. *-onis,* „das Reiben, Abreiben“, zu *fricare* „reiben, abreiben“

Frisbee Wurfscheibe; nach der amerik. Firma *Frisbee,* die den Studenten der Yale University in Connecticut Pasteten, Pizzen usw. lieferte; nach dem Essen vergnügten sich die Studenten dann gern damit, die leeren Pappteller einander zuzuwerfen, und ein Kunststoff-Fabrikant stellte diese Wurfgeschosse sehr bald in Plastik her

Friseur Haarschneider, Haarkünstler; ältere Form: *Frisierer,* aus frz. *friser* „kräuseln, mit der Brennschere brennen“, auch „das Haar ordnen“, weitere Herkunft unklar; die Endung *-eur* ist nur französisierend, im Frz. heißt der Friseur „Coiffeur“

fritieren in Fett backen, braten; Ableitung von frz. *frit* „geröstet“, zu *frire* aus lat. *frigere* „rösten“

Frittate Omelette, Eierkuchen; *österr.:* in Streifen geschnittene Eierkuchen; aus ital. *frittata* „Eierkuchen“, zu *fritto*

„gebacken, gebraten", zu *friggere* „backen, braten", aus lat. *frigere* „rösten"
fritten (körniges oder pulveriges Material) erhitzen und leicht zusammenbacken lassen; aus frz. *fritter* in ders. Bed., zu *frire* „backen, braten", aus lat. *frigere* „rösten"
frivol schlüpfrig, zweideutig, frech; aus frz. *frivole* „leichtfertig, schlüpfrig", auch „nichtig", aus lat. *frivolus* „wertlos, bedeutungslos", eigtl. „zerbrechlich", übertr. „abgeschmackt, albern, nichtig", zu *friare* „zerreiben, zerbröckeln"; **Frivolitäten** mit Schiffchen hergestellte Handarbeit, Okkispitze; aus frz. *frivolités* in ders. Bed., eigtl. „Kleinigkeiten, Nichtigkeiten"
Fron mühselige, harte, aufgezwungene Arbeit; aus mhd. *vrône, vrôn* „Herrschaft, Gewaltherrschaft; Dienst für den Herrn", zu *vrô,* ahd. *frô* aus got. *frauja* „Herr"
frondieren Widerspruch gegen die Regierung erheben, Opposition treiben; aus frz. *fronder* „tadeln, kritisieren, unzufrieden sein", zu *Fronde,* dem Namen einer politischen Bewegung in Frankreich gegen den Absolutismus, eigtl. „Schleuder", ältere Form: *fonde,* aus lat. *funda* „Schleuder"; die Bezeichnung *Fronde* für die Bewegung war urspr. Spottname, nach den Pariser Straßenjungen, die sich mit Schleudern gegenseitig bekriegten
Fronleichnam kath. Fest zur Verherrlichung des Abendmahlswunders, eigtl. „Leib des Herrn"; aus mhd. *vrôn* „zum Herrn gehörig, heilig, göttlich" (→ Fron) und → *Leichnam*
Front Vorderseite; Kampfgebiet; frz. *front* „Stirn, Vorderseite", aus lat. *frons,* Gen. *frontis,* „Stirn"
Frontispiz Vordergiebel; dem Titelblatt gegenüberstehendes Bild; aus frz. *frontispice* „Vorderseite, Vordergiebel, Titelblatt", aus mlat. *frontispicium* „Vorderseite, Giebel, auffälliger Platz", aus lat. *frons,* Gen. *frontis,* „Stirn" und *specere* „sehen"
frottieren mit einem rauhen Tuch abreiben; aus frz. *frotter* „(ab)reiben", Herkunft unklar, lat. *fricare* „(ab)reiben" trifft zwar inhaltlich dasselbe, ist aber lautlich zu weit entfernt
Froufrou das Rascheln und Knistern seidener Unterröcke; frz. *froufrou,* lautmalend; im Zusammenhang damit steht frz. *frouer* „Vögel anlocken", indem man den Ruf des Käuzchens, *frou frou,* nachahmt
frugal mäßig, einfach, bescheiden (Mahlzeit); aus lat. *frugalis* „zu den Früchten gehörig, Früchte, Nutzen bringend, nutzbar", übertr. „ordentlich, sparsam, haushälterisch", zu *frux,* Gen. *frugis,* „Frucht"
fruktifizieren Früchte bilden, ansetzen; *veraltet:* nutzbar machen; aus lat. *fructificare* „Früchte treiben oder tragen, Nutzen bringen", aus *fructus* „Früchte, Einkünfte, Ertrag, Nutzen" und *facere* (in Zus. *-ficare,* Intensivum zu *-ficere*) „machen"
frustrieren enttäuschen; aus lat. *frustrare* „in der Erwartung täuschen, betrügen", zu *frustra* „irrtümlich, irrig, betrügerisch, täuschend; erfolglos, vergeblich", über **frusterus* aus *fraus* „Täuschung, Irrtum, Schaden, Nachteil" und Nachsilbe *-terus,* die die Stelle, Lage bezeichnet, etwa im Sinne von „befindlich"
Fuchsie eine Zierpflanze; nach dem dt. Arzt und Botaniker Leonhart *Fuchs* (1501–1566)
Fuge streng aufgebautes Musikstück, dessen erstes Thema durch alle Stimmen führt; aus mlat. *fuga* „Verfolgung, Jagd", aus lat. *fuga* „Flucht, schneller Lauf, das Dahineilen"
Fulgurit durch Blitzschlag röhrenartig zusammengeschmolzener Sand, Blitzröhre; aus lat. *fulguritus* „vom Blitz getroffen", zu *fulgur,* Gen. *-uris,* „Blitz", zu *fulgere* „blitzen"
Füllen → Fohlen
fulminant großartig, prächtig, glänzend; aus lat. *fulminans,* Gen. *-antis,* Part. Präs. von *fulminare* „blitzen (und donnern)", zu *fulmen* (eigtl. *fulgmen, fulgimen*), Gen. *fulminis,* „Blitz, zerschmetternder Schlag", zu *fulgere* „blitzen"
Fumarole vulkanische Ausströmung von Gas und Wasserdampf; aus ital. *fumarola* in ders. Bed., neapolitan. Ab-

leitung von *fumare* „rauchen" (entspricht hochital. *fumaiolo* oder *fumaiuolo* „Schornstein"), zu *fumo* aus lat. *fumus* „Rauch"

Fundament Grundmauer, Grundlage; aus lat. *fundamentum* „Grund, Grundlage, Unterbau", zu *fundare* „mit einem Boden versehen, gründen, begründen", zu *fundus* „Grund und Boden"

Funeralien *veraltet:* Feierlichkeiten bei einem Leichenbegängnis; aus mlat. *funeralia* „Bestattungsriten, zur Bestattung gehörige Dinge", aus lat. *funeralis* „zur Bestattung gehörig", zu *funus,* Gen. *funeris,* „Bestattung, Beerdigung"

fungieren tätig, wirksam sein, ein Amt verrichten; aus lat. *fungi* „vollbringen, leisten, verrichten, besorgen; einen Wert haben"

Fungizid Mittel gegen pflanzenschädigende Pilze; aus lat. *fungus,* Gen. *fungi,* „Pilz" und *caedere* (in Zus. *-cidere*) „töten"

Funktion Amt, Aufgabe; Tätigkeit, Wirksamkeit; *Math.:* von einer veränderlichen Größe abhängige Größe; aus lat. *functio,* Gen. *-onis,* „Verrichtung, Besorgung, Obliegenheit; Geltung, Wert", zu *fungi,* → fungieren

Furage *Mil.:* Lebensmittel, Futter, Proviant; aus frz. *fourrage* „Viehfutter; Mannschaft zum Futterholen", zu *feurre* „Stroh", urspr. „Viehfutter", aus altfrz. *fuerre* „Viehfutter", über das Fränk. aus altnord. *fodr* „Viehfutter"

Furiant schneller böhmischer Tanz; aus lat. *furians,* Gen. *-antis,* Part. Präs. von *furiare* „in Raserei versetzen, begeistern" bzw. *furire* „rasend, begeistert sein", zu *furia* „Raserei", zu *furere* „rasen, wüten; begeistert, entzückt sein"

Furie *röm. Myth.:* Rachegöttin, Erinnye; lat. *Furia,* meist Mz.: *Furiae,* Name der Plage- und Rachegeister, die einen Übeltäter in ständige Unruhe versetzen und dadurch rasend machen, sie sind das personifizierte böse Gewissen; zu *furia* „Raserei, Wut", zu *furere* „rasen, wüten, toben"

furios wütend, hitzig, leidenschaftlich; über ital. *furioso* aus lat. *furiosus* „rasend, wütend", zu *furia* „Raserei", → Furiant

Furnier dünnes Blatt aus Holz als Deckblatt auf einfacherem Holz; aus frz. *fournir,* ital. *fornire* „liefern, versehen mit, ausstatten", in Anlehnung an frz. *garnir* „ausstatten, versehen mit" aus altfrz. *fornir* „ausstatten, ausführen, erfüllen", aus fränk. **frummjan*

Furore rasender Beifall, *nur noch in der Wendung:* F. machen: Aufsehen erregen, großen Erfolg haben; über ital. *furore* aus lat. *furor* „Wut, Raserei, Begeisterung, Verzückung", zu *furere* „rasen, wüten, begeistert, entzückt sein"

Furunkel eitrige Entzündung eines Haarbalgs und seiner Talgdrüse; aus lat. *furunculus* „kleiner Dieb, Spitzbube", übertr. „Nebentrieb am Weinstock", als medizinischer Fachausdruck „Blutgeschwür", Verkleinerungsform von *fur* „Dieb"; der *furunculus* „stiehlt" dem Weinstock die Kraft und zehrt an den Körpersäften

Fusel schlechter, billiger Branntwein; aus lat. *fusilis* „fließend, flüssig", zu *fundere* „gießen", vielleicht weil man nach der Herstellung des echten Branntweins die Rückstände nochmals auspreßte und abtropfen ließ, wodurch ein weniger guter Schnaps entstand (nach Trübner)

Füsilier *veraltet für* Infanterist; frz. *fusilier,* zu *fusil* „Gewehr, Flinte; Feuerzeug", über ital. *fucile* „Gewehr, Flinte" und eine Zwischenform **focile* „Feuerstahl" aus lat. *foculus* „kleine Feuerstätte", zu *focus* „Feuerstätte, glühendes Eisen"

Fusion Vereinigung, Verschmelzung; aus lat. *fusio,* Gen. *-onis,* „das Gießen, Schmelzen, Guß", zu *fundere* „gießen"

Fustage hölzernes Leergut, leere Fässer, Kisten; mit französisierender Endung aus frz. *fust,* der älteren Form von *fût* „Faß, Baumstamm", aus lat. *fustis* „längliches Stück Holz, Stock, Knüppel"

Futteral formgerechter Behälter; aus mlat. *fotrale, futrale* „Scheide", Ableitung von *futrus, fodrus* „Scheide", aus got. *fodr* „Scheide"

Futurologe Zukunftsforscher; aus lat. *futurum* „das Künftige, Zukunft" und griech. *logos* „Wort, Lehre, Kunde"

G

Gabardine schräg gerippter Mantel- und Anzugstoff; aus span. *gabardina* „Bauernjacke mit engen Ärmeln“, gekreuzt aus *gabán* „Mantel“ und *tabardina* Verkleinerungsform von *tabardo* „Bauernmantel“

Gadolinium chemisches Element; nach dem finn. Chemiker Johann *Gadolin* (1760–1852), der das Mineral Gadolinit entdeckt hatte

Gag überraschender, witziger, wirkungsvoller (dramaturgisch nicht notwendiger) Einfall; aus engl. *gag* „Improvisation, Ulk, Schwindel“, eigtl. „Knebel“, zu *to gag* „knebeln, mit Knebel den Mund offen halten und dadurch am Sprechen hindern, zum Würgen, Brechen reizen“, übertr. „mundtot machen“, sowie „röcheln, würgen, nach Atem ringen“, im Engl. auch „im Theater humoristisch improvisieren“, im Amerik. „Spaß, Witze machen“, aus mengl. *gaggen* „ersticken, würgen, erwürgen“, urspr. lautmalend nach dem Geräusch, das man beim Würgen und Ersticken macht; die Bedeutungsübertragung zu „witziger, überraschender Einfall“ ist dadurch zu erklären, daß ein Gag den Zuhörer oder Zuschauer dazu bringt, den Mund aufzureißen und schallend zu lachen, daß er ihn verblüfft und einen Augenblick sprachlos macht

Gagat dichte, tiefschwarze Kohle, Pechkohle; aus griech. *gagates,* nach der Stadt *Gagas* und dem gleichnamigen Fluß in Lykien (Kleinasien)

Gage *bei Künstlern:* Gehalt; frz. *gage* „Lohn, Gehalt; Pfand, Bürgschaft“, altfrz. auch *wage,* aus fränk., got. *wadi* „Pfand“, aus germ. **wadja* „Handgeld, Pfand“

Gaillarde altital. Springtanz; frz. *gaillarde* in ders. Bed., zu *gaillard* „lustig, munter“, eigtl. „kräftig“, aus galloroman. **gallia* „Kraft“

Gala Festkleidung; aus ital. *gala* „Prunk, Pracht; großer Empfang“, span. *gala* „Festkleid, festliche Ausschmückung; Hoffest“, aus arab. *ḫilᶜa,* urspr. „Kleidungsstück“, dann „Ehrengewand“, das von Herrschern als Gunstbeweis verschenkt wurde; vielleicht auch german. Ursprungs

Galaktometer Gerät zum Messen des Fettgehalts der Milch; aus griech. *gala,* Gen. *galaktos,* „Milch“ und *metron* „Maß“, zu *metrein* „messen“

Galaktorrhö Milchabsonderung nach dem Stillen; aus griech. *gala,* Gen. *galaktos,* „Milch“ und *rhoos, rhous* „Fließen, Strömen“, zu *rhein „fließen“*

galant liebenswürdig-höflich; aus frz. *galant* „geschmackvoll, elegant, liebenswürdig, lebhaft“, ältere Bedeutung auch „Liebhaber“, zu altfrz. *galer* „sich erfreuen“, zu *gale* „Vergnügen“

Galaxie, Galaxis Milchstraße, Sternsystem; aus griech. *galaxias* „Milchstraße“, aus *gala,* Gen. *galaktos,* „Milch“

Galeasse kleines Küstensegelschiff; über frz. *galéace, galéasse* aus ital. *galeazza,* „großes Ruderschiff mit hohem Bord und drei Masten“, Vergrößerungsform von *galea* „leichtes, schnelles Ruderschiff mit Segeln“, aus mittelgriech. *galea,* griech. *galee* oder *gale* „Wiesel“, wegen der Flinkheit und leichten Beweglichkeit

Galeere *MA:* Ruderkriegsschiff, auch mit Segeln; aus ital. *galera,* das identisch ist mit *galea,* → Galeasse

Galeone Kriegs- und Handelsschiff mit mehreren Masten und Decks; aus ital. *galeone* in ders. Bed., Vergrößerungsform von *galea* „Ruderschiff“, → Galeasse

Galerie offener Gang im oberen Teil eines Raumes; Saal mit Gemäldesammlung; frz. *galerie,* ital. *galleria* in ders. Bed., aus mlat. *galeria* „Galerie“, vielleicht aus *galilaea* „vorgebaute Eingangshalle einer Basilika“, wo die Leichen niedergelegt und gesegnet wurden, ehe man sie in die Kirche brachte; in dieser Vorhalle durften sich auch die Heiden aufhalten, die man *Galiläer* nannte, nach dem biblischen Land *Galiläa*

Galimathias, Gallimathias unverständliches, verworrenes Gerede; die Herkunft des Wortes ist unsicher, wahrscheinlich hängt es mit den Disputationen der Doktoranden der Sorbonne, der Pariser Universität, zusammen; die Doktoranden wurden *galli* „Hähne" genannt; das lat. Wort *gallus* bedeutet sowohl „Hahn" als auch „Gallier" = Einwohner von Gallien, des heutigen Frankreich; der zweite Wortteil ergibt sich aus griech. *mathesis* „das Gelernte, Wissen, Kenntnis", zu *manthanein* „lernen"; das ganze Wort würde demnach „Wissen der Hähne = der gallischen Doktoranden" bedeuten und hätte dann eine humorvolle Bedeutungsverschlechterung durchgemacht, indem man die gelehrten Dispute als „unverständliches Gerede" bezeichnete

Galion *bei alten Schiffen:* Vorbau am Bug; aus span. *galeon* „großes Kriegsschiff", Vergrößerungsform von mlat., ital. *galea* „leichtes Ruderschiff" (→Galeasse); im Ndrl. und Niederdt. engte sich die Bedeutung auf den Vorbau am Bug ein

Gallert trübe, zähe Masse aus eingedickter Knochen- oder Fleischbrühe oder Pflanzensaft; aus frühnhd. *galrede,* aus mhd. *galreide* in derselben Bedeutung, aus lat. *gelare* „gefrieren", zu *gelu(s)* „Frost", weil man die sich eindickende Brühe mit dem Gefrieren des Wassers verglich

Gallophilie Vorliebe für alles Französische; aus lat. *gallus* „Gallier" = Einwohner Galliens, des heutigen Frankreich, und griech. *philia* „Vorliebe, Neigung", zu *philein* „lieben, achten", zu *philos* „Freund"

Gallophobie Abneigung gegen alles Französische; aus lat. *gallus* „Gallier" = Einwohner Galliens, des heutigen Frankreich, und → *Phobie*

Galmei ein Zinkerz, Zinkspat; aus mittellat. *lapis calaminaris,* aus lat. *cadmea,* griech. *kadmeia* „Zinkerz"

Galopp schnellste Gangart des Pferdes; frz. *galop* in ders. Bed., zu *galoper* „galoppieren", aus altfrz. *galoper, waloper,* aus fränk. **wala hlaupan* „gut (wohl) laufen, gut springen"

Galosche Gummiüberschuh; aus frz. *galoche* „Überschuh", auch „Schuh mit Holzsohle", aus lat. *gallicula* „kleiner gallischer Holzschuh", zu *gallica* „Holzschuh, Männersandale", nach *Gallien,* wo dieser Schuh urspr. getragen wurde

galvanisieren durch Elektrolyse mit Metall überziehen; nach dem ital. Naturforscher Luigi *Galvani* (1737–1798), der bei Tierversuchen die Elektrizität entdeckte

Gamander eine Pflanzengattung, Kraut oder Strauch; aus griech. *chamaidrys* „Gamander", zu *chamai* „auf der Erde, niedrig" und *drys* „Baum, bes. Eiche"

Gamasche über Schuh und Strumpf getragene Beinkleidung vom Fuß bis zur Wade oder zum Knie; aus frz. *gamache* in ders. Bed., aus span. *guadamaci* „weiches, gepunztes Leder", aus arab. *ġadāmasī* „in der Stadt Gadames (in Libyen) hergestelltes Leder"

Gambe Kniegeige, Vorläufer des Violoncellos; aus ital. *viola da gamba* „Kniegeige", wörtlich „Geige für das Bein", weil die Gambe zwischen den Knien gehalten wird

Gambit *Schach:* Eröffnung des Spiels, bei der man eine oder mehrere Figuren opfert, um den Angriff rasch vorzutragen; aus span. *gambito* in ders. Bed., aus ital. *gambetto* in der Fügung *dare il gambetto* oder auch *far gambetto* „jmdm. ein Bein stellen, jmdn. zu Fall bringen", zu *gambetta* „Beinchen", zu *gamba* „Bein"

Gamelle *schweiz.:* Kochgeschirr des Soldaten; frz. *gamelle* „Eßschüssel des Soldaten", aus lat. *camella* „bauchiges Gefäß, Schale", Verkleinerungsform von *camera* „Wölbung"

Gamet männliche bzw. weibliche Fortpflanzungszelle; aus griech. *gametes* „Ehemann" und *gamete* „Ehefrau", zu *gamein* „heiraten"

Gammler junger Mensch, der außerhalb der gesellschaftlichen Normen lebt und nicht arbeitet; allg.: Herumtreiber; Ableitung von *gammeln*, das mundartlich in verschiedenen Formen verbreitet ist, z. B. schwäb. *gammeln, gambeln, gampen* „faul umherschlendern", wohl zu mhd. *gampen, gampeln* „hüpfen, springen"

Ganasche beim Pferd oberer Seitenteil des Unterkiefers, mit dem es sich gegen das Zaumzeug stemmen kann; aus frz. *ganache*, ital. *ganascia* in ders. Bed., aus spätlat. *ganathus*, lat. *gena* „Kinnbacke", aus griech. *gnathos* „Kinnlade, -backe", zu *genys* in ders. Bed.

Ganglion knotenartige Anhäufung von Nervenzellen, Nervenknoten; aus griech. *gagglion* „Anschwellung, Geschwulst"; urspr. (bei Hippokrates) Bezeichnung für eine kleine Anschwellung unter der Haut

Gangrän Gewebstod, Brand; aus griech. *gaggraina* „Geschwür", vielleicht zur idg. Wurzel **ger-* „fressen, nagen"

Gangster Mitglied einer Verbrecherbande; engl. *gangster* in ders. Bed., zu *gang* „Verbrecherbande", eigtl. „Gruppe von zusammenarbeitenden Personen, Kolonne, Trupp; zusammengehörige, einem bestimmten Zweck dienende Gruppe von Gegenständen, Satz", aus mengl., altengl. *gang* „das Gehen", also „eine Gruppe, die gemeinsam geht, gemeinsam handelt", und Suffix *-ster* mit herabsetzender Bedeutung

Gangway Laufsteg aufs Schiff oder ins Flugzeug; engl. *gangway* „Durchgang, Laufgang, Laufplanke", mundartlich auch „das Gehen", zu *to gang* „gehen" und *way* „Weg"

Ganove Gauner, Spitzbube, Verbrecher; aus rotw. *Gannew* „Dieb", jidd. *ganew* „Dieb", aus hebr. *gannāb* „Dieb", zu *ganab* „stehlen"

Gant *schweiz.:* Versteigerung; mhd. *gant* „gerichtliche Versteigerung", aus ital. *incanto* in ders. Bed., aus mlat. *in quantum?* „zu wieviel?", nach der Frage des Versteigerers

Garage Raum zum Unterstellen von Kraftwagen; frz. *garage* „Wagenschuppen; Ausweichstelle", zu *garer* „(ein Schiff) am Anlegeplatz festmachen, (einen Zug) verschieben, aufs Ausweichgleis bringen"

Garantie Bürgschaft, Sicherheit; frz. *garantie* in ders. Bed., zu *garantir* „bürgen", zu *garant* „Bürge", aus altfrz. *guarant, warant* „der vor Gericht Bürgende", dann auch allg. „Beschützer", aus fränk. **warjan* „verteidigen, beschützen"

Garde Leibwache, Elitetruppe; frz. *garde* „Wache", zu *garder* „schützen, bewachen, erhalten", altfrz. auch „beobachten", aus fränk. **wardôn* „bewachen, beobachten", zu germ. **warda* „Wache, Warte"

Gardenie ein Zierstrauch; nach dem engl. Arzt Alexander *Garden* (gest. 1721)

Garderobe Kleidung; Raum für Kleidung; frz. *garderobe* „Kleiderschrank, -kammer, -vorrat", aus *garder* „erhalten, bewahren, aufbewahren" (→Garde) und *robe* „Kleidung, (langes) Kleid, Gewand", aus fränk. *raub* „Raub, Beute, Rüstung, Kleid"

Gardine Vorhang; über ndrl., mndrl. *gordijn* aus frz. *courtine* „Bettvorhang", aus spätlat. *cortina* „Vorhang", zu *cors*, Gen. *cortis*, bzw. *cohors, cohortis* „Hof, Gehege"; lat. *cors* „Hof" entspricht griech *aule* „Hof", das aber außerdem auch „Vorzimmer" bedeutet; dazu gibt es die griech. Ableitung *aulaia* „Vorhang"; sie wurde im Lat. als Lehnübersetzung, doch ohne inhaltliche Übereinstimmung, nachvollzogen: wie *aulaia* von *aule* „Hof" abgeleitet wurde, so bildete man im Lat. eine Ableitung *cortina* von *cors, cortis*, verstand sie aber als „Vorhang"

Garnele ein Krebstier; aus frühnhd. *garnol*, aus mhd. *gran, grane*, aus mittellat. *grano* „Barthaar"

garnieren mit Zubehör versehen, verzieren; aus frz. *garnir* „mit dem Nötigen versehen, ausrüsten", altfrz. auch „benachrichtigen, warnen", aus fränk. **warnjan* „sich vorsehen"

Garnison Standort einer Truppe; Besatzung; frz. *garnison* in ders. Bed., zu

garnir „(zur Verteidigung) ausrüsten, versehen mit", →garnieren
Garnitur Besatz, Verzierung; mehrere zusammengehörige Gegenstände; frz. *garniture* „Ausrüstung, Einrichtung, Zubehör; Besatz", zu *garnir*, →garnieren
Garrotte Würgeschraube (zum Hinrichten durch Erdrosseln); frz. *garrotte* „Würgeschraube; Erdrosselung", aus span. *garrota* in ders. Bed., vielleicht zu *garra* „Klaue, Kralle", oder aus fränk. **virokkan*, **wrokkan*, fläm. *wrooken* „mit Gewalt drehen, ver-, zusammendrehen, würgen"
Gas Stoff in luftförmigem Aggregatzustand; luftförmiger Brennstoff; aus griech. *chaos* „leerer Weltraum, Luftraum"; von Paracelsus (1494–1541) in der griech. Form für „Luft" gebraucht, von J.B. van Helmont (1577–1644) in die Form „Gas" umgewandelt
Gasel eine orientalische lyrische Gedichtform; aus arab. *ġazal* „Liebe, Liebesworte, Unterhaltung zwischen Verliebten, Liebesgedicht", zu *ġazila* „sich verliebt benehmen, verliebte Reden führen, in Versen preisen"
Gassenhauer dem Schlager ähnliches, viel gesungenes Lied; aus *Gasse* und frühnhd. *hauen* in der übertr. Bedeutung „schlendern, stampfend gehen"; der Gassenhauer ist also ein Lied, das beim müßigen Gehen durch die Straßen gesungen wird
Gasträa von Haeckel angenommene Stammform aller mehrzelligen Tiere, Urdarmtier; aus griech. *gaster*, Gen. *gastros*, „Bauch, Magen, Unterleib"
Gastritis Magenschleimhautentzündung; aus griech. *gaster*, Gen. *gastros*, „Bauch, Magen" und Endung *-itis* zur Bezeichnung einer Entzündung
Gastronomie Kochkunst; Gaststättengewerbe; aus griech. *gaster*, Gen. *gastros*, „Bauch, Magen" und *nomos* „Brauch, Sitte, Gesetz"
Gastropode Schnecke; aus griech. *gaster*, Gen. *gastros* „Bauch, Unterleib" und *pous*, Gen. *podos*, „Fuß"
Gastroskop Magenspiegel; aus griech. *gaster*, Gen. *gastros*, „Bauch, Magen" und *skopein* „sehen, ansehen, schauen, betrachten, untersuchen"
Gastrotomie operative Öffnung des Magens, Magenschnitt; aus griech. *gaster*, Gen. *gastros*, „Bauch, Magen" und *tome* „Schnitt", zu *temnein* „schneiden"
Gastrula Entwicklungsstadium des Embryos, in dem der Urmund entsteht; latinisierende Verkleinerungsform zu griech. *gaster*, Gen. *gastros*, „Bauch, Magen, Unterleib"
Gauch Narr, Betrogener (armer Gauch: armer Tropf); Schelm, Spitzbube; *früher für* Kuckuck; aus mhd. ahd. *gouh*, mnddt. *gôk*, *gôch* „Narr, Tölpel", dazu altnord. *gaukr* „Narr, Tropf, Kuckuck"; daß der Kuckuck früher *Gauch* hieß, hat seinen Grund entweder darin, daß man ihn wegen seines oft wiederholten, eintönigen, aber doch auch freundlichen Rufs für töricht hielt, oder aber auch darin, daß er für pfiffig galt, da er einen mit seinem Ruf narrt, denn man bekommt ihn nur selten zu sehen; er ist also nicht ein Narr, sondern ein Narrer; dazu stimmt auch die Bedeutung „Schelm, Betrüger, Buhler", die das Wort schon mhd. hatte
Gauchheil eine Pflanze; zu *Gauch* in der Bedeutung „Narr"; die Pflanze galt als Mittel gegen Geisteskrankheiten und Tollwut (daher auch die Namen Wutkraut, Narrenheil); vielleicht liegt auch ein Einfluß von ahd. *gahi* „schnell" vor, also „schnell heilende Pflanze"
Gaucho *in Lateinamerika:* Einwohner der Pampa, meist Viehzüchter; *übertr.:* Vagabund, geriebener Mensch; über die Herkunft gibt es nur Vermutungen; man hat es mit einem noch heute in Brasilien üblichen Wort *gauderio* „ländlicher Wegelagerer, Bandit, Nichtstuer auf dem Land" in Zusammenhang gebracht, man hat es auf eine Form *guacho* zurückgeführt, die aus dem Ketschua-Wort *huacho* „Waise, arm" stammen soll, ein Wort, das auch auf junge Tiere angewendet wird, die von der Mutter verlassen worden sind, weiterhin auf ein in Chile gebräuchliches Wort *guaso* „Landmann", und

schließlich hat man auch eine Vermischung von araukan. *gachu* „Freund, Gefährte, Kamerad" und *kauchu* „listiger Mensch" für möglich gehalten

Gaudium Belustigung, Erheiterung; lat. *gaudium* „Freude, Vergnügen", zu *gaudere* „sich freuen"

gaufrieren Muster aufprägen; aus frz. *gaufrer* in ders. Bed., zu *gaufre* „Stoffpressung", eigtl. „Waffel"

Gaukler Zauberer, Taschenspieler auf Jahrmärkten; aus mhd. *goukelære, gougelære* in ders. Bed., zu *goukeln, gougeln* „zaubern, Taschenspielereien vorführen", zu ahd. *goukel* „Zauberei"; mit zahlreichen Formen in allen germ. Sprachen verbreitet und wohl auf eine germ. Grundform **gaug-, *gug-, *geug-* „sich auffällig, spielerisch hin und her bewegen" zurückzuführen, vielleicht beeinflußt von lat. *ioculari* „scherzen"

Gavotte heiterer, fröhlicher Tanz; frz. *gavotte* in ders. Bed., aus prov. *gavot* „Lümmel, Grobian", Spottname für die provenzalischen Alpenbewohner

Gaze durchsichtiger, sehr lockerer Stoff, Verbandmull; aus frz. *gaze,* span. *gasa* „Flor, Schleier", aus arab. *qazz,* pers. *qaz* „Rohseide, Flockenseide"

Gazelle eine Antilope; über span. *gacela* aus arab. *ġazāla* in derselben Bedeutung

Gazette *veraltet:* Zeitung; aus ital. *gazzetta,* urspr. „Zeitung", heute nur noch in Namen von Zeitungen und Zeitschriften, aus *gazeta dele novità,* dem Titel einer venezian. Zeitung im 17. Jh., die man für eine *gazeta* (oder *gazzetta*), eine venezian. Scheidemünze, bekam; die Herkunft der Münzbezeichnung ist unbekannt

Geck Modenarr; *rhein.:* Fastnachtsnarr; mnddt. *geck,* als Subst. „Narr, Tor", als Adj. „närrisch, töricht, flatterhaft, unstet", urspr. Bedeutung wahrscheinlich „drehbar", da mnddt. *geck* auch „verdrehtes, gestörtes Gehirn" (eine Kälberkrankheit) sowie „drehbarer Deckel" bedeutet

Gecko eine Echse warmer Gebiete; aus ndrl. *gekko,* aus mal. *gekok, gokek, tokek* oder *tekek,* lautmalend nach dem Ruf *ge-koh* oder *to-keh*

gefeit geschützt, sicher; Part. Perf. zum untergegangenen Verb *feien* „(wie eine Fee) durch Zauber schützen", zu *Fei,* veraltet für „Fee"

Gehenna jüd. Bezeichnung für Hölle; aus hebr. *gehinnom,* eigentl. *gē ben Hinnom* „Tal des Sohnes Hinnoms", ein Ort im Süden Jerusalems, wo urspr. dem Gott Moloch Menschenopfer dargebracht wurden; König Josias (639–608 v. Chr.) beseitigte diesen Brauch und ließ aus dem Platz eine Mülldeponie machen; auf Grund des üblen Geruchs des Platzes nahm der Name dann die Bedeutung von „Hölle" an

geheuer *nur noch in der Fügung* nicht geheuer: unheimlich; aus mhd. *gehiure* „sanft, angenehm", aus ahd. *hiuri* „freundlich, lieblich", zu altnord. *hýrr* „freundlich, milde, froh", eigtl. „zum Hauswesen passend", zu ahd. *hiwun,* altnord. *hiu* „Familie, Eheleute"

Geisha Tänzerin, Sängerin und Unterhalterin in japan. Teehäusern; aus japan. *gei* „Kunst, Geschicklichkeit, Gewandtheit" und *sha* „Person", also „Frau, die in den verschiedensten unterhaltenden Künsten erfahren ist"

Geison *an griech. Tempeln:* Kranzgesims; aus griech. *geison* in derselben Bedeutung; im Griech. Fremdwort, wahrscheinlich aus einer kleinasiatischen Sprache

Gelatine quellbarer Leim aus frischen Knochen; aus neulat. (Sprache der Alchimisten) *gelatina* „Stoff zum Eindikken", zu lat. *gelare* „gefrieren", → Gallert

Gelee mit Zucker eingekochter Fruchtsaft, *auch:* eingedickte Fleischbrühe; aus frz. *gelée* „Frost; Gallert", über altfrz. *gelata* aus lat. *gelare* „gefrieren", → Gallert

Geminate Doppelkonsonant; aus lat. *littera geminata* „verdoppelter Buchstabe, Doppel-, Zwillingsbuchstabe", zu *geminare* „verdoppeln", zu *geminus* „doppelt; Zwilling", zur idg. Wurzel **gem-* „paaren, verbinden"

Gemme Halbedelstein mit meist vertieft eingeschnittenem Bild; aus lat. *gemma* „Siegel(ring)“, da diese Steine meist zum Siegeln verwendet wurden

Gen Erbfaktor, Erbeinheit; aus griech. *gennan* „erzeugen, hervorbringen“ sowie *genesis* „Werden, Entstehen“

Gendarm Polizist; aus frz. *gendarme* „Polizeisoldat, bewaffneter Reiter“, eigtl. *gens d'arme* „bewaffnete Leute“, aus *gens* „Leute, Menschen“ (aus lat. *gens* „Geschlecht, Stamm“) und *arme* „Waffe“ (aus lat. *arma* „Waffen“)

Genealogie Familien-, Ahnenforschung, Geschlechterkunde; aus griech. *genealogia* „Stammbaum, Stammtafel“, aus *genea* „Geburt, Abstammung“ und *logos* „Wort, Lehre, Kunde“, zu *legein* „sagen, sprechen, erklären“

General höchster Rang der Offiziere; aus frz. *général,* verkürzt aus *capitaine général* „Befehlshaber einer militärischen Truppe“, eigtl. „Befehlshaber der ganzen Truppe, Oberbefehlshaber“, zu *général* „allgemein, Haupt-, Ober-“, aus lat. *generalis* „allgemein, die ganze Gattung betreffend“, zu *genus* „Geschlecht, Gattung, Familie“

Generation Stufe der Geschlechterfolge sowie alle zu dieser Stufe gehörigen Lebewesen; aus lat. *generatio,* Gen. *-onis,* in derselben Bedeutung, eigtl. „Zeugung“, zu *generare* „zeugen, erzeugen, hervorbringen“, zu *genus* „Abstammung, Geburt, Geschlecht“

Generator Maschine zur Umwandlung von mechanischer in elektrische Energie; Schachtofen zum Erzeugen von Gas aus festen Brennstoffen; lat. *generator* „Erzeuger“, zu *generare* „erzeugen, hervorbringen“, zu *genus* „Geburt, Abstammung“

generell allgemein, im allgemeinen; französisierende Bildung zu lat. *generalis* „allgemein, die ganze Gattung betreffend“, zu *genus* „Geschlecht, Gattung“

generös freigebig; aus frz. *généreux* „freigebig, großmütig, edel, hochherzig“, aus lat. *generosus* „edel, edelmütig, hochherzig“, eigtl. „von edler (= adliger) Abstammung“, zu *genus* „Geschlecht, Abstammung“

Genese Entstehung, Entwicklung; aus griech. *genesis* „Werden, Entstehen“, zu *gennan* „erzeugen, hervorbringen“ und *gignesthai* „entstehen, geboren werden“

Genever Wacholderbranntwein; aus frz. *genièvre* „Wacholderbeere“, zu *genévrier* „Wacholderstrauch“, über vulgärlat. *jeniperus* aus lat. *iuniperus,* → Juniperus

Genie schöpferische Begabung; hochbegabter, schöpferischer Mensch; aus frz. *génie* „Geist, außerirdisches Wesen; schöpferischer Mensch; hervorragende Veranlagung“, aus lat. *genius* „Schutzgeist, über dem Menschen waltender, ihn durchs Leben begleitender Gott“, eigtl. „der Leben Erzeugende“, zu *genere,* ältere Form von *gignere* „zeugen, erzeugen, hervorbringen“

Geniekorps *schweiz.:* Pionier-, Ingenieurtruppe; aus frz. *génie* „Ingenieur-, Kriegsbauwesen“, eigtl. „Schaffenskraft, schöpferische Kraft“, → Genie und Korps

genieren stören, belästigen; sich g.: sich gehemmt fühlen, sich schämen; aus frz. *gêner* „bedrücken, quälen, hemmen, hindern“, zu *gêne* „Zwang, Qual, Verlegenheit, Bedrängnis“, früher auch „Folter“, aus altfrz. *gehine* „durch Folter erpreßtes Geständnis“, zu *jehir* aus fränk. **jahhan* „zum Geständnis zwingen“

Genital Geschlechtsteil; aus lat. *genitalis* „zur Zeugung gehörig“, zu *genere,* ältere Form von *gignere* „zeugen, erzeugen“

Genitiv zweiter Fall der Deklination, Wesfall; aus lat. *casus genitivus* „die Herkunft, Abstammung bezeichnender Fall“, aus griech. *genike ptosis* in ders. Bed., zu *genikos* „die Abstammung betreffend“, zu *genos* „Geburt, Abstammung“

Genom Gesamtheit aller in einer Zelle vorhandenen Erbanlagen; aus → *Gen* und griech. Endung *-om* zur Bezeichnung eines Gebildes, einer Erscheinung

Genotyp Gesamtheit der Erbfaktoren; aus griech. *genos* „Abstammung, Herkunft“ und → *Typ*

Genozid Völkermord, Gruppenmord; aus lat. *genus* „Geschlecht, Stamm, Volk“, und *caedere* (in Zus. *-cidere*) „hauen, schlagen, töten“

Genre Gattung, Art; Darstellung des Alltagslebens, Genrebild; frz. *genre* „Gattung, Geschlecht, Art; Szene aus dem täglichen Leben“, aus lat. *genus,* Gen. *generis,* „Geschlecht, Volksstamm, Gattung, Art und Weise“, zu *genere,* ältere Form von *gignere* „zeugen, erzeugen“

Gentilhomme Mann mit vornehmer Lebensart, Edelmann; frz. *gentilhomme* „gebildeter Mann, Edelmann, Hofkavalier“, aus *gentil* „adelig“ (aus lat. *gentilis* „aus dem gleichen Geschlecht stammend“, zu *gens,* Gen. *gentis,* „Geschlecht, Stamm“) und *homme* „Mensch“ (aus lat. *homo* „Mensch“)

Gentleman Mann von vornehmer Gesinnung; engl. *gentleman* in ders. Bed. sowie allg. „Herr“, aus *gentle* „vornehm“ (aus altfrz. *gentil* in ders. Bed., aus lat. *gentilis* „zum selben Stamm, Geschlecht gehörig“, zu *gens,* Gen. *gentis,* „Stamm, Geschlecht“) und *man* „Mann“

genuin angeboren; echt, unverfälscht; aus lat. *genuinus* „angeboren, angestammt, natürlich, unverfälscht“, zu *genere,* ältere Form von *gignere* „erzeugen, hervorbringen“

Genus Geschlecht der Substantive und Pronomen; lat. *genus* „Abstammung, Herkunft, Geburt; Geschlecht, Familie“, zu *genere,* ältere Form von *gignere* „zeugen, erzeugen, hervorbringen“

Geodäsie Land-, Erdvermessung; aus griech. *ge* „Erde, Erdboden, Land, Feld“ und *daizein* „teilen“, zu *dais* „Anteil“

Geographie Erdbeschreibung, Erdkunde; aus griech. *ge* „Erde“ und *graphein* „schreiben“

Geologie Lehre vom Aufbau und der Geschichte der Erde; aus griech. *ge* „Erde“ und *logos* „Wort, Lehre, Kunde“, zu *legein* „sagen, sprechen, erklären“

Geomantie (bes. in China und Arabien) Kunst, aus Figuren im Sand wahrzusagen; aus griech. *ge* „Erde, Erdboden“ und *manteia* „Weissagung“, zu *manteuein* „wahrsagen, weissagen“, zu *mantis* „Seher“, zu *mainesthai* „außer sich sein, verzückt sein“

Geometrie Lehre von den ebenen und räumlichen Gebilden; Landmessung; aus griech. *ge* „Erde, Erdboden“ und *metrein* „messen“

Geophagie *bei Naturvölkern:* Sitte, rituell Erde zu essen; aus griech. *ge* „Erde, Erdboden“ und *phagein* „essen“

Georgine eine Zierpflanze; nach dem russischen Ethnographen deutscher Herkunft Johann Gottlieb *Georgi* (1729–1802)

geotrop von der Schwerkraft der Erde beeinflußbar; aus griech. *ge* „Erde, Erdboden“ und *trope* „Wendung, Wandel, Verwandlung“, zu *trepein* „wenden“

Gepard ein Raubtier; aus ital. *gattopardo* „Parderkatze, Pardelkatze“, aus mittellat. *cattus pardus,* zu *cattus* „Wildkatze“ und *pardus* „Pardel, Parder“, → Leopard

Geranie eine Zierpflanze, Storchschnabel; aus griech *geranos* „Kranich“; die Früchte ähneln einem Vogelkopf mit langem Schnabel

Geriatrie Altersheilkunde; aus griech. *geron* „alt, bejahrt; Greis“, *geras* „Greisenalter, hohes Alter“ und *iatreia* „ärztliche Behandlung, Heilung“, zu *iatreuein* „heilen“, zu *iatros* „Arzt“

Germination Keimungsperiode (der Pflanzen); aus lat. *germinatio,* Gen. *-onis,* „das Hervorsprießen“, zu *germinare* „sprießen, keimen, ausschlagen“, zu *germen,* Gen. *germinis,* „Keim, Sproß“

Gerontologie Lehre von den Vorgängen des Alterns; aus griech. *geron,* Gen. *gerontos,* „alt, bejahrt; Greis“ und *logos* „Wort, Lehre, Kunde“, zu *legein* „sagen, sprechen, erklären“

Gerundium deklinierte Form des Infinitivs, z. B. die Kunst „des Tanzens“; lat. *gerundium* „das Auszuführende, zu Verrichtende“, zu *gerere* „ausführen, verrichten, vollziehen“

Gerusia *im alten Sparta:* Rat der Ältesten; aus griech. *gerousia* „Rat der Alten, Ratsversammlung", zu *geron* „alt, bejahrt; Greis"

Gervais ein frz. Weichkäse; nach dem ersten Hersteller, Ch. *Gervais* (1830–1892), dessen Name auf den lat. Vornamen *Gervasius* zurückgeht

Geschwader *früher:* Reitermannschaft, *heute:* Verband gleichartiger Kriegsschiffe, Verband von Flugzeugen; aus mhd. *swader* „Reiter-, Flotteneinheit", aus ital. *squadrone,* → Schwadron

Geseier, Geseires *ugs.:* weitläufiges, blödes Gerede; aus jidd. *gesejres* „böses Verhängnis", aus neuhebr. *gəzēra* „Bestimmung, Entscheidung", aus hebr. *gāzar* „entscheiden, beschließen", eigentlich „abschneiden"

gestikulieren Gebärden machen, durch Gebärden etwas ausdrücken; aus lat. *gesticulari* in derselben Bedeutung, zu *gesticulus* „sprechende, verdeutlichende Bewegung", Verkleinerungsform von *gestus* „Bewegung des Körpers, der Hände, Gebärdenspiel", zu *gerere* „sich benehmen, sich betragen"

Getto abgetrenntes Wohnviertel für Juden sowie für andere religiöse oder rassische Minderheiten; wahrscheinlich aus venezian. *ghetto* „Gießerei"; 1516 wurde den Juden in Venedig ein Stadtviertel als Wohnort zugewiesen, in dem sich mehrere Gießereien befanden und das als *Ghetto Nuovo* „Neue Gießerei" bezeichnet wurde

Geysir in Abständen springende heiße Quelle; isländ. *geysir* „Springquell", zu *geysa* „quellen, hervorströmen", aus altnord. *gjosa* in ders. Bed., zu *gjota* „strömen, fließen", aus der idg. Wurzel **gheu-* „gießen"

Ghostwriter jmd., der Reden, Bücher u.ä. für einen andern schreibt und selbst als Autor nicht in Erscheinung tritt; engl., aus *ghōst* „Geist" (aus altengl. *gast* „Geist, Seele, Atem") und *writer* „Schreiber, Verfasser", zu *to write* „schreiben", aus mengl. *writen,* altengl. *writan* „schreiben, einritzen"

Gigant Riese; aus griech. *gigas,* Gen. *gigantos,* „Angehöriger eines Geschlechts von Riesen"; die Giganten waren die Söhne der Erdgöttin Gäa und wurden wegen ihrer Frevel von Zeus vernichtet; weitere Herkunft nicht bekannt, wahrscheinlich aus einer vorgriech. Sprache

Gigantomachie Kampf der Giganten gegen Zeus; aus → *Gigant* und griech. *mache* „Kampf", zu *machesthai* „kämpfen"

Gigolo Eintänzer; frz. *gigolo* „junger Mann, der öffentliche Tanzveranstaltungen aufsucht", zu *giguer* „hüpfen", → Gigue

Gigue Hüpftanz; frz. *gigue* aus engl. *jig* in ders. Bed. und *to jig* „eine Gigue tanzen", aus altfrz. *giguer* „tanzen, hüpfen", wohl zu *gigue* „Geige", aus fränk. **giga* „Geige", also „zum Spiel der Geige tanzen, hüpfen"

Gilet *österr., schweiz.:* Weste; aus span. *chaleco* in ders. Bed., wohl über die arab. Zwischenstufe *ǧalīka* aus türk. *yelek* „Weste"

Gimpel ein Singvogel; ostmitteldt. *gumpel,* aus mhd. *gümpel,* zu mhd. *gumpen* „hüpfen, springen", wahrscheinlich nach den ungeschickten Bewegungen des Vogels auf der Erde

Gin *engl. für* Wacholderbranntwein; verkürzt aus engl. *geneva* aus ndrl. *genever, jenever,* über frz. *genièvre* aus lat. *iuniperus* „Wacholder"

Gingivitis Zahnfleischentzündung; aus lat. *gingiva* „Zahnfleisch" (weitere Herkunft nicht bekannt) und Endung *-itis* zur Bez. einer Entzündung

Ginkgo, Ginkjo ein ostasiat. Zierbaum; aus chines. *gin-kyo* „Silber-Aprikose"

Ginseng eine ostasiat. Heilpflanze, deren Wurzel in China als Allheilmittel galt (daher wohl der botan. Name *Panax ginseng,* zu lat. *panacea* „Allheilkraut, Wunderkraut"), aus chines. *jensen, jen-shen* „Menschenpflanze"; *sen, shen* ist die chines. Bezeichnung für diese Pflanze, *jen* „Mensch" wurde hinzugefügt, da ihre Wurzel menschenähnl. Gestalt hat

Ginster ein gelbblühender Strauch; aus lat. *genista* in derselben Bedeutung, Herkunft unklar, wahrscheinlich etruskischen Ursprungs

giocoso *Mus.:* spielerisch, lustig, scherzend; ital. *giocoso* „heiter, lustig", aus lat. *iocosus* „scherzhaft, spaßig, nekkisch", zu *iocus* „Scherz, Spaß, Schäkerei"

Gips ein Mineral, schwefelsaurer Kalk; aus lat. *gypsum,* griech. *gypsos* in ders. Bed., aus akkad. *gaṣṣ(u)* in ders. Bed.

Gipüre Geflecht aus seidenumsponnenen Fäden; aus frz. *guiper* „mit Seide umspinnen", aus fränk. **wîpan* „winden"

Giraffe ein Huftier mit sehr langem Hals; aus frz. *girafe,* ital. *giraffa,* aus arab. *zurāfa, zarāfa* „Giraffe"

Girandola Feuerrad (beim Feuerwerk); *veraltet:* mehrarmiger Leuchter; ital. *girandola* „Feuerrad; Wetterfahne", zu *girare* „drehen", aus spätlat. *gyrare* „im Kreis drehen", zu *gyrus* aus griech. *gyros* „Kreis"

girieren übertragen (Wechsel, Scheck), in Umlauf setzen; aus ital. *girare* in ders. Bed. sowie „drehen, durchwandern, (den Blick) schweifen lassen", aus spätlat. *gyrare* „im Kreis drehen", zu *gyrus* aus griech. *gyros* „Kreis"

Girl *engl. für* Mädchen, *im Dt. auch Bez. für* Mitglied einer weiblichen Balletttruppe; aus mengl. *gurle, gurl, gerle, gerl* „Kind, junger Mensch", verwandt mit nddt. *Gör, Göre* „Kind"

Girlande langes Gewinde aus Blumen und Blättern, Papierkette; aus frz. *guirlande* in ders. Bed., aus altfrz. *garlande* Reif, Kranz", wahrscheinlich aus dem Fränk.

Girlitz ein Singvogel; ältere Form: *Girlin, Girle,* vielleicht lautnachahmend mit der Endung *-itz* nach dem Vorbild von Stieglitz

Giro Überweisung im bargeldlosen Zahlungsverkehr, Übertragungsvermerk (auf Wechseln); aus ital. *giro* in ders. Bed. sowie „Drehung, Umdrehung, Rundgang", aus spätlat. *gyrus* aus griech. *gyros* „Kreis"

Gitarre ein Zupfinstrument; aus span. *guitarra,* über arab. *qīṯāra* aus griech. *kithara* „große Leier, Zither", im Griech. Fremdwort aus unbekannter Quelle

glacieren mit Glasur überziehen; aus frz. *glacer* „zu Eis machen, gefrieren, mit Zuckerguß, mit Glasur überziehen", zu *glace* „Eis, Zuckerguß, Spiegelglas", aus lat. *glacies* „Eis"

Gladiator *im alten Rom:* Schwertkämpfer bei den Zirkusspielen; lat., zu *gladius* „Schwert", zur idg. Wurzel **qel-* „schlagen"

Gladiole eine Zierpflanze, Schwertlilie; aus lat. *gladiolus* „kleines Schwert, schwertförmiges Blatt", zu *gladius* „Schwert"

glagolitische Schrift wahrscheinlich zum großen Teil aus der griech. Minuskel entwickelte, bes. die slaw. Laute berücksichtigende älteste slaw. Schrift; aus russ. *glagol* „Verbum" (als grammatischer Terminus), poet. auch „Wort, Rede"

Glamourgirl mit allen Mitteln zurechtgemachtes Mädchen, Reklameschönheit; aus engl. *glamour* „Zauber, bezaubernder Glanz, bezaubernde Schönheit", entstellt aus *gramarye* „Zauberkunst" (aus mengl. *gramarye, grammarie* aus altfrz. (frz.) *grammaire* „Grammatik"; ein Grammatikbuch, insbes. eine lat. Grammatik, wurde im Volksmund im Sinne von „unverständliches Buch, Buch mit Zauberzeichen" verstanden, daher der Bedeutungswandel zu „Zauberkunst") und *girl* „Mädchen", → Girl

Glandel Drüse; aus lat. *glandula* „Mandel, Drüse im Hals", Verkleinerungsform von *glans,* Gen. *glandis,* „Kernfrucht, Eichel, Kugel"

Glaukom eine Augenkrankheit, grüner Star; aus griech. *glaukos* „bläulich, grünlich", wegen der bläulichen Haut über der Linse

glazial zu einem Gletscher, zur Eiszeit gehörig, eiszeitlich; aus lat. *glacialis* „voll Eis, mit Eis verbunden", zu *glacies* „Eis", zu *gelu(s)* „Frost"

Glia *kurz für:* Neuroglia, die Ganglienzellen und Nervenfasern des Zentralnervensystems verbindendes und stützendes Gewebe; aus griech. *glia,* Nebenform von *gloios* „Klebstoff, Leim, Harz"

Gliom Geschwulst im Stützgewebe

des Zentralnervensystems; Ableitung von → *Glia*

Globus Nachbildung der Erdkugel, *auch:* die Erdkugel; lat. *globus* „Kugel", zu *gleba* „Klümpchen", zur idg. Wurzel **gleb-* „ballen"

glorifizieren verherrlichen; aus lat. *glorificare* „verherrlichen", zu *glorificus* „glorreich, ruhmreich", aus *gloria* „Ruhm" und *facere* (in Zus. *-ficare,* Intensivum zu *-ficere*) „tun, machen"

Gloriole Heiligenschein; aus lat. *gloriola* „ein bißchen Ruhm, kleines Zeichen des Ruhms", Verkleinerungsform von *gloria* „Ruhm, Zeichen des Ruhms, Zierde"

Glosse *urspr.:* schwieriges Wort, das erklärt werden muß; *im MA:* Übersetzung oder Erklärung eines schwierigen Wortes (am Rand oder zwischen den Zeilen eines Textes); *übertr.:* spöttische Bemerkung, spöttischer Zeitungsartikel; aus griech. *glossa* „Zunge, Sprache; veraltetes oder nur im Dialekt gebräuchliches Wort"

Glossolalie Reden in ungewöhnlicher Sprachform im Zustand religiöser Ekstase; aus griech. *glossa* „Zunge, Sprache" und *lalia* „Geschwätz, Redeweise, Sprache", zu *lalein* „plaudern, schwatzen, reden, sprechen", zur idg. Wurzel **la-* „tönen"

Glottis Stimmritze im Kehlkopf; aus griech. *glottis* „Mündung der Luftröhre, Stimmritze", zu *glotta,* Nebenform von *glossa* „Zunge"

Glottolalie = Glossolalie; aus griech. *glotta,* Nebenform von *glossa* „Zunge, Sprache"

Gloxinie eine Zierpflanze; nach dem dt. Arzt und Botaniker Benjamin Peter *Gloxin* (gest. 1784)

Glukose → Glykose

Glutaminsäure in vielen Eiweißkörpern vorkommende organische Säure; aus lat. *gluten,* Gen. *glutinis,* „Leim" und → *Aminosäure*

Glykogen in Leber und Muskeln gespeicherter Traubenzucker; aus griech. *glykys* „süß" und *gennan* „hervorbringen, erzeugen", eigentlich also „Zuckererzeuger"

Glykokoll einfachste Aminosäure, Bestandteil aller Eiweißstoffe; aus griech. *glykys* „süß" und *kolla* „Leim"

Glykose Traubenzucker; aus griech. *glykys* „süß"

Glyptothek Sammlung von geschnittenen Steinen oder antiken Skulpturen; aus griech. *glyptos* „eingeschnitten, graviert, geschnitzt" (zu *glyphe* „Schnitzwerk, Skulptur, Gravur", zu *glyphein* „einschneiden, einmeißeln, schnitzen") und *theke* „Behältnis"

Glyzerin dreiwertiger aliphatischer Alkohol; aus griech. *glykeros,* poet. Form von *glykys* „süß"

Gneis ein Gestein, ein kristalliner Schiefer; vielleicht aus mhd. *ganeiste, geneiste, gneiste* „Funke", also „hartes Gestein, das Funken geben kann"

Gnom Zwerg, Kobold; von Paracelsus (16. Jh.) gebildetes Wort in der Bedeutung „Erdgeist", vielleicht im Zusammenhang mit griech. *ge* „Erde" und *nomos* „Wohnsitz", also „Erdbewohner"

Gnome *in der Antike:* Sinnspruch, Denkspruch; aus griech. *gnome* in derselben Bedeutung sowie „Erkenntnis, Meinung", zu *gignoskein* „wahrnehmen, erkennen", zur idg. Wurzel **gno-, *gon-* „kennen, wissen"

Gnomon antike Sonnenuhr; aus griech. *gnomon* „Sonnenuhr, bes. Zeiger der Sonnenuhr, Richtschnur, Maßstab", zu *gignoskein* „wahrnehmen, erkennen"

Gnosis philosophische Strömung in der Spätantike und im frühen Christentum; aus griech. *gnosis* „Erkenntnis, Einsicht", zu *gignoskein* „wahrnehmen, erkennen", zur idg. Wurzel **gno-, *gon-* „kennen, wissen"

Goal *Sport, bes. schweiz.:* Tor, Treffer; aus engl. *goal* „Mal, Grenzmal; Tor, Torschuß; Ziel, Endpunkt", aus mengl. *gol* „Grenze", vielleicht zu altengl. **gal* „Hindernis"

Gobelin gewirkter Wandbildteppich; frz. *gobelin* in ders. Bed., nach dem *Hôtel des Gobelins,* einer Teppichfabrik in Paris, die sich nach *Gilles Gobelin,* einem Färber in Paris im 15. Jh., nannte

Golem *im jüdischen Volksglauben:* aus Ton hergestellte menschliche Figur, die zeitweise zum Leben erwacht und dann Unheil stiftet; aus hebr. *gōlêm* „unentwickelte Gestalt, Embryo", zu *gālam* „zusammenfalten, zusammenwickeln", eigentlich also „Unfertiges, Nichtentwickeltes"

Golf[1] Meeresbucht; aus griech. *kolpos* „Wölbung, Busen, Meerbusen, Bucht", zur idg. Wurzel **qwelp-* „wölben"

Golf[2] ein Rasenspiel; engl. *golf,* aus ndrl. *kolf,* mndrl. *colve* „Stengel, Klöppel", aus altnord. *kolfr* „Stange, Bolzen", *kolv* „kleiner Stock", mithin zur Wortfamilie von *Kolben*

Golgatha Kreuzigungsstätte Christi bei Jerusalem; aus griech. *golgotha* „Schädelstätte", aus aram. *gulgolthā* „der Schädel" mit Artikel-Suffix, zu aram. *gulgōlêth* „Schädel"

Gonade Keimdrüse; aus griech. *gone* „Same; Erzeugung", zu *gennan* „erzeugen, hervorbringen"

Gonagra Gicht im Kniegelenk; aus griech. *gony* „Knie" und *agra* „Jagdbeute, Fang", → Chiragra

Gondel schmales venezian. Boot, das im Stehen gerudert wird; aus ital. *gondola* in ders. Bed., aus dem Venezian., urspr. Bedeutung nicht bekannt

Gong Musikinstrument aus einer Bronzescheibe mit umgebogenem Rand; aus malai. *gong, gung,* lautmalende Bezeichnung

Goniatit ein ausgestorbener Kopffüßer; aus griech. *gonia* „Winkel", wegen der zickzackförmig verlaufenden Ansatzlinie der Kammerscheidewände an der Außenschale

Goniometrie Winkelmessung; aus griech. *gonia* „Winkel, Ecke" und *metrein* „messen"

Gonorrhö eine Geschlechtskrankheit, Tripper; aus griech. *gone* „Same" und *rhoos, rhous* „Fließen, Strömen", zu *rhein* „fließen"; früher hielt man die Absonderung für Samenflüssigkeit; als man den Irrtum erkannte, versuchte man die Bezeichnung durch „Blennorrhö" zu ersetzen, doch hat sich der alte, bereits eingebürgerte Name nicht mehr ausmerzen lassen

Goodwill Geschäfts-, Firmenwert; Ruf, Ansehen; aus engl. *good will* „Wohlwollen, Geneigtheit, Gunst", aus *good* „gut" und *will* „Wille, Wollen"

gordischer Knoten unlösbare Schwierigkeit, die man nur durch Energie oder Gewalt beseitigen kann; nach dem sagenhaften König *Gordios I.* von Phrygien; den Phrygern war von einem Gott befohlen worden, denjenigen zum König zu machen, der ihnen an einem bestimmten Tag mit einem Ochsenwagen auf dem Weg zum Zeus-Tempel begegne; dieser erste war *Gordios,* ein Bauer, der als König im 6. Jh. v. Chr. die Stadt Gordion gründete und dort im Zeus-Tempel zur Erinnerung an diesen Tag seinen Ochsenwagen aufstellen ließ. Das Joch des Wagens verknüpfte er durch einen 9 m langen Riemen mit der Deichsel so kunstvoll, daß niemand diesen Knoten lösen konnte. Eine Weissagung versprach demjenigen, der den Knoten würde lösen können, die Herrschaft über Asien. Alexander der Große soll ihn 334 v. Chr. mit dem Schwert durchhauen haben

Gorgonenhaupt *in der Kunst:* weiblicher Kopf mit Schlangenhaar und gefletschten Zähnen; nach den *Gorgonen,* drei Ungeheuern der griech. Sage, deren Blick jeden, der sie ansah, versteinerte; zu griech. *gorgo* „grausig, furchtbar"

Gorgonzola ein ital. Edelpilzkäse; nach dem Herstellungsort *Gorgonzola* in Oberitalien

Gorilla ein afrikanischer Menschenaffe; die Bezeichnung ist sehr alt und ist nicht mehr zu deuten; sie geht auf den Bericht des karthagischen Admirals Hanno im Jahr 460 v. Chr. über seine Reise nach Kamerun zurück. Im heutigen Gabun sei er mit menschenähnlichen, behaarten Geschöpfen zusammengetroffen, die ihm als *Gorillas* bezeichnet wurden. Um was für eine Art von Menschenaffen es sich gehandelt hat, ist nicht klar, ebensowenig, was das Wort bedeutet. Die Bezeichnung der Eingeborenen für den Gorilla lautet heute jedenfalls anders

Gospelsong moderne Form des Negro

Spirituals; aus engl. *gospel* „Evangelium“, aus mengl. *godspel,* altengl. *godspell* „gute Botschaft“, aus *god* „gut“ und *spell* „Geschichte, Botschaft, Spruch“ (wahrscheinlich Lehnübersetzung von griech. *euaggelion* „gute Botschaft“, → Evangelium) und *song* „Gesang, Lied“

Gospodar (rumän. Hospodar) *früher:* Titel slawischer Fürsten in der Moldau und Walachei; aus russ. *gospodin,* älter *gospodar* „Herrscher, Herr, Hausherr“, zu *gospode* „Herr, Gott“, vielleicht verwandt mit lat. *hospes,* Gen. *hospitis,* „Gastfreund, Gastgeber“

Gouache Malerei mit deckenden Wasserfarben; Gemälde in Gouache; frz. *gouache* in ders. Bed., aus ital. *guazzo* „Wasserfarbenmalerei“, eigtl. „Wasserlache, Pfütze“, wahrscheinlich aus lat. *aquatio* „Sumpf, Wasserstelle, -lache“, zu *aqua* „Wasser“

Gouda ein holländ. Schnittkäse; nach dem Herstellungsort *Gouda* in Südholland

Gourmand Vielesser, Schlemmer; frz. *gourmand* „naschhaft, gefräßig; gefräßiger Mensch“; Herkunft nicht geklärt, das Wort gehört jedenfalls sicher nicht zu → Gourmet

Gourmet Feinschmecker; frz. *gourmet* „Weinkenner, Feinschmecker“, aus altfrz. *gormet, gromet* „Gehilfe des Weinhändlers“, dann „Weinkenner“; der Zusammenhang mit engl. *groom* „Diener, Bursche“, aus mengl. *grôm* „Bursche“ ist umstritten

goutieren gutheißen, billigen, Gefallen finden an; aus frz. *goûter* „schmecken, kosten“, zu *goût* „Geschmack“, aus lat. *gustus* „Geschmack, Genuß“

Gouvernante Erzieherin, Hauslehrerin; frz. *gouvernante* „Erzieherin, Haushälterin“, zu *gouverner* „lenken, leiten“, → Gouverneur

Gouverneur Statthalter; *USA:* oberster Beamter eines Bundesstaates; frz. *gouverneur* „Statthalter, Oberbefehlshaber, Vorsteher“ (aus lat. *gubernator* „Steuermann, Lenker, Leiter“, aus griech. *kybernetes* „Steuermann“), zu *gouverner* „lenken, leiten, steuern“, aus lat. *gubernare* „lenken, steuern, regieren“, aus griech. *kybernan* „steuern“

gradieren verstärken, steigern, verbessern; aus lat. *gradus* „Schritt, Stufe, Grad“

Graduale *kath. Messe:* kurzer Zwischengesang zwischen Epistel und Evangelium; zu lat. *gradus* „Stufe“, wahrscheinlich weil die Sänger des Graduales sich auf den Ambo (das erhöhte Lesepult der frühchristlichen Kirche) bzw. seine Stufen stellten

Graffito in Stein eingeritzte Inschrift oder figürliche Darstellung; ital. *graffito* in ders. Bed., zu *graffiare* „kratzen“, aus lat. *graphium* oder *graphis* aus griech. *graphis* „Griffel“, zu *graphein* „ritzen, schreiben“

grainieren einseitig aufrauhen, mit körniger Oberfläche versehen; aus frz. *grainer, grener* „körnen“, zu *grain* aus lat. *granum* „Korn“

Gramm Maßeinheit der Masse, umg.: des Gewichts; aus griech. *gramma* „Schriftzeichen“, urspr. Schriftzeichen auf dem Gewicht, dann das Gewicht selbst, zu *graphein* „schreiben“

...gramm *in Zus.:* Geschriebenes, Gezeichnetes; aus griech. *gramma* „Schriftzeichen, Schrift“, zu *graphein* „schreiben, einritzen“

Grammatik Gesamtheit der Regeln einer Sprache, Sprachlehre; aus griech. *grammatike* „Abc, Anfangsgründe, Anfangskenntnisse“, zu *grammatikos* „(sprachliche) Anfangskenntnisse besitzend, des Lesens und Schreibens kundig“, zu *gramma,* Gen. *grammatos,* „Schriftzeichen, Schrift“, zu *graphein* „schreiben“

Grammophon *veraltet:* Plattenspieler; aus griech. *gramma* „Eingegrabenes, Eingeritztes“ (zu *graphein* „einritzen, schreiben“) und *phone* „Ton, Klang, Stimme“

Gran alte, sehr kleine Gewichtseinheit für Arzneien; aus lat. *granum* „Korn“

Granadille → Grenadille

Granat ein Mineral; dem Wort liegt zwar lat. *granum* „Korn“ zugrunde, was auf „körniger Stein“ hindeuten würde (mittellat. *lapis granatus*), doch ist eher anzunehmen, daß die Bezeichnung von „Granatapfel“ und „Granatblüte" genommen worden ist; der Stein ist wegen seiner leuchtend roten Farbe häufig mit beidem verglichen worden; die Herkunft ist die gleiche, „Granatapfel" geht auf lat. *malum granatum* „mit Körnern gefüllter Apfel" zurück

Granatapfel Frucht des Granatapfelbaums, eines ostasiatischen Zierstrauches oder -baumes; →Granat

Granate mit Sprengladung gefülltes Geschoß; aus ital. *granata* in ders. Bed. sowie „Frucht des Granatapfelbaumes"; das Geschoß ist mit Pulver gefüllt so wie der Granatapfel mit Körnern, →Granat

Grandezza würdevoll-anmutiges Benehmen; aus span. *grandeza* „Würde eines span. Granden, Hoheit, Macht, Größe" (in der Schreibung von ital. *grandezza* „Größe" beeinflußt), zu *grande* „einer der Großen des span. Reiches", als Adj. „groß, bedeutend, edel", aus lat. *grandis* „groß"

grandios großartig; aus ital. *grandioso* „großartig", zu *grande* aus lat. *grandis* „groß"

Granit ein Gestein; aus ital. *granito,* aus mittellat. *granitum marmor* „körniger Marmor", zu lat. *granum* „Korn"

Grandseigneur weltgewandter, vornehmer Herr; aus frz. *grand* (aus lat. *grandis*) „groß" und *seigneur* „vornehmer, adliger Herr", aus lat. *senior* „der Ältere", zu *senex* „bejahrt, alt; der Alte, Greis"

granulieren zu Körnern zermahlen, mit Gold- oder Silberkörnchen verzieren, körnchenartiges Gewebe bilden; aus lat. *granulum* „Körnchen", zu *granum* „Korn"

Grapefruit kleine Form der Pampelmuse; aus engl. *grape* „Beere, Weinbeere" und *fruit* „Frucht"; wahrscheinlich rührt die Bezeichnung daher, daß die Früchte hie und da so dicht hängen, daß es von weitem aussieht, als wüchsen sie in Büscheln oder Trauben

...graph *in Zus.:* Geschriebenes; Schreiber, Meßgerät; aus griech. *graphe* „Bild, Schriftstück" bzw. *grapheus* „Schreiber", zu *graphein* „schreiben, einritzen"

...graphie *in Zus.:* Geschriebenes; Wissenschaft, Beschreibung; aus griech. *graphein* „schreiben, einritzen"

Graphit Art des Kohlenstoffs; aus griech. *graphein* „schreiben"; Graphit wurde schon früher als „Schreibblei" verwendet

Graphologie Lehre von den Handschriften und der Deutung des Charakters aus der Handschrift; aus griech. *graphe* „Schrift" (zu *graphein* „schreiben") und *logos* „Wort, Lehre, Kunde", zu legein „sagen, sprechen, erklären"

Grasmücke ein Singvogel; aus mhd. *gras(e)smücke,* zu *Gras* und *smücke* „Schlüpferin", zu *smücken* „schmiegen"; der Name ist eine volksetymologische Umdeutung des nicht mehr verstandenen Wortes in ein ähnliches, bekanntes

grassieren um sich greifen, gehäuft auftreten (Krankheit); aus lat. *grassari* „tüchtig, kräftig ausschreiten, losgehen, herumschwärmen, -toben", Intensivum zu *gradi* „(einher)schreiten", zu *gradus* „Schritt"

Gratifikation freiwilliges zusätzliches Entgelt; aus lat. *gratificatio,* Gen. *-onis,* „Gefälligkeit", zu *gratificari* „sich gefällig zeigen, willig darbringen, gern opfern", aus *gratus* „angenehm, erwünscht, willkommen" und *facere* (in Zus. *-ficare,* Intensivum zu *-ficere*) „tun, machen"

gratinieren überbacken, so daß eine Kruste entsteht; aus frz. *gratiner* „am Rand des Topfes oder der Pfanne festbacken; in geriebener Semmel backen", zu *gratin* „abzukratzender Ansatz von Gekochtem oder Gebratenem im Topf oder in der Pfanne, Kruste", zu *gratter* „kratzen, scharren"

gratis kostenlos, unentgeltlich; lat. *gratis* „ohne Bezahlung, unentgeltlich", zu *gratia* „Gefälligkeit, Dank"

gratulieren Glück wünschen; aus lat. *gratulari* „seine freudige Teilnahme zeigen, Glück wünschen", aus **gratitulor,* zu *grates* „Dank"; die Herkunft des zweiten Wortteiles ist unsicher

Grauwacke ein Sedimentgestein; aus mhd. *wacke,* ahd. *wacko, waggo* „Kiesel, Geröll, Felsblock"

Gravidität Schwangerschaft; aus lat. *graviditas*, Gen. *-atis*, „Schwangerschaft", zu *gravidus* „schwanger, trächtig", eigtl. „beschwert", zu *gravis* „schwer"

gravieren einritzen, einschneiden, durch Ritzzeichnung verzieren; wie frz. *graver* „einschneiden, -ritzen, -graben" aus mittelndrl. *graven* in derselben Bedeutung, aus got. *graban* „graben", zur idg. Wurzel **ghrebh-* „graben, kratzen, scharren"

gravierend erschwerend, belastend; aus lat. *gravare* „beschweren, belasten", zu *gravis* „schwer"

Gravimetrie Messung der Schwerkraft sowie des Gewichts von Grundstoffen in Stoffgemischen; aus lat. *gravis* „schwer" und griech. *metrein* „messen", zu *metron* „Maß"

Gravitation Schwerkraft; aus lat. *gravitas*, Gen. *-atis*, „Schwere", zu *gravis* „schwer"

gravitätisch würdevoll, gemessen; aus lat. *gravitas*, Gen. *-atis*, „Gewichtigkeit, würdevolles, gemessenes Benehmen, Feierlichkeit", zu *gravis* „schwer, gewichtig, würdevoll, feierlich"

Gravüre Kupfer- oder Stahlstich, Steinschnitt; aus frz. *gravure* „Stich, Schnitt", → gravieren

grazil schlank und zierlich, schmächtig; aus lat. *gracilis* „schmal, schlank, dünn"

graziös anmutig, zierlich und gewandt; aus frz. *gracieux* „anmutig", zu *grace* „Anmut", aus lat. *gratia* „Anmut, Lieblichkeit"

Greenhorn *engl. für* Neuling, Anfänger, Grünschnabel; eigtl. „Grünhorn", d.h. junges, frisches, noch weiches Horn, wobei *Horn* sowohl für „Geweih, Horn" als auch für „Schnabel" steht; ein *Greenhorn* ist also jmd., der einem sehr jungen Tier mit noch weichem Gehörn oder einem jungen Vogel mit noch weichem Schnabel gleicht

Gremium (beratende) Gemeinschaft, Körperschaft; *österr.:* Berufsvereinigung; lat. *gremium* „Schoß, Armvoll, Bündel", eigtl. „was man umfassen, auf einmal mit den Armen oder im Schoß zusammennehmen kann", zur idg. Wurzel **grem-* „umfassen"

Grenadier Infanterist; frz. *grenadier* „Infanterist, Handgranatenwerfer", zu *grenade* „Granate", → Granate

Grenadille Frucht der Passionsblume; aus span. *granadilla* „Blüte und Frucht der Passionsblume", Verkleinerungsform von *granada* „Granatapfel"

Gretchenfrage Frage nach der religiösen oder politischen Überzeugung, *allg.:* Gewissensfrage, Frage, auf die hin der Befragte Farbe bekennen muß; nach der Frage *Gretchens* an Faust „Nun sag, wie hast du's mit der Religion?" (Goethe, Faust I, Marthens Garten)

Greyhound außerordentlich schneller Jagdhund; *übertr.:* schnelles Schiff; amerik. Überlandbus; engl. *greyhound* „Windhund, schnelles Schiff", aus mengl. *grihond, grehund, grehounde* aus altnord. *greyhundr* „Windhund", aus *grey* „Hündin" sowie „Windhund" und *hundre* „Jagdhund", also eine Doppelbezeichnung, die ausdrücken soll „Jagdhund, so schnell wie ein Windhund"

Grill Bratrost; engl. *grill* „Bratrost", aus frz. *gril* „Bratrost", aus altfrz. *greil, grail, gridil* „Rost", aus lat. *craticulum* „kleiner Rost", zu *cratis* „Geflecht, Rost"

Grille ein Insekt; aus lat. *grillus*, griech. *gryllos* „Heuschrecke"; die Bedeutung „Laune, wunderlicher Einfall" geht wahrscheinlich auf die zwei anderen Bedeutungen des griech. Wortes zurück, nämlich „Karikatur" und „Ferkel"; als *Gryllen* bezeichnete man früher Malereien von lächerlichen, grotesken Figuren von Tieren oder Menschen mit Tierköpfen, auch seltsame tierische Gebilde auf geschnittenen Steinen; die Bezeichnung soll auf einen Ägypter zurückgehen, der zuerst solche Malereien hergestellt habe und durch einen Mann mit dem Namen *Gryllos* „Ferkel" dazu angeregt worden sei; seit dem 16. Jh. verstand man unter *Grylle* oder *Grille* auch „närrische Handlung oder Äußerung", dann „närrische Geschichte", später auch

„wunderlicher Einfall, Laune“ (daher die Wendung „Grillen im Kopf haben“); da mit der Zeit die eigentliche Bedeutung des Wortes in Vergessenheit geriet, verknüpfte man es mit dem Namen des Insektes und bildete Wendungen wie „Grillen fangen“ oder „jemandem die Grillen vertreiben“

Grimasse verzerrtes Gesicht, Fratze; aus frz. *grimace* in ders. Bed., aus älterem *grimache* „Fratze“, urspr. „schlimme Lage“, zu got. *grimms* „schrecklich, wild“, ahd. *grim* „zornig“

Grippe eine Infektionskrankheit; frz. *grippe* in ders. Bed., Herkunft nicht geklärt; man vermutet, aus russ. *chripe* „Heiserkeit“, zu *chripetj* „heiser sein, krächzen“, das lautmalenden Ursprungs ist, oder aus frz. *gripper* „ergreifen, packen“, wohl weil die Inkubationszeit sehr kurz ist und oft rasch hohes Fieber auftritt, die Krankheit einen also „packt“

Grisaille einfarbige Malerei, überwiegend grau in grau; frz. *grisaille* in ders. Bed., zu *gris* „grau“

Grisette junge Putzmacherin, leichtfertiges Mädchen in Paris; frz. *grisette*, urspr. „grauer Stoff“, danach „Wäscherin, Putzmacherin, Näherin“, die oft zugleich als Geliebte und Haushälterin von Künstlern lebte, zu *gris* „grau“ wegen ihrer unscheinbaren, oft grauen Kleidung

Grislybär ein nordamerikan. Bär; aus engl. *grizzly-bear* „grauer Bär“, zu *grizzle* „grau“

Grog Getränk aus Rum, heißem Wasser und Zucker; engl. *grog* in ders. Bed., verkürzt aus *Old Grogram*, dem Spitznamen des Admirals Edward Vernon (1684–1757) nach seinem Mantel aus *Grogram*, einem rauhen Stoff (verstümmelt aus *gross grain* „grobes Gewebe“); als der Admiral 1740 anordnete, den Rum für die Seeleute mit Wasser zu verdünnen, ging der Spitzname auf das Getränk über

groggy *Boxen:* schwer angeschlagen; *allg.:* erschöpft; engl. *groggy* „betrunken, wackelig auf den Beinen, angeschlagen, taumelig“, eigtl. „beschwipst, taumelig vom vielen Grog“

Groom *engl. für* Reitknecht, Stallknecht; aus mengl. *grome, grom* „Bursche“, wahrscheinlich aus altfrz. *grome, gromet* Diener“, weitere Herkunft unbekannt

Gros **1** [grọ] Hauptmasse, größter Teil; frz. *gros* „groß, stark, dick; Hauptteil, Hauptmasse“, aus lat. *grossus* „dick“; **2** [grọs] zwölf Dutzend, 144 Stück; aus frz. *grosse douzaine* „großes Dutzend, zwölf Dutzend“, aus lat. *grossus* „dick“

Groschen alte dt. Silbermünze, *heute ugs.:* Zehnpfennigstück, *österr.:* kleinste Münze, 1/100 Schilling; aus tschech. *groš*, → Grosz

Grossist Großhändler; französisierende, im Frz. nicht übliche Bildung zu frz. *gros* „Hauptteil, Hauptmasse“, auch „Großhandel“, eigtl. „dick, stark“, aus lat. *grossus* „dick“

Großmogul Titel nordindischer Herrscher vom 16. bis zum 19. Jh.; aus pers. *muġul* „Mongole“; auf Grund ihrer urspr. tatar. Herkunft wurden die Mogulkaiser anfangs fälschlich für Mongolen gehalten

Grosz polnische Währungseinheit, 1/100 Zloty; poln., aus tschech. *groš*, aus mittellat. *denarius grossus* „dicker Pfennig, Dickpfennig“, im Unterschied zum dünnen Brakteaten

grotesk komisch-verzerrt, lächerlich; aus frz. *grotesque* „seltsam, lächerlich“, aus ital. *grottesco* „merkwürdig und unförmig, lächerlich, aber auch vergnüglich“, zu *grottesca* „merkwürdige, phantastische Malerei“, zu *grotta* „Höhle im Berg oder unter der Erde, unterirdischer Teil eines Gebäudes“; *grotte* („Grotten“) nannte man auch die mehrmals überbauten Ruinen des Goldenen Hauses des Nero in Rom; als man bei der Freilegung darin solche Malereien entdeckte, bezeichnete man sie deshalb als *grottesche* („Grotesken“)

Grotte Felsenhöhle; aus ital. *grotta* „Höhle“, über vulgärlat. *crupta, crypta* aus griech. *krypte* „unterirdisches Gewölbe“, zu *kryptein* „verbergen, verstecken“

Groupie Mädchen, das versucht, mit seinem bewunderten Star oder einer

Gruppe in Verbindung zu kommen, oder zu einer Gruppe außerhalb der etablierten Gesellschaft gehört; engl., zu *group* „Gruppe"

Grupp Paket aus Geldrollen; aus ital. *gruppo* in der veralteten Bedeutung „Klumpen, Knoten" (heute „Gruppe"), aus fränk., got. **kruppa* „runde Masse"

Guano Kot von Seevögeln in Peru und Chile, als Düngemittel verwendet; aus Ketschua *huano* „Mist, Dünger"

Guardian *bei den Franziskanern und Kapuzinern:* Klostervorsteher; aus mlat. *guardianus* „Schafhirt; Beschützer, Vormund", aus germ. **warda* „Wache" und **wardôn* „Sorge tragen; warten"

Guasch →Gouache

Guerilla Angehöriger einer bewaffneten Widerstandsgruppe, Partisan; aus span. *guerilla* „Kleinkrieg", Verkleinerungsform von *guerra* „Krieg", aus fränk. **werra* „Streit", ahd. *werra* „Zwietracht"

Guglhupf runder Rührkuchen, Napf-, Königskuchen; aus mhd. *gugel, gugele* „Kapuze", aus mlat. *cuculla,* lat. *cucullus* „Kapuze", wegen der Form; der zweite Wortteil ist wahrscheinlich eine Verstümmelung von hochdt. *Hefe* aus mhd. *hefe, hebe, hepfe* „Hefe", aus ahd. *heffen, hepfan* „heben", weil der Teig „gehoben" wird; das u kann durch scherzhafte, rein lautliche Anlehnung an bayr. *hupfen* entstanden sein; nach anderer Deutung (Wehle) aus mlat. *cuculla offa,* einem in den Klosterküchen hergestellten Gebäck, *offa:* „Bissen, Klößchen", also „Klößchen in Kapuzenform"

Guide Reiseführer; engl. *guide* „Leiter, Führer", aus frz. *guide* in ders. Bed., dieses seit dem 14. Jh. für altfrz. *guis* „Führer", dieses zu fränk. **wîtan* „zeigen"; verwandt mit dt. *weisen*

Guilloche Muster aus verschlungenen Linien (auf Wertpapieren); Gerät dafür; aus frz. *guillocher* „mit ineinander verschlungenen Linien verzieren", Herkunft nicht geklärt, vielleicht nach dem Erfinder namens *Guilloche,* der jedoch nicht genau bekannt ist

Guillotine Gerät zum Hinrichten mittels Fallbeil; frz. *guillotine* in ders. Bed., nach dem Konstrukteur, dem Arzt Josephe-Ignace *Guillotin* (1738–1814)

Gulasch Gericht aus in Würfel geschnittenem, scharf gewürztem Rind-, Schweine- oder Hammelfleisch; aus ungar. *gulyás hús* „gekochtes Rindfleisch", eigtl. „Fleisch, das sich die Rinderhirten bereiten", *gulyás* „Rinderhirt" (zu *gulya* „Rinderherde") und *hús* „Fleisch"

Gully zum Abwasserkanal führender Schacht, Abflußloch im Rinnstein; engl. *gully* „Wasserrinne, Abzugskanal, Abflußschacht", zu *gullet* „Kehle, Speiseröhre, Kanal, Graben", aus mengl. *golet* aus altfrz. *golet, goulet,* Verkleinerungsform von *gole, goule* „Kehle", aus lat. *gula* „Kehle"

Gummi aus Pflanzenausscheidungen gewonnene, zäh-elastische Masse; aus griech. *kommi,* aus altägypt. *qmjt,* gesprochen *komi,* „Harz"

Gur durch Zersetzung von Gesteinen oder Organismen entstandener Schlamm; bezeichnete urspr. eine breiige, auch flüssige Masse; im Ablaut zu *gären* entstanden

Gusla einsaitiges Streichinstrument der Balkanvölker; aus serb. *gusle,* zu *guditi* „streichen"

Gusli russ. zitherähnl. Zupfinstrument; aus russ. *gusli* in ders. Bed., zu *gudet* „einen dumpfen Ton von sich geben", ukrain. *hudity* „hallen, schallen"

Gusto *veraltet, noch bayr.:* Appetit, Geschmack; über ital., span. *gusto* „Geschmack" aus lat. *gustus* „Geschmack, das Kosten, Genießen"

Guttapercha gummiähnlicher Stoff aus dem Milchsaft südostasiatischer Bäume; aus malai. *getah pertja; getah* heißt „klebriger Pflanzensaft", und *pertja* ist ein alter Name für die Insel Sumatra, also „Saft aus Sumatra"

guttural in der Kehle gebildet, kehlig; aus lat. *guttur* „Kehle", vielleicht zur idg. Wurzel **gut-,* **geut-* „wölben"

Gymkhana mit Geschicklichkeitsaufgaben verbundenes Wettrennen oder -fahren; aus griech. *gymnazein* „üben, geschickt machen" (→Gymnasium) und dem zweiten Teil von Urdu *gendkhana* „Tennisplatz", eigtl. „Ballplatz", aus *gend* „Ball" und *khana* „Haus, Ort, Platz"; Gymkhana ist also eigtl. ein Platz zum Üben, die Bezeichnung ging dann auf die Übung selbst über

Gymnasium höhere Schule mit Lateinisch und Griechisch; aus griech. *gymnasion* „Übung, bes. Leibesübung, Turnplatz, Schule für Leibesübungen", später auch: „Pflegestätte geistiger Bildung", zu *gymnazein* „üben, kräftigen, geschickt machen", eigentlich „nackt Turnübungen machen", zu *gymnos* „nackt"

Gymnastik Körperübung durch rhythmische Bewegung; aus griech. *gymnastike* „Turnkunst"; →Gymnasium

Gymnospermen nacktsamige Pflanzen; aus griech. *gymnos* „nackt" und *sperma* „Same"

Gynäkologie Lehre von den Frauenkrankheiten, Frauenheilkunde; aus griech. *gyne,* Gen. *gynaikos,* „Frau" und *logos* „Wort, Lehre, Kunde", zu *legein* „sagen, sprechen, erklären"

gynandrisch mit männlichen und weiblichen Geschlechtsmerkmalen versehen, scheinzwittrig; aus griech. *gyne* „Frau" und *aner,* Gen. *andros,* „Mann"

Gyroskop Gerät zum Nachweis der Drehung der Erde um ihre Achse; aus griech. *gyros* „rund" und *skopein* „schauen, betrachten, untersuchen"

H

Habicht ein Raubvogel; aus mhd. *habech,* aus ahd. *habuh,* zur idg. Wurzel **ghab-* „greifen, fassen", also eigentlich „Greifer"
habilitieren sich h.: die Lehrbefugnis an einer Hochschule erwerben; aus mlat. *habilitare* „geschickt machen, befähigen, üben", aus lat. *habilis* „geschickt, tüchtig, fähig, tauglich", zu *habere* „halten, vornehmen, verrichten"
Habit Amtstracht; bequeme, saloppe Kleidung; frz. *habit* „Kleid, Gewand, Anzug, Tracht", aus lat. *habitus* „äußere Erscheinung, Kleidung, Tracht", → Habitus
Habitus äußere Erscheinung, Gestalt, Aussehen, Haltung, Benehmen; lat. *habitus* in derselben Bedeutung, zu *habere* „haben, halten, in sich schließen"
Háček das Zeichen ˇ; tschech. *háček* „Häkchen", zu *hák* „Haken"
Hadschi Mekkapilger; über türk. aus arab. *ḥağğ* in ders. Bed.
Hafnium chemisches Element; nach *Hafnia,* dem latinisierten Namen von Kopenhagen, wo es entdeckt wurde
Hagebutte Frucht der Heckenrose; das Wort ist ein Pleonasmus, denn mhd. bedeutet sowohl *hage* wie auch *butte* die Frucht der Heckenrose; *hage* gehört zu *hagen* „Dornbusch", und *butte* ist verwandt mit *Butzen* „Kernhaus"
Hagestolz *veraltet für* Junggeselle; aus ahd. *hagustalt* „Unverheirateter", urspr. Adj. „unverheiratet", zu *Hag* „kleines, umfriedetes Gut" und ahd. *-stalt* „besitzend", aus got. *staldan* „besitzen"; da nur der älteste Sohn das Erbgut bekam, wurden die jüngeren Söhne mit Nebengütern bedacht, die oft so klein waren, daß man mit ihnen keine Familie ernähren konnte; der Besitzer eines solchen Gutes mußte also unverheiratet bleiben
Hagiographie Lebensbeschreibung eines Heiligen; aus griech. *hagios* „heilig" und *graphein* „schreiben"
Hagiolatrie Verehrung von Heiligen; aus griech. *hagios* „heilig" und *latreia* „Dienst, Gottesdienst", zu *latris* „Knecht, Diener"
Hagiologie Lehre von den Heiligen; aus griech. *hagios* „heilig, Heiliger" und *logos* „Wort, Lehre, Kunde", zu *legein* „sagen, sprechen, erklären"
Hahnrei betrogener Ehemann, *urspr.:* Ehemann, der seinen ehelichen Pflichten nicht nachkommt oder nachkommen kann; aus mnddt. *hanerei, hanerey,* frühnhdt. *hanreh* in ders. Bed.; der erste Wortteil ist eindeutig „Hahn", der zweite ist nicht geklärt. Es war früher Sitte, dem verschnittenen Hahn, um ihn kenntlich zu machen, die abgeschnittenen Sporen in den Kamm einzusetzen, wo sie anwuchsen und wie Hörner aussahen; daher die Redewendung „seinem Ehemann Hörner aufsetzen". Diese Sitte hat sich vielleicht in dem zweiten Wortteil niedergeschlagen; meist wird *-rei* auf lüneburg. *Räi* „Reh" zurückgeführt, wegen der zwei Hörner im Kamm des verschnittenen Hahns; eine andere Deutung zieht ostfries. *run* (mndrl. *ruun, ruyne*) „kastriertes Pferd" heran, dazu *runje* „kastrieren"; möglicherweise wurde *run* dann auch für „verschnittenes Tier" schlechthin gebraucht und mit *Hahn* zu *Hahnrun* zusammengesetzt, woraus sich dann *Hahnrei, Hahnreh* usw. entwickelte
Haiduck (Heiduck) *urspr.:* ungarischer Hirt, *dann:* ungarischer Söldner, *im 18. Jh.:* Gerichtsdiener, Diener eines ungarischen Fürsten; aus ungar. *hajdú,* Pl. *hajdúk* „Viehhirt, Fußsoldat, Räuber, Diener eines hohen Adligen oder einer Behörde, Polizist", heute werden nur noch die Angehörigen einer Volksgruppe im Komitat Hajdú-Bilar so genannt; aus *hajtó,* Partizip Präsens von hajt „er, sie, es treibt", also eigentlich

„einer, der treibt, Treibender"
Hakim *in nahöstlichen Ländern:* Arzt; aus arab. *ḥakīm* „Weiser, Philosoph, Arzt", eigentlich „Wissender, Richtender", zu *ḥakama* „urteilen, entscheiden, wissen, richten"
Halali ein Jagdsignal; frz. *hallali,* vielleicht aus dem altfrz. Ruf *hale!* (auch *hare!*) „holla, huß!" (dazu das Verb *haler,* ältere Form *harer* „die Hunde hetzen"); wahrscheinlich ist der Ursprung aber lautmalend, denn es gibt derartige Ausrufe auch in anderen Sprachen, z. B. griech. *alalá* als Kriegs-, Sieges-, Jubel-, Angstgeschrei, oder span. *olé* als anfeuernden oder Beifallsruf. Die Ableitung aus dem Arabischen nach dem ähnlich klingenden Anfang einer Koransure oder aus dem Hebräischen ist historisch unwahrscheinlich
Halleluja Lobpreisung, jubelnder Gebetsruf; aus hebr. *ḥalleluja* „lobt Gott!", zu *hillēl* „preisen, loben" und *jah,* Kurzform von *Jahwe* „Gott"
Hallimasch ein Pilz; die Herkunft ist unsicher, vielleicht aus der wienerischen Bezeichnung *halamarsch,* die auf mhd. *hael,* ahd. *hali* „schlüpfrig" zurückgehen könnte (der Pilz hat eine abführende Wirkung), oder der lat. Name *Armillaria* (der sich aus lat. *armilla* „Armband" herleitet, da der Pilz einen rüschenartigen Hautring um den Stiel trägt) ist verstümmelt worden
Halluzination Wahnvorstellung; aus lat. *halucinatio,* ältere Form von *alucinatio,* Gen. *-onis,* „gedankenloses Reden, Faselei, Träumerei", zu *halucinari, alucinari* „verwirrt sein, Unsinn reden, faseln", wohl aus griech. *alyein* „verwirrt, außer sich sein", zu *alasthai* umherirren", zur idg. Wurzel **al-* „umherschweifen"
Halluzinogen Droge, die Halluzinationen hervorruft; aus → *Halluzination* und griech. *gennan* „erzeugen"
Halma ein Brettspiel; aus griech. *halma* „Sprung", zu *hallesthai* „springen"
Halo ringförmige Lichterscheinung um Sonne, Mond oder einen Kometen, „Hof"; aus griech. *halos* „Tenne, Rundung, Kreis, ‚Hof' um Sonne und Mond", zu *aloe* „Tenne, Dreschplatz"
Halobiont in salzreicher Umgebung lebender Organismus; aus griech. *hals,* Gen. *halos,* „Salz" und *bioun* „leben", zu *bios* „Leben"
Halogen chem. Element, das ohne Hilfe von Sauerstoff mit Metallen Salze bildet; aus griech. *hals,* Gen. *halos,* „Salz" und *gennan* „erzeugen, hervorbringen"
Halopege kalte, salzhaltige Quelle; aus griech. *hals,* Gen. *halos,* „Salz" und *pege* „Quelle"
Halophyt auf salzreichem Boden wachsende Pflanze; aus griech. *hals,* Gen. *halos,* „Salz" und *phyton* „Pflanze", zu *phyein* „hervorbringen, wachsen lassen"
Halotherme warme, salzhaltige Quelle; aus griech. *hals,* Gen. *halos,* „Salz" und *therme* „Wärme"
Hals- und Beinbruch Wunsch für jemanden, der in eine Prüfung geht; man könnte meinen, daß jemand, der dem andern diesen Wunsch mit auf den Weg gibt, aus einem alten Aberglauben heraus das Glück, das er ihm wünscht, nicht berufen, das heißt durch Nennen nicht vertreiben will und ihm deshalb das Gegenteil zuruft, aber in Wirklichkeit ist das Wort wahrscheinlich eine volksetymologische Umdeutung aus jidd. *hazloche u broche* „Gelingen (Erfolg) und Segen" (also tatsächlich ein Segenswunsch), aus hebr. *haṣlāḥā ubərāḵa* in ders. Bed., zu *haṣliaḥ* „gelingen lassen" und *bērēḵ* „segnen"
Halteren *im alten Griechenland:* zwei Gewichte, die der Weitspringer zum Verstärken des Schwungs in den Händen hielt; aus griech. *halter* „Sprunggewicht, Hantel", zu *hallesthai* „springen"
Halunke Schuft, Gauner, Betrüger; aus alttschech. *holomek* „unverheirateter junger Mann; des Henkers Helfer, Scherge; Diener niederen Ranges"; heute Schimpfwort
Hamamelis ein Zierstrauch, auch Heilpflanze; aus griech. *hama* „zusammen, zugleich" und *melon* „Apfel, (Obst-) Frucht", da der Strauch zugleich Blüten und Früchte trägt; da es aber auch die Form *homomelis* gibt

(aus griech. *homos,* was außer „gemeinsam, zugleich, zusammen" auch „gleich, ebenso" heißt) ist es möglich, daß man die Pflanze wegen ihrer Frucht so genannt hat, die einem sehr kleinen Apfel ähnelt

Hämangiom Blutgefäßgeschwulst; aus griech. *haima* „Blut" und *aggeion* „Gefäß"

Hämatom Bluterguß; aus griech. *haima,* Gen. *haimatos,* „Blut"

Hämatophage blutsaugender Schmarotzer; aus griech. *haima,* Gen. *haimatos,* „Blut" und *phagos* „Esser, Fresser", zu *phagein* „essen"

Hämatorrhö starke Blutung, Blutsturz; aus griech. *haima,* Gen. *haimatos,* „Blut" und *rhoos, rhous* „Fließen, Strömen", zu *rhein* „fließen"

Hämatoskopie Blutuntersuchung; aus griech. *haima,* Gen. *haimatos,* „Blut" und *skopein* „schauen, betrachten, untersuchen"

Hämaturie Ausscheidung von Blut im Harn; aus griech. *haima,* Gen. *haimatos,* „Blut" und *ouron* „Urin"

...hämie *in Zus.:* Blutkrankheit; aus griech. *haima* „Blut"

Hämoglobin roter Blutfarbstoff; aus griech. *haima* „Blut" und lat. *globus* „Kugel"; der Stoff wurde zuerst in kristalliner Form dargestellt

Hämorrhagie Blutung; aus griech. *haimorrhages* „Blut ausströmend, stark blutend", aus *haima* „Blut" und *rhegnynai* „zerreißen, platzen", zur idg. Wurzel **wreg-, wrag-* „reißen, brechen"

Hämorrhoiden knotenartige Erweiterungen der Mastdarmvenen, die leicht bluten; aus griech. *haimorrhoideis phlebes* „blutende Adern", aus *haima* „Blut" und *rhoos, rhous* „Fließen, Strömen", zu *rhein* „fließen"

Hämozyt Blutkörperchen; aus griech. *haima* „Blut" und *kytos* „Höhlung, hohler Raum, Zelle"

Hamster ein kleines Säugetier; aus ahd. *hamastra* „Hamster", im älteren Ahd. auch „Kornwurm"; in der Bedeutung „Hamster" geht das Wort auf russ. *chomjak* zurück, aus altslaw. *chomestore,* weitere Herkunft unbekannt

Handikap Behinderung, Nachteil; Ausgleich gegenüber benachteiligten Wettkampfteilnehmern; engl. *handicap,* urspr. eine Art Pfänderspiel, bei dem jeder Teilnehmer einen Gegenstand hergeben mußte und einen gleichwertigen dafür bekam, dann Wettrennen zwischen zwei Pferden, *handicap match,* von denen das überlegene ein extra Gewicht tragen mußte; danach das Gewicht selbst und daraus allg. „Nachteil"; urspr. wurden die Pfänder beim Spiel von jmdm. verteilt, der sie in seiner Hand in einer Mütze, *hand in cap,* hielt

Handschellen Handfesseln; die Herkunft ist nicht geklärt, man vermutete einen Zusammenhang mit *Schelle* „Glocke", da Handschellen „tönende, klingende Eisenfesseln" seien; vielleicht ist es aber auch eine Bildung nach dem Muster von ahd. *fuoz scal* „hölzerner Pflock zum Fesseln der Füße", doch fehlen Belege im Mittelhochdeutschen

hanebüchen derb, grob, unglaublich; ältere Form *hagebüchen,* eigtl. „aus dem Holz der Hagebuche oder Hainbuche"; dieses Holz ist bes. hart, widerstandsfähig und knorrig

Hangar Flugzeughalle; über engl. *hangar* „Flugzeughalle, Schuppen" aus frz. *hangar* „Schuppen, Schutzdach", wohl aus fränk. **haimgard* „eingefriedigter Garten"

Hängematte aus Schnüren geknüpftes, zwischen zwei Bäume oder Pfosten gehängtes Netz zum Schlafen; volksetymologische Umdeutung aus niederdt., ndrl. *hangmat, hangmak* (engl. *hammock,* frz. *hamac*), aus span. *hamaca,* aus aruak. *hammaka* „Schlafnetz, Tragnetz"

Hanse *urspr.:* Vereinigung von Kaufleuten norddeutscher Städte, *dann:* Städtebund zwecks gemeinsamen Handels; aus mhd. *hanse* „Handelsgesellschaft", aus ahd. *hansa* „Schar von Kriegern", aus germ. **hanso* „Schar"

hantieren arbeiten, herumwirtschaften, (mit etwas) umgehen; aus ndrl. *hantieren, hantêren* „eine Kunst, ein Handwerk betreiben, Handel treiben, (mit etwas) umgehen", mittelndrl. auch „(jmdn.) beschäftigen, unterhalten", aus dem Normannischen

Hapaxlegomenon nur einmal belegtes Wort einer heute nicht mehr gesprochenen Sprache; aus griech. *hapax* „nur einmal" (aus *heis* „eins" und *pagnynai* „festmachen, bauen") und *legomenon* „das Gesagte, Ausspruch", zu *legein* „sagen, sprechen, erklären"

Haplographie fehlerhafte Einfachschreibung von doppelt erforderlichen Buchstaben oder Silben; aus griech. *haploos, haplous* „einfach" und *graphein* „schreiben"

haploid mit einfachem (halbem) Chromosomensatz; aus griech. *haplois,* Gen. *haploidos,* „einfach"

Haplologie Verschmelzung zweier aufeinanderfolgender gleicher oder ähnlicher Silben, z. B. „Zauberin" statt eigentlich „Zaubererin"; aus griech. *haploos, haplous* „einfach" und *logos* „Wort", zu *legein* „sagen, sprechen"

Happening künstlerische Veranstaltung unter Mitwirkung der Zuschauer; aus engl. *happening* „Ereignis, Zufall", zu *to happen, to hap* „sich ereignen, geschehen" und *hap* „Zufall, Glücksfall", aus mengl. *hap, happe,* altnord. *happ* „Glück, Erfolg"

Happyend glückliches Ende (im Roman, Film usw.); engl. *happy end* in ders. Bed., aus *happy* „glücklich" (zu *hap* „Glückszufall", → Happening) und *end* „Ende"

Haptere Haftorgan mancher Pflanzen; aus griech. *haptein* „anheften, befestigen"

Harakiri japan. Art des Selbstmords durch Bauchaufschlitzen; aus japan. *hara* „Bauch" und *kiri* „schneiden"

Hardware die technischen Einrichtungen einer EDV-Anlage; aus engl. *hardware* „Metallwaren", also die feststehenden, nicht veränderlichen Einrichtungen der Anlage; vgl. Software

Harem die nur von Frauen und Kindern bewohnten und streng abgeschlossenen Räume des mosleminischen Hauses; die darin wohnenden Frauen; die Ehefrauen eines Moslems; aus türk. *harem* „Frauenraum", aus arab. *ḥaram* „geheiligter Ort; weibliche Familienmitglieder; Ehefrau", zu *ḥaruma, ḥarima* „verboten sein"

Häresie von der kirchlichen Lehre abweichende Meinung, Ketzerei; aus griech. *hairesis* „Denkweise; Irrlehre, Ketzerei", zu *hairesthai* „für sich wählen, für sich nehmen"

Harlekin Abart des Hanswursts; aus frz. *arlequin* „Hanswurst", aus ital. *arlecchino* „Figur des ängstlichen, unwissenden, aber schlauen Dieners in der Commedia dell'arte", aus altfrz. *Hellequin* als Bezeichnung des Teufels; weitere Herkunft trotz vieler Deutungsversuche nicht geklärt

Harmonie wohltönender Zusammenklang, Übereinstimmung; aus griech. *harmonia* „Ebenmaß, Einklang, Wohlklang; richtiges Verhältnis aller Teile zum Ganzen", zu *harmottein* „zusammenfügen, zusammenpassen", zu *harmos* „Gelenk", Pl. *harmoi,* „Gefüge"

Harmonika Musikinstrument, bei dem Metallzungen durch einen Luftstrom in Schwingungen versetzt werden; aus griech. *harmonikos* „ebenmäßig, harmonisch", → Harmonie

Harpune speerartiges Wurfgeschoß mit Haken an der Spitze; aus frz. *harpon* „Harpune, Eisenklammer", zu *harpe* „Klaue, Kralle"; die weitere Herkunft weist eher nach Norden als nach Süden, vielleicht aus altnord. *harpa* „Krampe"; wegen des späten Auftretens des Wortes ist eine Ableitung aus lat. *harpago* „Enterhaken", griech. *harpage* „Rechen" oder *harpagos* „Haken" nicht wahrscheinlich

Harpye *griech. Myth.:* weiblicher Sturmdämon mit Flügeln und Vogelkrallen; *übertr.:* unersättlich raubgieriges Wesen; aus griech. *harpyia* „Sturmwind", personifiziert „Sturmgöttin, halb Frau, halb Vogel, menschenraubendes Ungeheuer", zu *harpazein* „raffen, packen, rauben, entführen", zu *harpax* „Räuber"

Hartebeest auch Hertebeest, im Afrikaans Bezeichnung für die südafrikan. Kuhantilope; aus holl. *hert* „Hirsch" und *beest* „Tier", also „Hirschtier"

Hartschier *urspr.:* berittener Bogenschütze; *später:* Leibgardist des bayer. Königshauses; aus ital. *arciere* „Bogenschütze", zu *arco* „Bogen", aus lat. *arcus* „Bogen"

Haruspex *bei den alten Römern und Etruskern:* Priester, der aus Eingeweiden von Opfertieren wahrsagt; lat. *haruspex,* Gen. *haruspicis,* aus *hira* „Darm", Plural *hirae* „Eingeweide", und *specere* „schauen"

Hasard ein Glücksspiel; frz. *hasard* „Würfelspiel", wahrscheinlich aus arab. *az-zahr* „der Würfel, Spielstein"

Haschee Gericht aus feingeschnittenem Fleisch; aus frz. *hacher* „zerhakken", zu *hache* „Beil, Axt", aus fränk. **happja* „gekrümmtes Messer"

Haschisch aus einer Hanfart gewonnenes Rauschgift; aus arab. *ḥašīš* „Kräuter, Gräser, Unkraut, Heu" sowie „Hanf" (Cannabis sativa)

haselieren Possen reißen, Spaß machen; aus mhd. *haselieren* „unsinnig tun", aus frz. *harceler* „necken, quälen, plagen, bis zur Pein reizen", über **herceler* aus altfrz. *hercer* „übel zurichten", eigtl. „mit der Egge bearbeiten", zu *herce* „Egge", aus mlat. *hercia,* aus lat. *irper* oder *hirpex,* Gen. *(h)irpicis,* „Art Egge"

Hattrick *Fußball:* dreimaliger Torschuß durch denselben Spieler; *übertr.:* dreifacher Erfolg; engl. *hattrick* im Kricket „dreimaliger Erfolg eines Werfers hintereinander"; aus *hat* „Hut" und *trick* „Kunststück, Kniff, Trick"; früher wurde dem erfolgreichen Werfer als Ehrenpreis ein Hut (ähnlich dem Doktorhut) überreicht

Haubitze *urspr.:* Steinschleuder; *dann:* für Flach- und Steilfeuer verwendbares Geschütz; aus tschech. *houfnice* „Steinschleuder", alttschech. „große Schleuder, Wurfmaschine" (für mehrere Steine zugleich), zu *houf* „Haufen, Menge"

Hausse hoher Stand (von Aktien); frz. *hausse* in ders. Bed., zu *hausser* „hochheben, erhöhen", zu *haut* „hoch", aus lat. *altus* „hoch"

Haute Couture das schöpferische Modeschaffen, bes. in Paris; frz., „hohe Schneiderkunst", aus *haut, haute* „hoch" (aus lat. *altus* „hoch") und *couture* „Schneiderei", zu *coudre* „zusammennähen", über altfrz. *cosdre, costre* aus lat. *consuere* „zusammennähen", aus *con* „zusammen" und *suere* „nähen"

Hautelisseweberei Webart mit senkrechter Kette; aus frz. *hautelice* „hoher Schaft (mit senkrecht aufgezogener Kette)", aus *haut, haute* „hoch" und *lice* „Schaft", → Basselisseweberei

Hautevolee die vornehme Gesellschaft; frz. *haute volée* „hoher Rang, hoher Stand", aus *haut, haute* „hoch" (lat. *altus* „hoch") und *volée* „Rang, Stand", eigtl. „Flug", zu *voler* aus lat. *volare* „fliegen"

Hautgout intensiver Geschmack von Wildbret; frz. *hautgoût* in ders. Bed., aus *haut* „stark, hoch" (aus lat. *altus* „hoch") und *goût* (aus lat. *gustus*) „Geschmack"

Hautrelief Hochrelief; frz. *hautrelief,* aus *haut* (aus lat. *altus*) „hoch" und → *Relief*

Havarie Unfall, Bruch (eines Schiffes oder seiner Ladung, auch eines Flugzeugs oder Kraftfahrzeugs); über frz. *avarie,* ital. *avaria* „Schaden an Schiff oder Ladung", aus arab. *ᶜawārīya* „(durch Meerwasser) beschädigte Waren", zu *ᶜawār* „Schaden, Fehler"

Hearing öffentliches Anhören von Sachverständigen, Anhörung; engl. *hearing* „das Hören; Vernehmung, Verhör", zu *to hear* „hören"

Hebamme ausgebildete Geburtshelferin; aus ahd. *hefihanna, heuinna, heuammen* „Geburtshelferin"; die Herkunft ist nicht geklärt; die Deutung aus dem substantivierten Part. Präs. von ahd. *heven, heffen* „heben, halten", also „die Hebende, Haltende", oder aus *heben* „halten" und ahd. *ana* „Ahnin, Großmutter" ist aus lautlichen Gründen, bes. wegen des nn bzw. mm im Ahd., nicht möglich; das Wort wurde volksetymologisch an *Amme* (mhd. *ammē,* ahd. *amma*) angelehnt, das seinerseits urspr. ein Lallwort der Kindersprache ist

Hebephrenie Jugendirresein, Vorform der Schizophrenie; aus griech. *hebe* „Jugend" und *phrenitis* „Wahnsinn,

Geisteskrankheit", zu *phren* „Zwerchfell", nach antiker Auffassung Sitz der Seele und des Gemütes, daher auch „Seele, Geist, Verstand"
Hedonismus altgriech. Lehre, daß der Genuß Sinn und Ziel des menschlichen Handelns sei; aus griech. *hedone* „Vergnügen, Lust, Begierde, Sinnenlust", zu *hedys* „angenehm, süß, erquikkend, behaglich", zur idg. Wurzel **swad-* „gut schmecken, gefallen"
Hegemonie Vorherrschaft, Vormachtstellung; aus griech. *hegemonia* „Führung, Vormacht", zu *hegemoneuein* „Führer sein, an der Spitze stehen", zu *hegemon* „Führer, Leiter, Wegweiser", zu *hegeisthai* „vorangehen, den Weg zeigen"
Heidschnucke eine Schafrasse; zu *Heide* (das Tier wird in der Lüneburger Heide gezüchtet) und *Schnucke* „kleine Schafrasse"; diese Bezeichnung ist wohl lautmalend: norddt. *schnuckern* „schluchzen", lüneburg. *nuckern* „blöken"
Heiduck → Haiduck
Hekatombe riesige Menge; aus griech. *hekatombe* „Opfer von 100 Rindern", aus *hekaton* „hundert" und *bous*, Pl. *boes* oder *bous*, „Rind"
Hektik chronisches Fieber und Abmagerung; fieberhafte, eigentlich: krankhaft gesteigerte Betriebsamkeit; aus griech. *hektikos* „einen Zustand, eine Körperbeschaffenheit betreffend, sich in einem anhaltenden Zustand befindend", zu *hexis* „Zustand, Beschaffenheit", zu *echein* „in einem Zustand sein, sich verhalten"
Hektographie ein Vervielfältigungsverfahren; aus griech. *hekaton* „hundert" und *graphein* „schreiben"
Helianthus Sonnenblume; aus griech. *helios* „Sonne" und *anthos* „Blüte"
Helikon 1 *im alten Griechenland:* ein mit vier Saiten bespanntes Instrument, das nur zur Bestimmung von Intervallen diente; wahrscheinlich nach dem *Helikon*, „Weidenberg", einem Bergzug in Böotien mit Apollo-Tempel und den Musen geweihtem Hain, zu *helike* „Weide"; **2** *in der Militärmusik:* kreisrund gekrümmtes Blechblasinstrument, die Kontrabaßtuba; aus griech. *helix*, Gen. *helikos*, „Windung, Krümmung", zu *helissein* „winden"
Helikopter Hubschrauber; aus griech. *helix*, Gen. *helikos*, „Drehung, Kreisbahn" und *pteron* „Flügel"
Heliograph astronomisches Fernrohr mit Kamera für fotografische Aufnahmen von der Sonne; Gerät zur Nachrichtenübermittlung durch Blinkzeichen mittels Sonnenlicht; aus griech. *helios* „Sonne" und *grapheus* „Schreiber", zu *graphein* „schreiben"
Helioskop Gerät zur direkten Beobachtung der Sonne mit dem Fernrohr; aus griech. *helios* „Sonne" und *skopein* „schauen, betrachten"
Heliotrop eine Zierpflanze, Sonnenwende; aus griech. *heliotropion* „Sonnenwende, Sonnenuhr", zu *helios* „Sonne" und *trope* „Wendung", zu *trepein* „wenden", da die Pflanze ihre Blüten stets der Sonne zukehrt; lat. *heliotropium* war auch Bez. für das Mineral Blutjaspis, da es, ins Wasser gelegt, den Schein der Sonne blutrot zurückwirft
Heliozoon Einzeller mit strahlenförmig angeordneten Fortsätzen, Sonnentierchen; aus griech. *helios* „Sonne" und *zoon* „Lebewesen, bes. Tier"
Helium chem. Element; aus griech. *helios* „Sonne", da es im Sonnenspektrum entdeckt wurde
Hellebarde *im MA:* Hieb- und Stoßwaffe mit eiserner Spitze, Widerhaken und Beil; aus mhd. *helmbarte* „Beil mit (langem) Stiel", aus *halme, halm, helm* „Handhabe, Stiel" und *barte* „Beil, Streitaxt"
Helminthologie Lehre von den Eingeweidewürmern; aus griech. *helmis*, Gen. *helminthos*, „Eingeweidewurm" (zur idg. Wurzel **uer-*, **uel-* „drehen, biegen, winden") und *logos* „Wort, Lehre, Kunde", zu *legein* „sagen, sprechen, erklären"
Helophyt Sumpfpflanze; aus griech. *helos* „Sumpf" und *phyton* „Pflanze", zu *phyein* „hervorbringen, wachsen lassen"
Helot *im alten Sparta:* Staatssklave; *übertr.:* Unterdrückter; aus griech. *heilos*, auch *heilotes*, „Leibeigener, Skla-

ve“, zu *haliskesthai* „gefangen genommen werden“

Hemialgie halbseitiger Kopfschmerz, Migräne; aus griech. *hemi* „halb“ und *algos* „Schmerz“

Hemikranie = Hemialgie; aus griech. *hemi* „halb“ und *kranion* „Schädel“

Hemiplegie einseitige Körperlähmung; aus griech. *hemi* „halb“ und *plege* „Schlag“, zu *plessein* „schlagen“

Hemisphäre Halbkugel, Hälfte der Erd- oder Himmelskugel; aus griech. *hemi* „halb“ und → *Sphäre*

Hemlocktanne Schierlingstanne, ein Zierbaum; engl. *hemlock* „Schierling“, aus altengl. *hymlic, hemlic, hymlice* in ders. Bed., Herkunft nicht bekannt

Hendekagon Elfeck; aus griech. *hendeka* „elf“ (aus *hen* „eins“ und *deka* „zehn“) und *gonia* „Winkel“

Hendiadyoin Stilfigur, bei der statt eines Substantivs mit adjektivischem Attribut zwei durch „und“ verbundene Substantive verwendet werden, z. B. „aus Bechern und Gold trinken wir“ statt „aus goldenen Bechern“; aus griech. *hen dia dyoin* „eins durch zwei“, *hen* „eins“, *dia* „durch“ und *dyoin*, Genitiv von *dyo* „zwei“

Henna alter oriental. Kulturstrauch; rotgelber Farbstoff daraus; aus arab. *ḥinnā'* in ders. Bed.

Henotheismus Verehrung eines bevorzugten Gottes (wobei das Dasein anderer Götter nicht geleugnet und deren Verehrung nicht verboten wird); aus griech. *hen*, Gen. *henos*, „eins“ und → *Theismus*

Heortologie Lehre von den kirchlichen Festen und Feiertagen; aus griech. *heorte* „Fest, Festtag“ und *logos* „Wort, Lehre, Kunde“, zu *legein* „sagen, sprechen, erklären“

Hepatika Leberblümchen; aus griech. *hepatikos*, fem. *hepatika* „Leber-, zur Leber gehörig“, zu *hepar*, Gen. *hepatos*, „Leber“

Hepatitis Leberentzündung; aus griech. *hepar*, Gen. *hepatos*, „Leber“ und Endung *-itis* zur Bezeichnung einer Entzündung

Heptameron die Schöpfungswoche; dem Decamerone nachgestaltete Sammlung von an sieben Tagen erzählten Novellen von Margarete von Navarra; aus griech. *hepta* „sieben“ und *hemera* „Tag“

Heptateuch die ersten sieben Bücher des AT; aus griech. *hepta* „sieben“ und *teuchos* „Gerät, Gefäß, Behälter für eine Papyrusrolle“, eigentlich „Zubereitetes, Werk“, zu *teuchein* „zubereiten“

Heraldik Wappenkunde; aus frz. *héraldique* „Wappenkunde“, aus mlat. *heraldus* „Herold“ (→ Herold); die Herolde hatten bei den Turnieren die Aufgabe, die Wappen und damit die Teilnahmeberechtigung der Träger zu prüfen und den Ablauf des Turniers zu beaufsichtigen

Herbarium Sammlung von getrockneten Pflanzen; aus lat. *herba* „Pflanze, Kraut“ und Suffix *-arium* zur Bezeichnung eines Behälters

Herbivore pflanzenfressendes Tier; aus lat. *herba* „Pflanze, Kraut“ und *vorare* „fressen“

Herbizid Unkrautvernichtungsmittel; aus lat. *herba* „Pflanze, Kraut“ und *caedere* (in Zus. *-cidere*) „töten“

Herbstzeitlose eine dem Krokus ähnliche, im Spätsommer und Herbst blühende Pflanze; mhd. *zitelose, zitlose* bezeichnete mehrere Frühlingsblumen, bes. den Krokus, weil sie schon zeitig im Frühjahr, also nicht zur üblichen Blütezeit blühen; im 18. Jh. erschien der Name „Herbstzeitlose“, um die Blume von den übrigen „Zeitlosen“ zu unterscheiden, denn sie macht noch eine weitere Ausnahme: sie trägt im Frühjahr Früchte und blüht im Herbst, weshalb sie in der Pfalz und in Baden auch „Sohn vor dem Vater“ genannt wird

hereditär erblich; aus frz. *héréditaire* „erblich“ (aus lat. *hereditarius* „zur Erbschaft gehörig, erblich, geerbt“), zu *hérédité* „Erbschaft, Erbe“, zu *héritier* „Erbe, Erbin“, aus lat. *heres*, Gen. *heredis*, „Erbe“

Herkulesarbeit sehr schwere, kaum zu bewältigende Arbeit; nach dem griech. Sagenhelden *Herakles* (latinisiert *Her-*

kules), dem zwölf schwere Arbeiten auferlegt wurden, die er durch seine Kraft und seinen Erfindergeist bewältigte

Hermaphrodit zweigeschlechtliches Lebewesen, Zwitter; nach *Hermaphroditos,* dem Sohn des *Hermes* und der *Aphrodite;* nach der Sage hatte *Hermaphroditos* die Liebe einer Quellnymphe verschmäht, und diese bat darauf die Götter, ihn auf immer mit ihr zu vereinen; die Götter erfüllten ihren Wunsch und verschmolzen sie mit ihm zu einem zweigeschlechtlichen Wesen, halb Mann, halb Frau

Herme Bildsäule mit viereckigem Schaft und ausgearbeitetem Kopf; aus griech. *hermes* in ders. Bed.; die Herkunft ist unklar, man führte die Bezeichnung auf *Hermes,* den Gott der Wege und Straßen, zurück, da ursprünglich nur er so dargestellt worden sei, erst später auch andere Götter und dann Sterbliche; es gibt jedoch auch sehr alte Hermen, die nicht ihn darstellen

Hermelin ein Marder; aus ahd. *harmelin,* Verkleinerungsform von *harmo* „Wiesel"

Hermeneutik Kunst der Deutung, Auslegung von Kunstwerken, Texten oder Musikstücken; aus griech. *hermeneutike* „Kunst der Auslegung, der Deutung", zu *hermeneus, hermeneutes* „jemand, der über etwas Auskunft gibt, Ausleger, Deuter, Dolmetscher", zu *hermeneuein* „erklären, auslegen, deuten"

hermetisch wasserdicht, luftdicht (verschlossen); nach dem ägyptisch-hellenistischen Gott *Hermes Trismegistos* („Hermes, der dreimal Größte"), der als Erfinder der Alchimie galt und dem die Fähigkeit zugeschrieben wurde, Gefäße durch magische Siegel fest zu verschließen

Hernie Eingeweidebruch; aus lat. *hernia* „Eingeweidebruch", aus *hira* „Darm", Plural *hirae* „Eingeweide"

Heroin ein Rauschgift; die Herkunft des Wortes ist nicht sicher; das Heroin wurde 1898 von dem Mediziner und Chemiker H. Dreser unter dieser Bezeichnung eingeführt; sie soll von griech. *heros* „Held" abgeleitet sein, vielleicht wegen der bes. starken Wirkung

heroisch heldenhaft, heldenmütig; aus griech. *heroikos* in ders. Bed., zu *heros* „Held, Halbgott, Göttersohn", →Heros

Herold Wappenkundiger; Ausrufer, Bote (eines Fürsten); aus mhd. *heralt,* mlat. *heraldus* „Herold", aus fränk. **heriwald* „Inhaber eines Heeresamtes", zu ahd. *heri* „Heer" und *waldan* „walten, die Aufsicht haben"

Heros Held, Halbgott; aus griech. *heros* „Held, Göttersohn, Halbgott"; Herkunft unklar, allgemein wird eine Grundbedeutung „Beschützer" angenommen

Herostratentat Verbrechen aus Ruhmsucht; nach dem Griechen *Herostratos,* der 356 v. Chr. den Artemis-Tempel von Ephesos in Brand steckte, um berühmt zu werden

Herpes Bläschenausschlag; aus griech. *herpein* „kriechen, schleichen"; der Ausschlag kann sich über den ganzen Körper ausbreiten; *Herpes zoster:* Gürtelrose; griech. *zoster* „Gürtel"

Herpetologie Lehre von den Amphibien und Kriechtieren; aus griech. *herpeton* „auf allen vieren gehendes oder kriechendes Tier", zu *herpein* „kriechen, auf allen vieren gehen" und *logos* „Wort, Lehre", zu *legein* „sagen, sprechen, erklären"

Hetäre *im alten Griechenland:* Freudenmädchen (oft sehr gebildet und Geliebte bedeutender Männer); aus griech. *hetaira* „Gefährtin, Freundin, Geliebte", wohl zu *etes* „Angehöriger, Verwandter, Freund"

heterodox von der kirchlichen Lehre abweichend, andersgläubig; aus griech. *heteros* „anders, abweichend" und *doxa* „Meinung, Glaube"

heterogen andersartig, ungleich, nicht zusammenpassend; aus griech. *heteros* „anders, abweichend" und *genos* „Geschlecht, Art, Gattung"

Heterogonie Wechsel zwischen einer sich geschlechtlich fortpflanzenden Generation und einer Generation aus unbefruchteten Keimzellen; aus griech. *heteros* „anders, abweichend" und *gone* „Geburt, Abstammung, Erzeugung"

heteromorph verschiedengestaltig; aus griech. *heteros* „anders, abweichend" und *morphe* „Gestalt, Form"

heteronom von fremden Gesetzen abhängig; aus griech. *heteros* „anders, abweichend" und *nomos* „Gesetz", eigentlich „das Zugeteilte", zu *nemein* „verteilen, zuteilen"

Heterophonie Kompositionsweise, bei der eine Melodie gleichzeitig durch verschiedene Stimmen oder Instrumente erklingt; aus griech. *heteros* „anders, verschieden" und *phonein* „tönen", zu *phone* „Ton, Klang, Stimme"

heterosexuell zum anderen Geschlecht hingezogen, auf das andere Geschlecht gerichtet; aus griech. *heteros* „anders, verschieden" und → *sexuell*

heterotroph sich von organischen, von anderen Lebewesen stammenden Stoffen ernährend; aus griech. *heteros* „anders" und *trophe* „Nahrung, Ernährung", zu *trephein* „ernähren"

heterozygot gemischterbig, mit ungleichen Erbanlagen; aus griech. *heteros* „anders, abweichend" und *zygotos* „von einem Doppelgespann gezogen", zu *zygoun* „(durch einen Steg, ein Joch) verbinden", zu *zygon* „Joch, Steg, Ruderbank, Querholz"

Hetman Oberhaupt der Kosaken, *im Königreich Polen:* Oberbefehlshaber; über russ. *getman* „oberster Befehlshaber der Kosaken" aus poln. *hetman*, aus ostmitteldt. *häuptmann* „Hauptmann"; wahrscheinlich nicht mit „Ataman" zusammenzubringen

heureka ich hab's gefunden (angeblicher Ausruf des Archimedes, als er das Gesetz des Auftriebs entdeckte); griech., zu *heuriskein* „finden"

Heuschrecke ein Insekt; eigentlich „Heuspringer", zu *Heu* und mhd. *schrecken* „aufspringen machen, in Furcht versetzen", aus ahd. *skricken* „aufspringen", zur idg. Wurzel **sqer-* „(herum)springen"

Hexachord sechsstufige diatonische Tonleiter des Guido von Arezzo, Grundlage der Solmisation; aus griech. *hex* „sechs" und *chorde* „Saite"

Hexaeder regelmäßiger Körper mit sechs Flächen, Würfel; aus griech. *hex* „sechs" und *hedra* „Grundfläche, Grundlage"

Hexagramm sechseckiger Stern aus zwei gleichseitigen Dreiecken, Davidsstern; aus griech. *hex* „sechs" und *gramma* „Schriftzeichen", zu *graphein* „schreiben, zeichnen"

Hexameron dem Decamerone nachgebildeter Titel einer Sammlung von an sechs Tagen erzählten Novellen; aus griech. *hex* „sechs" und *hemera* „Tag"

Hexameter sechsfüßiger epischer Vers; aus griech. *hexametros* „sechsfüßig" (im Sinne von „Versfuß"), aus *hex* „sechs" und *metron* „Maß", zu *metrein* „messen"

Hexapode Sechsfüßer, Insekt; aus griech. *hex* „sechs" und *pous,* Gen. *podos,* „Fuß"

Hexateuch die ersten sechs Bücher des AT; aus griech. *hex* „sechs" und *teuchos* „Gerät, Gefäß", → Heptateuch

Hexe *im Volksglauben:* zauberkundige Frau, die mit dem Teufel im Bunde steht; *im Märchen:* böse, häßliche, alte Zauberin; aus mhd. *hecse, hesse* aus ahd. *hagazussa, hâzessa, hâzussa* in ders. Bed., dazu mndrl. *hagetisse,* altengl. *hægtesse* „gespenstisches Wesen"; die Herkunft ist nicht geklärt, man nimmt an, zu ahd. **hagu,* altnord. *hagi* „eingefriedigtes Landstück", altengl. *haga, hæg* „Hecke" und germ. **tusjo* „böser Geist", also ein „auf dem Zaun oder der Hecke sitzender böser Geist"

Hiatus *Med.:* Spalt, Öffnung; *Sprachw.:* Zusammentreffen zweier Vokale am Ende des einen und am Anfang des folgenden Wortes; lat. *hiatus* „klaffende Öffnung, Kluft, Abgrund", übertr. „Zusammentreffen zweier Vokale", zu *hiare* „aufgesperrt sein, klaffen", frost

Hibernakel bei vielen Wasserpflanzen Überwinterungsknospe; aus lat. *hibernaculum* „Winterlager", zu *hibernalis* „winterlich", aus griech. *cheimerios* „winterlich", zu *cheima* „Winter, winterliche Kälte", Frost

Hibiskus eine Zierpflanze; aus lat. *hibiscus, ibiscus,* wahrscheinlich keltischen Ursprungs

Hickory nordamerikanischer Walnußbaum; über engl. *hickory,* älter *pokahickory,* aus Algonkin *pawcohiccora,* der Bezeichnung für ein Gericht aus zerkleinerten Walnußkernen und Wasser; von den Europäern wurde der letzte Bestandteil des Wortes auf den Baum übertragen

Hidrotikum schweißtreibendes Mittel; aus griech. *hidrotikon* „schweißtreibend", zu *hidros,* Gen. *hidrotos,* „Schweiß"

Hierarchie (bes. priesterliche) Rangordnung; aus griech. *hieros* „heilig, gottgeweiht, zu den Göttern gehörig" und *arche* „Herrschaft", zu *archein* „herrschen"

hieratisch priesterlich; hieratische Schrift: von den Priestern aus den Hieroglyphen entwickelte, vereinfachte ägyptische Gebrauchsschrift; aus griech. *hieratikos* „priesterlich, zum Priester gehörig", zu *hierateia* „Priesteramt", zu *hiereus* „Priester" und *hieros* „heilig"

Hierodule altgriechische(r) Tempeldiener(in); aus griech. *hieros* „heilig" und *doulos* „Diener"

Hieroglyphe Zeichen der ägyptischen Bilderschrift; *danach allg.:* Zeichen einer Bilderschrift; aus griech. *hieros* „heilig" und *glyphe* „Schnitzwerk, Gravur", zu *glyphein* „einschneiden, einritzen, einmeißeln"; also eigtl. „heiliges Zeichen"; die Hieroglyphen wurden von den Priestern für Inschriften auf heiligen Denkmälern benutzt

Hierokratie Priesterherrschaft; aus griech. *hieros* „heilig" und *kratein* „herrschen", zu *kratos* „Macht, Kraft, Gewalt"

Hieromantie Weissagung aus Tieropfern; aus griech. *hieros* „heilig" und *manteia* „Weissagung", zu *manteuein* „wahrsagen, weissagen", zu *mantis* „Seher", zu *mainesthai* „außer sich, verzückt sein"

Hierophant Oberpriester, der bei den Eleusinischen Mysterien die heiligen Bräuche erläuterte; aus griech. *hierophantes* „Oberpriester", aus *hieros* „heilig" und *phainein* „zeigen, kundtun"

Hifthorn Jagdhorn; ältere Form *Hiefhorn,* aus der alten jägersprachlichen Bezeichnung *Hief* für „Ton des Jagdhorns"; die Form *Hüfthorn,* die daraus gedeutet wird, daß man das Horn an der Hüfte getragen habe, ist volksetymologisch

High Fidelity wirklichkeitsgetreue Wiedergabe durch Stereoton; engl. *high fidelity* „hohe Treue", aus *high* „hoch" und *fidelity* „Treue, Genauigkeit", über frz. *fidélité* aus lat. *fidelitas* „Treue, Gewissenhaftigkeit", zu *fidelis* „treu, zuverlässig", zu *fides* „Treue, Zuverlässigkeit"

High Society die sog. gute Gesellschaft; engl. *high society* „hohe Gesellschaft", aus *high* „hoch" und *society* „Gesellschaft", über frz. *société* aus lat. *societas* „Gesellschaft", zu *socius* „Teilnehmer, Genosse, Kamerad", zu *sequi* „folgen, begleiten"

Hijacker Flugzeugentführer; im amerik. Slang „krimineller Landstreicher, der Schmuggler oder auch seine eigenen Kameraden überfällt und beraubt"; vielleicht aus dem Gruß der Landstreicher *Hi, Jack,* mit dem der Grüßende den andern zum Stehenbleiben brachte; der Vorname *Jack* wurde allgemein als Anrede für „Kumpel" o.ä. gebraucht

Hilum kleine Vertiefung an Organen, wo Nerven, Gefäße u.ä. strangförmig aus- oder eintreten; urspr. Bezeichnung für die Stelle, an der der Pflanzensamen mit dem Samenstiel oder der Plazenta verbunden ist; lat. *hilum* „Fäserchen, etwas Winziges, Geringes", Nebenform von *filum* „Faden"

Hindin *veraltet, noch poet. für* Hirschkuh; aus mhd. *hinde,* aus ahd. *hinta* „weibl. Hirsch", wohl aus idg. **kem-ta* „hornlos"

Hiobsbotschaft Unglücksbotschaft, Schreckensnachricht; nach den schlimmen Botschaften, die *Hiob* im Alten Testament erhält (Buch Hiob, 1. Kapitel, 13–21)

Hippiatrik Pferdeheilkunde; aus griech. *hippos* „Pferd" und → *Iatrik*

Hippie Angehöriger einer Bewegung von jungen Leuten, die durch Beseitigung von Tabus, gewaltlosen Widerstand und häufig Verwendung von Rauschgiften gegen die bürgerliche Gesellschaft protestieren; aus engl. *hip, hep* „eingeweiht, unterrichtet", auch „unter Einfluß von Drogen stehend", dazu *hippy* im amerik. Slang „verrückt"

Hippodrom Reitbahn; aus griech. *hippodromos* „Rennbahn für Pferde, Zirkus", aus *hippos* „Pferd" und *dromos* „Platz, Bahn zum Laufen", zu *didraskein* „laufen"

Hippogryph *bei den italien. Renaissancedichtern:* geflügeltes Roß mit Vogelkopf, ähnlich dem Pegasus; aus ital. *ippogrifo* (von Ariost gebildetes Wort), aus griech. *hippos* „Pferd" und lat. *gryps,* Gen. *grypis* oder *gryphis,* „(Vogel) Greif", aus griech. *gryps,* Gen. *grypos,* „Greif", aus hebr. *kerub,* assyr. *krub* „Cherub, Fabelwesen"

Hippologie Lehre vom Pferd; aus griech. *hippos* „Pferd" und *logos* „Wort, Lehre", zu *legein* „sagen, sprechen, erklären"

Hippopotamus Flußpferd; aus griech. *hippos* „Pferd" und *potamos* „Fluß", dieses vielleicht zur idg. Wurzel **pet-* „fallen"

Hipster Jazzfan; engl. *hipster* in ders. Bed., zu *hip, hep* „eingeweiht, unterrichtet, ‚in'" und Suffix *-ster* zur Bezeichnung einer Person (mit leicht herabsetzender Bedeutung)

Histamin ein Gewebshormon; aus griech. *histos* „Gewebe" (→ Histologie) und *Amin* (Verbindung des Ammoniaks mit organischen Molekülgruppen), → Aminosäure

Histologie Lehre von den Körpergeweben; aus griech. *histos* „Gewebe", eigentlich „Aufzug, Kette (beim Weben); Mastbaum" (zu *histanai* „aufstellen") und *logos* „Wort, Lehre, Kunde", zu *legein* „sagen, sprechen, erklären"

Historie Geschichte, Erzählung; Geschichtswissenschaft; aus lat. *historia* „Geschichte", griech. *historia* „Forschung, Erzählung, Darstellung", zu *histor* „wissend, kundig; Sachverständiger"

Historiograph Geschichtsschreiber; aus griech. *historiographos* „Geschichtsschreiber", aus *historia* (→ Historie) und *grapheus* „Schreiber, Schriftsteller", zu *graphein* „schreiben"

Histrione *im alten Rom:* Schauspieler, *im MA:* Gaukler; aus lat. *histrio,* Gen. *-onis,* „Schauspieler", oft im verächtlichen Sinne „Gaukler", eigtl. *historio,* Erweiterung von *hister* „Tänzer, Pantomime"

Hit erfolgreiche, allg. beliebte Sache; engl. *hit* in ders. Bed., eigtl. „Schlag, Treffer, Erfolg", zu *to hit* „schlagen, treffen", aus mengl. *hitten,* zu altnord. *hitta* „zufällig stoßen auf, treffen, finden"

hitchhiken per Anhalter fahren, trampen; aus engl. *to hitchhike* in ders. Bed., aus *to hitch* „sich ruckweise, sprungweise fortbewegen, hinken, hüpfen" (aus mengl. *hytchen* in ders. Bed., wahrscheinlich lautmalend) und *to hike* „wandern, reisen" (vermutlich Variante von *to hitch*)

Hobby Liebhaberei, Steckenpferd; engl. *hobby* in ders. Bed., eigtl. „kleines Pferd, Lieblingspferd", aus mengl. *hobin* „kleines Pferd", aus altfrz. *hobin* „kleines, schlecht gehendes Pferd", zu *hober* „hüpfen"

Hockey Rasen-Ballspiel zwischen zwei Mannschaften; engl. *hockey* in ders. Bed., weitere Herkunft nicht bekannt; man vermutete, aus *hooky* „hakenförmig", zu *hook* „Haken", wegen der Form des Schlägers

Höker Kleinhändler mit Verkaufsbude oder -stand; aus mndrl. *hoeker,* mnddt. *hoke, hoker* „Kleinhändler"; dazu mnddt. *hokeboke* „Huckepack" und mhd. *hucker* „Höker"; vielleicht zu *Hucke* „Rücken"; ein *Höker* wäre demnach ein Händler, der gerade nur so viele Waren mit sich führt, wie er auf dem Rücken tragen kann

Hodometer Schrittzähler, Wegmesser; aus griech. *hodos* „Weg" und *metron* „Maß", zu *metrein* „messen"

Hokuspokus Zauberformel; Täuschung, Blendwerk; das Wort ist aus dem 17. Jh. in den verschiedensten Formen und wechselnder Bedeutung überliefert, z. B. *Haccus, Maccus, Baccus* (A. Gryphius, 1663, hier einfach eine Glücksformel), *Ogos Bogos, Hogges und Pogges, Oxpox* „Taschenspielertrick, Zauberei, Spruch des Taschenspielers", und geht wahrscheinlich auf *hax pax max Deus adimax,* eine Zauberformel ohne Sinn, zurück; vermutlich wurde sie von fahrenden Schülern erfunden, die zum Scherz gern lateinische oder lateinisch klingende Sprüche verwendeten; nach anderer Deutung soll es aus der verstümmelten lat. Abendmahlsformel *Hoc est corpus meum* stammen, was jedoch heute für unwahrscheinlich gehalten wird

Holismus eine biologisch-philosophische Ganzheitslehre; aus griech. *holos* „ganz, vollständig; Ganzes, Gesamtheit"

Holmium chemisches Element; nach *Stockholm,* der Geburtsstadt des schwedischen Entdeckers Per Theodor Cleve (1840–1905)

Holocaust *engl. Bezeichnung für* Brandopfer, Zerstörung, Massenmord (bes. durch Verbrennen); aus griech. *holos* „ganz" und *kaustos* „verbrannt", zu *holokautein* „ein Brandopfer bringen", zu *kaiein* „verbrennen", also eigentlich „das Opfer ganz verbrennen"

Holoeder Kristall mit vollständig ausgebildeten Flächen; aus griech. *holos* „ganz, vollständig" und *hedra* „Fläche"

Holographie fotografisches Verfahren zur Darstellung räumlicher Bilder; aus griech. *holos* „ganz, vollständig" und *graphein* „schreiben"

Holometabole Insekt mit vollständiger Verwandlung; aus griech. *holos* „ganz, vollständig" und *metabole* „Veränderung, Umgestaltung", zu *metaballein* „verändern, umgestalten", aus *meta* „nach ... hin" und *ballein* „setzen, legen, stellen, werfen"

Holothurie Seegurke; aus griech. *holos* „ganz" und *thourios* „ungestüm", zu *throskein* „hüpfen, springen, Sprünge machen", da die fußlosen Arten sich durch Krümmung des gesamten Körpers (dank ihrer muskulösen Haut) fortbewegen

Holozän obere Abteilung des Quartärs; aus griech. *holos* „ganz" und *kainos* „neu"

Holunder ein Baum oder Strauch mit blauen Beeren; aus ahd. *holuntar, holantar,* mittelengl. *elder,* aus germ. **holana* in derselben Bedeutung und der germ. Nachsilbe *-dra* „Baum" (erhalten z. B. in Flie*der,* Rüs*ter* u. a.)

Homespun grober Wollstoff; aus engl. *homespun* in ders. Bed., eigtl. „zu Hause gesponnen", übertr. „einfach, schlicht", aus *home* „das Zuhause, Wohnung, Heim" und *spun* „gesponnen", zu *to spin* „spinnen"

Homiletik Lehre von der Predigt und ihrer Geschichte; aus griech. *homiletike techne* „Kunst des Umgangs", zu *homiletikos* „gesellig, umgänglich", zu *homilein* „verkehren, Umgang haben", zu *homilos* „Menschenmenge, Versammlung", aus *homos* „gemeinsam, zugleich" und vielleicht *eilein* „sich zusammendrängen"

Hominide Menschenartiger, Vertreter einer Menschenrasse; aus lat. *homo,* Gen. *hominis,* „Mensch" und der Endung *-id* aus griech. *eidos* „Gestalt, Aussehen"

Hommage Huldigung; frz. *hommage* „Höflichkeitsbezeigung, Huldigung", früher „Treueversprechen des Vasallen dem Lehnsherrn gegenüber", aus mlat. *hom(m)agium, hominatio* „Treueversprechen", aus lat. *homo,* Gen. *hominis,* „Mann" (hier im Sinne von „Lehnsmann")

homogen gleichartig, übereinstimmend, einheitlich; aus griech. *homo-* „gleich-" und *genos* „Art, Klasse, Gattung"

Homogonie Entstehung aus Gleichartigem; aus griech. *homo-* „gleich-" und *gone* „Abstammung"

Homograph Wort von gleicher Schreibung wie ein anderes, aber verschiedener Aussprache und Bedeutung, z. B. „Tẹnor" und „Tenọr"; aus griech. *homo-* „gleich-" und *graphein* „schreiben"

homolog übereinstimmend, entsprechend, mit gleicher Entwicklungsgeschichte; aus griech. *homologia* „Übereinstimmung", aus *homo-* „gleich-" und *logos* „Kunde, Geschichte"
Homologumenon als zum NT gehörend anerkannte Schrift; aus griech. *homologoumenos* „anerkannt, unbestritten", zu *homologein* „einverstanden sein, übereinstimmen", aus *homo-* „gleich-" und *logos* „Wort, Schriftwerk", zu *legein* „sagen, erzählen"
Homonym Wort von gleicher Lautung wie ein anderes, aber verschiedener Bedeutung, z. B. der Heide, die Heide; aus griech. *homo-* „gleich-" und *onyma, onoma* „Name"
Homöonym Wort von ähnlicher Lautung wie ein anderes, z. B. „heimlich" und „heimelig"; aus griech. *homoios* „gleichartig" und *onyma, onoma* „Name"
Homöopathie Heilverfahren, bei dem in kleinsten Dosen ein Mittel angewendet wird, das beim Gesunden die gleichen Krankheitserscheinungen hervorrufen würde, wie sie beim Kranken schon bestehen; aus griech. *homoios* „gleichartig" und *pathos, pathe* „Leiden", also eigentlich „Heilung durch dem Leiden Gleiches"
Homöotherme Warmblüter; aus griech. *homoios* „gleichartig" und *therme* „Wärme"
homophil = homosexuell; aus griech. *homo-* „gleich-" und *philia* „Liebe, Zuneigung", zu *philein* „lieben, achten", zu *philos* „Freund"
Homophonie Kompositionsweise, bei der die Melodiestimme im Vordergrund steht und die übrigen Stimmen sie unterstützen; aus griech. *homophonia* „Gleichklang, Gleichheit der Sprache, des Gesanges", zu *homophonos* „übereinstimmend, einstimmig", aus *homo-* „gleich-" und *phonein* „tönen", zu *phone* „Ton, Klang, Stimme"
homosexuell zum gleichen Geschlecht hingezogen, auf das gleiche Geschlecht gerichtet; aus griech. *homo-* „gleich-" und →*sexuell*
homozygot reinerbig, mit gleichen Erbanlagen; aus griech. *homo-* „gleich-" und *zygoun* „(durch einen Steg) verbinden", zu *zygon* „Joch, Steg, Ruderbank, Querholz"
Homunkulus *in Goethes „Faust":* künstlich erzeugter, sehr kleiner Mensch; aus lat. *homunculus* „Menschlein, kleiner, schwacher Mensch" bes. im Unterschied zum Gott, Verkleinerungsform von *homo* „Mensch"
honett anständig, ehrenhaft; aus frz. *honnête* „anständig, schicklich; ehrbar, ehrlich", aus lat. *honestus* „ehrenhaft, anständig", zu *honor, honos* „Ehre, Achtung"
Honneurs Ehrenbezeigungen; aus frz. *honneur* „Ehre, Ehrenbezeigung", *faire les honneurs* „Gäste willkommen heißen", eigtl. „Ehrenbezeigungen machen, Ehre erweisen", aus lat. *honor* „Ehre, Achtung"
Honorar Vergütung, Entgelt, Bezahlung; aus lat. *honorarium* „freiwilliges Ehrengeschenk für eine Leistung oder Mühe", zu *honorare* „ehren, auszeichnen", zu *honor* „Ehre, Ehrensold, Opfergabe"
Honoratioren die angesehensten Bürger; aus lat. *honoratiores* „die noch höher Geachteten", Komparativ von *honorati* „die Geehrten, Geachteten", zu *honoratus* „geehrt, geachtet; Würdenträger", zu *honorare* „ehren, achten", zu *honor* „Ehre, Ansehen"
Hooligan Rowdy; *auch:* Vertreter einer philosoph. Richtung, die bestrebt ist, die Rechte der andern einzuschränken; engl. *hooligan* „Rowdy, Straßenlümmel", Herkunft unsicher; eine Deutung geht nach Irland, wo es eine Familie *Hooligan* gegeben haben soll, in der es eine ganze Reihe von Rowdys gab; die andere nach Islington, einem Stadtteil von London, wo es eine Bande junger Rowdys unter Führung eines Burschen namens *Hooley* gegeben haben soll, die von der Polizei *Hooley Gang* „Hooley-Bande" genannt wurde
Horde ungezügelte Schar, Kriegsschar; *bei Naturvölkern:* Gruppe von Familien; aus russ. *orda* „Menschenmenge", auch „Tatar", altruss. *orda*

„Hauptquartier des Khans“, aus türk. *ordu* „Kriegslager“, mongol. *ordu,* kalmück. *ordu* „Hof, Lager; Menschenhaufe“

Horizont scheinbare Linie, die den Himmel von der Meeres- oder Landoberfläche trennt, Gesichtskreis; aus griech. *horizon,* Gen. *horizontos,* „Grenzkreis, Grenzlinie“, zu *horizein* „begrenzen“

Hormon von den Drüsen mit innerer Sekretion gebildeter, bestimmte Körperfunktionen regelnder Wirkstoff; aus griech. *horman* „in Bewegung setzen, antreiben, anregen“, zu *horme* „schnelle Bewegung, Antrieb“

Horolog *veraltet:* Uhr; aus lat *horologium,* griech. *horologion* „Sonnen-, Wasseruhr“, aus lat., griech. *hora* „Zeitabschnitt, Stunde“ und griech. *logios* „kundig“ (zu *legein* „sagen, erklären“), also „etwas, das der Zeit kundig ist, das die Zeit sagt“

Horoskop Aufzeichnung der Stellung der Gestirne bei der Geburt eines Menschen sowie die daraus abgeleitete Aussage über seinen Charakter; aus griech. *hora* „Zeitabschnitt, Stunde“ und *skopein* „sehen, schauen, betrachten“

horrend ungeheuer, übermäßig; *eigtl.:* schrecklich; aus lat. *horrendus* „haarsträubend, schrecklich, schauerlich“, zu → *Horror*

Horror Grauen, Abscheu; lat. *horror* „Schrecken, Grausen, das Zusammenfahren“, eigtl. „das Emporrichten, Sträuben der Haare, das Aufwallen der Wogen“ u. ä., zu *horrere* „sich sträuben, in die Höhe richten, zusammenschauern, zittern“, eigtl. „rauh sein, von etwas starren“

hors concours außer Wettbewerb; frz., aus *hors* „außer, außerhalb“ (→ Dehors) und *concours* „Wettbewerb“, zu *concourrir* „sich gemeinsam bewerben“, aus lat. *concurrere,* → Konkurrenz

Horsd'œuvre Vorspeise; frz. *hors d'œuvre* „Beiwerk, Zutat, Anbau, Nebengericht“, aus *hors* „außer, außerhalb“ (→ Dehors) und *œuvre* (aus lat. *opus,* Gen. *operis*) „Werk“

Hortensie eine Zierpflanze; Philibert Commerson entdeckte 1773 die Pflanze auf einer Reise um die Welt und nannte sie nach *Hortense* Lepaute (oder Lapaute), der Frau seines Freundes, der ihn mit ihr zusammen auf dieser Reise begleitete

Hosanna, Hosianna Freudenruf, urspr. beim Einzug Jesu in Jerusalem; aus hebr. *hošī*^{c}*ana* „hilf doch“, aus *hošī*^{c}*a* „helfen, retten“ mit Endsilbe *-na,* die eine Bitte, einen dringenden Hinweis ausdrückt

Hospital *veraltet:* Krankenhaus, Altenpflegeheim; über mhd. *hospital(e)* aus mlat. *hospitale* „Armen-, Krankenhaus“, aus lat. *hospitalis* „zum Gast gehörig, gastfreundlich“, zu *hospes,* Gen. *hospitis,* „Fremder, Fremdling, Gast“, auch „jmd., der einen Fremden aufnimmt, Gastgeber, Gastwirt“, vielleicht aus **hosti-potis* „Gastherr, Herr des Fremden“, zu *hostis* „Fremder“ und *potis* „vermögend, mächtig“

hospitieren als Gast zuhören; aus lat. *hospitari* „als Gast einkehren, sich aufhalten“, zu *hospes* „Gast“; → Hospital

Hospiz Übernachtungsheim, christliches Gasthaus; aus lat. *hospitium* „Gasthaus, Herberge“, → Hospital

Hospodar → Gospodar

Hosteß Fremdenführerin, Betreuerin von Gästen; *in den USA:* Bardame; engl. *hostess* „Gastgeberin, Gastwirtin“, Fem. von *host* „Gastgeber“, aus lat. *hospes,* Gen. *hospitis,* „Gast sowie Gastgeber“, → Hospital

Hostie geweihtes Abendmahlsbrot in Form einer kleinen Oblate; aus lat. *hostia* „Opfer, Opfertier, Schlachtopfer“, eigtl. „die Geschlagene“, zu *hostire* „schlagen, treffen, verletzen“

hostil feindlich, feindselig; aus lat. *hostilis* „feindlich“, zu *hostis* „Fremder, Feind“

Hotel Gasthaus für gehobene Ansprüche; frz. *hôtel* „großes Privathaus in der Stadt, öffentliches Gebäude, großes Gasthaus“, zu *hôte* „Gast, Gastgeber, Wirt“, aus lat. *hospes,* Gen. *hospitis,* „Gast sowie Gastgeber“, → Hospital

Hovercraft Luftkissenfahrzeug; engl. *hovercraft* in ders. Bed., aus *to hover* „in der Luft schweben" (weitere Herkunft nicht bekannt) und *craft* „Schiff", verkürzt aus der Fügung *vessel of small craft* „Schiff von geringer Kraft", zu *craft* „Kraft, Macht, Geschicklichkeit, Fertigkeit"

Hugenotte *im alten Frankreich:* Protestant; aus frz. *huguenot,* ältere Formen: *eiguenot, eydsguenot,* verstümmelt aus dt.-schweiz. *Eidgenosse;* wahrscheinlich geht der Name auf die protestantischen Genfer und Walliser zurück, die sich in ihrem Kampf gegen Savoyen 1534 der Schweizer Eidgenossenschaft anschlossen und deshalb die „Partei der Eidgenossen" genannt wurden; der Name ging dann in der frz. Form, die wohl auch durch den Namen des Genfer Bürgermeisters *Hugues* beeinflußt wurde, auf die frz. Protestanten über

Hühnerauge verdickte, hornige Stelle am Fuß infolge ständigen Drucks; entweder Lehnübersetzung aus mlat. *oculus pullinus, oculus* „Auge, augenförmiger Fleck", *pullinus* „junges Tier, bes. Hühnchen", vielleicht wegen der kreisrunden Form, die wie ein Vogelauge wirkt; oder entstellt aus mhd. *hürnîn ouge* „mit Hornhaut überzogenes Auge", was jedoch abgelehnt wird, da das Hühnerauge auch „Krähenauge, Elsternauge" heißt

human menschlich, menschenfreundlich; aus lat. *humanus* in derselben Bedeutung, zu *homo* „Mensch", angelehnt an *humus* „Erde"

Humbug Täuschung, Blendwerk; engl. *humbug* „Schwindel, Betrug, Täuschung; Unsinn", Herkunft nicht bekannt

Humerale Schultertuch des kath. Priesters; aus lat. *humerale, umerale* „Schulterbedeckung", zu *umerus* „Oberarm mit Schulter", auch nur „Schulter", verwandt mit griech. *omos* „Schulter"

humid feucht, niederschlagsreich; aus lat. *humidus, umidus* „feucht, naß", zu *humere, umere* „feucht, naß sein"

humifizieren vermodern lassen, zu Humus werden lassen; aus lat. *humus,* Gen. *humi,* „Erde, Erdboden, Erdreich" und *facere* (in Zus. *-ficere*) „machen"

Humor geistig überlegene Heiterkeit, heitere seelische Gelassenheit; aus lat. *humor, umor* „Flüssigkeit, Körpersaft"; nach alter Auffassung beruht die innere Art des Menschen auf dem Verhältnis der Körpersäfte zueinander, und das wohlausgewogene Verhältnis bewirkt Ausgeglichenheit und innere Heiterkeit

Hure Dirne, Prostituierte; aus mhd. *huore* in ders. Bed., zu *huor* „außerehelicher Beischlaf, Ehebruch", zu altnord. *hor* „Ehebruch"

Huri *im Islam:* Paradiesjungfrau; aus pers. *ḥūrī* in ders. Bed., mit pers. Singularendung *-ī* aus arab. *ḥūr,* Plural von *ḥawrā°* (fem.) „Augen mit großer Leuchtkraft des Schwarzen und des Weißen besitzend"

hurra Ausruf der Freude oder des Triumphes; aus mhd. *hurra,* Imperativ zu *hurren* „sich schnell bewegen", also eigentlich „mach flink"; nach anderer Deutung (Vasmer) aus russ. *ura,* tschech. *hurra,* poln. *hura,* aus türk. *ura* „er schlage" (den Feind), zu *urmak, vurmak* „schlagen"

Hurrikan →Orkan

Husar *urspr.:* berittener ungarischer Soldat, *dann:* Angehöriger der leichten Kavallerie; aus ungar. *huszár* „Angehöriger der ungarischen Reiterei", über serbokroat. *husar, gusar* aus ital. *corsaro* „Seeräuber", aus mittellat. *cursarius* in derselben Bedeutung, zu lat. *cursus* „Fahrt, Seefahrt", zu *currere* „laufen"; eine andere Deutung, nach der das Wort aus ungar. *húsz* „zwanzig" entstanden sei, da seit 1435 je 20 Gutsbesitzer einen Berittenen für das Heer zu stellen hatten, läßt sich sprachlich nicht aufrechterhalten

Hyaden *griech. Myth.:* zwei bis sieben Wassernymphen, Töchter des Atlas und Schwestern der Plejaden; eine der vielen Deutungen führt den Namen auf griech. *Hyades* „die Regnenden" zurück, zu *hyein* „regnen lassen, beregnen"; sie galten als Ammen des Dionysos und wurden zum Lohn an den Himmel versetzt, wo ihr Aufgang im

Mai die regenbringende Zeit ankündigt; nach anderer Deutung aus griech. *hys,* Gen. *hyos,* „Schwein", da das Sternbild (ein heller Stern in der Mitte von sieben kleineren ringsum) mit einer Muttersau und ihren Ferkeln verglichen worden sei

Hyalit ein Mineral, Glasopal; aus griech. *hyalos* „durchsichtiger Stein, Bernstein, Kristall, Glas"

Hyäne ein Raubtier; aus griech. *hyaina* „Hyäne", zu *hys,* Gen. *hyos,* „Schwein", wohl wegen der borstigen Mähnenhaare

Hyazinthe eine Zierpflanze; aus griech. *hyakinthos,* nach dem Knaben *Hyakinthos,* den Apollon ungewollt beim Diskuswerfen tötete und aus dessen Blut die Pflanze entsproß; Herkunft des Namens nicht geklärt, wohl aus einer vorgriech. mittelmeerischen Sprache

Hybride aus einer Kreuzung hervorgegangener Bastard, Mischling; aus lat. *hybrida, hibrida* „Mischling", aus griech. *hybris* „Frevel, Schändung"

Hybris *in der Antike:* frevelhafte Selbstüberhebung, bes. über die Götter; aus griech. *hybris* „Übermut, Hochmut; Frevel, Beleidigung"

Hydra ein Süßwasserpolyp; aus griech. *hydra* „Wasserschlange", zu *hydor* „Wasser", zur idg. Wurzel **wed-, *ud-* „benetzen"

Hydragogum die Wasserausscheidung anregendes Mittel; aus griech. *hydragogion* „Wasserleitung", aus *hydor* „Wasser" und *agogon* „leitend, hinführend" (mit lateinischer Endung), zu *agein* „führen, leiten, bringen, transportieren"

Hydrant Wasserzapfstelle auf der Straße; aus griech. *hydrainein* „benetzen", zu *hydor* „Wasser"

Hydrargyrum Quecksilber; aus griech. *hydor* „Wasser" und *argyros* „Silber", zu *arges* „strahlend, schimmernd, hell"

Hydrarthrose Gelenkwassersucht; aus griech. *hydor* „Wasser" und *arthron* „Gelenk", eigentlich „Zusammenfügung", zu *arariskein* „zusammenfügen"

Hydraulik Lehre von der Bewegung von Flüssigkeiten, von der Wasserkraft; aus griech. *hydraulike* „Wasserkunst", aus *hydor* „Wasser" und *aulos* „Rohr"

hydrogam im Wasser befruchtend; aus griech. *hydor* „Wasser" und *gamein* „heiraten"

Hydrogenium Wasserstoff; aus griech. *hydor* „Wasser" und *gennan* „erzeugen, hervorbringen"

Hydrographie Lehre vom Kreislauf des Wassers, Gewässerkunde des Festlandes; aus griech. *hydor* „Wasser" und *graphein* „schreiben", eigentlich „Beschreibung des Wassers und der Gewässer"

Hydrologie Lehre von den chemischen und physikalischen Eigenschaften des Wassers auf und unter der Erde; aus griech. *hydor* „Wasser" und *logos* „Wort, Lehre, Kunde", zu *legein* „sagen, sprechen, erklären"

Hydrologium *früher:* Gerät, das sich in einer bestimmten Zeit mit Wasser füllt oder von Wasser leert, Wasseruhr; aus griech. *hydrologion* „Wasseruhr", aus *hydor* „Wasser" und *legein* „lesen"

Hydrolyse Spaltung chemischer Verbindungen unter Mitwirkung von Wasser; aus griech. *hydor* „Wasser" und *lysis* „Lösung, Auflösung", zu *lyein* „lösen"

Hydrometer Gerät zum Messen der Geschwindigkeit strömenden Wassers, Wassermesser; aus griech. *hydor* „Wasser" und *metron* „Maß", zu *metrein* „messen"

hydrophil wasseraufnehmend, wasseranziehend, wasserliebend; aus griech. *hydor* „Wasser" und *philos* „liebend, zugetan", zu *philein* „lieben"

hydrophob wasserabstoßend, Wasser meidend; aus griech. *hydor* „Wasser" und *phobos* „Scheu, Furcht, Angst"

Hydrophthalmus Augenwassersucht; aus griech. *hydor* „Wasser" und *ophthalmos* „Auge"

Hydrophyt Wasserpflanze; aus griech. *hydor* „Wasser" und *phyton* „Pflanze", zu *phyein* „hervorbringen, wachsen lassen"

Hydroponik Pflanzenaufzucht ohne Erde in Nährlösung, Wasserkultur;

aus griech. *hydor* „Wasser" und *ponos* „Arbeit, Mühe", zu *ponein* „sich mühen, anstrengen"
Hydropsie Wassersucht, Flüssigkeitsansammlung in Körperhöhlen; aus griech. *hydrops* „Wassersucht", zu *hydor* „Wasser"
Hydrozele entzündliche Flüssigkeitsansammlung, bes. in den Hoden; aus griech. *hydor* „Wasser" und *kele* „Geschwulst, Bruch"
Hydrozephalus Wasserkopf; aus griech. *hydor* „Wasser" und *kephale* „Kopf"
Hyetographie Beschreibung und Messung der Menge und Verteilung von Niederschlägen; aus griech. *hyetos* „Regen" und *graphein* „schreiben"
Hygiene Lehre von der Gesundheit, Gesundheitspflege, Sauberkeit; aus griech. *hygieinos* „gesund, heilsam", zu *hygieia* „Gesundheit" und *hygies* „gesund, kräftig, munter", wohl zur idg. Wurzel **gwei-* „leben"
Hygrom Wasser- oder Schleimgeschwulst; aus griech. *hygros* „feucht, naß"
Hygrometer Gerät zum Messen der Luftfeuchtigkeit; aus griech. *hygros* „feucht, naß" und *metron* „Maß", zu *metrein* „messen"
hygrophil Feuchtigkeit liebend; aus griech. *hygros* „feucht, naß" und *philos* „liebend, zugetan", zu *philein* „lieben"
Hygrophyt feuchten Standort liebende Pflanze; aus griech. *hygros* „feucht, naß" und *phyton* „Pflanze", zu *phyein* „hervorbringen, wachsen lassen"
hygroskopisch Wasser anziehend; aus griech. *hygros* „feucht, naß" und *skopein* „schauen, spähen, umherschauen"
Hygrostat Gerät zum Aufrechterhalten einer bestimmten Luftfeuchtigkeit; aus griech. *hygros* „feucht, naß" und *statos* „stehend"
Hylotropie Fähigkeit eines Stoffes, ohne Änderung seiner chemischen Zusammensetzung in eine andere Form überzugehen, z. B. von Wasser in Wasserdampf oder Eis; aus griech. *hyle* „Stoff, Rohstoff" und *trope* „Wendung, Wechsel", zu *trepein* „drehen, wenden, ablenken, ändern"
Hylozoismus Auffassung, daß die Materie urspr. beseelt sei; aus griech. *hyle* „Stoff, Rohstoff, unverarbeitetes Material" und *zoon* „Lebewesen"
Hymen Jungfernhäutchen; altgriechisches Hochzeitslied; aus griech. *hymen* „dünne Haut, feines Band, Bändchen", danach *Hymen,* Name des griechischen Hochzeitsgottes und Gottes der Ehe, der also eigentlich der „verbindende" Gott ist
Hymenoptere Insekt mit durchsichtigen Flügeln, Hautflügler; aus griech. *hymen* „dünne Haut" und *pteron* „Flügel"
Hymne Lobgesang, preisendes Gedicht; aus griech. *hymnos* „Gesang, Lied, bes. Festlied"
Hypalgesie herabgesetzte Schmerzempfindlichkeit; aus griech. *hypo* „unter" und → *Algesie*
Hypallage Vertauschung von Satzteilen und Veränderung ihrer Beziehungen zueinander, z. B. „schulische Angelegenheit" statt „Angelegenheit der Schule"; aus griech. *hypallage* „Veränderung, Vertauschung", aus *hypo* „unter, unter etwas weg, von unten an etwas heran" und *allage* „Tausch, Vertauschung", zu *hypallattein* „(heimlich) vertauschen", zu *allattein, allassein* „vertauschen", zu *allos* „anders"
Hypästhesie herabgesetzte Empfindlichkeit bes. gegen Berührungen; aus griech. *hypo* „unter" und *aisthesis* „Wahrnehmung, Empfindung", zu *aisthanesthai, aisthesthai* „wahrnehmen, empfinden"
Hyperalgesie gesteigerte Schmerzempfindlichkeit; aus griech. *hyper* „über, über ... hinaus" und → *Algesie*
Hyperämie gesteigerte Durchblutung eines Körperbezirks; aus griech. *hyper* „über, über ... hinaus" und *haima* „Blut"
Hyperästhesie gesteigerte Empfindlichkeit bes. gegen Berührungen; aus griech. *hyper* „über, über ... hinaus" und *aisthesis* „Wahrnehmung, Empfindung", zu *aisthanesthai, aisthesthai* „wahrnehmen, empfinden"
Hyperbel ein Kegelschnitt, Kurve aus

zwei getrennten, ins Unendliche gehenden Ästen; *übertr.:* Übertreibung; aus griech. *hyperbole* „Hinübergehen; Übermaß", aus *hyper* „über, über ... hinaus" und *ballein* „setzen, stellen, legen, werfen"

Hyperboreer (Pl.) bei den alten Griechen ein sagenhaftes, im hohen Norden vermutetes Volk; griech. *Hyperboreoi,* aus *hyper* „über, über ... hinaus" und *boreas* „Nordwind, Norden", → Bora

Hyperbulie krankhaft gesteigerter Betätigungsdrang; aus griech. *hyper* „über, über ... hinaus" und *boule* „Wille"

Hyperchromie erhöhter Farbstoffgehalt des Blutes; aus griech. *hyper* „über, über ... hinaus" und *chroma* „Farbe"

Hypermetropie Weitsichtigkeit; aus griech. *hyper* „über, über ... hinaus", *metron* „Maß" und *ops,* Gen. *opos,* „Auge"

Hyperplasie gesteigertes Wachstum von Körpergewebe oder Organen durch Vermehrung der Zellen; aus griech. *hyper* „über, über ... hinaus" und *plasis* „das Bilden, Formen", zu *plassein* „bilden, formen"

Hypersomie übermäßiges Wachstum, Riesenwuchs; aus griech. *hyper* „über, über ... hinaus" und *soma* „Körper, Leib"

Hypertonie gesteigerte Muskelspannung, erhöhter Blutdruck; aus griech. *hyper* „über, über ... hinaus" und *tonos* „Spannung", zu *teinein* „spannen, dehnen, strecken"

Hypertrophie gesteigertes Wachstum von Körpergewebe und Organen durch vermehrtes Wachstum der einzelnen Zellen; aus griech. *hyper* „über, über ... hinaus" und *trophe* „Nahrung, Ernährung", zu *trephein* „ernähren"

Hyphe Pilzfaden; aus griech. *hyphe* „Gewebe", zu *hyphainein* „weben"

Hyphen *in der antiken Grammatik:* Bindestrich in zusammengesetzten Wörtern; aus griech. *hyph'hen* „Bindestrich", aus *hypo hen* „unter eins" = „zusammen", aus *hypo* „unter" und *hen,* Neutrum von *heis* „einer"

Hypnopädie Schlaflernmethode; aus griech. *hypnos* „Schlaf" und *paideia* „Erziehung, Unterricht", zu *paideuein* „erziehen, unterrichten", zu *pais,* Gen. *paidos,* „Kind"

Hypnose durch Suggestion herbeigeführter, schlafähnlicher Zustand; aus griech. *hypnossein* „schläfrig sein", zu *hypnos* „Schlaf"

Hypobulie verminderte Willenskraft; aus griech. *hypo* „unter" und *boule* „Wille"

Hypochondrie krankhaft gesteigerte Beobachtung der eigenen Körperfunktionen und Überbewertung von Beschwerden; aus griech. *hypochondrion* „unter dem Brustknorpel liegende Körpergegend, Oberbauch", aus *hypo* „unter" und *chondros* „Brustknorpel", eigentlich „Stückchen, Krümchen, Korn"; die Kranken haben in diesem Körperbereich oft unangenehme Empfindungen; nach anderer Deutung rührt die Bezeichnung daher, daß im Altertum diese Körpergegend als Sitz der Seele und des Gemüts betrachtet wurde

Hypochromie verminderter Farbstoffgehalt des Blutes; aus griech. *hypo* „unter" und *chroma* „Farbe"

Hypogäum unterirdischer Kultraum; aus spätgriech. *hypogaios* „unterirdisch", aus *hypo* „unter" und *gaia, ge* „Erde"

Hypokaustum *im Altertum und MA:* Heizanlage unter dem Fußboden; aus spätgriech. *hypokauston* „Heizraum", aus *hypo* „unter, unterhalb" und *kaustis* „das Brennen", zu *hypokaiein* „darunter anbrennen, heizen", zu *kaiein* „brennen, ver-, anbrennen"

Hypokrisie Scheinheiligkeit, Heuchelei; aus griech. *hypokrisis* „Antwort, Bescheid; Kunst des Schauspielers, Schauspielerei", übertr. „Heuchelei", zu *hypokrinesthai* „antworten, Bescheid geben", eigentlich „ein Urteil abgeben", übertr. „Schauspieler sein, auf der Bühne fragen und antworten", aus *hypo* „unter" und *krinein* „scheiden, trennen, urteilen"

Hypolimnion die unteren, lichtlosen Schichten eines stehenden Gewässers und die in ihnen lebenden Organismen; aus griech. *hypo* „unter“ und *limne* „See, Teich, Sumpf“

Hypophyse unterer Hirnanhang, Hirnanhangsdrüse; aus griech. *hypo* „unter“ und *phyesthai* „wachsen“

Hypoplasie vermindertes Wachstum, Unterentwicklung von Körpergeweben und Organen; aus griech. *hypo* „unter“ und *plasis* „das Bilden, Formen“, zu *plassein* „bilden, formen“

Hypostase Grundlage, Substanz; Stoff (einer Abhandlung); Vergegenständlichung, Personifizierung; aus griech. *hypostasis* „Grundlage, Substanz“, aus *hypo* „unter“ und *stasis* „Stellung, Stand, Lage“, zu *histanai* „setzen, stellen, legen“

Hypostylon überdachter Säulengang, Säulenhalle; aus griech. *hypo* „unter“ und *stylos* „Säule“

Hypotaxe Unterordnung eines Satzes oder Satzteils unter einen anderen, Satzgefüge; aus griech. *hypo* „unter“ und *taxis* „Stellung, Anordnung“, zu *hypotattein* „darunterstellen“, zu *tattein* „aufstellen, ordnen“

Hypotenuse im rechtwinkligen Dreieck die dem rechten Winkel gegenüberliegende Seite; aus griech. *hypoteinousa* „Hypotenuse“, zu *hypoteinein* „darunter ausbreiten oder ausspannen“, aus *hypo* „unter“ und *teinein* „strecken, spannen“

Hypothek durch eine Zahlung erworbenes Pfandrecht an einem Grundstück; aus griech. *hypotheke* „Unterlage“, übertr. „Unterpfand, Pfand“, aus *hypo* „unter, unterhalb“ und *theke* „Behältnis, Kiste, Kasten“, zu *hypotithenai* „darunterstellen, darunterlegen“, zu *tithenai* „setzen, stellen, legen“, also „etwas, das daruntergesetzt, -gestellt wird“ (als Stütze, Grundlage)

Hypothese unbewiesene (wissenschaftliche) Voraussetzung, Annahme; aus griech. *hypothesis* „Unterlage“, übertr. „Grundsatz, Grundgedanke, Voraussetzung“, aus *hypo* „unter“ und *thesis* „das Setzen, Stellen, Legen; Satz, Lehrsatz“, zu *hypotithenai* „darunterlegen, zugrunde legen“, zu *tithenai* „setzen, stellen, legen“

Hypotonie verminderte Muskelspannung, verminderter Blutdruck; aus griech. *hypo* „unter“ und *tonos* „Spannung“, zu *teinein* „spannen, dehnen“

Hypotrachelion Teil der Säule unter dem Kapitell, Säulenhals; aus griech. *hypo* „unter“ und *trachelos* „Hals, Nakken“, eigentlich „Träger“, zur idg. Wurzel **dhragh-* „tragen“

Hypotrophie mangelhafte Ernährung und dadurch Schwund von Körpergeweben und Organen; aus griech. *hypo* „unter“ und *trophe* „Nahrung, Ernährung“, zu *trephein* „ernähren“

Hypozentrum Erdbebenherd; aus griech. *hypo* „unter“ und → *Zentrum*

Hypsiphobie Furcht und Schwindelgefühl beim Blick aus großer Höhe in die Tiefe; aus griech. *hypsi* „in der Höhe, hoch oben“ (zu *hypsos* „Höhe“, zu *hyper* „über“) und → *Phobie*

Hypsometer Gerät, das auf Grund des mit zunehmender Höhe sinkenden Siedepunktes des Wassers die Höhe eines Ortes mißt, Siedethermometer; aus griech. *hypsos* „Höhe“ (zu *hyper* „über“) und *metron* „Maß“, zu *metrein* „messen“

Hysterektomie operative Entfernung der Gebärmutter; aus griech. *hystera* „Gebärmutter, Mutterleib“, *ek* „aus, heraus“ und *tome* „Schnitt“, zu *temnein* „schneiden“

Hysterie eine Gruppe seelischer und/oder seelisch-körperlicher Störungen; aus griech. *hystera* „Gebärmutter“; man glaubte früher, die Symptome der Krankheit gingen vom Uterus aus, wenn dieser lange Zeit untätig geblieben sei, d. h. wenn die betreffende Frau lange Zeit oder überhaupt keine Kinder bekommen habe; diese Vorstellung hielt sich bis ins 18. Jh.; heute bringt man die Symptome zwar nicht mehr mit dem Uterus in Verbindung, doch hat sich die Bezeichnung erhalten

Hysteron-Proteron Beweis aus einem Satz, der selbst erst noch bewiesen werden muß; Redefigur, bei der ein zeitlich späterer Gedanke an erster Stelle steht; aus griech. *hysteron,* Neutrum zu *hysteros* „späterer, folgender“ und *proteron,* Neutrum zu *proteros* „vorderer, früherer“

Hysteroptose Gebärmuttervorfall; aus griech. *hystera* „Gebärmutter“ und *ptosis,* Nebenform von *ptoma* „Fall, Sturz“, zu *piptein* „fallen“

Hysterotomie Gebärmutterschnitt; aus griech. *hystera* „Gebärmutter“ und *tome* „Schnitt“, zu *temnein* „schneiden“

I

Iatrik Heilkunde, Heilkunst; aus griech. *iatrike* „Heilkunst", zu *iatros* „Arzt", zu *iatreuein* „Arzt sein" und *iasthai* „heilen"
iatrogen durch ärztliche Einwirkung entstanden; aus griech. *iatros* „Arzt" und *gennan* „erzeugen, hervorbringen"
Iberis eine Zierpflanze, Schleifenblume; aus lat. *hiberis, iberis,* wahrscheinlich nach dem Volksstamm der *Iberer* (Spanien)
Ibis ein Stelzvogel; aus lat., griech. *ibis,* aus altägypt. *hb,* gesprochen *hibi,* „dem Gott Thoth heiliger Vogel"
Ichneumon eine nordafrikanische Schleichkatze; griech. *ichneumon* „Ichneumon", eigentlich „Spürer", zu *ichneuein* „spüren, aufspüren", zu *ichneuma* „Spur", zu *ichnos* „Fußstapfe, Spur"
Ichor aus Geschwüren sich absondernde Flüssigkeit; dünnflüssige magmatische Schmelze; aus griech. *ichor* „Blut der Götter, Lymphe"
Ichthyol aus bituminösem, Reste versteinerter Fische enthaltendem Schiefer gewonnene Flüssigkeit zur Behandlung von Hauterkrankungen; aus griech. *ichthys,* Gen. *ichthyos,* „Fisch" und lat. *oleum* „Öl"
Ichthyolith versteinerter Fischrest; aus griech. *ichthys,* Gen. *ichthyos,* „Fisch" und *lithos* „Stein"
Ichthyologie Fischkunde; aus griech. *ichthys,* Gen. *ichthyos,* „Fisch" und *logos* „Wort, Lehre, Kunde", zu *legein* „sagen, sprechen, erklären"
Ichthyophage Angehöriger eines Volkes, das sich überwiegend von Fisch ernährt, Fischesser; aus griech. *ichthys,* Gen. *ichthyos,* „Fisch" und *phagos* „Esser", zu *phagein* „essen"
ideal Ableitung von → *Idee*
Idee Urform, Urbild; Begriff; Gehalt, zugrunde liegender Gedanke; aus griech. *idea* „Aussehen, Erscheinung, Gestalt", zu *idein* „sehen, erblicken"
identifizieren feststellen, wer jemand ist oder was etwas ist, jemanden oder etwas wiedererkennen; aus lat. *identitas* „Wesenseinheit" (zu *idem* „der-, dasselbe") und *facere* (in Zus. *-ficere*) „machen"
Ideogramm Schriftzeichen, das einen ganzen Begriff ausdrückt, z. B. die Zeichen der chines. Schrift; aus griech. *idea* „Aussehen, Gestalt" und *gramma* „Schriftzeichen", zu *graphein* „schreiben"
Ideologie Gesamtheit der Auffassungen und Denkvorstellungen einer Gesellschaft oder Gesellschaftsschicht, einer politischen oder sozialen Bewegung; aus griech. *idea* „Erscheinung, Gestalt, Meinung, Anschauung" und *logos* „Wort, Lehre, Kunde", zu *legein* „sagen, sprechen, erklären"
Idioblast pflanzliche Zelle mit besonderen Aufgaben in einem andersartigen Gewebeverband; aus griech. *idios* „eigen" und *blastanein* „hervorsprießen, sich entwickeln", zu *blaste* „Sproß, Keim"
Idiogramm eigenhändige Unterschrift; aus griech. *idios* „eigen" und *gramma* „Schriftzeichen, Schrift", zu *graphein* „schreiben"
Idiolatrie Selbstvergötterung, Selbstanbetung; aus griech. *idios* „eigen" und *latreia* „Dienst, Gottesdienst", zu *latreuein* „um Lohn dienen", auch allg. „dienen", zu *latron* „Sold, Lohn" und *latris* „Knecht, Diener"
Idiolekt besondere Ausdrucksweise, Spracheigentümlichkeit eines einzelnen; aus griech. *idios* „eigen, für sich (allein)" und dem zweiten Teil von *dialektos* „Redeweise", zu *legein* „sagen, sprechen, reden"
Idiom einer bestimmten Sprache oder Mundart eigentümliche Redewendung oder Ausdrucksweise; aus griech. *idioma* „Eigentümlichkeit, Eigenart", zu *idios* „eigen"

idiopathisch von selbst entstanden (Krankheit); aus griech. *idios* „eigen, für sich (allein)" und *pathos, pathe* „Leiden"

Idiophon Musikinstrument, das nach Anschlagen, Zupfen oder Streichen selbst weiterklingt, z.B. Gong, Glasharmonika; aus griech. *idios* „eigen, für sich (allein)" und *phone* „Ton, Klang, Stimme"

Idiosynkrasie Überempfindlichkeit gegen bestimmte Stoffe; Abneigung, Widerwille; aus griech. *idios* „eigen, für sich" und *synkrasis* „Vermischung", womit hier die Mischung der Körpersäfte gemeint ist, aus *syn* „mit, zugleich" und *krasis* „Mischung", also eine besondere Mischung der Körpersäfte, die unnormale Erscheinungen hervorruft

Idiot schwachsinniger Mensch; aus griech. *idiotes,* urspr. „gewöhnlicher Mensch, einfacher Bürger; ungelernter Arbeiter, Nichtkenner, Nichtfachmann", später auch „Nichtswisser", zu *idios* „eigen, dem einzelnen gehörig, privat"; der Mann im öffentlichen, staatlichen Dienst galt als klüger und gebildeter als der „unwissende" Privatmann; auch im Deutschen war bis etwa 1800 ein Idiot einfach ein Laie oder Ungelernter, die Bedeutung „Schwachsinniger" trat erst im 19. Jh. über das Englische dazu

Idiotikon Mundartenwörterbuch; aus griech. *idiotikos* „einen einzelnen betreffend", zu *idiotes* „Eigentümlichkeit, Eigenart", zu *idios* „eigen, für sich"

Idiotypus Gesamtheit der Erbanlagen, Erbgut; aus griech. *idios* „eigen, für sich" und → *Typus*

Idokras ein Mineral; aus griech. *eidos* „Gestalt, Form, Beschaffenheit" und *krasis* „Mischung"; der Idokras hat eine ähnliche Zusammensetzung wie viele andere Mineralien, so daß der Name auch auf andere zutreffen würde, insbesonders auf einige Granate, mit denen er leicht verwechselt wird

Idol Götzenbild; vergötterter, verehrter Mensch, Abgott; aus griech. *eidolon* „Bild, Gestalt, Trugbild, Götzenbild", zu *eidos* „Aussehen, Gestalt"

Idolatrie Verehrung von Götterbildern, Götzendienst; aus griech. *eidololatreia* „Götzendienst", aus *eidolon* „Bild, Gestalt, Götzenbild" und *latreia* „Dienst, Gottesdienst", zu *latreuein* „um Lohn dienen", auch allg. „dienen", zu *latron* „Sold, Lohn" und *latris* „Knecht, Diener"

Idyll Bild oder Zustand friedlich-beschaulichen Lebens (meist in ländlicher Umgebung); aus griech. *eidyllion* „Bildchen, Darstellung aus dem Leben der Hirten und der niederen Stände", Verkleinerungsform von *eidos* „Bild, Gestalt, Anblick, Zustand"

Igel ein kleines Säugetier, Insektenfresser; aus ahd. *igil,* zu griech. *echinos* in derselben Bedeutung, vielleicht zu *echis* „Schlange", also „Schlangentier", zur idg. Wurzel **egh-* „stechen", vielleicht auch im Sinne von „Schlangenfresser"

ignorieren nicht wissen wollen, absichtlich nicht beachten; aus lat. *ignorare* „nicht kennen, nicht wissen, nicht kennen wollen", mit Anlehnung an *noscere* „kennen" zu *ignarus* „unkundig, unwissend, unerfahren", aus *in-* „nicht, ohne" und *gnarus* „kundig, erfahren", zu *gnoscere,* ältere Form von *noscere* „kennen"

Iguanodon ein ausgestorbenes Landreptil; aus span. *iguana* „Leguan" und griech. *odous,* Gen. *odontos,* „Zahn"

Ikebana die Kunst des symbolhaften Blumenordnens in Japan; aus *ike* „lebend", zum Verb *ikeru* „lebend, frisch erhalten", und *bana* „Blume", also „lebend, frisch erhaltene Blume"

Ikone Heiligenbild (auf Holz) der Ostkirche; aus griech. *eikon* „Bild, Gemälde"

Ikonographie 1. Beschreibung und Bestimmung von antiken Bildnissen; 2. Lehre von den Darstellungsinhalten und der Bedeutung von alten, bes. christlichen Bildern, Ikonologie; aus griech. *eikon,* Gen. *eikonos,* „Bild, Gemälde" und *graphein* „schreiben", eigtl. „Bildbeschreibung"

Ikonoklasmus Zerstörung von Heiligenbildern, Bildersturm; aus griech.

eikon, Gen. *eikonos*, „Bild, Gemälde" und *klasma* „Zerbrochenes, Bruchstück", zu *klan* „zerbrechen"

Ikonologie = Ikonographie (2); aus griech. *eikon*, Gen. *eikonos*, „Bild, Gemälde" und *logos* „Lehre, Kunde", zu *legein* „sagen, erklären"

Ikonoskop Fernsehaufnahmeröhre; aus griech. *eikon*, Gen. *eikonos*, „Bild" und *skopein* „sehen, betrachten"

Ikonostase *in griechisch-orthodoxen Kirchen:* den Altarraum vom Gemeinderaum trennende, dreitürige, mit Ikonen bedeckte Wand; aus griech. *eikon*, Gen. *eikonos*, „Bild, Gemälde" und *stasis* „das Stehen, Standort", zu *histasthai* „stehen"

Ikosaeder von 20 gleichseitigen Dreiecken begrenzter Körper; aus griech. *eikosi* „zwanzig" und *hedra* „Grundfläche"

Ikterus Gelbsucht; aus griech. *ikteros* „Gelbsucht" sowie Bezeichnung für einen gelben Vogel, mit dem wahrscheinlich der Pirol oder die Golddrossel gemeint war

Iktus starke Betonung; plötzlich auftretendes, schweres Krankheitsbild; aus lat. *ictus* „Schlag, Hieb, Stoß", zu *icere* „treffen, schlagen, verwunden"

Ileus Darmverschluß; lat. *ileus* aus griech. *eileos*, *ileos* „Darmverschlingung", urspr. „Windung", zu *eilein* „drehen, winden"

illuminieren festlich erleuchten; *Buchmalerei:* ausmalen, farbig verzieren; aus lat. *illuminare* „erleuchten, erhellen", übertr. „schmücken, verzieren, Glanz verleihen", aus *il-* (in Zus. vor l statt *in*) „in, innerhalb" und *luminare* „erleuchten, erhellen", zu *lumen*, Gen. *luminis*, „Licht, Schmuck, Zierde"

Illusion trügerische Hoffnung oder Vorstellung, Selbsttäuschung; über frz. *illusion* aus lat. *illusio*, Gen. *-onis*, „Verspottung, Täuschung", zu *illudere* „sein Spiel treiben, übel mitspielen, verspotten, betrügen", eigtl. „ein böses Spiel treiben", aus *il-* (in Zus. vor l statt *in*) „zu hin" im Sinne von „gegen" und *ludere* „spielen", zu *ludus* „Spiel"

illuster glänzend, vortrefflich; vornehm, berühmt; aus lat. *illustris* „hell, strahlend; berühmt, bedeutend, hervorragend", aus *il-* (in Zus. vor l statt *in*) „in hinein" und *lustrare* „beleuchten, erhellen", →illustrieren

illustrieren mit Abbildungen ausschmücken; durch Beispiele, Bilder erläutern; aus lat. *illustrare* „erleuchten, erhellen, verzieren, schmücken", aus *il-* (in Zus. vor l statt *in*) „in hinein" und *lustrare* „erhellen, erleuchten", zu *lucere* „leuchten", zu *lux*, Gen. *lucis*, „Licht"

illuvial im Boden angereichert, eingeschwemmt; aus lat. *illuvies* „Überschwemmung; angeschwemmter Schmutz", aus *il-* (in Zus. vor l statt *in*) „in, an, auf" und *luere* „spülen, waschen"

Ilmenit ein Mineral; nach dem *Ilmen*gebirge im südlichen Ural

Image Vorstellung, die die Öffentlichkeit von einer Persönlichkeit, Firma, Gruppe usw. hat; engl. *image* „Bild, Vorstellung, Verkörperung", aus lat. *imago* „Bild, Erscheinung, Vorstellung, geistiges Bild"

imaginär nur in der Einbildung, Vorstellung vorhanden, eingebildet; aus lat. *imaginarius* „zum Bild gehörig, nur in der Einbildung bestehend, scheinbar", aus *imago*, Gen. *imaginis*, „Trug-, Traumbild"

imbezil, imbezill leicht schwachsinnig; aus lat. *imbezillus* „schwach, kraftlos, kränklich", wahrscheinlich aus *im-* (in Zus. vor b statt *in-*) „nicht, ohne" und *bacillus* „Stäbchen", Verkleinerungsform vom *baculum*, *baculus* „Stab, Stütze"

Imbroglio rhythmische Verwirrung durch Vermischung mehrerer Taktarten; ital. *imbroglio* „Verwirrung, Verwicklung", zu *imbrogliare* „verwirren", aus *im-* (in Zus. vor b für *in*) „in hinein" und *brogliare* „Ränke schmieden", aus dem Fränk.

imitieren nachahmen, nachbilden; aus lat. *imitari* „nachahmen, nachbilden", mit Anlehnung an *imago* „Bild" aus *aemulari* „nacheifern, wetteifern", zu *aemulus* „wetteifernd; Nebenbuhler"

Imker Bienenzüchter; zu *Imme* „Biene", aus spätmhd. *imme, imbe* „Biene", im klassischen Mhd. heißt *imme, imbe* noch „Bienenkorb, Bienenschwarm", aus ahd. *imbi* „Bienenschwarm", wohl zur idg. Wurzel **embh-* „Wolke"; für den zweiten Wortteil *-ker* ist ndrl. und nddt. Einfluß anzunehmen: frühnhd. *immicher* aus ndrl. *imker, ijmker* „Imker", mnddt. *immenkar,* mdnrl. *immecare, imcare* „Bienenkorb, Bienenschwarm", aus mndrl. *imme, ijme* „Biene" und *care, caere* „Kasten, Behälter"; *ijmker* ist eigtl. die Verkürzung von *ijmkerer* „Bienenkorb-, Bienenschwarmhalter oder -besitzer". Eine andere Deutung des zweiten Wortteiles *-ker* führt zum ndrl. Suffix *-ker,* das in Familiennamen vorkommt und aus *kerl, kerel* „Kerl, Mann" entstanden ist und früher wohl auch als Ableitungssuffix für Berufsnamen diente; der *Imker* wäre demnach ein „Bienenmann", d.h. jmd., der sich mit Bienen beschäftigt

Immaculata die Unbefleckte (d.h. die unbefleckt Empfangene, Beiname Marias in der kath. Kirche); aus lat. *immaculatus* „unbefleckt", aus *im-* (in Zus. vor m statt *in-*) „nicht, un-" und *maculare* „beflecken, entehren", zu *macula* „Flecken, Makel"

immanent innewohnend, (darin) enthalten; aus lat. *immanens,* Gen. *-entis,* Part. Präs. von *immanere* „innewohnen", aus *im-* (in Zus. vor m statt *in*) „in, innerhalb" und *manere* „bleiben, verharren, vorhanden sein"

immatrikulieren in die Matrikel einschreiben; aus lat. *im-* (in Zus. vor m statt *in*) „in hinein" und → *Matrikel*

immediat ohne Vermittlung, unmittelbar; aus mlat., lat. *immediatus* „unmittelbar, unvermittelt", aus *im-* (in Zus. vor m statt *in-*) „nicht, ohne" und *mediatio* „Vermittlung", zu *medius* „in der Mitte, mitten"

immens unermeßlich (groß); aus lat. *immensus* „unermeßlich (groß), unendlich", eigtl. „unabgemessen", aus *im-* (in Zus. vor m statt *in-*) „nicht, un-" und *mensus* „abgemessen", zu *metiri* „(ab)messen"

Immersion Ein-, Untertauchen, Überflutung; aus lat. *immersio,* Gen. *-onis,* „Untertauchen, Versenken", zu *immergere* „ein-, untertauchen", aus *im-* (in Zus. vor m statt *in*) „in hinein" und *mergere* „(unter)tauchen"

immigrieren einwandern; aus lat. *immigrare* „hinein-, einwandern", aus *im-* (in Zus. vor m statt *in*) „in hinein" und *migrare,* → migrieren

imminent drohend, nahe bevorstehend; aus lat. *imminens,* Gen. *-entis,* Part. Präs. von *imminere* „drohend bevorstehen", eigtl. „sich über etwas neigen, hereinragen", aus *im-* (in Zus. vor m statt *in*) „in hinein" und der Wurzel **men-* „emporragen", verwandt mit *mons* „Berg"

Immission Amtseinweisung, Amtseinsetzung; das Zuführen von Schadstoffen in Atmosphäre, Gewässer, Nachbargrundstücke usw.; aus lat. *immissio,* Gen. *-onis,* „das Hineinlassen", zu *immittere* „hineinlassen, hineinschikken", aus *im-* (in Zus. vor m statt *in*) „in hinein" und *mittere* „schicken, fortlassen"

Immobilien Grundstücke, Häuser; aus lat. *immobilis* „unbeweglich", aus *im-* (in Zus. vor m statt *in-*) „nicht, un-" und *mobilis* „beweglich", → mobil

Immortelle Strohblume; frz. *immortelle* „die Unvergängliche", zu *immortel* aus lat. *immortalis* „unvergänglich, unsterblich", aus *im-* (in Zus. vor m statt *in-*) „nicht, un-" und *mortalis* „vergänglich, sterblich", zu *mors,* Gen. *mortis,* „Tod"

immun unempfindlich (gegen bestimmte Krankheiten); rechtlich unantastbar; aus lat. *immunis* „frei, befreit", eigtl. „frei von Abgaben, Leistungen", aus *im-* (in Zus. vor m statt *in-*) „nicht, ohne" und *munia* „Leistungen, Pflichten", zu *munus* „Pflicht, Aufgabe, Dienst"

Impact *Werbung:* Eindrucksstärke; engl. *impact* „Aufprall, Zusammenstoß; Wirkung, Einwirkung, Einfluß", aus lat. *impactus,* Perf. von *impingere* „mit etwas gegen etwas oder auf etwas werfen, schlagen", aus *im-* (in Zus. vor p statt *in*) „gegen, in hinein" und *pangere* (in Zus. *-pingere*) „einschlagen"

Impasto *Malerei:* dicker, ungleicher Farbauftrag; ital. *impasto* „das Kneten,

Mischen sowie das geknetete, gemischte Material, Teig", zu *impastare* „kneten, mischen", aus *im-* (in Zus. vor p für *in*) „in hinein" und *pasta* „Teig"

Impedanz *beim Wechselstrom:* Scheinwiderstand; aus lat. *impedire* „behindern, hemmen, zurückhalten", aus *im-* (in Zus. vor m statt *in*) „gegen" und *pes,* Gen. *pedis,* „Fuß"

Imperator Herrscher, Kaiser; lat. *imperator,* urspr. „Vorsteher der Familie, des Haushaltes", dann „Oberbefehlshaber des Heeres", dann „Herrscher, Kaiser", zu *imperare* „befehlen, gebieten, herrschen", aus *im-* (in Zus. vor p für *in*) „nach hin, zu hin, für" und *parare* „gehörig einrichten, zubereiten, sich rüsten"

Imperfekt *Gramm.:* unvollendete Vergangenheit; aus lat. *imperfectus* „unvollendet", aus *im-* (in Zus. vor p statt *in-*) „nicht, un-" und *perfectus* „vollendet, vollständig", zu *perficere* „vollenden", eigtl. „durch und durch fertig machen", aus *per* „durch" und *facere* (in Zus. *-ficere*) „tun, machen"

Imperialismus Streben (eines Staates) nach Vergrößerung seiner Macht und seines Besitzes; aus lat. *imperialis* „kaiserlich", zu *imperium* „Regierung, Staatsgewalt, Reich, Staat", zu *imperare* „befehlen, gebieten", → Imperator

impertinent unverschämt, frech, *ältere Bedeutung:* ungehörig, unbescheiden, so, wie es sich nicht geziemt, nicht gehört; aus lat. *impertinens,* Gen. *-entis,* „nicht dazugehörig", aus *im-* (in Zus. vor p statt *in-*) „nicht, ohne" und *pertinere* „sich (auf etwas) beziehen, betreffen, angehen, zu jmdm. oder etwas gehören", eigtl. „sich erstrecken", aus *per* „durch, hindurch" und *tenere* „halten, greifen, fassen"

Impetigo eine Hautkrankheit, Eiterflechte; lat. *impetigo* „chronischer Ausschlag, Räude, Schorf", zu *impetere* „angreifen, überfallen", aus *im-* (in Zus. vor p statt *in*) „in hinein" und *petere* „eilen, losgehen, zielen, angreifen"

Impetus Ungestüm; Antrieb, Drang; lat. *impetus* „ungestümes Vorwärtsdrängen, Ansturm", aus *im-* (in Zus. vor p statt *in*) „in hinein" und *petere* „losgehen, erstreben, zu erreichen suchen"

impfen durch Einbringen von Serum in den Körper gegen bestimmte Krankheiten immun machen; aus mhd. *impfeten* „impfen, pfropfen", aus ahd. *imphôn, impitôn* „pfropfen", aus mlat. *impotus* „Pfropfreis", aus lat. *impositus* „hineingesetzt, hineingelegt", zu *imponere* „hineinsetzen, -legen", aus *im-* (in Zus. vor p statt *in*) „in hinein" und *ponere* „setzen, legen"

implantieren einpflanzen; aus lat. *im-* (in Zus. vor p statt *in*) „in hinein" und *plantare* „pflanzen", zu *planta* „Setzling, Pfropfreis"

implizieren einbeziehen; aus lat. *implicare* „in etwas hineinfalten, hineinwikkeln, verwickeln", aus *im-* (in Zus. vor p statt *in*) „in hinein" und *plicare* „zusammenfalten, -rollen"

Imponderabilien unberechenbare Einflüsse, z. B. Gefühle, Reaktionen anderer; aus lat. *im-* (in Zus. vor p statt *in-*) „nicht, un-" und *ponderabilis* „wägbar", zu *ponderare* „wägen, abwägen", zu *pondus* „Gewicht"

imponieren großen Eindruck machen; aus lat. *imponere* „jmdm. etwas auferlegen, aufbürden" (nämlich einen starken Eindruck, Achtung, Respekt), aus *im-* (in Zus. vor p statt *in*) „in, auf" und *ponere* „setzen, legen, stellen"

importieren aus dem Ausland einführen; aus lat. *importare* „hineinbringen, -tragen, -führen", aus *im-* (in Zus. vor p statt *in*) „in hinein" und *portare* „bringen, tragen, führen"

imposant großartig, stattlich, eindrucksvoll; frz. *imposant* „Achtung, Ehrfurcht einflößend", aus lat. *imponere* „auferlegen, aufbürden", → imponieren

impotent unfähig zum Geschlechtsverkehr; aus lat. *impotens,* Gen. *-entis,* „ohnmächtig, schwach", aus *im-* (in Zus. vor p statt *in-*) „nicht, un-" und *potens* „kräftig", → potent

imprägnieren mit einem Schutzmittel gegen Feuchtigkeit tränken; aus lat. *impraegnare* „schwängern", aus *im-* (in Zus. vor p statt *in,* hier nur verstärkend) „in hinein" und *praegnans, praegnas*

„schwanger, trächtig, voll, strotzend“, zu *praegnare* „schwängern“, zu *prae* „vor“ und *gnasci,* Nebenform von *nasci* „geboren werden“

Impresario jmd., der für einen Künstler Gastspiele arrangiert; ital. *impresario* in ders. Bed. sowie allg. „Unternehmer“, zu *impresa* „Unternehmen, Vorhaben, Wagnis“, zu *imprendere* „unternehmen“, über vulgärlat. **imprehendere* aus lat. *in* „in hinein“ und *prehendere, prendere* „fassen, greifen“

Impression Eindruck, Sinneswahrnehmung; aus lat. *impressio,* Gen. *-onis,* „Eindruck“, aus *imprimere* „hinein-, eindrücken, einprägen“, aus *im-* (in Zus. vor p statt *in*) „in hinein“ und *premere* „drücken, pressen“

imprimieren für druckfertig erklären; aus lat. *imprimere* „ein-, hineindrükken, mit einem eingedrückten Zeichen versehen“, aus *im-* (in Zus. vor p statt *in*) „in hinein“ und *premere* „drücken, pressen“

Impromptu frei gestaltetes Musikstück, bes. für Klavier; frz. *impromptu* „Stück, bes. Gedicht, aus dem Stegreif“, aus lat. *in promptu esse* „in Bereitschaft, verfügbar, zur Hand sein“, eigtl. „herausgenommen (und damit verfügbar) sein“, zu *promere* „herausnehmen, entnehmen“, eigtl. **proemere,* aus *pro* „für“ und *emere* „kaufen“

improvisieren unvorbereitet, aus dem Augenblick heraus tun, sprechen, spielen; aus frz. *improviser* „aus dem Stegreif dichten oder komponieren“, aus lat. *improvisus* „unvorhergesehen, unvermutet“, aus *im-* (in Zus. vor p statt *in-*) „nicht, un-“ und *providere* „voraussehen, Sorge tragen, besorgen“, aus *pro* „vor“ und *videre* „sehen, überlegen, bedenken“

Impuls Antrieb, Anregung, Anreiz; aus lat. *impulsus* „äußerer Antrieb, Stoß“, überhaupt „Antrieb, Anregung“, zu *impellere* „anstoßen, antreiben“, aus *im-* (in Zus. vor p statt *in*) „in hinein“ und *pellere* „in Bewegung setzen, stoßen“

inan nichtig, leer; aus lat. *inanis* „leer, inhalt-, gehaltlos“, weitere Herkunft nicht geklärt

Inauguration feierliche Einsetzung in ein Amt oder eine Würde; aus lat. *inauguratio,* Gen. *-onis,* „Anfang“, zu *inaugurare* „feierlich einweihen, (als Priester) einsetzen“, eigtl. „durch die Augurien einen Tempel einweihen, die Augurien befragen“, zu *augurium* „Beobachtung und Deutung bestimmter Zeichen“, zu *augur* „Weissager“, → Augur

Inchoativum Verb, das den Beginn einer Handlung ausdrückt, z.B. „erblühen“; aus lat. *inchoativus* „den Anfang bezeichnend“, zu *inchoare,* besser *incohare* „anfangen, den Grund legen“, eigtl. „anschirren“, zu *cohum* „Halter, Einfassung“, zur idg. Wurzel **qagh-,* **qogh-* „fassen, an-, umfassen“

Indemnität Straflosigkeit (eines Parlamentsmitgliedes für Äußerungen im Parlament) sowie nachträgliche Zustimmung des Parlaments zu einer anfangs nicht gebilligten Maßnahme; aus lat. *indemnatus* „unverurteilt, ohne Urteilsspruch“, aus *in-* „nicht, un-“ und *damnare* „verurteilen, verdammen“

Independenz Unabhängigkeit; aus lat. *in-* „nicht, un-“ und *dependens,* Part. Präs. von *dependere* „abhängen, abhängig sein“, aus *de-* „von weg“ und *pendere* „hängen, beim Wägen hängen lassen, wägen, abwägen“

Index Verzeichnis; Kenn-, Unterscheidungsziffer, Meßzahl; lat. *index* „Verzeichnis, Inhaltsangabe, Kennzeichen, Anzeiger“, zu *indicere* „ansagen, öffentlich bekanntmachen, ankündigen“, aus *in* „in, an“ und *dicere* „sagen, nennen, zeigen, anzeigen“

Indianer Ureinwohner Amerikas; zu *Indien;* als Kolumbus den Seeweg nach Indien suchte und in Mittelamerika landete, glaubte er, sich in *Indien* zu befinden

indifferent unbestimmt; gleichgültig; aus lat. *indifferens,* Gen. *-entis,* „keinen Unterschied aufweisend, weder das eine noch das andere, in der Mitte stehend, gleichgültig“, aus *in-* „nicht, ohne“ und *differre* „sich unterscheiden“, → Differenz

Indigestion Verdauungsstörung; aus lat. *indigestio,* Gen. *-onis,* „Mangel an

Verdauung", aus *in-* „nicht, ohne" und *digestio* „Verdauung", → Digestion

indigniert unwillig, peinlich berührt; aus lat. *indignari* „für unwürdig, unanständig, empörend halten", zu *indignus* „unwürdig, unangemessen", aus *in-* „nicht, un-" und *dignus* „würdig, angemessen"

Indigo ein blauer Farbstoff, Indischblau; aus lat. *indicus,* griech. *indikos* „indisch", dazu griech. *indikon* als Bezeichnung für einen aus Indien eingeführten blauen Farbstoff

Indikation Merkmal; Heilanzeige, Veranlassung, ein bestimmtes Heilmittel oder -verfahren anzuwenden; aus lat. *indicatio,* Gen. *-onis,* „Anzeige (des Preises)", zu *indicare* „anzeigen, offenbaren, angeben", Intensivum zu *indicere* „ankündigen, bestimmen", aus *in* „in, an" und *dicere* „sagen, nennen, anzeigen"

Indikativ Wirklichkeitsform des Verbs; aus lat. *indicativus* „zum Aussagen, Anzeigen geeignet", als grammatischer Terminus auch „Indikativ", zu *indicare* „anzeigen, angeben", → Indikation

Indium chemisches Element; zu → *Indigo,* da es mit indigoblauer Flamme verbrennt

Individuum Einzelwesen; lat. *individuum* „das Ungeteilte, Unteilbare", zu *individuus* „ungeteilt, unteilbar", aus *in-* „nicht, un-" und *dividere* „teilen", → dividieren

Indiz Tatsache, die auf einen bestimmten Sachverhalt schließen läßt; aus lat. *indicium* „Angabe, Aussage, Anzeichen, Kennzeichen, Beweis", zu *indicere* „bestimmen, ankündigen", → Indikation

indolent gleichgültig, unempfindlich; aus lat. *indolens,* Gen. *-entis,* „unempfindlich gegen Schmerz", aus *in-* „nicht, ohne" und *dolere* „schmerzen"

Indossament Wechselübertragung; Ableitung von *indossieren* „(Wechsel) übertragen", aus ital. *indossare* „anziehen", eigtl. „auf den Rücken nehmen", aus *in* „in, an, auf" und *dosso* „Rükken" (über vulgärlat. **dossum* aus lat. *dorsum* „Rücken"), weil der Übertragungsvermerk auf der Rückseite des Wechsels angebracht wird

Induktion Schlußfolgerung vom Besonderen auf das Allgemeine; Erzeugung einer elektrischen Spannung in einem Leiter; Übertragung krankhafter Störungen auf Menschen, die ständig mit geistig oder psychisch Kranken umgehen; aus lat. *inductio,* Gen. *-onis,* „das Hineinführen, -leiten", zu *inducere* „hineinführen", → induzieren

indulgent nachsichtig, milde; aus lat. *indulgens,* Gen. *-entis,* „nachsichtig, gnädig, gütig", zu *indulgere* „Nachsicht haben, nachgeben, willfahren", weitere Herkunft unsicher

Indult Nachsicht, Vergünstigung, Stundung; aus lat. *indultum* „Erlaubnis, Bewilligung", zu *indulgere* „Nachsicht haben, nachgeben", weitere Herkunft unsicher

Indusium Hüllorgan, das bei vielen Farnen die Sporangien bedeckt; lat. *indusium* „obere Tunika", zu *induere* „anziehen, (sich) bekleiden"

Industrie Massenherstellung von Waren auf mechanischem Wege, Gesamtheit der Industriebetriebe; frz. *industrie* in derselben Bedeutung sowie „Geschicklichkeit, Betriebsamkeit" aus lat. *industria* „beharrliche, energische Tätigkeit, Betriebsamkeit", zu *industrius* „regsam, tätig, beharrlich", aus altlat. *indu* „in" und *struere* „aufbauen, bewirken"

induzieren vom Besonderen auf das Allgemeine schließen; elektrische Spannung in einem Leiter erzeugen; aus lat. *inducere* „hineinführen, -leiten", aus *in* „in hinein" und *ducere* „führen, leiten", zu *dux,* Gen. *ducis,* „Führer"

inert untätig, träge; aus lat. *iners,* Gen. *inertis,* „untätig, träge", aus *in-* „nicht, ohne" und *ars,* Gen. *artis,* „Geschicklichkeit, Tüchtigkeit"

infallibel unfehlbar, unwiderruflich; aus mlat. *infallibilis* „unfehlbar, untrüglich", aus lat. *in-* „nicht, un-" und *fallere* „sich täuschen, sich irren"

infam niederträchtig, gemein; aus lat. *infamis* „schändlich, übel", zu *infamare* „in üblen Ruf bringen, verleumden", aus *in-* „nicht" und *fama* „guter Ruf, guter Name"

Infant *früher span. und portug. Titel für:* Prinz; span. *infante* „Prinz; kleiner Knabe", aus lat. *infans,* Gen. *infantis,* „kleines Kind", wörtlich „nicht sprechend", zu *in-* „nicht" und *fari* „sprechen", also eigtl. „kleines Kind, das noch nicht sprechen kann"

Infanterie Fußtruppe; aus frz. *infanterie,* ital. *infanteria* (heute übliche Form: *fanteria*) in ders. Bed., zu ital. *fante* „Fußsoldat" (frühere Bedeutung „Knabe, Bursche") und veraltetem *infante* „Page, Diener", →Infant

Infarkt Absterben eines Organs oder Organteils infolge Verschlusses einer Arterie; aus neulat. *infarctus,* lat. *infartus* „verstopft", zu *infarcire* „hinein-, vollstopfen", aus *in* „in hinein" und *farcire* „vollstopfen, füllen"

Infekt ansteckende Krankheit; aus lat. *infectus* „vergiftet, angesteckt", zu *inficere,* →infizieren

inferior untergeordnet, geringwertig; lat. *inferior* „tiefer, niedriger, geringer", zu *infer(us)* „unten befindlich, der untere"

infernalisch höllisch, teuflisch; Ableitung von *Inferno* „Hölle", über ital. *inferno* aus lat. *infernus* „Hölle, Unterwelt; unterirdisch", zu *infer(us)* „unten befindlich, der untere"

Infinitiv Grundform, Nennform des Verbs; aus lat. *infinitivus* „unbestimmt", als grammatischer Terminus auch „Infinitiv", zu *infinitus* „unbestimmt, unbegrenzt", d.h. nicht durch eine Person bzw. Personalform bestimmt, aus *in-* „nicht, un-" und *finire* „begrenzen, beenden", zu *finis* „Ende"

Infix in den Wortstamm eingefügtes Bildungselement; aus lat. *infixum* „das Hineingesteckte", zu *infigere* „hineinstecken, -heften", aus *in* „in hinein" und *figere* „heften, stechen, befestigen"

infizieren mit Krankheitserregern verseuchen, anstecken; aus lat. *inficere* „vergiften, anstecken", eigtl. „mit etwas vermischen, tränken, anmachen", aus *in* „in hinein" und *facere* (in Zus. *-ficere*) „tun, machen"

in flagranti →flagrant

Inflation Geldentwertung, Erhöhung der umlaufenden Geldmenge; aus lat. *inflatio,* Gen. *-onis,* „Anschwellung, das Sichaufblähen", zu *inflare* „hineinblasen, aufblasen, anschwellen lassen, aufblähen", aus *in* „in, an, auf" und *flare* „blasen"

Influenz Einfluß, Einwirkung; aus lat. *influens,* Gen. *-entis,* Part. Präs. von *influere* „hineinfließen", aus *in* „in hinein" und *fluere* „fließen"

Influenza *veraltet:* Grippe; aus ital. *influenza* „Einfluß", übertr. „Grippe", über mlat. *influentia* „Einfluß" aus lat. *influens,* Part. Präs. von *influere* „hinein-, einfließen"; in Italien wurde die Bezeichnung seit dem 14. Jh. vor allem für epidemische Krankheiten verwendet, die man durch den Einfluß der Gestirne verursacht glaubte, später schrieb man die Ursache dem Einfluß der Kälte zu, und der Name ging dann auf die Krankheit über, die man heute „Grippe" nennt und die meist mit Erkältung verbunden ist

Information Nachricht, Mitteilung; aus lat. *informatio,* Gen. *-onis,* „Bildung, Belehrung, Unterricht", zu *informare* „bilden, gestalten, unterrichten", aus *in* (verstärkend) „in hinein" und *formare* „bilden, formen"

Infrarot die nicht sichtbaren Wärmestrahlen, die im Spektrum jenseits (unterhalb) der roten Seite des in Spektralfarben zerlegten Lichtes liegen; aus lat. *infra,* eigtl. *infera* „unterhalb, unten", zu *inferus* „der untere"

Infrastruktur alle institutionellen und materiellen Einrichtungen für Daseinsfürsorge und ökonomische Entwicklung, z.B. Verkehrsanlagen, Wasserversorgung, Krankenhäuser; aus lat. *infra,* eigtl. *infera,* „unterhalb, unten", zu *inferus* „der untere", da diese Einrichtungen dem sozialen und wirtschaftlichen Leben „zugrunde" liegen, die Grundlage dafür bilden

Infusion Eingießen, Hineinfließenlassen; aus lat. *infusio,* Gen. *-onis,* „das Hineingießen", aus *in* „in hinein" und *fundere* „gießen"

Ingenieur an einer Hoch- oder Fachschule ausgebildeter Techniker; frz. *in-*

génieur „Ingenieur, Baumeister“, zu *ingénieux* „erfinderisch, gewitzigt, geschickt“, aus lat. *ingeniosus,* → ingeniös

ingeniös sinnreich, kunstvoll; erfinderisch, scharfsinnig; aus lat. *ingeniosus* „geschickt zu etwas, erfinderisch, begabt“, zu *ingenium* „Begabung, Scharfsinn, Verstand, Erfindungsgeist“, eigtl. „angeborene Fähigkeit, Naturanlage“, aus *in* „in, hinein“ und *genere,* ältere Form von *gignere* „zeugen, erzeugen“

Ingestion Nahrungsaufnahme; aus lat. *ingestio,* Gen. *-onis,* „das Einführen, Eingießen“, zu *ingerere* „hineinbringen, -gießen, -tun“, aus *in* „in hinein“ und *gerere* „tragen“

Ingot Form, in die Metall gegossen wird sowie der Metallbarren selbst; engl. *ingot* in ders. Bed., aus *in* „in, hinein“ und mengl., altengl. *goten* „gegossen“, zu altengl. *geotan* „gießen, schütten“

Ingrediens, Ingredienz Bestandteil einer Mischung, Zutat; aus mlat., lat. *ingrediens,* Part. Präs. von *ingredi,* mlat. „hineinbringen“, lat. „hineingehen, betreten“, aus lat. *in* „in, hinein“ und *gradi* (in Zus. *-gredi*) „gehen, schreiten“, zu *gradus* „Schritt“

Ingression langsames Eindringen des Meeres in Flachteile des Festlandes; aus lat. *ingressio,* Gen. *-onis,* „Eintritt“, zu *ingredi* „hineingehen, betreten“, aus *in* „in hinein“ und *gradi* (in Zus. *-gredi*) „schreiten, gehen“, zu *gradus* „Schritt“

Ingwer eine Pflanze sowie das aus ihrer Wurzel gewonnene Gewürz; aus frz. *gingembre,* aus lat. *zingiber,* aus mittelind. *singavera-* als Bezeichnung für diese Pflanze, vermutlich drawidischen Ursprungs

inhalieren (Dampf, Tabaksrauch) einatmen; aus lat. *inhalare* „an-, einhauchen, jmdm. etwas zuhauchen“, aus *in* „in, an, zu“ und *halare* „hauchen“

inhärent (einer Sache) anhaftend, innewohnend; aus lat. *inhaerens,* Gen. *-entis,* Part. Präs. von *inhaerere* „an etwas haften, hängen, kleben“, aus *in* „in, an, auf“ und *haerere* „haften, hängen, kleben“

Inhibition *veraltet:* Verbot; aus lat. *inhibitio,* Gen. *-onis,* „das Hemmen, Hindern“, zu *inhibere* „Einhalt tun, hemmen, hindern“, aus *in-* „nicht“ und *habere* „veranlassen, gewähren, herbeiführen“

Initiale großer, meist verzierter Anfangsbuchstabe; aus lat. *initialis* „am Anfang stehend“, zu *initium* „Anfang“, zu *inire* „hineingehen, den Anfang machen, anfangen“, aus *in* „in hinein“ und *ire* „gehen“

Initiation Aufnahme in einen Geheimbund oder (bei Naturvölkern) in die Gemeinschaft der Erwachsenen; aus lat. *initiatio,* Gen. *-onis,* „feierlicher Geheimritus“, zu *initiare* „einweihen, einführen“, zu *inire* „hineingehen, in einen Zustand eingehen“, aus *in* „in hinein“ und *ire* „gehen“

Initiative Fähigkeit, etwas zu beginnen oder anzuregen, erster Anstoß; aus lat. *initiare* „anfangen“, zu *initium* „Anfang“, zu *inire* „hineingehen, den Anfang machen“, aus *in* „in hinein“ und *ire* „gehen“

Injektion Einspritzung; aus lat. *iniectio,* Gen. *-onis,* „das Hineinwerfen“, als medizinischer Fachausdruck „Einspritzung, Einflößung“, zu *inicere* „hineinwerfen, -tun“, aus *in* „in hinein“ und *iacere* (in Zus. *-icere*) „werfen“

Injurie Beleidigung; aus lat. *iniuria* „Unrecht, widerrechtliche Handlung“, als juristischer Fachausdruck „Beleidigung“, zu *iniurius* „ungerecht“, aus *in-* „nicht, un-“ und *ius,* Gen. *iuris,* „Recht“

Inkarnation Fleisch-, Menschwerdung, Verkörperung; aus lat. *incarnatio,* Gen. *-onis,* „Fleisch-, Menschwerdung“, zu *incarnare* „zu Fleisch machen“, Passiv „zu Fleisch werden“, aus *in* „in, zu“ und altlat. *carnis,* lat. *caro,* Gen. *carnis,* „Fleisch“

inkarzerieren einklemmen (z.B. eines Eingeweidebruchs); aus lat. *in* (verstärkend) „in hinein“ und kirchenlat. *carcerare* „einkerkern“, zu *carcer* „Kerker“, eigtl. „Umzäunung“

Inklination Neigung, Vorliebe; aus lat. *inclinatio,* Gen. *-onis,* „Neigung, Biegung“, zu *inclinare* „hinneigen“, aus *in* „nach hin“ und spätlat. *clinare* „neigen, biegen, beugen“

inklusive einschließlich, inbegriffen; aus frz. *inclusif, -sive* „einschließend", aus lat. *inclusus* „eingeschlossen", zu *includere* „einschließen", aus *in* „in hinein" und vulgärlat. *cludere*, lat. *claudere* „schließen, verschließen"
inkognito unerkannt, unter anderem Namen; über ital. *incognito* aus lat. *incognitus* „unbekannt", aus *in-* „nicht, un-" und *cognitus* „bekannt", → kognitiv
inkommodieren *veraltet:* belästigen, Unbequemlichkeiten bereiten; aus lat. *incommodare* „unbequem, lästig sein", zu *incommodus* „unbequem, lästig, beschwerlich", aus *in-* „nicht, un-" und *commodus* „bequem, zweckmäßig, geeignet", aus *com*, ältere Form von *cum* „mit" und *modus* „rechtes Maß"
inkorporieren aufnehmen, angliedern, einverleiben, eingemeinden; aus lat. *incorporare* „einverleiben, einfügen", aus *in* „in hinein" und *corpus*, Gen. *corporis*, „Körper"
Inkrement Zunahme, Zuwachs; aus lat. *incrementum* „Zunahme, Wachstum", zu *increscere* „in etwas hineinwachsen, im Wachstum zunehmen", aus *in* „in hinein" und *crescere* „wachsen", zu *creare* „erschaffen, hervorbringen"
Inkret von den Drüsen mit innerer Sekretion ins Blut abgegebener Stoff, Hormon; zur Unterscheidung von → Sekret gebildet aus lat. *in* „in hinein" und *cernere* „scheiden, absondern"
inkrustieren mit einer Kruste überziehen; mit andersfarbigen Einlagen verzieren; aus lat. *incrustare* „mit einer Kruste überziehen, mit einer Verkleidung bedecken", aus *in* „in, an, auf" und *crusta* „Rinde, Schale, Kruste, eingelegte Arbeit, Marmor- oder Mosaikverkleidung"
Inkubation *Antike:* Schlaf an heiligen Stätten zur Heilung von Krankheiten oder Belehrung durch den Gott, Tempelschlaf; *Med.:* das Sichfestsetzen von Krankheitserregern im Körper; *Biol.:* Bebrütung; aus lat. *incubatio*, Gen. *-onis*, „das Sitzen auf den Eiern, das Brüten; Schlaf an einem heiligen Ort auf dem Fell eines Opfertieres, um im Traum die Offenbarung des Gottes zu erfahren", zu *incubare* „auf etwas liegen", auch „etwas ständig bedrohen, belagern", aus *in* „in, auf" und *cubare* „liegen"
Inkubus *bei den alten Römern:* Alpdruck, Alptraumdämon; *im Volksglauben des MA:* mit einer Frau buhlender Teufel; aus lat. *incubus* „Alpdrücken", das man in der Antike den Waldgeistern zuschrieb, zu *incubare* 1. „auf etwas liegen", 2. in der Bedeutung „Buhlteufel": „in etwas liegen", aus *in* „in, auf" und *cubare* „liegen"
Inkunabel Buch aus der Zeit vor 1500, Wiegendruck, Frühdruck; aus lat. *incunabula* „Wiege", eigtl. „die Windeln und Wickelbänder des Säuglings in der Wiege", aus *in* „in" und *cunabula*, Verkleinerungsform von *cunae* „Wiege, Lager der kleinen Kinder"
Inlett daunendichte Hülle für Bettfedern; mecklenburg. *Inlitt, Inlett* in ders. Bed., auch „Einlaßöffnung im Eis für das Netz bei der Eisfischerei", in dieser Bedeutung auch *Inlat*, aus mnddt. *inlat* „Einlaß", zu *inlaten* „einlassen"
Inosit zuckerartige Verbindung, bes. in Muskeln, Muskelzucker; aus griech. *is*, Gen. *inos*, „Muskel, Sehne"
in petto bereit, in Bereitschaft; ital. *in petto* „in der Brust", *petto* aus lat. *pectus* „Brust"
Input die in einen Computer eingegebenen Daten; *Wirtschaft:* Einsatzfaktor; engl. *input* „zugeführte Energie oder Leistung", aus *in* „in, hinein" und *to put* „setzen, stellen, legen, tun", aus mengl. *putten*, altengl. *putian* „stoßen, schieben, werfen"
inquirieren *veraltet:* untersuchen, verhören; aus lat. *inquirere* „aufsuchen, untersuchen, erforschen", aus *in* „in, auf" und *quaerere* „suchen, untersuchen"
Inquisition *12.–18. Jh.:* Gericht der kath. Kirche gegen Ketzer; aus lat. *inquisitio*, Gen. *-onis*, „Untersuchung, Erforschung", als juristischer Fachausdruck „Einleitung eines gerichtlichen Verfahrens (Beschaffung der Zeugen und Beweismittel usw.)", zu *inquirere*

„untersuchen“, → inquirieren

insan geistig krank; aus lat. *insanus* „ungesund, seelenkrank“, aus *in-* „nicht, un-“ und *sanus* „gesund“

Insekt Kerbtier; aus lat. *insectum* „eingeschnitten“, zu *insecare* „einschneiden“, aus *in* „in, hinein“ und *secare* „schneiden“, wegen des tiefen Einschnitts zwischen Brust und Hinterleib

Insektivore insektenfressendes Tier; aus → *Insekt* und lat. *vorare* „fressen“

Insektizid Mittel zur Vernichtung von Insekten; aus → *Insekt* und lat. *caedere* (in Zus. *-cidere*) „töten“

Insemination Eindringen des Samens in das Ei; aus lat. *inseminare* „einsäen, einpflanzen“, aus *in* „in hinein“ und *seminare* „säen“, zu *semen*, Gen. *seminis*, „Samen“

Inseparables *veraltet:* unzertrennliche Freunde oder Freundinnen; frz. *inséparables* „Unzertrennliche“, aus lat. *inseparabilis* „untrennbar, unzertrennlich“, aus *in-* „nicht, un-“ und *separabilis* „trennbar“, zu *separare* „trennen“, → separat

Inserat Zeitungsanzeige; lat. *inserat* „er füge ein“, zu *inserere* „einfügen, hineintun“, aus *in* „in hinein“ und *serere* „zusammenfügen“

Insert in eine laufende Fernsehsendung eingeschaltete, kurze andere Sendung, meist Werbung; engl. *insert* „Einfügung, Einschaltung“, → Insertion

Insertion Aufgeben eines Inserats; Befestigungsart, Ansatz; aus lat. *insertio*, Gen. *-onis*, „Einfügung, Einpfropfung“, zu *inserere* „einfügen“, → Inserat

Insider jmd., der Einblick in etwas hat, Eingeweihter; engl. *insider* „Eingeweihter“, eigtl. „Innenstehender“, zu *inside* „innen, innerhalb; Innenseite“, aus *in* „innen“ und *side* „Seite“

insidiös schleichend, heimtückisch (Krankheit); aus lat. *insidiosus* „hinterlistig, heimtückisch“, zu *insidiae* „Hinterhalt, Hinterlist, Heimtücke“, zu *insidere* „auf etwas sitzen, besetzt halten“, aus *in* „in, auf“ und *sedere* „sitzen“

Insignien Kennzeichen der Macht oder Würde, z. B. Zepter, Krone; aus lat. *insigne* „Kenn-, Abzeichen“, meist Plural *insignia* „die Abzeichen, bei festlichen Gelegenheiten aufgestellte Prachtstücke“, zu *insignire* „als Kennzeichen auf-, einprägen, kennzeichnen“, aus *in* „in, auf“ und *signum* „Zeichen“

Insinuation *veraltet:* Zwischenträgerei, Einflüsterung; Eingabe an ein Gericht; aus lat. *insinuatio*, Gen. *-onis*, „eindringliche Rede, um die Zuhörer zu gewinnen, Einschmeichelung“, eigtl. „Eingang durch eine Biegung oder Krümmung“, zu *insinuare* „ins Innere eindringen, sich einschleichen, einschmeicheln“, aus *in* „in hinein“ und *sinuare* „sich winden, schlängeln“, zu *sinus* „Bucht, Krümmung“

insipid *veraltet:* albern, töricht, abgeschmackt; aus lat. *insipidus* „unschmackhaft“, aus *in-* „nicht, un-“ und *sapidus* „schmackhaft“, zu *sapere* „schmecken, einen Geschmack haben“

insistieren auf etwas bestehen, beharren; aus lat. *insistere* „sich auf etwas stellen, bei etwas stehen bleiben, verharren“, aus *in* „in, auf“ und *sistere* „sich stellen, stehen bleiben“

inskribieren sich einschreiben; aus lat. *inscribere* „in, auf etwas schreiben“, aus *in* „in, auf“ und *scribere* „schreiben“

Insolation Sonneneinstrahlung, Sonnenstich; aus lat. *insolatus* „der Sonne ausgesetzt“, zu *insolare* „in die Sonne legen, stellen“, aus *in* „in“ und *sol* „Sonne“

insolent anmaßend, unverschämt; aus lat. *insolens*, Gen. *-entis*, „überheblich, übermütig, unverschämt“, eigtl. „ungewöhnlich, auffallend“, aus *in-* „nicht, un-“ und *solens*, Part. Präs. von *solere* „pflegen, gewohnt sein“

Inspektor aufsichtführender Beamter; aus lat. *inspector* „jmd., der etwas prüfend besichtigt, untersucht“, zu *inspicere* „prüfend betrachten“, → inspizieren

Inspiration Eingebung, Erleuchtung, schöpferischer Einfall; Einatmung; aus lat. *inspiratio*, Gen. *-onis*, „Einatmen, Einhauchen, Eingebung“, zu *inspirare* „einhauchen, eingeben, begei-

stern", aus *in* „in hinein" und *spirare* „hauchen, atmen"
inspizieren prüfen, beaufsichtigen; aus lat. *inspicere* „prüfend besichtigen, betrachten", aus *in* „in hinein" und *specere* „schauen"
installieren einbauen, einrichten; sich i.: sich häuslich niederlassen, bequem einrichten; über frz. *installer* aus ital. *installare* „einbauen, einrichten", aus mlat. *installare* „in ein kirchliches Amt, eine Pfründe einweisen", aus *in* „in, hinein" und *stallum* „Verkaufsstand auf dem Markt, Kirchenstuhl, Chorstuhl"
Instantgetränk Getränk aus pulveriger Substanz, das schnell zubereitet werden kann; engl. *instant* „sofort, augenblicklich, unmittelbar", aus lat. *instans,* Gen. *instantis,* „unmittelbar bevorstehend, gegenwärtig", zu *instare* „nahe bevorstehen, in der Nähe sein", aus *in* „in, an" und *stare* „stehen"
Instanz zuständige Behörde; aus frühnhd. *instancie* „Behörde, die man mit dem Verfolgen einer Sache beauftragt", aus mlat. *instantia* „dringende Bitte, Beharren, Bestehen (auf etwas)", aus lat. *instans* „drängend, heftig", eigtl. „darauf (be)stehend", Part. Präs. von *instare* „auf etwas stehen, auf jmdn. eindringen, ihn bedrängen", aus *in* „in, auf" und *stare* „stehen"
instillieren *Med.:* einträufeln; aus lat. *instillare* „einträufeln, einflößen", aus *in* „in hinein" und *stilla* „Tropfen"
Instinkt angeborener Trieb zu bestimmten Verhaltensweisen; sicheres Gefühl (für etwas); aus lat. *instinctus* „Eingebung, Antrieb", zu *instinguere* „anstacheln, antreiben", aus *in* „an, zu" und **stinguere* „stechen"
Institut Anstalt zur Ausbildung, Erziehung, Forschung u.ä.; aus lat. *institutum* „Einrichtung", eigtl. „etwas Eingerichtetes", zu *instituere* „einrichten, einführen, hinstellen, erbauen", aus *in* (verstärkend) „wegen, zu, für" und *statuere* „einrichten, hinstellen"
instruieren in Kenntnis setzen, mit Anweisungen versehen; aus lat. *instruere* „unterweisen, unterrichten, tüchtig machen", eigtl. „ausrüsten, ausstatten, hineinfügen", aus *in* „in hinein, zu" und *struere* „ordnen, aufbauen"
Instrument Gerät, feines Werkzeug; aus lat. *instrumentum* „Gerät, Werkzeug, Möbel", zu *instruere* „auf-, ein-, herrichten, ausstatten", aus *in* „in hinein, zu, für", *struere* „ordnen, aufbauen" und Infix *-men-* zur Bezeichnung eines Mittels oder Werkzeugs
Insubordination Gehorsamsverweigerung gegenüber Vorgesetzten; aus lat. *in-* „nicht" und → *Subordination*
Insuffizienz mangelhafte Leistungsfähigkeit; aus lat. *insufficientia* „Unzulänglichkeit, Mangelhaftigkeit", aus *in-* „nicht" und *sufficientia* „Genüge, Vermögen, Hinlänglichkeit", → Suffizienz
Insulin in der Bauchspeicheldrüse gebildetes Hormon; aus lat. *insula* „Insel", nach den *Langerhansschen Inseln,* den von dem Arzt und Pathologen Paul Langerhans 1869 entdeckten Zellgruppen in der Bauchspeicheldrüse
Insult Beleidigung, Beschimpfung; *Med.:* Anfall; verkürzt aus veraltetem *Insultation* „Beschimpfung, Verhöhnung", aus lat. *insultatio* „Hohn, Spott", eigtl. „das Anspringen", zu *insultare* „anspringen", übertr. „verspotten, verhöhnen", Intensivum zu *insilire* „an oder auf etwas springen", aus *in* „in, an, auf" und *salire* (in Zus. *-silire*) „springen"
insurgieren zum Aufstand reizen, aufwiegeln; aus lat. *insurgere* „sich erheben, sich aufrichten, mächtiger werden", aus *in* (verstärkend) „auf" und *surgere* „aufstehen, emporsteigen, wachsen", zusammengezogen aus *surrigere, subrigere* „in die Höhe richten", *subrigi* „emporstehen", aus *sub* „von unten" und *regere* „geraderichten"
Insurrektion Aufstand, Aufruhr; aus lat. *insurrectio,* Gen. *-onis,* „politische Erhebung", zu *insurgere* „aufstehen", → insurgieren
inszenieren für die Aufführung auf der Bühne vorbereiten; aus lat. *in* „in, auf" und *scaena, scena* „Bühne", aus griech. *skene,* → Szene
Intaglio = Gemme; ital. *intaglio* „Steinschneidekunst; geschnittener Stein", zu *intagliare* „in Stein schnei-

den", aus *in* „in" und *tagliare* „schneiden", aus spätlat. *taliare* „spalten", zu lat. *talea* „stabförmiges, abgeschnittenes Stück, Stäbchen, Setzreis, Steckling"

intakt unbeschädigt, ganz, heil; aus lat. *intactus* „unberührt, unversehrt", aus *in-* „nicht, un-" und *tactus* „berührt", zu *tangere* „berühren, schlagen, treffen"

Intarsie Einlegearbeit in Holz aus andersfarbigem Holz, aus Elfenbein oder Perlmutt; aus ital. *tarsia,* aus arab. *tarṣīᶜ* „das Einlegen, Einlegearbeit"

integer ohne Makel, sauber, redlich, rechtschaffen; lat. *integer* „unangetastet, unverletzt, unverdorben, unbefleckt, rein", aus *in-* „nicht, un-" und über eine nicht belegte Zwischenform zu *tangere* „berühren", also eigtl. „unberührt"

integral ein Ganzes bildend, vollständig; aus mlat. *integralis* „ganz, vollständig", zu lat. *integer* „unversehrt, unvermindert", aus *in-* „nicht, un-" und über eine nicht belegte Zwischenform zu *tangere* „berühren, tasten", also eigtl. „unangetastet"

Integration Zusammenschluß, Vereinigung; aus lat. *integratio,* Gen. *-onis,* „Wiederherstellung eines Ganzen", zu *integrare* „wiederherstellen, erneuern", zu *integer* „unberührt, unversehrt"

Integument äußere Körperbedeckung (Haut, Federn, Fell), Hülle der Samenanlage (von Blütenpflanzen); aus lat. *integumentum* „Bedeckung, Decke, Hülle", zu *integere* „bedecken", aus *in* „in, auf", *tegere* „(be)decken, verhüllen" und Infix *-men-* zur Bezeichnung eines Mittels oder Werkzeugs

Intellekt Verstand, Denk-, Erkenntnisfähigkeit; aus lat. *intellectus* „das Erkennen, Wahrnehmen, Einsicht, Erkenntnisvermögen, Verstand", zu *intellegere* „erkennen, einsehen", →intelligent

intelligent klug, einsichtig, rasch auffassend, begabt; aus lat. *intelligens,* Gen. *-entis,* „einsichtig, verständig", zu *intellegere* „unterscheidend wahrnehmen, erkennen, verstehen, einsehen", aus *inter* „zwischen", und *legere* „aussuchen, auswählen, lesen"

Intendant Leiter eines Theaters, einer Rundfunk- oder Fernsehanstalt; aus lat. *intendere* „einen Weg einschlagen, sich in eine Richtung wenden", aus *in* „in, nach hin" und *tendere* „nach etwas streben, sich bemühen, (an ein Ziel) zu gelangen suchen"

intensiv angespannt, angestrengt; stark, eindringlich; aus lat. *intensus* „heftig, stark, gespannt, aufmerksam", zu *intendere* „nach etwas streben, sich bemühen, (an ein Ziel) zu gelangen suchen", aus *in* „zu hin, nach hin" und *tendere* „nach etwas streben, sich zu etwas neigen"

Intention Absicht, Bestrebung, Plan; aus lat. *intentio,* Gen. *-onis,* „das Gerichtetsein auf etwas, Aufmerksamkeit, Spannung, Absicht, Vorhaben", zu *intendere* „nach etwas streben", →intensiv

Interdikt Verbot; aus lat. *interdictum* „Verbot, Einspruch, Schiedsspruch zwischen zwei Parteien", zu *interdicere* „verbieten, entscheiden", aus *inter* „zwischen" und *dicere* „sprechen"

interessant fesselnd, anziehend; lehrreich; eigenartig, ungewöhnlich; frz. *intéressant* „wichtig, anziehend, Teilnahme einflößend", aus lat. *interesse* „dabei, dazwischen sein, teilnehmen", aus *inter* „dazwischen" und *esse* „sein"

Interferenz Überlagerung, Beeinflussung; aus lat. *inter* „dazwischen" und *ferre* „tragen"

Interieur Inneres, Innenraum; frz. *intérieur* „innerlich, das Innere", aus lat. *interior* „der innere, die inneren Teile", zu *inter* „in der Mitte"

Interim Zwischenzeit, Zwischenlösung, vorläufiger Zustand; lat. *interim* „unterdessen, inzwischen", aus *inter* „dazwischen, mitten" und *im* = *in* „in, darin"

Interjektion Empfindungswort, z.B. ach!; aus lat. *interiectio,* Gen. *-onis,* „Einschaltung, Zwischensatz", als grammatischer Terminus auch „Interjektion", zu *intericere* „dazwischenwerfen, einfügen", aus *inter* „dazwischen" und *iacere* (in Zus. *-icere*) „werfen"

Interkalarfrüchte, Interkalarien Ertrag

einer augenblicklich nicht besetzten Kirchenpfründe; Lehnübersetzung von lat. *fructus intercalares* „Früchte (= Einkünfte) aus einer Zeit, die eingeschaltet worden ist", zu *intercalarius* „eingeschaltet", zu *intercalare* „bekanntmachen, daß etwas eingeschaltet worden ist", aus *inter* „dazwischen" und *calare* „ausrufen, bekannt machen"

interkostal zwischen den Rippen liegend; aus lat. *inter* „zwischen" und *costa* „Rippe"

interlinear zwischen den Zeilen, zwischen die Zeilen (geschrieben); aus lat. *inter* „zwischen" und *linea* „Linie"

Interlockware feine, rundgestrickte Wirkware; aus engl. *to interlock* „ineinandergreifen, verschränken", aus *inter-* „gegen-, wechselseitig" (aus lat. *inter* „dazwischen") und *to lock* „verschließen, umfassen", zu *lock* „Verschluß, Schloß" (aus mengl., altengl. *lok* in ders. Bed.)

Interludium Zwischenspiel; aus lat. *inter* „dazwischen" und *ludus* „Spiel"

Interlunium Zeit des Neumondes; lat. *interlunium,* aus *inter* „zwischen" und *luna* „Mond"

intermediär zwischen zwei Dingen befindlich, Zwischen ...; aus frz. *intermédiaire* „Zwischen ..., Mittel ..., Mittelglied", zu *intermède* „Zwischenspiel", aus ital. *intermedio* „dazwischenliegend", aus lat. *intermedius* „zwischen etwas befindlich, der mittlere", aus *inter* „zwischen" und *medius* „in der Mitte"

Intermezzo heiteres Zwischenspiel; ital. *intermezzo, intermedio* „Zwischenspiel", aus lat. *intermedius* „dazwischen befindlich", aus *inter* „dazwischen" und *medius* „in der Mitte"

intermittierend zeitweilig aussetzend und wiederkehrend, mit Unterbrechungen; aus lat. *intermittere* „einige Zeit aussetzen, unterbrechen, eine Zeit vorbeigehen, verstreichen lassen", aus *inter* „dazwischen" und *mittere* „gehen lassen, frei lassen, aufgeben"

intern im Innern befindlich, innerhalb einer Gemeinschaft stattfindend, nicht für Außenstehende bestimmt; im Internat wohnend; aus lat. *internus* „im Innern befindlich, der innere, einheimisch", zu *inter* „in der Mitte"

internalisieren in sich aufnehmen, für sich als gültig annehmen, sich zu eigen machen; über spätlat. *internalis* aus lat. *internus* „im Innern, inwendig"

Interpellation Anfrage (im Parlament an die Regierung); *veraltet:* Einspruch, Mahnung; Unterbrechung; aus lat. *interpellatio,* Gen. *-onis,* „Unterbrechung, das Ins-Wort-Fallen", zu *interpellare* „jmdn. unterbrechen, eine Einrede vorbringen, Einspruch erheben", aus *inter* „dazwischen" und *-pellare,* Intensivum zu *pellere* „schlagen, stoßen"

Interpolation Schluß von zwei bekannten Funktionswerten auf Zwischenwerte; aus lat. *interpolatio,* Gen. *-onis,* „(hier und da angebrachte) Veränderung", zu *interpolare* „zurichten, herrichten, zurechtstutzen", aus *inter* „zwischen, dazwischen" und *polire* „glätten, feilen, verfeinern"

interpretieren auslegen, erklären, deuten; aus lat. *interpretari* in derselben Bedeutung, eigtl. „den Vermittler machen", zu *interpres,* Gen. *-etis,* „Vermittler, Ausleger, Erklärer", weitere Herkunft nicht bekannt, altes Wort der Rechts- und Handelssprache

Interpunktion Anwendung von Satzzeichen, Zeichensetzung; aus lat. *interpunctio,* Gen. *-onis,* „Trennung der Wörter durch Punkte", zu *interpungere* „zwei Wörter durch Punkt trennen", aus *inter* „dazwischen" und *pungere* „stechen" bzw. *punctum* „Punkt, Stich"

Interregnum vorläufige Regierung, Zeitabschnitt ohne Regierung; lat. *interregnum,* aus *inter* „zwischen" und *regnum* „Königsherrschaft", überhaupt „Herrschaft", zu *rex,* Gen. *regis,* „König, Herrscher"

Interrogativ Fragefürwort; aus lat. *interrogativus* „zur Frage gehörig, fragend, Frage-", zu *interrogare* „(be)fragen", aus *inter* (verstärkend) „dazwischen" und *rogare* „fragen"

Interruption Unterbrechung; aus lat. *interruptio,* Gen. *-onis,* „Unterbrechung", zu *interrumpere* „unterbrechen“, eigtl. „auseinanderreißen, zerbrechen“, aus *inter* „in der Mitte“ und *rumpere* „(zer)brechen, zerreißen“

Insterstitium Zwischenraum (zwischen Organen); *kath. Kirche:* Zeit zwischen dem Empfang zweier geistlicher Weihen; lat. *interstitium* „Zwischenraum“, zu *intersistere* „innehalten, mittendrin absetzen“, aus *inter* „in der Mitte“ und *sistere* „anhalten, stehenbleiben, zum Stehen bringen“

Intertrigo Wundsein der Haut infolge Reibung von Hautstellen aneinander; lat. *intertrigo* „wundgeriebene Stelle“, aus *inter* „zwischen“ und *terere* „reiben“

Intervall Zwischenzeit, Zwischenraum, Abstand; aus lat. *intervallum* „Zwischenraum“, eigtl. „Raum zwischen zwei Schanzpfählen oder Wällen“, aus *inter* „zwischen“ und *vallum* „Wall“ bzw. *vallus* „Pfahl, Pfahlwerk“, beides auch „Verschanzung“

intervenieren vermittelnd eingreifen, sich einmischen; aus lat. *intervenire* „dazwischentreten“, aus *inter* „dazwischen“ und *venire* „kommen“

Interview Befragung bekannter Persönlichkeiten durch Reporter; engl. *interview* in ders. Bed. sowie „Zusammenkunft, Besprechung“, aus *inter-* „gegen-, wechselseitig“ (aus lat. *inter* „dazwischen“) und *view* „Meinung, Auffassung, Standpunkt“, dazu *to view* „betrachten, ansehen“ (aus mengl. *vewe,* aus mfrz. *veue* „das Sehen“, zu altfrz. *veoir* aus lat. *videre* „sehen“)

interzedieren eine Schuld übernehmen, einspringen; sich einmischen; aus lat. *intercedere* „dazwischentreten“, aus *inter* „dazwischen“ und *cedere* „gehen“

Interzession Schuldübernahme; aus lat. *intercessio,* Gen. *-onis,* „Vermittlung“, zu *intercedere* „dazwischentreten“, →interzedieren

Intestinum Darm, Eingeweide; lat. *intestinum* „Darm, Eingeweide“, eigtl. „das Innere“, zu *internus* „im Innern befindlich“, zu *inter* „in der Mitte“

intim vertraut, innig; persönlich, nicht für andere bestimmt; aus lat. *intimus* „der geheimste, vertrauteste“, Superlativ zum ungebräuchlichen Adjektiv *interus* „innen befindlich, geheim“

Intonation Tonansatz beim Sprechen von Vokalen, Treffen der Tonhöhe beim Singen oder Spielen eines Instruments; aus mlat. *intonare* „anstimmen, zu singen beginnen“, lat. *intonare* „sich donnernd vernehmen lassen, erdröhnen“, aus *in* „in, an“ und *tonare* „donnern“, zu *tonus* „Donner“, allg. „Ton“

Intrada feierliches Einleitungs-, Eröffnungsstück; aus span. *entrada* „Eingang, Anfang“ aus lat. *intrare* „hineingehen“, zu *intra* „einwärts“, zum ungebräuchlichen Adjektiv *interus* „innen befindlich“

intransigent unversöhnlich, unnachgiebig, Verhandlungen unzugänglich; aus lat. *in-* „nicht“ und *transigere* „einen Vergleich, ein Abkommen mit jmdm. schließen“, aus *trans* „über (hin)“ und *agere* „verhandeln, besprechen“

Intrige hinterlistige Handlung, arglistige Verwicklung; Intrigen: Ränke; aus frz. *intrigue* „Ränkespiel, Intrige“, zu *intriguer* „Ränke schmieden, intrigieren“, aus lat. *intricare* „verwickeln, in Verwirrung, Verlegenheit bringen“, aus *in* „in hinein“ und *tricari* „Schwierigkeiten machen“, zu *tricae* „Widerwärtigkeiten, Verdrießlichkeiten“, zur idg. Wurzel **trei(q)-* „drehen, winden“

Introduktion *Mus.:* Einleitung, Vorspiel; aus lat. *introductio,* Gen. *-onis,* „Einführung, Einleitung“, zu *introducere* „einführen, einleiten“, aus *intro* „hinein“ und *ducere* „führen, leiten“

Introitus Eingangs-, Einleitungslied vor dem Gottesdienst, Einleitungssatz eines Orgelstückes; lat. *introitus* „Eingang, Einmarsch, Vorspiel“, zu *introire* „hineingehen“, aus *intro* „hinein“ und *ire* „gehen“

introrsbei *bei Blütenpflanzen:* nach innen gewendet (Staubbeutel); aus lat. *introrsus* „einwärts, nach innen“, zusammengezogen aus *introversus: intro* „hinein“ und *versus* „gewendet“, zu *vertere* „wenden“

introvertiert nach innen, auf das eigene Seelenleben gerichtet; aus lat. *intro* „hinein“ und *vertere* „wenden“

Intrusion Eindringen von Magma in die Erdkruste; frz. *intrusion* „das Eindringen", aus lat. *intrudere,* zusammengezogen aus *introtrudere* „hineinstoßen", aus *intro* „hinein" (aus *interus* „innen") und *trudere* „stoßen, drängen, treiben"

Intubation Einführung eines Rohres in die Luftröhre; Einblasen von Heilmitteln; aus lat. *in* „in hinein" und *tubus* „Röhre, Rohr"

Intuition unmittelbares Erkennen von Vorgängen oder Zusammenhängen vom Gefühl her, Eingebung; aus mlat. *intuitio,* Gen. *-onis,* „Anschauung, Betrachtung, innere Schau", aus lat. *intueri* „genau hinschauen, anschauen (auch geistig)", aus *in* „in, an" (verstärkend) und *tueri* „an-, hinschauen"

Intumeszenz das Anschwellen; aus lat. *intumescens,* Part. Präs. von *intumescere* „anschwellen", aus *in* „in, an, auf" und *tumescere* „schwellen", zu *tumor* „Schwellung"

intus innen, inwendig; lat. *intus* „drinnen, inwendig", zu *in* „in"

Inula Sammelbezeichnung für mehrere Gewürz- und Heilpflanzen; entstellt aus griech. *helenion,* → Alant

Inundation Überflutung größerer Festlandsteile durch das Meer; aus lat. *inundatio,* Gen. *-onis,* „Überschwemmung", zu *inundare* „überschwemmen", aus *in* „in hinein" und *undare* „wogen, wallen", zu *unda* „Welle, Woge"

Inunktion *Med.:* Einreibung; aus lat. *inunctio,* Gen. *-onis,* „das Einsalben, Bestreichen mit Salbe", aus *in* „in, auf" und *unctio* „das Salben", zu *unguentum* „Salbe" und *ungere* „salben, mit Salbe einreiben"

invalid dauernd arbeitsunfähig; aus lat. *invalidus* „schwach, kraftlos", aus *in-* „nicht, un-" und *validus* „stark, kräftig, gesund", zu *valere* „kräftig, gesund sein", zur idg. Wurzel **ual-* „stark sein"

Invasion Einfall feindlicher Truppen; aus lat. *invasio,* Gen. *-onis,* „Angriff", zu *invadere* „angreifen, überfallen, einfallen in", aus *in* „in hinein" und *vadere* „gehen"

Invektive beleidigende Äußerung; aus lat. *invectivus* „beleidigend, gegen jmdn. losziehend, jmdn. schmähend", zu *invehere* „Böses über jmdn. bringen", dazu *invehi* „(zu Pferde) angreifen", übertr. „gegen jmdn. oder etwas losziehen, auf jmdn. oder etwas losfahren", eigtl. „hineinführen", aus *in* „in hinein" und *vehere* „bringen, tragen, fahren"

Inventar Bestand, Bestandsverzeichnis; aus lat. *inventarium* „Vermögens-, Nachlaßverzeichnis", zu *inventum* „das Erworbene", zu *invenire* „bekommen, erwerben, sich verschaffen, ausfindig machen", eigtl. „auf etwas kommen, auf etwas stoßen" aus *in* „in, an, auf" und *venire* „kommen"

Invention Erfindung; kleines Instrumentalstück ohne bestimmte Form; aus lat. *inventio,* Gen. *-onis,* „das Finden, Erfindung", zu *invenire* „ausfindig machen, auf etwas kommen, stoßen", aus *in* „in hinein, auf" und *venire* „kommen"

Inventur Bestandsaufnahme; aus mlat. *inventura* = lat. *inventarium,* → Inventar

Inversion Umkehrung, Umstellung; aus lat. *inversio,* Gen. *-onis,* „Umkehrung", aus *in* „zu hin, nach hin" und *vertere* „wenden"

invertiert zum eigenen Geschlecht gerichtet, *eigtl.:* in umgekehrter Richtung empfindend; Ableitung von *invertieren* „umkehren", aus lat. *invertere* „umkehren", aus *in* „nach hin, zu hin" und *vertere* „wenden"

investieren in ein Amt einweisen; langfristig anlegen (Kapital); aufwenden, anwenden; aus lat. *investire* „bekleiden, einkleiden", aus *in* „in hinein" und *vestire* „kleiden", zu *vestis* „Kleidung"

Invokation Anrufung (Gottes und der Heiligen); aus lat. *invocatio,* Gen. *-onis,* „Anrufung", zu *invocare* „anrufen, beim Namen rufen", aus *in* „in, an" und *vocare* „rufen", zu *vox,* Gen. *vocis,* „Stimme"

Involution normale Rückbildung eines Organs (z. B. im Alter); aus lat. *involutio,* Gen. *-onis,* „Windung", zu *involvere* „einrollen", aus *in* „in hinein" und *vol-*

vere „rollen, wälzen, drehen“
involvieren einbegreifen, in sich schließen, nach sich ziehen; aus lat. *involvere* „einwickeln, einhüllen“, aus *in* „in hinein“ und *volvere* „wälzen, rollen“
Inzensorium Weihrauchgefäß; aus lat. *incensor,* Gen. *-oris,* „Anzünder“, zu *incendere* „anzünden“, aus *in* „in hinein“ und *candere* (in Zus. *-cendere*) „glühen“
Inzest Geschlechtsverkehr zwischen Blutsverwandten, Blutschande; aus lat. *incestus* „Blutschande; befleckt, unrein, unkeusch“, aus *in-* „nicht, un-“ und *castus* „rein, keusch“
Inzision *Med.:* das Einschneiden (in Gewebe); aus lat. *incisio,* Gen. *-onis,* „Einschnitt“, zu *incidere* „einschneiden“, aus *in* „in hinein“ und *caedere* (in Zus. *-cidere*) „hauen, fällen, abhauen“
Ion Atom, des durch Verlust oder Anlagerung von Elektronen elektrisch geladen ist und dadurch im elektrischen Feld wandert; aus griech. *ion* „gehend, wandernd“, zu *ienai* „gehen, wandern“
Ipsismus = Onanie; aus lat. *ipse* „selbst, für sich“
Irenik Streben nach Verständigung der christlichen Konfessionen, Friedenslehre; friedliche Haltung; aus griech. *eirenikos* „friedlich, friedfertig“, zu *eirene* „Friede, Ruhe“ weitere Herkunft nicht bekannt
Iridium chemisches Element; aus griech. *iris,* Gen. *iridos,* „Regenbogen“, wegen der verschiedenen Farben seiner Salze
Iridologie Augendiagnose; aus griech. *iris,* Gen. *iridos,* „Regenbogen“ (→ Iris) und *logos* „Wort, Lehre, Kunde“, zu *legein* „sagen, sprechen, erklären“
Iris Regenbogenhaut (des Auges); eine Zierpflanze; aus griech. *iris* „Regenbogen“, weitere Herkunft unsicher, vielleicht zu *itys* „Rundung, Biegung“; die Pflanze wurde so genannt, weil sie in ihren leuchtenden Farben (wild blau und gelb) an die Farben des Regenbogens erinnert
Ironie verhüllter Spott, bei dem das Gegenteil von dem gesagt wird, was gemeint ist; über lat. *ironia* „Ironie“ aus griech. *eironeia* „Verstellung, geheuchelte Unwissenheit, Spott“, zu *eiron* „Schalk, Spötter, jmd., der sich unwissend stellt“
Irradiation Ausstrahlung (von Schmerzen auf benachbarte Körperteile, von Gefühlen auf andere Bereiche); Überbelichtung, Lichthofbildung; aus lat. *irradiare* „bestrahlen“, aus *ir-* (in Zus. vor r statt *in*) „in, an, auf“ und *radiare* „strahlen“, zu *radius* „Strahl“
Irrigation Ausspülung, Einlauf; aus lat. *irrigatio,* Gen. *-onis,* „Bewässerung“, zu *irrigare* „bewässern, eine Flüssigkeit auf, in etwas leiten“, aus *ir-* (in Zus. vor r statt *in*) „in hinein, auf“ und *rigare* „(Wasser) leiten, bewässern“
irritieren reizen, erregen, stören; *ugs.:* verwirren, unsicher machen; aus lat. *irritare* „erregen, reizen“, weitere Herkunft unsicher
Isagogik Kunst der Einführung (in eine Wissenschaft); aus griech. *eisagoge* „Einführung“, aus *eis* „hinein“ und *agoge* „Führung“, zu *agein* „führen“
Ischämie Blutleere in einem Organ oder Körperteil; aus griech. *ischein* „zurückhalten, hemmen, hindern“ und *haima* „Blut“
Ischias Entzündung des Ischiasnervs (Hüftnervs); aus griech. *ischion* „Hüftgelenk, Hüfte, Lende“, vielleicht zu *ischein, echein* „halten, festhalten“, oder zu *ixys* „Weichen“, weitere Herkunft nicht bekannt
Ischurie krankhafte Unfähigkeit, Harn zu lassen, Harnverhaltung; aus griech. *ischanein* „zurückhalten, hemmen, hindern“ (zu *ischein, echein* „halten, festhalten“) und *ouron* „Harn“
Islam von Mohammed begründete, monotheistische Religion; aus arab. *islām* „Ergebung (in Gott)“, zu *aslama* „sich (Gott) ergeben, sich (Gott) hingeben“
-ismus Endung zur Bezeichnung einer Lehre oder eines Systems; aus griech. *-isma,* aus der Endung der Verben auf *-izein* gebildet: „auf eine bestimmte Art handeln, vorgehen“
Isobare Verbindungslinie zwischen Orten gleichen Luftdrucks; aus griech. *isos* „gleich“ und *barys* „schwer“

Isochimene Verbindungslinie zwischen Orten gleicher mittlerer Wintertemperatur; aus griech. *isos* „gleich" und *cheimon* „Winter"
isochor gleiches Volumen aufweisend; aus griech. *isos* „gleich" und *chora* „Raum, Zwischenraum"
isochromatisch gleich empfindlich gegenüber verschiedenen Wellenlängen des Lichts; aus griech. *isos* „gleich" und *chroma*, Gen. *chromatos*, „Farbe"
isogen gleichen Ursprung und gleiche Erbanlagen aufweisend; aus griech. *isos* „gleich" und *genesis* „Werden, Entstehen"
Isoglosse *auf Sprach- oder Mundartenkarten:* Linie, die das Verbreitungsgebiet eines Wortes oder einer sprachlichen Erscheinung begrenzt; aus griech. *isos* „gleich" und *glossa* „Sprache, Wort, sprachlicher Ausdruck"
Isogon regelmäßiges Vieleck; aus griech. *isos* „gleich" und *gonia* „Winkel"
Isohelie Verbindungslinie zwischen Orten gleicher mittlerer Sonnenbestrahlung; aus griech. *isos* „gleich" und *helios* „Sonne"
Isohyete Verbindungslinie zwischen Orten gleicher Niederschlagsmenge; aus griech. *isos* „gleich" und *hyetos* „Regen", zu *hyein* „regnen lassen"
Isohypse Verbindungslinie zwischen Orten gleicher Höhe über dem Meeresspiegel; aus griech. *isos* „gleich" und *hypsos* „Höhe"
Isokephalie *Malerei:* gleiche Kopfhöhe mehrerer nebeneinanderstehender oder -sitzender Personen; aus griech. *isos* „gleich" und *kephale* „Kopf"
Isokline Verbindungslinie zwischen Orten gleicher Neigung der Magnetnadel; aus griech. *isos* „gleich" und *klinein* „neigen"
isolieren dicht machen, abdichten; absondern, trennen; aus ital. *isolare* „absondern", eigtl. „zur Insel machen", zu *isola*, lat. *insula* „Insel"
isomer von gleicher Zusammensetzung (hinsichtlich der Art und Menge der einzelnen Elemente); aus griech. *isos* „gleich" und *meros* „Teil"
Isometrie maßstabgerechtes Verhältnis; aus griech. *isos* „gleich" und *metron* „Maß"
isomorph von gleicher Gestalt, von gleicher Kristallform; aus griech. *isos* „gleich" und *morphe* „Gestalt"
Isopode ein Krebstier, Gleichfüßer, Assel; aus griech. *isos* „gleich" und *pous*, Gen. *podos*, „Fuß"
Isoptere ein Insekt, Gleichflügler, Termite; aus griech. *isos* „gleich" und *pteron* „Flügel", wegen der vier gleichartigen häutigen Flügel
Isoseiste Verbindungslinie zwischen Orten gleicher Erdbebenstärke; aus griech. *isos* „gleich" und *seistos* „erschütterbar, bewegbar", zu *seiein* erschüttern, bewegen" und *seismos* „Erschütterung"
Isoskop *Fernsehen:* Vorrichtung zur Bildaufnahme, Bildabtaströhre; aus griech. *isos* „gleich" und *skopein* „sehen, betrachten"
Isostasie Gleichgewichtszustand großer Krustenteile der Erde; aus griech. *isos* „gleich" und *stasis* „das Stehen"
Isothere Verbindungslinie zwischen Orten gleicher mittlerer Sommertemperatur; aus griech. *isos* „gleich" und *thereia* „Sommer(zeit)", zu *theros* „Wärme, warme Jahreszeit, Sommer(zeit)"
Isotherme Verbindungslinie zwischen Orten gleicher Temperatur zur gleichen Zeit; aus griech. *isos* „gleich" und *therme* „Wärme"
Isotope Elemente, deren Atomkerne dieselbe Anzahl von Protonen aufweisen (und die daher den gleichen Ort im periodischen System einnehmen); aus griech. *isos* „gleich" und *topos* „Ort"
isotrop nach allen Richtungen des Raumes hin die gleichen physikalischen Eigenschaften aufweisend; aus griech. *isos* „gleich" und *tropos* „Wendung, Richtung", zu *trepein* „drehen, wenden"
Iteration Wiederholung, Verdoppelung; aus lat. *iteratio*, Gen. *-onis*, „Wiederholung", zu *iterare* „wiederholen", zu *iterum* „noch einmal, zum zweiten Mal"
Itinerarium altrömisches Straßenverzeichnis; Karte mit den zurückgelegten

Routen der Reisen, Kriegszüge usw.; Wegeaufnahme in unerforschtem Gebiet; lat. *itinerarium* „Wegbeschreibung“, zu *iter,* Gen. *itineris,* „Weg, Reise“, zu *ire* „gehen“

-itis Endung, mit der in der Medizin eine Entzündung bezeichnet wird; wahrscheinlich aus der griech. Endung *-itis,* Fem. zur Endung *-ites* „zu etwas gehörend, etwas betreffend“, die immer in Verbindung mit dem Wort *nosos* „Krankheit“ gebraucht wurde, also … *itis nosos* „… betreffende Krankheit“

J

Jabot Spitzenrüsche im Halsausschnitt; frz. *jabot* in ders. Bed. sowie „Kropf (des Vogels)"; Herkunft nicht belegt, aber verwandt mit *gave* „Kropf"

Jacht schnelles Segelboot; aus ndrl., mndrl., mnddt. *jacht,* verkürzt aus mnddt. *jachtschip, jageschip* „schnellsegelndes Schiff", zu *jacht* „Jagd" und *jagen* „jagen, verfolgen"

Jacketkrone Zahnkrone, die den spitz zugeschliffenen erkrankten Zahn wie ein Mantel oder eine Jacke umgibt; engl. *jacket* „Jacke", in der Technik „Mantel, Muffe", Ableitung von *jack* „ärmelloser Mantel", aus altfrz. *jaque* in ders. Bed., aus dem Vornamen *Jacques* „Jakob", der im 14. Jh. zugleich Spitzname für den frz. Bauern war, und die Bauern trugen damals häufig solche Mäntel

Jacquard kompliziertes Webmuster; nach dem frz. Erfinder des Musters und dazu nötigen Webstuhls, Josephe-Marie *Jacquard* (1752–1834)

Jade *Sammelbezeichnung für* Jadeit und Nephrit; verkürzt aus span. *pietra de ijada* „Lendenstein", zu *ijada* „Flanke, Seite, Leiste, Lende"; Jade galt bis ins 18. Jh. als Heilmittel gegen Krankheiten der Lendengegend, z. B. der Nieren, daher auch *Nephrit* „Nierenstein"; Jade wurde zuerst von den Spaniern aus Mittel- und Südamerika nach Europa eingeführt

Jaguar ein amerikanisches Raubtier; aus Tupi *jaguara,* Guarani *jaguar* u. a. ähnlichen Namen in den verschiedenen südamerikanischen Indianersprachen

Jainismus streng asketische indische Religion; aus Sanskrit *jina-* „Sieger" zur altind. Wurzel *ji-* „überwältigen"

Jakobsleiter Strickleiter mit hölzernen Sprossen; nach der bis zum Himmel reichenden Leiter, die *Jakob* im Traum erschien (1. Buch Mosis, 28, 12)

Jaktation Unruhe, bes. von Kranken im Bett, Herumwerfen; aus lat. *iactatio,* Gen. *-onis,* „das Hinundherwerfen", zu *iactare,* Intensivum zu *iacere* „werfen"

Jalousie äußerer Fenstervorhang aus dachziegelartig übereinanderliegenden Brettchen; frz. *jalousie* „Eifersucht; Jalousie", aus ital. *gelosia* in denselben Bedeutungen, aus mlat. *zelosus* „eifersüchtig", zu spätlat. *zelus,* griech. *zelos* „Eifer, eifriges Streben, Eifersucht"; die Entwicklung von „Eifersucht" zu „Fenstervorhang" ist nicht geklärt, man vermutete den Grund in der Beschaffenheit des Vorhangs, der bei bestimmter Stellung der Brettchen den Blick von innen nach außen freigibt, von außen nach innen aber verhindert; wer sich im Raum aufhält, wird also „eifersüchtig" gegen neugierige Blicke von außen abgeschirmt; in dieser Art waren urspr. die Fenstergitter der orientalischen Häuser, bes. der Harems, konstruiert (nach Duden)

Jamboree internationales Pfadfindertreffen; geselliges Beisammensein mit unterhaltendem Programm; engl. *jamboree* in der ersten Bedeutung sowie „Zechgelage, lärmendes Fest", aus *jam(b)* „Gedränge, Gewühl", nach dem Muster von *corroborree* „lärmende Festlichkeit" gebildet

Jambus Versfuß aus einer betonten und einer unbetonten Silbe; aus griech. *iambos* in derselben Bedeutung, auch „Spottvers", Herkunft unsicher, → Triumph

Jams eine tropische Kletterpflanze, deren Wurzel als Nahrungsmittel dient; aus frühnhd. *ignames,* ital. *igname,* span. *ñame,* aus port. *inhame,* aus westafrikan. *niambi* „Knollenfrucht"

Jam-Session Zusammenkunft von Jazzmusikern zum freien Improvisieren ohne vorherige Arrangements und ohne Publikum aus Freude am Musizieren; engl., aus *to jam* (in der Sprache der Jazzmusiker) „frei improvisieren", eigtl. „Signale aussenden und dadurch Radiosender stören, einklemmen, einquetschen", zu *jam* „Gedränge, Gewühl" (Herkunft nicht bekannt) und *session* „Sitzung", aus lat. *sessio,* Gen. *-onis,* „das Sitzen, Verweilen", zu *sedere* „sitzen"

Janitschar *1329–1826:* Angehöriger der türkischen, aus den nichtmoslemischen Untertanen des Sultans gebildeten Kerntruppe; aus türk. *yeniçeri,* aus *yeni* „neu, frisch" und *çeri* „Truppe, Schar"

Januar erster Monat des Jahres; aus lat. *mensis Ianuarius* „dem Janus geweihter Monat", nach *Ianus,* dem altröm. Gott des Anfangs, des Ein- und Ausgangs, der Durchgänge und Tore, des Jahres und der Zeit, der mit zwei Gesichtern dargestellt wird, dem in die Zukunft und dem in die Vergangenheit schauenden

Jardiniere Schale oder Korb für Blumen oder Blattpflanzen mit Wurzeln; frz. *jardinière* „Gärtnerin; Blumentischchen; Gericht aus gemischtem Gemüse", zu *jardin* „Garten", aus altfrz. *jard* „Gemüsegarten", aus fränk. *gard* „Garten, Gehege"

Jargon Ausdrucksweise einer sozialen oder beruflichen Gruppe; frz. *jargon* in ders. Bed., altfrz. auch „unverständliche, fremde Sprache", auch „Vogelsprache, Gezwitscher", aus galloroman. *gargone* „Gezwitscher, Geschwätz", eigtl. „mit der Kehle hervorgebrachtes Geräusch", zum Stamm **garg-* „Gurgel"

Jasmin ein Zierstrauch mit stark duftenden Blüten; über das Arab. aus pers. *yāsamīn, yāsaman* in derselben Bedeutung

Jaspis ein Halbedelstein; aus griech. *iaspis,* aus hebr. *jāšəpā;* Weiteres nicht bekannt

Jause *österr.:* Zwischenmahlzeit, bes. am Nachmittag, Vesper; aus poln. mundartl. *juzyna* „Vesper", slowen. *užina* „Mittagessen", bulgar. *južina* „Abendessen", zu russ. *južnyj* „südlich", zu *jug* „Süden", urspr. also „Mittagsmahlzeit"

Jazz aus kultischen, Tanz- und Arbeitsliedern der nordamerik. Neger hervorgegangener, von der Musik der Weißen beeinflußter Musizierstil; im amerik. Slang bedeutet *jazz* außer dem Musizierstil auch „Animiertheit, Schmiß, Schwung" sowie „Geschlechtsverkehr", als Adjektiv „animalisch, aufreizend", *jazzy* „wild, erregend", *to jazz* „sich ins Zeug legen, Geschlechtsverkehr haben"; dies alles deutet auf die Rhythmik und Dynamik dieser Musik hin, es ist jedoch nicht sicher, ob das Wort aus dem amerik. Slang stammt und auf die als sexuell aufreizend empfundene Musik übertragen wurde (die zuerst in Bordells und billigen Tanzlokalen gespielt wurde), oder ob es seinen Ursprung im Negerjargon hat, sich dann in die genannten Bedeutungen aufsplitterte und schließlich auf die Musik übertragen wurde

Jeans → Blue Jeans

Jeep kleiner, geländegängiger amerik. Kraftwagen; engl. *jeep* in ders. Bed., wahrscheinlich aus den englisch ausgesprochenen Buchstaben GP [dʒipi], der Abkürzung für *general purpose (car)* „Mehrzweck(wagen)", aus *general* „allgemein, umfassend, unbegrenzt" und *purpose* „Zweck"

jemine! Ausruf des Bedauerns oder Schreckens; aus lat. *Iesus domine!* „Herr Jesus!"

Jeremiade Klage, wortreiches Jammern; nach den Klageliedern des Propheten *Jeremias,* die den Anhang zum Buch *Jeremia* der Bibel bilden, mit der Endung *-ade* zur Bezeichnung einer Handlung

Jet Düsenflugzeug; verkürzt aus engl. *jet-plane* „Düsenflugzeug", aus *jet* „Strahl" (zu *to jet* „ausspritzen", aus frz. *jeter* „ausstoßen, herausschleudern", aus lat. *iactare* „werfen, schleudern", Intensivum zu *iacere* „werfen") und *plane* „Flugzeug", eigtl. „Tragfläche, flache Oberfläche", aus lat. *planus* „flach, eben"

Jeton Spielpfennig, Spielmarke, Automatenmarke; frz. *jeton* in ders. Bed., zu *jeter* „(hin)werfen", aus lat. *iactare* „(wiederholt) werfen", Intensivum zu *iacere* „werfen"

Jett = Gagat; aus engl. *jet*, aus altfrz. *jayet, gayet* „Gagat"

Jingoismus *engl. spött. Bez. für* Hurrapatriotismus; nach dem Ausruf *by jingo!* in einem engl. Lied, das 1878 zur Verspottung von Benjamin Disraelis imperialistischer und bes. seiner antirussischen Politik gesungen wurde; die Herkunft des Ausrufs ist nicht bekannt, vielleicht verhüllend für „Jesus"; er wird gewöhnlich in der Form *hey jingo* benutzt, um Überraschung oder Staunen bei etwas Unerwartetem auszudrücken

Jinismus *fachsprachliche Schreibung von* → Jainismus

Jiu-Jitsu japan. Kunst der waffenlosen Selbstverteidigung; aus japan. *ju* „sanft, weich" (= waffenlos) und *jutsu* „Kunstfertigkeit" (der Verteidigung)

Job (bes. vorübergehende) Beschäftigung, Stelle, Arbeit; engl. *job* „Beschäftigung, Stellung, Geschäft, Auftrag", Herkunft nicht bekannt

Jockey berufsmäßiger Rennreiter; engl. *jockey* in ders. Bed., Verkleinerungsform des schott. Vornamens *Jock* = engl. *Jack* (Abkürzung von *Jacob*, familiär für *John* „Johannes, Hans" verwendet), der auch allg. für „Bursche" stehen kann (bes. in Fügungen ähnlich dem dt. „Hans"), auch „Bube" im Kartenspiel, also urspr. „Reitbube, Reitbursche"

Jod chemisches Element; aus griech. *ion* „Veilchen" und *eidos* „Aussehen", wegen des violetten Dampfes, der sich beim Erhitzen bildet

Joga → Yoga

Jogging sportlich betriebenes Laufen zwischen schnellem Gehen und langsamem Dauerlauf; aus engl. *to jog* „(dahin)trotten", dazu *jog* „Trott, leichter Trab"

Joghurt unter Einwirkung von Bakterien hergestellte, eingedickte Sauermilch; aus türk. *yoğurt* „gegorene Milch", zu *yoğurmak* „kneten"

Joint mit Rauschgift versetzte Zigarette; engl. *joint* in ders. Bed., im amerik. Slang „Opiumhöhle", bei amerik. Vagabunden „Platz, an dem man sich trifft, trinkt und sich zu Hause fühlt", auch „Treffpunkt von Dieben", auch „Partnerschaft"; wahrscheinlich zu *to join* „sich zusammenschließen, sich gesellen" (aus mengl. *joinere* aus lat. *iungere* „sich vereinigen"), dann vom „Platz, an dem Rauschgift genommen wird" auf dieses selbst übertragen

Joker *Kartenspiel:* Karte mit Narrenbild, die für jede Karte gelten kann; engl. *joker* in ders. Bed., eigtl. „Spaßmacher", aus lat. *ioculator* „Spaßmacher", → Jongleur

Jolle kleines, einmastiges Segelboot; Ruderboot als Beiboot; aus ndrl. *jol*, engl. *yawl*, weitere Herkunft nicht bekannt

Jongleur Geschicklichkeitskünstler, der Spiele mit mehreren Bällen, Tellern usw. vorführt; frz. *jongleur* in ders. Bed. sowie „umherziehender Spielmann des MA", aus lat. *ioculator* „Spaßmacher", zu *ioculari* „scherzen", zu *ioculus* „Scherz, Späßchen", Verkleinerungsform von *iocus* „Spaß"

Joppe Lodenjacke, Hausjacke; über altfrz. *jupe, choppe, jopa*, span. *aljuba* „Mantel (der Mauren)" aus arab. *alǧubba* „langes, vorn offenes Obergewand mit weiten Ärmeln"

Journal Rechnungsbuch, buchhalterisches Tagebuch; Zeitschrift; frz. *journal* „Tagebuch, Zeitung, Zeitschrift", zu *jour* „Tag", aus lat. *diurnus* „täglich" und *diurnum* „Tagebuch", zu *dies* „Tag"

jovial leutselig, freundlich-herablassend; aus lat. *iovialis* „zu Jovis gehörig", dem Gott des Himmels und König der Götter (*Iovis* war urspr. Genitiv der altlat. Form *Iuppiter*, wurde aber auch im Nominativ verwendet); der Planet *Jupiter* verleiht nach astrologischem Glauben dem unter ihm Geborenen Frohsinn

Jubiläum Jahrestag, Gedenktag, bes. nach einer runden Zahl von Jahren; aus lat. *iubilaeum* „Jubelzeit", aus *annus iubilaeus* „Jubeljahr", bei den Juden jedes 50. Jahr, in dem Schulden erlassen, Sklaven freigelassen wurden u.a., in der römisch-kath. Kirche anfangs jedes 100., dann jedes 50., schließlich jedes 25. Jahr, in dem Ablaß gewährt wurde; aus hebr. *jōbēl* „Widderhorn“, das zum Beginn des Jubeljahres geblasen wurde; im Lat. wurde *jōbēl* an *iubilare* „jauchzen“ angeglichen

jubilieren jubeln; aus lat. *iubilare* „jauchzen, frohlocken“, zu *iubilum* „freudiger Aufschrei, Jauchzer“, aus der Interjektion **iu* als Ausdruck der Freude

Juchten feines Kalbsleder; aus russ. *juft* in ders. Bed., wahrscheinlich aus pers. *juft,* awest. *juchta* „Paar“, da die Felle paarweise gegerbt worden sein sollen

Judaslohn Bezahlung für eine böse Tat, bes. für Verrat; nach *Judas,* der Christus verriet

Judizium *veraltet:* Urteil; Urteilsfähigkeit; aus lat. *iudicium* „Gerichtsverhandlung, Gericht“, zu *iudex,* Gen. *iudicis,* „Richter“ und *iudicare* „Recht sprechen“, zu *ius,* Gen. *iuris,* „Recht“

Judo sportlich betriebenes Jiu-Jitsu; aus japan. *ju* „weich, sanft“ und *do* „Weg“

Jugulum Drosselgrube, Grube oberhalb des Brustbeins zwischen den Schlüsselbeinen; lat. *iugulum* „Schlüsselbein, Höhlung über dem Schlüsselbein, Kehle“, zu *iungere* „verbinden“, zu *iugum* „Joch“; das Schlüsselbein verbindet Brust und Schulter

Juice roher Obst- oder Gemüsesaft; engl. *juice* „Saft“, aus mengl. *juce, juse* „Saft“, aus frz. *jus* „Saft“, → Jus

Juli siebenter Monat des Jahres; aus lat. *mensis Iulius* „Monat des Julius“, nach *Julius Cäsar* (100–44 v. Chr.) zum Andenken an seine Kalenderreform: er führte den nach ihm benannten Julianischen Kalender mit 365 Tagen und einem Schaltjahr alle vier Jahre ein; der Juli war sein Geburtsmonat und hieß vorher mensis quin(c)tilis „fünfter Monat“, da das altröm. Jahr mit dem März begann

Julklapp skandinav. Sitte, am Weihnachtsabend (Julfest) unerkannt ein Geschenk ins Zimmer zu werfen, auch das Geschenk selbst; schwed. *julklapp,* aus *jul,* altnord. *jol* „Julfest, Weihnachten“ und lautmalendem *klapp;* die Herkunft von *jul, jol* ist nicht geklärt

Juni sechster Monat des Jahres; aus lat. *mensis Iunius* „der Juno geweihter Monat“, nach *Iuno,* der Gemahlin des Jupiter

Junior der Jüngere, der Sohn; aus lat. *iunior* „der jüngere“, Komparativ von *iuvenis* „jung“

Juniperus Wacholder; erster Bestandteil aus lat. *iuncus* „Binse“, zu *iungere* „verbinden, zusammenfügen“ (sowohl die Zweige des Wacholders als auch die Binse werden zum Flechten benutzt), der zweite Teil vielleicht zu lat. *parere* „erzeugen, hervorbringen“; der Name ist als „binsenartige Zweige treibend“ gedeutet worden

Junkie Rauschgiftsüchtiger; engl. *junkie* in ders Bed., zu *junk* „altes Seil, altes Tauwerk“, daher auch „altes Zeug, Abfall, Trödel, Ausschußware, Plunder“, im Slang übertr. „Narkotika, bes. Heroin“; über die Brücke „Tauwerk“ vielleicht aus lat. *iuncus* „Binse“

Junktim Verbindung von Gesetzesvorlagen oder Maßnahmen, die nur insgesamt behandelt werden können; aus lat. *iunctim* „vereinigt, beisammen“, zu *iungere* „verbinden, zusammenfügen“, zu *iugum* „Joch“

Junta *in Spanien und Lateinamerika:* Regierungsausschuß; span. *junta* „Versammlung, Zusammenkunft; Ausschuß, Rat“, zu *juntar* „vereinigen, versammeln, zusammenfügen“, aus lat. *iungere* in ders. Bed., zu *iugum* „Joch“

Jura mittlere Formation des Mesozoikums; nach dem Schweizer Jura, lat. *Jura mons* „Juragebirge“, aus kelt. *jor, joria, juria* „Wald, Hochwald“

juridisch *veraltet, noch österr.:* zum Recht gehörig, rechtlich; aus lat. *iuridicus* „rechtlich“, aus *ius,* Gen. *iuris,* „Recht“ und *dicere* „sprechen“, also eigtl. „Recht sprechend“

Jurisdiktion Rechtsprechung, Gerichtsbarkeit; aus lat. *iurisdictio,* Gen. *-onis,* „Handhabung des Rechts in Zivilsachen, Zivilgerichtsbarkeit“, aus *ius,* Gen. *iuris,* „Recht“ und *dictio,* Gen. *-onis,* „das Sprechen“

Jurisprudenz Rechtswissenschaft; aus lat. *iuris prudentia* „Rechtswissenschaft, Rechtsgelehrsamkeit“, aus *ius,* Gen. *iuris,* „Recht“ und *prudentia* „Wissen, Kenntnis, Wissenschaft“, zu *prudens* „kundig, erfahren, bewandert, klug, bes. welt- und lebensklug“, zusammengezogen aus *providens* „sich vorsehend“, → Providenz

Jus starke Fleischbrühe; mit Fleischbrühe von der Pfanne gelöster Bratensaft; *schweiz.:* Gemüse-, Obstsaft; frz. *jus* „Saft, Brühe“, aus lat. *ius* „Brühe, Suppe“, zur idg. Wurzel **ieu-* „vermischen“

justament *veraltet:* gerade, genau; aus frz. *justement* (mit deutscher Aussprache) „gerade, eben; gerecht“, zu *juste* „gerecht, recht, richtig, gerade“ und Suffix *-ment* zur Bezeichnung des Adverbs, aus lat. *iustus* „gerecht, rechtschaffen, gehörig, recht“, zu *ius,* Gen. *iuris,* „Recht“

justieren genau einstellen, auf das richtige Maß bringen, eichen; aus mlat. *iustare* „in die richtige Ordnung bringen, einstellen, berichtigen (Maße)“, zu lat. *iustus* „richtig, recht, ordentlich“

Jute eine ind. Bastfaserpflanze; über engl. *jute* aus Sanskrit *jaṭā* „Haarflechte; faserige Wurzel“

juvenil jugendlich; aus lat. *iuvenilis* „jugendlich“, zu *iuvenis* „jung“

Juwel geschliffener Edelstein; etwas Kostbares, Kleinod; aus mittelndrl. *juweel* „Kostbarkeit“, aus altfrz. *joel, joial* „Schmuck“, über vulgärlat. **iocellum* „Kurzweiliges“ aus lat. *iocus* „Scherz“, also eigtl. „etwas, das Vergnügen macht“, dann „Sache, die man gern hat“ und schließlich „Sache, auf die man Wert legt, die einem wertvoll ist“

Jux Scherz, Spaß, Ulk; aus lat. *iocus* in derselben Bedeutung

Juxta Streifen am Rand von kleinen Wertpapieren, der zur Kontrolle abgetrennt werden kann; lat. *iuxta* „dicht daneben“, verwandt mit *iungere* „verbinden“

K

Kaaba Hauptheiligtum des Islams, in der Moschee von Mekka stehendes, würfelförmiges Gebäude; aus arab. *ka^cba* „Würfel"
Kabale Intrige, geheime Machenschaft; aus hebr. *qabbala* „Tradition", das häufig, aber irrig, mit „Geheimlehre" übersetzt wird; → Kabbala
Kabarett Bühne für kurze, satirische, zeitkritische Darstellungen; aus frz. *cabaret* „kleines Wirtshaus, Kneipe", früher „Kellereingang", daneben Languedoc *cavarié* „Grube", aus altfrz. *cavarel* „hohler Raum", aus lat. *cavus* „hohl"
Kabäuschen *ugs.:* kleines, gemütliches Haus oder Zimmer; (vielleicht unter Einfluß von mndrl. *kabuys*) Verkleinerungsform von → *Kabuse*
Kabbala Gesamtheit der jüdischen Mystik, eigentlich „Tradition", zu hebr. *qibbēl, qabbēl* „empfangen, annehmen"
Kabel starkes Tau; isolierte elektrische Leitung; aus frz. *cable* in ders. Bed., aus lat. *capulum* „Seil zum Fangen, Lasso", zu *capere* „fassen, ergreifen"
Kabeljau ein Nutzfisch; aus mittelndrl. *cabbeliau,* das wahrscheinlich eine volksetymologische Umbildung aus bask. *bakailau,* span. *bacallo,* port. *bacalhão* „Kabeljau, Stockfisch, Klippfisch" ist; als das Wort nach Norden wanderte, wurde es im Ndrl. zu *bakkeljauw* und dann in lautlicher Anlehnung an das in der Fischersprache geläufige Wort *Kabel* zu *cabbeliau* umgebildet; den eigtl. Ursprung vermutete man in span. *baculo* aus lat. *baculum* „Stock", da der Fisch getrocknet auch „Stockfisch" heißt, doch ist dies nicht gesichert
Kabine Schlaf-Wohnraum für Schiffspassagiere; kleiner Umkleideraum; aus frz. *cabine* in ders. Bed., in Anlehnung an das häufig vorkommende Suffix *-ine* umgebildet aus *cabane* „Hütte, Laubhütte", aus ital. *capanna* „Hütte, Schutzhütte, Badekabine", aus spätlat. *capanna* „Hütte der Weinbergaufseher", vielleicht zu *capere* „einen Ort besetzen oder einnehmen, Posto fassen, sich aufstellen"
Kabotage Küstenschiffahrt zwischen Häfen des gleichen Landes; frz. *cabotage* aus span. *cabotaje* in ders. Bed., zu span. *cabo* „Vorgebirge, Kap"
Kabriolett Personenkraftwagen mit zurückklappbarem Verdeck; aus frz. *cabriolet* „leichter, zwei- oder vierrädriger Einspänner", zu *cabrioler* „Luft-, Bocksprünge machen", zu *cabriole* „Luft-, Bocksprung", → Kapriole; die Übertragung auf das Gefährt geschah wahrscheinlich scherzhaft wegen der Sprünge, die es machte, wenn es über holprige Wege ging
Kabuff *ugs.:* enger, dunkler Raum; Verstümmelung von → *Kabuse*
Kabuki japan. Schauspiel mit Musik und Tanz; das Wort beruht auf einem alten japan. Verb *kabuku* „sich fremdartig bewegen, eine unnatürliche Figur machen"; um dieses Verb, das der Darstellungsweise im Kabuki entspricht, schriftlich fixieren zu können, suchte man aus der chines. Schrift (die in abgewandelter Form für die schriftliche Wiedergabe der japan. Sprache benutzt wird) passende Zeichen, die in Sinn und Aussprache für das japan. Wort stehen konnten, und fand sie in *ka* „Lied", *bu* „Tanz" und *ki* „Kunstfertigkeit"
Kabuse, Kabüse enger, dunkler Raum; Hütte, schlechte Wohnung; aus mnddt. *kabus(e)* „kleines, niedriges Gebäude, Verschlag", auch „Schiffsküche", aus *mndrl. kabuys, cabuse* „Küche, Vorratskammer auf dem Schiff", weitere Herkunft nicht geklärt
Kachexie völliger Kräfteverfall; aus griech. *kachexia* „schlechter Zustand, Vernachlässigung (bes. des Körpers und der Gesundheit)", zu *kachektis*

„schlecht beschaffen, krank“, aus *kakos* „schlecht“ und *hexis* „Beschaffenheit, Zustand“, zu *echein* „sich in einem Zustand befinden“

Kadaver Tierleiche; lat. *cadaver* „Leichnam, Aas“, eigtl. „gefallener Körper“, zu *cadere* „fallen, stürzen“

Kadenz abschließende Akkordfolge; *im Instrumentalkonzert:* unbegleitete, verzierende, meist virtuose Wiederholung der Hauptthemen durch den Solisten; aus ital. *cadenza* in ders. Bed. sowie „Tonfall“, zu ital., lat. *cadere* „fallen“

Kader erfahrene Kerngruppe (eines Heeres u.a.); aus frz. *cadre* „Rahmen, viereckige Einfassung“, dann auch „Stamm-, Kerntruppe“ (weil Truppen früher meist in viereckiger Schlachtordnung aufgestellt wurden, → Eskadron und Schwadron), aus lat. *quadrum* „Viereck“

Kadett Zögling einer Erziehungsanstalt für Offiziersanwärter; aus frz. *cadet* „jüngerer (zweitgeborener) Sohn (eigtl. zweites, kleines Familienoberhaupt); junger Adliger als Offiziersanwärter“, aus gaskognisch *capdet,* prov. *capdel* „Hauptmann“, aus lat. *capitellum* „kleines Haupt“, zu *caput* „Haupt, Kopf“; die jüngeren, von der Erbfolge ausgeschlossenen Söhne wurden früher meist Offiziere

kaduk hinfällig, gebrechlich, altersschwach; ungültig; aus lat. *caducus* „gefallen, fallreif“, übertr. „hinfällig, nichtig“, zu *cadere* „fallen“

kaduzieren für ungültig, verfallen erklären; aus lat. *caducus,* als juristischer Terminus „verfallen, anheimgefallen“ (nämlich an einen andern als den im Testament genannten Erben), zu *cadere* „fallen“

Kaff entlegenes, kümmerliches Dorf; Rückbildung zu → *Kaffer*

Kaffee Frucht des afrikan. Kaffebaumes; Getränk daraus; aus türk. *kahve,* aus arab. *qahwa* „Kaffeetrank“, urspr. „Wein, berauschendes Getränk“

Kaffer dummer, ungebildeter Kerl, Tölpel; aus jidd. *kafer* „Bauer“, aus hebr. *kāfār* „Dorf, Dorfbewohner“

Kaftan langes Obergewand der orthodoxen Juden; aus türk. *kaftan* „langer Mantel“ oder über das Span. aus arab. *qafṭān,* beides aus pers. *ḫaftān* „langes Gewand, auch Waffenrock“

Kai befestigte Anlegestelle für Schiffe; Uferstraße; aus frz. *quai* in ders. Bed., aus gall. *caio* „Umwallung“, weitere Herkunft nicht geklärt

Kaiman ein Krokodil des tropischen Südamerikas; aus karib. *acagouman;* das Wort ist aber wahrscheinlich aus einer anderen Sprache eingeführt worden, vielleicht aus Afrika, da es vor der spanischen Eroberung in Mittel- und Südamerika nicht nachgewiesen ist (nach Friederici)

Kainit ein Mineral; aus griech. *kainos* „neu“, da es innerhalb der Erdgeschichte verhältnismäßig spät entstanden ist

Kaiser höchster Herrscher; aus mhd. *keiser,* ahd., got. *kaisar,* aus lat. *caesar,* urspr. Familienname, nach Julius *Caesar* Beiname der römischen Kaiser

Kajak einsitziges, bis auf den Rudersitz geschlossenes Paddelboot der Eskimos; Sportpaddelboot, Grönländer; aus eskimoisch *qajaq (chajach),* der Bezeichnung für das geschlossene Männerboot aus Seehundshaut, im Unterschied zum offenen *umiak,* der als „Frauenboot“ bezeichnet wird und zum Walfang, also zum Transportieren von Lasten, dient

Kajeputbaum ein austral. und hinterind. Myrtengewächs mit weißen, rosa oder roten Blüten, Myrtenheide; aus malai. *kaju* „Holz, Baum“ und *puteh, putih* „weiß“, da das junge Holz eine helle Rinde hat

Kajüte Wohn-Schlafraum auf Schiffen; aus mnddt. *kajute, kaiute,* Herkunft nicht bekannt, wohl kaum aus frz. *cahute* „schlechte Hütte“

Kakadu ein Papagei; aus malai. *kakatua, kakaktua* Bezeichnung für den Vogel, vielleicht lautmalend nach dem Ruf oder aus malai. *ka'kak, kakah* als lautmalende Nachahmung des Gakkerns von Hühnern oder des Gelächters; die Ableitung aus *kakaktua* „ältere Schwester“, aus *kakak* „(ältere) Schwester“ und *tua* „älter“ wurde versucht, ist aber nicht gesichert

Kakao Samen des Kakaobaumes; Getränk daraus; aus Nahuatl *kakawa,* verkürzt aus *kakawatl* (andere Schreibung: *cacauatl),* dieses wahrscheinlich verkürzt aus *kakawa-kwawitl* „Kakaobohne"

Kakerlak ein Insekt, Kellerassel, Küchenschabe; aus ndrl. *kakkerlak,* engl. *cockroach,* aus span. *cucaracha,* Ableitung von *cuca* „Wurm, Made, Raupe, Küchenschabe"

Kakophonie schlecht klingende Ton-, Laut- oder Wortfolge, Mißklang; aus griech. *kakos* „schlecht" und *phonein* „tönen", zu *phone* „Ton, Klang, Stimme"

Kaktus eine tropische und subtropische Pflanze; über lat. *cactus,* das eine „stachlige Pflanze", wohl Artischocke, bezeichnet, aus griech. *kaktos* „stachlige Pflanze Siziliens", weitere Herkunft unbekannt

Kalamaika mit Gesang begleiteter, leidenschaftlich bewegter ukrainischer Tanz; aus ukrain. *kolomyjka,* nach der Stadt *Kolomea,* ukrain. *Kolomyja*

Kalamarien fossile, baumhohe Schachtelhalme des Karbons; aus lat. *calamus,* griech. *kalamos* „Rohr, Schilfrohr"

Kalamität Übelstand, Notlage; aus lat. *calamitas,* Gen. *-atis,* „Schaden, Unheil, Verderben", Grundbedeutung „Schlag", zur idg. Wurzel **qel-, qol-* „schlagen"

Kalamiten → Kalamarien

Kalander Preßmaschine zum Glätten und Glänzendmachen von Papier, Textilien u. a.; aus frz. *calandre* „Glättmaschine, Rolle, Mangel", zu *calandrer* „rollen, mangeln", aus ndrl. *kalanderen* „glatt und glänzend machen", vielleicht Verstümmelung von griech. *kylindros* „Rolle, Walze", → Zylinder

Kalauer einfaches Wortspiel; aus frz. *calembour* „Wortspiel", vielleicht verkürzt aus *calembredaine* „lächerliche Bemerkung, Ausflucht, Schwindelei", zu lothring. *berdaine* „Geschwätz", weitere Herkunft sowie Bedeutung des ersten Wortteiles nicht bekannt; im Dt. wurde das Wort in lautlicher Anlehnung an die Stadt *Kalau* bei Berlin volksetymologisch umgebildet

Kaldarium *veraltet:* warmes Gewächshaus; lat. *caldarium* „Warmwasserraum, Warmzelle" im altröm. Bad, zu *caldus, calidus* „warm"

Kaldaunen eßbares Eingeweide vom Rind; aus nddt. *kaldunen,* aus mlat. *calduna* „noch warmes Eingeweide eines geschlachteten Tieres", zu lat. *caldus, calidus* „warm"

Kalebasse aus einem Flaschenkürbis hergestelltes Trinkgefäß; aus frz. *calebasse, canebasse, cabasse,* aus span. *calabaza* in ders. Bed.; weitere Herkunft unsicher, der Zusammenhang mit arab. *qar^ca* „Flaschenkürbis" wurde vermutet, ist aber nicht gesichert

Kaleidoskop Guckkasten mit Winkelspiegeln und bunten Steinchen, die sich beim Drehen zu immer neuen Mustern ordnen; aus griech. *kalos* „schön", *eidos* „Bild, Gestalt" und *skopein* „sehen, schauen, betrachten"

Kalender Verzeichnis der Tage, Wochen und Monate in zeitlicher Folge; Zeitrechnung; aus spätlat. *calendarius* „Zeitweiser durch das Jahr", aus lat. *calendarium* „Schuldverzeichnis (der Geldleiher)"; da am Ersten des Monats, an den *Kalenden,* die Zinsen gezahlt werden mußten, notierten sich die Geldleiher die Namen ihrer Schuldner, die an diesem Tag zu zahlen hatten; zu *Calendae* „erster Tag des Monats", wahrscheinlich zu *calare* „rufen" (wobei ein nicht belegtes Verb *calere* vorauszusetzen ist); an diesem Tag rief der Pontifex minor den Eintritt des Neumondes und die Dauer der Monate aus (urspr. war das Mondjahr die Grundlage der römischen Zeitrechnung). – Die Redensart *etwas bis zu den griech. Kalenden verschieben* bedeutet soviel wie „etwas bis zum Nimmermehrstag aufschieben, etwas aufschieben, weil man es nie tun will", denn die Griechen hatten keine Kalenden

Kalesche leichte, vierrädrige Kutsche; aus poln., ukrain. *kolaska* „kleiner Bauernwagen, Einspänner", Verkleinerungsform zu *kolasa* „Wagen", zu *kol* „Rad"

Kalfakter, Kalfaktor Strafgefangener als Helfer des Gefängniswärters; jmd., der alle möglichen Dienste verrichtet; aus mlat. *calefactor* „Heizer" (in Schulen, der darüber hinaus die verschiedensten untergeordneten Dienste zu verrichten hatte), aus lat. *calefacere* „warm machen, heizen", aus *calidus* „warm" und *facere* „machen"

kalfatern (die Fugen des Schiffes) mit Teer dichten; aus ital. *calafatare,* span. *calafatear,* frz. *calafater,* aus mittellat. *calafatare* „kalfatern" (Substantiv: *calafatus, calafactus* „Kalfater"), aus griech. *kalaphatizein* (Substantiv: *kalaphates*); die Herkunft ist nicht klar, vielleicht besteht ein Zusammenhang mit lat. **calefator, calefactor* „Heizer"; gegen die vermutete Ableitung aus dem Arabischen spricht das frühe Datum des ersten Belegs für griech. *kalaphates* auf einem ägypt. Papyrus des 6. Jh.

Kaliber lichte Weite (von Rohren und Schächten); Durchmesser (von Geschossen); aus frz. *calibre,* ital. *calibro* in derselben Bedeutung, aus arab. *qālib* „Form für die Metallbearbeitung, Modell", auch „Leisten" (des Schusters)

Kalif Titel der Nachfolger Mohammeds als Herrscher des islamischen Reiches (später auch von den türk. Sultanen); aus arab. *ḫalīfa* „Nachfolger, Stellvertreter (des Propheten Mohammed)", zu *ḫalafa* „nachfolgen, an jmds. Stelle treten"

Kaliko feines, sehr dichtes Baumwollgewebe (für Bucheinbände); nach der ind. Stadt *Kalikut,* wo solche Stoffe zuerst hergestellt wurden

Kalium chem. Element; → Alkali

Kalixtiner Angehöriger der gemäßigten Richtung der Hussiten, die das Abendmahl in Gestalt von Wein auch für Laien forderte; aus lat. *calix* „Kelch, Becher", übertr. auch „Wein"

kalkulieren berechnen, rechnend überlegen; aus mlat. *calculare* „berechnen, zusammenrechnen", zu lat. *calculus* „Rechnung", eigtl. „Steinchen" (auf dem Rechenbrett), Verkleinerungsform von *calx,* Gen. *calcis,* „Stein, Spielstein, Kalkstein"

Kalla eine Zierpflanze; entweder aus griech. *kallos* „Schönheit" oder *kallaion* „bunte Schwanzfeder des Hahns", nach dem Aussehen des Hochblatts

Kalligraphie Schönschreibkunst; aus griech. *kallos* „Schönheit" und *graphein* „schreiben"

Kallus an Wunden von Pflanzen und an heilenden Knochenbrüchen neugebildetes Gewebe; aus lat. *callus* „verhärtete, verdickte Haut, Schwiele, Beule", zur idg. Wurzel **gel-* „schlagen"

Kalmar ein Kopffüßer; aus ital. *calamaro* „Tintenschnecke", zu *calamaio* „Tintenfaß" (Ableitung von lat. *calamus* „Schreibfeder"); die Tiere können bei Gefahr eine dunkle Flüssigkeit ausspritzen, die das Wasser trübt

Kalmäuser Stubengelehrter; Geizhals; armer Schlucker; im Rotwelschen auch: Vielwisser; Weiterbildung von rotw. *Kammesierer* „gelehrter Bettler", zu jidd. *komaz* „(kräftig, mit der ganzen Hand) nehmen", und *kamzan* „Nehmender, Einsammler"

Kalme Windstille; frz. *calme,* aus ital. *calma* „Windstille", aus vulgärlat. **calma* „Hitze", das eine Kreuzung von lat. *calere* „warm sein" und *cauma* „Hitze" ist, dieses aus griech. *kauma* „Hitze"

Kalmus eine Sumpfpflanze, Spanisches Rohr; aus lat. *calamus,* griech. *kalamos* „Rohr, Stengel, Schilf, Grashalm"

Kalokagathie die Verbindung von Schönem und Gutem, körperliche und geistige Vollkommenheit (das altgriechische Erziehungsideal); aus griech. *kalos* „schön", *kai* „und" und *agathos* „gut, rechtschaffen, ehrenhaft"

Kalorie die Wärmemenge, die nötig ist, um 1 g Wasser von 14,5° auf 15,5 °C zu erwärmen; *früher:* Maßeinheit für die Energie; aus lat. *calor,* Gen. *caloris,* „Wärme, Hitze", zu *calere* „warm sein, glühen"

Kalorifer Heißluftofen; aus lat. *calor,* Gen. *caloris,* „Wärme, Hitze" und *ferre* „tragen, bringen"

Kalotte gekrümmte Fläche, Kugelhaube; Scheitelkäppchen; Schädeldach; wattierte Kappe unter dem Helm; frz.

calotte in denselben Bedeutungen, aus mlat. *calote* „Mütze“, aus lat. *calautica* „schleierartige Kopfbedeckung für Frauen“, weitere Herkunft nicht bekannt

Kalpak hohe tatarische Lammfellmütze; Husarenmütze; von dieser herabhängender Tuchzipfel; russ. *kolpak* „hohe Mütze, Nachtmütze, Lampenglocke, Kuppel“, aus krimtatar., kirgis. *kalpak* „Art Mütze“

Kalumet Tabakspfeife (Friedenspfeife) der nordamerikanischen Indianer; aus frz. *chalumet* „(Mundstück der) Pfeife“ (*chalumet du paix* „Friedenspfeife“), zu *chalumeau* „Strohhalm, Schilfrohr“, aus lat. *calamus* „Rohr“

Kaluppe *österr.:* baufälliges, verwahrlostes Haus; aus tschech. *chalupa* „ärmliche, aber saubere Hütte“, entweder mit bedeutungsverschlechternder Vorsilbe *cha-* aus tschech. **lupa*, aus mhd. *louba* (nhd. *Laube*, das germanischen Ursprungs ist) oder aus griech. *kalybe* „Obdach, Hütte“

Kalvarienberg *urspr.:* die Hinrichtungsstätte Christi, *dann:* Berg mit Wallfahrtskirche und den 14 Stationen der Leidensgeschichte Christi; aus lat. *calvariae locus*, Übersetzung des griech. *golgatha* „Schädelstätte“: *calvaria, calva* „Schädel“ (zu *calvus* „kahl, glatzköpfig“), *locus* „Ort“

Kalykanthus ein Zierstrauch, Gewürzstrauch; aus griech. *kalyx*, Gen. *kalykos*, „Kelch, Knospe“ und *anthos* „Blüte“

Kalyptra Hülle um die Wurzelspitze; Hülle der Sporenkapsel vieler Laubmoose; aus griech. *kalyptra* „Hülle, Decke“, zu *kalyptein* „umhüllen, bedecken“, dazu *kalybe* „Obdach, Zelt“, zur idg. Wurzel **kel-* „verhüllen, verbergen“

Kalvill(e) eine Apfelsorte; aus *Calleville*, einem Ort im frz. Département Calvados in der Normandie

Kalzeolarie eine Zierpflanze, Pantoffelblume; aus lat. *calceolus* „kleiner Schuh“, zu *calceus* „Schuh“, wegen der Form der Blüte

Kamarilla Günstlingspartei in der unmittelbaren Umgebung des Herrschers; aus span. *camarilla* „Hofpartei, Kabinettsrat“, eigtl. „kleine Kammer“, zu *camara* „Kammer, kleiner Raum, gesetzgebende Kammer, Hoher Rat“, aus lat. *camera* „Gewölbe, Raum mit gewölbter Decke“

Kambium das Dickenwachstum der Pflanzen bewirkendes Gewebe aus teilungsfähig bleibenden Zellen (im Unterschied zum Dauergewebe); zu spätlat. *cambiare* „wechseln“

Kambrium unterste Formation des Paläozoikums; aus *Cambria*, dem alten Namen von Wales, entstellt aus *Cymry, Kymren*, Eigenbezeichnung der kelt. Bewohner von Wales

Kamee Halbedelstein mit meist erhaben herausgearbeiteter figürlicher Darstellung, die sich vom andersfarbigen Grund abhebt; aus frz. *camaieu, camayeu*, ital. *cameo, cammeo* in derselben Bedeutung, aus mittellat. *camahutus, gemohuidas, gemma huida* (mhd. entsprechend *kamahu, gamahiu, gammenhü*), aus lat. *gemma huja*, nach Lessing verstümmelt und zusammengezogen aus *gemma onychia*, das die Bezeichnung für eine besondere Art des Onyx war, nämlich den geschnittenen Onyx, bei dem die Figur auf andersfarbigem Grund erscheint (dieser Effekt läßt sich nur beim Onyx hervorbringen); vielleicht auch über das Arab. aus pers. *ḫumāhan* „Achat oder ähnlicher Stein, der geschnitten als Siegel benutzt werden kann“

Kamel ein Huftier der Wüstengebiete mit Fetthöcker auf dem Rücken; über lat. *camelus* aus griech. *kamelos*, semitischen Ursprungs

Kamelie eine Zierpflanze; nach dem deutsch-tschech. Botaniker und Zoologen Georg Joseph *Kámel* (1661–1706), der die Pflanze von den Philippinen mitbrachte

Kamera Apparat für fotografische Aufnahmen; der erste Fotoapparat, eine einfache Lochkamera, hieß *camera obscura* „dunkle Kammer“, zu lat. *camera*, griech. *kamara* „gedeckter, gewölbter Raum“

Kamerad Gefährte, Genosse; aus frz. *camarade* „Kamerad“, eigtl. „der zu einer Kameradschaft Gehörige", im 16. Jh. bedeutete das Femininum *la camarade* „Kameradschaft", d. h. „die in einem Zimmer zusammen schlafenden Genossen", aus ital. *camarada* „Kamerad" sowie „Schlafsaal, Mannschaftsstube", also ist der *Kamerad* „jmd., der mit einem den Schlafraum teilt", aus lat. *camera* „Raum (mit gewölbter Decke), Gewölbe"

Kameralistik, Kameralwissenschaft *veraltet:* Staatsverwaltungswissenschaft, Volkswirtschaftslehre; aus mhd. *kamer, kamere* „Schlafraum, fürstliche Wohnung, Vorrats-, Schatzkammer, öffentliche Kasse, Kämmerei", aus ahd. *kamara* „Kammer, Zelle", aus lat. *camera* „überdachter, gewölbter Raum"

Kamikaze *im 2. Weltkrieg:* Pilot, der sich mit Flugzeug und Bombenladung auf das anzugreifende Objekt stürzte und dabei sich selbst opferte; aus jap. *kamikaze* „Götterwind", aus *kami* „Gott(heit)" und *kaze* „Wind"; urspr. wurde ein starker Sturm so bezeichnet, der den Japanern zweimal ermöglichte (1247 und 1281), einen Angriff des Mongolenfürsten Kublai Khan abzuwehren

Kamille eine Heilpflanze; aus spätlat. *chamomilla,* aus griech. *chamaimelon,* zu *chamai* „auf dem Boden, niedrig, klein" und *melon* „Apfel", wegen des Duftes, der an den Duft mancher Äpfel erinnert

Kamin Schornstein; offene Feuerstelle mit Rauchabzug im Raum; aus lat. *caminus,* griech. *kaminos* „Ofen", vielleicht zu altkirchenslaw. *kamy* „Stein"

Kamisol *früher:* Unterjacke, kurzes Wams; über frz. *camisole* in ders. Bed. aus lat. *camisia* „Hemd, leinener, unmittelbar auf dem Körper getragener Überwurf", wahrscheinlich aus dem Gallischen und Germanischen

Kampagne Feldzug; jährliche Hauptbetriebszeit; frz. *campagne* in ders. Bed. sowie „flaches Land, Ebene", zu *camp* „Feldlager, gelagertes Heer", aus lat. *campus* „Ebene, flaches Gelände"

Kampescheholz ein Farbholz, Blauholz; nach dem mexikan. Staat *Campeche,* in dem sehr viele Farb- und Edelhölzer vorkommen

Kampfer aus dem Holz des Kampferbaumes gewonnene organische Verbindung; aus mittellat. *camphora,* span. *alcanfor, canfora,* aus arab. *kāfūr,* aus Sanskrit *karpūra-* „Kampfer"

kampieren im Freien übernachten; aus frz. *camper* „lagern, im Feldlager stehen", zu *camp* „Feldlager", aus lat. *campus* „freies, ebenes Feld, Ebene, Übungsplatz"

Kampong malaiisches Dorf; aus mal. *kampong* „Gruppe von Gebäuden, die eine Wohnstätte bilden", Grundbedeutung ist „sammeln, gruppieren"

Kanaille Schurke, Schuft; Gesindel, Pöbel, Pack; frz. *canaille,* ital. *canaglia* in ders. Bed., aus vulgärlat. **canalia* „Hundemeute", zu lat. *canis* „Hund" (auch als Schimpfwort)

Kanal künstlicher Wasserlauf; schmaler Meeresstreifen; aus ital. *canale* „Kanal", aus lat. *canalis* „Röhre, Rinne, bes. Wasserrinne", eigtl. „rohrförmig", zu *canna,* griech. *kanna* „Rohr, Schilfrohr"

Kanapee Sofa; frz. *canapé* „Ruhebett", aus mlat. *canopeum,* aus lat. *canopium* (griech. *konopeion*) „Mückennetz sowie das damit geschützte Lager", zu *conops,* Gen. *-pis,* aus griech. *konops,* Gen. *konopos,* „Mücke"

Kandare Art des Pferdezaums; aus ungar. *kantár* „Zaum, Halfter", weitere Herkunft nicht bekannt

Kandelaber mehrarmiger Kerzenleuchter; über frz. *candélabre,* ital. *candelabro* aus lat. *candelabrum* (Nebenform: *candelaber*) „Leuchter", zu *candela* „Kerze", zu *candere* „glänzen, schimmern"

Kandidat Anwärter für ein Amt, eine Wahl, eine Prüfung; aus lat. *candidatus,* urspr. „mit weißer Toga bekleideter Bewerber um ein Amt", dann allg. „Bewerber", zu *candidus* „weiß, fleckenlos", zu *candere* „glänzen"

Kandis aus Rohrzuckerlösung gebildete Kristalle; aus ital. *zucchero candito,* aus arab. *qandī* „zuckerig", zu *qand* „eingedickter Zuckerrohrsaft", aus Sanskrit *khaṇḍaka-* „Kandis"

Kaneel Rinde des mittelamerikan. Kaneelbaumes, Zimtrinde; über port. *canela* aus mittellat. *canella,* lat. *cannula,* Verkleinerungsform von *canna* „Rohr"

Kanephore *im Altertum:* Mädchen, das bei Festen Opfergeräte in einem Korb auf dem Kopf herbeitrug, Korbträgerin; aus griech. *kaneon* „Korb" und *phorein, pherein* „tragen"

Kanevas gitterartiges Gewebe; über frz. *canevas* in derselben Bedeutung aus vulgärlat. **cannapaceum,* aus lat. *cannabum, cannabis,* griech. *kannabis* „Hanf"

Känguruh ein Springbeuteltier; aus engl. *kangaroo;* der Name beruht auf einem Mißverständnis, dem James Cook zum Opfer fiel, als er 1770 in Nordostaustralien dem Tier den Namen gab; das Tier heißt bei dem austral. Stamm der Arunda *arre,* nach dem stimmlosen, knurrenden oder schnarchenden Laut, den es ausstößt; wollen die Arunda jemanden auf irgendetwas aufmerksam machen, dann rufen sie *ngarai!,* was soviel wie „Hier!" oder „Schau!" bedeutet und gewöhnlich nachgestellt wird; um Cook auf das Tier aufmerksam zu machen, nach dem er gefragt hatte, riefen sie *arre ngarai!* „Schau, ein arre!", was Cook als *kangaroo* verstand

Kaniden Sammelbezeichnung für Hunde und hundeartige Tiere; aus lat. *canis* „Hund" (griech. *kyon,* Gen. *kynos*) und griech. *eidos* „Aussehen, Gestalt"

Kaninchen ein kleines Säugetier; Verkleinerungsform von Kanin; aus mhd. *künlin, künglin,* aus lat. *cuniculus* „Kaninchen"

Kanister tragbarer Behälter für Flüssigkeiten; aus ital. *canestro* „Korb" und engl. *canister* „Blechbüchse", aus lat. *canistrum* (Nebenform: *canister*) „aus Rohr geflochtener Korb", aus griech. *kanastron, kanistron* „Körbchen", Verkleinerungsform von *kaneon* „Korb", zu *kanna* „Rohr, Schilfrohr"

Kanker ein Spinnentier, Weberknecht; germanischer Herkunft, z.B. nordfries. *kunker,* schwed. *kangro,* zum germ. Stamm **kang-* „weben", zur idg. Wurzel **gengh-* „drehen, winden, flechten"

Kanna eine Zierpflanze, Blumenrohr; aus lat. *canna* „Rohr"

Kannelüre Hohlkehle, senkrechte Rille (an Säulen); aus frz. *cannelure* in ders. Bed., zu *canneler* „auskehlen, riefen", zu *canne* „Röhre", aus lat. *canna* „Rohr"

Kannibale Menschenfresser; roher, ungesitteter Mensch; aus frz. *cannibale* in ders. Bed., verstümmelt durch eine falsche Schreibweise zur Zeit der Conquistadoren aus *caribal* „Einwohner der Kariben", was auf das karib. Wort *carib* „tapferer Mann" zurückgehen soll und vielleicht die Selbstbezeichnung der Kariben gewesen ist

Kanon Regel, Richtschnur u.a.; aus griech. *kanon* „Rohrstab, gerader Stab; Richtscheit, Richtschnur"; übertr. „Regel, Vorschrift", vielleicht zu *kanna* „Rohr"

Kanone schweres Geschütz; frz. *canone,* ital. *cannone* in ders. Bed., Vergrößerungsform von *canna* aus lat. *canna* „Rohr"

Kanope ägyptischer Krug mit Deckel in Form eines Menschen- oder Tierkopfes zur Bestattung der Eingeweide eines mumifizierten Toten; nach der ägyptischen Stadt *Kanopos* bei Alexandria; urspr. enthielten die Krüge geweihtes Wasser aus Kanopos und stellten den dortigen Lokalgott *Kanopos* oder *Kanobos* dar

Känozoikum Neuzeit der Erdgeschichte, Tertiär und Quartär; aus griech. *kainos* „neu" und *zoon* „Lebewesen, Tier"

Kantate mehrteiliges Musikstück für Singstimme(n) und Chor mit Instrumentalbegleitung; aus ital. *cantata* in ders. Bed., eigtl. „Gesang", zu ital., lat. *cantare* „singen"

Kantharide Käfer mit weichen Flügeldecken; aus griech. *kantharos* „Käfer", bes. „Spanische Fliege", weitere Herkunft unbekannt

Kantilene getragene, gebunden zu singende oder zu spielende Melodie; aus ital. *cantilena* „Melodie, eintöniger Gesang", lat. *cantilena* „allbekanntes, abgesungenes, abgeleiertes Lied", zu *cantilare* „trillernd singen, trällern", zu *cantio* „das Singen, Lied", zu *canere, cantare* „singen"

Kantine *in Fabriken u.ä.:* Speiseraum mit Küchenbetrieb; aus frz. *cantine* „Weinkeller, Soldatenschenke", aus ital. *cantina* „Weinkeller oder -laden, feuchter, dunkler Raum", zu *canto* „von zwei Mauern gebildeter Winkel, Ecke", aus lat. *cantus, canthus* aus griech. *kanthos* „Augenwinkel"

Kanton Verwaltungsbezirk; *schweiz.:* Bundesland; frz. *canton* „Landstrich, Bezirk", früher auch „Straßenecke", zu *cant* „Rand", also eigtl. „etwas Begrenztes, Eingegrenztes"

Kantor *urspr.:* Vorsänger im kath. Gottesdienst; *heute:* Leiter des Kirchenchores und Organist; lat. *cantor* „Sänger, Tonkünstler, Schauspieler", zu *canere, cantare* „singen, auf einem Instrument spielen"

Kanu Paddelboot; über span. *canoa* aus karib., aruak. *canoa, canaua, canahua* u.a. Formen, urspr. Bezeichnung für ein kleines Einbaumfahrzeug, auch für einen Trog zum Ansetzen von alkoholischen Getränken und Gewinnen von Öl

Kanüle Röhrchen, Hohlnadel; aus frz. *canule* in derselben Bedeutung, aus lat. *cannula* „Röhrchen, niedriges Schilfrohr", Verkleinerungsform von *canna* „Rohr"

Kanzel der erhöhte, bis zu halber Körperhöhe umschlossene Platz für den Prediger in der Kirche; aus lat. *cancelli* (Pl.) „der von Schranken oder Gitter umgebene Raum für den Hochaltar und die Sitze der Geistlichen", urspr. die Schranken selbst, an denen in der altchristlichen Kirche der Prediger seinen erhöhten Platz hatte, Verkleinerungsform von *cancer* „Gitter"

kanzerogen krebserzeugend; aus lat. *cancer* „Krebs", auch als Geschwulst, und griech. *gennan* „erzeugen, hervorbringen"

Kanzlei Dienststelle, Amtsräume, Verwaltungsbehörde; aus mhd. *kanzelîe, kanzellerîe* „Kanzlei", aus mlat. *cancellaria* „Raum eines Gerichtes, einer Behörde", der mit Schranken vom Publikum abgeschlossen war, aus lat. *cancelli* „Schranken, Gitter", Verkleinerungsform von *cancer* „Gitter"

Kanzler Regierungschef; aus mhd. *kanzelære* „Leiter der königlichen Kanzlei", der auch Staatsurkunden verantwortlich ausfertigte, aus lat. *cancellarius* „Angehöriger einer Provinzialregierung, der gewisse Aufgaben in der Justizverwaltung hatte, Gerichtsschreiber", urspr. „Türsteher an den cancelli", → Kanzlei

Kanzone ital. und frz. Lied mit oder ohne Begleitung; ital. *canzone,* aus lat. *cantio,* Gen. *-onis,* „Lied, Gesang", zu *canere, cantare* „singen, auf einem Instrument spielen"

Kaolin weißes, weiches Tongestein für Porzellan, Porzellanerde; aus chin. *kao-ling* „hoher Hügel", dem Namen eines Berges in Nordostchina, wo schon früh Porzellanerde gefunden wurde

Kap vorspringender Teil einer Felsenküste, Vorgebirge; über frz. *cap* in derselben Bedeutung aus lat. *caput* „Kopf, Spitze, äußerstes Ende"

Kapaun kastrierter gemästeter Hahn; aus mhd. *kapun,* frz. *chapon,* aus lat. *capo,* Gen. *caponis,* „verschnittener Hahn", zu *capulare* „zerschneiden, durchschneiden", zur idg. Wurzel **(s)qap-* „schneiden"

Kapazität Fassungskraft, Aufnahmevermögen, Ausmaß, Umfang; bedeutender Fachmann; aus lat. *capacitas,* Gen. *-atis,* „Fassungsfähigkeit", zu *capax,* Gen. *capacis,* „viel fassend, geräumig", übertr. „befähigt, fähig, tauglich", zu *capere* „fassen, ergreifen", übertr. „verstehen"

Kapelan ein Lachsfisch; die Herkunft ist nicht geklärt; frz. *capelan* bedeutet „Bettelmönch" (aus *chapelain,* aus mittellat. *cappellanus* „Kaplan") und bezeichnet auch den Fisch; ob eine scherzhafte Übertragung der Bezeichnung auf den Fisch vorliegt, ist nicht sicher

Kapelle kleines Gotteshaus; kleines Orchester; aus mlat. *capella,* urspr.

„kleiner Mantel, Kapuzenmantel“, Verkleinerungsform von lat. *cappa* „Kopfbedeckung, kleiner Kapuzenmantel“; gemeint war damit bes. der Mantel des hl. Martin von Tours (gest. 400), der als Reliquie von den fränkischen Königen überallhin mitgeführt wurde; dann verlagerte sich die Bedeutung auf „kleiner Gebetsraum“ (in den Königspfalzen), wo dieser Mantel aufbewahrt wurde, dann auf „kleines Gotteshaus“ überhaupt und schließlich auf die Musiker, die in den Privatkapellen der Könige und in den Kirchen sangen und spielten

Kaper Blütenknospe des Kapernstrauches; aus lat. *cappari,* griech. *kapparis,* aus dem Altpersischen (neupers. *kabar* in derselben Bedeutung)

kapern *urspr.:* auf Grund des Kaperbriefes einer kriegführenden Macht im Handelskrieg beschlagnahmen, erbeuten; *übertr.:* sich aneignen; aus fries. *kapia* „kaufen“, zu *kap* „Kauf“; beide Wörter wurden mit der Zeit als verhüllende Ausdrücke gebraucht, wenn in Wirklichkeit Seeräuberei getrieben wurde

kapieren *ugs.:* verstehen, begreifen; an den Lateinschulen aus lat. *capere* „fassen, ergreifen; verstehen, begreifen“ entstanden

Kapillare kleinstes Blutgefäß, Haargefäß; feines Röhrchen; aus lat. *capillaris* „in der Art eines Haares“, zu *capillus* „Haar (Kopf-, Barthaar)“, vielleicht zu *caput* „Kopf“

kapital hauptsächlich, besonders; bes. stark, kräftig; aus lat. *capitalis* „zum Kopf, Haupt gehörig, Haupt-“, übertr. „hervorragend“, zu *caput* „Kopf, Haupt“

Kapital Vermögen an Bargeld und Aktien; aus ital. *capitale,* frz. *capital,* das frühnhd. mit „Hauptgeld, Hauptgut“ übersetzt wurde und womit das gewinnbringend angelegte Geld im Unterschied zu den Zinsen gemeint war; später setzte sich das Fremdwort *Kapital* durch, aus lat. *capitalis* „zum Kopf, Haupt gehörig, Haupt-, wichtigst“, zu *caput* „Kopf“

Kapitän Kommandant eines Schiffes oder Flugzeugs; aus frz. *capitaine,* ital. *capitano* in derselben Bedeutung, aus mlat. *capitaneus* „Anführer, prominente Person“, lat. *capitaneus* „hervorragend, hervorstechend“, zu *caput* „Kopf“

Kapitel größerer Abschnitt eines Schriftwerkes; Körperschaft der Geistlichen einer Dom- oder Stiftskirche; aus lat. *capitulum* „Versammlung einer geistlichen Gemeinschaft; Abschnitt eines Schriftwerkes“, zu *capitalis* „zum Haupt gehörig, Haupt-“, zu *caput* „Kopf“

Kapitell oberer, bes. gestalteter Teil einer Säule; aus lat. *capitellum,* eigtl. „kleiner Kopf“, als Fachausdruck der Baukunst „Knauf der Säule“, zu *caput* „Kopf“

Kapitulation *früher:* Vertrag, durch den sich ein Soldat zu einer längeren als der gesetzlichen Dienstzeit verpflichtete; *heute:* Vertrag, durch den sich eine besiegte Truppe oder Stadt dem Feind ergibt; Unterwerfung, Ergebung; aus frz. *capitulation* „Übergabe, Vergleich, Dienstvertrag eines Soldaten über längere freiwillige Dienstzeit“, aus mlat. *capitulare* „in eine Vereinbarung einwilligen“, aus lat. *capitulum* „Abschnitt, Stelle einer Schrift“, eigtl. „kleiner Kopf“, Verkleinerungsform von *caput* „Kopf“

Kaplan *kath. Kirche:* Hilfsgeistlicher, Geistlicher mit bes. Aufgaben, Hausgeistlicher eines Fürsten; aus mhd. *kaplan, kapelan, kappelan,* aus mlat. *capellanus* „Geistlicher einer königlichen Kapelle“, zu *capella,* → Kapelle

Kapo *Soldatenspr.:* Unteroffizier; *im KZ:* Häftling, der ein Arbeitskommando leitete; aus ital. *capo* „Kopf“, übertr. „Anführer“, aus lat. *caput* „Kopf“

Kapodaster *bei Saiteninstrumenten:* verschiebbarer Sattel aus Holz oder Metall zum Verändern der Saitenspannung; aus ital. *capotasto* „Hauptbund“, aus *capo* (lat. *caput*) „Haupt“ und *tasto* „Bund (bei Saiteninstrumenten), Taste, Saite“, zu *tastare* „tasten, fühlen“

kapores *ugs.:* kaputt; das Wort hat nicht den gleichen Ursprung wie „kaputt", sondern stammt aus jidd. *kapores* „verdorben" (*kapores gehen:* „zugrunde gehen", *kapores machen:* „verderben"), aus hebr. *kappārā, kappōrêth* „Opfer zum Versöhnungstag, Sühnung" (zu *kippēr* „sühnen"); da man zu diesem Opfer nicht unbedingt die besten Tiere nahm, kam es zu der Bedeutung „verdorben"

Kapotthut kleiner, unter dem Kinn gebundener Damenhut; aus frz. *capote* „Damen-, Kinderhut, Regenmantel mit Kapuze; Verdeck, Schornsteinkappe", Verkleinerungsform von *cape* „Kapuzenmantel", aus lat. *cappa* „Kopfbedeckung, kleiner Kapuzenmantel"

Kappes, Kappus *oberdt. für* Kohl, Kopfkohl; aus ahd. *kabuz,* aus lat. *caput* „Kopf"

Kappzaum Teil des Zaumes, Nasenriemen; aus ital. *cavezzone* „großes Halfter", Vergrößerungsform von *cavezza* „Halfter, Zaum", aus lat. *capitium* „kurzes, den Oberkörper eng umschließendes Kleidungsstück der röm. Frauen, Art Mieder", zu *caput* „Kopf"; das Wort ist durch volksetymologische Anlehnung an *Kappe* und *Zaum* entstanden

Kaprice →Caprice

Kaprifolium eine Kletterpflanze, Geißblatt, Jelängerjelieber; aus lat. *caper,* Gen. *capri,* „Ziege" und *folium* „Blatt", wohl weil die Blätter gern von Ziegen gefressen werden

Kapriole *urspr.:* Luftsprung, *dann:* verrückter Streich; aus frz. *cabriole* „Luft-, Bocksprung", aus ital. *capriolo* „Rehbock", aus lat. *capreolus* „Rehbock oder Gemse oder wilde Ziege", zu *capra* „Ziege" und *caper* „Ziegenbock"

Kapsel runder oder ovaler Behälter; aus lat. *capsula* „Kästchen", Verkleinerungsform von *capsa* „Behältnis, Kasten", zu *capere* „fassen, nehmen, in sich aufnehmen"

kaputt entzwei; erschöpft, müde; aus frz. *capot* in der Wendung *faire capot* „kentern", zu *capoter* „kentern", wahrscheinlich zu lat. *caput* „Kopf, oberes, vorderes oder hinteres Ende, Spitze (eines Schiffes)"; im frz. Kartenspiel (Pikett) gibt es auch die Wendungen *faire capot* „besiegen, alle Stiche wegnehmen" und *être capot* „besiegt sein, alle Stiche verloren haben"; vgl. auch die Wendung *kaputt gehen* „zugrunde gehen"

Kapuze an Mantel oder Jacke befestigte, den Kopf und Hals einhüllende Kopfbedeckung; aus ital. *capuccio* „Kopfbedeckung am Mantel, Mönchskappe", aus mlat. *caputium* „Haube, Mönchskappe", aus lat. *caput* „Kopf"

Karabiner kurzes Gewehr; aus frz. *carabine* „Stutzen, Büchse", zu *carabin* „leichter, mit Karabiner bewaffneter Reiter", weitere Herkunft nicht bekannt

Karacho *ugs., fast nur in der Fügung* mit Karacho: mit großer Geschwindigkeit, mit Wucht; span. *caracho, carajo* „männliches Glied, Penis", übertr. vulgär „Donnerwetter!, verdammt!"; die Bedeutung „Schwung, Heftigkeit" ist wahrscheinlich aus der Redensart *Vete al caracho!* „Geh zum Teufel!" entstanden, in der Vorstellung, daß der andere mit Wucht irgendwohin rennen oder fahren soll; weitere Herkunft nicht bekannt

Karaffe geschliffene Glasflasche mit Stöpsel; aus frz. *carafe* „Wasserflasche", aus ital. *caraffa* „Glasflasche", auch „altes Flüssigkeitsmaß", aus einer Ableitung von arab. *ġarrāf und ġarrāfa* „eine bestimmte Art von Wasserrad zum Bewässern von Feldern", zu *ġarafa* „mit der Hand schöpfen", dazu *miġrafa* „Schöpfgerät"

Karagöz Hanswurst des türk. Schattenspiels; aus türk. *kara* „schwarz" und *göz* „Auge", also „Schwarzauge", eine Bezeichnung auch für die Zigeuner, die früher gelegentlich als öffentliche Spaßmacher auftraten

Karakal ein kleines Raubtier der Wüsten- und Steppengebiete, Wüstenluchs; aus türk. *karakulak* „Schwarzohr", aus *kara* „schwarz" und *kulak* „Ohr"

Karakulschaf eine Schafrasse; nach dem See *Karakul* „schwarzer See" im Pamir

Karambolage *Billard:* Anstoßen des Spielballes an die beiden andern Bälle; *übertr.:* Zusammenstoß; zu *Karambole* „Spielball im Billard, roter Ball", weitere Herkunft nicht geklärt

Karamel erhitzter, gebräunter Zucker; frz. *caramel* in ders. Bed., aus altfrz. *calemele* „Zuckerrohr", vielleicht gekreuzt aus mlat. *cannamellis, cannamella* „Zuckerrohr" (aus *canna* „Rohr" und *mel,* Gen. *mellis,* „Honig, Süßigkeit") und lat. *calamus* „Rohr"

Karat getrockneter Same des Johannisbrotbaumes (der früher zum Wiegen von Gold und Edelsteinen benutzt wurde); Gewichtsmaß für Edelsteine; Maß für den Feingehalt von Gold; aus frz. *carat,* ital. *carato* „Karat", über arab. *qīrāṭ* aus griech. *keration* „Schote des Johannisbrotbaumes", eigentlich „Hörnchen", Verkleinerungsform von *keras,* Gen. *keratos,* „Horn"

Karate eine Art der japan. waffenlosen Selbstverteidigung; eigentlich „leere Hand", aus japan. *kara* „leer" und *te* „Hand"

Karausche ein Karpfenfisch; aus griech. *korakinos* „Rabenfisch", zu *korax,* Gen. *korakos,* „Rabe", nach den schwärzlichen Flossen und der schwärzlichgrünen Färbung der Oberseite

Karawane *im Orient:* Reisegesellschaft von Kaufleuten mit Kamelen; aus frz. *caravane,* ital. *carovana,* älter *caravana,* wahrscheinlich aus pers. *karwān* „Reisegesellschaft, Zug mit Kamelen", vielleicht aus Sanskrit *karabha-* „Kamel"

Karbatsche Riemenpeitsche; über tschech. *karabač,* poln. *korbacz* u.a. aus türk. *kırbaç* „Peitsche"

Karbid Verbindung von Kohlenstoff mit Calcium; aus lat. *carbo* „Kohle"

Karbolineum Mittel zum Imprägnieren und zur Schädlingsbekämpfung; aus lat. *carbo* „Kohle" und *oleum* „Öl"

Karbon eine Formation des Paläozoikums, Steinkohlenzeit; aus lat. *carbo,* Gen. *carbonis,* „Kohle"

Karbonade gebratenes Rippenstück; aus frz. *carbonnade* und ital. *carbonata* „auf dem Rost gebratenes Fleisch, Rostbraten", zu ital. *carbone* „Kohle", aus lat. *carbo,* Gen. *-onis,* „Kohle"

Karbunkel mehrere, einen gemeinsamen Entzündungsherd bildende Furunkel; aus lat. *carbunculus* „kleine Kohle", auch als Fachausdruck der Medizin für ein Geschwür bestimmter Art, Verkleinerungsform von *carbo* „Kohle"

Kardamom indisches Ingwergewächs, dessen Samen als scharfes Gewürz verwendet werden; aus lat. *cardamomum,* griech. *kardamomon,* weitere Herkunft nicht geklärt

Kardangelenk Verbindung zweier Wellen zur Kraftübertragung unter einem Winkel, Kreuzgelenk; nach dem ital. Arzt und Mathematiker Geronimo *Cardano* (1501–1576)

Kardätsche grobe Bürste zum Striegeln, zum Aufrauhen von Geweben; Brett mit Handgriff zum Auftragen von Putz; aus ital. *scardasso* „Wollkamm, Wollkratze", zu *scardassare* „hecheln, kämmen", mit *s-* zur Bezeichnung von „weg-, ent-" (lat. *ex* „aus") zu *cardare* „(Wolle) kämmen", → Karde; vgl. aber → Kartätsche

Karde eine distelartige Pflanze; Maschine zum Auflockern von Wolle; aus lat. *carduus* „Distel", zu *carere* „auflokkern, krempeln" und *caridus* „kratzend, stechend"; die Pflanze wurde früher zum Aufrauhen von Tuch und zum Lockern von Wolle verwendet

Kardialgie Herzschmerz, Magenkrampf; aus griech. *kardia* „Herz", auch „Magen", und *algos* „Schmerz"

Kardinal *kath. Kirche:* höchster Würdenträger nach dem Papst mit dem Recht, den Papst zu wählen; aus mlat. *cardinalis* „höchst, oberst" sowie in den Fügungen *presbyteri cardinales* „oberste Priester, Kardinalpriester", *diaconi cardinales* „oberste Diakone, Kardinaldiakone" und *episcopi cardinales* „oberste Bischöfe, Kardinalbischöfe", womit die Vorsteher der Hauptkirchen Roms und der römischen Kirchenprovinz bezeichnet wurden; aus lat. *cardinalis* „hauptsächlich, Haupt..., vorzüglich", wörtlich „zur Türangel gehörig", also „an einem wichtigen Drehpunkt stehend“, zu *cardo,* Gen. *cardinis,* „Türangel, Drehpunkt, Wendepunkt“

Kardiogramm graphische Darstellung der Herzbewegungen; aus griech. *kardia* „Herz“ und *gramma* „Schriftzeichen, Schrift“, zu *graphein* „schreiben“

Kardiomegalie Herzvergrößerung; aus griech. *kardia* „Herz“ und *megalo-* (in Zus. für *megas*) „groß“

Karenz Wartezeit, Sperrfrist; *Med.:* Aussetzen, Verzicht, Enthaltsamkeit; aus lat. *carentia* „Nichthaben, Freisein von“, zu *carens,* Part. Präs. von *carere* „leer, entblößt sein von etwas, nicht haben, entbehren, sich einer Sache enthalten, keinen Gebrauch von ihr machen“

karessieren *veraltet für* schmeicheln, liebkosen; aus frz. *caresser,* ital. *carezzare* „liebkosen“, zu *carezza* „Liebkosung“, zu *caro* aus lat. *carus* „lieb, teuer“

Karfiol Blumenkohl; aus ital. *cavolfiore* „Kohlblume“, aus *cavolo* „Kohl“ und *fiore* „Blume“, aus lat. *caulis* „Kohl“ und *flos,* Gen. *floris,* „Blume“

Karfunkel ein Edelstein, roter Granat; aus lat. *carbunculus* „kleine Kohle“ (gemeint ist kleine glühende Kohle), zu *carbo* „Kohle“, vermutlich beeinflußt von *funkeln*

Karibu nordamerikanisches Ren; aus engl. *caribou,* aus Algonkin *chalibu* „Scharrer, Kratzer“, nach der Gewohnheit des Tieres, mit den Vorderhufen den Schnee vom Boden wegzuscharren, um Nahrung zu finden

Karies Zerstörung der harten Zahnsubstanz; Zerstörung der festen Knochensubstanz; lat. *caries* „Morschheit, Fäulnis“

Karikatur stark übertreibende und dadurch lächerlich machende Darstellung; aus ital. *caricatura* in ders. Bed. sowie „plumpe, lächerliche Person, Sache ohne Maß und Geschmack“, eigtl. „das Beladen, Aufladen, Überladen“, zu *caricare* „beladen, unmäßig vergrößern, übertreiben“, aus spätlat. *car(r)icare* „beladen“, zu lat. *carrus* „Karren, Transportwagen“

Karitas Wohltätigkeit, Nächstenliebe; lat. *caritas* „(hingebende) Liebe, (uneigennütziges) Wohlwollen“, zu *carus* „lieb, teuer, wert“

Karmelitergeist Lösung aus Heilkräutern zum Einreiben; nach den *Karmelitern* in Paris, die ihn zuerst herstellten (1611); der *Karmeliterorden,* ein Bettelorden, wurde Mitte des 12. Jh. auf dem Berg *Karmel* in Palästina gegründet; der Berg mit seinen vielen Höhlen war im Altertum beliebter Wohnort von Einsiedlern und Mönchen

Karmin aus der Koschenilleschildlaus gewonnener roter Farbstoff; über ital. *carminio* in derselben Bedeutung aus arab. *qirmiz* „Kermeswurm, Schildlaus“

Karnallit ein Mineral; nach Rudolf von *Carnall* (1804–1874), Lehrer für Bergbaukunde in Berlin und Direktor des Oberbergamtes in Breslau

Karneol ein Mineral; aus lat. *caro,* Gen. *carnis,* „Fleisch“, wegen der Farbe

Karner Räucherkammer; *auf Friedhöfen:* Beinhaus; aus lat. *carnarium* „Fleisch-, Räucherkammer“, zu *caro,* Gen. *carnis,* „Fleisch“

Karneval Fastnachtszeit, -fest; die Herkunft ist unsicher, vielleicht aus lat. *carrus navalis* „schiffartiger Wagen, Schiffskarren“ (*carrus* „Karren, Transportwagen“, *navalis* „in der Art eines Schiffes“, zu *navis* „Schiff“), der aus einem kleinen Schiff auf Rädern bestand, in dem bei den Dionysien in Athen der Priester des Dionysos durch die Straßen gezogen wurde (die Dionysien wurden als Bacchanal auch in Unteritalien und Rom gefeiert) und in dem sich auch noch viel später die Römerinnen beim Karneval ausfahren ließen; eine andere Deutung aus *carne vale!* „Fleisch, leb wohl!“ im Hinblick auf die bevorstehende Fastenzeit ist zwar scherzhaft und volksetymologisch, beruht aber auf einer sachlich richtigen Grundlage: aus mlat. *carnelevarium, carnelevamen,* Nebenformen von *carnislevamen* „Entzug, Wegnehmen des Fleisches“, zu lat. *caro,* Gen. *carnis,* „Fleisch“ und *levamen* „Mittel zur Erleichterung“, zu *levare* „erleichtern, mindern, wegnehmen"; das Wort ist gleichbedeutend mit *carnisprivium* „Fastenzeit", zu lat. *caro, carnis,* „Fleisch" und *privare* „berauben, befreien (von etwas)"

Karnies Bauglied am Gesims mit s-förmigem Profil, Glockenleiste; aus frz. *corniche,* span. *cornisa* „Kranzgesims", über lat. aus griech. *koronos* „krumm, geschweift" und *koronis* „Schnörkel"

Karnivoren fleischfressende Tiere und Pflanzen; aus lat. *caro,* Gen. *carnis,* „Fleisch" und *vorare* „fressen"

Karo Rhombus oder auf der Spitze stehendes Quadrat; aus frz. *carreau* in ders. Bed., über die galloroman. Verkleinerungsform **quadrellum* aus lat. *quadrum* „Viereck", zu *quattuor* „vier"

Karosse Pracht-, Staatskutsche; frz. *carrosse* „prächtige vierrädrige Kutsche", aus ital. *carrozza* „Wagen", zu *carro* „Wagen", aus lat. *carrus* „vierrädriger Transportwagen, Karren"

Karotis Hals-, Kopfschlagader; aus griech. *karotis* in derselben Bedeutung, zu *kara* „Kopf"; oder zu *karos* „Betäubung, Bewußtlosigkeit", zu *karoun* „betäuben" (zu *kara* „Kopf"); wenn man die Halsschlagader zudrückt, wird der Betreffende bewußtlos

Karotte kleine, rundliche Mohrrübe; aus lat. *carota,* griech. *karoton* „Karotte", wohl zu griech. *kara* „Kopf"

Karpellum Fruchtblatt; aus neulat. *carpellum,* Verkleinerungsform von griech. *karpos* „Frucht"

Karpfen ein Fisch; aus mhd. *carpfe,* ahd. *karpo,* aus lat. *carpa* „Karpfen"; weitere Herkunft nicht bekannt

Karriere schnellste Gangart des Pferdes; glänzende Laufbahn, rascher Aufstieg im Beruf; aus frz. *carrière* „Rennbahn für Wagen und Pferde; Strecke Weges, die ein Pferd zurücklegen kann, ohne zu ermüden", übertr. „Laufbahn, Lebenslauf", aus ital. *carriera* „(bes. aufsteigende) Laufbahn", aus spätlat. *via carraria* „Fahrstraße", zu lat. *carrus* „Wagen, Karren"

Kartätsche *früher:* dünnwandiges, mit Bleikugeln gefülltes Geschoß für kurze Entfernungen; aus ital. *cartoccio* in ders. Bed., eigtl. „Tüte", zu *carta* „Papier"

Kartause Einsiedelei, eigtl. Kartäuserkloster; nach dem *Kartäuserorden,* dem *Ordo Cart(h)usiensis,* nach *Cartusia,* dem latinisierten Namen des Ortes *La Chartreuse* bei Grenoble

Karte dickes Blatt Papier; über frz. *carte* in ders. Bed. aus ital., lat. *carta* „Papier"

Kartell Schutzbündnis; Zusammenschluß von gleichartigen Betrieben; aus frz. *cartel* in ders. Bed. sowie „Vertrag zwischen kriegführenden Mächten; schriftliche Herausforderung zum Duell", früher „Fehdebrief", aus ital. *cartello* „Anschlagzettel, Plakat, Schild", zu *carta* „Papier", aus lat. *carta, charta* „Blatt Papyrus, Papier"

Kartoffel eine Nutzpflanze; aus ital. *tartufolo,* Verkleinerungsform von *tartufo* „Trüffel", wahrscheinlich aus mlat. *terrae tuber* „Erdknolle", aus *terra* „Erde" und *tuber* „Buckel, Auswuchs", auch „eine Art Apfel"

Kartographie Wissenschaft von den Landkarten sowie deren Herstellung; aus →*Karte* und griech. *graphein* „schreiben"

Kartometrie Messen von Kurven, Längen, Flächen auf Landkarten; aus →*Karte* und griech. *metrein* „messen"

Karton dünne Pappe, dickes Papier; Schachtel daraus; frz. *carton* „Pappe, Pappdeckel", ital. *cartone* „Pappe, starkes Papier", zu *carta* „Papier", aus lat. *carta, charta* „Blatt Papyrus, Papier"

Kartothek Sammlung von Aufzeichnungen auf Karten von gleichem Format; aus →*Karte* und griech. *theke* „Behältnis"

Kartusche *im Artilleriegeschoß:* Metallhülse mit der Pulverladung; *Baukunst:* Ornament aus halb aufgerollten Blättern; rechteckige Fläche mit Rahmen aus solchen Ornamenten; aus frz. *cartouche* „Patronen-, Papierhülse; Einfassung, Rahmen aus gerolltem Papier", ital. *cartoccio* „gerolltes Papier als Tüte, Patronenhülse", aus lat. *carta, charta* „Blatt Papyrus, Papier"

Karussell sich drehende Rundfläche

mit Sitzen, kleinen Wagen oder hölzernen Tieren o.ä. als Belustigung auf Jahrmärkten; aus arab. *kurrağ* „Spiel mit hölzernen Pferden" (aus pers. *kurra* „Füllen"); das Karussell heißt in der Schweiz auch „Reitschule" oder „Rößlispiel"

Karyatide weibliche Statue anstelle einer Säule, Gebälkträgerin; nach Vitruv (römischer Baumeister, 1.Jh.v.Chr.) sind Karyatiden Nachbildungen der Frauen aus dem Dorf *Karyai* in Lakonien auf der Peloponnes; die Dorfbewohner hätten es in den Perserkriegen mit den Persern gehalten, weshalb später zur Strafe die Männer erschlagen und die Frauen zu öffentlichen Arbeiten herangezogen worden seien; die Erbauer des Erechtheions auf der Akropolis in Athen haben sie in Erinnerung daran dort als Last- bzw. Gebälkträgerinnen dargestellt. Nach Lessing sind es Nachbildungen der Mädchen, die beim Fest der Diana im Tempel von *Karyai* tanzten; als Begründung für seinen Einwand gegen Vitruv führt er an, das Dorf Karyai sei viel zu klein und unbedeutend gewesen, als daß es mit den Persern gemeinsame Sache hätte machen können, auch habe sonst kein alter Geschichtsschreiber etwas davon erwähnt

Karyogamie Verschmelzung von Ei- und Samenkern; aus griech. *karyon* „Nuß(kern)" und *gamein* „heiraten"; der Wortteil *karyo-* wird in der Biologie in der Bedeutung „Kern" gebraucht

Karzer *früher in Schulen und Hochschulen:* Raum für Arreststrafen; aus lat. *carcer* „Umfriedigung, Umzäunung", weitere Herkunft nicht bekannt

karzinogen krebserzeugend; aus → *Karzinom* und griech. *gennan* „erzeugen, hervorbringen"

Karzinom Krebsgeschwulst; aus griech. *karkinos* „Krebs" und *nomas* „weidend", zu *nemein* „weiden, abfressen", übertr. „verzehren, um sich greifen"

Kasack über Rock oder Hose getragene Bluse; aus frz. *casaque* „Reisemantel", ital. *casacco* „Jacke, Rock, Wams, Kosakenbluse", zu *cosacca* „Kosak"; von daher ist das Wort wahrscheinlich ins Russische übernommen worden, und zwar in der Form *kazakin,* es bezeichnet eine Art Halbrock und gilt als westliches Lehnwort

Käsch von den Europäern eingeführte Bezeichnung für ein chines. Münzgewicht sowie für eine durchlochte chines. Kupfermünze, die in bestimmter Anzahl auf eine Schnur gefädelt wird; aus engl. *cash,* aus Tamil *kaschu* „kleine Kupfermünze"; vielleicht besteht ein Zusammenhang mit Sanskrit *karṣa,* Gewichtsbezeichnung für Gold und Silber, dazu *kārṣāpaṇa* „kleine Goldmünze"; nach anderer Deutung über port. *caixa,* die Bezeichnung für eine Zinnmünze auf Malakka, ebenfalls aus dem Sanskrit

Kascha russ. Buchweizengrütze; aus russ. *kascha* „Grütze", urverwandt mit litau. *koschti* „Geseihtes", zu *koschiu* „seihen"

Kaschelott Pottwal; aus frz. *cachalot,* vielleicht aus span. mundartl. *cacho* „Topf" oder *cachola* „Kopf", wegen des großen Kopfes des Tieres, der wie bei der Bezeichnung „Pott"wal mit einem Topf verglichen wurde

Kaschemme schlechte, auch verrufene Kneipe; aus zigeuner. *kertschimma* „Wirtshaus, Schenke", poln. *karczma,* russ., ukrain. *kortschma* in ders. Bed.; weitere Herkunft nicht geklärt

kaschen *ugs.:* fangen, erwischen, verhaften; vielleicht aus engl. *to catch* „fangen, ergreifen" oder *to cash* „kassieren"

kaschieren verbergen, verdecken, bemänteln; mit Papier, Folie u.ä. beschichten; aus frz. *cacher* „verbergen, verstecken", aus lat. *coactare* „mit aller Gewalt zusammendrücken" (ins Frz. mit dem Nebensinn „und damit kleiner und weniger gut sichtbar machen" übernommen), Intensivum zu *cogere* „zusammentreiben, -bringen", aus *co-* (in Zus. statt *con-* für *cum*) „zusammen" und *agere* „treiben"

Kaschmir (urspr. aus dem Haar der Kaschmirziege hergestellter) Wollfaden oder Kammgarnstoff; nach dem ehemaligen Fürstentum *Kaschmir* im

Himalaja, der urspr. Heimat der Kaschmirziege

Kascholong ein Mineral, Abart des Opals; entweder aus kalmück. *Cach,* dem Namen des Flusses, in dem es gefunden wurde, und kalmück. *cholong* „Stein" oder aus mongol. *kä* „schön" und *tscholon* „Stein"

Kasel *kath. Kirche:* Meßgewand; aus lat. *casula* „Mantel mit Kapuze", eigtl. „Hütte, Häuschen", Verkleinerungsform von *casa* „Haus"

Kasematte *früher in Festungen:* ummauerter, kugelsicherer Raum; *heute auf Kriegsschiffen:* gepanzerter Geschützraum; aus frz. *casemate,* ital. *casamatta* in derselben Bedeutung, aus griech. *chasma,* Gen. *chasmatos* „klaffende Öffnung, Spalte, Lücke, Schlund"

Kaserne Gebäude zum dauernden Aufenthalt von Truppen; frz. *caserne* in derselben Bedeutung, im 17. Jh. „kleiner Raum auf Verschanzungen für sechs Soldaten", aus provenzal. *cazerna* „kleiner Raum auf Festungsbauten für die zur Nachtwache bestimmten Soldaten", aus lat. *quaterna* „je vier", zu *quattuor* „vier" (nach Gamillscheg)

Kasino Haus für gesellige Zusammenkünfte; Speiseraum für Offiziere; Unternehmen für Glücksspiele; Verschmelzung aus ital. *casino* „Landhaus, Haus für gesellige Zusammenkünfte mit Lese- und Spielzimmer, Bordell" und *casinò* „Spielkasino", Verkleinerungsform von *casa* „Haus", aus lat. *casa* „Häuschen, Hütte" (für Vieh)

Kaskade stufenförmiger Wasserfall; frz. *cascade* „kleiner Wasserfall", aus ital. *cascata* „Wasserfall", zu *casare* „fallen", über vulgärlat. **casicare* aus lat. *cadere* „fallen"

Kaskoversicherung Versicherung gegen Schäden an Fahrzeugen, Schiffen und Flugzeugen; zu *Kasko* „Schiffsrumpf ohne Ladung", aus span. *casco* „Schiffsrumpf, Körper, Rauminhalt", eigtl. „Scherbe, Bruchstück", zu *cascar* „zerschlagen, zerbrechen", aus vulgärlat. **quassicare,* lat. *quassare* „zerschlagen, zerbrechen", Intensivum zu *quatere* „schütteln, stoßen, schlagen"

Kassation 1 Ungültigkeitserklärung; Aufhebung (eines Gerichtsurteils); strafweise Entlassung; aus spätlat. *cassare* „für nichtig, ungültig erklären", zu lat. *cassus* „leer, vergeblich, unnütz"; **2** mehrsätziges Musikstück in der Art einer Serenade, bes. als Abendmusik; aus ital. *cassazione* in ders. Bed. sowie „Aufhebung"; man vermutete deshalb, daß das Wort in seiner musikalischen Bedeutung im Sinne von „Abschied" gemeint war, da das Musikstück den Charakter eines abendlichen Ständchens hat

Kasse Geldkasten; Geldvorrat; Schalter für Ein- und Auszahlungen; aus ital. *cassa* „Kasse, Kasten, Kiste", aus lat. *capsa* „Kasten, Behältnis", zu *capere* „fassen, (in sich) aufnehmen"

Kasserolle runder oder ovaler Brattopf; frz. *casserole* in ders. Bed., Verkleinerungsform von *casse,* prov. *cassa* „Pfanne, Tiegel mit Stiel", aus ital. *cazza* „Pfanne", aus spätlat. *cattia* „Löffel", aus griech. *kyathos* „Schöpfgefäß"

Kassette Kästchen, Behälter aus Metall oder Holz; frz. *cassette* „Kästchen", Verkleinerungsform von *casse* „Kasten", zu *caisse* „Kiste, Kasten", aus lat. *capsa* „Behälter, Kasten, Kapsel", zu *capere* „fassen, (in sich) aufnehmen"

Kassia tropische Pflanze, von der einige Arten die als Abführmittel verwendeten Sennesblätter liefern; aus lat. *casia, cassia,* griech. *kasia,* Bez. für einen Baum mit wohlriechender, würziger Rinde, „wilder Zimt", Lehnwort aus dem Orient

Kassiber aus dem Gefängnis an einen Außenstehenden (oder umgekehrt) oder von einem Gefangenen zum andern geschmuggelte schriftliche Mitteilung; aus rotw. *Kassiber, Kassiwer,* aus jidd. *ksiwe* „Schriftstück", *kessaw* „Brief", zu hebr. *kātab* „schreiben"

Kastagnette Instrument aus zwei kleinen, beweglich miteinander verbundenen Holzschalen, die mit den Fingern gegeneinandergeschlagen werden; aus span. *castañeta* in ders. Bed., Verkleinerungsform von *castaña* „Kastanie", da die Kastagnetten urspr. Kastanien ähnelten

Kastanie ein Laubbaum; aus lat. *castanea,* aus griech. *kastanon,* auch *kastaneia,* weitere Herkunft nicht bekannt, wohl aus einer kleinasiat. Sprache

Kaste streng abgeschlossener gesellschaftlicher Stand mit bestimmten Normen; aus span., port. *casta* „Geschlecht, Art, Rasse"; die Portugiesen gebrauchten das Wort schon 1516 für die erblichen sozialen Klassen in Indien; weitere Herkunft unsicher

kasteien sich k.: sich Entbehrungen oder Bußübungen auferlegen, enthaltsam leben; aus lat. *castigare* „rügen, zur Ordnung rufen, züchtigen, strafen", verwandt mit Sanskrit *śās-* „strafen, beherrschen"

Kastell Burg, Festung; aus lat. *castellum* „Schanze, Brückenkopf, Bollwerk, Blockhaus", Verkleinerungsform von *castrum* „von Schanzen umgebener Ort, Festung"

Kastellan Pförtner, Hausmeister, Schloßvogt; aus lat. *castellanus* „Bewohner eines Kastells", → Kastell

kastrieren verschneiden, entmannen; aus lat. *castrare* „verschneiden, entmannen", eigtl. „von zu üppig wuchernden Trieben befreien, entgeilen, beschneiden"

Kasualien kirchliche Amtshandlungen aus besonderem Anlaß, z.B. Taufe: *auch:* zufällige, nicht voraussehbare Ereignisse; aus lat. *casualis* „zufällig", zu *casus* „Fall"

Kasuar straußähnlicher Laufvogel; aus malai. *kesuari* oder *suari,* womit urspr. nur der auf Ceram (Serang, südl. Molukken) vorkommende Vogel gemeint war, später ging die Bezeichnung auch auf die andern Arten des Vogels über

Katabolismus Abbau der Stoffe im Körper durch Stoffwechsel; aus griech. *katabole* „Niederlegung, Grundlegung", zu *kataballein* „hinunterwerfen", aus *kata* „hinunter, herunter" und *ballein* „werfen"

Katachrese Verbindung von nicht zusammenpassenden bildlichen Ausdrücken, Stilblüte; aus griech. *katachresis* „mißbräuchliche Anwendung", zu *katachrasthai* „mißbrauchen", aus *kata* „gegen, wider" und *chrasthai* „gebrauchen, benutzen"

Katafalk schwarz verhängtes Gerüst für den Sarg bei Bestattungen; aus frz. *catafalque,* ital. *catafalco* in derselben Bedeutung, aus mittellat. *catafalcus* „hohes Brettergerüst oder Turm, von dem man Geschosse auf einen belagerten Ort hinabschleudern konnte", aus griech. *kata* „hinab" und lat. *fala* in derselben Bedeutung wie *catafalcus*

Kataklase Zerreiben oder Zerbrechen der in einem Gestein enthaltenen Mineralien durch tektonische Kräfte; aus griech. *kata* „gänzlich" und *klasis* „das Zerbrechen", zu *klan* „brechen, zerbrechen"

Katakombe frühchristliche unterirdische Begräbnisstätte; aus ital. *catacomba,* aus spätlat. *catacumba* in der Wendung *ad catacumbas* „bei den Katakomben", aus griech. *kata kymbas* „bei den Höhlen, in der Nähe der Höhlen", womit die langen Erdhöhlen an der Via Appia gemeint waren, wo heute die Basilika des hl. Sebastian steht, aus *kata* „bei, in der Nähe" und *kymbe* „Höhle, Becken", eigentlich „Topf"

Katalekten Bruchstücke, Reste, Überbleibsel (bes. alter Werke); katalektischer Vers: mit einem unvollständigen Versfuß endender Vers; aus griech. *katalegein* „ganz aufhören", aus *kata* „gänzlich" und *legein* „aufhören"

Katalepsie krankhafter Spannungszustand von Muskeln, Starrsucht; aus griech. *katalepsis* „Überfall, Ergreifen, Anfall (einer Krankheit)", zu *katalambanein* „erfassen, ergreifen, treffen", aus *kata* „gänzlich, völlig" und *lambanein* „fassen, packen", auch „erleiden"

Katalog Verzeichnis, Aufstellung (von Büchern, Bildern, Waren); aus griech. *katalogos* „Verzeichnis, Liste", zu *katalegein* „aufzählen", bes. „einen Stammbaum vollständig anführen", aus *kata* „hinunter, nieder bis auf (etwas), gänzlich, völlig" und *legein* „sammeln, aufzählen"

Katalyse Herbeiführung, Beschleunigung oder Verzögerung einer chemischen Reaktion durch einen Stoff, der an der Reaktion nicht teilnimmt; aus griech. *katalysis* „Auflösung, Beendigung", aus *kata* „gänzlich, völlig" und *lysis* „Lösung, Trennung", zu *katalyein* „auflösen, beendigen", zu *lyein* „lösen, trennen"

Katamaran Segelboot mit Doppelrumpf; aus Tamil *kaṭṭu* „Bündel; binden, knoten" (dazu Telugu *kaṭṭa* „Bündel") und *maram* „Baum, Holz"

Katamnese abschließender Bericht über das Befinden des Kranken nach der Behandlung; aus griech. *katamnesis* „Rückblick", aus *kata* „gemäß, zufolge" und *mneme, mnestis* „Gedächtnis, Erinnerung"

Kataphorese Wanderung kleinster Teilchen in einer elektrisch nicht leitenden Flüssigkeit unter Einwirkung des Spannungsgefälles eines elektrischen Stroms; aus griech. *kata* „hinunter" und *phorein, pherein* „tragen"

Kataplasie Rückbildung von Gewebe; aus griech. *kata* „hinunter, nieder" und *plasis* „Formung, Bildung", zu *plassein* „bilden, formen"

Kataplexie Schreckstarre, Lähmung vor Schreck; aus griech. *kataplexis* „Schrecken, Bestürzung", zu *kataplessein* „niederschlagen, erschrecken", aus *kata* „nieder" und *plessein* „schlagen"; es kommt dabei zu plötzlichem Spannungsverlust der Muskeln, z. B. Einknicken der Beine oder Umsinken

Katapult *im Altertum:* Wurf-, Schleudermaschine; *heute:* Schleuder zum Starten von Flugzeugen; aus lat. *catapulta,* aus griech. *katapeltes* „Wurfmaschine, Wurfschleuder", aus *kata* „hinunter" und *pallein* „schwingen, schleudern"

Katarakt niedriger Wasserfall, Stromschnelle; *Med.:* grauer Star; aus lat. *cataracta* „Wasserfall, Fallgitter", aus griech. *katarraktes* „tief herabstürzend, abschüssig" (*thyra katarakte:* „Falltür, Fallgatter"), aus *kata* „hinunter, herunter" und *rhassein* „schlagen, stoßen"; früher glaubte man, bei der Augenkrankheit senke sich eine Art Schleier zwischen Linse und Iris herab, weshalb die Bezeichnung auch in der Medizin verwendet wurde; nach anderer Deutung stammt die Bezeichnung für die Augenkrankheit aus griech. *katarraptein* „zusammennähen, überflechten", also „bedecken"; das etwas ungewöhnliche Wort sei in Anlehnung an *Katarakt* untergegangen

Katarrh Schleimhautentzündung mit vermehrter Absonderung; aus griech. *katarrhous* „Schnupfen, Erguß nach unten", aus *kata* „herab, hinab" und *rhoos, rhous* „Fluß, Strom", zu *katarrhein* „herabfließen", zu *rhein* „fließen"

Kataster amtl. Verzeichnis der Grundstücke eines Bezirks, Grundbuch; Personenverzeichnis für die Steuererhebung; aus ital. *catasto* in derselben Bedeutung, aus griech. *katastasis* „Aufstellung, Feststellung", aus *kata* „gänzlich, völlig" und *stasis* „Stand, Bestand", und zu *kathistanai* „aufstellen, feststellen"

Katastrophe *im antiken Drama:* entscheidende Wende, die zur Lösung des Konflikts und zum Untergang des Helden führt; *allg.:* Unheil, Verhängnis, Zusammenbruch; aus griech. *katastrophe* „Wendung, Umkehr", übertr.: „Vernichtung, Zerstörung", aus *kata* „gänzlich, völlig" und *strephein* „drehen, wenden, kehren"

Katatonie mit Muskelspannung einhergehende Geistesstörung, Spannungsirresein; aus griech. *kata* „gänzlich, völlig" und *tonos* „Spannung", zu *teinein* „spannen"

Katechese Religionsunterricht; aus griech. *katechesis* „mündlicher Unterricht", zu *katechein* „mündlich unterrichten, unterweisen, belehren", aus *kata* „entgegen, gegen" und *echein* „tönen, schallen", also eigtl. „entgegentönen"

Katechismus kleines Lehrbuch für den Religionsunterricht, meist in Frage und Antwort; Ableitung von → *Katechese*

Katechumene (bes. in der Mission) erwachsener Anwärter für die Taufe während der Zeit des Taufunterrichts;

aus griech. *katechumenos* „einer, der unterrichtet, belehrt worden ist", eigentlich „der umtönt worden ist" (vom Wort der Bibel), zu *katechein,* → Katechese

Kategorie Aussage, Grundbegriff; Begriffsgruppe, in die etwas eingeordnet werden kann; aus griech. *kategoria* „Aussage", zu *kategorein* „aussagen", aus *kata* „entgegen" und *agoreuein* „reden, sprechen, öffentlich verkünden", zu *agora* „Markt, Versammlungsplatz"

Kater schlechtes Befinden nach übermäßigem Alkoholgenuß und zu kurzem Schlaf; Verstümmelung von → *Katarrh*

katexochen im eigentlichen Sinne, schlechthin; aus griech. *kat'exochen* „vorzugsweise", aus *kata* „bezüglich, hinsichtlich" und *exoche* „Vorsprung, Figur in erhabener Arbeit", übertr. „Vorzug" (zu *exechein* „herausstehen, hervorragen"), wörtlich also „hinsichtlich des Vorzugs"

Katgut Faden, urspr. aus Schafsdarm, zum Vernähen von Wunden; gewöhnlich übersetzt mit „Katzendarm" und auf engl. *cat* „Katze" und *gut* „Darm" zurückgeführt; der Faden wurde jedoch nie aus Katzendarm hergestellt, und die Herkunft des Wortes und warum es mit *cat* zusammengebracht wurde, ist nicht klar; man vermutete als ursprüngliche Form engl. *kitgut:* engl. *kit* (über altengl. *cythere* „Laute" aus griech. *kithara* „Harfe, Leier") bezeichnete eine sehr kleine Geige, die sog. Tanzmeistergeige, die man in die Tasche stecken konnte; *kitgut* wäre demnach ein Faden aus Darm, aus dem eigtl. Geigensaiten hergestellt werden

Katharsis geistig-seelische Reinigung, Läuterung; aus griech. *katharsis* „Reinigung, Sühnung", zu *kathairein* „reinigen", zu *katharos* „sauber, rein"

Katheder erhöhtes Pult, Kanzel; aus griech. *kathedra* „Sitz, Stuhl", aus *kata* „herab, nieder" und *hedra* „Sitz", eigentlich „das, worauf man sich niedersetzt", zu *kathezein* „niedersetzen"

Kathedrale *in England, Frankreich, Spanien:* bischöfliche oder erzbischöfliche Kirche; *in Deutschland:* Dom, Münster; aus mittellat. *ecclesia cathedralis* „zum Bischofssitz gehörige Kirche", zu *cathedra,* griech. *kathedra* „Sitz, Sessel", → Katheder

Kathete *im rechtwinkligen Dreieck:* jede der beiden die Schenkel des rechten Winkels bildenden Seiten; aus griech. *kathetos* „Kathete, Senkblei", eigentlich „hinuntergelassen", zu *kathienai* „niederlassen, herablassen", aus *kata* „herab, hinab" und *hienai* „senden, werfen"

Katheter Röhrchen zum Einführen in Körperhöhlen, bes. in die Harnblase, um Flüssigkeit abzulassen; aus griech. *kathetos* „hinuntergelassen", zu *kathienai* „niederlassen, hinablassen", aus *kata* „herab, hinab" und *hienai* „senden, werfen"

Kathode negativer Pol eines Stromkreislaufs; aus griech. *kathodos* „Abstieg", zu *kata* „hinab" und *hodos* „Weg"

katholisch *eigtl.:* allgemein, die Erde umfassend; *übertr.:* zur röm. Kirche (mit dem Papst als Oberhaupt) gehörig; aus griech. *katholikos* „das Ganze, alle betreffend", zu *kat'holou* „im ganzen, im allgemeinen", aus *kata* „über ... hin" und *holos* „ganz"

Kation positives Ion; aus → *Kathode* und → *Ion*

Katoptrik Lehre von der Reflexion des Lichtes an Spiegeln; aus griech. *katoptron* „Spiegel", aus *kata* „gegenüber" und *opope* „Anblick" sowie *optos* „sichtbar"

Kattun (bedruckter) Baumwollstoff in Leinwandbindung; aus arab. *quṭun, quṭn* „Baumwolle"

Kauderwelsch unverständliche oder fehlerhafte Sprache sowie aus mehreren Sprachen gemischte Ausdrucksweise; eigtl. *Kaurerwelsch* „Churwelsch"; *Kauer* ist die Tiroler Bezeichnung für *Chur* in der Schweiz, und die Sprache der Kauerer galt schon früher (15. Jh.) als schwer verständlich; *welsch* aus mhd. *welsch, welhisch, walhisch* aus ahd. *walhisc* „romanisch", aus lat. *Volcae,* dem Namen eines Volksstammes in Gallien nördlich der Alpen

Kaulbarsch ein Fisch; aus frühnhd. *kaule* „Kugel" (wegen des kurzen, gedrungenen Körpers, daher auch „Kugelbarsch" genannt) und → *Barsch*

Kaulquappe Larve der Amphibien; aus frühnhd. *kaule* „Kugel" und → *Quappe*

kaupeln (heimlich) handeln, bes. tauschen; aus schles. *kaupeln, kaupan, kappan, keipeln* „handeln, tauschen, schachern", wahrscheinlich zu „kaufen"

kausal ursächlich zusammenhängend, auf Ursache und Wirkung beruhend; aus lat. *causalis* „zur Ursache gehörig, auf einer Ursache beruhend", zu *causa* „Ursache, Grund, Beweggrund"

Kausativum Verb, das das Bewirken eines Vorgangs ausdrückt, z. B. tränken = trinken machen; aus lat. *causativus* „ursächlich", zu *causa* „Grund, Ursache"

Kaustik *Optik:* Brennfläche (bei nicht korrigierten Linsen); *Med.:* Gewebszerstörung durch Hitze oder elektrischen Strom; aus griech. *kaustikos* „brennend", zu *kausis* „das Verbrennen", zu *kaiein* „brennen, verbrennen"

Kauter chirurgisches Instrument zum Ausbrennen von Gewebsteilen; aus griech. *kauter* „Brenneisen", zu *kaiein* „verbrennen"

Kaution Bürgschaft, Sicherheitsleistung, hinterlegte Summe; aus lat. *cautio,* Gen. *-onis,* „Vorsicht, Behutsamkeit, Sicherheit, Bürgschaft", zu *cautus* „vorsichtig, behutsam; sicher, gesichert", zu *cavere* „sich hüten, sich in acht nehmen"

Kautschuk geronnener Milchsaft einiger tropischer Pflanzen, Rohstoff für Gummi; aus span. *caucho, cauchú,* aus Ketschua oder einer anderen südamerikanischen Indianersprache

Kauz ein Eulenvogel; aus mitteldt. *kutz,* aus mhd. *kuz, kuze,* vielleicht zu *kuchen* „hauchen, keuchen", was auf eine lautnachahmende Bezeichnung hindeuten würde

Kavalier *früher:* Reiter, Ritter; *heute:* Begleiter einer Dame; höflicher, ritterlicher Mann; frz. *cavalier* „Reiter, Mann von Stand, Begleiter einer Dame", aus ital. *cavaliere* „Reiter, ritterlicher Mann", im MA „Ritter", aus lat. *caballarius* „Pferdeknecht", zu *caballus,* griech. *kaballes* „Pferd"; verwandte Formen im Türk., Pers., Altkirchenslaw. u. a.

Kavalkade Reiterzug; frz. *cavalcade,* ältere Form: *cavalcate* aus ital. *cavalcata* „Reiterzug, -gesellschaft; Ritt", zu *cavalcare* „reiten", aus lat. *caballicare* „reiten", zu *caballus,* griech. *kaballes* „Pferd"; verwandte Formen im Türk., Pers., Altkirchenslaw. u. a.

Kavallerie Reitertruppe; frz. *cavalerie,* aus ital. *cavalleria* „Reiterei", zu *cavaliere* „Reiter", → Kavalier

Kavatine lyrisches Sologesangsstück in der Art eines Liedes, aus ital. *cavatina* „sehr lyrisches Lied", Verkleinerungsform von *cavata,* im 18. Jh. „Schlußabschnitt des Rezitativs", in dem dessen Inhalt nochmals konzentriert zusammengefaßt („herausgeholt") wurde, und zwar so intensiv, daß es nötig war, das Stück als Arioso zu singen, zu ital. *cavare* „herausziehen, -holen, ausgraben", aus lat. *cavare* „aushöhlen", zu *cavus* „hohl"

Kaverne durch Gewebszerstörung entstandener Hohlraum; aus lat. *caverna* „Höhle, Loch", zu *cavus* „hohl"

Kaviar konservierter Rogen von einigen russ. Störarten; aus poln. *kawiar,* bulgar. *hawjar,* aus türk. *havyar* „Kaviar"

Kawasse *früher im Vorderen Orient:* Polizist; Ehrenwache (für Diplomaten); über türk. *kavas* aus arab. *qawwās* „Bogenschütze", zu *qaws* „Bogen"

Keeper Torwart; engl. *keeper* „Aufseher, Wärter, Hüter", zu *to keep* „halten, in Besitz haben, bewahren", aus mengl. *kepen,* altengl. *cepan* „beobachten, bemerken, achten auf"; weitere Herkunft nicht bekannt

Keep Smiling auch unter widrigen Umständen optimistische Lebenshaltung; aus engl. *keep smiling* „behalte, bewahre das Lächeln, lächle weiter", aus *to keep* „bewahren, (be)halten" (→ Keeper) und *smiling* „das Lächeln", zu *to smile* „lächeln", aus mengl. *smilen,* zu altengl. *smerian* „(aus)lachen", zur idg. Wurzel **(s)mei-, *(s)mi-* „lächeln, erstaunt sein"

Keks kleines, trockenes Gebäck; aus engl. *cakes* (Pl.) „Kuchen", über altengl. aus altnord. *kaka* „Kuchen"

Kelim orientalischer, gewebter Wandteppich; aus türk. *kilim* „Teppich", vielleicht zu *kıl* „Haar, Borste"

Kemenate urspr. Wohn-, dann Frauengemach einer Burg; aus mhd. *kemenate, kamenate* „mit einer Feuerstätte versehenes Gemach" (zu *kamin* „Feuerstätte"), aus ahd. *chemenata* in ders. Bed., aus lat. *caminus,* griech. *kaminos* „Feuerstätte, Herd, Kamin", Lehnwort unbekannter Herkunft

Kennel Hundezwinger; engl. *kennel* „Hundehütte", aus mengl. *kenel* aus altfrz. *chenil* in ders. Bed., zu *chen* (frz. *chien*) „Hund", aus lat. *canis,* griech. *kyon,* Gen. *kynos,* „Hund"

Kenotaph → Zenotaph

Kentaur → Zentaur

Kephalopode Kopffüßer; aus griech. *kephale* „Kopf" und *pous,* Gen. *podos,* „Fuß"

Keramik Herstellung von gebrannten Tonwaren; Gegenstand aus gebranntem Ton; aus griech. *keramikos, kerameous* „aus Ton, irden", zu *kerameia* „Töpferei, Töpferkunst", zu *keramos* „Töpfererde, Ton; irdenes Gefäß", weitere Herkunft nicht bekannt

Keratom Horngeschwulst der Haut; aus griech. *keras,* Gen. *keratos,* „Horn"

Kerker *früher:* unterirdisches Gefängnis; *noch österr.:* schwere Form der Freiheitsstrafe; aus mhd. *kerkære, karkære,* aus ahd. *karkari,* got. *karkara* in ders. Bed., aus lat. *carcer* „Umfriedigung, Umzäunung"

Kermes die mit rotem Saft gefüllten Eier und Bälge der auf der Kermeseiche lebenden Kermesschildlaus; aus arab. *qirmiz* „Kermeswurm" (= Schildlaus) aus pers. *kirm* „Wurm"

Kerygma Verkündigung, bes. der christlichen Botschaft; aus griech. *kerygma* „Bekanntmachung, Verkündigung, Gebot", zu *keryssein* „bekanntmachen, verkünden, gebieten", zu *keryx* „Ausrufer, Herold", zur idg. Wurzel **qar* „tönen"

keß hübsch und etwas dreist; modisch und flott; aus rotw. *keß* „klug, gescheit", aus jidd. *chess,* der Bezeichnung für die Buchstaben ch, die Anfangsbuchstaben von jidd. *chochom* „kluger Mann, Weiser"

Ketchup pikante, dicke Würzsoße; aus malai. *ketjap* „Sojasoße"

Keuper Buntmergelsandstein, Abteilung der Trias; nach der in der Gegend um Coburg üblichen Bezeichnung *Keuper* oder *Kipper* für den dort vorkommenden Buntmergelsandstein, vielleicht im Zusammenhang mit *Köper,* einer früher handelsüblichen Bezeichnung für einen bunten Baumwollstoff in Köperbindung

Keuschlamm ein Baum, auch Strauch, Mönchspfeffer; die lat. Bezeichnung für die Pflanze ist *agnus castus* „heiliges oder keusches Lamm"; der merkwürdige Name beruht auf mehrfacher volksetymologischer Umdeutung. Die ursprüngliche, griechische Bezeichnung für die Pflanze ist *agnos,* ein Wort ohne Etymologie, das wahrscheinlich schon in der Antike nicht mehr verstanden wurde und daher an *hagnos* „heilig, keusch" angelehnt wurde. Im Deutschen wird der Baum deshalb auch „Keuschbaum" genannt. Die lat. Entsprechung des griech. Wortes *hagnos* ist *castus* „heilig, keusch". Zugleich wurde das griech. Wort aber auch an lat. *agnus* „Lamm" angelehnt, so daß sich im Lat. die Verbindung *agnus castus* ergab, von dem die wörtliche Übersetzung ins Deutsche nun „keusches Lamm, Keuschlamm" lautet (nach Genaust)

Khaki erdbraune Farbe; gelbbrauner Stoff für Tropenuniformen; aus engl. *khaki* in ders. Bed., aus neuind. *khaki,* aus pers. *ḫākī* „staub-, erdfarben", zu *ḫāk* „Staub, Erde"

Kibbuz landwirtschaftliches Kollektiv in Israel; aus hebr. *qibbūṣ* „Versammlung", zu *qābaṣ* „sammeln, versammeln"

Kibitka Filzzelt asiatischer Nomaden; leichter, ungefederter, überdachter russischer Wagen; Verkleinerungsform von russ. *kibita* „bogenförmiges Ver-

deck eines Wagens", zu *kibit* „Bogen"
kicken (den Ball) mit dem Fuß stoßen; aus engl. *to kick* „mit dem Fuß stoßen, treten", Herkunft nicht bekannt
kidnappen (einen Menschen, bes. ein Kind) entführen, rauben; aus engl. *to kidnap* in ders. Bed., aus *kid* „Zicklein", ugs. übertr. „Kind" (aus altnord. *kið* „Zicklein, Kitz", vielleicht lautmalend nach dem hohen, hellen Laut des jungen Tieres) und *to nap,* mundartlich für *to nab* „fangen, schnappen"
Kiebitz ein Watvogel; aus mhd. *gibiz,* nach seinem Warnruf *kiewit;* der *Kiebitz* in der Bedeutung „Zuschauer beim Kartenspiel" geht auf rotw. *Kibitz* „Untersuchungsrichter" zurück, dazu *Kiewisch* „Durchsuchung, Untersuchung"; vgl. kiebitzen
kiebitzen beim Kartenspiel zusehen; aus rotw. *kiewischen, kiebitschen* „untersuchen" (sowohl seitens der Polizei als auch der Gauner untereinander, damit keiner von der Beute etwas für sich behält), dazu *Kiwesch, Kibitz* „Untersuchungsrichter", weitere Herkunft nicht geklärt
Kielschwein verstärkender Längsbalken auf dem Kiel; auch in der Form *Kielschwinn,* schleswig-holstein. *Kielswien, Keelswien,* aus schwed. *kölsvin,* norw. *kjølsvin* in ders. Bed., wahrscheinlich Umbildung aus norw. dialekt. *kjølsvill* „Kielschwelle", zu norw., altnord. *svill* „Grundbalken, Schwelle"
Kien *in der Fügung* auf dem Kien sein „scharf aufpassen, wachsam sein", aus engl. *keen* „scharf, erpicht (auf)", aus mengl. *kene,* altengl. *cene* „scharfsinnig, klug, aufgeweckt", zu altnord. *kænn* „klug, tüchtig"
Kies *ugs.:* Geld; aus rotw. *Kis, Kiss, Kiess* „Geld", urspr. „Sack, Beutel", bes. „Sack, den Diebe mitnehmen, um das Gestohlene darin wegzutragen"
kiffen Haschisch rauchen; Ableitung von *Kif* „Haschisch", aus engl. *kef* „Rauschzustand", aus arab. *kayf* (vulgär-ostarab. Aussprache *kēf,* marokkan. Aussprache *kīf*) „Wohlbefinden", auch „durch Haschischrauchen eintretendes Wohlbefinden", übertr. „Haschisch"
killen *ugs.:* ermorden, umbringen; aus engl. *to kill* „töten", aus mengl. *killen* „töten", wahrscheinlich zu mengl. *quellen* „niederschlagen", aus altengl. **cyllan,* germ. **kuljan* „töten, niederschlagen"
Kilt karierter, kurzer Rock der Schotten; engl. *kilt* „Schottenrock", zu *to kilt* „schürzen, hochstecken, hochbinden", aus dem Skandinav., zu altnord. *kilting* „Hemd"
Kimberlit ein Eruptivgestein; nach der südafrikan. Stadt *Kimberley,* in deren Diamantgruben es gefunden wurde; die Stadt ihrerseits wurde nach dem brit. Kolonialminister John Wodehouse, Earl of *Kimberley* benannt, als sie nach den großen Diamantfunden in der britischen Kapkolonie entstand
Kimono langes, mantelartiges japan. Gewand mit weiten, angeschnittenen Ärmeln; im Japan. bedeutet das Wort einfach „etwas zum Anziehen, Gewand", aus *ki* „anziehen" und *mono* „Gegenstand, Ding"
Kinäde der passive Partner bei Homosexuellen; *allg.:* weichlicher, lüsterner Mensch; aus griech. *kinaidos* „männliche Hure, Wüstling", zu *knan, knen* „reiben, schaben, kratzen, kitzeln"
Kinästhesie Bewegungs-, Muskelgefühl, Empfindung für Muskeln und Gelenke; aus griech. *kinein* „bewegen" und *aisthesis* „Wahrnehmung, Sinneseindruck, Empfindung", zu *aisthanesthai, aistesthai* „wahrnehmen, empfinden"
Kinemathek Sammlung von Filmen sowie Raum dafür; *ältere Schreibung:* Cinemathek; aus frz. *cinéma* „Kino, Lichtspieltheater" (→ Kinematograph) und griech. *theke* „Behältnis" (wie in → Bibliothek)
Kinematograph Apparat zur Aufnahme und Wiedergabe bewegter Bilder; aus griech. *kinema,* Gen. *kinematos,* „Bewegung" (zu *kinein* „bewegen") und *grapheus* „Schreiber", zu *graphein* „schreiben"
Kino Kurzwort von → *Kinematograph*
Kiosk orientalisches Gartenhäuschen; Erker an orientalischen Palästen; Verkaufshäuschen oder -stand; aus russ.,

poln. *kiosk,* bulgar. *koschk* „Gartenhaus", aus türk. *köşk* „Villa, Landhaus", aus pers. *kušk* „Galerie, Balkon; Halle, Empfangssaal"

kirre gezähmt, gefügig; aus mhd. *kürre,* mitteldt. *kirre, kurre* „zahm, milde", aus got. *qairrus* „sanftmütig", weitere Herkunft nicht bekannt

Kismet das von Allah bestimmte, unabwendbare Schicksal; aus türk. *kismet,* aus arab. *qisma* „Anteil, Los, Geschick", zu *qasama* „teilen, zuerteilen, bestimmen"

Kitharöde altgriechischer Sänger und Spieler der Kithara; aus griech. *kitharodos* „Kitharaspieler, der zu seinem Spiel auch singt", zu *kitharodein* „zur Kithara singen", aus *kithara* „Zupfinstrument, große Leier" und *aoidos* „Sänger, Dichter", zu *aeidein* „singen"

Kitsch geschmacklose, süßlich-sentimentale Scheinkunst; die Herkunft ist nicht geklärt; nach F. Avenarius (Aufsatz im „Kunstwart", 1920) geht das Wort auf engl. *sketch* „Skizze" zurück und wurde nach der Jahrhundertwende bei den Kunsthändlern und Malern für ein leichthin gemaltes, dem breiten Publikumsgeschmack entgegenkommendes und daher leicht verkäufliches, billiges Bild verwendet (Pl.: die Kitsche). Vielleicht spielen aber auch mundartliche Formen eine Rolle, die „oberflächliches Arbeiten, schlechte Arbeit" ausdrücken, gelegentlich auch „Zusammengescharrtes" bedeuten, z. B. schwäb. *Kitsch* „Holzabfälle, schlechte Holzware", rhein. *kitschen* „oberflächlich an einem Holzstück herumschneiden, kraftlos und nicht regelrecht abhauen, Kerben mit schartigem Messer machen" usw.

Kittchen *ugs.:* Gefängnis; Verkleinerungsform von rotw. *Kitt, Kitte* „Herberge, öffentliches Haus; Gefängnis", aus mhd. *kîche* „Asthma, auch: Gefängnis", eigentlich „Ort, der einem den Atem nimmt", zu *kîchen* „schwer atmen, keuchen"

Kittel Arbeits-, Berufsmantel; weites, blusiges Kleidungsstück; aus mhd. *kitel, kittel,* mnddt. *kedel* „Oberhemd für Männer und Frauen", Herkunft unsicher, vielleicht (wie *Kattun*) aus arab. *quṭun* „Baumwolle"

Kiwi ein neuseeländischer Schnepfenvogel; aus dem Maori, lautmalend nach dem Ruf

klabastern polternd, trampelnd gehen; vielleicht aus ital. *calpestrare* „zertreten, zerstampfen", aus lat. *calce pistare* „mit der Ferse stampfen", aus *calx* (Ablativ *calce*) „Ferse" und *pistare, pinsare* „zerstampfen"

Klabautermann Kobold, der entweder (die Sagen beschreiben ihn unterschiedlich) durch sein Erscheinen dem Schiff den Untergang anzeigt oder der im Schiff auf Ordnung sieht und durch sein Verschwinden Unheil anzeigt; in jedem Fall ist er ein Geist, der im Schiff klopft und rumort; vielleicht aus mecklenburg. *Klabatersmann, Klafatersmann* „kleiner Mann als Kinderschreck", zu *klapaustern, klabastern* „klopfen, schlagen" oder zu →*kalfatern,* weil er mit dem *Klafathammer* die Schiffswände abklopft und dadurch auf schadhafte Stellen hinweist

Kladde erste Niederschrift, Konzept; Tagebuch, Schreibheft für Entwürfe; schleswig-holstein. *Kladde* in ders. Bed., eigtl. „Unreines, Schmutz", also „Heft, in das man schmieren kann, nicht für die Reinschrift gedachtes Heft"

Kladonie eine Pflanze, Rentierflechte, Becherflechte; aus griech. *klados* „Zweig, Sproß", wegen der starken Verzweigung

Kladozere Wasserfloh; aus griech. *klados* „Zweig" und *keras* „Horn, Fühler", wegen der sich verästelnden Fühler

Klamauk Lärm, Geschrei, Aufregung; vielleicht nur lautmalend, nach dem Getöse von zerbrechendem Geschirr oder fallendem Blech, oder aus lat. *clamare* „laut rufen, laut klagen, schreien, schnattern u. a."

Klamotte *ugs.:* zerbrochener Mauerstein; wertloser oder beschädigter Gegenstand; Pl.: (alte) Kleider; im Sinne von „zerbrochener, beschädigter Gegenstand" vielleicht aus tschech. *klamol* „Bruchstück", unter Einfluß von

Schamott „alter Kram“, im Sinne von „alte Kleider“ aus rotw. *klaffot* „Kleid“, → Kluft

klandestin *veraltet:* heimlich; aus lat. *clandestinus* „heimlich, geheim“, aus *clam* „heimlich“ (aus altlat. *calim,* zu *celare* „verbergen, verheimlichen“, zu *cela,* der älteren Form von *cella* „Zelle, Kammer“) und **destus* statt *desitus* „abgelegen“, aus *de-* „weg-, ab-“ und *situs* „gestellt, gelegt“

Klarett gewürzter, gesüßter Rotwein; auch = Clairet; aus engl. *claret* „Rotwein“, engl. Form von → *Clairet*

klarieren ein Schiff k.: vor dem Ein- bzw. Auslaufen seine Ladung verzollen; aus lat. *clarare* „erklären, zeigen, deutlich machen“, zu *clarus* „klar, deutlich“

Klarinette ein Holzblasinstrument; aus ital. *clarinetto* in ders. Bed., Verkleinerungsform von *clarino,* der hohen Solotrompete des 17./18. Jh., aus lat. *clarus* „hell, klar, helltönend, weithin schallend“

klassifizieren in Klassen einteilen, nach Klassen ordnen; aus lat. *classis* „Klasse, Abteilung“ und *facere* (in Zus. *-ficere*) „machen“

klassisch mustergültig, beispielhaft; aus lat. *classicus* „erstklassig, erstrangig, mustergültig“, als Subst. „Bürger der ersten Klasse“, zu *classis* „Klasse“

klastisch durch Zertrümmerung anderer Gesteine entstanden (Sediment); aus griech. *klasis* „das Brechen, Zerbrechen“, zu *klan* „brechen, zerbrechen“

Klause Zelle, Einsiedelei; aus mlat. *clausa* „Einsiedelei, Einfriedigung, Zaun, Damm“, aus lat. *claudere, cludere* „schließen, verschließen, versperren“

Klausel einschränkende, vorbehaltende Nebenbestimmung (in Verträgen); aus lat. *clausula* „Schlußsatz, Schlußworte“, als juristischer Fachausdruck „Schlußformel eines Gesetzes“, überhaupt „Gesetzesformel“, zu *claudere* „schließen“

Klaustrophilie Neigung, sich abzusondern und einzuschließen; aus lat. *claustrum* „geschlossener Raum, Käfig“, zu *claudere* „(ver)schließen“, und griech. *philia* „Liebe, Zuneigung“, zu *philein* „lieben, gern haben“

Klaustrophobie Furcht vor dem Aufenthalt in geschlossenen Räumen; aus lat. *claustrum* „geschlossener Raum, Käfig“, zu *claudere* „(ver)schließen“, und → *Phobie*

Klausur Einsamkeit, Abgeschlossenheit; aus lat. *clausura* „Verschluß, Schloß“, zu *claudere* „schließen, verschließen“

Klavichord kleines Tasteninstrument; aus lat. *clavis* „Schlüssel“ (→ Klavier) und griech. *chorde* „Darm, Darmsaite“

Klavier ein Tasteninstrument; aus lat. *clavis* „Schlüssel“; in der mittelalterlichen Musik wurde jede Tonstufe mit einem Buchstaben bezeichnet und hieß *clavis* „Schlüssel“; diese Schlüssel wurden oft auf die Tasten der Orgel geschrieben, so daß dann auch die Taste selbst mit *clavis* bezeichnet wurde (im 16.–18. Jh. hießen die Tasten der übrigen Tasteninstrumente oft sogar noch „Schlüssel“); das *Klavier* (als verkürzte Form von *Klaviatur*) bezeichnete anfangs die „Gesamtheit der claves, der Tasten“, doch mit der Zeit engte sich der Begriff auf das besondere Tasteninstrument, unser heutiges Klavier, ein, während die gesamten Tasten weiterhin *Klaviatur* genannt wurden

Kleistogamie Selbstbefruchtung mancher zweigeschlechtigen Pflanzen bei noch geschlossener Blüte; aus griech. *kleistos* „geschlossen“ (zu *kleiein* „verschließen“, zu *kleis* „Riegel“) und *gamein* „heiraten“

Klematis eine Kletterpflanze; aus griech. *klema, klematis* „junger Zweig, Ranke“

Klepsydra *früher:* Wasseruhr; aus griech. *klepsydra,* zu *kleptein* „etwas heimlich, unbemerkt tun“, eigentlich „stehlen“, und *hydor* „Wasser“; das Wasser lief kaum merkbar durch eine Verengung des Glases, ähnlich dem Sand bei einer Sanduhr

Kleptomanie krankhafter Trieb zum Stehlen; aus griech. *kleptein* „stehlen“ und → *Manie*

Klerus Gesamtheit der kath. Geistlichen, Priesterschaft; lat. *clerus* „Gesamtheit der Geistlichen", aus griech. *kleros,* urspr. „Los", dann auch „durch Verlosen oder durch Erbe erhaltener Anteil, Erbgut, Erbbesitz"; in einem Satz des 5. Buches Mosis (18,2) wird von den Leviten (Priestern) als den Erben des Herrn gesprochen; die Priester sind die, die den Herrn als Erbbesitz (als *kleros*) haben, und von da ging die Bezeichnung auf den Priesterstand selbst über: „Die Priester, die Leviten, der ganze Stamm Levi, sollen kein Teil noch Erbe haben mit Israel; sie sollen die Feueropfer des Herrn und seinen Anteil essen. Darum sollen sie kein Erbe unter ihren Brüdern haben, weil der Herr ihr Erbbesitz ist, wie er ihnen versprochen hat."

Klient Kunde eines Rechtsanwalts; aus lat. *cliens,* Gen. *clientis,* „Schutzbefohlener, Schützling", in Rom „jmd., der sich einem Mächtigen zum Schutz anschließt"; der Patron, ein römischer Patrizier, war verpflichtet, dem Klienten in Notlagen, bes. als Vertreter vor Gericht, beizustehen, und der Klient leistete dafür bestimmte Dienste und Abgaben; in Gallien und Germanien „Vasall, Gefolgs-, Lehnsmann", zu *clinare* „beugen, neigen", auch „anlehnen"

Klientel Gesamtheit der Klienten; aus lat. *clientela* „Verhältnis des Klienten zum Patron, Schutzverwandtschaft", auch „Gesamtheit der Klienten", → Klient

Klima durchschnittlicher Ablauf der Witterung in einem Gebiet; aus griech. *klima* eigentlich „Neigung (der Erde gegen die Pole hin)", danach „Himmelsgegend, Gegend, geographische Lage", zu *klinein* „neigen, beugen"

Klimakterium Zeit, in der bei der Frau die Tätigkeit der Eierstöcke und die Menstruation aufhören, Wechseljahre; aus griech. *klimakter* „Stufe, Stufenleiter, Treppe", zu *klimax,* Gen. *klimakos* „Leiter"; nach altgriechischer Auffassung durchläuft der Körper wie auf einer Stufenleiter in regelmäßigen Intervallen mehr oder minder tiefgreifende Wandlungen, im allgemeinen alle sieben Jahre; einen besonderen Einschnitt erkannte man bei den Frauen um das 49. Jahr herum, so daß die Bezeichnung schließlich nur noch für den Lebensabschnitt der Frauen in diesen Jahren angewendet wurde

Klimax Höhepunkt; aus griech. *klimax* „Leiter", eigentlich „das Angelehnte", zu *klinein* „anlehnen"

Klinik Krankenhaus; aus griech. *klinike techne* „Heilkunde am Krankenbett", zu *kline* „Lager, Bett", zu *klinesthai* „liegen, sich anlehnen"

Klinker sehr harter Ziegelstein; ndrl. *klinker* „hartgebrannter Ziegelstein", zu *klinken* „klingen, tönen", nach dem hellen Klang, den der Stein von sich gibt, wenn man darauf klopft

Klinometer Gerät zum Messen der Neigung gegen den Horizont (für Schiffe und Flugzeuge); magnetisches Gerät zum Feststellen von Gesteinsschichtungen; aus griech. *klinein* „sich neigen, beugen" und *metron* „Maß", zu *metrein* „messen"

Klipper schnelles Segelboot; *danach:* Langstrecken-Verkehrsflugzeug; aus engl. *clipper* „schnelles Segelboot", zu *to clip* „schneiden, teilen", auch „sich rasch bewegen" sowie früher „vom Stapel laufen" und damit das Wasser schneiden, teilen

Klischee Druckstock, Druckplatte; aus frz. *cliché* in ders. Bed., zu *clicher* „abklatschen, auf die Druckplatte übertragen; die Zischlaute schlecht aussprechen", wahrscheinlich lautmalend

Klistier Darmeinlauf, Darmspülung; aus griech. *klyster* „Klistierspritze", zu *klysma* „Klistier", zu *klyzein* „spülen, plätschern; benetzen, überfluten"

Klitoris schwellfähiger Teil des weiblichen Geschlechtsorgans; aus griech. *kleitoris* „kleiner Hügel", zu *kleitys* „Abhang, Hügel", zu *klinein* „sich neigen, beugen"

Klitsche kleines, ärmliches Landgut; aus poln. *klitka* „kleine, enge, schlechte Behausung", aus altpoln. *kletka* „Schuppen, Scheune" (dazu auch ukrain. *klić* „Vorratsraum"), aus urslaw. *klata* „Vogelkäfig"

Kloake unterirdischer Abwasserkanal; aus lat. *cloaca, cluaca* „bedeckte Gosse, Abzugskanal", zu *cluere* „reinigen"

Klon durch ungeschlechtliche Fortpflanzung (Senker, Stecklinge) entstandene (erbgleiche) Nachkommenschaft; aus griech. *klon* „Zweig, Reis", zu *klan* „brechen, abbrechen"

Klonus krampfartige, rhythmische Zuckungen; aus griech. *klonos* „Erregung, heftige Bewegung", zu *klonein* „schütteln, erschüttern, schwingen"

Klosett Abort (mit Wasserspülung), Toilette; aus engl. *closet* „kleines Zimmer", *water-closet* „Wasserklosett", zu *close* „geschlossener Raum", aus mengl. *clos* „abgeschlossen", aus lat. *clausus* „geschlossen", zu *claudere, cludere* „schließen"

Kloster Gesamtheit der Wohn- und Wirtschaftsgebäude einer von der Außenwelt abgeschlossen lebenden Gemeinschaft von Mönchen oder Nonnen; aus mlat. *claustrum* „Kloster, Einsiedelei, Stadtmauer, Gebirgspaß, Grenze", lat. *claustrum* „Schloß, Riegel, Bollwerk, Schutzwehr", zu *claudere* „schließen, verschließen"

Klub Vereinigung von Personen zur Pflege bestimmter Interessen; aus engl. *club* „Keule, Knüttel, dicker Stock, Klumpen, Knoten; Vereinigung von Personen, Summe von Beiträgen", aus mengl. *clubba,* aus altnord. *klubba* „Keule" und *klumba* „Klumpen, dichte Masse"; ein Klub ist also eigtl. eine dicht zusammengeschlossene Masse von Personen

Kluft *ugs.:* Anzug, Kleidung, Uniform; aus rotw. *Kluft* „Kleid", aus *Klaffot* „Kleid", aus hebr. *qəlippā* „Schale, Rinde"; auch „Schale" bedeutet im Rotw. soviel wie „Kleid, Kleidung" (vgl. die Redensart *sich in Schale werfen* „sich gut anziehen")

Klysma Darmeinlauf, Klistier; aus griech. *klysma* „Einlauf; Brandung", zu *klyzein* „spülen, plätschern"

Knast *ugs.:* Gefängnis, Gefängnisstrafe; rotw., aus jidd. *knas* „Geldstrafe", zu hebr. *qānas* „bestrafen"

Knaster (schlechter) Tabak; ndrl. *knaster* (ältere Form: *kanaster*) in ders. Bed., aus span. *canasta, canastro* „flacher Binsenkorb" (in dem früher edle Tabake verschickt wurden), aus griech. *kanastron* „Körbchen", zu *kaneon* „Korb", zu *kanna* „Rohr"

Knautia eine Wiesenblume; nach dem Arzt und Botaniker Christian *Knaut* (1654–1716) oder seinem Vater Christoph, ebenfalls Arzt und Botaniker (gest. 1694)

Kneipe kleines Wirtshaus, urspr. Diebswirtshaus, eigtl. verrufenes Haus; aus ndrl. *knip* „Falle, Vogelkasten", früher auch „nicht konzessioniertes Hurenhaus", zu mndrl. *knippen* „in die Enge treiben", zur Wortfamilie um hochdt. *kneipen, kneifen*

Knickerbockers weite, unter den Knien durch Bund zu schließende Überfallhose; nach Diedrich *Knickerbocker,* dem fingierten Verfasser und Helden des Romans „A History of New York, from the Beginning of the World to the End of the Dutch Dynasty" von Washington Irving, in dem Irving die etwas phlegmatischen holländischen Siedler und Mitbegründer von New York (urspr. Nieuw Amsterdam) humorvoll parodierte. Der Name wurde zum Spitznamen der holländischen Kolonisten überhaupt, und da diese vielfach die zu ihrer heimatlichen Tracht gehörigen Pumphosen trugen, ging die Bezeichnung schließlich auf die Hosen über. Einen Holländer namens *Knickerbocker* gab es damals tatsächlich; einen seiner Söhne kannte Irving aus der Armee, und ein Neffe war als Abgeordneter im Kongreß 1809–11 sein Gegner

Knilch *ugs.:* (unangenehmer) Kerl; aus rotw. *Knilch, Knülch* „ungeschliffener, bäurischer Kerl", zu *Knölle* „Knecht" und mhd. *knolle* „plumper Mensch, Klumpen"

Knittelvers → Knüttelvers

knobeln würfeln; auf bestimmte Art losen; aus mhd. *knübel* „Knöchel" (des Fingers); früher wurden die Würfel aus Knochen geschnitzt

Knoblauch eine Gewürz- und Heilpflanze; aus mhd. *knobelouch,* ältere

Form: *klobelouch* (kl wird vor folgendem l dissimiliert zu kn), aus ahd. *chlofalouh, chlobilouh,* zu *klobo* „gespaltener Stock, Kloben", zu ahd. *klioban,* altengl. *cleofan* „spalten", also „gespaltener Lauch", nach der in „Zehen" gespaltenen Zwiebel

knockout *Boxen:* kampfunfähig; nicht korrekt aus dem Engl. übernommen (wahrscheinlich in Anlehnung an *das Knockout*), eigtl. *knocked out of time* „aus der Zeit(spanne) herausgeschlagen", d.h. so geschlagen, daß es dem Betreffenden nicht mehr möglich ist, sich zu erheben, ehe der Ringrichter ihn ausgezählt hat, zu *to knock* „schlagen, klopfen", aus mengl. *knokken,* aus altengl. *cnocian,* altnord. *knoka* „schlagen", lautmalend

Knülch → Knilch

knülle erschöpft, angeschlagen, *auch:* betrunken; aus schwäb. *knüll* „betrunken", vielleicht zu *knüllen* „zusammenballen, zerknittern", vielleicht auch aus frühnhd. *knollet, knollicht* „klumpig", dann „massenweise", in Fügungen wie *knollet trinken, knöllicht saufen,* dann Bedeutungsverlagerung auf „betrunken" und dann „erschöpft"

Knüller großartige Sache, Schlager; vermutlich aus mundartlichen Formen, die „Schlag, schlagen" usw. ausdrücken, z.B. schwäb. *Knüll* „hinterlistig versetzter Stoß", *knüllen, knullen* „schlagen", schleswig-holstein. *Knull* „Ende der Peitschenschnur zum Knallen", schweiz. *chnüllen* „schlagen, knuffen"

Knute Lederpeitsche, *übertr.:* Gewaltherrschaft, strenge Herrschaft; aus russ. *knut* „Peitsche", aus altnord. *knutr* „Knorren, Knoten", urspr. Bedeutung „Knotenpeitsche"

Knüttelvers paarweise gereimter Vers mit vier Hebungen; da die Hebungen nicht immer mit der sinntragenden Silbe zusammenfallen und die Senkungen unregelmäßig sind, wirkt der Vers schwerfällig und holprig wie ein Knüttel; wahrscheinlich Lehnübersetzung von lat. *versus rhopalicus* „Keulenvers, keulenartiger Vers", d.h. ein Vers, der zum Ende hin immer dicker bzw. schwerfälliger wird, da jedes Wort eine Silbe länger ist als das vorhergehende, aus griech. *rhopalon* „Keule"

Koadjutor *kath. Kirche:* Vikar als Gehilfe eines Geistlichen; lat. *coadiutor* „Gehilfe, Mithelfer", aus *co-* (statt *con-,* in Zus. für *cum*) „mit" und *adiutor* „Helfer", zu *adiuvare* „helfen", aus *ad* „zu, für" und *iuvare* „helfen"

Koagulation Gerinnung; aus lat. *coagulatio,* Gen. *-onis,* „das Zusammenlaufen, Gerinnen einer Flüssigkeit", zu *coagulare* „gerinnen machen", zu *coagulum* „Gerinnungsmittel im Magen, Lab", zu *cogere,* eigtl. *coagere,* „zusammenziehen", aus *co-* (statt *con-,* in Zus. für *cum*) „mit" und *agere* „führen, leiten"

Koalition Bündnis (von Staaten oder Parteien); aus mlat. *coalitio* „Zusammenkunft, Versammlung, Vereinigung", zu lat. *coalescere* „sich vereinigen, zusammenwachsen, verschmelzen", aus *co-* (statt *con-,* in Zus. für *cum*) „zusammen, mit" und *alescere* „gedeihen, (heran)wachsen", zu *alere* „wachsen, ernähren"

Kobalt chemisches Element; es wurde von Bergleuten *Kobolt* genannt, zu *Kobold* „Berggeist", und als giftige, täuschende „Unart von Bergerzen" bezeichnet, da es silbrig aussieht, aber kein Silber enthält, und weil es giftiges Arsenik absetzt; Paracelsus (1493–1541) erkannte es als Metall und führte den Begriff in die Fachsprache ein

Kobold zwergenhafter Hausgeist, Erdgeist, Berggeist; aus mhd. *kobolt* „lustiger Hausgeist", der Gutes tun und foppen kann, aus mhd. *kobe* „Stall", *kobel* „enges Haus, Hütte" und *holde* „Diener, Dienstmann; Geist, Dämon" (die *guoten holden* sind mhd. die guten Hausgeister); vielleicht auch aus mlat. *cobalus* (da der Ton in *kobolt* auch auf der zweiten Silbe liegen kann) „Berggeist, Gnom", aus griech. *kobalos* „Gauner, Schalk, verschmitzter Bursche", vielleicht auch aus beiden Wurzeln vermischt

Kobra eine südasiat. Giftschlange; aus port. *cobra,* aus lat. *colubra,* Fem. von *coluber* „kleine Schlange“, zur idg. Wurzel **kel-* „drehen, krümmen“

Koda kurzer Schlußteil (eines Musikstückes); aus vulgärlat. *coda,* lat. *cauda* „Schwanz“, übertr. „Anhängsel

Kodex Sammlung alter Handschriften; Gesetzbuch; aus lat. *codex,* ältere Form *caudex,* urspr. „abgeschlagener Baumstamm, Block, zu Schreibtafeln gespaltenes Holz, Buch aus Holztafeln“, dann „Schriftwerk, Urkunde, Verzeichnis“, wahrscheinlich zu *cudere* „schlagen“

kodifizieren in einem Gesetzbuch zusammenfassen; aus lat. *codex,* Gen. *codicis,* „Buch, Verzeichnis“, und *facere* (in Zus. *-ficere*) „machen“

Kodizill *veraltet:* letztwillige Verfügung; aus lat. *codicillus* „Brief, Zusätze zu einem Testament“, Verkleinerungsform von *codex,* Gen. *codicis,* „Buch, Verzeichnis“

Koedukation Erziehung von Jungen und Mädchen gemeinsam; aus lat. *co-* (statt *con-,* in Zus. für *cum*) „mit“ und *educatio,* Gen. *-onis,* „Erziehung“, zu *educare* „erziehen, groß-, aufziehen“, eigtl. „herausführen“, aus *e-* (in Zus. für *ex-*) „heraus“ und *ducere* „führen“, zu *dux* „Anführer“

Koeffizient *Math.:* Vorzahl, Beizahl vor veränderlichen Größen einer Funktion; *Phys.:* Zahl, die eine bestimmte physikalische oder technische Verhaltensweise angibt; aus lat. *co-* (statt *con-,* in Zus. für *cum*) „mit“ und *efficiens,* Part. Präs. von *efficere* „bewirken“, eigtl. „herausbringen, hervorrufen“, aus *e-* (in Zus. für *ex-*) „heraus“ und *facere* (in Zus. *-ficere*) „tun, machen“

koerzibel verdichtbar, verflüssigbar; aus lat. *coercere* „zusammenhalten, zusammenschließen, beschränken“, aus *co-* (statt *con-,* in Zus. für *cum*) „zusammen“ und *arcere* „einschließen, festhalten“

Koerzitivkraft Fähigkeit eines Stoffes, einen in ihm erregten Magnetismus beizubehalten oder der Magnetisierung zu widerstehen; aus lat. *coercitio* „Bändigung, Inzuchthaltung, Zwangsmaßregel“, zu *coercere* „zusammenhalten, in Schranken, in Ordnung halten“, → koerzibel

Kognat *im alten Rom:* Blutsverwandter der väterlichen oder mütterlichen Linie, der nicht → Agnat ist; lat. *cognatus,* aus *co-* (statt *con,* in Zus. für *cum*) „mit“ und *natus* „geboren“, zu *nasci* „geboren, erzeugt werden“

kognitiv auf Erkenntnis beruhend; aus lat. *cognitus* „bekannt, erkannt“, zu *cognoscere* „erkennen“, aus *co-* (statt *con-,* in Zus. für *cum*) „von allen Seiten, alles zusammen“ und altlat. *gnoscere,* lat. *noscere* „kennenlernen, erkennen“

Kognomen *im alten Rom:* Zuname, Familienname; lat. *cognomen,* aus *co-* (statt *con-,* in Zus. für *cum*) „mit“ und *gnomen = nomen* „Name“

kohabitieren den Beischlaf ausüben; aus lat. *cohabitare* „beisammen wohnen“, aus *co-* (statt *con-,* in Zus. für *cum*) „mit“ und *habitare* „oft etwas haben, bewohnen“, Frequentativum zu *habere* „halten, in Besitz haben“

kohärent zusammenhängend; aus lat. *cohaerens,* Gen. *-entis,* „zusammenhängend“, aus *co-* (statt *con-,* in Zus. für *cum*) „zusammen“ und *haerere* „hängen, festhängen, -kleben“

Kohl *ugs.:* Unsinn, unglaubwürdiges, dummes Gerede; Herkunft umstritten; entweder aus hebr. *qol* „Stimme, Rede, Schall“, oder (nach Wolf) aus zigeuner. *kalo* „schwarz“, und *schwarz* bedeutet im Rotw. „lügnerisch, betrügerisch“; dazu *kohlen* „Unsinn, Unglaubwürdiges reden, andere zum Narren halten, veralbern“, im Rotw. bedeutet es „verleumden, anschwärzen“

Kohldampf *ugs.:* Hunger; Tautologie aus rotw. *Kohler* „Hunger“ und *Dampf* „Hunger“; *Kohler* geht wahrscheinlich auf zigeuner. *kalo* „schwarz“ zurück, und *schwarz* bedeutet im Rotw. u.a. „arm, ohne Geld“ und damit „ohne Essen“

Kohorte altrömische Truppeneinheit, 10. Teil einer Legion; *auch (selten) abwertend:* Schar, Gruppe; aus lat. *cohors,* Gen. *cohortis,* „Hofraum, Gehege, Viehhof“, übertr. „Schar, Menge, Gefolge“, eigtl. „eingeschlossene, eingehegte Menge“, danach „Truppeneinheit", aus *co-* (statt *con-,* in Zus. für *cum*) „mit, zusammen" und *hortus* „Garten, Gehege", zur idg. Wurzel **gher-* „fassen, greifen, umfassen"

Koinzidenz Zusammentreffen (zweier Ereignisse oder Vorgänge); aus lat. *co-* (statt *con-,* in Zus. für *cum*) „mit" und *incidere* „in etwas geraten", eigtl. „in etwas hineinfallen", auch „vorfallen, sich ereignen", aus *in* „in, hinein" und *cadere* (in Zus. *-cidere*) „fallen, geraten"

Koitus Geschlechtsakt; lat. *coitus* „das Zusammengehen, -kommen, Vereinigung", aus *co-* (statt *con-,* in Zus. für *cum*) „mit" und *itus,* Perf. von *ire* „gehen"

Koje *auf Schiffen:* Bett; *allg.:* Ausstellungsstand; aus mndrl. *kooye* „enger Raum", aus lat. *cavea* „Käfig, Behältnis", eigtl. „Höhlung", zu *cavum* „Höhlung, Vertiefung", zu *cavus* „hohl"

Kojote nordamerik. Präriewolf; aus Nahuatl *coyotl* als Bezeichnung für das Tier; die Deutung „Heuler" ist nicht richtig, da *coyoua* „heulen, schreien" eine Ableitung von *coyotl* ist: „heulen wie ein Kojote"

Kokain aus den Blättern des Kokastrauches gewonnenes, anregendes Alkaloid; zu *Koka,* in Bolivien und Peru heimische Pflanze, deren Blätter von den Indios gekaut werden, Aimara, Ketschua *coca, cuca, kkoka*

Kokarde nationales Abzeichen (an Uniformmützen); frz. *cocarde* in ders. Bed. sowie „Hutband, -schleife", zu *coq* „Hahn"

kokett gefallsüchtig; aus frz. *coquet* „gefallsüchtig", zu *coq* „Hahn"

Kokkus kugelförmiges Bakterium; aus griech. *kokkos* „Kern, Korn (einer Frucht)", weitere Herkunft unbekannt

Kokon Hülle von Insektenlarven, bes. der Seidenraupe; aus frz. *cocon* „Puppe, Eiersack der Spinnen, Frucht-, Eierschale", aus provenzal. *coucoun* „Eierschale", Verkleinerungsform von *coca* „muschelartiges Gefäß"

Kokos eine Palme; aus port. *coco,* aus lat. *coccum,* griech. *kokkos* „Kern"

Kokotte Halbweltdame; aus frz. *cocotte* „Mädchen, (liebes) Kind" als Kosename, danach mit Bedeutungsverschlechterung „Dirne, Buhlerin", zu *coq* „Hahn", also urspr. „Hühnchen, Hähnchen" als Kosename

Koks[1] ein Brennstoff; aus engl. *coke* in ders. Bed., Herkunft nicht bekannt

Koks[2] *ugs. kurz für* Kokain; wohl beeinflußt von engl. *coke,* Slang-Kurzform von *cocain*

Kokzidie ein Sporentierchen; aus griech. *kokkos* „Kern" und *eidos* „Gestalt"

Kolatsche *österr.:* kleiner, mit Rosinen oder Marmelade gefüllter Hefekuchen; aus tschech. *koláč* „Gebäck in Form eines Rades", aus urslaw. *kola* „Kreis"

Koleoptere Käfer, Deckflügler, Scheidenflügler; aus griech. *koleos* „Scheide" und *pteron* „Flügel"; das vordere Flügelpaar ist durch Chitineinlagerung zu zwei harten Flügeldecken geworden

Kolibakterien Dickdarmbakterien; aus griech. *kolon* „Dickdarm", → Kolon

Kolibri amerik., hummel- bis schwalbengroßer Vogel; die Herkunft und Bedeutung des Namens sind nicht geklärt, er stammt vielleicht aus dem Karib., wo er allgemein „Vogel" heißt, oder aus Tupi-Guarani; er taucht relativ spät, erst 1640 in der frz. Kolonialliteratur auf, alle span. Quellen vorher bezeichnen den Vogel anders

Kolik krampfartiger Schmerz in den inneren Organen; aus griech. *kolike nosos* „Darmkrankheit", zu *kolon* „Dickdarm"

kollabieren zusammenbrechen, einen Kollaps erleiden; aus lat. *collabi* „zusammensinken, zusammenbrechen", aus *col-* (vor l statt *con-,* in Zus. für *cum*) „zusammen" und *labi* „sinken"

kollaborieren mit dem Feind oder der Besatzungsmacht zusammenarbeiten; aus lat. *collaborare* „mitarbeiten", aus *col-* (vor l statt *con-,* in Zus. für *cum*) „mit" und *laborare* „arbeiten", zu *labor* „Arbeit"

Kollagen leimartiger Eiweißstoff in Knochen, Knorpel und Bindegewebe, der durch Kochen oder chemische Einwirkung Leim ergibt; aus griech.

kolla „Leim" und *gennan* „erzeugen, hervorbringen"

Kollaps Zusammenbruch infolge Kreislaufversagens; aus lat. *collapsus* „zusammengebrochen", zu *collabi* „zusammenbrechen", → kollabieren

kollationieren zusammentragen, ausgleichen, vergleichen; aus lat. *collatio,* Gen. *-onis,* „Vereinigung, Verbindung (von Zusammengetragenem)", zu *collatus* „zusammengetragen", Perf. Passiv von *conferre* „zusammentragen, -bringen, -stellen", aus *con-* (in Zus. für *cum*) „zusammen" und *ferre* „tragen"

kollaudieren *österr., schweiz.:* einen Bau abschließend prüfen und genehmigen; aus lat. *collaudare* „loben, ein Lob erteilen", aus *col-* (vor l statt *con-,* in Zus. für *cum*) „mit, samt" und *laudare* „loben", zu *laus,* Gen. *laudis,* „Lob"

Kollege Berufsgenosse, Mitarbeiter; aus lat. *collega* „Amtsgenosse, -gehilfe, Standesgenosse", aus *col-* (vor l statt *con-,* in Zus. für *cum*) „mit" und *legere* „lesen, sammeln"

Kollektiv Arbeitsgemeinschaft; aus lat. *collectivus* „angesammelt", zu *collectus* „Ansammlung", zu *colligere* „zusammenlesen, sammeln, versammeln", aus *col-* (vor l statt *con-,* in Zus. für *cum*) „mit, zusammen" und *legere* „lesen"

Kollenchym dehnungs- und wachstumsfähiges Festigungsgewebe wachsender Pflanzen; aus griech. *kolla* „Leim", *en* „in, darin" und *chymos* „Saft"

Kolli *österr. für* → Kollo

kollidieren sich überschneiden, zeitlich zusammenfallen; zusammenstoßen; aus lat. *collidere* „zusammenstoßen", aus *col-* (vor l statt *con-,* in Zus. für *cum*) „mit, zusammen" und *laedere* „schlagen, stoßen, treffen"

Kollier → Collier

Kollision Überschneidung, zeitliches Zusammentreffen; Zusammenstoß; Widerstreit, Gegensatz; aus lat. *collisio,* Gen. *-onis,* „das Zusammenstoßen", zu *collidere,* → kollidieren

Kollo Frachtstück, Warenballen; aus ital. *collo* „Gepäckstück"; *collo* ist die veraltete Form von *con lo* „mit dem"; ein *Collo* ist also eigtl. etwas, das „mit einem, mit jmdm." geht; nach anderer Deutung zu ital. *collo* „Hals", demnach „Last, die man auf dem Nacken tragen kann"

Kolloid leimartiger, nicht kristalliner Stoff; aus griech. *kolla* „Leim" und *eidos* „Aussehen, Gestalt"

Kolloquium wissenschaftliches Gespräch; lat. *colloquium* „Unterredung, Gespräch", zu *colloqui* „sich besprechen, sich unterhalten", aus *col-* (vor l statt *con-,* in Zus. für *cum*) „mit" und *loqui* „reden, sprechen"

kolludieren sich zu jmds. Nachteil mit einem Dritten besprechen; aus lat. *colludere* „mit jmdm. zusammenspielen", übertr. „sich mit jmdm. heimlich verständigen, mit jmdm. unter einer Decke stecken", aus *col-* (vor l statt *con-,* in Zus. für *cum*) „mit" und *ludere* „spielen", zu *ludus* „Spiel"

Kolmation künstliche Erhöhung tiefliegenden Landes mit Hilfe sinkstoffreichen Wassers, Auflandung; aus ital. *colmata* in ders. Bed., zu *colmare* „aus-, auffüllen", zu *colmo* „voll, bis zum Rand gefüllt; Gipfel, höchster Punkt", aus lat. *culmen* „Gipfel, Kuppe"

Kolombine Figur der Commedia dell'arte, Geliebte des Arlecchino (→ Harlekin); aus ital. *colombina* in ders. Bed., eigtl. „Täubchen" (als Kosename), Verkleinerungsform von *colomba* aus lat. *columba* „Taube"

Kolon Doppelpunkt; Dickdarm; aus griech. 1. *kolon* „Glied, bes. Bein, Knie", übertr. auch „Absatz", das Wort wurde später als Bezeichnung für den Doppelpunkt gewählt, und zwar wegen des Einschnittes, Absatzes, den das Zeichen im Satz herstellt; 2. *kolon* (mit anderer Schreibung im Griech.: langes o in der ersten Silbe) „Darm, Wurst", was vielleicht mit *koilia* „Bauchhöhle", allg. „Höhlung" zusammenhängt

Kolonie Siedlung außerhalb des Mutterlandes; ausländischer Besitz; Tierverband; aus lat. *colonia* „Ansiedlung, Niederlassung, Tochterstadt", eigtl. „Bauerngut", zu *colonus* „Landwirt, Bauer", wörtlich „Bebauer", zu *colere* „bebauen, bearbeiten, Feldbau treiben"

Kolonnade Säulengang; frz. *colonnade* „Säulengang", zu *colonne* „Säule", aus lat. *columna* „Säule", → Kolumne

Kolonne geordnete Schar, Zug, Reihe; frz. *colonne* „Säule, Pfeiler; Reihe, (Zeitungs-) Spalte", aus lat. *columna* „Säule", → Kolumne

Kolophon *in alten Handschriften und Frühdrucken:* Vermerk am Schluß über Verfasser, Schreiber, Ort und Jahr; aus griech. *kolophon,* Gen. *kolophonos,* „Gipfel, Ende, Abschluß"; weitere Herkunft nicht bekannt

Koloratur virtuose Verzierung des Gesangs in hoher Lage; aus lat. *coloraturum* „etwas, das färben wird, das Farbe, Färbung gibt", zu *colorare* „färben", übertr. „der Rede Farbe geben", zu *color* „Farbe"

kolorieren färben, farbig ausmalen; aus lat. *colorare* „färben", zu *color* „Farbe"

Koloß riesiges Standbild, *übertr.:* riesiger Gegenstand, großer, dicker, schwerfälliger Mensch; aus griech. *kolossos,* Bezeichnung für „riesige Bildsäule", dann bes. für die eherne, dem Sonnengott Helios geweihte Bildsäule auf Rhodos; Herkunft unklar

Kolosseum großes Amphitheater in Rom; aus lat. *colosseus,* griech. *kolossaios* „riesengroß", zu *kolossos,* → Koloß

kolportieren etwas k.: mit etwas hausieren, etwas feilbieten; verbreiten, weitererzählen; aus frz. *colporter* „herumtragen, feilbieten, verbreiten", unter volksetymologischem Einfluß von *cou, col* „Hals" (also eigtl. „auf dem Nacken tragen") aus altfrz. *comporter* aus lat. *comportare* „zusammentragen, -bringen, einbringen", aus *com,* ältere Form von *cum* „zusammen, mit" und *portare* „tragen, bringen"

Kolumbarium *im Krematorium:* Urnenhalle; aus lat. *columbarium* „Taubenhaus, Taubenschlag; Totenkammer mit Wandnischen", zu *columba* „Taube", zur idg. Wurzel **qel, *qol-* „dunkel schimmern"

Kolumne senkrechte Reihe (von Zahlen u.ä.), Spalte (einer Zeitungsseite u.ä.); aus lat. *columna* „Säule", aus **qelom(e)na* „die Aufragende, Emporstrebende", zur idg. Wurzel **qel* „ragen"

Koma[1] durch die Sonne zum Leuchten gebrachte Nebelhülle um den Kopf eines Kometen; aus griech. *kome* „Haar, Mähne"

Koma[2] tiefe Bewußtlosigkeit; aus griech. *koma* „tiefer Schlaf", zu *keisthai* „liegen, daliegen"

Kombattant kriegsrechtlich anerkannter Angehöriger einer Kampftruppe; frz. *combattant* „Kampfteilnehmer, Kämpfer", zu *combat* „Kampf", Rückbildung aus *combattre* „kämpfen, bekämpfen", aus vulgärlat. **combattere* „zusammenschlagen", aus lat. *com,* ältere Form von *cum* „zusammen" und battuere „schlagen"

kombinieren (gedanklich) verbinden; aus lat. *combinare* „vereinigen", aus *com,* ältere Form von *cum* „mit, zusammen" und *bini* „je zwei, zwei auf einmal", zu *bis* „zweimal"

Kombüse Schiffsküche; aus ndrl. *kombuis* in ders. Bed., aus mndrl. *kabuys, cabuse,* → Kabuse

Komedo Mitesser (in der Haut); aus lat. *comedo* „Fresser, Schlemmer", eigtl. „ich esse mit, ich esse es auf", zu *comedere* „mit-, aufessen", aus *com,* ältere Form von *cum* „mit" und *edere* „essen"

Komet Himmelskörper mit Schweif, Schweifstern; aus griech. *kometes* „jmd., der langes Haar trägt, Haarstern", zu *kome* „Haar, Mähne"

Komfort Bequemlichkeit, Annehmlichkeit, bequeme, praktische Einrichtung; mit frz. Aussprache aus engl. *comfort* „Behaglichkeit, Bequemlichkeit; Trost, Stärkung", aus frz. *confort* „Behaglichkeit", Rückbildung aus veraltetem *conforter* „stärken, trösten", aus lat. *confortare* „stärken", aus *con-* (in Zus. für *cum*) „heftig, sehr", und *fortis* „stark"

komisch erheiternd, Lachen erregend; aus griech. *komikos* „zur Komödie gehörig, in der Art einer Komödie", → Komödie

Komitee Ausschuß, Gremium; frz. *comité* aus engl. *committee* in ders.

Bed., aus lat. *committere* „zusammenkommen lassen, zusammenbringen, vereinigen", aus *com*, ältere Form von *cum* „zusammen" und *mittere* „gehen lassen, schicken"

Komma ein Satzzeichen, Beistrich; aus griech. *komma* „Einschnitt, Abschnitt", eigentlich „Schlag", zu *koptein* „schlagen"

kommandieren befehligen; bestimmen; aus frz. *commander* „befehlen, befehligen, beherrschen", über vulgärlat. **commandare* aus lat. *commendare* „empfehlen, anvertrauen", aus *com*, ältere Form von *cum* „sehr, nachdrücklich" und *mandare* „Befehl, Weisung geben, sagen lassen", dieses aus *manus* „Hand" und *dare* „geben", also eigtl. „in die Hand geben"

Kommanditist nur mit seiner Einlage haftender Teilhaber; aus frz. *commandité* „verantwortlicher Teilhaber", zu *commanditer* „Geld in ein Geschäft geben, ohne Teilnehmer zu sein", aus lat. *commendare* „anvertrauen, übergeben", →kommandieren

Kommensale Tier, das von seinem Wirt lebt, ohne ihm zu schaden; aus frz. *commensal* „Tischgenosse", aus lat. *com*, ältere Form von *cum* „mit" und *mensa* „Tisch", also „der mit am selben Tisch ißt"

kommensurabel vergleichbar, mit dem gleichen Maß meßbar; aus lat. *commensurabilis* „gleichmäßig, gleich zu bemessen", aus *com*, ältere Form von *cum* „mit" und *mensura* „Messung, Maß", zu *metiri* „messen"

Komment Brauch, Regel (des Lebens in einer Studentenverbindung); aus frz. *comment* „wie", als Subst. „das Wie, die Art und Weise", aus lat. *quomodo* „auf welche Weise", aus *quo* „wodurch" und *modus* „Art und Weise"

Kommentar Erklärung, Erläuterung; aus lat. *commentarium* „Notizen, gesammelte Beispiele", zu *commentum* „etwas Erdachtes", zu *comminisci* „sich etwas ins Gedächtnis rufen, sich auf etwas besinnen; ersinnen, ausdenken", aus *com*, ältere Form von *cum* „mit" und *mens*, Gen. *mentis*, „Gedanken, das Denken"

Kommers festlicher Kneipabend in Studentenverbindungen; aus frz. *commerce* „Gemeinschaft, Verkehr, Umgang", aus lat. *commercium* „Verkehr, Austausch", übertr. „Umgang, Gemeinschaft", →Kommerz

Kommerz *veraltet:* Handel und Verkehr; aus frz. *commerce* „Handel, Verkehr", aus lat. *commercium* „Handel, Verkehr", aus *com*, ältere Form von *cum* „mit" und *merx*, Gen. *mercis* „Ware"

Kommilitone Mitstudent, Studiengenosse; aus lat. *commilito*, Gen. *-onis*, ebenso *commiles* „Waffenbruder, Waffengefährte, Kriegskamerad", aus *com*, ältere Form von *cum* „mit" und *miles*, Gen. *militis* „Soldat, Krieger"

Kommiß *ugs.:* Militär, Militärdienst; eigtl. die vom Staat gelieferte Ausrüstung für die Soldaten, im 16.–18. Jh. bezeichnete man damit die Vorräte für den Unterhalt des Heeres; das Wort ist gekürzt aus *Kommission* „Auftrag" im Sinne von „Auftrag an die Bevölkerung, Mittel für den Unterhalt von Soldaten zusammenzubringen", →Kommission

Kommissar jmd., der im Auftrag des Staates handelt und mit Vollmachten ausgerüstet ist; aus mlat. *commissarius* „jmd., der mit der Besorgung eines Geschäftes beauftragt ist", aus lat. *committere* „anvertrauen, übergeben", aus *com*, ältere Form von *cum* „mit" und *mittere* „schicken"

Kommission Gruppe von Beauftragten, Ausschuß; Auftrag zum Verkauf einer Ware; aus mlat. *commissio*, Gen. *-onis*, „Gruppe von Beauftragten; Pachtvertrag", lat. *commissio* „Vereinigung", zu *committere* „zusammenbringen, vereinigen", aus *com*, ältere Form von *cum* „zusammen" und *mittere* „schicken"

Kommode Möbelstück in Kastenform mit Schubfächern; aus frz. *commode* in derselben Bedeutung, eigtl. „Bequemlichkeit", zum Adj. *commode* „bequem", aus lat. *commodus* „bequem, zweckmäßig, angemessen", aus *com*, ältere Form von *cum* „mit" und *modus* „rechtes Maß, Art und Weise"

Kommune Gemeinde; frz. *commune* „Gemeinde", aus lat. *communis* „gemeinschaftliches Vermögen, Gemeingut", als Adj. „gemeinsam, gemeinschaftlich", eigtl. „mitleistend, mitverpflichtet", aus *com,* ältere Form von *cum* „mit" und *munia* „Leistungen, Verpflichtungen"
Kommunikation Verbindung, Zusammenhang; Verkehr (zwischen Menschen), Verständigung; aus lat. *communicatio,* Gen. *-onis,* „Mitteilung", zu *communicare,* „teilhaben", →kommunizieren
Kommunion *kath. Kirche:* Abendmahl; aus lat. *communio,* Gen. *-onis,* „(kirchliche) Gemeinschaft; Abendmahl", zu *communis* „gemeinsam", →Kommune
kommunizieren zusammenhängen, in Verbindung stehen; miteinander sprechen, Verbindung haben; aus lat. *communicare* „teilen, teilhaben lassen", zu *communis* „gemeinsam, gemeinschaftlich", →Kommune
Komödie heiteres Schauspiel; aus lat. *comoedia,* griech. *komodia (komoidia)* in derselben Bedeutung, aus griech. *komos* „nächtlicher Umzug verkleideter Personen" (bei dem gesungen, getanzt und getrunken wurde) und *ode (oide)* „Gesang, Lied", also „Gesang des Komos"; nach Aristoteles urspr. Gesang der Phallosträger in diesem Umzug, die den Fruchtbarkeitszauber ausübten und die Zuschauer mit Spottversen bedachten
Kompagnon Teilhaber; aus frz. *compagnon* „Gefährte, Genosse", aus mlat. *companium* „Gemeinschaft, Gesellschaft", →Kompanie
kompakt dicht, massiv; gedrungen, stämmig; aus frz. *compact* „dicht, fest, zusammengedrängt", aus lat. *compactus* „zusammengefügt", aus *com,* ältere Form von *cum* „mit, zusammen" und *pangere* „festmachen, -schlagen, befestigen"
Kompanie Truppeneinheit der Infanterie; Handelsgesellschaft; aus frz. *compagnie* „Gesellschaft, Verein, Körperschaft, Abteilung Soldaten", aus mlat. *companium* „Gemeinschaft, Gesellschaft, Trupp Soldaten", aus lat. *com,* ältere Form von *cum* „mit, zusammen" und *panis* „Brot", also „die miteinander das Brot teilen"
Komparation *Gramm.:* Steigerung; aus lat. *comparatio,* Gen. *-onis,* „Vergleich", zu *comparare* „in gleiche Stellung bringen, gegenüberstellen", zu *compar,* auch *par* „gleich, gleichkommend"
Komparse Darsteller einer sehr kleinen oder stummen Rolle; aus ital. *comparsa* „das Erscheinen (auf der Bühne); Statist(in)", zu *comparire* „erscheinen, hervortreten", aus lat. *comparere* „erscheinen, sichtbar werden, sich zeigen", aus *com,* ältere Form von *cum* „mit" und *parere* „erscheinen"
Kompaß Gerät zum Bestimmen der Himmelsrichtung mittels Magnetnadel; aus ital. *compasso* „Zirkel, Bussole", zu *compassare* „mit dem Zirkel ab-, ausmessen", über vulgärlat. **compassare* aus lat. *cum* „mit" und *passus* „Schritt", zu *pandere* „ausspannen, spreizen"
kompatibel miteinander vereinbar, zusammenpassend, verträglich; aus frz. *compatible* „vereinbar, verträglich", zu *compatir* „übereinstimmen, sich vertragen, nebeneinander bestehen können", eigtl. „Mitleid, Geduld haben", aus lat. *com,* ältere Form von *cum* „mit" und *pati* „leiden, dulden"
Kompendium kurzgefaßtes Lehrbuch, Handbuch; aus lat. *compendium* „abgekürzter Weg, Ersparnis", eigtl. „das beim Zusammenwiegen Ersparte", aus *com,* ältere Form von *cum* „mit, zusammen" und *pendere* „wägen, wiegen"
kompensieren ausgleichen; verrechnen, vergüten; aus lat. *compensare* „gegeneinander abwägen, ausgleichen, aufrechnen", aus *com,* ältere Form von *cum* „mit" und *pensare* „wägen, abwägen, ausgleichen", Intensivum zu *pendere* „herabhängen lassen" (nämlich die Waagschalen beim Wiegen)
kompetent zuständig, maßgebend, urteilsfähig; aus lat. *competens,* Gen. *-entis,* Part. Präs. von *competere* „der Beschaffenheit nach stimmen, zutreffen", aus *com,* ältere Form von *cum*

„mit“ und *petere* „zu erreichen suchen, erstreben“

Kompilation Sammlung, Zusammentragung; aus anderen Schriften „zusammengestoppeltes“ Werk; aus lat. *compilatio,* Gen. *-onis,* „Zusammengerafftes, Ausbeute“, eigtl. „Plünderung“, ironische Bez. für „Sammlung von Aktenstücken“, zu *compilare* „ausplündern, berauben, zusammenraffen“, bes. „geistigen Diebstahl begehen“

Komplement Ergänzung; aus frz. *complément* „Ergänzung, nähere Bestimmung“, aus lat. *complementum* „Ergänzungs-, Ausfüllungsmittel“, zu *complere* „ausfüllen, vollständig machen“, aus *com,* ältere Form von *cum* „ganz, völlig“ und *plenus* „voll“

komplett vollständig, abgeschlossen; aus frz. *complet* „vollständig“, aus lat. *completus* „voll-, ausgefüllt“, zu *complere* „ausfüllen“, aus *com,* ältere Form von *cum* „mit“ und *plenus* „voll“

Komplex Gesamtheit, zusammenhängende Gruppe (von Gegenständen, Vorstellungen u.a.); aus lat. *complexus* „Zusammenfassung, Verknüpfung“, zu *complecti* „umfassen, umschließen“, aus *com,* ältere Form von *cum* „zusammen“ und *plectere* „flechten“

Kompliment Höflichkeitsbezeigung, höfliche, schmeichelhafte Bemerkung; frz. *compliment* „Ehren-, Höflichkeitsbezeigung, Gruß“, über ital. *complimento* aus span. *cumplimiento* „Höflichkeitsbezeigung, Erfüllung einer Pflicht, einer Leistung“, zu *cumplir* „ein Versprechen erfüllen, eine Pflicht, Leistung ausführen“, aus lat. *complere* „erfüllen, ausfüllen, vollständig machen“, aus *com,* ältere Form von *cum* „ganz, völlig“ und *plenus* „voll“

Komplize Mittäter, Mitschuldiger; frz. *complice* in ders. Bed., aus lat. *complex,* Gen. *complicis,* „Verbündeter, Teilnehmer“, als Adj. „eng verbunden“, aus *com,* ältere Form von *cum* „ganz, völlig“ und *plexus* „geflochten“, zum seltenen Verb *plectere* „flechten, zusammenfügen“

komplizieren erschweren, schwierig, schwieriger machen; aus lat. *complicare* „zusammenwickeln, -falten“, aus *com,* ältere Form von *cum* „mit, zusammen“ und *plicare* „falten“

Komplott Verschwörung; aus frz. *complot* „Verschwörung, heimlicher Anschlag“, aus *com-* (in Zus. vor p statt *con-*) „mit, zusammen“ und *peloter* „zum Knäuel wickeln“, zu *pelote* „Knäuel, Ball“, aus lat. *pila* „Ball“

komponieren vertonen; kunstvoll anordnen oder aufbauen; aus lat. *componere* „zusammensetzen“, aus *com,* ältere Form von *cum* „zusammen“ und *ponere* „setzen, stellen, legen“

Kompost Dünger aus Pflanzenresten, Erde und Jauche; aus frz. *compost* „künstlich zusammengesetzter Mischdünger“, aus lat. *compositum* „zusammengesetzt“, zu *componere* „zusammensetzen“, →komponieren

Kompott mit Zucker gekochtes Obst; aus frz. *compote* „Eingemachtes, bes. eingemachte Früchte“, aus lat. *compositus* „zusammengesetzt“, zu *componere* „zusammensetzen“, →komponieren

Kompresse feuchter Umschlag; aus lat. *compressio* „das Zusammendrükken“, zu *comprimere,* →komprimieren

komprimieren zusammendrücken, verdichten, zusammendrängen; aus lat. *comprimere* „zusammendrücken, zusammenpressen“, aus *com,* ältere Form von *cum* „zusammen“ und *premere* (in Zus. *-primere*) „drücken, pressen“

Kompromiß Ausgleich, Vergleich, Verständigung mit gewissem Verzicht auf beiden Seiten; aus lat. *compromissum* „gegenseitiges Versprechen, den Schiedsspruch eines Dritten anzuerkennen“, zu *compromittere* „sich gegenseitig etwas versprechen, etwas gemeinsam versprechen“, aus *com,* ältere Form von *cum* „mit, zusammen“ und *promittere* „versprechen, in Aussicht stellen, Künftiges verheißen“, eigtl. „nach vorn schicken, vorwärtsgehen lassen“, nämlich sozusagen auf das Verheißene zu, aus *pro* „vor“, auch „vor … hin, nach vorn“ und *mittere* „schicken“

kompromittieren bloßstellen, in Verlegenheit bringen; aus frz. *compromettre* „bloßstellen, aufs Spiel setzen“, aus lat.

compromittere, als juristischer Fachausdruck „sich gegenseitig versprechen, die Entscheidung über einen Rechtsstreit einem Schiedsrichter zu überlassen und sich dem Spruch zu beugen"; die Bedeutungsverschiebung zu „bloßstellen" ist so zu erklären: indem man den Gegner zwingt, mit einem solchen Versprechen einem Dritten die Entscheidung zu überlassen, der dadurch Einblick in den Streit erhält, bringt man ihn möglicherweise in Verlegenheit und stellt ihn dadurch vor anderen bloß; Weiteres → Kompromiß

Komteß unverheiratete Gräfin; aus frz. *comtesse* „Gräfin", weibliche Form von *comte* „Graf", aus lat. *comes,* Gen. *comitis,* „Begleiter, einer aus dem Gefolge (eines Fürsten)", aus *com,* ältere Form von *cum* „mit" und *ire* „gehen"

Komtur Ordensritter und Verwalter eines ihm übergebenen Gebietes; aus mhd. *kommentiur, kommendiur* in derselben Bedeutung, aus mlat. *commendator* „Vorsteher der Niederlassung eines Ritterordens", zu lat. *commendare* „anvertrauen, übergeben", aus *com,* ältere Form von *cum* „ganz, völlig" und *mandare* „anvertrauen, übergeben"

Konche Muschelschale; Halbkuppel der Apsis; aus lat. *concha,* griech. *kogche* „Muschelschale"

Konchylie Schale der Weichtiere; aus lat. *conchylium* „Muscheltier, Schalentier", aus griech. *cogchylion,* Verkleinerungsform von *kogche* „Muschel"

kondensieren verflüssigen (Gase, Dämpfe), verdichten, eindicken (Flüssigkeiten); aus lat. *condensare* „verdichten, zusammenpressen", aus *con-* (in Zus. für *cum*) „zusammen" und *densus* „dicht"

Kondition Bedingung; körperlicher Zustand, Beschaffenheit; aus lat. *condicio,* Gen. *-onis,* „das Bestimmtsein einer Person oder Sache, Beschaffenheit, Zustand, Lage; Bestimmung, Bedingung, Forderung", zu *condicere* „gemeinsam bestimmen, festsetzen, verabreden", aus *con-* (in Zus. für *cum*) „zusammen" und *dicere* „sagen, sprechen"

Konditor Feinbäcker, Zuckerbäcker; lat. *conditor* „jmd., der etwas schmackhaft macht", zu *condire* „mit Gewürzen anmachen, schmackhaft, lecker zubereiten", zu *condere* „einlegen, einmachen", weitere Herkunft unsicher

kondolieren sein Beileid aussprechen; aus lat. *condolere* „Mitleid haben, mitfühlen", aus *con-* (in Zus. für *cum*) „mit" und *dolere* „Schmerz, Betrübnis empfinden", zu *dolor* „Schmerz"

Kondom Präservativ; aus engl. *condom* in ders. Bed.; die Bezeichnung wird allg. auf einen Londoner Arzt im 18. Jh. namens *Condom* oder *Conton* zurückgeführt, der es erfunden haben soll

Kondor riesiger südamerikanischer Geier; aus Ketschua *kuntur*

Kondukteur *veraltet, noch schweiz.:* Schaffner; aus frz. *conducteur* „Leiter, Aufseher, Schaffner", zu *conduire* „lenken, führen, begleiten", aus lat. *conducere* „leitend zusammenführen", aus *con-* (in Zus. für *cum*) „zusammen" und *ducere* „führen", zu *dux,* Gen. *ducis,* „Führer"

Kondylom Wucherung an feuchten Hautstellen, Feigwarze; aus griech. *kondyloma* „harte Schwellung", zu *kondylos* „Knöchel, Gelenkknochen, Faust, Beule"; weitere Herkunft unsicher

Konfekt Süßigkeiten, Pralinen; aus lat. *confectum* „das Zubereitete", zu *conficere* „zubereiten, herstellen, anfertigen", aus *con-* (in Zus. für *cum*) „zusammen" und *facere* (in Zus. *-ficere*) „tun, machen"

Konfektion serienmäßige Herstellung von Kleidung und Wäsche; über frz. *confection* in ders. Bed. aus lat. *confectio,* Gen. *-onis,* „Herstellung, Anfertigung", → Konfekt

Konferenz Besprechung, Beratung, Sitzung; aus mlat. *conferentia* „Verhandlung, Unterredung", aus lat. *conferens,* Part. Präs. von *conferre* „zusammentragen, beisteuern, Ansichten austauschen", aus *con-* (in Zus. für *cum*) „zusammen" und *ferre* „tragen, bringen"

Konfession Glaubensbekenntnis, Glaubensgemeinschaft; aus lat. *confessio,* Gen. *-onis,* „Geständnis, Bekenntnis", zu *confiteri* „gestehen, bekennen"

aus *con-* (in Zus. für *cum*) „eifrig, angelegentlich" und *fateri* „gestehen, bekennen"
Konfetti kleine bunte Papierblättchen; *österr. auch:* Zuckerwaren; aus ital. *confetti* in denselben Bedeutungen, eigtl. „Zurechtgemachtes", → Konfekt
Konfidenz Vertrauen, Zuversicht; aus lat. *confidentia* in derselben Bedeutung, zu *confidens,* Part. Präs. von *confidere* „vertrauen", eigtl. „mit Zuversicht glauben", aus *con-* (in Zus. für *cum*) „mit" und *fides* „Glauben, Vertrauen, Zuversicht"
Konfination Aufenthaltsbeschränkung; aus lat. *con-* (in Zus. für *cum*) „mit" und *finis* „Grenze", also eigtl. „das Umgeben mit einer Grenze"
Konfirmation *evang. Kirche:* Aufnahme des Jugendlichen in die Gemeinschaft der Erwachsenen, urspr. als Erneuerung und Festigung des Taufbundes; aus lat. *confirmatio,* Gen. *-onis,* „Festigung, Kräftigung, Ermutigung", zu *confirmare* „mit Worten stärken, festigen", aus *con-* (in Zus. für *cum*) „mit" und *firmare* „festigen, stärken", zu *firmus* „fest"
Konfiserie *schweiz.:* Konditorei; feines Backwerk; frz. *confiserie* „Zuckerbäkkerei", zu *confire* „mit Gewürzen zubereiten, einmachen, einlegen", aus lat. *conficere* „anfertigen, herstellen", aus *con-* (in Zus. für *cum*) „zusammen" und *facere* (in Zus. *-ficere*) „tun"
konfiszieren beschlagnahmen; aus lat. *confiscare* „in die Staatskasse einziehen", aus *con-* (in Zus. für *cum*) „mit" und *fiscus* „Staatskasse", → Fiskus
Konfitent *veraltet:* Beichtkind, Beichtender; aus lat. *confitens,* Gen. *-entis,* Part. Präs. von *confiteri* „eingestehen, beichten", → Konfession
Konfitüre Marmelade mit Fruchtstükken; aus frz. *confiture* „Eingemachtes, Konditorware", aus lat. *confectura* „Zubereitung", → Konfekt
Konflikt Streit, Zwiespalt; aus lat. *conflictus* „Zusammenstoß, Kampf", eigtl. „das Zusammenschlagen", zu *confligere* „zusammenstoßen", aus *con-* (in Zus. für *cum*) „zusammen" und *fligere* „schlagen"
Konfluenz Zusammenfluß; aus lat. *confluens,* auch *confluentia* „Zusammenfluß", zu *confluere* „zusammenfließen", aus *con-* (in Zus. für *cum*) „zusammen" und *fluere* „fließen"
konform übereinstimmend, gleichgesinnt; aus lat. *conformis* „gleichförmig, ähnlich", aus *con-* (in Zus. für *cum*) „mit, zusammen" und *forma* „Form, Gestalt"
konfrontieren (jmdn. einem andern) gegenüberstellen; aus mlat. *confrontare* „benachbart sein, angrenzen, anstoßen", aus lat. *con-* (in Zus. für *cum*) „mit, zusammen" und *frons,* Gen. *frontis,* „Vorderseite, Stirn"
konfus verwirrt, verworren, unklar; aus lat. *confusus* „verwirrt, durcheinander, verstört, bestürzt", zu *confundere* „durcheinanderbringen, verwirren", eigtl. „zusammengießen, vermischen", aus *con-* (in Zus. für *cum*) „zusammen" und *fundere* „gießen, schütten"
Kongestion Blutandrang; aus lat. *congestio,* Gen. *-onis,* „Aufhäufung", zu *congerere* „zusammentragen, anhäufen", aus *con-* (in Zus. für *cum*) „zusammen" und *gerere* „tragen"
Konglomerat Gemenge, Zusammengetragenes; aus Geröllen bestehendes Sedimentgestein; aus lat. *conglomeratus* „aufgehäuft", zu *conglomerare* „zusammendrängen, zusammenwickeln", aus *con-* (in Zus. für *cum*) „zusammen" und *glomerare* „knäueln, zum Knäuel wickeln oder ballen", zu *glomus* „Knäuel"
Kongregation Vereinigung; aus lat. *congregatio* „geselliges Zusammenleben, versammelte Menge, Versammlung", zu *congregare* „zu geselligem Zusammenleben vereinigen", eigtl. „zu einer Herde vereinigen", aus *con-* (in Zus. für *cum*) „zusammen" und *grex,* Gen. *gregis,* „Herde"
Kongreß politische oder fachliche Versammlung, Tagung; aus lat. *congressus* „Zusammenkunft, Zusammentreffen", zu *congredi* „(schreitend) zusammentreffen, -kommen", aus *con-* (in Zus. für *cum*) „zusammen" und *gradus* „Schritt"
kongruent übereinstimmend, dek-

kungsgleich; aus lat. *congruens*, Gen. *-entis*, Part. Präs. von *congruere* „übereinstimmen", eigtl. „zusammenlaufen", aus *con-* (in Zus. für *cum*) „zusammen" und *ruere* „eilen, stürmen" (ein Verb *gruere* ist nicht belegt)

Konidie Spore, Fortpflanzungszelle vieler Pilze; aus griech. *konia, konis* „Staub" und *eidos* „Gestalt"

Konifere Nadelbaum; aus lat. *conifer* „zapfentragend", aus *conus* „Kegel, Zapfen", und *fero* „ich trage", zu *ferre* „tragen"

konisch kegelförmig; zu → *Konus*

Konjektaneen Sammlung von Bemerkungen, Einfällen; aus lat. *coniectanea* „Notizbuch" (als Titel von Schriften vermischten Inhalts), zu *coniectus* „zusammen-, hingeworfen", zu *conicere* „zusammen-, hinwerfen", aus *con-* (in Zus. für *cum*) „zusammen" und *iacere* (in Zus. *-icere*) „werfen"

konjugieren *veraltet:* verbinden; *Gramm.:* die Personal- und Zeitformen eines Verbs bilden; aus lat. *coniugare* „(zu einem Paar) verbinden, verknüpfen", eigtl. „in ein Joch zusammenspannen", aus *con-* (in Zus. für *cum*) „zusammen" und *iugum* „Joch"

Konjunktion Bindewort; Stellung zweier Planeten oder eines Planeten und der Sonne oder des Mondes auf dem gleichen Längengrad; aus lat. *coniunctio*, Gen. *-onis*, „Verbindung, Zusammenhang", zu *coniungere* „zusammenbinden, verknüpfen", aus *con-* (in Zus. für *cum*) „zusammen" und *iungere* „verbinden, vereinigen", eigtl. „ins Joch spannen", zu *iugum* „Joch"

Konjunktur Wirtschaftslage mit bestimmter Tendenz; *früher allg.:* Lage der Dinge, Zeitverhältnisse; eigtl. ein Begriff aus der Astrologie, der eine bestimmte Stellung zweier Planeten zueinander bezeichnet, nämlich die → Konjunktion

konkav nach innen gewölbt; aus lat. *concavus* „rings oder rund gehöhlt, hohl", aus *con-* (in Zus. für *cum*) „von allen Seiten" und *cavus* „Höhlung"

Konklave von der Außenwelt abgeschlossener Versammlungsort der Kardinäle zur Papstwahl; die Versammlung selbst; aus lat. *conclave*, Gen. *-vis*, „verschließbares Zimmer", aus *con-* (in Zus. für *cum*) „mit" und *clavis* „Schlüssel"

Konklusion Schlußfolgerung; aus lat. *conclusio*, Gen. *-onis*, „Schlußfolgerung", zu *concludere* „zusammenschließen, zusammenfassen", aus *con-* (in Zus. für *cum*) „zusammen" und *cludere, claudere* „schließen"

Konkordanz Übereinstimmung; aus lat. *concordans*, Part. Präs. von *concordare* „übereinstimmen, Hand in Hand gehen", zu *concors* „einträchtig", aus *con-* (in Zus. für *cum*) „mit, zusammen" und *cor*, Gen. *cordis*, „Herz"

Konkrement körnige, sich aus Körperflüssigkeit abscheidende Substanz, z.B. Nierenstein; aus lat. *concrementum* „Anhäufung", mit Infix *-men-* zur Bezeichnung eines Mittels oder Werkzeugs zu *concrescere* „sich verdichten, verhärten, gerinnen", aus *con-* (in Zus. für *cum*) „zusammen" und *crescere* „wachsen"

konkret gegenständlich, anschaulich, sinnlich wahrnehmbar; aus lat. *concretus* „verdichtet, aus etwas zusammengesetzt", zu *concrescere* „sich verdichten", aus *con-* (in Zus. für *cum*) „zusammen" und *crescere* „wachsen"

Konkubine Geliebte, Nebenfrau, Mätresse; aus lat. *concubina* „Beischläferin, Buhlerin", aus *con-* (in Zus. für *cum*) „mit, zusammen" und *cubare* „(auf einem Lager) liegen, ruhen, schlafen"

Konkupiszenz Verlangen, Begierde, Begehrlichkeit; aus lat. *concupiscens*, Part. Präs. von *concupiscere* „etwas begehren, nach etwas verlangen", aus *con-* (in Zus. für *cum*) „eifrig, angelegentlich" und *cupiscere* „den Wunsch nach etwas in sich aufkommen lassen, wünschen", Inchoativum zu *cupere* „begehren, wünschen, verlangen"

Konkurrenz Wettbewerb; Zusammentreffen zweier Straftaten; aus lat. *concurrens*, Part. Präs. von *concurrere* „von allen Seiten herbeilaufen, eilig zusammenkommen", aus *con-* (in Zus. für *cum*) „von allen Seiten, zusammen" und *currere* „laufen"

Konkurs Einstellung der Zahlungen, Zahlungsunfähigkeit; früher auch als Adj. *konkurs:* nicht imstande, die Gläubiger zu befriedigen; gekürzt aus *concursus creditorum* „Zusammentritt der Gläubiger" zur gerichtlichen Teilung des zu ihrer Befriedigung nicht ausreichenden Vermögens ihres Schuldners; lat. *concursus* „das Zusammenlaufen, Herbeieilen" (der Gläubiger), aus *con-* (in Zus. für *cum*) „zusammen" und *cursus* „Lauf", zu *currere* „laufen"

Konnetabel *in Frankreich urspr.* Stallmeister, Befehlshaber der Reiterei, *bis Anfang des 17. Jh.:* Oberbefehlshaber des Heeres unter dem König; frz. *connetable,* aus lat. *comes stabuli* „Stallmeister", aus *comes* urspr. „Begleiter, einer aus dem Gefolge", dann „Inhaber eines Amtes in der Verwaltung oder im Heer", und *stabulum* „Stall, Gehege", eigtl. „Aufenthalts-, Standort", zu *stare* „stehen"

Konnex Verbindung, Zusammenhang; aus lat. *con(n)exus* „Verknüpfung, Verbindung", zu *con(n)ectere* „verknüpfen, verbinden", aus *con-* (in Zus. für *cum*) „zusammen" und *nectere* „knüpfen, schlingen, flechten"

konnivent nachsichtig, duldsam; aus lat. *con(n)ivens,* Gen. *-entis,* Part. Präs. von *connivere* „sich schließen" (von den Augen), „die Augen zumachen, blinzeln", übertr. „Nachsicht haben, die Augen zudrücken", aus *con-* (in Zus. für *cum*) „zusammen" und vielleicht *nictare* „blinzeln, zwinkern"

Konnossement Frachtbrief, Ladeschein; aus frz. *connaissement* in ders. Bed., zu *connaître* „anerkennen", aus lat. *cognoscere* „kennenlernen, erkennen", → kognitiv

Konnubium Ehe, Ehegemeinschaft; aus lat. *con(n)ubium* „Vermählung, Eheschließung", aus *con-* (in Zus. für *cum*) „zusammen" und *nubere* „heiraten"

Konquistador span. Eroberer Mittel- und Südamerikas im 16. Jh.; aus span. *conquistador* in ders. Bed., auch allg. „Eroberer", zu *conquistar* „erobern", über **conquisitare* aus lat. *conquirere* „sich zu verschaffen suchen, einsammeln, aufsuchen", aus *con-* (in Zus. für *cum*) „zusammen" und *quaerere* (in Zus. *-quirere*) „suchen, verlangen, begehren"

Konsekration *kath. Kirche:* Weihe; Wandlung (von Brot und Wein); aus lat. *consecratio,* Gen. *-onis,* „Weihung, Heiligmachung", zu *consecrare* „heilig machen, -sprechen, dem religiösen Gebrauch übergeben", aus *con-* (in Zus. für *cum*) „mit, zusammen" und *sacrare* „der Gottheit weihen", zu *sacer* „heilig"

konsekutiv folgend, Folge ...; aus lat. *consecutio* „Folge, Aufeinanderfolge", zu *consequi* „mitfolgen, nachkommen", aus *con-* (in Zus. für *cum*) „mit" und *sequi* „folgen"

Konsens Genehmigung, Einwilligung; aus lat. *consensus* „Einwilligung, einstimmiger Beschluß, Übereinstimmung", zu *consentire* „übereinstimmen, einverstanden sein", aus *con-* (in Zus. für *cum*) „mit, zusammen" und *sentire* „denken, meinen"

konsequent folgerichtig, beständig, beharrlich; aus lat. *consequens,* Gen. *-entis,* „in richtiger Folge stehend, folgerichtig", zu *consequi* „nachfolgen, logisch folgen", aus *con-* (in Zus. für *cum*) „mit" und *sequi* „folgen"

konservativ am Bestehenden, Hergebrachten festhaltend; aus mlat. *conservativus* „bewahrend, erhaltend", zu lat. *conservare* „bewahren, im Bestehen, unversehrt erhalten", aus *con-* (in Zus. für *cum*) „mit, zusammen, gänzlich" und *servare* „bewachen, hüten"

Konservatorium hochschulartige Musikschule; aus ital. *conservatorio* in ders. Bed. sowie „Kinderbewahranstalt, Kinderpflegehaus, Waisenhaus", aus lat. *conservare* „bewahren, erhalten" (→ konservativ); da die Kinder in diesen Anstalten, soweit sie musikalisch waren, im Kirchengesang, vom 17. Jh. an auch im Operngesang ausgebildet wurden, ging die Bezeichnung vom „Pflegehaus" auf Singschulen und schließlich allg. auf Musikschulen über

konservieren haltbar machen; pflegen, erhalten; aus lat. *conservare* „unversehrt erhalten, vor dem Untergang bewahren", aus *con-* (in Zus. für *cum*) „mit, zusammen, gänzlich" und *servare* „erhalten, bewahren, hüten"

Konsilium Beratung (bes. mehrerer Ärzte); aus lat. *consilium* „Rat, Beratung; Beschluß; Versammlung", zu *consulere* „beraten, überlegen", zu *consul* „Berater", → Konsul

Konsistenz Beschaffenheit (eines Stoffes hinsichtlich seiner Struktur); aus lat. *consistens*, Part. Präs. von *consistere* „seinen Stand haben, fortdauern, sich gründen (auf etwas), bestehen (aus, in)", eigtl. „sich hinstellen, sich beistellen", aus *con-* (in Zus. für *cum*) „mit, zusammen" und *sistere* „stellen"

Konsistorium *kath. Kirche:* Versammlung der Kardinäle unter Vorsitz des Papstes; *evang. Kirche (veraltet):* Verwaltungsbehörde; aus mlat. *consistorium* „Gerichtsversammlung", lat. *consistorium* „Versammlungsort", zu *consistere* „sich hinstellen, stehenbleiben, eine feste Stellung einnehmen", aus *con-* (in Zus. für *cum*) „zusammen" und *sistere* „stellen"

konskribieren *früher:* zum Heeresdienst ausheben, einschreiben; aus lat. *conscribere* „ein-, aufschreiben", aus *con-* (in Zus. für *cum*) „mit, zusammen" und *scribere* „schreiben"

Konsole Mauervorsprung als Stütze; aus frz. *console* in derselben Bedeutung, zu *consolider* „befestigen", aus lat. *con-* (in Zus. für *cum*) „zusammen, mit" und *solidare* „festmachen, sichern", zu *solidus* „fest, dauerhaft"

konsolidieren festigen, sichern; aus lat. *consolidare* „festmachen, sichern", aus *con-* (in Zus. für *cum*) „mit, zusammen" und *solidus* „fest, dauerhaft"

Konsommee Fleisch-, Kraftbrühe; aus frz. *consommé* „Kraftbrühe", zu *consommer* „verbrauchen, verzehren", aus lat. *consumere* „verwenden, verbrauchen, verzehren", eigtl. „zum Verbrauch, Gebrauch nehmen", aus *con-* (in Zus. für *cum*) „zusammen" und *sumere* „nehmen, ergreifen"; in der Kraftbrühe wird der Nährstoffgehalt des Fleisches ganz ausgenutzt, „verbraucht"

Konsonant Mitlaut; aus lat. *consonans*, Gen. *-antis*, Part. Präs. von *consonare* „zusammentönen, mitklingen", aus *con-* (in Zus. für *cum*) „mit, zusammen" und *sonare* „tönen, klingen"

Konsortium vorübergehender Zusammenschluß von Unternehmen zur Finanzierung größerer Geschäfte; aus lat. *consortium* „Teilhaberschaft, Gemeinschaft, Mitgenossenschaft", aus *consors*, Gen. *-sortis*, „den gleichen Anteil habend", aus *con-* (in Zus. für *cum*) „mit, zusammen" und *sors*, Gen. *sortis*, „Los, Losstäbchen oder -täfelchen, durch Los zugefallener Besitz oder Anteil"

Konspiration Verschwörung; aus lat. *conspiratio*, Gen. *-onis*, „Vereinigung, Verschwörung", zu *conspirare* sich vereinigen, übereinstimmen, zusammenwirken; sich verschwören", aus *con-* (in Zus. für *cum*) „mit, zusammen" und *spirare* „atmen", übertr. „erfüllt, beseelt sein (von etwas)"

Konstabler *früher:* Geschützmeister im Rang eines Unteroffiziers; *noch in England und den USA:* Polizist; aus engl. *constable* „Polizist", aus altfrz. *conestable*, → Konnetabel

konstant gleichbleibend, beständig, unveränderlich; aus lat. *constans*, Gen. *-antis*, „beständig, gleichbleibend", eigtl. „in gleicher Stellung bleibend", zu *constare* „in fester Stellung stehen, eine feste Haltung bewahren", aus *con-* (in Zus. für *cum*) „mit, zusammen" und *stare* „stehen"

konstatieren feststellen; aus frz. *constater* „feststellen, bestätigen", aus lat. *constatus* „festgesetzt, bestimmt", zu *constare* „stillstehen, feststehen", → konstant

Konstellation Zusammentreffen von Umständen, bestimmte Lage; Gruppierung, bestimmte Stellung von Gestirnen; aus lat. *constellatio*, Gen. *-onis*, „Stellung der Gestirne (zueinander)", aus *con-* (in Zus. für *cum*) „zusammen, mit" und *stella* „Stern"

konsterniert betroffen, bestürzt; aus lat. *consternare* „aus der Fassung bringen, bestürzt machen", aus *con-* (in Zus. für *cum*) „mit, zusammen" und *sternax* „störrisch", spätlat. auch „ängstlich", zur idg. Wurzel **ster-* „starr, steif"

Konstipation Darmverstopfung; aus lat. *constipatio,* Gen. *-onis,* „das Zusammendrängen, Gedränge", zu *constipare* „zusammendrängen, -stopfen", aus *con-* (in Zus. für *cum*) „zusammen" und *stipare* „stopfen, drängen"

Konstitution Anordnung, Zusammensetzung; Körperbeschaffenheit; Verfassung (eines Staates); aus lat. *constitutio,* Gen. *-onis,* „Einrichtung, Verfassung, Zustand, Beschaffenheit", zu *constituere* „hinstellen, -setzen, einrichten, gründen", aus *con-* (in Zus. für *cum*) „zusammen" und *statuere* „hinstellen, aufstellen, errichten", zu *sistere* „stellen"

Konstriktion Abschnürung, Zusammenziehung; aus lat. *constrictio,* Gen. *-onis,* „Zusammenschnürung, -ziehung", zu *constringere* „zusammenziehen, -schnüren", aus *con-* (in Zus. für *cum*) „zusammen" und *stringere* „straff anziehen"

Konstruktion Aufbau, Gefüge; aus lat. *constructio,* Gen. *-onis,* „Zusammenfügung, Verbindung, Gliederung", zu *construere* „zusammensetzen, -fügen, aufschichten", aus *con-* (in Zus. für *cum*) „zusammen" und *struere* „schichten, aufbauen"

Konsul *im Röm. Reich und absolutistischen Frankreich:* höchster Staatsbeamter; *heute:* ständiger Vertreter eines Staates in einem anderen Staat; aus lat. *consul,* eigtl. „Berater, Befrager (des Senats, des Volkes)", zu *consulere* „Rat pflegen, beratschlagen, anfragen", weitere Herkunft unsicher

konsultieren jmdn. k.: jmds. fachmännischen Rat einholen; aus lat. *consultare* „begutachten, sich beraten, überlegen", Frequentativum von *consulere* „Rat pflegen, beratschlagen, anfragen", weitere Herkunft unsicher

Konsum Verbrauch (von Bedarfsgütern); aus lat. *consumere* „verwenden, verbrauchen, verzehren", eigtl. „zum Gebrauch, Verbrauch nehmen", aus *con-* (in Zus. für *cum*) „mit, zusammen" und *sumere* „nehmen, ergreifen"

kontagiös ansteckend; aus lat. *contagiosus* „ansteckend", zu *contagium* „ansteckende Berührung, Ansteckung", zu *contingere* „berühren, umfassen", → Kontakt

Kontakt Berührung, Verbindung, Beziehung; aus lat. *contactus* „Berührung", zu *contingere* „berühren, umfassen", aus *con-* (in Zus. für *cum*) „zusammen" und *tangere* „berühren"

Kontamination Verschmelzung, Verunreinigung; unkontrollierte Ausbreitung radioaktiver Stoffe; aus lat. *contaminare* „berühren, beflecken, verderben", aus *con-* (in Zus. für *cum*) „mit, zusammen" und über eine nicht belegte Zwischenform aus *tangere* „berühren"

Kontemplation Versenkung in das Wort und Werk Gottes; betrachtendes Erkennen; reine Anschauung, beschauliche Betrachtung; aus lat. *contemplatio,* Gen. *-onis,* „Anschauung, Betrachtung, Beobachtung", zu *contemplari* „sein Augenmerk auf etwas richten, beobachten" (nämlich das, was im *templum* vor sich geht), aus *con-* (in Zus. für *cum*) „zusammen, mit" und *templum* „Schauplatz, Gesichtsfeld, heiliger Bezirk", eigtl. „Platz, der von den Auguren zur Beobachtung der Vögel bestimmt wurde"

kontemporär gleichzeitig, zeitgenössisch; aus lat. *contemporare* „gleichzeitig sein", aus *con-* (in Zus. für *cum*) „mit, zusammen" und *tempus,* Gen. *temporis,* „Zeit"

Konteradmiral Seeoffizier im Rang eines Generalmajors, der früher die Nachhut führte; aus frz. *contre* in der Bedeutung „gegenüber, dicht bei" und → *Admiral*

Konterbande Schmuggelware; aus frz. *contrebande* „Schleichhandel, Schmuggel; Schmuggelware", aus ital. *contrabbando* „Schmuggel", aus *contra* „gegen" und *bando* „Verordnung, Gesetz", aus mlat. *bannus, bannum* „feierlich verkündete amtliche Verordnung", zu altfrz. *bannir* „öffentlich ankündigen", aus fränk. **bannjan, *bannan* „gebieten"

Konterfei Abbild, Fotografie, Porträt;

aus frz. *contrefait* „nachgemacht", aus *contre* (lat. *contra*) „gegen, dagegen" und *faire* (lat. *facere*) „machen"

kontern zurückschlagen; umdrehen; aus engl. *to counter* „entgegengesetzt handeln, entgegentreten", zu *counter* „Gegenteil, Gegenschlag", über frz. *contre* aus lat. *contra* „gegen"

Kontext der ein Wort umgebende Text, Zusammenhang; aus lat. *contextus* „Zusammenhang, Verknüpfung", zu *contexere* „zusammenweben, zusammenflechten", aus *con-* (in Zus. für *cum*) „zusammen" und *texere* „weben, flechten, anfertigen, bilden"

Kontiguität Berührung, Zusammentreffen (von Erlebnissen); aus lat. *contiguus* „berührend, angrenzend", zu *contingere* „berühren, umfassen", aus *con-* (in Zus. für *cum*) „mit, zusammen" und *tangere* (in Zus. *-tingere*) „berühren"

Kontinent große, zusammenhängende Landmasse, Erdteil; aus lat. *continens*, Gen. *-entis*, „zusammenhängend, angrenzend", zu *continere* „zusammenhalten, umfassen", aus *con-* (in Zus. für *cum*) „zusammen" und *tenere* „halten"

Kontingent festgelegte, zugeteilte Menge, Anteil; aus frz. *contingent* „Anteil, der auf jmdn. kommt", aus lat. *contingere* „berühren, angehen, zuständig sein", aus *con-* (in Zus. für *cum*) „mit" und *tangere* „berühren"

Kontinuität Stetigkeit, Fortdauer; aus lat. *continuitas*, Gen. *-atis*, „ununterbrochene Fortdauer", zu *continuus* „zusammenhängend", zu *continere* „zusammenhalten", aus *con-* (in Zus. für *cum*) „zusammen" und *tenere* „halten"

Konto Gegenüberstellung von Einnahmen und Ausgaben, Forderungen und Schulden; aus ital. *conto* in ders. Bed. sowie „Rechnung", aus lat. *computus* „Berechnung", zu *computare* „berechnen, zusammenrechnen", aus *com*, ältere Form von *cum* „zusammen" und *putare* „rechnen"

Kontokorrent Verbindung zweier Geschäftspartner, bei der die beiderseitigen Leistungen und Forderungen in Form eines Kontos einander gegenübergestellt und regelmäßig abgerechnet werden; aus ital. *conto corrente* in ders. Bed., eigtl. „laufende Rechnung", zu *conto* „Rechnung" (→ Konto) und *correre* (aus lat. *currere*) „laufen"

Kontor *veraltet für* Geschäftszimmer; aus frz. *comptoir* „Zahl-, Ladentisch; Kassen-, Geschäftsraum", zu *compter* „zählen, berechnen, abrechnen", aus lat. *computare* „zusammen-, ausrechnen, berechnen", aus *com*, ältere Form von *cum* „zusammen" und *putare* „rechnen, berechnen"

Kontorsion Verrenkung; aus frz. *contorsion* „Verdrehung, Verrenkung", aus lat. *contorquere* „herumdrehen", aus *con-* (in Zus. für *cum*) „mit, gänzlich" und *torquere* „drehen"

Kontradiktion Widerspruch, Gegensatz; aus lat. *contradictio*, Gen. *-onis*, „Widerspruch, Gegenrede", aus *contra* „gegen" und *dictio* „das Sagen, Sprechen", zu *dicere* „sagen, sprechen"

Kontrahent Vertragspartner; Gegner beim Duell; aus lat. *contrahens*, Gen. *-entis*, Part. Präs. von *contrahere* „zusammenziehen, verbinden, vereinigen", aus *con-* (in Zus. für *cum*) „zusammen" und *trahere* „ziehen"

Kontrakt Vertrag; aus lat. *contractus* „Vertrag", eigtl. „das Zusammenziehen, das Eingehen eines Geschäftes", zu *contrahere* „zusammenziehen, vereinigen", aus *con-* (in Zus. für *cum*) „zusammen" und *trahere* „ziehen"

Kontrapost *bildende Kunst:* die unterschiedliche Gestaltung der beiden Körperhälften in Ruhe und Bewegung; aus lat. *contrapositum* „das Entgegengesetzte", zu *contraponere* „entgegensetzen", aus *contra* „gegen, entgegen" und *ponere* „setzen, stellen"

konträr gegensätzlich; aus lat. *contrarius* „gegenüberliegend, entgegengesetzt", zu *contra* „gegen, entgegen"

Kontrast Gegensatz; aus ital. *contrasto* „Widerstreit, Gegensatz", zu *contrastare* „im Gegensatz stehen, entgegenstehen, zuwiderlaufen, widersprechen", aus lat. *contra* „gegen, entgegen" und *stare* „stehen"

Kontravention Zuwiderhandlung, Vertragsbruch; aus lat. *contravenire* „(polemisierend) entgegentreten", aus *con-*

tra „gegen, entgegen“ und *venire* „kommen“

Kontrazeption Empfängnisverhütung; zusammengezogen aus *kontra* (lat. *contra*) „gegen“ und → Konzeption

Kontribution Beitrag; aus lat. *contributio,* Gen. *-onis,* „gleichmäßige Zuteilung“, zu *contribuere* „zuerteilen, einverleiben, beitragen, beisteuern“, aus *con-* (in Zus. für *cum*) „zusammen“ und *tribuere* „zuteil werden lassen“, eigtl. „einteilen, verteilen“, → Tribut

Kontrolle Überwachung, Aufsicht; Prüfung, Probe; aus frz. *contrôle* „Gegenbuch, Gegenrechnung; Aufsicht“, ältere Form: *contrerôle,* aus *contre* (lat. *contra*) „gegen“ und *rôle* „Liste, Register, Verzeichnis“ (die früher auf Rollen geschrieben wurden), aus lat. *rotula* „Rädchen“, zu *rota* „Rad, Rolle“

Kontroverse Streit, Meinungsverschiedenheit; aus lat. *controversia* „entgegengesetzte Richtung“, übertr. „Streitigkeit“, zu *controversus* „entgegengewandt“, aus *contra* „gegen, entgegen“ und *vertere* „wenden“

Kontumaz 1. *veraltet:* Nichterscheinen vor Gericht; aus lat. *contumacia* „Unbeugsamkeit, Widerspenstigkeit“, zu *contumax,* Gen. *-acis,* „Trotz bietend, störrisch, unbeugsam“, aus *con-* (in Zus. für *cum*) „mit“ und *tumere* „aufbrausen, aufwallen, von Stolz u. a. aufgebläht sein“; 2. in Österreich bedeutet *Kontumaz* auch „Verkehrssperre, um die Ausbreitung von Seuchen zu verhindern“, eine Sperre also, die der Ausbreitung von Seuchen „Trotz bieten“, Einhalt gebieten soll

Kontur Umriß, Umrißlinie; aus frz. *contour* in ders. Bed., zu *contourner* „im Umriß zeichnen, umgeben“, eigtl. „herumgehen, -fahren (um etwas)“, aus ital. *contornare* „umsäumen, umgeben“, aus vulgärlat. **contornare* „im Kreis drehen“, aus lat. *con-* (in Zus. für *cum*) „mit, zusammen“ und *tornare* „runden, drechseln“

Kontusion Quetschung; aus lat. *contusio,* Gen. *-onis,* „das Zerquetschen, Quetschung“, zu *contundere* „zerquetschen, zermalmen“, aus *con-* (in Zus. für *cum*) „zusammen“ und *tundere* „stoßen, schlagen, stampfen“

Konus Kegel, kegelförmiger Körper; lat. *conus* „Kegel“, aus griech. *konos* „Kegel, Pinienzapfen, spitzer Zapfen“, zu lat. *cos* „Wetzstein“, zur idg. Wurzel **ko-*, **ke-* „schärfen, spitzen“

Konvaleszenz Gesundung, Genesung; Gültigwerden eines Rechtsgeschäftes; aus lat. *convalescens,* Part. Präs. von *convalescere* „erstarken, zu Kräften kommen, sich erholen; in Kraft treten, Geltung bekommen“, aus *con-* (in Zus. für *cum*) „mit, zusammen“ und *valescere* „stark werden“, zu *valere* „stark sein“

Konvektion vertikale Luftströmung; aus lat. *convectio,* Gen. *-onis,* „das Zusammenbringen“, zu *convehere* „zusammenbringen“, aus *con-* (in Zus. für *cum*) „zusammen“ und *vehere* „führen, tragen, bringen“

Konvenienz gesellschaftlicher Anstand, gute Sitte; Bequemlichkeit; aus lat. *conveniens* „angemessen, passend, schicklich“, zu *convenire* „zusammentreffen, passen, passend, geeignet sein“, aus *con-* (in Zus. für *cum*) „zusammen“ und *venire* „kommen“

Konvention Vereinbarung, Vertrag; Herkommen, Brauch; aus lat. *conventio,* Gen. *-onis,* „Zusammenkunft, Übereinkunft, Vertrag“, aus *convenire* „zusammenkommen“, aus *con-* (in Zus. für *cum*) „zusammen“ und *venire* „kommen“

konvergent aufeinander zulaufend, übereinstimmend; aus frz. *convergent* „sich annähernd, in einem Punkt zusammenlaufend“, zu *converger* aus lat. *convergere* „sich hinneigen“, aus *con-* (in Zus. für *cum*) „zusammen“ und *vergere* „sich neigen, sich erstrecken“

Konversation gewandte Unterhaltung, etwas förmliches Gespräch; aus lat. *conversatio,* Gen. *-onis,* „Verkehr, Umgang mit jmdm.“, zu *conversari* „verkehren, Umgang haben“, aus *con-* (in Zus. für *cum*) „mit“ und *versari* „sich hin und her drehen, sich beschäftigen, etwas betreiben“, Frequentativum zu *vertere* „drehen, wenden“

Konversion Umwandlung, Glaubenswechsel; aus lat. *conversio,* Gen. *-onis,*

„das Sichumwenden, Übertritt (zum Mönchtum), Umkehrung", zu *convertere* „umkehren, umwenden", aus *con-* (in Zus. für *cum*) „zusammen, gänzlich" und *vertere* „drehen, wenden"

konvex erhaben, nach außen gekrümmt; aus lat. *convexus* „nach oben gekrümmt, nach außen gewölbt", eigtl. „nach oben oder unten zusammenlaufend", zu *convehere* „zusammenbringen", aus *con-* (in Zus. für *cum*) „zusammen" und *vehere* „fahren, tragen, bringen"

Konvikt Wohnheim für kath. Schüler und Studenten; *österr.:* Schülerwohnheim; aus lat. *convictus* „geselliges Zusammenleben, Tischgesellschaft", zu *convivere* „zusammenleben", aus *con-* (in Zus. für *cum*) „zusammen" und *vivere* „leben"

Konvivium *veraltet:* Gastmahl, Festgelage; aus lat. *convivium* „geselliges Zusammenleben, Gesellschaft geladener Gäste, Tischgesellschaft, Gastmahl", zu *convivere* „zusammenleben", aus *con-* (in Zus. für *cum*) „zusammen" und *vivere* „leben"

Konvoi Geleitzug; aus frz. *convoi* „Geleit, Geleitzug", zu *convoyer* „begleiten", aus *con* „mit" (aus lat. *con-*, in Zus. für *cum* „mit") und *voie* „Weg" (aus altfrz. *veie,* aus lat. *via* „Weg"); die im Deutschen übliche Aussprache ist auf engl. *convoy* zurückzuführen

Konvokation Einberufung, Zusammenrufung; aus lat. *convocatio,* Gen. *-onis,* „Zusammenberufung", zu *convocare* „zusammenrufen", aus *con-* (in Zus. für *cum*) „zusammen", und *vocare* „rufen", zu *vox,* Gen. *vocis,* „Stimme"

Konvolut Bündel (von Schriftstücken); Knäuel (z.B. von Darmschlingen); aus lat. *convolutum* „das Zusammengerollte", zu *convolvere* „zusammenrollen", aus *con-* (in Zus. für *cum*) „zusammen" und *volvere* „rollen, wälzen"

Konvulsion Schüttel-, Zuckungskrampf; aus lat. *convulsio,* Gen. *-onis,* „Krampf", zu *convellere* „durch Zerren und Stoßen aus seiner Lage reißen, herumzerren, erschüttern", aus *con-* (in Zus. für *cum*) „zusammen" und *vellere* „reißen"

konzedieren zugestehen, erlauben; aus lat. *concedere* „den Vorrang lassen, zugestehen, erlauben", eigtl. „beiseitetreten, Platz machen", aus *con-* (in Zus. für *cum,* hier nur verstärkend) „gänzlich" und *cedere* „zurückweichen, sich fügen, nachgeben"

konzentrieren zusammendrängen, -ballen; sich k.: sich sammeln, seine Aufmerksamkeit anspannen; aus frz. *concentrer* „zusammenziehen, -drängen, vereinigen", aus *con-* (lat. *cum*) „zusammen" und *centre* (lat. *centrum*) „Mittelpunkt"

Konzeption Entwurf, Plan; Empfängnis; aus lat. *conceptio,* Gen. *-onis,* „das Zusammenfassen, Auffassen, das Fassen einer Sache in Worte; Empfängnis", zu *concipere* „zusammen-, auffassen, in eine Formel bringen", aus *con-* (in Zus. für *cum*) „zusammen" und *capere* (in Zus. *-cipere*) „fassen, ergreifen"

Konzern Zusammenschluß rechtlich selbständiger Unternehmen zu einer wirtschaftlichen Einheit; aus lat. *concernere* „zusammensieben, mischen", aus *con-* (in Zus. für *cum*) „zusammen" und *cernere* „sieben, scheiden, sondern"

Konzert Aufführung von Musikstükken; aus ital. *concerto* in derselben Bedeutung, zu *concertare* „(ein Musikstück) einstudieren, (Instrumente) stimmen", aus lat. *concertare* „wetteifern", aus *con-* (in Zus. für *cum*) „mit, zusammen" und *certare* „kämpfen, streiten, sich messen"

Konzession Zugeständnis, Erlaubnis, Genehmigung; aus lat. *concessio,* Gen. *-onis,* „Zugeständnis, Bewilligung", zu *concedere* „zugestehen, erlauben", → konzedieren

Konzil *kath. Kirche:* Versammlung hoher Würdenträger; aus lat. *concilium* „Zusammenkunft, Versammlung", aus *con-* (in Zus. für *cum*) „zusammen" und vielleicht *calare* „rufen"

konziliant verbindlich, umgänglich, versöhnlich; aus lat. *concilians,* Gen. *-antis,* Part. Präs. von *conciliare* „geneigt machen, gewinnen, befreunden, der Gesinnung nach verbinden", zu *concilium* „Vereinigung, Verbindung",

aus *con-* (in Zus. für *cum*) „zusammen" und vielleicht *calare* „rufen"
konzinn harmonisch zusammengefügt, ebenmäßig, abgerundet; aus lat. *concinnus* „gut zusammengefügt, durch Ebenmaß erfreulich", aus *con-* (in Zus. für *cum*) „zusammen" und *cinnus* „Getränk aus mehreren, gut ausgewogenen Extrakten", weitere Herkunft nicht geklärt
konzipieren entwerfen, ins Konzept schreiben; *Med.:* empfangen; aus lat. *concipere* „zusammenfassen, in eine Formel bringen", → Konzeption
konzis kurz, bündig; aus lat. *concisus* „kurzgefaßt", eigtl. „abgebrochen, zerstückelt", zu *concidere* „zusammenschlagen, in Stücke hauen", aus *con-* (in Zus. für *cum*) „zusammen" und *caedere* (in Zus. *-cidere*) „hauen"
Kooperation Zusammenarbeit; aus lat. *cooperatio,* Gen. *-onis,* „Mitwirkung", zu *cooperari* „mitwirken, mitarbeiten", aus *con-* (in Zus. für *cum*) „mit, zusammen" und *operari* „arbeiten", → Operation
koordinieren neben-, beiordnen, aufeinander abstimmen; aus mlat. *coordinare* „beiordnen, mit der gleichen Vollmacht, Befugnis ausstatten", aus lat. *co-* (statt *con-,* in Zus. für *cum*) „mit" und *ordinare* „regeln, ordnen", zu *ordo,* Gen. *ordinis,* „Ordnung"
Kopeke kleine russ. Münze; aus russ. *kopeika* „Münze", seit 1535 in Nowgorod geprägte Silbermünze (die später auch in Moskau in Umlauf kam) mit dem Bild des Zaren mit einem Speer in der Hand, zu *kopje* „Lanze"
Köperbindung Bindung von Geweben mit schräg gegeneinander versetzten Bindungspunkten; aus mnddt., ndrl. *keper* „Dachsparren; zwei Balken im Wappen, die miteinander einen Winkel bilden", wegen der scheinbar schräg verlaufenden Fäden
kopieren abschreiben, nachahmen, nachbilden; aus mlat. *copiare* „abschreiben, abmalen (und damit den Bestand, den Vorrat vermehren)", aus lat. *copia* „Vorrat, ausreichende Mittel", über **co-opia* aus *co-* (in Zus. für *cum*) „mit, zusammen" und *opes* (Pl.) „Mittel, Vermögen, Reichtum"
Kopra getrocknete, zerkleinerte Kokosnußkerne; aus Tamil *kopparai* in ders. Bed., wohl beeinflußt von Hindi *khoprā* „Kokosnußkern"
Koprophage Tier, das sich von Mist ernährt, Kotfresser; aus griech. *kopros* „Mist, Dünger, Kot" und *phagos* „Esser, Fresser", zu *phagein* „essen"
kopulieren verbinden, veredeln; den Beischlaf ausüben; aus lat. *copulare* „zusammenbinden, verknüpfen", zu *copula* „Band"
Koralle ein Meerestier, Hohltier; Schmuckstück aus dessen Skelett; aus griech. *korallion* in derselben Bedeutung; weitere Herkunft nicht bekannt; eine Deutung weist auf *kore (koure) halos* „Tochter des Meeres", zu *kore* „Mädchen, Tochter, Puppe" und *hals,* Gen. *halos,* „Salz, Meer"
Koran heilige Schrift des Islams mit den Offenbarungen Mohammeds; aus arab. *qur°ān* in derselben Bedeutung, zu *qara°a* „lesen, vorlesen, vortragen"
Kord geripptes Baumwollgewebe; aus engl. *cord* „Schnur" oder verkürzt aus der engl. Bezeichnung für diesen Stoff, *corduroy,* aus *cord* „Schnur" und vielleicht zum veralteten *duroy, deroy* „grober Wollstoff aus West-England", Herkunft nicht bekannt
Kordel Schnur aus zusammengedrehten Fäden; aus frz. *cordelle* „kurzes oder dünnes Seil", Verkleinerungsform von *corde* „Seil, Strick, Leine", → Kordon
kordial herzlich, umgänglich; aus frz. *cordial* „herzlich", aus lat. *cor,* Gen. *cordis,* „Herz"
Kordon Band, Schnur; Postenkette; frz. *cordon* „Schnur, Litze, Band", zu *corde* „Seil, Strick, Leine", aus griech. *chorde* „Darm, aus Darm hergestellte Saite"
Kore weibl. Statue, freistehend oder gebälktragend; griech. *kore* „Mädchen, Jungfrau"
Koriander eine Gewürzpflanze; aus lat. *coriandrum,* aus griech. *koriandron, koriannon,* zu *koris* „Wanze", wegen des Geruchs; die Endung *andron* ist

vermutlich eine volksetymologische Anlehnung an *aner,* Gen. *andros,* „Mann"

Korinthe kleine, dünnhäutige, kernlose Beere einer besonderen Art der Weinrebe, die vor allem im Nordwesten der Peloponnes angebaut wurde; nach der griech. Stadt *Korinth,* dem Hauptausfuhrhafen

Kork Rinde der Korkeiche; Teil der Borke; aus ndrl. *kurk* aus span. *corcho* „Kork", aus lat. *cortex* „Rinde, Schale, Hülle", eigtl. „abgeschälte Rinde", zur idg. Wurzel **(s)qer-* „schneiden"

Kormophyt aus Wurzel, Stengel und Blättern bestehende Pflanze, Sproßpflanze; aus griech. *kormos* „Stamm" und *phyton* „Pflanze", zu *phyein* „hervorbringen, wachsen lassen"

Kormoran ein Vogel; aus frz. *cormoran* aus altfrz. *cormareng,* zu altfrz. *corp* „Rabe" und *marenc* „aus dem Meer, vom Meer" (Ableitung von *mer* „Meer"), aus lat. *corvus marinus* „Seerabe"

Kornelkirsche ein Zierstrauch, Hartriegel; aus frz. *corneille,* aus lat. *cornicula,* Verkleinerungsform von *cornus* „Kornelkirsche", dazu griech. *kraneia* „Kornelkirsche", vielleicht zu *kranaos* „hart, fest"

Kornett 1 kleinstes Blechblasinstrument; aus frz. *cornet* „kleines Horn", zu *corne* aus lat. *cornu* „Horn" **2** Fähnrich; aus frz. *cornette* „Fähnlein, Eskadron; Fahnenjunker, jüngster Offizier einer Eskadron, der die Standarte trägt", zu *corne* aus lat. *cornu* „Horn", vielleicht wegen der Form der Fahne

Korolla alle Blütenblätter einer Blüte, Blumenkrone; aus lat. *corolla,* poet. Verkleinerungsform von *corona* „Kranz"

Koromandelholz Holz der Dattelpflaume; nach der *Koromandel*küste, einem Landstrich an der Ostküste Vorderindiens

Korona Strahlenkranz; fröhliche Runde; aus lat. *corona* „Kranz, Krone", aus griech. *korone* „etwas Gekrümmtes, z. B. Türring" (zum Anziehen der Tür), zu *koronis* „gekrümmt", *koronos* „krumm"

Korporal *früher:* Unteroffizier; unter Einfluß von frz. *corps* aus ital. *caporale* „Gefreiter", aus mlat. *caporalis* „Anführer eines Trupps Soldaten", wahrscheinlich aus lat. *caput* „Kopf, Haupt"

Korporation Körperschaft; aus lat. *corporatio,* Gen. *-onis,* „Körperlichkeit", zu *corporatus* „zum Körper geworden", zu *corporari* „zum Körper werden", zu *corpus,* Gen. *corporis,* „Körper"

Korps Truppenverband; Studentenverbindung; Gemeinschaft von Personen gleichen Standes; aus frz. *corps* „Körper, Gegenstand, Körperschaft, Truppenverband", aus lat. *corpus* „Körper, Masse, Substanz"

korpulent beleibt, dick; aus lat. *corpulentus* „wohlbeleibt, fett", zu *corpus* „Körper"

Korpuskel kleinstes Teilchen der Materie; aus lat. *corpusculum* „Körperchen", Verkleinerungsform von *corpus* „Körper"

Korral Gehege für wilde Tiere, die gezähmt werden sollen; aus span. *corral* „Gehege, Hof, Gehöft", aus port. *curro* „Stall, Viehhof, Hürde", weitere Herkunft nicht gesichert, vielleicht zu lat. *currere* „laufen"

Korrasion Abschleifung von Gestein durch Flugsand; aus lat. *corrasum* „zusammengekratzt", zu *corradere* „zusammenkratzen, -scharren", aus *cor-* (vor r statt *con-,* in Zus. für *cum*) „zusammen" und *radere* „kratzen, scharren"

korrekt richtig, fehlerfrei; aus lat. *correctus* „verbessert, berichtigt", eigtl. „geradegerichtet", zu *corrigere,* → korrigieren

Korrelat Ergänzung, ergänzender Begriff, Wort, das mit einem andern in Wechselbeziehung steht; aus lat. *cor-* (vor r statt *con-,* in Zus. für *cum*) „mit, zusammen" und *relatus* „zurückgebracht, zurück-, wieder hingewendet", zu *referre* „zurückwenden, -bringen"

Korrepetitor jmd., der am Klavier mit Sängern die Gesangspartien einstudiert; aus lat. *cor-* (vor r statt *con-,* in Zus. für *cum*) „mit, zusammen" und → *Repetitor*

korrespondieren übereinstimmen; im Briefwechsel stehen; aus lat. *cor-* (vor r statt *con-*, in Zus. für *cum*) „zusammen mit" und *respondere* „antworten", aus *re-* „zurück, wieder" und *spondere* „geloben, versprechen"
Korridor Flur, Gang; schmaler Landstreifen durch fremdes Hoheitsgebiet; aus ital. *corridore* „Läufer, Renner", außerdem Nebenform von *corridoio* „Gang, schmaler Landstreifen", zu *correre* aus lat. *currere* „laufen", vielleicht also eigtl. „Bahn, in der man laufen, wettrennen kann"
korrigieren verbessern, berichtigen; aus lat. *corrigere* „geraderichten, berichtigen", aus *cor-* (vor r statt *con-*, in Zus. für *cum*) „mit, zusammen" und *regere* „richten"
korrodieren zerstören, angreifen (von Chemikalien, Ätzmitteln, Entzündung u. a.); aus lat. *corrodere* „zernagen", aus *cor-* (vor r statt *con-*, in Zus. für *cum*) „zusammen" und *rodere* „(be)nagen, anfressen"
korrupt bestechlich, moralisch verdorben; aus lat. *corruptus* „verdorben, bestochen, verführt", zu *corrumpere* „verderben, verführen", aus *cor-* (vor r statt *con-*, in Zus. für *cum*) „ganz, völlig" und *rumpere* „verletzen, vernichten, zerstören"
Korsar Seeräuber; Seeräuberschiff; aus ital. *corsaro* „Seeräuber", aus mlat. *cursarius* in ders. Bed., zu lat. *cursus* „Seefahrt, Reise, Marsch", zu *currere* „laufen"
Korsett die Figur formender Hüftgürtel; aus frz. *corset* „Schnürleib", zu *corps* „Körper"
Korso *früher:* Wettrennen reiterloser Pferde; *heute:* festlicher Aufzug geschmückter Wagen; breite, baumbestandene Straße, Prachtstraße; ital. *corso* „Lauf, Fahrt; Hauptstraße, Bahn; Karnevalszug", aus lat. *cursus* „Lauf, Fahrt", zu *currere* „laufen"
Korund ein Mineral, ein Edelstein; aus Sanskrit *kuruvinda-* „Rubin", weitere Herkunft nicht geklärt, schon im Indischen Fremdwort
Korvette kleines Kriegsschiff; frz. *corvette* „schnelles Schiff", wahrscheinlich zu mittelndrl. *korf* „Korb" (aus lat. *corbis* „Korb"), urspr. „mit einem Mastkorb versehenes Schiff"
Koryphäe hervorragender Fachmann; aus griech. *koryphaios* „an der Spitze stehend, oberster; Anführer, Chorführer", zu *koryphe* „Spitze, Gipfel", zu *korys* „oberer Teil des Kopfes", zu *kara* „Kopf"
Kosak Angehöriger einer der Leibeigenschaft entflohenen, im südlichen Rußland angesiedelten Bevölkerungsgruppe; aus russ. *kazak,* ukrain. *kozak* „Freibauer, Held", aus krimtatar., kirgis. u. a. *kazak* „freier, unabhängiger Mensch, Abenteurer, Vagabund"
Koschenille roter Farbstoff; aus frz. *cochenille,* span. *cochinilla* in ders. Bed., aus lat. *coccineus,* griech. *kokkinos* „scharlachfarben", zu lat. *coccum* „Kermes, Scharlachkörner", griech. *kokkos* „Kern einer Frucht", → Kermes
koscher (nach den jüdischen Speisevorschriften) rein; *übertr.:* sauber, unbedenklich; aus jidd. *koscher,* hebr. *kāšēr* „tauglich, recht"
Kosmetik Schönheitspflege; aus griech. *kosmetike* „Kunst des Schmükkens", zu *kosmein* „ordentlich zurechtmachen, anordnen, schmücken", zu *kosmos* „Ordnung, Anordnung; Schmuck, Zierde"
Kosmogonie Lehre von der Entstehung des Kosmos; aus → *Kosmos* und griech. *gone* „Geburt, Abstammung"
Kosmologie Wissenschaft vom Kosmos; aus → *Kosmos* und griech. *logos* „Wort, Lehre, Kunde", zu *legein* „sagen, sprechen, erklären"
Kosmonaut *sowjet. Bez. für* Weltraumfahrer; aus → *Kosmos* und griech. *nautes* „Schiffer, Seemann", zu *naus* „Schiff"
Kosmopolit jmd., der sich mehr den Völkern der ganzen Erde als seinem eigenen Volk verpflichtet fühlt, Weltbürger; aus → *Kosmos* und griech. *polites* „Bürger", zu *polis* „Stadt"
Kosmos Weltall; griech. *kosmos* „Ordnung, Anordnung, Einrichtung, das wohlgeordnete Weltall, Weltordnung"
kostal zu den Rippen gehörig; aus lat. *costa* „Rippe"

Kostüm Kleidung (bes. nach dem Brauch eines Landes, einer Epoche, einer Berufsgruppe oder für einen bestimmten Zweck); aus frz. *costume* „Kleidung, Landes-, Amtstracht, Anzug", *costumes* (Pl.) „Gebräuche, Sitten", aus ital. *costume* „Sitte", aus lat. *consuetudo* „Herkommen, Brauch", zu *consuescere* „sich an etwas gewöhnen", eigtl. „sich mit etwas zusammengewöhnen", aus *con-* (in Zus. für *cum*) „zusammen, mit" und *suescere* „gewohnt werden, an etwas gewöhnen"

Kotau tiefe Verbeugung der Chinesen, Kniefall, wobei die Stirn die Erde berührt; aus chines. *k'ou* „schlagen, klopfen" und *t'ou* „Kopf"

Kotelett gebratenes Rippenstück mit Knochen; frz. *côtelette* in ders. Bed., Verkleinerungsform von *côte* „Rippe, Seite", aus vulgärlat. *costa* „Rippe, Seite", lat. *costa* „Rippe"; **Koteletten** kleiner Backenbart; ebenfalls Verkleinerungsform von frz. *côte* in der Bedeutung „Seite", also „Bart (nur) an den Seiten, kleiner Seitenbart"

Köter *abwertend:* Hund; aus mittelnddt. *Köterhund* „Bauernhund, Schäferhund" ohne abwertende Bedeutung, wahrscheinlich zu *Kote* „Bauernhütte"

Kothurn *in der altgriech. Tragödie:* Schuh der Schauspieler mit sehr hoher Sohle; über lat. *cothurnus* aus griech. *kothornos* in derselben Bedeutung, außerdem „hoher Jagdstiefel", weitere Herkunft unbekannt

Kotillon *veraltet:* Tanzspiel, bei dem Geschenke verlost werden; frz. *cotillon* „ein Tanz" sowie „Unterrock"; die seltsame Bedeutungsverschiebung ist so zustande gekommen: frz. *aimer le cotillon* heißt „jeder Schürze, jedem Unterrock nachlaufen", eigtl. „den Unterrock lieben", dann kam die Redensart auf *faire danser le cotillon* „eine Frau schlagen", eigtl. „den Unterrock tanzen lassen", von daher die Übertragung auf den Tanz mit der Wendung *danser le cotillon* „den Kotillon tanzen"

Koto ein japan. Saiteninstrument; die Herkunft ist unsicher, vielleicht ist das Wort nur lautmalenden Ursprungs, vielleicht ist es aus *koe-ito* „Saite mit Stimme" entstanden

Kotyledone Keimblatt der Samenpflanzen; Zotte der Embryohülle von Säugetieren; aus griech. *kotyledon* „becherartige Vertiefung", zu *kotyle* „Napf, Schälchen, Vertiefung"

Krabbe ein Krebstier; aus mittelnddt. *krabbe,* engl. *crab,* zu altnord. *krabbi,* zur idg. Wurzel **gerebh-, *grebh-* „sich festhaken und kriechen"

Krakeel lauter Streit, Lärm; ndrl. *krakeel* „Lärm, Gezänk, Vogelgeschrei", zu *krakelen* „schreien, schnattern", weitere Herkunft nicht bekannt, wahrscheinlich lautmalend

Krakowiak ein polnischer Tanz; eigentlich Tanz und Liedchen aus *Kraków* „Krakau"

Krambambuli *urspr.:* Danziger Wacholderschnaps, *dann in der Studentensprache Bez. für* alkoholisches Getränk überhaupt; wahrscheinlich scherzhafte Verstümmelung (wie in elsäss., schwäb. *Krampampel* „schlechter Schnaps") aus → *Krammetsbeere* „Wacholderbeere"

Krammetsbeere Wacholderbeere; aus ahd. *kranawitu* „Wacholder", eigentlich „Kranichholz", aus *kranuh* „Kranich" und *witu* „Holz"; die Krammetsbeeren werden vom Kranich wie auch von dem nach ihnen benannten Krammetsvogel (Wacholderdrossel) gern gefressen

Krammetsvogel *süddt. für* Wacholderdrossel; aus mhd. *kranewitevogel* „Wacholdervogel", da er gern Wacholderbeeren (→ Krammetsbeeren) frißt

Kran Maschine zum Heben und Versetzen von Lasten; aus mnddt. *kran* „Kranich", ndrl. *kraan, kraanvogel,* mndrl. *krane* „Kranich"; der Name wurde wegen des langen Halses des Vogels auf das Gerät übertragen

Kranich ein Vogel; aus ahd. *kranuh,* aus griech. *geranos* „Kranich", zur idg. Wurzel **gera-, *gra-* „rufen, schreien"

Kraniologie Lehre vom menschlichen Schädel; aus griech. *kranion* „Schädel" und *logos* „Wort, Lehre, Kunde", zu *legein* „sagen, sprechen, erklären"

Kraniometrie Schädelmessung; aus

griech. *kranion* „Schädel" und *metrein* „messen"

Krasis Zusammenziehung zweier Wörter zu einem, wenn das erste mit einem Vokal endet und das zweite mit einem Vokal beginnt; griech. *krasis* „Vereinigung, Verbindung, Verschmelzung", zu *kerannynai* „mischen, vereinigen, verschmelzen", zur idg. Wurzel **ker-* „mischen"

kraß sehr stark, sehr groß, ungewöhnlich; aus lat. *crassus* „dick, stark, grob"

Krassula eine Pflanze, Dickblatt; aus mittellat. *crassula (herba)* „Dickblatt", zu lat. *crassus* „dick"

Krater [kratẹr] altgriech. Gefäß mit Fuß und zwei Henkeln; [kr̨ater] Öffnung eines Vulkans; aus griech. *krater* [-tẹr] „Mischgefäß, Krug, Kessel", zu *kerannynai* „mischen"

...kratie *in Zus.:* Herrschaft; aus griech. *kratein* „mächtig sein, herrschen", zu *kratos* „Kraft, Macht, Gewalt"

Kratogen, Kraton Teil der Erdkruste, der sich so verfestigt hat, daß er nicht mehr durch Faltung, sondern nur durch Bruch oder Bruchfaltentektonik verformt werden kann; aus griech. *kratos* „Kraft, Gewalt" und *genesis* „das Werden, Entstehen", zu *gignesthai* „werden, entstehen"

kraulen im Kraulstil schwimmen; ältere Schreibung: *crawlen,* aus engl. *to crawl* „im Kraulstil schwimmen", eigtl. „kriechen", aus mengl. *crawlen* „krabbeln", zu altnord. *krafla* „krabbeln", nach den Schwimmbewegungen

Krawall Lärm, lauter Streit, Aufruhr; aus mittelfrz. *charivalli* (neufrz. *charivari*) „Lärm der Hochzeitsgäste, wenn sich das junge Paar zurückzieht, Katzenmusik, Polterabend", aus mlat. *charavallium, charavarium, chalvarium* u.a. „Katzenmusik", weitere Herkunft nicht geklärt, wohl aus dem Normannischen

Krawatte Halsbinde, Schlips; aus frz. *cravate,* ital. *cravatta* „Halsbinde", eigtl. „Kroat", aus kroatisch *hrvat* „Kroat"; da im 17. Jh. die kroatischen Reiter schmale, leinene Halstücher trugen, ging die Bezeichnung von der Person auf die Halsbinde über

Kraweel Lastschiff; über ndrl. *karveel* aus frz. *caravelle* „kleiner Viermaster", aus port. *caravela* „kleines Schiff mit latein. Segeln", zu *caravo* „antikes Schiff mit kleiner Öffnung", aus lat. *carabus* „aus Flechtwerk bestehender, mit Leder überzogener Kahn", weitere Herkunft nicht bekannt; die Kraweelbauweise, bei der die Planken nicht schuppenförmig übereinandergreifen, sondern aneinanderstoßen und – bei größeren Schiffen – in zwei Schichten diagonal übereinanderliegen, ist typisch für die Caravelle und ist möglicherweise eine Imitation der urspr. Bauweise aus Flechtwerk

Krayonmanier Art der Radierung, bei der die Linien aus feinen Punkten bestehen, so daß das Bild wie eine Kreidezeichnung wirkt; aus frz. *crayon* „Kreidestift; Tonerde", zu *craie,* ältere Form: *croie* „Kreide", aus lat. *creta* „kretische Erde", womit sowohl unsere Kreide als auch verschiedene Tonarten bezeichnet wurden

Kreation Schöpfung, Schaffung; Modeschöpfung; über frz. *création* „Schöpfung" aus lat. *creatio,* Gen. *-onis,* „das Erschaffen, Erzeugen", zu *creare* „schaffen, erschaffen, erzeugen"

Kreatur Geschöpf, Lebewesen; aus lat. *creatura* „Schöpfung; Geschöpf", zu *creare* „schaffen, erschaffen"

kredenzen anbieten, darreichen; Ableitung von *Kredenz* „Anrichte", aus ital. *credenza* „Anrichte, Küchenschrank", eigtl. „Glauben"; zugrunde liegt die veraltete Fügung *fare la credenza,* etwa „zum Glauben, zum Vertrauen bringen, versichern", zu ital., lat. *credere* „glauben, vertrauen"; man „versicherte" früher den Hausherrn, daß die Speisen und Getränke einwandfrei seien, indem man in seiner Anwesenheit einen Diener davon kosten ließ, um zu zeigen, daß sie nicht vergiftet waren; danach ging die Bedeutung von *credenza* auf „das Anbieten, Reichen von Speisen und Getränken" über und schließlich auf das Möbel, auf dem sie angerichtet wurden

Kredit Darlehen; Vertrauen in die Fähigkeit und Bereitschaft eines anderen, Verbindlichkeiten zu erfüllen; aus ital. *credito* „Darlehen", aus lat. *creditum* „das Anvertraute, Geliehene, Darlehen", zu *credere* „anvertrauen, leihen", eigtl. „glauben, vertrauen"
kreieren schaffen, gestalten; aus frz. *créer* „erschaffen, erfinden, ersinnen", aus lat. *creare* „erschaffen"
Krematorium Verbrennungsanlage (für Leichen); aus ital. *crematorio* in ders. Bed., aus lat. *crematio* „Verbrennung" und Suffix *-orium* als Bezeichnung für einen Raum oder Behälter für etwas, vielleicht zu *carbo* „Kohle"
Kreml russ. Burg, Zitadelle; Stadtburg von Moskau und Regierungssitz; aus russ. *kreml* „Festung, Burg", zu *kremlowij* „fest, stark" (vom Bauholz), dazu *krem* „Teil des Waldes mit den stärksten Stämmen"
Kren Meerrettich; aus tschech. *křen,* russ. *chren* in derselben Bedeutung; es gibt in fast allen slaw. Sprachen Varianten dieses Namens, die Herkunft ist jedoch nicht geklärt
Kreole Nachkomme europäischer Einwanderer in Mittel- und Südamerika; *früher in Brasilien auch:* im Inland geborener Neger; aus frz. *créole* aus span. *criollo* in ders. Bed., aus port. *crioulo* „Mestize, der im Haus seines Herrn geboren und aufgewachsen ist", Verkleinerungsform von *cria* „Kind, Junges, das gesäugt wird", zu *criar* „säugen, nähren, großziehen, zeugen, hervorbringen", aus lat. *creare* „schaffen, erschaffen"
Kreophage fleischfressendes Tier; aus griech. *kreas* „Fleisch" und *phagos* „Esser, Fresser", zu *phagein* „essen"
Kreosot Bestandteil des Teers mit keimtötender Wirkung; aus griech. *kreas* „Fleisch" und *soter* „Retter, Erhalter", zu *sozein* „am Leben erhalten", also „Fleisch erhaltender Stoff"
krepieren bersten, platzen; verenden, sterben; aus ital. *crepare* „platzen, bersten, sich spalten", übertr. auch „sterben, umkommen", aus lat. *crepare* „krachen, knattern, dröhnen usw."
Krepitation Geräusch beim Aneinanderreiben rauher Flächen (z.B. gebrochener Knochen), Atemgeräusch (z.B. bei Lungenentzündung); aus lat. *crepitatio* „das Knarren", zu *crepitare* „knarren, knirschen, rasseln", Frequentativum zu *crepare* „kurz abgebrochen tönen, z.B. klappern, klatschen"
Krepp Gewebe mit gekräuselter Oberfläche; aus frz. *crêpe* „Krepp, Flor", aus altfrz. *crespe* aus lat. *crispus* „kraus"
Kreszenz Wachstum, Herkunft (bes. vom Wein); aus lat. *crescentia* „Wachstum", zu *crescere* „wachsen"
Krethi und Plethi gemischte Gesellschaft, allerlei Leute unbekannter Herkunft; nach König Davids Leibwache, die in der Bibel (u.a. in 2. Samuel 8,18) als *Krether und Plether* bezeichnet wird; ob es sich um „Kreter und Philister" handelte, wie allg. angenommen wird, ist nicht sicher, jedenfalls bestand die Leibwache aus fremden Söldnern, deren Herkunft man nicht kannte; später bezeichnete man damit auch Leute, von denen man weder Namen noch Herkunft wußte und die deshalb etwas über die Achsel angesehen wurden
Kretin schwachsinniger und mißgestalteter Mensch; frz. *crétin* in ders. Bed., ältere Bedeutung „armselig"; in den südostfrz. Mundarten steht es für *chrétien* (altfrz. *crestien*) „Christ", wohl mit dem Nebensinn „armer Mensch, der ja auch ein Christenmensch ist, auch wenn er mit den übrigen nur die Taufe gemeinsam hat"
Krevette Garnele; aus mndrl. *krevet* (ndrl. *kreeft*) „Krebs"; verwandt mit *Krabbe,* nicht mit lat. *carabus* „Meerkrebs"
Kricket engl. Schlagballspiel zwischen zwei Mannschaften; vielleicht über fläm. *krick* „Stock" aus altfrz. *criquet* „Stock, Stab", der früher als Tor oder Ziel benutzt wurde
Krikotomie Durchschneiden des Ringknorpels, Luftröhrenschnitt; aus griech. *krikos* „Ring" und *tome* „Schnitt", zu *temnein* „schneiden"
Kriminalistik Lehre von den Verbrechen, ihrer Aufdeckung und Verhütung; aus lat. *criminalis* „ein Verbrechen betreffend", zu *crimen,* Gen. *cri-*

minis, „Anklage, Anschuldigung, Gegenstand der Anklage, Vergehen, Verbrechen", weitere Herkunft unsicher, vielleicht urspr. „Klage, Geschrei des in seinem Recht Verletzten", aus der erweiterten Wurzel **sqrei-, *qrei-,* zur idg. Wurzel **ker-* „schreien"

Krimmer schwarzes Lammfell sowie dessen Imitation in Wolle: Wollgewebe mit lockiger Oberseite; nach der russ. Halbinsel *Krim,* von der die Felle vor dem Krimkrieg eingeführt wurden; das Kräuseln der Wollfäden für die Imitation nannte man in Anlehnung an den Krimmer *krimmen*

Krinoide Haarstern; aus lat. *crinis* „Haar" und griech. *eidos* „Gestalt"

Krinoline Reifrock als Unterrock; frz. *crinoline* „Reifrock; Zeug aus Roßhaar", aus *crin* „Mähnen- und Schweifhaar des Pferdes", ugs. auch „Kopfhaar des Menschen" (aus lat. *crinis* „Kopfhaar") und *lin* „Lein, Leinwand" (aus lat. *linum* „Lein, Flachs")

Krise Höhepunkt einer Krankheit; *allg.:* schwierige Zeit, Störung; aus griech. *krisis* „Entscheidung, Ausschlag, Trennung", zu *krinein* „scheiden, sondern, trennen"

Kristall fester, von geometrisch gesetzmäßig angeordneten Flächen begrenzter Körper; Bleiglas, Kristallglas; aus griech. *krystallos* „Eis; Bergkristall", zu *kryos* „Frost, Kälte, Eiskälte"; die Herkunft des zweiten Wortteils ist nicht geklärt

Kriterium Kennzeichen, unterscheidendes Merkmal; über lat. *criterium* aus griech. *kriterion* „Kennzeichen, Merkmal, Prüfstein", zu *krinein* „scheiden, sondern, trennen"

Kritik Urteilsfähigkeit; Beurteilung; Tadel, Beanstandung; aus griech. *kritike* „Kunst der Beurteilung" und *kritikos* „urteilsfähig; Beurteiler", zu *krites* „Richter", zu *krinein* „scheiden, sondern; urteilen, entscheiden"

Krocket ein Rasenkugelspiel zwischen zwei Mannschaften; aus engl. *croquet* in ders. Bed., aus frz. *crochet* „Häkchen", zu *croc* „Haken"

Krokant mit karamelisiertem Zucker vermischte Mandel- oder Nußstückchen; aus frz. *croquante* „knuspriger Kuchen", zu *croquer* „knabbern, knuspriges Gebäck essen", zu *croc* „Krach", lautmalend

Krokette in Fett gebackenes Klößchen aus Fleisch oder Kartoffeln o.ä.; aus frz. *croquette* „knusprig gebratenes Hackfleischklößchen", zu *croquer* „knabbern", → Krokant

Kroki → Croquis

Krokodil ein Reptil; aus griech. *krokodilos;* die weitere Herkunft ist unsicher, man hat einen Zusammenhang mit griech. *krokale* „steiniges Ufer, Kies am Ufer" und *drilos* „Wurm" versucht, demnach „Kieswurm"

Krokus eine Gartenblume; aus lat. *crocus,* griech. *krokos* „Safran" (unsere gelbe Spielart des Krokus), aus hebr. *karkōm,* pers. *karkam,* das seinerseits in der gleichen Bedeutung aus dem Indischen stammt; einige hebr. Handschriften haben *karkōs* statt *karkōm,* was wahrscheinlich auf einen Schreibfehler zurückzuführen ist, da das hebr. stimmlose s, wenn es zum Ausfüllen der Zeile in die Breite gezogen wird, dem auslautenden m sehr ähnlich ist, und vermutlich war gerade eine solche fehlerhafte Handschrift die Grundlage für die griech. Form des Wortes

Kromlech Grab- und Kultstätte der Jungsteinzeit aus hochaufgerichteten, kreisförmig aufgestellten Steinen; aus kelt. *crom, crwm* „gewölbt, gekrümmt, kreisförmig" und *llech* „flacher Stein"

Kroppzeug Kleinvieh; kleine Kinder; Gesindel; wertloser Kram; aus mecklenburg. *kropptüg* „kleine, unansehnliche Menschen, kleine Kinder", eigtl. „kleine wertlose Fische beim Aalfang", zu mnddt. *krop, krûp* „Vieh, Rindvieh, kurzbeiniges Vieh, Federvieh"

Kroton eine Heilpflanze; aus griech. *kroton,* das sowohl „Schaflaus, Zecke" als auch „Wunderbaum, Rizinus" bedeutet; die Samen der Pflanze ähneln den Zecken

krud unverdaulich, roh; grausam; aus lat. *crudus* „roh = ungekocht, unverdaut", übertr. „grausam, gefühllos", zu *cruor* „(aus einer Wunde geflossenes) Blut"

Krupp eine entzündliche Rachenerkrankung; aus engl. *croup* in ders. Bed., aus schott. *to croup* „krächzen, heiser sprechen", lautmalend
Kruppade → Croupade
Krustazee Krebstier; aus lat. *crusta* „Kruste, Rinde, Schale"
Kruzifere Kreuzblütler; aus lat. *crux,* Gen. *crucis,* „Kreuz" und *fero* „ich trage", zu *ferre* „tragen"
Kruzifix Kreuz mit dem gekreuzigten Christus; aus lat. *crucifixus* „der ans Kreuz Geschlagene, Gekreuzigte", zu *crucifigere* „kreuzigen", aus *crux,* Gen. *crucis,* „Kreuz" und *figere* „öffentlich anschlagen, aufhängen, befestigen"
Kryolith ein Mineral, Eisstein; aus griech. *kryos* „Eis" und *lithos* „Stein", wegen des eisähnlichen Aussehens
Krypta Grabkammer von Märtyrern in Katakomben; unterird. Raum unter dem Chor von Kirchen mit Grabkammern oder zum Aufbewahren von Särgen; aus griech. *kryptos* „verborgen, versteckt, in die Erde gesteckt"
Kryptogame blütenlose Pflanze; aus griech. *kryptos* „verborgen, heimlich" und *gamein* „heiraten"
Kryptogramm *urspr.:* Geheimtext; *dann:* Gedicht, bei dem die Anfangsbuchstaben oder -wörter der Verse ein Wort oder einen Satz ergeben; aus griech. *kryptos* „verborgen, versteckt, geheim" und *gramma* „Schriftzeichen, Schrift", zu *graphein* „schreiben"
kryptomer ohne Mikroskop nicht erkennbar; aus griech. *kryptos* „verborgen, versteckt" und *meros* „Teil"; das Wort wird besonders im Hinblick auf Bestandteile von Gesteinen gebraucht
Krypton chemisches Element; aus griech. *krypton* „das Verborgene", zu *kryptos* „verborgen, versteckt"; das Gas kommt nur in kleinsten Mengen in der Luft vor
Kryptorchismus infolge Entwicklungsstörung Zurückbleiben eines oder beider Hoden im Leistenkanal oder in der Bauchhöhle; aus griech. *kryptos* „verborgen" und *orchis* „Hode"
ktenoid kammartig; aus griech. *kteis,* Gen. *ktenos,* „Kamm" und *eidos* „Aussehen, Gestalt"
kubieren in die dritte Potenz erheben; zu → *Kubus*
Kubus Würfel; *Math.:* dritte Potenz; lat. *cubus* „Würfel", aus griech. *kybos* „Würfel, Wirbelknochen, Höhlung vor der Hüfte (beim Vieh)", zur idg. Wurzel **qub-* „wölben, krümmen"
Kuckuck ein Singvogel; der Name ist lautnachahmend aus dem Ruf des Vogels entstanden und erscheint in vielen Sprachen, z. B. frz. *coucou,* engl. *coocoo,* lat. *cuculus,* griech. *kokkyx,* Gen. *kokkygos*
Kuddelmuddel Durcheinander, Wirrwarr; Herkunft nicht geklärt, vielleicht aus mitteldt. *kuddeln,* nddt. *koddeln* „ungründlich, obenhin waschen" (Wäsche kuddeln) und in Anlehnung an *Modder* „schlammiger, breiiger Boden" lautmalend mit *-muddel* verbunden, nach dem Muster von Krimskrams und ähnlichen Bildungen; das Ganze wäre demnach etwas Unfestes, Unordentliches, nichts Rechtes
Kuguar ein südamerikanisches Raubtier, Puma; aus Tupi *susuarana,* das portugiesisch *çuçuarana* geschrieben wurde; im gedruckten Text fielen jedoch die Cedillen weg, und das Wort wurde als *cucuarana* gelesen, das schließlich zu *cuguar* verkürzt wurde (nach Friederici)
kujonieren peinigen, quälen; aus veraltetem frz. *coionner* „als Dummkopf, Feigling behandeln, einen Dummkopf, Feigling nennen", dann allg. „schlecht behandeln", zu *couillon* „Dummkopf, Feigling", außerdem „Hoden", aus ital. *coglione* „Dummkopf; Hoden", aus vulgärlat. *coleone* „Entmannter", zu lat. *coleus* „Hoden, Hodensack", zu *culleus, culeus* „Sack"
Ku-Klux-Klan terroristischer Geheimbund in den USA; angeblich phantasievolle Verbalhornung von griech. *kyklos* „Kreis", dazu *klan* „Sippe, Stamm" (→ Clan)
Kukumber, Kukumer *südwestdt. für* Gurke; aus lat. *cucumis,* Gen. *cucumeris,* griech. *kykyon,* Nebenform von *sikyos* „Gurke"; weitere Herkunft nicht bekannt
Kulak *im zaristischen Rußland:* Groß-

bauer; aus russ. *kulak* „Faust; großer Hammer; Pfahl zum Festbinden von Booten; Aufkäufer, Geizhals", wohl aus turktatar. *kulak* „Faust", zu türk. *kol* „Arm, Vorderfuß"
kulant großzügig, entgegenkommend (bes. im Geschäftsverkehr); aus frz. *coulant* „umgänglich, keine Schwierigkeiten machend (als Kaufmann)", eigtl. „fließend, gleitend", zu *couler* „fließen, gleiten, durchseihen", aus lat. *colare* „durchseihen"
Kuli ostasiatischer Tagelöhner, Lastarbeiter, Plantagenarbeiter; aus Marāṭhī (neuind. Sprache) *koḷī*, der Bezeichnung für eine niedere ind. Kaste, meist Wasserträger
Kulierware Wirkware, Maschenware, bei der nebeneinanderliegende Schleifen (Maschen) geschlungen werden, die mittels Haken jeweils in die vorherigen gleiten oder geschoben werden; aus frz. *couler* „gleiten lassen, hineinschieben", aus lat. *colare* „durchseihen", zu *colum* „Seihgefäß"
kulinarisch auf feiner Kochkunst beruhend, fein, erlesen; aus lat. *culinarius* „zur Küche gehörig", zu *culina* „Küche", ältere Form: *colina,* zu *coquere* „kochen"
Kulisse bemalte, verschiebbare Wand oder Dekorationsteil als Abschluß der Bühne; aus frz. *coulisse* „Schiebefenster, Schiebewand (auf der Bühne)", zu *couler* „schieben, gleiten lassen"
kulminieren den Höhepunkt erreichen; aus lat. *culminare* „krönen, mit einer Spitze versehen", zu *culmen,* Gen. *culminis,* „Gipfel, höchster Punkt", ältere Form: *columen,* zur idg. Wurzel **qel-* „emporragen"
kultivieren urbar, anbaufähig machen; verfeinern, veredeln; über mlat. *cultivare* aus lat. *colere* „bebauen, bearbeiten", übertr. „geistig pflegen, veredeln"
Kultur Gesamtheit der geistigen und künstlerischen Errungenschaften einer Gesellschaft; verfeinerte Lebensweise; Anbau und Aufzucht von Pflanzen, Bebauung des Bodens; aus lat. *cultura* „Bearbeitung, Bebauung; geistige Pflege", zu *colere* „bebauen, bearbeiten, geistig pflegen, veredeln"
Kümmeltürke Spießbürger; urspr. eine Bezeichnung der Hallenser Studenten für „langweiliger, fader Mensch, einer, der sich nie über seine engere Heimat hinausbewegt", das heißt „einer, der nie aus Halle und seiner Umgebung hinauskommt"; das Gebiet um Halle wurde früher *Kümmeltürkei* genannt, da dort viel Kümmel angebaut wurde; Türkei deshalb, weil früher aus der Türkei viele Gewürze eingeführt wurden (deshalb war auch häufig an den Geschäften, die mit Gewürzen handelten, das Bild eines Mohren in türk. Kleidung ausgehängt)
Kumpan Genosse, Kamerad; aus mhd. *kumpan, kompan,* aus altfrz. *compain* „Genosse", aus lat. *com,* ältere Form von *cum* „mit, zusammen", und *panis* „Brot", also „der mit einem das Brot teilt"
kumulieren anhäufen; aus lat. *cumulare* „anhäufen, aufschichten", zu *cumulus* „Haufen", verwandt mit *culmen* „Spitze, Gipfel"
Kumys *in Innerasien:* alkohol. Getränk aus gegorener Stutenmilch; aus russ. *kumys* in derselben Bedeutung, zu *kymmak* „umrühren, quirlen"
kuneiform keilförmig; aus lat. *cuneus,* Gen. *cunei,* „Keil", und *forma* „Form, Gestalt"
Künette Abflußgraben; aus frz. *cunette* in ders. Bed., aus ital. *cunetta* „Rinnstein, Gosse, Straßengraben", wahrscheinlich Verkleinerungsform von *cuna* „Wiege", aus lat. *cuna* „Wiege, Vogelnest"
kungeln Cliquenwirtschaft treiben; aus älterem *kunkeln* „Heimlichkeiten treiben", wahrscheinlich urspr. „heimlich in den Kunkelstuben (Spinnstuben) schwatzen und Pläne schmieden", zu → *Kunkel*
Kunkel Spinnrocken, Spindel; mhd. *kunkel,* aus mlat. *conucula, *colucula,* Verkleinerungsform von lat. *colus* „Spinnrocken"
Kupelle Schmelztiegel; aus lat. *cupella, cupula* „kleine Tonne", → Kuppel
Kupfer chemisches Element; aus spätlat. *cuprum,* Nebenform von *cyprium,* verkürzt aus *aes cyprium* „Erz von der

Insel Cypern"; Zypern war die älteste und reichhaltigste Fundstätte

kupieren abschneiden, stutzen; aus frz. *couper* „(ab)schneiden", eigtl. „köpfen", zu prov. *cop* „Schädel" und galloroman. **cuppare* „den Kopf abschneiden, abschlagen, köpfen", zu **cuppum* „Kopf, Spitze"

Kupolofen Schachtofen zum Schmelzen von Roheisen und Schrott; aus lat. *cupula, cuppula* „kleine Tonne", →Kuppel

Kupon →Coupon

Kuppel halbkugelförmige Überwölbung eines Raumes; aus ital. *cupula* „Kuppel", aus lat. *cupula, cupella* „kleine Tonne", Verkleinerungsform von *cupa* „Tonne"

Kur Heilverfahren; aus lat. *cura* „Sorge, Fürsorge, Pflege, Krankenpflege"

Kür *Sport:* Zusammenstellung selbstgewählter Übungen; aus dem veralteten Verb *küren* „wählen" gebildet, zu *Kur* „Wahl" (noch erhalten in *Kurfürst*), dieses zum untergegangenen *kiesen* „wählen", ahd. *kiosan,* got. *kiusan* „wählen, prüfen", aus germ. **keus-* „kosten, wählen"

kurant *veraltet:* gängig, in Geltung, in Umlauf; aus frz. *courant* „laufend, gängig, gewöhnlich", zu *courir* aus lat. *currere* „laufen"

Kurare indianisches Pfeilgift; aus Tupi, Guarani, aruak., karib. *urari, urali, kulali* u.a. Formen als Bezeichnung für das Gift; wörtliche Bedeutung nicht bekannt

Küraß Brust- und Rückenharnisch; aus frz. *cuirasse* „Brustharnisch, Panzer", aus lat. *vestis coriacea* „ledernes Gewand", zu *corium* „Leder, Fell"

Kuratel Vormundschaft; aus mlat. *curatela* „Verwaltung des Besitzes von Waisen oder Mündeln", wahrscheinlich aus lat. *curatio* „Vormundschaft, Aufsicht, Pflege" (zu *cura* „Sorge, Pflege") und *tutela* „Vormundschaft, Schutz" (zu *tueri* „in Schutz, in Obhut nehmen")

Kuratorium zur Aufsicht über die Verwaltung einer Körperschaft o.ä. eingesetzter Ausschuß; aus lat. *curatorium* „das zum Kurator Gehörige", zu *curator* „Besorger, Aufseher", zu *cura* „Sorge, Fürsorge, Pflege"

Kurbel Hebel zum Drehen einer Welle; aus mhd. *kurbe* „Brunnenwinde", aus frz. *courbe* „Krummholz; krumm" aus mlat. *curva* „Schraube, Kurbel", zu lat. *curvus* „krumm, gekrümmt"

Kürbis eine Pflanze mit großen, dickschaligen Früchten; aus mhd. *kürbiz, churbez,* aus lat. *cucurbita* „Flaschenkürbis", weitere Herkunft unsicher, vielleicht verwandt mit Sanskrit *carbhaṭa-* „Gurke"

Kürette Löffel zum Ausschaben der Gebärmutter; aus frz. *curette* in ders. Bed., zu *curer* „reinigen, säubern", aus lat. *curare* „mit Sorgfalt behandeln, pflegen, putzen, säubern"

Kurie die päpstlichen Behörden, der päpstliche Hofstaat; aus lat. *curia* urspr. „Einheit von Familienverbänden der patrizischen Geschlechter mit eigenem Versammlungsort"; dann: „Versammlungsort des Senats", wahrscheinlich aus *co-viria* „Vereinigung von Männern", aus *co-* (statt *con-,* in Zus. für *cum*) „zusammen" und *vir,* Gen. *viri,* „Mann"

Kurier Bote, Eilbote; aus frz. *courrier* „Eilbote", zu *courir* „laufen, rennen", aus lat. *currere* „laufen"

kurieren heilen; aus lat. *curare* „Sorge tragen, sich kümmern", zu *cura* „Sorge, Fürsorge, Pflege"

kurios merkwürdig, sonderbar, wunderlich, komisch; im 17. Jh. in positivem Sinne gebraucht: „seltsam, wissenswert", allmählich zu „ein bißchen verrückt" abgewertet; unter Einfluß von frz. *curieux* „wunderlich, merkwürdig, wißbegierig, neugierig, sorgsam, sorgfältig" aus lat. *curiosus* „sorgfältig, aufmerksam", eigtl. „voller Teilnahme, mit Sorgfalt, neugierig", zu *cura* „Sorge, Pflege"

Kurrende *früher:* Schülerchor, der gegen kleine Gaben vor den Häusern geistliche Lieder sang; *heute:* evang. kirchlicher Jugendchor; aus lat. *corradere* „zusammenkratzen, -scharren, mühsam von überallher zusammenbringen", aus *cor-* (vor r statt *con-,* in Zus. für *cum*) „mit, zusammen" und *ra-*

dere „kratzen, scharren", wohl von *currens,* Part. Präs. von *currere* „laufen", beeinflußt

Kurrentschrift Schreibschrift; aus lat. *currens,* Gen. *-entis,* Part. Präs. von *currere* „laufen", eigtl. also „laufende, d.h. zügig geschriebene Schrift"

Kurs Fahrt-, Flugrichtung; Lehrgang; Preis von Wertpapieren und Währungen; aus lat. *cursus* „Lauf, Fahrt, Laufen nach dem Ziel", auch „in bestimmter Richtung eingeschlagener Weg", zu *currere* „laufen"

Kürschner Handwerker, der Pelze verarbeitet; aus mhd. *kürsenære, kürsener* in ders. Bed., zu *kursen, kürsen* „Pelzrock", aus mlat. *cursina, crusina* „Pelzumhang", aus altruss. *korozno* „mit Pelz verbrämter Mantel", aus einer östlichen Sprache

kursieren in Umlauf sein; aus lat. *cursare* „immer weiter laufen, beständig rennen", Frequentativum zu *currere* „laufen"

kursiv schräg (Druckschrift); aus mlat. *cursivus* „fließend, geläufig", aus lat. *currere* „laufen, eilen"

Kurtisane Geliebte eines Fürsten; vornehme Dirne; aus frz. *courtisane* „vornehme Dirne", zu *courtisan* „Höfling", aus ital. *cortigiano* „Höfling, Schmeichler", zu *corte* „Hof, Fürstenhof", aus lat. *cors,* Gen. *cortis,* zusammengezogen aus *cohors,* Gen. *cohortis* „Hof, Gehege; Schar, Gefolge"

Kurtschatovium chemisches Element; nach dem sowjetischen Physiker Igor W. *Kurtschatow* (1903–1960)

kurulisch kurulischer Stuhl: Amtssessel zweier hoher altrömischer Beamter, der kurulischen Ädilen (→Ädil); aus lat. *curulis* „zum Wagen gehörig", verkürzt aus *sella curulis* „Sitz im Wagen", zu *currus* „Wagen, Rennwagen", zu *currere* „laufen"; das Adjektiv *curulis* wurde zuerst auch auf den Amtssessel bezogen, der keine Rücken- und Seitenlehnen hatte, dann auf die Beamten selbst, die auf dem Sessel saßen

Kurve gekrümmte Linie, Krümmung, Biegung; aus lat. *curva,* Fem. von *curvus* „gekrümmt, gebogen"

kuschen sich hinlegen (vom Hund); aus frz. *coucher* „niederlegen, schlafen legen", aus lat. *collocare* „seinen Platz anweisen, sich legen lassen, sich setzen lassen", aus *col-* (vor l statt *con-,* in Zus. für *cum*) „ganz, völlig" und *locare* „legen, setzen"

Kusine →Cousin, Cousine

Kuskus nordafrikan. Speise aus kleingeschnittenem, gewürztem Hammelfleisch, Gemüse und Grieß in Brühe; vielleicht zu der arab. Wurzel *ksks* „zerkleinern, zerkrümeln"

Küster Kirchendiener; aus mhd. *kuster,* ahd. *kustor* „Aufseher, mit Verwaltungsaufgaben betrauter Geistlicher eines Klosters oder Stifts", aus lat. *custos* „Aufseher, Wächter, Hüter"

Kustode, Kustos wissenschaftlicher Betreuer (einer Sammlung, eines Museums); aus lat. *custos,* Gen. *custodis,* „Aufseher, Hüter, Bewahrer"

Kutikula bei manchen Tieren und Pflanzen gas- und wasserundurchlässige Hautschicht; aus lat. *cuticula,* Verkleinerungsform von *cutis* „Haut"

Kutsche Pferdewagen für Personen; aus ungar. *kocsi* „Kutsche", eigentlich *kocsi szekér* „in Kocs angefertigter Reisewagen", zu *Kocs,* einem ungarischen Ort bei Raab; die Wagenbauer von Kocs waren berühmt; sie führten als erste eine Karosseriefederung, anfangs mit Lederriemen, ein

Kutte langer, weiter Mantel, bes. der Mönche; mhd *kutte,* aus mlat. *cotta, cottus, cottis* „Mantel", aus dem Germanischen; verwandt mit süddt. *Kotze* „Umhang"

Kutter einmastiges Segelschiff; Fischerboot mit Motorantrieb; Beiboot; engl. *cutter* in ders. Bed., eigtl. „Werkzeug zum Schneiden, Schneider", weil das Boot die Wellen durchschneidet; da dies jedoch für alle Schiffe zutrifft, ist es auch möglich, daß der Ursprung woanders liegt, vielleicht in port. *catur* „schmales Segelschiff", auch „Ruderboot", aus malai. *katar* „Segelboot, Beiboot"

Kuvert Briefumschlag; Gedeck (bei Tisch); aus frz. *couvert* „Gedeck; Herberge, Obdach; Umschlag", zu *couvrir* „bedecken, einhüllen", aus lat. *coperi-*

re, cooperire „von allen Seiten bedekken“, aus *co-* (statt *con-,* in Zus. für *cum*) „zusammen, von allen Seiten“ und *operire* „bedecken, zudecken“

Kwannon buddhistische Gottheit der Barmherzigkeit; *kwannon* ist die japan. Bezeichnung für die ursprünglich chines. Gottheit *Kuan-yin* und ist eine verkürzte Form von *k(w)an-ze-on,* was der japan. Lesung der chines. Zeichen *kuan-shih-yin* entspricht; diese bedeuten „der die Laute (= Gebete) der Welt wahrnimmt“ (*kuan* „sehen“, *shih* „Welt“, *yin* „Laut“); der chines. Name ist seinerseits eine freie Übertragung eines Sanskritwortes, das man mit „Herr der mitleidvollen Blicke“ wiedergeben kann. Die Göttin Kuan-yin war übrigens ursprünglich männlichen Geschlechts und hat erst im 12. Jh. weibliche Gestalt angenommen.

Kwaß russisches bierähnliches Getränk aus gegorenem Mehl, Malz und Brot; aus russ. *kwas* „saures Getränk“, dazu serbokroat. *kwas* „Sauerteig“; verwandt mit lat. *caseus* „Käse“, alban. *kos* „saure Schafsmilch“

Kybernetik Wissenschaftszweig, der die Gesetzmäßigkeiten von technischen und biologischen Regelungs- und Steuerungsvorgängen erforscht und anwendet; aus griech. *kybernetike* „Steuermannskunst“, zu *kybernetes* „Steuermann“, zu *kybernan* „steuern“

Kymation *an griechischen Tempeln:* Zierleiste aus blatt- und (besonders im Profil) wellenförmigen Ornamenten; aus griech. *kymation* „wellenschlagend, wogend“, zu *kyma* „Welle, Woge“

Kymographie Röntgenverfahren zur Darstellung sich bewegender Organe; aus griech. *kyma* „Welle“ und *graphein* „schreiben“

Kynologie Lehre vom Hund, seiner Züchtung und Dressur; aus griech. *kyon,* Gen. *kynos,* „Hund“ und *logos* „Wort, Lehre, Kunde“, zu *legein* „sagen, sprechen, erklären“

Kyphose Wirbelsäulenverkrümmung nach hinten, Buckel; aus griech. *kyphos* „vornübergebeugt, gekrümmt“, zu *kyptein* „sich bücken, sich vornüberneigen“

Kyrie eleison Herr, erbarme dich; aus griech. *kyrie,* Vokativ zu *kyrios* „Herr“, und *eleison,* Imperativ zu *eleein* „sich erbarmen, Mitleid haben“, zu *eleos* „Mitleid, Erbarmen“

kyrillische Schrift aus der griech. Unziale entwickelte slaw. Schrift; fälschlich nach dem Slawenapostel *Kyrillos* (827–869) benannt, der selbst die ältere glagolitische Schrift benutzte

L

Laberdan gepökelter Kabeljau; aus ndrl. *labberdaan,* vielleicht nach der baskischen Landschaft *Labourd* oder *Labourdan* in der Gascogne, zu baskisch *Lapurdum* „Hafen“, dem Namen der Hauptstadt, heute Bayonne, von wo die bask. Fischer zum Fang ausfuhren

labet müde, erschöpft, dem Zusammenbruch nahe; aus frz. *la bête* „Strafeinsatz beim Kartenspiel“ (eigtl. „wildes Tier“, aus lat. *bestia*), bes. in der Wendung *perdre la bête* „den Strafeinsatz verlieren (= zahlen müssen)“, daraus auch die deutsche Wendung *labet sein* oder *labet werden* „(das Spiel) verloren haben“

labil schwankend, unsicher, leicht störbar; aus lat. *labilis* „leicht dahingleitend“, zu *labi* „gleiten, schlüpfen“

Laboratorium Arbeitsstätte für biologische, chemische und physikalische Untersuchungen; mlat. *laboratorium* „Raum für die verschiedensten Arbeiten“, aus lat. *laboratus* „mit Arbeit verbunden“ und Suffix *-orium* als Bezeichnung für einen Behälter oder Raum für etwas, zu lat. *laborare* „arbeiten“, zu *labor,* Gen. *laboris,* „Arbeit, Anstrengung“

Labyrinth Irrgarten; aus griech. *labyrinthos* „Gebäude mit vielen verschlungenen Gängen und Höfen“, aus lydisch *labrys* „Doppelaxt“ mit vorgriech. Endung *-inthos,* also „Haus der Doppelaxt“; die Doppelaxt war Königs- und Gottesinsignie der Kreter und später der Lyder und Karer in Kleinasien; der Königspalast von Knossos auf Kreta mit seinen vielen Geschossen, Gängen und Treppen und der mehrfach in die Mauern eingemeißelten Doppelaxt dürfte als erstes Gebäude dieser Art bekannt geworden sein, und nach ihm wurden ähnliche, in verwirrender Vielfalt angelegte Bauten benannt

lacieren mit Zierband durchflechten; aus frz. *lacer* „schnüren“, aus lat. *laqueare* „umstricken, verstricken“, zu *laqueus* „Strick als Schlinge“, zu *lacere* „locken“, eigtl. „in eine Schlinge als Falle locken“

Lack Lösung aus Harzen und Farbstoffen als Schutzschicht oder zur Veredelung von Oberflächen; über das Arabische aus Sanskrit *lākṣā-* „Lack“, zu *rak-ṣa-* „rot“

Lackmus aus einer Flechte gewonnener, blauer Farbstoff; aus ndrl. *lakmoes,* Herkunft unsicher, vielleicht zu *leken* „tropfen“ und *moes* „Mus“, angeblich weil man früher bei der Gewinnung einen Brei herstellte, aus dem man dann den Saft abtropfen ließ

lacrimoso *Mus.:* klagend, traurig; ital., zu *lacrima* „Träne“, lat. *lacrima, lacruma,* aus altlat. *dacrima, dacruma* „Träne“, aus griech. *dakry, dakryma, dakryon* „Träne, Tropfen, Tropfen Harz“ (der Wandel von d zu l in Wörtern, die aus dem Griech. ins Lat. übernommen wurden, ist nicht selten)

Lactose Milchzucker; aus lat. *lac,* Gen. *lactis,* „Milch“

Ladanum wohlriechendes Harz aus verschiedenen Mittelmeerpflanzen; lat. *ladanum,* griech. *ladanon, ledanon* „aus der Cistrose gewonnenes Harz“, zu *leda* „Cistrose“

lädieren verletzen, beschädigen; aus lat. *laedere* in ders. Bed.; weitere Herkunft nicht bekannt

Lady *in England:* Titel für adlige Frau, auch allg.: Dame; engl. *lady,* aus mengl. *lafdi, lavede,* aus altengl. *hlæfdige* „Hausherrin“, eigtl. „Brotmacherin“, aus *hlaf* „Laib Brot“ (zu got. *hlaifs,* altnord. *hleifr* „Laib Brot“) und *dige* „Magd“ (der das Teigmachen obliegt, zu got. *digan* „kneten“)

Lafette Gestell eines Geschützes; aus frz. *l'affût* (mit Artikel) „Lafette“ sowie jägersprachlich „Anstand“, dieses entstand aus der Wendung *être à l'affût* „auf dem Anstand sein, auf der Lauer liegen", aus altfrz. *soi afuster* „sich an einen Baum lehnen", zu *fust* „Baumstamm" (neufrz. *fût* „Schaft, Gestell"), aus lat. *fustis* „Stock"

lagrimoso →lacrimoso

Lagune vom offenen Meer durch Sandinseln oder Riffe getrennter, flacher Meeresteil; aus ital. *laguna* in ders. Bed., aus lat. *lacune* „Vertiefung, Grube, Sumpf, Weiher, See"

Laie Nichtgeistlicher; Nichtfachmann; aus mlat. *laicus* „Ungelehrter, Nichtfachmann", zu griech. *laos* „Volk" gebildet, also „Mann aus dem Volk, Nichtpriester, Nichtfachmann"

Lakai herrschaftlicher oder fürstlicher Diener in Livree; aus frz. *laquais*, „livrierter Diener", aus span. *lacayo* (katalan. *alacayo*) „Diener, Reitknecht", weitere Herkunft nicht geklärt

Lakkolith ein Tiefengestein, das durch unterirdische vulkanische Tätigkeit in darüberliegende Schichten eingedrungen ist und diese dabei pilzförmig aufgewölbt hat; aus griech. *lakkos* „Loch, Grube" und *lithos* „Stein"

lakonisch kurz und bündig; eigentlich „nach Art der Lakonier", der Bewohner der griechischen Landschaft Lakonien mit der Hauptstadt Sparta

Lakritze eingedickter Süßholzsaft (in Rollen- oder Stangenform); aus mittellat. *liquiricia* „Süßholzsaft" (beeinflußt von lat. *liquor* „Flüssigkeit"), aus griech. *glykyrrhiza* „Süßholz, Süßwurzel", aus *glykys* „süß" und *rhiza* „Wurzel"

laktieren Milch absondern; stillen; aus lat. *lactare* „Milch geben", zu *lac*, Gen. *lactis*, „Milch"

Laktometer Gerät zum Bestimmen des spezifischen Gewichts der Milch; aus lat. *lac*, Gen. *lactis*, „Milch" und griech. *metron* „Maß", zu *metrein* „messen"

Lalem unter dem Gesichtspunkt der Artikulation betrachteter Laut, z.B. Verschluß-, Nasallaut; aus griech. *lalein* „plaudern, schwatzen, lallen", zu *lalos* „geschwätzig", zur idg. Wurzel **la-* „tönen"

Lama eine südamerikanische Kamelart, Kamelschaf; aus Ketschua *llama*, Aimara *lama*, der Bezeichnung für alle vierfüßigen Tiere (im Unterschied zum Menschen), insbes. für das Kamelschaf

Lambrequin Querbehang mit Fransen an Fenstern und Türen; diesem ähnliches Ornament; frz. *lambrequin* in ders. Bed., aus ndrl. *lamberkijn*, wahrscheinlich zu mndrl. *lamper(s), lamfeter* „herabhängender Trauerschleier", weitere Herkunft nicht geklärt

Lamé mit Metallfäden durchwirktes Seidengewebe; frz. *lamé* „mit Gold-, Silberfäden durchzogen", zu *lame* „Rauschgold, Flitter", eigtl. „Streifen, dünne Platte, Klinge", aus lat. *lamina, lammina, lamna* „dünne Metall- oder Holzplatte, Sägeblatt, Schwertklinge"

Lamelle Blättchen, dünne Scheibe; aus lat. *lamella* „Blättchen", zu *lamina, lamna* „Blatt, Scheibe"

lamentieren jammern, klagen; aus lat. *lamentare* „wehklagen, heulen, jammern", zu *lamentum* „Wehklage", zur idg. Wurzel **la-* „bellen, tönen"

Lametta lange, schmale Streifen aus gold- oder silberfarbenem Zinn oder Aluminium; aus ital. *lametta* „sehr feine zweischneidige Klinge, bes. Rasierklinge", Verkleinerungsform von *lama* „Klinge, (Metall-) Blatt", aus lat. *lamina, lamna* „breites, dünnes Stück Metall, Holz usw., Blatt, Blech, Scheibe"

Lamina dünne Gewebeschicht, blattförmiges Organ, Metallplättchen u.a.; lat. *lamina* „Platte, Blatt, Scheibe aus Holz oder Metall", weitere Herkunft nicht bekannt

Lampion Laterne aus buntem Papier; frz. *lampion* „Lämpchen (bes. zur Illumination)", Verkleinerungsform von *lampe* „Lampe", aus spätlat. *lampada* „Leuchte", aus lat. *lampas* „leuchtender Körper, z.B. Fackel", aus griech. *lampas*, Gen. *lampados*, „Fackel", zu *lampein* „leuchten, strahlen"

Lamprete ein Fluß- und Meeresfisch; aus lat. *lampetra*, zu *lambere* „lecken" und *petra* „Felsen, Stein", weil sich der Fisch mit dem Maul an Steinen festsaugt

lancieren in Gang bringen; geschickt

an eine günstige Stelle bringen; aus frz. *lancer* „heftig werfen, schleudern; in Schwung bringen“, aus lat. *lanceare* „die Lanze werfen“, zu *lancea* „Lanze“

Langette Schlingenstich; frz. *languette* in ders. Bed. sowie „Zäckchen, Zünglein“, Verkleinerungsform von *langue* „Zunge“, aus lat. *lingua* „Zunge“

Languste ein Speisekrebs; aus frz. *langouste* „Heuschrecke; Heuschrekkenkrebs“, aus lat. *locusta* „Heuschrekke; Art Meerkrebs“

Lanthan chemisches Element; zu griech. *lanthanein* „verborgen sein, sich verstecken“; man bezeichnete es so, weil es erst sehr spät entdeckt wurde

Lanugo Wollhaar, Flaum des Embryos; lat. *lanugo* „Wolle, das Wollige“, zu *lana* „Wolle (der Tiere)“

Laparoskop Instrument zur Untersuchung der Bauchhöhle; aus griech. *lapare* „die Weichen, hohler Teil zwischen Rippen und Hüften“ (zu *laparos* „weich“) und *skopein* „schauen, betrachten, untersuchen“

lapidar kraftvoll, wuchtig; kurz, einfach und treffend; aus lat. *lapidarius* „zu den Steinen gehörig, Stein ...“, zu *lapis,* Gen. *lapidis,* „Stein“; nach den kurzen, bündigen, in Stein gehauenen römischen Inschriften

Lapilli kleine, bei Vulkanausbrüchen ausgeworfene Lavastückchen; Plural von lat. *lapillus* „Steinchen“, zu *lapis* „Stein“

Lapislazuli ein blauer Halbedelstein; aus lat. *lapis* „Stein“ und mittellat. *lazulum, lazurium,* aus arab. *lāzaward* „blau“, aus pers. *lāǧward* „himmelblau, blauer Stein“

Lappalie Nichtigkeit, Kleinigkeit; scherzhafte, lateinisch klingende Bildung von Studenten zu *Lappen* nach dem Muster von Person – Personalien u.ä.

Lapsus geringfügiger Fehler, kleiner Verstoß; aus lat. *lapsus* „das Gleiten, bes. nach unten, Fallen, Sturz“, übertr. „Fehltritt, Versehen“, zu *labi* „hinabgleiten, sinken, straucheln“

larghetto *Mus.:* etwas getragen, etwas breit; ital. Verkleinerungsform von → *largo*

largo *Mus.:* getragen, langsam und singend; aus ital. *largo* in ders. Bed. sowie „breit, weit, freigebig, üppig, verschwenderisch“, aus lat. *largus* „reich, üppig, verschwenderisch“; auf die Musik wohl wegen des fülligen Tons übertragen

Larifari Geschwätz, Unsinn; in der Art trällernden Gesangs nach den ital. Solmisationssilben gebildet: *la, re, fa, re*

larmoyant rührselig, weinerlich; frz. *larmoyant* „tränenvoll, weinerlich“, zu *larmoyer* „weinen“, zu *larme* aus lat. *lacrima* „Träne“, → lacrimoso

Larve Jugendform mancher Tiere; Gesichtsmaske; aus lat. *larva, larua* „Gespenst, böser Geist, Fratze, Maske“, aus *larualis* „gespensterhaft“, eigentlich „die Gestalt eines Laren habend“, zu *lares* „Laren, Schutzgötter des Hauses“

Laryngoskop Kehlkopfspiegel; aus griech. *larynx,* Gen. *laryngos,* „Kehle, Schlund“ und *skopein* „schauen, betrachten, untersuchen“

Laryngotomie Kehlkopfschnitt; aus griech. *larynx,* Gen. *laryngos,* „Kehle, Schlund“ und *tome* „Schnitt“, zu *temnein* „schneiden“

lasieren mit → Lasur überziehen

Läsion Verletzung; aus lat. *laesio,* Gen. *-onis,* „Verletzung“, zu → *lädieren*

Lasso Wurfschlinge zum Einfangen von Tieren; aus span. *lazo* „Schlinge, Schleife, Fangschlinge“, aus lat. *lacere* „locken“, eigtl. „in eine Schlinge, Falle locken“, zu *laqueus* „Schlinge, Strick als Schlinge“

Lasur durchsichtige Lack- oder Farbschicht; aus mlat. *lazurium* „himmelblau“, → Lapislazuli und Azur

laszív zweideutig, schlüpfrig; aus lat. *lascivus* „mutwillig, ausgelassen; frech, zügellos, geil“, vielleicht zu Sanskrit *las-* „spielen“

latent vorhanden, aber nicht in Erscheinung tretend, verborgen; aus lat. *latens,* Gen. *-entis,* „verborgen, unsichtbar“, zu *latere* „verborgen sein“

lateral seitlich, von der Seite her; aus lat. *lateralis* „an der Seite“, zu *latus,* Gen. *lateris,* „Seite“

Laterne durch ein Gehäuse aus Glas oder Papier geschützte Lichtquelle; aus lat. *laterna, lanterna* „Laterne", aus griech. *lampter* „Leuchter, Leuchte", zu *lampein* „leuchten, glänzen, funkeln"

Latex Milchsaft mancher tropischer Pflanzen, aus dem Kautschuk hergestellt wird; lat. *latex* „Flüssigkeit", bildlich auch „Wein, Öl", aus griech. *latax* „‚Neige' des Weins, ein ‚Tropfen' Wein"

Latifundium (von Pächtern bewirtschafteter) Großgrundbesitz; lat. *latifundium* „großes Landgut", aus *latus* „breit, sich weit erstreckend" und *fundus* „Grund und Boden, Grundstück"

Latitüde geographische Breite; *veraltet:* Weite, Spielraum; frz. *latitude* in derselben Bedeutung, aus lat. *latitudo* „Breite, Länge, Ausdehnung", zu *latus* „breit, sich weit erstreckend"

...latrie *in Zus.:* Verehrung, Anbetung; aus griech. *latreia* „Dienst, Gottesdienst", zu *latreuein* „um Lohn dienen", auch allg. „dienen", zu *latron* „Sold, Lohn" und *latris* „Knecht, Diener"

Latrine Abort; aus lat. *latrina* (eigtl. *lavatrina*) „Abort" und *latrinum* (eigtl. *lavatrinum*) „Bad", zu *lavare* „waschen, benetzen"

Latsche, Latschenkiefer Gebirgskiefer mit niedrigem Wuchs; aus tschech. *kleč* „Zwergkiefer, Legföhre", dazu slowen. *klek* „verkrümmter Trieb oder Baum"

Latwerge Arznei in Form von Brei, Sirup oder Mus; aus ital. *elettuario, elettovario, lattuario* „sirupartiges Arzneimittel", aus mittellat. *electarium, electuarium* in derselben Bedeutung, vielleicht zu griech. *ekleikton, ekleigma* „Tablette, Bonbon", zu *ekleichein* „auslecken", aus *ek-* „aus, heraus" und *leichein* „lecken"

Laudanum schmerzstillendes Mittel; aus lat. *ladanum, ledanum* „Harz des Strauches *Leda* = kretische Zistrose"

Laudatio Lobrede (auf einen Preisträger oder Toten); lat. *laudatio* „Lobrede", zu *laudare* „loben", zu *laus,* Gen. *laudis,* „Lob"

Laune augenblickliche Gemütsstimmung; daraus entspringender Einfall; aus mhd. *lûne* „Mond, Mondphase, Mondwechsel", danach übertr. „Veränderlichkeit, wechselnde Gemütsstimmung, wechselnde Neigung, Laune", aus lat. *luna* „Mond"

Laureat *früher:* mit dem Lorbeerkranz gekrönter Dichter; aus lat. *laureatus* „mit Lorbeer bekränzt", zu *laurea* „Lorbeerkranz", zu *laurus* „Lorbeer"

Laute ein Zupfinstrument; aus altfrz. *leut, lut,* aus span. *laúd* „Laute", aus arab. *al-ᶜūd* „das Holz, die Laute"

Lava von Vulkanen ausgeworfene, glühende Schmelzmasse; ital. *lava,* aus lat. *labes* „Einsturz, Herabfallen, Erdrutsch", zu *labi* „gleiten"

Lavabo Handwaschung des Priesters während der Messe; die dazu verwendeten Gefäße; aus lat. *lavabo* „ich werde waschen", zu *lavare* „waschen"

Lavendel eine Heil- und Gewürzpflanze, aus deren Blüten auch ein ätherisches Öl gewonnen wird; aus lat. *lavandula,* zu *lavandus* „zum Waschen gehörig", zu *lavare* „waschen"; Lavendelöl diente früher zum Parfümieren des Waschwassers

lavieren[1] gegen den Wind kreuzen; aus mndrl. *loeveeren* „gegen den Wind segeln", zu *loef* „Luv", also eigtl. „die Luv abgewinnen, auf die Windseite kommen"

lavieren[2] Farben ineinander übergehen lassen, verwischen; aus frz. *laver* „waschen, bespülen", aus lat. *lavare* „waschen, befeuchten"

lävogyr die Ebene des polarisierten Lichts nach links drehend; aus lat. *laevus* aus griech. *laios* „links" und griech. *gyros* „Kreis, Windung"

Lävulose Fruchtzucker; aus lat. *laevus* „links", weil die Substanz infolge ihrer optischen Aktivität die Ebene des polarisierten Lichts nach links dreht

Lawine herabstürzende Schnee- oder Steinmasse im Gebirge; aus lat. *labina* „Erdrutsch", zu *labi* „gleiten"

Lawrencium chemisches Element; nach dem US-amerikan. Physiker Ernest Orlando *Lawrence* (1901–1958)

lax schlaff, locker, lässig (im Benehmen); aus lat. *laxus* „schlaff, locker, schlapp“

Laxativum Abführmittel; aus lat. *laxativus* „lindernd“, zu *laxare* „lockern, lösen“, zu *laxus* „locker, nicht straff angezogen“

Layout Entwurf für Text- und Bildgestaltung (eines Buches, einer Zeitschrift); engl. *lay-out* „Entwurf, Plan, Satzspiegel“, aus *to lay* „legen“ und *out* „aus“

Lazarett Militärkrankenhaus; aus frz. *lazaret* „Krankenhaus für Kranke mit ansteckender Krankheiten, früher bes. für Aussätzige“, aus ital. *lazzaretto* in ders. Bed., aus *nazareto,* nach der Kirche *Santa Maria di Nazareth* bei Venedig, in der sich das erste Pestkrankenhaus befand; beeinflußt von *Lazarus,* dem Schutzheiligen der Kranken

Lazeration *Med.:* Einriß, Zerreißung; aus lat. *laceratio,* Gen. *-onis,* „das Zerreißen“, zu *lacerare* „zerreißen, zerfetzen“, zu *lacer* „zerfetzt“, zu griech. *lakis* „Fetzen“

Lazerte Eidechse; aus lat. *lacertus* „Oberarm, Muskel“, wegen ihrer Biegsamkeit und raschen Beweglichkeit

Lazulith ein Mineral, Blauspat; aus mittellat. *lazulum,* aus pers. *lāğward* „himmelblau, blauer Stein“ und griech. *lithos* „Stein“

Lead *Jazz:* Führungsstimme; aus engl. *to lead* „führen“, aus mengl. *leden,* altengl. *lædan,* altnord. *leiða* „leiten, führen“

Leasing mietweises Überlassen von Investitionsgütern u.a.; aus engl. *to lease* „pachten, mieten“, *to lease out* „verpachten, vermieten“, aus anglofrz. *lesser,* aus altfrz. *laissier* „lassen“, aus lat. *laxare* „loslassen, lösen“, eigtl. „schlaff machen“, zu *laxus* „locker, schlaff“

legal gesetzlich; aus lat. *legalis* „gesetzlich“, zu *lex,* Gen. *legis,* „Gesetz, Gebot“

Legasthenie mangelhafte Fähigkeit zum Erlernen des Lesens und der Rechtschreibung; aus griech. *legein* „lesen“ und *astheneia* „Schwäche“, aus *a-* „nicht“ und *sthenos* „Kraft“

Legat Vermächtnis, Zuwendung; päpstlicher Gesandter für besondere Anlässe; aus lat. *legatum* „Vermächtnis“ und *legatus* „Gesandter“, zu *legare* „eine gesetzliche Verfügung treffen“, daher auch 1. „durch Testament vermachen, hinterlassen“ sowie 2. „von Amts wegen einen Gesandten abschikken“, zu *lex,* Gen. *legis,* „Gesetz“

legato *Mus.:* gebunden; ital. *legato* in ders. Bed., zu *legare* „binden, vereinigen“, aus lat. *ligare* „binden“

Legende Heiligenerzählung; weit zurückliegendes, historisch nicht nachweisbares Ereignis; aus mlat. *legenda* „Heiligenerzählung“, eigtl. „zu lesende (Stücke)“, zu lat. *legere* „lesen“

leger ungezwungen, lässig, bequem; aus frz. *léger* „leicht, flink, gewandt, anmutig; ungezwungen“, über Zwischenformen wie **leghuis,* **leviarius* aus lat. *levis* „leicht“

legieren schmelzen und mischen; geschmeidig und dick machen, binden; aus ital. *legare,* ältere Form: *ligare,* aus lat. *ligare* „binden, vereinigen“

Legion altrömische Truppeneinheit; Freiwilligen-, Söldnertruppe; große Menge; aus lat. *legio,* Gen. *-onis,* „Legion, Heeresabteilung von schwankender Stärke und Zusammensetzung“, zu *legere* „sammeln“

Legislatur Gesetzgebung; aus lat. *legis,* Gen. von *lex* „Gesetz“ und *latura* „das Tragen“, also „das Vortragen, Vorbringen eines Gesetzes(antrags)“, zu *ferre* „tragen, bringen“

legitim gesetzlich, rechtmäßig; aus lat. *legitimus* „durch Gesetz bestimmt, gesetz-, rechtmäßig“, zu *lex,* Gen. *legis,* „Gesetz“ und *-timus,* Suffix mit der Bedeutung „entsprechend, gemäß“

Leguan tropische Baumeidechse, Kammeidechse; über frz. *iguane,* span. *iguana* aus aruak. *iguana;* das l ist durch Vorsetzen des spanischen Artikels *el* bzw. des französischen Artikels *l'* entstanden, der mit dem Wort zu *Leguan* verschmolz

Legumen Hülsenfrucht; aus lat. *legumen* „Hülsenfrucht“, entstanden aus der Verbindung von *legere* „sammeln, (zusammen)lesen“ und *frumentum* „Getreide“

Leichnam toter menschlicher oder tierischer Körper;aus mhd. *lîcham, lîchame, lîchname* aus ahd. *lîchinamo, lîhhamo* „Leib, Körper, toter Körper", im Sinne von „toter Körper" eigtl. „Leibeshülle", zu mhd., ahd. *lîh* aus got. *leik* „Leib, Körper, toter Körper" und germ. **hama* „Hülle", zur idg. Wurzel **kem-* „bedecken"

Leikauf Umtrunk als Bekräftigung eines Geschäfts oder Vertragsabschlusses; aus mhd. *lîtkouf* in ders. Bed., aus *lît* „Obstwein" und *kouf* „Geschäft, Handel"

Lektion Abschnitt im Lehrbuch, Aufgabe; Lehrstunde; aus lat. *lectio,* Gen. *-onis,* „das Lesen; Stelle im Buch, Text", zu *legere* „lesen"

Lektor Hochschullehrer für Einführungskurse, Seminare u. ä.; Verlagsangestellter, der eingehende Manuskripte prüft (und bearbeitet); aus lat. *lector* „Leser", zu *legere* „lesen"

Lektüre das Lesen; Lesestoff; aus frz. *lecture* „das Lesen, Vorlesen, Lesestoff", aus mlat. *lectura* „das Vorlesen", zu lat. *legere* „lesen"

Lemma *veraltet:* als Überschrift oder Motto ausgedrückter Inhalt eines Werkes; *in Wörterbüchern:* Stichwort; *Logik:* Hilfssatz, Annahme; aus griech. *lemma* „Einnahme, Einkommen", in der Logik „Voraussetzung, Annahme", zu *lambanein* „fassen, nehmen, ergreifen"

Lemniskate mathematische Kurve in Form einer liegenden Acht; aus griech. *lemniskos* „wollenes oder bastenes Band, Verband", weitere Herkunft nicht geklärt, vielleicht aus dem Etruskischen

Lemur *röm. Myth.:* Geist eines Verstorbenen; Halbaffe, Maki; aus lat. *lemures* „Geister der Toten", vielleicht aus griech. *lamia* „weiblicher Unhold, Vampyr, Gespenst"; auf den Maki wurde die Bezeichnung wegen seiner maskenähnlichen Gesichtszeichnung übertragen

Lentizellen den Korkmantel von Holzgewächsen durchsetzende, dem Gasaustausch dienende Öffnungen der Interzellularräume, Rindenpore, Korkwarze; aus lat. *lens,* Gen. *lentis,* „Linse" und *Zelle*

lento *Mus.:* langsam; ital. *lento* „langsam, locker", aus lat. *lentus* „langsam, träge, zäh"

Leopard ein Raubtier; aus lat. *leopardus,* aus *leo* „Löwe" und *pardus* „Pardel, Parder", zur idg. Wurzel **perd-* „gesprenkelt, gefleckt"

Lepidopteren *Sammelbezeichnung für* Schmetterlinge; aus griech. *lepis,* Gen. *lepidos,* „Schuppe" und *pteron* „Flügel"; die Flügel sind mit schuppenartigen Haaren bedeckt

Lepra eine Infektionskrankheit, Aussatz; aus griech. *lepros* „rauh, schuppig, aussätzig", zu *lepein* „schälen, die Haut abziehen"

leptosom schmalwüchsig, schlank; aus griech. *leptos* „dünn, schmal, zart" und *soma* „Körper"

Leptozephalie abnorm schmale Kopfform; aus griech. *leptos* „schmal" und *kephale* „Kopf"

lesbische Liebe, *auch* sapphische Liebe: Liebesbeziehung zwischen Frauen; nach der griech. Insel *Lesbos,* auf der die griech. Dichterin *Sappho* um 600 v. Chr. geboren wurde und wo sie den größten Teil ihres Lebens verbrachte; da sie sich mit einem Kreis junger Mädchen umgab, sagte man ihr (wahrscheinlich zu Unrecht) nach, sie betreibe Homoerotik

Letalität Sterblichkeit im Verhältnis zur Zahl der Erkrankten; aus lat. *letalis,* Adverb *letaliter,* „tödlich", zu *letare* „töten", zu *letum* „Tod", wohl zur idg. Wurzel **le(i)-* „nachlassen" im Sinne von „ermüden, erschlaffen, umsinken"

Lethargie Schlafsucht; *übertr.:* Teilnahmslosigkeit, Trägheit; aus griech. *lethe* „Vergessen, Aufhören" (zu *lanthanesthai* „vergessen") und *argia* „Untätigkeit, Trägheit", zu *argos* „untätig, träge, faul", eigentlich **a-ergos,* aus *a-* „nicht" und *ergon* „Werk, Arbeit"

Letter gegossener Druckbuchstabe; aus frz. *lettre* „Buchstabe", aus lat. *lit(t)era* „Buchstabe", wahrscheinlich über verschiedene nicht belegte Zwischenformen aus *litum* „Geschmiertes", zu *linere* „schmieren, anschmieren"

Lettner *in mittelalterlichen Kirchen:* Schranke oder Trennwand zwischen Chor und Mittelschiff; aus mhd. *lettener, lectner, letter,* Nebenformen von *lecter* „Chor der Kirche, Lesepult auf dem Chor", aus mlat. *lectorium* „Lesepult", zu *legere* „lesen"

Leukämie krankhafte Vermehrung der weißen Blutkörperchen; aus griech. *leukos* „weiß" und *haima* „Blut"

Leukodermie fehlende Farbstoffbildung in Haut, Augen und Haaren; aus griech. *leukos* „weiß" und *derma* „Haut"

Leukotomie chirurgischer Eingriff in die weiße Gehirnsubstanz bei gewissen chronischen Geisteskrankheiten; aus griech. *leukos* „weiß" und *tome* „Schnitt", zu *temnein* „schneiden"

Leukozyt weißes Blutkörperchen; aus griech. *leukos* „weiß" und *kytos* „Höhlung, Gefäß, Zelle"

Leumund Ruf, Nachrede; aus mhd. *liumunt, liumt, liumde* „Ruf, Ruhm", aus ahd. *hliumunt, liument* „Ruf, Gerücht", zu got. *hliuma* „Gehör", zur idg. Wurzel **kleu-* „hören", also eigtl. „etwas, was man gehört hat"

Leutnant Offizier im untersten Rang; aus frz. *lieutenant* „Stellvertreter, Statthalter; Leutnant", aus *lieu* „Platz, Stelle, Ort" (aus lat. *locus* in ders. Bed.) und *tenant* „haltend", zu *tenir* (aus lat. *tenere*) „halten"

Leuzit ein weißliches Mineral; aus griech. *leukos* „weiß"

Levade *Hohe Schule:* das Sichaufrichten des Pferdes auf der Hinterhand, Pesade; aus frz. *lever* „in die Höhe heben, aufrichten", aus lat. *levare* aufheben, durch Aufheben erleichtern", zu *levis* „leicht"

Levante die Länder um das östliche Mittelmeer; aus ital. *levante* „Teil des Mittelmeeres östlich von Italien, Teil des Horizontes, wo die Sonne aufgeht, Osten", zu *levarsi* „sich erheben", aus lat. *levare* „heben, aufheben, durch Heben leichter machen", zu *levis* „leicht"

Lever Morgenempfang bei einem Fürsten; eigtl. „Empfang beim Aufstehen", aus frz. *se lever* „aufstehen, sich erheben", aus lat. *levare* „aufheben, durch Aufheben leichter machen", zu *levis* „leicht"

Leviathan *im AT:* Meerungeheuer, Drache; *allg.:* Ungeheuer, Riesenschlange; aus hebr. *liwjāthān* „gewundenes oder windungsreiches Tier", zu hebr. *liwjā* „Gewinde, Kranz"

Levirat *bei den Israeliten und bei Naturvölkern:* Ehe mit der Frau des kinderlos gestorbenen Bruders; aus lat. *levir* „Schwager (Bruder des Mannes)"

Leviten die Söhne und Nachkommen *Levis,* des dritten Sohnes Jakobs und Leas; sie waren im AT die Priester, denen der Opferdienst oblag; das dritte Buch Mosis, das die kultische Gesetzgebung enthält und im 26. Kapitel die Strafen Gottes für die Gesetzesübertretungen schildert, diente zu ihrer Unterweisung und wurde deshalb *Leviticus* genannt; im fünften Buch Mosis, Kap. 31, wird ihnen von Moses geboten, alle sieben Jahre, wenn sich das ganze Volk zum Laubhüttenfest versammelt, diese Gesetze vorzulesen (daher: *jmdm. die Leviten lesen* „jmdm. eine Strafpredigt halten")

Levkoje eine Zierpflanze; aus griech. *leukoion* „weißes Veilchen", aus *leukos* „weiß" und *ion* „Veilchen", wegen des Duftes; das *v* in *Levkoje* ist auf die mittelgriech. Aussprache von *leukoion* [lɛv-] zurückzuführen

Lexikographie Lehre von den Lexika, Erarbeitung von Wörterbüchern und Lexika; aus → *Lexikon* und griech. *graphein* „schreiben"

Lexikon alphabetisch geordnetes Nachschlagewerk; aus griech. *lexikon (biblion)* „Wörterbuch", zu *lexis* „Wort", zu *legein* „sagen, sprechen, erklären"

Liaison Bindung, Liebesverhältnis; frz. *liaison* „Verbindung, Beziehung, Liebesverhältnis", zu *lier* „binden, verbinden", → liieren

Liane eine Schlingpflanze; aus normann. *liane,* eine mundartl. Nebenform dazu heißt *liorne,* das eine Verschmelzung aus frz. *lier* „verbinden" und frz. mundartl. *viorne* „Schlingbaum" ist, dieses aus lat. *viburnum* „Schlingbaum, Schneeball, Mehlbeerbaum"

Lias untere Abteilung des Juras; entweder aus engl. *lias,* einem Ausdruck der Steinbrucharbeiter für flache Steine, vielleicht aus engl. *layers* „Schichten", oder aus frz. *liais* „harter, feinkörniger Kalkstein", aus altsächs. *leia* „Felsen, Stein"

Libation Trankopfer; aus lat. *libatio,* Gen. *-onis,* „Trankopfer", zu *libare* „ausgießen, beim Opfern benetzen, opfern"

Libell Klageschrift, Schmähschrift; aus lat. *libellus* „kleine Schrift, Büchlein; Klage-, Schmähschrift", Verkleinerungsform von *liber* „Buch"

Libelle Glasröhrchen der Wasserwaage; ein Insekt, Wasserjungfer; aus lat. *libella* „kleine Waage", zu *libra* „Waage, Wasserwaage"; das Tier wurde wegen seiner Fähigkeit, mit waagerecht gespannten Flügeln schwirrend an einer Stelle in der Luft zu verweilen, so genannt

Liber *schweiz.:* Fünffrankenstück; aus lat. *libra* „Waage; das Gewogene; römisches Pfund"

liberal freiheitlich gesinnt; aus lat. *liberalis* „zur Freiheit gehörig, freiheitlich", zu *liber* „frei; freier Mensch"

Libero *Fußball:* Abwehrspieler, der auch im Angriff mitspielen kann, freier Verteidiger; ital. *libero* „frei; freier Mann", aus lat. *liber* „frei"

Libertin *veraltet:* Freigeist; ausschweifender, zügelloser Mensch; aus frz. *libertin* in derselben Bedeutung, aus lat. *libertinus* „Freigelassener", zu *libertus* „freigelassen", zu *liber* „frei"

Libido Geschlechtstrieb, -begierde; aus lat. *libido* „Lust, Verlangen, Begierde", zu *libet* „es beliebt, es ist gefällig", zu *libere* „belieben"

Libretto Text zu einer Oper oder Operette; ital. *libretto* „Büchlein; Operntext", Verkleinerungsform von *libro* aus lat. *liber,* Gen. *libri,* „Schriftstück, Buch", eigtl. „Bast" (unter der Rinde; in ältester Zeit schrieb man auf Bast), aus griech. *lepos, lepis* „Bast, Rinde", zu *lepein* „schälen"

Lichen Flechte; lat. *lichen,* griech. *leichen* „Flechte", im Griech. eigtl. „Lekker", zu *leichein* „lecken, züngeln", wohl weil sich die Flechte wie eine lekkende, züngelnde Flamme ausbreitet

Lido Nehrung (bes. bei Venedig); ital. *lido* „Strand, Landzunge parallel der Küste", aus lat. *litus* „Meeresufer, Küstenstreifen, Strand"

Liebstöckel eine Gewürzpflanze; volksetymologisch aus mhd. *lübestekke,* ahd. *lubestecco,* aus mittellat. *lubisticum, libusticum,* aus lat. *ligusticum* (dieselbe Bedeutung), zu *Ligusticus* „ligurisch", nach den *Ligurischen* Alpen, wo die Pflanze schon in der Antike gefunden wurde

Lienitis Milzentzündung; aus lat. *lien, lienis* „Milz"

Lift Fahrstuhl; kosmetische Operation zur Straffung der Gesichtshaut und Hebung des Busens; engl. *lift* „Fahrstuhl, Hebewerk", zu *to lift* „heben", aus mengl. *liften, leften* „heben", zu altengl. *lyft,* got. *luftus* „Luft", also eigtl. „in die Luft, in die Höhe heben"

Liga Bund, Bündnis; span. *liga* in ders. Bed., aus lat. *ligare* „binden"

Ligatur Verbindung; aus lat. *ligatura* „Band, medizinischer Verband", zu *ligare* „binden, verbinden"

Lignin verholzender, festigender Bestandteil des Holzes; aus lat. *lignum* „Holz"

Ligula zartes Blatthäutchen bei Gräsern; ein Bandwurm bei Fischen und Vögeln; lat. *ligula* „kleine Zunge, zungenförmig gespitzter Gegenstand", Verkleinerungsform von *lingua* „Zunge"

Liguster eine Heckenpflanze, Rainweide; Herkunft nicht geklärt, vielleicht aus lat. *Ligusticus* „ligurisch", nach den *Ligurischen* Alpen

liieren eng verbinden; aus frz. *lier* „binden, knüpfen, verbinden", aus lat. *ligare* „binden, vereinigen"

Likör süßer Branntwein; aus frz. *liqueur* „Flüssigkeit, feiner Branntwein", aus lat. *liquor* „Flüssigkeit", zu *liquere* „flüssig sein"

lila Farbe zwischen rot und blau, fliederfarben, hellviolett; aus frz. *lilas,* älter *lilac* „Flieder", aus arab. *lilak* „Flieder", über pers. *līlak, nīlak* „bläulich" aus Sanskrit *nīla-* urspr. „dunkel", dann „dunkelblau". – Die Redensart *Es geht mir lila* „mittelmäßig, gerade noch erträglich" hat nichts mit der Farbe und der Pflanze zu tun, sondern ist entstellt aus der Wendung *Es geht mir so la la* (mit dem Ton auf der zweiten Silbe); *la la* kommt aus dem Frz. und bedeutet „halb und halb", daraus wurde *Es geht mir so lala* (mit dem Ton auf der ersten Silbe), was keinen Sinn mehr ergab; *lala* wurde dann zu *lila* abgewandelt, womit man ebenfalls einen Mittelzustand zwischen gut und schlecht meinte, ähnlich wie die Farbe lila zwischen rot und blau steht

Lilie eine Zierpflanze; aus lat. *lilium,* aus griech. *leirion,* dazu kopt. *hreri, hleli,* das auf ein ägypt. Wort derselben Bedeutung zurückgeht

Liliputaner zwerghaft kleiner Mensch; aus engl. *lilliputian* „winzig", nach dem Land *Lilliput* in Jonathan Swifts „Gullivers Reisen", dessen Bewohner nur 6 Zoll (15 cm) groß sind; von Swift geprägter Phantasiename

Limakologie Schneckenkunde; aus lat. *limax,* griech. *leimax,* Gen. *leimakos,* „Schnecke" und griech. *logos* „Wort, Lehre, Kunde", zu *legein* „sagen, sprechen, erklären"

Limbus Vorhölle, *eigtl.* Rand der Hölle; *Math.:* Ring mit Gradeinteilung zum Ablesen der Größe eines Winkels; aus lat. *limbus* „Streifen, Saum, Rand"

Limit Grenze, äußerster Preis, äußerster Umfang; engl. *limit* „Grenze, Endpunkt", aus mengl., mfrz. *limite* „Grenze", aus lat. *limes,* Gen. *limitis,* „Grenzlinie"

Limnologie Süßwasser-, Seenkunde; aus griech. limne „Teich, See, Sumpf" und *logos* „Wort, Lehre, Kunde", zu *legein* „sagen, sprechen, erklären"

Limonade Erfrischungsgetränk mit Obstsaft, *eigtl.:* Zitronensaft; aus ital. *limonata* „Zitronenwasser", zu *limone* „dickschalige Zitronenart", aus pers. *līmūn* „Zitrone"

Limonit ein gelbbraunes, undurchsichtiges Mineral, Brauneisenstein; aus lat. *limus* „Schlamm" (bes. der sich unten im Wasser absetzt)

Limousine Personenkraftwagen mit nicht aufklappbarem Verdeck; aus frz. *limousine* „grober, wollener Mantel oder Umhang der Fuhrleute", zu *Limousin* „Einwohner von Limousin", der ehemaligen frz. Provinz mit der Hauptstadt Limoges; die Fuhrleute von *Limousin* trugen solche Umhänge, und da diese dicht abschlossen, ging die Bez. dann auf geschlossene Wagen über, wahrscheinlich im Unterschied zu den alten Wagen mit Klapp- oder Faltverdeck, die an den Seiten offen waren

Lindwurm Drache; aus mhd. *lintwurm, linttrache* „Fabeltier, halb Schlange, halb Drache", aus *lint* „Schlange" (aus germ. *linþaz,* lat. *lentus* „biegsam, zäh") und *wurm* „Wurm, Schlange, Drache" (als Verstärkung zu *lint*)

Lineal Zeichengerät zum Ziehen von Linien; aus lat. *linea* „Linie, Strich", eigtl. „Leine, leinener Faden der Maurer und Zimmerleute, Richtschnur", zu *linum,* griech. *linon* „Lein, Flachs"

Linguistik Sprachwissenschaft; aus lat. *lingua* „Zunge; das Reden; Sprache"

Liniment dickflüssiges Mittel zum Einreiben; aus lat. *linimentum* „Schmiere, Salbe", zu *linere* „schmieren, beschmieren" und Infix *-men-* zur Bezeichnung eines Mittels oder Werkzeugs

Linoleum ein Fußbodenbelag mit Zusatz aus Leinöl; aus lat. *linum* „Lein, Flachs" und *oleum* „Öl"

Lipämie erhöhter Fettgehalt des Blutes; aus griech. *lipos* „Fett" und *haima* „Blut"

Liparit ein Ergußgestein; nach den *Liparischen* Inseln

Lipide Fette und fettähnliche Stoffe; aus griech. *lipos* „Fett" und *eidos* „Aussehen, Gestalt"

Lipom Fettgeschwulst; aus griech. *lipos* „Fett" und Endung *-om* zur Bezeichnung krankhaften Wachstums

Liquefaktion Verflüssigung; aus lat. *liquefacere* „flüssig machen, schmelzen", zu *liquere* „flüssig sein" (zu *liquor*

„Flüssigkeit") und *facere* „machen"
liquidieren auflösen, abwickeln (Geschäft); fordern, berechnen; *übertr.:* beseitigen, umbringen; aus ital. *liquidare* „bereinigen, erledigen, auszahlen", übertr. „beseitigen", zu *liquido* „flüssig, verfügbar, zahlbar", aus lat. *liquidus* „flüssig, klar"; *liquidieren* bedeutete urspr. „klar machen, klar darlegen", nämlich eine Rechnung, damit sie beglichen, erledigt werden konnte
Lira ital. Währungseinheit; aus ital. *libbra,* auch *libra* „Pfund", Gewichtseinheit der Griechen und Römer, etwa 300 g, lat. *libra* „das Gewogene, römisches Pfund", eigtl. „Waage"
Lisene flacher, erhabener, senkrechter Mauerstreifen zur Gliederung einer Wandfläche; verstümmelt aus frz. *lisière* „Rand, Saum, Einfassung", zu mundartl. *lis* „Stoffrand", aus dem Gallischen
Litanei Wechselgebet zwischen Geistlichem und Gemeinde; *übertr.:* lange, eintönige Aufzählung; aus griech. *litaneia* „Bittgebet", zu *litai* „Bitten, Gebet", zu *litesthai* „bitten, flehen"
Liter ein Hohlmaß, 1 kg; aus frz. *litre,* mittellat. *litra,* aus griech. *litra* „Gewicht von 12 Unzen"
Literatur Gesamtheit der Dichtungen eines Volkes oder einer Epoche; Gesamtheit der in einem Wissensgebiet veröffentlichten Werke; aus lat. *litteratura* „das Geschriebene, Schrift, die Buchstabenfolge; Sprachunterricht, Sprachkunst", zu *littera, litera* „Buchstabe", Pl. *litterae* „schriftliche Aufzeichnungen, Schriftstücke, Schriftwerke"
Litewka *früher:* bequemer Uniformrock; poln. *litewka* „Soldatenjacke, Jagdrock", eigentlich „litauische Jakke"
Lithagogum steinabführendes Mittel; aus griech. *lithos* „Stein" und *agoge* „das Wegführen, Fortschaffen", *agogos* „treibend", zu *agein* „führen, treiben"
Lithium chemisches Element; aus griech. *lithos* „Stein"; so benannt, weil es in vielen Gesteinen enthalten ist
Lithographie Steinzeichnung, Steindruck; aus griech. *lithos* „Stein" und *graphein* „schreiben"
Lithologie Lehre von den Gesteinen; aus griech. *lithos* „Stein" und *logos* „Wort, Lehre, Kunde", zu *legein* „sagen, sprechen, erklären"
Lithurgik Lehre von der Verwendung und Bearbeitung von Gesteinen und Mineralien; aus griech. *lithourgia* „Bearbeitung der Steine", zu *lithos* „Stein" und *ergon* „Arbeit, Werk"
litigieren einen Rechtsstreit führen; aus lat. *litigare* „streiten", aus *lis,* Gen. *litis,* „Streit, Zank" und *agere* „führen, betreiben"
litoral küsten-, ufernah; aus lat. *litoralis* „zum Ufer, zum Strand gehörig", zu *litus* „Ufer, Strand"
Liturgie *kath. Kirche:* gottesdienstliche Handlung, Altargottesdienst; *evang. Kirche:* Wechselgesang des Geistlichen mit der Gemeinde; aus griech. *leitourgia* urspr. „Dienst, Leistung für den Staat", später auch „Dienst des Priesters, Gottesdienst", aus *leitos, laitos* „öffentlich" (zu *laos* „Volk") und *ergon* „Werk, Arbeit"
live *Funk, Fernsehen, in Fügungen wie* live senden: direkt übertragen; engl. *live* „lebend, lebendig", Kurzform von *alive,* aus mengl. *on live, alive* „im Leben", zu *life* „Leben"
Livree uniformartige Kleidung für Dienstpersonal; frz. *livrée* in ders. Bed., eigtl. (und in der älteren Bedeutung) „das Gelieferte", nämlich die vom Fürsten bzw. Herrn gelieferte Kleidung für Gefolge und Diener, zu *livrer* „liefern, ab-, ausliefern, übergeben", aus mlat. *liberare* „ausliefern, übergeben; veräußern", eigtl. „freilassen", lat. *liberare* „freimachen, befreien", zu *liber* „frei"
Lizenz Erlaubnis, Genehmigung; aus lat. *licentia* „Freiheit, Erlaubnis", zu *licens,* Gen. *-entis,* „frei", zu *licere* „erlaubt sein, freistehen"
lizitieren versteigern; aus lat. *licitari* „auf etwas bieten", Intensivum von *licere* „feil sein, zum Verkauf geboten werden"
Lobby Interessengruppe, die die Abgeordneten im Parlament zu beeinflussen sucht; nach der *lobby,* der Vorhalle

im engl. und US-amerik. Parlament, aus mlat. *laubia* „Laube, Galerie, Bogengang", zu fränk. **laubja* „Laube"
Lobelie eine Zierpflanze; nach dem fläm. Arzt und Botaniker Mathieu *Lobel* (1538–1616)
Lobotomie = Leukotomie; aus griech. *lobos* „Lappen" und *tome* „Schnitt", zu *temnein* „schneiden"
Lochien Ausfluß aus der Scheide nach der Entbindung, Wochenfluß; aus griech. *locheios* „zur Geburt gehörig", zu *locheia* „Geburt, Kindbett" und *lochos* „das Liegen im Kindbett", zu *lechos* „Bett, Ehebett" und *lechesthai* „liegen, sich lagern"
Lockout Aussperrung (von Arbeitern); engl. *lock-out* in ders. Bed., aus *to lock* „zu-, verschließen" (aus mengl., altengl. *loc,* altnord. *lok* „Schloß, Riegel") und *out* „aus"
Log Gerät zum Messen der Fahrgeschwindigkeit eines Schiffes, aus einer mit Knoten versehenen Leine und einem daran befestigten schweren Holzstück bestehend; aus engl. *log,* mengl. *logge* „Holzklotz, unbehauenes Brett", zu altnord. *lag* „gefällter Baum", eigtl. „das, was liegt", zu *liggja* „liegen"
Logarithmus Exponent x, mit dem eine bestimmte Basiszahl multipliziert werden muß, damit man einen bestimmten Zahlenwert erhält; aus griech. *logos* „das Rechnen" und *arithmos* „Zahl" (→Arithmetik)
Loge kleiner Seitenraum, kleiner, abgeteilter Raum im Zuschauerraum; Vereinigung von Freimaurern; frz. *loge* „Hütte, Häuschen, Bauhütte, Marktbude, verschlossenes Zimmer", aus älterem *laubia* „Laubhütte", aus fränk. **laubja* „Laube"
Loggia offene Bogenhalle, Säulenhalle; eingezogener (nicht vorspringender) Balkon; ital. *loggia* „nach einer oder mehreren Seiten nur durch Säulen abgeschlossener Raum, Säulenhalle", über altfrz. *loge* aus fränk. **laubja* „Laube"
...logie *in Zus.:* Lehre, Wissenschaft; aus griech. *logos* „Wort, Lehre, Kunde", zu *legein* „sagen, sprechen, erklären, lesen"
logieren vorübergehend wohnen; *veraltet, noch schweiz.:* beherbergen; aus frz. *loger* „beherbergen; wohnen", zu *loge* „Hütte, Häuschen", →Loge
logisch folgerichtig, denkrichtig; aus griech. *logikos* „zur Vernunft, zum Denken gehörig, wissenschaftlich, philosophisch", zu *logos* „Denkvermögen, Vernunft"
Logogriph Buchstabenrätsel; aus griech. *logos* „Wort" und *griphos* „Rätsel", eigentlich „Fischernetz" sowie „etwas Verwickeltes, Verschlungenes", zu *gripeus* „Fischer"
Logopädie Sprachheilkunde, Spracherziehung von Sprachgestörten; aus griech. *logos* „das Reden, Rede, Gespräch" und *paideia* „Erziehung, Unterricht", zu *paideuein* „erziehen, unterrichten", zu *pais,* Gen. *paidos* „Kind"
Loipe *Schisport:* Langlaufpiste; norw. *løipe* „Holzrutsche, Schibahn", zu *løp* „Lauf, Wettlauf; Fahrwasser", zu *løpe* „laufen"
Lokal Ort, Raum; Gaststätte; aus lat. *localia* „Örtlichkeiten", zu *locus* „Ort, Platz, Stelle"
lokalisieren auf einen Ort beschränken; örtlich festlegen, den Standort bestimmen; aus frz. *localiser* „an einem Ort festhalten, auf einen Ort beschränken", zu *local* „örtlich", aus lat. *localis* „örtlich", zu *locus* „Ort, Platz, Stelle"
Lokomobile fahrbare Dampf-, Kraftmaschine; aus lat. *loco mobile* „das von einem Platz Bewegbare", zu *locus* „Ort, Platz, Stelle" und *mobilis* (eigtl. **movibilis*) „beweglich", zu *movere* „bewegen"
Lokomotive auf Schienen fahrende Zugmaschine; aus lat. *loco motivus* „von seinem Platz beweglich", zu *locus* „Ort, Platz, Stelle" und *motivus* „beweglich", zu *motus* „Bewegung", zu *movere* „bewegen"
Lombard Kredit gegen Pfand; frz. *lombard,* verkürzt aus *maison de lombard* „Leihhaus"; die lombardischen Händler waren die ersten, die Leihhäuser unterhielten
Lomber ein Kartenspiel für drei Personen; aus frz. *l'hombre* in ders. Bed., aus

span. *hombre* „Mann, Mensch" sowie „Kartenspiel", nach dem Hauptspieler, dem *hombre*, der durch Abfragen bestimmt wird und gegen den die beiden übrigen spielen

Longe Laufleine, Hilfsleine; frz. *longe* „Leine, Leitseil", wahrscheinlich eigtl. „Verlängerungsstück" und gekürzt aus *allonge* (→ Allonge), zu *long* „lang"

longitudinal in der Längsrichtung, der geographischen Länge nach; über frz. *longitudinal* „der Länge nach" aus lat. *longitudo*, Gen. *-inis*, „Länge", zu *longus* „lang"

Look Aussehen, Äußeres, in Zus. wie Partnerlook, Babylook; engl. *look* in ders. Bed., zu *to look* „sehen, aussehen", aus mengl. *loken*, altengl. *locian* „sehen", zu ahd. *luogen, loken* „hervorschauen, nach etwas sehen, lugen"

Looping Überschlag mit dem Flugzeug; aus engl. *loop* „Schleife, Schlinge", wahrscheinlich aus dem Kelt., verwandt mit ir., gäl. *lub* „Biegung, Krümmung"

Lorbeer eine Heil- und Gewürzpflanze; aus mhd. *lober*, ahd. *lorberi* „Beere des Lorbaumes" (mhd., ahd. *lorboum*), aus lat. *laurus* (weitere Herkunft nicht bekannt) und *Baum*

Lorchel ein giftiger Pilz; zu *Lurch*, wegen der Ähnlichkeit des Hutes mit der warzigen Haut der Kröte

Lord engl. Adelstitel; engl. *lord*, aus mengl. *laverd, loverd*, aus altengl. *hlaford* „Hausherr", eigtl. „Brothüter", aus *hlaf* „Laib Brot" (zu got. *hlaifs*, altnord. *hleifr* „Laib Brot") und *weard* „Hüter, Bewahrer" (zu germ. **warda* „Wache")

Lordose Wirbelsäulenverkrümmung nach vorn; aus griech. *lordosis* „Verkrümmung des Rückens einwärts", zu *lordos* „mit dem Oberkörper rückwärts gekrümmt, mit einwärts gebogenem Rücken"; isoliert stehendes Adj., vielleicht aus dem Armen. oder Keltischen

Lore kleiner, auf Schienen laufender Lastwagen; offener Eisenbahngüterwagen; aus engl. *lorry, lory, lurry* in ders. Bed., vielleicht aus mundartlichem *to lurry* „ziehen, schleppen"

Lorgnon Stielbrille, Einglas mit Stiel; frz. *lorgnon* „Kneifer, Zwicker", zu *lorgner* „verstohlen betrachten, anblinzeln", über fränk. **lorni* aus ndrl. *loeren* „lauern, spähen", aus lat. *luscus* „blinzelnd"

Lori ein Papagei; aus malai. *lori, luri* oder *nuri* „Papagei"; in den karibischen Eingeborenensprachen gibt es jedoch eine ähnliche Bezeichnung für „Papagei", nämlich *lora, loro*, und es ist nicht sicher, ob das Wort nicht karibischen Ursprungs ist

Lorokonto bei einer Bank für eine andere Bank geführtes Konto; ital. *lorоconto* „ihr Konto", aus *loro* (Pl.) „ihr" und *conto*, → Konto

Löß kalk- und tonhaltiges, feinkörniges Sedimentgestein; aus schweiz. *lösch* „locker"

Lotion kosmetisches Mittel zur Gesichtsreinigung u.a.; engl. *lotion* „Waschmittel, Haut-, Rasierwasser", aus lat. *lotio*, Gen. *-onis*, „das Waschen, Baden", zu *lavare* (Perfekt *lautus, lotus*) „waschen"

Lotse Seemann, der Schiffe durch schwieriges Gewässer leitet, bes. in den Hafen; aus nddt. *Loots, Lootsmann* in ders. Bed., zu engl. *lode*, aus mengl. *lod, lode* „Weg, Straße, Wasserlauf", aus altengl. *lad* „Weg, Lauf, Fahrt", zu *liðan* „reisen, fahren" und *lædan* „leiten, führen", also „jmd., der einem den Weg durch einen Wasserlauf zeigt"

Lotterie Verlosung von numerierten Losen; aus ndrl. *loterij* „Glücksspiel", zu *lot* „Los, Schicksal", zu ahd. *hlôz, lôz*, „der durch Los zugewiesene Anteil an Land"

Lotto Glücksspiel, eine Art Lotterie; ital. *lotto* in ders. Bed., sowie „Teil, Anteil", aus frz. *lot* „Teil, Anteil, Los", aus fränk. **(h)lot* „zugefallener Anteil"

Louis *ugs.:* Zuhälter; frz. *Louis* (Personenname) „Ludwig"; warum ausgerechnet der frz. Name die Bezeichnung für den Zuhälter abgegeben hat, ist nicht geklärt, vielleicht liegt frz. *marlou* „Zuhälter" zugrunde, das in Anlehnung an den bekannten Namen umgebildet worden ist, wobei die erste Silbe wegfiel; *marlou* in dieser Bedeutung stammt aus dem Rotwelschen und be-

deutet eigtl. mundartl. „Kater"
Löwe ein Raubtier; aus ahd. *lewo,* aus älterem *leo,* aus lat. *leo,* griech. *leon,* Lehnwort aus einer nicht bekannten Sprache
loxogonal schiefwinklig; aus griech. *loxos* „schief, schräg" (zur idg. Wurzel **leq-* „biegen") und *gonia* „Ecke, Winkel"
loyal treu der Regierung, dem Vorgesetzten gegenüber; *übertr.:* redlich, anständig; frz. *loyal* „rechtmäßig, gesetzlich; bieder, ohne Falsch"; aus lat. *legalis* „den Gesetzen gemäß, gesetzlich", zu *lex,* Gen. *legis,* „Gesetz"
Luchs ein Raubtier; aus ahd. *luhs,* wahrscheinlich aus griech. *lygx,* vielleicht zu *leukos* „leuchtend", zur idg. Wurzel **leuk-, *luk-* „leuchten", wegen der sprichwörtlich scharfen Augen
Lues = Syphilis; aus lat. *lues* „ansteckende Krankheit, Seuche", eigtl. „sich ausbreitende, unreine Flüssigkeit, bes. geschmolzener Schnee, sich ausbreitendes Übel", zu *luere* „waschen, bespülen"
lukrativ gewinnbringend, einträglich; aus lat. *lucrativus* „gewonnen, erübrigt, Gewinn und Vorteil bringend", zu *lucrari* „gewinnen, Vorteil haben", zu *lucrum* „Gewinn, Vorteil"
lukullisch üppig, schwelgerisch, schlemmerhaft; nach dem römischen Feldherrn Lucius Licinius *Lucullus* (117–57 v. Chr.), dessen üppige Gastmähler sprichwörtlich wurden
Lumbago Schmerz in der Lendengegend; *auch:* eine Pferdekrankheit; aus lat. *lumbago* „Lendenlähmung", zu *lumbus* „Lende"
Lumbeckverfahren Verfahren zum Herstellen von Broschüren, Taschenbüchern u. ä. durch Klebebindung (ohne Fäden) mittels einer Kunstharzemulsion; nach dem Erfinder, Emil *Lumbeck* (geb. 1886)
Lumberjack Tuch- oder Lederjacke mit gestrickten Bünden; aus engl. *lumberjack-jacket* in ders. Bed., eigtl. „Jacke der Lumberjacks", zu amerik. volkstüml. *lumberjack* „Holzfäller", zu amerik. *lumber* „zugerichtetes Bauholz" (engl. *lumber* „Gerümpel, alte Möbel") und *Jack,* Vorname „Hans", der viele Bedeutungen vertreten kann, insbes. „männliches Wesen, jedermann, Bauer, Bube (im Kartenspiel)"; *lumber* kommt wahrscheinlich aus *Lombard* „Lombarde, Pfandleiher"; die Lombarden waren die ersten, die Pfandleihe betrieben, und in Pfandhäusern wurden häufig auch alte, nicht mehr brauchbare Gegenstände, bes. Möbel, aufbewahrt
Lumineszenz Lichterscheinung, die nicht durch erhöhte Temperatur bewirkt wird; über engl. *luminescence* in ders. Bed. mit latinisierendem Infix *-sc-* zur Bezeichnung des Beginns aus lat. *luminare* „erhellen, erleuchten", zu *lumen,* Gen. *luminis,* „Licht"
Lumpsum Pauschale, Pauschalsumme; aus engl. *lump* „Gesamtheit", eigtl. „Stück" (aus nddt. *lump,* ndrl. *lomp* „Stück, Brocken") und *sum* „Summe"
Lunatismus Mondsüchtigkeit; aus lat. *lunaticus* „dem Mondwechsel unterworfen", zu *luna* „Mond"
Lunch kleine Mittagsmahlzeit; engl. *lunch* in ders. Bed., auch „zweites Frühstück", ältere Bedeutung „dickes Stück", vielleicht verstümmelt aus *lump* „Stück", also etwa „(nur) ein Stück Speise = ein wenig Speise"; das Wort ist verkürzt aus *luncheon,* das heute nicht mehr gebräuchlich ist, dieses ist eine Verbindung von *lump* und dem zweiten Teil des veralteten *nuncheon* „kleine Mahlzeit am Mittag", aus mengl. *noneschench* „Mittagstrank", aus mengl. *none* (engl. *noon*) „Mittag" und altengl. *scencan* „zu trinken geben" (verwandt mit dt. *schenken*)
Lünette halbkreisförmiges Feld über Fenstern, Türen; aus frz. *lunette* „halbmondförmige Öffnung, Lichtloch in Gewölben", Verkleinerungsform von *lune* aus lat. *luna* „Mond"
lunular halbmondförmig; aus lat. *lunula* „kleiner Halbmond" (als Schmuck), zu *luna* „Mond"
Lupe Vergrößerungsglas; frz. *loupe* „Linse, Vergrößerungsglas, schlackehaltiger Eisenklumpen, Knorren an Bäumen, Sackgeschwulst", mithin alles, was eine runde, gewölbte Form hat,

Herkunft nicht geklärt

Lupine eine Futterpflanze, Wolfsblume; aus lat. *lupinus,* zu *lupus* „Wolf"; der Grund für die Benennung ist nicht bekannt

lusingando *Mus.:* gefällig, schmeichelnd; ital. *lusingando* „schmeichelnd", zu *lusingare* „schmeicheln, durch falsche Versprechungen verlokken, betrügen", zu *lusinga* „Täuschung, falsche Hoffnung", über altprov., altfrz. aus dem Germanischen

Lüster Kronleuchter; aus frz. *lustre* „Kronleuchter", aus lat. *lustrare* „leuchten, hell sein", zu *lucere* „leuchten", zu *lux,* Gen. *lucis,* „Licht"

Lustration feierliche kultische Reinigung durch Sühneopfer; aus lat. *lustratio,* Gen. *-onis,* „Reinigung durch Opfer, Sühne", zu *lustrare* „durch Opfer reinigen, sühnen", eigtl. „hell, glänzend machen", zu *lucere* „leuchten, glänzen, hell sein"

lüstrieren fest und glänzend machen (Gewebe); aus frz. *lustrer* in derselben Bedeutung, zu *lustre* „Glanz", aus lat. *lustrare* „hell, glänzend machen", zu *lucere* „leuchten, glänzen, hell sein"

Lutetium chemisches Element; nach *Lutetia,* dem lat. Namen für Paris, eigtl. *Lutecia Parisiorum* „Wasser-, Sumpfwohnung der Parisier" (eines kelt. Volksstammes), zu *luteus* „schlammig, sumpfig"

Luxation Verrenkung; aus lat. *luxatio,* Gen. *-onis,* „Verrenkung", zu *luxare* „verrenken", aus griech. *loxoun* „schief sein", *loxousthai* „schief machen"

luxuriös üppig, verschwenderisch, prunkvoll; aus lat. *luxuriosus* „üppig (im Wachstum); ausschweifend, ausgelassen", zu *luxus* „üppige Fruchtbarkeit, überflüssiger Aufwand, Schlemmerei, Ausschweifung"

Luzerne eine Futterpflanze; zu lat. *lucere* „leuchten", wegen der stark glänzenden braunen Samen

luzid hell, durchsichtig; aus lat. *lucidus* „voller Licht, hell", zu *lux,* Gen. *lucis,* „Licht"

Lykopodium Bärlapp; aus griech. *lykos* „Wolf" und *pous,* Gen. *podos,* „Fuß"; in der Form sowohl der Zweige als auch der Wurzel glaubte man die Ähnlichkeit mit einer Wolfsklaue zu erkennen

Lymphe Gewebsflüssigkeit; aus lat. *lympha, limpha, lumpha* „Wasser", aus *lumpa* „Wassergöttin", übertr. „Wasser", aus griech. *nymphe* „Nymphe"; in der älteren Form *lumpa* wurden die an- und inlautenden Konsonanten n und mph des griechischen Wortes *nymphe* der besseren Sprechbarkeit wegen zunächst dissimiliert zu lat. l und mp, doch in den jüngeren Formen *lumpha* und *limpha* sowie *lympha* wurde das Wort dem griechischen Ursprungswort wieder angenähert

lynchen ungesetzlich verurteilen und töten; aus engl. *to lynch* in ders. Bed., zu *lynch-law* „Lynchgesetz, Lynchjustiz", d.h. „nicht gesetzlich begründetes Urteil", wahrscheinlich nach dem Pflanzer und Friedensrichter Charles *Lynch* in Virginia (1736–1796), der im amerik. Unabhängigkeitskrieg gegen England die Revolution unterstützen wollte und die von ihm eines Vergehens für schuldig Befundenen mit Prügeln oder Verbannung bestrafte; da seine Urteile oft sehr willkürlich ausfielen, wurde er schließlich abgesetzt. Danach prägte der Volksmund das Verb *to lynch* mit der Bedeutung „durch ein gerichtliches Schnellverfahren bestrafen", die sich zu „außergesetzlich bestrafen" erweiterte, und da solche Strafen häufig in Tötung bestanden und meist durch eine erregte Volksmenge vollzogen wurden, kam es zu der heutigen Bedeutung; statt Charles Lynch wird auch Captain William *Lynch* (1742–1820) in Pittsylvania (Virginia) genannt

Lyrik Dichtungsart in Reimen und/ oder Rhythmus, die Stimmungen, Gedanken, Erlebnisse ausdrückt; aus griech. *lyrikos* „zur Lyra gehörig; Dichter und Spieler der Lyra", zu *lyra* „Leier (Zupfinstrument)"

Lysis allmählicher Fieberrückgang; Auflösung von Zellen; *Psych.:* Persönlichkeitszerfall; aus griech. *lysis* „Lösung, Auflösung", zu *lyein* „lösen"

Lyzeum *früher:* höhere Mädchenschule; aus griech. *Lykeion,* Name des Heiligtums bei Athen, das dem Apollon *Lykeios,* dem „Lichtspender" und „Wolfstöter", geweiht war, und des daneben liegenden Gymnasiums, in dem sich die Philosophen trafen und in dem Aristoteles lehrte, zu *lykos* „Wolf" und *leukos* „leuchtend, hell"; im Römischen Reich hießen ähnliche Gymnasien Lyzeen; seit dem Humanismus waren sie Bezeichnung für höhere Schulen, die auf die Universität vorbereiteten

M

Macchia ein Strauch des Mittelmeergebietes; *danach:* Buschwald; aus ital. *macchia* „Buschwald, Dickicht", aus lat. *macula* „Fleck", wohl weil sich der dunkle, dichte, kleinblättrige Strauch deutlich wie ein Flecken von seiner Umgebung abhebt

Machandel niederdt. Form von Wacholder; daneben gibt es eine Vielzahl ähnlicher regionaler Formen, z. B. *Macholder* (Nordostdeutschland, Harz), *Machullebom* (Nordwestdeutschland), die sämtlich Abwandlungen von → *Wacholder* sind

Machination heimtückischer Anschlag; aus lat. *machinatio,* Gen. *-onis,* „künstliches, listiges, auch heimtückisches Mittel", eigtl. „künstliche Vorrichtung", zu *machina* „Maschine, Kunstgriff, List", → Maschine

Machorka russischer Tabak; russ. *machorka* „billiger Tabak", wahrscheinlich volksetymologisch an *mochor* „Faser, Franse" angelehnt; der eigentliche Ursprung ist unsicher

Mademoiselle *frz. Anrede:* Fräulein; aus *ma* „meine" und *demoiselle* (im Frz. fem.) „Fräulein", aus mlat. *domicella* „junge Dame, junge Herrin, junges Mädchen", zu *domina* „Herrin, Hausherrin", zu *domus* „Haus"

Mädesüß ein Rosengewächs mit kleinen, stark duftenden Blüten, Heilpflanze; in Mecklenburg *Methsüß,* in Holstein *Meedsöt,* zu niederdt. *meed,* ahd. *meto* „Met"; in nord. Ländern wurden die Blüten dem Met zugesetzt, um ihm einen angenehmen Geschmack zu verleihen; die anderen Namensformen wie *Mädkraut, Medkraut* in Norddeutschland, engl. *meadsweet* (Wiesensüß) hängen mit der zweiten Bedeutung von niederdt. *meed* zusammen, nämlich „Grasland, das gemäht wird", und haben mit dieser Pflanze nichts zu tun, sondern meinen die Melisse

Madonna Gottesmutter; ital. *madonna* in ders. Bed., früher höfliche Anrede für eine Frau, dann auch für die Geliebte, eigtl. „meine Dame", aus lat. *mea domina* „meine Herrin"

Madrepore Steinkoralle, Löcherkoralle; aus ital. *madrepora,* aus *madre* „Mutter" und *poro* „Öffnung, Pore", also eigentlich „Mutter der Poren, der Löcher"; die mit einer Öffnung versehenen, kurzen Äste wachsen wie aus einem Stamm hervor

Madrigal urspr. Hirtenlied, dann mehrstimmiges ital. Kunstlied; aus ital. *madrigale* in ders. Bed.; Herkunft nicht bekannt

Mäeutik → Maieutik

Mafia terroristischer ital. Geheimbund; Herkunft nicht bekannt, vielleicht aus einer sizilian. mundartlichen Form in der Bedeutung „Kühnheit"

Magazin Vorrats-, Aufbewahrungsraum; Patronenkammer (in Handfeuerwaffen); unterhaltende Zeitschrift; über frz. *magasin,* ital. *magazzino* aus arab. *maḫāzin,* Plural von *maḫzan* „Speicher, Vorratsraum, Warenlager", zu *ḫazana* „speichern, bewahren"

Magie Beschwörung übersinnlicher Kräfte, Zauberkunst, Zauber; aus griech. *mageia* „Kunst des Magiers, Zauberei", zu *magos* „Mitglied der Priesterkaste in Medien und Persien, die sich auf Astrologie und Zauberkunst verstand"; aus dem Altpersischen

Magister ein akademischer Grad (urspr. der höchste); lat. *magister* „Meister, Vorgesetzter, Vorsteher, Leiter, Aufseher, Ratgeber, Lehrer", urspr. doppelter Komparativ, aus *magis* „mehr" (zu *magnus* „groß, viel") und dem untergegangenen Komparativsuffix *-ter* aus griech. *-teros,* also eigtl. „der Größte"; vgl. Minister

Magma glutflüssige Masse im Erdinnern; aus griech. *magma* „geknetete

Masse, dicke Salbe", zu *massein* „kneten"

Magnat Großgrundbesitzer, Großindustrieller; aus lat. *magnatus* „Großer, Anführer eines Volkes", zu *magnus* „groß"

Magnesium chemisches Element; nach der kleinasiat. Stadt *Magnesia*, → Magnet

Magnet eisenanziehender Körper; nach Lukrez hat der Stein seinen Namen nach der thessalischen Landschaft *Magnesia* bekommen, wo ihn die Griechen zuerst gefunden haben sollen; nach Plinius hat ihn ein Hirt namens *Magnes* entdeckt, als er auf dem Ida bei Troja mit den eisernen Nägeln seiner Schuhsohlen und mit der eisernen Spitze seines Hirtenstabes daran hängenblieb

Magnifizenz Titel und Anrede für den Rektor einer Hochschule; aus lat. *magnificentia* „Großartigkeit, Herrlichkeit", zu *magnificus* „sich groß zeigend, großartig, ansehnlich", aus *magnus* „groß" und *facere* (in Zus. *-ficere*) „machen"

Magnolie ein Zierbaum; nach dem frz. Arzt und Botaniker Pierre *Magnol* (1638–1715)

Mahagoni rötliches Holz des Mahagonibaumes u.a. Baumarten; die Herkunft ist umstritten, wahrscheinlich aus einer mittelamerikan. Eingeborenensprache in den Formen *mohogeney, mahogany;* von Linné in der Form *Mahagoni* festgelegt

Maharadscha indischer Großfürst; aus Sanskrit *mahārāja-*, zu *mahant-* „groß" und *rājan-* „Fürst, König"

Mahdi der von den Mohammedanern erwartete, von Allah gesandte Welterneuerer, der das Werk Mohammeds vollenden wird; arab. *mahdī* „der recht Geleitete", zu *hadā* „den rechten Weg führen"

Mahonie ein Zierstrauch; nach dem amerikan. Botaniker Bernard *MacMahon* (1775–1816)

Mai fünfter Monat des Jahres; entweder nach einem altitalischen Gott *Maius*, dem Beschützer des Wachstums, oder nach *Maia*, der Tochter des Atlas und durch Jupiter Mutter des Merkur

Maiden junges, bei Rennen noch nicht erprobtes oder nicht erfolgreiches Pferd; engl. *maiden* „Mädchen, Jungfrau", aus altengl. *mægden*, Verkleinerungsform von *mægeð* „Mädchen", entspricht dem dt. *Maid* aus mhd. *maget, magt, mait*, ahd. *magaþ* „Jungfrau", aus got. *magaþ* „Jungfrau" und *magus* „Knabe, Jüngling", zur idg. Wurzel **magho* „jung"

Maieutik Methode des Sokrates, den Schüler durch geschicktes Fragen zur Erkenntnis und zum richtigen Antworten zu bringen; aus griech. *maieutike* „Hebammenkunst", zu *maieuein* „(als Hebamme) entbinden", zu *maia* „Mütterchen, Mutter, Hebamme", wohl urspr. Lall- oder Kosewort

Mail-Order Verkauf von Waren, die nach Prospekt bestellt werden können; engl. *mailing-order* „Postbestellung", zu *mail* „Post, Postdienst, Postversand, Postsack, -tasche" (aus mengl. *male*, frz. *malle*, aus mhd. *malhe* „Ledertasche, Mantelsack", aus ahd. *malaha* „Leder-, Schiffersack", anstelle von lat. *mantica* „Mantel-, Quersack" belegt) und *order* „Anweisung, Aufforderung", → Order

Mais eine Getreidepflanze, Türkischer Weizen, Welschkorn; aus span. *maíz*, aus aruak. *mays, mahiz, marisi*

Majestät Hoheit, Erhabenheit; Titel und Anrede für Kaiser oder König; aus lat. *majestas*, Gen. *-atis*, „Größe, Würde, Hoheit, Erhabenheit", zu *maior* „größer", zu *magnus* „groß"

Majolika = Fayence; aus ital. *maiolica*, der ital. Bezeichnung für Fayence und deren Nachahmungen, nach *Maiorca* (lat. *Balearis maior* „größeres Balearis"), dem alten Namen der span. Insel *Mallorca*, über die der Handel mit span. Fayencen nach Italien vermittelt wurde

Major Offiziersrang eine Stufe über dem Hauptmann; aus lat. *maior* „größer, höher", zu *magnus* „groß, hoch"

Majoran eine Gewürzpflanze; aus frz. *marjolaine, majoraine*, provenzal., vulgärlat. *majorana*, aus spätgriech. *mae-*

zourana, mezourana in derselben Bedeutung; weitere Herkunft dieser Quelle nicht bekannt; andere Deutung: aus lat. *amaracum,* griech. *amarakon* „Majoran", wohl aus dem Sanskrit

Majordomus *im Frankenreich:* Hausmeier; aus mlat. *maior domus* „Oberer des Hauses, Haushofmeister", aus *maior* „größer, höher" (zu *magnus* „groß, hoch") und *domus* „Haus"

Majorität Stimmenmehrheit; aus lat. *maior,* Gen. *-oris,* „größer", zu *magnus* „groß"

Majuskel Großbuchstabe; aus lat. *maiusculus* „etwas größer", Verkleinerungsform von *maior* (neutr. *maius*) „größer", zu *magnus* „groß"

makaber mit dem Tod, dem Gedanken an den Tod spielend, grausig-düster; aus span. *macabro* „schaurig, schauderhaft", vielleicht aus arab. *maqābir,* Plural von *maqbara, maqbura* „Grabstätte, Friedhof"; die Deutung aus frz. *danse macabre* „Totentanz", urspr. einem mittelalterlichen Tanz, der die Marterung der *makkabäischen* Brüder zum Inhalt hatte, ist wahrscheinlich eine volksetymologische Umdeutung

Makak, Makako ein meerkatzenartiger Affe; aus port. *macaco;* mit diesem Namen bezeichneten die Portugiesen sämtliche Affen in ihren afrikanischen Kolonien; das Wort geht auf ein Wort der Bantusprachen zurück, dessen eigentliche Bedeutung nicht bekannt ist

Makarismus Seligpreisung, bes. in der Bergpredigt; aus griech. *makarismos* „Seligpreisung, Verherrlichung", zu *makarizein* „glücklich, selig sein, rühmen, preisen", zu *makar* „selig, glücklich"

Makel Mangel, Fehler, Schandfleck; über mhd. *makel* aus lat. *macula* „Fleck, Schandfleck, Lücke, Loch", weitere Herkunft nicht geklärt

mäkeln mit etwas nicht zufrieden sein, an etwas nörgeln; zu →*Makel,* eigtl. „einen Makel feststellen", womit früher die Händler den Preis einer Ware zu drücken versuchten

Makkabiade alle vier Jahre stattfindende jüd. Sportwettkämpfe ähnlich den Olympischen Spielen; zu *Makkabi,* Name jüdischer Sportvereine, nach Judas *Makkabäus,* dem jüd. Nationalhelden, der im 2. Jh. v. Chr. gegen den syrischen König Antiochus IV. Epiphanes kämpfte

Makkaroni lange, röhrenförmige Nudeln; aus ital. *maccheroni* in ders. Bed.; die Herkunft ist nicht sicher; der einleuchtendste Deutungsversuch geht auf griech. *makaria* „Teig aus Brühe und Gerstenmehl" zurück, zu *massein* (eigtl. **makiein*) „kneten, Teig machen"; die Endung *-oni* dürfte die ital. Vergrößerungsendung sein, so daß das Wort „etwas Langes aus geknetetem oder geformtem Teig, lange Teigware" bedeuten würde. Ein anderer Ableitungsversuch zielt auf griech. *makares* „die Seligen = die Toten", in der Annahme, daß man früher beim Leichenschmaus Teigwaren gegessen habe, auf die dann die Bezeichnung „die Seligen" übergegangen sei; dies ist jedoch weder sprachlich noch inhaltlich überzeugend

Makler Vermittler für den Kauf und Verkauf von Grundstücken, Häusern, Wohnungen, Wertpapieren; aus nddt. *Makler, Mäkler* in ders. Bed., zu *makeln, mäkeln* „vermitteln", zu *maken* „herbeischaffen, zustandebringen, machen"

Mako ägyptische Baumwolle; wahrscheinlich nach einem Ägypter namens *Maho Bey,* der 1822 zum ersten Mal Baumwolle aus dem Sudan nach Ägypten einführte

Makrele ein Meeresfisch, Speisefisch; aus ndrl. *makreel,* engl. *mackerel,* frz. *maquereau* „Makrele"; engl. *mackerel,* frz. *maquereau* bedeuten außerdem „Kuppler", aus mittellat. *macarellus* „Kuppler", doch ist der lautliche Gleichklang sicher zufällig, und die Geschichte, die im Vollksglauben entstand, der Heringe fressende Fisch treibe die Heringsmännchen und -weibchen zusammen, dürfte aus dem Gleichklang entstanden sein, nicht umgekehrt der Name aus der Geschichte; die Endung *-rel, -erel* ist im Englischen häufig in Tiernamen als Verkleinerungsform zu finden; der erste Wortteil *mac* oder *mack* ist nicht geklärt

Makrobiotik Kunst, das Leben zu verlängern; natürliche Ernährung, hauptsächlich von Körnern und Gemüse; aus griech. *makrobios* und *makrobiotos* „langlebig", aus *makros* „lang, langdauernd" und *bios, biote, bioteia* „Leben"

Makrokosmos Weltall; aus griech. *makros* „groß, gewaltig" und → *Kosmos*

Makromelie Riesenwuchs; aus griech. *makros* „groß" und *melos* „Glied"

Makrone kleines, rundes Mandelgebäck; aus frz. *macaron* „Mandeltörtchen", aus nordital. *maccarone* (für hochital. *maccherone*), das früher außer den Teigwaren, den Makkaroni, auch ein Fleischklößchen oder Käsepastetchen bezeichnete; im Frz. bekam das Wort dann die Bedeutung des süßen Gebäcks

Makropode ein Aquarienfisch, Großflosser; aus griech. *makros* „groß" und *pous,* Gen. *podos,* „Fuß", wegen der großen Rücken-, After- und Schwanzflosse

Makrosomie Riesenwuchs; aus griech. *makros* „groß" und *soma* „Körper"

Makulatur fehler- oder schadhafte und deshalb nicht verwendete Druckbogen, Altpapier, Papierabfälle; aus lat. *maculatus* „befleckt", zu *maculare* „fleckig machen, besudeln", zu *macula* „Fleck"

Malachit ein Mineral; aus griech. *malache* „Malve", wegen der Farbe, die dem gedämpften Grün der Malvenblätter gleicht

malade krank, erschöpft, müde; frz. *malade* „krank, siech", aus vulgärlat. *male habitus* „schlechtes Befinden", zu lat. *male* „schlecht, schlimm, übel"

Malaise *österr., schweiz.:* Übelkeit, Mißstimmung, Unbehagen; frz. *malaise* „Unbehagen", aus *mal* „schlecht" und *aise* „Befinden", eigtl. „Wohlbehagen", in Wendungen wie *être mal à son aise* „sich unwohl fühlen, sich übel befinden"

Malakologie Lehre von den Weichtieren; aus griech. *malakos* „weich" und *logos* „Wort, Lehre, Kunde", zu *legein* „sagen, sprechen, erklären"

Malaria Sumpf-, Wechselfieber; ital. *malaria* in ders. Bed., eigtl. *mala aria* „schlechte Luft", zu *malo* (aus lat. *malus*) „schlecht, böse" und *aria* (aus griech. *aer*) „Luft"

Malazie Erweichung; aus griech. *malakia* „Weichheit, Verweichlichung, Weichlichkeit, Schwäche, Krankheit" und *malaxis* „Erweichung", zu *malakos* „weich"

Malefizkerl Draufgänger, Teufelskerl, kühner, waghalsiger Kerl; aus lat. *maleficus* „Böses tuend", auch „zauberisch", als Subst. „Zauberer", also „jmd., der erstaunliche Dinge vollbringt", zu *maleficium* „Missetat; Zauberei, Betrug", aus *male* „nicht recht, übel, schlimm", und *facere* (in Zus. *-ficere*) „machen, tun"

Malesche Unannehmlichkeit, Schererei; aus frz. *malechance, malchance* „Pech, Unglück", aus *mal* „schlecht" und *chance* „Möglichkeit", → Chance

Malheur kleines Unglück, Mißgeschick; frz. *malheur* in ders. Bed., aus *mal* (lat. *malus*) „schlecht" und *heur* „Glück", altfrz. *eur* „Geschick", aus lat. *augurium* „Wahr-, Vorzeichen"

maligne bösartig (Geschwulst); aus lat. *maligne,* Adverb zu *malignus* „bösartig", aus *malus* „böse, schlimm" und *gignere* „zeugen, hervorbringen"

maliziös boshaft; aus frz. *malicieux* „arglistig, boshaft, schalkhaft", zu *malice* „Arglist, Bosheit, böser Streich", aus lat. *malitiosus* „hinterlistig, schurkisch", zu *malus* „böse, schlimm"

Malocchio böser Blick; ital. *malocchio* „böser Einfluß, der dem Blick mancher Personen zugeschrieben wird", eigtl. *malo occhio: malo* (aus lat. *malus*) „böse" und *occhio* (aus lat. *oculus*) „Auge, Blick"

malträtieren mißhandeln, quälen; aus frz. *maltraiter* „schlecht behandeln, mißhandeln", aus *mal* „schlecht, böse" und *traiter* „behandeln", aus lat. *malus* „böse, schlimm, schlecht" und *tractare* „behandeln", → traktieren

Malus verschlechternder Abschlag von Zeugnisnoten (als Ausgleich); Prämienzuschlag bei Versicherungen;

lat. *malus* „schlecht, gering"
Malve eine Heilpflanze; aus lat. *malva,* griech. *malache* „Malve", weitere Herkunft nicht geklärt
Mameluk, Mameluck *urspr.:* türk. Sklave, Leibwächter am pers. und ägypt. Hof; *1250–1517:* Angehöriger eines von mehreren ägypt. Herrschergeschlechtern; aus arab. *mamlūk* „in jmds. Besitz befindlich, (weißer) Sklave", zu *malaka* „erwerben, besitzen". Nichts zu tun mit diesen Mameluken haben die südamerikan. *Mamelucos,* die Mischlinge aus Verbindungen von Weißen und Indianerinnen; brasil. *mamaluco* ist die verderbte Form von Tupi *mama-ruca* und wahrscheinlich durch Leute entstanden, die aus dem Orient kamen und das Wort *Mameluk* von dorther kannten (nach Friederici)
Mamillaria, Mammillaria eine Kakteengattung, Warzenkaktus; aus lat. *mamilla* „Brustwarze", zu *mamma* „weibliche Brust"
Mammographie Röntgenuntersuchung der weiblichen Brust; aus lat. *mamma* „Mutterbrust" und griech. *graphein* „schreiben"
Mammon Reichtum, Geld; aus jidd. *momon, momen* „Reichtum, Vermögen, Geld", aus griech. *mamonas* „Reichtum", aus dem Aramäischen
Mammut eine ausgestorbene Elefantenart, Wollhaarelefant; aus russ. *mamont, mamot;* die weitere Herkunft ist unsicher; die Annahme, das Wort stamme aus jakut. *maa, mamma* „Land, Erde", da die ersten Funde in Sibirien bei Grabungen gemacht wurden, scheint nicht schlüssig zu sein; nach anderer Deutung ist die Quelle eher in westtungus. *namendi* „Bär" zu suchen, das lautlich von dem russ. Personennamen *Mamant,* altruss. *Mamont,* beeinflußt worden sein kann
Mamsell *veraltet:* Fräulein; *heute:* für die Küche verantwortliche Angestellte (in Gaststätten u.a.); aus frz. *mam'sell,* verkürzt aus *mademoiselle* „Fräulein", → Mademoiselle
Mänade verzückte, rasende Begleiterin des griechischen Weingottes Dionysos; aus griech. *mainas,* Gen. *mainados,* als Substantiv in derselben Bedeutung, als Adjektiv „rasend, verzückt", zu *mainesthai* „verzückt, außer sich sein, rasen, toben"
Manager Leiter eines Unternehmens; Betreuer eines Berufssportlers oder Künstlers; engl. *manager* „Geschäftsführer, Betriebsleiter, Verwalter", zu *to manage* „führen, leiten, verwalten", aus ital. *maneggiare* „handhaben, behandeln", eigtl. „mit den Händen arbeiten", zu *mano* aus lat. *manus* „Hand"
Mandant Auftraggeber (eines Rechtsanwalts); aus lat. *mandans,* Gen. *-antis,* Part. Präs. von *mandare* „anvertrauen, übergeben", aus *manus* „Hand" und *dare* „geben", also „jmd., der einem andern etwas in die Hand gibt, überläßt, anvertraut"
Mandarin urspr. portugies. Bezeichnung für einen einheimischen Würdenträger in Hinterindien; dann europ. Bezeichnung für einen hohen chines. Beamten; aus portugies. *mandarim,* aus Sanskrit *mantrin-* „Ratgeber, Minister", zu *mantra-* „weiser Spruch, Rat, Plan", zur Wurzel *man-* „meinen"; die Bezeichnung für den chines. Beamten ist wohl unter Einfluß von portugies. *mandar* „befehlen, anordnen" entstanden
Mandarine eine Zitrusfrucht; vielleicht nach der gelben Seidenrobe der hohen chines. Beamten, die von den Europäern „Mandarine" genannt wurden
Mandat Auftrag, Vollmacht; Treuhandgebiet; aus lat. *mandatum* „Auftrag, Befehl, Weisung", eigtl. *manu datum* „das in die Hand Gegebene", zu *mandare* „geben", aus *manus* „Hand" und *dare* „geben"
Mandibel Unterkieferknochen; aus lat. *mandibula* „Kinnbacken, Kinnlade", zu *mandere* „kauen, essen"
Mandoline ein Zupfinstrument; aus ital. *mandolino,* italianisierte Verkleinerungsform von span. *bandola* „dreisaitiges Musikinstrument", aus lat. *pandura,* griech. *pandoura* in ders. Bed., → Bandura
Mandorla *bildende Kunst:* mandelför-

miger Heiligenschein um die ganze Gestalt; aus ital. *mandorla, mandola* in ders. Bed., eigtl. „Mandel“, aus spätlat. *amandula,* lat. *amygdalum* aus griech. *amygdalon* „Mandel“

Mandragora eine Pflanze mit angeblich zauberkräftiger Wurzel, die als „Alraune“ bezeichnet wird; Herkunft nicht geklärt, vielleicht aus pers. *mardum giyā* „Menschenpflanze“, wegen der menschenähnlichen Gestalt der Wurzel

Mandrill zu den Meerkatzenartigen gehörender Affe; über engl. *mandrill* aus span. *mandril* in ders. Bed.; Herkunft nicht bekannt, ein Erklärungsversuch ist: aus engl. *man* „Mann“ im Sinne von „Erwachsener, ausgewachsene, große männliche Person“, und *drill,* der Bezeichnung für den westafrikan. Pavian, also „großer Pavian“; die Herkunft von *Drill* ist ebenfalls nicht bekannt

Manege kreisförmiger Platz für die Vorführungen im Zirkus; Reitbahn; frz. *manège* „Reitbahn, Reitschule, Pferdedressur, Reitkunst“, aus ital. *maneggio* in ders. Bed., eigtl. „Führung, Behandlung“, zu *maneggiare* „handhaben“, zu *mano* „Hand“

Manen *röm. Myth.:* die (guten) Geister der Verstorbenen; aus lat. *manes* „Seelen der Toten, bes. die wohlwollenden“, aus altlat. *manus* „gut“, also „die Guten“

Mangabe ein Pavian; nach dem Ort *Mangabe* auf Madagaskar, von wo aus angeblich die ersten Exemplare dieser Tiere nach Europa gebracht wurden; wahrscheinlich liegt eine Verwechslung vor, da es auf Madagaskar keine Affen, sondern nur Halbaffen gibt

Mangan chemisches Element; über ital. *manganese,* frz. *manganèse* aus lat. *manganesium, magnesium,* nach der kleinasiat. Landschaft *Magnesia,* →Magnet

Mango Frucht des Mangobaums, eines trop. Sumachgewächses; aus malai. *mangga,* aus Tamil *mangay* „Man-Frucht, Frucht des Man-Baumes“

Mangrove Pflanze mit Stelz- und Atemwurzeln an den Küsten tropischer Meere; die Herkunft ist unsicher, naheliegend ist malai. *manggi* „Wurzelbaum“ und *rawa* „Sumpf“ (allerdings werden Mangroven im Malaiischen ganz anders bezeichnet, nämlich *belukap* oder *bakan*); nach Friederici ist der Ursprung des Wortes in Mittelamerika zu suchen, nämlich über span. *mangle* „Mangrove“ aus Taino *mangue* oder *mangle* als Bezeichnung für diese Pflanze. Als die Portugiesen auf die Molukken kamen, war das Wort in Spanien und Brasilien schon bekannt, die Portugiesen müßten es also mitgebracht haben, und es kommt auch nur auf den Molukken vor. Der Ursprung des zweiten Wortteiles bleibt auch bei dieser Deutung offen; die Vermutung, es liege engl. *grove* „Gehölz“ vor, ist unwahrscheinlich

Manguste Raubtier aus der Gruppe der Mungos; aus Telugu *muṅgisa* „Ichneumon“; der Wechsel von u zu a kann durch die engl. Aussprache des u wie a erklärt werden

Manie krankhafte Gemütsveränderung mit gesteigertem Selbstgefühl und Erregungszuständen; *allg.:* leidenschaftliche Liebhaberei, Besessenheit, Sucht; aus griech. *mania* „Raserei, Wut, Wahnsinn; Verzückung, Begeisterung“, zu *mainesthai* „verzückt, außer sich sein, rasen, toben“

Manier Art und Weise, Eigenart; Manieren: Umgangsformen; aus frz. *manière* in derselben Bedeutung, aus lat. *manus* „Hand“, also eigtl. „die Art und Weise, wie etwas gehandhabt wird“

Manifest öffentliche Erklärung, Darlegung eines Programms; aus lat. *manifestus,* altlat. *manufestus* „offenbar, augenscheinlich“, eigtl. „so deutlich, daß man es mit der Hand greifen kann“, aus *manus* „Hand“, die Herkunft des zweiten Wortteiles ist ungeklärt

Maniküre Pflege der Hände und bes. der Fingernägel; aus frz. *manicure* „Handpflege“, aus lat. *manus* „Hand“ und *cura* „Sorge, Pflege“

manipulieren (geschickte) Handgriffe, Kunstgriffe anwenden; beeinflussen, steuern; aus frz. *manipuler* „(kunstgerecht) handhaben", zu *manipule* „Handvoll" (von Kräutern u.ä., Begriff aus der Pharmazie), aus lat. *manipulus* „Handvoll, mit der Hand gegriffenes Bündel, Bund", aus *manus* „Hand" und **plere* (nur in Zus. üblich) „füllen"

Manko Mangel, Fehler; Fehlbetrag; aus ital. *manco* „mangelhaft, unvollständig; weniger, minder; Mangel", zu *mancare* „fehlen", aus lat. *mancus* „unvollständig, gebrechlich"

Manna im Alten Testament „Himmelsbrot", die Wundernahrung, mit der Gott die Juden in der Wüste speiste; aus der Rinde mancher Bäume austretender süßer Saft; die Herkunft ist dunkel, im Hebr. lautet die Bezeichnung *man,* in der Septuaginta wechselt *man* mit *manna;* wahrscheinlich ist sie ein früharabisch-aramäisches Fremdwort im Hebr., das „Geschenk, Gabe, Anteil" bedeutet

Mannequin *früher:* Glieder-, Modellpuppe; *heute:* Vorführdame für Kleidung; frz. *mannequin* „Puppe, Glieder-, Modellpuppe", aus mittelndrl. *mannekijn* „Männchen", zu *man* „Mann"

Manometer Druckmesser für Gase und Flüssigkeiten; aus griech. *manos* „dünn; locker, durchlässig; leicht" und *metron* „Maß", zu *metrein* „messen"

Manöver Truppen-, Flottenübung; Drehung des Schiffes; Scheinmaßnahme; aus frz. *manœuvre* in ders. Bed., aus *main* (lat. *manus*) „Hand" und *œuvre* (lat. *opus,* Gen. *operis*) „Werk, Tätigkeit"

Mansarde ausgebauter Dachstuhl, Dachzimmer; frz. *mansarde* „gebrochenes Dach, ausgebautes Dachzimmer", nach dem französ. Architekten François *Mansard* oder *Mansart* (1598–1666), der die Mansardendächer nicht erfunden, aber häufig gebaut hat

Manschette Ärmelaufschlag; aus frz. *manchette* in ders. Bed., Verkleinerungsform von *manche* „Ärmel", aus lat. *manica* „langer, über die Hand reichender Ärmel, Handfessel", zu *manus* „Hand"; in der Gaunersprache bedeutet das Wort *Manschetten* „Handschellen", woraus sich die Redensart *Manschetten haben* „Angst haben" entwikkelt hat

...mantie *in Zus.:* Weissagung, Wahrsagung; aus griech. *manteia* „Weissagung", zu *mantis* „Seher", zu *mainesthai* „außer sich sein, verzückt sein" (die Seher versetzten sich in Trance, ehe sie ihre Weissagungen machten)

Mantille *früher:* Schulterumhang für Frauen, Spitzenschleier für Kopf und Schultern; aus span. *mantilla* „kleiner, den Kopf einhüllender, bis zum Gürtel reichender Umhang für Frauen", auch „Einschlagtuch für Säuglinge", Verkleinerungsform von *manto* „weiter Mantel, Umhang", aus spätlat. *mantus, mantum* „kurzer Mantel", zu *mantellum* „Hülle, Decke"

Mantisse *bei Logarithmen:* die hinter dem Komma stehende Zahl; aus lat. *mantisa, mantissa* „Zugabe", weitere Herkunft unklar, wohl aus dem Gallischen

Manual *bei Orgel, Harmonium, Cembalo:* mit den Händen zu spielende Tastenreihe; *veraltet:* Tagebuch, Notizbuch; aus lat. *manualis* „zur Hand gehörig, eine Hand füllend", Pl. *manualia* „Handbücher", zu *manus* „Hand"

Manufaktur mit der Hand hergestelltes Industrie-Erzeugnis; Produktionsbetrieb, in dem Handarbeit noch eine relativ große Rolle spielt; aus mlat. *manufactura* „mit der Hand hergestellter Gegenstand", aus lat. *manus* „Hand" und *factura* „das Machen, Bearbeitung", zu *facere* „machen"

Manuskript urspr. mit der Hand, heute maschinengeschriebenes Schriftwerk als Vorlage für den Druck; aus lat. *manu scriptum* „mit der Hand Geschriebenes", zu *manus* „Hand" und *scribere* „schreiben"

Manzanilla ein nach Kamille duftender Süßwein; aus span. *manzanilla* „Kamille", zu *manzana* „Apfel", da die Kamille ihrerseits im Duft an manche Äpfel erinnert; *manzana* geht zurück auf lat. *malum Matianum,* eine Apfelsorte, die nach einem gewissen C. *Matius* benannt ist, der im 1. Jh. v. Chr.

eine Schrift über die Kochkunst verfaßte

Maquette Skizze, (bes. bildhauerischer) Entwurf; frz. *maquette* „Skizze, Modell", aus ital. *macchietta* „Skizze, Karikatur", eigtl. „Fleckchen", Verkleinerungsform von *macchia* „Fleck, Makel, Fehler", aus lat. *macula* „Punkt, Fleck, Fehler"

Maquis Buschwald, Unterholz; *im 2. Weltkrieg:* Name der frz. Widerstandsbewegung; korsisch *maquis* „Buschwald" (dasselbe wie →Macchia); der Buschwald bot früher günstige Verstecke für Räuber und Verfolgte, so daß der Name auf die im Verborgenen arbeitende Widerstandsbewegung überging

Marabu ein afrikan. Storchvogel; aus →*Marabut* „islamischer Einsiedler"; die Bezeichnung wurde scherzhaft auf den Vogel wegen dessen komisch-würdevollen Gebarens übertragen

Marabut islamischer Einsiedler, Heiliger; aus frz. *marabout,* aus port. *marabuto* in derselben Bedeutung, aus arab. *murābiṭ* „Einsiedler, frommer Mann", eigentlich „Bewohner eines ribāṭ", d. h. eines der Wehrklöster, wie sie in Nordafrika nach der Eroberung durch die Araber von diesen als militärische Stützpunkte errichtet worden waren; die Bewohner solcher *ribāṭs* galten als tapfere, wehrhafte und zugleich fromme Männer; im Volksmund wurde der Begriff *murābiṭ* dann zu „Einsiedler, Heiliger" verallgemeinert

marantisch abgezehrt, verfallen, schwach; aus griech. *marantikos* „dahinschwindend, abgezehrt", zu *marainesthai* „hinschwinden, abnehmen, allmählich erlöschen, absterben", zur idg. Wurzel **mar-* „reiben, zermalmen"

Maraschino ein Sauerkirschlikör; aus ital. *marasca* „Sauerkirsche", weitere Herkunft nicht bekannt, wahrscheinlich aus einem vorroman. Wort

Marasmus geistiger und körperlicher Kräfteverfall; aus griech. *marasmos* „das Dahinschwinden", →marantisch

Marchese ital. Adelstitel zwischen Graf und Herzog, Markgraf; ital., aus provenzal. *marques,* zu fränk. *marka* „Grenzmark", entspricht dem frz. →Marquis

Marenda *österr., schweiz.:* Nachmittagsmahlzeit, Vesper, Jause; aus ital., lat. *merenda* in ders. Bed., zu lat. *merere* „verdienen", also eigtl. „das, was man sich verdienen muß"

Mareograph selbstschreibender Flutmesser; aus lat. *mare* „Meer" und griech. *grapheus* „Schreiber", zu *graphein* „schreiben"

Margarine ein butterähnliches Speisefett; aus griech. *margaron* „Perle, Perlweiß"

Marge Abstand, Spielraum; Verdienstspanne; frz. *marge,* ugs. „Spielraum", eigtl. „Rand", aus lat. *margo* „Rand"

Marginalie Randbemerkung; Randtitel; aus frz. *marginal* „am Rand befindlich", aus lat. *margo,* Gen. *marginis,* „Rand"

Marihuana ein Rauschgift; span. *marihuana, mariguana* in ders. Bed.; Herkunft nicht geklärt, vielleicht nach *Mariguana,* einer der Bahama-Inseln

Marille *österr. für* Aprikose; aus ital. *amarello,* zu lat. *amarus* „bitter"

Marinade saure, gewürzte Soße zum Einlegen von Fisch und Fleisch; aus frz. *marinade* „Salzlake", zu *marine* „Salzgeschmack, Geschmack, Geruch von Meerwasser", aus lat. *marinus* „zum Meer gehörig", zu *mare* „Meer"

Marine Gesamtheit der Seeschiffe eines Staates einschließlich der Besatzungen; aus frz. *marin* „zum Meer, zur See gehörig; Seemann, Matrose", aus lat. *marinus* „zum Meer gehörig", zu *mare* „Meer"

Mariolatrie Marienverehrung; aus *Maria* und →*...latrie*

Mariologie Lehre von Maria, der Gottesmutter; aus *Maria* und griech. *logos* „Wort, Lehre, Kunde", zu *legein* „sagen, sprechen, erklären"

Marionette an Fäden bewegliche Gliederpuppe; frz. *marionette* in ders. Bed., Verkleinerungsform von *Marion,* dieses seinerseits Verkleinerungsform von *Marie,* aus mittelfrz. *Mariole* „Mariechen", *mariole* „Figürchen", urspr. „kleine Marienfigur"

maritim zum Meer, zum Seewesen gehörig, Meer-; aus lat. *maritimus* „zum Meer gehörig", zu *mare* „Meer"

Marjell *ostpreuß.:* Mädchen; aus litauisch *mergele* „Mädchen", zu *merga* „Magd"

markant deutlich ausgeprägt, auffallend; aus frz. *marquant* „ausgezeichnet, hervorragend", zu *marquer* „auszeichnen, bezeichnen, mit einem Kennzeichen versehen", aus ital. *marcare* „kennzeichnen", zu *marca* „ein- oder aufgeprägtes Zeichen, Kennzeichen", aus germ. **mark* „Merk-, Kennzeichen"

Marketender *früher:* Händler, der eine Truppe im Feld oder beim Manöver begleitete; aus ital. *mercatante,* ältere Form von *mercante* „Händler", über vulgärlat. **mercatans,* Gen. *-antis,* Part. Präs. von **mercatare,* aus lat. *mercari* „Handel treiben", zu *merx,* Gen. *mercis,* „Ware"

Marketerie = Intarsie; aus frz. *marqueterie* „eingelegte Arbeit", zu *marqueter* „mit Flecken versehen, sprenkeln", zu *marquer* „mit einem Zeichen versehen, bezeichnen", → markant

markieren be-, kennzeichnen; vortäuschen, so tun, als ob; aus frz. *marquer* „kennzeichnen", → markant

Markise Sonnendach; frz. *marquise* „Frau eines Marquis; Sonnendach, großes Zelt, Plane über dem Zelt eines Offiziers, Überzelt"; die Übertragung des Adelstitels auf das Überzelt ist nicht geklärt, eine Brücke könnte allenfalls die Tatsache sein, daß *Marquis* als einziger Adelstitel einen ironischen, leicht abwertenden Nebensinn bekommen hat (das Wort bedeutet im Frz. auch „Geck"), so daß man das Offizierszelt, das sich von den andern durch seine Größe unterschied, scherzhaft und ironisch *Marquise* genannt hat, sozusagen „Zelt (wie) für einen Marquis"; die weitere Übertragung von „Zelt" auf „Sonnendach" war dann nur noch ein kleiner Schritt

Marmelade mit Zucker eingekochter Fruchtbrei; aus ital. *marmellata,* span. *marmelada, mermelada,* aus port. *marmelada,* zu *marmelo* „Quitte", eigentlich „Quittenmus", aus lat. *melimelum,* griech. *melimelon* „Honigapfel, süße Apfelsorte", aus *meli* „Honig" und *melon* „Apfel"

marode ermattet, erschöpft; *früher:* als Nachzügler einherlaufend, hinterherkommend; zuerst im Dreißigjährigen Krieg für hinter der Truppe zurückgebliebene Soldaten gebraucht, die als Räuber und Plünderer berüchtigt waren, aus frz. *maraud* „Lump, umherziehender Bettler", weitere Herkunft nicht geklärt

Marodeur plündernder Nachzügler einer Truppe; frz. *marodeur* in ders. Bed., Ableitung von → *marode*

Marone eßbare Frucht der Edelkastanie; aus ital. *marrone,* aus spätgriech. *maraon, maraos* „Frucht der Kornelkirsche", weitere Herkunft nicht geklärt

Maroquin weiches Schafs- oder Ziegenleder; frz. *maroquin* in ders. Bed., zu *Maroc* „Marokko", wo dieses Leder zuerst hergestellt worden sein soll

Marotte Laune, Schrulle, wunderliche Vorliebe oder Gewohnheit; frz. *marotte* in ders. Bed., eigtl. „Narrenkappe, Narrenzepter mit Schellen und Puppenkopf", früher „Puppenkopf, Puppe", mit verändertem Suffix aus *Mariole* „Mariechen", der Bezeichnung für eine kleine Marienfigur, zu *Marie*

Marquis frz. Adelsrang zwischen Graf und Herzog, Markgraf; aus altfrz. *marchis* in ders. Bed., mlat. *marchio, markio* „Markgraf, Grenzwächter", aus fränk. **marka* „Grenzmark" also urspr. „Verwalter einer Grenzmark"

Marschall *früher:* hoher Hofbeamter; *seit dem 16. Jh.:* höchster militärischer Dienstgrad; aus mhd. *marschalc* „Pferdeknecht", dann „Aufseher über das Gesinde auf Reisen und Kriegszügen", dann auch „Aufseher über die waffenfähige Mannschaft", ältere Form *marcschalc,* aus mhd. *marc,* mitteldt. *mar* „Streitroß", aus ahd. *marah, marh* „Pferd" und mhd. *schalc* „Knecht, Diener, Leibeigener"

Marstall Gesamtheit der Pferde eines Fürsten; Gebäude für Pferde und Wagen; aus mhd. *marstall,* älter *marc-stall*

„Pferdestall", aus *marc* „Streitroß, Pferd" und *Stall*

Marsupialier Beuteltier; aus lat. *marsupium* „Geldbeutel", aus griech. *marsipos* „Beutel, Sack, Tasche", vielleicht aus dem Semitischen

martialisch kriegerisch, grimmig, wild; aus lat. *martialis* „zum Mars gehörig", zu *Mars,* Gen. *Martis,* dem römischen Gott des Krieges

Märtyrer Christ, der für seinen Glauben gestorben ist; *allg.:* jmd., der für seine Überzeugung verfolgt wird oder gestorben ist, Blutzeuge; aus griech. *martys,* Gen. *martyros,* „Zeuge", zu *martyrein* „Zeuge sein, Zeugnis ablegen", vielleicht zu Sanskrit *smṛ-* „sich erinnern"

März dritter Monat des Jahres; aus lat. *martius* „zum Mars gehörig", zu *Mars,* Gen. *Martis,* dem römischen Gott des Krieges

Marzipan Konfekt aus feingeriebenen Mandeln und Zucker u.a.; aus ital. *marzapane,* frz. *massepain* in derselben Bedeutung; früher wurde in Venedig diese Bezeichnung auch für die Schachtel oder Kiste gebraucht, in der das Zuckerwerk aus dem Orient eingeführt wurde und die zugleich als Hohlmaß diente (1/10 moggio = 1/10 Scheffel), ebenso bezeichnete eine ältere frz. Form, *marcepain,* die Verpackung (dazu provenzal. *massapan* „Schachtel"); die weitere Herkunft ist ungeklärt; ein anderer Deutungsversuch führt zu einer venezian. Münze, *mataban,* die um 1200 in Umlauf kam und einer byzantin. Münze ähnelte, die mit dem arab. Wort *mauṯabān* „sitzender (d.h. nicht auf einem Kriegszug befindlicher) König" bezeichnet wurde; gemeint war damit ein thronender Christus, der auf ihr dargestellt war; die Bez. der Münze wäre demnach auf das Hohlmaß, dann auf die Schachtel und dann auf den Inhalt übergegangen; nach Gamillscheg und anderen ist diese Deutung jedoch äußerst zweifelhaft, da der Laut *au* in dem arab. Wort nirgends übernommen wurde)

Maschine Gerät, das Arbeitsgänge selbsttätig verrichtet; über frz. *machine* aus lat. *machina,* griech. *mechane* „Werkzeug, Instrument, künstliche Vorrichtung", zu *mechos* „Mittel, Hilfsmittel"

Maskaron *Baukunst:* fratzenhafte Maske; frz. *mascaron* aus ital. *mascherone* in ders. Bed., zu ital. *maschera,* ältere Form: *mascara* „Maske", → Maske

Maske hohle Gesichtsform; Haube zum Schutz des Gesichts; Verkleidung, verkleidete Person u.a.; aus frz. *masque,* ital. *maschera* aus arab. *masḫara* „Verspottung", zu *saḫara* „spotten, verspotten"

Maskotte kleine Figur als glückbringender Talisman; aus frz., ital. *mascotte* „Person, Tier oder Gegenstand als Glücksbringer", aus prov. *mascot* „kleiner Zauberer", zu *masca* „Zauberin", aus oberital. mundartl. *masca* „Hexe", weitere Herkunft nicht geklärt, vielleicht aus dem Germanischen

maskulin männlich; aus lat. *masculinus* „männlich", zu *masculus,* Verkleinerungsform von *mas* „männlich"

Masochismus geschlechtliche Erregung durch Erdulden körperlicher oder seelischer Schmerzen; nach dem österr. Schriftsteller Leopold von *Sacher-Masoch* (1835–1895) im Hinblick auf seine erotischen Romane und Novellen

Massage Kneten, Klopfen, Streichen des Körpers als Heilbehandlung; frz. *massage* in ders. Bed., zu *masser* „massieren", vielleicht zu *masse* „Menge, Masse" aus lat. *massa* „zusammengeknetete Masse, Klumpen", aus griech. *massein* „kneten"

Massaker Blutbad, Gemetzel; aus frz. *massacre* in ders. Bed., altfrz. auch „Metzgerei", zu altfrz. *machecler, macecler* „schlachten", zu *massue,* ältere Form: *maçue* „Keule, Kolben, Hammer"

Massel *süddt., österr.:* Glück; jidd. *māsel,* aus hebr. *mazzāl* „Sternbild, Glücksstern, günstiges Schicksal"

massieren **1** mit Massage behandeln; → Massage; **2** an einer Stelle zusammenziehen (Truppen); zu *Masse* im Sinne von „Menge"

massiv fest, dicht; *übertr.:* grob, sehr

energisch; aus frz. *massif, massive* „massig, kompakt; grob, plump", zu *masse* „Masse, Menge", aus lat. *massa* „Massc, Klumpen"

Maßliebchen Gänseblümchen; in niederländ. Mundarten *maagdelief(je), maagdelieve,* aus mittelndrl. *matelieve* als Bez. für diese und einige andere ähnliche Blumen, vielleicht eigtl. „der Jungfrau Maria lieb"; nach anderer Deutung zu mittelndrl. *maet* „Mahd", im Sinne von „liebliches Blümchen der Wiese", was jedoch nicht ganz mit der mittelndrl. Form *matelieve* übereinstimmt

Mastix wohlriechendes Harz des Mastixstrauches; aus lat. *masticare* aus griech. *mastazein* „kauen", zu *mastax* „Mund, Mundvoll, Bissen"; das Harz wurde zum Kauen benutzt

Mastodon ein ausgestorbenes Rüsseltier, vielleicht Vorläufer des Elefanten; aus griech. *mastos* „Brustwarze" und *odous,* Gen. *odontos,* „Zahn"; die Kaufläche des Backzahns hat die Form von Brustwarzen

Masturbation geschlechtliche Selbstbefriedigung; aus lat. *masturbari* in ders. Bed., eigtl. *manustuprare* „mit der Hand schänden", zu *manus* „Hand" und *stuprare* „schänden, entehren", zu *stuprum* „Schande, Hurerei, unehelicher Beischlaf", zur idg. Wurzel **stup-* „stoßen"

Matador Hauptkämpfer im Stierkampf, der dem Stier den Todesstoß gibt; *übertr.:* hervorragender Mann, Sieger; span. *matador* „Töter, Stiertöter", zu *matar* „töten"; weitere Herkunft nicht geklärt

Match Wettkampf, Wettspiel; engl. *match* in ders. Bed., eigtl. „der Gleiche, Ebenbürtige" sowie „Gegenstück", also „Spiel, Kampf unter Gleichen", aus mengl. *macche* aus altengl. *mæcca* „einer von einem Paar, ein zu einem andern Passender, Gefährte", zu *macian* „machen, bilden, formen"; die Bedeutungsgeschichte ist nicht geklärt, vielleicht wurde *macian* als „eins zu einem andern passend machen" verstanden

Mate ein aus den Blättern des Matestrauches gewonnenes, leicht koffeinhaltiges Getränk; aus Ketschua *mate, mati,* das eine längliche, zum Trinken benutzte Schale aus Kürbis bezeichnet, danach auch einen teeähnlichen Aufguß, der daraus getrunken wird

Mater Papptafel mit der negativ eingeprägten Form des zu druckenden Bildes oder Schriftsatzes; Schraubenmutter; aus lat. *mater* „Mutter"

Material Rohstoff, Hilfsmittel, Unterlagen, Belege; aus lat. *materialis* „zur Materie gehörig", zu *materia* „Stoff, Nahrungs-, Brennstoff usw.", zu *mater* „Mutter" im Sinne von „nährende Mutter"

Maternität Mutterschaft; aus lat. *maternus* „zur Mutter gehörig, mütterlich", zu *mater* „Mutter"

Mathematik Wissenschaft von den Zahlen, den ebenen und räumlichen Figuren; aus griech. *mathematike techne* „Kunst des Lernens, Lehrens, Unterrichtens", zu *mathematikos* „lernbegierig, gelehrig; wissenschaftlich", zu *mathema* „das Gelernte, Gegenstand des Lernens, Kenntnisse, Wissen", zu *manthanein* „lernen", zu idg. **men-dh-* „seinen Sinn auf etwas richten", zur Wurzel **men-* „denken"

...mathie *in Zus.:* Wissen; aus griech. *mathesis* „das Lernen, Unterricht", zu *manthanein* „lernen, verstehen, einsehen"

Matinee künstlerische Veranstaltung am Vormittag; frz. *matinée* „Morgen, Vormittag", zu *matin* „Morgen", aus lat. *matutinum* „Morgen, Frühe", →Mette

Matratze langes, rechteckiges Polster zum Liegen; mit Stahlfedern bespannter Rahmen (als Teil des Bettes); aus ital. *materassa,* aus arab. *maṭraḥ* „Stelle, wo etwas hingeworfen wird" (auf das man sich legen will), auch „Kissen", zu *ṭaraḥa* „hinwerfen, ausbreiten"

Mätresse vom Mann unterhaltene Geliebte; aus fr. *maîtresse* „Herrin, Gebieterin; Geliebte", zu *maître* „Herr, Gebieter, Meister, Lehrer", aus lat. *magister* „Meister, Vorgesetzter, Leiter"

Matriarchat Mutterrecht, Mutterherr-

schaft; aus lat. *mater,* Gen. *matris,* „Mutter“ und griech. *arche* „Herrschaft“, zu *archein* „herrschen“
Matrikel (öffentliches) Verzeichnis von Personen; aus lat. *matricula* „öffentliches Verzeichnis“, zu *matrix* „Verzeichnis“, zu *mater,* Gen. *matris,* „Mutter“ im Sinne von „Quelle“
Matrize Metall-, Papp-, Kunststoff- oder Wachsform mit eingeprägtem Bild oder Schriftzeichen; aus lat. *mater,* Gen. *matris,* „Mutter“; bei der Matrize ist das Bild vertieft eingeprägt, sie nimmt also Material auf, im Unterschied zur Patrize, dem einprägenden Stempel, → Patrize
Matrone ältere, ehrwürdige Frau; aus lat. *matrona* „verheiratete, ehrbare Frau“, zu *mater,* Gen. *matris,* „Mutter“
Matrose Seemann, Marinesoldat; aus ndrl. *matroos,* aus frz. *matelot,* ältere Form *matenot* „Matrose“, urspr. „Kamerad“, aus mndrl. *mattenoot* „Matten-, Bett-, Schlafgenosse“, aus *matte* „Matte“ und *ghenoot* „Genosse, Geselle, Gleicher im Rang“
matt *Schach:* besiegt; → Schach
Maturität *veraltet:* Reife; *schweiz.:* Hochschulreife; aus lat. *maturitas,* Gen. *-atis,* „Reife, vollkommene Entwicklung“, zu *maturus* „reif“, eigtl. „rechtzeitig“, aus einer Grundform **ma-tu-* „gelegene, gute Zeit“
Matutin nächtliches Stundengebet, → Mette
Matze richtiger: Mazze, ungesäuertes Osterbrot der Juden; aus hebr. *maṣṣā* „ungesäuerter Brotfladen“, wahrscheinlich aus dem Kanaanäischen
Maulbeere brombeerähnliche Frucht des Maulbeerbaumes; volksetymologische Umdeutung aus mhd. *mulber,* ahd. *murberi,* aus lat. *morum,* aus griech. *moron* „Brombeere, Maulbeere“
Maulwurf ein kleines Säugetier, Insektenfresser; volksetymolog. Umdeutung aus ahd. *muwerf, mulwerf, multwerf, moltwerf* „Tier, das Hügel aufwirft“, aus angelsächs. *muga, muha, muwa* „Hügel, Haufen“ und ahd. *werfan* „werfen“
Maureske Ornament aus stilisierten verschlungenen Blättern und Ranken; aus frz. *mauresque* „maurisch; maurische Malerei; pantomimischer maurischer Tanz“, zu *Maure,* in der Antike „Berber“, im MA „Araber“; die Mauren führten bei der Eroberung Spaniens auch maurische Kunstformen ein
mauscheln unverständlich reden, *urspr.:* wie ein Jude reden, jiddisch sprechen; zu *Mauschel* „Jude“, aus *Mausche,* der aschkenas. Aussprache von hebr. *Mosche* „Moses“
Mauser Federwechsel der Vögel; zu *sich mausern* „die Federn wechseln“, aus mhd. *muzen,* ahd. *muzon* in derselben Bedeutung, auch „wechseln, tauschen“, aus lat. *mutare* „verändern, vertauschen, verwandeln“
mausetot ganz tot, ähnlich wie mäuschenstill: ganz still; wohl in Anlehnung an „Maus“, was jedoch nicht zwingend ist, denn man könnte das Wort auch nach anderen Tieren gebildet haben, die sich bei Gefahr still verhalten oder totstellen; eine andere Deutung geht auf hebr. *moth* „Sterben“, *maweth* „Tod“ zurück, also Verstärkung zu „tot“; *mausetot:* „ganz und gar tot“, *mäuschenstill:* „todstill“; die Anlehnung an *Maus* wäre dann aus rein lautlichen Gründen erfolgt
mausig in der Wendung *sich mausig machen* übermütig, keck, vorlaut sein; aus frühnhd. *maußig* „flink, anstellig“ (von Dienstboten), zu mhd. *muzære, mûzek* „Jagdfalke nach der Mauser“, das heißt Falke, der die mit der Mauser verbundene Unlust und Trägheit überwunden hat und wieder lebhaft und zur Jagd tauglich ist; → Mauser
Mausoleum monumentales Grabmal; nach dem Grabmal des Königs *Mausolos* von Karien (gest. 353 v. Chr.) in Halikarnaß (Kleinasien)
Maut *veraltet:* Zoll; *österr.:* Wege-, Brückenzoll; aus mhd. *mute* „Zoll(station)“, aus ahd. *muta* aus mlat. *muta* „Zoll“, weitere Herkunft nicht bekannt
Maxilla Oberkieferknochen; aus lat. *maxilla* „Kinnbacken“, über unbelegte Zwischenformen Verkleinerungsform von *mala* „Kinnbacken, Backe“

Maxime Grundsatz, Lebensregel, oberstes Gebot; aus lat. *maxime* „im höchsten Grade, am meisten, höchsten“, Superlativ von *magnus* „groß, hoch“

Maximum das Höchste, Höchstwert; Neutrum von lat. *maximus* „der höchste, größte“, zu *magnus* „groß, hoch“

Mayonnaise kalte, gewürzte Soße aus Eiern und Öl; frz. *mayonnaise,* ältere Form: *mahonnaise,* angeblich nach der Hafenstadt *Mahón* auf Menorca. 1756 eroberte der Marschall Louis François Armand du Plessis, Herzog von Richelieu, die Stadt Mahón auf Menorca von den Engländern. In Paris feierte man darob große Feste, und ein Koch erfand für eines der Siegesmähler eine besondere Sauce, die er Sauce *Mahonnaise* nannte. Der besseren Sprechbarkeit wegen wurde der Name dann in *Mayonnaise* umgewandelt

Mäzen reicher Förderer von Künstlern, Gönner; nach dem Römer Gaius Cilnius *Maecenas* (69–8 v. Chr.), Freund des Augustus und Gönner von Gelehrten und Dichtern

Mazeration Verfahren zur Gewinnung von Extrakten aus Naturstoffen durch Behandeln mit Wasser; aus lat. *macerare* „weich, mürbe machen, einweichen“

Mazurka poln. Nationaltanz; aus poln. *mazurka* „masurischer Tanz“

Mechanik Lehre vom Gleichgewicht und den Bewegungen der Körper unter dem Einfluß von Kräften; Getriebe, Triebwerk; aus lat. *mechanicus* aus griech. *mechanikos* „zu Maschinen gehörig, erfinderisch“, zu *mechane* „künstliche Vorrichtung, Werkzeug, Hilfsmittel, Kunstgriff“, zu *mechos* „Mittel, Hilfsmittel“

Medaille Gedenk-, Schaumünze ohne Geldwert; frz. *médaille* in ders. Bed., aus vulgärlat. *(moneta)* **metallia* „Münze aus Metall“, zu lat. *metallum* „Metall“, wobei der Wandel von t zu d durch Entlehnung aus dem Galloroman. zu erklären ist, zu einer Zeit, als t wie d gesprochen wurde (Gamillscheg); die frühere Deutung aus lat. *medialis* „mitten, Mitte“, zu *medius* „halb, mäßig“, also „halbe, geringwertige Münze“ ist aufgegeben worden, da hier das i im Wege steht, das in keiner der Varianten, z. B. im Provenzalischen, auftaucht

Mediation Vermittlung, vermittelndes Dazwischentreten; aus lat. *mediatio,* Gen. *-onis,* „Vermittlung“, zu *medius* „in der Mitte stehend, mitten“

Medikament Arznei-, Heilmittel; aus lat. *medicamentum* „Heilmittel“, mit Infix *-men-* zur Bezeichnung eines Mittels oder Werkzeugs zu *medicari* „Arzt sein, heilen“, zu *medicus* „Arzt“, zu *mederi* „helfen, heilen“

medioker mittelmäßig; aus lat. *mediocris* „einigermaßen das Maß haltend, mäßig, mittelmäßig“, zu *medius* „in der Mitte stehend“

Medisance *veraltet für* Verleumdung, üble Nachrede; frz. *médisance* in ders. Bed., zu *médire* „Böses reden, übel nachreden“, aus altfrz. *maldire* „verfluchen“, →vermaledeien

Meditation religiöse Versenkung, sinnende Betrachtung; aus lat. *meditatio,* Gen. *-onis,* „das Nachdenken, Vorbereitung auf etwas“, zu *meditari* „nachdenken, sich vorbereiten“

mediterran zum Mittelmeer und den angrenzenden Ländern gehörig; aus lat. *mediterraneus* „mitten im Land, mittelländisch, binnenländisch“, aus *medius* „mitten, in der Mitte“ und *terra* „Erde, Land“

Medium Mittel, Mittelglied; Vermittler; aus lat. *medium* „das Vermittelnde“, zu *medius* „in der Mitte befindlich, zu beiden Seiten hinüberspielend oder geneigt“

Medizin Lehre vom kranken und gesunden Menschen, von den Krankheiten und ihrer Behandlung; Heilmittel; aus lat. *medicina* „Heilkunst, Heilmittel, Arznei“, zu *medicus* „heilend“, zu *mederi* „heilen, helfen“

Medley Melodienfolge, Potpourri; aus engl. *medley* „Mischung, Gemisch, Durcheinander“, aus mengl. *medle,* aus altfrz. *medlee, mesdlee,* Part. Perf. fem. von *medler, mesler* „mischen“, aus mlat. *misculare* aus lat. *miscere* „mischen“

Medusa *griech. Myth.:* weibliches Ungeheuer mit versteinerndem Blick; aus griech. *Medousa,* genauer: *Gorgo Medousa,* dem Namen der schrecklichsten der drei Gorgonen, eigtl. „die Waltende, Herrin", zu *medon* „Herrscher", zu *medesthai* „für etwas sorgen, an etwas denken, auf etwas bedacht sein"

Meerkatze ein afrikan. baumbewohnender Affe; aus ahd. *merikazza,* ndrl. *merkatte;* nach älterer Deutung wurde das Tier so genannt, weil es übers Meer nach Europa gebracht wurde, weil es klettert wie eine Katze und einen langen Schwanz besitzt; nach jüngerer Deutung aus Sanskrit *markaṭa* „Affe" entstanden, doch bezeichnet *markaṭa* ein anderes Tier als die Meerkatze. Die ältere Deutung ist nicht von der Hand zu weisen, da es Zusammensetzungen mit „Meer" auch bei anderen Tieren gibt, die übers Meer zu uns gekommen sind, z. B. Meerschweinchen, Meergans (Pelikan)

Meerrettich eine Pflanze, deren Wurzel als Gewürz verwendet wird; aus ahd. *merratih,* wohl aus lat. *maior radix* „größere Wurzel"

Meerschaum ein weißes oder graues Mineral, federleicht, so daß es sogar auf Wasser schwimmt; aus lat. *spuma maris* „Meerschaum"

Meerschweinchen ein kleines Nagetier; das aus Südamerika stammende Tier soll seinen Namen daher haben, daß es Laute wie ein junges Schwein von sich gibt und über das Meer zu uns gebracht worden ist; die Bezeichnung „Meerschwein" für den zu den Delphinen gehörenden Schweinswal oder Tümmler ist eine Lehnübersetzung von lat. *porcus marinus,* und wahrscheinlich ist das Tier wegen seines Specks als „Schweinswal" bezeichnet worden

Meeting Zusammenkunft, Treffen; engl. *meeting* „Begegnung, Zusammenkunft, Versammlung, Konferenz, Tagung", zu *to meet* „begegnen, treffen", aus mengl. *meten,* altengl. *metan,* aus altnord. *mæta* in ders. Bed., zu altnord. *mot* „Versammlung"

mefitisch aus Schwefelquellen stammend, übelriechend; aus lat. *mephitis, mefitis* „schädliche Ausdünstung der Erde", nach *Mephitis,* der Göttin dieser Dämpfe, die sie abhält oder vertreibt

Megalith großer, unbehauener vorgeschichtlicher Steinblock als Denkmal; aus griech. *megas* „groß" und *lithos* „Stein"

Megalomanie Größenwahn; aus griech. *megaleios* „großartig, anmaßend, aufgeblasen", zu *megas,* Gen. *megalou,* „groß, wichtig, bedeutend" und → *Manie*

Megaphon Sprachrohr, Schalltrichter; aus griech. *megas* „groß" und *phone* „Ton, Klang, Stimme"

Megäre böses Weib; aus griech. *Megaira* Name einer der → Erinnyen, „die Erhabene" (als verhüllende Bezeichnung)

Megatherium ausgestorbenes Riesenfaultier; aus griech. *megas* „groß" und *ther* „wildes Tier, Ungetüm"

Meiose Zellkernteilung mit Halbierung der Chromosomenzahl, Reifungs-, Reduktionsteilung; aus griech. *meiosis* „Verminderung", zu *meion* „kleiner" (Komparativ zu *mikros* „klein"), zu *meioun* „verkleinern, verringern"

Mekonium schwärzlicher Stuhlgang des Neugeborenen vor der ersten Nahrungsaufnahme, Kindspech; aus griech. *mekonion* „Mohnsaft", zu *mekon* „Mohn", wegen der Farbe

Melancholie Schwermut, Trübsinn; aus griech. *melancholia* „Tiefsinn, Schwermut", aus *melas,* Gen. *melanos,* „schwarz" und *chole* „Galle"; in der antiken Medizin galt die schwarze Galle als einer der vier Körpersäfte, deren ausgewogenes Verhältnis zueinander die innere Ausgeglichenheit des Menschen bewirkt; überwiegt dagegen die schwarze Galle, so ergibt sich als äußeres Erscheinungsbild der *Melancholiker,* der schwermütig und verzagt ist

Melange Mischung, Gemisch; aus verschiedenfarbigen Fasern gemischtes Garn; frz. *mélange* „Mischung, Gemisch", zu *mêler* „vermischen", über vulgärlat. **misculare* aus lat. *miscere* „mischen"

Melanin bei Menschen und Tieren vorkommender, roter bis schwarzer Farbstoff, der die Färbung von Haut und Haaren bewirkt; aus griech. *melas,* Gen. *melanos,* „schwarz"
Melanurie Auftreten von Melanin im Harn; aus griech. *melas,* Gen. *melanos,* „schwarz" und *ouron* „Harn, Urin"
Melaphyr ein Ergußgestein, schwarzes Porphyrgestein; aus griech. *melas* „schwarz, dunkel" und → *Porphyr*
Melasse Rückstand bei der Zuckergewinnung; aus frz. *melasse,* span. *melaza* in derselben Bedeutung, Ableitung von lat. *mel* „Honig, Süßigkeit, Süßes"
Meliorativum Wort, das im Lauf seiner Geschichte eine Bedeutungsverbesserung erfahren hat, z.B. „Kavalier" aus lat. *caballarius* „Pferdeknecht"; aus lat. *melioratio* „Verbesserung", zu *meliorare* „verbessern", zu *melior* „besser", Komparativ zu *bonus* „gut"
Melisma beim Gesang Aufteilung einer Silbe auf mehrere Noten, Verzierung, Koloratur; aus griech. *melismos* „Zergliederung, Teilung; Gesang", *melisma* „Gesang, Melodie", zu *melos* „Lied, Gesang; Glied"
Melisse Pflanze mit nach Zitrone duftenden Blüten, Zitronenkraut; aus mittellat. *melissa,* verkürzt aus lat. *melisphyllum,* griech. *melissophyllon* „Melisse", eigentlich „Bienenblatt", aus griech. *melissa* „Biene" (zu *meli* „Honig") und *phyllon* „Blatt"; die Pflanze wird von Bienen besonders gern besucht
Melodie sangbare, in sich geschlossene Folge von Tönen; aus griech. *melodia (meloidia)* „Gesang, Lied", eigentlich „gegliederte Weise", aus *melos* „Glied" (übertr. auch „Lied") und *ode (oide)* „Gesang, Lied"
Melone ein Kürbisgewächs; aus griech. *melopepon* „apfelförmige Melone, die nur vollreif gegessen wird", aus *melon* „Apfel" und *pepon* „reif"
Membran dünnes Blättchen, dünne Haut; aus lat. *membrana* „dünne, zarte Haut, die die inneren Teile des Körpers bedeckt", zu *membrum* „Glied (des fleischigen Körpers)"
Memento Erinnerung, Mahnruf; lat. „gedenke!", Imperativ zu *meminisse* „gedenken"
Memoiren (zeitgeschichtlich interessante) Lebenserinnerungen; aus frz. *mémoire* „Gedächtnis, Erinnerung, Andenken, Denkschrift", Pl. *mémoires* „gesammelte Abhandlungen", aus lat. *memoria* „Gedächtnis, Erinnerung, Erzählung, Geschichte", zu *memorare* „gedenken, erzählen", → memorieren
memorieren auswendig lernen, aus dem Gedächtnis hersagen; aus lat. *memorare* „gedenken, erzählen, berichten, sagen, nennen", zu *memor* „sich erinnernd", zu *meminisse* „sich erinnern"
Menage *veraltet für* Haushalt, sparsame Wirtschaft; *heute noch:* kleines Gestell mit Gefäßen für Essig und Öl u.a.; Traggestell zum Essenholen; *österr.:* Verpflegung; frz. *ménage* „Haushalt, Hauswirtschaft, Hausrat", aus altfrz. *maisnage* in ders. Bed. und *maisniee* „Haushalt, Familie, Gesinde", über gleichbedeutendes galloroman. **mansionata* aus lat. *mansio* „Aufenthalt, Aufenthaltsort, Wohnung (für Menschen und Vieh)", zu *manere* „bleiben, übernachten"
Menagerie Tiergarten, Tierschau, Sammlung lebender Tiere; frz. *ménagerie* in ders. Bed. sowie „Hühner-, Viehhof", ältere Bedeutung: „Haustiere, Vieh", urspr. „Haushalt, Verwaltung eines Landbesitzes", → Menage
Mendelevium chemisches Element; nach dem russ. Chemiker Dimitri *Mendelejew* (1834–1907)
Menetekel geheimnisvolles Warnungszeichen; aus dem Aramäischen, nach der im AT (Daniel, Kap. 5, Verse 5 und 25–28) überlieferten Geisterschrift, die dem babylon. König Belsazar seinen Untergang voraussagte: *mənē təkēl upharsīn* „gezählt, gewogen, geteilt", d.h. „Gott hat die Tage deines Königreiches gezählt und ihm ein Ende bereitet; man hat dich in einer Waage gewogen und zu leicht befunden; dein Königreich wird zerteilt und den Persern gegeben"
Menhir unbehauene Steinsäule der Jungsteinzeit; aus breton. *men, mean* „Stein" und *hir* „lang"

Meningitis Hirnhautentzündung; aus griech. *menigx,* Gen. *meniggos,* „(zarte) Haut, bes. Hirnhaut" und Endung *-itis* zur Bezeichnung einer Entzündung

Meniskus scheibenförmiger Zwischenknorpel bes. im Kniegelenk; aus griech. *meniskos* „Mondsichel, Halbmond", zu *mene* „Mond", zu *men* „Monat", auch „Mondsichel"

Mennige rote Anstrichfarbe aus Bleioxiden als Rostschutzmittel; aus mhd. *minig,* auch *minwe* „Mennige", aus lat. *minium* „Bergzinnober", wahrscheinlich nach dem span. Fluß *Minius* (heute Miño), wegen des Pigments, das er mitführt

Menopause Aufhören der Menstruation in den Wechseljahren; aus griech. *men,* Gen. *menos,* „Monat" und *pauesthai* „aufhören" sowie *pausole* „Ruhe, Rast"

Menorrhö = Menstruation; aus griech. *men,* Gen. *menos,* „Monat" und *rhoos, rhous* „Fließen, Strömen, Fluß", zu *rhein* „fließen"

Mensel → Mensul

Mensis Monatsblutung; aus lat. *mensis* „Monat; monatliche Blutung der Frau"

Menstruation Monatsblutung; aus lat. *menstruum,* Pl. *menstrua,* „Monatsblutung", eigtl. „das Monatliche", zu *mensis* „Monat"

Mensul Meßtisch; aus lat. *mensula* „Tischchen", Verkleinerungsform von *mensa* „Tisch"

Mensur Maß, Maßverhältnis; studentischer Zweikampf; aus lat. *mensura* „das Messen, Maß", zu *metiri* „messen"

Mentalität Geistesart, Denk-, Anschauungsweise; aus mlat. *mentalis* „geistig, seelisch", aus lat. *mens,* Gen. *mentis,* „Denkvermögen, Verstand, Vernunft"

Menthol Bestandteil des Pfefferminzöls; aus lat. *mentha* „Minze", und *oleum* „Öl"

Mentor Erzieher, Berater, väterlicher Freund und Ratgeber; nach *Mentor,* dem Erzieher des Telemach in Homers „Odyssee"

Menü Speisenfolge, Mahlzeit aus mehreren Gängen; aus frz. *menu* in ders. Bed. sowie „klein, dünn", eigtl. „Kleinigkeiten, Einzelheiten", aus lat. *minutia* „Kleinigkeiten", zu *minutus* „klein", → Minute

Menuett urspr. altfrz. Volkstanz, dann höf. frz. Gesellschaftstanz; aus frz. *menuet* in ders. Bed., sowie „winzig", eigtl. also „Tanz mit kleinen Schritten", Verkleinerungsform von *menu* „klein"

Mercerie *schweiz.:* Kurzwarenhandlung; frz. *mercerie* „Kram-, Schnitt-, Kurzwaren sowie Handel damit", altfrz. allg. „Ware, Handel", zu *mercier* „Kurzwarenhändler", altfrz. „Händler", aus lat. *merx,* Gen. *mercis,* „Ware", zu *merere* „verdienen, erwerben"

Mercerisation → Merzerisation

Meridian Großkreis der Erdkugel, Mittagskreis; aus lat. *meridianus* „mittägig", zu *meridies,* eigtl. *medius dies* „Mittag", aus *medius* „in der Mitte" und *dies* „Tag"

Merino eine span. Schafrasse, die rein weiße Wolle liefert; vielleicht aus frz. *mère* „rein", aus lat. *merus* „rein"

Meriten Verdienste; aus lat. *meritum* „Verdienst, gute Tat, Wohltat", zu *merere* „verdienen, (einer Sache) würdig sein"

merkantil zum Handel gehörend, auf Handel beruhend, Handels-; aus ital. *mercantile* „kaufmännisch", zu *mercante* „Kaufmann", aus lat. *mercari* „Handel treiben", zu *merx,* Gen. *mercis,* „Ware"

Merlan ein Schellfisch, Weißling; über frz. *merlan* aus lat. *merula,* das sowohl die Amsel als auch den Fisch (auch „Meeramsel") bezeichnet; die Übertragung von Vogelnamen auf Fische kommt nicht selten vor (z.B. Meerrabe); die Gemeinsamkeit herauszufinden, ist jedoch meist schwierig, vielleicht ist es hier das schmackhafte Fleisch

Merle Amsel; über frz. *merle,* ital. *merla* aus lat. *merula* „Amsel", weitere Herkunft nicht geklärt

Merzerisation Verfahren zum Veredeln von Baumwolle; nach dem engl. Chemiker John *Mercer* (1791–1866)

Mesalliance nicht standesgemäße Heirat, Mißheirat; aus frz. *mésalliance* in ders. Bed., aus *mé-*, vor Vokalen *més-* „miß-, fehl-" und *alliance* „Verbindung, Ehe", → Allianz

meschant schlimm, böse, boshaft; aus frz. *méchant* in ders. Bed., altfrz. auch „vom Unglück betroffen, unselig", aus altfrz. *mescheoir* „vom Unglück betroffen werden", aus *més-* „miß-, fehl-" und *cheoir* „fallen", aus lat. *cadere* „fallen"

meschugge *ugs.:* verrückt; aus jidd. *meschuggo* „verrückt", aus hebr. *šagā* „sinnverwirrt sein"

Mesenchym in der Embryonalentwicklung entstehende Gewebsmasse zwischen den Keimblättern; aus griech. *mesos* „mittlerer", *en* „hinein" und *chymos* „Saft"; *Enchym* ist im Sinne von „Füllgewebe, Zwischenschicht, Gewebsmasse" zu verstehen

Meskalin ein Rauschgift; aus span. *mezcalina* in ders. Bed., zu *mezcal, mexcal,* in Mexiko Bezeichnung für den Echinocactus (Lophophora) williamsii, aus dessen Wurzel ein berauschendes Getränk gewonnen wird, aus Nahuatl, aztek. *mexcalli* als Bezeichnung für die Pflanze sowie für das Getränk

Mesoblast = Mesoderm; aus griech. *mesos* „mittlerer" und *blaste* „Keim"

Mesoderm mittleres Keimblatt des Embryos; aus griech. *mesos* „mittlerer" und *derma* „Haut"

Mesokarp mittlere Schicht der Fruchtwand; aus griech. *mesos* „mittlerer" und *karpos* „Frucht"

Mesolithikum Mittelsteinzeit; aus griech. *mesos* „mitten, mittlerer" und *lithos* „Stein"

Mesozoikum Mittelalter der Erdgeschichte; aus griech. *mesos* „mitten, mittlerer" und *zoikos* „tierisch", zu *zoon* „Lebewesen, Tier", also „mittlerer Abschnitt der Zeit, in der es Lebewesen gab"

Messe 1 *kath. Kirche:* Hauptgottesdienst; Musikwerk für Gesangsstimmen und Orchester für diesen Gottesdienst; Jahrmarkt; Ausstellung von Industriewaren; aus mhd. *messe, misse,* aus lat. *missa* „Gottesdienst", entstanden aus der Formel *ite, contio missa est* „geht, die Versammlung ist entlassen", womit der Geistliche nach dem Gottesdienst die nicht zum Abendmahl Zugelassenen wegschickte (zu *mittere* „schicken, wegschicken, entlassen"); das Wort ging dann auf die kirchliche Feier selbst über, dann auch auf das musikalische Werk, das während der Feier aufgeführt wurde; die Bedeutung „Jahrmarkt" ergab sich daraus, daß zu den Festtagen der Heiligen eine bes. große Messe zelebriert wurde und auch ein Jahrmarkt stattfand; **2** *auf Schiffen:* Aufenthalts- und Speiseraum für Offiziere; aus engl. *mess* „Speise für eine Mahlzeit", aus altfrz. *mes* „Speise, aufgetragenes Gericht", aus lat. *missum* „das Geschickte, Gesandte", nämlich „das zu Tisch Geschickte", zu *mittere* „schicken"

Messias Erlöser, Bezeichnung für Jesus Christus; aus hebr. *māšīaḥ* „der Gesalbte"

Messing Legierung aus Kupfer und Zink; aus mhd. *messinc, missinc,* auch *möschinc;* die Herkunft des Wortes ist unsicher, nach Kluge-Götze ist es vom Namen der *Mossynoiken,* eines Volksstammes in Kleinasien, abgeleitet, nach Vasmer (und anderen) jedoch liegt der Ursprung aus lat. *massa* „Masse, Klumpen, bes. von Metall" nahe, da Varianten in einigen westslawischen Sprachen vorhanden sind (im Russ., Ukrain., Poln., Tschech., Sorb.), z. B. russ. *mossjag,* nicht aber in ost- und südslaw. Sprachen

Mestize Mischling aus einem weißen und einem indian. Elternteil; span. *mestizo* in ders. Bed., über spätlat. **mixtitius* „vermischt" aus lat. *mixtus* „gemischt, vermischt", zu *miscere* „mischen, vermischen"

Metabasis Gedankensprung, Abschweifung; aus griech. *metabasis* „Wendung, Wandlung", aus *meta* „nach ... hin" und *basis* „Schritt, Gang", zu *metabainein* „einen anderen Weg einschlagen, hinübergehen", zu *bainein* „gehen"

Metabolie Gestalt-, Formverände-

rung; aus griech. *metabole* „Veränderung, Umgestaltung", zu *metaballein* „verändern, umgestalten", aus *meta* „nach … hin, auf … zu" und *ballein* „legen, stellen, richten, treiben, lenken"
Metagenese Wechsel zwischen einer geschlechtlichen und einer ungeschlechtlichen Generation (bei vielzelligen Tieren); aus griech. *meta* „mitten, zwischen, hinter" und → *Genese*
Metall chemisches Element; aus lat. *metallum* „Metall; Grube, Bergwerk", aus griech. *metallon* „Metall, Mineral", urspr. „Grube, Stollen, Bergwerk", vielleicht zu *metallan* „nach etwas forschen, suchen", zu *mate, matia* „Suchen, Bemühung"
Metallurgie Lehre von der Gewinnung und Verarbeitung von Metallen, Hüttenkunde; aus griech. *metallon* „Grube, Bergwerk, Steinbruch" und *ergon* „Werk, Arbeit", zu *ergazesthai* „arbeiten, tätig sein"
Metamorphose Umwandlung in eine andere Gestalt; aus spätgriech. *metamorphoun* „umgestalten", aus *meta* „nach … hin" und *morphosis* „Gestaltung, Bild", zu *morphe* „Gestalt"
Metapher bildlicher Ausdruck; aus griech. *metaphora* „Übertragung, bildlicher Ausdruck", zu *metaphorein, metapherein* „woandershin tragen", aus *meta* „nach … hin" und *pherein* „tragen"
Metaphrase wörtliche Übersetzung, Übertragung eines Gedichtes in Prosa; aus griech. *metaphrasis* „Übertragung, Übersetzung", aus *meta* „nach … hin" und *phrasis* „Ausdrucksweise", zu *metaphrazein* „übertragen, übersetzen", zu *phrazein* „deutlich machen, aussprechen, sagen, mitteilen"
Metaphysik Lehre von den letzten, nicht erkennbaren Zusammenhängen des Seins; aus griech. *meta* „nach, hinter" und → *Physik;* der Ausdruck entstand bei der Redaktion von Aristoteles' Werken; mit einigen der letzten Schriften, die sich an die Physik anschlossen, wußte man zunächst nichts anzufangen und nannte sie deshalb einfach *Metaphysik* „das, was hinter der Physik kommt"; die Bedeutung „Lehre von den letzten Dingen, den Dingen hinter, über der Wirklichkeit, vom Übersinnlichen" ist erst danach entstanden
Metastase Ableger einer Geschwulst, der an einer anderen Stelle des Körpers auftritt; aus griech. *metastasis* „Umstellung, Umwandlung, Veränderung; Auswanderung", aus *methistanai* „umstellen, versetzen, verlegen, verpflanzen, weggehen lassen", aus *meta* „nach … hin" und *histanai* „entstehen lassen, erregen"
Metathese Umstellung von Lauten; aus griech. *metathesis* „Umstellung", aus *meta* „nach … hin" und *thesis* „das Setzen, Legen, Stellen, Stellung, Lage", zu *metatithenai* „umstellen", zu *tithenai* „setzen, stellen, legen"
Metazoon vielzelliges Tier; aus griech. *meta* „nach, hinter" und *zoon* „Lebewesen, Tier"; die Metazoen stehen in der zoologischen Systematik nach den Protozoen
Metempsychose Seelenwanderung; aus griech. *meta* „nach … hin" und *empsychos* „belebt, lebendig, beseelt", aus *en* „darin, hinein" und *psyche* „belebtes Wesen, Lebenskraft", zu *psychein* „hauchen, blasen, leben"
Meteor Gesteinsbrocken aus dem Weltraum; aus griech. *meteoros* „in der Luft, in der Höhe schwebend", zu *metairein* „in die Höhe heben", aus *meta* „nach hin" und *aeirein, airein* „aufheben"
Meteorologie Lehre vom Klima und Wetter; aus griech. *meteorologia* „Lehre von den höheren (überirdischen) Dingen", aus *meteoros* „in der Luft, am Himmel" und *logos* „Wort, Lehre, Kunde"; → Meteor
Meter Längenmaß; aus griech. *metron* „Maß, Werkzeug zum Messen", auch „Richtschnur" zu *metrein* „messen"
Methan einfachster gesättigter Kohlenwasserstoff; nach → *Methyl* gebildet
Methode Art und Weise, wie etwas getan wird, Verfahren; aus griech. *methodos* „Weg, etwas zu erreichen, Art der Untersuchung", aus *meta* „nach … hin" und *hodos* „Weg"
Methyl einwertiger Rest des Methans;

aus griech. *methy* „Wein" und *hyle* „Holz"

Metier Beruf, Handwerk, Geschäft; frz. *métier* „Handwerk", aus altfrz. *mestier, mistier, menestier* „Handwerk, Verrichtung, Dienst", aus lat. *ministerium* „Dienst, Dienstleistung, Verwaltung", zu *minister,* → Minister

Metöke *in altgriech. Städten:* zugewanderter Einwohner ohne politische Rechte; aus griech. *metoikos* „Mitbewohner, Einwanderer, Ansiedler", zu *metoikesis* „Zusammenleben, Mitbewohnen, Um-, Übersiedlung", aus *meta* „inmitten, mitten unter, nach ... hin" und *oikos* „Haus, Wohnung"

Metonomasie Veränderung des Namens durch Übersetzung oder Angleichung an eine andere Sprache, z.B. „Bauer" in „Agricola" oder „Descartes" in „Cartesius"; aus griech. *metonomazesthai* „anders nennen, umtaufen, seinen Namen ändern", aus *meta* „nach, gemäß" und *onomazein* „benennen, bezeichnen", zu *onoma* „Name"

Metonymie Vertauschung bedeutungsverwandter Begriffe, z.B. „Brot" statt „Nahrung"; aus griech. *meta* „nach ... hin, gemäß" und *onyma, onoma* „Name"

Metope *an dorischen Tempeln:* Feld über dem Architrav zwischen den Triglyphen; aus griech. *metope* in derselben Bedeutung, aus *meta* „zwischen" und *ope* „Loch, Öffnung, Fenster"

...metrie *in Zus.:* Messung; aus griech. *metrein* „messen"

Metrik Lehre vom Vers und von den Versmaßen; aus griech. *metrike techne* „Meßkunst", zu *metron* „Maß, Versmaß", zu *metrein* „messen"

Metrologie Lehre von den Maßen und Gewichten; aus griech. *metron* „Maß" und *logos* „Wort, Lehre, Kunde", zu *legein* „sagen, sprechen, erklären"

Metronymikon vom Namen der Mutter abgeleiteter Name, z.B. „der Niobide": Sohn der Niobe; aus griech. *meter,* Gen. *metros,* „Mutter" und *onyma, onoma* „Name"

Metropole Hauptstadt, Mittelpunkt; aus griech. *metropolis* „Hauptstadt, Heimatstadt", eigentlich „Mutterstadt", aus *meter,* Gen. *metros,* „Mutter" und *polis* „Stadt"

Metrum Versmaß, Taktmaß; aus griech. *metron* „Maß, Silben-, Versmaß", zu *metrein* „messen"

Mette nächtliches Stundengebet, auch Frühgottesdienst, erster und Hauptteil des kath. Stundengebetes, der urspr. während der Nacht gebetet, dann auf den frühen Morgen verlegt wurde, in bestimmten Fällen (z.B. Christmette) auch am Abend vorher rezitiert werden darf; aus mhd. *metten, mettin,* aus kirchenlat. *mattina,* aus lat. *hora matutina* „Morgenstunde, Morgenzeit", zu *matutinus* „am frühen Morgen geschehend, Früh-, Morgen-", nach *Matuta,* der altitalischen Göttin der Frühe, des Morgens

Mezzanin Zwischengeschoß über dem Erdgeschoß, Halbstockwerk; aus ital. *mezzanino* in ders. Bed., Verkleinerungsform von *mezzano* „mittlerer", zu *mezzo* „halb", aus lat. *medius* „mittlerer, in der Mitte befindlich"

mezzoforte *Mus.:* mittelstark, mittellaut; ital., aus *mezzo* „halb" (aus lat. *medius* „mittlerer") und → *forte*

mezzopiano *Mus.:* halbleise, ziemlich leise; ital., aus *mezzo* „halb" (aus lat. *medius* „mittlerer") und → *piano*

Mezzotinto Schabkunst, bei der aus der aufgerauhten und eingefärbten Platte das hell erscheinende Bild herausgeschabt wird, wobei weiche Übergänge zwischen hell und dunkel entstehen; *allg.:* Übergangsfarbton, Mischfarbe; ital. *mezzotinto* in ders. Bed., eigtl. „halb gefärbt", d.h. „zwischen hell und dunkel", aus *mezzo* „halb" und *tinto* „gefärbt", zu *tingere* (aus lat. *tingere, tinguere*) „färben"

Midinette Pariser Modistin oder Näherin; frz. *midinette* „junge Arbeiterin, die mittags aus der Werkstatt oder Fabrik kommt, um ein kleines Mittagessen einzunehmen", aus *midi* „Mittag" (aus *mi* „halb, mittler" und altfrz. *di,* lat. *dies* „Tag", also „halber Tag, Mittagszeit") und *dinette* „kleine Mahlzeit", Verkleinerungsform von *dîner* „Hauptmahlzeit", → Diner

mies schlecht, gemein; aus jidd. *mis, miuss* „schlecht, unangenehm, widrig; häßlich", aus hebr. *mi°ūs* „Abscheu, Widerwillen"
Miesmuschel eine eßbare Meeresmuschel; aus mhd. *mies* „Moos", nach den Fäden, mit denen sich die Muschel an Pfählen, Steinen u. a. anheftet
Mignonne *veraltet für* Liebchen; frz., aus *mignon* „Liebchen, Schätzchen, Geliebte", als Adj. „allerliebst, niedlich, zierlich, artig", aus altfrz. *mignot* „zierlich, zärtlich, einschmeichelnd", über gall. **mino* aus altir. *min* „zart, sanft", auch „klein"
Migräne anfallsweise auftretender, halbseitiger Kopfschmerz; aus frz. *migraine,* aus mlat. *hemicrania* in derselben Bedeutung, aus griech. *hemi* „halb" und *kranion* „Schädel"
migrieren wandern; aus lat. *migrare* „wandern, übersiedeln, an einen anderen Ort ziehen"
Mika Glimmer; aus lat. *mica* „Krümchen, kleines bißchen", weil er häufig in kleinen Blättchen vorkommt; vielleicht auch von lat. *micare* „funkeln, schimmern" beeinflußt, da er schwach glänzt
Mikado eine der alten Bezeichnungen für den japan. Kaiser, aus China übernommen; aus *mi* „erhaben" und *kado* „Tor", womit ursprünglich die Tore des kaiserlichen Palastes bezeichnet wurden, später wurde das Wort für den Kaiser selbst benutzt, dessen persönlicher Name tabuiert ist
Mikrobe mikroskopisch kleines, meist einzelliges Lebewesen; aus griech. *mikros* „klein" und *bios* „Leben"
Mikrofiche Mikrofilm in Postkartenformat mit mehreren Reihen von Mikrokopien; aus griech. *mikros* „klein" und frz. *fiche* „Zettel, Karte für ein alphabetisches Verzeichnis", zu *ficher* „festmachen", aus lat. *figere* „anheften, öffentlich anschlagen"
Mikrokopie Kurzwort für Mikrofotokopie: stark verkleinerte fotografische Wiedergabe von Schrift- oder Bildvorlagen; aus griech. *mikros* „klein" und *phos,* Gen. *photos,* „Licht" und *Kopie,* →kopieren
Mikrokosmos Welt der Kleinlebewesen; der Mensch und seine Umwelt; aus griech. *mikros* „klein" und →*Kosmos*
Mikrophon Gerät zur Umwandlung von Schallschwingungen in elektrische Schwingungen; aus griech. *mikros* „klein, kurz" und *phone* „Ton, Klang, Stimme"
Mikroskop optisches Vergrößerungsgerät; aus griech. *mikros* „klein" und *skopein* „sehen, schauen, betrachten"
Milan Gabelweihe; frz. *milan,* aus lat. *miluus, milvus* in ders. Bed., weitere Herkunft nicht bekannt
Miliartuberkulose bes. schwere Form der Tuberkulose; aus lat. *milium* „Hirse" und →*Tuberkulose,* wegen der zahlreichen hirsekorngroßen Tuberkeln (Miliartuberkeln) in allen Organen
Milieu Lebensverhältnisse, Umwelt, Umgebung; frz. *milieu* „Umwelt, Wirkungskreis", eigtl. „Mitte", aus altfrz. *mi* „mitten" und *lieu* aus lat. *locus* „Ort, Platz, Stelle"
Militär Heerwesen, Wehrmacht; höherer Offizier, Soldat; aus frz. *militaire* in ders. Bed., aus lat. *militares* (Pl.) „Militärpersonen, Soldaten, Krieger", zu *miles,* Gen. *militis,* „Soldat"
Millefioriglas Glas aus gebündelten, farbigen Glasstäben, die in Scheiben geschnitten wurden; eigtl. „Tausend-Blumen-Glas", aus ital., lat. *mille* „tausend" und ital. *fiori,* Pl. von *fiore* „Blume", aus lat. *flos,* Gen. *floris,* „Blume"
Millennium Jahrtausend; aus lat. *mille* „tausend" und *annus,* Gen. *anni,* „Jahr"
Mime Schauspieler; aus griech. *mimos* „Schauspieler, Darsteller", eigentl. „Nachahmer", zu *mimeisthai* „nachahmen"
Mimik (ausdrucksvolles) Mienenspiel; über lat. *mimicus* aus griech. *mimikos* „in der Art eines Mimen, durch Gebärden-, Mienenspiel", zu *mimos,* →Mime
Mimikry schützende Ähnlichkeit mit der Umgebung oder Gegenständen davon; aus engl. *mimicry* „eine Art des Nachahmens", zu *mimicking* „das Nachahmen", zu *to mimic* „nachah-

men", aus lat. *mimicus,* griech. *mimikos* zu griech. *mimeisthai* „nachahmen"
Mimose eine Pflanzengattung, deren bekannteste Vertreterin, die Sinnpflanze, ihre gefiederten Blätter bei Berührung zusammenlegt; aus frz. *mimosa,* aus lat. *mimus,* griech. *mimos* „Schauspieler"
Minarett Turm der Moschee, von dem aus der Muezzin zum Gebet ruft; über das Türkische aus arab. *minâra,* eigtl. *manâra* „Leuchtturm", aus der Vorsilbe *ma-* zur Bezeichnung des Ortes einer Sache oder einer Tätigkeit und *nâr* „Feuer"
Mine unterirdischer Gang; Erzlagerstätte; Bergwerk; Sprengkörper; frz. *mine* „Bergwerk, unterirdischer Gang", über gall. **mini, meni* aus ir.-schott. *mēin* „Erz"
Mineral anorganischer Stoff, Bestandteil der Erdkruste; aus mittellat. *aes mineralis* „Erzgestein", galloroman. **mina* „Erzader", zu irisch-schott. *mēin* „Erz"
Miniatur Malerei oder Zeichnung in alten Hand- oder Druckschriften; sehr kleines Bild; über ital. *miniatura* in derselben Bedeutung aus lat. *minium* „Mennige, Zinnober", da die Verzierungen, bes. der Initialen, anfangs in roter Farbe ausgeführt wurden
minieren mit Minen versehen; unterhöhlen; aus frz. *miner* „unterhöhlen, aushöhlen", zu *mine,* → Mine
Minimum kleinste Menge, kleinster Wert; lat. *minimum* „das kleinste", Superlativ von *parvus* „klein"
Minister Mitglied einer Regierung; aus lat. *minister* „Untergebener, Diener, Helfer", urspr. doppelter Komparativ, aus *minus* „kleiner, geringer" (zu *parvus* „klein, gering") und dem untergegangenen Komparativsuffix *-ter* aus griech. *-teros,* also eigtl. „der Geringste"
Ministrant Gehilfe des Priesters bei der Messe; aus lat. *ministrans,* Gen. *-antis,* Part. Präs. von *ministrare* „dienen, bedienen, helfen", zu *minister* „Diener, Helfer", → Minister
Minorität Minderheit, Minderzahl; aus lat. *minor,* Gen. *minoris,* „kleiner", Komparativ von *parvus* „klein"
Minotauros *griech. Myth.:* menschenfressendes Ungeheuer mit Menschenleib und Stierkopf; Sohn der Pasiphae, der Gemahlin des Minos, und eines Stieres; aus griech. *Minos,* der Bezeichnung für den König auf Kreta im 3.–2. Jahrtausend v. Chr., und *tauros* „Stier", also „Stier des Minos"
Minstrel *in England im MA:* Spielmann im Dienst eines Fürsten; engl., aus mengl. *menestrel* aus altfrz. *ministrel, menestrel* „Spielmann", auch „Diener", aus lat. *ministeriales* (Pl.) „kaiserliche Beamte", zu *minister,* → Minister
Minus Fehlbetrag, Verlust; Nachteil; aus lat. *minus,* Neutrum von *minor,* „weniger, geringer", dieses Komparativ von *parvus* „klein, gering, wenig"
Minute 60. Teil einer Stunde; aus lat. *minuta* „das Kleine, kleine Zeiteinheit", zu *minuere* „kleiner machen, vermindern, zerspalten", zu *minus* „kleiner", Neutrum von *minor* „kleiner, geringer", dieses Komparativ von *parvus* „klein"
minutiös, minuziös ganz genau, bis ins kleinste Detail; aus lat. *minutus* „sehr klein, winzig", → Minute
Minze eine Lippenblütlergattung; aus lat. *mintha,* griech. *minthe* „Minze"
Miozän eine Abteilung der Tertiärs; aus griech. *meion* „weniger" und *kainos* „neu"
Mirabelle eine kleine, gelbe, runde Pflaumensorte; aus frz. *mirabelle,* aus ital. *mirabolano, mirobolano* in derselben Bedeutung, aus griech. *myrobalanos* „wohlriechende Nuß", aus *myron* „wohlriechendes Öl" und *balanos* „Eichel, Nuß"
Mirakel Wunder; aus lat. *miraculum* „wunderbares Ereignis, Wunder", zu *mirari* „sich wundern, verwundern"
Misandrie Männerhaß, Männerscheu; aus griech. *misos* „Haß, Groll, Abscheu" (zu *misein* „hassen, verabscheuen") und *aner,* Gen. *andros,* „Mann"
Misanthrop Menschenfeind; aus griech. *misanthropos* in ders. Bed., aus *misos* „Haß, Groll, Abscheu" (zu *mi-*

sein „hassen, verabscheuen") und *anthropos* „Mensch"
Mischpoke *abfällig:* Verwandtschaft, Gesellschaft; über das Jiddische aus hebr. *mišpāḥā* „Familie, Verwandtschaft"; weitere Herkunft unsicher
Mise Einsatz beim Spiel; auf einmal zu zahlende Versicherungsprämie; frz. *mise* „das Setzen, Stellen; Einlage (von Kapital), Gebot (bei Versteigerungen)", zu *mettre* aus lat. *mittere* „setzen, stellen, legen"
miserabel sehr schlecht; aus frz. *misérable* „sehr unglücklich, elend; verächtlich, erbärmlich", aus lat. *miserabilis* „beklagenswert, jämmerlich, kläglich", zu *miser* in ders. Bed. sowie „erbärmlich, nichtswürdig"
Miserikordienbild Bild Christi als Schmerzensmann, Erbärmdebild; aus lat. *misericordia* „Barmherzigkeit", zu *misericors* „barmherzig", aus *miserere* „Mitleid haben, sich erbarmen" (zu *miser* „unglücklich, elend") und *cor,* Gen. *cordis,* „Herz"
Misogamie Ehescheu; aus griech. *misos* „Haß, Groll, Abscheu" (zu *misein* „hassen, verabscheuen") und *gamein* „heiraten"
Misogynie Frauenhaß; aus griech. *misogyneia* „Frauenhaß", aus *misos* „Groll, Haß, Abscheu" (zu *misein* „hassen, verabscheuen") und *gyne* „Frau"
Mispel ein Kernobstbaum mit kleinen, birnenförmigen Früchten; aus lat. *mespilum,* griech. *mespilon;* weitere Herkunft nicht bekannt
Missale Buch mit den für die kath. Messe vorgeschriebenen Lesungen; Ableitung von lat. *missa* „Messe", → Messe
Mission ernster Auftrag, Sendung; ins Ausland entsandte Gruppe von Bevollmächtigten; Verbreitung des Christentums; aus lat. *missio,* Gen. *-onis,* „das Absenden, Schicken, Sendung", zu *mittere* „schicken"
Mistel parasitisch auf Bäumen lebender, immergrüner Strauch; Herkunft nicht geklärt, vielleicht zu *Mist,* da die Samen bes. durch den Kot von Vögeln verbreitet werden; jedenfalls nicht verwandt mit dem lat. Namen *viscum* für „Mistel"
Mistral kalter Nord- oder Nordwestwind in Südfrankreich; frz., ältere Form: *maestral,* prov. *maistral,* Bez. für einen Wind, der *en maître* weht, d.h. „stark", sozusagen „herrisch" weht, zu *maître* „Herr, Meister", aus lat. *magister,* → Magister
Miszellaneen kleine Aufsätze verschiedenen Inhalts; aus lat. *miscellanea* „Schrift gemischten Inhalts", zu *miscellaneus* „gemischt, allerlei", zu *miscellus* „gemischt", zu *miscere* „mischen"
Mitose Zellkernteilung unter Wahrung der Chromosomenzahl, Äquationsteilung; aus griech. *mitos* „Faden, Schlinge"
Mixed Pickles in Essig eingelegtes, pikant gewürztes kleines Gemüse; engl., aus *mixed* „gemischt" (zu *to mix* aus lat. *miscere* „mischen") und *pickles* „sauer eingelegtes Gemüse", zu *pickle* „Würzsoße", zu *to pickle* „pökeln, in Salz- oder Essigbrühe einlegen", aus mengl. *pekille* aus mndrl. *pekel* „Salzlake", → pökeln
Mixtur Mischung; aus lat. *mixtura* „Mischung", zu *miscere* „mischen"
Mizelle dichte Molekülgruppe als kleinster Baustein pflanzlicher Strukturen; aus neulat. *micella* „Krümchen", Verkleinerungsform von lat. *mica* „Krümchen"
Mnemotechnik Kunst, das Gedächtnis durch Lern- oder Gedächtnishilfen zu stärken, Gedächtniskunst; aus griech. *mneme* „Gedächtnis, Erinnerung" und → *Technik*
Mob Gesindel, Pöbel; aus engl. *mob* in derselben Bedeutung, verkürzt aus lat. *mobile vulgus* „die leicht zu bewegende (= wankelmütige, beeinflußbare) Masse des Volkes", zu *mobilis* (eigtl. **movibilis*) „beweglich", zu *movere* „bewegen"
Möbel Einrichtungsgegenstand; aus frz. *meuble* „Hausgerät, Einrichtungsgegenstand, tragbares Gut, bewegliche Habe", zu *mobile* „beweglich", → mobil
mobil beweglich; kriegsbereit; gesund und munter; aus frz. *mobile* „beweg-

lich, kriegsbereit“, aus lat. *mobilis* (eigtl. **movibilis*) „beweglich“, zu *movere* „bewegen“

Mocha ein Mineral, Moosachat; nach der arab. Hafenstadt am Roten Meer, heute *Mokka*, von der diese Steine, aus östlichen Ländern kommend, nach Europa ausgeführt wurden

Mockturtlesuppe nachgeahmte Schildkrötensuppe aus Kalbskopf; aus engl. *mock* „nachgemacht, Schein-“, als Subst. „Nachahmung, Verhöhnung, Spott“ (wahrscheinlich lautmalend) und *turtle* „Schildkröte“, seemänn. Abwandlung von frz. *tortue* aus ital. *tartaruga* „Schildkröte“, aus vulgärlat. **tartaruca* „die Dämonische, zur Unterwelt, zum Tartarus Gehörige“, aus spätgriech. *tartarouchos*, Name eines bösen Geistes, aus *Tartaros* „Unterwelt, Totenreich“ und *echein* „bewohnen“, also „Bewohner der Unterwelt“; in der älteren christlichen Symbolik war die Schildkröte Sinnbild des Bösen, bei den Kirchenschriftstellern Symbol der im Sumpf lebenden Häretiker, daher die Übertragung

Modalität Art und Weise (eines Geschehens), Seinsweise; über frz. *modalité* „Art und Weise“ aus lat. *modus* „Maß, Art und Weise“

Mode Sitte, Brauch, Geschmack (einer Epoche); die Art, sich zu kleiden; dem Zeitgeschmack entsprechende Kleidung; aus frz. *mode* „Art und Weise, Geschmack, Sitte, Mode“, aus lat. *modus* „Maß, Art und Weise“

Model geschnitzte Hohlform für Gebäck, Stoffdruck u. a.; aus lat. *modulus* „Maß, Grundeinheit“, bes. zur Berechnung architektonischer Verhältnisse, Verkleinerungsform von *modus* „Maß“

Modell Vorbild, Muster, Urform; Entwurf oder verkleinerte Nachbildung; aus ital. *modello* in ders. Bed., über vulgärlat. **modellus* aus lat. *modulus* „Maß“, Verkleinerungsform von *modus* „Maß“

moderato *Mus.:* mäßig bewegt; ital. *moderato* „gemäßigt, mäßig, maßvoll“, zu *moderare*, lat. *moderari* „zügeln, mäßigen, in Schranken, im Zaum halten“, zu *modus* „(rechtes) Maß“

Moderator Stoff zum Bremsen der Geschwindigkeit von atomspaltenden Neutronen; Diskussionsleiter, durch eine Funksendung führender Sprecher; Leiter eines beratenden Gremiums; aus lat. *moderator* „jmd., der ein Maß setzt, Lenker“, zu *moderari* „ein Maß setzen, mäßigen, in Schranken halten, beherrschen“, zu *modus* „Maß“

Moderlieschen kleiner Karpfenfisch; entweder aus *Moder* „Schlammerde“, da er stehende oder wenig bewegte Gewässer bevorzugt, oder aus norddt. *Mutterloseken* „mutterloses (Tier)“, da man früher glaubte, der Fisch sei von selbst aus dem Schlamm hervorgegangen

modern der Mode, dem Zeitgeschmack entsprechend; aus spätlat. *modernus* „neu“, zu lat. *modo* „soeben, gerade, jetzt“, Adverb zur Begrenzung der Zeit auf die Gegenwart, gleichsam auf das Maß des Augenblicks, zu *modus* „Maß“

modest *veraltet:* bescheiden, maßvoll; aus lat. *modestus* „mäßig, Maß haltend, bescheiden“, zu *modus* „Maß“

modifizieren verändern, abwandeln; aus lat. *modificare* „abmessen, ein Maß setzen“, zu *modus* „Maß, Art und Weise“ und *facere* (in Zus. *-ficare*) „machen“, eigtl. also „auf eine bestimmte Weise zurichten“

modulieren abwandeln, wechseln; aus einer Tonart in eine andere übergehen; aus lat. *modulari* „abmessen, einrichten, regeln; taktgemäß singen oder spielen“, zu *modulus* „Maß, Takt, Tonart, Melodie“, zu *modus* „Maß“

Modus vivendi erträgliche Form des Zusammenlebens; aus lat. *modus* „Art und Weise“ und *vivendi* „des Lebens“, Gerundium zu *vivere* „leben“

mogeln (bes. beim Spiel) leicht betrügen; die Herkunft ist unsicher, entweder aus hebr. *mogal*, älter *magal* „mit der Sichel schneiden“, eine Bezeichnung, die dann auch für das heimliche Be- und Einschneiden der Spielkarten verwendet wurde; oder aus rotw. *maulechen, molichen* „heimlich transportie-

ren oder wegbringen, schmuggeln", zu jidd. *molich sein* „führen", zu *molich* „Führer"; oder aus dt. mundartl. *maucheln* „heimlich und hinterlistig handeln, betrügen"
Mohair Haar der Angoraziege sowie daraus hergestellter Stoff; über engl. *mohair* aus frz. *moire* und älterem *mouaire*, aus arab. *muḫaiyar* „Stoff aus Ziegenhaar", wörtlich „Ausgewähltes", also eigentlich etwa „ausgewählte, ausgekämmte Wollfäden", zu *ḫayyara* „wählen, auswählen"
Moiré Seidengewebe mit wellenförmigem Muster; störende Musterung auf reproduzierten Bildern oder auf dem Fernsehbild; aus frz. *moiré* „Wasserglanz", zu *moirer* „wässern, mit Wasserglanz versehen", aus engl. *mohair* (→ Mohair), nach dem Glanz des Stoffes bzw. der Wolle aus Mohair
Mokassin weicher, bestickter Wildlederschuh der nordamerikanischen Indianer; über engl. *moccasin* aus Algonkin-Dialekten in verschiedenen Formen: *mawhcasum, mohkisson, mohkussin, mokus, mokis*
mokieren sich lustig machen; aus frz. *moquer*, aus altfrz. *mocar* „sich lustig machen, jmdn. auslachen, lächerlich machen", zu span. *mueca* „Grimasse", weitere Herkunft nicht geklärt
Mokka eine Kaffeesorte; sehr starker Kaffee; nach der Stadt *Mocha* im Jemen, die früher Hauptausfuhrort für arabischen Kaffee war
Molar Backzahn, Mahlzahn; aus lat. *molarius* „zum Mühlstein, zum Mahlen gehörig", zu *mola* „Mühlstein"
Molekül kleinste, aus zwei oder mehr Atomen bestehende Einheit einer chemischen Verbindung; aus frz. *molécule* in ders. Bed., aus *molecula*, einer fachsprachlichen latinisierenden Verkleinerungsform von lat. *moles* „Masse, Klumpen"
Molesten *veraltet:* Beschwerden, Unannehmlichkeiten; aus lat. *molestia* „Beschwerde, Pein, lästiges Gefühl", zu *molestus* „beschwerlich, lästig", zu *moles* „Last, Mühe, Not"
Moll eins der beiden Tongeschlechter; aus lat. *mollis* „weich", wegen des weicheren Klangs der kleinen Terz im Dreiklang der Tonika im Unterschied zu → Dur
Molluske Weichtier; aus ital. *mollusco*, aus lat. *molluscum*, zu *mollusca nux* „Nuß mit weicher Schale", zu *mollis* „weich"
Moloch Macht, die alles verschlingt, unersättliche Macht; urspr. altsemit. Gott, der durch Menschenopfer verehrt wurde; aus griech. *moloch* aus hebr. *molek̲*, urspr. *mēlēk̲* „König"; zuerst war dies die Bezeichnung für einen Gott als König und wurde im Lauf der Zeit zum Eigennamen
Molton weiches, beidseitig gerauhtes Baumwollgewebe; aus frz. *molleton* in ders. Bed., zu *mollet* „weich, zart", zu *molle* (Fem. von *mou*) aus lat. *mollis* „weich"
Molybdän chemisches Element; aus griech. *molybdaina* „Bleikugel", zu *molybdos* „Blei", weitere Herkunft nicht bekannt
Moment Zeitpunkt, sehr kurzer Zeitabschnitt; Wirkung einer Kraft; Gesichtspunkt, Merkmal; aus lat. *momentum* „Zeitabschnitt, Bewegungsdauer, bes. im Sinne von kurzer Zeit; Bewegungskraft; Entscheidungskraft, entscheidender Einfluß, Beweggrund, Wichtigkeit, Bedeutung", eigtl. *movimentum*, zu *movere* „bewegen"
Monade in sich geschlossene, vollendete, unteilbare Einheit; aus griech. *monas*, Gen. *monados*, „Einheit", zu *monos* „einzig, allein"
Monarch Alleinherrscher; aus griech. *monarchos* „Alleinherrscher", aus *monos* „allein, einzig" und *archein* „herrschen"
monaural nur ein Ohr betreffend; *Technik:* einkanalig; aus griech. *monos* „einzig, allein" und lat. *auris* „Ohr"
Monazit ein Mineral; aus griech. *monazein* „einzeln sein", wegen der Seltenheit
Mönch Angehöriger eines kath. Ordens, der als Einsiedler oder in einer Klostergemeinschaft nach bestimmten Regeln lebt; aus mhd. *münech, munich*, aus ahd. *munih*, aus lat. *monachus* „Mönch", aus griech. *monachos* „ein-

zeln, Einsiedler", zu *monos* „allein"
mondän im Stil der großen Welt, auffällig elegant; aus frz. *mondain, mondaine* „weltlich, irdisch, weltlich gesinnt", als Subst. „Weltkind, Weltdame", zu *monde* aus lat. *mundus* „Welt"
Moneten *urspr.:* Bargeld, Münzen, *ugs.:* Geld; aus lat. *monetae* „Münzen", Pl. von *moneta* „Münze, Münzstätte", nach dem Beinamen der Göttin Juno, *Moneta* (eigtl. „Mahnerin, Warnerin", zu *monere* „ermahnen, erinnern, warnen"); in ihrem Tempel wurde der römische Staatsschatz aufbewahrt und befand sich die Münzprägestätte, sie war daher auch die Schutzpatronin der Münzen
monieren beanstanden, rügen, bemängeln; aus lat. *monere* „mahnen, wegen etwas Vorstellungen machen, zurechtweisen"
Monismus Lehre, daß allem Sein ein einheitliches Grundprinzip zugrunde liege; aus griech. *monos* „einzig, allein"
Monitor Kontrollgerät; aus lat. *monitor* „Warner, Aufseher", zu *monere* „mahnen, warnen"
Monodie einstimmiger, urspr. unbegleiteter Gesang; aus griech. *monodia* „Einzelgesang des Schauspielers", aus *monos* „einzig, allein" und *ode* „Gesang, Lied"
Monogamie Ehe mit nur einem Partner, Einehe; aus griech. *monos* „einzig, allein" und *gamein* „heiraten"
Monogenese Herleitung der einzelnen Gruppen von Tieren und Pflanzen aus je einer Urform; ungeschlechtliche Fortpflanzung; aus griech. *monogenes* „allein geboren, allein gezeugt", aus *monos* „einzig, allein" und → *Genese*
Monogramm (oft ineinander verschlungene) Anfangsbuchstaben des Namens, Namenszeichen; aus griech. *monos* „einzig" und *gramma* „Schriftzeichen", also „Schriftzeichen, das mehrere Buchstaben in ein Zeichen zusammenfaßt"
Monokel Brille für nur ein Auge; aus griech. *monos* „einzeln" und lat. *oculus* „Auge"
Monolatrie Verehrung nur eines Gottes (ohne andere zu leugnen); aus griech. *monos* „einzig, allein" und →*...latrie*
Monolith Steinblock; aus einem einzigen Steinblock gehauenes Bildwerk; aus griech. *monos* „einzig, allein" und *lithos* „Stein"
Monolog Selbstgespräch; aus griech. *monos* „allein, einzig" und *logos* „Wort, Rede", zu *legein* „sagen, sprechen"
Monom, Mononom *Math.:* aus nur einem Glied bestehende Zahlengröße; aus griech. *monos* „einzig" und *onoma* „Name, Bezeichnung, Ausdruck"
Monomanie Besessenheit von einem einzigen Trieb, von einer fixen Idee; aus griech. *monos* „einzig, allein" und → *Manie*
monomer aus einzelnen selbständigen Molekülen bestehend; aus griech. *monos* „einzig, allein" und *meros* „Teil"
Monophage Tier, das sich in seiner Ernährung auf eine einzige Pflanzen- oder Tierart beschränkt; aus griech. *monos* „einzig, allein" und *phagos* „Esser, Fresser", zu *phagein* „essen"
Monophobie krankhafte Furcht vor dem Alleinsein; aus griech. *monos* „allein" und → *Phobie*
Monophthong einfacher Vokal; aus griech. *monos* „einzig, allein" und *phthoggos* „Ton, Laut"
Monophylie = Monogenese; aus griech. *monos* „einzig, allein" und *phyle* „Stamm, Klasse, Abteilung", *phylon* „Geschlecht, Familie", zu *phyein* „hervorbringen, erzeugen"
Monoplegie Lähmung nur eines Gliedes oder Gliedteiles; aus griech. *monos* „einzig" und *plege* „Schlag, Hieb", zu *plessein, plettein* „schlagen"
Monopodie metrische Einheit aus nur einem Versfuß; aus griech. *monos* „einzig, allein" und *pous,* Gen. *podos,* „Fuß"
Monopol alleiniges Vorrecht (bes. eine Ware zu produzieren oder zu verkaufen); aus griech. *monos* „allein, einzig" und *pole, polesis* „Verkauf", zu *polein* „verkaufen"
Monopteros kleiner, antiker, von nur einer Säulenreihe umgebener Rundbau; aus griech. *monos* „einzig" und

pteron „Flügel, flügelähnlicher Gegenstand", auch im Sinne von „Gebäudeteil", in diesem Fall „Säulenreihe"
Monotheismus Glaube an einen einzigen Gott; aus griech. *monos* „einzig, allein" und → *Theismus*
monoton eintönig, einförmig; aus griech. *monotonos* „mit immer gleicher Spannung, einförmig", aus *monos* „einzig" und *tonos* „Spannung; Ton, Klang"
Monözie Vorhandensein von männlichen und weiblichen Blüten auf derselben Pflanze, Einhäusigkeit; aus griech. *monos* „allein" und *oikos* „Haus"
Monsieur *frz. Anrede:* Herr; eigtl. *mon sieur* „mein Herr", *sieur* ist alte Akkusativform von *sire* „Herr", aus *seigneur* „vornehmer, adliger Herr, Grund-, Lehnsherr", aus lat. *senior* „der Ältere"
Monsignore Titel für hohen geistlichen Würdenträger; ital. *Monsignore* in ders. Bed., in Anlehnung an ital. *signore* „Herr" aus frz. *Monseigneur* „mein Herr, gnädiger Herr", Anrede für geistliche Würdenträger und fürstliche Personen, → Monsieur
Monstera eine Kletterpflanze; vielleicht zu lat. *monstrum* „Wundergestalt, Ungeheuer", wegen der sehr großen, merkwürdig geformten Blätter (tiefgezackt und durchlöchert)
Monstranz Gefäß zum Tragen und Zeigen der geweihten Hostie; aus mlat. *monstrantia* in derselben Bedeutung, aus lat. *monstrans,* Part. Präs. von *monstrare* „zeigen"
monströs unförmig, mißgestaltet, ungeheuerlich; aus lat. *monstruosus, monstrosus* „ungeheuerlich, widernatürlich", zu → *Monstrum*
Monstrum mißgestaltetes Wesen, Ungeheuer; aus lat. *monstrum* „naturwidrige Erscheinung (als Wunderzeichen der Götter), Ungeheuer, Unhold", auch „Wunder, ungeheure Tat", eigtl. *monestrum,* zu *monere* „warnen, vorhersagen, mahnen"
Monsun in Asien, bes. Indien und im Bereich des Indischen Ozeans halbjährlich wechselnder Wind; aus ital. *monsone,* frz. *mousson,* port. *monção,* aus arab. *mausim* „Jahreszeit", d. h. die für die Schiffahrt günstige Jahreszeit
Montag erster Tag der Woche; aus ahd. *mântac, mântac,* zu *mâno* „Mond", dem lat. *dies lunae* „Tag des Mondes" nachgebildet
montan zum Bergbau und Hüttenwesen gehörig; aus lat. *montanus* „auf oder in Bergen und Gebirgen befindlich", zu *mons,* Gen. *montis* „Berg, Gebirge"
Montbretie ein südafrikan. Schwertliliengewächs; nach dem frz. Naturforscher A. F. C. de *Montbret* (gest. 1836)
montieren auf-, zusammenbauen, aufstellen; aus frz. *monter* „aufstellen, aufrichten, erhöhen", eigtl. „hinaufbringen, besteigen", aus vulgärlat. *montare* „hinaufsteigen", zu lat. *mons,* Gen. *montis,* „Berg"
Monument großes Denkmal; aus lat. *monumentum* „Denkzeichen, Denkmal, Erinnerungszeichen", eigtl. *monimentum,* zu *monere* „erinnern, mahnen, an etwas denken machen" und Infix *-men-* zur Bezeichnung eines Mittels oder Werkzeugs
Moos *ugs.:* Geld; aus jidd. *moo* „Pfennig", Pl. *moos* „Geld", aus hebr. *māᶜōth* „kleine Münzen", aus *mōᶜā* „Münze im Wert etwa eines Pfennigs", urspr. „Sandkörnchen, Steinchen"; die Redensart *Moos haben* „Geld haben" wurde später erweitert zu *Moses haben* oder *Moses und die Propheten haben* „Geld haben", in scherzhafter Anlehnung an Lukas 16,29, wo Abraham im Gleichnis vom reichen Mann und dem armen Lazarus von den Brüdern des Reichen sagt: Sie haben Moses und die Propheten, laß sie dieselben hören
Mop Staubbesen mit Fransen; aus engl. *mop* „Scheuerlappen", aus mengl. *mappe* aus lat. *mappa* „Mundtuch, Serviette"
Mops eine kleine Hunderasse mit dikkem Körper und stumpfer Schnauze; aus niederdt. *mops,* zu engl. *to mope* „niedergeschlagen sein, Trübsal blasen" und *mopes* „Trübsinn, heulendes Elend", wegen des verdrießlichen Gesichtsausdrucks des Hundes
Möpse *ugs.:* Geld; aus rotw. *meps* „klein"

mopsen[1] *ugs.:* sich mopsen: sich langweilen; wohl zu *Mops* wegen seines verdrießlichen Gesichtsausdrucks
mopsen[2] *ugs.:* stehlen; zu → *Möpse* „Geld"
Moral Sittlichkeit, sittliche Haltung, Sittenlehre; aus lat. *moralis* „die Sitten betreffend", zu *mos,* Gen. *moris,* „(zur Regel gewordener) Wille, Brauch"
Moräne von Gletschern mitgeführter und abgelagerter Gesteinsschutt; aus frz. *moraine* „Geröll", zu provenzal. *mourreno* „Geröllhaufen, Hügel", zu *mourre* „Felsvorsprung"
Morast sumpfiger, schlammiger Boden; aus mnddt. *moras,* mndrl. *marasch,* altfrz. *mareschage* in ders. Bed., zu altfrz. *merès, marois* „Sumpf", fränk. *marisk* „Sumpf", verwandt mit *Marsch(land)*
Moratorium zeitweiliges Ruhen von Verpflichtungen, Zahlungsaufschub; aus lat. *moratorius* „säumend, zögernd, verzögernd", zu *morari* „verweilen, sich aufhalten, zögern", zu *mora* „Verzug, Verzögerung, Aufschub"
morbid kränklich, angekränkelt, morsch, brüchig; aus lat. *morbidus* „krank, siech", zu *morbus* „Krankheit", eigtl. „das, was sterben macht", zu *mori* „sterben"
Morchel ein Pilz; aus mhd. *morhel,* aus ahd. *murhila,* fränk. *morhila* „Morchel", weitere Herkunft nicht bekannt
Mordent Pralltriller; aus ital. *mordente* in ders. Bed. sowie „Beize; Schärfe", eigtl. also „Beißer", zu ital., lat. *mordere* „beißen", wegen des raschen, scharfen, zupackenden Klangs
morendo *Mus.:* ersterbend, verhauchend; ital. *morendo* „sterbend", zu *morire* aus lat. *mori* „sterben"
Moresca maurischer pantomimischer Tanz; ital. *moresca* in ders. Bed., zu *moro* „Maure", → Maureske
morganatisch ungesetzlich, nicht rechtsgültig, in der Fügung: *morganatische Ehe* „Ehe zur linken Hand"; aus mlat. *morganatica,* in der Fügung *ad morganaticam* „auf (bloße) Morgengabe hin, auf Grund einer Morgengabe", z. B. *matrimonium ad m.* „Ehe auf Morgengabe hin", *uxor ad m.* „Ehefrau auf Grund einer Morgengabe", zu ahd. *morgangifa, morgangeba* „Morgengabe", d. h. „Gabe des Ehemannes an die Ehefrau nach der Hochzeitsnacht"
moribund dem Tod geweiht, im Sterben liegend; aus lat. *moribundus* „sterbend, dem Tode nahe", zu *morbus* „Krankheit", → morbid
Moriske → Moresca
Moritat Bänkelsängerlied schauerlichen Inhalts, meist mit moralischer Nutzanwendung; wahrscheinlich zusammengezogen aus *Moralität* im Sinne von „lehrhaftes moralisches Schauspiel", wie es am Ende des MA beliebt war, → Moral
Mormonen eine in Nordamerika entstandene Religionsgemeinschaft, die „Kirche Jesu Christi der Heiligen der Letzten Tage"; nach dem Propheten *Mormon,* dem ein Abschnitt des nach ihm benannten Buches *Mormon* zugeschrieben wird; das Buch wurde angeblich 1827 von dem Gründer der Gemeinschaft, Joseph Smith (1805–1844), in einem Hügel im Staat New York in Form von gravierten Goldplatten gefunden; es ist ein Bericht über israelitische Propheten, die mit einem Teil des israelitischen Volkes von 600 v. Chr. bis 400 n. Chr. in Amerika gelebt haben sollen; *Mormon* war der letzte dieser Propheten
Morphin, Morphium ein schmerzlinderndes Alkaloid, ein Rauschgift; nach *Morpheus,* dem griechischen Gott des Schlafes und der Träume, vielleicht nach den von ihm geschaffenen Traumgestalten, zu *morphe* „Gestalt, Erscheinung"
Morphogenese Entwicklung der Gestalt eines Lebewesens; aus griech. *morphe* „Gestalt, Form" und → *Genese*
Morphologie Lehre von der Formbildung der Lebewesen und der Wörter; aus griech. *morphe* „Gestalt, Form" und *logos* „Wort, Rede, Kunde", zu *legein* „sagen, sprechen, erklären"
morsen mittels Morsealphabets, eines aus Punkten und Strichen bestehenden Alphabets, telegrafisch Nachrichten übermitteln; nach dem Erfinder, dem nordamerikanischen Maler und Zeich-

ner Samuel *Morse* (1791–1872)
Mortadella eine Wurstsorte; ital. *mortadella,* auch *mortatella* „Wurst aus Schweinefleisch mit Speckstückchen", aus lat. *murtatus, myrtatus* „mit Myrtenbeeren gewürzt", zu *murtum, murta, myrtum, myrta* „Myrtenbeere"
Mortalität Sterblichkeit; aus lat. *mortalitas,* Gen. *-atis,* „Sterblichkeit", zu *mortalis* „sterblich", zu *mors,* Gen. *mortis,* „Tod"
mortifizieren abtöten, absterben lassen; für ungültig erklären; aus kirchenlat. *mortificare* „töten", zu *mors,* Gen. *mortis,* „Tod" und *facere* (in Zus. *-ficare,* Intensivum zu *-ficere*) „machen"
Morula Furchungsstadium des Keims vieler Tiere und des Menschen, Maulbeerkeim; Verkleinerungsform von lat. *morus* „Maulbeere", wegen der Ähnlichkeit mit einer Maulbeere
Mosaik Einlegearbeit aus farbigen Steinchen; über frz. *mosaïque* aus ital. *mosaico* „Mosaik", mlat. *musaicum,* mit Suffixwechsel aus lat. *museus, musivus* „musivisch, in der Art der Musivarbeit, des Mosaiks", aus griech. *mouseios* „zu den Musen und musischen Künsten gehörig", zu *mousa* „Muse, Musenkunst"
Moschee islamisches Gotteshaus; über frz. *mosquée,* span. *mezquita* aus arab. *masğid* „Gebetshaus", eigentlich „Ort des Niederwerfens", aus der Vorsilbe *ma-* zur Bezeichnung des Ortes einer Sache oder einer Tätigkeit und *sağada* „sich niederwerfen"
Moschus aus der Drüsenabsonderung des Moschustieres gewonnener Riechstoff; aus griech. *moschos,* aus pers. *mušk* „Moschus", aus Sanskrit *muṣka* „Hode", wegen der Ähnlichkeit mit der Drüse des Moschustieres
Moskito eine tropische Stechmücke, von der einige Arten die Malaria übertragen; aus span. *mosquito,* zu *mosca* „Fliege"
Moslem Anhänger des Islams; aus arab. *muslim* „ein sich (Gott) Ergebender", zu *aslama* „sich (Gott) ergeben, sich (Gott) hingeben"
Motette mehrstimmiges Chorgesangsstück; aus altfrz. *motet,* mlat. *motetus* in ders. Bed., zu frz., altfrz. *mot* „Wort"; urspr. war die Motette ein Musikstück, dem nachträglich ein Text unterlegt wurde, bzw. ein gegebener Text wurde (passend zur Melodie) verdeutlicht, umschrieben, erweitert
Motiv Leitgedanke, Beweggrund, Antrieb; aus frz. *motif* in ders. Bed., aus mlat. *motivum* „Ursache, Antrieb, Beweggrund", als Adj. „Bewegung verursachend", aus lat. *motio* „Bewegung", zu *movere* „bewegen"
Motodrom Rennbahn für Motorradrennen; aus → *Motor* und griech. *dromos* „Rennbahn, Platz zum Laufen", nach → Hippodrom gebildet
Motor Maschine zum Erzeugen von mechanischer Kraft; aus lat. *motor* „Beweger", zu *movere* „bewegen"
Motto Leit-, Wahlspruch; ital. *motto* „Leitspruch", aus vulgärlat. **mottum,* **muttum* „dumpfer Ton, Muckser, Grunzen", zu lat. *muttire* „halblaut reden, murmeln"
mouillieren einen Konsonanten m.: erweichen, ein j sprechen oder nachklingen lassen; aus frz. *mouiller* „naß machen, durch Benetzen erweichen, einweichen", zu *mou,* vor Vokalen *mol,* fem. *molle,* aus lat. *mollis* „weich"
Moulage Abdruck, Abguß; farbiges Wachsmodell (von Körperteilen); frz. *moulage* „Abguß, Abdruck", zu *moule* „Form, Modell", aus lat. *modulus* „Maß", Verkleinerungsform von *modus* „Maß"
Mouliné Zwirn aus zwei verschiedenfarbigen Garnen sowie das Gewebe daraus; aus frz. *mouliner* „zwirnen", zu *moulin* „Mühle", aus lat. *mola* „Mühlstein", Pl. *molae* „Mühlsteine; Mühle"
Mousse mit Eischnee gemischte Speise; aus frz. *mousse* „Schaum, Schlagsahne", aus lat. *mulsa* „mit Honig gesüßt", *aqua mulsa* „Honigwasser, Wassermet", dazu *mulsum* „mit Honig gemischter Wein", zu *mel* „Honig"
moussieren schäumen, prickeln; aus frz. *mousser* „schäumen", zu *mousse* „Schaum", → Mousse
Moustérien Stufe der jüngeren Altsteinzeit; nach dem frz. Fundort *Le Moustier*

Movens treibende Kraft, Beweggrund; lat., Part. Präs. von *movere* „bewegen", also „das Bewegende"

Möwe ein Schwimmvogel; Bezeichnungen wie niederdt. *mewe,* ndrl. *meeuw,* fries. *meau, mieu,* engl. *mew* weisen auf angelsächs. Ursprung hin, der jedoch unklar ist; vielleicht ist der Name lautnachahmend und weist auf den scharfen, miauenden Schrei des Vogels hin (mhd. *mawen,* ndrl. *maauwen,* engl. *to mew* „miauen"), ebenso deuten frz. *mouette* „Möwe" und *miauler* „miauen" darauf hin, sowie normann.-pikard. *miauve, miaule* „Möwe"

Mozaraber Christ in Spanien während der arab. Herrschaft, der die arab. Sprache und Kultur angenommen hatte; aus arab. *mustaᶜrib* „sich den Arabern Angleichender", zu *istaᶜraba* „sich den Arabern angleichen, die Sitten der Araber übernehmen"

Mudejarstil span. Kunststil mit maurischen Elementen; span. *Mudejar* „Maure in Spanien unter christlicher Herrschaft", aus arab. *mudağğan* „dem erlaubt ist, sich aufzuhalten (wo er ist)", auch von Tieren: „ans Haus gewöhnt, gezähmt, dienstbar gemacht"

Muezzin *im Islam:* jmd., der vom Minarett aus die Stunde des Gebets ausruft, Gebetsrufer; aus türk. *muezzin,* aus arab. *muᵓaḏḏin* „(zum Gebet) Aufrufender", zu *aḏān* „Gebetsruf"

Muff Handwärmer für beide Hände (aus Pelz); aus frz. *moufle* „Fausthandschuh", aus mlat. *muffula,* vielleicht aus fränk. *mocha* „Handschuhe"

Muffe Verbindungsstück für Kabel- und Rohrenden; zu *Muff,* wegen der Form

Muffel mürrischer, verdrießlicher Mensch; wahrscheinlich zu nddt. *muffeln, muffen* „langsam kauen, mit halbgeschlossenem Mund undeutlich sprechen" (dazu *Muff* „der letzte beim Essen"), auch „kauen und dabei in sich hineinreden", wohl lautmalend

Mufflon ein Wildschaf auf Korsika und Sardinien; aus frz. *mouflon,* aus kors. *muffolo,* aus spätlat. *mufro* „Wildschaf"

Mufti islamischer Rechtsgelehrter; aus arab. *al-muftī* „der Erteiler von Rechtsgutachten, der Ausleger des islamischen Rechts", zu *fatwā* „Rechtsgutachten"

mukös schleimig; aus lat. *mucosus* „schleimig, rotzig", zu *mucus* „Schleim, Rotz"

Mulatte Mischling aus einem weißen und einem negriden Elternteil; aus span. *mulato* in ders. Bed., zu *mulo* aus lat. *mulus* „Maulesel, Maultier"

Mull feines, lockeres Baumwollgewebe; aus engl. *mull,* verkürzt aus *mulmul,* aus Hindi *malmal* „Musselin", mithin „lockeres Gewebe"

Mullah *im Islam:* Lehrer, Gelehrter; pers. und Hindi *mullā,* türk. *molla,* aus arab. *maulā* „Herr", zu *waliya* „Herrschaft ausüben, verwalten"

Multipara Frau, die schon mehrmals geboren hat; aus lat. *multus* „viel" und *parere* „gebären, hervorbringen"

multipel vielfach; aus lat. *multiplex* „vielfach, vielteilig, vielfältig", zu *multus* „viel" und *plexus* „geflochten", zu *plectere* „flechten, ineinanderfügen"

multiplizieren vervielfachen, malnehmen; aus lat. *multiplicare* „vervielfachen", aus *multus* „viel" und *plicare* „falten"

Mumie durch Einbalsamieren vor Verwesung geschützte Leiche; über ital. *mummia* aus pers. *mūmiyā* „Mumie", zu *mūm* „Wachs" (zum Einbalsamieren)

Mumm Kraft, Unternehmungsgeist, Energie, Mut; wahrscheinlich aus der studentischen Redensart *keinen animum haben* „keinen Mut, keine Entschlossenheit", zu lat. *animus* (Akk.: *animum*) „Energie, Mut, Selbstvertrauen", eigtl. „Seele, Geist, Lebenshauch, seelische Lebenskraft", aus griech. *anemos* „Hauch, Wind"

Mummenschanz Maskenfest, Maskenscherz; zum veralteten *Mumme* „verkleidete Person" (zu *mummen, vermummen* „verkleiden, verhüllen") und *Schanze,* früher „glücklicher Wurf beim Würfelspiel" (aus mhd. *schanz(e)* „Würfelspiel, Fall der Würfel", aus altfrz. *cheance,* →Chance), also eigtl.

„Würfelspiel vermummter Personen oder mit vermummten Personen"
Mummy Auftraggeber eines Ghostwriters; allgemein zurückgeführt auf engl. *mummy* „Mumie", wahrscheinlicher ist aber die Ableitung von engl. ugs. *mum* „still, schweigend"; die Bildung *Mummy* wird zwar in lautlicher Anlehnung an das bekannte Wort *mummy* für „Mumie" erfolgt sein, aber mit der Bedeutung „einer, der schweigt"; dazu die alte engl. Redensart *mum's the word* „still jetzt, nichts mehr hierüber"
Mumpitz Unsinn; aus hess. *Mummbootz* „Gespenst, Kinderschreck", zu *Mummelratz, Mummelputz* „Gespenst, Vogelscheuche" (zu *vermummen* „verhüllen, verkleiden") und *Boz, Bootzemann, Butzemann* „Kinderschreck, Vogelscheuche"
Mumps Viruskrankheit mit Entzündung und Anschwellen der Ohrspeicheldrüsen; engl. *mumps* in ders. Bed., zu *mumpish* „griesgrämig, verdrießlich" (zum veralteten *mump* „Grimasse"), wegen des grämlichen Aussehens der Erkrankten infolge der Schwellung
Mungo = Manguste; aus Tamil *mūṅkā* „Ichneumon"
Munition Vorrat an Geschossen; aus lat. *munitio,* Gen. *-onis,* „Befestigungswerk, Mauern und Schanzen", zu *munire* „Mauern und Schanzen anbringen, befestigen", zu *moenia* „Stadtmauern"
Munizipium *veraltet:* Stadtgemeinde, Stadtverwaltung; aus lat. *municipium* „Stadt, die nach eigenen Gesetzen von eigenen Magistraten verwaltet wird", zu *municeps,* Gen. *-cipis,* „Bürger eines Munizipiums", zu *munia* „Leistungen, Pflichten" und *capere* (in Zus. *-cipere*) „übernehmen"
Muräne ein aalähnlicher Speisefisch; aus lat. *muraena, murena* „ein Seefisch", aus griech. *myraina,* zu *myros* „Art Seeaal", weitere Herkunft nicht bekannt
Murmeltier ein dem Eichhörnchen verwandtes Nagetier; volksetymolog. Umdeutung aus ahd. *murmunto,* aus lat. *mus montis* „Bergmaus", aus *mus,* Gen. *muris,* „Maus" und *montis,* Gen. von *mons* „Berg"
Muschik *früher:* russ. Bauer; zu russ. *muschtschina, muschitschina* „Mann, großer, starker Kerl"
Muschkote *früher abwertend:* Fußsoldat, Infanterist; Verstümmelung von *Musketier,* → Muskete
Muselman = Moslem; aus pers. *muslimān,* Plural zu *muslim,* der von den Türken als Singular übernommen wurde
Musette frz. Form des Dudelsacks; langsamer ländlicher Tanz mit dudelsackähnlichem Baß; frz. *musette* „Dudelsack, Lied mit Dudelsackbegleitung", aus altfrz. *muser* „dudeln, Dudelsack spielen", aus mlat. *musa* „Dudelsack"
Museum öffentliche Sammlung von Gegenständen aus Kunst und Wissenschaft; aus lat. *museum* „Sitz der Musen; Akademie", aus griech. *mouseion* „Sitz, Tempel der Musen", zu *mousa* „Muse"
Musik Tonkunst; aus lat. *musica* „Tonkunst, Gesang", aus griech. *mousika* „Kunst der Musen, Geistesbildung, bes. Tonkunst und Dichtung", zu *mousa* „Muse"
musivisch eingelegt, mosaikartig; aus lat. *museus, musivus,* → Mosaik
Muskarin Gift des Fliegenpilzes, auch als Rauschgift verwendet; aus *Amanita muscaria,* dem botanischen Namen für „Fliegenpilz", zu *musca* „Fliege"; man hat den Pilz früher in Milch gelegt, um Fliegen anzulocken und zu töten
Muskat ein Gewürz; aus frz. *muscade* „Muskatnuß", aus provenzal. *muscat* „nach Moschus duftend", lat. *muscatum* „Moschusduft"
Muskel der Bewegung dienendes Organ des menschlichen und tierischen Körpers; aus lat. *musculus* „Muskel", eigtl. „Mäuschen" Verkleinerungsform von *mus* „Maus", nach der Bewegung unter der Haut
Muskete *früher:* großkalibriges Gewehr; aus frz. *mousquet,* aus ital. *moschetto* in ders. Bed.; die ältere Bedeutung von *moschetto* ist „Sperber" (heute *moscardo,* eigtl. „kleine Fliege", zu

mosca „Fliege", wegen der gesprenkelten Brustfedern des Vogels); Übertragungen von Vogelnamen auf Geschütze kamen früher hier und da vor (z. B. *Falkonett* für „Kanone"), wahrscheinlich spielte dabei die Vorstellung des Fliegens, der Schnelligkeit und Treffsicherheit beim Fang eine Rolle

Muskowit ein Mineral, heller Kaliglimmer; nach dem lat. Namen *Muskovia* für „Moskau"

Muslim →Moslem

Musselin leichtes, feines Woll- oder Baumwollgewebe; aus frz. *mousseline,* älter *mosulin,* ital. *mussola, mussolina,* nach der irakischen Stadt *Mossul,* die früher für die Herstellung seidener Tücher berühmt war

Mustang Wildpferd der Prärie; aus span. *mustango* in derselben Bedeutung, vermischt aus span. *mostrenco* und mexikan.-span. *mesteño,* beides „herrenlos, von der Herde entlaufen, verirrt"

Mutation plötzlich auftretende oder künstlich herbeigeführte Veränderung des Erbgutes; Stimmwechsel; aus lat. *mutatio,* Gen. *-onis,* „Veränderung", zu *mutare* „bewegen, verändern" (eigtl. **movitare*), zu *movere* „bewegen"

mutilieren verstümmeln; aus lat. *mutilare* „verstümmeln, stutzen", zu *mutilus* „verstümmelt", aus griech. *mitylos* oder *mytilos* mit unsicherer Bedeutung, meist mit „hornlos" übersetzt (von Tieren, die ein Horn oder ihre Hörner verloren haben), vielleicht zu *mistyllein* „zerstückeln" (nach Frisk)

Mutismus seelisch bedingte Stummheit, krankhaftes Schweigen; aus lat. *mutus* „stumm, schweigend, ohne Sprache"

mutterseelenallein ganz allein; der Wortteil *mutter* ist hier nur verstärkend gebraucht, er tritt in dieser Funktion auch in anderen älteren Zusammensetzungen auf, z. B. in *mutternackt, mutterbloß* „ganz nackt, ganz bloß", gewissermaßen "nackt wie im Mutterleib"; dazu gibt es auch *mutterseelnackt,* bei dem *mutterseel-* ebenfalls nur verstärkend wirken soll; das alte Wort *Mutterseele* steht für „Mutter", so wie *Menschenseele* für „Mensch" steht; *mutterseelenallein* ist also eine zweimal verstärkte Form von „allein", nämlich „ganz und gar allein, völlig allein". Die Ableitung aus frz. *moi tout seul* „ich ganz allein" ist sprachlich nicht einleuchtend, und die Deutung „von der Seele der Mutter verlassen" ist sachlich abwegig

mutual wechsel-, gegenseitig; aus lat. *mutuus* in derselben Bedeutung, zu *mutare* „wegbewegen, verändern"

Myalgie Muskelschmerz; aus griech. *mys,* Gen. *myos,* „Muskel" und *algos* „Schmerz"

Myelitis Rückenmarkentzündung; aus griech. *myelos* „Mark" und Endung *-itis* zur Bezeichnung einer Entzündung

Mykologie Lehre von den Pilzen; aus griech. *mykes* „Pilz" und *logos* „Wort, Lehre, Kunde", zu *legein* „sagen, sprechen, erklären"

Myokard Herzmuskel; aus griech. *mys,* Gen. *myos,* „Muskel" und *kardia* „Herz"

Myologie Lehre von den Muskeln; aus griech. *mys,* Gen. *myos,* „Muskel" und *logos* „Wort, Lehre, Kunde", zu *legein* „sagen, sprechen, erklären"

Myopie Kurzsichtigkeit; aus griech. *myops,* Gen. *myopos* „kurzsichtig", aus *myein* „sich schließen" (von Augen, Lippen, Wunden) und *ops,* Gen. *opos,* „Auge"

Myotomie operative Durchtrennung von Muskeln; aus griech. *mys,* Gen. *myos,* „Muskel" und *tome* „Schnitt", zu *temnein* „schneiden"

Myriade sehr große Menge; aus griech. *myrias,* Gen. *myriados,* „Menge von zehntausend", allg. „sehr große Zahl", zu *myrioi* „zehntausend" sowie *myrios* „unendlich viel"

Myriophyllum eine Wasserpflanze, Tausendblatt; aus griech. *myrios* „tausendfach, unzählig" und *phyllon* „Blatt"

Myriopode Tausendfüßer; aus griech. *myrioi* „zehntausend" sowie *myrios* „unendlich viel" und *pous,* Gen. *podos,* „Fuß"

Myrrhe wohlriechendes, aus einem

ostafrikan. Baum gewonnenes Harz, als Räuchermittel und zusammenziehendes Arzneimittel verwendet; aus lat., griech. *myrrha*, aus dem Semitischen in derselben Bedeutung

Myrte ein mittelmeerischer immergrüner Strauch; aus griech. *myrtos* in ders. Bed.; wahrscheinlich verwandt mit *Myrrhe*

Mystagoge *in der Antike:* in die Mysterien eingeweihter und einführender Priester; aus griech. *mystagogos* „in die (eleusinische) Geheimlehre Einweihender", aus *mystes* „Eingeweihter" (→Mysterium) und *agogos* „Führer, Wegweiser, Begleiter", zu *agein* „führen, leiten"

Mysterium *in der Antike:* Götterkult, an dem nur Eingeweihte teilnehmen durften; *dann:* Geheimlehre; *allg.:* Geheimnis; aus griech. *mysterion* „Geheimnis, Geheimlehre (bes. der Göttin Demeter in Eleusis)", zu *mystes* „(in die eleusinische Geheimlehre) Eingeweihter", zu *myein* „einweihen"

mystifizieren geheimnisvoll machen, mit einem mystischen Gepräge versehen; zu →*Mystik, Mysterium* und lat. *facere* (in Zus. *-ficere*) „machen"

Mystik Streben nach Vereinigung mit dem Göttlichen durch Versenkung; aus griech. *mystikos* „zu den Geheimlehren gehörend, geheimnisvoll"; →Mysterium

Mythologie Lehre von den Mythen; Gesamtheit der Mythen eines Volkes; aus griech. *mythos* „Rede, Erzählung, Sage, bes. von Göttern und Helden aus der Geschichte" (wahrscheinlich zur lautmalenden idg. Wurzel **my-*, **mu-* „lauten, tönen") und *logos* „Wort, Rede, Kunde", zu *legein* „sagen, sprechen, erklären"

Myxödem körperliche und geistige Erkrankung mit Hautschwellungen; aus griech. *myxa* „Schleim" und →*Ödem*

Myzel Teil höherer Pilze, Pilzfäden, Pilzgeflecht; aus griech. *mykes* „Pilz"

Myzetologie = Mykologie; aus griech. *mykes*, Gen. *myketos*, „Pilz" und *logos* „Wort, Rede, Kunde", zu *legein* „sagen, sprechen, erklären"

N

Nabob *urspr.:* islamischer Provinzstatthalter in Indien; *später:* in Indien reich gewordener Engländer oder Holländer; *übertr.:* sehr reicher Mann; aus arab. *nuwwāb,* Plural von *nā°ib* „Stellvertreter, Statthalter"

Nachtigall ein Singvogel; aus mhd. *nachtegal,* ahd. *nahtagala,* aus *Nacht* und germ. **galan* „singen", zur idg. Wurzel **ghel-* „rufen, schreien"

Nadir der dem Zenit gegenüberliegende Punkt auf der Himmelskugel, Fußpunkt; über frz., ital. *nadir* aus arab. *naẓīr* „ähnlich, entsprechend, gegenüberstehend", eigentlich *naẓīr as-samt* „der (dem Zenit) gegenüberliegende Punkt"; vgl. Zenit

Nagaika Peitsche aus geflochtenen Lederriemen; russ. *nagaika* „Kosakenpeitsche", nach einem turktatar. Stammesnamen, krimtatar. und kirgis.-tatar. *nogai* „kasanischer Tatar"

naiv kindlich, einfältig, treuherzig; aus frz. *naif, naive* „natürlich, ungekünstelt; kindlich, unbefangen; einfältig", altfrz. auch „echt, wirklich, angeboren", aus lat. *nativus* „angeboren, natürlich, ursprünglich", zu *natus* „Geburt", zu *nasci* „geboren werden"

Najade *griech. Myth.:* Quell-, Flußnymphe; eine Süßwassermuschel; aus griech. *naias, Gen. naiados,* „Quell-, Flußnymphe", zu *nein* „fließen, schwimmen"

Nänie Totenklage; aus lat. *naenia, nenia* „Totenlied", vielleicht aus einem griech. Wort **nenia,* das seinerseits vielleicht aus einer kleinasiat. Sprache stammte und nur ein Lallwort war

Nanismus, Nanosomie Zwergwuchs; aus lat. *nanus,* griech. *nanos, nannos* „Zwerg" und griech. *soma* „Körper"

Naphtha *veraltet:* Roherdöl; griech. *naphtha* „Bergöl", aus dem Altpersischen

Nargileh orientalische Wasserpfeife; türk. *nargile,* aus pers. *nārgīl* „Kokosnuß; Tabakspfeife"; bei der Nargileh wird der Rauch mittels eines langen Schlauches durch Wasser geleitet und dadurch gekühlt; das Wasser befand sich urspr. in einem aus einer Kokosnuß hergestellten Gefäß

Narkose (vom Arzt herbeigeführte) Ausschaltung des Bewußtseins und der Schmerzempfindung; aus griech. *narke* „Krampf, Lähmung, Erstarrung", *narkodes* „erstarrt, gelähmt", vielleicht zur idg. Wurzel **nerg-*, **snerg-* „schlingen, knüpfen", dann wäre der Begriff im Sinne von „zusammenschnüren" zu verstehen

Narwal zu den Delphinen gehöriger Wal; aus dän., schwed. *narhval,* aus altnord. *nar,* norweg. (dialekt.) *naae* „Leiche" und altnord. *hvalr,* schwed. *val,* dän. *hval* „Wal", also eigentlich „Leichenwal", wohl wegen der weißfleckigen Haut

Narzisse eine Zierpflanze; aus griech. *narkissos,* vielleicht zu *narke* „Krampf, Erstarrung" und *narkan* „erstarren"; früher wurde ihre Zwiebel als Brechmittel sowie bei Wunden und Verbrennungen verwendet

Nastie durch äußeren Reiz ausgelöste Bewegung von Pflanzenorganen, wobei die Richtung vom Bau des betreffenden Organs abhängt und also immer dieselbe ist; aus griech. *nastos* „fest", zu *nassein* „fest sein"

Natalität Geburtenhäufigkeit; aus lat. *natalis* „zur Geburt gehörig", zu *natus* „Geburt", zu *nasci* „geboren werden"

Nation durch gemeinsame Herkunft, Sprache, Kultur und politische Entwicklung gekennzeichnete Menschengemeinschaft; aus lat. *natio,* Gen. *-onis,* „Geburt, das Geborenwerden", übertr. „Volksstamm, dessen Angehörige durch gemeinsame Abstammung verbunden sind", zu *nasci* „geboren werden"

Natrium chemisches Element; Ablei-

tung von → *Natron*
Natron doppeltkohlensaures Salz des Natriums; aus arab. *naṭrūn,* aus ägypt. *netri* „Göttliches, zum Gott gehörig", zu *nute(r)* „Gott"; Natron wurde zur Räucherung im religiösen Kult verwendet
Natter eine Schlange; aus mhd. *natere,* ahd. *natara,* aus got. *nadrs,* zu lat. *natrix* „Wasserschlange", wohl zur idg. Wurzel **sne-,* **ne-* „sich winden, drehen"
Natur die den Menschen umgebende, nicht von ihm geschaffene Welt; angeborene Wesensart, Veranlagung; aus lat. *natura* „Geburt", übertr. „Beschaffenheit, Wesen, Eigenart; Einrichtung der Dinge der Welt, Lauf der Dinge, Gesetz der Welt", zu *nasci* „geboren werden"
Nauarch *im alten Griechenland:* Befehlshaber eines Schiffes oder einer Flotte; aus griech. *nauarchos* in ders. Bed., zu *naus* „Schiff" und *archos* „Anführer, Oberhaupt", zu *archein* „herrschen"
Nauplius frei schwimmende Larve vieler Krebstiere; aus griech. *naus* „Schiff" und *plein* „schwimmen, segeln, mit dem Schiff fahren"
Nausea Übelkeit; aus lat. *nausea,* griech. *nausia, nautia* „Seekrankheit, Übelkeit", zu *naus* „Schiff"
Nautik Schiffahrtskunde; aus griech. *nautika* „Schiffahrt, Seewesen", zu *naus* „Schiff"
Nautilus ein Kopffüßer, Schiffsboot, Perlboot; aus griech. *nautilos* „Schiffer, Seefahrer", zu *naus* „Schiff"
Navicula *kath. Kirche:* Gefäß zum Aufbewahren von Weihrauch; lat. *navicula* „kleines Schiff, Boot, Kahn", Verkleinerungsform von *navis* „Schiff"
Navigation Orts- und Kursbestimmung von Schiffen und Flugzeugen; aus lat. *navigatio,* Gen. *-onis,* „Schifffahrt", zu *navigare* „mit dem Schiff fahren", aus *navis* „Schiff" und *agere* „führen, lenken"
Necessaire Behältnis für kleine Dinge, z. B. Wasch-, Nähzeug; aus frz. *nécessaire* „notwendig", aus lat. *necessarius, necesse* „unumgänglich, unvermeidlich, unentbehrlich", aus *ne* „nicht" und *cessare* „zurückbleiben, säumen", Frequentativum zu *cedere* „zurückweichen, verzichten, nachgeben"
negativ verneinend; aus lat. *negativus* „verneinend", zu *negare* „nein sagen", → negieren
Neger Angehöriger einer Menschenrasse mit dunkler Hautfarbe und krausem Haar; aus frz. *nègre* „Neger", aus lat. *niger* „dunkelfarbig, schwarz"
negieren verneinen, ablehnen; aus lat. *negare* „nein sagen, verneinen, versichern, daß nicht", vielleicht aus *ne* „nicht" und dem unvollständigen Verb *aio* „ich sage ja, bejahe"
Negligé bequeme Morgenkleidung; frz. *négligé* „Morgenrock, lässiges, bequemes Gewand", zu *négliger* „vernachlässigen, nicht beachten, sich nicht kümmern", aus lat. *negligere,* Nebenform von *neglegere* „nicht beachten, vernachlässigen", aus *nec* „nicht" und *legere* „aussuchen, wählen"
Nekrolog Nachruf auf einen Verstorbenen; aus griech. *nekros* „tot; Toter" und *logos* „Wort, Rede", zu *legein* „sagen, sprechen"
Nekromantie Weissagung mit Hilfe der Totenbeschwörung; aus griech. *nekros* „tot; Toter" und *manteia* „Weissagung", zu *mantis* „Seher", zu *mainesthai* „außer sich, verzückt sein"
Nekrophage Tier, das sich nur von toten Organismen ernährt; aus griech. *nekros* „tot" und *phagos* „Esser, Fresser", zu *phagein* „essen"
Nekropole vorgeschichtlicher oder antiker Friedhof, Totenstadt; aus griech. *nekros* „tot; Toter" und *polis* „Stadt"
Nekropsie Leichenöffnung; aus griech. *nekros* „tot; Toter" und *opsis* „das Sehen", zu *ops* „Auge"
Nekrose Absterben von Organen, Geweben und Gewebsteilen; aus griech. *nekrosis* „Tod, Absterben", zu *nekrousthai* „absterben", zu *nekros* „tot"
Nekton alle sich im Wasser aktiv fortbewegenden Tiere; aus griech. *nektos* „schwimmend", zu *nechein* „schwimmen"
Nelke getrocknete Blütenknospe des auf den Molukken und Philippinen

heimischen Gewürznelkenbaumes, die als Gewürz verwendet wird; aus niederdt. *negelke* „Nägelchen", oberdt. *Nägelein;* die Gewürznelke hat die Form eines handgeschmiedeten Nagels; wegen des Duftes wurde die Bezeichnung dann auf die Gartennelke übertragen

Nematode Fadenwurm; aus griech. *nema,* Gen. *nematos,* „Faden"

Nemesis strafende Gerechtigkeit; aus griech. *nemesis* „Strafe, Rache", nach *Nemesis,* der Göttin der Rache und Vergeltung, zu *nemein* „aus-, verteilen, zuteilen, zukommen lassen"

Neodym chemisches Element; aus griech. *neos* „neu" und *didymos* „zweifach, doppelt, verschieden, Zwilling", zu *dyo* „zwei"; das Element wurde zusammen mit dem Praseodym aus einem Mineralgemisch getrennt

Neolithikum Jungsteinzeit; aus griech. *neos* „neu" und *lithos* „Stein"

Neon chemisches Element; aus griech. *neos, neon* „neu"

Neophyt *im Urchristentum:* Neugetaufter; aus griech. *neos* „neu" und *phytos* „Geschöpf, Wesen", zu *phyteuein* „pflanzen, erzeugen, hervorbringen"

Neozoikum = Känozoikum; aus griech. *neos* „neu" und *zoon* „Lebewesen, bes. Tier", *zoikos* „tierisch"

Nephoskop Gerät zum Bestimmen der Zugrichtung und -geschwindigkeit der Wolken; aus griech. *nephos* „Wolke" (dazu Sanskrit *nabhas-* „Nebel, Dunst, Wolke") und *skopein* „schauen, betrachten"

Nephrit ein Mineral, Jade, Nierenstein; aus griech. *nephros* „Niere"; bis ins 18. Jh. war man der Meinung, der Stein helfe gegen Nierensteine

Nephritis Nierenentzündung; aus griech. *nephros* „Niere" und Endung *-itis* zur Bezeichnung einer Entzündung

Nephropyelitis Nierenbeckenentzündung; aus griech. *nephros* „Niere", *pyelos* „Wanne, Trog, Becken" und Endung *-itis* zur Bezeichnung einer Entzündung

Nepotismus Begünstigung von Verwandten (beim Verleihen von Ämtern), Vetternwirtschaft; aus lat. *nepos,* Gen. *nepotis,* „Enkel, Neffe"

neppen betrügen, übervorteilen; aus rotw. *neppen* „unechte Sachen als echte verkaufen, betrügen", vielleicht über frühnhd. *nappen* „(jmdn.) rupfen", aus mhd. *noppen* „Wollknoten aus dem Gewebe entfernen, Tuch von Knötchen, Flocken befreien", also ebenfalls „rupfen"; die *Neppe* „Dirne" hat etymologisch damit nichts zu tun, sondern geht auf gleichlautendes mhd. *noppen* „stoßen, schaukeln" zurück

Neptunium chemisches Element; nach dem röm. Gott des Meeres, *Neptun*

Nerfling ein Karpfenfisch; zusammengeflossen aus *ein Orfe* mit herübergezogenem n, → Orfe

Nerv faserartiges Gebilde zur Weiterleitung von Reizen im Körper; aus lat. *nervus* „Sehne", verwandt mit griech. *neuron* „Sehne", dazu Sanskrit *snāvan-* aus idg. **snāvar* „Sehne"

Nerz Sumpfotter; aus russ. *norka* in derselben Bedeutung, aus ukrain. *noryca* „Taucher", zu russ. *nora* „Höhle", ukrain. *nora* „Erdloch, Quelle", zu kirchenslaw. *njreti* „untertauchen"

Nessusgewand, Nessushemd verderbenbringendes Geschenk; in der griech. Sage ein Gewand, das mit dem Blut des von Herakles erschlagenen Kentauren *Nessos* gefärbt war und das den Träger vergiftete

netto rein, nach Abzug der Unkosten oder Abgaben, ohne Verpackung; ital. *netto* in ders. Bed., aus lat. *nitidus* „sauber, fein, schön aussehend"

Neume *MA:* Notenzeichen, das nur die ungefähre Tonhöhe angibt; aus griech. *neuma* „das Zunicken, Wink", zu *neuein* „nicken, zunicken, winken"

Neuralgie anfallsweise auftretender Nervenschmerz; aus griech. *neura, neuron* „Sehne, Nerv" und *algos* „Schmerz"

Neurasthenie Nervenschwäche; aus griech. *neura, neuron* „Sehne, Nerv" und → *Asthenie*

Neurektomie operative Entfernung eines Nervenstücks; aus griech. *neura, neuron* „Sehne, Nerv", *ek* „aus, heraus“ und *tome* „Schnitt“, zu *temnein* „schneiden“

Neurologie Lehre von den Nerven; aus griech. *neura, neuron* „Sehne, Nerv“ und *logos* „Wort, Lehre, Kunde“, zu *legein* „sagen, sprechen, erklären“

Neuroptere ein Insekt, Netzflügler; aus griech. *neura, neuron* „Sehne, Nerv“ und *pteron* „Flügel“

Neurotomie operative Durchtrennung von Nerven; aus griech. *neura, neuron* „Sehne, Nerv“ und *tome* „Schnitt“, zu *temnein* „schneiden“

neutral unbeteiligt, ohne Stellungnahme; aus lat. *neuter* „keiner von beiden“, Adverb *neutro* „nach keiner von beiden Seiten hin“, aus *ne* „nicht“ und *uter* „welcher von beiden“

Neutron elektrisch neutrales Elementarteilchen; zu → *neutral*

Nickel **1** *früher:* Kobold, der einen foppt, Knirps; *heute:* eigensinniger, unangenehmer, auch träger, ungeschickter, törichter sowie schmutziger, ungehobelter Mensch; Kurz- und Verkleinerungsform von *Nikolaus,* bes. in Zus. häufig verwendet, z.B. Heul-, Sau-, Bosnickel; **2** chemisches Element; es wurde 1751 entdeckt und kurz danach auch im Kupfernickel gefunden und danach benannt; *Kupfernickel* ist ein Metall, das kein Kupfer enthält, aber durch seine Schwere und rötliche Farbe Kupfergehalt vortäuscht und dadurch früher den Bergmann wie ein *Nickel* (Kobold) foppte (vgl. Kobalt)

Nidation Einnistung der befruchteten Eizelle in die Gebärmutterschleimhaut; aus lat. *nidus* „Nest“

Niello in Gold oder Silber eingeritzte, mit schwarzer Schmelzmasse ausgefüllte Zeichnung; ital. *niello* in ders. Bed., aus lat. *nigellus* „schwärzlich“, Verkleinerungsform von *niger* „dunkel, schwarz“

Nihilismus Auffassung, daß alles Sein sinnlos und nichtig sei; aus lat. *nihil, nihilum* „nichts“, aus *ni* = *ne* „nicht“ und *hilum* „etwas Geringes“, eigtl. „Härchen, Faser“

Nikotin giftiges Alkaloid im Tabak; nach dem frz. Gesandten am port. Hof, Jean *Nicot* (1530–1600), der 1560 die Tabakspflanze in Frankreich einführte

Nimbostratus tief herabhängende Regenwolke; aus lat. *nimbus* „Wolke, Regenwolke“ und *stratus* „hingebreitet, ausgestreckt, niedergelegt“, zu *sternere* „hin-, ausbreiten, niederlegen“

Nimbus Heiligenschein; *übertr.:* Ansehen, Glanz; aus lat. *nimbus* „Wolke, Nebelhülle“, übertr. „Heiligenschein“

Niob chem. Element; nach der griech. Sagengestalt *Niobe,* der Tochter des Tantalos, wegen der Ähnlichkeit mit dem Tantal

Nippes kleine Ziergegenstände aus Porzellan oder Glas; frz. *nippes* „Putzsachen, alles, was zur Kleidung gehört; abgetragene Kleidungsstücke“, aus prov. *nipo* „Lumpen, Fetzen“

Nirwana *im Buddhismus:* Erlöschen aller Lebenstriebe, selige Ruhe nach dem Tod; aus Sanskrit *nirvāṇa* „erloschen“, aus *nir-* „aus-, weg“ und der Wurzel *vā-* „wehen, verlöschen“

Nitrogenium chemisches Element, Stickstoff; aus lat. *nitrum,* griech. *nitron,* Bez. für verschiedene Salze (→ Natron), und griech. *gennan* „erzeugen“

Niveau waagerechte Fläche; Höhe, Höhenlage; Rang, Stufe; frz. *niveau* „Nivellierwaage, waagerechte Fläche“, aus altfrz. *livel* „Wasserwaage; gleiche Höhe“, aus lat. *libella* „kleine Waage, Wasserwaage“, zu *libra* „Waage“

nivellieren einebnen, auf gleiche Höhe bringen; aus frz. *niveler* „mit der Wasserwaage messen, einebnen“, zu *niveau,* → Niveau

No altes japan. Singspiel mit historischen oder mythischen Stoffen; japan. *no* bedeutet eigentlich „Kunst, Kunstfertigkeit, Geschick, Können“

nobel edel, vornehm, großzügig; aus frz. *noble* „adelig; edel, edelmütig, würdevoll“, aus lat. *nobilis* „adelig, von edler Herkunft, vornehm“, eigtl. „weithin bekannt, berühmt“, zu *noscere* „kennen, kennenlernen“

Nobelium chemisches Element; nach dem schwed. Chemiker Alfred *Nobel* (1833–1896)

Nocturne schwermütiges Musikstück; frz. *nocturne* „Nachtstück; Nachtvogel; nächtlich", aus lat. *nocturnus* „nächtlich", zu *nox,* Gen. *noctis,* „Nacht"

Noetik Denklehre, Erkenntnislehre; aus griech. *noetikos* „geistig", zu *noetos* „geistig wahrnehmbar", auch „Denkkraft" (*noetos topos* „Welt der Gedanken, geistiges Land"), zu *noein* „denken"

Noktambulismus Mondsüchtigkeit, Nachtwandeln; aus lat. *nox,* Gen. *noctis,* „Nacht" und *ambulare* „hin und her gehen, spazierengehen", zu *ambi* „herum"

Nomade Angehöriger eines nichtseßhaften Volkes; aus griech. *nomas,* Gen. *nomados,* „jmd., der mit einer Herde umherzieht", zu *nomeus* „Hirt" und *nome* „das Weiden, das Treiben von Vieh auf die Weide", zu *nemein* „weiden lassen, Vieh hüten", eigentlich „aus-, zuteilen, zukommen lassen, benutzen lassen"

Nomenklatur Gesamtheit der Fachausdrücke eines Wissensgebietes, Verzeichnis darüber; aus lat. *nomenclatura* „Namensverzeichnis", zu *nomenclatio* „Benennung, Bezeichnung, Verzeichnis", aus *nomen* „Name" und *calare* „zurufen, ausrufen"

...nomie *in Zus.:* Abhängigkeit von Gesetzen; aus griech. *nomos* „Gesetz", eigtl. „das Zugeteilte", zu *nemein* „zuteilen, verteilen"

Nominativ erster Beugungsfall, Werfall; aus lat. *casus nominativus* „benennender Fall, das Nomen bezeichnender Fall", zu *nominare* „benennen, bezeichnen, namentlich anführen", zu *nomen* „Name"

Nomographie Lösung mathematischer Probleme durch zeichnerische Darstellung; aus griech. *nomos* „Gesetz" und *graphein* „schreiben, zeichnen"

Nonagon Neuneck; aus lat. *nona (pars)* „neunter Teil, Neuntel" und griech. *gonia* „Ecke"

nonchalant liebenswürdig-lässig, ungezwungen; frz. *nonchalant* „nachlässig, gleichgültig", aus *non* „nicht" und *chalant,* Part. Präs. zum veralteten *chaloir* „sich angelegen sein lassen, sich kümmern um", aus lat. *calere* „entbrannt, entflammt sein, heiß sein, glühen"

Nonius *an Meßgeräten:* verschiebbarer Hilfsmaßstab zum Ablesen von Zehntelgrößen; nach *Nonius,* dem latinisierten Namen des port. Mathematikers Pedro *Nuñez* (1492–1577), dem die Erfindung des Gerätes zugeschrieben wird

Nonne Angehörige eines weiblichen Ordens; aus kirchenlat. *nonna* „Nonne", auch „Kinderwärterin, Erzieherin", zu *nonnus* „Mönch", auch „Kinderwärter, Erzieher", Lallwort der Kindersprache, das in ähnlichen Formen in vielen Sprachen verbreitet ist

Nonproliferation Nichtweitergabe (von Atomwaffen); aus engl. *non-* „nicht" und *proliferation* „üppiges Wachstum, starke Vermehrung, Wucherung", → Proliferation

Nonsens Unsinn, törichtes Gerede; aus engl. *nonsense* in ders. Bed., aus *non-* „nicht" und *sense* aus lat. *sensus* „Sinn"

normal der Norm entsprechend, regelrecht, üblich, herkömmlich; geistig gesund; aus lat. *normalis* „nach dem Winkelmaß gemacht, dem Winkelmaß entsprechend", übertr. „der Regel entsprechend", zu *norma* „Winkelmaß; Regel, Richtschnur, Vorschrift"

Nosologie Lehre von den Krankheiten, systematische Beschreibung der Krankheiten; aus griech. *nosos* „Krankheit" und *logos* „Wort, Lehre, Kunde", zu *legein* „sagen, sprechen, erklären"

Nostalgie Heimweh, Sehnsucht nach der (als besser erscheinenden) Vergangenheit; im 17. Jh. in Anlehnung an das schweizerische Wort „Heimweh" gebildet, aus griech. *nostos* „Rückkehr, Heimkehr" und *algos* „Schmerz, Trauer, Kummer", also im Sinne von „Sehnsucht, heimzukehren" zu verstehen; die Bedeutung „Sehnsucht nach einer vergangenen Zeit oder einem entschwundenen Zustand" stammt aus dem Englischen

nostrifizieren einbürgern; staatlich an-

erkennen (ausländisches Examen); aus lat. *noster,* Gen. *nostri,* „unser" und *facere* (in Zus. *-ficere*) „machen"
Notabeln angesehene Persönlichkeiten; aus frz. *notable* „angesehener Bürger", aus lat. *notabilis* „bemerkenswert, denkwürdig", zu *notare* „wahrnehmen, bemerken"
notabene wohlgemerkt; übrigens, was ich noch sagen wollte; lat. „paß gut auf, merke gut auf": *nota* Imperativ von *notare* „bemerken, beobachten" und *bene* „gut, wohl"
Notar staatlich bestellter Jurist, der Rechtsgeschäfte beurkundet, Unterschriften beglaubigt usw.; aus lat. *notarius* „Schreiber, Sekretär, Schnellschreiber", zu *notare* „schreiben", bes. „mit Abkürzungen schreiben", zu *nota* „Schriftzeichen, Geheimschrift"
Notation Aufzeichnung eines Musikstücks in Notenschrift; aus lat. *notatio,* Gen. *-onis,* „Bezeichnung", zu *notare* „durch Zeichen darstellen, schreiben", zu *nota* „Schriftzeichen"
Note Beurteilung, Zensur; Anmerkung; musikalisches Zeichen; Mitteilung; Prägung, Besonderheit; aus lat. *nota* „Zeichen, Kennzeichen; Brandmal (der Pferde); Bemerkung des Zensors hinter dem Namen eines Bürgers (in Protokollen, Verzeichnissen)", mlat. auch „musikalisches Zeichen", zu *notare* „kennzeichnen, bezeichnen; mit einer tadelnden Bemerkung versehen", zu **notus,* Perf. von *noscere* „kennenlernen, bemerken, wahrnehmen"
notieren aufschreiben, vormerken, in Notenschrift niederschreiben; aus lat. *notare* „durch Zeichen darstellen, schreiben", zu *nota* „Zeichen, Schriftzeichen"
Notiz aufgeschriebene Bemerkung, schriftliche Mitteilung, Angabe; Beachtung, Kenntnis; aus lat. *notitia* „schriftliches Verzeichnis; Bekanntsein, Wissen, Kenntnis", zu *notus* „bekannt (mit etwas)", zu *noscere* „kennen, kennenlernen"
notorisch allbekannt, gewohnheitsmäßig; aus lat. *notorius* „kundtuend, anzeigend", zu *notare* „durch Zeichen kenntlich machen, kennzeichnen, bezeichnen". Weiteres → Note
Notturno *ital. Bezeichnung für* → Nocturne
Nougat Süßware aus Kakao, Zucker, feingeriebenen Mandeln oder Nüssen u.a.; frz. *nougat* „Nuß-, Mandelkuchen", aus prov. *noga* „Nuß", über galloroman. **nuca* aus lat. *nux,* Gen. *nucis,* „Nuß"
Novelle Nachtrag zu einem Gesetz; in sich geschlossene Prosaerzählung; aus ital. *novella* „Nachricht, Neuigkeit, Erzählung", zu *novello* „neu, jung, frisch", aus lat. *novellus,* Verkleinerungsform von *novus* „neu, jung", aus griech. *neos* „jung, jugendlich; unerwartet, ungewöhnlich, noch nicht dagewesen, neu"
November elfter Monat des Jahres; aus lat. *mensis november* „neunter Monat" (da der altrömische Kalender mit dem 1. März begann), zu *novem* „neun" und *-ber* von unklarer Herkunft
Novize junger Mönch während der Probezeit; aus lat. *novicius* „Neuling", zu *novus* „neu"
Noxe krankheitserregende Ursache, Schädlichkeit; aus lat. *noxa* „Schaden", zu *nocere* „Schaden, Unheil anrichten"
Nuance feine Tönung, feine Abstufung, Kleinigkeit, Spur; frz. *nuance* in ders. Bed., zu *nue* (aus lat. *nubes*) „Wolke", im Hinblick auf die feinen Farbtönungen der Wolken
Nudismus Freikörper-, Nacktkultur; aus lat. *nudus* „nackt"
Nugget natürliches Goldklümpchen; engl. *nugget* in ders. Bed., dazu mundartlich *nugget* „Stück", Verkleinerungsform von *nug* „Stück, Block, ungeformte Masse", weitere Herkunft nicht bekannt
Nukleus Kern, Zell-, Nervenkern; aus lat. *nucleus* aus *nuculeus* „Kern", bes. „eßbarer Kern der Nuß", zu *nucula* „Nüßchen", Verkleinerungsform von *nux,* Gen. *nucis,* „Nuß"
null kein, nichts; aus lat. *nullus* „keiner", aus *ne* „nicht" und *ullus* „irgendeiner", Verkleinerungsform von *unus* „einer"
nullifizieren für ungültig erklären, auf-

heben; aus lat. *nullificare* „geringschätzen", zu *nullum* „nichts" (→ null) und *facere* (in Zus. *-ficare,* Intensivum zu *-ficere*) „machen"
Nullipara Frau, die noch nicht geboren hat; aus lat. *nulli,* Plural von *nullus* „kein(er)" (→ null) und *parere* „gebären, hervorbringen"
Numerus clausus begrenzte Zahl (für die Zulassung zu einem Studium); lat. *numerus* „Zahl, Anzahl" und *clausus* „geschlossen, gesperrt", zu *claudere* „schließen, sperren"
numinos göttlich; aus lat. *numen,* Gen. *numinis,* „Wille, Walten der Gottheit, auch die Gottheit selbst", eigtl. „Wink, Wille, Geheiß", zu *-nuere* (nur in Zus.) „winken, nicken"
Numismatik Münzkunde; aus lat. *numisma,* Nebenform von *nomisma,* Gen. *-atis,* „Geldstück, Münze", aus griech. *nomisma* „(im Gebrauch befindliche) Münze", zu *nomizein* „gebrauchen, im Gebrauch haben", zu *nomos* „Brauch, Sitte"
Nummer Zahl, Kennzahl; einzelnes Exemplar (einer Zeitschrift); einzelne Darbietung (im Zirkus usw.); aus lat. *numerus* „Zahl, Abteilung, Teil", zur idg. Wurzel **nem-* „zählen, ordnen"
Nummulit versteinerter Wurzelfüßer aus dem Tertiär; aus lat. *nummulus,* Verkleinerungsform von *nummus* „Geldstück, Münze", wegen des scheibenförmigen Gehäuses, das an eine Münze erinnert, daher auch „Münzenstein" genannt
Nuntius Botschafter des Papstes bei einer weltlichen Regierung; lat. *nuntius* „Bote, Melder", vielleicht aus der Sprache der Auguren urspr. im Sinne von „Vogelschrei" (als Omen), zu *nuntiare* „anzeigen, melden", weitere Herkunft nicht sicher
nuptial *veraltet:* ehelich, hochzeitlich; aus lat. *nuptiae* „Hochzeit", zu *nubere* „heiraten", vielleicht verkürzt aus *obnubere* „sich bedecken, verhüllen", zu *nubes* „Schleier, dünne Hülle", da die Braut dem Bräutigam verschleiert zugeführt wurde
Nutation Schwankung (der Achse eines Kreisels, der Erdachse), Krümmungsbewegung (von Pflanzen); aus lat. *nutatio,* Gen. *-onis,* „das Schwanken", zu *nutare* „schwanken", Frequentativum zu *-nuere* (nur in Zus.) „sich neigen"
Nutria Biberratte, Sumpfbiber; der Name geht auf die Kreuzung eines lat. mit einem griech. Namen zurück, jedoch für ein anderes Tier, nämlich den Fischotter: lat. *lutra* (aus Sanskrit *udra-* „Wassertier", zu *udan-* „Wasser") und griech. *enydris* „Wassertier" (zu *enydros* „im oder am Wasser lebend", zu *hydor* „Wasser")
Nutrition Ernährung; aus lat. *nutritio,* Gen. *-onis,* „das Säugen, Nähren", zu *nutrire* „säugen, nähren, füttern, aufziehen"
Nutte *ugs. für* Dirne, Prostituierte; aus *Nut* „Spalte, Ritze", hier auf das weibliche Geschlechtsteil bezogen
Nyktinastie Schlafbewegung der Pflanzen, z. B. Senken, Zusammenlegen der Blütenblätter; aus griech. *nykti* „nachts", zu *nyx,* Gen. *nyktos,* „Nacht" und → *Nastie*
Nyktitropismus = Nyktinastie; aus griech. *nykti* „nachts", zu *nyx,* Gen. *nyktos,* „Nacht" und *tropos* „Drehung, Wendung"
Nymphe *griech. Myth.:* weibliche Naturgottheit, z. B. Quell-, Baumnymphe; aus griech. *nymphe* „Braut, junge Frau; weibliche Gottheit niederen Ranges"; Herkunft nicht geklärt, vielleicht zu lat. *nubere* „heiraten"
Nymphomanie krankhaft gesteigerter Geschlechtstrieb bei Frauen, Mannstollheit; aus → *Nymphe* und → *Manie*
Nystagmus Zittern der Augäpfel, Augenzittern; aus griech. *nystagmos* „Schläfrigkeit", zu *nystazein* „einschlafen, einnicken, schläfrig sein", zu *neuein* „nicken"

O

Oase fruchtbares Gebiet mit natürlichem oder künstlichem Wasservorkommen in Trockenzonen; aus griech. *oasis,* aus altägypt. *wh't,* gesprochen *wahe,* „Niederung", urspr. „Kessel, Topf"

Obduktion Leichenöffnung, urspr. nur Leichenschau, -besichtigung; aus lat. *obducere* „nachträglich noch hinzuziehen, später noch zugeben", aus *ob* „zu hin" und *ducere* „ziehen, führen"; die Obduktion dient nach dem Tod noch zur Kontrolle der Diagnose

Obelisk freistehender, sich nach oben verjüngender Pfeiler mit pyramidenförmiger Spitze; aus griech. *obeliskos* „kleiner Spieß, Bratspieß, Nadel", zu *obelos* „Spieß, Bratspieß; spitz zulaufende Säule", vielleicht zu *belos* „Geschoß, Wurfspieß", zur idg. Wurzel **gwel-* „stechen"

Objekt Sache, Gegenstand; *Gramm.:* Satzergänzung; aus lat. *obiectum* „das Entgegengestellte", eigtl. „das Entgegengeworfene", aus *ob* „gegen, entgegen" und *iacere* „werfen"

Oblast *in der UdSSR:* Verwaltungsbezirk; russ. *oblast,* altruss. *obolast* „Gebiet"

Oblate dünnes, aus Weizenmehl gebackenes Scheibchen; noch nicht geweihte Hostie; aus lat. *hostia oblata* „dargebotene Opfergabe" zu *oblatus* „entgegengetragen, dargebracht", zu *offerre,* aus *of-* (in Zus. vor f für *ob*) „gegen, entgegen" und *ferre* „tragen, bringen"

obligat unentbehrlich, erforderlich; aus lat. *obligatus* „verbindlich, verpflichtet", zu *obligare* „verbindlich machen, verbinden, verpflichten", aus *ob* „nach hin" und *ligare* „binden"

Obliteration 1 Tilgung, Löschung; aus lat. *oblit(t)eratio,* Gen. *-onis,* „das Löschen aus dem Gedächtnis, das Vergessen", zu *oblit(t)erare* „Geschriebenes ausstreichen", übertr. „aus dem Gedächtnis streichen, löschen", aus *ob* „gegen" und *littera* „Geschriebenes, Schrift"; **2** *Med.:* Ausfüllung von Hohlräumen durch krankhaft einwachsendes Gewebe; aus lat. *oblitum* „das Zugeschmierte, Verstopfte", zu *oblinere* „bestreichen, zuschmieren, verstopfen", aus *ob* „nach hin" und *linere* „beschmieren, bestreichen"

Oboe ein Holzblasinstrument; aus frz. *hautbois* „Oboe", aus *haut* „hoch", im altfrz. auch „laut", und *bois* „Holz", aus lat. *altus boscus* „hoch und laut oder hell und laut klingendes Holz"; urspr. hießen alle starken Holzblasinstrumente, wie Schalmei, Sackpfeife usw., so, später engte sich der Begriff auf die heutige Oboe ein

Obolus kleine altgriech. Münze und Gewichtseinheit; *übertr.:* kleiner Beitrag, Scherflein; aus griech. *obolos* „kleine athenische Münze im Wert von etwa 13 Pfennig", zu *obelos* „Metallstab als Münze und Gewicht", →Obelisk

Observatorium Beobachtungsstation; aus lat. *observator* „Beobachter", zu *observare* „beobachten, auf etwas aufpassen, achtgeben", aus *ob* „gegen" und *servare* „beobachten, bewachen, hüten"

Obsession Zwangsvorstellung; aus lat. *obsessio,* Gen. *-onis,* „das Besetztsein, Blockierung, Einschließung", zu *obsidere* „besetzt halten, blockieren", aus *ob* „vor" und *sedere* „sitzen"

Obsidian ein schwarzes, durchscheinendes, vulkan. Gestein, Lavaglas; aus lat. *obsianus lapis, obsius lapis;* laut Plinius kommt der Name von einem gewissen *Obsius,* der das Gestein in Äthiopien zuerst gefunden haben soll; die Form *Obsidian* beruht auf einer falschen Lesart

obskur dunkel, unklar, verdächtig; aus lat. *obscurus* „dunkel, unklar, unverständlich", eigtl. „bedeckt", zur idg.

Wurzel **sqeu-, sqeua-* „bedecken"

obsolet veraltet, ungebräuchlich; aus lat. *obsoletus* „abgenutzt, abgetragen", zu *obsolescere* „sich abnutzen, alt werden", übertr. „Geltung und Ansehen verlieren", aus *obs-* (in Zus. vor Vokal für *ob*) „gar nicht" und *olescere* „wachsen"

Obstetrik Geburtshilfe; aus lat. *obstetricare* „Hebammendienste tun", zu *obstetrix* „Hebamme", zu *obstare* „bei etwas oder jmdm. stehen", aus *ob* „nach hin, zu hin" und *stare* „stehen", also „die der Gebärenden Beistehende"

obstinat halsstarrig, eigensinnig, widerspenstig; aus lat. *obstinatus* „hartnäckig auf etwas bestehend", zu *obstinare* „auf etwas bestehen, sich hartnäkkig etwas vornehmen", aus *ob* „gegen hin, zu hin, vor" und über **stanare* zu *stare* „stehen"

Obstipation Darmverstopfung; aus lat. *ob* „gegen, entgegen" und *stipare* „stopfen, zusammendrängen, -pressen"

Obstruktion Verzögerung, Verschleppung; aus lat. *obstructio*, Gen. *-onis*, „das Verbauen, Versperren", zu *obstruere* „verbauen, versperren", aus *ob* „entgegen" und *struere* „bauen, schichten"

obszön unanständig, anstößig; aus lat. *obscenus, obscaenus* „schmutzig, anstößig", entweder aus *obs-* (in Zus. für *ob*) „nach hin, zu hin" und *cenum, caenum* „Schmutz, Kot, Unflat", oder eigtl. *ob scenum* „außerhalb der Szene, des Schauplatzes = der Öffentlichkeit", d.h. „außerhalb des Schauplatzes bleiben müssend, für die Öffentlichkeit nicht geeignet"

Ochlokratie entartete Demokratie, Pöbelherrschaft; aus griech. *ochlokratia* „Pöbelherrschaft", aus *ochlos* „Volksmenge, ungeordneter Haufe, Pöbel" und *kratein* „herrschen", zu *kratos* „Kraft, Macht, Gewalt"

Ocker eisenoxidreiche Tonerde; gelbbraune Farbe; aus lat. *ochra* „Ocker, Berggelb", aus griech. *ochros* „blaß, bleich, gelb; Blässe"

Odaliske *früher:* weiße türkische Haremssklavin; aus frz. *odalisque,* aus türk. *odalık* „Sklavin der Haremsdamen", eigentlich „Zimmermädchen", aus *oda* „Zimmer" und der Nachsilbe *-lık* „etwas zu etwas Gehöriges"

Ode feierliches lyrisches Gedicht in freien Rhythmen; aus griech. *ode* „Gesang, Lied, bes. Lob-, Klagelied", aus *aoide* „Gesang, Gesangskunst", zu *aeidein* „singen, zwitschern, krähen, schwirren (von Pfeil und Bogensehne)", zur idg. Wurzel **weid-* „tönen, singen"

Ödem Ansammlung von Wasser im Unterhautzellgewebe; aus griech. *oidema* „Schwellung, Beule", zu *oidein, oidan* „schwellen, anschwellen"

Odeon Name für Musik-, Theatersaal, Kino u.ä.; aus griech. *odeion* „(meist überdachtes) Gebäude für musikalische Darbietungen, Rezitationen, Vorträge", zu *ode* „Gesang, Lied", →Ode

odios, odiös widerwärtig, verhaßt; unausstehlich, gehässig; aus lat. *odiosus* „Ärgernis erregend, widerwärtig, lästig", zu *odium* „Widerwille, Abneigung", zu *odisse* (statt veraltetem *odire*) „hassen, nicht gern sehen"

Odontologie Zahnheilkunde; aus griech. *odous,* auch *odon,* Gen. *odontos,* „Zahn" (zu *edein* „essen", eigentlich „der Essende") und *logos* „Wort, Rede, Kunde", zu *legein* „sagen, sprechen, erklären"

Offensive Angriff; frz. *offensive* „Angriff", zu *offenser* „beleidigen, verletzen", aus lat. *offensio* „das Anstoßen (an etwas), Ärgernis" und *offensus* „das Anstoßen, Anschlagen", zu *offendere* „anstoßen, anschlagen, verletzen, beschädigen, beleidigen, zu nahe treten", aus *of-* (in Zus. vor f für *ob*) „gegen" und *-fendere* (nur in Zus.) „stoßen"

offerieren anbieten; aus lat. *offero,* erste Person Sing. von *offerre* „entgegentragen, -bringen", aus *of-* (in Zus. vor f für *ob*) „entgegen" und *ferre* „tragen, bringen"

offiziell öffentlich; amtlich; feierlich, förmlich; aus frz. *officiel* „amtlich", aus lat. *officialis* „zum Dienst, zum Amt gehörig", zu *officium* „Pflicht, Dienst, Obliegenheit", →Offizier

Offizier Soldat in einem Rang vom Leutnant an aufwärts; aus frz. *officier* in ders. Bed. sowie „Beamter", aus lat. *officium* „Dienst, Amt, Obliegenheit", eigtl. **opificium* „Arbeitsverrichtung", aus *opus* „Werk" und *facere* (in Zus. *-ficere*) „tun, machen"

Offizin Arbeitsraum in einer Apotheke; *veraltet:* Druckerei; aus lat. *officina,* eigtl. *opificina* „Werkstatt", zu *opifex,* Gen. *-ficis,* „Handwerker, Arbeiter, Künstler", aus *opus* „Werk, Arbeit" und *facere* (in Zus. *-ficere*) „machen"

Oger *im frz. Märchen:* menschenfressendes Ungeheuer; frz. *ogre,* in der Gralssage Bezeichnung für einen fremden Volksstamm, wohl zu mittelgriech. *Ogor* „Ugrer, Ungar", vielleicht beeinflußt von lat. *orcus* „Unterwelt"

o.k., O.K. in Ordnung; die Herkunft war lange umstritten, man vermutete eine Abkürzung für *okay, okeh* und glaubte darin ein indianisches Wort mit der Bedeutung „es ist so" gefunden zu haben; heute nimmt man allgemein an, daß es die Abkürzung für *O.K. Club* „Old Kinderhook Club" war, eine Organisation von Anhängern von Martin van Buren (1782–1862), der 1840 zum zweiten Mal für die Präsidentschaft der USA kandidierte. Er stammte aus Kinderhook im Staat New York und wurde von seinen Freunden „der Weise von Kinderhook" oder „Old Kinderhook" genannt. Die Abkürzung *O.K.* ging dann auf die Mitglieder des Klubs über und wurde von ihnen auch als Propaganda-Emblem auf ihren Fahnen u.a. Gegenständen verwendet. Ihre politischen Gegner behaupteten jedoch spottend, die O.K.-Anhänger könnten nicht einmal richtige Orthographie schreiben und glaubten, *O.K.* sei auch eine Abkürzung für *Oll Korrect* (All correct) „Alles in Ordnung". Die O.K.-Leute machten gute Miene zum bösen Spiel und akzeptierten die Bezeichnung, so daß sie schließlich allg. für „in Ordnung" gebraucht wurde

Okarina kleines, flötenartiges Musikinstrument in Form eines spitz zulaufenden Gänseeis mit schnabelförmigem Mundstück; aus ital. *ocarina* in ders. Bed., eigtl. „Gänschen", mundartliche Verkleinerungsform von *oca* „Gans"

Okkiarbeit, Okkispitze Knüpfarbeit, auch Schiffchenarbeit (weil sie mit einem schiffchenähnlichen Werkzeug hergestellt wird); aus ital. *occhio* „Auge, Öhr, kleines Loch", aus lat. *oculus* „Auge", wegen der vielen kleinen Löcher, mit denen die Spitze durchsetzt ist

okkult geheim, verborgen, übersinnlich; aus lat. *occultus* „verborgen, heimlich", zu *occulere* „verdecken, verbergen", zu *oc-* (in Zus. vor c für *ob*) „gegen hin" und *celare* „verbergen, verheimlichen", zur idg. Wurzel **kel-* „verhüllen"

okkupieren besetzen, sich aneignen; aus lat. *occupare* „besetzen, einnehmen, mit Beschlag belegen", aus *oc-* (in Zus. vor c für *ob*) „für, zum Entgelt für" und *capere* „fassen, ergreifen"

Ökologie Lehre von den Beziehungen der Lebewesen zu ihrer Umwelt; aus griech. *oikos* „Haus, Wohnung" und *logos* „Wort, Lehre, Kunde", zu *legein* „sagen, sprechen, erklären"

Ökonomie Wirtschaft sowie Wirtschaftswissenschaft; aus griech. *oikonomia* „Haushaltung, Verwaltung", aus *oikos* „Haus, Hauswesen, Haushalt" und *nomos* „Gesetz, Brauch, Verfahren", zu *nemein* „lenken, verwalten"

Oktaeder Achtflächner; aus griech. *okto* „acht" und *hedra* „Grundlage, Fläche"

Oktave achter Ton der diatonischen Tonleiter, Intervall von acht Tönen; aus lat. *octava* „die achte", zu *octo* „acht"

Oktober zehnter Monat des Jahres; aus lat. *mensis october* „achter Monat" (da der altrömische Kalender mit dem 1. März begann), zu *octo* „acht" und *-ber* von unklarer Herkunft

Oktogon Achteck; aus griech. *okto* „acht" und *gonia* „Winkel, Ecke"

Oktopus ein achtarmiger Kopffüßer; aus griech. *okto* „acht" und *pous,* Gen. *podos,* „Fuß"

oktroyieren auferlegen, aufzwingen; *im 19. Jh.:* eigenmächtig erlassen (Gesetz), zwangsweise einführen, durchsetzen (Verfassung), sozusagen „gewaltsam verleihen"; aus frz. *octroyer* „verleihen, gewähren, bewilligen", aus lat. *auctorare* „bestätigen, bekräftigen, verbindlich machen", zu *auctor* „Urheber, Veranlasser, Vollbringer", zu *augere* „wachsen lassen, gedeihen lassen, fördern"

Okular *bei optischen Geräten:* die dem Auge zugewendete Linse; aus lat. *ocularis* „zu den Augen gehörig", zu *oculus* „Auge"

okulieren durch Einsetzen von Knospen (Augen) veredeln; aus lat. *oculus* „Auge"

Ökumene die bewohnte Erde; über lat. *oecumene* aus griech. *oikoumene* „bebautes, bewohntes Land", wörtlich „die (von Griechen) bebaute, bewohnte (Erde)", Perf. Passiv von *oikein* „bewohnen, bewirtschaften", zu *oikos* „Haus"

Okzident Westen, Abendland; aus lat. *occidens,* Gen. *-entis,* „niederfallend, untergehend; im Westen (wo die Sonne untergeht) liegendes Land, Abendland", Part. Präs. von *occidere* „niederfallen, untergehen", aus *oc-* (in Zus. vor c für *ob*) „entgegen, zu hin", und *cadere* (in Zus. *-cidere*) „fallen, sinken"

Oldtimer altes Modell eines Fahrzeugs aus der Anfangszeit der Technik; aus engl. *old-time* „aus alter Zeit", aus *old* „alt" und *time* „Zeit" aus altengl. *tima* „Zeit(punkt)", zu altnord. *timi* „Zeit"

Oleander ein mittelmeerischer Zierstrauch; aus der Vermischung von lat. *olea* „Ölbaum" (Nebenform von *oliva*) und spätlat. *rodandrum* aus griech. *rhododendron* entstanden; die Blüten ähneln denen des Rhododendrons, die Blätter denen des Olivenbaumes

Olfaktorium Riechmittel; aus lat. *olfactorius* „riechend", zu *olfactus* „Geruch, Geruchssinn", zu *olfacere* „riechen, Geruch haben", aus *olere* „riechen " und *facere* „machen"

Olifant mittelalterliches Jagd- und Trinkhorn; frz. *olifant* „Elfenbeinhorn", aus lat. *elephantus,* Nebenform von *elephas,* Gen. *-antis,* „Elfenbein; Elefant"

Oligämie Blutarmut infolge Verringerung der Gesamtblutmenge; aus griech. *oligos* „wenig, in geringer Anzahl" und *haima* „Blut"

Oligarchie Herrschaft nur einer kleinen aristokratischen Schicht; aus griech. *oligarchia* „Herrschaft weniger (Personen oder Familien)", aus *oligos* „wenig, in geringer Anzahl" und *archein* „herrschen"

Oligochät Borstenwurm; aus griech. *oligo* „wenig, in geringer Anzahl" und *chaite* „langes Haar"

Oligozän mittlere Abteilung des Tertiärs; aus griech. *oligos* „wenig" und *kainos* „neu"

Olive Ölbaum; aus lat. *oliva* „Ölbaum, Olive", zu *oleum* „Öl", aus griech. *elaia* „Ölbaum, Olive"; weitere Herkunft unbekannt

Olla podrida → Potpourri

Ombrograph selbsttätig aufschreibender Regenmesser, Regenschreiber; aus griech. *ombros* „Regen" und *grapheus* „Schreiber", zu *graphein* „schreiben"

Ombudsmann Bevollmächtigter (einer Institution) zur Wahrung der Rechte der Bürger gegenüber Behörden; schwed. *ombudsman* in ders. Bed., zu *ombud* „Vertreter, Anwalt", zu *bjuda* „befehlen, gebieten, anbieten"

Omelett Eierkuchen; frz. *omelette* in ders. Bed., unter Einfluß von *œuf* „Ei" aus älterem *amelette,* dieses aus *alamette,* mit Suffixwechsel aus *alumelle,* zu altfrz. *lemelle* „Blättchen, kleine Platte", aus lat. *lamella* „Metallblättchen"

ominös bedenklich, verdächtig, von schlimmer Vorbedeutung; aus lat. *ominosus* „eine Vorbedeutung habend", zu *omen,* Gen. *ominis,* „Zeichen, Vorzeichen, Vorbedeutung"

Omissivdelikt strafbare Unterlassung einer gebotenen Handlung; aus lat. *omissio,* Gen. *-onis,* „Unterlassung", zu *omissus* „unachtsam, nachlässig", zu *omittere* „sein lassen, unterlassen, unbenutzt lassen", aus *o-* (in Zus. für *ob*) „weg-, ent-" (verstärkend), *mittere*

„laufen, gehen lassen" und → *Delikt*

Omnibus vielsitziger Verkehrskraftwagen; aus lat. *omnibus* „für alle", zu *omnes* „alle"

omnipotent allmächtig; aus lat. *omnipotens,* Gen. *-entis,* „allmächtig", aus *omnis, omne* „aller, alle, alles" und *potens* „vermögend, könnend", Part. Präs. von *posse* (verkürzt aus *potesse*) „können"

Omnivore Tier, das sich von Pflanzen und Tieren ernährt, Allesfresser, Pantophage; aus lat. *omnia* „alles" und *vorare* „fressen"

Onager 1 Wildesel; aus griech. *onos agrios* „Wildesel", zu *onos* „Esel" und *agrios* „wild", zu *agros* „Feld, Acker"; **2** antike Wurfmaschine; zu *onos* „Drehesel, Winde, Haspel zum Aufziehen" (Übertragung von dem Lasten tragenden Esel) und *oneuein* „mit der Winde aufziehen"

Onanie = Masturbation; fälschlich nach dem biblischen *Onan,* der sich weigerte, für seinen verstorbenen Bruder mit dessen Frau Kinder zu zeugen, und seinen Samen auf die Erde fließen ließ (1. Buch Mosis, 38,8–9)

Ondit Gerücht; frz. *on dit* „man sagt", zu *dire* aus lat. *dicere* „sagen, reden"

ondulieren in Wellen legen; aus frz. *onduleux* „wellenförmig", zu *onde* „Welle" aus lat. *unda* „Welle"

Onkologie Lehre von den Geschwulstkrankheiten; aus griech. *onkos* „Masse, Haufe, Umfang" und *logos* „Wort, Lehre, Kunde", zu *legein* „sagen, sprechen, erklären"

Önologie Lehre vom Weinbau; aus griech. *oinos* „Wein" und *logos* „Wort, Lehre, Kunde", zu *legein* „sagen, sprechen, erklären"

Onomastik, Onomatologie Namenkunde; aus griech. *onoma,* Gen. *onomatos,* „Name", *onomasia* „Benennung" und *logos* „Wort, Lehre, Kunde", zu *legein* „sagen, sprechen, erklären"

Onomatopoese, Onomatopöie Laut-, Schallnachahmung, Lautmalerei; aus griech. *onoma,* Gen. *onomatos,* „Name, Bezeichnung" und *poietos* „gemacht, gebildet, hergestellt", zu *poiein* „machen, bilden", also „nachgemachter, nachgebildeter Name" (nämlich dem Ton, dem Schall nachgebildeter Name), „nachgemachte Bezeichnung"

Önometer Gerät zum Messen des Alkoholgehalts des Weins; aus griech. *oinos* „Wein" und *metron* „Maß", zu *metrein* „messen"

Ontogenese Entwicklung des Lebewesens von der befruchteten Eizelle bis zum geschlechtsreifen Zustand; aus griech. *on,* Gen. *ontos,* „seiend" und *genesis* „Werden, Entstehen"

Ontologie Lehre vom Sein; aus griech. *on,* Gen. *ontos,* „seiend, wirklich, wahrhaft, eigentlich", zu *einei* „sein, vorhanden sein, bestehen", und *logos* „Wort, Lehre, Kunde", zu *legein* „sagen, sprechen, erklären"

Onyx ein Mineral, Quarz; aus griech. *onyx* „Nagel, Fingernagel, Kralle"; man glaubte früher, die Bezeichnung rühre von den weißen Streifen her, die der Onyx manchmal aufweist und die sich auch oft im Fingernagel bilden, doch ist das Wort wahrscheinlich durch volksetymologische Umdeutung aus einem früh untergegangenen Wort entstanden

Oogenese Entwicklung der Eizelle; aus griech. *oon* „Ei" und → *Genese*

opak undurchsichtig, aber durchscheinend, trübe; aus lat. *opacus* „schattig, dunkel", aus *op* = *ob* „entgegen" und Suffix *-acus* „liegend, befindlich", also „entgegengesetzt, hinter etwas liegend und daher nicht vom Licht getroffen"

Opal ein Halbedelstein; aus lat. *opalus,* griech. *opallios,* aus Sanskrit *upala-* „Stein", was aber nicht den Opal bezeichnete, sondern allg. den Stein, z. B. auch den oberen Mühlstein

Opanke südosteuropäischer, absatzloser Schuh mit aufgebogener Spitze und Bändern, die um die Unterschenkel hinauf geschnürt werden; aus serbokroat. *opanak,* poln. *opanky,* bulg. *opinak* in ders. Bed., zum slaw. Stamm *pen-* „sich nach oben winden, sich hochranken"

Oper musikalisches Bühnenwerk; aus ital. *opera* „Werk, Arbeit", in der Bedeutung „Oper“ verkürzt aus *opera musicale* „musikalisches Werk“, aus lat. *opera*, Pl. von *opus* „Werk, Arbeit“

Operation chirurgischer Eingriff; militärisches Unternehmen; Verfahren, Arbeitsvorgang; aus lat. *operatio*, Gen. *-onis*, „Arbeit, Verrichtung, Gewerbe“, zu *operari* „ins Werk setzen, bereiten“, zu *opus*, Gen. *operis*, „Werk, Arbeit“

Operette unterhaltsames Bühnenstück mit Musik und zum Teil gesprochenen Dialogen; aus ital. *operetta* „kleines Werk in Poesie oder Prosa; Operette“ Verkleinerungsform von *opera*, →Oper

Ophiolatrie Schlangenanbetung; aus griech. *ophis*, Gen. *opheos*, „Schlange“ und →*...latrie*

Ophiure Schlangenstern; aus griech. *ophis* „Schlange“ und *oura* „Schwanz“

Ophthalmiatrik, Ophthalmologie Augenheilkunde; aus griech. *ophthalmos* „Auge“ (weitere Herkunft unsicher) und *iatrike* „Heilkunst, Heilkunde“ (zu *iatros* „Arzt“) bzw. *logos* „Wort, Lehre, Kunde“; zu *legein* „sagen, sprechen, erklären“

...opie →...opsie

Opium aus Mohn gewonnenes Rauschgift; über lat. *opium* aus griech. *opion* „Mohnsaft“, Verkleinerungsform von *opos* „Pflanzensaft“

Opodeldok Mittel zum Einreiben gegen Rheumatismus u.a.; ältere Formen: *Opodeltoch, Opodelloch*, ein von Paracelsus (1493–1541) geprägtes Wort aus *Opopanax* (Chironium Koch, deren Wurzel einen arzneilich verwendeten Milchsaft liefert), *Bdellium* (Harz von Balsamodendron myrrha Ehrenbergianum) und *Aristolochia* (serpentaria)

Opossum nordamerikanische Beutelratte; aus Algonkin *âpäsûm, âpasûm* „weißes Tier“, auch *wâbäsim* „weißer Hund“, wegen des weißlich-grauen Fells; die Herleitung aus lat. *opponere*, Perfekt *oppositum*, „entgegenstellen“, wegen der opponierbaren (entgegensetzbaren) ersten Zehe (entsprechend dem menschlichen Daumen) ist sekundär, obwohl diese Eigenheit kennzeichnend für das Tier ist

opponieren widersprechen, eine gegenteilige Meinung vertreten; aus lat. *opponere* „entgegenstellen, -setzen“, aus *op-* (in Zus. vor p für *ob*) „entgegen“ und *ponere* „setzen, stellen, legen“

opportun (augenblicklich gerade) günstig, passend, gelegen; aus lat. *opportunus* „(der örtlichen Lage nach, übertr. dann auch der Zeit nach) bequem, günstig, geeignet“, aus *op-* (in Zus. vor p für *ob*) „gegen hin, nach hin“ und *portus* „Hafen, Einfahrt, Eingang“

Opposition Gegensatz, Widerstand, Stellung gegenüber; aus lat. *oppositio*, Gen. *-onis*, „das Entgegensetzen“, zu *oppositus* „gegenüberliegend, entgegengesetzt, widersprechend“, zu *opponere*, →opponieren

...opsie *in Zus.:* das Sehen, Betrachten; aus griech. *opsis* „das Sehen“, zu *ops*, Gen. *opos*, „Auge“

optativ einen Wunsch ausdrückend; aus lat. *optativus* in derselben Bedeutung, zu *optare* „wünschen, verlangen“

Optik Lehre vom Licht; aus griech. *optike* „Lehre vom Sichtbaren“, *optikos* „zum Sehen gehörig“, zu *ops*, Gen. *opos*, „Auge“ und *opsis* „das Sehen“

Optimismus Lebensbejahung, Zuversichtlichkeit; aus lat. *optimum* „das Beste“, Superlativ neutrum von *bonus* „gut“

Option Wahl, Entscheidung (für jmdn. oder etwas); aus lat. *optio*, Gen. *-onis*, „freier Wille, freie Wahl“, zu *optare* „wünschen“

opulent reichlich, üppig; aus lat. *opulentus* „reichlich, ansehnlich“, zu *opes* (Pl. des im Sing. ungebräuchlichen *ops*) „Macht, Vermögen, Reichtum“

Orakel Weissagung, Zukunftsdeutung, rätselhafter Ausspruch; aus lat. *oraculum* „Stätte, an der der Spruch der Götter verkündet wird; dieser selbst“, übertr. „weissagender Ausspruch“, zu *orare* „reden, sprechen“

Orange eine Zitrusfrucht, Apfelsine; aus ital. *arancia*, aus span. *naranja* (das anlautende n ist im Ital. weggefallen, da es als unbestimmter Artikel mißverstanden wurde), aus pers. *nārang* in derselben Bedeutung; der vermutete Zusammenhang mit Sanskrit *nāgaraṅga-* „Lieblingsfrucht der Elefanten“

ist sehr unwahrscheinlich, man schloß ihn aus der Ähnlichkeit mit *nāga-* „Elefant“ und *raṅga-* „Farbe“

Orang-Utan ein Menschenaffe; aus malai. *orang* „Mensch“ und *(h)utan* „Wald, Wildnis“, also „Waldmensch“; die Bezeichnung ist jedoch nur bei Europäern üblich, die Malaien nennen ihn *mawas* „Ungeheuer, Untier“

Oratorium Betraum, kleine Kapelle für den Gottesdienst; geistliches, episch-dramatisches Musikwerk; lat. *oratorium* bedeutete urspr. nur „Betraum, Betsaal“ (zu *orare* „beten“), die spätere Doppelbedeutung rührt daher, daß die Musik anfangs in den Betsälen verschiedener geistlicher Bruderschaften zu deren religiösen Übungen gespielt und gesungen wurde; Mitte des 17. Jh. ging die Bezeichnung auf das Musikwerk über

Orbit Umlaufbahn eines Satelliten um Erde oder Mond; aus lat. *orbitus* „kreisförmig“, zu *orbis* „Rundung, Kreis“

Orbita Augenhöhle; im MA entstandene Bezeichnung, deren Herkunft nicht bekannt ist, vielleicht zu lat. *orbis* „Kreis, kreisrunde Linie, Rundung“

Orchester unter einem Dirigenten spielende Gruppe von Musikern; aus griech. *orchestra* „Tanzplatz“ (im Theater für den Chor), zu *orcheisthai* „tanzen, hüpfen, einen Reigen aufführen“, zur idg. Wurzel **orgh-*, **ergh-* „sich bewegen“

Orchidee eine artenreiche Pflanzenfamilie; aus griech. *orchis* „Hode“, wegen der Form der Wurzelknollen

Orden weltliche Gemeinschaft mit bestimmter Lebensform; Klostergenossenschaft; Ehrenzeichen, Auszeichnung; aus mhd. *orden* „Stand, Art, Stufe; Regel, Ordnung“, aus lat. *ordo,* Gen. *ordinis,* „Stand, Klasse, Einrichtung“, eigtl. „Ordnung, Reihe“

Order *veraltet:* Befehl; *kaufmännisch:* Auftrag, Bestellung; aus engl. *order* „Erlaß, Verordnung, Weisung, Befehl“, über mengl. und altfrz. Formen aus lat. *ordo,* Gen. *ordinis,* „Ordnung, ordentliche Einrichtung oder Beschaffenheit, Reihe, Reihenfolge“

Ordinalzahl Ordnungszahl, einordnendes Zahlwort; aus lat. *ordinalis* „eine Ordnung anzeigend“, zu *ordo,* Gen. *ordinis,* „Ordnung, Reihe, Reihenfolge“

ordinär alltäglich, allgemein; unanständig, unfein; aus lat. *ordinarius* „in der richtigen Ordnung stehend, wie gewohnt, gewöhnlich“, zu *ordo,* Gen. *ordinis,* „Ordnung“; im Deutschen urspr. im Sinne von „nicht besonders, nicht außergewöhnlich“, dann „nicht vornehm, nicht fein“

Ordinarius Professor mit Lehrstuhl; Klassenlehrer an einer höheren Schule; Träger der kirchlichen Rechtsprechung; aus lat. *ordinarius* „ordentlich, in richtiger Ordnung stehend“, zu *ordo,* Gen. *ordinis,* „Ordnung“

Ordonnanz Soldat, der einem Offizier für bestimmte Aufgaben zugeteilt ist; aus frz. *ordonnance* in derselben Bedeutung sowie „Ordnung, Anordnung“, aus lat. *ordo* „Ordnung, Verordnung, Einrichtung“

Ordovizium eine Formation des Paläozoikums; nach den *Ordoviziern,* einer Völkerschaft im nördlichen Wales, in deren Gebiet die Formation zuerst entdeckt wurde

Öre skandinav. Währungseinheit; dän., norw. *øre,* schwed. *öre,* aus lat. *nummus aureus* „Goldmünze“, zu *aureus* „golden“, zu *aurum* „Gold“

Orfe ein Karpfenfisch, Nerfling; aus griech. *orphos* „Fisch aus der Familie der Barsche“, vielleicht zu *orphne* „dunkel“ und *orphninos* „dunkelfarbig, schwarzrot“

Organ Sinneswerkzeug, Körperteil mit einer bestimmten Funktion; aus griech. *organon* „Werkzeug, Musikinstrument, Sinneswerkzeug“, zu *ergon* „Werk, Kunstwerk, Arbeit, Aufgabe“

organisieren (planvoll) aufbauen, gestalten; aus frz. *organiser* „mit Organen ausstatten“, übertr. „einrichten“, zu *organe* „Organ, Sinneswerkzeug“, aus lat. *organum* „Werkzeug“, → Organ

Orgasmus Höhepunkt der geschlechtlichen Erregung; aus griech. *organ* „schwellen, strotzen; vor Eifer glühen, leidenschaftlich sein, heftig verlangen", zu *orge* „Trieb, Gemüt, heftige Gemütsbewegung, Leidenschaft"

Orgel größtes Musikinstrument; aus mhd. *orgel, orgele, organa,* ahd. *organa* „Orgel", aus lat. *organa* „Orgel", Plural von *organum* „Werkzeug, Instrument, bes. Musikinstrument, Gesang der Vögel", aus griech. *organon,* →Organ

Orgie zügelloses Gelage, wilde Ausschweifung"; aus lat. *orgia* „in wilder Trunkenheit gefeiertes Bacchusfest", aus griech. *orgia* „religiöser Brauch, bes. bei den Mysterien der Demeter und des Dionysos", wohl zu *ergon* „Werk, Arbeit, Handlung"

Orient Osten, Morgenland; aus lat. *oriens,* Gen. *-entis,* „aufsteigend, aufgehend; im Osten (wo die Sonne aufgeht) liegendes Land, Morgenland", Part. Präs. von *oriri* „sich erheben, aufsteigen"

orientieren nach einer Himmelsrichtung einstellen; sich zurechtfinden, den Standort bestimmen; benachrichtigen, unterrichten; aus frz. *orienter* „nach einer Himmelsrichtung einstellen; sich zurechtfinden", zu *orient* „Osten, Morgen, Morgenland", →Orient

Origano eine Gewürzpflanze, wilder Majoran; die Ableitung aus griech. *oros* „Berg" und *ganos* „Glanz, Schmuck, Zierde" ist wahrscheinlich eine volksetymologische Umdeutung, das Wort stammt vermutlich aus Nordafrika

Original ursprünglicher Text, erste Niederschrift, Urbild; aus lat. *originalis* „ursprünglich, vom Ursprung an", zu *origo,* Gen. *originis,* „Ursprung", zu *oriri* „entstehen, entspringen"

Orkan Sturm der höchsten Windstärke; aus ndrl. *orkaan,* aus frz. *ouragan* in ders. Bes., aus span. *huracán* „Wirbelsturm in Mittelamerika", aus karib. u.a. mittelamerikan. Eingeborenensprachen in verschiedenen Formen: *uracan, furacan, churacan* usw., die einen „aus allen vier Himmelsrichtungen kommenden Sturm" bezeichnen; nach anderer Deutung ist *huracán* aus den Namen zweier Götter (*huiranrukan, hunrakan* der Maya und *hurakan* der Aruaken und Kariben) entstanden, was jedoch bezweifelt wird

Orlogschiff *veraltet für* Kriegsschiff; aus untergegangenem ndrl. *orlog(e)* „Krieg", ahd. *urliuga* „Krieg", eigtl. „vertragsloser Zustand", aus got. *ur-, us-* „aus-" und *liuga* „Vertrag"

Ornament Verzierung, Schmuckform; aus lat. *ornamentum* „Zierde, Schmuck", eigtl. „Ausrüstung", zu *ornare* „schmücken, ausrüsten"

Ornat feierliche Amtstracht; aus lat. *ornatus* „Ausstattung, angelegte Kleidung, Ausschmückung", zu *ornare* „ausstatten, ausrüsten"

Ornithologie Vogelkunde; aus griech. *ornis,* Gen. *ornithos,* „Vogel" und *logos* „Wort, Lehre, Kunde", zu *legein* „sagen, sprechen, erklären"

Orogenese Gebirgsbildung; aus griech. *oros* „Berg, Gebirge" und →*Genese*

orthochromatisch alle Farben (außer Rot) richtig wiedergebend; aus griech. *orthos* „richtig, recht, wahr" und *chroma,* Gen. *chromatos,* „Farbe"

Orthodontie Zahnregulierung; aus griech. *orthos* „recht, richtig, gerade" und *odon,* Gen. *odontos,* „Zahn"

orthodox rechtgläubig, strenggläubig; aus griech. *orthos* „recht, richtig, wahr" und *doxa* „Vorstellung, Meinung, Glaube", zu *dokein* „meinen, glauben"

Orthodrome kürzeste Verbindung zwischen zwei Punkten auf der Erdoberfläche; aus griech. *orthos* „gerade, geradeaus" und *dromos* „Lauf"

Orthognathie gerader, senkrechter Stand der Zähne; aus griech. *orthos* „richtig, gerade" und *gnathos* „Kinnbacken, Gebiß, das Beißen"

Orthographie Rechtschreibung; aus griech. *orthos* „richtig, recht" und *graphein* „schreiben"

Orthoklas Kalifeldspat; aus griech. *orthos* „aufrecht, richtig, recht" und *klasis* „Brechen, Zerbrechen, Bruch", zu *klan* „brechen, zerbrechen", wegen der zwei Hauptspaltungsebenen, die bei Orthoklasen genau senkrecht zueinander verlaufen; vgl. Plagioklas

Orthopädie Heilkunde der Bewegungsorgane (Knochen, Gelenke, Muskeln); aus griech. *orthos* „richtig, recht" und *paideia* „Ausbildung, Übung"; zu *pais*, Gen. *paidos* „Kind, Schulknabe"

Orthoptere ein Insekt, Geradflügler; aus griech. *orthos* „gerade" und *pteron* „Flügel"

Ortolan ein Finkenvogel, Gartenammer; aus lat. *hortolanus* „Gärtner", zu *hortus* „Garten"

Oscar volkstümliche Bezeichnung für den Academy Award, den von der Akademie für Filmkunst und -wissenschaft in Hollywood verliehenen Filmpreis in Gestalt einer kleinen männlichen Bronzestatue; auf Grund einer Anekdote nach einem Mr. *Oscar Herrick*, dem Onkel einer Mitarbeiterin der Akademie, dem diese Statue ähnlich gesehen haben soll

Osmium chemisches Element; aus griech. *osme* „Geruch", wegen des scharfen Geruchs der Osmiumverbindungen

Osmose Ausgleich, Vermischung von Lösungskonzentrationen durch halbdurchlässige Wände; aus griech. *osmos* „das Stoßen, Drängen", zu *othein* „drängen, vorwärtsdringen"

Ösophagus Speiseröhre; aus griech. *oisein* „tragen werden" und *phagein* „essen"

Ossarium Raum zum Aufbewahren von Gebeinen; aus lat. *oss(u)arium* „Behältnis für die Gebeine von Toten, Totenurne", zu *os*, Gen. *ossis*, „Knochen", *ossa* „Gebeine"

ossifizieren verknöchern; aus lat. *os*, Gen. *ossis*, „Knochen" und *facere* (in Zus. *-ficere*) „machen"

ostentativ betont, herausfordernd; aus lat. *ostentare* „zeigen, vor Augen halten", Intensivum von *ostendere* „zeigen, darbieten", aus *os-*, *obs-* (in Zus. für *ob*) „entgegen" und *tendere* „halten"

Osteoektomie Herausmeißelung eines Knochenstücks; aus griech. *osteon* „Knochen", *ek* „aus, heraus" und *tome* „Schnitt", zu *temnein* „schneiden"

Osteologie Lehre von den Knochen; aus griech. *osteon* „Knochen" und *logos* „Wort, Lehre, Kunde", zu *legein* „sagen, sprechen, erklären"

Osterluzei eine Kletterpflanze, Pfeifenblume; volksetymologische Umdeutung aus griech. *aristolochia* „die Geburt förderndes Kraut", aus *aristos* „der beste", *arista* „am besten" und *locheia* „Geburt"

Ostern Fest der Auferstehung Christi; aus mhd. *osteren*, ahd. *ostarun*, auch *ostra* „Osterfest"; die Bezeichnung geht vielleicht auf ein germanisches Fest der Göttin des Frühlings und der Morgendämmerung, überhaupt des Lichts zurück, deren Name *Ostara* im Altengl. als *Eastre* erscheint; ahd. *ostar* bedeutet zugleich „östlich", was ebenfalls auf die Vorstellung des aus dem Osten wiederkehrenden Lichts, der zunehmenden Tage, des aufsteigenden Jahres hinweist

ostinat ständig wiederkehrend, ständig wiederholt; aus ital. *ostinato* „hartnäckig", aus lat. *ostinatus, obstinatus*, →obstinat

Ostitis Knochenentzündung; aus griech. *osteon* „Knochen" und Endung *-itis* zur Bezeichnung einer Entzündung

Ostrakon Scherbe eines Tongefäßes, im alten Griechenland und Ägypten als Schreibmaterial verwendet; aus griech. *ostrakon* „knöcherne, harte Schale von Schnecken, Muscheln, Schildkröten u.a., gebrannter Ton, Tongefäß, Tonscherbe, Tontafel", zu *osteon* „Knochen"

Ostrazismus Volksgericht im alten Athen, auf Grund dessen ein Bürger verbannt werden konnte; aus griech. *ostrakismos* „Scherbengericht, Abstimmung mittels Ostraka" (Ostraka wurden als „Stimmzettel" verwendet), →Ostrakon

Oszillograph Gerät zum Aufzeichnen von Schwingungen; aus lat. *oscillare* „schwingen, schaukeln" (aus *ob, obs-* „entgegen" und *cillere* „bewegen") und griech. *grapheus* „Schreiber", zu *graphein* „schreiben"

Otalgie Ohrenschmerz; aus griech. *ous*, Gen. *otos*, „Ohr" und *algos* „Schmerz"

Otiatrie Ohrenheilkunde; aus griech. *ous,* Gen. *otos,* „Ohr“ und *iatrika* „Heilkunst“, → Iatrik

Otologie Lehre von den Ohrenkrankheiten; aus griech. *ous,* Gen. *otos,* „Ohr“ und *logos* „Wort, Lehre, Kunde“, zu *legein* „sagen, sprechen, erklären“

Otorhinolaryngologie Lehre von den Hals-Nasen-Ohren-Krankheiten; aus griech. *ous,* Gen. *otos,* „Ohr“, *rhis,* Gen. *rhinos,* „Nase“, *larynx,* Gen. *laryngos,* „Kehle, Schlund“ und *logos* „Wort, Lehre, Kunde“, zu *legein* „sagen, sprechen, erklären“

Otoskop Gerät zur Untersuchung des Ohres, Ohrenspiegel; aus griech. *ous,* Gen. *otos,* „Ohr“ und *skopein* „sehen, betrachten, untersuchen“

Otter[1] zu den Mardern gehöriges Raubtier; aus mhd. *otter,* ahd. *ottar,* zur idg. Wurzel **udr-a, *ued-, *uod-* „Wasser“

Otter[2] Giftschlange; aus ostmitteldt. *noter,* mhd. *nater;* → Natter; der Wegfall des anlautenden n erklärt sich durch eine falsche Abtrennung des unbestimmten Artikels „ein“

Ottomane breites Ruhebett ohne Rükkenlehne, eigtl. türk. Ruhebett; aus frz. *ottoman* „türkisch“ oder „osmanisch“, nach der türk. Dynastie der *Osmanen,* die sich nach *Osman I.,* arab. *ᶜUṯmān* (1258–1326), benannten

Outcast *engl. Bezeichnung für* Ausgestoßener, Paria; engl. *out-cast,* aus *to cast out* „ausstoßen, hinauswerfen, verbannen“, *to cast* „werfen“ (aus mengl. *casten,* zu altnord. *kasta* „werfen“) und *out* „aus, hinaus“

Output die von einem Computer gelieferten Daten; Warenausstoß; engl. *output* „Arbeitsleistung, Ausbeute, Ausstoß, Ertrag, Fördermenge“, aus *out* „aus, heraus, hinaus“ und *to put* „setzen, stellen, legen, tun“, aus mengl. *putten,* altengl. *putian* „stoßen, schieben, werfen“

outrieren übertreiben; aus frz. *outrer* „übertreiben“, zu *outre* aus lat. *ultra* „über hinaus, jenseits“

Outsider Außenseiter; engl. *outsider* „Nichteingeweihter, Nichtfachmann, Außenstehender“, zu *outside* „außen, außerhalb; Außenseite“, aus *out* „aus, außen“ und *side* „Seite“

Ouvertüre Vorspiel zu einer Oper oder Operette, Einleitungssatz der Suite; frz. *ouverture* „Anfang, Eröffnung, Einleitung“, eigtl. „Öffnung“, aus lat. *apertura* „Öffnung, Eröffnung“, zu *aperire* „öffnen, aufdecken, ans Licht bringen“

Ovariektomie, Ovariotomie operative Entfernung eines oder beider Eierstökke; aus lat. *ovum* „Ei“ mit Suffix *-arium* „Behälter für etwas“, griech. *ek* „heraus“ und *tome* „Schnitt“, zu *temnein* „schneiden“

Ovation Beifallssturm; aus lat. *ovatio,* Gen. *-onis,* „kleiner Triumph“ (wenn der siegreiche Feldherr nicht im Wagen, sondern zu Pferd oder zu Fuß in die Stadt einzieht), zu *ovare* „frohlokken, jubeln“ sowie „nach dem Sieg seinen Einzug zu Pferd oder zu Fuß halten“, zu *euoë, euhoë,* dem Jubelruf der Bacchantinnen beim Bacchusfest, zu griech. *euazein* „jubeln“, eigtl. *„eua, euoi* rufen“, zu *eu* „gut“

Overall Schutz-, Arbeitsanzug aus einem Stück; engl. *overall* „Schutzkittel, Arbeitsanzug“, aus *over* „über“ und *all* „alles“

Ovidukt Eileiter; aus lat. *ovum* „Ei“ und *ductare* „führen“, Intensivum zu *ducere* „führen, leiten“

ovipar eierlegend; aus lat. *ovum* „Ei“ und *parere* „gebären“

Ovogenese = Oogenese; aus lat. *ovum* „Ei“ und → *Genese*

Ovulation Eisprung; aus lat. *ovulum* „kleines Ei“, zu *ovum* „Ei“

Oxalsäure Kleesäure; aus lat., griech. *oxalis* „Sauerampfer“, zu griech. *oxos* „Essig“, zu *oxys* „scharf“

oxidieren Sauerstoff aufnehmen, sich mit Sauerstoff verbinden; aus frz. *oxyder* in derselben Bedeutung, aus griech. *oxys* „scharf, sauer“

Oxygenium *veraltet für* Sauerstoff; aus griech. *oxys* „scharf, sauer“ und *gennan* „erzeugen, hervorbringen“

Oxymoron Stilfigur, Verbindung zweier sich eigentlich ausschließender Begriffe, z. B. alter Knabe, weißer Rabe, beredtes Schweigen; aus griech. *oxys* „scharfsinnig, fein“ und *moros* „stumpfsinnig, töricht, dumm“, weil die Verbindung von zwei nicht zusammenpassenden Begriffen einerseits töricht, andererseits aber auch witzig oder sogar scharfsinnig ist, da mit ihr etwas Bestimmtes ausgedrückt werden soll

Oxyure Madenwurm; aus griech. *oxys* „scharf, spitz“ und *oura* „Schwanz“

Ozean Weltmeer; aus griech. *okeanos* „Weltmeer“, nach antiker Auffassung „der die Erdscheibe umfließende Weltstrom“, nach *Okeanos,* dem Sohn des Uranos und der Gaia, Vater von 3000 Söhnen (Flüssen, Bächen, Quellen), bei Homer Vater aller Götter und Ursprung aller Dinge

Ozelle Lichtsinnesorgan niederer Tiere, Punktauge; aus lat. *ocellus* „kleines Auge“, zu *oculus* „Auge“

Ozelot ein amerik. Raubtier, Pardelkatze, Katzenparder; aus span. *ocelote* aus Nahuatl *ocelotl* „Jaguar, mexikanischer Tiger“, die wörtliche Bedeutung ist nicht bekannt, doch wird der Name häufig in Zus. für „tapfer, stark, ehrenvoll“ verwendet

Ozon aus drei Sauerstoffatomen aufgebautes Molekül; aus griech. *ozein* „riechen“, zu *odme, osme* „Geruch“, da es in starker Konzentration übel riecht

P

Päan altgriech. Kampf-, Siegeslied; aus griech. *paian* „Lob-, Danklied“, insbes. an Apoll gerichtet, dessen Beiname *Paian* „Retter, Helfer“ war

Pacer im Paßgang gehendes Pferd; engl. *pacer* in ders. Bed., zu *pace* „Schritt, Gangart, Paßgang“, aus mengl. *pas,* frz., altfrz. *pas* „Schritt“, aus lat. *passus* „Schritt“

Pachulke ungebildeter, ungehobelter Mensch; aus tschech., poln. *pacholek* „Knecht; Lümmel, Flegel“

Pädagoge Erzieher, Lehrer; aus griech. *paidagogos* „Erzieher, Leiter“, eigentlich „Knabenführer“, aus *pais,* Gen. *paidos,* „Kind, bes. Schulknabe“ und *agogos* „Führer, Weiser, Begleiter“, zu *agein* „führen, leiten“

Paddel frei zu führendes Ruder oder Doppelruder; aus engl. *paddle* in ders. Bed., aus mengl. *padell* „kleiner Spaten“, weitere Herkunft nicht bekannt

Paddock Gehege, Laufgarten für Pferde; aus engl. *paddock* „eingefriedigtes Stück Wiese“, zu mundartl. *parrock,* zu *parc,* → Park

Päderastie geschlechtliche Beziehungen zwischen Männern und Knaben, Knabenliebe; aus griech. *pais,* Gen. *paidos,* „Kind, Knabe“ und *erastes* „Liebhaber“, zu *erasthai* „lieben“

Pädiatrie Kinderheilkunde; aus griech. *pais,* Gen. *paidos,* „Kind“ und *iatreia* „Heilung, ärztliche Behandlung“, → Iatrik

Padischah *früher:* islamischer Fürst, Titel des türk. Sultans; aus pers. *pādšāh* „König“, zu *pād* „Schützer“ und *šāh* „König, Herrscher“

Pädodontie Kinder-Zahnheilkunde; aus griech. *pais,* Gen. *paidos,* „Kind“ und *odous,* Gen. *odontos,* „Zahn“

Pafese *österr.:* in Milch eingeweichte, in Fett gebackene Weißbrotscheibe; aus ital. *pavese* „überbackene Suppe aus Brühe mit gerösteten Brotscheiben und darübergeschlagenem rohem Ei“, zu *pavese* „aus Pavia (in Oberitalien)“; diese Speise war wohl eine Spezialität der Küche von *Pavia*

Paganismus Heidentum; aus lat. *paganus* „Heide“, eigtl. „Zivilperson, Bauer, Landmann“, zu *pagus* „Dorfgemeinschaft, Dorf“, zu *pangere* „pflanzen, befestigen“

Page *früher:* Edelknabe, junger Adliger im fürstlichen Dienst; *heute:* junger Hoteldiener, Bote o.ä. in Livree; frz. *page* aus ital. *paggio* „Edelknabe“, vielleicht aus griech. *pais,* Gen. *paidos,* „Knabe, Kind“

Pagode *europ. Bezeichnung für:* ostasiat. Reliquien- oder Tempelbau mit vielen Stockwerken, deren jedes ein vorspringendes Dach hat; *falsche Bezeichnung für:* kleine, sitzende ostasiat. Götterfigur mit beweglichem Kopf; die Herkunft des Wortes liegt im dunkeln; man vermutete seinen Ursprung im Persischen, was jedoch unwahrscheinlich ist, dann in chin. *po-ku-t'a* (mit weich gesprochenen Konsonanten) „Turm der Totenknochen“, doch scheint dies eine späte, fremde Bildung zu sein, denn *po-ku* heißt zwar „Totenknochen“ und *t'a* „Turm“, aber als Zusammensetzung gibt es dieses Wort im Chinesischen nicht; die Pagode heißt chin. *pao-t'a,* was eigtl. „Schatzturm“ bedeutet. Die auf Ceylon übliche Bezeichnung für den Reliquienstupa ist singhales. *dāgaba* aus Sanskrit *dhātugarbha* „Reliquienbehälter“ (so Grünwedel-Waldschmidt, „Buddhistische Kunst in Indien“, Berlin 1932), woraus durch Metathese *Pagode* entstanden sein könnte; die Ableitung aus Sanskrit *bhagavat* „heilig“ (Yule, Hobson-Jobson) ist nach Grünwedel nicht überzeugend

Paillette kleines, rundes, aufnähbares Metallplättchen; frz. *paillette* „Flitter, Körnchen, Blättchen“, Verkleinerungsform von *paille* „Fleck, brüchige

Stelle im Metall“, eigtl. „Stroh, Spreu“, aus lat. *palea* „Spreu“

Paket etwas in Papier o. ä. Verpacktes; verschnürtes Bündel; aus frz. *paquet* „Bündel, Paket, Packen“, aus ndrl. *pak* „Bündel“

Pakt Bündnis, Vertrag; aus lat. *pactum* „Vertrag, Verabredung“, zu *pacisci* „verabreden, übereinkommen“, zu *pax,* Gen. *pacis,* „Friede, Ruhe“

Paladin *urspr.:* jeder der zwölf Begleiter Karls des Großen; *danach:* treuer Gefolgsmann; aus mhd. *palatîn* „Held“, aus lat. *palatinus* „Diener im Kaiserpalast“, zu *Palatium,* dem Namen eines der sieben Hügel Roms, auf dem der Kaiserpalast stand

Palais Palast, Schloß; frz. *palais* in ders. Bed., altfrz. „großer, festlicher Raum, der für sich ein Gebäude ausmacht“, aus lat. *palatium,* → Palast

Palankin indische Sänfte; aus frz. *palanquin* aus Sanskrit *paryaṅka-, palyaṅka-* „Bett“, eigtl. Bezeichnung für eine bestimmte Haltung, nämlich „Sitzen mit untergeschlagenen Beinen“

Paläographie Lehre von den Schriften und Schreibmaterialien des Altertums und MA; aus griech. *palaios* „alt“ und *graphein* „schreiben“

Paläolithikum Altsteinzeit; aus griech. *palaios* „alt“ und *lithos* „Stein“

Paläontologie Lehre von den Tieren und Pflanzen vergangener Erdzeitalter; aus griech. *palaios* „alt“, *on,* Gen. *ontos,* „seiend“ und *logos* „Wort, Lehre, Kunde“, zu *legein* „sagen, sprechen, erklären“

Paläozän unterste Abteilung des Tertiärs; aus griech. *palaios* „alt“ und *kainos* „neu“, also „die älteste Abteilung des jüngsten (neuesten) Erdzeitalters“

Paläozoikum Altertum der Erdgeschichte; aus griech. *palaios* „alt“ und *zoon* „Lebewesen“

Palast Schloß, schloßartiges Gebäude; aus mhd. *palas* „großes Gebäude mit einem Hauptraum als Speisesaal und zum Empfang von Gästen“, aus lat. *palatium* „Palast“, bes. der Kaiserpalast auf dem Hügel *Palatium* in Rom

Palästra *im alten Griechenland:* Schule für Ringen, Fechten und Leibesübungen; aus griech. *palaistra* in derselben Bedeutung, zu *palaiein* „ringen, kämpfen“, zu *pale* „Ringkampf“, zu *pallein* „schwingen, schleudern, schütteln“

Palatal am vorderen Gaumen gebildeter Laut, Gaumenlaut; aus lat. *palatum* „Gaumen“

Palatin Pfalzgraf; aus mhd. *palatinus* „Held, Begleiter Karls des Großen“ (→ Paladin), mlat. *palatinus* „hoher weltlicher Würdenträger“, aus lat. *Palatini* (Pl.) „die kaiserlichen Palastdiener“, d. h. die Diener im *Palatium,* → Palast

Palatschinke *österr.:* gefüllter Eierkuchen; aus ungar. *palacsinta* in derselben Bedeutung, aus rumän. *placinta* „Kuchen“, aus lat. *placenta* „Kuchen“; das Ungarische hat im Anlaut stets nur einen einzelnen Konsonanten, daher das eingeschobene a; die Verwandlung des t zu k in der Endung könnte durch Einfluß der slaw. Verkleinerungsform *-inka* entstanden sein

Palaver endloses Gerede, lange Verhandlung; aus port. *palavra* „Wort, Sprache“, aus kirchenlat. *parabola* „Gleichnis“, aus griech. *parabole,* → Parabel

Paletot *veraltet:* zweireihiger Herrenmantel; frz. *paletot* „weiter Überrock, Mantel“, ältere Form: *paltoke* „Bauernkittel“, aus mittelengl. *paltok,* der erste Wortteil aus lat. *pallium* „Mantel, Hülle, Bedeckung“, zu *palla* „bis zu den Füßen reichender Mantel“; die Herkunft des zweiten Wortteiles ist nicht bekannt

Palette Farbenbrett; aus frz. *palette* „Farbenbrett, Kniescheibe, Schulterblatt“, aus lat. *pala* „Schaufel, Spaten, Grabscheit, Schulterblatt“

Palimpsest *im Altertum:* beschriebenes, abgeschabtes und wieder neu beschriebenes Pergament; aus griech. *palin* „wiederum, von neuem“ und *psestos* „abgekratzt“, zu *psen, psan* „reiben, streichen“

Palindrom Wort oder Satz, das bzw. der vorwärts und rückwärts sinnvoll gelesen werden kann, z. B. Neger, Reittier; aus griech. *palin* „rückwärts“ und *dromos* „Lauf, das Laufen“

Palingenese *im Buddhismus:* Wiedergeburt (durch Seelenwanderung); aus griech. *palin* „wiederum, von neuem" und → *Genese*

Palisade Hindernis aus Pfählen, Pfahl zur Befestigung; aus frz. *palissade* „Pfahlwerk, Hecke", zu *palisser* „Bäume an Pfählen oder Spalier befestigen", zu *pal* „Pfahl", aus lat. *palus* „Pfahl"

Palisander südamerikan. Edelholz; aus span. *palisandro,* verderbt aus castellan. *palo santo* „heiliges Holz" (aus lat. *palus* „Pfahl" und *sanctus* „heilig"), wahrscheinlich Name für Guayacum officinale „Guayakholz", volkstümlich „Heiligholz, Lebensholz", auch „Franzosenholz", da es früher als Heilmittel gegen die „Franzosenkrankheit" (Syphilis) verwendet wurde

Palladium 1 Schutzbild, schützendes Heiligtum; nach lat. *Palladium,* dem Bild der griech. Göttin Pallas Athene; **2** chemisches Element; nach dem 1802 entdeckten Planetoiden *Pallas*

Pallasch schwerer Degen; aus russ. *palasch* „Degen der schweren Reiter", aus türk. *pala* „Krummschwert, Dolch"

Pallium *MA:* Krönungsmantel der Kaiser; *kath. Kirche:* weiße, mit sechs Kreuzen verzierte Schulterbinde der Päpste und Erzbischöfe; aus lat. *pallium* „Hülle, Bedeckung", zu *palla* „weites, langes Obergewand der Frauen", danach „verzierter, prächtiger Mantel"

Palme ein tropischer Baum; aus lat. *palma* „offene oder flache Hand", wegen der gefächerten Blätter mancher Arten, die einer ausgestreckten Hand ähneln

palpieren *Med.:* tasten, fühlen, klopfen; aus lat. *palpare* „sanft klopfen, streicheln", zu *palpus* „Striegel, Klopfer"

Pampa südamerikanische Grassteppe; aus Ketschua *pampa* „flaches Land, Fläche" im Unterschied zu *anti* „Berge" (Anden)

Pampelmuse eine Zitrusfrucht; aus ndrl. *pompelmoes,* zu *pompel* „dicker, runder Gegenstand" und *limoes* „Zitrone"; das Wort stammt nicht, wie oft vermutet, aus Tamil *pampalimasu,* sondern dieses aus dem Niederländischen

Pamphlet Streitschrift, Schmähschrift; über engl. *pamphlet* „kleine, ungebundene Abhandlung, Broschüre" aus altengl. *pamflet;* die weitere Herkunft ist unsicher, das Wort soll auf den Namen des Helden einer lat. Komödie des 12. Jh., *Pamphilus seu de amore* (Pamphilus oder die Liebe), zurückgehen

Pampusche → Babusche

Panade Mischung aus Weißbrot und Ei für Füllungen und Suppeneinlagen; über frz. *panade* aus ital. *panata* „Brotsuppe", zu *pane* aus lat. *panis* „Brot"

Panaritium Fingerentzündung, Nagelgeschwür; aus lat. *panaricium* „Krankheit am Fingernagel", wahrscheinlich aus *paronychium,* griech. *paronychion* „Niednagel", aus griech. *para* „neben" und *onyx,* Gen. *onychos,* „Nagel, Kralle, Klaue"

Panasch Federbusch, Helmzier; aus frz. *panache* in ders. Bed., aus ital. *pennacchio* „Federbusch", aus lat. *pinnaculum* „kleiner Flügel", Verkleinerungsform von *pinna,* dieses Nebenform von *penna* „Feder, Schwungfeder, Fittich"

panaschieren buntstreifig mustern; mehrere Kandidaten verschiedener Parteien zugleich wählen; aus frz. *panacher* „buntstreifig mustern", in bestimmten Fügungen auch „mischen", z. B. *société panaché* „gemischte Gesellschaft", zu *panache* „farbiger Streifen (bei Blumen), Federbusch", → Panasch

panchromatisch für alle Farben gleich empfindlich; aus griech. *pan* „all, gesamt" und *chroma,* Gen. *chromatos,* „Farbe"

Pandämonium *Myth.:* Versammlungsort aller bösen Geister; aus griech. *pan* „all, gesamt" und *daimonion, daimon* „Gottheit, göttliches Wesen"

Pandekten Sammlung altrömischer Rechtsgrundsätze; aus griech. *pandektes* „alles enthaltend", eigentlich „alles in Empfang genommen habend", aus *pan* „alles" und *dektes* „Empfänger", zu *dekesthai, dechesthai* „in Empfang nehmen, auf-, annehmen"

Pandemie Epidemie von großem Ausmaß; aus griech. *pandemios* „das ganze Volk umfassend, allgemein", aus *pan* „all, gesamt" und *demos* „Volk, Land, Gebiet"

Pandit *indischer Titel für:* Gelehrter; aus Sanskrit *paṇḍita-* „gelehrt, lebensklug"

Pandur *früher:* bewaffneter, in Nationaltracht gekleideter Diener ungarischer Adliger; aus ungar. *pandúr* „türkischer Infanterist" sowie „Räuber; Gerichtsdiener"; die Herkunft ist nicht bekannt, vielleicht aus dem Serbokroatischen oder aus spätlat. *banderius* „jmd., der unter einem Banner kämpft", zu *bandus* „Banner"

Paneel Holztäfelung; einzelnes Feld der Täfelung; aus ndrl. *paneel* „Täfelung, Sattelkissen", eigtl. „Holz oder Tuch in einem Rahmen", aus altfrz. *panel* „vertiefte Fläche in einer Einfassung, Sattelkissen", aus mlat. *pannellus, panellus* „Tuch(stück)", aus lat. *pannus* „Tuchstück"

Panegyrikos Fest-, Lobrede; aus griech. *panegyrikos* „festlich, zum Volksfest gehörig; Festrede, Lobrede", zu *panegyris* „Versammlung des ganzen Volkes, Volksfest", aus *pan* „all, gesamt" und *agyris* „Versammlung", zu *ageirein* „sammeln, versammeln" und *ageiresthai* „sich versammeln, zusammenkommen"

Panel für eine bestimmte Aufgabe ausgewählte Gruppe; typographisch umgrenzter Teil eines Werbemittels; aus engl. *panel* „Gruppe von (in einer Liste erfaßten) Personen, Ausschuß; vertieftes viereckiges Feld in einer Einfassung", → Paneel

Panentheismus Lehre, daß das Weltall in Gott eingeschlossen sei; aus griech. *pan* „all, gesamt", *en* „in, darin" und *theos* „Gott"

Panhas westfäl. Gericht aus gehacktem Fleisch und Buchweizenmehl, in der Pfanne gebraten; aus westfäl. *Pannharst,* gesprochen meist *Pannhass,* in ders. Bed., rhein. *Pannas* „in der Pfanne gebratenes Stück Fleisch", aus mnddt. *pannharst* in ders. Bed., im Unterschied zum *potharst* „im Topf gekochtes Fleisch", zu *panne* „Pfanne" und *harst* „Rost" sowie „auf dem Rost gebratenes Fleisch"

Panier Banner; Wahlspruch, Losung; hier sind wahrscheinlich zwei Bedeutungen zusammengefallen: mhd. *paner, panner, panier* aus frz. *bannière* „Fahne, Banner" und frz. *banir* „ankündigen, ausrufen", zu *ban* „Bekanntmachung, Aufruf zum Kriegsdienst"

panieren in einer Mischung aus Ei und Mehl oder geriebener Semmel wälzen; aus frz. *paner* „mit geriebenem Brot bestreuen", aus lat. *panis* „Brot"

Panik plötzliches, das ganze Innere erfüllendes Erschrecken, allgemeine Verwirrung; zu *panikos* „vom Pan herrührend", nach *Pan,* dem griech. Gott der Hirten und Herden, der durch sein plötzliches Erscheinen oft Schrecken auslöste

Pankration *im alten Griechenland:* Verbindung von Faust- und Ringkampf nach großzügigen Regeln; griech. *pankration,* eigtl. „Allkampf, Gesamtkampf", aus *pan* „all, gesamt" und *kratos* „Kraft"

Pankreas Bauchspeicheldrüse; aus griech. *pan* „all, gesamt" und *kreas* „Fleisch", wegen ihrer fleischigen Beschaffenheit

Panmixie wahllose Vermischung von Erbanlagen bei unbehinderter Kreuzung von Tieren oder Pflanzen einer Population; aus griech. *pan* „all, gesamt" und *mixis, meixis* „Mischung, Vermischung", zu *meignynai* „mischen, vermischen"

Panoptikum Wachsfiguren-, Kuriositätenkabinett, Sammlung von Sehenswürdigkeiten; aus griech. *pan* „all, gesamt" und *optikon* „zum Sehen gehörig", zu *ops* „Auge"

Panorama Rundblick; *urspr.:* Rundgemälde; in England gebildete Zus. aus griech. *pan* „all, gesamt" und *horama* „Anblick, Schauspiel", zu *horan* „sehen"

Pansen erster Magen der Wiederkäuer; aus mhd. *panze* „Magen, Wanst", aus lat. *pantex,* Gen. *panticis* „Wanst"

Pantalone Figur der Commedia dell'arte, komischer Alter; nach dem Heiligen *Pantaleon,* einem der 14 Nothelfer; da die Venezianer sich ihm besonders verbunden fühlten und häufig auf seinen Namen getauft waren, erhielten sie den Spottnamen *pantaloni;* die Bezeichnung ging dann auf die Figur des komischen Alten über, da er immer in altvenezianischer Tracht auftrat: langen roten Strumpfhosen, schwarzem Mantel und Pantoffeln

Pantalons während der Frz. Revolution in Mode gekommene lange Hosen; nach dem →*Pantalone,* zu dessen Kostüm lange Hosen gehörten

Pantheismus Lehre, daß Gott überall in der Natur sei; aus griech. *pan* „all, gesamt" und *theos* „Gott"

Panther ein Raubtier; schon im Griech. *(panther)* Fremdwort aus einer östlichen Sprache, Ursprung nicht bekannt, vielleicht aus Sanskrit *pāṇḍara-* „weißlich-gelb"

Pantine Holzpantoffel; ältere Form: *Patin* (mit französischer Aussprache), aus frz. *patin* „Holzschuh, Überschuh", zu *patte* „Pfote, Tatze"

Pantoffel Haus- oder Holzschuh ohne Ferse; aus ital. *pantofola* „Hausschuh", sizilianisch *pantofala* „Hausschuh; dünne Dachplatte", wahrscheinlich aus mittelgriech. *pantophellos* „Vollkork, Ganzkork", aus griech. *panto-* „ganz" und *phellos* „Kork, Korkeiche"; vermutlich ist das sizilianische Wort eine verkürzte Form, und die Bezeichnungen hießen ursprünglich „Dachplatte aus Kork" und „Schuhsohle aus Kork", und im Lauf der Zeit erhielt sich nur das Wort für „Kork", das auf die Gegenstände überging (Gamillscheg). Kork wurde früher in Südeuropa zum Dachdecken verwendet, das Material fand dann auch im Norden Eingang; so wurde im 15. Jh. in Danzig Kork zu Schuhen (die *Pantoffeln* hießen) verarbeitet, und auch im Englischen des 16. Jh. hieß *pantofle* „Korkschuh". Auch in der dt. Handwerkersprache bedeutete das Wort *Pantoffel* früher „Kork", z.B. verwendete man ein sog. *Pantoffelholz* (ein mit Kork belegtes Holz) zum Gerben von Leder, und die Tätigkeit nannte man *pantoffeln*

Pantograph Gerät zum Vergrößern oder Verkleinern von Zeichnungen, Storchschnabel; aus griech. *pan,* Gen. *pantos,* „all, gesamt" und *grapheus* „Schreiber", zu *graphein* „schreiben"

Pantokrator *Bez. für:* Gott und der auferstandene Christus; Darstellung des thronenden Christus in der christlichen, bes. byzantinischen Kunst; griech. *pantokrator,* eigtl. „Alleinherrscher", aus *pan,* Gen. *pantos,* „all, gesamt" und *-krator* (in Zus.) „Herrscher", zu *kratein* „herrschen"

Pantometer Gerät zum Messen von Längen und Winkeln; aus griech. *pan,* Gen. *pantos,* „all, gesamt" und *metron* „Maß", zu *metrein* „messen"

Pantomime Darstellung von Szenen durch Mienenspiel, Gebärden und Bewegungen; Künstler, der solche Szenen darstellt; aus griech. *pan,* Gen. *pantos,* „all, gesamt" und *mimos* „Schauspieler, Darsteller", eigentlich „Nachahmer", zu *mimeisthai* „nachahmen"

Pantophage = Omnivore; aus griech. *pan,* Gen. *pantos,* „all, gesamt" und *phagos* „Esser, Fresser", zu *phagein* „essen"

Pänultima vorletzte Silbe (eines Wortes); aus lat. *paenultimus* „vorletzter", aus *paene* „beinahe, fast" und *ultimus* „der letzte, äußerste, am weitesten entfernte", Superlativ von *ulter* „jenseits, drüben befindlich"

Panzer metallener Schutz für den Körper; aus mhd. *panzer, panzier,* aus mlat. *panzerium* „Panzer(hemd)", *panceria* „Brustplatte", aus lat. *pantex,* Gen. *panticis,* „Wanst"

Päonie Pfingstrose, eine Heilpflanze; aus griech. *paionios* „heilend, rettend, schützend", abgeleitet von dem Namen des griech. Heilgottes, *Paion* oder *Paian*

Papagallo *in Mittelmeerländern:* einheimischer, zu Liebesabenteuern mit Touristinnen aufgelegter junger Mann; aus ital. *papagallo* „Papagei", übertr. „jmd., der etwas nachplappert, ohne es zu verstehen", dann „jmd., der andere nachäfft", dann „junger Mann, der Frauen auf der Straße anspricht oder belästigt"

Papalismus kirchliches System, in dem der Papst die oberste Gewalt ausübt; aus lat. *papa* „Vater; Bischof", urspr. Lallwort der Kindersprache

Papel entzündliche Hauterhebung, Bläschen, Knötchen; aus lat. *papula* „Bläschen", zur idg. Wurzel **pap-* „schwellen"

Paperback kartoniertes Buch; engl. *paperback* „Buch in Papiereinband", aus *paper* „Papier" und *back* „Rükken"; bei diesen Büchern besteht auch der Rücken aus Papier, nicht nur die Einbanddecken (wie bei Halbleinen- und häufig Halblederbänden)

Papier Blatt zum Beschreiben, Verpakken u. a.; aus lat. *papyrus*, griech. *papyros* „Schreibstoff aus den Fasern der Papyrusstaude", → Papyrus

Papille Warze; aus lat. *papilla* „Brustwarze, Zitze", zu *papula* „Bläschen", zur idg. Wurzel **pap-* „schwellen"

Papillote dünner Lockenwickel; frz. *papillote* „Lockenwickel", zu *papillon* „Schmetterling", aus lat. *papilio* „Schmetterling", wegen der Form

Pappatacifieber Dreitagefieber; aus ital. *pappataci* „Stechmücke", aus *pappare* „fressen" und *tacere* „schweigen", wegen des lautlosen Fluges der Mücke

Pappel ein Laubbaum; andere Bezeichnungen sind *Bloppelboom* (Böhmen), *Plapperbom* (Siebenbürgen), aus ahd. *popelboum*, umgedeutet aus lat. *populus* „Pappel" und in Zusammenhang gebracht mit *pappeln* „schwatzen", da der Baum beim geringsten Luftzug raschelnd die Blätter bewegt

Paprika eine Gemüse- und Gewürzpflanze; aus russ. *paprika*, weitere Herkunft nicht geklärt

Papyrus in der Antike verwendetes Schreibmaterial; aus griech. *papyros* „aus der Papyruspflanze hergestelltes Papier", wahrscheinlich aus altägypt. *pa per-aa* „das königliche (Schreibmaterial)" oder „das (Schreibmaterial) des Königs", aus *pa* „das des ..., das von ..." und *per-aa* „König, Pharao" (→ Pharao); nach dem Schreibstoff wurde dann die Pflanze benannt

Parabel lehrhafte Erzählung, Gleichnis; *Math.:* ein Kegelschnitt; aus griech. *parabole* „Nebeneinanderstellung; Gleichnis, Beispiel", zu *paraballein* „neben etwas werfen, an die Seite stellen, vergleichen", aus *para* „neben" und *ballein* „werfen"

Parabiose Zusammenleben zweier miteinander verwachsener Lebewesen; aus griech. *para* „bei, neben" und *bios* „Leben"

Parade 1 Vorbeimarsch von Truppen; *in Zus.* (wie Paradebett, Paradepferd): „Prunk-, Pracht-"; frz. *parade* „prunkvoller Aufmarsch von Truppen; feierlicher Aufzug der Wache; Prunk-, Staats-", zu *parer* „schmücken, zieren, zu-, vorbereiten, zurechtmachen, den letzten Schliff geben", aus lat. *parare* „Vorkehrungen treffen, vor-, zubereiten"; **2** *Boxen, Fechten:* Abwehr eines Angriffs; frz. *parade* „Ablenkung eines Hiebes, Stoßes", zu *parer* „abwehren, ablenken, verhindern, sich vom Leibe halten", aus ital. *parare* „abwehren, aufhalten, schützen", span. *parar* „abwehren", aus lat. *parare* „Vorkehrungen treffen"; **3** Verkürzen der Gangart oder Anhalten des Pferdes; frz. *parade* „Anhalten des Pferdes", aus span. *parada* „Aufenthalt, Stillstand", zu *parar* „anhalten, festhalten", aus lat. *parare* „Vorkehrungen treffen"

Paradentitis = Parodontitis; aus griech. *para* „neben, bei" und lat. *dens*, Gen. *dentis*, „Zahn"

Paradies Garten Gottes, Himmel; aus griech. *paradeisos* „eingefriedigter Park, Tierpark, Garten der Seligen", aus altpers. *pairidaēza* „Garten, umzäuntes Landstück", aus *pairi* „rundum" und *daēza* „Mauer"

Paradiesapfel, auch Paradeiser, *bes. in Österr. Bez. für* Tomate; die in der biblischen Schöpfungsgeschichte nicht näher bezeichnete Frucht vom Baum der Erkenntnis wurde in der deutschen Malerei immer als Apfel dargestellt, deswegen hießen im Mhd. bes. schöne, rotbackige Apfelsorten *Paradiesäpfel*. Der Name ging dann auf die aus Südamerika eingeführte Tomate über, die man wegen ihrer leuchtenden Farbe mit der schönen, verbotenen Frucht des Paradieses verglich. Der Name „Liebesapfel", mit dem man sie auch bedachte, mag auf den Glauben zurückzuführen sein, sie wirke als Aphrodisiakum

Paradigma Musterbeispiel; aus griech. *paradeigma* „Beispiel, Muster", zu *paradeiknynai* „(daneben) vorzeigen, als Beispiel hinstellen", aus *para* „neben" und *deiknynai* „zeigen, begreiflich machen"

Parador *in Spanien:* meist in historischen Gebäuden eingerichtetes staatliches Luxushotel bes. für Touristen; span. *parador* „Wirtshaus, Gasthaus", zu *parada* „Aufenthalt", →Parade (3)

paradox widersprüchlich, widersinnig; aus griech. *paradoxos* „unerwartet, unglaublich, sonderbar", *paradoxon* „Seltenheit, Ausnahme", aus *para* „daneben, neben ... vorbei, dagegen, wider" und *doxa* „Meinung, Ansicht, Vorstellung"

Paraffin Gemisch gesättigter Kohlenwasserstoffe; aus lat. *parum* „wenig" und *affinis* „teilnehmend, beteiligt", da die Paraffine sehr reaktionsträge sind

Paragraph Abschnitt, Absatz; aus spätlat. *paragraphus* „Zeichen für einen Absatz", aus griech. *paragraphos gramme* „daneben (d. h. auf den Rand von Schriftrollen) geschriebenes Zeichen", zu *paragraphein* „daneben-, dazuschreiben", aus *para* „neben, daneben" und *graphein* „schreiben"

Parakinese Störung im koordinierten Bewegungsablauf; aus griech. *para* „neben" und *kinesis* „Bewegung", zu *kinein* „in Bewegung setzen, bewegen"

Paraklase durch Verwerfung entstandene Spalte; aus griech. *para* „neben" und *klasis* „das Zerbrechen", zu *klan* „brechen, zerbrechen"

Paraklet Helfer, Fürsprecher vor Gott (bes. der Heilige Geist); aus griech. *parakletos* „Sachwalter, Verteidiger, Fürsprecher; Tröster", zu *paraklesis* „das Herbeirufen", zu *parakalein* „herbeirufen, zu Hilfe rufen, rufen, anrufen", auch „trösten, stärken", aus *para* „in die Nähe, zu ... hin" und *kalein* „rufen"

Paralipomenon Ergänzung, Nachtrag (zu einem literarischen Werk); griech., eigtl. „Beiseitegelassenes", zu *paraleipein* „beiseite lassen, unbeachtet lassen, übergehen", aus *para* „neben" und *leipein* „lassen, übriglassen"

Parallaxe Winkel zwischen zwei Sehstrahlen, der entsteht, wenn ein Punkt von zwei verschiedenen Punkten auf einer Geraden betrachtet wird; aus griech. *parallaxis* „Wechsel, Hinundherbewegung", zu *parallassein* „nebeneinander abwechseln lassen, abweichen, verschieden sein", aus *para* „neben, daneben" und *allassein* „wechseln, verwandeln, vertauschen", dieses zu *allos* „anders", also eigentlich „anders machen"

parallel in gleichbleibendem Abstand nebeneinander (verlaufend); aus griech. *parallelos* „nebeneinanderstehend, gleichlaufend", aus *para* „neben" und *allelon* „einander, gegenseitig", zu *allos* „ein anderer, der andere"

Parallelepipedon von drei Paaren paralleler Ebenen begrenzter Körper; aus →*parallel,* griech. *epi* „auf" und *pedon* „Ebene, Boden"

Parallelogramm Viereck, dessen gegenüberliegende Seiten zueinander parallel sind; aus →*parallel* und griech. *gramma* „Zeichen", zu *graphein* „schreiben, zeichnen"

Paralyse Lähmung der Bewegungsnerven eines Körperteils; aus griech. *paralysis* „Lähmung der Glieder an einer Körperseite", aus *para* „neben, zur Seite" und *lysis* „Lösung, Erschlaffung", zu *paralyein* „auf einer Seite lähmen", zu *lyein* „auflösen, entkräften, schwächen"

Parament Stoffgegenstand (Fahne, Decke o. ä.) für gottesdienstliche Zwecke; aus lat. *paratum* „das Bereitstehende, Gerüstete", zu *parare* „vorbereiten, Vorkehrungen treffen, zurüsten" und Infix *-men-* zur Bezeichnung des Mittels, Werkzeugs, also eigtl. „Mittel zu Vorbereitung des Gottesdienstes"

Parameter Hilfsgröße bei Berechnungen; aus griech. *para* „neben, bei" und *metron* „Maß", zu *metrein* „messen"

Paränese Ermahnung; Nutzanwendung (am Schluß einer Rede oder Predigt); aus griech. *parainesis* „Ermahnung, Warnung, Lehre", aus *para* „gegen" im Sinne von „mit Einschränkung, nur zum Teil" und *ainesis* „Lob", zu *parainein* „ermuntern, ermahnen", zu *ainein* „loben"

Paranoia mit festen Wahnvorstellungen verbundene seelische Störung; aus griech. *paranoia* „Wahnsinn", zu *paranoein* „mißverstehen", aus *para* „daneben, vorbei" und *noein* „denken"

Paranthropus in Südafrika gefundener Frühmensch; aus griech. *para* „neben" und *anthropos* „Mensch"

Paraphasie Sprachstörung mit Verwechslung von Buchstaben, Silben, Wörtern; aus griech. *para* „daneben, vorbei" und *phasis* „Aussage, Äußerung", zu *phanai* „sprechen"

paraphieren unterzeichnen; Ableitung von *Paraphe* „Namenszug, Namenszeichen, Stempel mit dem Namenszug", aus frz. *paraphe* „abgekürzter Namenszug, Schnörkel", in der älteren Bedeutung soviel wie „Paragraph", → Paragraph

Paraphrase verdeutlichende Umschreibung (eines Sachverhalts); Verzierung (einer Melodie); aus griech. *paraphrasis*, aus *para* „neben" und *phrasis* „Ausdruck, Ausdrucksweise", zu *phrazein* „deutlich machen, kundtun, sagen, sprechen"

Paraplasie Mißbildung; aus griech. *para* „daneben, vorbei" und *plasis* „Gebilde, Gestalt", zu *plassein* „bilden, formen"

Paraplegie Lähmung zweier symmetrischer Gliedmaßen, doppelseitige Lähmung; aus griech. *para* „neben, zur Seite" und *plege* „Schlag, Hieb", zu *plessein* „schlagen"

Parapluie *veraltet:* Regenschirm; frz. *parapluie* „Regenschirm", nach dem Muster von → *Parasol* aus *para-* „Schutz vor, gegen" (zu *parer* „abwehren, hindern", aus lat. *parare* „Vorkehrungen treffen") und *pluie* „Regen" aus lat. *pluvia* „Regen", zu *pluere* „regnen"

Parapsychologie Teilgebiet der Psychologie, das sich mit außersinnlichen Erscheinungen befaßt; aus griech. *para* „neben, daneben" und → *Psychologie*

Parasit pflanzlicher oder tierischer Schmarotzer; aus griech. *parasitos* „jmd., der mitißt, Schmarotzer", zu *parasitein* „bei oder mit jmdm. essen, an der öffentlichen Speisung teilnehmen", aus *para* „neben, daneben" und *sitos* „Speise, Essen, Nahrung"

Parasol *veraltet:* Sonnenschirm; frz. *parasol* „Sonnenschirm", aus ital. *parasole* in ders. Bed., eigtl. *para il sole* „halte die Sonne ab": *parare* „abwehren" (lat. *parare* „Vorkehrungen treffen") und *sole* (lat. *sol*) „Sonne"

parat bereit, gebrauchsfertig; aus lat. *paratus* „bereit, gerüstet", zu *parare* „zurüsten, Vorkehrungen treffen"

Parataxe Nebenordnung, Nebeneinander (von Sätzen); aus griech. *parataxis* „Schlachtordnung, Schlachtlinie, Aufstellung nebeneinander", aus *para* „neben" und *taxis* „Ordnung", zu *paratassein* „nebeneinander aufstellen"

Paravent Wind-, Ofenschirm; frz. *paravent* in ders. Bed., nach dem Muster von → *Parasol* aus *para-* „Schutz vor, gegen" (zu *parer* „abwehren, hindern", aus lat. *parare* „Vorkehrungen treffen") und *vent* „Wind" (aus lat. *ventus* „Wind")

Parazentese Einstich, Durchstechung (bes. des Trommelfells); aus griech. *para* „gegen" und *kentein* „stechen, durchbohren"

parbleu! Donnerwetter!; frz. *parbleu!* „bei Gott!", aus *par* „bei" (in Beteuerungsformeln) und *bleu*, verhüllend für *Dieu* „Gott"

Parcours *bei Hindernisrennen:* Reitbahn; frz. *parcours* „durchlaufene Strecke", aus *par* „durch, querdurch", und *cours* „Strecke, Lauf", zu *courir* aus lat. *currere* „laufen"

Pardon Verzeihung, Gnade; frz. *pardon* „Verzeihung, Vergebung", zu *pardonner* „verzeihen", aus *par* (aus lat. *per*) „darüber hinaus, ganz, völlig" und *donner* aus lat. *donare* „geben, schenken"

Parenchym Grundgewebe der Pflanzen aus saftreichen, undifferenzierten

Zellen, die den Raum zwischen anderen Geweben ausfüllen; aus griech. *para* „neben, daneben, bei" und *enchymos* „saftig, mit Saft drin", aus *en* „in, hinein" und *chymos,* Nebenform von *chylos* „Saft, Pflanzensaft"

parental zur Elterngeneration gehörend; aus lat. *parentalis* „elterlich, zu den Eltern gehörig", zu *parentes* „Eltern", zu *parens,* Gen. *-entis,* „Erzeuger, Vater bzw. Mutter", zu *parere* „erzeugen, hervorbringen, gebären"

parenteral nicht über den Verdauungsweg (erfolgend); aus griech. *para* „neben" und *enteron* „Darm", zu *entos* „das Innere"

Parenthese Klammer; eingeschobener Satz oder Satzteil; aus griech. *parenthesis* „Einschaltung, Einschiebsel", aus *para* „daneben", *en* „hinein" und *thesis* „das Setzen, Stellen, Legen; Satz", zu *parentithenai* „nebenbei hinzufügen", zu *tithenai* „setzen, stellen, legen"

Parergon Anhang, Nachtrag; Parerga: gesammelte kleine Schriften; aus griech. *parergon* „Beiwerk, Nebensache, Anhängsel", aus *para* „neben, bei" und *ergon* „Werk, Arbeit"

Parforcejagd Hetzjagd; **Parforceritt** Gewaltritt; aus frz. *par force* „mit Gewalt", *par* (aus lat. *per*) „durch, mittels" und *force* „Kraft, Gewalt, Macht", aus lat. *fortis* „stark"

Parfüm Duftstoff, wohlriechende Flüssigkeit; frz. *parfum* „Wohlgeruch, Duft", zu *parfumer* „mit Duft erfüllen, durchräuchern", aus *par* (aus lat. *per*) „ganz, völlig" und *fumer* „rauchen, räuchern", aus lat. *fumare* „rauchen, dampfen", zu *fumus* „Rauch, Dampf"

Pari Nennwert; aus ital. *pari* „gleich", aus lat. *par,* Gen. *paris,* „gleich"

Paria *europ. Bez. für:* einer niederen Kaste angehörender oder außerhalb jeder Kaste stehender Inder; *danach allg.:* Ausgestoßener, Entrechteter; aus tamil. *paraiyan* „Angehöriger der Paraiya-Kaste", eine nur in Südindien übliche Bezeichnung für die Kaste der Diener und Ackerbauer, zu tamil. *parai* „Trommel", da die Paraiyan früher meist Dorfmusikanten waren

parieren **1** abwehren, auffangen (Hieb); aus frz. *parer* „abwehren, verhindern, sich vom Leibe halten", aus lat. *parare* „Vorkehrungen treffen"; **2** anhalten, zum Stehen bringen (Pferd); aus span. *parar* „anhalten, festhalten", aus lat. *parare* „Vorkehrungen treffen"; **3** gehorchen; aus lat. *parere* „sich zeigen, sichtbar werden, erscheinen, sich ergeben" (wenn man sich ergibt, muß man zum Vorschein kommen), daraus übertr. „sich fügen, nachgeben, gehorchen"

parietal wandständig, seitlich; zum Scheitel gehörig; aus lat. *parietalis* „zur Wand gehörig", zu *paries,* Gen. *-etis,* „Wand"

Parität Gleichstellung, Gleichberechtigung; Austauschverhältnis zweier Währungen; aus lat. *paritas,* Gen. *-atis,* „Gleichheit", zu *par,* Gen. *paris,* „gleich"

Park sehr großer Garten; engl. *park* in ders. Bed., aus mengl., altfrz. *parc* aus mlat. *parricus* „eingefriedigter Platz, Viehpferch", weitere Herkunft nicht geklärt

Parka (wattierter) gesteppter Anorak; über amerik.-engl. *parka* in ders. Bed. aus eskimoisch (Aleuten) *parka* „Kleidungsstück aus Vogel- oder Seehundshaut"

parken (sein Fahrzeug) einige Zeit stehenlassen; aus engl. *to park* „an einen bestimmten Platz stellen und vorübergehend dort stehenlassen", zu *park* „eingezäunter Platz, Pferch, Gehege", aus altfrz. *parc* in ders. Bed., aus mlat. *parricus* „Einfriedigung, Viehpferch", weitere Herkunft nicht geklärt

Parkett Fußbodentäfelung; *Theater:* die Sitzreihen auf dem Boden des Zuschauerraums; *Börse:* Raum zum Abwickeln der Geschäfte; aus frz. *parquet* in denselben Bedeutungen, zu *parc* „eingefriedigter Platz, Hürde, Pferch, Gehege", aus mlat. *parricus* „Einfriedigung, Pferch", weitere Herkunft nicht geklärt

Parkometer Parkuhr; aus →*parken* und griech. *metron* „Maß", zu *metrein* „messen"

Parlament gewählte Volksvertretung mit beratender und gesetzgebender

Funktion; aus engl. *parliament* in ders. Bed., aus mengl. *parliament, parlement* aus altfrz. *parlement* „Gespräch, Unterredung, Erörterung", zu *parler* „Gespräch, Wort", → parlieren

parlieren angeregt, fließend, munter sprechen; aus frz. *parler* „sprechen, reden, plaudern", zu *parole* „Wort, Rede", → Parole

Parochie Pfarrbezirk; aus mittellat. *parochia* „Pfarrgemeinde, Kirchspiel", aus spätgriech. *paroikia* „Aufenthalt in der Fremde, das Wohnen eines Fremden an einem Ort", zu griech. *paroikos* „Nachbar", aus *para* „neben" und *oikos* „Haus"

Parodie komische, übertreibende Nachahmung; Unterlegung von Musik mit anderem Text oder umgekehrt; Austausch von Kompositionen innerhalb des eigenen Gesamtwerkes; aus griech. *parodia* „Neben-, Gegengesang", zu *parodein* „ein Lied entstellt oder komisch nachahmen", aus *para* „neben, daneben" und *ode* „Lied"

Parodontitis Zahnfleischentzündung; aus griech. *para* „neben, bei" und *odous,* Gen. *odontos,* „Zahn" und Endung *-itis* zur Bezeichnung einer Entzündung

Parole Kennwort, Losung; Leit-, Wahlspruch; frz. *parole* „Wort", aus *parabole,* im Vulgärlat. „Wort", im Lat. „Gleichnis", → Parabel

Paroli *beim Pharaospiel:* Verdoppelung des Einsatzes; jmdm. Paroli bieten: jmdm. etwas doppelt heimzahlen; frz. *paroli* in ders. Bed., wahrscheinlich aus ital. *paro,* ältere Form von *pari* „gleich", aus lat. *par,* Gen. *paris,* „gleich(kommend)"

Parömie altgriechisches Sprichwort; aus griech. *paroimia* „Sprichwort, sinnbildliche Rede", aus *para* „neben, daneben" und *oime* „Lied, Sage", eigentlich „etwas, das neben einer Aussage steht", d.h. etwas, das eine Aussage nicht wörtlich, sondern sinnbildlich, gleichnishaft wiedergibt

Paronychie Finger-, Nagelentzündung; aus griech. *para* „neben" und *onyx,* Gen. *onychos,* „Finger-, Fußnagel"

Parotis Ohrspeicheldrüse; aus griech. *para* „neben, daneben" und *ous,* Gen. *otos,* „Ohr"

Paroxysmus höchste Steigerung (bes. einer Krankheit); aus griech. *paroxysmos* „Antrieb, Anregung; Reizung", zu *paroxynein* „anregen, antreiben, anstacheln, aufreizen", zu *para* „nach hin, zu hin" (verstärkend) und *oxynein* „schärfen; aufregen", zu *oxys* „scharf, spitz"

Parte *österr.:* Todesanzeige; aus ital. *dare parte* „mitteilen, Nachricht geben", eigtl. „teilhaben lassen", zu *dare* „geben" und *parte* „Teil", aus lat. *pars,* Gen. *partis,* „Teil"

Parterre Erdgeschoß; *im Theater:* Saalplatz; *früher:* kunstvoll angelegtes Blumenbeet; frz. *parterre* „Gartenbeet; Platz im Zuschauerraum", aus *par* „an, auf" (aus lat. *per* „über hin, auf, umher") und *terre* (aus lat. *terra*) „Erde"

Parthenogenese Fortpflanzung durch unbefruchtete Keimzellen, Jungfernzeugung; *Myth.:* Geburt eines Gottes oder Helden durch eine Jungfrau; aus griech. *parthenos* „Jungfrau" und → *Genese*

Parthenokarpie Entstehung von Früchten ohne Befruchtung und ohne Samenbildung; aus griech. *parthenos* „Jungfrau" (weitere Herkunft nicht bekannt) und *karpos* „Frucht"

Parthenon Tempel der Göttin Athene auf der Akropolis von Athen; aus griech. *parthenon* „Jungfrauengemach, Jungfrauentempel", zu *parthenos* „Jungfrau", Beiname der Athene

Partie **1** Ausschnitt, Teil, Stück; Warenmenge; Einzelspiel; frz. *partie* „Teil, Bestandteil, Menge (von Dingen oder Personen)", zu *partir* „teilen"; **2** Heirat, Heiratsmöglichkeit; frz. *parti* in ders. Bed., zu *partir* „teilen", also eigtl. „das, was einem vom Schicksal zugeteilt wurde oder werden kann"; **3** Ausflug; frz. *partie* „Ausflug", zu *partir* „abreisen, wegfahren", eigtl. „sich trennen, loslösen"; alle drei Bedeutungen aus lat. *partire* „teilen, zuteilen"

partiell teilweise; aus frz. *partiel* „einzeln, besonders", aus lat. *partialis* „teilig, teilweise", zu *pars,* Gen. *partis,* „Teil"

Partikel Teilchen, kleinster Bestandteil; aus lat. *particula* „kleiner Teil, Stückchen", Verkleinerungsform von *pars,* Gen. *partis,* „Teil"

Partikularismus Bestreben (von Staatsgebieten oder Gliedstaaten), ihre eigenen Interessen gegenüber dem Ganzen durchzusetzen; aus lat. *particularis* „einen Teil betreffend", zu *particula* „kleiner Teil", zu *pars,* Gen. *partis,* „Teil"

Partisan bewaffneter Widerstandskämpfer im Hinterland; frz. *partisan* „Anhänger, Parteigänger; Guerillakämpfer, Freischärler", aus ital. *partigiano* in ders. Bed., zu *parte* „Teil, Partei" (aus lat. *pars,* Gen. *partis,* „Teil") und Endung *-iano* zur Bezeichnung der Zugehörigkeit wie auch der Herkunft

Partita *Mus.:* = Suite; *urspr.:* einzelner Teil einer Reihe von Variationen; aus ital. *partita* in ders. Bed., eigtl. „geteilt" (fem.), zu *partire* „teilen", zu *parte* aus lat. *pars,* Gen. *partis,* „Teil"

Partitur Aufzeichnung sämtlicher Stimmgruppen eines Orchester- oder Chorwerkes Takt für Takt untereinander; aus ital. *partitura* in ders. Bed., zu ital., lat. *partire* „teilen", zu lat. *pars,* Gen. *partis,* „Teil"

Partizip Mittelwort; aus lat. *participium,* eigtl. „Teilnahme, Teilhabe", zu *participare* „teilnehmen, teilhaben", aus *pars,* Gen. *partis,* „Teil" und *capere* (in Zus. *-cipare*) „fassen, ergreifen", weil das Partizip in seiner Mittelstellung zwischen Verb und Adjektiv an beiden „teilhat"

partizipieren teilhaben; aus lat. *participare* „teilnehmen, teilhaben", aus *pars,* Gen. *partis,* „Teil" und *capere* (in Zus. *-cipare*) „fassen, ergreifen"

Partner Teilhaber, Teilnehmer, Mitspieler; engl. *partner* in ders. Bed., aus mengl. *partener,* Nebenform von *parcener* „Miterbe", über anglofrz. *parcenier* aus altfrz. *parçonier* aus mlat. *partionarius,* „jmd., der an etwas teilhat", zu *pars,* Gen. *partis,* „Teil"

partout unbedingt, um jeden Preis; frz. *partout* „überall, nach allen Seiten", aus *par* „an, auf" (aus lat. *per* „auf hin") und *tout* „alles" (aus lat. *totum* „das Ganze")

Party zwangloses Fest, geselliges Beisammensein; engl. *party* „Gesellschaft, geselliges Beisammensein", aus frz. *partie* „Teil, Bestandteil, Menge (von Dingen oder Personen)", zu *partir* aus lat. *partire* „teilen", zu *pars,* Gen. *partis,* „Teil"

Parusie Wiederkunft Christi beim Jüngsten Gericht; *bei Plato:* Anwesenheit der Ideen in den Dingen; aus griech. *parousia* „Anwesenheit, Dabeisein", aus *para* „neben, daneben" und *ousia* „das Sein, Dasein", zu *pareinai* „dabei, anwesend sein", zu *einai* „vorhanden sein"

Parvenü Emporkömmling; frz. *parvenu* „Emporkömmling", eigtl. „der Empor-, Angekommene", zu *parvenir* „gelangen (zu, an), emporkommen", aus *par* „in, an, zu" (aus lat. *per* „durch, über hin, auf hin") und *venir* (aus lat. *venire*) „kommen"

Parzelle kleines Stück Bau- oder Gartenland; frz. *parcelle* „Stückchen, Teilchen", über vulgärlat. **particella* aus lat. *particula,* → Partikel

Pasch *beim Würfeln:* Wurf, bei dem zwei oder drei Würfel die gleiche Augenzahl zeigen; aus ndrl. *paschendise, passediesje* „Würfelspiel", aus frz. *passe-dix* („überschreite zehn"), dem Namen eines Spiels mit drei Würfeln, bei dem derjenige gewinnt, der elf oder mehr Augen bei gleicher Augenzahl auf zwei Würfeln wirft (nach Trübner)

Pascha früher türk. Titel für höhere Offiziere und Beamte; aus türk. *paşa,* Grundbedeutung „jüngerer Bruder"

paschen schmuggeln; aus hebr. *pāsaḥ* „(die Grenze) überschreiten"; *paschen* im Sinne von „würfeln" ist eine Ableitung von → *Pasch*

Paspel schmaler Zierstreifen (an Nähten); aus frz. *passepoil* „Streifen, Vorstoß, Litze", aus *passer* „hervorstehen, hervorlugen, darüber hinausgehen, überschreiten" (→passieren) und *poil* „Haar (des Tuches)" aus lat. *pilus* „Haar"

Pasquill Schmäh-, Spottschrift; über untergegangenes ital. *pasquillo* aus *pas-*

quinata in ders. Bed., nach *Pasquino,* dem Namen einer Statue in Rom, die Menelaos mit dem toten Patroklos darstellte; an dieser Statue wurden in der Renaissancezeit von anonymen Verfassern Schmäh- und Spottschriften angeheftet

Paß schmaler Einschnitt im Gebirge als Übergang; Ausweis für Reisen ins Ausland; aus ital. *passo* „Schritt; Durchgang, Engpaß", aus lat. *passus* „Schritt", zu *pandere* „ausspannen, spreizen"

passabel annehmbar, leidlich; aus frz. *passable* „erträglich, annehmbar", eigtl. „überschreitbar, begehbar", zu *passer* „gehen, überschreiten", → passieren

Passacaglia langsames Instrumentalstück mit ostinatem Baß, urspr. span., aus Thema und zahlreichen Variationen bestehender Tanz; ital. *passacaglia* in ders. Bed., aus span. *pasacalle* „lebhafter volkstümlicher Marsch", aus *pasar una calle* „eine Gasse entlanggehen", womit in Spanien der Gang einer Musikantengruppe durch die Straßen gemeint war, die marschartige Stücke spielte (das Wort entspricht etwa unserem → Gassenhauer); *pasar* „gehen" (aus lat. *passus* „Schritt") und *calle* „Gasse" (aus lat. *callis* „Pfad, Bergweg")

Passade 1 leichter Galopp über eine kurze Strecke und zurück mit Fußwechsel bei der raschen Wendung; frz. *passade* in ders. Bed. sowie „flüchtige Durchreise", zu *passer* „gehen"; **2** *Hohe Schule:* langsamer, fast springender Trab; aus frz. *passer* „gehen", weil die Gangart einem ausgeprägten Gehen ähnelt; beides aus lat. *passus* „Schritt", zu *pandere* „ausspannen, spreizen"

Passage Durchgang, Durchfahrt, Überfahrt; Abschnitt; frz. *passage* „Durchgang", zu *passer* „gehen, überschreiten", → passieren

Passah achttägiges jüdisches Fest zum Gedenken an den Auszug aus Ägypten; aus hebr. *pêsaḥ* „Osterfest", zu *pāsaḥ* „hüpfen"; wahrscheinlich geht das Fest auf einen alten kultischen Hirtentanz (Springtanz) zurück und wurde dann auf das „Vorübergehen" des Herrn (2. Buch Mosis, 12, 13) bezogen, dem das Herausführen des Volkes Israel aus Ägypten folgte

Passant Vorübergehender, Fußgänger; frz. *passant* „Vorübergehender", zu *passer* „gehen, vorbeigehen", → passieren

Passat gleichmäßiger, in Richtung auf den Äquator wehender, tropischer Ostwind; aus ndrl. *passaat(wind),* ältere Form *passade(wind)* „Passagewind, guter Wind für die Überfahrt"

Passepartout Bilderrahmen aus Karton; Hauptschlüssel; frz. *passepartout* in ders. Bed., eigtl. „paßt (geht) überall", zu *passer* „gehen" und *partout* „überall", → partout

Passepied ein altfrz. Rundtanz; frz., wahrscheinlich aus *passer* „vorbeigehen, übersetzen" (aus lat. *passus* „Schritt") und *pied* „Fuß" (aus lat. *pes,* Gen. *pedis,* „Fuß"), weil man dabei einen Fuß über den andern setzen muß

passieren durchfahren, durchlaufen, überfliegen; sich ereignen, geschehen; aus frz. *passer* „gehen, vorbei-, durchgehen; vergehen, verfließen", *se passer* „sich ereignen, stattfinden", aus ital. *passare* „vorbei-, durchgehen", aus mlat. *passare* „hinübergehen, überschreiten, übersetzen", aus lat. *passus* „Schritt", zu *pandere* „ausspannen, spreizen"

Passiflora, eine Kletterpflanze, Passionsblume; aus lat. *passio* „Leiden" und *flos,* Gen. *floris,* „Blume"; man glaubte in den verschiedenen Teilen der Blüte die Marterwerkzeuge aus der Leidensgeschichte Christi zu erkennen (Dornenkrone, Nägel, Geißel usw.)

Passion starke Vorliebe, Leidenschaft; Leidensgeschichte Christi; aus lat. *passio,* Gen. *-onis,* „Leiden, Krankheit", zu *pati* „leiden"

passiv untätig, teilnahmslos, still duldend; aus frz. *passif, -ive* „leidend, duldend, untätig", aus lat. *passivus* „empfindsam, der Empfindung fähig", zu *pati* „sich in großer Gemütserregung befinden, leiden"

Passometer Schrittzähler; aus ital. *pas-*

so, lat. *passus* „Schritt" und griech. *metrein* „messen"
Passus Abschnitt (aus einem Schriftwerk, einer Rede u. ä.); aus mlat. *passus* „Abschnitt", eigtl. „Maße, Abmessungen, Abgemessenes", zu lat. *passus* „Schritt", zu *pandere* „ausspannen, spreizen"
Paste streichbare Masse; aus ital. *pasta* „Teig", aus lat. *pasta* „Gericht aus gemischten, eingebrockten Speisen"
Pastell mit Pastellfarben (Farben aus Kreide und Ton, mit Bindemitteln versetzt) hergestellte Zeichnung; aus ital. *pastello* in ders. Bed., zu *pasta* „Teig, Paste, Kleister"
Pastete mit Fleisch, Fisch oder Gemüse gefülltes Gebäck; über nicht bekannte Zwischenformen aus ital. *pasta* „Teig", → Paste
pasteurisieren durch Erhitzen entkeimen und haltbar machen (bes. Milch); nach dem frz. Arzt Louis *Pasteur* (1822–1895)
Pasticcio in betrügerischer Absicht in der Manier eines Künstlers gemaltes Bild; aus Teilen der Werke eines oder mehrerer Komponisten zusammengesetzte Oper mit neuem Libretto, Flickoper; ital. *pasticcio* „Pastete; unordentliche, schlecht ausgeführte Arbeit; verwickelte Geschichte; Flickoper", über vulgärlat. **pasticium* aus lat. *pasta* „Gericht aus gemischten, eingebrockten Speisen"
Pastille Pille, Kügelchen; aus lat. *pastillus* „Kügelchen aus Mehlteig oder Arznei" und *pastillum* „Brötchen", wahrscheinlich unter Einfluß von *pasta* (→ Paste) Verkleinerungsformen von *panis* „Brot"
Pastinak eine Gemüsepflanze, Möhre; aus lat. *pastinaca,* vielleicht zu *pastinum* „zweizinkige Hacke" (zum Eingraben von Samen)
Pastor Pfarrer; aus lat. *pastor* „Hirt", zu *pascere* „weiden lassen, Viehzucht treiben", zur idg. Wurzel **pa-* „füttern"
pastos dick aufgetragen (Farbe), dickflüssig, breiig; aus ital. *pastoso* „weich, teigig", zu *pasta,* → Paste
Patchwork Gegenstand aus Stoff oder Leder, der aus vielen kleinen Stücken in verschiedenen Farben und Formen zusammengesetzt ist; engl. *patch-work* „Flickwerk", aus *patch* „Lappen, Flicken" (aus mengl. *patche, pacche,* vielleicht zu *peche* „Stück", neuengl. *piece* „Stück") und *work* „Arbeit, Werk"
Pate Zeuge bei der Taufe oder Firmung; aus mlat. *pater spiritualis* „geistlicher Vater", der das Kind aus der Taufe hebt, zu lat. *pater* „Vater"
Patellarreflex Kniesehnenreflex; aus lat. *patellaris* „zur Platte, Schüssel gehörig", zu *patella* „Platte, flache Schüssel", übertr. „Kniescheibe", wegen der Form; früher nannte man die Kniescheibe auch „Kniepfanne", was der zweiten Bedeutung des lat. Wortes entspricht; dazu → *Reflex*
patent brauchbar, praktisch; geschickt, tüchtig; zu → *Patent,* da die durch Patent geschützten Dinge, wie Patentknöpfe, -verschlüsse usw., brauchbare, praktische Dinge sind
Patent öffentlich-rechtliche Urkunde über das Recht zur alleinigen Verwertung einer Erfindung sowie über eine bestimmte berufliche Qualifikation; aus der Kanzleisprache des MA *patens littera* „offener Brief", mit dem etwas beglaubigt wird, im Unterschied zu den versiegelten Geheimschreiben, aus lat. *patens,* Gen. *patentis,* „offen, unversperrt", zu *patere* „offenstehen, offen sein"
Paternalismus (väterliche) Bevormundung; aus lat. *paternus* „väterlich", zu *pater* „Vater"
pathetisch erhaben, feierlich, voller Pathos; aus griech. *pathetikos* (spätgriech.: *pathetos*) „für Eindrücke empfänglich, gefühlvoll, leidensfähig", zu *paschein (pathein)* „leiden, erleben, erfahren"
pathogen krankheitserregend; aus griech. *pathos* „Leiden" und *gennan* „erzeugen, hervorbringen"
Pathologie Lehre von den Krankheiten; aus griech. *pathos* „Leiden" und *logos* „Wort, Lehre, Kunde", zu *legein* „sagen, sprechen, erklären"
Pathos Feierlichkeit, erhabene Leidenschaftlichkeit; übertriebener Gefühlsausdruck; aus griech. *pathos* „Ge-

mütsbewegung, Gefühl, Leidenschaft; Leiden"; vgl. pathetisch

Patience Geduldsspiel mit Karten; frz. *patience* „Geduld; Geduldsspiel", aus lat. *patientia* „Geduld", → Patient

Patient Kranker in ärztlicher Behandlung; aus lat. *patiens,* Gen. *-entis,* „duldend, geduldig, leidend, Leiden ertragend", zu *pati* „leiden, dulden"

Patina auf Kupfer sich bildende Schutzschicht, Edelrost; ital. *patina* „Rost, Edelrost; Lack, Firnis, Glanzmittel für Felle", dazu sizilian. *patina* „Spiegelscheibe"; der Zusammenhang mit lat. *patina* „Pfanne" ist nicht sicher

Patisserie *schweiz.:* feines Backwerk; Feinbäckerei; frz. *pâtisserie* in ders. Bed., zu *pâtisser* „kneten, Kuchen bakken", zu *pâte* „Teig", aus ital. *pasta* „Teig, Teigware, Nudel", lat. *pasta* „Gericht aus gemischten, eingebrockten Speisen

Patois Mundart, Provinzsprache, provinzielle Ausdrucksweise; frz. *patois* in ders. Bed., ältere Form **patoi,* zu altfrz. *patoier* „grob anfassen, mit den Händen gestikulieren", also gewissermaßen „sich auf ganz einfache Weise verständlich machen", zu *patte* „Pfote", familiär auch „Hand"

Patriarch Stammvater, Erzvater; Vorsteher mehrerer Kirchenprovinzen; aus griech. *patriarches* „Stammvater (eines Geschlechtes)", aus *pater,* Gen. *patros,* „Vater" und *archos* „Anführer, Oberhaupt", zu *archein* „der erste sein, herrschen"

Patrimonium väterliches Erbgut; lat. *patrimonium* „vom Vater ererbtes Gut oder Vermögen", zu *pater,* Gen. *patris,* „Vater" und Nachsilbe *-monium,* die das Ergebnis einer Handlung oder Bedingung bezeichnet

Patriot jmd., der sein Vaterland liebt; aus lat. *patrioticus* „vaterländisch, heimatlich", zu *patria* „Vaterland", zu *pater,* Gen. *patris,* „Vater"

Patristik (auch: Patrologie) Lehre von den Schriften der Kirchenväter; aus lat. *pater,* Gen. *patris* bzw. griech. *pater,* Gen. *patros,* „Vater" und griech. *logos* „Wort, Lehre, Kunde", zu *legein* „sagen, erklären"

Patrize Stempel, Prägestock mit erhaben herausgearbeitetem Bild; aus lat. *pater,* Gen. *patris,* „Vater"; vgl. Matrize

Patrizier *im alten Rom:* Angehöriger des Adels; *im MA:* wohlhabender Bürger; aus lat. *patricius* „Patrizier", zu *pater,* Gen. *patris,* „Vater" als Anrede und Titel für hohe Persönlichkeiten

Patrologie → Patristik

Patron Schutzheiliger, Schutzherr; aus lat. *patronus* „Schutzherr, Verteidiger, Vertreter", zu *pater,* Gen. *patris,* „Vater"

Patrone mit Sprengstoff gefüllte und mit Zündvorrichtung versehene Metallhülse, früher Hülse mit einer bestimmten Menge Pulvers, die in die Waffe geschüttet wurde, daher auch vorgeschriebenes Maß für Pulver; im 16./17. Jh. Form, nach der etwas hergestellt wird; aus frz. *patron* „Modell, Schablone", eigtl. „Musterform, Vaterform", aus lat. *pater,* Gen. *patris,* „Vater"

Patronymikon vom Namen des Vaters abgeleiteter Name; griech. *patronymikon,* aus *pater,* Gen. *patros,* „Vater" und *onyma* „Name"

Patrouille Wachtrupp, Streife; frz. *patrouille* in ders. Bed., zu *patrouiller,* urspr. „im Schlamm, Schmutz herumpatschen", dann „den Rundgang der Wache gehen", zu mundartlich *patrouil* „Mistpfütze", sowie *patouiller* „im Schmutz patschen", aus altfrz. *patoier* „die Füße, die Pfoten bewegen", zu *patte* „Pfote"

Patrozinium Schutzherrschaft eines Heiligen über eine Kirche; aus lat. *patrocinium* „Vertretung (vor Gericht), Schutz durch einen Patron", eigtl. *patronocinium,* zu *patronus* „Vertreter, Schutzherr", zu *pater,* Gen. *patris,* „Vater"

Patschuli südostasiatisches Kraut, aus dessen Blättern ein ätherisches Öl gewonnen wird; aus engl. *patchouli,* dieses aus Tamil *paccai* „grün" und *ilai* „Blatt"

patt *Schach u. a.:* zugunfähig; aus ital. *patta* „quitt, patt" in den Wendungen *far patta* „remis machen", *essere patta* „quitt sein", weitere Herkunft nicht geklärt, vielleicht zu *patto* „Vertrag, Übereinkunft, Pakt“, aus lat. *pactum* „Pakt“

Pauperismus allgemeine Verelendung, Massenarmut; aus lat. *pauper* „arm“, aus *pauci-parus* „der wenig Erwerbende“, zu *paucus,* Pl. *pauci,* „wenig“ und *parere* „erwerben“

Pauschale einmalige, auf- oder abgerundete Zahlung (statt Einzelzahlungen); Ableitung von *Pausch,* Nebenform von *Bausch* „Polster, Wulst“; *Pauschale* gehört zu der Fügung *in Bausch und Bogen,* wobei *Bausch* „das Gewölbte, Dicke“, mithin das „Zuviel“, dem *Bogen,* dem „Flachen, nach innen Gewölbten“, also dem „Zuwenig“ gegenübersteht; bei einem Kauf *in Bausch und Bogen* wird also nicht im einzelnen abgerechnet, sondern ein Zuviel an der einen Stelle wird durch ein Zuwenig an einer andern Stelle ausgeglichen; ebenso ist die *Pauschale* der Gesamtbetrag ohne Rücksicht auf Differenzen im einzelnen

Pause[1] Unterbrechung, Rast; aus lat. *pausa* „Innehalten, Stillstand, Ende“, aus griech. *pausis* „Ruhe, Rast“, zu *pauein* „beenden, zur Ruhe bringen“

Pause[2] Durchzeichnung, Kopie mittels durchsichtigen Papiers; Ableitung zu *pausen* aus frz. *poncer* „durchpausen, durchstäuben“; früher stellte man eine Pause mittels Kreide-, Kohlen- oder Bimssteinstaub her, der durch eine perforierte Zeichnung geklopft wurde, die dann in Umrissen auf dem Malgrund erschien; zu *ponce* „Bausch mit Staub zum Durchstäuben“ sowie „Bimsstein“, über vulgärlat. **pomice* aus lat. *pumex,* Gen. *pumicis,* „Bimsstein“

Pavane urspr. Schreittanz, Reigentanz, dann Satz der Suite; ital. *pavana* in ders. Bed., eigtl. *padovana* „Tanz aus Padua, paduanischer Tanz“, zu *Padova* „Padua“

Pavian Vertreter einer Affengattung mit langer Schnauze; aus frz. *babouin,* ital. *babbuino* „Dummkopf, törichter Mensch“, auch „groteskes kleines Tier“, zu frz. *babine* „hängende Lippe, Lefze“, aus *baboue* (veraltet) „Maul“

Pavillon luftiges Gartenhäuschen, Lusthäuschen; *an Barockbauten:* An-, Vorbau; Ausstellungskiosk; frz. *pavillon* „Zelt, Vorbau, Lusthäuschen“, aus lat. *papilio,* Gen. *-onis,* „Schmetterling“, sowie „großes Zelt, Hauszelt“, wegen der Form des ausgespannten Zeltes, das einem fliegenden Schmetterling ähnelt

Pazifismus Bestreben, den Frieden um jeden Preis zu erhalten; aus frz. *pacifisme* in ders. Bed., aus lat. *pacificus* „Frieden bringend, stiftend“, zu *pacificare* „versöhnen, besänftigen“, aus *pax,* Gen. *pacis,* „Frieden“ und *facere* (in Zus. *-ficare,* Intensivum zu *-ficere*) „machen“

Pedal Fußhebel; aus lat. *pedalis* „zum Fuß gehörig, Fuß-“, zu *pes,* Gen. *pedis,* „Fuß“

Pedant übertrieben genauer Mensch; aus frz. *pédant* „Schulmeister, Pedant“, aus ital. *pedante* „Schulmeister, kleinlich genauer Mensch“, wahrscheinlich aus griech. *paideuein* „erziehen, unterrichten“, → Pädagoge

Peddigrohr Rohr aus dem Stamm der Rotangpalme; aus mnddt. *ped(d)ik, ped(d)ek* „Mark, Innerstes“ (von Bäumen und Sträuchern), mndrl. *peddic* „Mark“, dazu *pit* „Kern“

Pedell *veraltet:* Hausmeister an Schulen, Hochschulen; aus mlat. *pedellus, bedellus* „Gerichtsdiener, Bote, Gehilfe eines Magistratsbeamten“; das Wort stammt von ahd. *bitil, butil* „Gerichtsdiener“, das ins Romanische wanderte und aus dem Mlat. zurückentlehnt wurde; im Dt. wurde es über mhd. *bütel* „Bote, Diener“ zu nhd. *Büttel;* es gehört zur Familie von *bitten* im Sinne von „herbeibitten, zu kommen bitten“

Pediküre Fußpflege; aus frz. *pédicure* „Fußpflege“, aus lat. *pes,* Gen. *pedis,* „Fuß“ und *cura* „Sorge, Pflege“

Pediskript mit den Füßen geschriebener Text; nach → Manuskript gebildet aus lat. *pes,* Gen. *pedis,* „Fuß“ und *scriptum* „das Geschriebene“, zu *scribere* „schreiben“

Pedologie Bodenkunde; aus griech. *pedon* „Boden, Erdboden“ und *logos* „Wort, Lehre, Kunde“, zu *legein* „sagen, erklären“

Pegasus geflügeltes Roß als Sinnbild der dichterischen Phantasie; aus griech. *Pegasos* in derselben Bedeutung, zu *pege* „Quelle“, da unter seinen Hufschlägen die Quellen auf dem Berg Helikon, dem Sitz der Musen, entsprangen

Pejorativum Wort, das im Lauf seiner Geschichte eine Bedeutungsverschlechterung erfahren hat, z. B. „Gift“ aus ahd. *gift* „Gabe“; nach dem Muster von → *Meliorativum* gebildet aus lat. *peiorare* „verschlechtern“, zu *peior* „schlechter“, Komparativ zu *malus* „schlecht, übel“

Pekari amerikanisches Wildschwein, Nabelschwein; aus einer mittelamerikanischen Eingeborenensprache: *begare* „Wildschwein“

Pekoe Teesorte aus mittelfeinen Blättern; aus chines. *pai* „weiß“ und *hao* „Unterseite von Pflanzenblättern“, wegen der feinen weißen Härchen auf der Unterseite der Teeblätter

Pektin quellfähiger, leicht gelierender Stoff in Pflanzen; aus griech. *pektos* „festgemacht, festgefügt“, dazu *pekte* „geronnene Milch, Quark“, zu *pegnynai* „fest, steif machen, verhärten, gerinnen oder gefrieren lassen“

Pektorale Brustschmuck; verziertes Brustkreuz für Bischöfe und Äbte; aus lat. *pectoralis* „zur Brust gehörig, Brust-“, zu *pectus,* Gen. *pectoris,* „Brust“

pekuniär geldlich; aus lat. *pecuniarius* „zum Geld gehörig, geldlich“, zu *pecunia* „Geld, Vermögen“, zu *pecus* „Vieh“; früher war Vieh Zahlungsmittel und der Besitz an Vieh Maßstab für den Reichtum

pekzieren etwas p.: einen Fehler begehen, eine Dummheit machen; aus lat. *peccare* „einen Fehler machen, sündigen“

Pelagial der Lebensraum des Meeres und großer Binnenseen; aus griech. *pelagos* „Meer“, zu *plagios* „waagerecht“ und *plax,* Gen. *plagos,* „Ebene, Fläche, Meeresfläche“

Pelargonie eine Zierpflanze, Storchschnabelgewächs; aus griech. *pelargos* „Storch“; die Früchte erinnern an einen Vogelkopf mit langem Schnabel

Pelemele Durcheinander, Mischmasch; frz. *pêlemêle* „bunt durcheinander; Wirrwarr“, altfrz. *pesle-mesle* (ähnliche Bildung wie unser „Mischmasch“), zu *mêler,* altfrz. *mesler* „mischen“, über vulgärlat. **misculare* aus lat. *miscere* „mischen“

Pelerine ärmelloser Umhang; frz. *pèlerine* „Umhang“, eigtl. „Pilgermantel“, zu *pèlerin* „Pilger“, aus lat. *peregrinus* „Fremder“, → Pilger

Pelikan ein tropischer und subtropischer Vogel, Ruderfüßer; aus griech. *pelekan,* auch *pelekinos,* wohl zu *pelekys* „Axt, Beil“, wegen des langen, geraden, durch einen Kehlsack verdickten Schnabels, dessen oberer Teil am Ende einen hakenförmigen Fortsatz hat

Pellagra eine Hautkrankheit infolge Mangels an Vitamin B_2, früher bes. in Oberitalien; ital. *pellagra* in ders. Bed., nach dem Muster von → Podagra gebildet, zu *pelle* „Haut“, aus lat. *pellis,* griech. *pellas* „Fell, Haut“

pelluzid durchscheinend, lichtdurchlässig; aus lat. *pellucidus, perlucidus* „durchsichtig“, aus *per* „durch“ und *lucidus* „hell, lichtvoll“, zu *lux,* Gen. *lucis,* „Licht“

Pemmikan *bei den nordamerikanischen Indianern:* kleingeschnittenes, getrocknetes Fleisch mit zerlassenem Fett, oft auch noch mit Früchten; *danach:* Fleischpulverkonserve; aus Algonkin-Dialekt (Cree) *pimikan* „verarbeitetes Fett“, aus *pimikeu* „er, sie macht Fett“, aus *pimü* „rohes Fett, das in Wasser gekocht und abgeschöpft wurde“

Pemphigus eine Gruppe von Hautkrankheiten mit Blasenbildung, Schälblattern; aus griech. *pemphix,* Gen. *pemphigos,* „Blase“

Pendant Gegenstück, Ergänzung; frz. *pendant* „Gegen-, Seitenstück“, eigtl. „Hängendes“ (nämlich eine der beiden Waagschalen), zu *pendant* „hängend, schwebend“, aus lat. *pendere* „hängen, herabhängen“

Pendel frei hängender, schwingender Körper; aus mlat. *pendulum* „Teil des

Gürtels, an dem das Messer oder Schwert hängt, auch Schwinggewicht", aus lat. *pendulus* „hängend, schwebend", zu *pendere* „herabhängen"

Pendentif *Baukunst:* Eckzwickel zwischen quadratischem Unterbau und Kuppel; frz. *pendentif* „Hängezwickel, Gewölbezwickel", zu *pendant* „hängend", zu *pendre* aus lat. *pendere* „hängen"

Pendüle Tischpendeluhr, Stutzuhr; frz. *pendule* „Pendel, Pendeluhr", aus lat. *pendulus* „hängend, schwebend", zu *pendere* „hängen"

penetrant durchdringend; *übertr.:* aufdringlich; aus lat. *penetrans,* Gen. *-antis,* Part. Präs. von *penetrare* „hinein-, eindringen, durchdringen", aus *penitus* „bis ins Innerste" (zu **penus* „das Innerste") und *intrare* „eindringen"

penibel sehr sorgfältig, peinlich genau; aus frz. *pénible* „mühsam; peinlich, schmerzlich", zu *peine* „Kummer, Schmerz", aus lat. *poena* „Plage, Pein, Mühseligkeit", eigtl. „Strafe, Sühne", aus griech. *poine* „Buße, Sühne, Strafe"

Penicillin aus dem Pinselschimmelpilz Penicillium notatum gewonnene Antibiotika-Gruppe; aus lat. *penicillus* „Pinsel", zu *peniculus* „Pinsel, Schwänzchen", Verkleinerungsform von *penis* „Schwanz"; die Hyphen des Pilzes verzweigen sich pinselförmig

Peninsula Halbinsel; aus lat. *pen-* oder *paeninsula* „Halbinsel", aus *paene* „beinahe, fast" und *insula* „Insel", vielleicht aus *in* „in" und *salum* „Meer"

Penis Begattungsorgan vieler Tiere und des Menschen; aus lat. *penis* „Schwanz"

Penne *Schülerspr.:* Schule; Ableitung vom heute veralteten *Pennal* „höhere Schule", aus mlat. *pennale, pennaculum* „Behälter für Federn", zu *penna* „Feder" (Vogel- und Schreibfeder)

pennen *ugs.:* schlafen; wahrscheinlich aus jidd. *pannai* „müßig", zu hebr. *panai* „Zeit", also soviel wie „müßig sein, Zeit haben"; das gaunersprachliche Substantiv *Penne* für „Gasthaus, Herberge" geht über älteres *Benne* auf hebr. *binjän* „Gebäude" zurück; beide Wörter sind nicht miteinander verwandt, aber *Benne* hat sich wohl in Anlehnung an das jüngere *pennen* in *Penne* verwandelt

Penny engl. Währungseinheit; aus mengl. *peni,* altengl. *penig, pening,* → Pfennig

Pensee Stiefmütterchen; aus frz. *pensée* „Gedanke", auch „Stiefmütterchen", zu *penser* „denken", vielleicht wegen der Blüte, die wie ein kleines nachdenkliches Gesicht aussieht

Pension Ruhestand; Ruhegehalt; Fremdenheim; Internat; eigtl. „Einrichtung, in der gegen Bezahlung eine Leistung erbracht wird, bzw. Zustand, in dem für vergangene Leistung gezahlt wird"; frz. *pension* in denselben Bedeutungen, aus lat. *pensio,* Gen. *-onis,* „Zahlung, Abgabe", eigtl. „das Abwägen", also „das mit der Waage Ab-, Zugemessene", zu *pendere* „hängen lassen (nämlich die Waagschalen), abwägen; zahlen"

Pensum in einer bestimmten Zeit zu erledigende Arbeit von bestimmtem Umfang; lat. *pensum* „Tagesarbeit, Aufgabe", eigtl. „die den Sklavinnen täglich zum Verarbeiten zugewogene Wolle", zu *pendere* „wiegen"

Pentachord Streich- oder Zupfinstrument mit fünf Saiten; aus griech. *pente* „fünf" und *chorde* „Darm, Darmsaite"

Pentaeder von fünf ebenen Flächen begrenzter Körper; aus griech. *pente* „fünf" und *hedra* „Fläche, Grundfläche"

Pentagon Fünfeck; aus griech. *pente* „fünf" und *gonia* „Ecke"

Pentagramm fünfzackiger Stern, der in einem Zug gezeichnet werden kann; aus griech. *pente* „fünf" und *gramma* „Schriftzeichen", zu *graphein* „schreiben, zeichnen"

Pentameron Sammlung neapolitianischer Märchen, die an fünf Tagen erzählt werden; aus griech. *pente* „fünf" und *hemera* „Tag"

Pentameter fünffüßiger daktylischer Vers, der mit einem vorangehenden Hexameter ein Distichon bildet; aus griech. *pente* „fünf" und *metron* „Maß", zu *metrein* „messen"

Pentateuch die fünf Bücher Mosis im

AT; aus griech. *pente* „fünf" und *teuchos* „Gerät, Werkzeug, Gefäß, Behälter", eigentlich „das Zubereitete", zu *teuchein* „bereiten, anfertigen"

Pentathlon antiker Fünfkampf; aus griech. *pente* „fünf" und *athlos* „Wettkampf"

Pentatonik Fünftonmusik; aus griech. *pente* „fünf" und *tonos* „Ton, Klang"

Penthaus Wohnanlage auf einem Flachdach; aus engl. *penthouse* in ders. Bed., eigtl. „Schutzdach", in Anlehnung an *house* „Haus" volksetymologisch umgewandelt aus *pentice*, mengl. *pentis* aus altfrz. *apentis* „Schirm-, Wetterdach", über vulgärlat. **appenditus* aus lat. *appensus* „aufgehängt", zu *appendere* „aufhängen", aus *ap-* (in Zus. für *ad*) „an, auf" und *pendere* „hängen"

Penunse volkstüml.: Geld; aus rotw. *Penunse, Penunge* „Geld", aus sorb. *pjenjezy*, Pl. *pjenjenjez* „Geld", poln. *pieniadze* „Geld", aus lat. *pecunia* „Geld", → pekuniär

Peonage Lohnsystem in Lateinamerika, das durch Lohnvorschüsse u. ä. häufig zur Verschuldung und Leibeigenschaft der *Peonen*, der lateinamerikan. Tagelöhner, führte; engl.-amerik. *peonage*, engl. „Leibeigenschaft", amerik. „Verdingung von Sträflingen an Unternehmen", aus span. *peonada* „Tagewerk eines Tagelöhners", zu *peón* „Tagelöhner, Hilfsarbeiter, Handlanger; Fußgänger, Fußsoldat", über ital. *pedone* „Fußgänger" aus mlat. *pedo*, Gen. *pedonis*, „Fußsoldat", zu lat. *pes*, Gen. *pedis*, „Fuß"

Pep *ugs.:* Schwung, Temperament; engl. *pep* in ders. Bed., verkürzt aus *pepper* „Pfeffer", der wegen seiner Schärfe in ugs. Wendungen als Anregungsmittel genannt wird

Peperoni Pfefferschoten (Schoten einer Sorte des Paprikas); Pl. von ital. *peperone* „Paprika-, Pfefferschote", aus lat. *piper*, Gen. *piperis*, aus griech. *peperi* „Pfeffer"

Pepsin eiweißspaltendes Ferment des Magens; aus griech. *pepsis* „das Kochen", übertr. „Verdauung", zu *pessein* „kochen", übertr. „verdauen"

perdu verloren, weg; frz. *perdu* „verloren", zu *perdre* aus lat. *perdere* „verlieren", eigtl. „verderben, vergeuden, vertun", aus *per-* „völlig, gründlich" und *dare* „geben, schenken"

Peremption *veraltet:* Verfall, Verjährung; aus lat. *peremptio*, Gen. *-onis*, „Vernichtung, Tötung", zu *perimere* „gänzlich wegnehmen, zerstören, vernichten", aus *per-* „völlig, gründlich" und *emere* „nehmen"

peremptorisch *Rechtsw.:* aufhebend, vernichtend; aus lat. *peremptorius* „nötigend, den Streit beendend, tödlich", zu → *Peremption*

perennierend ausdauernd, überwinternd, wiederkommend; aus lat. *perennis* „das ganze Jahr hindurch dauernd, bleibend", aus *per* „durch" und *annus* „Jahr"

perfekt vollkommen; abgeschlossen, gültig; aus lat. *perfectus* „vollendet, vollkommen", zu *perficere* „ganz, völlig fertig machen", aus *per-* „völlig" und *facere* (in Zus. *-ficere*) „machen"

perfid treulos, heimtückisch; aus frz. *perfide* „treulos, falsch, hinterlistig", aus lat. *perfidus* „treulos, wortbrüchig, unredlich", aus *per* „unter dem Schein, unter dem Vorwand" und *fides* „Treue, Redlichkeit"

perforieren durchlöchern, durchbohren; aus lat. *perforare* „durchlöchern, durchbohren", aus *per* „durch" und *forare* „bohren"

Pergament zu Schreibpapier verarbeitete Tierhaut; Schriftstück auf solcher Haut; aus lat. *charta Pergamena* „Papier aus Pergamon", nach der Stadt *Pergamon* in Kleinasien, wo das Verfahren zur Herstellung des Papiers im 2. Jh. v. Chr. sehr verbessert wurde

Pergola Laube oder Laubengang aus Säulen, meist mit Ranken umwachsen; ital. *pergola* „umrankte Laube", aus lat. *pergula* „Vorbau, Anbau, Erker; Geländer zum Anbinden von Weinstökken", zu *pergere* „fortsetzen, fort und fort richten, eine Richtung verfolgen" (die Weinstöcke werden in eine bestimmte Richtung gezogen), aus *per* „weiter-, fort-" und *regere* „richten, leiten"

Peri *pers. Myth.:* feenhaftes Wesen;

aus pers. *parī* „guter Geist, Fee"
Perianth Blütenhülle aus Kelch- und Kronblättern; aus griech. *peri* „um herum, ringsherum" und *anthos* „Blüte"
Perigäum Punkt der größten Nähe des Mondes oder anderer Erdsatelliten zur Erde, Erdnähe; aus griech. *peri* „an hin, in der Nähe" und *gaia, ge* „Erde"
Perigon Blütenhülle, die nicht in Kelch- und Kronblätter gegliedert ist; aus griech. *peri* „um herum, ringsherum" und *gony* „Knoten"
Perihel Punkt der größten Nähe eines Planeten zur Sonne, Sonnennähe; aus griech. *peri* „an hin, in der Nähe" und *helios* „Sonne"
Perikard Herzbeutel; aus griech. *peri* „um herum" und *kardia* „Herz"
Perikarp Fruchtwand, Fruchtschale; aus griech. *peri* „um herum, ringsherum" und *karpos* „Frucht"
Perikope zum Vorlesen im Gottesdienst vorgeschriebener Bibelabschnitt; größerer metrischer Abschnitt; aus griech. *perikope* „Abschnitt, das Beschneiden, Abschneiden", zu *perikoptein* „ringsherum abschneiden", aus *peri* „um herum" und *koptein* „abschlagen"
Periode Zeitraum, Zeitabschnitt; Menstruation; Umlaufszeit (eines Gestirns); sich unendlich wiederholende Zahlengruppe hinter dem Komma eines Dezimalbruches; aus griech. *periodos* „das Herumgehen, Weg um etwas herum; regelmäßige Wiederkehr", aus *peri* „um herum" und *hodos* „Weg"
Periodontitis Entzündung der Zahnwurzelhaut; aus griech. *peri* „um herum", *odous,* Gen. *odontos,* „Zahn" und Endung *-itis* zur Bezeichnung einer Entzündung
Periöke freier, aber politisch rechtloser Einwohner Spartas; aus griech. *perioikos* „Nachbar, im Umkreis Wohnender", aus *peri* „um herum, in der Nähe" und *oikos* „Haus, Wohnung"
Periostitis Knochenhautentzündung; aus griech. *peri* „um herum", *osteon* „Knochen" und Endung *-itis* zur Bezeichnung einer Entzündung
Peripatetiker Schüler des Aristoteles; nach dem *Peripatos,* dem Wandelgang, in dem Aristoteles auf und ab gehend lehrte, aus *peripatos* „Spaziergang", zu *peripatein* „wandeln", aus *peri* „um herum" und *patein* „wandeln, einen Weg gehen"
Peripetie Umschwung, Wendung (im Drama); aus griech. *peripeteia* „Umschwung, Wende, Wendepunkt", zu *peripiptein* „hineinfallen, in etwas (Schlimmes) geraten, stürzen", aus *peri* „an hin" und *piptein* „in etwas geraten, fallen"
Peripherie Umfangslinie, Rand; aus griech. *peripheres* „kreisförmig", zu *periphereia, periphora* „das Herumtragen, Umdrehung, Kreislauf", aus *peri* „um herum" und *pherein* „tragen"
Periphrase Umschreibung (eines Begriffes); aus griech. *periphrasis* „Umschreibung", aus *peri* „um herum" und *phrasis* „Ausdruck, Ausdrucksweise", zu *phrazein* „deutlich machen, kundtun, bezeichnen, aussprechen"
Peripteros griechischer Tempel mit ihn umgebender Säulenhalle; aus griech. *peri* „um herum" und *pteron* „Flügel, flügelähnlicher Gegenstand", auch im Sinne von „Gebäudeteil", in diesem Fall „Säulenreihe"
Periskop Fernrohr mit geknicktem Strahlengang (für U-Boote); aus griech. *peri* „um herum" und *skopein* „schauen, betrachten"
Peristaltik fortschreitende, wellenförmige Bewegung von Hohlorganen, z.B. der Speiseröhre; aus griech. *peristellein* „ringsum instand setzen, zurechtmachen, besorgen", aus *peri* „um herum" und *stellein* „zurechtmachen, bereitmachen, ins Werk setzen, schikken", von Hippokrates im Sinne von „zusammenziehen" verwendet
Peristase Gesamtheit der Umwelteinflüsse, die auf ein Lebewesen vor und nach der Geburt einwirken; aus griech. *peristasis* „äußerer Zustand, Befinden, Lage", aus *peri* „um herum" und *stasis* „Stellung, Stand, Lage"
Peristyl *in altgriechischen Häusern:* von Säulen umgebener Innenhof; aus griech. *peristylon* „Säulengang", aus *peri* „um herum" und *stylos* „Säule"
Peritoneum Bauchfell; aus griech. *peri-*

tonaion „das Herumgespannte", aus *peri* „um herum" und *tonos* „Spannung", zu *teinein* „spannen, strecken"
Perkolation ein Lösungsverfahren zur Gewinnung pflanzlicher Wirkstoffe; aus lat. *percolatio,* Gen. *-onis,* „das Durchseihen" zu *percolare* „durchseihen", aus *per* „hindurch" und *colare* „seihen"
Perkussion Stoß, Erschütterung; Beklopfen der Körperoberfläche; aus lat. *percussio,* Gen. *-onis,* „das Schlagen", zu *percutere* „schlagen", →perkutieren
perkutan durch die Haut hindurch; aus lat. *per* „durch" und *cutis* „Haut"
perkutieren mit dem Perkussionshammer oder den Fingern beklopfen; aus lat. *percutere* „schlagen, stoßen", aus *per* „durch" und *quatere* „stoßen, schlagen, erschüttern"
Perle von einem Weichtier, bes. der Perlmuschel, abgesondertes, schimmerndes Gebilde von annähernd Kugelform; die Herkunft ist umstritten, vielleicht aus lat. *pirula* „kleine Birne", oder *perna* „kleine Muschel", oder *spherula* „kleine Kugel", oder aus *perna* und *spherula* vermischt; die ältere dt. Form *berle* (so z.B. bei Luther) brachte man mit *Beere* zusammen
perlustrieren *österr.:* genau untersuchen (einen Verdächtigen); aus lat. *perlustrare* „besichtigen, überblicken", aus *per* „durch" und *lustrare* „betrachten", eigtl. „hell machen", zu *lucere* „leuchten"
Perm oberste Formation des Paläozoikums; nach der Stadt *Perm* in der UdSSR
permanent dauernd, ständig, anhaltend; aus lat. *permanens,* Gen. *-entis,* Part. Präs. von *permanere* „bleiben, ausharren, fortdauern", aus *per* „lang (während)" und *manere* „bleiben"
permeabel durchlässig; aus lat. *permeabilis* „gangbar", zu *permeare* „durchgehen, durchdringen", aus *per* „hindurch" und *meare* „sich in einer bestimmten Bahn fortbewegen, gehen, wandern"
permutabel austauschbar; aus lat. *permutabilis* „veränderlich", zu *permutare* „(von Grund aus) verändern", aus *per-* „durch und durch, gänzlich" und *mutare* „verändern" (eigtl. **movitare*), zu *movere* „bewegen"
Perniosis Frostschaden der Haut; aus lat. *pernio* „Frostbeule an den Füßen", zu *perna* „Hinterkeule, Hüfte, Schenkel"
perniziös *Med.:* bösartig; aus frz. *pernicieux* „verderblich, schädlich", auch „bösartig" (von Krankheiten), aus lat. *perniciosus* „schädlich, gefährlich", zu *pernicies* „Verderben, Untergang", aus *per-* „ganz, völlig" und *nex,* Gen. *necis,* „Tod, Mord"
Perpendikel Uhrpendel; aus lat. *perpendiculum* „Senkblei, Richtblei", zu *perpendere* „genau abwägen, genau untersuchen", aus *per-* „gänzlich, völlig" und *pendere* „wägen", eigtl. „herabhängen lassen" (nämlich die Schalen der Waage)
Perpetuum mobile etwas ständig Bewegtes; (nicht konstruierbare) Maschine, die sich ohne äußere Energiezufuhr in Bewegung hält; aus lat. *perpetuus* „ununterbrochen", eigtl. „durchgängig" (aus *per* „langwährend" und *petere* „eilen, gehen, reisen") und *mobilis* „beweglich" (eigtl. **movibilis*), zu *movere* „bewegen"
perplex verblüfft, überrascht; aus lat. *perplexus* „verwirrt, durcheinander", eigtl. „verflochten, verschlungen", aus *per* „durch und durch" und *plexus* „geflochten", zu *plectere* „flechten"
Perron *veraltet:* Bahnsteig; Plattform; frz. *perron* in ders. Bed. sowie „Freitreppe", altfrz. auch „großer Stein", zu *pierre* „Stein", aus lat. *petra* „Stein, Fels"
Persenning wasserdichtes Segeltuch; ndrl. *persenning* „Außenhaut" (des Schiffes), aus frz. *préceinte* „Außenplanke", aus altfrz. *porceinte* „Einfriedigung", zu *porceindre* „rundum einschließen", aus lat. *praecingere* „umgürten", aus *prae* „vor, offen sichtbar" und *cingere* „gürten, umschließen"
Persiflage (bes. literarische) Verspottung; frz. *persiflage* „Spöttelei", zu *persifler* „verspotten", wohl aus *per-, par-* „ganz und gar, völlig" und *siffler* „auspfeifen, auszischen (im Theater)", eigtl.

„pfeifen“, aus lat. *sibilare* „zischen, pfeifen“

persistent anhaltend, dauernd; aus lat. *persistens,* Gen. *-entis,* Part. Präs. von *persistere* „stehenbleiben, verharren“, aus *per-* „ganz, völlig“ und *sistere* „stillstehen“

Person Mensch; aus lat. *persona* „Maske des Schauspielers; Bühnenrolle; Person, Persönlichkeit“, zu *personare* „durch und durch ertönen, laut erschallen“ (d.h. „beim Spiel durch den Mund der Maske sprechen“), aus *per* „durch“ und *sonare* „tönen“, zu *sonus* „Ton, Schall“

personifizieren vermenschlichen; aus → *Person* und lat. *facere* (in Zus. *-ficere*) „machen“

Perspektive Darstellung eines Körpers oder Raumes auf ebener Fläche; aus mlat. *ars perspectiva* „Kunst des Sehens, Schauens“ (bei der räumlichen Darstellung), zu *perspectivus* „zum Sehen, Schauen gehörig“, aus lat. *perspectare* „durch etwas hindurchsehen, etwas genau ansehen“, Intensivum von *perspicere* „mit dem Blick durchdringen, hineinsehen, deutlich sehen“, aus *per* „hindurch, ganz, völlig“ und *specere* (in Zus. *-spicere*) „sehen, spähen“

Perspiration Hautatmung; aus lat. *perspirare* „überall atmen“, aus *per* „hindurch“ und *spirare* „atmen“

Pertubation Durchblasung des Eileiters; aus lat. *per* „hindurch“ und *tuba* „Eileiter“, eigtl. „Röhre“

Perturbation Verwirrung, Störung der Bewegung eines Gestirns; aus lat. *perturbare* „gänzlich verwirren, in Unordnung bringen“, aus *per-* „ganz, völlig“ und *turbare* „verwirren“, zu *turba* „Verwirrung, lärmende Unruhe, Getümmel“

Pertussis Keuchhusten; aus lat. *per-* (verstärkend) „sehr, gründlich“ und *tussis* „Husten“

Perücke Haarersatz; aus frz. *perruque* in ders. Bed., früher „wallendes Haar“, zu prov. *perucat* „mit schöner Frisur“; weitere Herkunft nicht geklärt

pervers widernatürlich, geschlechtlich unnormal; aus lat. *perversus* „verkehrt, umgedreht“, zu *pervertere* „umkehren, umstürzen, verderben“, aus *per-,* „ganz, völlig“ und *vertere* „wenden“

Perzeption Wahrnehmung; aus lat. *perceptio,* Gen. *-onis,* „Erkenntnis, Auffassung, Begreifen“, zu *percipere* „wahrnehmen, bemerken“, aus *per-* „ganz, völlig“ und *capere* (in Zus. *-cipere*) „fassen, ergreifen“

Pesade = Levade; frz. *pesade* „Steigen des Pferdes, Anhalten aus dem Galopp“, aus älterem *posade* aus ital. *posata* „das Anhalten“, zu *posarsi* „innehalten“, aus lat. *pausa* „Innehalten, Stillstand“

Pesete span. Währungseinheit; span. *peseta,* eigtl. „kleine Münze“, Verkleinerungsform von *peso,* früher in Spanien, heute noch in Süd- und Mittelamerika Währungseinheit, aus lat. *pensum* „Zugemessenes, Abgewogenes“, → Pensum

Pessar Stütz- oder Verschlußring für die Gebärmutter; aus lat. *pessarium,* Nebenform von *pessum* „Gebärmutterzapfen, -stöpsel“, aus griech. *pessos* „länglichrunder Stein, Figur im Brettspiel“; in der Antike wurden bereits Pessare bei Gebärmuttervorfall verwendet, aber nicht in Ring-, sondern in Zapfenform

Pessimismus Neigung, bes. die Schattenseiten des Lebens zu sehen; aus lat. *pessimum* „das Schlechteste“, Superlativ neutrum von *malus* „schlecht, übel, schlimm“

Pestilenz schwere Seuche; aus lat. *pestilentia* „Seuche, ansteckende Krankheit“, zu *pestilens,* Gen. *-entis,* „der Gesundheit abträglich, schädlich“, zu *pestis* „ansteckende Krankheit, Verderben, Untergang“

Pestizid Schädlingsvertilgungsmittel; aus lat. *pestis* „ansteckende Krankheit“ und *caedere* (in Zus. *-cidere*) „töten“

Petal Kronblatt einer Blüte; aus griech. *petalon* „Blatt“, zur idg. Wurzel **pet-,* **pat-* „ausbreiten“

Petarde mit Sprengladung gefülltes Gefäß (heute für Knalleffekte verwendet); aus frz. *pétard* „Sprengbüchse, Knallfrosch“, zu *péter* „knallen, zerspringen“, zu *pet* „Darmwind, Blähung“, aus lat. *peditum* in ders. Bed., zu

pedere „einen Wind streichen lassen"
Petersilie eine Gewürzpflanze, Felseppich; aus lat. *petroselinum*, griech. *petroselinon*, aus griech. *petra, petros* „Fels" und *selinon* „Eppich", wegen des trockenen Standorts der Pflanze
Petition Bittschrift, Eingabe; aus lat. *petitio*, Gen. *-onis*, „das Verlangen, Gesuch, Bewerbung", zu *petere* „verlangen, fordern, sich bewerben, Anspruch erheben"
Petits fours feines, mit bunter Zuckerglasur überzogenes Gebäck; frz., „kleines Backwerk", *petit* „klein" (aus mfrz. *petit*, altfrz. *petit, pitet* „klein, gering, wenig", aus lat. *pitulus* „klein", *pitinnus, pisinnus* „ganz klein", zur Grundform *pis-, pit-*, die kleine Dinge bezeichnet) und *four* „Backofen", aus lat. *furnus* „Ofen"
Petrefakt Versteinerung; aus lat. *petra*, griech. *petra, petros* „Stein" und lat. *factus* „gemacht", zu *facere* „machen"
Petroglyphe vorgeschichtliche Felszeichnung; aus griech. *petros* „Stein, Felsblock" und *glyphe* „Schnitzwerk, Skulptur", zu *glyphein* „einmeißeln, einschneiden"
Petrographie Lehre von den Gesteinen, *eigtl.:* Beschreibung der Gesteine; aus griech. *petros* „Stein, Fels" und *graphein* „schreiben"
Petroleum Destillationsprodukt des Erdöls; aus griech. *petros* „Stein, Felsblock" und lat. *oleum* „Öl"
Petrologie Teilgebiet der Petrographie, Lehre von den Bedingungen und Gesetzmäßigkeiten bei der Bildung von Gesteinen; aus griech. *petros* „Stein, Fels" und *logos* „Wort, Lehre, Kunde", zu *legein* „sagen, sprechen, erklären"
Petschaft kleiner Stempel zum Siegeln; aus tschech. *pečet* „Siegel", zu slowak. *pečat* „drucken"
Petticoat versteifter Halbunterrock; engl. *petticoat* in ders. Bed., aus *petty* „klein" (aus mengl. *pety, petit* aus mfrz. *petit* „klein", aus altfrz. *petit, pitet* „klein", Weiteres →Petits fours) und *coat* „Umhang" (aus fränk. **cotta* „Umhang aus grobem Stoff, Kutte")
Petting erotisch-sexuelles Spiel ohne Koitus; engl. *petting* in ders. Bed., aus *pet* „Tier oder Stofftier als Lieblingsspielgefährte oder -spielzeug, Liebling, verhätscheltes Kind", weitere Herkunft nicht bekannt
petto →in petto
Petunie eine südamerikan. Zierpflanze; aus frz. (veraltet) *petun* „Tabak", aus Tupi *petume* „Tabak", wegen der Ähnlichkeit der Blätter mit Tabakblättern
pexieren →pekzieren
Pfalz befestigte Wohnstätte eines Kaisers oder Königs, in der er sich auf seinen Reisen durch das Reich aufhielt; aus mhd. *phalze, phalenze* „Wohnung eines weltlichen oder geistlichen Fürsten", aus mlat. *palantium*, lat. *palatium*, →Palast
Pfau ein großer Fasanenvogel; aus ahd. *pfawo*, aus lat. *pavo;* weiterer Ursprung unsicher, vielleicht aus dem Indischen
Pfennig dt. Währungseinheit; aus mhd. *phennic, phenninc* „Münze", aus ahd. *phenning, phending, penting, fending* „Silbermünze, Denarius, Pfennig"; Herkunft nicht geklärt; versucht wurde die Ableitung aus lat. *pannus* „Stück Tuch", doch ist *pannus* zu ahd. *fano* „Fahne" geworden, und ahd. *f* hat sich nicht mehr zu *pf* gewandelt; die Ableitung aus ahd. *phant* „Pfand" ist ebenfalls nicht sicher; in den ältesten Belegen tritt *nt, nd* nur vereinzelt auf und wird von *nn* verdrängt; die Verwandtschaft mit „Pfanne" (weil die im 12. Jh. geprägten Brakteaten eine pfannenähnliche Form hatten) ist gleichfalls zweifelhaft, da das Wort *phennic, phenning* älter ist
Pfingsten Fest der Ausgießung des Heiligen Geistes über die Jünger Jesu; aus mhd. *pfingesten, phingeste*, aus lat. *pentecoste*, griech. *pentekoste* „fünfzigster (Tag nach Ostern)", zu *pentekonta* „fünfzig", zu *pente* „fünf"
Pfirsich eine Steinfrucht; aus mhd. *pfersich*, aus lat. *prunus persica* „persische Pflaume, persischer Steinobstbaum"
Pfister *veraltet:* Bäcker; über mhd. *phister* aus lat. *pistor* „Müller", dann „Bäk-

ker", eigtl. „Stampfer, Zerstampfer, jmd., der die Körner zerstampft", zu *pinsere* „zerstampfen, zerstoßen"; urspr. war der *pistor* Müller und Bäcker in einer Person, da in den ältesten Mühlen auch das Brot gebacken wurde
Phaeton leichte, offene Kutsche; nach *Phaethon,* dem Sohn des griechischen Sonnengottes Helios (zu *phaos* „Licht"); um seine Abstammung kundzutun, erbat Phaethon von seinem Vater für einen Tag die Lenkung des Sonnenwagens; er vermochte jedoch die Rosse bald nicht mehr zu zügeln, sie brachen aus der Bahn aus, und der feurige Wagen steckte die Erde in Brand; darauf tötete Zeus Phaeton mit einem Blitz
...phagie *in Zus.:* Ernährungsweise; aus griech. *phagein* „essen"
Phagozyt Zelle, die Fremdkörper, z. B. Bakterien, vernichtet, Freßzelle; aus griech. *phagos* „Esser, Fresser", zu *phagein* „essen", und *kytos* „Höhlung, Gefäß, Zelle"
Phalanx dichte, mehrere Glieder tiefe Schlachtreihe; *übertr.:* geschlossene, Widerstand leistende Front; über lat. *phalanx* aus griech. *phalagx* „Schlachtreihe, Schlachtordnung", bes. die mazedonische aus 12–16 Reihen zu je 50–1000 Mann Schwerbewaffneter, eigtl. „Baumstamm, Balken, Block"
Phanerogame Blütenpflanze; aus griech. *phaneros* „sichtbar, offenbar" und *gamein* „heiraten"
Phänologie Lehre von den Lebensvorgängen bei Tieren und Pflanzen im Hinblick auf den Jahresablauf; aus griech. *phainesthai* „erscheinen, sich zeigen, zum Vorschein kommen" und *logos* „Wort, Lehre, Kunde", zu *legein* „sagen, sprechen, erklären"
Phänomen mit den Sinnen wahrnehmbare Erscheinung; seltenes, eigenartiges Ereignis; aus frz. *phénomène* „Erscheinung", aus griech. *phainomenon* „Erscheinung, sichtbarer Vorgang", zu *phainesthai* „erscheinen, sich zeigen, zum Vorschein kommen"
Phänotyp von Erbanlagen und Umwelt geprägtes Erscheinungsbild eines Lebewesens; aus griech. *phainomos* „Erscheinung", zu *phainein* „erkennen lassen, sichtbar machen", und → *Typ*
Phantasie Einfallsreichtum, Einbildungskraft; vorgestelltes Bild; aus griech. *phantasia* „Erscheinung, Bild, Gestalt, Vorstellung", zu *phantos* „sichtbar", zu *phantazesthai* „erscheinen, sichtbar werden, sich zeigen"
Phantasmagorie Vorspiegelung von Scheinbildern, Darstellung von Gespenstererscheinungen auf der Bühne; aus griech. *phantasma* „Erscheinung, Trugbild, Traumbild" und *agora* „Versammlung"
Phantom Trugbild; aus frz. *fantôme* „Gespenst", aus griech. *phantasma* „Erscheinung", zu *phantos* „sichtbar", zu *phainesthai* „erscheinen, sich zeigen"
Phäophyzee Braunalge, Tang; aus griech. *phaios* „dunkel" und *phykos* „Seegras, Tang"
Pharao altägypt. König; aus altägypt. *per-aa* „großes Haus, Königspalast"
Pharisäer Angehöriger der altjüdischen gesetzesstrengen, religiös-politischen Partei; *übertr.:* selbstgerechter Mensch; über griech. *pharisaios* aus hebr. *pərušīm* „Abgesonderter", zu *pāraš,* „abtrennen", also „der sich Absondernde", eine den Pharisäern von der Umwelt beigelegte Bezeichnung in abwertendem Sinne
Pharmakologie Lehre von den Arzneimitteln; aus griech. *pharmakon* „Heilmittel" und *logos* „Wort, Lehre, Kunde", zu *legein* „sagen, sprechen, erklären"
Pharmazie Lehre von der Zubereitung und Anwendung der Arzneimittel; aus griech. *pharmakeia* „Gebrauch von Heilmitteln", zu *pharmakeuein* „Heilmittel anwenden", zu *pharmakon* „Heilmittel"
Pharyngologie Lehre von den Krankheiten des Rachens; aus griech. *pharygx,* Gen. *pharyggos,* „Schlund, Kehle" und *logos* „Wort, Lehre, Kunde", zu *legein* „sagen, sprechen, erklären"
Pharyngoskop Rachenspiegel; aus griech. *pharygx,* Gen. *pharyggos,* „Schlund, Kehle" und *skopein* „sehen, betrachten, untersuchen"

Phase Zustand; Abschnitt, Stufe (einer Entwicklung), Zeitraum; aus griech. *phasis* „Anzeige“, zu *phainein* „zeigen, sichtbar machen“

Phellogen korkbildendes Pflanzengewebe; aus griech. *phellos* „Kork“ und *gennan* „erzeugen, hervorbringen“

Phenol mit einer Hydroxylgruppe substituiertes Benzol; aus griech. *phainesthai* „leuchten“ und lat. *oleum* „Öl“

Philanthrop Menschenfreund; aus griech. *philos* „Freund“ und *anthropos* „Mensch“

Philatelie Briefmarkenkunde; aus griech. *philos* „Freund, Liebhaber“ und *ateleia* „Abgaben-, Steuerfreiheit“, zu *ateles* „abgabenfrei“, aus *a-* „nicht“ und *telos* „Abgabe, Steuer, Zoll“, da der Poststempel den Absender von weiteren Abgaben befreite; vgl. die Bezeichnung: einen Brief durch eine Briefmarke „freimachen“

Philharmonie *Name für* 1. Gesellschaft zur Pflege des Musiklebens, 2. sehr gutes Orchester, 3. Konzertsaal; aus griech. *philos* „Freund, Liebhaber“ und → *Harmonie*

Philhellene Freund der Griechen; aus griech. *philos* „Freund“ und *Hellas* „Griechenland“ (einschließlich der übrigen von Griechen bewohnten Gebiete, z. B. Kleinasien und Süditalien)

Philister ältere Form: Philistäer, *im Altertum:* Angehöriger eines nichtsemitischen, in das Gebiet zwischen dem heutigen Jaffa und Gaza (vielleicht aus Kreta) eingewanderten Volkes; aus hebr. *pəlištīm pəlêšêth,* der Bezeichnung für dieses Gebiet, die sich in dem Namen „Palästina“ erhalten hat

Philodendron eine tropische Kletterpflanze; aus griech. *philos* „liebend, zugetan“ (zu *philein* „lieben“) und *dendron* „Baum“, wegen der baumartigen, mit Luftwurzeln besetzten Stengel oder weil sie sich gern an Bäumen emporrankt

Philologie Wissenschaft von Sprache und Literatur; aus griech. *philologia* „Liebe zur gelehrten Unterhaltung“, auch „literarische Tätigkeit“, aus *philos* „Freund, Liebhaber“ und *logos* „Wort, Schriftwerk, Unterhaltung“, zu *legein* „sagen, sprechen; lesen“

Philosophie Lehre vom Sein, vom Ursprung und Wesen der Dinge, vom Denken und Handeln, von Erkenntnis und Wahrheit; aus griech. *philosophia* „Liebe zur Wissenschaft, Wißbegier“, aus *philos* „Freund, Liebhaber“ und *sophia* „Wissenschaft, Weisheit“, zu *sophos* „geschickt, geübt; klug, erfahren; gelehrt, weise“

Phimose Verengung der Vorhaut; aus griech. *phimos* „Maulkorb, Knebel, Kappzaum der Pferde (Riemen über der Nase)“, zu *phimoun* „das Maul verbinden, knebeln“

Phiole kleine, bauchige Glasflasche; über mittellat. *phiola* in derselben Bedeutung aus griech. *phiale* „Kessel, Schale“

Phlebitis Venenentzündung; aus griech. *phleps,* Gen. *phlebos,* „Blutader“, zu *phlyein* „sprudeln“

Phlegma Mangel an Erregbarkeit, Trägheit; aus griech. *phlegma* „Glut, Hitze“, auch „zäher Schleim“; urspr. wurde damit der Rückstand von verdampften alkoholischen Verbindungen bezeichnet, also eigentlich „das, was der Hitze standhält“, nämlich „unerschütterliche Ruhe, Trägheit“; in der antiken Medizin galt das *phlegma,* der Schleim, als einer der vier Körpersäfte, deren ausgewogenes Verhältnis zueinander die innere Ausgeglichenheit des Menschen bewirkt; überwiegt dagegen der Schleim, so ergibt sich als äußeres Erscheinungsbild der *Phlegmatiker,* den nichts aus der Ruhe bringt

Phlox eine Zierpflanze; aus griech. *phlox* „Flamme, Feuer“, zur idg. Wurzel **bhleg-, bhelg-* „glänzen, flammen“, wegen der leuchtendroten Farbe mancher Arten

Phobie krankhafte Furcht (vor etwas); aus griech. *phobos* „Scheu, Furcht, Angst“, zu *phobeisthai* „fürchten, scheuen“

Phonetik Lehre von der Art und Erzeugung der Laute, Lautlehre; aus griech. *phonetikos* „zur Stimme gehörig, mit Stimme begabt“, zu *phone* „Stimme, Ton, Klang“

...phonie *in Zus.:* Ton, Klang; aus

griech. *phonein* „tönen", zu *phone* „Ton, Klang, Stimme"

Phönix *griech. Myth.:* Vogel, der sich im Feuer verjüngt; aus griech. *phoinix* „purpurrot" sowie „Wundervogel, der sich selbst verbrennt und verjüngt aus der Asche steigt"

Phonographie Schallaufzeichnung; aus griech. *phone* „Ton, Klang, Stimme" und *graphein* „schreiben"

Phonolith ein Ergußgestein, Klingstein; aus griech. *phonein* „tönen", zu *phone* „Ton, Klang", und *lithos* „Stein", weil er beim Anschlagen mit dem Hammer hell tönt

Phonologie Lehre von den Lauten und Lautgruppen hinsichtlich ihrer Funktion für die Bedeutung der Wörter; aus griech. *phone* „Ton, Klang" und *logos* „Wort, Lehre, Kunde", zu *legein* „sagen, sprechen, erklären"

Phosgen ein giftiges Gas; aus griech. *phos* „Licht" und *gennan* „erzeugen, hervorbringen"

Phosphor chemisches Element; aus griech. *phosphoros* „lichtgebend, lichttragend", zu *phos* „Licht" und *phoros* „tragend", zu *phorein, pherein* „tragen"

photogen gut zum Photographieren geeignet, bildwirksam; aus *Photo* (→ Photographie) und griech. *gennan* „erzeugen, hervorbringen", also eigentlich „ein (gutes) Bild erzeugend"

Photographie Herstellung von Lichtbildern; Lichtbild; aus griech. *phos,* Gen. *photos,* „Licht", und *graphein* „schreiben, zeichnen"

Photometer Belichtungsmesser; aus griech. *phos,* Gen. *photos,* „Licht" und *metron* „Maß", zu *metrein* „messen"

Photothek geordnete Sammlung von Photographien; aus *Photo* (→ Photographie) und griech. *theke* „Behältnis, Kiste, Kasten"

Phototropismus Krümmung von Pflanzenteilen zum Licht hin bei einseitigem Lichteinfall, Lichtwendigkeit; aus griech. *phos,* Gen. *photos,* „Licht" und → *Tropismus*

Phraseologie Lehre von den für eine Sprache charakteristischen Redewendungen; Sammlung solcher Redewendungen; aus griech. *phrasis,* Gen. *phraseos,* „Ausdruck, Ausdrucksweise" und *logos* „Wort, Lehre, Kunde", zu *legein* „sagen, sprechen, erklären"

Phrenesie Wahnsinn; aus griech. *phrenitis* „Geisteskrankheit, Wahnsinn", aus *phren,* Gen. *phrenos,* „Zwerchfell", nach antiker Auffassung Sitz der Seele und des Gemütes, daher auch soviel wie „Sinn, Geist, Verstand"

Phrenologie (umstrittene) Lehre vom Zusammenhang der Schädelformen mit Charaktereigenschaften; aus griech. *phren,* Gen. *phrenos,* „Zwerchfell" (nach antiker Auffassung Sitz der Seele und des Gemütes, daher auch soviel wie „Geist, Sinn, Verstand") und *logos* „Wort, Lehre, Kunde", zu *legein* „sagen, sprechen, erklären"

Phthalein ein synthetischer Farbstoff; aus *Naphtha* gebildet

Phthisis Lungentuberkulose; *auch:* allgemeiner Verfall des Körpers; aus griech. *phthisis* „Abnahme, Dahinschwinden, Schwindsucht", zu *phthinein* „hinschwinden, abnehmen, vergehen"

Phyllokaktus Blattkaktus; aus griech. *phyllon* „Blatt" und → *Kaktus*

Phyllopode Blattfußkrebs; aus griech. *phyllon* „Blatt" und *pous,* Gen. *podos,* „Fuß", wegen der blattförmigen Beine

Phylogenese Stammesgeschichte der Lebewesen; aus griech. *phyle* „Volksstamm" und → *Genese*

Physiatrie Naturheilkunde; aus griech. *physis* „Natur; das Geschaffene, Geschöpf" (zu *phyein* „hervorbringen, wachsen lassen") und *iatreia* „Heilung, ärztliche Behandlung", → Iatrik

Physik Wissenschaft von den Gesetzmäßigkeiten der unbelebten Natur; über lat. *physica* aus griech. *physike* „Lehre von der Natur", zu *physis* „Natur, natürliche Beschaffenheit; das Geschaffene, Geschöpf, Welt(all)", zu *phyein* „erzeugen, hervorbringen, wachsen lassen"

Physiognomie äußere Erscheinung (eines Menschen oder Tieres), bes. Gesichtsausdruck; aus griech. *physis* „natürliche Beschaffenheit" und *gnoma* „Kennzeichen"

Physiologie Lehre von den Lebensvorgängen; aus griech. *physiologia* „Naturforschung, naturwissenschaftliche Untersuchung“, aus *physis* „das Geschaffene, Geschöpf“ (zu *phyein* „erzeugen, hervorbringen, wachsen lassen“) und *logos* „Wort, Lehre, Kunde“, zu *legein* „sagen, sprechen, erklären“

Phytologie Pflanzenkunde; aus griech. *phyton* „Pflanze“ (zu *phyein* „hervorbringen, „wachsen lassen“ sowie *phyesthai* „wachsen“) und *logos* „Wort, Lehre, Kunde“, zu *legein* „sagen, sprechen, erklären“

Phytophage pflanzenfressendes Tier; aus griech. *phyton* „Pflanze“ (zu *phyein* „wachsen lassen“ sowie *phyesthai* „wachsen“) und *phagos* „Esser, Fresser“, zu *phagein* „essen“

Piaffe *Hohe Schule:* Trab auf der Stelle; aus frz. *piaffement* in ders. Bed., zu *piaffer* „stampfen, auf der Stelle treten“ (vom Pferd), ältere Bedeutung „großtun, prunken, sich stolz gebärden“, weil das Pferd in gewissermaßen „stolzem“ Gehaben die Übung ausführt, lautmalenden Ursprungs

piano *Mus.:* leise; ital. *piano* „flach, eben; leise“, aus lat. *planus* „flach, eben, platt“; die Bedeutungsverlagerung von „flach, eben“ zu „leise“ ist so zu erklären, daß man beim leisen Sprechen mit „kleiner, niedriger, flacher“ Stimme spricht

Piano Klavier; verkürzt aus *Pianoforte* (→piano und →forte), da auf dem Klavier im Unterschied zum Hammerflügel starke Kontraste von lautem und leisem Spiel möglich sind

Picknick Mahlzeit im Freien auf einem Ausflug; aus engl. *picnic* „Landpartie, Mahlzeit im Freien“, aus frz. *piquenique* „Mahlzeit, zu der jeder seinen Beitrag liefert“, aus *piquer* „anpicken“ (zu *pic* „Hacke, Picke“) und wahrscheinlich *niquer* „nicken“, wobei man wohl an das Picken der Hühner gedacht hat, bei dem nur eine kleine Menge Futter aufgenommen wird

Pidgin-Englisch vereinfachte, engl.-chines. Mischsprache zur Verständigung zwischen Europäern und Ostasiaten; aus engl. *pidgin, pigeon,* verstümmelt aus der chines. Aussprache des Wortes *business* „Geschäft“, also „Geschäfts-Englisch, im Geschäftsleben gebrauchtes Englisch“

Piedestal Sockel, kleines Podest; frz. *piédestal* „Sockel, Säulenfuß, Podest, kleines Gestell“, aus ital. *piedistallo* „Sockel, Gestell, Stütze“, aus *piede* (lat. *pes,* Gen. *pedis*) „Fuß“ und *stallo* „Sitz“

Piek *Seewesen:* spitzes Ende, vorderster und hinterster Teil des Schiffsraumes; aus engl. *peak* in ders. Bed. sowie „Spitze, Gipfel, Höhepunkt“, →Pik (1)

piekfein sehr fein; aus nddt. *pük, pück* „sauber, fein, zierlich, hübsch“, auch „erlesen“, vielleicht aus engl. *pick* „Auswahl“, zu *to pick* „picken, aussuchen“

Pierrot *in der frz. Pantomine:* komische, melancholische Figur mit weißgeschminktem Gesicht; frz. *Pierrot* „Peterchen“, zu *Pierre* „Peter“

Pietät Ehrfurcht vor den Toten und der Religion; aus lat. *pietas,* Gen. *-atis,* „Frömmigkeit, Pflichtgefühl“, zu *pius* „fromm, pflichtgemäß handelnd, rechtschaffen“

Piezometer Gerät zum Messen der Kompressibilität von Flüssigkeiten; aus griech. *piezein* „drücken, pressen“ und *metron* „Maß“, zu *metrein* „messen“

Pigment Farbstoff; aus lat. *pigmentum* „Farbstoff, Farbe“, zu *pingere* „malen, färben, bemalen, bunt machen“ (Perf. *pictum*) mit Infix *-men-* zur Bezeichnung des Mittels, Werkzeugs, also eigtl. „Mittel zum Färben“

Pik **1** Spielkartenfarbe, Schippe; aus frz. *pic* „Spitzhacke“, aus altfrz. *picois,* aus dem Normannischen; **2** Bergspitze; aus engl. *peak* „Spitze“, aus mengl. *pic* „Spitze, Spieß“, wohl aus altfrz. *picois* „Spitzhacke“; **3** heimlicher Groll, in der Wendung *einen Pik auf jmdn. haben,* aus frz. *pique* „kleiner Zwist, Groll“, zu *piquer* „sticheln, ärgern“, zu *pic,* →Pik (1)

Pikador berittener Stierkämpfer, der den Stier durch Lanzenstiche reizt; span. *picador* in ders. Bed., zu *picar* „stechen“

pikant scharf gewürzt; *übertr.:* anzüg-

lich, schlüpfrig; aus frz. *piquant* „stachlig, spitzig, stechend; prickelnd, den Geschmack reizend; witzig, geistreich; anzüglich, verletzend, scharf", zu *piquer* „stechen", zu *pic* „Spitzhacke"
Pike Spieß (des Landsknechts); aus frz. *pique* „Spieß", zu *piquer* „stechen", zu *pic* „Spitzhacke"
pikieren (junge Pflanzen) ins Freie pflanzen (nachdem man mit dem spitzen Pikierholz ein Loch in die Erde gestochen hat); aus frz. *piquer* „stechen", zu *pic* „Spitzhacke"
Pikkolo Kellnerlehrling; *übertr. ugs.:* kleine Flasche Schaumwein; aus ital. *piccolo* „klein", zur idg. Wurzel **pik-* „Spitze"
pikobello *ugs.:* sehr fein, ausgezeichnet; *piko-* italianisiert aus →*piekfein,* zweiter Wortteil aus ital. *bello* „schön"
Pikör Vorreiter bei der Parforcejagd; aus frz. *piqueur* „Vorreiter, reitender Jäger, der die Hunde führt", dazu die Wendung *piquer à la queue des chiens* „dicht hinter den Hunden reiten", eigtl. „die Hunde in den Schwanz stechen", zu *piquer* „stechen, anstacheln, reizen", zu *pique* „Spieß"
Pikrinsäure eine aromatische Säure; aus griech. *pikros* „bitter, herb"
Pikropege Quelle mit Bitterwasser; aus griech. *pikros* „bitter, herb" und *pege* „Quelle"
Piktogramm bildliches Zeichen mit international festgelegter, allgemein verständlicher Bedeutung, z. B. Verkehrszeichen; aus lat. *pictus* „gemalt", zu *pingere* „malen", und griech. *gramma* „Schriftzeichen", zu *graphein* „schreiben"
Pilaster Wandpfeiler; aus ital. *pilastro* „Pfeiler", zu ital., lat. *pila* „Pfeiler", zusammengezogen aus lat. *pigula,* zu *pangere* (1. Person Perf. *pegi*) „befestigen, einschlagen, einsenken"
Pilger jmd., der nach einem heiligen Ort wandert, Wallfahrer; aus mhd. *pilgerim,* ahd. *pilcrim, piligrim,* frz. *pèlerin* „Pilger, Wanderer, Kreuzfahrer", über vulgärlat. *pelegrinus* aus lat. *peregrinus* „Fremder", zu *peregre* „fremd, im Ausland, außerhalb der Stadt oder des Landes", aus *per* „über hin" und *ager* „Acker, Feld, Grundstück, Boden"
Pille Arznei in Form eines Kügelchens; aus lat. *pillula, pilula* „kleiner Ball, Kügelchen", Verkleinerungsform von *pila* „Ball, Kugel"
Pilot *früher:* Lotse; *heute:* Flugzeugführer, Autorennfahrer; aus frz. *pilote* „Lotse", aus ital. *pilota,* früher „Steuermann", heute „Lotse", aus mittelgriech. **pedotes* „Steuermann", aus griech. *pedalion* „Steuerruder", zu *pedon* „Ruderblatt"; der Wandel von d in *pedotes* zu l in *pilota* ist dadurch zu erklären, daß d mittelgriech. schon als Reibelaut gesprochen wurde (wie im Neugriech. auch), der im Ital. und Frz. nicht wiedergegeben werden konnte und deshalb durch l ersetzt wurde; außerdem wurde mittelgriech. e als i gesprochen und daher als i ins Ital. und Frz. übernommen (Gamillscheg)
Pilote Rammpfahl; aus frz. *pilot* „Pfahl", zu *pile* „Pfeiler", aus lat. *pila,* eigtl. *pigula* „Pfeiler, Säule", zu *pangere* (Perfekt: *pegi* und *pepigi*) „einschlagen, befestigen"
Piment ein Gewürz, Nelkenpfeffer; aus span. *pimienta,* aus lat. *pigmentum* „Farbe", spätlat. auch „Kräutersaft"
Pimpinelle eine Wiesenpflanze, Bibernelle; aus frz. *pimprenelle,* aus spätlat. *piperinella,* mittellat. *pipinella,* zu lat. *piper* „Pfeffer"
Pinakothek *Name für* Gemäldesammlung; aus griech. *pinax,* Gen. *pinakos,* „Tafel, Gemälde, Bild" und *theke* „Behältnis, Kasten, Kiste"
Pinasse *früher:* dreimastiges Segelschiff; *heute:* Beiboot (auf Kriegsschiffen); frz. *pinasse, pinace* „leichtes Schiff unterschiedlicher Größe", über vulgärlat. **pinacea* aus lat. *pinus* „Fichte, Kiefer, Pinie" sowie „aus Fichtenholz gebautes Schiff"
Pincenez Zwicker, Kneifer; frz. *pince-nez* in ders. Bed., eigtl. „zwick die Nase", aus *pincer* „zwicken, kneifen" und *nez* „Nase"
Pinguin ein flugunfähiger Schwimmvogel; die Herkunft ist unsicher; man vermutete aus lat. *pinguis* „fett, plump, schwerfällig" (span. *pingüino,* zu *pingüe* „fett", portug. *pingue* „fett"), doch

ist diese geradlinige Ableitung historisch nicht gesichert

Pinie eine Kiefernart; aus lat. *pinus* „Pinie, Kiefer", vielleicht über **pitsnos* aus Sanskrit *pītudāru* „Baumart" (isoliert stehender, nicht-idg. Baumname); nach anderer Deutung über **picsnos* aus lat. *pix* „Pech, Harz", im Hinblick auf die Pinie als harzerzeugenden Baum

Pinke *ugs.:* Geld; Weiterentwicklung von → *Penunse*

Pinscher kleine, zierliche Hunderasse; zu engl. to *pinch* „abkneifen", weil man ihnen Ohren und Schwanz stutzt

Pinzette kleines Greifinstrument mit federnden Schenkeln; frz. *pincette* „sehr feine bis größere Zange", zu *pincer* „kneifen, zwicken"

Pionier für technische Aufgaben ausgebildeter Soldat; frz. *pionnier* in ders. Bed., formal angelehnt an *pion* „Bauer im Schachspiel" aus altfrz. *peon* „Fußsoldat", vulgärlat. **pedone,* „Fußgänger", aus lat. *pedes,* Gen. *peditis,* „Fußgänger, Fußsoldat", zu *pes,* Gen. *pedis,* „Fuß"

Pipeline Rohrleitung; engl. *pipeline* in ders. Bed., aus *pipe* „Rohr" (aus mengl., altengl. *pipe* „Rohr, Pfeife", aus vulgärlat. **pipa* „rohrförmiges Musikinstrument", zu lat. *pipare* „piepen") und *line* „Leitung, Linie, Leine"

Pipette Saugröhrchen, Stechheber; frz. *pipette* „Saugglas, Pfeifchen", Verkleinerungsform von *pipe* „Tabakspfeife, Schalmei", zu *piper* „(auf einem Rohr) pfeifen, piepen", selten auch „rauchen", aus lat. *pipare* „piepen"

Piranha ein kleiner südamerikanischer Raubfisch; aus Tupi *piranha* „Schere", wegen des scharf schneidenden Mauls; in anderen Teilen Südamerikas wird er auch *pez tijera* „Scherenfisch" genannt

Pirat Seeräuber; aus lat. *pirata,* aus griech. *peirates* „Seeräuber", zu *peiran, peirein* „wagen, unternehmen, versuchen, sich daranmachen", zu *paira, paire* „Versuch, Wagnis, Unternehmung"

Pirogge mit Fleisch, Fisch, Reis oder Kraut gefüllte Pastete; aus russ. *pirog* „Pastete, Kuchen", Ableitung von *pir* „Gastmahl, Schmaus"

Pirouette (mehrmalige) Drehung um die eigene Achse; frz. *pirouette* „Drehung auf einem Fuß, Drehrädchen", ältere Form (mask.) *pirouet* „Drehung", auch „Zapfen", dazu (16. Jh.) *pirevollet* „Kreisel", weitere Herkunft nicht geklärt

Piscina Taufbecken im Baptisterium; Waschbecken neben dem Altar; lat. *piscina* „Wasserbecken, Weiher, Teich", zu *piscis* „Fisch"

Pistazie ein Laubbaum oder Strauch sowie dessen Frucht; aus ital. *pistacchio,* aus griech. *pistake, pistakion,* aus pers. *pestäh* in derselben Bedeutung

Piste Bahn, Rennbahn; frz. *piste* „Fährte, Spur; Fahr-, Rennbahn", aus ital. *pista* „Bahn, Rennbahn", aus lat. *pistum* „das Gestampfte", zu *pistare,* Frequentativum zu *pinsere, pisere* „stampfen, stoßen"

Pistill Mörserstößel; *Bot.:* Stempel; aus lat. *pistillum* „Stempel, Stößel", zu *pinsare* „zerstampfen, zerstoßen"

Pistole eine Handfeuerwaffe; vielleicht aus tschech. *pištal* „Pistole, Rohr", urspr. „Pfeife", zu *pisk* „Pfiff"

Piston Pumpkolben; Zündstift; Ventil der Blechblasinstrumente; ein Blechblasinstrument, Kornett; frz. *piston* „Kolben; Zündkegel, Ventilhorn", aus ital. *pistone* „Kolben, Stempel; Ventil" (*corno a pistoni* „Ventilhorn"), früher auch „Stampfer", aus lat. *pistare,* Frequentativum zu *pinsere, pisere* „stampfen, stoßen"

Pitchpine Holz der nordamerik. Pechkiefer; engl. *pitchpine* „Pechkiefer", *pitch* „Pech" (aus lat. *pix* „Pech") und *pine* „Kiefer" (aus lat. *pinus* „Fichte, Kiefer")

Pithekanthropus in China und auf Java gefundener Frühmensch; aus griech. *pithekos* „Affe" (weitere Herkunft nicht geklärt, wohl Lehnwort aus einer unbekannten Sprache) und *anthropos* „Mensch"

pittoresk malerisch; aus ital. *pittoresco* „malerisch", zu *pittore* „Maler", aus lat. *pictor,* Gen. *-oris,* „Maler", zu *pingere* „malen"

Pivot Schwenkzapfen (an Drehkränen u.a.); frz. *pivot* in ders. Bed., in zahlreichen frz. Mundarten in verschiedenen Formen verbreitet, aus einer unbelegten altfrz. Form ohne sichere Herkunft
pizzicato *Mus.:* gezupft (zu spielen); ital. *pizzicato* „gezupft, gezwickt", zu *pizzicare* „(mit Daumen und Zeigefinger) zwicken, zupfen", auch „picken, stechen", wahrscheinlich lautmalend
Placebo Medikament ohne Wirkung, das für Tests verwendet wird; lat. *placebo* „ich werde gefallen, ich werde angenehm sein", d.h. „ich werde die Wirkung haben, die erwartet wird (wenn auch nur scheinbar)", zu *placere* „gefallen, belieben"
plädieren für etwas p.: sich (mit Worten) für etwas einsetzen; ein Plädoyer halten; aus frz. *plaider* „vor Gericht reden, verteidigen", zu *plaid* „Gerichtshof, -versammlung", aus mlat. *placitum* „gerichtliche Verhandlung, Versammlung zur Verhandlung von Staatssachen; Übereinkommen, Entscheidung", aus lat. *placitum* „Willens-, Meinungsäußerung", eigtl. „was einem gefällt", zu *placitus* „angenehm, gefallend", zu *placere* „angenehm sein, gefallen"
Plädoyer zusammenfassende Rede (des Staatsanwalts oder Verteidigers); frz. *plaidoyer* „Verteidigungsrede (vor Gericht)", zu *plaider*, → plädieren
Plafond (künstlerisch gestaltete) Zimmerdecke; frz. *plafond*, älter *platfond* „Zimmerdecke", aus *plat* „eben, flach" und *fond* „Grund, Hintergrund" (wahrscheinlich im Unterschied zur gewölbten Decke), aus lat. *fundus* „Grund, Boden"
Plagiat Diebstahl geistigen Eigentums; über frz. *plagiat* aus lat. *plagium* „Menschendiebstahl, Seelenverkauf"
Plagioklas Kalknatronfeldspat; aus griech. *plagios* „schräg, schief" und *klasis* „Brechen, Zerbrechen, Bruch", zu *klan* „brechen, zerbrechen", wegen der zwei Hauptspaltungsebenen, die bei Plagioklasen nicht ganz senkrecht zueinander verlaufen; vgl. Orthoklas
Plakat öffentlicher Aushang in großem Format; ndrl. *plakaat* in ders. Bed., aus mndrl. *plackaet, plackaert* aus frz. *placard* „Anschlagzettel", zu *plaquer* „belegen, verkleiden", zu *plaque* aus ndrl. *plak* „Scheibe, Tafel, Brett"
Plakette Gedenk-, Schaumünze; aus frz. *plaquette* „kleine Platte oder Tafel", zu *plaque* „Platte, Metallblatt", zu *plaquer* „belegen, verkleiden, überziehen"
plan eben, flach; aus lat. *planus* „flach, eben, platt", zur idg. Wurzel **pela-* „flach sein"
Planarie ein Strudelwurm, Plattwurm; aus lat. *planus* „platt, flach"
Planet sich auf elliptischer Bahn um die Sonne bewegender Himmelskörper, Wandelstern; aus griech. *planes,* Gen. *planetos,* „Umherschweifender, Wanderer", zu *plane* „Wanderung, Irrfahrt" und *planasthai* „irregehen, sich umhertreiben"
Plankton Gesamtheit der im Wasser frei schwebenden Pflanzen und Tiere ohne Eigenbewegung; aus griech. *plankton* „das Umherirrende", *planktos* „Herumtreiber", zu *planasthai* „umherirren"
Plantage Pflanzung großen Ausmaßes; aus frz. *plantage, plantation* „Anpflanzung", zu *planter* „pflanzen", aus lat. *plantare* „bepflanzen", zu *planta* „Setzling, Schößling"
Pläsier *veraltet:* Vergnügen, Spaß; aus frz. *plaisir* „Vergnügen, Freude", zu *plaire,* altfrz. *plaisir* „gefallen, angenehm sein", aus lat. *placere* „gefallen"
Plasma **1** flüssiger Bestandteil des Blutes, auch kurz für: Protoplasma; aus griech. *plasma* „Gebilde", zu *plassein* „gestalten, formen, bilden", zur idg. Wurzel **pel-* „falten, schichten"; **2** grüner Chalzedon; früher stellte man die Bezeichnung für den Stein ebenfalls zu griech. *plasma* „Gebilde", da man ihn zuerst nur in Form von Gemmen, also geschnittenen, bearbeiteten Steinen kannte, der Ursprung ist jedoch lat. *prasius,* auch *gemma prasina* „lauchgrüner Stein", aus griech. *prasios, prasinos* „lauchfarben, blaugrün"; durch eine falsche Lesart wurde *prasina* zu ital. *prasma* (dt. *Pras, Prasem*) „lauchgrüner Quarz"

Plasmodium Gattung der Sporentierchen (Einzeller); vielkerniges Stadium von Schleimpilzen; aus → *Plasma* und griech. *eidos* „Gestalt"

Plasmogonie (nach der Theorie von Ernst Haeckel) Urzeugung aus toten organischen Stoffen; aus → *Plasma* und griech. *gone* „Erzeugung, Geburt"

Plastik Bildhauerkunst; Werk der Bildhauerkunst; Kunststoff; aus griech. *plastike* „Bildhauerkunst" und *plastos* „gebildet, geformt", zu *plassein* „bilden, formen"

Plastron Brustplatte am Ringpanzer; *Fechten:* Arm- oder Brustschutz; breite Krawatte; frz. *plastron* „Brustharnisch, Brustschutzleder, Vorderteil des Oberhemdes", aus ital. *piastrone* „große Platte; Brustharnisch", Vergrößerungsform von *piastra* „Platte, Scheibe", aus vulgärlat. **plastrum,* lat. *emplastrum* „Pflaster (für eine Wunde)"

Platane ein Laubbaum; aus lat. *platanus,* griech. *platanos* „Platane", zu *platys* „breit, weit ausgebreitet, Baum mit weit ausgebreiteten Ästen"

Plateau Hochebene; obere ebene Fläche eines Felsens; frz. *plateau* „Brett, Platte (des Tisches, der Waage), Hochebene", zu *plat* „flach, eben"

plateresk wunderlich, verziert; plateresker Stil: ornamentaler Stil der span. Spätgotik und Frührenaissance; aus span. *plateresco* „geschnörkelt", zu *plateria* „Gold-, Silberschmiedearbeit", zu *platero* „Gold-, Silberschmied", zu *plato* „Platte"; wegen der Ähnlichkeit der Verzierungen mit den kleinteiligen, getriebenen Gold- und Silberschmiedearbeiten

Platin chemisches Element; aus span. *platina del Pinto* „kleines Silber vom Fluß Pinto" (in Südamerika), zu *plata* „Silber"; „die" Platina nannte man anfangs das in der Natur nur in Legierungen vorkommende Metall, „das" Platin später das gediegene

Platitüde nichtssagende Redensart, geistlose Bemerkung; frz. *platitude* „Schalheit (des Weins), Seichtheit, Plattheit (von Worten)", aus *plat* „eben, flach; platt, fad, geistlos", aus griech. *platys* „flach"

plausibel einleuchtend; aus lat. *plausibilis* „Beifall verdienend, einleuchtend", zu *plaudere* „Beifall spenden"

Plazenta der Ernährung des Embryos dienendes Organ in der Gebärmutter, Mutterkuchen; aus lat. *placenta* „Kuchen", aus griech. *plakous,* Gen. *plakountos,* „Kuchen", zu *plax,* Gen. *plakos,* „Fläche, Platte"

Plazet Erlaubnis, Einwilligung, Zustimmung; aus lat. *placet* „es gefällt (mir), es scheint mir gut, ich befinde es für gut", zu *placere* „gefallen"

Plebiszit Volksabstimmung; aus lat. *plebis scitum* „Beschluß des Volkes", zu *plebs,* Gen. *plebis,* „das Volk, die Bürger" und *scitum* „Verordnung, Beschluß", zu *sciscere* „durch Abstimmung genehmigen, verordnen", eigtl. „sich erkundigen, erforschen", Inchoativum zu *scire* „erfahren haben, wissen"

Pleinairismus Freilichtmalerei; aus frz. *pleinair* „Freilichtmalerei, -gemälde", aus *plein* (aus lat. *plenus*) „voll, reichlich" und *air* (aus lat., griech. *aer*) „Luft"

Pleinpouvoir unbeschränkte Vollmacht; aus frz. *plein* „voll, völlig, vollständig" (aus lat. *plenus* „vollständig") und *pouvoir* „Macht, gesetzliche Gewalt, Ermächtigung, Vollmacht", sowie „können", aus altfrz. *pooir* „können, die Macht haben", aus vulgärlat. *potere* aus lat. *posse* „können"

Pleistozän untere Abteilung des Quartärs; aus griech. *pleistos* „am meisten" und *kainos* „neu"

Pleite Zahlungsunfähigkeit; Mißerfolg, Reinfall; aus rotw. *Pleite* „Flucht; Zahlungsunfähigkeit", aus jidd. *pleto* „Flucht, Entrinnen; Bankrott" (*plete gehen* „fliehen"), aus hebr. *pəlēṭā* „Flucht, Entrinnen, Rettung", zu *pālaṭ* „retten", also eigentlich „Rettung des Bankrotteurs durch Flucht vor den Gläubigern"

Plejaden Siebengestirn, sieben kleine Sterne am Kopf des Stiers; nach der Sage die sieben Töchter des Atlas und der Pleione, die von Zeus als Sternbild an den Himmel versetzt wurden, nachdem sie sich aus Schmerz über den Tod ihrer Schwestern, der Hyaden, selbst den Tod gegeben hatten; nach anderer Sage wollte Zeus sie der Verfolgung durch den Jäger Orion entziehen. Da sie von Mitte Mai bis Anfang November sichtbar sind und damit den Anfang und das Ende der für die Schiffahrt günstigen Zeit anzeigen, hat man den Namen mit griech. *plein* „segeln, schiffen" zusammengebracht; eine andere Deutung bringt sie mit einem Flug Tauben in Verbindung, zu *peleia,* Gen. *peleiados,* „Taube"

Plektron Plättchen, mit dem die Saiten von Zupfinstrumenten angerissen werden; aus griech. *plektron* „Werkzeug zum Schlagen, bes. Stab des Kitharaspielers", zu *plessein* „schlagen"

Plenipotenz unbeschränkte Vollmacht; aus lat. *plenipotens,* Gen. *-entis,* „allmächtig", aus *plenus* „vollständig, vollkommen" und *potens* „könnend, vermögend", zu *posse* (verkürzt aus *potesse*) „können"

Plenum Vollversammlung; aus lat. *plenum* „das Vollständige", zu *plenus* „vollständig, vollzählig"

Pleochroismus Eigenschaft mancher Kristalle, in verschiedenen Richtungen verschiedenfarbiges Licht durchzulassen; aus griech. *pleon* „mehr" und *chros* „Farbe"

Pleonasmus Häufung sinnverwandter Ausdrücke, z. B. „pechrabenschwarz"; aus griech. *pleonazein* „überflüssig sein, im Überfluß vorhanden sein", zu *pleon* „mehr"

Plesianthropus südafrikan. Frühmensch des Pliozäns; aus griech. *plesios* „nahe, nahebei" und *anthropos* „Mensch"

Plesiosaurier ausgestorbenes Kriechtier des Jura und der Kreide; aus griech. *plesios* „nahe" und → *Saurier*

Pleureuse *urspr.:* Trauerflor; *seit 1900:* lange Straußenfeder am Hut; frz. *pleureuse* „Trauerbinde (an den Ärmeln)"; im 15. Jh. nannte man die Schulterumhänge der weiblichen Trauerkleidung so, später, im 18. Jh., die über die Hände fallenden schwarzen Spitzenmanschetten der männlichen und weiblichen Trauerkleidung (die bei Hoftrauer getragen wurde), von daher ging die Bez. auf die langen, geknüpften oder gekräuselten Straußenfedern an den Damenhüten über. Man nannte auch weibliche Angestellte in Theatern *Pleureusen,* die in Trauerspielen durch Weinen und Schluchzen das Publikum in traurige Stimmung bringen sollten, wie auch Darstellungen von Klageweibern auf Sarkophagen; zu frz. *pleurer* „weinen", aus lat. *plorare* „weinen, heulen, wehklagen"

Pleuritis Brust-, Rippenfellentzündung; aus griech. *pleuritis* „Seitenstechen, Rippenfellentzündung", aus *pleura* „Rippe, Seite" und Endung *-itis* zur Bezeichnung einer Entzündung

Pleuston Gesamtheit der an der Wasseroberfläche lebenden Pflanzen und Tiere; aus griech. *pleuston* „etwas, das schwimmen kann", zu *plein* „schwimmen"

Plexus Blutgefäß-, Lymphgefäß-, Nervengeflecht; aus lat. *plexus* „geflochten", zu *plectere* „flechten"

Pliozän oberste Abteilung des Tertiärs; aus griech. *pleon* „mehr" und *kainos* „neu"

Plissee schmale, gepreßte Falten; aus frz. *plisser* „in Falten legen", zu *plier* „zusammenfalten", zu *pli* „Falte", aus lat. *plicare* „falten"

Plombe Metallsiegel; Zahnfüllung; Rückbildung aus *plombieren* „mit einer Metallfüllung versehen, mit Bleisiegel verschließen", aus frz. *plomber* in ders. Bed., zu *plomb* aus lat. *plumbum* „Blei"

Plötze ein Süß- und Brackwasserfisch; aus poln. *płocica,* zu *płoc* „Rotkarpfen", zu *płaski* „flach"

Plumbum chemisches Element, Blei; lat. *plumbum* „Blei", Fremdwort unbekannter Herkunft, vielleicht aus dem Iberischen

Plumeau Federbett; frz. *plumeau* „Federbesen, Federwisch; Federbett", zu *plume* „Feder", aus lat. *pluma* „Flaumfeder"

Plunger Maschinenteil, meist Kolben, das regelmäßige Taktbewegungen ausführt; engl. *plunger* „Tauchkolben", zu *to plunge* „(ein)tauchen, versenken", aus mengl. *plungen, plongen,* aus altfrz.

plongier aus vulgärlat. **plumbicare* „mit Senkblei o.ä. versehene Fischernetze ins Wasser senken“, zu lat. *plumbum* „Blei, Bleikugel“

Pluraletantum nur im Plural vorkommendes Wort, z.B. „Leute“; aus lat. *plurale* „aus mehreren bestehend“ (zu *pluralis* „Mehrzahl“) und *tantum* „nur“

Pluralismus Lehre, daß die Wirklichkeit aus vielen selbständigen Wesenheiten bestehe; Vielfalt gesellschaftlicher, politischer u.a. Kräfte und Erscheinungen; aus lat. *pluralis* „Mehrzahl“, zu *plus,* Gen. *pluris* „mehr“

Plüsch Baumwollgewebe mit hohem Flor; aus frz. *peluche* „Wollsamt“, aus ital. *peluzzo* „Flaumhärchen“, zu *pelo* aus lat. *pilus* „Haar“

Plusquamperfekt vollendete Vergangenheit; aus lat. *plus* „mehr“, *quam* „als“ und *perfectum* „vollendet“, → perfekt

Plutokratie Herrschaftsform, bei der die Macht von einer reichen Oberschicht ausgeübt wird, Geldherrschaft; aus griech. *ploutos* „Reichtum, Überfluß“ (vielleicht zu *polys* „viel“) und *kratein* „herrschen“, zu *kratos* „Kraft, Macht, Gewalt“

Plutonium chemisches Element; nach dem Planeten *Pluto*

Pluviograph Gerät zum Aufzeichnen der Niederschlagsmengen; aus lat. *pluvia* „Regen“ und griech. *grapheus* „Schreiber“, zu *graphein* „schreiben“

Pneumonie Lungenentzündung; aus griech. *pneumon,* ältere Form: *pleumon* „Lunge“, das l ist in Anlehnung an *pneuma* „Lufthauch, Wehen, Blasen“ und *pnein* „hauchen, wehen“ zu n geworden

Pneumothorax krankhafte oder künstlich herbeigeführte Luftansammlung im Brustfellraum; aus griech. *pleuma, pneuma* (→ Pneumonie) „Lunge“ und *thorax* „Rumpf, bes. Brustkorb“

pochieren Eier p.: in kochendes Wasser schlagen und garziehen lassen; aus frz. *pocher* in ders. Bed., zu *poche* „Schöpflöffel“

Podagra Fußgicht; aus griech. *podagra* „Fußgicht“, aus *pous,* Gen. *podos,* „Fuß“ und *agra* „Jagdbeute, Fang“, Weiteres bei → Chiragra

Podest Ableitung von → *Podium*

Podex Gesäß, Popo; aus lat. *podex* „Darmöffnung, Hinterer“, urspr. *pedex,* zu *pedere* „einen Wind fahren lassen, furzen“

Podium erhöhter Teil des Raumes, kleine Bühne; aus lat. *podium* „trittartige Erhöhung, Untergestell für Säulen“, aus griech. *podion* „kleiner Fuß“, zu *pous,* Gen. *podos,* „Fuß“

Podometer Schrittzähler; aus griech. *pous,* Gen. *podos,* „Fuß“ und *metron* „Maß“, zu *metrein* „messen“

Podsol Bleicherde; aus russ. *pod* „Grund, Boden, Unterteil“ und *zola* „Asche“, da der Boden im oberen Teil aus einer schwarzgrauen, im unteren aus einer heller grauen (aschgrauen) Schicht besteht

Poesie Dichtkunst; Dichtung in Versen oder gebundener Rede; aus griech. *poiesis* „Tun, Machen, Hervorbringen, Schaffen, bes. das Dichten, Dichtkunst“, zu *poiein* „tun, machen, hervorbringen, bes. dichten“

Pogrom Ausschreitungen gegen rassische oder religiöse Minderheiten; aus russ. *pogrom* „Verwüstung, Verheerung, Ungewitter“, zu *pogromit* „durch Krieg verwüsten“

Poikilotherme Tiere, deren Körpertemperatur von der Temperatur ihrer Umgebung abhängt, Wechselwarmblüter; aus griech. *poikilos* „verschiedenartig, beweglich, veränderlich“ und *therme* „Wärme“

Poilu *im 1. Weltkrieg:* Spitzname für den frz. Soldaten; frz. *poilu* „Soldat im Feld“, eigtl. „der Behaarte“, zu *poil* aus lat. *pilus* „Haar“

Pointe Schlußeffekt des Witzes; Witz (einer Sache); frz. *pointe* „Spitze; Schärfe, Würze, Prickeln; witziger Einfall“, aus lat. *punctum* „Stich“, zu *pungere* „stechen“

Pointillismus spätimpressionistische Richtung der Malerei, die durch das dichte Nebeneinander von Farbpunkten gekennzeichnet ist; aus frz. *pointiller* „punktieren, mit Punkten versehen“, zu *point* „Punkt, Tüpfelchen“, aus lat. *punctum* „Punkt“

Pokal Trinkgefäß aus Edelmetall oder Kristall mit Fuß und oft auch Deckel; aus ital. *boccale* „Krug, Humpen“, in Anlehnung an *bocca* „Mund“ aus spätlat. *baucalis* „Trinkgefäß, Becher“, griech. *baukalis* „Kühlgefäß“ und *baukalion* „Gefäß mit engem Hals“, weitere Herkunft nicht geklärt

pökeln in Salzlake einlegen, einsalzen; aus nddt. *pekeln* in ders. Bed., zu *Pekel,* aus mnddt., mndrl. *pekel* „Salzlake“, Herkunft nicht sicher, vielleicht nach einem Fischer namens Willem *Beukelz* (gest. 1397), der das Pökeln eingeführt haben soll

Poker ein Kartenglücksspiel; engl. *poker* in ders. Bed., wahrscheinlich aus dt. *pochen,* da das Spiel Ähnlichkeit mit dem *Pochspiel* hat. Dabei kann man bei bestimmten Gelegenheiten sagen *Ich poche* im Sinne von „Ich fordere heraus“, aus mhd. *bochen, puchen* „pochen, trotzen“

pokulieren zechen, bechern; aus lat. *poculum* „Becher“, über eine unbelegte Zwischenform zu *potor* „Trinker“ und *potare* „trinken“

Pol Drehpunkt, Zielpunkt; aus lat. *polus* „Drehpunkt“, griech. *polos* in derselben Bedeutung, auch „Erd-, Himmelsachse, Sonnenuhr“, zu griech. *pelein* „sich bewegen“

polarisieren in eine feste Schwingungsrichtung bringen; sich p.: sich zu Gegensätzen entwickeln; über frz. *polariser* aus lat. *polus,* griech. *polos* „Pol“, eigtl. „Drehpunkt“, zu *pelein* „sich bewegen“

Polemik bes. wissenschaftlicher, literarischer, meist in der Öffentlichkeit ausgetragener Streit; scharfe, unsachliche Kritik; aus frz. *polémique* „wissenschaftlicher Streit“ sowie „wissenschaftlich streitend“, aus griech. *polemikos* „zum Krieg gehörig, kriegerisch“, zu *polemos* „Krieg, Schlacht“

Polenta Gericht aus Maisgrieß; aus lat. *polenta* „Gerstengraupen“, wahrscheinlich zu *pollen* oder *pollis* „sehr feines Mehl“, oder aus *puls,* Gen. *pultis,* griech. *poltos* „Brei aus Spelt- oder Bohnenmehl“ (Speise der alten Römer, ehe sie das Brot kennenlernten, auch das Futter der heiligen Hühner), vielleicht zu griech. *pale* „feines Mehl“

Polente *ugs.:* Polizei; damit waren uspr. nicht die Beamten gemeint, sondern die Behörde, aus rotw. *Polent* „Burg, Schloß, Rathaus“, aus jidd. *paltin* „Burg, Schloß, Palast“

Police Versicherungsschein; frz. *police* in ders. Bed., ital. *polizza* „Versicherungs-, Pfandschein u. ä.“, prov. *podissa* „Quittung“, aus mlat. *apodixis* „Quittung“, aus griech. *apodeixis* „Beweis, Nachweis, Quittung“, zu *apodeiknynai* „vorzeigen, beweisen, erklären, darlegen“, aus *apo* „von etwas her“ und *deiknynai* „zeigen, beweisen, begreiflich machen“

Polier Vorarbeiter der Maurer und Zimmerleute; aus mhd. *parlier, parlierer* „Geselle der Maurer und Zimmerleute, der als Stellvertreter des Meisters die Arbeit anführt und beaufsichtigt und beim Richtfest die Festrede zu halten hat“, zu *parlieren* aus frz. *parler* „reden, sprechen“, bzw. zu frz. *parleur* „Sprecher“

polieren glänzend machen, glätten, schleifen; aus lat. *polire* „glätten, feilen“

Poliklinik Krankenhaus (oder Abteilung davon) zur ambulanten Behandlung; aus griech. *polis* „Stadt“ und → *Klinik*

Poliomyelitis Entzündung der grauen Substanz des Rückenmarks, Kinderlähmung; aus griech. *polios* „grau“ und *myelos* „Mark“ und Endung *-itis* zur Bezeichnung einer Entzündung

Politesse Hilfspolizistin; aus → *Polizei* und *Hostess* (→ Hosteß)

Politik Führung und Erhaltung eines Gemeinwesens, Staatskunst; aus griech. *politika* „Staatsgeschäfte, Angelegenheiten des Staates, öffentliches Wohl“, zu *polis* „Stadt, Stadtstaat, Staat“

Politur durch Polieren erzeugter Glanz; aus lat. *politura* „das Glätten“, zu *polire* „glätten, feilen“

Polizei Behörde, die über die öffentliche Sicherheit zu wachen hat; ihre Beamten; aus mittellat. *policia* „Staatsverwaltung“, aus griech. *politeia* „Staatsverwaltung, Regierung“, zu *politeuein* „als Bürger leben, in einem Staat leben, Staatsgeschäfte betreiben“, zu *polites* „Bürger“, zu *polis* „Stadt“

Polka ein polnischer Tanz; aus tschech. *polka* „polnischer Tanz, polnische Frau, Polin“

Pollution unwillkürlicher (nächtlicher) Samenerguß; aus lat. *pollutio,* Gen. *-onis,* „Verunreinigung“, aus *por* = *pro* „vorn“ und *lutum* „Schmutz“, zu *lutare* „beschmutzen“

Polo dem Hockey ähnl. Ballspiel zu Pferd oder vom Fahrrad aus; aus westtibet. *polo* oder *pulu* „Weidenwurzel“, aus der der Poloball hergestellt wird

Polonaise, Polonäse meist zur Eröffnung eines Tanzfestes getanzter polnischer Tanz; frz. *polonaise* in ders. Bed. sowie „polnisch“ (fem.), zu *Pologne,* lat. *Polonia* „Polen“

Polonium chemisches Element; nach *Polonia,* dem lat. Namen für Polen, der Heimat von Marie Curie (1867–1934), die das Element entdeckte

Polyandrie Ehegemeinschaft einer Frau mit mehreren Männern, Vielmännerei; aus griech. *polyandros* „männerreich, volkreich, bevölkert“, aus *poly-* „viel-“ und *aner,* Gen. *andros,* „Mann“

Polyarchie Herrschaft mehrerer (Personen); aus griech. *poly-* „viel-“ und *arche* „Herrschaft, Regierung“, zu *archein* „herrschen“

polychrom vielfarbig; aus griech. *poly-* „viel-“ und *chroma* „Farbe“

Polyeder von mindestens drei ebenen Flächen begrenzter Körper; aus griech. *poly-* „viel-“ und *hedra* „Fläche, Grundfläche“

Polygamie Ehegemeinschaft eines Mannes mit mehreren Frauen, Vielweiberei; aus griech. *poly-* „viel-“ und *gamein* „heiraten“

polygen durch mehrere Erbfaktoren bestimmt, durch mehrere Ursachen hervorgerufen; aus griech. *poly-* „viel-“ und *gennan* „erzeugen, hervorbringen“

Polyglotte Buch mit Text in mehreren Sprachen, mehrsprachiges Wörterbuch; aus griech. *poly-* „viel-“ und *glotta,* Nebenform von *glossa* „Zunge, Sprache“

Polygon Vieleck; aus griech. *poly-* „viel-“ und *gonia* „Ecke, Winkel“

Polygynie = Polygamie; aus griech. *poly-* „viel-“ und *gyne* „Frau“

Polyhistor jmd., der auf vielen Gebieten bewandert ist, Vielwisser; aus griech. *poly-* „viel-“ und *histor* „wissend, kundig; Sachverständiger“

polymer aus vielen niedermolekularen Einheiten bestehend, vielteilig; aus spätgriech. *polymeros* „vielfältig“, aus griech. *poly-* „viel-“ und *meros* „Teil“

polymorph vielgestaltig; aus spätgriech. *polymorphos* „vielgestaltig“, aus griech. *poly-* „viel-“ und *morphe* „Gestalt“

Polyp Kopffüßer; aus lat. *polypus,* griech. *polypous* „Polyp, Tintenfisch“, aus *poly-* „viel-“ und *pous* „Fuß“; die gaunersprachliche Bedeutung „Polizist“ geht vielleicht auf rotw. *Polipee* „Polizei“ zurück, eine Verbindung von *Polizei* und dem Buchstaben *P,* der für rotw. *Peizaddik* „Polizei“ steht, das wiederum eine Abkürzung ist, nämlich PZ: *Pei* = Buchstabe *P, Zaddik* = Buchstabe Z (nach Wolf); für die Anlehnung des Wortes an das Tier *Polyp* könnte der Gedanke an die Fangarme des Tieres eine Rolle gespielt haben

Polyphage Tier, das sich von verschiedenen Pflanzen oder Beutetieren ernährt; aus griech. *poly-* „viel-“ und *phagos* „Esser, Fresser“, zu *phagein* „essen“

Polyphonie Musik mit mehreren selbständig geführten Stimmen, Vielstimmigkeit; aus spätgriech. *polyphonos* „vielstimmig“, aus griech. *poly-* „viel-“ und *phone* „Ton, Klang, Stimme“

Polyptychon Altar mit mehr als zwei Flügeln; aus griech. *polyptychos* „faltenreich“, aus *poly-* „viel-“ und *ptyx,* Gen. *ptychos,* „Falte“, zu *ptyssein* „falten, zusammenlegen“

Polysyndeton durch ein Bindewort verbundene Reihe von Wörtern oder Sätzen; aus griech. *poly-* „viel-“ und *syndetos* „zusammengebunden“, aus *syn* „zusammen“ und *dein* „binden, anbinden“

Polytheismus Glaube an mehrere Götter, Vielgötterei; aus griech. *poly-*

„viel-“ und *theos* „Gott“

Pomade wohlriechendes Fett; aus ital. *pomata* in ders. Bed., zu *pomo* „Apfel“ (aus lat. *pomum* „Baumfrucht“), da früher die Pomade mit Apfelessenz versetzt wurde

pomadig langsam, träge, bequem; aus veraltetem *pomade* „langsam, träge, gemächlich“, (wohl in volksetymologischer Anlehnung an *Pomade*) aus österr. *pomali* „langsam“, aus tschech., ukrain. ugs. *pomalu* „langsam“, poln. *pomału, pomalej* „ohne Eile, gemächlich, allmählich“

Pomeranze eine Zitrusfrucht, Gewürz- und Heilpflanze, Bitterorange; aus ital. *pomarancio,* aus *pomo* „Apfel“ und *arancio* „Orangenbaum“

Pommer ein altes, schalmeiähnliches Holzblasinstrument, *auch:* Bomhart, Bombarde; aus frz. *bombarde,* ital. *bombardo* in ders. Bed., aus griech. *bombos* „das Brummen, dumpfes Getöse“

Pomologie Lehre vom Obstbau, Obstkunde; aus lat. *pomum* „Obstfrucht“, *pomus* „Obstbaum“ und griech. *logos* „Wort, Lehre, Kunde“, zu *legein* „sagen, sprechen, erklären“

Pomp übertriebene Pracht, übertriebener Aufwand, Prunk; aus frz. *pompe* „Pracht, Prunk“, aus lat. *pompa* „Festzug; Prunk, Gepränge“, aus griech. *pompe* „Sendung, Geleit; festlicher Aufzug, Festzug“, zu *pempein* „schikken, senden“

Pompadour *früher:* beutelförmige Damenhandtasche; nach der Mode zur Zeit der Marquise de *Pompadour,* der Mätresse Ludwigs XV. (1721–1764); die Bezeichnung war in Frankreich nicht üblich, dort nannte man die Tasche *réticule*

Pompon dicke Quaste, Troddel; frz. *pompon* „kleiner Zierat, Flitter; Troddel, Quaste“, zu *pompe* „Pracht, Gepränge“, → Pomp

Poncho viereckiger Umhang der südamerikanischen Indianer mit einem Loch in der Mitte für den Kopf; es ist nicht sicher, ob das Wort aus dem Spanischen oder aus den lateinamerikanischen Indianersprachen stammt; im Span. bedeutet es in bezug auf einen Mantel „einfarbig, verblichen“, in den Indianersprachen findet es sich in vielen ähnlichen Formen: *poncho, pontho, punchu* (Ketschua), *pontro* (araukan.) und bedeutet „grober, einfarbiger Umhang ohne Muster“ sowie „ebensolche Decke“

Pönitenz Buße, Bußübung; aus lat. *poenitentia, paenitentia* „Reue“, zu *poenitere, paenitere* „Reue empfinden, bereuen“, zu *punire* (älter *poenire*) „strafen“, eigtl. „peinigen“, zu *poena* „Strafe“, übertr. „Pein, Plage“; die Bedeutungswandlung ist so zu verstehen: man empfindet bei der Buße Reue und die Reue als Pein, als Strafe für ein Vergehen

Pontifex *im alten Rom:* Oberpriester; die Herkunft ist nicht ganz sicher, aber man nahm schon in altrömischer Zeit an, daß die Bezeichnung aus *pons,* Gen. *pontis,* „Brücke“ und *facere* „machen“ entstanden sei, also „Brückenbauer“ bedeute; diesen Beinamen sollen die Priester erhalten haben, da ihnen der Bau des Pons Sublicius, der ältesten Brücke Roms, zugeschrieben wird

Pontifikalamt vom Bischof geleitete Messe; aus lat. *pontificalis* „bischöflich, zum Bischof gehörig“, zu → *Pontifex*

Ponton breites, flaches Boot als Teilstück einer schwimmenden Brücke; Schwimmkörper im Dock; frz. *ponton* „Brückenkahn, flaches Transportschiff für Lasten“, aus lat. *ponto,* Gen. *-onis,* „Brückenschiff, Fähre“, zu *pons,* Gen. *pontis,* „Brücke“

Pony eine kleine Pferderasse; aus engl. *pony,* vielleicht aus frz. *poulain* und älterem *poulenet* „Füllen“, aus lat. *pullus* „Tierjunges“

Pop... modern, auffallend, attraktiv bes. für Jugendliche; aus engl. *pop,* dem zentralen Sperrpflock in amerik. Spielautomaten, der gute Gewinne bringt, wenn die Kugel daranstößt (zu *pop* „Puff, Knall“); 1956 nannte der in England lebende amerik. Maler Ronald B. Kitaj (geb. 1932) eins seiner Bilder so, und aus der Bezeichnung ent-

stand dann der Name für die neue Kunstrichtung Pop-Art
Popanz Schreckgestalt; Strohpuppe, Vogelscheuche; vom Willen anderer abhängiger Mensch; aus tschech. *bubák* „Schreckgestalt, Vogelscheuche", auch „jmd., der sich vor anderen fürchtet", lautmalenden Ursprungs, als schreckender Ruf
Popcorn gerösteter Mais, Puffmais; engl. *popcorn* in ders. Bed., aus *pop* „Puff, Knall" und *corn* „Korn"
populär volkstümlich, allgemeinverständlich, beim Volk beliebt; aus lat. *popularis* in derselben Bedeutung, zu *populus* „Volk", zu *plebes,* ältere Form von *plebs* „Volk"
Population Bevölkerung; *Biol.:* Gesamtheit der Individuen einer Art oder Rasse in einem Gebiet; aus lat. *populatio, Gen. -onis,* „Bevölkerung", zu *populus* „Volk", zu *plebes,* ältere Form von *plebs* „Volk"
Pore feine Öffnung, bes. der Haut; aus griech. *poros* „Durchgang, Furt, Meerenge, Weg", zu *poreuein* „hin- und herbringen, hinüberfahren"
Pörkelt Gericht aus kleingeschnittenem, scharf gewürztem Fleisch oder Fisch; aus ungar. *pörkölt* „Geschmortes", zu *pörköl* „er schmort, röstet"
Pornographie die geschlechtlichen Begierden mit primitiven Mitteln anreizende Bücher und Bilder; aus griech. *porne* „Hure", zu *peran* „verkaufen", und *graphe* „Bild, Darstellung", zu *graphein* „schreiben, zeichnen"
porös durchlässig, mit vielen Poren versehen; aus frz. *poreux, poreuse* in derselben Bedeutung, → Pore
Porphyr ein Ergußgestein; aus griech. *porphyra* „Purpurschnecke" sowie „die aus ihr gewonnene Farbe", weitere Herkunft dunkel
Porree eine Gemüsepflanze, Lauch; aus lat. *porrum* „Lauch", aus griech. *prason* „Lauch"
Portable tragbares Fernsehgerät; verkürzt (und auf das Fernsehgerät übertragen) aus engl. *portable radio* „Kofferradio", *portable* „tragbar" über altfrz. *portable* aus lat. *portabilis* „tragbar", zu *portare* „tragen"
Portal architektonisch verzierter Eingang; aus mlat. *portale* „Vorhalle", zu *portalis* „zum Tor gehörig", zu lat. *porta* „Tor, Stadttor, Zugang", zur idg. Wurzel **per-* „zu etwas durchdringen"
Portamento *Mus.:* gleitendes Verbinden von Tönen; ital. *portamento* in ders. Bed. sowie „Haltung, Benehmen", eigtl. „die Art, wie man sich trägt", in der Musik „das Tragen der Töne", zu ital., lat. *portare* „tragen"
Portefeuille Brieftasche; frz. *portefeuille* in ders. Bed., eigtl. „trag das Blatt", zu *porter* (aus lat. *portare*) „tragen" und *feuille* (aus lat. *folium*) „Blatt"
Portemonnaie Geldbeutel, Geldtasche; frz. *portemonnaie* in ders. Bed., eigtl. „trag das Geld", zu *porter* (aus lat. *portare*) „tragen" und *monnaie* „Geld, Münze", aus lat. *moneta,* → Moneten
Portepee Quaste am Degen oder Säbel; frz. *porte-épée* „Degengehenk, Tragriemen am Degen", eigtl. „trag den Degen", zu *porter* (aus lat. *portare*) „tragen" und *épée* aus altfrz. *spede* (aus lat. *spatha,* → Spatel) „Schwert, Säbel"
Portier Pförtner, Hauswart; frz. *portier* „Pförtner", zu *porte* aus lat. *porta* „Tür"
Portikus Säulenvorbau; lat. *porticus* „Säulenhalle, Säulengang", zu *porta* „Tor, Zugang"
Portion abgemessene Menge; aus lat. *portio,* Gen. *-onis,* „zugemessener Teil, Anteil", zu *pars,* Gen. *partis,* „Teil"
Porto Gebühr für die Beförderung von Postsendungen; ital. *porto* in ders. Bed., eigtl. „ich trage, bringe", zu ital., lat. *portare* „tragen, bringen"
Porträt Bildnis; frz. *portrait* „Bildnis", zu (veraltetem) *portraire* „abmalen, darstellen", altfrz. auch „bilden, entwerfen", aus lat. *protrahere* „entdekken, offenbaren", eigtl. „hervorziehen, hervorbringen", aus *pro* „vor" und *trahere* „ziehen"
Portulak eine Salatpflanze; vielleicht aus lat. *portula* „kleine Tür", wegen der Samenkapsel, die sich mit einem Deckelchen öffnet
Porzellan dichte, weiße, feine Tonware; das *Porzellan* hat seinen Namen von der *Porzellanschnecke,* wegen seines feinen Glanzes, der dem der

Schnecke ähnelt, und man glaubte früher, es sei aus der pulverisierten Schale der Schnecke hergestellt. Die Porzellanschnecke ihrerseits führt ihren Namen über ital. *porcello,* lat. *porcellus, porculus* „Ferkel, kleines Schwein" auf lat. *porcus* zurück, das sowohl „Schwein" als auch übertr. „weibliche Scheide, weibliches Geschlechtsteil" bedeutet. Das Schneckengehäuse wird beim lebenden Tier durch einen von beiden Seiten her hochgeschlagenen Mantel umhüllt, der nur eine schmale Öffnung freiläßt, so daß die Schnecke dem weiblichen Geschlechtsteil ähnelt

Posamenten Borten, Bänder, Schnüre, Quasten usw.; aus frz. *passement* „Borte, Tresse", eigtl. „das, was über den Rand hinausgeht", zu *passer* „vorübergehen, überschreiten", aus lat. *passus* „Schritt"

Posaune ein Blechblasinstrument; aus mhd. *busûne, busîne,* aus altfrz. *buisine* „Posaune", aus lat. *bucina* „schneckenförmig gewundenes Horn, Kuhhorn, Hirten-, Jagdhorn", verkürzt aus *bovicina,* aus *bos,* Gen. *bovis,* „Rind" und *canere* „tönen"

Pose Haltung, Stellung; gekünstelte Haltung, Stellung; frz. *pose* in ders. Bed., zu *poser* „hinsetzen, -legen, -stellen; (auf etwas) liegen, ruhen", aus lat. *pausare* „innehalten, ruhen", zu *pausa,* → Pause; lat. *pausare* wurde vulgärlat. wahrscheinlich *posare* gesprochen, deshalb übernahm es die Bedeutungen von lat. *ponere* (Perf. *positus*) „setzen, legen, stellen"

Position Stellung, Lage, Standort; Bejahung; aus lat. *positio,* Gen. *-onis,* „Lage, Stellung", eigtl. „das Gesetztsein", zu *ponere* „setzen, legen, stellen"

positiv bejahend, wirklich, tatsächlich; günstig, ermutigend; aus frz. *positif, -ive* „bejahend; ausdrücklich, bestimmt; tatsächlich", aus lat. *positivus* „gesetzt, gegeben", zu *ponere* „setzen, legen, stellen"

Posse derb-komisches Bühnenstück; zu *Possen* „lustiger Streich, Schelmenstreich", im 16. Jh. *possen* (Plural) „lächerliche Dinge, komische Gebärden, lustiges Treiben", urspr. „lustige, wasserspeiende Brunnenfiguren", *possenwerk* „Figuren, Beiwerk als Zierat", daneben *posse, bosse* „Entwurf des Bildhauers, Zeichnung einer menschlichen Figur", aus frz. *ouvrage à bosse* „bildhauerische erhabene Arbeit", zu *bosse* „Buckel, Beule, Anschwellung"

possessiv besitzanzeigend; aus lat. *possessivus* „den Besitz anzeigend", zu *possidere* „besitzen, innehaben, Grundbesitz haben, angesessen sein", aus *potis* „vermögend, mächtig" und *sedere* „sitzen"

possierlich klein und lustig, drollig; Ableitung von → *Posse, Possen*

Posten Wache, Wachsoldat; Stelle, Ort; Stellung, Amt; Anzahl gleichartiger Waren; Einzelbetrag (in einer Rechnung); aus 1. ital. *posto* „Ort, Platz, Stelle, wo jmd. oder etwas sich befindet oder befinden sollte; mit Soldaten besetzte Stelle", eigtl. „festgesetzter Aufenthaltsort", 2. ital. *posta* „Spiel-, Wetteinsatz", also „eingesetzte Summe", beides aus lat. *positus* (mask.), *posita* (fem.) „festgesetzt", zu *ponere* „festsetzen"

Poster Plakat zur Dekoration; engl. *poster* „Plakat, Anschlag", zu *to post* „anschlagen, ankleben, aufrichten, aufstellen", zu *post* „Pfosten, Pfahl, Säule", aus lat. *postis* „Pfosten, Türpfosten"

Posteriorität späteres Erscheinen; Nachfolgen, Nachstehen im Amt; aus lat. *posterior* „weiter hinten folgend", Komparativ zu *posterus* „nachfolgend", zu *post* „nach, hinter"

Postille *früher:* Erbauungsbuch zum Vorlesen zu Hause sowie Predigtbuch zum Vorlesen in der Kirche; urspr. war die *Postille* die einem Bibeltext folgende Erklärung, die immer mit den Worten begann *Post illa verba* „Nach jenen Worten (der Heiligen Schrift)", was zu *Postilla* gekürzt und dann auf die gesamte Erklärung übertragen wurde

Postillion *früher:* Postkutscher; aus ital. *postiglione* in ders. Bed., zu *posta* „Post", aus lat. *mansio posita* „festgesetzter Aufenthaltsort, festgelegte Herberge, Station" (jeweils nach einer Tagesreise), zu *ponere* „festsetzen"

Postludium musikalisches Nachspiel; aus lat. *post* „nach, hinter" und *ludere* „spielen", nach dem Muster von → Präludium gebildet

postnumerando nachträglich, nach Empfang (zahlbar); aus lat. *post* „nach" und *numerandum* „das zu Bezahlende", zu *numerare* „bezahlen", zu *numerus* „Zahl, Anzahl, Menge"

Postskriptum Nachschrift (unter Briefen); aus lat. *post* „nach" und *scriptum* „Geschriebenes", zu *scribere* „schreiben"

Postulat Forderung; nicht beweisbare, aber glaubhafte Annahme, Voraussetzung; aus lat. *postulatum* „Forderung, Verlangen", zu *postulare* „fordern, verlangen", zu *poscere* „haben wollen, verlangen"

postum nach dem Tode des Verfassers oder Komponisten veröffentlicht, nachgelassen; aus lat. *postumus* „der letzte, der zuletzt Geborene, der Nachgeborene" (nach dem Tod des Vaters), zu *posterus* „nachfolgend", zu *post* „nach, hinter"

potent mächtig, leistungsfähig, fähig zum Beischlaf; aus lat. *potens,* Gen. *-entis,* „mächtig, kräftig, vermögend, könnend", zu *posse* (verkürzt aus *potesse*) „können"

Potpourri Zusammenstellung mehrerer Musikstücke oder Melodien zu einem Musikwerk; frz. *pot-pourri* in ders. Bed. sowie „Mischmasch", als Kinderspielzeug auch „Loch in der Erde oder Kessel zum Hineinwerfen von Kugeln", aus *pot* „Topf" und *pourri* „verfault", wörtliche Übersetzung von span. *olla podrida* „Eintopfgericht aus verschiedenen Fleischsorten, Wurst, Speck, Gemüse und Kichererbsen", eigtl. „verfaulter Topf", *olla* „Topf" (aus lat. *olla,* ältere Form: *aula* „Topf") und *podrida, pudrida,* Part. Perf. fem. von *pudrir* „verfaulen, verderben" (aus lat. *putrere* „mürbe, morsch, verwest sein", zu *puter* „faulig, verwest")

Pottasche Kalziumkarbonat; aus ndrl. *potasch,* engl. *potash,* aus *Pott* und *Asche;* sie wurde früher durch Auslaugen von Holzasche mit Wasser und Eindampfen in Töpfen gewonnen

Poularde junges Masthuhn; frz. *poularde* in ders. Bed., Vergrößerungsform von *poule* „Huhn", aus lat. *pullus* „junges Tier, Junges, bes. Hühnchen", zu *puellus* „Knäblein", verkürzt aus *puerulus,* Verkleinerungsform von *puer* „Kind"

poussieren umwerben, umschmeicheln; mit jmdm. p.: ein Liebesverhältnis mit jmdm. anfangen oder haben; aus frz. *pousser* „stoßen; eifrig betreiben", über prov. *polsar* aus lat. *pulsare* „tüchtig, erschütternd stoßen, schlagen", Intensivum zu *pellere* „stoßen, schlagen"

power armselig, dürftig; aus frz. *pauvre* „arm, ärmlich, dürftig", aus lat. *pauper* „arm", → Pauperismus

Powidl *österr.:* Pflaumenmus; aus tschech. *povidla* „Mus, gekochter Obstsaft (bes. aus Pflaumen)", kurz für *švestková povidla* „Pflaumenmus", ältere Form: *povidlo* „gereinigter Absud"; das sehr alte Wort geht vielleicht auf lat. *purus* „rein, lauter" und die Sanskritwurzel *pū-* „reinigen" zurück

Präambel Einleitung, Vorspiel; aus lat. *praeambulus* „vorangehend", zu *praeambulare* „vorangehen", aus *prae* „voran" und *ambulare* „einhergehen, wandern"

Präbende kirchliche Pfründe; aus lat. *praebenda* „der einem vom Staat zu gewährende Unterhalt", zu *praebere* „gewähren, darbieten, hinhalten", aus *prae* „vor" und *habere* „halten"

Pracher zudringlicher Bettler; aus mnddt. *pracher* „jmd., der gierig Geld zusammenscharrt, dürftiger Geizhals, Bettler", dazu ndrl. *prachen* „betteln", *pracheren* „sparsam, knauserig leben", urspr. wahrscheinlich „scharren, kratzen, zupfen, rupfen"; die vermutete Herkunft aus dem Poln. trifft nicht zu, da *pracharz* „Bettler" im Poln. Fremdwort ist und nur mundartlich in einem poln.-dt. Mischgebiet auftritt

Prädestination Vorbestimmung; aus lat. *praedestinatio,* Gen. *-onis,* „Vorherbestimmung", zu *praedestinare* „im voraus bestimmen", aus *prae* „vorher" und *destinare* „festsetzen, bestimmen", aus *de* (verstärkend) „völlig, gänzlich"

und über **stanare* aus *stare* „stehen“
Prädikat Titel, Rang; Bewertung; Satzaussage; aus lat. *praedicare* „öffentlich bekanntmachen, aussagen, äußern, erklären; rühmend erwähnen, loben“, aus *prae* „vor“ und *dicare* „feierlich ankündigen“
praecox *Med.:* vorzeitig; lat. *praecox* „früh-, vorzeitig“, zu *praecoquere* „vorher, frühzeitig, völlig reifen“, aus *prae* „vorher“ und *coquere* „reifen“
Präfation *kath. Messe:* Gesang des Priesters vor der Wandlung; aus lat. *praefatio,* Gen. *-onis,* „Vorrede, Eingangsworte“, zu *praefari* „vorher sagen, vorausschicken“, aus *prae* „vor“ und *fari* „sprechen“
Präfekt Aufseher, Leiter, oberster Beamter; aus lat. *praefectus* „Vorgesetzter, Aufseher“, zu *praeficere* „vorsetzen“, aus *prae* „vor, voran“ und *facere* (in Zus. *-ficere*) „tun, machen“
Präfix Vorsilbe; aus lat. *praefixum* „das vorn Angeheftete“, zu *praefigere* „vorn anheften“, aus *prae* „vorn“ und *figere* „befestigen, anheften“
Pragmatismus Lehre, daß nur das Handeln des Menschen mit seinen praktischen Konsequenzen als Grundlage der Erkenntnis dienen könne und daß Handeln und Denken nur nach dem praktischen Nutzen zu werten seien; aus griech. *pragmateia* „Beschäftigung mit einer Sache, Tätigkeit, Geschäftigkeit, eifriges Streben“, zu *pragma,* Gen. *pragmatos,* „Tat, Handlung; wichtige, bedeutende Sache, Gewinn, Nutzen“, zu *prassein* „vollbringen, ausführen, besorgen, verwalten“
prägnant kurz und treffend, knapp und genau; *eigentliche und frühere Bedeutung:* gehaltvoll, sinnvoll, umfassend; aus lat. *praegnans,* Gen. *-antis,* „voll, strotzend, trächtig, schwanger“, zu *praegnare* „schwängern“, aus *prae* „vor“ und *gnasci* = *nasci* „geboren werden“
präjudizieren eine Sache p.: der Entscheidung über eine Sache vorgreifen; aus lat. *praeiudicare* „vorgreifen, eine vorläufige Entscheidung fällen“, aus *prae* „vor“ und *iudicare* „entscheiden, beschließen, bestimmen, Recht sprechen“, aus *ius dicare: ius* „Recht“ und *dicare* „laut verkünden“, Intensivum zu *dicere* „sprechen“
präkludieren *Rechtsw.:* (wegen Versäumnis einer gesetzlichen Frist) ausschließen, verweigern; aus lat. *praecludere* „verschließen, versperren“, aus *prae* „vor“ (im Sinne von „vor jmdm.“) und *claudere* (in Zus. *-cludere*) „schließen“
Präklusivfrist Frist, nach deren Ablauf ein Recht nicht mehr geltend gemacht werden kann; aus lat. *praeclusio* „das Verschließen“, zu *praecludere,* →präkludieren
präkonisieren vor den Kardinälen feierlich zum Bischof ernennen; aus lat. *praeconium* „Bekanntmachung, Veröffentlichung“, eigtl. „Amt des Ausrufers“, zu *praeco,* Gen. *-onis,* „Ausrufer, Herold“, wahrscheinlich verkürzt aus *praedico* „ich rufe aus“, zu *praedicare* „öffentlich ausrufen“, aus *prae* „vor“ (im Sinne von „vor jmdm.“) und *dicare* „laut verkünden“, Intensivum zu *dicere* „sagen, sprechen“
Prakrit *Sammelbez. für* mittelind. Mundarten, die zwischen etwa 500 v. Chr. und etwa 800 n. Chr. neben dem Sanskrit in Literatur und Religion in Gebrauch waren; aus Sanskrit *prakṛta-* „natürlich, unverfeinert, gewöhnlich“
Praktikum Ausbildung in der praktischen Arbeit; Weiterbildung von *Praktik* „Ausübung, Handhabung“, aus mlat. *practica* „Ausübung, praktische Tätigkeit, Ausführung, das Zustandebringen“, aus griech. *praktikos* „tätig, handelnd, geschickt“ zu *prassein, prattein* „vollbringen, ausführen, tun“
praktizieren in der Praxis anwenden, ins Werk setzen; als Arzt tätig sein; aus mlat. *practicare* „ausüben, zu tun pflegen, als Arzt tätig sein, eine Sache, Rechtssache betreiben; bewerkstelligen, zustandebringen“ aus griech. *prassein, prattein* „vollbringen, verrichten, tun, ausführen“
Prälat geistlicher Würdenträger; aus mlat. *praelatus* „geistlicher Würdenträger unter dem Bischof, Klostervorsteher u. a.“, aus lat. *praelatus* „vorzüglich, vorgezogen, vorangetragen“, zu *prae-*

ferre „vorziehen, vorantragen", aus *prae* „vor, voran" und *ferre* „tragen, bringen, führen"

Präliminarien Vorverhandlungen, vorläufige Vereinbarungen; aus lat. *prae* „vor" und *limen,* Gen. *liminis,* „Anfang", eigtl. „Schwelle"

Praline mit Schokolade überzogene Süßigkeit; aus frz. *pralin* „gebrannte Mandel", angeblich nach dem Maréchal du Plessis-*Praslin,* dessen Koch diese Süßigkeit erfunden haben soll

Präludium Vorspiel; aus lat. *praeludere* „vorspielen", aus *prae* „vor" und *ludere* „spielen", zu *ludus* „Spiel"

Prämie Preis, Belohnung, Entgelt für Sonderleistung; aus lat. *praemiare* „belohnen", zu *praemium* „Belohnung, Preis, Auszeichnung", eigtl. „Vorteil, Vorrecht", wörtlich „das Vorausgenommene", aus *prae* „vorher" und *emere* „nehmen"

Prämisse Voraussetzung, Vordersatz eines logischen Schlusses; aus lat. *praemissum* „das Vorausgeschickte", zu *praemittere* „vorausschicken", aus *prae* „voraus" und *mittere* „schicken"

pränumerando im voraus, vor Empfang (zahlbar); aus lat. *prae* „vor, vorher" und *numerandum* „das zu Bezahlende", zu *numerare* „bezahlen", zu *numerus* „Zahl, Anzahl, Menge"

präparieren vorbereiten; dauerhaft, haltbar machen; zu Studienzwecken zerlegen, zerschneiden; aus lat. *praeparare* „vorher zubereiten, zurüsten, vorbereiten", aus *prae* „vorher" und *parare* „bereiten, einrichten"

Präposition Verhältniswort; aus lat. *praepositio,* Gen. *-onis,* „das Vor-, Voransetzen", als grammatischer Fachausdruck „vorangesetztes Wort", zu *praeponere* „voransetzen", aus *prae* „voran" und *ponere* „setzen, stellen, legen"

Prärie Grassteppe im Mittelwesten Nordamerikas; frz. *prairie* in ders. Bed., eigtl. „Wiese", zu *pré,* älter *pree* „Wiese", aus lat. *pratum* „Wiese"

Prärogative Vorrecht (des Staatsoberhauptes); aus lat. *praerogativus* „von andern vorher befragt" und *praerogativa* „Vorrecht", zu *praerogare* „vorher befragen", aus *prae* „vorher" und *rogare* „fragen, um die Meinung befragen"

Prasem *veraltete Bezeichnung für* → Plasma (2), lauchgrüner Quarz

Präsens Zeitform des Verbs, Gegenwart; aus lat. *praesens* „gegenwärtig, jetzig, anwesend", als grammatischer Fachausdruck in der Fügung *tempus praesens* „gegenwärtige Zeit, Gegenwart" eigtl. „vorn, an der Spitze stehend", zu *praeesse* „vorn sein, an der Spitze stehen", aus *prae* „vorn" und *esse* „sein, sich befinden"

präsentieren vorzeigen, vorlegen, darreichen; aus lat. *praesentare* „zeigen", eigtl. „gegenwärtig machen", zu *praesens,* Gen. *-entis,* „gegenwärtig", → Präsens

Präsenz Anwesenheit; aus lat. *praesentia* „Gegenwart", zu *praesens* „gegenwärtig", → Präsens

Praseodym chemisches Element; aus griech. *prasios* „grün" (wegen der Farbe seiner Verbindungen) und *didymos* „zweifach, doppelt, verschieden, Zwilling", zu *dyo* „zwei"; das Element wurde zusammen mit dem Neodym aus einem Mineralgemisch getrennt

Präservativ Schutz-, Verhütungsmittel; aus lat. *prae* „vor" und *servare* „retten, bewahren, in acht nehmen"

Präsident Vorsitzender, Oberhaupt, Vorsteher; aus lat. *praesidens,* Gen. *-entis,* Part. Präs. von *praesidere* „den Vorsitz haben", aus *prae* „vor" und *sedere* „sitzen"

präsumieren annehmen, vermuten, voraussetzen, argwöhnen; aus lat. *praesumere* „voraussetzen, im voraus annehmen", aus *prae* „voraus, vorher" und *sumere* „nehmen"

Prätendent jmd., der Anspruch auf etwas erhebt, Bewerber; aus frz. *prétendant* „Bewerber", zu *prétendre* „Anspruch erheben, verlangen", aus lat. *praetendere* „vorschützen, als Vorwand nehmen", eigtl. „vor sich hinhalten", aus *prae* „vor" und *tendere* „halten"

prätentiös anmaßend, anspruchsvoll; aus frz. *prétentieux, -ieuse* in ders. Bed., zu *prétendre* „beanspruchen, verlangen", → Prätendent

Präteritum *Gramm.:* Vergangenheit; lat. *praeteritum* „das Vorbeigegangene", zu *praeterire* „vorbei-, vorübergehen", aus *praeter* „vorbei" und *ire* „gehen"

Prätor *im alten Rom:* hoher Justizbeamter; lat. *praetor,* wörtl. „Vorgesetzter, Anführer", eigtl. *prae-itor* „einer, der vorangeht", zu *praeire* „vorangehen", aus *prae* „voran" und *ire* „gehen"

prävalent vorherrschend, überwiegend; aus lat. *praevalens* „überwiegend, übermächtig", Part. Präs. von *praevalere* „sehr kräftig, stark sein", aus *prae* „vor" und *valere* „bei Kräften, stark sein"

präventiv vorbeugend; aus frz. *préventif* „vorbeugend", zu *prévenir* „zuvorkommen", aus lat. *praevenire* „zuvorkommen", aus *prae* „vorher" und *venire* „kommen"

Praxis Tätigkeit, Ausübung eines Berufs; praktische Anwendung; praktische Erfahrung; Tätigkeitsbereich; aus griech. *praxis* „Tat, Handlung", zu *prassein* „vollbringen, ausführen, besorgen, verwalten"

Präzedenzfall Fall, der für die Behandlung späterer ähnlicher Fälle als Vorbild dient oder dienen kann; aus lat. *praecedens,* Part. Präs. von *praecedere* „vorangehen", aus *prae* „voran" und *cedere* „einhergehen"

präzipitieren *Chem.:* ausfällen; aus lat. *praecipitare* „jählings herabstürzen", zu *praeceps* „mit dem Kopf voran, kopfüber", aus *prae* „voran" und *caput,* Gen. *capitis,* „Kopf"

präzis genau, treffend, kurz und bündig; aus lat. *praecisus* „abgeschnitten, abgebrochen" (von der Rede), eigtl. „vorn abgeschnitten", also „ohne Umschweife, ohne Einleitung, kurzgefaßt", aus *praecidere* „abschneiden, abbrechen, abkürzen, kurz fassen", aus *prae* „vorn" und *caedere* (in Zus. *-cidere*) „(ab)hauen"

Predella Sockel des Flügelaltars; ital. *predella* „Schemel, Sockel, Altarstufe", aus langobard. *pretil* „Brettchen"

Preiselbeere Frucht eines Heidekrautgewächses; aus tschech. *brusina, brusinka, bruslinka,* russ. *brusnika* in derselben Bedeutung, zu russ.-kirchenslaw. *brusiti* „streichen, streifen", weil sich die Beeren leicht abstreifen lassen

Prelude der Fantasie ähnliches Musikstück; frz. *prélude* „Vorspiel, Einleitungsstück", → Präludium

Premiere Ur- oder Erstaufführung; frz. *première* in ders. Bed., Fem. von *premier* „erster", aus lat. *primus* „der erste"

Prenonym aus den eigenen Vornamen gebildeter Deckname; aus lat. *prae* „vor, vorher" und griech. *onyma* „Name"

Presbyterium Chorraum der Kirche; *kath. Kirche:* Priesterkollegium; *evangel.-reformierte* Kirche: von der Gemeinde gewählter Kirchenvorstand; aus griech. *presbyterion* „Versammlung oder Rat der Ältesten", zu *presbytes* „alter Mann, Greis", zu *presbys* „alt, ehrwürdig, angesehen; Greis"

pressieren eilig, dringend sein; aus frz. *presser* „zur Eile antreiben, beschleunigen; eilig, dringend sein", eigtl. „pressen, drücken", aus lat. *pressare* in ders. Bed., Intensivum zu *premere* „drükken"

Prestige Ansehen, Geltung; frz. *prestige* „Einfluß, Ansehen; Reiz, Zauber; Blendwerk", aus lat. *prestigia* „Blendwerk, Gaukelei", ältere Form: *praestrigia,* zu *praestringere* „(die Augen) blenden, verdunkeln, schwächen", eigtl. „vorn stumpf machen, vorn zuschnüren, zubinden", aus *prae* „vorn, voran, voraus" und *stringere* „berühren, streifen, stumpf machen, verletzen"

Pretiosen kostbarer Schmuck, Juwelen; aus lat. *pretiosus* „kostbar, wertvoll", zu *pretium* „Wert, Preis"

primär die Grundlage, Voraussetzung bildend, Erst-, Anfangs-, zuerst; aus frz. *primaire* „Anfangs-, Erst-", aus lat. *primarius* „zu den ersten gehörig", zu *primus* „der erste"

Primaten *Sammelbezeichnung für* Halbaffen, Affen und Menschen; aus lat. *primatus* „erste Stelle, erster Rang", zu *primus* „der erste", da die Affen und Menschen in der stammesgeschichtlichen Entwicklung an oberster Stelle stehen

Primel eine Pflanze; aus mittellat. *primula veris* „erste des Frühlings", Verkleinerungsform von *prima* „die erste"

Primipara Frau, die zum erstenmal ein Kind bekommt, Erstgebärende; aus lat. *primipara* „zum erstenmal gebärend, werfend", aus *primus* „zum erstenmal" und *parere* „gebären"

primitiv ursprünglich, urwüchsig; einfach, dürftig; aus frz. *primitif, -ive* „ursprünglich, uranfänglich; einfach", aus lat. *primitivus* „das erste in seiner Art", zu *primus* „der erste"

Primiz *kath. Kirche:* erste Messe eines neugeweihten Priesters; aus lat. *primitiae* „die Erstlinge (der Früchte)", zu *primus* „der erste"

Primogenitur Erstgeburtsrecht, Erbfolge des Erstgeborenen; aus vulgärlat. *primogenita* „Recht der Erstgeburt", zu lat. *primogenitus* „Erstgeborener", aus *primus* „der erste" und *genitus* „gezeugt, geboren", zu *genere,* ältere Form von *gignere* „zeugen, gebären"

Printe harter Pfefferkuchen; aus ndrl. *prent* „Abdruck, Aufdruck, abgedrucktes Bild", aus altfrz. *preindre* „drükken", aus lat. *premere* „drücken", weil urspr. auf die Printe Heiligen- oder andere Figuren aufgeprägt wurden

Prinzip Anfang, Ursprung, Grundlage; Regel, Richtschnur, Grundsatz; aus lat. *principium* „Anfang, Ursprung, Grundlage", zu *princeps* „der erste", eigtl. „der die erste Stelle einnimmt", aus *primus* „der erste" und *capere* „fassen, ergreifen, nehmen"

Priorität Vorrang, Vorzugsrecht; aus frz. *priorité* in ders. Bed., aus lat. *prior* „der erste, vordere; eher, früher", aus altlat. *pri-* „vor"

Prise Menge, die man mit drei Fingern fassen kann; von einem kriegführenden Staat beschlagnahmtes feindliches Schiff; frz. *prise* „das Ergreifen, Nehmen, Wegnehmen; Beute, Fang, erbeutetes Schiff", zu *prendre* aus lat. *prendere* „nehmen"

Prisma Körper mit parallelen Grund- und Deckflächen, dessen Seiten Parallelogramme sind; *Optik:* Körper aus einer lichtbrechenden Substanz, der zur spektralen Zerlegung von Licht dient; aus griech. *prisma* „das Zersägte, dreiseitige Säule", zu *prisis* „das Sägen", zu *priein* „sägen, zersägen"

privat persönlich, nicht öffentlich, nicht amtlich; häuslich, vertraut; aus lat. *privatus* „abgesondert, für sich; befreit (von öffentlichen Pflichten, von Verantwortung usw.), nicht fürstlich, kaiserlich oder staatlich, als gewöhnlicher Bürger lebend", zu *privare* „befreien (von etwas)", zu *privus* „für sich bestehend, einzeln, frei von"

Privileg Vorrecht, Sonderrecht; aus lat. *privilegium* „Ausnahmegesetz, besondere Verordnung; Vorrecht", aus *privus* „einzeln, besonder" und *lex,* Gen. *legis,* „Gesetz"

Proband Versuchs-, Testperson; aus lat. *probandus* „einer, der geprüft, untersucht werden soll", zu *probare* „auf die Tüchtigkeit, Güte, Echtheit hin prüfen, untersuchen", zu *probus* „gut, tüchtig, sich bewährend"

probat bewährt, erprobt; aus lat. *probatus* „erprobt, bewährt, tüchtig", zu *probare* „auf die Tüchtigkeit, Güte, Echtheit hin untersuchen", zu *probus* „gut, tüchtig, sich bewährend"

Problem schwierige, ungelöste Frage oder Aufgabe; aus griech. *problema* „Vorsprung, Klippe, Hindernis, Bollwerk", übertr. „Streitfrage, zweifelhafte Frage", eigentlich „das Vorgelegte, Hervorragende", zu *proballein* „vorwärtswerfen, hinwerfen, entgegenstellen", aus *pro* „vorn, voran, voraus, vorwärts" und *ballein* „werfen"

Produkt Erzeugnis; Ergebnis; aus lat. *productum* „auf den Markt Gebrachtes, zum Verkauf Vorgeführtes", zu *producere,* → produzieren

produzieren hervorbringen, erzeugen; aus lat. *producere* „auf den Markt bringen, zum Verkauf vorführen", eigtl. „vor-, hervorführen", aus *pro* „vor, vorwärts, vornhin" und *ducere* „führen"

profan weltlich, nicht kirchlich; *übertr.:* alltäglich; aus lat. *profanus* „nicht geheiligt, nicht geweiht, nicht für den Gottesdienst bestimmt", eigtl. „vor dem heiligen Bezirk, dem Tempel liegend", aus *pro* „vor" und *fanum* „Heiligtum, Tempel, geweihter Ort"

professionell beruflich; aus frz. *professionnel* „berufs-, gewerbsmäßig", zu *profession* „Bekenntnis, Erklärung; Beruf, Stand", aus lat. *professio,* Gen. *-onis,* „öffentliche Erklärung, Bekenntnis; das (offiziell angegebene) Gewerbe, Geschäft", zu *profiteri* „sich öffentlich zu einem Fach, Beruf bekennen", → Professor

Professor Titel für Hochschullehrer, auch Künstler, Forscher u.a.; aus lat. *professor* „öffentlich tätiger Lehrer", zu *profiteri* „öffentlich Lehrer sein, öffentlich lehren", eigtl. „sich öffentlich zu einem Fach, Beruf bekennen, öffentlich erklären, daß man der und der sei, das und das tue", aus *pro* „für" und *fateri* „bekennen, zu erkennen geben", zu *fari* „kundtun"

Profil Seitenansicht, Längs-, Querschnitt; frz. *profile* in ders. Bed., aus ital. *profilo* „Seitenansicht, Umriß(linie)", Rückbildung zu *profilare* „von der Seite abzeichnen, so bearbeiten, daß der Querschnitt eine besondere Form erhält", aus lat. *pro* „für, zugunsten von" und *filum* „äußere Form, Gestalt", eigtl. „Faden"

Profit Gewinn, Nutzen; frz. *profit* „Gewinn", aus lat. *proficere* „vorwärtskommen, gewinnen, bewirken; nützlich sein, dienen, helfen", aus *pro* „für, vor, voran, voraus" und *facere* (in Zus. *-ficere*) „machen"

Profos *in den Landsknechtsheeren des MA:* Leiter des Militärgerichts, Feldrichter; über altfrz. *provost* in derselben Bedeutung aus spätlat. *propositus* statt lat. *praepositus* „Vorgesetzter, Vorsteher", → Propst

profund aus lat. *profundus* „geistig tief eingehend, tiefgründig", eigtl. „unermeßlich tief, bodenlos", aus *pro* „über hinaus" und *fundus* „Grund, Boden"

Progenie Vorspringen des Unterkiefers; aus griech. *progeneios* „mit vorstehendem Kinn", aus *pro* „vorn, voran" und *geneion* „Kinn", zu *genys* „Kinnbacken, Gebiß, Zähne"

Prognathie Vorspringen des Oberkiefers; aus griech. *pro* „vorn, voran" und *gnathos* „Kinnbacken, Gebiß, das Beißen"

Prognose Voraus-, Vorhersage; aus spätgriech. *prognosis* „Vorauswissen, Voraussicht", zu *progignoskein* „im voraus erkennen, vorauswissen", aus *pro* „vorher" und *gignoskein* „erkennen, wahrnehmen"

Programm Plan, Vorhaben; Darlegung von Zielen und Grundsätzen; Folge von Darbietungen, Arbeiten u.a.; aus spätgriech. *programma,* griech. *prographe* „schriftliche Bekanntmachung, öffentlicher Anschlag, Ankündigung", zu *prographein* „öffentlich hinschreiben, vorzeichnen", aus *pro* „vor, vorher" und *gramma* „Schrift, Schriftzeichen", zu *graphein* „schreiben"

Progression Steigerung, Zunahme; aus lat. *progressio,* Gen. *-onis,* „Fortschritt, Zunahme, Wachstum", zu *progredi* „vorwärts-, fortschreiten", aus *pro* „vor, vorwärts" und *gradi* „schreiten", zu *gradus* „Schritt"

Prohibition Verbot; aus lat. *prohibitio,* Gen. *-onis,* „Verhinderung, Verbot", zu *prohibere* „fernhalten, verhindern", aus *pro* „vor" und *habere* „halten"

Projekt Plan, Vorhaben; Entwurf; aus lat. *proiectum* „das vorwärts Hingeworfene oder Ausgestreckte", zu *proicere* „vorwärtswerfen, nach vorn ausstrekken", aus *pro* „vorwärts, vornhin" und *iacere* (in Zus. *-icere*) „werfen"

Prokatalepsis vorwegnehmende Widerlegung eines erwarteten Einwands; aus griech. *pro* „vor, vorher" und *katalepsis* „das Erfassen, Begreifen, Wahrnehmen", zu *katalambanein* „erfassen, begreifen, verstehen", aus *kata* „gänzlich, völlig" und *lambanein* „fassen, greifen, packen"

Proklamation öffentliche Bekanntmachung, Aufruf; aus lat. *proclamatio,* Gen. *-onis,* „das Ausrufen, Schreien", aus *proclamare* „laut, fernhin rufen, schreien", aus *pro* „vorwärts, über hinaus" und *clamare* „rufen"

Proklise Verkürzung eines unbetonten Wortes durch Anlehnung an das folgende, stärker betonte, z.B. 's geht; aus griech. *pro* „vor" und *klisis* „Biegung, Neigung", zu *proklinein* „vorwärtsbeugen, hinlehnen", zu *klinein* „beugen, neigen"

Prokrustesbett unangenehme Lage, in

die jmd. hineingezwungen wird, *auch:* Schema, in das etwas hineingepreßt werden soll; nach *Prokrustes,* dem Unhold der griech. Sage, der vorbeikommende Wanderer, die bei ihm Unterkunft suchten, in ein Bett legte und ihnen, wenn sie nicht hineinpaßten, entweder die Füße abschlug oder die Glieder auseinanderzog

Prokura Vollmacht, die zu allen Geschäften und Rechtshandlungen berechtigt; aus ital. *procura* „Vollmacht", zu ital., lat. *procurare* „für etwas Sorge tragen, etwas besorgen", aus lat. *pro* „für" und *cura* „Sorge"

Prolaps Ausstülpung, Vorfall eines inneren Organs; aus lat. *prolapsus* „das Vorwärtsgleiten", zu *prolabi* „vorwärtsgleiten", aus *pro* „vorwärts" und *labi* „gleiten"

Proletariat Arbeiterklasse; aus lat. *proletarius* „die Nachkommenschaft betreffend", übertr. als Subst. „Bürger der untersten Klasse" (der dem Staat nur mit seiner Nachkommenschaft, nicht mit seinem Vermögen dient), zu *proles* „Nachkomme, Kind", aus *pro* „vor, hervor, vorwärts" und *alere* „wachsen lassen"

Proliferation Gewebsvermehrung, Gewebswucherung; aus lat. *proles* „Nachkomme" und *ferre* „tragen", also eigtl. „das Tragen von Nachkommen (in sich) = das Wuchern, Sichvermehren"

Prolog Einleitung, Vorrede, Vorspiel; aus griech. *prologos* „erster Teil des Dramas bis zum ersten Chorgesang, Vorakt", aus *pro* „vor" und *logos* „Wort, das Sagen, Sprechen"

prolongieren verlängern; aus lat. *prolongare* „verlängern", aus *pro* „vorwärts" und *longus* „lang"

Promenade Spaziergang; Spazierweg; frz. *promenade* in ders. Bed., zu *promener* „spazieren-, herumführen", *se promener* „spazierengehen", aus lat. *prominare* „vor sich her treiben", aus *pro* „vor" und *minare* „treiben"

prominent bedeutend, allgemein bekannt (Persönlichkeit); aus lat. *prominens,* Gen. *-entis,* „hervorragend", zu *prominere* „hervorragen", aus *pro* „vor" und zur Wurzel **men-* „ragen", verwandt mit *mons* „Berg"

Promiskuität ungebundener Geschlechtsverkehr mit verschiedenen Partnern; aus lat. *promiscuus* „gemeinsam", zu *promiscere* „vorher mischen", aus *pro* „vorher" und *miscere* „mischen"

Promoter Veranstalter von Berufssportwettkämpfen; aus engl. *promoter* „Förderer", zu *to promote* „fördern, beleben", aus lat. *promovere* „vorwärtsbewegen", aus *pro* „vorwärts" und *movere* „bewegen"

Promotion das Erlangen bzw. Verleihen der Doktorwürde; aus lat. *promotio,* Gen. *-onis,* „Beförderung", zu *promovere* „vorwärtsbewegen", →promovieren

promovieren die Doktorwürde erlangen bzw. verleihen; aus lat. *promovere* „befördern, aufrücken lassen", eigtl. „vorwärtsbewegen", aus *pro* „vorwärts" und *movere* „bewegen"

prompt sofort, rasch; aus lat. *promptus* „bereit, gleich zur Hand, zur Verfügung stehend, bereitwillig", eigtl. „hervorgeholt und daher sichtbar, offen daliegend", zu *promere* „hervorholen, herausnehmen", aus *pro* „vor" und *emere* „nehmen"

Pronomen Fürwort; lat. *pronomen* „Fürwort", weil es „für ein Nomen" steht, aus *pro* „für" und *nomen* „Name" (in der Grammatik jedes deklinierbare Wort)

prononciert deutlich, nachdrücklich; aus frz. *prononcé* „stark ausgeprägt, hervortretend", zu *prononcer* „(ein Wort) aussprechen, (ein Urteil) verkünden", aus lat. *pronuntiare* „laut aussprechen, rufen, melden", aus *pro* „vor" und *nuntiare* „verkünden, melden, anzeigen"

Proömion *im alten Griechenland:* Einleitung, Vorrede; kleine Hymne vor dem Vortrag eines Epos durch den Rhapsoden; aus griech. *prooimion* „Vorspiel, Einleitung, Anfang", aus *pro* „vor" und *oime* „Reihe von Liedern, Heldensage"

Propädeutik Einführung in eine Wissenschaft; aus griech. *propaideia* „vorbereitender Unterricht", zu *propaideuein* „vorher unterrichten", aus *pro* „vor, vorher" und *paideuein* „erziehen, unterrichten", zu *pais,* Gen. *paidos,* „Kind"

Propaganda Verbreitung von Ideen, Theorien, (bes. politische) Werbung; *urspr.:* Anstalt zur Heidenmission; als Kurzbez. aus der Fügung *Congregatio de propaganda fide* entstanden, einer 1622 von Papst Gregor XV. gegründeten „Gesellschaft zur Ausbreitung des Glaubens" unter den Heiden, zu lat. *propagare* „ausbreiten, ausdehnen", aus *pro* „vornhin, über hinaus" und *pagere, pangere* „befestigen, einsenken, pflanzen"

Propeller Antriebsschraube; engl. *propeller,* zu *to propel* „vorwärts-, forttreiben", aus lat. *propellere* „vorwärtstreiben, -stoßen", aus *pro* „vorwärts" und *pellere* „stoßen, treiben"

proper sauber und ordentlich; aus frz. *propre* „reinlich; angemessen, geeignet, tauglich", aus lat. *proprius* „eigentümlich, (jmdm.) eigen, zugehörig", →Properhandel

Properhandel Handel auf eigene Rechnung und Gefahr; aus frz. *propre* „eigen; Eigentum", aus lat. *proprius* „(jmdm.) eigen, zugehörig", eigtl. **propatrios* „zum Vorfahr gehörig, von ihm herstammend", aus griech. *propator* „Stammvater, Vorfahr", aus *pro* „vor, voraus" und *pater* „Vater"

Prophet Seher, Wahrsager; aus griech. *prophetes* „Verkünder der Orakelsprüche", allg. „Seher, Wahrsager", aus *pro* „vorher" und *pheme* „Rede, das Sprechen", zu *prophanai* „voraussagen", zu *phanai* „sagen, sprechen, verkünden"

Prophylaxe Vorbeugung, Verhütung (bes. von Krankheiten); aus griech. *prophylax* „Vorposten, Wachtposten", aus *pro* „vor, voraus" und *phylax* „Wächter, Wachtposten, Beschützer", zu *prophylassein* „bewachen, behüten; zu verhüten versuchen, Vorsichtsmaßnahmen gegen etwas treffen", zu *phylassein* „wachen, behüten, schützen"

Proportion Maß-, Größenverhältnis; aus lat. *proportio,* Gen. *-onis,* „Ebenmaß, ähnliches Verhältnis", aus *pro portione* „gemäß dem Verhältnis, nach Maßgabe", aus *pro* „gemäß" und *portio* „Verhältnis, Anteil", zu *pars,* Gen. *partis,* „Teil"

Propst *kath. Kirche:* Vorsteher eines Kapitels oder Stifts; *in einigen evang. Landeskirchen:* leitender Geistlicher; ältere Schreibung: Probst; aus mhd. *brobest, probest,* aus ahd. *probist, probest* in derselben Bedeutung, aus vulgärlat. *propostus* „Vorsteher", aus spätlat. *propositus* statt lat. *praepositus* „Vorgesetzter, Vorsteher", zu *praeponere* „vor-, voransetzen", aus *prae* „vor" und *ponere* „setzen, legen, stellen"

Propyläen Säulenvorhalle, Ein- oder Durchgang aus Säulen; aus griech. *propylaion* „Vorhalle, Vorhof", aus *pro* „vor" und *pyle* „Tor, Tür, Eingang"

Prorogation Vertagung, Aufschub, Verlängerung, Amtsverlängerung; aus lat. *prorogatio,* Gen. *-onis,* „Verlängerung", zu *prorogare* „verlängern, hinausschieben", eigtl. „das Volk befragen, ob jmdm. etwas verlängert werden soll", aus *pro* „voran, für, zum Vorteil" und *rogare* „fragen, befragen, die Meinung einholen"

Prosa erzählende, nicht durch Rhythmus oder Reim gebundene Sprachform; aus spätlat. *prosa* „ungebundene Schreibart" (im Unterschied zu Versen), aus lat. *prorsa* „schlichte, ungebundene, gerade Rede", eigtl. *proversa* „die Vorwärtsgerichtete", aus *pro* „vorwärts" und *versus* „gerichtet, gewendet", zu *vertere* „wenden"; *Prorsa* war auch der Name einer Göttin, nämlich der Schutzherrin der regelmäßigen Geburten mit dem Kopf voran

Prosekution gerichtliche Verfolgung; aus lat. *prosecutio,* Gen. *-onis,* „Begleitung, Verfolgung", zu *prosequi* „verfolgen", aus *pro* „vorwärts" und *sequi* „folgen"

Proselyt jmd., der zu einer anderen Religion übergetreten ist, Neubekehrter; aus griech. *proselytos* „Fremdling", eigentlich „der Hinzugekommene", zu *pros* „noch dazu, hinzu" und *eleuthein* „kommen"

prosit wohl bekomm's; lat., „es möge

(dir) nützen", zu *prodesse* „nützlich sein, nützen", aus *pro* (mit eingeschobenem d zur besseren Sprechbarkeit) „für" und *esse* „sein"
Prosodie Lehre von der Behandlung der Sprache im Vers; Messung der Silben nach Länge, Betonung usw.; aus griech. *prosodia* „richtige Betonung der Silben und Setzen der Akzente", zu *prosodos* „mitsingend", aus *pros* „hinzu, noch dazu" und *ode* „Gesang, Lied"
Prospekt Ansicht (eines Gebäudes, Platzes u. a.); (meist bebilderte) Werbeschrift; aus lat. *prospectus* „Anblick, Blick auf etwas, Aussicht", zu *prospicere* „in die Ferne schauen, vor sich sehen", aus *pro* „vor, vorwärts" und *specere* (in Zus. *-spicere*) „schauen"
prosperieren gedeihen, vorankommen; aus lat. *prosperare* „gedeihen machen, Erfolg verschaffen", zu *prosper* „erwünscht, günstig", aus *pro* „voran" und zur idg. Wurzel **spei-* „gedeihen"
Prostata Vorsteherdrüse; aus griech. *prostates* „Vorsteher", aus *pro* „vor" und *statos* „stehend", zu *prostateuein* „vorstehen, an der Spitze stehen", zu *histasthai* „stehen"
Prostitution gewerbsmäßige Ausübung des Geschlechtsverkehrs; aus lat. *prostitutio,* Gen. *-onis,* „Preisgabe (zur Unzucht)", zu *prostituere* „öffentlich preisgeben", eigtl. „vorn hinstellen", aus *pro* „vorn" und *statuere* „hinstellen"
Prostylos Tempel mit einer Säulenhalle an der Vorderseite; aus griech. *prostylos* „vorn mit Säulen versehen", zu *pro* „vor" und *stylos* „Säule"
Proszenium Teil der Bühne zwischen Vorhang und Orchester; aus lat. *proscaenium* „Vordergrund der Bühne, wo die Schauspieler auftreten", aus *pro* „vor" und *scaena, scena* „Bühne", aus griech. *skene* „Bühne"
Protactinium chemisches Element, das durch radioaktiven Zerfall in Actinium übergeht; aus griech. *protos* „erster" und → *Actinium*
Protagonist *im altgriechischen Theater:* erster Schauspieler; *allg.:* Vorkämpfer; aus griech. *protagonistes* „Wortführer", zu *protagonistein* „die erste Rolle spielen", zu *protos* „erster" und *agonizesthai* „wetteifern (im Schauspiel)", zu *agon* „Wettkampf"
protegieren begünstigen, fördern, schützen; aus frz. *protéger* „beschirmen, beschützen", aus lat. *protegere* „bedecken, schützen", eigtl. „vorn bedecken", aus *pro* „vorn" und *tegere* „decken, bedecken"
Protein Eiweißstoff; aus griech. *protos* „erster"
Protektion Schutz, Förderung, Begünstigung; aus lat. *protectio,* Gen. *-onis,* „Bedeckung (mit einem Vordach), Schutz", zu *protegere* „schützen", → protegieren
Proterozoikum = Archäozoikum; aus griech. *proteros* „früher" und *zoon* „Lebewesen", *zoikos* „tierisch"
Protest Einspruch, Widerspruch; aus frz. *protester* „öffentlich beteuern, versichern; sich (gegen etwas) verwahren", aus lat. *protestare* „öffentlich bezeugen; zum Zeugen anrufen", aus *pro* „vor" und *testare* „Zeuge von etwas sein, bezeugen", zu *testis* „Zeuge"
Protestant Angehöriger der aus der Reformation hervorgegangenen evangelischen Kirche; aus lat. *protestantes* „die Protestierenden", nämlich die Vertreter der Reichsstände, die auf dem Reichstag zu Speyer 1529 gegen die Wiederherstellung des teilweise aufgehobenen Wormser Edikts von 1521 protestierten; zu lat. *protestare* „öffentlich aussagen, erklären", → Protest
Prothese künstliches Glied, künstliche Zähne; aus griech. *prosthesis* „das Hinzusetzen, Dazufügen, Ansetzen", zu *pros* „dazu" und *thesis* „das Setzen, Stellen, Legen", zu *tithenai* „setzen, stellen, legen"; im Deutschen ist das *s* (in Anlehnung an griech. *prothesis* „das Davorsetzen") ausgefallen, während es z. B. im engl. *prosthesis* erhalten geblieben ist
Protoklase Zertrümmerung von Gestein infolge Pressungen innerhalb noch nicht verfestigten Magmas; aus griech. *proton* „anfangs, zuerst, zum ersten Mal" und *klasis* „Brechen, Zer-

brechen", zu *klan* „brechen, zerbrechen"

Protokoll (gleichzeitige) Niederschrift des Verlaufs einer Versammlung, Verhandlung o. ä.; Gesamtheit der im diplomatischen Verkehr üblichen äußeren Formen; aus mittellat. *protocollum* „Verhandlungsbericht", aus spätgriech. *protokollon* „das an den Anfang einer Papyrusrolle geklebte Blatt" (auf dem die Daten über den Verfasser und die Entstehung des Blattes verzeichnet waren), aus griech. *protos* „der erste, vorderste" und *kollan* „ankleben", zu *kolla* „Leim"

Proton positiv geladenes Elementarteilchen; aus griech. *proton* „erstes", weil es das erste Elementarteilchen war, das entdeckt wurde

Protophyt einzellige Pflanze; aus griech. *protos* „erster" und *phyton* „Pflanze", zu *phyesthai* „wachsen"

Protoplasma Grundsubstanz der pflanzlichen, tierischen und menschlichen Zelle; aus griech. *protos* „erster" und → *Plasma*

Prototyp Urbild, Vorbild, Muster; aus griech. *protos* „der erste" und → *Typ*

Protozoon einzelliges Tier; aus griech. *protos* „erster" und *zoon* „Lebewesen, bes. Tier"

Protuberanz Gaseruption (auf der Sonne); Vorsprung (bes. an Knochen); aus lat. *protuberans,* Part. Präs. von *protuberare* „hervorschwellen, hervorwachsen", aus *pro* „vor" und *tuberare* „schwellen", zu *tuber* „Höcker, Auswuchs"

Protze zweirädriger Vorderwagen für ein Geschütz; aus ital. *baroccio, biroccio* „zweirädriger Karren", → Barutsche

Provenienz Herkunft, Ursprung (von Waren u. ä.); aus lat. *proveniens,* Part. Präs. von *provenire* „hervorkommen, gedeihen, wachsen", aus *pro* „vor, vorwärts" und *venire* „kommen"

Proviant Mundvorrat, Wegzehrung; aus ital. *provianda* in derselben Bedeutung, vermischt aus frz. *provende* „Mundvorrat" (aus frz. *prébende* „Pfründe", → Präbende) und *viande* „Essen, Speise" (aus vulgärlat. *vivenda* „die zum Leben notwendigen Dinge", zu lat. *vivere* „leben, leben bleiben")

Providenz *veraltet:* Vorsehung; aus lat. *providens,* Part. Präs. von *providere* „vorhersehen", aus *pro* „vorher" und *videre* „sehen"

Provinz Landesteil, Verwaltungsgebiet; Hinterland einer Stadt; aus lat. *provincia* „Verwaltung eines unter römischer Oberherrschaft stehenden Landes außerhalb Italiens", dann auch Bez. für einige dieser Länder, eigtl. „Geschäfts-, Amtsbereich, Wirkungskreis, Aufgabe, Auftrag", weitere Herkunft nicht bekannt

Provision prozentuale Vergütung, Vermittlungsgebühr; aus lat. *provisio,* Gen. *-onis,* „Für-, Vorsorge, Vorsicht", eigtl. „Vorherwissen", zu *providere* „vorhersehen, im voraus besorgen, Vorkehrungen treffen", aus *pro* „vorher, voraus" und *videre* „sehen"

provisorisch vorläufig, behelfsmäßig; aus frz. *provisoire* „vorläufig, einstweilen", aus lat. *provisio* „Vorsorge", → Provision

Provokation Aufreizung, Herausforderung; aus lat. *provocatio,* Gen. *-onis,* „Herausforderung", zu *provocare* „hervorrufen, auffordern, aufreizen", aus *pro* „vor, hervor" und *vocare* „rufen", zu *vox,* Gen. *vocis,* „Stimme"

Prozedur (schwierige oder unangenehme) Behandlung, (mühsames) Verfahren; aus lat. *procedurum* „etwas, das vor sich gehen soll oder wird", zu *procedere* „vor sich gehen, stattfinden, verlaufen", eigtl. „vorwärtsgehen, fortschreiten", aus *pro* „vorwärts" und *cedere* „einhergehen, schreiten"

Prozeß Ablauf, Verlauf; Gerichtsverfahren; aus lat. *processus* „Fortgang, das Fortschreiten, Verlauf", eigtl. „das Vorwärtsgehen, Vorrücken", zu *procedere* „vor sich gehen, verlaufen", aus *pro* „vorwärts" und *cedere* „einhergehen, schreiten"

prüde (in sexuellen Dingen) übertrieben empfindlich, sittsam, zimperlich; frz. *prude* „spröde, zimperlich"; schon im 17. Jh. „die Ehrbare, Sittsame spielend", verkürzt aus *prudefemme,* eigtl. *preudefemme* „ehrbare, sittsame, tüchtige Frau", das nach dem Muster von *prud'homme* „ehrenhafter, redlicher, tüchtiger Mann" gebildet ist; ältere Formen (13. Jh.): *preud'homme, preudome* „in einem Handwerk, Gewerbe oder einer Fertigkeit bes. geschickter Mann", entsprechend *preudefemme, prodefemme;* unter Einfluß von *preux* (das aus derselben Wurzel stammt) „tapfer, wacker, tüchtig" aus vulgärlat. *prodis* „nützlich", verkürzt aus lat. *prodest* „es ist nützlich", zu *prodesse* „nützlich sein, helfen", aus *pro* „für", *d* zur Vermeidung des Zusammenstoßens zweier Vokale und *esse* „sein"

Prurigo juckende Hautflechte; lat. *prurigo* „juckender Grind, Krätze", zu *prurire* „jucken", weitere Herkunft unsicher

Psaligraphie Scherenschnitt; aus griech. *psalis* „Schere" und *graphe* „Bild, bildliche Darstellung", zu *graphein* „zeichnen, malen"

Psalm geistliches Lied des AT; aus kirchenlat. *psalmus* „Lied zum Saitenspiel, geistliches Lied" (dazu *psallere* „Zither spielen, zur Zither singen"), griech. *psalmos* „das Spielen (Zupfen) eines Saiteninstruments", übertr. „Lied zum Saitenspiel", zu *psallein* „zupfen"

Psalmodie Psalmengesang überwiegend auf einem Ton im Wechsel zwischen Chor und Vorsänger; aus → *Psalm* und griech. *ode* „Gesang, Lied"

Psalter Gesamtheit der Psalmen, Buch der Psalmen; dritte Abteilung des Magens der Wiederkäuer, Blättermagen; aus griech. *psalterion* „Saiteninstrument", zu *psalmos* „Saitenspiel, Gesang zum Saitenspiel" (→ Psalm); die Übertragung auf den Magenteil der Wiederkäuer wegen der hohen Längsfalten, in die der Magen gegliedert ist und die den Saiten einer Harfe vergleichbar sind; die dt. Bez. „Blättermagen", weil die Falten auch mit Blättern verglichen wurden

Psalterium zitherähnliches Zupfinstrument; aus griech. *psalterion* „Saiteninstrument", zu *psallein* „zupfen"

Pseudonym Deckname; aus griech. *pseudos* „Unwahrheit, Täuschung" (zu *pseudein* „täuschen, irreführen") und *onyma* „Name"

Pseudopodien Scheinfüßchen; aus griech. *pseudos* „Täuschung" (zu *pseudein* „täuschen") und *pous,* Gen. *podos,* „Fuß"

Psilomelan ein Mineral; aus griech. *psilos* „kahl, glatt" und *melas* „schwarz", wegen des Aussehens, auch „Schwarzer Glaskopf" genannt

Psittakose Papageienkrankheit; aus griech. *psittakos* „Papagei", → Sittich

Psoriasis Schuppenflechte; aus griech. *psora* „Krätze, Räude", zu *psan,* ältere Form: *psen* „reiben, kratzen"

Psychagogik pädagogische und psychologische Einwirkung auf Gesunde und Kranke; aus griech. *psychagogia* „Seelenführung", aus *psyche* „Seele, Gemüt" und *agogos* „hinleitend, hinführend", zu *agein* „führen"

psychedelisch bewußtseinserweiternd; aus engl. *psychedelic, psychodelic* in derselben Bedeutung, aus griech. *psyche* „Seele, Gemüt" und *delos* „sichtbar, deutlich, klar"

Psychiatrie Lehre von den Geistes- und Gemütskrankheiten; aus griech. *psyche* „Seele, Gemüt" und → *Iatrik*

Psychologie Lehre von der Seele, vom Seelenleben; aus griech. *psyche* „Seele, Gemüt" und *logos* „Wort, Lehre, Kunde", zu *legein* „sagen, sprechen, erklären"

Psychographie psychologische Beschreibung einer Person auf Grund mündlicher und schriftlicher Äußerungen; aus griech. *psyche* „Seele, Gemüt" und *graphe* „Bild, Darstellung", zu *graphein* „schreiben, zeichnen"

Psychrometer Gerät zum Messen der Luftfeuchtigkeit; aus griech. *psychros* „kalt, frisch" sowie *psychra* „Kälte", bes. „kaltes Wasser", und *metron* „Maß", zu *metrein* „messen"

Pteranodon ein zahnloser Flugsaurier der oberen Kreide Nordamerikas; aus griech. *pteron* „Flügel", *a-, an-* „nicht" und *odous,* Gen. *odontos,* „Zahn"

Pteridophyt Farnpflanze; aus griech. *pteris,* Gen. *pteridos,* „Farn" (zu *pteron* „Feder") und *phyton* „Pflanze", zu *phyein* „wachsen lassen"

Pteropode Schnecke mit flügelartigem Schwimmfuß, Flossenfüßer, Flügelschnecke; aus griech. *pteron* „Flügel" und *pous*, Gen. *podos*, „Fuß"
Pubertät Zeit der beginnenden Geschlechtsreife; aus lat. *pubertas*, Gen. *-atis*, „Geschlechtsreife", zu *puber*, Nebenform von *pubes*, Gen. *-eris*, „mannbar, erwachsen", wahrscheinlich zu *puer* „Kind"
pubeszent geschlechtsreif; aus lat. *pubescens*, Gen. *-entis*, „mannbar werdend", zu *pubescere* „heranwachsen, ins Jünglingsalter treten, mannbar werden", zu *pubes* „mannbar, erwachsen", wahrscheinlich zu *puer* „Kind"
Publicity Bekanntsein, Aufsehen, Verbreitung in der Öffentlichkeit; engl. *publicity* „Bekanntheit, Offenkundigkeit; Öffentlichkeit", zu *public* „öffentlich", → Publikum
Publikum Öffentlichkeit, Allgemeinheit; Gesamtheit der Zuschauer, Zuhörer; aus lat. *publicum* „Öffentlichkeit, öffentlicher Platz", zu *publicus* „dem Volk, dem Staat gehörig, öffentlich", ältere Formen: *poblicus, poplicus*, zu *poplus, populus* „Volk", zu *plebes*, ältere Form von *plebs* „Volk"
publizieren veröffentlichen; aus lat. *publicare* „öffentlich zeigen, öffentlich hören oder sehen lassen, zum allgemeinen Gebrauch hergeben", zu *publicus* „öffentlich", → Publikum
Puddeln Verfahren zur Herstellung von Stahl aus Roheisen; aus engl. *to puddle* „herumrühren, manschen", zu *puddle* „kleiner, sumpfiger Teich, schlammige Pfütze", aus mengl. *podel*, Verkleinerungsform von altengl. *pudd* „Graben"
Pudding *i. e. S.* im Wasserbad im verschlossenen Gefäß gekochte Speise aus Früchten, Gemüse, Fleisch oder Fisch; *i. w. S.* wird heute auch ein Flammeri als Pudding bezeichnet; engl. *pudding* in der engeren Bedeutung sowie „Blutwurst" (d. h. in Tierdarm gefüllte Fleischmasse), aus mengl. *poding* „Blutwurst", wahrscheinlich aus frz. *boudin* „Blutwurst", über galloroman. **botellinus* „aus Kaldaunen" und vulgärlat. **botellus* „Eingeweide, Darm" aus lat. *botulus* „Wurst", Pl. *botuli* „Eingeweide"
Pudel eine Hunderasse; verkürzt aus *Pudelhund*, zu mundartl. (norddt.) *pudeln* „im Wasser plätschern", da der Pudel früher zur Jagd auf Wasservögel verwendet wurde; daher auch *pudelnaß, naß wie ein Pudelhund*
Puder feines Pulver; aus frz. *poudre* in ders. Bed., aus lat. *pulvis*, Gen. *pulveris*, „Staub"
pueril kindlich (geblieben), zurückgeblieben; aus lat. *puerilis* „kindlich", zu *puer* „Kind, Knabe"
Puerperalfieber Kindbettfieber; aus lat. *puerpera* „Wöchnerin" und *puerperium* „Kindbett, Niederkunft", aus *puer* „Kind" und *parere* „gebären"
Pulcinella Hanswurst der Commedia dell' arte; aus ital. *pulcino* „Hühnchen" (aus lat. *pullus* „Hühnchen"), wegen der großen, gebogenen Nase und der piepsenden Stimme
Pulk Verband von Truppen, Kampfflugzeugen oder Fahrzeugen; aus poln., russ. *polk* „Regiment, Heer, Lager", dieses ist aus einem unbelegten germ. Wort **fulkaz* entlehnt, das im Ahd. zu *folk* „Heer, Schar" geworden ist
Pullover über den Kopf zu ziehende Strickjacke oder -bluse; engl. *pullover* in ders. Bed., aus *to pull over* „über-, darüberziehen", *to pull* „ziehen" (aus mengl. *pullen*, altengl. *pullian* „zerren, zupfen") und *over* „über"
pulmonal zur Lunge gehörend, von ihr ausgehend, Lungen-; aus lat. *pulmo*, Gen. *-onis*, „Lunge", zu griech. *pleumon*, Nebenform von *pneumon* „Lunge"
Puls Druckwelle des Blutes; aus lat. *pulsus* „Pulsschlag", eigtl. „das Stoßen, Schlagen", zu *pellere* „stoßen, schlagen"
Pult Tisch mit schräger Fläche; aus mhd. *pulpit, pulpet* in ders. Bed., aus lat. *pulpitum* „Brettergerüst, aus Brettern gebaute Erhöhung, Bühne", Herkunft nicht bekannt
Pulver fein zerteilter, fester Stoff; aus lat. *pulvis*, Gen. *pulveris*, „Staub, Asche, Erde"

Pumpernickel schwarzbraunes, süßliches, westfälisches Roggenbrot; die Herkunft ist nicht sicher, am wahrscheinlichsten sind folgende zwei Deutungen: urspr. Bez. für eine kleine, stämmige Person, auch für einen Menschen mit schlechten Manieren, aus *pumpern* „Blähungen abgehen lassen" und → *Nickel (1);* die Bez. wurde dann auf das Schwarzbrot übertragen, entweder weil es schwer und in der Struktur sehr dicht ist und in kleinen, klotzartigen Laiben gebacken wird, oder weil es blähende Wirkung haben kann; nach anderer Deutung aus neulat. *bonum paniculum* „gutes kleines Brot" (zu lat. *bonus* „gut" und *panis* „Brot"), das um 1400 (nach anderer Quelle um 1550) während einer Hungersnot in Osnabrück als Armenbrot gebacken worden sein soll

Pumps ausgeschnittene Damenschuhe ohne Verschluß; engl. *pumps* „Turn-, Tanzschuhe, leichte, festanliegende Schuhe ohne Verschluß", Herkunft nicht bekannt

Punchingball an einer Leine frei hängender Ball zum Training für Boxer; aus engl. *to punch* „mit der Faust schlagen" (wahrscheinlich aus *to pounce* „angreifen, herfallen über", zu *pounce* „Klaue, spitzes Werkzeug", aus lat. *punctum* „Stich", zu *pungere* „empfindlich berühren, stechen") und *ball* „Ball"

Punker Angehöriger einer Protestbewegung Jugendlicher gegen alles Normale und Etablierte, die durch brutales Äußeres provozieren wollen; im amerik. Slang „Neuling in der Verbrecherwelt", zu *punk* „Landstreicher, junger Ganove, Tunichtgut"; man vermutet den Ursprung in frz. *pain* „Brot", das über Kanada in die USA eingedrungen und in der Aussprache der Vagabunden zu *punk* geworden sei; da man den Bettlern meist altes, trockenes Brot gebe, sei die Bez. schließlich (abgewandelt) auf die Bettler selbst übertragen worden

Punkt sehr kleiner Fleck; bestimmte Stelle; *übertr.:* Sache, Angelegenheit; aus lat. *punctum* „(der mit dem Griffel in die Wachstafel gestochene oder mit dem Meißel in Stein eingegrabene) Punkt, kleines Loch, Stich, Tüpfel; kleiner Abschnitt", eigtl. „das Gestochene", zu *pungere* „stechen"

Punsch heißes Getränk aus Arrak, Zucker, Zitronensaft, Gewürz und Wasser; aus Sanskrit *pañca-* „fünf", wegen der fünf Bestandteile

Punze meißelähnliches Werkzeug; Stahlstift; aus ital. *punzone* in ders. Bed., aus lat. *punctio,* Gen. *-onis,* „das Stechen", zu *pungere* „stechen"

pupillarisch das Mündel betreffend; aus lat. *pupillaris* „die Waisen betreffend, zu den Waisen gehörig", zu *pupillus* „Waisenkind", zu *pupulus* „kleiner Knabe", zu *pupus* „Knabe, Kind; Bübchen, Kerlchen"

Pupille Sehloch im Auge; aus lat. *pupilla* „Augapfel, Pupille", eigtl. „Püppchen, kleines Mädchen" (weil man in der Pupille des andern sein eigenes verkleinertes Abbild sehen kann), Verkleinerungsform von *pupa* „Mädchen, Puppe", zu *pupus* „Kind"

Püree Brei; frz. *purée* „Brei", aus altfrz. *purer* „durchs Sieb drücken, durchsieben, reinigen", aus lat. *purus* „rein, lauter"

Purgatorium Fegefeuer; lat. *purgatorium* „das Reinigende", aus *purgare* „reinigen, läutern" (aus altlat. *purigere* in ders. Bed., aus griech. *pyr* „Feuer" und *agein* „führen") und Suffix *-orium* zur Bezeichnung eines Raums, Behälters o.ä., also eigtl. „Feuer führender (und damit läuternder) Raum"

purgieren *Med.:* abführen; aus lat. *purgare* „reinigen, abführen", aus altlat. *purigere* „reinigen, läutern", → Purgatorium

Purifikation liturgische Reinigung, bes. der Altargefäße; aus lat. *purificatio,* Gen. *-onis,* „Reinigung", zu *purificare* „reinigen", aus *purus* „rein, sauber, lauter" und *facere* (in Zus. *-ficare,* Intensivum zu *-ficere*) „tun, machen"

Purismus übertriebenes Streben, die Sprache von Fremdwörtern oder ein Kunstwerk von stilfremden Elementen zu reinigen; aus lat. *purus* „rein"

Puritanismus streng calvinistische

Richtung der engl. protestantischen Kirche, die ein sittenstrenges Leben forderte; aus lat. *puritas* „Reinheit", zu *purus* „rein"

Purpur bläulichroter Farbstoff; aus lat. *purpura* „Purpurschnecke, Purpurfarbe", aus griech. *porphyra* „Purpurschnecke", weitere Herkunft nicht geklärt

purulent eitrig; aus lat. *purulentus* „eitrig", zu *pus*, Gen. *puris*, „Eiter", aus griech. *pyon* „Eiter"

Pusher Händler mit harten Drogen; aus dem amerik. Slang *pusher* „Händler mit Rauschgiften", auch „Händler mit Falschgeld", urspr. „Helfer des Taschendiebes, der in einer Menge ein Opfer ausfindig macht und es (durch Anrempeln o. ä.) zu dem Dieb hinstößt", zu *to push* „stoßen, schieben, drängen", aus mengl. *posshen, pusshen* aus altfrz. *polser, poulser* (frz. *pousser*), aus lat. *pulsare* „stoßen, treiben, schlagen", Intensivum zu *pellere* „stoßen, treiben"

Pußta Grassteppe in Ungarn; aus ungar. *puszta* „Heide; öde, brach; leer, nackt", auch „Landgut"

Pustel Bläschen, Pickel; aus lat. *pustula* „Bläschen", zur idg. Wurzel **pu-* „blasen, pusten"

putativ vermeintlich, irrtümlich für gültig gehalten; aus lat. *putativus* „vermeintlich", zu *putare* „glauben, meinen, etwas für etwas halten"

putreszieren verfaulen, verwesen; aus lat. *putrescere* „verfaulen, verwesen, vermodern", zu *puter* „faul, verwest, vermodert, morsch"

Putsch politischer Umsturz oder Umsturzversuch; aus schweiz. mundartl. *Putsch* „Stoß (mit der Faust)", dann übertr. „Zusammenstoß, Auflauf", dazu mhd. *buz, biuz* „Schlag, Stoß", lautmalenden Ursprungs

Putte, Putto kleine Engelsfigur; ital. *putto* in ders. Bed., aus lat. *putus*, volkstümlich *puttus* „Knabe", zu *pusus, puer* „Knabe, Kind"

Puzzle Geduldsspiel, bei dem aus kleinen Stücken Bilder zusammengesetzt werden müssen; engl. *puzzle* „Geduldsspiel, Rätsel, schwierige Frage", eigtl. „Verwirrung, Unschlüssigkeit", zu *to puzzle* „unschlüssig sein; sich mit schwierigen Problemen beschäftigen"; Herkunft nicht geklärt, vielleicht zu *to pose* „fragen, eine Frage aufwerfen, in eine bestimmte Lage bringen, aufstellen, zurechtstellen"

Pyämie Blutvergiftung durch Eitererreger in der Blutbahn; aus griech. *pyon* „Eiter" und *haima* „Blut"

Pyelitis Nierenbeckenentzündung; aus griech. *pyelos* „Wanne, Trog, Bekken" und Endung *-itis* zur Bezeichnung einer Entzündung

Pygmäe Angehöriger eines afrikanischen Zwergvolkes; aus griech. *pygmaioi* „die Pygmäen (= Däumlinge)", aus *pygmaios* „eine Faust groß", zu *pygme* „Faust; Längenmaß vom Ellenbogen bis zur Faust"

Pyjama Schlafanzug; aus Hindi *pājāma-* „Hose", verkürzt aus *pāyajāma*, aus Sanskrit *pāda-* „Fuß, Bein"

pyknisch gedrungen, untersetzt; aus griech. *pyknos* „dicht, fest, derb"

Pyknometer Gerät zum Messen der Dichte von Flüssigkeiten; aus griech. *pyknos* „dicht, dichtgedrängt" und *metron* „Maß", zu *metrein* „messen"

Pylorus Magenpförtner; mit lat. Endung aus griech. *pyloros* „Torhüter, Torwächter", zu *pyle* „Tor, Tür"

Pyramide Körper mit einem Vieleck als Grundfläche und dreieckigen, oben in einer Spitze zusammenlaufenden Seitenflächen; in dieser Form erbautes Grabmal der Pharaonen; aus griech. *pyramis*, Gen. *pyramidos*, in derselben Bedeutung; Herkunft nicht bekannt, das ägyptische Wort für „Grab" ist etymologisch nicht damit verwandt

Pyretikum Fieber erzeugendes Heilmittel; aus griech. *pyretos* „Fieberhitze", zu *pyr* „Feuer"

Pyrit ein Mineral, Schwefelkies, Eisenkies; aus griech. *pyr* „Feuer"

Pyromanie krankhafter Trieb zur Brandstiftung; aus griech. *pyr* „Feuer" und → *Manie*

Pyrometer Gerät zum Messen hoher Temperaturen; aus griech. *pyr* „Feuer" und *metron* „Maß", zu *metrein* „messen"

Pyrrhussieg mit zu großen Opfern erkaufter Sieg; nach *Pyrrhos,* dem König von Epeiros, der nach einem unglücklichen Krieg gegen die Römer zuletzt in Apulien noch einen Sieg errang (279 v. Chr.), doch mit so großen Verlusten, daß er den Kampf aufgab

Python eine Riesenschlange; nach *Python,* ältere Form *Pytho,* dem Drachen der griech. Sage, der von Apollo erlegt wurde

Pyxis Behälter für die Hostie im Tabernakel; aus griech. *pyxis* „Büchse", zu *pyxos* „Buchsbaum(holz)"

Q

Quadrat Viereck mit rechtwinklig aufeinanderstehenden, gleichlangen Seiten; aus lat. *quadratus* „viereckig", zu *quadrare* „viereckig machen, viereckig zuhauen, zurichten", zu *quadrus* „viereckig", zu *quattuor* „vier"
Quadrophonie räumliche Tonwiedergabe mittels vier Kanälen und Lautsprechern; aus lat. *quattuor* (in Zus. *quadr-*) „vier" und griech. *phone* „Stimme"
Quadrupede *veraltet:* Vierfüßer; aus lat. *quadrupes,* Pl. *-pedes,* „Vierfüßer", aus *quattuor* (in Zus. *quadr-*) „vier" und *pes,* Gen. *pedis,* „Fuß"
Quäker Angehöriger der „Gesellschaft der Freunde", einer engl.-amerik. religiösen Gemeinschaft; aus engl. *quaker* „Zitterer", zu *to quake* „zittern" (aus mengl. *quaken,* altengl. *cwacian* „zittern", wahrscheinlich lautmalend); der Gründer der Bewegung, George Fox, hatte 1650 bei einer Gerichtsverhandlung dem Richter zugerufen, er solle das Wort Gottes hören und vor dem Jüngsten Gericht zittern, woraufhin der Richter ihn spöttisch „Zitterer" nannte
qualifizieren kennzeichnen, beurteilen; befähigen; aus mlat. *qualificare* „bezeichnen, kennzeichnen; ändern", aus *qualis* „irgendwie beschaffen" und *facere* (in Zus. *-ficare,* Intensivum zu *-ficere*) „machen"
Qualität Beschaffenheit, Güte, Sorte; aus lat. *qualitas,* Gen. *-atis,* „Beschaffenheit, Eigenart", zu *qualis* „irgendwie beschaffen"
Quantum (abgemessene) Menge; lat. *quantum* „wieviel, so viel (wie)", zu *quam* „wie"
Quappe 1. = Kaulquappe, 2. ein Süßwasserfisch; im Altsächs. bezeichnet *quappa* den Fisch, im Altpreuß. erscheint *gabawo* für „Kröte", beides geht auf die idg. Wurzel **guebh-* „schleimig, quabbelig" zurück
Quarantäne Absonderung ansteckungsverdächtiger Personen oder Tiere; *eigtl.:* vorgeschriebene Wartezeit für einreisende Personen und eingelaufene Schiffe, die aus krankheitsverseuchten Gegenden kommen; aus frz. *quarantaine* „Anzahl, Summe von vierzig; vierzigtägige Fastenzeit vor Ostern; vierzigtägige Absonderung bei Ansteckungsverdacht", zu *quarante* „vierzig", über vulgärlat. *quarranta* aus lat. *quadraginta* „vierzig"; am Ende des 14. Jh. wurde in den oberital. Häfen zur Abwehr der Pest eine Wartezeit von 30 Tagen für einlaufende Schiffe eingeführt, die jedoch vorsichtshalber bald auf 40 Tage erhöht wurde; man konnte bei dieser Erhöhung auf eine religiöse Tradition zurückgreifen, da in der Bibel der Zeitraum von 40 Tagen eine große Rolle spielt, z. B. zogen sich Moses und Jesus zum Fasten 40 Tage in die Wüste zurück
Quarks hypothetische Elementarteilchen, aus denen sich Protonen und Neutronen zusammensetzen sollen; von dem amerik. Physiker Murray Gell-Mann gewählter Name; die Zahlen 3 und 8 spielten bei der Erforschung der Quarks eine Rolle; so setzte er die 3 symmetrisch neben die 8 und wählte dann in James Joyces „Finnegan's Wake" auf Seite 383 das Nonsense-Wort *quark*
Quartär obere Formation des Känozoikums; aus lat. *quartus* „vierter", nach früherer Gliederung der vierte, auf das Tertiär folgende Teil der Erdgeschichte
Quartett Musikstück für vier Singstimmen oder Instrumente sowie die Ausführenden; Kartenspiel für Kinder, bei dem jeweils vier Karten zusammengehören; aus ital. *quartetto,* zu *quarto* „Viertel", aus lat. *quartus* „der vierte", *quarta (pars)* „vierter (Teil)", zu *quattuor* „vier"

Quartier Unterkunft, Wohnung; *österr., schweiz.:* Wohnviertel; aus frz. *quartier* „(Stadt-) Viertel, Gegend", aus lat. *quarta (pars)* „vierter (Teil), Viertel", zu *quattuor* „vier"

Quarz ein Mineral; aus westslaw. und poln. mundartl. *kwardy* „hart", zu poln. *twardy* „hart"

Quasar sternähnliches Objekt am Himmel mit Radiostrahlung und großer Rotverschiebung im Spektrum; zusammengezogen aus *quasistellare Radioquelle,* aus lat. *quasi* „gleichwie, fast, ungefähr" und *stellarius* „zu den Sternen gehörig, sternähnlich", zu *stella* „Stern"

Quassie ein südamerikan. Bitterholzbaum; angeblich nach einem Negersklaven namens *Coassi* oder *Quassi,* der die fiebersenkende Wirkung der Rinde des Baumes entdeckt haben soll

Quästur *an Hochschulen:* Kassenstelle; aus lat. *quaestura* „Amt des Schatzmeisters", zu *quaestor* „Schatzmeister, Finanzbeamter", urspr. „Verfolger und Ankläger in Kriminalsachen", zu *quaerere* „gerichtlich untersuchen, befragen, zu ergründen suchen"

Quatember erster Tag des Vierteljahres; *kath. Kirche:* jeder der drei Buß- und Fastentage zu Beginn eines Vierteljahres; aus mhd. *quattember* aus lat. *quattuor tempora* „vier Zeiten"

Quaterne *Lotto:* vier Gewinnzahlen, Vierergewinn; über ital. *quaterna* „Vierergewinn, Vierzahl" aus lat. *quaterni* „vier auf einmal, je vier", zu *quattuor* „vier"

Quebracho das sehr harte Holz des südamerikan. Quebrachobaumes; aus span. *quebracho,* aus *quebrar* „zerbrechen" und *hacha* „Axt, Beil"

Quecksilber chemisches Element; aus ahd. *quecsilibar, queksilbar* (*quec* = „lebendig, belebt", vgl. nhd. *quick* „munter, lebhaft"), wörtliche Übersetzung von lat. *argentum vivum* „lebendiges Silber"

Queen *engl. Bez. für* Königin; aus mengl. *quen, quene* „Königin", aus altengl. *cwen, cwene* „Frau"

Quempaslieder Lieder über die Weihnachtsgeschichte; aus den ersten Silben des lat. Weihnachtsliedes *Quem pastores laudavere* „Den die Hirten lobeten sehre" gebildet

Quentchen kleine Menge; Verkleinerungsform von *Quent* „altes dt. Gewicht, Viertellot, urspr. Fünftellot", aus mhd. *quintîn,* aus lat. *quintus* „der fünfte (Teil)", zu *quinque* „fünf"

Querele Streit, Streitigkeiten, Klage; aus lat. *querela* „Klage", zu *queri* „klagen, sich beschweren", vielleicht zur idg. Wurzel **kues-* „seufzen"

Querulant jmd., der sich ständig beklagt, Nörgler; aus lat. *querulus* „klagend, sich beklagend", zu *queri* „klagen", →Querele

Querzit in Eicheln enthaltener, süßer Alkohol, Eichelzucker; aus lat. *querceus* „aus Eicheln, Eichel-", zu *quercus* „Eiche"

Quesal, Quetzal Pfauentrogon mit buntem, überwiegend goldgrünem Gefieder; aus span. *quetzal(e)* „Pfauentrogon", aus Nahuatl *quetzalli* „schöne grüne Feder"

Queue Billardstock; Ende einer Kolonne, einer langen Reihe von Menschen; frz. *queue* „Schweif, Schwanz, Sterz; Stiel (von Blumen); Billardstock (früher nur das dünne Ende des Billardstocks); Ende, die letzten Reihen einer Marschkolonne", aus lat. *cauda, coda* „Schwanz"

Quietismus Lehre, die das Einswerden mit Gott durch willen- und leidenschaftsloses Sichergeben in seinen Willen erstrebt; aus lat. *quietus* „ruhig, untätig", zu *quies,* Gen. *quietis,* „Ruhe"

quinkelieren, quinquelieren trällern, vor sich hin singen, *nddt.:* zwitschern, trillern, im Diskant wenig kunstvoll singen; *ältere Form:* quintelieren, *nddt. auch:* quintisieren; unter dem lautmalenden Einfluß von Wörtern wie *trällern, lalala singen* mit eingeschobenem *-el-* aus mhd. *quintieren* „in Quinten singen", danach allg. „singen", aus mlat. *quintare* „in Quinten singen", zu lat. *quinta* „die fünfte", zu *quinque* „fünf"

Quinterne *Lotto:* fünf Gewinnzahlen, Fünfergewinn: nach dem Muster von →Quaterne gebildet aus lat. *quini* „je fünf, zusammen fünf", zu *quinque* „fünf"

Quintessenz Wesen, Kern (einer Sache), Hauptinhalt; aus lat. *quinta essentia* „das fünfte Seiende", schon von den Griechen als „feinster Luftstoff, Äther" den von Aristoteles genannten vier Elementen als fünftes Element hinzugefügt, von den Alchimisten des MA als „feinster Stoff, feinster Auszug, Grundstoff" bezeichnet, später „das Beste" (von Getränken, Speisen, Heilmitteln usw.), aus *quinta* „die fünfte" und *essentia* „Wesen einer Sache", zu *esse* „sein"

Quintett Musikstück für fünf Singstimmen oder Instrumente sowie die Ausführenden; aus ital. *quintetto,* zu *quinto* „Fünftel", aus lat. *quintus* „der fünfte (Teil)", zu *quinque* „fünf"

Quipu *bei den Inkas:* mit Knoten versehene Fäden verschiedener Farbe und Länge, als Verständigungs- und Merkzeichen, Knotenschnüre; aus Ketschua *khipu* „Knoten"

Quitte eine apfel- oder birnenförmige Frucht; aus fränk. *quitina, quitena, quidena,* ital. *cotogno,* aus lat. *cotoneum,* aus griech. *kydonia,* verkürzt aus *kydonia mela,* nach Plinius „Äpfel aus Kydonia" (dem heutigen Chania auf Kreta), was aber eine volksetymologische Umdeutung ist, denn es gab auch die ältere griech. Bezeichnung *kodymalon* für eine Quittenart; das Wort ist wahrscheinlich kleinasiatischen Ursprungs

quittieren einen Betrag qu.: den Empfang bescheinigen; den Dienst qu.: aus dem Dienst ausscheiden, sein Amt aufgeben, *eigtl.:* sich einer Pflicht, Verbindlichkeit entledigen; aus frz. *quitter* „verlassen, sich lösen, sich trennen, abtreten, sich entfernen", aus lat. *quietare* „ruhen, ausruhen, sich zurückziehen, aufhören", zu *quietus* „ruhig"

Quivive auf dem Qu. sein: auf der Hut sein, aufmerksam sein, aufpassen; urspr. Ruf des frz. Wachtpostens *Qui vive?* „Wer lebe?", d.h. „Wer soll leben (= hochleben)?"; die Frage galt nicht der Identität dessen, der angerufen wurde, sondern war die Frage nach der Parole, auf die der Betreffende entweder zu antworten hatte „Vive le roi!" („Es lebe der König!") oder „Vive la révolution!" („Es lebe die Revolution!") o.ä., womit er zu erkennen gab, zu welcher Partei er gehörte (nach Wahrig)

Quiz Frage-und-Antwort-Spiel; aus engl. *quiz* „Befragung", Herkunft nicht bekannt, sicher nicht aus lat. *quis* „wer"

Quodlibet mehrstimmiges Gesangsstück mit lustigen Texten; unterhaltsames Durcheinander; aus lat. *quod libet* „was gefällt, was beliebt", zu *libere* „gefallen, belieben, gefällig sein"

Quorum die zur Beschlußfassung notwendige Anzahl von Mitgliedern; lat. *quorum* „welcher, von welchen", Gen. Pl. von *qui* „wer", erstes Wort der Formel, mit der in England bestimmten Richtern eine Vollmacht erteilt wurde: *quorum aliquem vestrum ... unum (duos, tres usw.) esse volumus* „unter denen irgendeiner (zwei, drei usw.) von euch sein muß (müssen)"

Quote auf den einzelnen entfallender Anteil; aus mlat. *quota (pars)* „der wievielte (Teil)", aus lat. *quot* „wie viele"

Quotient zweigliedriger, durch Bruchstrich oder Teilungszeichen verbundener Zahlenausdruck; Ergebnis einer Division; aus lat. *quotiens* „wie oft, wievielmal", zu *quot* „wie viele"

R

Rabatt Preisnachlaß; aus untergegangenem ital. *rabattere* (13. Jh.) „von einer Summe abschlagen, abziehen", aus *ra-* (lat. *re-*) „zurück, wieder" und *battere* (lat. *battuere*) „schlagen" (in Italien ist heute *ribasso* für „Rabatt" üblich)
Rabatte *veraltet:* Aufschlag an Jacke und Ärmel; *heute:* schmales Blumenbeet, meist als zierende Einfassung; aus ndrl. *rabat* „schmales Beet an Zaun oder Mauer, Randbeet", aus frz. *rabat,* früher „mit Spitzen besetzter, den Hals freilassender Kragen", auch „umgeschlagener, auf die Brust herabfallender Kragen, Beffchen", zu *rabattre* „um-, niederschlagen, herunterlassen", aus *ra-* (für *re-*) „zurück" und *battre* aus lat. *battuere* „schlagen"; die Übertragung vom Kragen auf das Blumenbeet wegen der schmalen Form und der begrenzenden Funktion
rabiat wütend, jähzornig; aus lat. *rabia,* Nebenform von *rabies* „Wut, Raserei", zu *rabere* „wüten, toben"
Rabies Tollwut; aus lat. *rabies* „Wut, Ingrimm, Tollheit", zu *rabere* „wüten, toben, toll sein"
Rabulist Wort-, Rechtsverdreher, Haarspalter; aus lat. *rabula* „tobender, schreiender Sachwalter, Rechtsverdreher", zu *rabere* „wüten, toben"
Rachitis meist im Säuglingsalter auftretende Erweichung der Knochen; aus griech. *rhachis* „Rückgrat, Rükken" und Endung *-itis* zur Bezeichnung einer Krankheit
Racket Tennisschläger; aus ital. *racchetta* „Tennisschläger, Schneeschuh, Schneereifen", aus frz. *raquette* „Hand-, Fußballen, Tennisschläger, Ballnetz, Schneereifen", vielleicht besteht ein Zusammenhang mit arab. *rāḥa* „Handfläche"
Radar ein Funkmeßverfahren; aus engl. *radio detecting and ranging* „durch Radiowellen auffinden und (die Entfernung) bestimmen"
radieren mit der Radiernadel einritzen; mit Gummi auslöschen; aus lat. *radere* „schaben, scharren, kratzen, glatt machen"
radikal gründlich, von Grund aus; aus lat. *radicaliter,* Adv. zum nicht belegten Adj. **radicalis,* dafür *radicitus* „mit der Wurzel, von Grund aus, gründlich", zu *radix,* Gen. *radicis,* „Wurzel"
Radio *ugs.:* Rundfunkgerät, Rundfunksender; aus engl. *radiotelegraphy* „Telegraphie durch Strahl(en)", aus lat. *radius* „Strahl", *radiare* „Strahlen aussenden"
Radiolarie ein Wurzelfüßer mit strahlenförmigem Skelett, Rädertierchen; aus lat. *radiolus* „kleiner Strahl", zu *radius* „Strahl"
Radiometer Gerät zum Messen der von Körpern ausgehenden Wärmestrahlung; aus lat. *radius* „Strahl" (zu *radiare* „Strahlen aussenden") und griech. *metron* „Maß", zu *metrein* „messen"
Radiophonie drahtloses Telefonieren; aus → *Radio* und griech. *phone* „Stimme"
Radium radioaktives chemisches Element; aus lat. *radius* „Strahl", *radiare* „Strahlen aussenden"
Radius halber Durchmesser; lat. *radius* „Stab, Speiche, Spindel; Strahl", übertr. „Halbmesser des Kreises"
Radon chemisches Element, radioaktives Edelgas; aus lat. *radius* „Strahl", *radiare* „Strahlen aussenden"
Raffinerie Industrieanlage zur Reinigung, Verfeinerung von Produkten; frz. *raffinerie* in ders. Bed., zu *raffiner* „feiner machen, läutern; verfeinern", aus *re-* „wieder" und *affiner* „fein machen, veredeln, reinigen", zu *fin* „fein"
raffiniert schlau, durchtrieben, gerissen, sehr geschickt; aus frz. *raffiné* in ders. Bed., eigtl. „verfeinert", als Subst. „Freund feiner Genüsse", zu *raffiner* „feiner machen", → Raffinerie

Rage *ugs.:* Wut; frz. *rage* „Tollwut; Grimm, Zorn, heftige Leidenschaft“, über vulgärlat. **rabia* aus lat. *rabies* „Wut, Tollheit, Raserei; Tollwut“, zu *rabere* „wüten, toben, toll sein“

Ragout Speise aus kleingeschnittenem Fleisch oder Fisch in gewürzter Soße; frz. *ragoût* in ders. Bed., eigtl. „gaumenreizende, appetitanregende Speise“, zu *ragoûter* „den Appetit anregen, reizen“, aus *re-* „wieder“ (hier nur verstärkend) und *à goût* „zum oder für den Geschmack“, aus lat. *ad* „zu“ und *gustus* „Geschmack“

Ragtime Vorläufer des Jazz; engl. *ragtime,* eigtl. *ragged time* „zerrissene (Schlag-)Zeit“, aus *ragged* „zerfetzt, zerrissen“ (zu *rag* „Lumpen, Fetzen“) und *time* „Zeit“ (→timen); der Ragtime ist durch eine bestimmte, nachschlagende Synkopierung gekennzeichnet

Rakete durch Rückstoß angetriebener Flugkörper; aus ital. *rocchetto* „Spule, Rolle“ zu *rocca* „Spinnrocken“, aus germ. **rokka* „Rocken“

rallentando *Mus.:* langsamer werdend; ital., Part. Präs. von *rallentare* „verlangsamen“, *rallentarsi* „nachlassen, langsamer werden“, aus *allentare, allentarsi* in denselben Bedeutungen mit vorgesetztem, verstärkendem *ri-* (aus lat. *re-*) „wieder“, *allentare* aus *al-* (in Zus. vor l für *a-* aus lat. *ad*) „nach, zu hin“ und *lento* (lat. *lentus*) „langsam“

Rally, Rallye Sternfahrt; engl. *rally* in ders. Bed., eigtl. „Wiedervereinigung, Zusammenkunft“, zu *to rally* „sammeln, zusammentrommeln, vereinigen“, aus frz. *rallier* „wiederversammeln“, eigtl. *re-allier,* aus *re-* „wieder“ und *allier* „vereinigen“, aus lat. *alligare* „festbinden“, übertr. „verpflichten“, aus *al-* (in Zus. vor l für *ad*) „hin, an, zu“ und *ligare* „binden“

ramifizieren verästeln, verzweigen; aus lat. *ramus* „Ast, Zweig“ und *facere* (in Zus. *-ficere*) „machen“

Rampe schiefe Ebene; erhöhter Rand der Bühne; frz. *rampe* „geneigte Fläche, Auffahrt, Abhang, Treppenstück zwischen zwei Absätzen“, zu *ramper* „kriechen, sich hinschlängeln“, altfrz. „klettern“

ramponieren stark beschädigen; eigtl. „mit einem Haken bearbeiten“, aus ital. *rampone* „Harpune“, *rampa, rampino* „Haken“, aus fränk. **rampôn* „zusammenziehen und fortschnellen“

Ramsch Warenreste, Schleuderware, Plunder; aus mnddt. *ramp* „Menge bunt zusammengewürfelter Dinge“, und *rampe* „Behältnis, Sack für allerlei Waren“, daher die Wendung *in rampe köpen* „in großer Menge, in der Gesamtheit kaufen“, später beeinflußt von frz. *ramas* „Haufen Plunders, aufgesammelte, wertlose Dinge“, zu *ramasser* „mühsam zusammenbringen, sammeln“; rotw. *ramschen* „betrügen“ hängt wohl nicht damit zusammen

randalieren zügellos lärmen, toben; aus veraltetem *Randal* „Lärm“, das in der Studentensprache aus *Radau* und *Skandal* entstand; vermutet wurde auch schles. *Rand* „Streit, Tumult“ mit der Endung *-al* von *Skandal,* was aber weniger wahrscheinlich ist

randomisieren wahllos herausgreifen (für Experimente); aus engl. *randon, random* „zufällig“, *at random* „aufs Geratewohl, auf gut Glück, wahllos“, dazu *random test* „Stichprobe“; *at random* bedeutet eigtl. „in großer Eile“, zu *random* in der älteren Bedeutung „große Eile, Heftigkeit“, aus altfrz. *random* „Heftigkeit, Ungestüm“, zu *randir* „heftig rennen“, zu fränk **rant* „Lauf“

Rang[1] Stellung, Stufe; *im Theater:* Stockwerk; frz. *rang* „Stufe, Stellung (die jmdm. zukommt); Reihe, Ordnung“, aus altfrz. *renc* „Kreis“ (der Gerichtsversammlung, in dem die Verhandlung stattfand), aus fränk. **ring* „Kreis, Ring“

Rang[2] *in der Wendung:* jmdm. den Rang ablaufen, streitig machen: mit jmdm. wetteifern, ihn übertreffen; aus süddt., schweiz. *Rank* „Wendung, Kurve, Wegkrümmung“, aus mhd. *ranc* „schnelle, drehende Bewegung“

Ranger *in den USA:* Aufseher in Nationalparks, Waldhüter; für den Guerillakrieg ausgebildeter Soldat; aus engl. *ranger* „Waldhüter, leichter Reiter“, zu *to range* „durchstreifen, durchwandern“

rangieren (Güterwagen) verschieben; eine Stellung einnehmen; aus frz. *ranger* „nach bestimmter Ordnung aufstellen, ordnen", zu *rang* „Reihe, Ordnung", → Rang[1]

Rankūne Groll, Rachsucht; aus frz. *rancune* „Rachsucht, nachtragende Gehässigkeit, Groll", zu *rancœur* „Groll", aus lat. *rancor* „alter Haß, Groll", eigtl. „Ranzigkeit, ranziger Geschmack (den man lange im Magen fühlt)", zu *rancere* „ranzig sein, stinken"

Ranunkel eine Wiesenpflanze, Hahnenfuß; aus lat. *ranunculus* „kleiner Frosch", zu *rana* „Frosch"; die Pflanze liebt einen feuchten Standort

Raphia eine Palme, Nadelpalme; aus griech. *rhaphe* „Naht", zu *rhaptein* „nähen"; die Frucht endet in einer nadelförmigen Spitze

rapid sehr schnell, zusehends; aus lat. *rapidus* „reißend schnell, ungestüm", zu *rapere* „hastig, schnell fortführen, fortreißen"

Rapier Fechtdegen; aus frz. *rapière* „Degen", aus *épée rapière* (15. Jh.) „Degen mit durchbrochenem Handschutz", zu *râpe* „Reibeisen", wegen der Ähnlichkeit des Handschutzes mit einem Reibeisen

Rappen schweizer. Währungseinheit, deutschsprachige Bez. für den schweizer. Centime, urspr. Münze der oberrheinischen Gebiete; aus mhd. *rappe* „Rabe", nach dem Adler auf der Münze, der im Volksmund spöttisch als „Rabe" bezeichnet wurde; in Freiburg im Breisgau hießen Münzen mit Adlerkopf „Rabenkopfpfennige"

Rapport Bericht, Meldung; frz. *rapport* „Meldung, Aussage", eigtl. „das Zurückerstatten, das Zurückbringen" (durch den Hund), zu *rapporter* „berichten", eigtl. „zurückerstatten, zurückbringen", aus *re-* „wieder" und *apporter*, → apportieren

Raps eine Gemüsepflanze, aus deren Samen Öl gewonnen wird; Kurzform von norddt. *Rapsaat*, niederdt. *rapsad*, aus lat. *rapum* „Rübe" und *Saat* (Samenkörner, Saatgut), also eigentlich „Rübensamen"

Raptus plötzliche, heftige Erregung, stürmischer Krankheitsanfall; *auch scherzh.:* Rappel; aus lat. *raptus* „fortgerissen, geraubt" (d.h. dem Verstand, der Vernunft entrissen), zu *rapere* „fort-, wegreißen, rauben"

Rapunzel Feldsalat; aus lat. *rapulum* „Rübchen", zu *rapum* „Rübe", nach der rübenartigen Wurzel

Rarität Seltenheit, Kostbarkeit; seltenes, kostbares Sammlerstück; aus lat. *raritas*, Gen. *-atis*, „Seltenheit, geringe Anzahl", zu *rarus* „vereinzelt, verstreut, nur einzeln vorkommend", eigtl. „dünn, locker, nicht dicht"

rasant *ugs.:* äußerst schnell; *eigtl.:* flach, gestreckt (von der Geschoßbahn); aus frz. *rasant* „bestreichend" (durch Geschosse), „dicht über dem Boden" (vom Flug des Vogels), zu *raser* „streifen, fast berühren; (mit Geschossen) bestreichen" (aus lat. *radere* „streichen, berühren, kratzen"); der Bedeutungswandel zu „schnell" wurde durch Anlehnung an *rasend* „schnell" bewirkt; die neueste Bedeutung „aufregend, toll" *(rasantes Weib)* ist als Steigerung im Sinne von „rasend interessant, rasend machend" zu verstehen

rasaunen Weiterbildung von → *räsonieren*

rasieren Bart, Haar r.: unmittelbar über der Haut abschneiden; aus frz. *raser* „(Bart, Haare) schneiden", zu *ras* „kurzgeschoren, kahl", aus lat. *rasus* „glattgeschoren", zu *radere* „schaben, kratzen"

räsonieren viel und laut nörgeln, schimpfen; aus frz. *raisonner* „Einwendungen machen; begründen, beurteilen, durchdenken", zu *raison* „Vernunft; Grund, Ursache", aus lat. *ratio*, Gen. *-onis*, „vernünftige Überlegung, Einsicht", → rational

Rasse durch gleiche erbliche Merkmale gekennzeichnete Gruppe von Menschen oder Tieren; aus frz. *race*, ital. *razza* in ders. Bed., weitere Herkunft nicht bekannt; die Ableitung aus arab. *raʾs* „Kopf, Anfang, Ursprung" ist nur Vermutung, nicht belegt; wahrscheinlich handelt es sich nur um eine lautliche Ähnlichkeit der Wörter

Raster *Druck-, Fernsehtechnik:* aus Punkten, Linien oder Flächen gebildetes, netzähnliches Muster; aus lat. *raster* „zum Hacken, Jäten, Zerkrümeln, Rechen der Erde gebrauchte Hacke", zu *radere* „kratzen, scharren"
Rastral fünfzinkiges Gerät zum Einritzen der Notenlinien in eine Metallplatte; aus lat. *rastrum, raster* „zwei- oder mehrzinkige Hacke"
Rate Teilbetrag, Teilzahlung; aus ital. *rata* in ders. Bed., verkürzt aus der lat. Fügung *pro rata parte* „nach dem berechneten Anteil", *ratus* „berechnet, bestimmt", zu *reri* „bei sich bestimmen, glauben, meinen, dafürhalten"
ratifizieren bestätigen, genehmigen; aus mlat. *ratificare* in derselben Bedeutung, aus lat. *ratus* „berechnet, endgültig, bestimmt, rechtsgültig" (zu *reri* „urteilen, meinen, glauben, für etwas halten") und *facere* (in Zus. *-ficare,* Intensivum zu *-ficere*) „machen"
rational vernunftgemäß; aus lat. *rationalis* „zur Vernunft, zur Rechnung, Berechnung gehörig", zu *ratio,* Gen. *-onis,* „Berechnung, Erwägung, Überlegung, Vernunft", zu *ratus* „berechnet, beurteilt, entschieden, gültig", zu *reri* „urteilen"
Raute eine Pflanze; aus ahd. *ruta,* aus lat. *ruta* „balsamisch riechende, scharfbitter schmeckende Pflanze"
Ravioli mit Fleisch (oder Gemüse) gefüllte Vierecke aus Nudelteig; ital. *ravioli* (Pl. von *raviolo*) in ders. Bed.; das Wort taucht im 13. Jh. zum erstenmal in Cremona als kulinarische Spezialität auf, mlat. in der Form *rabiola* „Fleischkügelchen", vulgärlat. **rabiolae* „Leckerbissen", weitere Herkunft nicht geklärt
Rayon Abteilung (eines Kaufhauses); *österr.:* Dienstbereich (eines Polizisten), Verwaltungsbezirk; frz. *rayon* „Strahl, Radius", übertr. „Umkreis" (im Dt. hat sich nur die übertr. Bedeutung durchgesetzt: „Umkreis" im Sinne von „Radius, Aktionsradius", d.h. „Bereich, in dem man handeln, sich bewegen kann"), zu *rai, rais* „Strahl", aus lat. *radius* „Strahl"
Razzia Durchsuchungs- und Festnahmeaktion der Polizei; aus span. *razzia* „Plünderungszug", aus *ġāziya,* nordafrikan. Dialektform zu arab. *ġazwa* „Kriegszug"; das arab. ġ ist ein dem Zäpfchen-r ähnlicher Reibelaut, weshalb es von den Franzosen in Nordafrika häufig als r wiedergegeben wurde; in dieser Form drang es dann in die meisten europäischen Sprachen ein
Readymade industriell erzeugter Gegenstand, der zum Kunstgegenstand erhoben worden ist; engl. „vorbereitet", Part. Perf. von *to make ready* „vorbereiten", aus *to make* „machen" und *ready* „bereit, fertig", aus mengl. *redi,* altengl. *ræde, geræde* in ders. Bed., urspr. „fertig zum Reiten", zu *riden* „reiten"
regieren zurückwirken, antworten; aus lat. *re-* „zurück" und → *agieren*
realisieren verwirklichen; zu Geld machen, verkaufen; verstehen, sich klarmachen; aus frz. *réaliser* „verwirklichen, ausführen", in der Bedeutung „verstehen" beeinflußt von engl. *to realize* „verstehen, erkennen", aus mlat. *realis* „sachlich, wirklich", aus lat. *res,* Gen. *rei,* „Sache, Ding, Wirklichkeit"
Rebach, Reibach *ugs.:* Gewinn, Vorteil, Nutzen; aus rotw. *Rebbach* in derselben Bedeutung, aus jidd. *rewach* „Zins, Gewinn", aus hebr. *ribbā* „mehren, verdienen"
Rebell Aufrührer, Empörer; frz. *rebelle* in ders. Bed., zu *rebeller* „sich empören, sich auflehnen", aus lat. *rebellare* „den Krieg, den Kampf erneuern" (gegen den, der ihn soeben gewonnen hat), übertr. „sich auflehnen", aus *re-* „wieder" und *bellare* „Krieg führen, kämpfen", zu *bellum* „Krieg", aus altlat. *duellum,* → Duell
Rebhuhn ein kleiner Fasanenvogel; aus ahd. *rebhuon, rebahuon, rephuon, repahuon,* wahrscheinlich über russ. *rjab, rjabka* „Rebhuhn" aus altslaw. *rebu* „bunt"; die Anlehnung an „Rebe" ist volksetymologisch
Rebus Bilderrätsel; aus lat. *rebus* „durch Dinge", zu *res* „Sache, Ding, Gegenstand"
Receiver Rundfunkempfänger mit Verstärker; engl. *receiver* „Empfän-

ger", zu *to receive* „empfangen", aus mengl. *receiven* aus altfrz. *reçoivre* in ders. Bed., aus lat. *recipere* „zurücknehmen, zurückerhalten", aus *re-* „wieder, zurück" und *capere* (in Zus. *-cipere*) „fassen, ergreifen"

Rechaud Wärmeplatte; *österr.:* Gaskocher; frz. *réchaud* „Kohlenbecken, Wärmpfanne, Wärmeplatte", in Anlehnung an *chaud* „warm" aus **réchauf,* zu *réchauffer* „aufwärmen", aus *re-* „wieder" und *échauffer* „erwärmen", dieses aus *é-* (verstärkend) und *chauffer* „warmmachen", → Chauffeur

Recherche Nachforschung; frz. *recherche* „Nachforschung, gerichtliche Untersuchung", zu *rechercher* „noch einmal suchen, sorgfältig suchen, nachforschen", aus *re-* „wieder" und *chercher* „suchen", aus lat. *circare* „durchstreifen, durchwandern", auch „durchsuchen", eigtl. „ringsherum gehen", zu *circumire* „herumgehen", aus *circum* „ringsum" (zu *circus* „Kreis") und *ire* „gehen"

Recital Veranstaltung, die nur von einem einzigen Künstler oder nur mit Werken eines einzigen Künstlers bestritten wird; engl. *recital* „das Vorlesen, Vortragen", zu *to recite* „vortragen, aufsagen", → rezitieren

Reconquista Zurückgewinnung Spaniens von den Arabern durch die christlichen Spanier; span. *reconquista* „Wiedereroberung", zu *reconquistar* „wiedererobern", aus lat. *re-* „wieder, zurück" und *conquirere* „sich zu verschaffen suchen, von verschiedenen Seiten aufsuchen", aus *con-* (in Zus. für *cum*) „mit, zusammen" und *quaerere* „suchen, zu erwerben, zu gewinnen suchen"

Recorder Gerät zum Aufzeichnen auf Tonträger, bes. auf Tonband; engl. *recorder* „Aufnahmegerät", zu *to record* „aufschreiben, aufzeichnen", aus mengl. *recorden* aus altfrz. *recorder* „sich ins Gedächtnis zurückrufen", aus lat. *recordari* „an etwas zurückdenken, sich vergegenwärtigen", aus *re-* „wieder, zurück" und *cor,* Gen. *cordis,* „Herz, Gemüt, Seele"

Recycling Wiederverwertung von bereits benutzten Rohstoffen und Abfällen; engl., eigtl. „Zurückführung in den Kreislauf", aus engl., lat. *re-* „wieder, zurück" und engl. *cycle* aus spätlat. *cyclus* aus griech. *kyklos* „Kreis, Kreislauf"

Redakteur Angestellter einer Zeitung oder eines Verlages, der Manuskripte für die Veröffentlichung bearbeitet; frz. *rédacteur* „Schriftleiter, -führer", zu *rédiger,* → redigieren

redigieren bearbeiten (Manuskript); aus frz. *rédiger* „abfassen, niederschreiben", aus lat. *redigere* „in Ordnung bringen, in einen Zustand bringen, verwandeln", eigtl. „wieder zurückbringen", aus *red-* (vor Vokalen für *re-*) „wieder, zurück" und *agere* (in Zus. *-igere*) „treiben, führen, leiten"

Redoute *früher:* Festungsschanze; vornehmer Maskenball; Tanz-, Konzertsaal; frz. *redoute* „geschlossene, viereckige Schanze; Saal für Bälle, Konzerte u.ä.; der Ball, das Fest selbst"; in der Bedeutung „Schanze" zu *réduit* „Rückzugswerk, Kernwerk" einer Befestigungsanlage, d.h. deren innerster, bombensicherer, ummauerter Raum, sowie „verborgener Platz, Versteck", aus ital. *ridotta* „Befestigung"; in der Bedeutung „Tanz-, Konzertsaal" aus ital. *ridotto* „Wandelhalle, Tanzsaal, Aufenthaltsraum der Schauspieler zwischen den Akten, kleiner Raum für wenige Personen", beide ital. Formen aus lat. *reductus* „zurückgezogen", zu *reducere* „zurückziehen, -führen", aus *re-* „zurück" und *ducere* „führen"

Reduktion Zurückführung, Verringerung, Herabsetzung; aus lat. *reductio,* Gen. *-onis,* „Zurückführung, Zurückziehung", zu *reducere,* → reduzieren

Redundanz Überflüssiges; die bei einer Information über das zum Verständnis Notwendige hinausgehenden Wörter und Zeichen; über engl. *redundance* „Überschuß, Übermaß" aus lat. *redundantia* „Überfülle, Überströmen", zu *redundare* „überströmen, im Überfluß vorhanden sein", eigtl. „wieder zurückströmen", aus *red-* (vor Vokalen für *re-*) „zurück" und *undare* „wogen, wallen", zu *unda* „Welle"

reduzieren vermindern, herabsetzen; aus lat. *reducere* „zurückziehen, zurückführen", aus *re-* „zurück" und *ducere* „führen", zu *dux,* Gen. *ducis,* „Führer"
Reede Ankerplatz für Schiffe; aus mnddt. *rede, reide,* ndrl. *reede* „Platz, an dem Schiffe ausgerüstet und bereitgemacht werden", dazu engl. *roads* (Pl.) in ders. Bed., zu *road* „Weg, Straße", urspr. „Weg zum Reiten", aus mengl. *rode,* altengl. *rad* „Reise, das Reiten", zu *rîden* „reiten"; die Reede ist also ein Platz, an dem die Schiffe „vor Anker reiten"
reell ehrlich, anständig, zuverlässig; wirklich vorhanden, begründet; aus frz. *réel* „zuverlässig", aus mlat. *realis* „wirklich, dinglich, sachlich, bindend", aus lat. *res,* Gen. *rei,* „Sache, Ding, Wirklichkeit"
Refektorium *in Klöstern:* Speisesaal; über mlat. *refectorium* aus lat. *refectio* „Erholung, Erquickung", zu *reficere* „wieder kräftigen, erquicken", eigtl. „wiederherstellen", aus *re-* „wieder" und *facere* (in Zus. *-ficere*) „machen"
Referat Vortrag, Bericht; Arbeitsgebiet; aus lat. *referat* „er möge berichten", zu *referre* „berichten, mitteilen, melden, überliefern", eigtl. „zurückbringen, zurückmelden, als Rückmeldung überbringen", aus *re-* „zurück" und *ferre* „bringen, tragen"
reflektieren zurückstrahlen, widerspiegeln; nachdenken, *eigtl.:* sich in sein Inneres (zurück)wenden; aus lat. *reflectere* „zurückwenden", aus *re-* „zurück" und *flectere* „biegen, wenden"
Reformation Wiederherstellung (eines ursprünglichen Zustandes), Erneuerung; *i.e.S.:* Bewegung zur Erneuerung der Kirche im 16. Jh.; aus lat. *reformatio,* Gen. *-onis,* „Umgestaltung, Erneuerung", zu *reformare* „umgestalten, ändern, verbessern, wiederherstellen, zurückgeben", aus *re-* „zurück, entgegen" und *formare* „formen, gestalten", weil ein früherer, besserer Zustand wiederhergestellt werden soll, der dem augenblicklichen entgegengesetzt ist
Refrain Kehrreim; frz. *refrain* in ders. Bed., aus lat. *refringere* „(Lichtstrahlen) brechen und zurückwerfen", der Refrain ist also eigtl. „das, was immer wieder zurückgeworfen wird bzw. zurückkehrt", aus *re-* „zurück" und *frangere* (in Zus. *-fringere*) „brechen"
Refraktion Brechung (von Lichtwellen); aus lat. *refractus* „gebrochen und zurückgeworfen", zu *refringere* „brechen und zurückwerfen" (von Lichtstrahlen), aus *re-* „zurück" und *frangere* (in Zus. *-fringere*) „brechen"
Refugium Zufluchtsort; aus lat. *refugium* „Zuflucht, Zufluchtsort", zu *refugere* „zurückfliehen, seine Zuflucht suchen", aus *re-* „zurück" und *fugere* „fliehen"
Regal[1] wirtschaftlich nutzbares Hoheitsrecht; aus mlat. *regalia* „das dem König Zustehende, insbes. die ihm zustehenden Einkünfte", aus lat. *regalis* „dem König zukommend, königlich", zu *rex,* Gen. *regis,* „König"
Regal[2] Gestell mit Fächern bes. für Bücher oder Waren; aus nddt. *Rijol, Riol, Reol* „Bücherbrett", vielleicht aus ital. (Kaufmannssprache) *riga* „Reihe", *rigo* „Lineal", aus dem Langobardischen
Regatta Wettfahrt von Booten; aus venezian. *regata* in ders. Bed., zu *regatar* „wetteifern", vielleicht aus vulgärlat. **recaptare* „streitig machen", aus lat. *re-* „zurück, wieder" und *captio* „das Fassen, Ergreifen", zu *capere* „fassen, ergreifen"; vielleicht auch zu ital. *riga* „Reihe, Linie"
regenerieren erneuern, neu bilden; aus lat. *regenerare* „wiedererzeugen", aus *re-* „wieder, zurück" und *generare* „erzeugen", zu *genus* „Geburt"
Regent regierender Fürst; aus lat. *regens,* Gen. *-entis,* „lenkend, leitend", Part. Präs. von *regere,* → regieren
Regest knappe Zusammenfassung des wesentlichen Inhalts einer Urkunde; aus lat. *regesta* „Verzeichnis, Katalog", zu *regerere* „einschreiben, eintragen", eigtl. „(dem Leser) zurückbringen, (ins Gedächtnis) zurücktragen", aus *re-* „zurück" und *gerere* „führen, tragen"
Regie Verwaltung öffentlicher Unternehmen; künstlerische Leitung (eines

Theaterstücks, Films u. ä.); *österr.:* Verkaufsmonopol; frz. *régie* „Verwaltung der indirekten Staatseinkünfte", zu *régir* „lenken, leiten, verwalten", aus lat. *regere* „lenken, leiten", eigtl. „geraderichten"
regieren lenken, leiten, beherrschen; aus lat. *regere* in derselben Bedeutung, eigtl. „geraderichten", zur idg. Wurzel **reg-* „recken, richten"
Regiment Herrschaft, Leitung; Truppeneinheit; aus lat. *regimentum* „Leitung, Führung", zu *regere* „lenken, leiten, beherrschen", → regieren
Regiolekt nur innerhalb einer Region vorkommender sprachlicher Ausdruck; aus → *Region* und dem zweiten Teil von → *Dialekt* gebildet
Region Bereich, Gegend; aus lat. *regio,* Gen. *-onis,* „Gegend, Gebiet", eigtl. „Richtung", zu *regere* „geraderichten, lenken"
Register Verzeichnis, Liste; aus mlat. *registrum, regestrum* „Verzeichnis, Aufzeichnung", aus lat. *regestum* „das Eingeschriebene, Eingetragene", zu *regerere* „einschreiben, eintragen", eigtl. „zurückbringen, zurücktragen", aus *re-* „zurück" und *gerere* „tragen"
reglementieren durch Vorschriften regeln, behördlich anordnen, beaufsichtigen; aus frz. *réglementer* „durch Verordnungen bestimmen", zu *règlement* „Bestimmung, Verordnung, Regelung", zu *régler* „regeln, ordnen, einrichten", zu *règle* „Regel, Vorschrift", aus lat. *regula* „Regel, Richtschnur", eigtl. „Richtscheit, Richtholz", zu *regere* „geraderichten, lenken"
Regreß Ersatz, Entschädigung, Ersatzanspruch; aus lat. *regressus* „Ersatzanspruch; Rückhalt, Zuflucht", zu *regredi* „Ersatzanspruch stellen, sich an jmdn. halten, Rückhalt bei jmdm. suchen", eigtl. „zurückgehen", aus *re-* „zurück" und *gradi* (in Zus. *-gredi*) „schreiten", zu *gradus* „Schritt"
regulieren regeln, ordnen, in gleichmäßigen Gang bringen; begradigen (Fluß); aus lat. *regulare* „regeln, einrichten", zu *regula* Richtscheit, Lineal, Richtschnur, Regel, Maßstab, Grundsatz", zu *regere* „geraderichten"
rehabilitieren rechtfertigen, in die frühere Lage oder in frühere Rechte wieder einsetzen; aus lat. *re-* „zurück, wieder" und mlat. *habilitare* „befähigen", → habilitieren
Reiher ein Schreitvogel; aus mhd. *reiger, heiger,* aus ahd. *reigaro, heigaro,* aus germ. **hraigan* in derselben Bedeutung, zur idg. Wurzel **kraikr-* „heiser schreien"
Reizker ein Blätterpilz; aus sorb. *ryzyk,* zu sorb. *ryzy* „rötlich", wegen des rötlich-milchigen Saftes
Rejektion *Rechtsw.:* Abweisung (von Anträgen oder Klagen); aus lat. *reiectio,* Gen. *-onis,* „das Zurückwerfen, Ablehnung", zu *reiectare* „zurückweisen", Intensivum zu *reicere* „zurückwerfen, zusammenstoßen, -drängen", aus *re-* „zurück" und *iacere* (in Zus. *-icere*) „werfen"
rekapitulieren zusammenfassend wiederholen; aus lat. *recapitulare* „in den Hauptpunkten zusammenfassen, wiederholen", aus *re-* „wieder" und *capitulum* „Abschnitt", → Kapitel
Reklame Werbung (für Waren); aus frz. *réclame* „marktschreierische Anpreisung", zu *réclamer* „begehren, fordern, beanspruchen" (nämlich Interesse), → reklamieren
reklamieren beanstanden, Verbesserung, Ersatz fordern; sich beschweren, Einspruch erheben; aus frz. *réclamer* „Einspruch erheben, begehren, fordern", aus lat. *reclamare* „laut dagegenrufen, laut widersprechen, entgegenschreien", aus *re-* „entgegen" und *clamare* „laut rufen, schreien"
rekognoszieren auskundschaften; aus lat. *recognoscere* „wieder durchsehen, prüfen, mustern, besichtigen", aus *re-* „wieder" und *cognoscere* „kennenlernen, erkennen, untersuchen", → kognitiv
rekonstruieren wiederherstellen, nachbilden; aus lat. *re-* „wieder" und → *konstruieren*
Rekonvaleszenz Genesung, Gesundung; aus lat. *re-* „wieder" und → *Konvaleszenz*
Rekord Höchstleistung (eines Sportlers); engl. *record* in ders. Bed., eigtl.

„Aufzeichnung, Urkunde, Bericht", zu *to record* „aufschreiben, aufzeichnen" (→Recorder), also eigtl. „höchste der bisher registrierten Leistungen"; dieser Sinn wird deutlich in den Fügungen *einen Rekord brechen, aufstellen* „eine registrierte Leistung übertreffen bzw. eine Leistung erreichen, die neu festgehalten werden muß"

Rekrut Soldat in der Grundausbildung; aus frz. *recrue* „Nachwuchs; Aushebung; der Ausgehobene, Rekrut" und *recruter* „ausheben, ergänzen", zu *recroître* „nachwachsen", aus *re-* „wieder" und *croître* aus lat. *crescere* „wachsen"

rektal im, durch den Mastdarm; zu *Rektum,* der medizinischen Bez. für „Mastdarm", dieses verkürzt aus lat. *intestinum rectum* „gerade verlaufender Darm", zu *rectus* „gerade" und →*Intestinum*

Rektapapier auf den Namen des Berechtigten lautendes Papier, das nicht auf einen anderen übertragen werden darf; aus lat. *recta,* Fem. von *rectum* „gerade, richtig, wie es sich gehört", zu *regere* „geraderichten"

Rektor Leiter (einer Schule oder Hochschule, Nebenkirche o.ä.); aus lat. *rector* „Lenker, Leiter, Führer, Erzieher", zu *regere* „lenken, leiten", eigtl. „geraderichten, auf ein Ziel richten"

Rektoskop Mastdarmspiegel; aus *Rektum,* der medizinischen Bez. für „Mastdarm" (→rektal) und griech. *skopein* „schauen, besichtigen"

Relais *früher:* Station zum Wechseln der Postpferde; Postenkette; *heute:* Schalter eines elektrischen Stromkreises, der einen zweiten, stärkeren Stromkreis öffnet oder schließt; frz. *relais* in denselben Bedeutungen, zu *relayer* „sich bei der Arbeit ablösen, nacheinander beschäftigen, frische Pferde nehmen", aus altfrz. *relaier* „zurücklassen" (d.h. eigtl. „den einen nehmen und den andern zurücklassen"), aus *re-* „zurück" und altfrz. *laier* „verlassen"

Relation wechselseitige Beziehung, Verhältnis; *früher auch:* Berichterstattung, Nachricht, Botschaft; aus lat. *relatio,* Gen. *-onis,* „Berichterstattung, Erwiderung; Verhältnis, Beziehung", eigtl. „das (Hin- und) Zurücktragen, Zurückbringen", zu *referre* (Perfekt: *relatus*) „zurücktragen, -bringen", aus *re-* „zurück, wieder" und *ferre* „tragen, bringen"

relativ auf etwas bezogen; eingeschränkt, verhältnismäßig; aus lat. *relativus* „bezüglich, sich auf etwas beziehend", zu *relatus* „zurückgewendet", zu *referre* „sich auf etwas zurückwenden, zurückkehren, zurückbringen, -tragen", aus *re-* „zurück" und *ferre* „tragen, bringen"

relegieren (von einer Schule oder Hochschule) verweisen; aus lat. *relegare* „fortschicken, verbannen, entfernen", aus *re-* „zurück" und *legare* „senden"

relevant erheblich, belangvoll, wichtig; *ältere Bedeutung:* richtig, schlüssig, beweiskräftig, aus lat. *relevans,* Gen. *-antis,* Part. Präs. von *relevare* „aufheben, in die Höhe heben, entgegenheben" (und dadurch sichtbar, erkennbar, deutlich machen), aus *re-* „entgegen" und *levare* „heben, leichter machen, erleichtern", zu *levis* „leicht"

Relief aus einer Fläche erhaben herausgearbeitete Plastik; Form der Erdoberfläche und deren kartographische Nachbildung; frz. *relief* „erhabene Arbeit, Hervortreten", zu *relever* „höher machen, erhöhen", aus *re-* (verstärkend) und *lever* aus lat. *levare* „heben"

Religion Glaube, Glaubensbekenntnis; aus lat. *religio,* Gen. *-onis,* „rücksichtsvolle, gewissenhafte Beachtung, bes. von Heiligem, Frömmigkeit, Gottesfurcht", zu *religens* „gottesfürchtig", weitere Herkunft nicht geklärt, wahrscheinlich zu **religere* „rücksichtsvoll beachten", aus *re-* „wieder, noch einmal" (verstärkend) und **ligere, *legere* „achten"

Relikt Überrest, Überbleibsel aus der Vergangenheit; aus lat. *relictus* „zurückgelassen", zu *relinquere* „zurücklassen, übriglassen", aus *re-* „zurück" und *linquere* „an einer Stelle lassen"

Reliquie kultisch verehrter Überrest eines Heiligen oder eines Gegenstandes, der einem Heiligen einst gehört hat; aus lat. *reliquiae* (Pl.) „Überreste, Trümmer", zu *reliquus* „zurück-, übriggeblieben", zu *relinquere* „zurück-, übriglassen", → Relikt

Reluktanz magnetischer Widerstand; aus lat. *reluctans,* Part. Präs. von *reluctari* „widerstreben, sich widersetzen", aus *re-* „entgegen" und *luctari* „ringen, kämpfen, sich widersetzen", zur idg. Wurzel **lug-* „biegen"

Remake Wiederholung, Neufassung, bes. Wiederverfilmung; engl. *remake* in ders. Bed., zu *to remake* „wieder machen, erneuern", aus *re-* (lat. *re-*) „wieder, noch einmal" und *to make* „machen"

remanent zurückbleibend; aus lat. *remanens,* Gen. *-entis,* Part. Präs. von *remanere* „zurückbleiben", aus *re-* „zurück" und *manere* „bleiben"

Reminiszenz Erinnerung; aus lat. *reminiscentia* „Erinnerung", zu *reminisci* „sich erinnern, an etwas zurückdenken", aus *re-* „zurück" und *meminisse* „sich erinnern, im Gedächtnis haben", zu *mens,* „Sinn, Besinnung, Denkvermögen"

remis unentschieden; frz. *remis* „aufgeschoben", zu *remettre* „aufschieben", aus *re-* „zurück" und *mettre* aus lat. *mittere* „setzen, stellen"

remittieren zurücksenden; zeitweilig nachlassen (Fieber); aus lat. *remittere* „nachlassen, abnehmen", aus *re-* „zurück" und *mittere* „senden, gehen lassen"

Remonte Auffrischung des Pferdebestandes; in der Ausbildung befindliches Militärpferd; frz. *remonte* in ders. Bed., zu *remonter* „sich wieder mit dem Nötigsten versehen, wieder ausrüsten", aus *re-* „wieder" und *monter* „erhöhen, vermehren, ergänzen", eigtl. „steigen", zu *mont* aus lat. *mons,* Gen. *montis,* „Berg"

Remorqueur *österr.:* kleiner Schleppdampfer; frz. *remorqueur* in ders. Bed., zu *remorquer,* älter *remocquer* aus vulgärlat. *remulcare* „schleppen, ziehen, bugsieren", zu lat. *remulcum* „Schlepptau", aus griech. *rhymoulkein* „am Schlepptau, Zugseil ziehen", zu *rhyma* „Zugseil, Bogensehne"

Remoulade pikante kalte Soße aus Öl, Eiern und Gewürzen; frz. *remoulade* in ders. Bed., älter *ramolade,* vielleicht aus ital. *ramolaccio* „schwarzer Rettich", aus lat. *armoracium* „Meerrettich"

Ren eine in nördlichen Ländern lebende Hirschart; aus skandinav. *ren,* aus germ. **hraina,* zur idg. Wurzel **ker-* „Horn"

Renaissance Wiederaufleben früherer Kulturformen, bes. der Antike im 14.–16. Jh.; *eigtl.:* Wiedergeburt; frz. *renaissance* in ders. Bed., zu *renaître* „wiedergeboren werden, wiederaufleben", aus *re-* „wieder" und *naître* aus lat. *nasci* „geboren werden"

Rencontre Zusammenstoß, unerwartete Feindberührung; frz. *rencontre* „Zusammentreffen, Begegnung, Zusammenstoß, Zweikampf", zu *rencontrer* „treffen, begegnen, finden", aus *re-* „wieder" und *encontre* „gegen, entgegen", aus *en* „in hinein" und *contre* aus lat. *contra* „gegen"

Rendant *veraltet:* Kassenverwalter (einer Gemeinde); frz. *rendant* „Rechnungsleger", zu *rendre* „zurückgeben, abliefern, zustellen", aus lat. *reddere* „zurückgeben"

Rendezvous verabredete Begegnung, Stelldichein; frz. *rendez-vous* in ders. Bed., eigtl. „begeben Sie sich, kommen Sie", zu *se rendre* „sich an einen Ort begeben"

Rendite Gewinn, Zinsertrag; aus ital. *rendita* „Einkommen, Rente", zu *rendere* „einbringen", unter Einfluß von ital. *prendere* „nehmen" aus lat. *reddere* „wieder-, zurückgeben"

Renegat Abtrünniger; aus lat. *re-* „wieder" und *negare* „nein sagen, verneinen, leugnen"

Reneklode eine Pflaumenart; aus frz. *Reine Claude* „Königin Claudia", nach der ersten Gemahlin Franz' I. von Frankreich (1499–1524)

Renette eine Apfelsorte; aus frz. *reinette, rainette* in ders. Bed., ältere Form *renetia;* die Herkunft ist umstritten; die Schreibung *rainette* gab zu der Ableitung aus lat. *rana* „Laubfrosch" Anlaß, wegen der gesprenkelten Schale bzw. Haut; die Schreibung *reinette* wies auf frz. *reine* „Königin" hin, weil die *Renette* ein feiner, „königlicher" Apfel sei; und die Bezeichnung *poma renana,* die um 1700 bezeugt ist, legte die Ableitung von frz. *Rhîn* „Rhein" nahe, also „rheinischer Apfel"

renitent widerspenstig, widersetzlich; aus lat. *renitens,* Gen. *-entis,* Part. Präs. von *reniti* „sich widersetzen", eigtl. „sich zurückstemmen", aus *re-* „zurück, entgegen" und *niti* „sich stemmen, stützen"

Renommee Ruf, Ansehen; frz. *renommée* „Ruf, Name, Berühmtheit", zu *renommer* „loben, rühmen, wieder ernennen oder erwählen", aus *re-* „wieder" und *nommer* aus lat. *nominare* „nennen", zu *nomen,* Gen. *nominis,* „Name, Benennung"

renommieren prahlen, aufschneiden; aus frz. *renommer* „loben, rühmen", aus *re-* „wieder" und *nommer* aus lat. *nominare* „nennen"

renovieren erneuern, instand setzen; aus lat. *renovare* „erneuern, wiederherstellen", aus *re-* „wieder" und *novare* „erneuern, neu machen", zu *novus* „neu"

Rente regelmäßiges Einkommen aus Vermögen, Versicherung o.ä.; frz. *rente* in ders. Bed. sowie „Zins", zu *rendre* „geben, gewähren, einbringen", aus lat. *reddere* „wiedergeben, erstatten", aus *red-, re-* „zurück, wieder" und *dare* „geben"

rentieren sich r.: Gewinn bringen, Zinsen tragen; sich lohnen; aus frz. *renter* „mit Einkünften versehen", zu *rente,* → Rente

reparieren ausbessern, instand setzen; aus lat. *reparare* „wiederherstellen", aus *re-* „wieder" und *parare* „(zu)bereiten, ausrüsten, einrichten"

repassieren nochmals prüfen, durchsehen, nachbehandeln; aus frz. *repasser* in ders. Bed., eigtl. „wieder vorbeikommen, wiederkommen, zurückgehen", aus *re-* „wieder" und *passer* „gehen", aus lat. *passus* „Schritt"

repatriieren wieder einbürgern; in die Heimat entlassen (Gefangene); aus lat. *repatriare* „ins Vaterland zurückkehren", aus *re-* „zurück" und *patria* „Vater-, Heimatland", zu *pater,* Gen. *patris,* „Vater"

Repellent Mittel, das Wasser abstößt, ohne zu schaden, oder Schädlinge fernhält, ohne diese zu töten, z.B. Schutzanstrich; engl. *repellent* „abstoßend; Abwehrmittel", aus lat. *repellens,* Gen. *-entis,* Part. Präs. von *repellere* „zurücktreiben, abweisen, zurückstoßen, -schlagen", aus *re-* „zurück" und *pellere* „stoßen, in Bewegung setzen"

Reperkussion Rückprall; *bei der Fuge:* Durchführung des Themas durch alle Stimmen; mehrfache Wiederholung des gleichen Tons; aus lat. *repercussio,* Gen. *-onis,* „das Zurückschlagen, -prallen, Wiedertönen", aus *re-* „zurück, wieder" und *percussio* „Schlag, Taktschlag", zu *percutere* „heftig schlagen", aus *per* „durch" und *quatere* „schlagen"

Repertoire Bestand an eingeübten Stücken bzw. Rollen (bei Musikern, Schauspielern); frz. *répertoire* in ders. Bed. sowie „Sammlung in übersichtlicher Anordnung, Register", aus lat. *repertorium* „Verzeichnis", zu *reperire* „(Verlorenes) wiederfinden", aus *re-* „wieder, zurück" und *perire* „verlorengehen, verschwinden"

repetieren wiederholen; aus lat. *repetere* „wiederholen, wieder anfangen, von neuem verlangen", aus *re-* „wieder" und *petere* „hingehen, aufsuchen, holen, verlangen"

Repetitor Akademiker, der Studenten durch Wiederholung des Stoffes auf die Prüfung vorbereitet; aus lat. *repetitor* „jmd., der etwas wiederholt, zurückfordert", zu *repetere* „wiederholen", → repetieren

Replik Erwiderung, Einrede (vor Gericht); Nachbildung eines Kunstwerkes durch den Künstler selbst; aus mlat. *replicatio,* Gen. *-onis,* „Wiederholung, Wiederherstellung", eigtl. „Zurückfalten, Auffalten", aus lat. *replicare* „wieder auseinanderfalten, wieder aufrollen, wiederholen", aus *re-* „wieder, zurück“ und *plicare* „falten, zusammenlegen“

reponieren *Med.:* wiedereinrichten; aus lat. *reponere* „wieder an seinen vorigen Ort legen oder setzen, zurücklegen, -setzen, wiederherstellen“, aus *re-* „wieder, zurück“ und *ponere* „setzen, legen, stellen“

Reportage Bericht eines Reporters; frz. *reportage* „Einziehen von Erkundigungen für eine Zeitung“, zu *reporter* „zurückbringen“, aus *re-* „zurück“ und *porter* aus lat. *portare* „tragen, bringen“

repräsentieren vertreten; darstellen; der gesellschaftlichen oder beruflichen Stellung entsprechend auftreten; aus lat. *repraesentare* „vorführen, vorstellen, vor Augen führen, vergegenwärtigen“, aus *re-* „wieder“ und *praesentare* „zeigen“, →präsentieren

Repressalie Vergeltung, Gegenmaßnahme, Druckmittel; aus mlat. *reprensalia, represalia, reprisalia* (Pl.) „Vergeltungsmaßnahmen durch Eroberung oder Gefangennahme“, eigtl. „Zurücknahme des Genommenen“, aus lat. *reprendere,* zusammengezogen aus *reprehendere* „wieder fassen, pakken, festhalten“, aus *re-* „wieder“ und *prehendere* „fassen, ergreifen“, ein Grundwort hierzu ist nicht belegt

Reprint (fotomechanischer) Nach-, Neudruck; engl. *reprint* in ders. Bed., zu *to reprint* „neu drucken, nachdrukken“, aus *re-* (lat. *re-*) „wieder, noch einmal“ und *print* „Druck“, aus mengl. *prente, preinte* aus altfrz. *preinte, priente* „Abdruck, Prägung“, zu *preindre* „einprägen, eindrücken“, aus lat. *premere* „drücken, pressen“

Reprise Wiederaufnahme, Wiederholung; frz. *reprise* in ders. Bed., zu *reprendre* „wieder aufnehmen“, aus *re-* „wieder“ und *prendre* aus lat. *prendere,* zusammengezogen aus *prehendere* „nehmen, fassen“, ein Grundwort hierzu ist nicht belegt

reproduzieren (durch Fotografie oder Druck oder aus dem Gedächtnis) wiedergeben; aus lat. *re-* „wieder“ und →*produzieren*

Reptil Kriechtier; aus lat. *reptilis,* zu *reptere* „kriechen“, Intensivbildung zu *repere* „kriechen, schleichen“

Republik Staat, dessen Verfassung keinen Monarchen als Oberhaupt vorsieht; über frz. *république* aus lat. *res publica* „Gemeinwesen, Staat“, eigtl. „öffentliche Sache“, zu *res* „Sache, Angelegenheit“ und *publicus* „öffentlich“, →Publikum

Repugnanz *Philos.:* Gegensatz, Widerstreit; aus lat. *repugnantia* „Widerstand“, übertr. „Widerstreit, Widerspruch“, zu *repugnare* „dagegen kämpfen, widerstreben, Widerstand leisten, sich widersetzen“, aus *re-* „wieder, zurück“ und *pugnare* „kämpfen, streiten“

Repulsion *Technik:* Abstoßung, Rückstoß; aus lat. *repulsio,* Gen. *-onis* „das Zurücktreiben, Abwehr“, zu *repellere* „zurücktreiben, abweisen, abwehren“, aus *re-* „zurück“ und *pellere* „stoßen, in Bewegung setzen“

Reputation guter Ruf, Ansehen, *eigtl.:* öffentliche Meinung, allgemeines Urteil über jmdn. oder eine Sache (den positiven Sinn bekam das Wort durch Einfluß von frz. *réputation* „guter Ruf, Ansehen“); aus lat. *reputatio,* Gen. *-onis,* „Erwägung, Betrachtung“, zu *reputare* „erwägen, betrachten, überdenken“, aus *re-* „wieder“ und *putare* „meinen, glauben, für etwas halten“

Requiem Totenmesse; nach dem ersten Wort des Introitus *Requiem aeternam dona eis, Domine* „Die ewige Ruhe gib ihnen, Herr“, zu *requies* „Ruhe, Rast, Erholung von Anstrengung“, aus *re-* „wieder“ und *quies* „Ruhe“

requirieren (für militärische Zwecke) beschlagnahmen; untersuchen, nachforschen; aus lat. *requirere* „nach etwas forschen, fragen, etwas aufsuchen (um es wieder herzubringen, wieder an den richtigen Ort zurückzubringen)“, aus *re-* „wieder, zurück“ und *quaerere* „suchen, forschen, fragen“

Requisit Ausstattungsgegenstand, Arbeitsgerät; aus lat. *requisitum* „das Verlangte, Erforderliche, Nötige“, zu *requirere* „verlangen, für nötig halten, herbeisuchen, nachforschen, nachfragen“, aus *re-* „wieder“ und *quaerere* „suchen, forschen, fragen“

Research Ermittlung, Feststellung; engl. *research* „Forschung, Untersuchung", aus *re-* (lat. *re-*) „wieder" und *search* „das Suchen, Forschen, Untersuchung", aus altfrz. *cerchier* „suchen, forschen", aus lat. *circare* „rundum gehen", zu *circus* aus griech. *kirkos* „Kreis"

Reseda eine Zier- und Heilpflanze; aus der lat. Formel *reseda, morbos reseda* „stille die Krankheiten wieder" entstanden, zu *resedere* „wieder beruhigen", aus *re-* „wieder" und *sedere* „beruhigen, beschwichtigen, beseitigen"

Resektion chirurgische Entfernung; aus lat. *resectio,* Gen. *-onis,* „das Abschneiden, Beschneiden" (urspr. von Reben), zu *resecare* „abschneiden", eigtl. „zurückschneiden", aus *re-* „zurück" und *secare* „(ab)schneiden"

Reserve Zurückhaltung; Ersatz, Vorrat; Ersatztruppe; aus frz. *réserve* „Vorbehalt, vor-, zurückbehaltenes Gut; Ersatzmannschaft; Zurückhaltung", zu *réserver* „vor-, zurückbehalten, aufsparen", aus lat. *reservare* „aufbewahren, aufsparen, zurückbehalten", aus *re-* „zurück" und *servare* „halten, bewahren"

Residenz Amtssitz, Regierungssitz; aus lat. *residens,* Part. Präs. von *residere* „verweilend sitzen, sitzen bleiben, sitzend zurückbleiben", aus *re-* „zurück" und *sedere* „sitzen, verharren, verweilen"

Residuum Rest, Rückstand, Bodensatz; aus lat. *residuum* „das Zurückgebliebene, Sitzengebliebene", zu *residere* „zurückbleiben, sitzen bleiben", aus *re-* „zurück" und *sedere* „sitzen, verharren, verweilen"

resignieren sich in sein Schicksal ergeben, verzichten; aus lat. *resignare* „zurückgeben, verzichten auf", eigtl. „aus einem Rechnungsbuch ins andere schreiben" sowie „durch Ablösen des Siegels ungültig machen, vernichten", aus *re-* „zurück" und *signare* „mit einem Zeichen, Siegel versehen", zu *signum* „Zeichen, Kennzeichen"

resistent *Biol.:* widerstandsfähig; aus lat. *resistens,* Gen. *-entis,* Part. Präs. von *resistere* „Widerstand leisten, sich widersetzen", aus *re-* „entgegen" und *sistere* „still stehen, Fuß fassen"

resolut beherzt, entschlossen, tatkräftig, energisch; aus frz. *résolu* „entschlossen, beherzt", zu *résoudre,* eigtl. „eine Schwierigkeit lösen, eine Frage klären" und daher übertr. „entschlossen sein" (*se résoudre* „sich entschließen, sich entscheiden"), aus lat. *resolvere* (Perfekt: *resolutus*) „auflösen, entwirren", aus *re-* „wieder" und *solvere* „lösen"

Resonanz Mittönen, Mitschwingen; *übertr.:* Widerhall; aus lat. *resonans,* Part. Präs. von *resonare* „widerhallen, zurückschallen", aus *re-* „zurück" und *sonare* „tönen, schallen", zu *sonus* „Ton, Schall"

resorbieren aufnehmen, einsaugen; aus lat. *resorbere* „wieder (in sich) schlucken, wieder verschlucken", aus *re-* „zurück" und *sorbere* „zu sich nehmen, schlucken"

Respekt Achtung, Ehrerbietung; aus frz. *réspect* „Hochachtung, Ehrfurcht", aus lat. *respectus* „Rücksicht, Berücksichtigung", eigtl. „das Zurückblicken" zu *respicere* „zurückblicken, hinter sich schauen, Rücksicht nehmen", aus *re-* „zurück" und *specere* (in Zus. *-spicere*) „sehen, schauen"

Respiration Atmung; aus lat. *respiratio,* Gen. *-onis,* „das Atemholen, Aufatmen", zu *respirare* „ausatmen, aufatmen, zurückblasen", aus *re-* „zurück" und *spirare* „atmen, blasen, schnauben"

respondieren antworten (im Wechselgesang); aus lat. *respondere* „antworten", eigtl. „dagegen versprechen, als gewiß versichern", aus *re-* „zurück, wieder" und *spondere* „geloben, versprechen"

Ressentiment gefühlsmäßige Ablehnung; Ressentiments: negative Gefühle, z. B. Groll, Abneigung; frz. *ressentiment* „Gefühl, Nachgefühl (bes. eines Schmerzes)", Pl.: „Groll, Rachegefühle", zu *ressentir* „lebhaft fühlen", aus *re-* (verstärkend) und *sentir* (aus lat. *sentire*) „fühlen, wahrnehmen"

Ressort Amts-, Geschäftsbereich, Aufgabengebiet; frz. *ressort* „Bereich, Gebiet, Fach", zu *ressortir (à)* „gehören (zu)", aus *re-* (verstärkend) und *sortir* „erhalten, erlangen", aus lat. *sortiri* in ders. Bed., zu *sors,* Gen. *sortis,* „Los, durch Los bestimmter Anteil, durch Los zugeteiltes Amt"

Ressourcen Rohstoffe, Hilfsquellen, Geldmittel; frz. *ressources* in ders. Bed., aus altfrz. *resourdre* „sich erholen, sich erheben, aufstehen", aus lat. *resurgere* „wieder aufstehen, sich wieder aufrichten", aus *re-* „wieder" und *surgere,* Nebenform von *subrigere* „sich in die Höhe richten, aufstehen", aus *sub* „unten, von unten her" und *regere* „geraderichten"

Restaurant Gaststätte; frz. *restaurant* in ders. Bed., zu *se restaurer* „sich erholen, sich erquicken", aus lat. *restaurare* „wiederherstellen, erneuern", →restaurieren

restaurieren ausbessern (Kunstwerk), wiederherstellen (frühere Zustände); frz. *restaurer* in ders. Bed., aus lat. *restaurare* „wiederherstellen, erneuern, wieder erbauen", aus *re-* „wieder" und griech. *stauroun* „einen Pfahl errichten, einschlagen", zu *stauros* „Pfahl"

Restitution Wiedergutmachung, Rückgabe; aus lat. *restitutio,* Gen. *-onis,* „Wiederherstellung, Wiedereinsetzung", zu *restituere* „wieder an die frühere Stelle setzen, wiederherstellen", aus *re-* „zurück, wieder" und *statuere* (in Zus. *-stituere*) „auf-, hinstellen", zu *stare* „stehen"

Restriktion Beschränkung, Einschränkung; aus lat. *restrictio,* Gen. *-onis,* „Einschränkung", zu *restringere* „beschränken, zurückhalten, hemmen", eigtl. „zurückziehen", aus *re-* „zurück" und *stringere* „straff anziehen"

Resultat Ergebnis; aus frz. *résultat* „Ergebnis", zu *résulter* „sich aus etwas ergeben, die Folge von etwas sein", aus lat. *resultare* „zurückprallen, -springen", Intensivum von *resilire* „zurückspringen", aus *re-* „zurück" und *salire* (in Zus. *-silire*) „springen"

Resümee Übersicht, Zusammenfassung; aus frz. *résumé* in ders. Bed., zu *résumer* „kurz zusammenfassen, wiederholen", aus lat. *resumere* „wiederholen", eigtl. „wieder nehmen, wieder an sich nehmen", aus *re-* „wieder" und *sumere* „zu sich, an sich nehmen, (in der Rede) aufnehmen, erwähnen, anführen"

Resurrektion Auferstehung (der Toten); aus lat. *resurrectio,* Gen. *-onis,* „Wiederauferstehung", zu *resurgere* „wieder aufstehen", aus *re-* „wieder" und *surgere* „aufstehen, sich erheben", dieses eigtl. *subrigere* „in die Höhe richten", aus *sub* „von unten" und *regere* „geraderichten"

retardieren hemmen, verlangsamen; nachgehen (von Uhren); aus lat. *retardare* „verzögern, aufhalten, zurückhalten", aus *re-* „zurück" und *tardare* „verzögern, aufhalten, hemmen", zu *tardus* „langsam"

Retention Zurückhaltung (auszuscheidender Körperflüssigkeiten), Zurückbleiben (der Organentwicklung); Erinnerungsvermögen; aus lat. *retentio,* Gen. *-onis,* „das Zurückhalten", zu *retinere* „zurück-, festhalten", aus *re-* „zurück" und *tenere* „halten"

Retikül *veraltet:* Handarbeitstasche; aus frz. *réticule* „Handarbeitstasche oder -beutel, Täschchen; Haarnetz", aus lat. *reticulum* „kleines Netz, Haarnetz", zu *rete,* Gen. *retis,* „Netz"

Retikulum Netzmagen der Wiederkäuer; netzartiges Gewebe; lat. *reticulum* „kleines Netz", Verkleinerungsform von *rete,* Gen. *retis,* „Netz"

Retina Netzhaut des Auges; mlat. *retina* „Netzhaut", zu lat. *rete* „Netz"

retirieren sich zurückziehen, sich in Sicherheit bringen; aus frz. *se retirer* „sich zurückziehen", aus *re-* „zurück" und *tirer* „ziehen", weitere Herkunft nicht geklärt, wohl aus germ. **teran,* got. *tairan* „reißen, zerren"

Retorsion Gegenmaßnahme, Vergeltung; frz. *retorsion* „Zurückweisung (eines vom Gegner vorgebrachten Grundes oder unbilliger Anordnungen eines fremden Staates)", nach dem Muster von lat. *torsio,* Gen. *-onis,* „Marter, Plage" (eigtl. „Verrenkung, Verdrehung") aus lat. *retorquere* „zurückwenden, -drehen" gebildet, dieses aus *re-* „zurück" und *torquere* „drehen"

Retorte birnenförmiges, gläsernes Destilliergefäß; aus lat. *retorta* „die rückwärts Gebeugte", zu *retorquere* „rückwärts drehen, wenden, beugen", aus *re-* „zurück" und *torquere* „drehen, wenden"
retour zurück; frz. *retour* „Rückkehr, Rückreise", zu *retourner* „zurück-, umkehren", aus *re-* „zurück" und *tourner* „drehen", aus lat. *tornare* „drechseln, runden"
Retraktion *Med.:* Schrumpfung, Verkürzung; aus lat. *retractio,* Gen. *-onis,* „das Zurückziehen, Verminderung", zu *retrahere* „zurückziehen, verkürzen, vermindern", aus *re-* „zurück" und *trahere* „ziehen"
retrograd *Med.:* rückläufig; aus lat. *retrogradus* „rückwärts gehend", zu *retrogradi* „rückwärts gehen, zurückgehen", aus *retro* „rückwärts" und *gradi* „schreiten", zu *gradus* „Schritt"
retrospektiv rückblickend; aus lat. *retro* „rückwärts" und *specere* (Perfekt: *spectus*) „schauen, spähen"
Rettich eine Gemüsepflanze; aus ahd. *ratih,* aus lat. *radix* „Wurzel"
retuschieren (bes. Fotografien) verbessern, überarbeiten; aus frz. *retoucher* in ders. Bed., eigtl. „wieder berühren", aus *re-* „wieder" und *toucher* „berühren", aus vulgärlat. **toccare* „(die Glocke) anschlagen", lautmalend
reüssieren Erfolg haben; aus frz. *réussir* „Erfolg, Glück haben, Beifall finden; gelingen, gedeihen, gut fortkommen", aus ital. *riuscire* in denselben Bedeutungen, aus *ri-* (verstärkend) und lat. *exire* „hinausgehen", aus *ex* „aus, hinaus, heraus" und *ire* „gehen"
revalieren decken (Schuld); sich schadlos halten; aus lat. *re-* „wieder" und *valere* „stark sein"
revalvieren durch Wechselkursänderung aufwerten (Währung); mit der lat. Vorsilbe *re-* „wieder" nach dem Muster von → *devalvieren* gebildet
Revanche Vergeltung, Rache; *Sport:* Sieg nach vorheriger Niederlage; frz. *revanche* in ders. Bed., zu *revancher* „rächen, verteidigen", *se revancher* „vergelten", aus *re-* „wieder" und *venger* „rächen, ahnden", aus lat. *vindicare* „ahnden, bestrafen, seinen Anspruch geltend machen", → Vindikation
Reveille *veraltet:* militärisches Signal zum Wecken; aus frz. *reveil* „Signal zum Wecken, Wecker; das Erwachen", zu *reveiller* „aufwecken", *se reveiller* „aufwachen", aus *re-* „wieder" (verstärkend) und *éveiller, s'éveiller* in denselben Bedeutungen, aus lat. *vigilare* „wachen", zu *vigil* „wach, munter", zu *vigere* „frisch und munter sein"
Reverberation Rückstrahlung (z. B. von Wärme); aus lat. *reverberare* „zurückschlagen, -werfen", aus *re-* „zurück" und *verberare* „schlagen, stoßen, werfen", zu *verber* „Schlag, Stoß, Wurf"
Reverenz Ehrerbietung; Ehrenbezeigung, Verbeugung; aus lat. *reverentia* „achtungsvolle Rücksicht, Ehrerbietung", zu *revereri* „Achtung, Rücksicht erweisen", eigtl. „fürchten, sich scheuen", also „aus Achtung, Ehrfurcht zurückscheuen", aus *re-* „zurück" (verstärkend) und *vereri* „vor etwas oder jmdm. Scheu, Ehrfurcht haben, etwas oder jmdn. scheuen"
Reverie Träumerei, träumerisches Musikstück; frz. *rêverie* in ders. Bed., zu *rêver* „träumen", früher „umherschweifen", vielleicht aus einer alten Form **esver* „Vagabund", aus dem Galloromanischen
Revers **1** Rückseite (einer Münze); Auf-, Umschlag (an Kleidungsstükken); frz. *revers* in denselben Bedeutungen, aus lat. *reversus* „umgekehrt", zu *revertere* „umkehren, umdrehen", aus *re-* „zurück" und *vertere* „wenden, drehen"; **2** schriftliche Erklärung, Verpflichtung; aus frz. *réversal* „eine Gegenversicherung enthaltend" und *lettre réversale* „schriftliche Erklärung", aus mlat. *reversum* „Antwort", zu lat. *reversus* „zurückgewendet", zu *revertere* „zurückwenden", aus *re-* „zurück" und *vertere* „drehen, wenden"
reversibel umkehrbar; mit französisierender Endung aus lat. *reversare* „umdrehen, zurückwenden", aus *re-* „zurück" und *versare* „drehen, wenden"
revidieren ändern; durchsehen, überprüfen; aus lat. *revidere* „wieder hinse-

hen", aus *re-* „wieder" und *videre* „sehen"

Revier Bezirk, Gebiet, Bereich; aus ndrl. *rivier,* mndrl. *riviere* „Ufergelände für die Vogeljagd", aus frz. *rivière* „ebenes Land entlang einem Wasserlauf", aus vulgärlat. **riparia* „das am Ufer Befindliche", aus lat. *riparius* „am Ufer befindlich", zu *ripa* „Ufer, Rand, Abhang"

Review *engl. für* Übersicht, Rundschau (oft Titel von Zeitschriften); aus engl., lat. *re-* „zurück" und engl. *view* „das Hinsehen, Ansehen, Ansicht, Blick", zu *to view* „betrachten, ansehen", → Interview

Revision Änderung; Prüfung, Kontrolle; aus frz. *révision* „nochmalige Durchsicht", zu *réviser* „nochmals durchsehen", aus lat. *revisere* „nach jmdm. oder etwas sehen, nachsehen, besichtigen", aus *re-* „wieder" und *visere* „ansehen, nachsehen"

Revokation Widerruf, Rücknahme (eines Auftrags); aus lat. *revocatio,* Gen. *-onis,* „das Zurückrufen, Abrufen", zu *revocare* „zurückrufen", → revozieren

Revolution Umsturz, Umwälzung; aus frz. *révolution* „Umwälzung, Umschwung, Staatsumsturz", aus lat. *revolutio,* Gen. *-onis,* „das Zurückdrehen, Zurückwälzen", zu *revolvere* „zurückwälzen, -rollen, -drehen", aus *re-* „zurück" und *volvere* „rollen, wälzen"

Revolver Handfeuerwaffe mit drehbarem Magazin; engl. *revolver* „Drehpistole", eigtl. „Umdreher"; das Wort wurde vom Erfinder der Waffe, dem Amerikaner Samuel Colt (1814–1862) geprägt nach lat. *revolvere* „zurückrollen, -drehen", aus *re-* „zurück" und *volvere* „rollen, drehen"

Revolte Aufruhr; frz. *révolte* „Aufruhr", zu *révolter* „aufwiegeln", *se révolter* „sich auflehnen", aus ital. *rivoltare* „umdrehen, umwenden", *rivoltarsi* „sich auflehnen", aus vulgärlat. **revolvitare,* Intensivum zu lat. *revolvere* „zurückrollen, -wälzen", aus *re-* „zurück" und *volvere* „rollen, wälzen"

revozieren widerrufen, (Antrag) zurückziehen; aus lat. *revocare* „zurückrufen", aus *re-* „zurück" und *vocare* „rufen", zu *vox,* Gen. *vocis,* „Stimme"

Revue Bühnenstück mit Musik, Tanz und großer Ausstattung; frz. *revue* „Überblick, Rundschau; Heerschau, Parade; Durchsicht, Untersuchung", zu *revoir* „wiedersehen; noch einmal durchsehen, prüfen", aus *re-* „wieder" und *voir* aus lat. *videre* „sehen"

rezensieren kritisch besprechen; aus lat. *recensere* „wiederholt, sorgfältig prüfen, Stück für Stück, Mann für Mann in Augenschein nehmen", aus *re-* „wieder" und *censere* „schätzen, zählen"

rezent (noch) in der Gegenwart lebend, in jüngerer Erdzeit entstanden; *übertr.:* neu, frisch; aus lat. *recenter* „neuerdings, eben erst", zu *recens* „frisch, neu, jung"

Rezept ärztliche Verordnung; Anleitung zum Kochen; aus lat. *receptum* „(es ist) genommen, verwendet worden", Vermerk des Apothekers auf dem Rezept als Antwort auf die Anweisung des Arztes, die mit *recipe* „nimm" beginnt, dann Bezeichnung für die Anweisung selbst, zu *recipere* „(ent)nehmen", aus *re-* „wieder, zurück, ent-" (verstärkend) und *capere* (in Zus. *-cipere*) „fassen, nehmen"

Rezeption Aufnahme, Empfang, Übernahme; *in Hotels:* Empfangsraum; aus lat. *receptio,* Gen. *-onis,* „Aufnahme, Entgegennahme", zu *recipere* „an-, auf-, entgegennehmen", aus *re-* „zurück, entgegen" und *capere* (in Zus. *-cipere*) „fassen, nehmen"

Rezession Rückgang; aus lat. *recessio,* Gen. *-onis,* „das Zurückweichen, Zurückgehen", zu *recedere* „zurückweichen, -gehen", aus *re-* „zurück" und *cedere* „gehen"

rezidiv *Med.:* wiederkehrend, rückfällig; aus lat. *recidivus* „rückfällig, wiederkehrend, wieder zum Vorschein kommend", zu *recidere* „zurückkommen, wieder eintreten", aus *re-* „zurück, wieder" und *cadere* (in Zus. *-cidere*) „fallen, geraten, (hinein)kommen"

reziprok wechselseitig, umgekehrt; aus lat. *reciprocus* „auf demselben Weg zurückkehrend", aus **recus* und **pro-*

cus „rückwärts" und „vorwärts"
Rezitativ Sprechgesang in Oper und Oratorium, in dem die Handlung erzählt und erklärt wird; aus ital. *recitativo* in ders. Bed., zu *recitare* „vortragen", aus lat. *recitare* „vortragen, vorlesen", aus *re-* (verstärkend) „wieder" und *citare* „hören lassen, ausrufen", →Zitat
rezitieren künstlerisch vortragen; aus lat. *recitare* „laut vortragen, vorlesen", aus *re-* „wieder, noch einmal" und *citare* „an-, aufrufen"
Rhabarber eine Nutz- und Heilpflanze; aus lat. *rhabarberum,* aus *rheubarbarum, rheum barbarum,* der Bezeichnung für eine „fremdländische Pflanze Rheum", aus griech. *Rha barbaron* oder *Rheon barbaron; Rha* ist die griech. Bezeichnung für die Wolga, an deren Ufern die Pflanze wuchs, *rheon* geht auf pers. *rewend* zurück, das ebenfalls die Pflanze bezeichnet, *barbaron* ist „fremdländisch", →Barbar
Rhabdomantie Wahrsagerei mittels geworfener Stäbchen oder Wünschelrute; aus griech. *rhabdos* „Rute, Gerte, Stab" und →*...mantie*
Rhagade Riß (in der Haut), Schrunde; aus griech. *rhagas,* Gen. *rhagados* „Riß, Spalte, Kluft"
Rhapsodie erzählendes Gedicht, Gedicht in freien Rhythmen; aus griech. *rhapsodia* „das Vortragen von epischen Gedichten", zu *rhapsodein* „Gedichte vortragen", zu *rhaptein* „zusammennähen, zusammenfügen" und *ode* „Lied, Gesang"
Rhenium chemisches Element; nach dem *Rheinland* (lat. *Rhenus* „Rhein"), der Heimat des Entdeckers, Walther Noddack
Rheologie Lehre vom Verhalten zähflüssiger Körper (Lacke, Öle usw.); aus griech. *rheos,* poet. für *rheithron* „Fluß, Strom", zu *rhein* „fließen, strömen" und *logos* „Wort, Lehre, Kunde", zu *legein* „sagen, sprechen, erklären"
Rhesusaffe ein meerkatzenartiger Affe; den zoologischen Namen *Simia Rhesus* gab ihm Jean-Baptiste Audebert (1759–1800), ein französ. Tiermaler und Naturforscher, um ihn von den übrigen kurzschwänzigen Makaken zu unterscheiden; in seiner „Histoire naturelle des singes et des makis" (Paris 1800) schreibt Audebert dazu, daß der Name keine Bedeutung habe
Rhetorik Kunst des freien Sprechens; Lehre von der Gestaltung der freien Rede; aus griech. *rhetorike techne* „Kunst des Redens, Sprechens", zu *rhetor* „Redner, Sprecher", zu *eirein* „sagen, reden, erzählen"
Rheumatismus schmerzhafte Erkrankung der Gelenke, Muskeln und Sehnen; aus griech. *rheumatismos* „Fluß, Strom, Strömen" mit Bezug auf die Körpersäfte, zu *rheuma* „Strom, Strömung", zu *rhein* „fließen, strömen"; in der antiken Medizin unterschied man noch nicht genau zwischen „Katarrh" und „Rheuma", man verstand unter beidem ein Fließen von Körpersäften und von Ausscheidungen der Schleimhäute
Rhinologie Lehre von den Krankheiten der Nase; aus griech. *rhis,* Gen. *rhinos,* „Nase" und *logos* „Wort, Lehre, Kunde", zu *legein* „sagen, sprechen, erklären"
Rhinoskopie Nasenspiegelung; aus griech. *rhis,* Gen. *rhinos,* „Nase" und *skopein* „sehen, betrachten, untersuchen"
Rhinozeros Nashorn; über lat. *rhinoceros* aus griech. *rhinokeros,* aus *rhis,* Gen. *rhinos,* „Nase" und *keras* „Horn"
Rhizom Wurzelstock; aus griech. *rhizoma* „das Wurzelschlagen, Anwurzeln", zu *rhiza* „Wurzel"
Rhizophore Baum mit Luft- oder Stelzwurzeln; aus griech. *rhiza* „Wurzel" und *phoros* „tragend", zu *phorein, pherein* „tragen"
Rhodamin ein roter Farbstoff; aus griech. *rhodon* „Rose" und →*Aminosäure*
Rhodium chemisches Element; aus griech. *rhodon* „Rose", nach der rosenroten Farbe vieler seiner Verbindungen
Rhododendron eine Zierpflanze mit oft rosenähnlichen Blüten; griech. *rhododendron,* aus *rhodon* „Rose" und *dendron* „Baum"
Rhodophyzeen Rotalgen; aus griech.

rhodon „Rose" und *phykion, phykos* „Seegras"

Rhombus gleichseitiges, schiefwinkliges Parallelogramm; aus griech. *rhombos* „Kreisel, Wirbel", zu *rhembein* „drehen"

Rhynchote Insekt mit schnabelähnlichen Mundwerkzeugen, Schnabelkerfe; aus griech. *rhynchos* „Rüssel, Schnauze"

Rhythmus Gliederung eines Ton- oder Bewegungsablaufs in gleiche, periodisch wiederkehrende Abschnitte; über lat. *rhythmus* aus griech. *rhythmos* „gleiche, geregelte Bewegung; Ebenmaß, Gleichmaß", zu *rhytos* „fließend, strömend", zu *rhein* „fließen, strömen"

Ribisel *österr. für* Johannisbeere; aus frz. *ribes* „Johannisbeerstrauch", aus lat. *ribes* „Johannisbeere"

Ricercare *Mus.:* Vorform der Fuge; ital. *ricercare* in ders. Bed., als Verb „suchen, erforschen", aus *ri-* (lat. *re-*) „wieder" und *cercare* „suchen", aus spätlat. *circare* „rundherum gehen", zu lat. *circum* „rundum, ringsum", zu *circus* „Kreis"; urspr. bedeutete *ricercare* das Einstimmen des Instruments, das „Aufsuchen" und Prüfen der Stimmung und das Anstimmen der Tonart des folgenden Stückes, was alles in der Art eines Vorspiels geschah

Rickettsien eine Gruppe bakterienähnlicher Mikroorganismen, Erreger von bestimmten Krankheiten, den sog. Rickettsiosen, z.B. Fleckfieber; nach dem amerikan. Pathologen Howard Taylor *Ricketts* (1871–1910)

Ridikül Verbalhornung von → *Retikül*

Ries *früher:* Mengeneinheit für Papier, 1000 Bogen; aus mhd. *ris* in ders. Bed., aus mlat. *rismus,* aus arab. *rizma* „Paket, Ballen"

rigid starr, steif; aus lat. *rigidus* „starr, steif, unbeugsam", zu *rigere* „starr, steif sein, starren"

Rigole Rinne, Entwässerungsgraben; aus frz. *rigole* „Kanal", zu *rigoler* „mit Rinnen, Furchen, Gräben durchziehen", wahrscheinlich aus mndrl. *rigelen* „Kanäle, Rinnen ziehen", eigtl. „mit dem Lineal messen", vielleicht aus lat. *regula* „Richtscheit, Lineal"

rigoros unerbittlich, rücksichtslos; aus mlat. *rigorosus* „streng, hart", aus lat. *rigor,* Gen. *rigoris,* „Steifheit, Unbiegsamkeit, Härte", zu *rigere* „starr, steif sein"

Rikambio Rückwechsel; ital. *ricambio* „Austausch, Ersatz, Entgelt", zu *ricambiare* „austauschen, vergelten", aus *ri-* (lat. *re-*) „wieder" und *cambiare* „wechseln"

Rikscha *in Ostasien:* zweiräderiges, von einem Mann zu Fuß oder mit dem Fahrrad gezogenes Fahrzeug; verkürzte Form von japan. *jinrikisha,* aus *jin* „Mensch", *riki* „Kraft" und *sha* „Fahrzeug"

Rimesse Begleichung einer Schuld durch Übersenden eines Wechsels; der übersandte Wechsel; aus ital. *rimessa* „(Geld-) Sendung", zu *rimettere* „senden, übergeben", aus *ri-* (lat. *re-*) „wieder, zurück" und *mettere* „setzen, stellen, legen, bringen", aus lat. *mittere* „senden, gehen lassen"

rinforzando *Mus.:* stärker werdend; ital., Part. Präs. von *rinforzare* „verstärken", aus *ri-* (lat. *re-*) „nochmals, wieder" und *inforzare* „stärken", aus *in* „in hinein" und *forza* „Kraft", zu *forte* (lat. *fortis*) „stark"

Risalit senkrecht in ganzer Höhe vorspringender Teil eines Gebäudes; aus ital. *risalto* „Vorsprung", zu *risaltare* „vor-, hervorspringen", aus *ri-* (lat. *re-*) „entgegen" und *saltare* „springen"; die Endung *-it* in *Risalit* ist vermutlich durch falsche Anlehnung an ital. *risalito,* Part. Perf. von *risalire* „wieder steigen" entstanden

Risiko Wagnis, Gefahr (bes. eines Verlustes); aus frz. *risque,* ital. *rischio,* span. *riesgo* in ders. Bed., weitere Herkunft nicht geklärt; man vermutete den Ursprung in griech. *rhiza* „Wurzel" und brachte das Wort mit „Klippe" in der übertr. Bedeutung „Gefahr" in Verbindung; eine andere Deutung zielt auf lat. *resecare* „abschneiden", doch setzt (nach Corominas) span. *arriesgar* „riskieren" ein anderes Verb voraus; eine dritte Deutung führt zu arab. *rizq* „der von Gottes Gnade oder dem Geschick abhängige Lebensunterhalt",

aus pers. *rōzī(k)* „Tagessold, tägliches Brot; Schicksal", zu *rōz, rūz* „Tag"
ritardando *Mus.:* langsamer werdend; ital., Part. Präs. von *ritardare* „zögern, verzögern", aus *ri-* (lat. *re-*, verstärkend) und ital., lat. *tardare* „zögern, verzögern", zu lat. *tardus* „langsam, säumig"
ritenuto *Mus.:* im Tempo zurückhaltend; ital. *ritenuto* in ders. Bed., zu *ritenere* „zurückhalten", aus *ri-* (lat. *re-*) „zurück" und ital., lat. *tenere* „halten"
Ritornell ital. Volksliedform mit dreizeiligen Strophen; instrumentales Zwischenspiel zwischen den Strophen eines Liedes; aus ital. *ritornello* in ders. Bed. sowie „Kehrreim", zu *ritornare* „zurückkehren", aus *ri-* (verstärkend) „wieder" und *tornare* „zurückkehren"
Ritual Gesamtheit der Riten eines Kultes; aus lat. *ritualis* „zum religiösen Brauch gehörig", zu *ritus* „religiöser Brauch"
Rivale Nebenbuhler, Mitbewerber; über frz. *rival* aus lat. *rivalis* „jmd., der an der Nutzung eines Bewässerungsgrabens durch die Äcker mit beteiligt ist", zu *rivus* „Bach, Wasserlauf, Bewässerungsgraben", zur idg. Wurzel **rei-* „fließen"; zwischen solchen Nutzungsberechtigten gab es naturgemäß gelegentlich Streit
Rizinusbaum eine Heilpflanze, Wunderbaum; aus lat. *ricinus*, der Bezeichnung für ein „Ungeziefer an Schaf, Hund und Rind" sowie für den Strauch „Ricinus communis", dessen Samen dem Ungeziefer (Holzbock oder Zecke) ähneln; wahrscheinlich besteht ein Zusammenhang mit litau. *erke* „Holzbock" und lett. *erze* „Kuhmilbe"
Roadster offener, zweisitziger Sportkraftwagen; engl. *roadster* „offener Tourenwagen", aus *road* „Straße, Weg" (aus mengl. *rode* „Reise, Fahrt, Ritt", aus altengl. *rad* in ders. Bed., zu *rîden* „reiten") und Nachsilbe *-ster* mit leicht herabsetzender Bedeutung
Roastbeef Rindslendenbraten; engl. *roastbeef* „Rostbraten, auf dem Rost gebratenes Rindfleisch", aus *roast* „Rost" und *beef* „Rind", → Beefsteak
Robbe ein im Wasser lebendes Raubtier; aus niederdt. *rub, rubbe*, ndrl. *rob*, aus germ. **rubjo* „Raupe", wegen der borstigen Schnauzhaare
Robe Amtstracht (der Richter, Geistlichen); Abendkleid; frz. *robe* „langes Kleid, langes Amtskleid, Schleppe", aus fränk., got. *rauba* „Beute, Raub, Kleid", eigtl. „die dem Feind abgenommene Rüstung", zu got. *raupjan* „ausziehen"
Robinie ein Zierbaum oder -strauch; entweder nach dem frz. Gärtner Jean *Robin* (1550–1629) oder nach dessen Sohn Vespasien (1579–1662); einer von beiden soll (1601 oder 1635) die Pflanze zuerst im Jardin des Plantes in Paris angepflanzt haben
roboten schwer arbeiten; aus poln., tschech. *robota* „Fronarbeit", aus kirchenslaw., ukrain. *rab* „Diener, Sklave"
robust derb, stämmig und kräftig; aus lat. *robustus* „kräftig, rüstig", eigtl. „aus Kernholz, aus Hartholz", zu *robur* (altlat. *robus*) „Kern-, Hartholz, bes. Eichenholz", vielleicht zu *ruber* „rot", weil sich das Kernholz vom Splintholz durch etwas dunklere Färbung unterscheidet
Rocaille muschelförmiges Ornament; frz. *rocaille* „Grotte, Muschelwerk", eigtl. „kleine, aufgehäufte Steine", Verkleinerungsform von *roc* „Felsen, Steinmasse"
Rochade *Schach:* Doppelzug mit König und Turm; Ableitung von *rochieren* „einen Doppelzug mit König und Turm ausführen", aus frz. *roquer* in ders. Bed., zu *roc* „Turm" (im Schach), aus arab. *ruḫḫ*, über das Persische aus Sanskrit *ratha-* „Wagen"
Rock'n'Roll ein amerik. Musikstil und Tanz; engl., eigtl. *to rock and to roll* „schaukeln, wiegen und rollen, kreisen, sich drehen, schlenkern", aus mengl. *rocken* „hin und her bewegen" (zu altnord. *rykkja* „ziehen, bewegen") und mengl. *rollen* (aus altfrz. *roller, rouler* aus vulgärlat. **rotulare* „rollen", aus lat. *rotulus, rotula* „Rädchen", zu *rota* „Rad"); der Ausdruck wurde in den 50er Jahren von dem amerikanischen

Diskjockey Alan Freed geprägt

Rodeo *in den westlichen USA:* Zusammentreiben von Vieh; Reiterschau der Cowboys; engl. *rodeo* in ders. Bed., aus span. *rodeo* „Zusammentreiben des Großviehs“, zu *rodear* „umzingeln, umringen; zusammentreiben“, zu *rueda* aus lat. *rota* „Rad, Kreis“

Rodomontade Großtuerei, Prahlerei; aus ital. *rodomontata* in ders. Bed., nach *Rodomonte*, dem prahlerischen Helden in Ariosts „Orlando furioso“, aus *rodere* „zernagen, zerfressen“ und *monte* „Berg“, also etwa „Bergzerstörer, Bergzertrümmerer“

Rogenstein ein körniges Gestein; urspr. hielt man es für versteinerten Fisch*rogen*, auch für versteinerte Erbsen, daher wird es auch „Erbsenstein“ genannt

Rohrdommel ein Reihervogel, Moorochse; aus ahd. *horotumil, horotumbil, roredumbil, roredumble,* mittelniederdt. *raredump,* aus ags. *raredumle*; der erste Bestandteil entweder zu *Rohr, Schilfrohr* oder zu ahd. *horo* „Kot, Schlamm“, oder zu mittelniederdt. *raren* „brüllen“, der zweite lautnachahmend nach dem lauten, dumpfen Paarungsruf *ü-prumb*

Rokoko Stilrichtung Anfang des 18. Jh. mit zierlichen, beschwingten Formen; frz. *rococo* in ders. Bed., scherzhafte Ableitung von → *Rocaille*, wegen der vielen, den Rocaillen ähnlichen Ornamenten

Roman große Erzählung in Prosa; frz. *roman* in ders. Bed., früher „abenteuerliche Erzählung aus vergangener Zeit“, eigtl. „ein in der lingua romana geschriebenes Buch“; die *lingua romana* war die im Röm. Reich übliche Volkssprache (im Unterschied zur lingua latina, der Gelehrtensprache), aus lat. *romanus* „römisch“

romantisch in der Art der künstlerischen Epoche der Romantik; *übertr.:* malerisch, poetisch, unwirklich; aus frz. *romantique* „dichterisch angehaucht, schwärmerisch; abenteuerlich, phantastisch, romanhaft“, urspr. „in der Art der mittelalterlichen Ritterdichtung“, aus altfrz. *romant* „nach römischer Art“, aus lat. *romanus* „römisch“, → Roman

Romanze urspr. volkstümliche Verserzählung, dann liedartiges Gesangsstück, auch stimmungsvolles Instrumentalstück; aus span. *romance* in der ersten Bedeutung und *romanza* in der zweiten, aus altfrz. *romanz* „ in der lingua romana (der lat. Volkssprache) geschriebenes Buch“, → Roman

Rondo Musikstück mit mehrmals wiederkehrendem Hauptthema; ital. *rondò* in ders. Bed., aus frz. *rondeau* in ders. Bed. sowie „Ringelgedicht“, altfrz. auch „Rundtanz“ sowie allg. „runder Gegenstand, Rolle“, zu *rond* „rund“, aus lat. *rotundus* „rund“, → Rotunde

Röntgenologie Lehre von den Röntgenuntersuchungen; nach dem Entdecker der Röntgenstrahlen, Conrad Wilhelm *Röntgen* (1845–1923), dazu griech. *logos* „Wort, Lehre, Kunde“, zu *legein* „sagen, sprechen, erklären“

Roquefort ein frz. Edelpilzkäse aus Schafsmilch; nach dem Herstellungsort *Roquefort* im frz. Département Aveyron

Rosine getrocknete Weinbeere; mhd. *rosine* „Weinbeere“, über vulgärlat. **racimus* aus lat. *racemus* „Weinbeere, Weintraube“, aus griech. *rax*, Gen. *ragos*, „Weinbeere“

Rotang 1. eine Palme, aus deren rotem Harz Farbstoff hergestellt wird; 2. eine Palme mit langem, kletterndem Stamm, aus dem Peddigrohr hergestellt wird; aus malai. *rotan* „Rohr“

Rotation Drehung, Umdrehung; aus lat. *rotatio*, Gen. *-onis*, „kreisförmige Umdrehung“, zu *rotare* „sich kreisförmig drehen“, zu *rota* „Rad, Töpferscheibe, Sonnenscheibe“

Rotisserie Speisewirtschaft mit Straßenverkauf; Lokal mit Spezialitäten vom Grill; frz. *rôtisserie* in der ersten Bed., zu *rôtissoire* „Gerät zum Braten und Rösten, Grill“, zu *rôtir* „braten, rösten“, aus germ. **raustjan* „rösten“

Rotunde kleiner Rundbau; aus lat. *rotundus* „rund und scheibenförmig“, zu *rota* „Rad, Töpfer-, Sonnenscheibe“

Rotwelsch Gauner-, Landstreichersprache; aus gaunersprachlich *rot, rott* „Bettler, Gauner, Landstreicher" und *Welsch* „unverständliche Sprache" (wie in → Kauderwelsch)

Roulade gefüllte, gebratene Fleischrolle; frz. *roulade* in ders. Bed., zu *rouler* „rollen, zusammenrollen", über galloroman. Zwischenstufen aus lat. *rotula* „Rädchen", zu *rota* „Rad"

Route Reiseweg, Marsch-, Flugstrekke; frz. *route* „Fahrstraße, Landstraße, Weg, Bahn", aus lat. *via rupta* „durchgebrochener Weg", d.h. „durch den Wald gebrochener, gehauener Weg", zu *rumpere* „brechen, zerteilen, sprengen, gewaltsam öffnen"

Routine durch Übung und Erfahrung gewonnene Fertigkeit; frz. *routine* in ders. Bed., urspr. (16. Jh.) „Gewohnheit, sich auf gebahnten Wegen zu halten", dann auch „Wegekundigkeit, Wissen um den richtigen Weg", zu *route* „Weg, Straße", → Route

Rowdy brutaler Raufbold; engl. *rowdy* in ders. Bed., zu *row* „Lärm, Krach, Rauferei", vielleicht aus dem Zigeunerischen, zu *row-* „heulen, schreien, klagen"

Royalismus Königstreue; aus frz. *royalisme* in ders. Bed., zu *royal* „königlich", aus altfrz. *reiel, reial* aus lat. *regalis* „königlich", zu *rex,* Gen. *regis,* „König"

Rubato im Tempo freier Vortrag, *i. e. S.:* Veränderung des Tempos der Melodiestimme bei gleichbleibender Begleitung; eigtl. *Tempo rubato* „gestohlener Zeitwert", aus → *Tempo* und ital. *rubato* „geraubt, gestohlen", zu *rubare* „rauben", zu ahd. *raubon* „rauben", zu got. **rauba* „Raub"

Rubel Währungseinheit in der UdSSR, 100 Kopeken; aus russ. *rubl* „Münze", im Altruss. auch „Stück abgehauenes Holz"; die Bezeichnung wurde Anfang des 14. Jh. auf eine Zahlungseinheit übertragen, nämlich auf die Hälfte einer *Griwna*; diese war in Nowgorod ein Silberbarren von 200–250 g Gewicht; die davon abgehauene und gestempelte, als Münze verwendete Hälfte wurde *rubl* genannt, zu *rubit* „abhauen, abschneiden"

Rubidium chemisches Element; aus lat. *rubidus* „dunkelrot", weil es zwei dunkelrote Spektrallinien aufweist

Rubin ein Mineral, roter Edelstein; aus lat. *rubens* „rot, rötlich", zu *rubere* „rot sein, rötlich glänzen"

Rubrik Titel, Überschrift; Spalte, Abschnitt; aus mhd. *rubrik(e)* „rote Tinte", mit der man in alten Handschriften die Überschriften über die einzelnen Abschnitte schrieb, aus lat. *rubrica* „rote Erdfarbe, Rötel", zu *rubricus* oder *ruber* „rot"

Ruderalpflanze auf Trümmern oder Schuttplätzen lebende Pflanze; aus lat. *rudera,* Plural von *rudus* „zerbröckeltes Gestein, Schutt"

Rudiment Rest, Überbleibsel, verkümmertes Organ; aus lat. *rudimentum* „Anfang, erster Unterricht, erster Versuch, erste Probe", zu *rudis* „ungebildet, unbearbeitet, kunstlos, roh; ungeschickt, unerfahren"

Rugby ein Ballspiel zwischen zwei Mannschaften; nach der *Rugby School* in Warwickshire in Mittelengland, wo das Spiel zuerst aufkam

Ruine verfallenes Gebäude; aus frz. *ruine* „Ruine, Trümmer; Einsturz, Verfall", aus lat. *ruina* „Einsturz, Sturz, Untergang; eingestürztes Gebäude, Trümmer", zu *ruere* „stürzen, einstürzen"

Rumfordsuppe Suppe aus Knochenbrühe, Erbsen, Graupen, Kartoffelwürfeln, Fleisch- und Speckwürfeln und Gewürzen; nach dem amerik. Physiker und Politiker Benjamin Thompson (1753–1814), der während des Unabhängigkeitskrieges nach Europa floh, in bayrische Dienste trat und vom Kurfürsten Karl Theodor zum Grafen *Rumford* ernannt wurde; er legte in München den Englischen Garten an, führte die Kartoffel ein, gründete ein Arbeitshaus, in dem Bettler Arbeit und ein warmes Essen bekamen, und erfand dafür eine billige, nahrhafte und schmackhafte Suppe, für die sich auch die Kartoffel verwenden ließ. Sein Rezept war einfacher als das später übliche: Graupen, Erbsen, Kartoffeln, Essig oder sauer gewordenes Bier, Salz und Brotstücke

rumoren dumpf lärmen, poltern; aus lat. *rumor* „dumpfes Geräusch, Summen, Murmeln"

Rumpsteak kurz gebratene Lendenschnitte vom Rind; engl. *rumpsteak* in ders. Bed., aus *rump* „Hinterteil" und *Steak,* → Beefsteak

Run Ansturm (auf Banken, Mangelware); aus engl. *run* „das Laufen, Rennen, Dauerlauf", zu *to run* „rennen", aus mengl. *runnen, ronnen* aus altengl. *rinnan* „fließen, rinnen"

Rune german. Schriftzeichen; aus altnord. *run* „Zauberzeichen, Geheimnis", Herkunft nicht geklärt, vielleicht zu *raun* „Versuch, Probe, Erfahrung", dann „Erforschung der göttlichen Bestimmung, des Schicksals"

Rupiah Währungseinheit in Indien; Hindi *rūpaiyā,* aus Sanskrit *rūpya-* „schöngestaltet; Silbergeld", zu *rūpa-* „Gestalt, Form, Schönheit"

Ruptur *Med.:* Zerreißung; aus lat. *ruptura* „Bruch eines Knochens, Reißen einer Ader", zu *rumpere* „zerbrechen, zerreißen"

rural ländlich, bäuerlich; aus lat. *ruralis* „ländlich", zu *rus,* Gen. *ruris,* „Land, Feld, Landgut"

Rush *Sport:* plötzlicher Vorstoß eines Läufers oder Pferdes; aus engl. *rush* „das Dahineilen, Ansturm", zu *to rush* „eilen, rennen, stürmen, stürzen", aus mengl. *rushen* aus altfrz. *russer, ruser* „zurücktreiben", wahrscheinlich aus lat. *rursus* „zurück", aus *reversus,* älter *revorsus,* Perf. von *revertere* „zurückkehren, umkehren", aus *re-* „zurück" und *vertere* „wenden"

Rush-Hour Zeit der größten Verkehrsdichte; engl. *rush-hour* in ders. Bed., aus *rush* „das Dahineilen, Ansturm" (→ Rush) und *hour* „Stunde", aus altfrz. *ure, ore, hore* aus lat. *hora* „Stunde", aus griech. *hora* „begrenzte Zeit, Zeitspanne"

Rüster ein Laubbaum, Ulme; aus mhd. *rust* in derselben Bedeutung (weitere Herkunft unbekannt) und germ. Nachsilbe *-dra,* die allg. den „Baum" bezeichnet

rustikal ländlich, bäuerlich; aus lat. *rusticus* „zum Land gehörig, ländlich, bäuerlich, einfach, schlicht", zu *rus,* Gen. *ruris,* „Land, Feld, Landgut"

Ruthenium chemisches Element; nach *Ruthenia,* dem lat. Namen für Rußland, da es von einem russ. Chemiker (Carl Ernst Claus, russ. Karl Karlowitsch Klaus, 1796–1864) zum erstenmal rein dargestellt wurde

S

Sabadille mittelamerikan. Liliengewächs mit giftigen Samen, die zur Bekämpfung von Ungeziefer verwendet werden, mexikanisches Läusekraut; aus span. *cebadilla*, eigentlich „Wilde Gerste", vereinzelt auch Bezeichnung für die Sabadillestaude, Verkleinerungsform von *cebada* „Gerste", aus lat. *cibaria* „Lebens-, Nahrungsmittel", zu *cibus* „Speise"; die grasartigen Blätter und die Samenkörner ähneln denen der Gerste

Sabbat der jüdische Ruhetag am Ende der Woche; aus hebr. *šabbāth* „Feiertag", eigentlich „Ruhe, Aufhören der Arbeit", zu *šābath* „aufhören, von der Arbeit ausruhen, feiern"

Sabotage Vereitelung der Ziele anderer durch passiven Widerstand, Beschädigung oder Zerstörung von Produktionsmitteln u. ä.; frz. *sabotage* „absichtliches Verpfuschen einer Arbeit, Unbrauchbarmachen von Produktionsmitteln", eigtl. „Holzschuhfabrikation", zu *saboter* „Holzschuhe herstellen, in Holzschuhen herumtappen, mit Holzschuhen treten", dann (unter Einfluß von *saveter* „verpfuschen" und *savetier* „Schuhflicker, Pfuscher") auch übertr. „pfuschen, unbrauchbar machen, zerstören", zu *sabot* „Holzschuh", aus *savate* „abgetragener Schuh", urspr. wohl auch „Holzschuh", weitere Herkunft nicht bekannt

Saccharin künstlicher Süßstoff; aus griech. *sakchar*, Gen. *sakcharos*, „Zukker", aus Sanskrit *śarkarā-* „Körnerzucker, Kies"

Sadismus geschlechtliche Erregung durch Zufügung von Schmerzen; nach dem frz. Schriftsteller Donatien-Alphonse-François Marquis de *Sade* (1740–1814), der in seinen Romanen von der Lust an Grausamkeiten bestimmte Vorgänge schilderte

Safari Karawanenreise (heute auch Gesellschaftsreise) in Afrika; über Suaheli *safari* aus arab. *safar, safra, safarīya* „Reise, Fahrt, Abreise"

Safe Geldschrank aus Stahl; Sicherheitsfach in den Stahlkammern einer Bank; engl. *safe* „Geldschrank", als Adj. „sicher, geschützt", aus mengl. *sauf*, altfrz. *sauf, salf* aus lat. *salvus* „wohlbehalten, heil, unbeschädigt"

Saffian feines Ziegenleder; aus poln. *safian*, aus türk. *sahtiyan*, pers. *saḫtiyān* „Ziegenleder", zu pers. *saḫt* „hart, fest"; umgangssprachlich wird im Türk. h wie f gesprochen, daher der Wandel von ch bzw. h zu f

Safran aus Krokussen gewonnener, gelber Farbstoff; aus ital. *zafferano*, aus arab. *zaᶜfarān*, der Bezeichnung für diese Pflanze

sagittal parallel zur Pfeilnaht liegend; aus lat. *sagitta* „Pfeil", weitere Herkunft nicht bekannt; die Pfeilnaht ist die Verbindungslinie zwischen den beiden Scheitelbeinen; sie wurde mit einem Pfeil verglichen, da sie die Kranz- oder Kronennaht kreuzt wie ein Pfeil den Bogen

Sago gekörnte Stärke aus dem Mark der Sagopalme oder aus Kartoffeln; aus malai. *sagu* „mehliges Mark" (nicht nur der Sagopalme, sondern auch anderer Bäume)

Saison Hauptgeschäftszeit, Hauptreisezeit, Theaterspielzeit; aus frz. *saison* „Jahreszeit, Zeitraum, Lebensalter", auch „günstiger Zeitpunkt (für etwas)", aus lat. *satio*, Gen. *-onis*, „das Säen, Pflanzen", zu *serere* „säen, pflanzen"

Sakko Jacke des Herrenanzugs; aus engl. *sack* „Sack", aus ital. *sacco*, lat. *saccus*, griech. *sakkos* „Sack"; urspr. (19. Jh.) war der Sakko ein kurzer Männerrock ohne Taille, also gleichsam „sackförmig" geschnitten

Sakrament Glaubensgeheimnis; gottesdienstliche Handlung, bei der göttliche Gnadengaben vermittelt werden; aus lat. *sacramentum* „Weihe, Verpflichtung", im Kirchenlat. „religiöses Geheimnis", zu *sacrare* „einer Gottheit weihen, zu einer Gottheit erheben" (zu *sacer* „einer Gottheit geweiht, heilig") und Infix *-men-* zur Bez. eines Mittels oder Werkzeugs

Sakrileg Vergehen gegen Heiliges; aus lat. *sacrilegium* „Tempelraub, Religionsfrevel", aus *sacrum* „Geheiligtes" und *legere* „sammeln, auflesen, stehlen"

Sakrifizium Opfer, bes. kath. Meßopfer; aus lat. *sacrificium* „Opfer, Opfertier", zu *sacrificare* „als Opfer darbringen", aus *sacer* „einer Gottheit geweiht, heilig" und *facere* (in Zus. *-ficare,* Intensivum zu *-ficere*) „machen"

Sakristei Nebenraum in der Kirche für den Geistlichen und die gottesdienstlichen Geräte; aus mhd. *sacristîe* „Sakristei", aus mlat. *sacristia* „Amt und Ort der Aufbewahrung heiliger Gegenstände", aus lat. *sacer* „heilig"

säkularisieren in weltlichen Besitz überführen, verweltlichen; über frz. *séculariser* aus lat. *saecularis* „weltlich, (irdisch-)zeitlich", zu *saeculum* „Menschen-, Zeitalter" (im Gegensatz zu Gottes Ewigkeit), aus idg. **sejt-lom* „Zeit-, Lebensdauer", zur Wurzel **se(i)-* „säen", also eigtl. „Lebenssaat"

Salamander ein Schwanzlurch, bei Paracelsus ein Feuer-Elementargeist; aus lat., griech. *salamandra,* weitere Herkunft unbekannt, jedenfalls sicher nicht aus dem Arab., wie vielfach vermutet wurde

Salami eine Wurstsorte; aus ital. *salame* „gehacktes, gesalzenes Schweinefleisch mit Speck und Gewürzen", zu *sale* „Salz"

Salär *schweiz.:* Gehalt, Lohn; aus frz. *salaire* „Lohn", aus lat. *salarium* „Sold, Gehalt", eigtl. „Ration an Salz", die die Soldaten beim Heer und im Zivilleben die Magistratspersonen auf Reisen zugeteilt bekamen, zu *sal* „Salz"; da diese Zuteilung dann in Geld ausgezahlt wurde, wandelte sich die Bedeutung zu „Sold, Gehalt"

Salat kalte, kräftig gewürzte Speise aus kleingeschnittenem Gemüse, Fleisch u.a.; aus frz. *salade,* aus ital. *insalata* „Eingesalzenes", zu *sale,* lat. *sal* „Salz"

Salbader frömmelnder Schwätzer; die Herkunft ist nicht geklärt, es gab die verschiedensten Deutungsversuche: aus *Salm* „langweiliges Gerede" (→Salm²) oder aus vulgärlat. *salbator,* lat. *salvator* „Retter, Erlöser", nach der im Mönchslatein oft wiederholten Fügung *salvator dixit* „der Heiland hat es gesagt"; demgegenüber stehen Formen wie *Saalbader* (17. Jh.) „flache Weisheit, fauler Witz" oder auch „alter Schmöker", etwas später *Salbader* im Sinne von „Schwätzer"; vermutet wurde auch ein Zusammenhang mit *Salbe, Salböl,* also „jmd., der gesalbt, salbungsvoll redet"

Salbei eine Heilpflanze; aus mhd. *salbeie, salveie,* aus lat. *salvia* „Salbei", zu *salvus* „wohl, gesund"

Saldo Unterschiedsbetrag der Soll- und der Habenseite eines Kontos; ital. *saldo* in ders. Bed., zu *saldare* „ein Konto abschließen, ausgleichen", zu *saldo* „fest, ganz", aus spätlat. *saldus,* vulgärlat. *soledus, soldus,* aus lat. *solidus* „fest, ganz, vollständig"

Salettl *österr.:* Laube, Gartenhaus; aus ital. *saletta* „kleiner Saal", Verkleinerungsform von *sala* „Saal"

Saline Anlage zur Salzgewinnung; aus lat. *salinae* (Pl.) „Salzgrube, -lager, -werk", zu *salinus* „zum Salz gehörig", zu *sal,* Gen. *salis,* „Salz"

Salm¹ ein Fisch, Lachs; aus lat. *salmo* „Lachs", weitere Herkunft umstritten

Salm² langweiliges Gerede; aus mhd. *salm, salme* „Psalm", aus lat. *psalm* (→Psalm), wegen der eintönigen, „psalmodierenden" Art des Geredes

Salmiak chemische Verbindung, Ammoniumchlorid, Düngemittel; aus lat. *sal ammoniacus* „Salz aus der Oase Ammonium" (heute Siwah), wo der Tempel des ägypt. Gottes Ammon steht; da jedoch das Salmiak, das wir unter dieser Bezeichnung verstehen, dort nicht vorkommt, muß man damals ein anderes Salz gemeint haben; das Salmiak, wie wir es verstehen, wurde zuerst in Persien bekannt und dann in Ägypten aus Kamelmist hergestellt

Salmonellen bestimmte Krankheiten hervorrufende Bakterien; nach dem amerikan. Bakteriologen Daniel E. *Salmon* (1850–1914)

Salon Empfangs-, Besuchszimmer; Mode- oder Frisörgeschäft; Ausstellungsraum; frz. *salon* „Empfangs-, Gesellschaftszimmer", aus ital. *salone* „großer Saal", Vergrößerungsform von *sala* „Saal, Raum für verschiedene Zwecke", langobard. „Wohnung, Wohnstätte", aus frz. *salle* „Saal", aus fränk. *sal* „Haus" und **halla* „Halle"

salopp nachlässig, bequem, ungezwungen; frz. *salope* „schlampig, schmutzig", zu *sale* „schmutzig"; im frz. Sprachraum mundartlich in verschiedenen Formen weit verbreitet, Herkunft jedoch nicht geklärt

Salpeter Alkali- und Erdalkalimetallsalze der Salpetersäure; aus lat. *sal petrosum, sal petrae* „Felsensalz", zu *sal* „Salz" und *petra* „Felsen, Stein", weil es sich an Felsen und Mauern bildet

Salpingitis Eileiterentzündung; aus griech. *salpigx*, Gen. *salpiggos*, „Trompete" (→Salpinx) und Endung *-itis* zur Bezeichnung einer Entzündung

Salpinx altgriech. Signaltrompete aus Bronze oder Eisen; trichterförmig erweiterte Röhre, z.B. Ohrtrompete, Eileiter; aus griech. *salpigx* „Trompete", weitere Herkunft unbekannt, vielleicht aus der idg. Wurzel **kswelp-* „pfeifen, blasen"

Salse *in Erdölgebieten:* Schlammsprudel; aus ital. *salsa* in ders. Bed., aus lat. *salsa* „die Salzige", zu *salsus* „salzig", zu *sal* „Salz"; die aus einer Salse ausgeworfenen Substanzen enthalten häufig Salz

Saltarello ital. Springtanz; ital. *saltarello* „kleiner Sprung, Springtanz", Verkleinerungsform von *salto* „Sprung", zu *saltare* „springen", aus lat. *saltare* „tanzen"

Saltimbocca zwei aufeinandergelegte Kalbfleischscheiben mit rohem Schinken und Salbei dazwischen, paniert und gebraten, mit Weißweinsoße; ital., eigtl. *salta in bocca* „spring in den Mund", weil es so appetitlich und köstlich ist, daß man nicht widerstehen kann

Salto Überschlag in der Luft; ital. *salto* „Sprung", zu *saltare* „springen", aus lat. *saltare* „tanzen"; **Salto mortale** „Todessprung, mehrfacher Salto", *mortale* „tödlich, Tod-, Todes-", aus lat. *mortalis* „zum Tod gehörig, sterblich", zu *mors*, Gen. *mortis*, „Tod"

saluber gesund, heilsam; lat. *saluber* in ders. Bed., zu *salus* „Heil, Wohl, Gesundheit", zu *salvus* „heil, wohl, gesund"

Salut militärischer Ehrengruß durch Abfeuern einer Salve von Schüssen; aus lat. *salus*, Gen. *salutis*, „Wohlsein, Gesundheit", auch als begrüßende Anrede, die im Wunsch nach Wohlbefinden besteht, zu *salvus* „wohl, heil, gesund"

Salvator Retter, Erlöser, Heiland; lat. *salvator* „Erretter, Erhalter", kirchenlat. „Erlöser", zu *salvare* „retten, heilen, gesund machen, erlösen", zu *salvus* „wohl, heil, gesund"

Salve gleichzeitiges Abfeuern mehrerer Schüsse (bei feierlichen Anlässen zur Begrüßung einer hohen Persönlichkeit; →Salut); über frz. *salve* in ders. Bed. aus lat. *salve!* „sei gegrüßt, bleib gesund, leb wohl!", zu *salvere* „gesund sein, sich wohlfühlen", zu *salvus* „heil, wohl, gesund"

Samarium chemisches Element; nach dem Mineral →*Samarskit*, in dem es entdeckt wurde

Samarskit ein Mineral; nach dem Entdecker, dem russ. Bergbaubeamten V. E. *Samarsky*

Samowar russ. Teemaschine; russ. *samowar*, aus *sam* „selbst" und *warit* „kochen"

Sampan chines. Wohnboot; im Chines. bedeutet das Wort eigentlich „kleines Boot", aus chines. *san* „drei" und *pan* „Brett"

Samstag Tag vor dem Sonntag; aus mhd. *samztac, sameztac*, aus ahd. *sambaztac*, aus lat. *sabbata, sabbatum* „Sabbat", über griech. *sabbaton* aus hebr. →*Sabbat*

Samum heißer Wüstenwind in Nordafrika und Vorderasien; aus arab. *samūm* „heißer Sandsturm“; der vermutete Zusammenhang mit arab. *samm* „Gift“ ist unwahrscheinlich

Samurai Angehöriger des japan. Kriegeradels; eigentlich „Diener“, zu *saburau, samurau* „dienen“

Sanatorium Heilstätte, Genesungsheim; aus lat. *sanator*, Gen. *-oris*, „Heiler“, zu *sanare* „heilen, gesund machen“, zu *sanus* „heil, gesund“

Sandale leichter, durch Riemchen zusammengehaltener Schuh; aus griech. *sandalon* „Holz- oder Ledersohle zum Unterbinden unter die Füße“, aus dem Altpersischen

Sandwich belegte doppelte Weißbrotschnitte; engl. *sandwich* „belegtes Butterbrot“, nach John Montagu, Earl of *Sandwich* (1718–1792), der viele Stunden ununterbrochen am Spieltisch zubrachte und währenddessen nur solche belegte Brote zu sich nahm, bei denen er sich, da sie zusammengeklappt waren, die Finger nicht fettig machte

sanforisieren Gewebe s.: durch Hitze schrumpfen lassen, damit sie beim späteren Waschen nicht eingehen; nach dem Erfinder, dem Amerikaner *Sanfor* L. Cluett (1874–1968)

Sanguiniker Mensch mit lebhaftem, heiterem, ein wenig oberflächlichem Temperament; aus lat. *sanguis*, Gen. *-inis*, „Blut“, weitere Herkunft unklar; in der antiken Medizin galt das Blut als einer der vier Körpersäfte, deren ausgewogenes Verhältnis zueinander die innere Ausgeglichenheit des Menschen bewirkt; überwiegt dagegen das Blut, so ergibt sich als äußeres Erscheinungsbild der *Sanguiniker*, der leicht ansprechbar, beweglich, aber nicht sehr gefühlstief ist

sanieren gesund machen; aus lat. *sanare* „heilen, gesund machen“, zu *sanus* „heil, gesund“

Sanitäter in der Ersten Hilfe ausgebildeter Krankenpfleger; Ableitung vom veralteten *Sanität* „Gesundheit, Krankenpflege“, aus lat. *sanitas*, Gen. *-atis*, „Gesundheit“, zu *sanus* „heil, gesund“

Sanktuarium Heiligtum; Altarraum; Reliquienschrein; aus lat. *sanctuarium* „Heiligtum, Ort, wo Heiligtümer aufbewahrt werden“, zu *sanctus* „heilig“, zu *sancire* „heiligen“, zu *sacer* „heilig“

Sansculotten Spottname für die revolutionären Proletarier in der Frz. Revolution, da sie keine Kniehosen *(Culottes)* trugen wie die höheren Stände, sondern lange Hosen (Pantalons); aus *sans* „ohne“ und *culotte* „Kniehose“, zu *culot* „unterer Teil (des Anzuges)“, zu *cul* „hinterer, unterer Teil“

Sansevieria eine trop. Nutz- und Zierpflanze; nach Raimondo di Sangro, Fürst von *Sanseviero* (1710–1771)

Sanskrit altindische, noch heute in Literatur und Wissenschaft gebräuchliche Sprache; aus altind. *saṃskṛta-* „zusammengeordnet, vollendet“

Saphir ein Mineral, ein Edelstein; aus frühnhd. *sapphir*, aus mhd. *saphir, saffir*, aus spätlat. *sapphirus*, lat. *sappirus*, aus griech. *sappheiros* „Saphir“, weitere Herkunft unsicher

Saponaria eine Heil- und Zierpflanze, deren Wurzel beim Reiben im Wasser wie Seife schäumt, Seifenkraut; aus lat. *sapo*, Gen. *saponis*, „Seife“

Saprobie in oder auf faulenden Stoffen lebender Organismus; aus griech. *sapros* „faul“ und *bios* „Leben“

Saprophage von faulenden Stoffen lebendes Tier; aus griech. *sapros* „faul, verfault, verdorben“ und *phagos* „Esser, Fresser“, zu *phagein* „essen“

Saprophyt von faulenden Stoffen lebende Pflanze; aus griech. *sapros* „faul, verfault, verdorben“ und *phyton* „Pflanze“, zu *phyteuein* „pflanzen, hervorbringen“, zu *phyesthai* „wachsen“

Sarabande im 17./18. Jh. ruhiger frz. Gesellschaftstanz; Satz der Suite; über frz. *sarabande* aus span. *zarabanda* in ders. Bed., Herkunft nicht bekannt

Sarafan *im 18./19. Jh.:* russischer Trachtenrock mit Leibchen für Frauen; aus russ. *sarafan*, über turktatar. aus pers. *sarapa* „langer Schleier“, eigentlich „vom Kopf bis zu den Füßen“, aus *sar* Kopf und *pā* „Fuß“

Sardelle ein Heringsfisch; aus ital. *sardella*, Verkleinerungsform von *sarda* „kleiner, silberblauer Meeresfisch“ (ital. *sardella* ist, wie *sardina*, die volkstümliche Bezeichnung für *sarda*), wohl zu *sardo, sarda* „sardinisch", zu *Sardegna* „Sardinien"

Sardine ein Heringsfisch; aus ital. *sardina*, Verkleinerungsform von *sarda*; → Sardelle

Sarkasmus bitterer Spott; aus griech. *sarkasmos* „grimmiger Hohn", zu *sarkazein* „Fleisch zerreißen, abreißen" (von Hunden), „Gras abrupfen" (von Pferden), „im Zorn auf die Lippen beißen", übertr. „bitter, grimmig verhöhnen", zu *sarx*, Gen. *sarkos*, „Fleisch"

Sarkom bösartige Bindegewebsgeschwulst; aus griech. *sarx*, Gen. *sarkos*, „Fleisch"

Sarkophag prunkvoller Sarg, Steinsarg; aus griech. *sarkophagos* „fleischfressend, Fleischfresser", aus *sarx*, Gen. *sarkos*, „Fleisch" und *phagos* „Esser, Fresser", zu *phagein* „essen"; Sarkophage wurden urspr. häufig aus einem Kalkstein von Assos in Kleinasien hergestellt, dem *lithos sarkophagos*, dem „fleischfressenden Stein", der das Fleisch der Leichen rasch zerstört haben soll

Sarong bunter, gewickelter Rock der indones. Frau; aus malai. *sarong* „Scheide (des Kris), Bedeckung"; das Wort *Sarong* ist im Malai. selten, man bezeichnet den malai. Frauenrock als *kain sarong* oder nur als *kain* („Tuch, Gewebe"), gebräuchlicher ist es auf Ceylon, wo es *saran* heißt

Sarraß Säbel mit schwerer Klinge; aus poln. *za* „für" und *raz* „Hieb"

Sarsaparille eine mittel- und südamerik. Schlingpflanze, Stechwinde; aus span. *zarzaparilla*, zu *zarza* „Dornbusch" und *parilla* „Ranke des Wilden Weins", zu *parra* „Weinstock", wegen der rebenähnlichen Wurzel

Sassafras ein nordamerikan. Baum, aus dessen Wurzeln ein ätherisches Öl gewonnen wird; das Wort ist indian. Ursprungs, von Linné wurde der Baum mit dem Lorbeer in eine Gattung gestellt (Laurus sassafras); die Anlehnung an → *Saxifraga*, die vielfach versucht wurde, ist demnach nicht zutreffend

Satan Teufel, Widersacher Gottes; aus hebr. *sātān* „Widersacher, Ankläger (bes. des Menschen bei Gott)", zu *sātan* „anklagen, anfeinden"

Satellit einen Planeten umkreisender Himmels- oder künstlicher Raumkörper; *übertr.:* ständiger Begleiter, ergebener Gefolgsmann; aus lat. *satelles*, Gen. *-itis*, „(schützender) Begleiter eines Fürsten, Trabant", weitere Herkunft unbekannt, vielleicht aus dem Etruskischen

Satin ein atlasähnlicher Stoff; frz. *satin* „Seidenatlas", ältere Formen *satanin, zatanin*, aus arab. *zaitūnī*, nach der arab. Form *Zaitūn* für eine chin. Stadt (vielleicht *Tsai-tung*), aus der diese Stoffe ausgeführt wurden; formal hat wahrscheinlich ital., mlat. *seta* „Seide" einen Einfluß ausgeübt

satinieren unter Druck glätten und glänzend machen; aus frz. *satiner* in ders. Bed., zu → *Satin*

Satire mit Ironie und Spott menschliche Schwächen geißelnde Dichtung; aus lat. *satira* „Gedicht über die verschiedensten historischen oder ethischen Gegenstände, in dem menschliche Torheiten gegeißelt werden", aus altlat. *satura* „Allerlei, buntes Gemenge", eigtl. *satura lanx* „volle Schüssel, bes. Fruchtschüssel" als Opfergabe für die Götter, zu *satur* „reichlich, voll"

Satisfaktion Genugtuung (durch Ehrenerklärung oder Duell); aus lat. *satisfactio*, Gen. *-onis*, „Genugtuung, Befriedigung eines Gläubigers", zu *satisfacere* „Genugtuung leisten, befriedigen", aus *satis* „genügend, hinreichend" und *facere* „machen"

saturieren *Chem.:* sättigen; *allg.:* befriedigen; aus lat. *saturare* „sättigen, befriedigen", zu *satur* „gesättigt, satt, befriedigt; reichlich"

Sauce gewürzte Flüssigkeit, Tunke; frz. *sauce* „Tunke, Brühe", aus lat. *salsus* „gesalzen", zu *sal* „Salz"

Saurier ein ausgestorbenes, meist riesiges Reptil; aus griech. *saura, sauros* „Eidechse", weitere Herkunft unklar

Sauvegarde *früher:* Schutzwache, Schutzbrief; frz. *sauvegarde* „Schutz, Bedeckung", aus *sauf* (mask.), *sauve* (fem.) „heil, unverletzt" (aus lat. *salvus* „heil, wohlbehalten, wohlbewahrt")

und *garde,* → Garde

Savanne *in tropischen Gebieten:* Grassteppe mit einzeln stehenden Bäumen oder Baumgruppen; aus aruak. *savana, sabana* „weite Ebene“

Saxifraga eine Pflanze, Steinbrech; aus lat. *saxifragus* „felsenbrechend, steinbrechend“, aus *saxum,* Gen. *saxi,* „Fels“ und *frangere* (Perfekt: *fractus*) „brechen, zerbrechen“; die Pflanze liebt felsige Standorte und galt auch (zu Unrecht) als Mittel gegen Blasen-, Nierensteine u.ä.

Saxophon ein Blasinstrument; nach dem belg. Erfinder, Adolphe *Sax* (1814–1894) und griech. *phone* „Stimme“

Sazerdotium Priesteramt; lat. *sacerdotium* „Priesteramt, -würde“, zu *sacerdos,* Gen. *-dotis,* „Priester“, aus *sacer* „heilig“ und *dos,* Gen. *dotis,* „Gabe“, zu *dare* „geben“, also „der die heilige Gabe gibt“, d.h. den Göttern opfert

Scampi *ital. Bezeichnung für* eine Krebsart; vielleicht aus griech. *hippokampos* „Seepferdchen“, aus *hippos* „Pferd“ und *kampe* „Krümmung“, wegen des pferdeähnlichen Kopfes und des gekrümmten Schwanzes

Scandium chemisches Element; nach seinem Vorkommen in *skandinavischen* Mineralien

Scat *Jazz:* Art des Gesangs, bei dem nur einzelne Silben aneinandergereiht und variiert werden; verkürzt aus engl. *to scatter* „verteilen, verstreuen“, aus mengl. *scateren* „zerbrechen, zerschlagen“

Schablone ausgeschnittene Vorlage, Muster; aus mnddt. *schampelion, schampelûn* „Muster, Modell“; weitere Herkunft nicht bekannt

Schabracke *früher:* lange, verzierte Decke unter dem Sattel; aus türk. *çaprak* „Sattel-, Pferdedecke“, aus dem Verbalstamm *çap-* „bedecken“ und der Nachsilbe *-rak,* die für sich keine Bedeutung hat und urspr. die Richtung auf etwas hin bezeichnete

Schach ein Brettspiel; aus pers. *šāh* „König“; der erste Teil des Rufes *Schach matt!* zum Ende des Spiels wurde auf das ganze Spiel übertragen; der pers. Ausdruck *šāh māt* bedeutet „der König ist ratlos, weiß nicht mehr weiter“, zu *šāh* „König“ und *māt* „überrascht, ratlos“; die Ableitung von arab. *māt(a)* „er ist gestorben, er ist tot“ ist höchstwahrscheinlich nur eine volksetymologische Umdeutung, da das Schachspiel von Indien über Persien nach Arabien kam

Schacher gewinnsüchtiger Handel; aus hebr. *sāḵar* „Erwerb, Gewinn“, zum Verb *saḵār* „als Händler herumziehen“

Schafott Gerüst zur Hinrichtung; aus ndrl. *schavot* in ders. Bed., aus mndrl. *schavot, scafot, scafaut* „Gerüst“, frz., altfrz. *chafaud, échafaud* „Baugerüst, Tribüne, Schafott“, aus mlat. *catafalcus* „Brettergerüst“, → Katafalk

Schakal ein hundeartiges Raubtier; aus türk. *şakal,* pers. *šagāl,* aus Sanskrit *sṛgāla-,* der Bezeichnung für das Tier

schäkern neckischen Spaß treiben, kokett scherzen; entweder aus rotw. *schäkern* „lügen“, zu jidd. *schakron, schakren* „Lügner“, aus hebr. *šāqar* „lügen“ und *šēqer* „Lüge“, oder zu jidd. *chek* „Busen, Schoß“, aus hebr. *ḥēq* „Busen, Brust“ (als Sitz der Wünsche)

Schal langes, schmales Halstuch; aus engl. *shawl,* aus pers. *šāl* „Tuch oder Übergewand aus feiner Wolle, auch aus grober Ziegenwolle, wie die Derwische es tragen“

Schalmei ein Holzblasinstrument, Vorläufer der Oboe; Melodiepfeife des Dudelsacks; aus mhd. *schalmîe* aus mfrz. *chalemie,* mlat. *scalmeia* „Rohrpfeife“, aus lat. *calamus* „Rohr“, aus griech. *kalamos* „Halm, Rohr“

Schalotte eine Gemüsepflanze, eine Lauchart; aus frz. *échalotte,* aus altfrz. *eschaloigne,* aus lat. *caepa ascalonia* „Zwiebel aus Askalon“, einer Stadt in Palästina

Schaluppe größeres Beiboot; Küstenfahrzeug; aus frz. *chaloupe* in ders. Bed., früher in Flandern Bezeichnung für holländ. Schiff, aus ndrl. *sloep* „holländ. Schiff“, zu *sluipen* „schlüpfen, gleiten“

Schamane *bei Naturvölkern:* Zauberpriester; entweder aus tungus. *scha-*

man, der Bezeichnung für jemanden, der sich in Ekstase versetzen und dann entfernte Gegenden, Götter und Geister aufsuchen kann, oder aus mittelind. *samaṇa-*, Sanskrit *śramaṇa-* „Bettelmönch, Asket“, eigtl. „Selbstpeiniger“

Schamotte feuerfester Ton; ältere Form: *Charmotte*, das angeblich aus *sciarmotti* gebildet wurde; so sollen die ital. Porzellanarbeiter im 18. Jh. in Thüringen das Wort *Scherben* in ihre Sprache umgesetzt haben, das in thüring. Mundart *Schärm* gesprochen wird

Schampun → Shampoo

Scharade lebendes Bild, dargestellte kurze Szene, deren Inhalt erraten werden muß; aus frz. *charade* in ders. Bed., vielleicht aus prov. *charrado* „Unterhaltung“, zu *charrà* „plaudern“

Scharbockskraut eine Heilpflanze, Feigwurz, früher gegen Skorbut verwendet; zu *Scharbock*, der älteren Form von → *Skorbut*

Scharlach leuchtendes Rot; eine Infektionskrankheit; aus ital. *scarlatto* in denselben Bedeutungen, aus mittellat. *scarlatum* „roter Stoff“, aus arab., pers. *saqirlāṭ* „leuchtend rot, mit Kermes rot gefärbtes Kleid“; die Farbbezeichnung wurde im 16. Jh. in Italien in der Form *scarlattino* auf die Krankheit übertragen, da diese mit rotfleckigem Hautausschlag einhergeht

Scharlatan jmd., der von seinem Fach nichts versteht, bes. Kurpfuscher, Quacksalber; aus ital. *ciarlatano* „Quacksalber, Marktschreier“, wahrscheinlich gekreuzt aus *cerretano* „Marktschreier“ (eigtl. „Einwohner der Stadt *Cereto*“ bei Spoleto, die im MA bekannt für ihre vielen Quacksalber und umherziehenden Händler war) und *ciarlare* „schwatzen“ (lautmalend)

Scharmützel kleines Gefecht, militärische Plänkelei; aus mhd. *scharmützel, scharmutzel*, aus ital. *scaramuccia* in ders. Bed., vielleicht aus *schermire* „fechten, abwehren“, aus germ. **skirmjan* „(be)schirmen, schützen“

Scharnier Drehgelenk (an Türen); aus frz. *charnière* in ders. Bed., über galloroman. **cardone* „Türangel“ aus lat. *cardo*, Gen. *cardinis*, „Türangel, Drehpunkt“

Schärpe breites, um die Taille oder schräg über Schulter und Brust getragenes Band; aus frz. *écharpe* in ders. Bed., aus altfrz. *escherpe, esquerpe* „um den Hals getragene Pilgertasche“, aus mlat. *scerpa* „mit Lederriemen über der Schulter getragene Tasche“, aus germ. **skarpa* „Ledertasche“

Scharpie *früher:* zerzupfte Leinwand (anstelle von Watte); aus frz. *charpie, charpi* „Leinwandfasern“, zu *charpir* „zupfen“, über vulgärlat. **carpire* aus lat. *carpere* „zupfen, abrupfen, abreißen“

Scharteke altes, wertloses Buch; aus mnddt. *scharteke, scarteke* „Urkunde, Dokument; altes Buch“; Herkunft nicht geklärt, vielleicht zu → *Charter*

Scharwenzel *Kartenspiel:* Unter, Bube; *allg.:* übertrieben diensteifriger Mensch, Liebediener; aus tschech. *červený* „rot“ und *Wenzel* „Unter, Bube“ im Kartenspiel, also „roter Bube“ (Herzbube); es liegt nahe, daß sich die Bedeutung von „roter Wenzel“ = Trumpfkarte“ zu *Scharwenzel* „jmd., der bei allen beliebt sein will“ gewandelt hat

Schaschlik am Spieß gebratene Fleisch- und Speckstückchen mit Zwiebel; aus russ. *schaschlik* in ders. Bed., aus dem Tatar., zu krimtatar. *schischlik*, kasantatar. *schyschlyk*, zu *schisch* bzw. *schysch* „Spieß“

Schatulle Geld-, Schmuckkasten; aus ital. *scatola* „Schachtel“, aus mlat. *scatula* „Geldkasten, Börse“, aus got. *skatts* „Geld, Geldstück“, aus germ. **skatta* „Vieh“ (das früher als Maßstab des Vermögens galt)

Scheck Zahlungsanweisung an Bank oder Post; aus engl. *cheque*, frz. *chèque* „Zahlungsanweisung an eine Bank“, aus arab. *ṣakk* „Vertragsurkunde, Dokument, Scheck“, aus pers. *čak* „Kaufvertrag, Beglaubigungsschreiben“ und *ček* „Zahlungsanweisung“

Scheddach Sägedach; aus engl. *shed* „Wetterdach; Schuppen, Hütte“, Nebenform von *shade* „Schatten“; der einzelne Abschnitt des Scheddachs hat die Form des einfachsten Daches, einer einseitig schrägen Bedeckung

Scheich *im Islam:* Stammesführer, Oberhaupt eines Scheichtums, geistlicher Würdenträger; aus arab. *šaiḫ* „alter Mann, Ältester, Häuptling", zu *šāḫa* „alt werden"

Schema vereinfachte zeichnerische Darstellung; Muster, Vorbild; aus griech. *schema* „Gestalt, Form, Stellung, Haltung", zu *echein* „halten, haben, innehaben"

Scherbett →Sorbett

Scherflein kleiner Beitrag; Verkleinerungsform von *Scherf* „halber Pfennig" (im MA), aus mhd. *scherf, scherpf* „kleinste Münze", vielleicht zu *scherben, scharben* „in kleine Stücke, blättchenweise schneiden"

Scherzo kurzes, heiteres Musikstück; ital. *scherzo* in ders. Bed., allg. „Scherz", zu *scherzare* aus langobard. *skerzôn* „scherzen"

Schi Schneeschuh; aus norw. *ski* „Schneeschuh", aus altnord. *skið* „Schneeschuh", eigtl. „Scheit", zur idg. Wurzel **skei-* „schneiden, spalten"

schick modisch, elegant; *ugs.:* sehr gut, sehr schön, großartig; aus frz. *chic* „ausgezeichnet, großartig, fein; Geschmack, Eleganz; Geschicklichkeit, Geschick", aus niederdt. *Schick* „richtige Ordnung, richtige Art und Weise"

Schickse *ugs.:* unangenehme weibl. Person; aus jidd. *schicks* „Mädchen", aus *schickzo, schickzel* „nichtjüd. Mädchen", aus hebr. *šêkêṣ* „Greuel, Abscheu vor Unreinem", daher für alle nichtjüd. Kinder (auch Knaben) gebraucht, später auf Mädchen eingeengt

Schiefer ein Gestein, das sich in ebenen Platten spalten läßt; aus mhd. *schiver* „Stein-, Holzsplitter", zu *schiveren* „splittern", aus germ. **skifran*, zur idg. Wurzel **sqeip-, *sqei-* „schneiden, trennen"

Schierling eine Giftpflanze; aus mhd. *scherlinc*, aus mnddt. *scharn*, zu altnord. *skarn*, angelsächs. *scearn*, altfries. *skern* „Mist"; entweder wegen des Geruchs (auch „Stinkkraut" genannt) oder wegen des Standorts: er wächst mit Vorliebe in der Nähe von Misthaufen oder an Stellen, wo ein Kuhfladen gelegen hat

Schikane absichtlich bereitete, böswillige Schwierigkeit; aus frz. *chicane* „Rechtsverdrehung, Trick, Kniff, in böswilliger Absicht begonnener Prozeß", dazu das Verb *chicaner* „betrügen"; die weitere Herkunft des Wortes ist dunkel, vielleicht ist frz. *chicaner* eine Mischung aus *chic*, das im 16. Jh. „Gewandtheit, Geschicklichkeit in der Führung von Rechtssachen" bedeutete, und *ricaner* „hämisch lachen, kichern", oder es leitet sich, da frz. *chicane* „Trick, Kniff" bedeutet, von einem Wort im Mailspiel ab, einem dem Polo ähnlichen, in Frankreich zu Fuß gespielten Kugelspiel, in dem die Grenzlinie, über die die Kugel rollen muß, *chicane* heißt (im Provenzal. ist *chicane* auch „Kugelspielplatz"). Die weitere Rückführung des Wortes ins Persische, die versucht wurde, ist fraglich

Schillerlocke mit Schlagsahne gefüllte, gebackene Teigrolle; dünnes Stück vom Bauchteil des Dornhais, das sich beim Räuchern leicht gekringelt hat; nach Friedrich *Schiller*, der von dem Bildhauer Johann Heinrich von Dannecker in einer Büste mit zwei lang herabhängenden Locken dargestellt worden ist

Schilling österr. Währungseinheit, 100 Groschen; mhd. *schilling*, aus ahd. *skilling* aus got. *skilliggs* als Bez. für den röm. solidus; weitere Herkunft nicht geklärt, vielleicht zu got. *skildus* „Schild"

Schimäre Trugbild, Hirngespinst; →Chimära

Schimpanse ein Menschenaffe; über engl. *chimpanzee* aus einer süd- oder westafrik. Sprache, Näheres nicht bekannt

Schirokko warmer, oft stürmischer Wind in den Mittelmeerländern; aus ital. *scirocco*, aus arab. *šalūq (šulūq)* „heißer Südostwind", weitere Herkunft nicht geklärt, das Wort ist wahrscheinlich auch im Arab. ein Fremdwort

Schisma Kirchenspaltung; aus spätgriech. *schisma* „Spalt, Riß", übertr.

„Entzweiung, Trennung, Zwiespalt", aus griech. *schizein* „spalten, verschneiden, trennen"
Schizophrenie Gruppe von Geisteskrankheiten mit gestörtem Zusammenhang zwischen Wollen, Denken und Fühlen, Spaltungsirresein, Spaltsinnigkeit; aus griech. *schizein* „spalten" und *phren* „Zwerchfell", nach antiker Auffassung Sitz der Seele und des Gemütes, daher auch soviel wie „Geist, Seele, Verstand"
Schizophyt Spaltpflanze; aus griech. *schizein* „spalten" und *phyton* „Pflanze", zu *phyein* „hervorbringen, wachsen lassen"
Schlachta *früher:* der poln. Adel; poln. *szlachta,* aus slowen. *zlachta* „verwandt", aus ahd. *slahta* „Geschlecht"
Schlafittchen *in der Wendung* jmdn. beim S. kriegen: ihn packen (um ihn zurechtzuweisen oder zu strafen); die Herkunft des Wortes ist nicht sicher, es wurde als „Schlagfittich" gedeutet, und zwar im Hinblick darauf: Gänse können, wenn sie kämpfen oder sich wehren, mit dem Flügelknochen, an dem sie einen mit Hornhaut überzogenen Knochenfortsatz haben, starke Schläge austeilen, und wenn man sie packen und festhalten will, greift man sie am Flügelansatz, um sie wehrlos zu machen; dazu die ältere Form *Schlafitten* in der übertr. Bedeutung „lose, wehende Kleiderenden, Rockschöße", an denen man ebenfalls jmdn. „kriegen" kann
Schlamassel *ugs.:* ärgerliche, verfahrene Angelegenheit; aus jidd. *schlimmasl* „Unglück; Unglücksrabe, Pechvogel", aus dt. *schlimm* und jidd. *māsel,* aus hebr. *mazzāl* „Sternbild, günstiges Geschick, Glück"
Schlaraffenland märchenhaftes Land der Schlemmer, eigtl. Land der Schlaraffen, der Müßiggänger; aus mhd. *slûraffe, slûderaffe* „Müßiggänger, jmd., der herumschlendert", aus *slûr* „das Herumschlendern, Faulenzen; Faulenzer, langsame, träge Person", zu *slûdern* „schlenkern", *slûderer* „jmd., der nachlässig, schludrig arbeitet" und *affe* „Affe", übertr. „Tor"
Schlawiner pfiffiger, durchtriebener Bursche; *österr.:* Nichtsnutz; entstellt aus *Slowene*; die slowen. Hausierer galten als schlau und geschäftstüchtig
Schlemihl Unglücksmensch, Pechvogel; aus hebr. *šêlo-mo^cil* „jmd., der zu nichts taugt, der in allem ungeschickt ist", aus *šêlo* „(jmd.) der nicht" und *mo^cil* „nützlich Seiender"
Schlitzohr Betrüger, Gauner, gerissener Bursche; im MA und noch in der Neuzeit wurden Übeltäter körperlich gestraft, Betrüger u. a. durch Abschneiden oder Aufschlitzen eines Ohres. Das geschlitzte Ohr diente dann in der Form *Schlitzohr* als Bezeichnung für die Person und wurde später auch in freundlicherem Sinne für einen durchtriebenen Kerl verwendet
Schmiere *ugs. in der Wendung* Schmiere stehen: Wache halten, aufpassen (beim Diebstahl); aus jidd. *schmiro* „Wächter, Bewachung", aus hebr. *šəmīrā* „Wache, Bewachung", zu *šāmar* „bewachen"
Schmirgel als Poliermittel verwendeter Korund; aus ital. *smeriglio,* aus griech. *smyris, smyreia* „Schmirgel", vielleicht zu *smaein, smegein* „einreiben, salben"
Schmöker Raucher; nicht wertvolles, meist auch altes Buch; aus nddt. *Smöker* „Raucher", eigtl. „Räucherer", auch „vergilbtes, altes Buch", zu nddt. *schmöken, smöken* „schmauchen (=rauchen)"; ein *Schmöker* ist also urspr. ein altes, schlechtes Buch, das gerade noch gut genug zum Räuchern ist, d. h. dazu, aus seinen Seiten Fidibusse zum Anzünden des Feuers oder der Pfeife zu drehen
Schmu *ugs.:* kleiner Betrug (bes. beim Spiel); aus jidd. *schmuo,* hebr. *šəmu^cā* „Erzählung, Gerücht, Gerede", also wohl urspr. „durch (schlaues, betrügerisches) Reden erzielter kleiner, unerlaubter Gewinn"; vgl. Schmus
schmuggeln ungesetzlich aus- oder einführen; aus mndrl. *smokkelen,* ostfries. *smukkeln* „sich schlüpfend bewegen", dazu altengl. *smugan* „kriechen"; früher wurde die Schmuggelware vor allem auf Schleichwegen durch unweg-

sames Gelände über die Grenze gebracht
Schmus *ugs.:* schmeichlerisches, übertrieben liebenswürdiges Gerede; aus jidd. *schmuo* „Erzählung, Gerücht, Gerede", aus hebr. *šəmu^ca*, Pl. *šəmu^cōth* in derselben Bedeutung, dazu jidd. *schmuessen* „reden, unterhalten"
Schnadahüpfl, Schnaderhüpfl in den bayrisch-österr. Alpen gesungenes Liedchen aus zwei Reimpaaren; urspr. aus dem Stegreif gesungener Vierzeiler, der zum Tanz gesungen wurde oder mit dem der Bursch seinen Tanz begann. Der zweite Wortteil ist eindeutig und weist darauf hin, daß das Lied urspr. ein Tanzlied war, der erste ist umstritten. Früher ordnete man *schnader* dem nhd. Wort „schneiden" zu, demnach wäre der Tanz ein Tanz der Schnitter gewesen. Nach neuerer Deutung wird *schnader* zu *schnattern* „schwatzen, plaudern" gestellt, wohl wegen der kurzen, lustigen, meist improvisierten und rasch hervorgebrachten Verse. Tatsächlich wird ei im Oberbayr. meist zu oa und nicht zu a, es müßte also Schnoadahüpfl heißen, wenn das Wort auf *schneiden* zurückgehen würde; dagegen wird tt sehr oft zu d erweicht (so wie das hochdt. „Wetter" im Oberbayr. zu Weder oder Weda wird), was für die zweite Deutung spricht
Schnepfe ein Wald-, Wiesen-, Sumpfvogel mit sehr langem Schnabel; aus mhd. *snepfe*, ahd. *snepfa*, nddt. *sneppe* in ders. Bed., aus mnddt. *snippe* „Schuhschnabel", *snibbe* „Schnabel", aus ndrl. *sneb* „Schnabel"
Schneuß *gotische Baukunst:* Ornament in Form einer Schlinge, Fischblase; aus *Schneuse, Schneise* (17. Jh.) „Schlinge zum Vogelfang", zu *Schneise* „ausgehauene Stelle im Wald"; in den *Schneisen* wurden früher die Vogelschlingen gelegt, und die Bez. ging dann von der Stelle des Vogelfangs auf das Gerät über
Schock plötzliche Nervenerschütterung; aus frz. *choc* „Stoß, Erschütterung, Schicksalsschlag", zu *choquer* „stoßen", aus mittelndrl. *schockeren, schocken, chockeren* „zusammenstoßen, erschüttern", aus dem Germ.
schofel einen Gefallen, eine Freundlichkeit mit Geiz, Knauserigkeit vergeltend, schäbig, erbärmlich; aus jidd. *schofel* „ärmlich, erbärmlich, schäbig, gemein", neuhebr. „niedrig" im Hinblick auf Lebenslage und Gesinnung, aus hebr. *šāfāl* „niedrig, gering, tiefstehend"
Schokolade Nahrungs- und Genußmittel aus Kakao, Milch und Zucker; aus Nahuatl *chocolatl*, der Bezeichnung für ein Nahrungsmittel aus den Samen des Kakaobaumes (→Kakao) und eines *pochotl* genannten Baumes (Kapokbaum)
Scholastik die Theologie, Philosophie und Wissenschaft des MA, die die kirchlichen Dogmen mit der antiken Philosophie in Einklang zu bringen suchte; aus lat. *scholasticus* „zur Schule, zum Studium gehörig", aus griech. *scholastikos* „mit wissenschaftlichen Studien beschäftigt", zu *schole*, →Schule
Scholion *in antiken Literaturwerken:* erklärende Randbemerkung; aus griech. *scholion* „kurze Erklärung, Auslegung", zu *schole*, →Schule
Schose →Chose
schraffieren dicht mit feinen, parallelen Strichen ausfüllen; aus mndrl. *schraffeeren* in ders. Bed., aus ital. *sgraffiare* „kratzen", →Sgraffiato
Schrapnell mit Kugeln gefülltes Geschoß, das kurz vor dem Ziel zerspringt; nach dem Erfinder, dem britischen Offizier Henry *Shrapnell* (1761–1842)
Schubiack Bettler; Lump, Gauner; nddt. *Schubjack, Schuwjak* in ders. Bed., aus ndrl. *schobbejak* „abgewetzte Jacke" sowie „einer, der seine Jacke abwetzt", also „zerlumpter Kerl", zu nddt. *schubben*, mndrl. *scobben* „reiben, wetzen"
Schuft niederträchtiger Mensch; aus ndrl. *schavuit* „Spitzbube", aus mndrl. *scufuut, schofuyt* „Bettler, Halunke", aus altfrz. *chouvette* „Nachteule"; wenn nicht volksetymologische Anlehnung mitgewirkt hat, dann ist die Über-

tragung vom Vogel auf den Spitzbuben im Gedanken an die lautlose Fortbewegung und nächtliche Lebensweise des Vogels und die Lichtscheu des Spitzbuben zustandegekommen

Schule Unterrichtsanstalt; aus lat. *schola* „Vortrag, Vorlesung, Schule", aus griech. *schole* „Muße, freie Zeit, Arbeitsruhe", übertr. „Beschäftigung während der Muße, Erzeugnisse der Mußestunden, Vorträge, Vorlesungen, gelehrte Gespräche", zu *schein* „einhalten, innehalten", zu *echein* „haben, halten"

Schund Wertloses, Minderwertiges; aus rotwelsch *Schund* „Dreck, Kot, Erde", weitere Herkunft nicht bekannt

schurigeln plagen, quälen, schikanieren; aus *schurgeln* „plagen", Iterativum zu mhd. *schurgen, schürgen* „stoßen, schieben, treiben", zu *schuor* „Schur, das Scheren", übertr. „Schererei, Plage"

Schwadron kleinste Einheit der Kavallerie; aus ital. *squadrone* „größere Einheit der Kavallerie", zu *squadro, squadra* „kleinste militärische Einheit, Korporalschaft", eigtl. „Viereck, im Viereck aufgestellte Mannschaft", zu *squadrare* „viereckig zurichten, mit dem Winkelmaß richten", aus vulgärlat. **exquadrare* „viereckig zu-, ausrichten", zu lat. *quadrum* „Viereck", zu *quattuor* „vier"

Schwager Postillion, Postkutscher; vielleicht aus frz. *chevalier* „Reiter, Postreiter", aus lat. *caballarius* „Pferdewärter", in Anlehnung an die frühere Anrede *Schwager* für befreundete oder verwandte Personen

Schwefel chemisches Element; aus mhd. *swebel, swevel,* ahd. *swebul,* aus got. *swibls* „Schwefel", zur idg. Wurzel **suel-* „langsam verbrennen"; ob das lat. *sulpur, sulphur* „Schwefel" damit verwandt ist oder aus einem unbekannten Wort des Mittelmeerraums stammt, ist nicht sicher

Schwerenöter liebenswürdiger Draufgänger, bes. gegenüber Frauen; die *schwere Not,* auch zusammengeschrieben *Schwerenot,* war früher die verhüllende Bez. für Epilepsie oder Fallsucht, und wenn man jmdm. etwas Böses sagen wollte, so wünschte man ihm die Schwerenot (Daß dich die S.!); ein *Schwerenöter* war demnach ein gerissener, durchtriebener Kerl, dem man die Schwerenot wünschte, wenn man sich über ihn ärgerte; allmählich bekam das Wort dann die freundlichere Bedeutung von „liebenswürdiger, durchtriebener Bursche, den die Frauen mögen"

Scribble erster Entwurf; aus engl. *scribble* „Geschmier, Gekritzel", zu *to scribble* „schmieren, kritzeln", eigtl. „unsorgfältig schreiben", aus lat. *scribere* „schreiben"

Scrip Gutschein über nicht gezahlte Zinsen; *in England und den USA:* Zwischenschein für neu auszugebende Aktien; aus engl. *script* „Interimsschein, provisorische Bestätigung", verkürzt aus *subscription* „das Unterschreiben, Unterzeichnung", aus lat. *subscriptio* „Unterschrift", → subskribieren

Scriptgirl Sekretärin des Regisseurs bei Filmaufnahmen; aus engl. *script* „Geschriebenes; Drehbuch" (über altfrz. aus lat. *scriptum* „Geschriebenes", zu *scribere* „schreiben") und → *Girl*

Seborrhö übermäßige Talgabsonderung der Haut; aus lat. *sebum* „Talg" und griech. *rhoos, rhous* „das Fließen, Strömen", zu *rhein* „fließen"

Seccomalerei Malerei auf trockenen Putz; ital. *secco* „trocken", aus lat. *siccus* „trocken"

Sedativum Beruhigungsmittel; aus lat. *sedare* „beruhigen", eigtl. „sinken machen", zu *sedere* „sich setzen, sich senken"

Sedezformat altes Buchformat in Größe eines Sechzehntelbogens; aus lat. *sedecim* „sechzehn", aus *sex* „sechs" und *decem* „zehn"

Sediment Ablagerung, Absatzgestein; Bodensatz; aus lat. *sedimentum* „Bodensatz", zu *sedere* „sich setzen, sich senken"

Sedisvakanz Zeitraum, während dessen ein bischöflicher oder der päpstliche Stuhl nicht besetzt ist; aus lat. *sedis,* Gen. von *sedes* „Sitz" und → *Vakanz*

Segment Abschnitt; aus lat. *segmen-*

tum „Einschnitt, Abschnitt', zu *secare* „schneiden"

Seguidilla span. Tanz sowie span. Gedichtform aus 4 oder 7 Versen; span. Verkleinerungsform von *seguida* „Folge, Reihe; Suite", zu *seguir* aus lat. *sequi* „folgen"

Seismograph Gerät zum Aufzeichnen von Erdbeben; aus griech. *seismos* „Erschütterung, bes. Erdbeben" (zu *seiein* „schütteln, schwingen, erschüttern, beben machen") und *grapheus* „Schreiber", zu *graphein* „schreiben"

Sekante Gerade, die eine Kurve schneidet; aus lat. *secans*, Gen. *secantis*, „schneidend", zu *secare* „schneiden"

sekkant lästig, zudringlich; aus ital. *seccante* „langweilig, lästig", eigtl. „leicht austrocknend", also gewissermaßen „ohne Saft und Kraft", zu *seccare* aus lat. *siccare* „trocknen", zu *siccus* „trocken"

Sekret Ausscheidung, Absonderung von Drüsen; aus lat. *secretum* „das Abgesonderte", zu *secernere* „absondern, ausscheiden", aus *se* „beiseite, besonders" und *cernere* „scheiden"

Sekretär kaufmännischer Angestellter, der die Korrespondenz führt u.a.; Dienstbez. für bestimmte Beamte; Parteifunktionär; Schreibschrank; ein afrikan. Raubvogel; aus lat. *secretarius* „Geheimschreiber, dem das königliche Siegel anvertraut ist", dann auch (unter Einfluß von frz. *secrétaire*) „Pult des Geheimschreibers" und allg. „Schreibschrank", aus lat. *secretus* „geheim", zu *secernere* „abtrennen, absondern", aus *se* „beiseite" und *cernere* „sichten, scheiden"; der Name des Vogels rührt von dem langen Federbusch am Hinterkopf her, der wie eine Schreibfeder aussieht, wie sie sich der Schreiber früherer Tage hinters Ohr steckte

Sekt Schaumwein; *urspr.:* süßer, schwerer Wein aus Trockenbeeren, d.h. Beeren, die am Stock fast eingetrocknet sind; erst im 20.Jh. für „Champagner" gebraucht; aus älterem *Seck*, an das im 17.Jh. ein t angefügt wurde, aus frz. *vin sec*, ital. *vino secco* „trockener Wein, Trockenbeerwein", aus lat. *siccus* „trocken"

Sekte kleine religiöse Gemeinschaft, die sich von einer größeren gelöst hat; aus lat. *secta* „philosophische Schule, Lehre", eigtl. „befolgte (Grundsätze)", zu *sequi* „folgen"

Sektion Abteilung; Leichenöffnung; aus lat. *sectio*, Gen. *-onis*, „das Zerschneiden, Zerteilen", zu *secare* „schneiden"

Sektor Abschnitt, Ausschnitt; aus lat. *sector* „Ausschnitt", zu *secare* „schneiden"

Sekundant Betreuer, Beistand (beim Duell, Boxkampf); aus lat. *secundans*, Gen. *-antis*, Part. Präs. von *secundare* „begünstigen, begleiten, gefällig sein", zu *secundus* „folgend, begleitend", zu *sequi* „folgen"

sekundär zweitrangig, in zweiter Linie in Betracht kommend, nachträglich hinzukommend; aus lat. *secundarius* „der zweite in der Ordnung", zu *secundus* „folgender, zweiter", zu *sequi* „folgen"

Sekunde 60. Teil einer Minute; zweite Stufe der Tonleiter; aus lat. *pars minuta secunda* „zweiter kleiner Teil", d.h. (im Sexagesimalsystem des Ptolemäus) „kleinster Teil einer zum zweiten Mal durch 60 geteilten Größe", zu *secundus* „folgender, zweiter", zu *sequi* „folgen"

selektieren auswählen; aus lat. *seligere* (Perfekt *selectus*) „auswählen, auslesen", aus *se* „beiseite" und *legere* „sammeln, auslesen, wählen"

Selen chemisches Element; aus griech. *selene* „Mond, Mondschein", zu *selas* „Glanz, Schein", wegen des Glanzes

Selfmademan jmd., der sich aus eigener Kraft hochgearbeitet hat; engl. *selfmademan* in ders. Bed., aus *-self* „selbst", *made* „gemacht, getan" (zu *to make* „machen, tun") und *man* „Mann"

Sellerie eine Gemüsepflanze; aus griech. *selinon* „Eppich", weitere Herkunft nicht bekannt

Semantik Lehre von der Bedeutung der Wörter, Silben usw.; Lehre von den in einer Wissenschaft verwendeten Zeichen; aus griech. *semantikos* „bezeichnend, anzeigend", zu *semainein*

„bezeichnen“, zu *sema* „Zeichen, Merkmal“

Semaphor Signalmast mit schwenkbaren Armen; aus griech. *sema* „Zeichen“ und *phoros* „tragend“, zu *phorein, pherein* „tragen“

Semasiologie *ältere Bezeichnung für* Semantik; aus griech. *semasia* „Anzeige“, zu *sema, semeion* „Zeichen“, zu *semainein* „bezeichnen“ (→Semantik) und *logos* „Wort, Lehre, Kunde“, zu *legein* „sagen, sprechen, erklären“

Semester Studienhalbjahr; aus lat. *semestris,* korrekt *semenstris* „halbjährlich, sechsmonatlich“, aus *sex* „sechs“ und *mensis* „Monat“

Semikolon Strichpunkt; aus lat. *semi* (aus griech. *hemi-*) „halb“ und →*Kolon*

Seminar Übungskurs an Hochschulen; Ausbildungsstätte für Lehrer, Geistliche u.a.; aus lat. *seminarium* „Baum-, Pflanzschule“, zu *semen,* Gen. *seminis,* „Same, Setzling“ mit Suffix *-arium* als Bez. für einen Raum oder Behälter

Semiologie = Semiotik (Med.); aus griech. *semeion* „Zeichen“ (zu *semainein* „bezeichnen“) und *logos* „Lehre, Kunde“, zu *legein* „sagen, sprechen, erklären“

Semiotik *Med.:* Lehre von den Krankheitserscheinungen; *Sprachw.:* Lehre von den Zeichen (Verkehrszeichen, Formeln usw.); aus griech. *semeiotikos* „bezeichnend“, zu *semeiein, semainein* „bezeichnen“, zu *semeion, sema* „Zeichen“

Senat *in manchen Staaten:* erste Kammer des Parlaments; *auch:* Regierungsbehörde; *an Hochschulen:* Selbstverwaltungsbehörde; Richterkollegium; aus lat. *senatus* „Rat der Ältesten, oberste Regierungsbehörde“, zu *senex* „der Alte, Greis“

senil greisenhaft, altersschwach; aus lat. *senilis* „greisenhaft, zu den Greisen gehörig“, zu *senex,* Gen. *senis,* „Greis“

Senior der Ältere; lat. *senior* „der Ältere“, zu *senex* „der Alte“

Sennesblätter als Abführmittel verwendete Blätter des Sennesstrauchs; aus mlat. *senna, sena, sene,* aus arab. *sanā*

Sensation *urspr.:* Sinnesempfindung; *heute:* aufsehenerregendes Ereignis; aus frz. *sensation* „sinnliche Empfindung, Eindruck“, übertr. „Aufsehen“ (in der Wendung *faire sensation* „Aufsehen erregen“, eigtl. „großen Eindruck machen“), aus mlat. *sensatio,* Gen. *-onis,* „Empfindung, Verstand“, aus lat. *sensus* „Empfindung, Gefühl, Bewußtsein, Verstand“

sensibel reizempfindlich, empfindsam; aus lat. *sensibilis* „mit Empfindung, Gefühl begabt, sinnlich“, zu *sentire* (Perfekt *sensus*) „empfinden, wahrnehmen“, zu *sensus* „Empfindung, Gefühl, Bewußtsein“

sensitiv leicht reizbar, überempfindlich; aus frz. *sensitif, sensitive* „empfindsam, empfindlich“, zu *sentir* aus lat. *sentire* „fühlen, empfinden“, →sensibel

Sensitometer Gerät zum Messen der Lichtempfindlichkeit fotografischer Schichten; aus frz. *sensitif* „empfindlich“ (aus lat. *sensus* „Empfindung, Wahrnehmung“) und griech. *metron* „Maß“, zu *metrein* „messen“

Sensor Einrichtung, die Informationen über ein System vermittelt oder über die auf ein System eingewirkt werden kann, Fühler; aus lat. *sensus* „das Wahrnehmen, Beobachtung“, zu *sentire* „fühlen, wahrnehmen“

Sentenz allgemeingültiger, einprägsamer Ausspruch; aus lat. *sententia* „denkwürdiger Satz, Ausspruch“, eigtl. „Gedanke, Sinn, Meinung“, zu *sentire* „wahrnehmen, empfinden, verstehen“, zu *sensus* „Empfindung, Bewußtsein“

sentimental übertrieben gefühlvoll, rührselig; aus frz. *sentimental* „empfindsam“, zu *sentiment* „Empfindung, Gefühl, Meinung, Gesinnung“, zu *sentir* aus lat. *sentire* „empfinden, wahrnehmen“, zu *sensus* „Empfindung“

separat abgesondert, einzeln; aus lat. *separatus* „abgesondert, getrennt“, zu *separare* „trennen, absondern“, eigtl. „abseits, getrennt, besonders bereiten“, aus *se* „beiseite“ und *parare* „bereiten, vorbereiten“

Sephardim (Plural) die Juden des iberischen und übrigen mittelmeerischen

Raumes; aus hebr. *səfārādī*, Ableitung von *səfārād*, in der Bibel (Obadja, 20) Bezeichnung für eine Landschaft in Kleinasien, später mit der Pyrenäenhalbinsel gleichgesetzt, im Neuhebräischen = Spanien; vgl. Aschkenasim

Sepoy Soldat der aus Eingeborenen bestehenden ehemaligen britischen Kolonialtruppe in Indien; engl., aus pers. *sipāhī* „berittener Soldat", zu *sipāh* „Heer, Lager"

Seppuku *die in Japan gebräuchliche Bezeichnung für* Harakiri; aus *setsu* „schneiden" und *fuku* „Bauch" (die Aussprache *seppuku* ergab sich durch Angleichung und Verschleifung der Laute)

Sepsis Blutvergiftung; aus griech. *sepsis* „Fäulnis", zu *sepein* „faulen machen", *sepesthai* „faul werden, verfaulen"

September neunter Monat des Jahres; aus lat. *mensis september* „siebenter Monat" (da der altrömische Kalender mit dem 1. März begann), zu *septem* „sieben" und *-ber* von unklarer Herkunft

septentrional nördlich; aus lat. *septen-* bzw. *septemtrionalis* „nördlich", zu *septen-* bzw. *septemtrio* „(Sternbild der) sieben Dreschochsen", sowie auch „Norden, nördliche Gegend", zu *septem* „sieben" und *trio,* Gen. *trionis,* „Dreschochse", zu *terere* „dreschen"; man sah in der Antike die sieben Sterne des Großen Bären als sieben Dreschochsen (und dazu den in der Nähe stehenden Bootes als Ochsenknecht)

Septett Musikstück für sieben Instrumente oder Singstimmen; nach dem Muster von → *Duett* gebildet, aus lat. *septem* „sieben"

Sequenz Folge, Reihe; aus lat. *sequens,* Part. Präs. von *sequi* „folgen"

Sequester behördlich eingesetzter Verwahrer oder Verwalter; *Med.:* abgestorbenes Gewebe, bes. Knochenstück; lat. *sequester* „Mittelsperson, bei der eine Streitsache, meist Geld, bis zum Ende des Prozesses hinterlegt werden kann", dazu *sequestrum* „Niederlegung einer streitigen Sache bei einer dritten Person"; zu *sequi* „zufallen, zuteil werden"; die Bedeutung „Niederlegung einer streitigen Sache" verschob sich dann zu „niedergelegte streitige Sache", d. h. von den Parteien „abgelöste" Sache, und wurde in der Medizin für ein Stück abgelöstes, totes Gewebe, bes. Knochenstück, verwendet; dazu gehört die übertragene Bedeutung von *sequi* „leicht aus etwas herausgehen, sich leicht herausziehen lassen"

Serail Palast (des türkischen Sultans); aus türk. *seray,* pers. *sarāy* „großes Haus, Palast"

Seraph *im AT:* urspr. Fabelwesen in Gestalt einer geflügelten Schlange mit brennendem Biß (4. Buch Mosis, 21,6), später Engel mit sechs Flügeln, der Gott lobpreist (Jesaja 6,2); aus hebr. *sārāf,* Pl. *sərafīm,* zu *sāraf* „brennen"

Serenade Abendmusik, abendliches Ständchen; mehrsätziges Musikstück; aus ital. *serenata* „im Freien, meist abends, aufgeführtes Musikstück, Abendständchen", eigtl. „unter klarem, wolkenlosem Himmel aufgeführt", zu *serenare* „im Freien, unter klarem Himmel lagern oder nächtigen", zu *sereno* „heiter, wolkenlos, klar" (aus lat. *serenus* „heiter, hell, klar"), dann auch mit ital. *sera* „Abend" in Zusammenhang gebracht

Serenissimus Titel für regierenden Fürsten; Fürst eines Kleinstaates; lat. „der Heiterste, Glücklichste", als Titel „der Huldreichste, Erlauchteste", zu *serenus* „heiter, glücklich"

Serge Futterstoff aus Seide oder Baumwolle; über frz. *serge* aus lat. *sericum* „Seide", nach den *Serern,* einem Volk im östlichen Asien, das berühmt für seine Seidenstoffe war

Sergeant Unteroffizier; aus engl. *sergeant* mit halbfranzösischer Aussprache, aus frz., altfrz. *sergent* „Feldwebel; Gerichtsdiener, Polizist", altfrz. auch „Diener", aus lat. *serviens,* Gen. *servientis,* „dienend", zu *servire* „dienen", zu *servus* „Diener"

Serie Reihe gleichartiger Dinge; aus lat. *series* „Reihe, Kette", zu *serere* „aneinanderfügen, -reihen, -knüpfen"

Serife *in Antiquaschriften:* kleiner

Querstrich am Kopf und Fuß mancher Buchstaben; aus engl. *serif, ceriph* in ders. Bed., wahrscheinlich aus ndrl. *schreef* „Strich“, zu *schrijven* „schreiben“

Serigraphie Druckverfahren mittels eines Siebes aus Seide, Siebdruck; aus lat. *sericus* „seiden“ (eigtl. „zu den Serern gehörig, von ihnen stammend“; die *Serer,* ein Volk im östlichen Asien, waren berühmt wegen ihrer Seidenstoffe) und griech. *graphein* „schreiben, aufzeichnen“

seriös ernst, gediegen; aus frz. *sérieux* „ernst“, aus lat. *serius* „ernst“

Sermon langweiliger Vortrag, *früher:* Rede; aus lat. *sermo,* Gen. *sermonis,* „Wechselrede, Unterhaltung, gelehrtes Gespräch“, zu *serere* „aneinanderreihen, -knüpfen“

Serologie Lehre vom Blutserum; aus → *Serum* und griech. *logos* „Wort, Lehre, Kunde“, zu *legein* „sagen, sprechen, erklären“

Serpentin ein Mineral; aus lat. *lapis serpentinus* „Schlangenstein“, wegen des gefleckten Aussehens, das einer Schlangenhaut ähnelt

Serpentine Windung, Schlangenlinie; in Windungen ansteigender Weg; aus lat. *serpens,* Gen. *-entis,* „Schlange“, zu *serpere* „kriechen, sich leise auf der Erde fortbewegen“

Serum wäßriger, nicht gerinnender Bestandteil des Blutes und der Lymphe; aus lat. *serum* „wäßriger Teil von etwas“, z. B. Molke

Service zusammengehöriges Eßgeschirr; aus frz. *service* „Dienst, Dienstleistung; Tafelgerät, Tischgeschirr“, aus lat. *servitium* „Dienst“, zu *servire* „dienen“, zu *servus* „Diener“

servieren Speisen auftragen, bei Tisch bedienen; aus frz. *servir* „dienen, bei Tisch bedienen“, aus lat. *servire* „dienen“, zu *servus* „Diener“

Serviette Mundtuch; aus frz. *serviette* „Teller-, Handtuch“, zu *servir* „dienen“, → servieren

servil unterwürfig; aus lat. *servilis* „sklavisch“, zu *servus* „Sklave“, eigtl. „Hüter des Viehs“, zu *servare* „achtgeben auf, hüten, sorgen für“

Servitut Nutzungsrecht (an fremdem Eigentum); aus lat. *servitus,* Gen. *-utis,* „Dienstbarkeit; auf Grundstücken, Häusern lastende Verbindlichkeit, Verpflichtung“, zu *servus* „Diener, Sklave“, eigtl. „Hüter, Wächter“, als Adj. „dienstbar“, zu *servare* „hüten, bewahren“

Sesam eine Ölpflanze; aus lat. *sesamum,* aus griech. *sesamon,* Fremdwort aus einer semit. Sprache in derselben Bedeutung

sessil festsitzend, festgewachsen (von im Wasser lebenden Tieren); aus lat. *sessilis* „fest aufsitzend“, zu *sedere* „sitzen“

Set mehrere gleiche zusammengehörige Gegenstände; engl. *set* in ders. Bed. sowie „Reihe, Folge“, zu *to set* „setzen, einrichten, anordnen, anlegen“

Setter ein Jagdhund, Vorstehhund; aus engl. *to set* „vorstehen“ (vom Jagdhund)

Setting unmittelbare Umgebung (eines Rauschgiftsüchtigen während des Rauschzustandes); engl. *setting* „Umgebung, Rahmen, Schauplatz, Milieu, Einfassung“, zu *to set* „(ein)setzen, einfassen, herrichten“

Sexappeal Anziehungskraft (bes. einer Frau) auf das andere Geschlecht; aus engl. *sex* (aus lat. *sexus*) „Geschlecht“ und *appeal* „Anziehungskraft, Anklang“, eigtl. „Aufruf, Berufung“, → Appell

Sexologie Sexualforschung, Sexualkunde; aus lat. *sexus* „Geschlecht“ und griech. *logos* „Wort, Lehre, Kunde“, zu *legein* „sagen, sprechen, erklären“

Sextett Musikstück für sechs Instrumente oder Singstimmen; nach dem Muster von → *Duett* gebildet, aus lat. *sex* „sechs“

sexuell geschlechtlich; über frz. *sexuel* aus lat. *sexualis* „zum Geschlecht gehörig“, zu *sexus* „Geschlecht“

sezernieren *Med.:* entfernen, abtrennen, absondern; aus lat. *secernere* „ab-, ausscheiden, ab-, aussondern, trennen“, aus *se* „beiseite“ und *cernere* „sichten, scheiden, unterscheiden“

Sezession Trennung, Loslösung; aus lat. *secessio,* Gen. *-onis,* „Absonderung,

Trennung", zu *secedere* „sich entfernen, weggehen", aus *se* „beiseite" und *cedere* „gehen"

sezieren anatomisch untersuchen, zerschneiden; aus lat. *secare* „(zer)schneiden"

sforzato *Mus.:* stark betont; ital. *sforzato* „verstärkt", zu *sforzare* „Gewalt antun, nötigen", aus *s-* (verstärkend) und *forzare* „Gewalt anwenden", zu *forza* „Gewalt, Kraft", zu *forte* aus lat. *fortis* „stark"

sfumato in weichen, verschwimmenden Umrissen (gemalt); ital., Part. Perf. von *sfumare* „verschwimmen, dünner, feiner werden, sich zerstreuen", aus *s-* (für *es-*) „weg" (aus lat. *ex-* „aus heraus, weg, ver-") und *fumo* „Rauch", also „verrauchen"

Sgraffito in den noch feuchten Putz eingeritzte Zeichnung; ital. *sgraffito* „Kratzputz", zu *sgraffiare* „kratzen", aus *s-* (verstärkend) „weg" und *graffiare* „kratzen", aus lat. *graphium* „Griffel", zu griech. *graphein* „schreiben"

Shag feingeschnittener Pfeifentabak; engl. *shag* „Feinschnittabak, rauhes Tuch, zottiges Haar", aus mengl. **shagge* aus altengl. *sceacga* „rauhes Haar", zu altnord. *skegg* „Bart"

Shake Mischgetränk; *im Jazz:* Trompeten- oder Posaunenvibrato über einer Note; Tanz mit Schüttelbewegungen; aus engl. *shake* „Mischgetränk; Triller; Erschütterung", zu *to shake* „schütteln", aus mengl. *shaken* aus altengl. *scacan, sceacan* „schütteln, schnell bewegen", zu altnord. *skaka* „schwingen, schütteln"

Shampoo Haarwaschmittel; aus engl. *to shampoo* „das Haar waschen, den Körper abreiben, frottieren, massieren", aus neuind. *cāmpnā-* „drücken, kneten, massieren"

Sheriff *in England und den USA:* höchster Vollzugsbeamter einer Grafschaft, in den USA auch mit richterlichen Befugnissen; engl. *sheriff* aus mengl. *shereva* aus altengl. *scir-gerefa* „Präsident einer shire", aus *shire,* altengl. *scir* „Grafschaft" und *gerefa* „Statthalter", weitere Herkunft nicht bekannt

Sherry ein Dessertwein; engl. *sherry,* ältere Form *sherries* (die irrtümlich als Plural verstanden wurde, daher Wegfall des s), nach der Stadt *Jerez* (früher *Xeres*) *de la Frontera* in Südspanien, dem Herstellungsort, aus lat. *oppidum Caesaris* „Stadt Caesars"

Shop *engl. für* Laden, Geschäft; aus mengl. *shoppe,* aus altengl. *sceoppa* „Marktbude, Verkaufsstand, Stall für Tiere, Schuppen"

Shorts kurze Sommerhose; engl. *shorts* „kurze Hose", zu *short* „kurz", über mengl. aus altengl. *sceort, scort* „kurz", zur idg. Wurzel **squer-* „schneiden"

Show Schau, Darbietung, Vorführung; engl. *show* „Zurschaustellung, Anblick, Schauspiel", zu *to show* „sehen lassen, zeigen", ältere Form *shew,* aus mengl. *shewen, showen* aus altengl. *sceawian* „sehen, schauen", zur idg. Wurzel **sqeu-* „sehen, wahrnehmen"

Shredder Maschine zum Verschrotten von Autowracks; engl. *shredder* „Zerschneidemaschine, Reißwolf", zu *shred* „Fetzen, Schnitzel, Bruchstück" und *to shred* „zerreißen, zerschneiden", aus mengl. *shreden,* altengl. *screadian* „zerschneiden, zerkleinern", zur idg. Wurzel **sqer-* „schneiden"

Shrimps Krabben; engl. *shrimp* „Garnele", aus mengl. *shrimpe,* zu altengl. *scrimman* „biegen, (sich) krümmen, (sich) zusammenziehen"

siderisch[1] zu den Fixsternen gehörig; auf die Fixsterne bezogen; aus lat. *sidereus* „zu den Sternen gehörig", zu *sidus,* Gen. *sideris,* „Gestirn, Sternbild"

siderisch[2] aus Eisen bestehend; aus griech. *sideros* „Eisen"

Siderit ein Mineral, Eisenspat; aus griech. *sideros* „Eisen"

Siesta Mittagsruhe; aus ital., span. *siesta* „Mittagsruhe", aus lat. *hora sexta* „sechste Stunde" (nach Sonnenaufgang)

Sifflöte kleines Orgelregister, Flötenzug; aus frz. *sifflet* „Pfeife", zu *siffloter* „halblaut pfeifen, vor sich hin pfeifen", zu *siffler* „pfeifen", aus vulgärlat. *sifilare* „pfeifen", gekreuzt aus lat. *sibilare* „zischen, pfeifen" und *sufflare* „gegen

etwas blasen, anblasen, aufblasen"
Sigel Abkürzungs-, Wortkürzungszeichen; aus lat. *sigillum* „kleine Figur, Zeichen, Spur", Verkleinerungsform von *signum* „Zeichen"
Sightseeing *engl. für* das Betrachten von Sehenswürdigkeiten; aus engl. *sight* Sehenswürdigkeit, Schauspiel, Anblick", eigtl. „das Sehen, Sicht", und *to see* „sehen"
Sigillarie ein Bärlappbaum des Devons, Karbons und Perms, Siegelbaum; aus lat. *sigillum* „Bildchen, Siegel", über **sigulum* zu *signum* „Bild, Zeichen"; der Stamm des Baumes ist in dichten Reihen mit regelmäßigen, sechseckigen oder rundlichen Blattpolstern besetzt, die an Siegelabdrücke erinnern
Signal Zeichen; aus frz. *signal* „weithin wahrnehmbares Zeichen", zu *signe* „Zeichen, Schriftzeichen", aus lat. *signum* „Zeichen"
signieren mit einem Zeichen, mit dem Namenszug versehen; aus lat. *signare* „mit einem Zeichen, bes. Siegel, versehen", zu *signum* „Zeichen, Kennzeichen, Siegel, Bild"
signifikant bezeichnend, bedeutsam; aus lat. *significans,* Gen. *-antis,* Part. Präs. von *significare* „ein Zeichen geben, anzeigen, äußern, merken lassen", zu *signum* „Zeichen"
Sigrist *veraltet, noch schweiz.:* Küster; aus mhd. *sigriste,* ahd. *sigristo,* aus mlat. *sacrista* „Mönch, dem die Aufsicht über die Klosterkirche obliegt, Küster", zu lat. *sacrum* „Heiligtum, Gottesdienst"
Silentium Schweigen, Ruhe; lat. *silentium* „Stille, Schweigen", zu *silere* „still sein, schweigen", zur idg. Wurzel **se-* „nachlassen, still werden"
Silhouette Schattenriß, Scherenschnitt; nach dem frz. Finanzminister Etienne de *Silhouette* (gest. 1767), der sich durch seine Sparmaßnahmen unbeliebt machte, so daß man alles, was armselig und dürftig war, *à la Silhouette* nannte; z.B. bezeichnete man die Schattenrisse, die damals anstelle der kostspieligen gemalten Bildnisse in Mode kamen und für armselige Porträts galten, als *portraits à la Silhouette* und dann kurz als *silhouettes*
Silicium chemisches Element; aus lat. *silex,* Gen. *silicis,* „Kiesel", da es beim Verbrennen in Kieselerde übergeht
Silikose Erkrankung der Lunge durch ständig eingeatmeten kieselsäurehaltigen Staub; aus lat. *silex,* Gen. *silicis,* „Kiesel"
Silo Speicher für Gärfutter oder Getreide; über span. *silo* aus lat. *sirus* „unterirdische, luftdicht verschlossene Getreidekammer", aus spätgriech. *siros* in ders. Bed. sowie allg. „Loch, Grube", Lehnwort unbekannter Herkunft
Silur eine Formation des Paläozoikums; nach dem vorkelt. Volksstamm der *Silurer* in Wales
Silvester letzter Tag des Jahres, 31. Dezember; nach dem Papst (und Heiligen) *Silvester I.* (314–335), dessen Namenstag der 31. Dezember war
Simili Nachahmung, bes. von Edelsteinen; aus lat. *similis* „ähnlich", zu *semel* „(nur) einmal"
Simonie Kauf und Verkauf von geistlichen Ämtern; Amtserschleichung; nach *Simon* dem Magier, der in Samarien als Zauberer umherzog und laut Apostelgeschichte 8, 5–24 von Petrus und Johannes die Macht, Wunder zu tun, für Geld kaufen wollte, von Petrus jedoch zurückgewiesen wurde
simpel einfach; einfältig, anspruchslos; aus lat. *simplex,* Gen. *simplicis,* „einfach, schlicht, aufrichtig, unbefangen, harmlos"
Simplex einfaches, nicht zusammengesetztes Wort; lat. *simplex* „aus einem Teil, einfach", aus *semel* „einmal" und *plaga* „Fläche"
simplifizieren (zu sehr) vereinfachen; aus → *simpel* und lat. *facere* (in Zus. *-ficere*) „machen"
simulieren vortäuschen, sich verstellen; aus lat. *simulare* „etwas vorgeben, so tun, als ob", eigtl. „ähnlich machen", zu *similis* „ähnlich"
simultan gleichzeitig, gemeinsam; aus mlat. *simultaneus* „gleichzeitig", aus lat. *simultas* „Wettstreit", zu *simul* „zugleich", ältere Formen *semul, semol,* zu *semel* „(nur) einmal"

Sinanthropus in China gefundener Frühmensch; aus *Sina,* dem spätlat. Namen für China (→Sinologie) und griech. *anthropos* (mit lat. Endung) „Mensch"

Sinekure Pfründe ohne Amtspflichten, einträgliches, müheloses Amt; aus lat. *sine cura* „ohne Sorge", d.h. ohne Amtssorgen

Sinfonie mehrsätziges Musikstück für Orchester; aus griech. *symphonia* „musikalischer Einklang, Übereinstimmung" (im Spätgriech. „Musik, Sinfonie"), zu *symphonein* „übereinstimmen, zusammenklingen", aus *sym-* (in Zus. vor ph für *syn-*) „zusammen, zugleich" und *phonein* „tönen, schallen", zu *phone* „Ton, Klang"

Single *Tennis:* Einzelspiel (zweier Spieler); *Mus.:* kleine Schallplatte mit nur je einem Titel auf der Vorder- und Rückseite; *allg.:* Einzelstück; engl. *single* „einzeln, einzig; Einzelstück", über altfrz. *sengle* „einzeln" aus lat. *singulus* „einzeln, allein, je einer"

Singularetantum nur im Singular vorkommendes Wort, z.B. Kälte, Hunger; aus lat. *singularis* „einzeln", als grammatischer Terminus „Einzahl" (zu *singulus* „einzeln, einer allein") und *tantum* „nur"

sinister unheilvoll, unselig, unglücklich; lat. *sinister* „unglücklich, verkehrt, linkisch", eigtl. „auf der linken Seite befindlich, links"; die linke Seite galt früher als die böse Seite

Sinologie Lehre von der chinesischen Sprache und Kultur; aus *Sina,* dem spätlat. Namen für China (er soll auf das chinesische Herrschergeschlecht der *Ch'in,* 221–206 v.Chr., zurückgehen, das zum ersten Mal einen einheitlichen chinesischen Staat schuf) und *logos* „Wort, Lehre, Kunde", zu *legein* „sagen, sprechen, erklären"

Sinter mineralische Ablagerung aus fließendem oder tropfendem Wasser; beim Schmieden abspringender Überzug auf glühendem Eisen, Hammerschlag; aus mhd. *sinder* „Metallschlakke", angelsächs. *sinder* „Abfall, Metallschlacke", aus frz. *cendre* „Asche", aus lat. *cinis* „Asche"

Siphon Geruchverschluß; Gefäß mit Druckverschluß für kohlensäurehaltige Getränke; aus frz. *siphon* „Heber, Steigrohr", aus spätlat. *sipho* „Röhre, Heber, Feuerspritze", aus griech. *siphon* „Röhre, Rinne, bes. für Wasser"

Sirene Gerät zur Erzeugung eines Warntons; nach den *Sirenen* der griech. Sage: auf einer Insel lebende Mädchen mit Vogelleib, die vorbeifahrende Fischer mit ihrem Gesang anlockten und dann töteten, aus griech. *seirenes* „Sirenen"; die urspr. Bedeutung ist unbekannt, daher auch die Herkunft; vielleicht zu *seira* „Seil, Strick, Fangstrick, Lasso", also etwa „Fängerinnen, Umstrickerinnen"

Sirtaki →Syrtaki

Sirup bei der Gewinnung von Zucker entstehender, zähflüssiger Zuckersaft; dickflüssiger Saft aus Obstsaft und Zucker; aus frz. *sirop,* ital. *sciroppo* „stark gezuckerter Fruchtsaft", aus mittellat. *sirupus,* aus arab. *šarāb* „Getränk", zu *šariba* „trinken"

sistieren aufheben, einstellen (Verfahren); zur Feststellung der Personalien zur Polizeiwache bringen; aus lat. *sistere* „einstellen, hemmen, beenden; an einen Ort bringen, stellen", zu *stare* „stehen"

Sisyphusarbeit mühevolle, vergebliche Arbeit; nach der griech. Sagengestalt *Sisyphos,* der die Götter überlistete und dadurch erzürnte; er wurde von ihnen damit bestraft, daß er in der Unterwelt einen Felsblock einen Berg hinaufwälzen mußte; doch solbald er oben angekommen war, rollte der Stein wieder hinunter

Sittich ein Papagei; aus lat. *psittacus,* griech. *psittakos, sittakos,* wahrscheinlich aus Sanskrit *śuka-* „Papagei"

Situation Sachlage, Zustand, Lage; frz. *situation* „Lage, Stellung, Zustand", zu *situer* „hinstellen, -setzen", aus lat. *situs* „Lage, Stellung", zu *sinere* „niederlegen"

Skabies Krätze; lat. *scabies* „Räude, Krätze, Ausschlag, Jucken; Rauheit", zu *scaber* „rauh, unsauber, räudig", dazu *scabere* „kratzen, reiben"

Skabiose eine krautige Heilpflanze,

Grindkraut; aus lat. *scaber* „räudig, krätzig", zu *scabies* „Krätze, Räude, Ausschlag, Jucken", zu *scabere* „kratzen, reiben"; die Pflanze wurde früher gegen Hautkrankheiten verwendet

Skala Maßeinteilung; Reihe zusammengehöriger Dinge; aus lat. *scalae* (Pl.) „Leiter, Treppe", über unbelegte Zwischenformen zu *scandere* „steigen"

Skalpell kleines chirurgisches Messer; aus lat. *scalpellum* „chirurgisches Messer", Verkleinerungsform von *scalprum* „scharfes Schneidinstrument", z.B. Gartenmesser, Stichel, Meißel, zu *scalpere* „ritzen, scharren, schneiden"

skalpieren jmdn. skalpieren: jmdm. die Kopfhaut abziehen; aus engl. *to scalp* in ders. Bed., zu *scalp* „Kopfhaut", aus altnord. *skalpr* „Hülle, Scheide"

Skandal aufsehenerregendes Ärgernis; Empörendes, Unerhörtes; aus griech. *skandalon* „Ärgernis", eigtl. „Fallstrick", zur idg. Wurzel **sqand-* „(los)schnellen, springen"

Skapolith ein Mineral; aus lat. *scapus* „Schaft, Stiel, Stamm", aus griech. *skapos* „Stab" und *lithos* „Stein", wegen der oft langgestreckten Kristalle

Skapulier bei manchen Mönchstrachten bis zu den Füßen reichender Überwurf über Brust und Rücken; aus mlat. *scapula* „Schulterblatt", lat. *scapulae* (Pl.) „Schultern", wahrscheinlich eigtl. „Schaufel", die Bedeutungsübertragung auf „Schulterblatt" wegen der Form

Skarabäus ein Käfer, Pillendreher; aus lat. *scarabaeus,* aus griech. *(s)karabos,* das sowohl den Käfer als auch einen Meerkrebs bezeichnet; die weitere Herkunft ist nicht bekannt

Skaramuz Figur der Commedia dell'arte und des frz. Lustspiels, prahlerischer Soldat; ital. *Scaramuccio,* frz. *Scaramouche,* aus ital. *scaramuccia* „Wortstreit, kleines Gefecht", → Scharmützel

Skat ein Kartenspiel sowie der Stoß Karten, der nicht verteilt wird; aus ital. *scarto* „das Ablegen der Karten, bes. die abgelegte Karte (*carta scartata*) selbst", zu *scartare* „(eine Karte) ablegen", aus *s-* (für *es-* aus lat. *ex*) „weg" und *carta* „Karte", aus lat. *carta, charta* „Blatt Papier"

Skateboard lenkbares Rollbrett, auf dem der Fahrer frei steht; aus engl. *to skate* „Schlittschuh, Rollschuh laufen, leicht dahingleiten" und *board* „Brett"

Skatophage = Koprophage; aus griech. *skor,* Gen. *skatos,* „Kot" und *phagos* „Esser, Fresser", zu *phagein* „essen"

Skeleton niedriger Sportschlitten; aus engl. *skeleton* „Gerüst, Gestell, Rahmen; Skelett", aus griech. *skeletos,* → Skelett

Skelett Knochengerüst, Gerippe; aus griech. *skeletos* „ausgetrocknet; Mumie, Gerippe", zu *skellein* „austrocknen", zur idg. Wurzel **skel-* „trocknen"

Skepsis Zweifel, Ungläubigkeit; aus griech. *skepsis* „Betrachtung, Prüfung, Überlegung", zu *skeptesthai, skopein* „sehen, betrachten, untersuchen, prüfen"

Sketch kurzes Bühnenstück, meist mit witzigem Schlußeffekt; aus engl. *sketch* in ders. Bed., eigtl. „Skizze, Studie, Entwurf", aus ital. *schizzo,* → Skizze

Skiff schmales, sportliches Einmannruderboot; engl. *skiff* „kleines Boot", aus frz. *esquif* aus ital. *schifo* in ders. Bed., aus langobard. **skif* aus ahd. *scif, schif* „Schiff"

Skifuni *schweiz.:* Schlittenlift, Schlittenseilbahn; zusammengesetzt aus *Ski* (→ Schi) und ital. *funicolare* „Drahtseilbahn", dieses über frz. *funiculaire* aus lat. *funiculus* „dünnes Seil", Verkleinerungsform von *funis* „Seil, Strick, Tau"

Skipper Kapitän einer Segeljacht; aus engl. *skipper* „Schiffs-, Flugkapitän", aus mengl. *scypper* aus mndrl. *schipper* „Schiffer", zu *schip* „Schiff"

Skizze Entwurf, nicht ganz ausgeführte Zeichnung; aus ital. *schizzo* in ders. Bed., eigtl. „Spritzer" (einer Flüssigkeit), zu *schizzare* „bespritzen, sprühen; skizzieren", wahrscheinlich lautmalend; nicht aus lat. *schedius* „in der Eile, aus dem Stegreif entworfen"

Sklave Leibeigener; aus mittellat. *sclavus,* mittelgriech. *sklabos* „Sklave", eigentlich „Slawe", da im Mittelalter

häufig Slawen zu Sklaven gemacht wurden
Sklerodermie allmähliche Verhärtung, Verlederung der Haut; aus griech. *skleros* „trocken, dürr, hart" (zu *skellein* „austrocknen") und *derma* „Haut"
Sklerose Verhärtung, Verkalkung eines Organs; aus griech. *skleros* „trokken, starr, hart", zu *skellein* „trocknen"
Skolion altgriechisches Trinklied, das bei Gastmählern von den Gästen abwechselnd gesungen wurde; griech. *skolion* „Trinklied", eigentlich „im Zickzack (d. h. nicht in bestimmter Reihenfolge) gesungenes Lied", zu *skolios* „krumm, gekrümmt"
Skonto Abzug vom Rechnungsbetrag bei sofortiger Zahlung; ital. *sconto* „Abzug, Preisnachlaß", aus *s-* (für *es-* aus lat. *ex*) „aus, heraus, weg von" und *conto* „Rechnung", →Konto
Skontro Buch mit den Eintragungen der täglichen Zu- und Abgänge; aus ital. *scontro* „Zusammenstoß, Treffen", aus *s-* (verstärkend) und *contro* „gegen, wider"
Skooter elektrisches Kleinauto; aus engl. *scooter* „Kinder-, Motorroller", zu *to scoot* „flitzen, sausen, schießen", also „sich sehr schnell bewegen", wahrscheinlich aus schwed. *skjuta* „schießen" und *skot* „Schuß"
...skop *in Zus.:* Gerät zum Betrachten; aus griech. *skopein* „sehen, schauen, betrachten, untersuchen"
...skopie *in Zus.:* das Betrachten, Untersuchen; aus griech. *skopein* „sehen, schauen, betrachten, untersuchen"
Skorbut Krankheit infolge Mangels an Vitamin C; aus mlat. *scorbutus* als Bezeichnung für diese Krankheit; die ältere Form *Scharbock* sowie mnddt. *schorbuk, scherbuk* ebenfalls aus mlat. *scorbutus;* weitere Herkunft nicht bekannt; nach Vasmer nicht, wie vermutet, aus dem Slaw., sondern eher aus dem Germ.; ndrl. *scheurbuik* „wunder Bauch" ist jedoch volksetymologische Umdeutung und sachlich nicht stichhaltig
Skordatur Umstimmung (von Saiten, zum Erzielen von Klangeffekten); aus ital. *scordatura* in ders. Bed., eigtl. „das Verlieren der Stimmung, Abweichen von der Stimmung", aus *s-* (für *es-* aus lat. *ex*) „aus, heraus, weg von" und *accordatura* „Stimmung", dieses zu *accordare* „stimmen", aus lat. *ac-* (in Zus. vor c für *ad*) „zu hin" und entweder *cor,* Gen. *cordis,* „Herz" (nach dem Muster von *concordare* „übereinstimmen", →Konkordanz) unter Einfluß von lat. *chorda, corda* „Saite" gebildet oder direkt aus ital., lat. *corda,* griech. *korde* „Saite"
Skorpion ein Spinnentier mit Giftstachel; aus lat. *scorpio,* Gen. *scorpionis,* griech. *skorpios* in derselben Bedeutung, wahrscheinlich zur idg. Wurzel **sqerp-* „scharf sein, stechen, schneiden"
Skotom krankhafter Ausfall eines Teils des Gesichtsfeldes, dunkler Fleck vor dem Auge; aus griech. *skotoma* „Schwindel, Ohnmacht", zu *skotos* „Dunkelheit, Dunkel vor den Augen, Blindheit"
Skript Schriftstück, schriftliche Ausarbeitung; aus lat. *scriptum* „Geschriebenes", zu *scribere* „schreiben"
Skrupel Gewissensbisse, Bedenken; aus lat. *scrupulus* „spitzes Steinchen", übertr. „stechendes, ängstliches Gefühl, Ängstlichkeit, Besorgnis", Verkleinerungsform von *scrupus* „spitzer Stein"
Skulptur Bildhauerkunst; Plastik, Statue; aus lat. *sculptura* „das Bilden, Formen durch Graben, Stechen, Schnitzen", Pl. *sculpturae* „plastische Arbeiten", zu *sculpere* „schnitzen, meißeln"; verwandt mit *scalpere* „ritzen, schneiden" (→Skalpell), doch bezeichnet *scalpere* das flachere Schneiden, *sculpere* das tiefere, stärkere Herausarbeiten
Skunk marderähnliches Raubtier, Stinktier; aus Algonkin, in den Dialekten in verschiedenen Formen, wie *segankw* (zweite Silbe nasal gesprochen), *sikâk* usw.
skurril possenhaft, drollig; aus lat. *scurrilis* „lustig, possenhaft", zu *scurra* „lustiger Gesellschafter, Spaßmacher, Possenreißer", zu griech. *skairein* „hüpfen, springen"

Skyline Horizont(linie), Silhouette einer Stadt; engl. *skyline* „Horizont", aus *sky* „Himmel" (aus mengl. *skie* „Himmel, Wolke", aus altengl. *sceo* „Wolke", zur idg. Wurzel **skeu-* „bedekken") und *line* „Linie"

Slalom Schilauf (oder Kanufahrt) durch abgesteckte Tore; aus norw. *slalom* „schwach abschüssige Schispur", zu norw. mundartlich *slad* „Abhang"

Slang nachlässige Umgangssprache; *urspr.:* Sprache der Angehörigen der Unterwelt; engl. *slang* in ders. Bed., vielleicht zu engl. *to sling out* „hinauswerfen" als „Sprache der Hinausgeworfenen", die nicht zur etablierten Gesellschaft gehören

Slapstick groteske, unwahrscheinliche Filmszene; engl. *slapstick* „Schwank, Posse, derbe Komödie", eigtl. „Narrenzepter, Narrenstock", aus *slap* „Schlag mit der Hand, Ohrfeige" (aus mengl. *slappe* in ders. Bed., lautmalend) und *stick* „Stock"

Slibowitz Pflaumenbranntwein; aus serb. *sliba* „Pflaume"

Slip schiefe Ebene; kurzes Unterhöschen, Schlüpfer; engl. *slip* „schiefe Ebene; Badehose", eigtl. „das Schlüpfen, Gleiten", zu *to slip* „gleiten, rutschen, schlüpfen"

Slogan Schlagwort, bes. in der Werbung; engl. *slogan* „Schlagwort, Werbespruch", schott. „Schlachtruf", ältere Form *slogorn* „Losungs-, Kennwort", aus gäl. *sluagh-gairm* „Schlachtruf", aus *sluagh* „Heer" und *gairm* „Schrei, Lärm"

Slums Elendsviertel, bes. in London; aus engl. *slum* „Straße im dichtbesiedelten Bezirk, in dem Unterschichten der Bevölkerung wohnen, kleine, schmutzige Straße", Herkunft nicht bekannt, wahrscheinlich aus dem Slang, in dem jedoch das Wort nur in anderen Bedeutungen nachweisbar ist, nämlich u.a. „Raum" sowie „schlechte, unverständliche Sprache"

Smaragd ein grüner Edelstein; aus lat. *smaragdus,* griech. *smaragdos,* dazu Sanskrit *marakata-* in ders. Bed., aus dem Semitischen

smart hübsch und elegant, schneidig; findig, pfiffig, geschickt, durchtrieben; aus engl. *smart* „schick, forsch, flott, schneidig; geschickt, gerissen; flink, lebendig, rührig; hart, derb (Schlag), beißend, stechend (Schmerz)", aus mengl. *smerte,* mittelndrl. *smerte, smarte* „Schmerz"; also urspr. „so stechend, beißend, derb, daß es Schmerz bereitet", dann übertr. „so gerissen, schlau, durchtrieben, daß man schmerzlich berührt ist", dann empfand man das Wort nicht mehr so stark und verwendete es für „pfiffig, klug", schließlich fand man das Pfiffige, Kluge, Geschickte sogar amüsant und „schneidig", und ein schneidiger Kerl war schließlich „hübsch und elegant"

Smog dichter, schmutziger Nebel über Industriestädten; engl. *smog* „Rauchnebel", vermischt aus *smoke* „Rauch" (aus mengl., altengl. *smoca* „rauchen", mnddt., mndrl. *smook* „rauchen, schmauchen") und *fog* „Nebel" (zu altnord. *fok* „Schneegestöber")

Smoking Herren-Gesellschaftsanzug mit seidenen Rockaufschlägen; aus engl. *smoking-jacket* „Hausjacke", eigtl. „Jacke zum Rauchen", d.h. bequeme Jacke zum Rauchen nach dem Essen, zu dem man konventionelle oder festliche Kleidung getragen hat, daher *Smoking* als „kleiner Abendanzug" im Unterschied zum feierlichen Frack

Smutje Schiffskoch; aus nddt. *smuttje* „schmutziger Mensch, Schmierfink", zu *smutt* „Schmutz"

Snackbar *engl. für* Imbißstube; aus *snack* „Imbiß" (zu *to snack* „mit den Zähnen fassen", aus mndrl. *snacken* „schnappen nach", lautmalenden Ursprungs) und → *Bar*

Sniffing Einatmen von Dämpfen mancher Stoffe, um einen Rauschzustand herbeizuführen; aus engl. *to sniff* „(be)riechen, schnuppern, schnüffeln", lautmalend

Snob jmd., der sich (bes. auf Grund seines Reichtums und seiner gesellschaftlichen Stellung) anderen überlegen fühlt; engl. *snob* in ders. Bed.; die Herkunft ist nicht bekannt, die Bedeutung im Engl. war urspr. „Schuster,

Schusterlehrling“ sowie abwertend „Schneider“, aber auch der Bedeutungswandel ist nicht geklärt

Soda Natriumkarbonat; aus mittellat., span., ital. *soda,* frz. *soude;* die vermutete Herkunft aus dem Arabischen trifft sicher nicht zu

Sodalität kath. Bruderschaft; aus lat. *sodalitas,* Gen. *-atis,* „Kameradschaft, Verbrüderung“, zu *sodalis* „Mitglied einer Verbindung, Tischgenosse, Kamerad, guter Freund“

Sodomie Unzucht mit Tieren; nach der Stadt *Sodom* in Palästina, die nach biblischem Bericht (1. Buch Mosis, Kap. 18 und 19) wegen ihrer Lasterhaftigkeit berüchtigt war

Sofa gepolstertes Sitz- oder Liegemöbel mit Rückenlehne und Armlehnen; aus arab. *ṣuffa* „gemauerte, an den Wänden des Raumes umlaufende Erhöhung, auf die man Polster legen und sich setzen oder legen kann“

Soffitte Dekorationsteil als oberer Abschluß des Bühnenbildes; über frz. *soffitte* aus ital. *soffitta* in ders. Bed., über vulgärlat. **suffictus* aus lat. *suffixus* „angeheftet“, zu *suffigere* „unter etwas anheften“, aus *suf-* (in Zus. vor f für *sub*) „unter“ und *figere* „heften, stekken“

Software die eingespeicherten Programme einer EDV-Anlage; aus engl. *soft* „weich, geschmeidig, nachgiebig“ und *ware* „Waren, Artikel“, also die beweglichen, veränderlichen Teile der Anlage; vgl. Hardware

soigniert gepflegt; aus frz. *soigner* „pflegen, sorgen für, hüten“, *se soigner* „sich pflegen“, aus galloroman. *soniare* „pflegen, hüten“, wahrscheinlich altes Rechtswort, das „sühnen, ausgleichen“ bedeutete, zu got. **sona* „Sühne“

Soiree Abendgesellschaft, Abendveranstaltung; frz. *soirée* „Abendzeit, Abendgesellschaft“, zu *soir* „Abend“, aus lat. *serum* „späte Zeit“, zu *serus* „spät“

Sojabohne eine Nutzpflanze mit ölhaltigem Samen; aus chines. *chiang-yu* (*chiang* „Paste aus Sojabohnen“ und *yu* „Öl“), der Übersetzung von japan. *shoyu* (auch kurz: *soy* oder *shoy*), der japan. Bezeichnung für diese Pflanze

Solanum Nachtschatten, eine Pflanzengattung; die Deutung ist nicht sicher, man hat vermutet, es sei eine Verstümmelung von lat. *solamen* „Trost, Linderung, medizinische Behandlung“, zu *solari* „trösten, lindern, mildern“, da einige Nachtschattengewächse in der mittelalterlichen Medizin gegen Entzündungen und als Schutzmittel gegen Zauberei verwendet wurden

Solarium Anlage zur Höhensonnenbestrahlung; lat. *solarium* „der Sonne ausgesetzter Ort“, z. B. flaches Dach, Altan, Terrasse, zu *solaris* „zur Sonne gehörig“, zu *sol* „Sonne“

Solarplexus Sonnengeflecht; aus lat. *solaris* „zur Sonne gehörig“ (zu *sol* „Sonne“) und *plexus* „Geflecht, Geflochtenes“, zu *plectere* „flechten“

Soldanella eine Pflanze, Alpenglöckchen, Troddelblume; vielleicht aus ital. *soldo* „Münze“, wegen der runden Blätter

Soldat Angehöriger der Streitmacht eines Staates; aus ital. *soldato* in ders. Bed., zu *soldare,* ältere Form von *assoldare* „anwerben“, aus *as-* (in Zus. vor s für lat. *ad*) „zu hin“ und *soldo* „Sold, Löhnung“, aus mlat. *soldus, solidus* „Münze“, Pl. *solidi* „Lohn der Soldaten“, aus lat. *soldum, solidum* „Ganzes, ganze Summe, Kapital“, verkürzt aus der Fügung *nummus solidus* „gediegene Münze“, *nummus* „Silbermünze“ und *solidus* „gediegen, fest, dicht“

Sole kochsalzhaltiges Wasser; aus mhd. *sol, sul* „Salzbrühe“, zu russ., poln., bulgar., sorb. u. a. *sol* „Salz“, lat. *sal* „Salz“

solenn *veraltet:* festlich, feierlich; aus lat. *solennis, sollemnis* „festlich, feierlich“, eigtl. „jährlich gefeiert“, aus altlat. *sollus* (= lat. *totus*) „ganz, all“ und lat. *annus* „Jahr“

Solfatara vulkanische Ausströmung schwefelhaltiger Wasserdämpfe; ital. *solfatara* in ders. Bed., zu *solfo* (aus lat. *sulfur*) „Schwefel“

Solfeggio mit den Solmisationssilben gesungenes Übungsstück; ital. *solfeg-*

gio in ders. Bed., zu *solfa* „Note, Tonleiter", zusammengesetzt aus den Solmisationssilben *sol* und *fa*
solidarisch übereinstimmend, einig, eng verbunden; aus frz. *solidaire* „wechselseitig haftend, gegenseitig verantwortlich", zu *solide* „rechtlich, rechtschaffen, gediegen", aus lat. *solidus,* → solide
solide haltbar, fest, gut gebaut; zuverlässig, charakterfest, häuslich; aus lat. *solidus* „fest, stark, gediegen, gedrungen; wahrhaft, unerschütterlich"
Solipsismus Lehre, daß nur das eigene Ich wirklich sei und die Welt nur in dessen Vorstellung existiere; aus lat. *solus* „allein, einzig" und *ipse* „selbst"
Solitär einzeln gefaßter Brillant; aus frz. *solitaire* in derselben Bedeutung, aus lat. *solitarius* „einzeln, alleinstehend", zu *solus* „allein, einzig"
Sollizitant *veraltet:* Bittsteller; aus lat. *sollicitans,* Gen. *-antis,* Part. Präs. von *sollicitare* „erschüttern, wanken machen, veranlassen, reizen, in Bewegung setzen", aus altlat. *sollus* (= lat. *totus*) „ganz, völlig" und *citare* „in Bewegung setzen, aufrufen, herbeirufen", Frequentativum zu *ciere* „an-, erregen, wecken, aufrufen"
Solmisation System für die Bezeichnung der Töne der diatonischen Tonleiter mit den sog. Solmisationssilben do, re, mi, fa, sol, la, si; gebildet aus den beiden Silben *sol* und *mi*
Solo Gesang, Spiel, Tanz eines einzelnen Sängers, Spielers, Tänzers; ital. *solo,* als Adj. „allein, einzig", als Subst. „Einziger, Einzelstück, -gesang, -tanz", aus lat. *solus* „allein, einzig"
Solözismus grober sprachlicher Fehler; aus griech. *soloikismos* „Verstoß gegen die Sprachregeln", zu *soloikos* „fehlerhaft sprechend", nach den Einwohnern von *Soloi,* einer griechischen Stadt in Kilikien (Kleinasien), die ihre Sprache durch den Umgang mit den „Barbaren" hatten verwildern lassen
Solstitium Sonnenwende; lat. *solstitium* „Sonnenstillstand, Sonnenwende", aus *sol* „Sonne" und **statium* (nur in Zus. in der Form *-stitium* üblich) „Stillstand", zu *sistere* (1. Person Perf.: *stiti*) „stillstehen", zu *stare* „stehen"
solubel *Chem.:* löslich; aus lat. *solubilis* „löslich, trennbar", zu *solvere* „lösen, auflösen"
Solution Arzneimittellösung; aus lat. *solutio,* Gen. *-onis,* „Auflösung, Aufgelöstsein", zu *solvere* „lösen, auflösen"
Solutréen eine Kulturstufe der jüngeren Altsteinzeit; nach dem Fundort *Solutré* im frz. Departement Saône-et-Loire
solvent zahlungsfähig; aus lat. *solvens,* Gen. *-entis,* Part. Präs. von *solvere* „bezahlen, abzahlen, befreien (von Verbindlichkeiten)"
somatisch leiblich, körperlich; aus griech. *soma* „Leib, Körper"
Sombrero breitrandiger Strohhut in Mittel- und Südamerika; span. *sombrero* „Hut, Deckel", zu *sombra* „Schatten", also eigtl. „Schattenspender", aus castellan. *umbría, sombría* aus lat. *umbra* „Schatten"; das anlautende s ist wohl unter Einfluß von *sol* „Sonne" hinzugetreten, da das Gegensatzpaar „Sonne und Schatten" in verschiedenen Ableitungen im Span. häufig in Redewendungen gebraucht wird (z. B. in *da sol a sombra* „von morgens bis abends"), so daß das s wegen der leichteren Sprechbarkeit auf *umbra, umbría* usw. überging
somnambul nachtwandlerisch, mondsüchtig; aus frz. *somnambule* in derselben Bedeutung, aus lat. *somnus* „Schlaf" und *ambulare* „umhergehen", zu *ambi* „herum"
Sonate drei- oder viersätziges Musikstück für ein oder mehrere Instrumente; aus ital. *sonata* in ders. Bed., eigtl. „das Klingen, Blasen, Spielen", zu *sonare* „(ein Instrument) spielen", lat. *sonare* „tönen, schallen, klingen", zu *sonus* „Ton, Klang"
Sonde Instrument zum Einführen in Körperhöhlen; Meßinstrument; *Bergbau:* Probebohrung; frz. *sonde* „Sonde, Lot, Senkblei", zu *sonder* „mit der Sonde untersuchen", über vulgärlat. **subundare* „untertauchen" aus lat. *sub* „unter" und *unda* „Woge"
Sonett Gedicht aus zwei vier- und zwei dreizeiligen Strophen; aus ital. *sonetto*

in ders. Bed., aus altfrz. *sonet* „kleines Lied", zu *son* „Lied", aus lat. *sonus* „Ton, Klang"

sonor klangvoll, volltönend; aus lat. *sonorus* „tönend, klangvoll", zu *sonor* „Ton, Klang"

...sophie *in Zus.:* Lehre, Wissenschaft; aus griech. *sophia* „Wissenschaft, Weisheit", zu *sophos* „geschickt, gewandt, geübt; gelehrt, weise"

Sophistik Weisheit der Sophisten, der altgriech. wandernden Lehrer der Weisheit und Redekunst; *übertr.:* spitzfindige Weisheit, Scheinweisheit; aus griech. *sophistike* „Kunst der Sophisten", zu *sophistes* „Gelehrter, Weiser, Kunstkenner, Lehrer der Weisheit", zu *sophos* „geschickt, geübt, gewandt; klug, weise", *sophia* „Weisheit"

Sopran hohe Stimmlage der Frauen und Knaben; aus ital. *soprano* in ders. Bed., eigtl. „oben stehend, oben oder hoch befindlich", über vulgärlat. **supranus, *superanus* aus lat. *super* „oben"

Sopraporte *Baukunst:* Feld mit Verzierung über der Tür; aus ital. *sopra* (aus lat. *super*) „über" und ital., lat. *porta* „Tür, Tor"

Sorbett Fruchtsaft mit Eis; Halbgefrorenes; aus ital. *sorbetto* unter Einfluß von *sorbire* „trinken, schlürfen" aus türk. *şerbet* „kühler Trank", aus arab. *šarba* „Trank", zu *šariba* „trinken"

Sordino *bei Musikinstrumenten:* Dämpfer; ital. *sordina,* auch *sordino* in ders. Bed., zu *sordo* „gedämpft, taub", aus lat. *surdus* „taub"

Sortilegium Weissagung durch Lose; aus lat. *sortilegus* „weissagerisch, prophetisch", aus *sors,* Gen. *sortis,* „Losstäbchen, Orakelspruch", allg. „Los, das Losen", und *legere* „lesen"

Sortiment Gesamtheit der vorhandenen Warensorten, Warenangebot; aus ital. *sorta* „Gattung, Sorte, Art, Typ", über vulgärlat. **sorta* aus lat. *sors,* Gen. *sortis,* „Art, Sorte"

Soße →Sauce

sostenuto *Mus.:* breit, getragen; ital. *sostenuto* „zurückhaltend, ernst, wenig bewegt, getragen", zu *sostenere* „halten, tragen", aus lat. *sustinere* „halten, tragen, stützen", aus *sus, sub* „von unten her" und *tenere* „halten"

Soter Retter, Erlöser (im NT Beiname Christi); aus griech. *soter* „Retter, Schützer, Erhalter", zu *sozein* „retten, unversehrt oder am Leben erhalten"

Sottise Beleidigung; aus frz. *sottise* „Dummheit, Torheit; Flegelei, Grobheit; gemeine, unanständige Rede", aus älterem *sotie* „satirische Posse", wohl kaum, wie vermutet, aus hebr. *šōṭê* „dumm, töricht"; nach anderer Deutung aus span. *zote,* ital. *zotico* „dumm, töricht", das vielleicht mit ital. *stolto* „töricht" aus lat. *stultus* „dumm, töricht" zusammenhängt

Sou frühere frz. Währungseinheit; ältere Form (13. Jh.) *sol,* aus lat. *solidus* „Goldmünze", als Adj. „dicht, gediegen" (von Metallen)

Soubrette Sopransängerin für heitere Rollen; aus frz. *soubrette* „verschmitzte Kammerzofe", aus prov. *soubret* „gezierte Person"

Souchong Teesorte aus groben, breiten Blättern; aus chines. *hsiao* „klein" (wohl auch im Sinne von „geringwertig") und *chung* „Sorte"

Souffleur jmd., der während des Spiels die Rollen flüsternd mitliest und damit den Schauspielern einsagt; frz. *souffleur* in ders. Bed., eigtl. „Bläser, Einbläser", zu *souffler* „blasen", aus lat. *sufflare* „an oder gegen etwas blasen", aus *suf-* (in Zus. vor f für *sub*) „von unten her" und *flare* „blasen"

Soul gefühlsbetonter Jazz oder Beat; aus engl. *soul* „Seele", aus mengl. *soule, saule* aus altengl. *sawol* „Seele", zu altnord. *sala,* altfries. *sele* „Seele"

Sound Art des Klingens; engl. *sound* „Ton, Klang", zu *to sound* „tönen, klingen", aus mengl. *sonen,* altfrz. *soner* aus lat. *sonare* „tönen, klingen, schallen", zu *sonus* „Ton, Klang, Schall, Geräusch"

Souper festliches Abendessen; frz. *souper* „Abendessen; die Abendmahlzeit einnehmen", zu frz., altfrz. *soupe* „Suppe, in die Suppe getunktes Brot", über mlat. *sopa* aus got. **suppa* „eingetunktes Brot", zu *suppôn* „einweichen"

Soutane fußlanges Übergewand der

kath. Geistlichen; frz. *soutane* aus ital. *sottana* in ders. Bed., eigtl. „langes Unterkleid für Frauen", zu *sotto* „unter", aus lat. *subtus* „unten, unter", zu *sub* „unter"

Souterrain Kellergeschoß; frz. *souterrain* „unterirdisch; unterirdisches Gewölbe, Kellergeschoß", aus *sous* (aus lat. *sub*) „unter" und *terrain* „Erdboden", zu *terre* (aus lat. *terra*) „Erde"

Souvenir Andenken; frz. *souvenir* in ders. Bed., zu *se souvenir* „sich erinnern, denken (an)", aus lat. *subvenire* „in die Gedanken kommen, einfallen; zu Hilfe kommen", eigtl. „unten oder von unten an etwas herankommen (und dadurch stützen)", aus *sub* „unten, von unten" und *venire* „kommen"

souverän unumschränkt herrschend; überlegen; aus frz. *souverain* „höchst, oberst; Herrscher, Oberhaupt", über vulgärlat. **superanus* „oberster" aus lat. *super* „oben, darüber, oben darauf"

Sowjet *in der UdSSR urspr.* Arbeiter- und Soldatenrat, *heute* Verwaltungsbehörde; aus russ. *sowjet* „Rat, Versammlung"

sozial die Gemeinschaft, Gesellschaft betreffend, gemeinnützig; in Gemeinschaft, gesellig; aus lat. *socialis* „die Gesellschaft betreffend, gesellschaftlich, gesellig", zu *socius* „Teilnehmer, Genosse, Kamerad", zu *sequi* „folgen, begleiten"

Spagat völliges Spreizen der Beine nach vorn und hinten; *bayr., österr.:* Bindfaden; aus ital. *spago* „Schnur, Bindfaden", aus spätlat. *spacus* „Schnur, Strick, Sehne", mit Metathese aus lat. *scapus* „Stiel, Stengel, Schaft"; die Übertragung der Bedeutung „Schnur" auf die artistische Übung deshalb, weil die Beine eine gerade Linie wie eine Schnur bilden

Spaghetti lange, dünne Nudeln; ital. *spaghetti* in ders. Bed., Verkleinerungsform (Pl.) von *spago* „Faden, Schnur", → Spagat

Spagirik *früher:* Alchimie; *heute:* homöopathische Arzneimittelzubereitung aus Naturprodukten (Pflanzen und Mineralien); aus mittellat. *spagiricus* „Alchimist", von Paracelsus (1493–1541) aus griech. *span* „ziehen, herausziehen, trennen" und *ageirein* „sammeln, vereinigen" gebildet

Spahi *früher:* (urspr. adliger) berittener Soldat im türk. Heer; Soldat der aus nordafrikan. Eingeborenen bestehenden ehemaligen französ. Reitertruppe; aus frz. *spahi,* älter *cipaye,* aus pers. *sipāhī,* → Sepoy

Spalett *österr.:* Fensterladen; aus ital. *spalletta* „Brustwehr, Leibung (des Fensters oder der Tür)", zu *spalla* „Schulter", aus lat. *spatula* „Schulterblatt", Verkleinerungsform von *spatha* „breites, flaches Stück Holz", → Spatel

Spalier Holzgitter zum Befestigen von Pflanzen oder jungen Obstbäumen; Doppelreihe von Personen; aus ital. *spalliera* in ders. Bed. sowie „Rückenlehne", zu *spalla* „Stütze, Schulter", → Spalett

Spandrille *Baukunst:* Bogenzwickel; mit italianisierender Endung aus engl. *spandrel,* mittelengl. *spaundrel,* über anglofrz. *espaundre* aus altfrz. *espandre* „ausbreiten", aus lat. *expandere* „auseinanderbreiten, -spannen", aus *ex* (verstärkend) „aus" und *pandere* „ausbreiten, -spannen"

Spaniel eine kleine, langhaarige Hunderasse mit Schlappohren; aus ital. *spaniel,* aus altfrz. *espaignol* „spanischer Wachtelhund"

Sparring Boxtraining; aus engl. *to spar* „boxen", aus mfrz. *esparer* „boxen, ausschlagen", aus ital. *sparare* „abfeuern, wegschleudern", aus *s-* (für *es-,* aus lat. *ex*) „aus, weg" (verstärkend) und *parare* „ablenken, weglenken, (Schlag) parieren"

Sparte Abteilung, Wissens-, Geschäftszweig; verkürzt aus ital. *spartizione* „Teilung, Verteilung", zu *spartire* „teilen, verteilen", aus *s-* (für *es-,* aus lat. *ex-*) „weg-, ver-" und ital., lat. *partire* „teilen", zu lat. *pars,* Gen. *partis,* „Teil"

Spasmus Krampf; aus griech. *spasma, spasmos* „das Ziehen, Zucken, Krampf", zu *span* „ziehen, zerren, reißen"

Spat ein gut spaltbares Mineral; aus mhd. *spat* „blättrig brechendes Ge-

stein; Splitter", zur idg. Wurzel **spe-* „langes, flaches Holzstück"
Spatel schmaler, flacher Stab (zum Aufstreichen von Salbe u.ä.); aus lat. *spatha* in ders. Bed. sowie „flacher Rührlöffel", auch „Säbel", aus griech. *spathe* „Werkzeug des Webers zum Festschlagen und Dichtmachen des Gewebes" sowie „breites Schwert, breiter Streifen von Palmholz"
Spationaut *frz. Bez. für* Weltraumfahrer; aus lat. *spatium* „Raum, Zwischenraum" und griech. *nautes* „Schiffer, Seemann", zu *naus* „Schiff"
Spatium Zwischenraum (zwischen den Druckbuchstaben); aus lat. *spatium* „Raum, Ausdehnung in Länge und Breite, Zwischenraum", zur idg. Wurzel **spe(i)-* „ausdehnen"
Spedition Unternehmen zur Beförderung von Gütern; aus ital. *spedizione* „Absendung, Beförderung", zu *spedire* „absenden, befördern", aus lat. *expedire* „losbinden, freimachen", →expedieren
Speed Geschwindigkeit, Geschwindigkeitssteigerung; engl. *speed* „Eile, Geschwindigkeit", zu *to speed* „sich beeilen, rasen, mit Höchstgeschwindigkeit fahren", aus ndrl. *spoed* „Eile", zu ahd. *spuot* „Eile, Schnelligkeit" und *spuoten* „eilen, sich sputen"
Spektabilität Titel für den Dekan einer Hochschule; aus lat. *spectabilitas,* Gen. *-atis,* „hohe Würde", in der Anrede: *spectabilitas tua* „Euer Hochwürden", zu *spectabilis* „ansehnlich", zu *spectare* „ansehen, prüfend betrachten", Intensivum zu *specere* „sehen"
Spektakel *veraltet:* Schauspiel; *heute:* Aufregung, Lärm, aufregendes Ereignis; aus lat. *spectaculum* „Anblick, Schauspiel; Wunderwerk, Weltwunder", zu *spectare* „ansehen, betrachten", Intensivum zu *specere* „sehen"
Spektrum durch Zerlegen von Licht in seine einzelnen Farben entstehendes farbiges Band; lat. *spectrum* „Bild in der Vorstellung, in der Seele", zu *specere* „sehen"
Spekulation Versuch, durch Überlegung über die Erfahrung hinaus zur Erkenntnis zu gelangen; Geschäft auf Grund von Preisschwankungen; bloße Vermutung; aus lat. *speculatio,* Gen. *-onis,* „Auskundschaftung, Betrachtung, das Beschauen", zu *speculari* „umherspähen, auskundschaften, beobachten, ins Auge fassen", zu *specere* „sehen"
Spekulatius Pfefferkuchen mit bildlicher Darstellung; aus lat. *speculator* „Hüter, Erspäher, Beobachter", zu *speculari* „umherspähen, sich umsehen", zu *specere* „sehen"; *Spekulator* war der Beiname des hl. Nikolaus, der nach der Legende bes. den Kindern wohlgesonnen war und sie das Jahr über beobachtete; zu seinem Gedenken wurden (und werden noch) jährlich an seinem Festtag (6. Dezember) und an Weihnachten Gebildbrote mit seiner Gestalt gebacken, die am Niederrhein *Spekulatius,* in Holland *Spekulatje* genannt werden
Speläologie Höhlenkunde; aus griech. *spelaion, spelygx* „Höhle, Grotte" und *logos* „Wort, Lehre, Kunde", zu *legein* „sagen, sprechen, erklären"
Spelunke schlechte, verrufene Kneipe; aus mlat. *spelunca* „überdachter Durchgang", lat. „Höhle, Grotte, Gruft", aus griech. *spelygx* „Höhle, Grotte"
Sperenzchen, Sperenzien Ausflüchte, Schwierigkeiten (die man macht); wohl aus veraltetem *Sperr, Gesperr* „das Sichsperren, Sichsträuben", bes. mit höflichen Redensarten, dann auch mit Ausflüchten, zu *sich sperren* „sich sträuben" mit latinisierender Endung; vermutet wurde auch, da es daneben die Form *Speranzien* gab, aus mlat. *sperantia* „Hoffnung" im Sinne von „hinhaltendes Inaussichtstellen", zu *sperare* „hoffen, in Aussicht haben"
Sperma Samenzellen enthaltende Flüssigkeit; aus griech. *sperma* „Same", zu *speirein* „säen"
Spermatorrhö Samenerguß ohne geschlechtliche Erregung; aus griech. *sperma,* Gen. *spermatos,* „Same" und *rhoos, rhous* „Fließen, Strömen", zu *rhein* „fließen"
Spesen Auslagen, Unkosten; aus ital. *spese* (Pl.) „Kosten, Ausgaben", zu

spendere „ausgeben", aus lat. *expendere* „bezahlen", eigtl. „gegeneinander abwägen", → expensiv

Spezereien Gewürze; aus ital. *spezerie, spezie* „Gewürze", aus lat. *species* „Gewürze, Zutaten", eigtl. „einzelne Stükke"

spezialisieren unterscheiden, gliedern, einzeln anführen; sich auf etwas s.: sich mit etwas bes. eingehend befassen; aus frz. *spécialiser* in derselben Bedeutung, zu *spécial* „besonder", aus lat. *species* „Art, einzelnes Stück; Begriff, Vorstellung; Anblick", zu *specere* „sehen"

spezifisch eigentümlich, kennzeichnend; aus mlat. *specificus* „unterschieden", zu *specificare* „einzeln angeben, einzeln bezeichnen, gruppieren, einordnen", aus lat. *species* „Art, einzelnes Stück"

Spezimen Muster, Probe; Versuch, Probearbeit; aus lat. *specimen* „Kennzeichen, Muster, Beispiel, Probe", zu *specere* „(nach etwas) sehen"

Sphäre Kugel, Himmelskugel; Bereich; aus griech. *sphaira* „Ball, Kugel"

Sphärolith kugelförmiges Gesteins- oder Kristallgebilde; aus → *Sphäre* und griech. *lithos* „Stein"

Sphärometer Gerät zum Messen von Krümmungen; aus → *Sphäre* und griech. *metron* „Maß", zu *metrein* „messen"

Sphen ein Mineral, Titanit; aus griech. *sphen* „Keil", wegen der Keilform der Kristalle

Sphinx *griech. Myth.:* Ungeheuer mit Löwenleib und Frauenkopf, das jeden verschlang, der das aufgegebene Rätsel nicht lösen konnte; *ägypt. Kunst:* Löwe mit Männerkopf, Sinnbild des Herrschers; aus griech. *sphigx,* das wahrscheinlich volksetymologisch an *sphiggein* „umfassen, zuschnüren, würgen" angelehnt wurde; die weitere Herkunft ist unsicher, vielleicht aus ägypt. *schesep-anch,* jünger *schep-onch* „lebendes Götterbild" (ägypt. *sch* wird im Griech. durch *s,* ägypt. *o* gelegentlich durch *y* wiedergegeben)

Sphragistik Siegelkunde; aus griech. *sphragisma* „Siegelabdruck", *sphragisterion* „Siegel, Stempel", zu *sphragis* „Siegel, Siegelring, Petschaft"

Sphygmograph Gerät zum selbsttätigen Aufzeichnen des Pulses, Pulsschreiber; aus griech. *sphygmos* „(heftiger) Puls", zu *sphyzein* „heftig pochen, zucken", und *grapheus* „Schreiber", zu *graphein* „schreiben"

Spiccato *bei Streichinstrumenten:* Spiel mit springendem Bogen; ital. *spiccato* „deutlich hervorgehoben, scharf abstechend, zurückprallend, springend", zu *spiccare* „abtrennen, abbrechen, hinüberspringen"

Spikes Rennschuhe sowie Autoreifen mit Stahlstiften; aus engl. *spike* „langer Nagel, Bolzen", über schwed., norw. *spik* zu altnord. *spikr* „Nagel", zur idg. Wurzel **spei-*, **spi-* „spitz, etwas Spitzes"

Spin die den Elementarteilchen zugeschriebene Eigendrehung im Atom; aus engl. *spin* „schnelle Drehung, Herumwirbeln", zu *to spin* „spinnen = durch Drehen den Faden bilden"

spinal zur Wirbelsäule oder zum Rükkenmark gehörig, davon ausgehend; aus lat. *spinalis* „zum Rückgrat gehörig", zu *spina* „Rückgrat", eigtl. „Dorn"

Spinat eine Gemüsepflanze; aus ital. *spinacio, spinace,* aus mittellat. *spinacium,* aus altfrz. *espinache,* aus arab. *isfinağ* „Spinat"; im Mittellat. ist das Wort in Anlehnung an lat. *spina* „Dorn" umgebildet worden, da die Frucht des Winterspinats stachelartige Hörnchen trägt; der dentale Laut *c* im Ital. und Mittellat. sowie *ch* im Altfrz. ist dadurch zustande gekommen, daß arab. *ğ* wie *dsch* [dʒ] gesprochen wird; im Deutschen ist er, vielleicht unter Anlehnung an *Salat,* zu *t* umgewandelt worden

Spinell ein Mineral, ein Edelstein; aus ital. *spinello;* der Name ist nicht gedeutet, vielleicht aus lat. *spina* „Dorn, Stachel", wegen der spitzen Kristalle

Spinett ein Tasteninstrument, bei dem die Saiten mit einem zugespitzten Kiel angerissen werden; aus ital. *spinetta,* frz. *épinette* in ders. Bed., zu ital. *spina,* frz. *épine* „Dorn" (altprov. *espin, espina*), beides aus lat. *spina* „Dorn"

spinös schwierig, knifflig, spitzfindig; *ugs. auch:* spinnig; aus lat. *spinosus* „spitzfindig", eigtl. „dornig, stachlig, stechend wie Dornen", zu *spina* „Dorn, Stachel"; die Bedeutung „spinnig" ist volksetymologisch an *spinnen* „verrückt sein" angelehnt

Spinthariskop, Spintheriskop Gerät zum Beobachten von Lichtblitzen, die bei kleinen elektrischen Entladungen auftreten; aus griech. *spinther* „Funke" und *skopein* „sehen, betrachten, untersuchen"

spintisieren grübeln; wahrscheinlich Weiterbildung zu *spinnen* im Sinne von „Gedanken (weiter)spinnen, seinen Gedanken nachhängen"; die vermutete Herkunft von ital. *spinta* „Antrieb, Anstoß" ist nicht sehr wahrscheinlich

Spion Auskundschafter von militärischen, wirtschaftlichen u.ä. Geheimnissen eines fremden Staates; aus frz. *espion* „Spion, Späher, Kundschafter", zu *épier* „belauern, erspähen", aus ital. *spione,* eigtl. *spia* in ders. Bed., aus got. **spaiha* „Späher", zu *spaihôn* „spähen", aus lat. *specere* „sehen, ausschauen"

Spiräe ein Zierstrauch; aus lat. *spira* „Windung", aus griech. *speira* „Windung, gewundener Gegenstand", wegen der Form der Blütenstände

Spirale sich um einen Punkt oder eine Achse windende Linie; Körper in dieser Form; aus lat. *spira* „gewundener Körper (nach Art der Schneckenlinie)", aus griech. *speira* „Windung, Gewinde, Geflecht", zur idg. Wurzel **sper-* „winden, flechten"

Spirans, Spirant Reibelaut; aus lat. *spirans,* Gen. *-antis,* Part. Präs. von *spirare* „blasen, schnauben"

Spirille schraubenförmiges Bakterium; aus lat. *spirilla,* Verkleinerungsform von *spira* „Windung", aus griech. *speira* „Windung, Schlinge"

Spiritismus Glaube an Geister und an die Erscheinung der Seelen von Toten; aus engl. *spirit* „Geist", aus lat. *spiritus* „Hauch, Atem, Leben, Seele", zu *spirare* „hauchen, atmen"

Spirituosen geistige (= alkoholische) Getränke; zu veraltetem *spirituos* „Weingeist enthaltend", aus lat. *spiritus* „Atem, Leben, Seele, Geist", das seit dem 16. Jh. im übertr. Sinne für „Extrakt, bes. vom Wein, Weingeist" verwendet wurde, zu *spirare* „hauchen, atmen"

Spirochäte schraubenförmiges Bakterium; aus lat. *spira,* griech. *speira* „Windung" und *chaite* „langes Haar, Mähne"

Spirometer Atmungsmesser; aus lat. *spirare* „atmen, hauchen" und griech. *metron* „Maß", zu *metrein* „messen"

Splanchnologie Lehre von den Eingeweiden; aus griech. *splagchnon* „Eingeweide", zu *splen* „Milz", und *logos* „Wort, Lehre, Kunde", zu *legein* „sagen, sprechen, erklären"

Spleen kleine Verrücktheit, sonderbare Idee, Klaps; aus engl. *spleen* „schlechte Laune, Ärger, Verdruß", eigtl. „Milz", aus lat., griech. *splen* „Milz"; die Milz galt früher als Sitz bestimmter Gemütskräfte und ihre Erkrankung als Ursache für Hypochondrie (Milzsucht)

splendid großzügig, freigebig, *im Buchdruck:* weiträumig (gedruckt); aus lat. *splendidus* „ansehnlich, glänzend, herrlich", zu *splendere* „glänzen, strahlen"

splitternackt ganz nackt, völlig nackt; sicher nicht „nackt bis auf den letzten Splitter", sondern wohl zu *Splint* „weiches Holz zwischen Rinde und Kern des Baumes", also „nackt bis auf den Splint", dazu obersächs. *splinternackt,* thüring. *splenternackt;* wenn man Bäumen die Rinde abschält, bis man aufs Splintholz kommt, dann sind sie gewissermaßen „nackt bis zum Splintholz", und ein splitter- bzw. splinternackter Mensch ist also (wenn man dieses Bild auf ihn anwendet) „nackt bis auf die Haut"

Splitting Form der Besteuerung von berufstätigen Ehepaaren; aus engl. *to split* „spalten, aufteilen", aus mnddt., mndrl. *splitten* in ders. Bed., zu dt. „spleißen"

Spodumen ein graues bis grünes Mineral; aus griech. *spodoumenos* „zu Asche verbrannt", zu *spodoun* „zu Asche verbrennen", zu *spodos* „Asche"; der

Grund für die Bezeichnung ist nicht klar, denn daß die ersten Fundstücke wie zu Asche verbrannt ausgesehen hätten, wird bestritten

Spolium *im alten Rom:* Kriegsbeute; *früher in der kath. Kirche:* Nachlaß eines Geistlichen; *heute:* Teil eines Kunstwerks, das einem anderen entnommen wurde; lat. *spolium* „einem Tier abgezogene Haut, dem Feind abgenommene Rüstung, Beute, Raub", wohl zu griech. *spolas* „lederner Brustharnisch, Koller", eigtl. „abgezogenes Fell", zur idg. Wurzel **spal-*, **sphal-* „aufreißen"

Spondeus Versfuß aus zwei langen Silben; aus griech. *spondeios* in derselben Bedeutung, zu *spondeion* „Opfergefäß, Opferkanne", zu *sponde* „Trankopfer, Spende"; der Versfuß wurde bes. in Gesängen bei Trankopfern und ähnlichen Zeremonien verwendet

Spondylitis Wirbelentzündung; aus griech. *spondylos, sphondylos* „Wirtel an der Spindel", *sphondylios* „Wirbelknochen, Halswirbel" und Endung *-itis* zur Bezeichnung einer Entzündung

Spongie ein festsitzendes Wassertier, Schwamm; aus lat. *spongia,* aus griech. *spoggos* „Schwamm"

Sponsalien *veraltet:* Verlobungsgeschenke; aus lat. *sponsalia* in derselben Bedeutung, zu *sponsus* „Gelöbnis" und *sponsare* „sich verloben", zu *spondere* „feierlich versprechen, geloben"

Sponsor jmd., der eine Fernsehsendung u.a. finanziell fördert, wenn dafür darin Reklame für sein Unternehmen gemacht wird; Geldgeber, Förderer; engl. *sponsor* „Bürge", lat. *sponsor* „Bürge, Pate", zu lat. *sponsio* „gegenseitige Verpflichtung", zu *spondere* „versprechen, sich verbürgen, Bürge sein"

spontan aus eigenem Antrieb, aus einer plötzlichen Regung heraus; aus lat. *spontaneus* „freiwillig, frei", zu *spons,* Gen. *spontis,* „freier Wille"

sporadisch vereinzelt (vorkommend), hin und wieder; aus griech. *sporas,* Gen. *sporados,* „verstreut, vereinzelt", zu *speirein* „ausstreuen, zerstreuen"

Sporangium bei vielen Algen und Pilzen Sporenbehälter; aus →*Spore* und griech. *aggeion* „Gefäß, Behälter"

Spore der ungeschlechtlichen Fortpflanzung, oft auch der Überdauerung ungünstiger Lebensperioden dienende Zelle vieler blütenloser Pflanzen sowie Dauerform der Sporentierchen; aus griech. *sporos* „Same", zu *speirein* „säen"

Sporophyt sporenbildende (ungeschlechtliche) Generation (bei Pflanzen mit Generationswechsel); aus →*Spore* und griech. *phyton* „Pflanze", zu *phyein* „wachsen lassen"

Sporozoon Urtierchen, in dessen Entwicklungszyklus eine Vermehrung durch Sporen eingeschaltet ist; aus →*Spore* und griech. *zoon* „Lebewesen, Tier"

Sport Leibesübungen; engl. *sport* in ders. Bed., verkürzt aus *to disport* „herumtollen, sich belustigen, sich vergnügen", aus altfrz. *se desporter* „sich vergnügen, sich gehen lassen", aus *des-* (lat. *dis-*) „weg-, auseinander-" und *porter* (lat. *portare*) „tragen", also „weg-, auseinandertragen" im Sinne von „die Aufmerksamkeit woanders hinlenken", nämlich von ernsten zu heiteren, zerstreuenden Dingen

Sportel Gebühr für Amtshandlungen; aus lat. *sportula* „Spende, Geschenk, Gerichtsgebühr", eigtl. „Körbchen, bes. mit Speisen oder Lebensmitteln", das an Klienten und Arme gegeben wurde, zu *sporta* „Korb"

Spot kurze Werbesendung; *kurz für* Spotlight; aus engl. *spot* „Fleck, Klecks, Tupfen, Tropfen; bißchen, Stückchen", aus mengl. *spotte,* mndrl. *spotte, spot* „Fleck", zu altnord. *spotti* „Stückchen"

Spotlight Punktlicht, gebündeltes Licht, Scheinwerferlicht; aus →*Spot* und engl. *light* „Licht"

Spray Flüssigkeit zum Zerstäuben; engl. *spray* in ders. Bed., eigtl. „Sprühregen, Wasserstaub, Wellenschaum", aus mndrl. *spraeyen, sprayen* (dazu mhd. *spraewen, spraejen, spreien*) „spritzen, stieben", aus altnord. *spraena* „spritzen, sprudeln"

Spread Brotaufstrich; engl. *spread* in ders. Bed., zu *to spread* „ausbreiten, verteilen, streichen", aus mengl. *spreden,* altengl. *sprædan* in ders. Bed., zu mndrl. *spreiden* „ausbreiten" (vgl. dt. *spreiten*)

Sprinkler Teil einer Beregnungsanlage; engl. *sprinkler* in ders. Bed. sowie „Gießkanne", zu *to sprinkle* „(be)spritzen, (be)sprengen", aus mengl. *sprenkelen, sprenklen* „spritzen", zu mndrl. *sprenkel* „Fleckchen"

Sprint Kurzstreckenlauf; engl. *sprint* in ders. Bed., zu *to sprint* „schnell laufen, rennen", aus mengl. *sprenten* in ders. Bed., aus germ. **sprintan* „springen, aufspringen, spritzen"

Spurt Steigerung der Geschwindigkeit auf kurzer Strecke; engl. *spurt* in ders. Bed., eigtl. „plötzliche Anstrengung", vielleicht zu *to spurt* „plötzlich hervorströmen, herausspritzen", aus altengl. *sprytten* „spritzen"

Sputnik erster russ. Erdsatellit; russ. *sputnik* „Gefährte, Satellit, Trabant", aus *s* (Präposition) „mit", *putj* „Weg" und *-nik* Partikel, die die Verbindung einer Sache mit einer Person bezeichnet, also „jemand, der mit einem auf dem Weg ist"

Sputum Auswurf, ausgespiener Schleim; lat. *sputum* „Speichel, Auswurf", zu *sputare* „ausspucken", Intensivum zu *spuere* „spucken"

Squash[1] aus Zitrusfrüchten gepreßter Saft; engl. *squash* in ders. Bed., zu *to squash* „quetschen, pressen", aus mfrz. *esquesser* „auspressen", über vulgärlat. **exquassare* aus lat. *ex* „aus, heraus" und *quassare* „schütteln"

Squash[2] ein dem Tennis ähnliches Ballspiel; engl. *squash* in ders. Bed. sowie „weiche Masse; Platsch, platschendes Geräusch auf sumpfigem Boden"; wegen des Weichgummiballs, der zu dem Spiel verwendet wird, vielleicht auch wegen des platschenden Aufschlags des Balls auf dem Boden und an den Wänden

stabil fest, dauerhaft, widerstandsfähig; aus lat. *stabilis* „fest(stehend), standhaft, unveränderlich, dauerhaft", zu *stare* „stehen"

staccato *Mus.:* jeder Ton einzeln gestoßen; ital. *staccato,* Part. Perf. von *staccare* „abreißen, abtrennen, loslösen", aus *s-* (für *es-,* aus lat. *ex-*) „aus, heraus" und *tacca* „Einschnitt, Kerbe", also eigtl. „herausgeschnitten"

Stadium Entwicklungsstufe, Abschnitt, Zustand; lat. *stadium,* aus griech. *stadion,* beides bedeutete urspr. „Rennbahn, Laufstrecke", dann auch „Längenmaß von etwa 200 Metern", von daher in die Sprache der Mediziner als „Abschnitt" im Verlauf einer Krankheit übernommen; weitere Herkunft unsicher

Stafette *früher:* Eilbote; *dann:* Gruppe von Läufern beim Staffellauf; aus ital. *staffetta* „Läufergruppe, Eilbote", zu *staffa* „Steigbügel"; Eilboten waren früher beritten, und eine ital. Redensart weist noch darauf hin: *avere un piede nella staffa* „einen Fuß im Steigbügel haben = im Abreisen begriffen sein"

Staffage schmückendes Beiwerk, Nebensächliches; mit französisierender Endung zu → *ausstaffieren*

stagnieren stocken, stillstehen, nicht vorangehen; aus lat. *stagnare* „unter Wasser stehen, überschwemmt sein", zu *stagnum* „durch Überschwemmung entstandenes Gewässer", allg. „stehendes oder langsam fließendes Gewässer", zu *stare* „stehen"

Staket Lattenzaun; aus ital. *stecconata* „Latten-, Bretter-, Pfahlzaun", zu *steccone* „Pfahl", zu *stecco* „spitzes Holzstück"

Stalagmit von unten nach oben sich aufbauendes Tropfsteingebilde; aus griech. *stalagma* „Tropfen", zu *stalassein* „tröpfeln"

Stalaktit von oben nach unten wachsendes Tropfsteingebilde; aus griech. *stalaktos* „tropfend", zu *stalassein* „tröpfeln"

Stampiglie Gerät zum Stempeln; Stempelaufdruck; aus ital. *stampiglia* „Stempel", zu *stampa* „Druck", zu *stampare* „drucken", aus got. **stampa* „Stampfe, Presse", zu *stampôn,* ahd. *stampfôn* „stampfen"

Standard Richtmaß, Eichmaß, Normalmaß, Norm; engl. *standard* in ders. Bed. sowie „Durchschnitt, Regel; Ständer, Pfosten", aus altfrz. *estandart*, → Standarte

Standarte Flagge, Fahne; aus mhd. *standart*, niederrhein. *standert*, aus altfrz. *estandart* „Fahne, Feldzeichen als Markierung der Sammelstelle des Heeres", Herkunft nicht geklärt; Gamillscheg gibt eine interessante Beschreibung: „Die Standarte war nach Albertus Aquensis zunächst die große, goldbeschlagene Lanze, die dem Heer der babylonischen Könige folgte; sie wurde zunächst auf einem Karren mitgeschleppt, dann bei der Sammlung der Kämpfenden als Zentrum des Heerhaufens entweder auf dem Karren aufgepflanzt oder direkt in die Erde eingerammt; sie wird dann von den Sarazenen übernommen und so in den Westen gebracht; wenn die historischen Angaben richtig sind, ist der Ursprung außerhalb Europas zu suchen ..."

Staniza Kosakendorf; aus russ. *stan* „Lagerplatz", ukrain. „Lager" (altslaw. *stani* „Landgut") und Endung *-iza* zur Ortsbezeichnung, also „Ort, Lager, Siedlung"

Stanniol Zinnfolie, *ugs. auch:* Aluminiumfolie; Ableitung von *Stannum* „Zinn"

Stanze Strophe mit acht jambischen Zeilen; aus ital. *stanza* „Zimmer", dann im Sinne von „Reimgebäude" auf die Strophe übertragen, aus mlat. *stantia* „Zimmer, Aufenthaltsort, Aufenthalt", aus lat. *stans,* Gen. *stantis,* Part. Präs. von *stare* „stehen, sich aufhalten, verweilen"

Stapelie eine südamerikan. Pflanze, Ordensstern, Aasblume; nach dem holländ. Arzt und Botaniker Jan Bode van *Stapel* (gest. 1636)

Staphylokokken traubenförmig zusammenhängende Kugelbakterien; aus griech. *staphyle* „Traube, Weintraube" und *kokkos* „Kern"

Star[1] ein Singvogel; aus ahd. *stara,* germ. **star,* wahrscheinlich aus einem idg. Wort, das alle tauben- bis drosselgroßen Vögel bezeichnete

Star[2] Gruppe von Erkrankungen der Augenlinse; aus mhd. *starblind,* ahd. *starablind,* eigtl. „starrend blind", d. h. „mit offenen Augen blind" (die Blindgeborenen halten im Unterschied zu den Erblindeten die Augen häufig geschlossen), zu *starren* „starr blicken"

Star[3] berühmte Person bei Bühne und Film und im Sport; aus engl. *star* „Stern", aus mengl. *sterre,* altengl. *steorra,* altnord. *stjarna* „Stern"

Starlet Filmsternchen; engl. *starlet* in ders. Bed., aus → *Star*[3] und Verkleinerungssilbe *-let,* die urspr. nur *-et* lautete; das l wurde irrtümlich davorgesetzt, und zwar nach dem Muster von Wörtern, die auf *-le* enden und bei Verkleinerung die Nachsilbe *-et* erhalten, z. B. circle – circlet, isle – islet, da man nicht erkannte, daß hier das l zum Wortstamm gehört

Starost *früher in Polen:* Inhaber eines vom König verliehenen Lehens; *auch:* Gerichtsstatthalter; *im zarist. Rußland:* Gemeindevorsteher; aus russ. *starosta* „Ältester, Vorsteher", im Altruss. auch „Greis", zu *starost* „Alter", zu *starij* „alt"

Start Beginn, Abfahrt, Abflug; zu *starten* „zu laufen, fahren, fliegen beginnen", aus engl. *to start,* aus mengl. *sterten* in ders. Bed., aus altengl. *sturtian* „aufspringen", verwandt mit dt. *stürzen*

statarisch langsam fortschreitend, oft verweilend; aus lat. *statarius* „im Stehen oder auf demselben Fleck geschehend", zu *status* „das Stehen", zu *stare* „stehen"

Statik Lehre von den in ruhenden Körpern wirkenden Kräften; aus griech. *statike* „Lehre vom Gleichgewicht", zu *statos* „stehend"

Station Haltestelle, Aufenthalt, Beobachtungsstelle, Krankenhausabteilung; aus lat. *statio,* Gen. *-onis,* „das Stillstehen, Standort, Aufenthaltsort", zu *stare* „stehen"

statisch Ableitung von → *Statik*

Statist Darsteller einer stummen Rolle; junge Bildung aus lat. *status* „Stand, Stellung", zu *stare* „stehen", weil die stummen Darsteller früher nur wenig

oder im Hintergrund zu agieren hatten
Statistik zahlenmäßige Erfassung und Darstellung von Tatbeständen; junge Bildung aus lat. *status* „Stand, Verfassung, Beschaffenheit, Umstände", zu *stare* „stehen"
Stativ Ständer für physikalische, fotografische u.a. Geräte; aus lat. *stativus* „stillstehend", zu *stare* „stehen"
Statolith körniger Einschluß in gewissen Pflanzenzellen; Gehörsteinchen im Gleichgewichtsorgan mancher Tiere; aus griech. *statos* „stehend" und *lithos* „Stein"; der Statolith reguliert die Stellung des Organismus im Raum bzw. ermöglicht die Beibehaltung einer Lage im Raum oder die Wiederherstellung der normalen Körperlage nach Lageveränderung
Statue bildhauerisch gestaltete Figur, Standbild; aus lat. *statua* „Bildsäule, Standbild", zu *statuere* „hinstellen, aufstellen", zu *sistere* „stellen, aufstellen, errichten"
Statut Satzung, Gesetz, Vorschrift; aus lat. *statutum* „das Aufgestellte, Festgesetzte, Bestimmte, Beschlossene", zu *statuere* „aufstellen usw.", zu *sistere* „stellen, aufstellen, errichten"
Steak *kurz für* → Beefsteak
Stearin durch Fettspaltung gewonnene, wachsartige Masse; aus griech. *stear* „geronnenes, festes Fett, Talg"
Steatit ein Mineral, Speckstein, Talk; aus griech. *stear,* Gen. *steatos,* „festes Fett, Talg"
Steeplechase *Reitsport:* Hindernisrennen; engl., aus *steeple* „spitzer Kirchturm" und *chase* „Hetzjagd, Verfolgung"; urspr. war eine Kirche o.ä. mit spitzem, weithin sichtbarem Turm das Ziel eines solchen Wettrennens
Stegodon ausgestorbenes Rüsseltier, Vorläufer des Elefanten; aus griech. *stegos, stege* „Dach" und *odous,* Gen. *odontos,* „Zahn", wegen der dachförmigen Joche auf den Kauflächen der Backzähne
Stegreif in Zus. wie *Stegreifspiel, -komödie:* Theaterstück, Spiel, von dem die Handlung nur in Umrissen festliegt und im einzelnen aus dem Augenblick heraus gestaltet wird, sowie in Wendungen wie etwas *aus dem Stegreif* singen, spielen, sprechen: ohne Vorbereitung, aus der augenblicklichen Eingebung heraus; der *Stegreif* ist der Steigbügel, mhd. *stegereif,* zu *stegen* „steigen" und *reif* „Ring" (er war urspr. nur ein vom Sattel hängender Ring, in den man den Fuß beim Aufsteigen setzte); etwas *aus dem Stegreif* tun heißt also eigtl. „im Steigbügel stehend, beim Aufsteigen oder ohne vom Pferd zu steigen", also „rasch, ohne langes Nachdenken oder Vorbereiten"
Stele Pfeiler oder Säule als Grab- oder Gedenkstein; aus griech. *stele* „Säule", zu *stellein* „aufstellen"
stellar zu den Fixsternen gehörend; aus lat. *stellaris* „zu den Sternen gehörig", zu *stella* „Stern"
Stemma Stammbaum; Reihe der Fassungen eines Literaturdenkmals im Lauf der Überlieferung; aus griech. *stemma* „Binde, Kranz", auch „bekränztes Ahnenbild", übertr. daher auch „Stammbaum", zu *stephein* „umkränzen, rings umgeben"
Stenodaktylographin *schweiz. für* Stenotypistin; aus dem ersten Teil von → *Stenographie,* griech. *daktylos* „Finger" und *grapheus* „Schreiber", zu *graphein* „schreiben"
Stenographie Kurzschrift; aus griech. *stenos* „eng, schmal" und *graphein* „schreiben"
stenök an bestimmte Standorte gebunden (von Pflanzen); aus griech. *stenon* „enger Raum", zu *stenos* „eng, schmal", und *oikos* „Haus, Wohnung"
Stenokardie Herzbeklemmung; aus griech. *stenos* „eng, schmal" und *kardia* „Herz"
Stenotypistin Angestellte für Stenographieren und Maschinenschreiben; aus dem ersten Teil von → *Stenographie* und griech. *typos* „Schlag, Abdruck"
Stentorstimme laute, dröhnende Stimme; nach *Stentor,* einem Helden der Ilias von Homer mit „brüllender, eherner Stimme", von dem im fünften Gesang gesagt wird, daß er „im Schreien so stark wie fünfzig Männer zusammen" gewesen sei
Steppe baumlose Grasebene; aus russ.

stjep in ders. Bed., im Altruss. auch „Niederung", vielleicht zu *tjepu* „schlagen", also eigtl. „ausgehauene Stelle"
Steptanz Tanz in Schuhen mit Eisenplättchen an den Sohlen, bei dem mit Sohlen und Fersen der Rhythmus geschlagen wird; aus engl. *to step* „treten" sowie „gehen", dazu *step* „Schritt, Fußstapfen, Fußspur", zu dt. *stapfen*
Ster altes Raummaß für Holz, Raummeter; aus frz. *stère* „Kubikmeter", aus griech. *stereos* „starr, fest, massiv"
Steradiant Einheit des Raumwinkels; aus griech. *stereos* „starr, fest" und lat. *radians* „strahlend", Part. Präs. von *radiare* „strahlen, Strahlen aussenden", →Radius
stereo..., Stereo... *in Zus.:* starr, fest; räumlich; aus griech. *stereos* „hart, fest, körperlich", auch im Sinne von „räumlich" gebraucht, →Ster
Stereometrie Berechnung der Oberflächen und Rauminhalte von Körpern; aus →*Stereo...* und griech. *metrein* „messen"
Stereophonie räumliche Tonwiedergabe, Raumtontechnik; aus →*Stereo...* und griech. *phonein* „tönen", zu *phone* „Ton, Klang, Stimme"
Stereoskopie Raumbildtechnik; aus →*Stereo...* und griech. *skopein* „sehen, betrachten"
stereotyp feststehend, unveränderlich; immer wieder gleich, sich ständig wiederholend; aus →*stereo...* und griech. *typos* „Form, Gestalt, Gepräge"
steril keimfrei; unfruchtbar; aus lat. *sterilis* „unfruchtbar", zu griech. *steira* „unfruchtbare oder noch nicht geboren habende (Kuh, Frau usw.)"; weitere Herkunft nicht geklärt
Sterling altengl. Währungseinheit; urspr. Silberpenny der normannischen Zeit, der vermutlich von den Normannen nach England gebracht und von dort nach den Niederlanden, Westdeutschland und Nordfrankreich ausgeführt wurde; altfrz. belegt als *esterlin,* mlat. als *esterlingus, sterlingus,* mhd. als *sterlinc,* engl. *sterling.* Die Herkunft ist nicht geklärt; nach einer Deutung wird eine altengl., noch vor der altfrz. Form liegende Form **easterling* angesetzt, was darauf hindeuten würde, daß die Münze aus dem Osten (nämlich Skandinavien) gekommen ist (engl. *easterling* „jmd. aus einem östlichen Land", zu *east* „Osten"); nach anderer Deutung stammt die Bezeichnung aus altengl. **steorling,* zu *steorra* „Stern" (engl. *star*), weil man vielleicht das Doppelfadenkreuz auf den Münzen als Stern betrachtet hat
Sternum Brustbein; mit lat. Endung aus griech. *sternon* (poet. für *stethos*) „Brust, Inneres"
Stethoskop Hörrohr; aus griech. *stethos* „Brust, Inneres" und *skopein* „sehen, betrachten, untersuchen"
Steward *auf Schiffen und in Flugzeugen:* Betreuer der Reisenden; engl. *steward* in ders. Bed., eigtl. „Aufseher, Verwalter; Proviantmeister, Küchenmeister", aus altengl. *stiward, stigward* „Aufseher über Haus und Stall", aus *stig* „Stall, Haus" und *weard* „Aufseher, Wärter", aus germ. **warda* „Wache"
Sthenie *Med.:* Kraft, Kraftfülle; aus griech. *sthenos* „Kraft, Stärke", weitere Herkunft nicht bekannt
stibitzen (etwas Geringfügiges) stehlen; mecklenburg. *stibitzen, stipipsen, stiberitzen,* scherzhafte Streckform (wie z.B. spazifizieren zu spazieren) zu *stizen, stitzen* „stehlen"
Stibium = Antimon; aus lat., griech. *stibi, stimmi* „Spießglanz, schwarze Schminke", als augenverschönerndes Mittel verwendetes Antimon; aus altägypt. *mesdeme,* „zum Färben der Augenbrauen und -wimpern verwendete Salbe"
Stichomantie Wahrsagung aus einer willkürlich mit der Nadel aufgeschlagenen Buchstelle; aus griech. *stichos* „Reihe, Zeile, Vers" und →*...mantie;* urspr. wurden Verse oder Zeilen auf Zettel geschrieben, in eine Urne geworfen und wieder gezogen
Stichomythie *im Drama:* Wechsel von Rede und Gegenrede mit jeder Verszeile; aus griech. *stichos* „Zeile, Vers" und *mythos* „Rede, Äußerung"
Stieglitz ein Singvogel; aus slowen. *schtschegljec* „Distelfink"

stiekum (stikum) *ugs.:* vorsichtig, heimlich; aus rotw. *Schtike* „Stillschweigen"
Stigma Kennzeichen, Mal, Brandmal; Wundmal Christi; aus griech. *stigma* „Stich, Punkt, Fleck, Mal, Brandmal", zu *stizein* „brandmarken, tätowieren"
stikum →stiekum
Stil Schreibart, Ausdrucks-, Mal-, Kompositions-, auch Bewegungsweise; aus lat. *stilus* „Griffel (zum Schreiben)", übertr. „das Schreiben, Abfassen, Schreibart, Ausdrucksweise"
Stilett kleiner Dolch; aus ital. *stiletto,* Verkleinerungsform von *stile* „Griffel, Stichel", aus lat. *stilus* „Griffel, spitzes Werkzeug"
stimulieren anregen; aus lat. *stimulare* „anreizen, anregen", eigtl. „mit dem Stachel anspornen, stechen", zu *stimulus* „Stachel", übertr. „Antrieb", zu idg. **sti-mo-* „spitz"
Stipendium finanzielle Unterstützung für Schüler, Studenten u.ä.; lat. *stipendium* „Sold, Löhnung (der Soldaten)", eigtl. *stipipendium,* aus *stips,* Gen. *stipis,* „Geldbeitrag, Spende" und *pendere* „zahlen", eigtl. „abwiegen", da vor Einführung der geprägten Münzen das Metall abgewogen wurde
Stochastik durch Zufall bedingte Erscheinung oder Größe sowie deren Untersuchung; aus griech. *stochastikos* „im Erraten geschickt, scharfsinnig, schnell das Richtige treffend", zu *stochazesthai* „das Ziel treffen, vermuten, erraten", zu *stochos* „Ziel, das Zielen, Vermutung"
Stöchiometrie Ermittlung von Formeln, Gewichtsverhältnissen bei chemischen Reaktionen u.a.; aus griech. *stoicheion* „Grundstoff, Element, Anfangsgründe (einer Wissenschaft)", eigentlich „Glied einer Reihe", zu *stichos, stoichos* „Reihe, Abteilung", und *metrein* „messen"
Stoiker Vertreter der Stoa, einer altgriech. Philosophenschule; *übertr.:* unerschütterlich ruhiger, gleichmütiger Mensch; aus griech. *stoikoi* (Plural) „Anhänger des Philosophen Zenon, Stoiker", zu *stoa* „Säulenhalle", bes. die *poikile stoa,* die „bunte Halle" von Athen mit den Wandgemälden des Polygnotos, in der Zeno lehrte
Stola altrömisches weißes, mit Borten verziertes Frauengewand; schmaler, über die Schultern hängender Teil des priesterlichen Meßgewandes; aus griech. *stola, stole* „Kleidung, Prachtkleid, Staatskleid, Rüstung", zu *stellein* „ausrüsten, bekleiden, zurechtmachen"
Stomatitis Mundschleimhautentzündung; aus griech. *stoma* „Mund, Öffnung" und Endung *-itis* zur Bezeichnung einer Entzündung
...stomie *in Zus.:* (chirurgische) Öffnung; aus griech. *stoma* „Öffnung"
stornieren ungültig, rückgängig machen; aus ital. *stornare* „rückgängig machen", aus *s-* (für *es-,* lat. *ex*) „aus, weg" (verstärkend) und *tornare* „zurückkehren"
Story Kurzgeschichte; Handlungsaufbau, Fabel (eines Theaterstücks, Films usw.); engl. *story* „Erzählung, Geschichte", verkürzt aus *history* „Geschichte", →Historie
Stövchen Untersatz mit Kerze zum Warmhalten von Kaffee oder Tee; aus nddt. *stöveken, stoveken* „Gehäuse für kleine Feuerstelle", zu *stove* „Badestube", engl. *stove* „Ofen, Herd", aus altfrz. *estuve* „geheizter Raum, Baderaum", zu *estuver,* →stoven
stoven dünsten, schmoren; nddt., mnddt. *stoven* in ders. Bed., aus altfrz. *estuver* „in warmes Wasser stecken", aus vulgärlat. **estuvare* „ausdünsten", aus lat. *ex* „aus, heraus" und **tufus* aus grch. *typhos* „Rauch, Qualm, Dunst", zu *typhein* „rauchen, qualmen, dampfen"
Strabismus das Schielen; aus griech. *strabizein* „schielen", zu *strabos* „schielend" und *streblos* „schielend; gekrümmt, verdreht", zu *strephein* „drehen, wenden"
Stramin Gitterleinen (für Stickereien); aus lat. *stramineus* „aus Stroh", zu *stramen,* Gen. *straminis,* „untergebreitetes Stroh, Streu", zu *sternere* „auf den Boden breiten, hinstreuen"
strangulieren erdrosseln; abschnüren; aus lat. *strangulare* „erwürgen, erdrosseln", zu griech. *straggalan* „erwür-

gen", zu *straggale* „Strick, Strang", vielleicht zu *stragx* „ausgepreßter Tropfen"

Strangurie häufiges, aber nur geringes, schmerzhaftes Wasserlassen, Harnzwang; aus griech. *straggouria* „Harnzwang", aus *stragx,* Gen. *straggos,* „Tropfen" und *ouron* „Urin, Harn"

strapazieren in Anspruch nehmen, häufig benutzen; aus ital. *strapazzare* „überanstrengen, rücksichtslos behandeln, mißhandeln", vielleicht zu *strappare* „zerreißen, zerfetzen", aus fränk. *strappôn* „straffziehen"

Strategie Kunst der Kriegführung, Feldherrenkunst; aus frz. *stratégie* in derselben Bedeutung, aus griech. *strategia* „Heerführung, Feldherrenamt", zu *strategos* „Heerführer, Feldherr", aus *stratos* „Heer" und *agein* „führen"

Stratifikation Schichtung, Ablagerung in Schichten; aus lat. *stratus* „Decke, Teppich", eigtl. „das Hinbreiten" (zu *sternere* „hinbreiten") und *facere* (in Zus. *-ficare,* Intensivum zu *-ficere*) „tun, machen"

Stratigraphie Lehre von der Gesteinsschichtung; aus →*Stratus* und griech. *graphein* „schreiben"

Stratosphäre mittlere Schicht der Erdatmosphäre; aus →*Stratus* und →*Sphäre*

Stratus niedrige Schichtwolke; lat. *stratus* „Decke, Teppich, Matratze", eigtl. „hingebreitet", zu *sternere* „hinbreiten"

Streik vorübergehende Arbeitsniederlegung; aus engl. *strike* in ders. Bed. sowie „Angriff, Stoß, Schlag", zu *to strike* „schlagen", aus mengl. *striken,* altengl. *strican* „schlagen, streichen, reiben", über altfries. *strika* aus germ. **strikwjan* „streichen"

Streptokokken kugelförmige, schnurartig zusammenhängende Bakterien, Eitererreger; aus griech. *streptos* „gewunden, gekrümmt", zu *streptein* „drehen", und *kokkos* „Kern"

Streß anhaltende körperliche (und seelische) Belastung; aus engl. *stress* „Druck, Gewicht; Belastung, Beanspruchung, Spannung", verkürzt aus *distress,* mengl. *destress* „Not, Bedrängnis, Erschöpfung", unter Einfluß von altfrz. *destrece* „Enge, Eingeschränktheit" aus altfrz. *estresse, estrecc* „Bedrängnis, Unterdrückung", über vulgärlat. **strictiare* „beengen" aus lat. *strictus* „eng, stramm, straff", zu *stringere* „fest anziehen"

Stretch elastisches Gewebe, bes. für Strümpfe; aus engl. *to stretch* „strekken, spannen, ziehen", aus mengl. *strecchen,* altengl. *streccan* „strecken"

Stretta bravouröser Schluß einer Arie oder eines Musikstücks in beschleunigtem Tempo; ital. *stretta* in ders. Bed., zu *stretto* „beschleunigt", eigtl. „zusammengezogen", zu *stringere* „zusammenziehen" (*stringere il tempo* „das Tempo beschleunigen"), aus lat. *stringere* „straff anziehen"

Stridulation *bei Insekten:* Hervorbringen zirpender Laute; aus lat. *stridulus* „zischend, schwirrend, schrillend, pfeifend", zu *stridere* „zischen usw."

strikt streng; peinlich genau; aus lat. *stricte* „genau, kurz", zu *strictus* „zusammengezogen, kurz, bündig", zu *stringere* „straff anziehen, zusammenziehen", übertr. „kurz zusammenfassen"

Striktion Zusammenziehung; aus lat. *strictio,* Gen. *-onis,* „Zusammenziehung", zu *stringere* „straff anziehen, zusammenziehen"

Striptease Entkleidungsvorführung; engl. *striptease* in ders. Bed., aus *to strip* „abstreifen, abziehen, entkleiden" (und dadurch reizen) und *to tease* „nekken, foppen, zum besten haben" eigtl. „zupfen, rupfen"

Stroboskop optisches Gerät zum Auflösen oder Zusammensetzen von Bewegungsabläufen; aus griech. *strobos* „das Sichdrehen, Wirbel", und *skopein* „sehen, betrachten"

Stroma farblose Grundsubstanz der das Blattgrün enthaltenden Pflanzenzellen; Stützgewebe in drüsigen Organen; griech. *stroma* „Ausgebreitetes, Teppich, Bett, Lager"

Strontium chemisches Element; nach dem Fundort *Strontian* in Schottland

Strophanthin Heilmittel gegen Herzkrankheiten, das aus den Samen des

Strophanthus, einer afrikanischen Schlingpflanze, gewonnen wird; aus griech. *strophos* „gedrehter Faden" (zu *strephein* „drehen") und *anthos* „Blüte", wegen der langen, fadenförmigen Fortsätze der Blütenblätter

Strophe mehrzeiliger Abschnitt eines Gedichtes oder Liedes; aus lat. *stropha* in ders. Bed., eigtl. „Wendung", aus griech. *strophe* „Wendung, Drehung", zu *strephein* „drehen, wenden, umkehren"

Struktur Bau, Aufbau, Gefüge; aus lat. *structura* „ordentliche Zusammenfügung, Ordnung, Aufbau, Bauart", zu *struere* „übereinanderschichten, aneinanderfügen, aufbauen, errichten"

Struma Kropf; aus lat. *struma* „geschwollene Drüsen, bes. am Hals", zu *struere* „auf-, anhäufen"

Strychnin Alkaloid der Brechnuß, Heilmittel zum Anregen des Kreislaufs, der Atmung u.a.; aus griech. *strychnon, trychnon* „Nachtschatten", weitere Herkunft nicht bekannt

Stuck Masse aus Gips, Kalk, Sand und Leimwasser zum Verzieren von Zimmerdecken, auch die Verzierung selbst; aus ital. *stucco* in ders. Bed., aus langobard. *stuhhi* „Tünche, Mörtelüberzug, Kruste", ahd. *stukki* „Stück, Bruchstück, Rinde, Kruste"

studieren an einer Hochschule lernen, gründlich untersuchen, erforschen; aus lat. *studere* „sich um etwas bemühen, etwas eifrig betreiben, sich wissenschaftlich beschäftigen"; weitere Herkunft unsicher

Stuntman *engl. Bez. für* → Double; aus *stunt* „(zur Schau gestellte) Kraftleistung, Kunststück" (Herkunft nicht bekannt) und *man* „Mann"

Stupa indischer Sakralbau zum Gedenken an Buddha, meist mit einer Reliquie im Innern; Sanskrit *stūpa* eigtl. „Schopf, Haarbusch"

stupend erstaunlich; aus lat. *stupendus* „staunenswert, erstaunlich", zu *stupere* „staunen, stutzen, betroffen, betäubt sein"

stupid dumm, begriffsstutzig; langweilig, ermüdend, eintönig; aus lat. *stupidus* „dumm", eigtl. „betroffen, betäubt, verblüfft", zu *stupere* „betäubt, betreten, starr sein, staunen, stutzen"

Stupor Zustand körperlicher Unbeweglichkeit, meist mit eingeschränktem Denkvermögen; aus lat. *stupor* „Gefühllosigkeit, Betroffenheit", zu *stupere* „betäubt, erstarrt, starr sein", zur idg. Wurzel **stup-* „schlagen, stoßen"

stuprieren vergewaltigen; aus lat. *stuprare* „durch Unzucht entehren", zu *stuprum* „Schande, Hurerei", zur idg. Wurzel **stup-* „stoßen, schlagen"

stur verbissen-eigensinnig, unbelehrbar; hartnäckig, beharrlich; starr (Blick); aus nddt. *stur* „starr, steif, aufrecht, stattlich, stramm", aus mnddt. *stur* „groß, schwer", dazu ndrl. *stuurs* „störrisch, mürrisch", aus mndrl. *stuur* „hart, streng, barsch"; weitere Herkunft nicht geklärt

Stuß *ugs.:* Unsinn, dummes Zeug; aus hebr. *šəṭuth* (neuhebr. Aussprache: *schtus*) „Dummheit, Torheit", zu *šōṭê* „dumm, töricht"

Styling industrielle Formgebung bes. im Karosseriebau; aus engl. *to style* „modisch formen", zu *style* „Stil, Bauart", → Stil

Stylit frühchristlicher Säulenheiliger; aus spätgriech. *stylos* „Säule, Stütze", zu *styein* „steif aufrichten, stützen"

Suada (langweiliger) Redefluß, Wortschwall; aus lat. *Suada* Name der Göttin der Überredung, zu *suadus* „überredend, zuredend", zu *suadere* „zureden, raten, überreden", eigtl. „jmdm. etwas angenehm machen", zu *suavis* (statt **suad-vis*) „angenehm, anziehend"

subaltern untergeordnet, untergeben, unterwürfig; aus lat. *subalternus* „untergeordnet", aus *sub* „unter" und *alter* „der andere"

Subjekt *Gramm.:* Satzgegenstand; aus lat. *subiectum* in derselben Bedeutung, eigtl. „das Untergelegte, Daruntergeworfene", d.h. „das der Satzaussage Zugrundeliegende", zu *subicere* „unter etwas legen oder werfen", aus *sub* „unter" und *iacere* (in Zus. *-icere*) „werfen, legen, setzen"

sublim verfeinert, erhaben; aus lat. *sublimis* „hoch, erhaben", eigtl. „in der

Höhe, in die Höhe", aus *sub* „von unten her (bis zu)" und *limen* „Türschwelle", womit die obere Schwelle, also der Türsturz, gemeint ist

submers unter Wasser lebend; aus lat. *submersus* „untergetaucht", zu *submergere* „untertauchen, versenken" sowie *submergi* „versinken", aus *sub* „unter" und *mergere* „tauchen, versenken" bzw. *mergi* „versinken"

submiß *veraltet:* ehrerbietig, ergeben; aus lat. *submissus* „demütig", eigtl. „niedergesenkt", zu *submittere* „niederlassen, hinabsenken", aus *sub* „unter, unten" und *mittere* „gehen lassen, fallen lassen"

Subordination *veraltet:* Unterordnung; Gehorsam (im Dienst); aus lat. *sub* „unter" und *ordinatio,* Gen. *-onis,* „Ordnung, Anordnung, Aufstellung", zu *ordinare* „ordnen, in Reihen, in Ordnung aufstellen", zu *ordo,* Gen. *ordinis,* „Ordnung"

Subsidium *veraltet:* Bestand, Rückhalt, Hilfsgelder; lat. *subsidium* „Rückhalt, Hilfe (im Rücken), Hilfsmittel, -gelder, Beistand", aus *sub* „unmittelbar hinter" und *sedere* „sitzen, gelagert sein, verweilen"

subskribieren vorbestellen und sich damit zur Abnahme verpflichten; aus lat. *subscribere* „unterschreiben; unterstützen, begünstigen", aus *sub* „unter" und *scribere* „schreiben"

Substantiv Hauptwort, Dingwort; aus lat. *substantivus* „selbständig, für sich selbst bestehen könnend", zu *substantia* „Wesenheit, Existenz, Bestand", → Substanz

Substanz Materie, Stoff; Vorrat, Kapital, Vermögen; Wesen (aller Dinge); aus lat. *substantia* „Wesenheit, Existenz, Bestand", zu *substare* „darunter, darin vorhanden sein", aus *sub* „unter" und *stare* „stehen"

substituieren austauschen, ersetzen; aus lat. *substituere* „an die Stelle von jmdm. oder etwas setzen, unterwerfen", aus *sub* „unter" und *statuere* „(hin)stellen", zu *sistere* „stellen, aufstellen"

Substrat Grund-, Unterlage; aus lat. *substratum* „das Untergelegte", zu *substernere* „unterlegen, unterbreiten", aus *sub* „unter" und *sternere* „hin-, ausbreiten, hinlegen"

subsumieren unterordnen, bes. einen Begriff unter einen andern, das Besondere unter das Allgemeine; aus lat. *sub* „unter" und *sumere* „nehmen, festsetzen"

subtil zart, fein; scharfsinnig, spitzfindig; schwierig; aus lat. *subtilis* „fein, dünn, zart; (im Urteil) fein unterscheidend", eigtl. **subtexilis* „fein (unter anderes) gewebt", aus *sub* „unter" und *texere* „weben"

subtrahieren abziehen; aus lat. *subtrahere* „unter etwas weg-, hervorziehen", aus *sub* „unter" und *trahere* „ziehen"

suburbikarisch zur Stadt (Rom) gehörig; aus lat. *suburbicarius* „nahe bei der Stadt (Rom)", aus *sub* „unmittelbar hinter, nahe bei" und *urbicarius, urbicus* „zur Stadt (Rom) gehörig", zu *urbs,* Gen. *urbis,* „Stadt, Hauptstadt"

Subvention Unterstützung; aus lat. *subventio,* Gen. *-onis,* „Hilfe, Beistand", zu *subvenire* „zu Hilfe kommen", eigtl. „von unten an etwas herankommen", aus *sub* „von unten her" und *venire* „kommen"

subversiv umstürzlerisch, zerstörend; aus lat. *subversio,* Gen. *-onis,* „Umsturz, Zerstörung", zu *subvertere* „umkehren, umstürzen, vernichten", aus *sub* „unter" und *vertere* „wenden, kehren, drehen"

Sudatorium Schwitzbad; lat. *sudatorium* „zum Schwitzen dienender Ort", aus *sudare* „schwitzen" (zu *sudor* „Schweiß") und Suffix *-orium* zur Bezeichnung eines Behälters, Raumes für etwas

süffisant spöttisch-überheblich; frz. *suffisant* „selbstgefällig, dünkelhaft", eigtl. „genügend, hinlänglich", zu *suffire* „genügen", aus lat. *sufficere* „genügend zu Gebote stehen, ausreichen", eigtl. „darreichen, darbieten; den Grund (zu etwas) legen, unterbauen", aus *sub* „unter, darunter" und *facere* (in Zus. *-ficere*) „tun"

Suffix Nachsilbe; aus lat. *suffixum* „das an oder unter etwas Geheftete", zu *suffigere* „daran-, darunterheften",

aus *suf-* (in Zus. vor f für *sub*) „unter, an" und *figere* „befestigen"
Suffizienz *Med.:* ausreichende Fähigkeit; aus lat. *sufficiens* „ausreichend, genügend", zu *sufficere* „ausreichen, genügen, ausreichend darbieten", eigtl. „den Grund legen, unterbauen", aus *suf-* (in Zus. vor f für *sub*) „unter" und *facere* (in Zus. *-ficere*) „machen"
Suffragan *kath. Kirche:* einem Erzbischof unterstehender Diözesanbischof; aus mlat. *suffraganeus,* zu lat. *suffragium* „Unterstützung, Hilfe", zu *suffragari* „beistehen, unterstützen, durch seine Stimme begünstigen", aus *suf-* (in Zus. vor f für *sub*) „von unten" und *fragor* „Beifall, Zustimmung (durch Händeklatschen)" eigtl. „Prasseln, Getöse", zu *frangere* „brechen, zerbrechen"
Suffragette Kämpferin für die Gleichberechtigung der Frauen; frz. *suffragette* „Stimmrechtlerin", zu *suffrage* „Wahlstimme", aus lat. *suffragium* „Abstimmung", aus *suf-* (in Zus. vor f für *sub*) „unter" und *fragor* „lauter Beifall, laute Zustimmung (durch Händeklatschen)", eigtl. „Prasseln, Getöse", zu *frangere* „brechen, zerbrechen"
Suffusion Blutaustritt größeren Ausmaßes unter der Haut; aus lat. *suffusio,* Gen. *-onis,* „das Daruntergießen", zu *suffundere* „etwas unter etwas gießen", aus *suf-* (in Zus. vor f für *sub*) „unter, darunter" und *fundere* „gießen, fließen lassen"
Sufismus eine asketisch-mystische Richtung des Islams; aus arab. *ṣūfī* „mit einem Gewand aus Wolle bekleidet", zu *ṣūf* „Wolle", nach den wollenen Gewändern, mit denen sich bes. die Derwische und Mystiker bekleiden
suggerieren (jmdm. etwas) einreden; aus lat. *suggerere* „unter der Hand beibringen, eingeben, zuführen, unterbringen", eigtl. „von unten heranbringen, herantragen", aus *sug-* (in Zus. vor g für *sub*) „von unten" und *gerere* „tragen"
suggestiv beeinflussend, stark einwirkend; aus lat. *suggestio* „Eingebung, Einflüsterung", zu *suggerere,* →suggerieren
Sugillation Blutaustritt geringeren Ausmaßes unter der Haut; aus lat. *sugillatio,* Gen. *-onis,* „blauer Fleck (durch Schlag oder Stoß)", zu *sugillare* „schlagen, so daß blaue Flecke entstehen, grün und blau schlagen", weitere Herkunft nicht geklärt
Sugo Frucht-, Tomatensaft, (Braten-) Soße; aus ital. *sugo* in derselben Bedeutung, aus lat. *sucus* „Saft", zu *sugere* „saugen"
Suite militärisches oder fürstliches Gefolge; Musikstück aus mehreren Tanzsätzen in der gleichen Tonart; Zimmerflucht; aus frz. *suite* „das Folgen; Reihe, Folge, Gefolge; Zusammenhang, Ordnung", zu *suivre* „folgen", aus altfrz. *sevre, sivre* aus lat. *sequi* „folgen"
Suizid Selbstmord; aus lat. *sui* (Gen. von *suus*) „seiner selbst, der eigenen Person" und *caedes* „das Töten", zu *caedere* „töten, erschlagen" (in Zus. schwächt sich *ae* zu *i* ab)
Sujet Gegenstand, Thema (einer künstlerischen Darstellung); frz. *sujet* „Person, Mensch, Gegenstand, Thema, Satzgegenstand, Subjekt", aus lat. *subiectus,* →Subjekt
Sukkubus mit einem Mann buhlender weiblicher Teufel; aus lat. *succuba* „Beischläferin", aus *suc-* (in Zus. vor c für *sub*) „unten, unter" und *cubare* „liegen"
sukkulent saftig, fleischig; aus lat. *suc(c)ulentus* „saftreich", zu *sucus* „Saft", zu *sugere* „saugen"
sukzessive allmählich, nach und nach; aus mlat. *successivus* „folgend, aufeinander-, nachfolgend", aus lat. *succedere* „nachfolgen", eigtl. „von unten her aufsteigen", aus *suc-* (in Zus. vor c für *sub*) „von unten" und *cedere* „gehen"
Sulfonamid chemische Verbindung mit bakterienhemmender Wirkung; aus lat. *sulpur, sulphur* „Schwefel" und *Amid* „chemische Verbindung des Ammoniaks", zu →*Ammoniak*
Sulfur chemisches Element, Schwefel; aus lat. *sulphur, sulpur* „Schwefel", wahrscheinlich aus einer unbekannten Sprache des Mittelmeerraumes
Sulky zweirädriger, einspänniger Wa-

gen für Trabrennen; engl. *sulky* „landwirtschaftliches Fahrzeug für nur eine Person, leichter, zweirädriger Wagen für eine Person“, zum Adj. *sulky* „mürrisch und in sich gekehrt, sich von andern absondernd, nicht gelaunt, mit andern zu sprechen“; ein *Sulky* ist also eigtl. ein Gefährt für jmdn., der für sich sein will

Sultan islamischer Herrscher; aus arab. *sulṭān* „Kraft, Gewalt, Herrschaft, Regierung, Herrscher“, aus aramäisch *šulṭānā* „Macht, Machthaber“, zu *šlaṭ* „herrschen“

Sultanine getrocknete Beere der kleinen, zarthäutigen, kernlosen, in Kleinasien gezogenen *Sultana*-Traube, die als besonders feine und edle Traube „fürstliche“ oder „königliche“ Traube genannt wurde, zu → *Sultan*

Sumach Holzgewächs mit Steinfrüchten, aus dessen Blättern und Zweigen ein Gerbmittel gewonnen wird, aus arab. *summāq* „Essigbaum“

summarisch kurz zusammengefaßt; aus lat. *summarium* „kurzgefaßter Inhalt, die Hauptpunkte einer Sache“, zu *summa* „Gesamtheit, Höhe-, Hauptpunkt; das Oberste, Höchste“

superb vorzüglich; aus frz. *superbe* „sehr schön, prächtig, prachtvoll“, aus lat. *superbus* „ausgezeichnet, hervorragend“, eigtl. „sich erhebend (über anderes)“, zu *super* „oben, darüber, oben darauf“

superfiziell *Med.:* oberflächlich; aus lat. *superficialis* „oberflächlich“, zu *superficies* „Oberfläche, Oberteil“, aus *super* „oben“ und *facies* „das Äußere, Außenseite“

Superintendent *evang. Kirche:* Vorsteher eines Kirchenkreises; aus kirchenlat. *superintendens,* Gen. *-entis,* Part. Präs. von *superintendere* „die Aufsicht haben“, aus *super* „von oben, über“ und *intendere* „lenken, wenden, richten“, → Intendant

Superiorität Überlegenheit; aus lat. *superior* „höher, andere übertreffend“, Komparativ von *superus* „oben, oberer“, zu *super* „oben, darauf, darüber“

Superlativ zweite Steigerungsstufe, Höchststufe; aus lat. *superlativus* in derselben Bedeutung, zu *superlatus* „übertrieben“, zu *superferre* „darüber (hinaus) tragen, bringen“, aus *super* „über“ und *ferre* „tragen, bringen“

Suppedaneum Stützleiste unter den Füßen des gekreuzigten Christus; lat., „das in Fußgröße unter die Füße Gesetzte“, aus *sup-* (in Zus. vor p für *sub*) „unten, unter“ und *pedaneus* „Fußbreit, Fußmaß“, zu *pes,* Gen. *pedis,* „Fuß“

Suppleant *schweiz.:* Stellvertreter; aus frz. *suppléant* „Stellvertreter“, zu *suppléer* „ergänzen“, aus lat. *supplere* „vertreten; ergänzen, voll machen“, aus *sup-* (in Zus. vor p für *sub*) „von unten her“ und *plenus* „voll“

Supplement Ergänzung, Nachtrag; aus lat. *supplementum* „Ergänzung, Verstärkung“, zu *supplere* „ergänzen, voll machen“, aus *sup-* (in Zus. vor p für *sub*) „von unten“ und *plenus* „voll“

supponieren voraussetzen, annehmen, unterstellen; aus lat. *supponere* „darunterstellen, -setzen, -legen“, aus *sup-* (in Zus. vor p für *sub*) „unter“ und *ponere* „stellen usw.“

Suppositorium Zäpfchen; lat. *suppositorium* „das Untergesetzte, Unterlage“, zu *supponere* „darunter legen“, aus *sup-* (in Zus. vor p für *sub*) „unter“ und *ponere* „legen, setzen“

Supraporte → Sopraporte

Suprematie Oberherrschaft, Überordnung, Vorrang; aus lat. *supremus* „der Oberste“, zu *superus* „oben, der obere“, zu *super* „oben, darauf, darüber“

Suppression *Med.:* Unterdrückung; aus lat. *suppressio,* Gen. *-onis,* „Unterdrückung“, zu *supprimere* „unterdrükken“, aus *sup-* (in Zus. vor p für *sub*) „unter“ und *premere* „drücken“

Surfriding Wellenreiten auf einem Brett über die Brandung; aus engl. *to surf* „wellenreiten“ (zu *surf* „Brandung“, ältere Form *suffe,* Herkunft nicht bekannt) und *riding* „das Reiten“

Surplus Überschuß, Gewinn; frz. *surplus* „das über eine bestimmte Menge hinaus Vorhandene, Überschuß“, aus *sur* (aus lat. *super*) „über“ und *plus* (lat. *plus*) „mehr“

Surrealismus Richtung der Malerei und Dichtung, in der die Darstellung des Überwirklichen erstrebt wird; aus frz. *surréalisme,* aus *sur* „über" und *réalisme* „Realismus"
Surrogat Ersatz(stoff), Behelf; aus lat. *surrogatum* „das anstelle eines anderen Gewählte, Gesetzte", zu *surrogare, subrogare* „statt eines anderen wählen, (ein Gesetz) ergänzen", aus *sur-* (in Zus. vor r für *sub*) „von unten her" und *rogare* „holen, nach etwas langen", übertr. „fragen, beantragen, vorschlagen"
suspekt verdächtig; aus lat. *suspectus* „verdächtig" sowie (als Substantiv) „das Hinaufschauen, Bewunderung, Verehrung", zu *suspicere* „hinaufschauen, von unten her ansehen", woraus sich zwei Bedeutungen entwickelten, einerseits „hochachten, bewundern", andererseits „argwöhnisch betrachten, beargwöhnen"; ins Deutsche ist nur die negative Bedeutung gedrungen; aus lat. *sub* „von unten her" und *specere* (in Zus. *-spicere*) „ansehen, betrachten"
suspendieren bis auf weiteres des Amtes entheben, aus dem Amt entlassen; *Med.:* schwebend aufhängen; aus lat. *suspendere* „aufhängen, schweben lassen", übertr. „in Ungewißheit versetzen", dann „unterbrechen, unentschieden lassen", aus *sus* „aufwärts, hinauf" und *pendere* „hängen"
Suzeränität Oberherrschaft; aus frz. *suzerain* „lehnsherrlich", aus lat. *sursum* „aufwärts, hinauf", aus *sub* „von unten her" und *versum* „nach hin"
Swastika altind. Sonnenzeichen, Hakenkreuz; aus Sanskrit *svastika-* „Heilszeichen", zu *svasti-* „Heil, Glück"
Sweepstake Verlosung, bei der die Gewinnummern schon vorher gezogen worden sind; engl. *sweepstake* „Toto, Wette, Wettspiel", aus der Wendung *to sweep the stakes* „den ganzen Gewinn einstreichen", zu *to sweep* „kehren, fegen" (aus mengl. *swepen* „schnell bewegen", zu altnord. *sveipa* „schleudern, schwingen") und *stake* „Spieleinsatz" (Herkunft nicht bekannt)
Swing schwingende, synkopierte Bewegung der Melodie im Jazz sowie der entsprechende Musikstil und Tanz; engl. *swing* in ders. Bed. sowie „Schaukel, das Schaukeln, Schwingen", zu *to swing* „schaukeln, schwingen"
Syenit ein Tiefengestein; nach *Syene,* dem griech. Namen von *Assuan,* wo das Gestein gebrochen wurde
Sykomore ostafrikan. Feigenbaum, Maulbeerfeige; aus griech. *sykomorea,* aus *sykon* „Feige" und *moron* „Maulbeere"; die Blätter ähneln denen des Maulbeerbaums, die Früchte den Feigen
syllabisch silbenweise, in (einzelnen) Silben; aus griech. *syllabe* „Silbe", zu *syllambanein* „zusammenfassen, zusammennehmen", aus *syl-* (in Zus. vor l für *syn*) „zusammen" und *lambanein* „fassen, nehmen"
Syllepse unkorrekte Beziehung des Prädikats auf mehrere, in Genus oder Numerus verschiedene Subjekte, z. B. „eine Person *wurde* getötet und drei weitere schwer verletzt"; aus griech. *syllepsis* „das Erfassen, Zusammenfassen", zu *syllambanein* „zusammenfassen", aus *syl-* (in Zus. vor l für *syn*) „zusammen" und *lambanein* „fassen, nehmen"
Syllogismus Schluß vom Allgemeinen aufs Besondere; aus griech. *syllogismos* „Vernunftschluß, logischer Schluß" zu *syllogizesthai* „zusammenrechnen, zusammenfassen, überlegen, bedenken", aus *syl-* (in Zus. vor l für *syn*) „zusammen" und *logizesthai* „rechnen, berechnen, überlegen", zu *logos* „Rechnung, Erwägung, Überlegung"
Sylphe *im Volksglauben des MA:* Luftgeist; von Paracelsus (1493–1541) gebildetes Wort, in Anlehnung an lat. *silva, sylva* „Wald", da nach seiner Darstellung Luftelementargeister in Wäldern leben
Symbiose dauerndes Zusammenleben zweier Tiere oder Pflanzen bzw. von Tier und Pflanze zu beiderseitigem Nutzen; aus griech. *symbiosis* „Zusammenleben, Umgang", aus *sym-* (in Zus. vor b für *syn*) „zusammen" und *bios* „Leben, Lebensweise"

Symbol bildhaftes Zeichen, das einen tieferen Sinn ausdrückt, Sinnbild; aus griech. *symbolon* „Erkennungszeichen, Kennzeichen, Merkmal; Sinnbild", zu *symballein* „zusammenbringen, zusammentragen, vergleichen", aus *sym-* (in Zus. vor b für *syn*) „zusammen" und *ballein* „werfen"

Symmetrie spiegelbildliche Gleichheit; aus griech. *symmetria* „richtiges Verhältnis, Ebenmaß", zu *symmetros* „abgemessen, übereinstimmend", aus *sym-* (in Zus. vor m für *syn*) „zusammen, zugleich" und *metrein* „messen"

Sympathie Zuneigung, Verwandtschaft der Gesinnung und Empfindungen; aus griech. *sympatheia* „Mitgefühl, Zusammenstimmung", zu *sympathein* „die gleiche Empfindung haben, mitfühlen, mitleiden", aus *sym-* (in Zus. vor p für *syn*) „zusammen, mit" und *pathos* „Gemütsbewegung, Seelenstimmung"

Symphonie →Sinfonie

Symposion Tagung mit zwanglosen wissenschaftlichen Vorträgen und Diskussionen; aus griech. *symposion* „Gastmahl, Tischgesellschaft, Trinkgelage" sowie „das dabei geführte wissenschaftliche Gespräch", zu *sympinein* „an einem Gelage teilnehmen, mittrinken", aus *sym-* (in Zus. vor p für *syn*) „zusammen, mit" und *pinein* „trinken"

Symptom Zeichen, Kennzeichen, Merkmal; aus griech. *symptoma* „Zufall, Begebenheit; Unfall, Unglück"; zu *sympiptein* „zusammenfallen, zusammentreffen, sich ereignen", aus *sym-* (in Zus. vor p für *syn*) „zusammen, mit" und *piptein* „fallen, stürzen, in etwas geraten"

Synagoge jüdische Gemeinde, jüdisches Gotteshaus; aus griech. *synagoge* „Versammlung, Vereinigung", spätgriech. auch „Versammlungsort", zu *synagein* „zusammenführen, versammeln", aus *syn* „zusammen" und *agein* „führen"

Synallage gegenseitiger Vertrag; aus griech. *synallage* „Verkehr, Umgang, Verbindung, Vermittlung", zu *synallassein* „miteinander in Verbindung bringen, vereinigen", aus *syn* „zusammen, mit" und *allassein* „verwandeln, vertauschen, eintauschen", eigentlich „anders machen", zu *allos* „der andere"

Synandrium die zu einem einzigen Gebilde verwachsenen Staubblätter einer Blüte; aus griech. *syn* „zusammen" und *aner*, Gen. *andros*, „Mann"

Synärese Zusammenziehung der Vokale zweier Silben zu einem, z. B. „gehen" zu „gehn"; aus griech. *synhairein* „zusammenfassen, zusammennehmen", aus *syn* „zusammen" und *hairein* „fassen, nehmen"

Synästhesie Miterregung eines Sinnesorgans, wenn ein anderes gereizt wird, Verknüpfung mehrerer Sinnesempfindungen; aus griech. *syn* „zusammen, mit" und *aisthesis* „Wahrnehmung, Empfindung", zu *aisthanesthai, aisthesthai* „wahrnehmen, fühlen"

synchron zeitlich übereinstimmend, gleichlaufend, gleichzeitig; aus griech. *syn* „zusammen, zugleich" und *chronos* „Zeit"

Synchrotron Beschleuniger für geladene Elementarteilchen, bei dem diese auf einer Kreisbahn auf sehr hohe Energien beschleunigt werden; aus →*synchron* und →*Elektron*

syndetisch durch Bindewörter verbunden; aus griech. *syndetos* „zusammengebunden", zu *syndein* „zusammenbinden, verbinden, verknüpfen", aus *syn* „zusammen" und *dein* „binden"

Syndikus ständiger Rechtsbeistand eines Wirtschaftsunternehmens o. ä.; aus griech. *syndikos* „vor Gericht beistehend; Rechtsbeistand, Anwalt, Vertreter", aus *syn* „zusammen, mit" und *dike* „Recht, Rechtsstreit"

Syndrom Krankheitsbild, das sich aus dem Zusammentreffen verschiedener (für sich allein nicht charakteristischer) Symptome ergibt; aus griech. *syndrome* „Anhäufung, das Zusammenlaufen, Zusammenströmen", aus *syn* „zusammen" und *dromos* „Lauf, das Laufen"

Synedrion altgriech. Ratsbehörde; aus griech. *synedrion* „Sitzung, Beratung; beratende Versammlung", zu *synedros*

„im Rat zusammensitzend; beratend", aus *syn* „zusammen" und *hedra* „Sitz"
Synekdoche Stilmittel, bei dem ein engerer oder konkreter Begriff statt eines umfassenderen oder abstrakten Begriffes gesetzt wird, z. B. „der Deutsche" statt „die Deutschen", oder „Brot" statt „Nahrung"; spätgriech. *synekdoche* „das Mitaufnehmen", zu *synekdechesthai* „mit aufnehmen, mitverstehen", aus griech. *syn* „zusammen, mit" und *ekdechesthai* „auf sich nehmen", aus *ek* „aus ... heraus" und *dechesthai* „aufnehmen, empfangen"
Synergie das Zusammenwirken; aus spätgriech. *synergia* „gemeinsame Tätigkeit", aus *syn* „zusammen, mit" und *ergon* „Arbeit, Werk"
Synesis sinngemäß richtige, aber nicht den grammatischen Regeln entsprechende Wortfügung, z. B. süddt., österr. „*die* Fräulein Müller"; aus griech. *synesis* „Begriffsvermögen, Verstand, Einsicht", eigtl. „das Zusammenwerfen", zu *synhienai* „begreifen, einsehen", eigtl. „zusammenbringen, -werfen", aus *syn* „zusammen, zugleich" und *hienai* „schicken, werfen"
Synkarpie Verwachsung der Fruchtblätter einer Blüte zu einem einzigen Fruchtknoten; aus griech. *syn* „zusammen" und *karpos* „Frucht"
Synklinale, Synkline Mulde; aus griech. *sygkliniai* „beengtes Gelände, Engpaß", zu *sygklines* „sich zusammenneigend", aus *syg-* (in Zus. vor k für *syn,* gesprochen: syn) „zusammen" und *klinein* „neigen, beugen, sich neigen"
Synkope Ausfall einer Betonung im Takt und Betonung eines unbetonten Taktteils; Ausfall einer Senkung im Vers; Ausfall eines unbetonten Vokals im Wortinnern; aus griech. *sygkoptein* „zusammenschlagen", aus *syg-* (in Zus. vor k für *syn,* gesprochen: syn) „zusammen" und *koptein* „schlagen, stoßen"
Synkretismus Vermischung mehrerer Religionen, Lehrmeinungen, Auffassungen usw.; aus griech. *sygkrisis* „Zusammensetzung, Vereinigung", → Synkrise
Synkrise Zusammensetzung, Verbindung, Vermischung; aus griech. *synkrisis* „Zusammensetzung, Vereinigung", zu *synkrinein* „zusammensetzen, verbinden", aus *syn* „zusammen" und *krinein* „auswählen; ordnen"
Synode *evangel. Kirche:* aus Geistlichen und Laien bestehende Verwaltungsbehörde; Kirchenversammlung; *kath. Kirche:* Konzil; aus griech. *synodos* „Zusammenkunft, Vereinigung; Versammlung", aus *syn* „zusammen" und *hodos* „Weg"
Synonym Wort von gleicher oder ähnlicher Bedeutung; aus griech. *synonymos* „gleichnamig, gleichbedeutend", aus *syn* „zusammen, zugleich" und *onyma, onoma* „Name, Benennung, Bezeichnung"
Synopse vergleichende Übersicht; aus griech. *synopsis* „Übersicht, Überblick", aus *syn* „zusammen, zugleich" und *opsis* „das Sehen", zu *ops* „Auge"
Synözie dauerndes Zusammenleben zweier Lebewesen (Tiere oder Pflanzen bzw. Tier und Pflanze), bei dem nur eines einen Nutzen davon hat; aus griech. *synoikesis* „das Zusammenwohnen, (eheliches) Zusammenleben", zu *synoikein* „zusammenwohnen, zusammenleben", aus *syn* „zusammen" und *oikos* „Haus, Wohnung"
Syntagma syntaktisch zusammengehörige Gruppe von Wörtern, die erst durch Kontext sinnvoll wird und bei Stellungswechsel im Satz nicht getrennt werden kann, z. B. „aus voller Kehle"; *veraltet:* Sammlung von Schriften verwandten Inhalts; aus griech. *syntagma, syntaxis* „Zusammenstellung, Anordnung, Verfassung", → Syntax
Syntax Lehre vom Satzbau, Satzlehre; aus griech. *syntaxis* „Zusammenstellung, Anordnung", aus *syn* „zusammen" und *taxis* „Anordnung, Ordnung, Reihe", zu *syntassein* „zusammenstellen, -ordnen", zu *tassein* „aufstellen, ordnen"
Synthese Aufbau, Verbindung von Teilen zu einem Ganzen; aus griech. *synthesis* „Zusammensetzung, -stellung, -fügung", aus *syn* „zusammen" und *thesis* „das Setzen, Stellen, Legen;

Satz", zu *syntithenai* „zusammenstellen, -setzen, -fügen, vereinigen", zu *tithenai* „setzen, stellen, legen, fügen"
synthetisch künstlich hergestellt; zusammensetzend; aus griech. *synthetos* „zusammengesetzt", zu *syntithenai* „zusammensetzen", → Synthese
Syphilis eine Geschlechtskrankheit, Lustseuche; der Name tauchte 1530 zum ersten Mal in einem lateinischen Lehrgedicht des Italieners Girolamo Fracastoro auf: „Syphilis oder gallische Krankheit", dessen Held ein Schäfer mit Namen *Syphilus* ist, den Apollon mit der Lustseuche bestrafte; der Name selbst ist ungeklärt
Syringe Flieder; aus griech. *syrigx,* Gen. *syriggos,* „Röhre; Hirtenflöte aus mehreren Rohren"; aus dem röhrenförmigen, markhaltigen Stengel stellte man gern Pfeifenrohre her
Syrtaki ein griechischer Tanz; aus griech. *syrtos* „eine Art Rundtanz" und Verkleinerungsform *-aki,* zu *syrein* „ziehen, schleppen, schleifen"
System Aufbau, Gefüge, gegliedertes Ganzes; aus griech. *systema* „Zusammenstellung, Gebilde, Gesamtheit", zu *synhistanai* „zusammenstellen, zusammenfügen", aus *syn* „zusammen" und *histanai* „stellen, aufstellen"
Systole Zusammenziehung des Herzmuskels; griech. *systole* „Zusammenziehung", zu *systellein* „zusammenziehen, zusammenstellen, -legen", aus *syn* „zusammen" und *stellein* „aufstellen, ordnen"
Szene Bühne; Schauplatz; Vorgang; Anblick; heftige Auseinandersetzung; über lat. *scaena, scena* „Schauplatz, Bühne" aus griech. *skene* „Zelt, Hütte, Laube; Bühne"; die ersten Theatervorführungen sollen in Zelten stattgefunden haben, die dann durch Steinbauten ersetzt wurden, aus denen sich die Bühnenrückwand entwickelte
Szientismus auf Wissen (nicht auf Glauben) gegründete Anschauungsweise; aus lat. *scientia* „Wissen, Kenntnisse, Wissenschaft", zu *sciens,* Gen. *scientis,* „wissend", zu *scire* „wissen, erfahren"
Szintigraphie medizinische Untersuchung mittels radioaktiver Stoffe, deren Strahlung von einem Schreibgerät aufgezeichnet wird, zur Feststellung von krankhaften Gewebsveränderungen im Körper; aus lat. *scintillare* „funkeln, Funken aussenden" (zu *scintilla* „Funke") und griech. *graphein* „schreiben"
szintillieren aufleuchten, blitzen, funkeln; aus lat. *scintillare* „Funken sprühen, funkeln, flimmern", zu *scintilla* „Funke", weitere Herkunft nicht bekannt

T

Tabak ein Kraut, dessen Blätter Nikotin enthalten; aus ihnen hergestelltes Genußmittel; aus den Mundarten von Haiti und Kuba in den Formen *tabaco, tauaco,* urspr. als Bezeichnung für die aus den Tabakblättern gedrehte Zigarette oder das Zigarillo, später für die Tabakblätter selbst

Tabelle Übersicht in Spalten oder Listen; aus lat. *tabella,* Verkleinerungsform von *tabula* „Brett, Tafel, Niederschrift, Verzeichnis"

Tabernakel Altarschrein für die geweihte Hostie; turmartiges Dach (über Standbildern u.ä.); aus lat. *tabernaculum* „Hütte, Bude, Zelt", bes. die Schauhütte der Auguren, in der sie die Auspizien beobachteten, zu *taberna* „Geschäftsort für Kaufleute, Laden, Werkstatt", eigtl. *traberna,* zu *trabs,* Gen. *trabis,* „Balken, Dach"

Tabes Auszehrung, Schwund; lat. *tabes* „allmähliches Vergehen, Zugrundegehen", zu *tabere* „schmelzen, verwesen, schwinden"

Tableau 1 *Theater:* wirkungsvoll gruppiertes Bild; Zusammenstellung von Vorlagen für eine Reproduktion; *österr.:* übersichtliche Darstellung eines Vorgangs auf einzelnen Tafeln; aus frz. *tableau* „Gemälde, Bild; Tafel, Wandtafel; Liste", zu *table* „Tafel, Tisch", aus lat. *tabula* „Brett, Tafel"; **2** Tableau! Ausruf der Verblüffung, wenn man starr vor Staunen ist und keine Erwiderung findet; man ist gewissermaßen starr wie eine Tafel oder ein Bild

Table d'hôte *veraltet:* gemeinsame Speisetafel im Hotel; eigtl. „Tafel, an der die Gäste und auch der Wirt sitzen", frz. *table* „Tafel, Tisch" (aus lat. *tabula* „Brett, Tafel") und *hôte* (aus lat. *hospes,* Gen. *hospites*) „Gastgeber, Gast"

Tablett Brett mit erhöhtem Rand zum Tragen von Speisen u.a.; frz. *tablette* „Brett, Täfelchen", zu *table* „Tafel, Tisch", aus lat. *tabula* „Brett, Tafel"

Tablette Arzneimittel in fester, runder, flacher Form; frz. *tablette* „Täfelchen", → Tablett

tabu unantastbar, heilig, verboten; aus einer polynes. Sprache (wahrscheinlich dem Tonga), „unverletzlich"

Tabulator *an Schreibmaschinen:* Einstelltaste zum Schreiben von Tabellen; junge Bildung zu lat. *tabula* „Brett" in formaler Anlehnung an *tabulatum* „Bretterwerk, Stockwerk"

tachinieren *österr.:* faulenzen; Herkunft nicht bekannt, man versuchte eine Deutung aus rotwelsch *tarchenen, derchen* „betteln", *Tarchener* „Bettler", zu jidd. *derech* „Weg, Landstraße" (nach Wehle)

Tachometer Gerät zum Messen der Geschwindigkeit; aus griech. *tachos* „Schnelligkeit, Geschwindigkeit", aus *tachys* „schnell" und *metron* „Maß", zu *metrein* „messen"

Tachygraphie Kurzschriftsystem der Antike aus Zeichen für Silben; aus griech. *tachy* „schnell" und *graphein* „schreiben"

Taft ein glänzendes Seiden- oder Halbseidengewebe; aus pers. *tāftäh* „gewebt", zu *tāftan* „weben, drehen, winden"

Tagetes eine Gartenblume; nach *Tages,* Gen. *Tagetis,* einem schönen Jüngling der röm. Sage, Sohn eines Genius und Enkel des Jupiter; er stieg aus einer Ackerfurche empor und lehrte die Etrusker das Haruspizium (Wahrsagung aus den Eingeweiden des Opfertieres, → Haruspex), das in den *Libri tagetici* aufgezeichnet wurde; die Pflanze wurde wohl nur wegen ihrer Schönheit nach ihm benannt

Taifun Wirbelsturm, bes. in Südostasien; entweder aus chines. *tai-feng* „großer Wind" (*tai* „groß" und *feng,* gesprochen *fung,* „Wind") oder aus chines. *T'ai feng* „Wind aus T'ai" (= Formosa), was mehr überzeugt, da der orkanartige Wind für diese Gegend typisch ist

Taiga Wald- und Sumpfgebiet in Sibirien; russ. *taiga* „undurchdringlicher, oft sumpfiger Wald", aus altaisch, turktatar. u.a. *taiga* „Felsengebirge", vielleicht über mongol. Formen aus türk. *dag* „Berg"

Taille 1 schmaler Teil des Rumpfes zwischen Brust bzw. Rücken und Hüften; aus frz. *taille* „Einschnitt", auch allg. „Wuchs, Figur", eigtl. „Zuschnitt, Form des Körpers", zu *tailler* „schneiden, zu-, beschneiden"; **2** *in Frankreich vom 15. Jh. bis 1789:* Steuer der nichtprivilegierten Stände; frz. *taille* bedeutete auch „Kerbholz", d.h. Holz, in das früher Einschnitte als Merkzeichen für Schulden gemacht wurden, aus lat. *talea* „Stab, stabförmiges Stück"; die Bedeutung ging dann von dem Stock mit den eingekerbten Schulden auf diese selbst über und wandelte sich dann zu „Abgabe, Steuer"

Take *Film, Fernsehen:* Einstellung, kurze Szene; aus engl. *take* in ders. Bed., eigtl. „Fang", zu *to take* „nehmen", aus mengl. *taken,* altengl. *tacan,* altnord. *taka* in ders. Bed., zu mndrl. *taken,* got. *tekan* „berühren", weitere Herkunft nicht bekannt

Takt rhythmische Maßeinheit von Musikstücken; Feingefühl, Gefühl für das richtige Verhalten; die früheren Bedeutungen waren zuerst (16. Jh.) „durch regelmäßige Berührung ausgelöster Schlag, Uhrschlag", dann in der Musik „den Rhythmus angebender Schlag" und schließlich (18. Jh.) „regelmäßige Einheit von Notenwerten"; aus lat. *tactus* „Berührung, Gefühl, Gefühlssinn", zu *tangere* „berühren"

Taktik Kunst der Kampf-, Truppenführung; planmäßiges Vorgehen; aus griech. *taktike* „Feldherrenkunst", zu *tassein* „aufstellen, ordnen, in Schlachtordnung aufstellen"

Talar weites, schwarzes, knöchellanges Amtsgewand; aus lat. *talaria* (Pl.) „bis zu den Knöcheln reichendes Gewand", zu *talus* „Knöchel, Ferse"

Talent antike Gewichts- und Rechnungseinheit; angeborene Fähigkeit, Begabung; aus lat. *talentum* „Talent" (als Gewichtseinheit), aus griech. *talanton* „Waage, Waagschale; das Gewogene, Talent"; Luther übersetzt in Matthäus 25,15 „Talent" mit „Zentner", in Lukas 19,13 mit „Pfund", von daher entwickelten sich die Redensarten vom „anvertrauten Pfund" und „mit seinem Pfunde wuchern", womit im Lauf der Zeit nicht mehr nur „anvertrautes Geld", sondern auch „verliehene Tüchtigkeit, Begabung" gemeint wurde

Talisman kleiner, vermeintlich schützender oder glückbringender Gegenstand; aus ital. *talismano,* aus arab. *ṭilasm* „Zauberbild"

Talkmaster Leiter einer Talkshow; aus engl. *talk* „Gespräch" (zu *to talk* „reden, sprechen", aus mengl. *talken* in ders. Bed., eigtl. Frequentativum zu altengl. *talian* „rechnen, zählen", verwandt mit altengl. *talu* „Erzählung", dieses zu altnord. *tala* „Zahl, Erzählung") und *master* „Herr, Meister" (aus mengl. *meistre,* aus altengl. *mægester,* aus lat. *magister,* → Magister)

Talkshow Fernsehsendung, in der bekannte Personen interviewt werden; aus engl. *talk* „Gespräch" (→ Talkmaster) und → *Show*

Talkum ein Mineral, Speckstein; über frz. *talc,* span. *talque* aus arab. *ṭalq* in ders. Bed.

Talmud Sammlung der Gesetze, Lehren und religiösen Überlieferungen des nachbiblischen Judentums; aus hebr. *talmud* „Lehre, Studium", zu *lāmad* „lernen", *limmēd* „lehren"

Talmi goldfarbene Kupfer-Zink-Legierung; *übertr.:* Unechtes; nach dem frz. Fabrikanten *Tallois,* der im 19. Jh. diese Legierung erfand; urspr. wurde sie *Tallois demi-or* genannt, „Halbgold von Tallois", aus *demi* „halb" und *or* „Gold"

Talon Gutschein; Zinsabschnitt; *Kartenspiel:* nicht verteilter Kartenrest; frz. *talon* „Abschnitt, Streifen zum Abschneiden", eigtl. „hinterer Teil, Absatz, Ferse", aus lat. *talus* „Ferse,

Sprungbein, Fesselknochen" sowie „aus den Knöcheln der Hinterfüße mancher Tiere gemachter Würfel"

Tamarinde Frucht des Tamarindenbaumes, die als Abführmittel verwendet wird; aus ital. *tamarindo,* frz. *tamarin,* aus arab. *tamr hindī* „indische Dattel"

Tamariske in Salzsteppen wachsender Baum oder Strauch; aus ital. *tamarisco,* frz. *tamaris,* aus lat. *tamarix,* Gen. *tamaricis,* Nebenform: *tamarice;* Herkunft unbekannt, vielleicht aus dem Griechischen

Tambour Trommler; aus ital. *tamburo,* frz. *tambour* „Trommel", vielleicht aus arab. *ṭabl* „Trommel" oder pers. *tabīr* „Pauke", lautlich beeinflußt von vulgärarab. *ṭanbūr* „Saiteninstrument, z. B. Laute, Zither"

Tampon Watte- oder Zellstoffbausch; frz. *tampon* „Pfropfen, Ballen, Wattebausch", Nebenform von *tapon* „Klumpen, zusammengeknüllter Ballen, Stück Leinwand zum Ausbessern der Segel", zu *taper* „mit Pfropfen verschließen", zu *tape* „Zapfen, Spund", aus fränk. **tappo,* got. **tappe* „Zapfen"

Tandem Fahrrad für zwei Fahrer hintereinander; aus engl. *tandem* „hintereinander befindlich oder angeordnet, zwei hintereinandergespannte Pferde, Wagen mit zwei so gespannten Pferden, Fahrrad mit zwei Sitzen hintereinander", aus lat. *tandem* „zuletzt, noch, endlich, schließlich, endlich doch einmal", aus *tam* „so, soweit" und *-dem,* einer Endung, die ausdrückt, daß etwas Erwartetes nun auch wirklich geschieht, also wörtlich etwa „soweit nun also, so nun endlich"; das lat. *tandem* wurde im Engl. auch im Sinne von „hinterdrein, hintennach (nach etwas anderem), hintereinander" verstanden, woraus sich dann „hintereinander befindlich oder sich bewegend" ergab

tangieren berühren; betreffen; aus lat. *tangere* „berühren"

Tango ein Gesellschaftstanz; span. *tango* „argentinischer Tanz", urspr. „Versammlung von Negern zum Tanz mit Trommelbegleitung" sowie Bezeichnung für die Trommel selbst, wahrscheinlich lautmalend

Tank Behälter für feuergefährliche Flüssigkeiten; aus span. *tanque* „Behälter, Kanister", Nebenform von *estanque* „Wasserbehälter, Teich", zu *estancar* „hemmen, (Wasser) stauen", vielleicht aus lat. *stagnum* „Sumpf"; die Ableitung aus dem Hindi ist irreführend, da *Tank* im Neuind. Fremdwort ist; es kommt nur im Hindi, Gudjerati, Marathi in der Form *ṭaṅka* „künstlicher Teich" vor und ist sonst im Indischen nicht nachzuweisen

Tannin (meist aus Gallen gewonnener) Gerbstoff; aus frz. *tanin* „Tannin", zu *tan* „Gerberlohe" und *tanner* „gerben", dieses zu *tainer* und *taner* „das Fell vor dem Gerben abklopfen", aus lat. *tanare, tannare* „das Fell dünn machen" (d. h. die Häute davon abziehen), zu *tenuis* „dünn"

Tantal chemisches Element; nach der griech. Sagengestalt *Tantalus;* das Oxid des Metalles erwies sich als unfähig, sich (im Unterschied zu den meisten Metallen) mit Säure zu verbinden, d. h. sich in Säure aufzulösen; man hat diese Eigenschaft mit *Tantalus* in Zusammenhang gebracht, dem es nicht gelang, sich an dem vor ihm befindlichen Überfluß (Wasser und Früchte) zu sättigen

Tantalusqualen Qualen, die man aussteht, wenn man etwas Ersehntes, das erreichbar ist, nicht bekommt; nach dem König *Tantalos* der griech. Sage, der wegen eines Vergehens von den Göttern in die Unterwelt verstoßen wird, wo er unstillbaren Hunger und Durst leiden muß: er steht bis zum Kinn im Wasser, und über ihm hängen herrliche Früchte, doch wenn er essen oder trinken will, weicht beides zurück

Tantieme Gewinnanteil; frz. *tantième* in ders. Bed., zu *tant* aus lat. *tantum* „soviel"

Tapet *urspr.:* Tischdecke auf dem Sitzungstisch, *nur noch in der Wendung:* etwas aufs Tapet bringen „etwas zur Sprache bringen"; aus lat. *tapetum,* →Tapete

Tapete Papier, Seide oder Leder zum Verkleiden von Wandflächen; aus lat.

tapete, tapetum „Teppich" (für Fußboden, Tisch, Wand, Sofa), aus griech. *tapes,* Gen. *tapetos,* „Teppich, Decke", wahrscheinlich aus einer oriental. Sprache

Tapioka aus den Knollen des Manioks gewonnene Stärke; aus Tupi *tapioca, tipioca* u.a. „feinstes, aus Maniok hergestelltes Mehl"

Tapir ein schweinähnliches Huftier; aus Tupi *tapirussu, tapira,* Guarani *tapié, tapii* als Bezeichnung für das Tier, wörtliche Bedeutung nicht bekannt

Tapisserie Teppichwirkerei; Wandteppich; frz. *tapisserie* „(bes. gewirkte) Tapete, Wandteppich", zu *tapis* „Dekke, Überzug, Teppich", aus griech. *tapes* „Teppich, Decke"

Tara Verpackung einer Ware; Gewicht der Verpackung; aus ital. *tara,* aus arab. *ṭarḥ* „Abzug", zu *ṭaraḥa* „wegwerfen, entfernen, abziehen"

Tarantel eine Wolfsspinne; aus frz. *tarentule,* aus ital. *tarantola,* aus vulgärlat. *terentula,* vielleicht verkleinernde Ableitung von *terente* „zermalmend", zu *terere* „zermalmen" (man glaubte früher, der Stich sei tödlich); zur gleichen Wortfamilie gehören lat. *terebro* und griech. *teretron* „Bohrer"

Tarantella lebhafter neapolitanischer Volkstanz; ital. *tarantella,* mundartliche Form von *tarantola* „Tarantel"; der Stich der Tarantel, der, wie man heute weiß, schmerzhaft, aber nicht gefährlich ist, wurde früher (14./15. Jh.) als Ursache für eine Reihe von Krankheitssymptomen betrachtet, die bes. in der heißen Jahreszeit epidemieartig auftraten, u.a. krampfhafte Zuckungen (Tarantismus). Als Mittel dagegen wurden sog. Heiltänze verordnet: den Kranken wurde eine rhythmisch prägnante, der Tanzmusik der damaligen Zeit entnommene (je nach Zustand und Temperament des Kranken sehr differenzierte) Musik vorgespielt, nach der sie tanzen mußten, damit sie in Schweiß gerieten und in tiefen Schlaf verfielen. Ein solcher Heiltanz war urspr. auch die *Tarantella.*

Tarbusch *arab. Bezeichnung für* Fes; arab. *ṭarbūš,* eigentlich „Schweißkappe", aus türk. *ter* „Schweiß" und pers. *pūš* „Bedeckung, Bekleidung", zu *pūšīdan* „bedecken"

Tarif festgelegte Summe(n) für Löhne, Preise usw. sowie das Verzeichnis darüber; aus ital. *tariffa,* aus arab. *ta*ᶜ*rīf* „Bekanntmachung", zu ᶜ*arrafa* „wissen lassen", zu ᶜ*arafa* „wissen"

Tarock Kartenspiel für drei Spieler mit besonderen Karten; aus ital. *tarocco* „Spielkarte im Tarock", zu *tarocchi* „Tarock", weitere Herkunft nicht bekannt

Tasse schalen- oder becherartiges Trinkgefäß; über frz. *tasse* aus arab. *ṭās, ṭāsa* aus pers. *tašt* „Becher, Schale"

Tatarbeefsteak rohes, geschabtes, mit Ei, Zwiebel, Essig und Öl angemachtes Rindfleisch; nach dem Volksstamm der *Tataren,* die angeblich das Fleisch, das sie verzehren wollten, unterm Sattel weichritten; wegen der weichen Beschaffenheit des geschabten Fleisches

tätowieren (tatauieren) mit Nadelstichen farbige, nicht mehr zu beseitigende Zeichnungen in die Haut einbringen; aus polynes. *tatu, tatau* „Zeichen, Malerei", auch „zeichnen"

Tattersall Reithalle, Reitschule, in die auch Reitpferde in Pension gegeben werden können; nach einem Gebäude in London, das als Versammlungsort für Freunde des Reitsports diente und seinerseits nach Richard *Tattersall* (gest. 1795) benannt war, der 1766 am Hydepark ein Unternehmen zur Ausstellung und zum Verkauf von Pferden gegründet hatte

tauschieren (Metall) durch Einhämmern eines anderen, edleren Metalls verzieren; aus arab. *taušiya* „das Verzieren, Besticken, Verschönerung", zu *waššā* „verzieren"

Tautazismus unschöne Häufung gleicher Anfangslaute in aufeinanderfolgenden Wörtern; aus griech. *tauta* „auf dieselbe Weise", aus *ta auta* (neutrum Plural) „dasselbe", zu *autos* „selbst"

Tautologie Bezeichnung derselben Sache durch mehrere Ausdrücke, z.B. alter Greis, schon bereits; aus griech. *tauto = to auto* „dasselbe" (zu *autos* „selbst") und *logos* „Wort", zu *legein*

„sagen, sprechen, erklären“
Taverne Schenke; über ital. *taverna* aus lat. *taberna* „Bretterhütte, Bude“, eigtl. *traberna*, zu *trabs*, Gen. *trabis*, „Balken, Dach“
Taxameter Fahrpreisanzeiger im Taxi; *früher auch:* Taxi, Mietauto; aus lat. *taxare* „den Wert ermitteln“ (→taxieren) und griech. *metron* „Maß“, zu *metrein* „messen“
Taxi Mietauto; verkürzt aus →*Taxameter*
Taxidermie das Ausstopfen von Tieren; aus griech. *taxis* „Aufstellung, das Aufgestellte“ (zu *tassein* „aufstellen, ordnen“) und *derma* „Haut“
Taxie durch Reiz von außen ausgelöste und auf diesen gerichtete Bewegung von Pflanzen; aus griech. *taxis* „Stellung, Anordnung, Aufstellung“, zu *tattein, tassein* „stellen, aufstellen“
taxieren den Wert ermitteln, schätzen; aus lat. *taxare* „den Wert einer Sache ermitteln (urspr. durch Berühren, Betasten), schätzen“, Frequentativum zu *tangere* „berühren“
Taxis →Taxie
Taxonomie Einordnung (der Lebewesen) in ein biologisches System; aus griech. *taxis* „Ordnung, Anordnung“ und *nomos* „Gesetz“, eigentlich „das Zugeteilte“, zu *nemein* „verteilen, zuteilen“
Taxus Eibe; aus lat. *taxus* „Eibe“, vielleicht zu griech. *toxon* „Bogen“, da aus dem biegsamen Holz der Eibe gern Bogen hergestellt wurden
Teakbaum ein trop. Baum, der sehr dauerhaftes Holz liefert; aus engl. *teak*, aus port. *teca*, aus Malayalam (südind. Sprache) *tekka*
Teamwork (gute) Zusammenarbeit; engl. *teamwork* „Zusammenarbeit“, aus *team* „Gespann, Reihe zusammengespannter Tiere, Arbeitsgruppe, Mannschaft“, mundartlich auch „Kette, mit der Tiere zusammengespannt werden“ (mengl. *teme*, altengl. *tēam* „Gespann“, zu altnord. *taumr* „Zaum, Zügel“, eigtl. „etwas zum Ziehen“) und *work* „Arbeit, Werk“
Technetium chemisches Element; aus griech. *technetos* „künstlich gemacht“ (mit lat. Endung), zu *technan* „künstlich anfertigen“, zu *techne* „Kunst, Handwerk“
Technik Gesamtheit aller Mittel, die Natur dem Menschen nutzbar zu machen; Gesamtheit der Regeln und Verfahren einer Tätigkeit; aus griech. *technikos* „kunstvoll, kunstgerecht“, zu *techne* „Kunst, Handwerk“, zu *technan* „zubereiten, gestalten“
Technokratie Lehre, daß Technik und Techniker Wirtschaft und Gesellschaft beherrschen (sollten); *auch:* technische Führungsschicht; aus →*Technik* und griech. *kratein* „herrschen, mächtig sein“, zu *kratos* „Kraft, Macht, Gewalt“
Technologie Herstellungs- und Verarbeitungskunde; aus →*Technik* und griech. *logos* „Wort, Lehre, Kunde“, zu *legein* „sagen, sprechen, erklären“
Techtelmechtel Liebelei; unerklärt; die übliche Deutung aus ital. *teco-meco* „du mit mir, ich mit dir“ ist sprachlich fragwürdig
Teddybär Stoffbär; engl. *Teddy* Koseform von *Theodore*, nach dem amerik. Präsidenten *Theodore Roosevelt* (1858–1919), der zur Hochzeit seiner Tochter die Tafel mit kleinen braunen, aus Deutschland eingeführten Stoffbären dekorieren ließ; ein Gast nannte sie im Scherz *Teddybären*
Tee die aufbereiteten Blätter des Teestrauchs sowie das Getränk daraus; Aufguß der getrockneten Blüten oder Blätter von Pflanzen; griech. *tsai*, engl. *tea*, frz. *thé*, ital. *tè* aus chines. *tscha* (im Kanton-Dialekt), *te* (im Amoy-Dialekt) „Tee“
Teenager Jugendliche(r) zwischen 13 und 19 Jahren; aus engl. *teenage* „jugendliches Alter“, aus *-teen* „-zehn“ (von einem Mädchen in diesem Alter sagt man in England *sie ist in ihren teens*, d.h. „sie ist zwischen 13 (thir*teen*) und 19 (nine*teen*) Jahre alt“) und *age* „Alter“ (über mengl. aus altfrz. *aage, eage* „Alter“, aus vulgärlat. **aetaticum* aus lat. *aetas*, Gen. *aetatis*, „Lebenszeit, Lebensalter, Altersstufe“, ältere Form *aevitas*, zu *aevum* aus griech. *aion* „die unbegrenzte

Zeit, Ewigkeit, Lebensdauer“

Teint Farbe, Zustand der Gesichtshaut; frz. *teint* in ders. Bed. sowie „das Färben, gefärbter Stoff“, zu *teindre* aus lat. *tingere* „färben“

Tektonik Lehre vom Aufbau und Zusammenfügen von Einzelteilen zu einem Ganzen; Lehre vom Aufbau und den Bewegungen der Erdkruste; aus griech. *tektonika* „Baukunst, Zimmermannskunst“, zu *tekton* „Handwerker“, also eigtl. „Kunst des Handwerkers“, zu *tektanesthai* „anfertigen, bauen“

Telefon Fernsprecher; aus griech. *tele* „weit, entfernt, in der Ferne“ und *phone* „Ton, Klang, Stimme“

telegen für Fernsehaufnahmen geeignet; Bildung nach der Art von *fotogen* aus dem ersten Teil von → *Television* und griech. *gennan* „erzeugen, hervorbringen“, also eigentlich „ein gutes Bild im Fernsehen hervorbringend“

Telegonie angebliche Beeinflussung späterer Geburten durch den, der die erste Befruchtung vollzogen hat; aus griech. *tele* „weit, entfernt“ und *gone* „Erzeugung“, zu *gennan* „erzeugen, hervorbringen“

Telegramm telegraphisch übermittelte Nachricht; aus griech. *tele* „weit, fern“ und *gramma* „Schriftzeichen, Schrift“, zu *graphein* „schreiben“

Telegraph Gerät zur Nachrichtenübermittlung durch elektrische, akustische oder optische Zeichen; aus griech. *tele* „fern, weit“ und *grapheus* „Schreiber“, zu *graphein* „schreiben“

Telekinese *Okkultismus:* angebliche Bewegung von Gegenständen durch übersinnliche Kräfte; aus griech. *tele* „fern, weit“ und *kinesis* „Bewegung, Regung“, zu *kinein* „bewegen, in Bewegung setzen“

Teleologie Lehre, daß die Entwicklung der Natur zweckmäßig und zielgerichtet sei; aus griech. *teleios, teleos* „zum Ende, zum Ziel gehörig, vollendet“, zu *telos* „Ziel, Zweck, Ende“, und *logos* „Wort, Lehre, Kunde“, zu *legein* „sagen, sprechen, erklären“

Telepathie Wahrnehmung von Vorgängen über weite Entfernung; Übertragung von Gedanken ohne Hilfe der Sinnesorgane; aus griech. *tele* „weit, fern, in der Ferne“ und *pathos* „Ereignis, Vorgang; Gemütsbewegung, seelischer Zustand“

Teleskop Fernrohr; aus griech. *tele* „weit, fern, in der Ferne“ und *skopein* „sehen, schauen, betrachten“

Television Fernsehen; aus griech. *tele* „weit, fern“ und → *Vision*

Telex Fernschreibernetz; Kurzwort aus engl. *teleprinter exchange* „Austausch mittels Fernschreiber“, aus griech. *tele* „weit, fern“ und engl. *printer* „Drucker“, zu *to print* „drucken“ (aus mengl. *prenten, preenten* aus altfrz. *preindre* „drücken, aufprägen“, aus lat. *premere* „drücken“) und → *Exchange*

Tellur chemisches Element; aus lat. *tellus,* Gen. *telluris,* „Mutter Erde“

Tempel geheiligte, kultischen Zwekken dienende Stätte, einer Gottheit geweihter Bau; aus lat. *templum* „Beobachtungskreis“, den der Augur am Himmel und auf der Erde ausmaß, um darin den Vogelflug zu beobachten, dann „geweihter Bezirk, geweihter Ort“, vielleicht zu griech. *temenos* „abgegrenztes Gut“, zu *temnein* „schneiden“

Temperafarbe mit Bindemitteln versetzte Farbe, die rasch trocknet und danach wasserunlöslich wird; aus ital. *tempera* „Maltechnik mit solchen Farben“, zu ital., lat. *temperare* „ins richtige Verhältnis setzen“, → temperieren

Temperament Wesensart, Gemütsart; Lebhaftigkeit, Schwung; aus frz. *tempérament* „Gemütsstimmung, Veranlagung; Ausgleich, Maß, richtiges Verhältnis“, aus lat. *temperamentum* „das richtige Verhältnis gemischter Dinge, richtige Mischung“, zu *temperare* „ins richtige Verhältnis setzen“, → temperieren

Temperatur Wärmegrad, Wärmezustand; *eigtl.:* richtiges Maß für Wärme, *dann:* nach Graden meßbare Wärme; aus lat. *temperatura* „richtige Mischung, richtiges Verhältnis“, zu *temperare,* → temperieren

temperieren in gleichmäßige Temperatur bringen; mäßigen, mildern; aus ital., lat. *temperare* „ins richtige Verhältnis setzen, das rechte Maß geben", zu lat. *tempus* „Abschnitt, Zeitabschnitt", →Tempus

tempern erhitzen (zwecks Änderung der Materialeigenschaften); aus engl. *to temper* „härten, ausglühen, das richtige Maß an Härte geben", aus lat. *temperare* „in das richtige Maß, den richtigen Zustand bringen", →temperieren

tempieren ein Geschoß t.: den Zeitzünder eines Geschosses einstellen; aus lat. *tempus* „Zeit"

Tempo Geschwindigkeit; aus ital. *tempo* „Zeit", aus lat. *tempus* „Zeit, Zeitspanne", →Tempus

Temporalien die mit einem kirchlichen Amt verbundenen Einkünfte; weltliche Hoheitsrechte der Kirche; aus mlat. *temporalia* in ders. Bed., zu *temporalis* „weltlich, irdisch, materiell", lat. *temporalis* „zeitlich, eine Zeitlang während", zu *tempus* „Zeit"

Temporalis Schläfe; aus lat. *temporalis* „zur Schläfe, zu den Schläfen gehörig", zu *tempora* (Pl.) „Schläfen" (als Begrenzung des Gesichts), auch „das ganze Gesicht", Sing. *tempus* „Schläfe", wahrscheinlich zur idg. Wurzel **ten-* „spannen, ausspannen, ausstrecken"

Tempus Zeitform des Verbs; lat. *tempus* „Zeit, Zeitabschnitt, Zeitspanne", entweder (im Sinne von „zeitliche Erstreckung") zur idg. Wurzel **ten-* „spannen, strecken" oder (im Sinne von Zeit„abschnitt") aus griech. *temnein* „schneiden"

Tenazität Zug-, Reißfestigkeit, Zähigkeit; Ausdauer, Beharrlichkeit; aus frz. *tenacité* „Zähigkeit, Klebrigkeit, Festhalten; Ausdauer, Starrsinn", aus lat. *tenacitas,* Gen. *-atis,* „das Festhalten", zu *tenax,* Gen. *-acis,* „festhaltend, fest, zäh, dicht", zu *tenere* „halten, festhalten"

Tendenz Streben, Neigung, Hang; erkennbare Absicht (eines Buches, Theaterstückes); aus frz. *tendance* „Streben, Hang", aus lat. *tendere* „nach etwas streben, sich zu etwas neigen"

Tennis ein Ballspiel zwischen zwei oder vier Spielern; engl. *tennis,* aus mittelengl. *teneis,* aus altfrz. *tenez!* „halten Sie, haltet!" (zu *tenir* „halten"), nach dem Ruf des Balljungen, der den ins Aus geschlagenen Ball zum Spieler zurückwirft

Tenno Titel des japan. Kaisers; eigentlich „Himmelskönig", aus *ten* „Himmel" und *o* „König"

Tenor 1 [tẹnor] Inhalt, Sinn, Haltung, Einstellung; aus lat. *tenor* „Zusammenhang, ununterbrochener Lauf, Fortgang", übertr. „Sinn, Inhalt", zu *tenere* „halten", übertr. „geistig festhalten, sich vorstellen, wissen, verstehen"; **2** [tenọr] hohe Stimmlage der Männer; Sänger mit dieser Stimmlage; aus ital. *tenore* in derselben Bedeutung, zu *tenere* „halten"; der Tenor, der im MA Tẹnor hieß und erst durch Einfluß des ital. *tenore* zum Tenọr wurde, war in der mittelalterlichen Musik Träger der Hauptmelodie im mehrstimmigen Gesang und „hielt" die Melodie

Tenotomie Sehnendurchtrennung; aus griech. *tenon* „Sehne" (eigtl. „Spanner", zu *teinein* „strecken, spannen") und *tome* „Schnitt", zu *temnein* „schneiden"

Tension Spannung, Druck; aus lat. *tensio,* Gen. *-onis,* „Spannung, Zusammenziehung", zu *tendere* „spannen"

Tentakel bei fleischfressenden Pflanzen: Fanghaar, bei wirbellosen Wassertieren: Fühler oder Fangarm; aus lat. *tentare, temptare* „betasten, befühlen"

tentieren *österr.:* beabsichtigen, vorhaben; aus lat. *tentare, temptare* „versuchen, probieren"

Tenuis stimmloser Verschlußlaut; aus lat. *tenuis* „dünn, schmal, eng", eigtl. „in die Länge gezogen", zu *tendere* „spannen, straffen, anziehen"

Tephrit ein Ergußgestein; aus griech. *tephra* „Asche"

Teppich Fußbodenbelag oder Wandbehang aus Textilien; aus mhd. *teppich, tepich, teppet, tepit,* aus lat. *tapes,* Gen. *tapetis,* und *tapete* „Teppich, Decke", aus griech. *tapes,* Gen. *tapetos,* in derselben Bedeutung

Teratologie Lehre von den Mißbildungen der Lebewesen; aus griech. *teras,* Gen. *teratos,* „Schreckbild, Mißgeburt,

Ungeheuer", eigtl. „Wunderzeichen, Zeichen der Götter, Wahrzeichen, bedeutungsvolles Himmelszeichen, z. B. Stern" (vielleicht zu Sanskrit *tāra-* „Sterne") und *logos* „Wort, Lehre, Kunde"

Terbium chemisches Element; es wurde in den *Yttererden* entdeckt, die ihrerseits nach ihrem Fundort *Ytterby* in Schweden benannt worden waren

Terebinthe eine Pistazienart, aus der Terpentin gewonnen wird; aus griech. *terminthos, terebinthos* „Terpentinbaum", aus einer vorgriech. Sprache, Herkunft unbekannt

Term *Math.:* Glied einer Formel, einer Reihe oder eines Produktes; *Phys.:* ein bestimmter Energiezustand; aus engl. *term* „mathematisches Glied, Fachausdruck, Begriff", aus mlat. *terminus* „abgegrenzter Begriff, Ausdruck, Wort", lat. *terminus* „Grenze, Ziel"

Termin bestimmter Zeitpunkt; aus lat. *terminus* „Grenze, Grenzzeichen, Ziel"

Terminologie Gesamtheit der Fachausdrücke eines Wissensgebietes; aus mlat. *terminus* „abgegrenzter Begriff" (lat. *terminus* „Grenze, Ziel") und griech. *logos* „Wort, Rede, Kunde", zu *legein* „sagen, sprechen, erklären"

Termite ein Insekt; aus lat. *termes,* Nebenform von *tarmes,* Gen. *tarmitis,* „Holzwurm", weitere Herkunft unsicher

ternär aus drei Einheiten oder Stoffen bestehend, dreifach; aus frz. *ternaire* in derselben Bedeutung, aus lat. *ternarius* „aus dreien bestehend", zu *terni* „je drei", zu *ter* „dreimal", zu *tres* „drei"

Terpentin Harz der → *Terebinthe*

Terrain Gelände; Baugrundstück; frz. *terrain* „Gelände, Erdboden", zu *terre* aus lat. *terra* „Erde", → terrestrisch

Terrakotta gebrannter Ton; Figur daraus; ital. *terracotta* in ders. Bed., eigtl. „gebrannte Erde", aus *terra* „Erde" und *cotta* (fem.) „gebrannt", zu *cuocere* „(Ziegel) brennen"

Terrarium Behälter zum Halten kleiner Kriechtiere; junge Bildung aus lat. *terra* „Erde" und Suffix *-arium* zur Bezeichnung eines Behälters, Raumes für etwas

Terrasse waagerechte Stufe im Gelände; an ein Haus angebauter Platz; frz. *terrasse* in ders. Bed. sowie „Erdwall", zu *terre* aus lat. *terra* „Erde", → terrestrisch

terrestrisch zur Erde gehörig, irdisch; zum Festland gehörig; aus lat. *terrestris* „auf der Erde befindlich, irdisch", zu *terra* „Erde, Erdboden, Land", eigtl. „die Trockene", zu idg. **ter-s* „trocken"

Terrier eine kleine bis mittelgroße Hunderasse; aus engl. *terrier dog* „Erdhund", zu lat. *terra* „Erde", da sich der Hund bes. für die Jagd unter der Erde (in Tierbauen) eignet

terrigen *Biol.:* vom Festland stammend; aus lat. *terrigena* „aus oder von der Erde geboren, Erdenkind", aus *terra* „Erde, Erdboden, Land" und *genitus* „geboren, erzeugt", zu *genere,* ältere Form von *gignere* „gebären, zeugen"

Terrine Schüssel, bes. Suppenschüssel; frz. *terrine* „Schüssel", aus altfrz. *terrin* „irden, irdener Topf", aus lat. *terrenus* „aus Erde, irden", zu *terra* „Erde", → terrestrisch

Territorium Land, Gebiet, Hoheitsgebiet; lat. *territorium* „das zu einer Stadt gehörige Ackerland, Stadtgebiet", zu *terra* „Erde, Erdboden, Land", → terrestrisch

Terror Schrecken infolge von Gewaltanwendung oder -androhung; brutales Vorgehen; aus lat. *terror* „Schrecken", zu *terrere* „in Schrecken setzen"

Tertiär untere Formation des Känozoikums; aus lat. *tertius* „dritter", nach früherer Gliederung der dritte Teil der Erdgeschichte

Terzerol kleine Pistole; aus ital. *terzerolo, terzaruolo* in ders. Bed., zu *terzuolo* „Falkenmännchen", über vulgärlat. **tertiolus* aus lat. *tertius* „dritter Teil"; das Falkenmännchen hat seinen Namen vielleicht daher, daß es kleiner ist als das Weibchen; ob die Bezeichnung für die Pistole tatsächlich auf den Falken zurückgeht, ist nicht sicher, aber Übertragungen von Vogelnamen auf Waffen waren früher nicht selten (vgl. Muskete, Falkonett)

Terzett Musikstück für drei Singstimmen oder drei gleiche Instrumente; aus ital. *terzetto* in ders. Bed., Verkleinerungsform von *terzo* „der dritte“, zu *tre* „drei“

Test Versuch, Probe, Untersuchung, Eignungsprüfung; engl. *test* in ders. Bed., eigtl. „Schmelztiegel, Kupelle zum Prüfen von Metallen“, aus der Fügung *to put to the test* „im Test (Schmelztiegel) prüfen“, über mengl. und altfrz. Formen aus lat. *testum* „irdenes Gefäß“, vielleicht zu *tostum* „gebacken, geröstet“, zu *torrere* „dörren, backen, rösten“

Testament letzter Wille; Teil der Bibel; aus lat. *testamentum* „letzter Wille; Vertrag, Bündnis, Vermächtnis“, kirchenlat. „Bund Gottes mit den Menschen“, zu *testari* „bezeugen, versichern, seinen letzten Willen kundtun“, zu *testis* „Zeuge“, eigtl. **terstis* für **tristus* „der Dritte“ (neben zwei Parteien), zu *tres* „drei“

Testat Bescheinigung, schriftliche Bestätigung; aus lat. *testatum* „das Bezeugte“, zu *testari* „bezeugen, versichern“, *testis* „Zeuge“, → Testament

Testazee ein Wurzelfüßer mit Gehäuse, Schalenamöbe; aus lat. *testaceus* „aus gebrannter Erde“, zu *testa* „Ziegelstein, Scherbe“, übertr. „Schale“ (der Schaltiere)

Testikel Hoden; aus lat. *testiculus* „Hoden“, Verkleinerungsform von *testis* „Hoden“

Testimonium Zeugnis; lat. *testimonium* „Zeugnis“, zu *testis* „Zeuge“, → Testament

Tetanus Wundstarrkrampf; aus griech. *tetanos* „gestreckt, gespannt; Starrkrampf“, zu *teinein* „strecken, spannen“

Tête-à-tête trautes Beisammensein, Liebesstündchen; frz. *tête-à-tête* „Zwiegespräch unter vier Augen“, eigtl. „Kopf an Kopf“, zu *tête* „Kopf“ aus lat. *testa* „Schädel“, eigtl. „Hirnschale“, allg. „Schale, Decke“

Tetragon Viereck; aus griech. *tetragonon* „Viereck“, aus *tetra-* (in Zus. für *tessares, tettares*) „vier“ und *gonia* „Winkel, Ecke“

Tetralogie *im altgriechischen Theater:* Folge von drei Tragödien und einem Satyrspiel; *später:* aus vier selbständigen Teilen bestehendes Literaturwerk oder Musikdrama; aus griech. *tetra-* (in Zus. für *tessares, tettares*) „vier“ und *logos* „Rede, Erzählung, Schriftwerk“, zu *legein* „sagen, erzählen“

Tetrameter Vers aus vier Versfüßen; aus griech. *tetra-* (in Zus. für *tessares, tettares*) „vier“ und *metron* „Maß“, zu *metrein* „messen“

Tetrapode Vierfüßer; aus griech. *tetrapous,* Gen. *-podos,* „Vierfüßer“, aus *tetra-* (in Zus. für *tessares, tettares*) „vier“ und *pous,* Gen. *podos,* „Fuß“

Tetrarch Herrscher über den vierten Teil eines Landes, Vierfürst; aus spätgriech. *tetrarches* „Vierfürst“, aus griech. *tetra-* (in Zus. für *tessares, tettares*) „vier“ und *archos* „Anführer, Oberhaupt“, zu *archein* „herrschen“

Text aufgeschriebener Wortlaut; aus lat. *textus* „Gewebe, Zusammenhang“, übertr. auch im Sinne von „Gewebe, Gefüge der Rede“, daher auch „Darstellung“, zu *texere* „weben, flechten“

Textilien Gewebe, Faserstoffe, Kleidung; aus lat. *textilia* (Pl.) „Gewebe, Tuch, Leinwand“, zu *textilis* „gewebt“, zu *texere* „weben“

Tezett *in der Fügung* bis zum Tezett: bis zum letzten, bis es nicht mehr weitergeht; früher stand das *tz,* das als zz geschrieben wurde, am Ende des Alphabetes, noch hinter dem z

Thalamophor = Foraminifere; aus griech. *thalamos* „Wohnung, Behausung“ (bes. von Tieren) und *phoros* „tragend“, zu *phorein, pherein* „tragen“

Thalassographie Meereskunde; aus griech. *thalassa, thalatta* „Meer“ und *graphein* „schreiben“

Thallium chemisches Element; aus griech *thallos* „grüner Zweig, Schößling“ (zu *thallein* „grünen, sprießen“), da es mit grüner Flamme verbrennt

Thallophyt Lagerpflanze, z. B. Alge, Pilz, Flechte; aus griech. *thallos* „Sproß, Laub, Laubwerk“ und *phyton* „Pflanze“, zu *phyein* „hervorbringen, wachsen lassen“

Thaumatologie Lehre von den Wundern; aus griech. *thauma,* Gen. *thaumatos,* „Wunder“ (zu *thea* „Schau, das

Anschauen, Anblick") und *logos* „Wort, Lehre, Kunde", zu *legein* „sagen, sprechen, erklären"

Thaumaturg Wundertäter; aus griech. *thaumatourgos* „Wundertäter", aus *thauma*, Gen. *thaumatos*, „Wunder" und *ergon* „Werk", zu *ergazesthai* „arbeiten, tätig sein"

Theater *Sammelbez. für* Schauspiel, Oper, Operette, Bühnentanz; Gebäude für deren Aufführung; aus lat. *theatrum*, griech. *theatron* „Schauplatz, Theater", zu griech. *theasthai* „schauen, anschauen, betrachten", zu *thea* „Schau, das Anschauen, Anblick; das Angeschaute, Schauspiel; Platz zum Anschauen"

Theismus Glaube an einen einzigen, persönlichen Gott, der die Welt erschaffen hat; aus griech. *theos* „Gott" (weitere Herkunft nicht geklärt) und Endung → *-ismus*

Theke Schanktisch, Ladentisch; aus griech. *theke* „Behältnis, Kiste, Kasten"

Thelematologie = Voluntarismus; aus griech. *thelema*, Gen. *thelematos*, „Wille" und *logos* „Wort, Lehre, Kunde", zu *legein* „sagen, sprechen, erklären"

Thema Gegenstand (einer Abhandlung, eines Gesprächs), Hauptmelodie (eines Musikstücks); aus griech. *thema* „das Gesetzte, Aufgestellte, Satz", zu *tithenai* „setzen, stellen, legen"

Theodizee Rechtfertigung Gottes (in bezug auf das Böse in seiner Schöpfung); aus griech. *theos* „Gott" und *dikazein* „Recht sprechen, richterlich entscheiden", zu *dike* „Recht"; das *k* in *dike* ist vielleicht durch den Einfluß von lat. *dicere* „sagen, sprechen" zu *z* in *Theodizee* geworden

Theogonie Lehre von der Abstammung der Götter; aus griech. *theogonia* „Abstammung der Götter", aus *theos* „Gott" und *gone* „Erzeugung, Abstammung", zu *gennan* „erzeugen, hervorbringen"

Theokratie Herrschaftsform, bei der der Herrscher als Vertreter Gottes betrachtet wird; aus griech. *theos* „Gott" und *kratein* „herrschen", zu *kratos* „Kraft, Macht, Gewalt"

Theolatrie Gottesverehrung; aus griech. *theos* „Gott" und *latreia* „Dienst, Gottesdienst", zu *latris* „Knecht, Diener"

Theologie Lehre von Gott, i. w. S. auch von den Religionen, bes. von der christlichen; aus griech. *theologia* „Lehre von den Göttern, Göttersage", aus *theos* „Gott" und *logos* „Wort, Lehre, Kunde", zu *legein* „sagen, sprechen, erklären"

Theorem Lehrsatz; aus griech. *theorema* „Lehrsatz, Grundsatz, Erfahrungssatz", eigentlich „das Angeschaute", zu *theorein* „anschauen, betrachten", zu *theoros* „vom Staat beauftragter Zuschauer (bei öffentlichen Festen) und Orakelbefrager", zu *thea* „Schau, das Anschauen"

Theorie Lehre, Lehrmeinung; rein gedankliche Betrachtung; aus griech. *theoria* „das Anschauen, Betrachten; wissenschaftliche Forschung, Untersuchung", zu *theorein* „anschauen, betrachten", → Theorem

Theosophie Lehre, nach der die Welt und ihr Sinn nur in mystischer Berührung mit Gott erfaßt werden können; aus griech. *theos* „Gott" und *sophia* „Weisheit", zu *sophos* „gelehrt, weise"

Therapie Behandlung von Krankheiten; aus griech. *therapeia* „Behandlung, Wartung, Pflege", zu *therapeuein* „behandeln, pflegen, (für etwas oder jmdn.) sorgen", zu *therapon* „Diener, Wärter, Pfleger", weitere Herkunft unklar

Thermophor wärmespeicherndes Gerät; aus griech. *thermos* „warm, heiß" (zu *therme* „Wärme") und *phoros* „tragend", zu *phorein, pherein* „tragen"

Thermostat Gerät, das die Temperatur in einem Raum auf etwa gleichbleibender Höhe erhält; aus griech. *thermos* „warm, heiß" (zu *therme* „Wärme") und *statos* „stehend"

Thesaurus wissenschaftliche Sammlung; lat. *thesaurus*, griech. *thesauros* „Vorratskammer, Schatzkammer; Vorrat, Schatz"; weitere Herkunft nicht bekannt

These Behauptung, Lehrsatz; aus griech. *thesis* „das Setzen, Legen, Stel-

len; Satz, Lehrsatz; Behauptung", zu *tithenai* „setzen, legen, stellen"
Thespiskarren *scherzhafte Bezeichnung für* Wanderbühne; nach dem griechischen Dichter *Thespis* (6. Jh. v. Chr.), der dem Chor bei den Dionysosfesten zum ersten Mal einen Sprecher, den ersten Schauspieler, gegenüberstellte und damit zum Begründer der dramatischen Dichtung wurde; daß er mit einem Karren als Bühne im Lande umherzog, wie Horaz in seiner „Dichtkunst" schreibt („Thespis, so heißt es, erfand die tragische Gattung, die vor ihm niemand kannte, und habe die Dramen auf Karren gegeben", Vers 275), ist umstritten
Theurgie Götter- und Geisterbeschwörung; aus griech. *theos* „Gott" und *ergon* „Werk", zu *ergazesthai* „tätig sein, arbeiten"
Thigmotaxis *bei Pflanzen und niederen Tieren:* Orientierungsbewegung nach einem Berührungsreiz; aus griech. *thigma* „Berührung" (zu *thigganein* „berühren") und *taxis* „Stellung, Platz"
Thorax Brustkorb; aus griech. *thorax* „Rumpf, Brust, Brustkorb", zur idg. Wurzel **dher-* „halten, festhalten"
Thorium chemisches Element; nach dem germanischen Gott *Thor*
Threnodie altgriechische Totenklage; aus griech. *threnodia* „Klagelied", zu *threnos* „Klage, Jammer, Klagelied" und *ode* „Lied, Gesang"
Thriller reißerischer, aufregender Roman, Film o. ä.; engl. *thriller* „Kriminal-, Sensations-, Schauerroman", zu *to thrill* „schauern, erbeben, erzittern" sowie „erzittern lassen, ergreifen, erschüttern", ältere Bedeutung „durchbohren", aus mengl. *thrillen,* mit Metathese aus *thirlen* „bohren", aus altengl. *thyrlian* „bohren", zu *thyrel* „Höhle", zu *thurh* „durch"
Thrombose Blutgerinnung innerhalb eines Blutgefäßes, Blutpfropf; aus griech. *thrombos* „Klumpen, dicker Tropfen, geronnene Masse, bes. von Blut", zu *trephein* „dicht, fest machen, gerinnen lassen"
Thrombozyt Blutplättchen; aus griech. *thrombos* „Klumpen, dicker Tropfen" (→Thrombose) und *kytos* „Höhlung, hohler Raum, Zelle"
Thron prunkvoller Sitz eines Herrschers; aus mhd. *thrôn,* aus griech. *thronos* „Sitz, Sessel, Ehren-, Herrschersitz", zu *threnys* „Schemel", zur idg. Wurzel **dher-*, **dhre-* „tragen, halten, stützen"
Thuja ein immergrüner Strauch, Lebensbaum; aus griech. *thyon* „Lebensbaum", zu *thyos* „Räucherwerk" und *thyein* „räuchern, duften", da aus dem wohlriechenden Holz Räucherwerk gewonnen wurde; wahrscheinlich auch beeinflußt von lat. *tus, thus* „Räucherwerk, Weihrauch"
Thulium chemisches Element; nach *Thule,* dem lat. Namen für eine Insel nördlich von Britannien, die den Römern nicht genau bekannt war, im Dt. meist mit „Nordland" wiedergegeben; das Element wurde so benannt, da es bei der Untersuchung der Yttererden entdeckt wurde, die ihrerseits in einem nördlichen Land (Schweden) gefunden worden waren
Thunfisch Fisch warmer Meere mit wohlschmeckendem Fleisch; aus ital. *tonno,* frz. *thon,* aus lat. *thunnus,* griech. *thynnos,* vielleicht zu *thynein, thyein* „sich ungestüm bewegen"; der Fisch schwimmt mit raschen, energischen Bewegungen und springt gewandt
Thymian eine Gewürz- und Heilpflanze; aus lat. *thymum,* griech. *thymon, thymos,* zu *thymein* „duften, räuchern"
Thymus hinter dem Brustbein liegende Drüse, die sich nach der Kindheit zurückbildet, Wachstumsdrüse; aus griech. *thymos* „Lebenskraft, Leben, Seele, Gemüt", deren Sitz man im Zwerchfell vermutete
Tiara mit einer Krone verzierte, hohe Mütze des Papstes; aus griech. *tiara* „kegelförmige Kopfbedeckung der Perser, Turban", im Griech. Fremdwort unbekannter Herkunft
Tick zwanghaft in Abständen wiederholte Bewegung; *übertr.:* Angewohnheit, Schrulle, Klaps; aus frz. *tic* „Zukken (von Gliedern, Muskeln); wunderliche Gewohnheit", vielleicht aus niederdt. *Tick* „leichte Bewegung, Ruck"

Ticket Fahr-, Flug-, Eintrittskarte; engl. *ticket* „Fahrkarte, Zettel, Schildchen, Etikett", aus mfrz. *estiquet* „kleine Notiz", eigtl. „etwas Angestecktes, angestecktes Merkzeichen", →Etikett
Tiger ein Raubtier; aus lat., griech. *tigris* „Tiger"; der vermutete Zusammenhang mit altpers. *tigra* „Pfeil, spitz" überzeugt nicht recht wegen der fehlenden sachlichen Übereinstimmung, vielleicht liegt eine volksetymologische Anlehnung an ein anderes Fremdwort im Altpers. zugrunde
Tilde wellenförmiges Zeichen über einem Vokal zur nasalen Aussprache oder über dem n zur mouillierten Aussprache; span. *tilde* in ders. Bed. sowie „Akzent", zusammengezogen (über ältere, mundartliche Zwischenformen wie *title, tille*) aus *titulo* „Überschrift", →Titel
Timbre Klangfarbe der Singstimme; frz. *timbre* „Klang, Schall, bes. der Stimme", eigtl. „Klang der Hammerglocke", urspr. „Hammerglocke" (Glocke ohne Klöppel, die mit einem Hammer angeschlagen wird), aus lat. *tympanum,* griech. *tympanon* „Handpauke, Handtrommel", zu *typtein* „schlagen"
timen mit der Stoppuhr messen; den richtigen Zeitpunkt für etwas festlegen; engl. *to time* in ders. Bed., zu *time* „Zeit, Zeitabschnitt, Zeitpunkt", aus altengl. *tima* „Zeit(punkt)", zu altnord. *timi* „Zeit"
Timokratie Staatsform, in der die Rechte und Pflichten der Bürger nach ihrem Ansehen und ihrem Vermögen bemessen werden; aus griech. *timokratia* in derselben Bedeutung, aus *timios* „geschätzt, geehrt, geachtet" (zu *timan* „schätzen, achten, ehren", zu *time* „Wert, Preis; Wertschätzung, Ehre, Achtung, Ansehen") und *kratein* „herrschen", zu *kratos* „Kraft, Macht, Gewalt"
Tinktur Auszug aus einem pflanzlichen oder tierischen Stoff; aus lat. *tinctura* „das Eintauchen, Färben", zu *tingere* „befeuchten, eintauchen, färben"
Tinnef wertloses Zeug; dummes Gerede, Unsinn; aus rotw. *Tinnef,* jidd. *tinef* „Kot, Dreck, Unflat", aus hebr. *tinnūf* „Schmutz", zum Verb *tānaf* (Intensivform *tinnēf*) „beschmutzen"
Tipi spitzes Zelt der nordamerik. Prärie-Indianer; aus Sioux *ti* „wohnen" und *pi* „gebraucht, benutzt für"
tipptopp tadellos, einwandfrei; aus engl. *tiptop* „erstklassig, tadellos", aus *tip* „Spitze, Gipfel" und *top* „Spitze, höchster Punkt", also sozusagen „allerhöchste Spitze"
Tirade Wortschwall, Redeerguß; aus frz. *tirade* „Auszug, längere Stelle aus einem Schriftwerk", übertr. „langer Wortschwall", eigtl. „anhaltendes Aus-, Herausziehen", zu *tirer* „ziehen, heraus-, ausziehen", aus vulgärlat. **tirare* „ziehen"
Titan chemisches Element; nach dem Riesen *Titan* der griech. Sage
Titanomachie Kampf des Zeus mit den Titanen, einem vorolympischen Göttergeschlecht, den Söhnen des Uranos und der Gaia; aus griech. *Titan,* Gen. *Titanos,* „Titan" und *mache* „Kampf, Schlacht", zu *machesthai* „kämpfen, streiten"
Titel Überschrift; Amts-, Dienstbezeichnung, ehrenvolle Bezeichnung; aus mhd. *titel* „Titel", aus ahd. *titul* „Aufschrift" und *titulo* „Titel", aus lat. *titulus* „Aufschrift, Überschrift; Ehrenname, ehrenvolle Benennung", aus spätgriech. *titlos* „Aufschrift"
Titer Gehalt einer Lösung an gelöster Substanz; aus frz. *titre* „Feingehalt des Goldes u.a. von Münzen", eigtl. „Bezeichnung, Überschrift", aus lat. *titulus* „Zeichen, Kennzeichen, Aufschrift"
Titrimetrie Maßanalyse; aus →*Titer* und griech. *metrein* „messen"
Tmesis Trennung von eigentlich zusammengehörigen Wörtern, z.B. „anerkennen" in „ich erkenne es an"; aus griech. *tmesis* „das Schneiden", zu *temnein* „schneiden"
Toast 1 geröstete Weißbrotscheibe; engl. *toast* in ders. Bed., zu *to toast* „rösten", aus mengl. *tosten,* mfrz. *toster* „rösten", über altfrz. aus lat. *tostare* „dörren", zu *torrere* „dörren, rösten, braten"; **2** Trinkspruch; engl. *toast* in ders. Bed., zu *toast* „geröstete Scheibe

Weißbrot", die oft in ein Glas Wein oder ein anderes Getränk getaucht wurde, um diesem ein besonderes Aroma zu geben; dann „Dame, auf deren Wohl man trinkt", weil man scherzhaft meinte, die so gefeierte Dame möge dem Wein die gleiche Würze geben wie der hineingetauchte Toast; danach allg. „jmd. oder ein Ereignis, zu dessen Ehre oder Gedächtnis man trinkt", und schließlich der Trinkspruch selbst

Toboggan kanadischer Schlitten ohne Kufen; aus dem kanad. Frz. in den Formen *tabaganne, tobagan* u.a., aus Algonkin *udaba'gan* „was zum Ziehen dient" (nämlich urspr. ein Schlitten aus Hirschfell), aus *udaba'ge* „er braucht (es) zum Ziehen", zu *uda'be* „er zieht (oder schleppt) mit einem Seil"

Toccata frei gestaltetes, bewegtes Musikstück, bes. für Tasteninstrumente; ital. *toccata* in ders. Bed., zu *toccare* „berühren, schlagen, (ein Instrument) spielen, bes. Pauke, Laute, Tasten- und Blasinstrument", aus lat. *tangere* „berühren"

Toddy Palmwein; dem Grog ähnliches Getränk; aus Hindi *tāḍi* „Palmwein", zu Sanskrit *tāla-* „Weinpalme"

Toffee Sahnebonbon; engl. *toffee* in ders. Bed., eigtl. *taffy* „Karamelbonbon", aus *tafia* „aus Zuckerabfällen gewonnener Rum", vielleicht verkürzt aus kreolisch-frz. *ratafia* „Likör aus Kirschen, Aprikosen oder Mandeln", urspr. ein Trinkspruch wie der Toast; vielleicht verstümmelt aus lat. *rata fiat* „es sei bekräftigt, bestimmt", womit man auf den Spruch des Zutrinkenden antwortete

Toga *im alten Rom:* weites Obergewand für Männer; lat., wörtlich „Bedeckung, Bekleidung", zu *tegere* „dekken, bedecken"

Tohuwabohu Durcheinander, Wirrwarr; aus hebr. *tōhu wā-bōhu* (die Erde war) „wüst und leer" (1. Buch Mosis, 1,2), zu *tōhu* „Wüstheit", *wā* „und" und *bōhu* „Leere"

Toilette Frisiertisch, Spiegeltisch; festliche Kleidung; das Ankleiden; Klosett; frz. *toilette* in denselben Bedeutungen, urspr. „Tuch über dem Frisiertisch", zu *toile* „Leinen, Leintuch, Gewebe", aus lat. *tela* „Gewebe"; die Übertragung auf Toilette im Sinne von „Klosett" deshalb, weil man sich dort (meist) auch frisieren und zurechtmachen kann

Tokkata →Toccata

Tokogonie geschlechtliche Fortpflanzung; aus griech. *tokos* „das Gebären" (zu *tiktein* „gebären") und *gone* „Erzeugung" (zu *gennan* „erzeugen"), also „Erzeugung durch Gebären"

tolerant duldsam, nachsichtig; aus lat. *tolerans,* Gen. *-antis,* Part. Präs. von *tolerare* „ertragen, aushalten, dulden"

Tolpatsch ungeschickter Mensch; aus ungar. *talpas,* im 17. Jh. „Infanterist", in einigen Dialekten auch „breitfüßig", zu *talp* „Sohle", also „mit Sohle versehen"; der ungarische Soldat soll früher breite, an den Fuß geschnürte Sohlen getragen haben, daher zunächst die Bedeutung „ungeschickt, schwerfällig gehender Mensch", die aber wahrscheinlich erst im Deutschen entstanden ist

Toluol ein aromatischer Kohlenwasserstoff; Ableitung von → *Tolubalsam*

Tolubalsam aus einer südamerik. Pflanze gewonnenes Heil- und Kosmetikmittel; nach der kolumbianischen Stadt *Tolú,* dem ehemaligen Ausfuhrhafen

Tomahawk Beil der nordamerikan. Indianer; die Bezeichnung ist je nach Dialekt in verschiedenen Formen überliefert: *tommahack, tumnahecan, tomahegan, tamahigan, ootommoheggun* u.a. und wurde je nach der recht unterschiedlichen Form mit „Hammer, Beil, Keule" übersetzt

Tomate eine Gemüsepflanze; aus Nahuatl *tomatl* als Bez. für die Pflanze; nicht verwandt mit *tomaua* „anschwellen"

Tombola Verlosung; ital. *tombola* „Lottospiel", Herkunft unbekannt; die Vermutung liegt nahe, daß das Wort zu *tombola* „Sturz" gehört und zu *tombolare* „kopfüber hinfallen, Purzelbaum schießen", weil die Zettel mit den Losen in der Trommel durcheinandergeschüttelt werden, doch liegen wohl zwei verschiedene Wurzeln vor

...tomie *in Zus.:* das Schneiden, Schnitt; aus griech. *tome* „Schnitt", zu *temnein* „schneiden"
Tomographie schichtweises Durchleuchten mit Röntgenstrahlen, Röntgenschichtaufnahme; aus griech. *tomos* „Stück, Schnitte" (zu *temnein* „schneiden") und *graphein* „schreiben"
Tomus *veraltet:* Teil, Band eines Schriftwerkes; aus griech. *tomos* „abgeschnittenes Stück" mit lat. Endung, zu *temnein* „schneiden"
tonal auf den Grundton einer Tonart (die Tonika) bezogen; frz. *tonal* „Ton-, zum Ton gehörig", zu *ton* „Ton, Klang", aus lat. *tonus* „Ton (eines Instruments)", eigtl. „Spannung", aus griech. *tonos* „Spannung, Spannkraft, Anstrengung, Hebung und Senkung der Stimme", daher auch „Ton, Klang, Betonung"
Tondo rundes Gemälde oder Relief; ital. *tondo* „Rundbild, Kreis, scheibenförmiger, runder Gegenstand, bes. Teller", verkürzt aus *rotondo,* lat. *rotundus* „rund", → Rotunde
Tonic Water mit Chinin und Kohlensäure versetztes Mineralwasser; aus engl. *tonic* „stärkend, kräftigend" (aus frz. *tonique* in ders. Bed., aus griech. *tonikos,* → Tonikum) und *water* „Wasser"
Tonika Grundton (einer Tonleiter); ital. *tonica,* verkürzt aus der Fügung *nota tonica* „Grundton, erster Ton der Tonleiter", zu *tonico* „akzentuiert, betont", auch „die Spannkraft betreffend oder fördernd", aus griech. *tonikos* „durch Spannung bewirkt", zu *tonos* „Spannung"
Tonikum stärkendes Arzneimittel; aus griech. *tonikos* „durch Spannung bewirkt", zu *tonos* „Spannung", zu *teinein* „spannen, dehnen, strecken"
Tonsillektomie operative Entfernung der Mandeln; aus → *Tonsillen* und griech. *ek* „aus, heraus" und *tome* „Schnitt", zu *temnein* „schneiden"
Tonsillen Mandeln; aus lat. *tonsillae* „Mandeln (im Hals), Speicheldrüsen", Verkleinerungsform von *toles* „Kropf (am Hals)", zur idg. Wurzel **twen-* „schwellen"
Tonsur runde, geschorene Stelle auf dem Kopf von Mönchen; aus lat. *tonsura* „das Scheren, Schur", zu *tondere* „scheren"
Tonus Spannungszustand (bes. von Muskeln); aus lat. *tonus* „Spannung, das Spannen (eines Seils)", aus griech. *tonos* „Spannung, Spannkraft, Anspannung", zu *teinein* „spannen, strekken, dehnen"
Topas ein Mineral, ein Edelstein; aus lat. *topazius, topazus,* griech. *topazos, topazion;* vielleicht nach der Insel *Topazion* im Roten Meer
topfit in bester körperlicher Verfassung; aus engl. *top* „Spitze, höchster Punkt" und → *fit*
Topographie Ortskunde; Orts-, Lagebeschreibung; aus → *Topos* und griech. *graphein* „schreiben"
Toponomastik Ortsnamenkunde; aus → *Topos* und griech. *onomastikos* „zum Nennen dienend", zu *onomazein* „benennen", zu *onoma* „Name"
Topos formelhafte Redewendung, traditionelles sprachliches Motiv, feststehender Ausdruck; aus griech. *topos* „allgemein anerkannter Gesichtspunkt, Redewendung", eigentlich „Gegenstand (einer Rede), Ort, Stelle (bes. in einem Buch)"
tordieren verdrehen; aus frz. *tordre* „drehen", aus lat. *torquere* (Perf. *tortus*) „drehen"
Torero Stierkämpfer; span. *torero* „Stierkämpfer", zu *toro* aus lat. *taurus,* griech. *tauros* „Stier"
Toreutik künstlerische Metallbearbeitung; aus griech. *toreutike* „Gravierkunst, Skulptur in Metall", zu *toreuein* „ziselieren, gravieren", zu *torein* „stechen"
Tormentill eine Heilpflanze, Blutwurz; aus ihrer Wurzel gewonnenes, zusammenziehendes Heilmittel gegen Durchfall und Ruhr; aus lat. *tormentum* „Marterwerkzeug, bes. Winde; Schmerz, Folter, Plage"
Törn *Segelsport:* Spazier-, Rundfahrt, Ausflug; aus engl. *turn* „Drehung, Wendung, Rundgang, Rundfahrt", zu *to turn* „drehen, wenden", aus mengl. *turnen,* altengl. *turnian* aus altfrz. *torner*

in ders. Bed., aus lat. *tornare* „drechseln, runden", zu *tornus* „Dreheisen"; ein *Törn* ist also eigtl. eine Ausfahrt mit Wendung und Rückfahrt

Tornado Wirbelsturm (im südlichen Nordamerika); span. *tornado* in ders. Bed., zu *tronar* „donnern", mit Metathese des r aus lat. *tonare* „donnern", dazu die alte volkstüml. span. Form *tronido* „Donner", aus lat. *tonitrus, tonitruus* „Donner"

Tornister Ranzen (bes. der Soldaten); aus ostmitteldt. *Tanister,* aus tschech. *tanystra,* slowak. *tanistra* in ders. Bed.; dies ist eine Mischform aus mittelgriech. *tagistron* „Futtersack der Pferde" (aus *tagizein* „dem Pferd sein Futter zumessen", zu *tassein, tattein* „ordnen, festsetzen") und *kanistron* „Körbchen" (zu *kaneon* „Korb"); die Umformung von ostmitteldt. *Tanister* zu *Tornister* ist darauf zurückzuführen, daß im Schlesischen ein hochdt. -or- zu -a- wird (wie z.B. Hornisse im Schles. Hanisse heißt), weshalb man glaubte, *Tanister* sei eine mundartliche Form und müsse im Hochdt. *Tornister* heißen

Torpedo Unterwassergeschoß; lat. *torpedo* „Zitterrochen", der bei Berührung elektrische Schläge austeilt und seinen Gegner lähmt, zu *torpere* „starr, regungslos sein"

Torpor *Med.:* Schlaffheit, Regungslosigkeit; Stumpfsinn; lat. *torpor* „Erstarrung, Regungslosigkeit", zu *torpere* „starr, regungslos sein"

torquieren *veraltet:* quälen, peinigen; *Technik:* drehen, krümmen; aus lat. *torquere* „drehen, verrenken; quälen, plagen, foltern"

Torsion Verdrehung; aus spätlat. *torsio,* Gen. *-onis,* „Drehung", zu *torquere* „drehen"

Torso unvollendete oder nicht vollständig erhaltene Statue; ital. *torso* in ders. Bed. sowie „Rumpf" (aus *tronco* „Baumstamm, Baumstumpf"), frz. *torse* „Torso, Rumpf" (aus *trou* „Strunk, z.B. Kohlstrunk"), beides aus vulgärlat. *tursus, thyrsus* „Stengel", aus griech. *thyrsos* „Stengel", besonders der mit Efeu oder Weinlaub umwundene, meist in einen Pinienzapfen auslaufende Stab des Dionysos

Tort Kränkung, Ärger; aus frz. *tort* „Unrecht", aus lat. *tortum* „Verdrehtes, Verkehrtes", zu *torquere* „drehen"

Torte runder, belegter oder gefüllter Kuchen; über ital. *torta* „Torte" aus lat. *torta* „gewundenes Gebäck", zu *tortus* „gedreht, gewunden, krumm", zu *torquere* „drehen"

Tortur *früher:* Folter; *heute:* Qual, Plage; aus lat. *tortura* „Verrenkung, Krümmung, Bauchgrimmen", zu *torquere* „drehen, verrenken, verzerren"

total ganz, gänzlich; verkürzt aus mlat. *totalis* „gänzlich", zu lat. *totus* „ganz, völlig"

Totalisator Einrichtung zum Wetten bei Rennen und Turnieren; aus frz. *totalisateur* „Buchung und Überwachung sämtlicher Wetten", zu *totaliser* „zusammenzählen", → totalisieren

totalisieren zusammenzählen, als Gesamtheit überblicken; aus frz. *totaliser* „zusammenzählen", zu *total* „ganz, völlig", → total

totalitär alles umfassend, sich alles unterwerfend; junge Bildung mit französisierender Endung aus lat. *totaliter* „ganz, völlig", → total

Totem *bei den amerikanischen Indianern:* Lebewesen (meist Tier), dem sich eine Gruppe verbunden fühlt oder dem sie ihren Ursprung zuschreibt und das nicht verletzt werden darf; aus Algonkin *ototeman* „sein geschwisterlicher Verwandter" oder „sein Bruder" bzw. „seine Schwester", wobei *ote* die Verwandtschaft zwischen leiblichen (sowie Adoptiv-)Geschwistern bezeichnet und immer mit einem vorangesetzten Personalpronomen (in diesem Falle *o* = sein) und einem possessiven Nominalsuffix (*-m,* etwa unserem „eigen" entsprechend) und gegebenenfalls mit einem Suffix der dritten Person *(-a* oder *-an)* verbunden wird; das erste *t* ist eingeschoben, um den Zusammenstoß der beiden o zu vermeiden. Wörtlich bedeutet *o-t-ote-m-a(n)* also „sein eigener Bruder-Schwester-Verwandter". Das Wort *Totem* ist durch Verstümmelung in Unkenntnis der grammatikalischen Zusammenhänge entstandanden, indem das anlautende *o* verschliffen und schließlich weggelassen, das nur eingeschobene *t* als zum Wort gehörig betrachtet und daher erhalten und das Suffix *-a(n)* ebenfalls abgestoßen wurde, so daß der Wortrest *totem* anstatt des wirklichen Wortstammes *ote* übrigblieb. Der Begriff *ote* bezeichnet aber nicht nur den Verwandten innerhalb der Familie, sondern auch ein Tier, das aus irgendeinem Grund zum Symbol einer Familie gemacht wurde, dadurch als verwandt gilt und von einer Generation auf die andere „vererbt" wird

Toto Wette im Fußball- oder Pferdesport; verkürzt aus → *Totalisator*

Touch Anflug, besondere Note; engl. *touch* „Anflug, Hauch, Beigeschmack", eigtl. „Berührung", zu *to touch* „berühren", aus mengl. *touchen, tochen* aus altfrz. *touchier, tochier* „berühren", über vulgärlat. **toccare* aus lat. *tangere* „berühren"

touchieren berühren (bes. ein Hindernis beim sportlichen Springen); aus frz. *toucher,* altfrz. *touchier* „berühren", → Touch

Toupet Stück Haarersatz, Haarteil; aus frz. *toupet* „Haarbüschel, Haartolle, Schopf", zu *touffe* „Büschel", altfrz. *toup, top* „Haarbüschel", aus dem Germanischen

toupieren (das Haar) mit dem Kamm aufbauschen; Ableitung von → *Toupet*

Tour Umdrehung (einer Maschine); Ausflug; Runde; frz. *tour* „kreisförmige Bewegung, Umdrehung; Spaziergang, -fahrt, Ausflug", zu *tourner* „drehen, umdrehen, wenden", aus lat. *tornare* „drechseln, runden"

Tournee Gastspielreise; frz. *tournée* „Rundreise, Dienstreise, Ausflug", zu *tourner* „drehen", aus lat. *tornare* „runden, drechseln"

Towarischtsch *russ. Anrede für:* Genosse; *allg.:* Gefährte, Genosse, Kamerad; wahrscheinlich aus türk. *tawar* „Habe, Vieh" und *eş, iş* „Genosse", also „jemand, der mit einem das Eigentum gemeinsam hat"

Tower Kontrollturm eines Flughafens; engl. *tower* „Turm, Burg, Festung", aus mengl. *towr, tor, tur* aus altfrz. *tor, tour* „Turm", aus lat. *turris* „Turm, hohes Gebäude, Palast", wie griech. *tyrris, tyrsis* „Turm, Burg" aus einer mittelmeer. Sprache entlehnt

Toxidermie durch Arzneimittel hervorgerufener Hautauschlag; aus → *Toxikum* und griech. *derma* „Haut"

Toxikologie Lehre von den Giften und Vergiftungen; aus → *Toxikum* und griech. *logos* „Wort, Lehre, Kunde", zu *legein* „sagen, sprechen, erklären"

Toxikum Gift; aus lat. *toxicum* „Pfeilgift, Gift", aus griech. *toxikon* „Pfeilgift", zu *toxon* „Bogen, Pfeil, Bogen und Pfeile"; manche Naturvölker rieben die Spitzen ihrer Pfeile mit einem aus Pflanzen oder von Schlangen gewonnenen Gift ein

Toxoplasmose auf den Menschen übertragbare Tierkrankheit; aus *Toxoplasma,* dem Namen einer Gruppe von Mikroben, die in den Blut- und Lymphgefäßen von Tieren schmarotzen und solche Krankheiten hervorrufen; aus griech. *toxon* „Bogen" wegen der bogenförmigen Gestalt (→Toxikum) und *plasma* „Gebilde" (→Plasma)

Trabant *früher:* Leibwächter; *heute:* abhängiger Begleiter; Satellit; aus mhd. *trabant, drabant* „Fußsoldat", entweder aus pers. *darbān* „Türhüter, Torwächter" oder aus tschech., poln. *drabant,* zu tschech. *drab* „Krieger zu Fuß"

Tracer radioaktiver Markierungsstoff zum Nachweisen biochemischer Vorgänge im Organismus; aus engl. *trace* „Spur, Fährte, Zeichen", zu *to trace* „aufspüren, ausfindig machen, eine Spur verfolgen; aufzeichnen", aus mengl. *tracen* aus altfrz. *tracier* „verfolgen, einer Spur folgen, eine Spur ziehen", über vulgärlat. **tractiare* aus lat. *trahere* „ziehen"

Trachea, Trachee Luft-, Atemröhre; *bei Pflanzen:* wasserleitendes Gefäß; aus griech. *arteria tracheia* „rauhe Arterie", zu *trachys* „rauh, uneben, zakkig", wegen der Knorpelringe; Aristoteles unterschied zwischen den „weichen Arterien", den Schlagadern, und

der „rauhen Arterie“, der Luftröhre
Tracheotomie Luftröhrenschnitt; aus → *Trachea* und griech. *tome* „Schnitt“, zu *temnein* „schneiden“
Trachom Ägyptische Augenkrankheit, Körnerkrankheit; aus griech. *trachys* „rauh, uneben, steinig“ und Endung *-om* zur Bezeichnung krankhaften Wachstums
Trachyt ein Ergußgestein; aus griech. *trachytes* „Rauheit“, zu *trachys* „rauh, uneben, holperig“, wegen der rauhen Bruchflächen
Tradeskantie eine Zierpflanze; nach dem engl. Gärtner John *Tradescant,* der 1656 einen Katalog des Königlichen Gartens herausgab
Tradition Überlieferung, Herkommen, Brauch; aus lat. *traditio,* Gen. *-onis,* „Überlieferung, Auslieferung, Übergabe“, zu *tradere* „übergeben, überliefern, ausliefern“
Trafik *österr.:* Tabakhandel, Tabakgeschäft; aus ital. *traffico* „Handel“, zu *trafficare* „Handel treiben“, aus mlat. *trafica* „Handel“, *traficare* „Handel treiben“, eigtl. *transficare,* aus lat. *trans* „hinüber“ und *facere* (in Zus. *-ficare,* Intensivum zu *-ficere*) „tun, machen“
Tragant eine Pflanzengattung, Bocksdorn, dessen schleimiger, gummiartiger Saft vielseitig verwendet wird; aus lat. *tragacanthum,* aus griech. *tragakantha* „Bocksdorn“, aus *tragos* „Bock“ und *akantha* „Dorn, Stachel“, wegen der Dornen der Pflanze und weil der austretende Saft beim Trocknen die Form eines Horns annimmt
Tragödie Schauspiel mit tragischem Ausgang, Trauerspiel; aus griech. *tragodia* „Trauerspiel, ernstes Gedicht“, aus *tragos* „Bock“ und *ode, oide* „Gesang, Lied“; für diese Zusammensetzung gibt es verschiedene Deutungen (schon in der Antike wurde das Wort unterschiedlich interpretiert): 1. „Bocksgesang, Gesang der Böcke“; bei den Festen zu Ehren des Dionysos traten schon im 7. Jh. v. Chr. Tänzer als Begleiter des Gottes auf, die als bocksähnliche Satyrn verkleidet waren und zu ihren mimischen Tänzen Lieder sangen; um 600 v. Chr. ließ dann der Dichter Arion seine kunstvollen Dithyramben bei den Dionysien von solchen Satyrn vortragen und erhob damit den Dithyrambos zur Kunstform, aus der sich die Tragödie entwickeln konnte (Irmscher); 2. „Gesang der Böcke“, eigentlich Chorgesang von Bauern, die wegen ihrer ländlichen Kleidung mit Bocksfellen von den Adligen spöttisch „Böcke“ genannt wurden (Lamer); 3. Gesang um den Bock, d. h. entweder: Gesang, bei dem ein Bock als Preis zu gewinnen war, oder: Gesang beim Opfer eines Bockes zum Fest des Dionysos (Wilpert, Menge-Güthling)
Trailer Szenen eines Films, die als Werbung vor einem anderen gezeigt werden; Autoanhänger zum Transport leichter Sportboote; engl. *trailer* „Vorschau, Voranzeige; Anhänger“, zu *to trail* „schleppen, hinter sich her ziehen“, aus mengl. *trailen* aus mfrz. *trailler* „(ein Boot) ziehen“, aus vulgärlat. **tragulare* „ziehen, schleppen“, aus lat. *tragula* „Art Schleppnetz“, zu *trahere* „ziehen, schleppen“
Train Troß; frz. *train* „Troß, Gefolge, Zug (von Bedienten)“, zu *traîner* „hinter sich herziehen, -schleppen“, aus lat. *trahere* „ziehen, schleppen“
trainieren auf einen Wettkampf vorbereiten; aus engl. *to train* in ders. Bed., eigtl. „auf-, erziehen, ausbilden, schulen“, aus mengl. *trainen* aus altfrz. *traîner* „hinter sich her ziehen, schleppen“, über vulgärlat. **traginare* aus lat. *trahere* „ziehen“
Traiteur Gastwirt, der Speisen auch ins Haus liefert; Leiter einer Großküche; frz. *traiteur* in ders. Bed., zu *traiter* „bewirten, behandeln“, aus lat. *tractare* „behandeln“
Trajekt Fährschiff für Fahrzeuge; aus lat. *traiectus* „das Hinübersetzen, Überfahrt“, zu *traicere* „hinüberbringen, -werfen“, eigtl. *transicere,* aus *trans* „hinüber“ und *iacere* (in Zus. *-icere*) „werfen“
Trakt größerer Gebäudeteil; Strecke; aus lat. *tractus* „Reihe, Ausdehnung“, zu *trahere* „ziehen“
Traktat wissenschaftliche Abhandlung; religiöse Flugschrift; aus lat. *trac-*

tatus „Abhandlung, Schrift“, eigtl. „Bearbeitung, Erörterung, Beschäftigung“, zu *tractare* „sich beschäftigen mit, umgehen mit, behandeln“, →traktieren

traktieren (schlecht) behandeln; *veraltet:* bewirten; aus lat. *tractare* „behandeln, umgehen mit, sich beschäftigen mit“, Frequentativum zu *trahere* „hin und her ziehen, an sich ziehen, nehmen“

Trambahn Straßenbahn; aus engl. *tramway* „Schienenweg, Schienenbahn, Gruben-, Förderwagen“, eigtl. „Weg für Schienenfahrzeuge“, aus *tram* „Laufkarren, Förderwagen, Lore“, verkürzt für *tramcar* „auf Schienen laufender Wagen“, aus mnddt. *trame* „Balken, Stange, Sprosse“ (aus mlat. *trama* „Querbalken“, vielleicht zu lat. *trama* „die aufgezogenen Fäden eines Gewebes, Kette“, zu *trahere* „ziehen“) und *car* „Wagen“

trampen reisen, indem man Autos anhält und sich mitnehmen läßt; aus engl. *to tramp* „reisen, wandern, trampen“, eigtl. „derb auftreten, trampeln“, aus mengl., mnddt. *trampen* „mit den Füßen stampfen, treten, trampeln“, zum germ. Verbstamm **tramp-*, nasalierte Form von **trap-* „treten“

Trampolin federndes Sprungbrett; aus ital. *trampolino,* toskan. *trampellino* „Sprungbrett“, zu ital. *trampoli* „Stelzen“, zu *trampolare* „auf Stelzen gehen, mit gespreizten Beinen gehen“, aus dt. *trampeln*

Trance schlafähnlicher Zustand des Entrücktseins; engl. *trance* in ders. Bed., aus mittelfrz. *transe* „Ohnmacht, Angstzustand“, eigtl. „Hinübergehen“, zu altfrz. *transir* „hinüber-, aus dem Leben gehen“, aus lat. *transire* „hinübergehen, sich verwandeln“, aus *trans* „über hin, über hinaus“ und *ire* „gehen“

tranchieren zerlegen, zerteilen; aus frz. *trancher* „durch-, zerschneiden“, zu ital. *troncare* „schneiden“, wahrscheinlich aus lat. *truncare* „be-, abschneiden“, zu *truncus* „abgehauenes Stück“ sowie „Stamm, Rumpf“

Tranquilizer beruhigendes Arzneimittel; engl. *tranquillizer* in ders. Bed., zu *to tranquillize* „beruhigen“, zu *tranquil* „ruhig, friedlich“, aus lat. *tranquillus,* →tranquillo

tranquillo *Mus.:* ruhig; ital. *tranquillo* „ruhig“, aus lat. *tranquillus* „ruhig, still“, aus *trans* (verstärkend) „über hinaus“ und (über unbelegte Zwischenformen) aus *quies* (Nebenform von *quietus*) „ruhig“

Transduktor magnetischer Verstärker; aus lat. *trans* „über hin, hinüber“ und *ductor* „Führer“, zu *ducere* „führen“

Transept Querschiff (der Kirche); über frz. *transept* aus lat. *trans* „über hinweg“ und *septum, saeptum* „Einfriedigung, Schranken“, zu *saepire* „einzäunen, einfriedigen“

Transfer Zahlung ins Ausland; *im Reiseverkehr:* Überführung; aus engl. *transfer* „Überführung, Verlegung, das Umsteigen“, aus lat. *transferre* „von einem Ort zum andern bringen, hinübersetzen, -bringen“, aus *trans* „hinüber“ und *ferre* „tragen, bringen“

Transfiguration Verklärung (Christi); aus lat. *transfiguratio,* Gen. *-onis,* „Umgestaltung, Umwandlung“, aus *transfigurare* „umgestalten, umwandeln“, aus *trans* „über hinweg, über hinaus“ und *figurare* „bilden, gestalten“, zu *figura* „Gestalt, Form, Äußeres“

Transfokator Objektiv mit stufenlos verstellbarer Brennweite, Gummilinse; aus lat. *trans* „über hinweg“ und latinisierende Bildung zu →*Fokus*

transformieren umformen, umwandeln; aus lat. *transformare* in derselben Bedeutung, aus *trans* „über hinweg“ und *formare* „bilden, gestalten“, zu *forma* „Form, Gestalt“

Transfusion Übertragung; aus lat. *transfusio,* Gen. *-onis,* „Hinübergießen“, zu *transfundere* „in ein anderes Gefäß gießen, hinübergießen“, aus *trans* „hinüber“ und *fundere* „gießen“

Transgression langsames Überfluten von Festlandsteilen durch das Meer; aus lat. *transgressio,* Gen. *-onis,* „Hinübergehen, Übergang“, zu *transgredi* „hinübergehen, übergehen“, aus *trans* „hinüber“ und *gradi* (in Zus. *-gredi*) „schreiten“, zu *gradus* „Schritt“

Transistor elektronischer Verstärker oder Schalter aus Halbleiterelementen; Neubildung aus lat. *trans* „über hin" und *resistere* „Widerstand leisten", eigtl. also „über den Widerstand hinweg", da das Gerät je nach Schaltungsart Strom durchläßt oder ihm Widerstand entgegensetzt
Transit Durchgang, Durchfuhr; aus lat. *transitus* „das Hinübergehen, Übergang", zu *transire* „hinübergehen", aus *trans* „hinüber" und *ire* „gehen"
transitiv *Gramm.:* zielend, ein Akkusativobjekt verlangend; aus lat. *transitivus* „übergehend", zu *transire* „hinübergehen", aus *trans* „hinüber" und *ire* „gehen", da das Verb zum Objekt strebt, hinübergeht, hinüberzielt
transitorisch vorübergehend, später wegfallend; aus lat. *transitorius* „mit einem Durchgang versehen, zum Durchgehen geeignet", übertr. „vorübergehend", zu *trans* „hinüber, über hinweg" und *ire* „gehen"
Transkription lautgetreues Umschreiben einer Schrift in eine andere; aus lat. *transcriptio,* Gen. *-onis,* „schriftliche Übertragung", zu *transcribere* „aus einer Schrift in die andere schreiben, schriftlich übertragen", aus *trans* „hinüber" und *scribere* „schreiben"
Translation Übersetzung; geradlinige Bewegung; aus lat. *translatio,* Gen. *-onis,* „Übersetzung, Übertragung", zu *transferre* (Perf. *translatus*) „hinüberbringen, übertragen", aus *trans* „hinüber" und *ferre* „tragen, bringen"
Transliteration buchstabengetreues Umschreiben einer Schrift in eine andere; aus lat. *trans* „hinüber" und *lit(t)era* „Buchstabe"
Transmission Übertragung, Übermittlung; Durchlässigkeit für Strahlungen; aus lat. *transmissio,* Gen. *-onis,* „Übertragung, Übersendung", zu *transmittere* „über einen Raum hinweg, durch einen Raum hindurch schicken", aus *trans* „über hin, hinüber" und *mittere* „schicken"
transparent durchsichtig, durchscheinend; aus mlat. *transparens,* Part. Präs. von *transparere* „hindurchscheinen", aus *trans* „über hin, hinüber" und *parere* „sichtbar sein, erscheinen"
transpirieren schwitzen; Wasserdampf abgeben; aus lat. *trans* „über hin" und *spirare* „atmen, hauchen"
Transplantation Gewebsverpflanzung; Pfropfung; aus lat. *trans* „hinüber" und *plantatio,* Gen. *-onis,* „das Pflanzen, Verpflanzen", zu *plantare* „pflanzen", zu *planta* „Setzling, Pflanz-, Pfropfreis"
transponieren in eine andere Tonart umsetzen; aus lat. *transponere* „hinübersetzen, versetzen", aus *trans* „hinüber" und *ponere* „setzen, legen, stellen"
Transport Beförderung; frz. *transport* „Beförderung", aus lat. *transportare* „hinübersetzen, -tragen, -bringen", aus *trans* „hinüber" und *portare* „tragen, bringen, befördern"
transsonisch über der Schallgeschwindigkeit liegend; aus lat. *trans* „über hinaus" und *sonus* „Schall, Ton"
Transsubstantiation Wandlung von Brot und Wein in Leib und Blut Christi beim Abendmahl; aus lat. *trans* „hinüber" und *substantia* „Wesen, Substanz, Speise", → Substanz
Transsudation Absonderung und Ansammlung von Flüssigkeit in Körperhöhlen; aus lat. *trans* „hinüber" und *sudatio,* Gen. *-onis,* „das Schwitzen", zu *sudare* „ausschwitzen, absondern"
transversal quer zur Längsachse, zur Ausbreitungsrichtung; aus lat. *transversus* „quergehend, schräg", zu *transvertere* „hinüberdrehen, hinüberwenden", aus *trans* „hinüber" und *vertere* „wenden"
Transvestit jmd., der sich wie das andere Geschlecht kleidet (und benimmt); aus lat. *trans* „hinüber" und *vestitus* „Bekleidung", zu *vestire* „(be)kleiden", zu *vestis* „Gewand, Kleidung"
transzendent die Grenzen des sinnlich Wahrnehmbaren überschreitend, übersinnlich; aus lat. *transcendens,* Gen. *-entis,* Part. Präs. von *transcendere* „hinübersteigen, überschreiten", aus *trans* „hinüber" und *scandere* (in Zus. *-scendere*) „steigen, sich erheben"
Trapez Viereck mit zwei parallelen

Seiten; Schwebe-, Schaukelreck; aus griech. *trapeza* „Tisch", eigentlich „Vierfuß", über eine unbelegte Zwischenform aus *tetra* (in Zus. für *tessares, tettares*) „vier" und *peza* „Fuß, äußerste Spitze, unteres Ende", zu *pous* „Fuß"

Trapp ein Ergußgestein, das in treppenartig sich überlagernden Schichten vorkommt; aus schwed. *trapp,* zu *trappa* „Treppe"

Trapper nordamerik. Pelztierjäger; engl. *trapper* „Pelztierjäger, Fallensteller", zu *trap* „Falle, Schlinge", aus mengl. *trappe,* mndrl. *trap, trappe,* fränk. *trappa* „Falle", zum germ. Verbalstamm **trap-* „treten"

Trappist Angehöriger des Trappistenordens, eines frz. Mönchsordens; nach dem Kloster *La Trappe* im Département Orne, vielleicht aus *trappe* „Falle", wegen des engen Taleingangs, aus fränk. *trappa* „Falle"

Traps Rohrstück in Abwasserleitungen, das den Rückstrom von Gasen verhindert, Geruchverschluß; wahrscheinlich aus engl. *trap* „Falle", weil der *Traps* etwas herein-, aber nicht hinausläßt

Traß ein vulkan. Tuff, der zu Zement oder Beton verwendet wird; aus ital. *terrazzo* „Fußboden aus Zement", zu *terra* „Erde"

Trasse festgelegte Linie für eine Straße oder Bahnstrecke; aus ital. *trassi* „ich habe gezogen, geführt", zu *trarre* „ziehen, führen", aus lat. *trahere* „ziehen"

Tratte gezogener Wechsel; aus ital. *tratta* in ders. Bed., eigtl. „das Ziehen, Zug", zu *tratto* „gezogen", Part. Perf. von *trarre* aus lat. *trahere* „ziehen"

Trauma Wunde, seelische Erschütterung; aus griech. *trauma* „Wunde, Leck", zu *titroskein* „durchbohren, verwunden", zu *teirein* „reiben, aufreiben"

Travellerscheck Reisescheck; aus engl. *traveller* „Reisender" (und →*Scheck*), zu *to travel* „reisen", urspr. vermutlich „sich mühsam oder umständlich über weite Strecken fortbewegen", aus mengl. *travellen, travaillen* „sich abmühen, plagen", aus altfrz. *traveiller, travaillier* „belästigen, quälen", aus vulgärlat. **tripaliare* „mit dem Tripalium foltern", zu **tripalium* „Folterwerkzeug aus drei Pfählen", aus lat. *tripalis* „aus drei Pfählen bestehend", aus *tri-* (in Zus. für *tres*) „drei" und *palus* „Pfahl"

travers quer, schräg; aus frz. *travers* „Quere, Schräge", aus lat. *traversus, transversus* „quergehend, schräg", →transversal

Travertin Kalksinter, Kalktuff, bes. des Sabinergebirges; aus ital. *travertino,* aus lat. *lapis tiburtinus* „tiburtinischer Stein, Stein aus Tivoli", zu *Tibur,* Gen. *Tiburis,* „Tivoli"

Travestie satirische Umdichtung eines Literaturwerkes, wobei nur die Form, nicht der Inhalt verändert wird; aus frz. *travesti* „Vermummung, Verkleidung, lächerliche Rolle", zu *travestir* „verkleiden, ein erhabenes Gedicht durch andere Einkleidung lächerlich machen", aus lat. *trans* „hinüber" und *vestire* „(be)kleiden", zu *vestis* „Gewand, Kleidung"

Trawl Grundschleppnetz; engl. *trawl* in ders. Bed., zu *to trawl* „schleppen", wahrscheinlich zu *to trail* „schleppen, ziehen", aus mengl. *trailen* „ziehen", aus vulgärlat. **tragulare* „ziehen, schleppen", zu lat. *tragula* „Zieh-, Schleppnetz", zu *trahere* „ziehen, schleppen"

Treatment Vorstufe des Drehbuchs mit Dialogen und Handlungsabläufen; aus engl. *treatment* „Behandlung; Verfahren; Bearbeitung", zu *to treat* „behandeln, bearbeiten" (aus mengl. *treten* aus altfrz. *tretier, traitier* „behandeln, (mit etwas) umgehen", aus lat. *tractare* „umgehen mit, handhaben, bearbeiten", eigtl. „herumschleppen, -ziehen", Frequentativum zu *trahere* „ziehen") und Suffix *-ment* zur Bezeichnung einer Handlung oder ihres Ergebnisses

trecken mit einem Treck (Zug) wandern; ziehen, schleppen; ndrl. *trekken* „ziehen, sich (an einen Ort) begeben", zu *trek* „Zug, Federzug, Vogelzug"

Treff *Kartenspiel:* Kleeblatt; aus frz. *trèfle* „Kleeblatt, Treff", aus lat. *trifo-*

lium „Dreiblatt, Klee“, → Trifolium
Trekking Wandern im Hochgebirge mit Trägern; zu → *trecken*
Trema Zeichen über einem von zwei nebeneinanderstehenden Vokalen, die getrennt auszusprechen sind, z.B. Alëuten; aus griech. *trema* „Loch, Öffnung“, zu *tetrainein* „durchbohren“
Trematode als Schmarotzer lebender Plattwurm, Saugwurm; aus griech. *trema,* Gen. *trematos,* „Loch, Öffnung“, wegen der stark entwickelten Saugnäpfe
Tremolo Beben (beim Singen), schnelles Wiederholen zweier Töne oder Akkorde im Wechsel (bei Streich- und Tasteninstrumenten); aus ital. *tremulo, tremolo* in ders. Bed., aus lat. *tremulus* „zitternd“, zu *tremere* aus griech. *tremein* „zittern“
Tremor *Med.:* Zittern; aus lat. *tremor* „das Zittern“, zu *tremere* aus griech. *tremein* „zittern“
Trend Richtung (einer Entwicklung); aus engl. *trend* „Richtung, Neigung, Bestrebung, Entwicklung“, zu *to trend* „eine Richtung haben oder nehmen, sich neigen“, aus mengl. *trenden,* altengl. *trendan* „rollen“, zu *trendel, tryndel* „Kreis, Rad, Ring“, zu mnddt. *trendeln* „rundum wälzen“, zu *trent* „kreisrund“
Trepan chirurgisches Gerät zum Anbohren des Schädels; aus lat. *trepanum,* griech. *trypanon* „Bohrer“, zu *trypan* „bohren“
Tresor Stahlschrank oder unterirdischer, gesicherter Raum mit Stahlschränken; aus griech. *thesauros* „Vorrats-, Schatzkammer“
Tresse Borte, Besatz (meist aus Gold- oder Silberfäden); aus frz. *tresse* „Haarflechte“, aus griech. *thrix,* Gen. *trichos,* „Haar(e), Locke“ oder aus griech. *tricha* „dreifach“
Triade Dreiheit; aus griech. *trias,* Gen. *triados,* „Dreizahl, Dreiheit“, zu *treis, tria* „drei“
Triangel Musikinstrument aus einem zum Dreieck gebogenen Metallstab; dreieckiger Riß (im Stoff); aus lat. *triangulum* „Dreieck“, aus *tres* (in Zus. *tri-*) „drei“ und *angulus* „Ecke, Winkel“, vielleicht zu *uncus* „Haken, Klammer“
Trias untere Formation des Mesozoikums; aus griech. *trias* „Dreiheit“, wegen der Dreigliederung der Sedimente im mitteleuropäischen Raum
Tribadie Homosexualität oder Selbstbefriedigung bei Frauen; aus lat. tribas, Gen. tribadis, griech. *tribas* „Frau, die mit anderen Frauen Unzucht treibt, ‚Reiberin‘“, zu *tribein* „reiben“
Tribalismus Stammesbewußtsein, stammesgebundene Politik; aus engl. *tribalism* „Stammeszugehörigkeit, Zugehörigkeitsgefühl zu einem Stamm“, zu *tribe* „Volksstamm, Sippe, soziale Gruppe“, aus lat. *tribus,* der Bezeichnung für jeden der drei Volksstämme, in die das römische Volk nach seiner Abstammung eingeteilt war, eigtl. „Drittel“, zu *tres* (in Zus. *tri-*) „drei“, → Tribut
Tribun *im alten Rom:* Bezirksbeamter; Beamter zum Schutz des Volkes gegen Beamtenwillkür, Volkstribun; lat. *tribunus,* urspr. „Vorsteher eines der drei Tribus“, der drei Volksstämme, in die das römische Volk nach seiner Abstammung eingeteilt war; *tribus* bedeutet eigtl. „Drittel“, zu *tres* (in Zus. *tri-*) „drei“, → Tribut
Tribüne Rednerbühne; Gerüst mit Sitzreihen für Zuschauer; aus frz. *tribune* „Rednerbühne, Galerie“, aus ital. *tribuna* „Rednerbühne“, aus lat. *tribunal* „halbkreisförmige Erhöhung oder Bühne (auf der die Tribunen während ihrer Amtshandlungen saßen), Gerichtshof“, → Tribun
Tribut Beitrag, Steuer; aus lat. *tributum* „öffentliche Abgabe, Steuer, Beitrag, der auf die einzelnen Bürger verteilte, von ihnen aufzubringende Gesamtbetrag an Abgaben“, zu *tribuere* „zuteilen, austeilen, verteilen“, zu *tribus* „ein Drittel des röm. Volkes“ (d.h. einer der drei Volksstämme, in die das röm. Volk seiner Abstammung nach eingeteilt war), „Gau, Bezirk für Steuererhebung und Aushebung“, aus *tres* (in Zus. *tri-*) „drei“ und der idg. Wurzel **bhu-, bheu-* „wachsen“
Trichine in den Muskeln mancher

Säugetiere schmarotzender Fadenwurm; aus griech. *trichinos* „aus Haaren hergestellt, hären", zu *thrix,* Gen. *trichos,* „Haar"

Trichotomie Dreiteilung; aus griech. *tricha* „dreifach, dreiteilig" (zu *tris* „dreimal", *treis, tria* „drei") und *tome* „Schnitt", zu *temnein* „schneiden"

Trick Kunstgriff; engl. *trick* in ders. Bed., aus mengl. *trik* aus pikard. *trique* „Betrug", zu altfrz. *trechier, trichier* „betrügen", weitere Herkunft nicht bekannt

Trident Dreizack; aus lat. *tridens,* Gen. *-entis,* „Dreizack (der Fischer)", aus *tres* (in Zus. *tri-*) „drei" und *dens,* Gen. *dentis,* „Zahn, Zinke"

Triennium Zeitraum von drei Jahren; lat. *triennium* in derselben Bedeutung, aus *tres* (in Zus. *tri-*) „drei" und *annus,* Pl. *anni,* „Jahr"

Trifolium Klee, eigtl. Dreiblatt; aus lat. *tres* (in Zus. *tri-*) „drei" und *folium* „Blatt"

Triforium *in romanischen und gotischen Kirchen:* Galerie mit dreifachen Bogenstellungen; aus lat. *tres* (in Zus. *tri-*) „drei" und *foris* „Eingang, Öffnung"

Trigeminus der aus drei Ästen bestehende V. Hirnnerv, der Gesicht und Kaumuskeln versorgt; aus lat. *trigeminus* „dreifach", zu *tres* (in Zus. *tri-*) „drei" und *geminus* „doppelt, zweifach, Zwilling"

Triglyph *am Fries des dorischen Tempels:* schlitzförmig dreigeteiltes, senkrechtes Feld; aus griech. *triglyphos* in derselben Bedeutung, aus *tri-* „drei-" und *glyphe* „Schnitzwerk, Skulptur", zu *glyphein* „einschneiden, einmeißeln"

Trigon Dreieck; aus griech. *trigonon* „Dreieck", aus *tri-* „drei-" und *gonia* „Winkel, Ecke"

Trigonometrie Berechnung von Dreiecken; aus → *Trigon* und griech. *metrein* „messen"

Triklinium *im alten Rom:* Speiseraum mit dem an drei Seiten von Liegestätten umgebenen Eßtisch; aus lat. *triclinium,* griech. *triklinon* in derselben Bedeutung, aus griech. *tri-* „drei-" und *kline* „Lager, Bett, Ruhebett", zu *klinein* „neigen, sich neigen, lehnen, anlehnen"

Trikolore dreifarbige Fahne, bes. die der frz. Republik; aus frz. *drapeau tricolore* „dreifarbige Fahne", aus lat. *tricolor* „dreifarbig", aus *tres* (in Zus. *tri-*) „drei" und *color* „Farbe"

Trikot gewirkter Stoff; hautenges Kleidungsstück daraus; frz. *tricot* in ders. Bed., Herkunft nicht geklärt, vielleicht zu *tricoter* „stricken, klöppeln"; nach anderer Deutung nach dem Ort *Tricot* in Nordfrankreich, wo es viel Textilindustrie gibt

Trilobit ausgestorbener Gliederfüßer, dessen Panzer sowohl längs als auch quer dreifach gegliedert ist, Dreilappkrebs; aus griech. *tri-* (in Zus. für *treis*) „drei" und *lobos* „Lappen, Hülse, Schote"

Trilogie aus drei selbständigen Teilen bestehendes Literaturwerk; aus griech. *trilogia* „Zyklus aus drei Tragödien", aus *tri-* „drei-" und *logos* „Rede, Erzählung, Schriftwerk", zu *legein* „sagen, reden, erzählen"

Trimaran Segelboot mit drei Rümpfen; aus lat., griech. *tri-* „drei-" und dem zweiten Teil von → *Katamaran*

trimer dreiteilig; aus griech. *tri-* „drei-" und *meros* „Teil"

Trimester ein Drittel eines Studienjahres; aus lat. *trimestris* „dreimonatig", eigtl. *trimenstris,* aus *tres* (in Zus. *tri-*) „drei" und *mensis* „Monat"

Trimeter aus drei Versfüßen bestehender Vers; aus lat. *trimetrus,* griech. *trimetros* in derselben Bedeutung, aus griech. *tri-* „drei-" und *metron* „Maß", zu *metrein* „messen"

trimmen *allg.:* in einen gewünschten Zustand bringen; aus engl. *to trim* „in Ordnung bringen, zurechtmachen", aus mengl. *trimen,* altengl. *trymian, trymman* „festmachen, stärken, in Ordnung bringen", zu *trum* „fest, stark"

trimorph dreigestaltig; aus griech. *tri-* „drei-" und *morphe* „Gestalt"

Trinität Dreieinigkeit, Dreifaltigkeit; aus lat. *trinitas,* Gen. *-atis,* „Dreizahl", übertr., kirchenlat. „Dreieinigkeit", zu *trinus* „je drei", zu *tres* „drei"

Trinom dreigliedriger Ausdruck; aus griech. *tri-* „drei-“ und *onoma* „Name, Benennung“

Trio Musikstück für drei verschiedene Instrumente sowie die Ausführenden; ital. *trio* in ders. Bed., zu *tre* „drei“

Triözie Vorhandensein von männlichen, weiblichen und zwittrigen Blüten auf verschiedenen Pflanzen derselben Art, Dreihäusigkeit; aus griech. *tri-* (in Zus. für *treis*) „drei“ und *oikos* „Haus“

Trip Ausflug, kleine Reise; engl. *trip* in ders. Bed., ältere Bedeutung „leichte Bewegung mit dem Fuß“, zu *to trip* „leichtfüßig gehen, trippeln, hüpfen“, über mengl. *tripen, trepen* aus altfrz. *triper, treper* „tanzen“, aus got. *trippôn* „trippeln, hüpfen, springen“

Tripel drei zusammengehörige Dinge; aus frz. *triple* „dreifach“, aus lat. *triplex,* Gen. *-plicis,* „dreifach“, aus *tres* (in Zus. *tri-*) „drei“ und *plexum* „Geflochtenes“, zu *plectere* „flechten, zusammenfügen“

triphibisch zu Lande, zu Wasser und in der Luft; sprachlich nicht korrekte Weiterbildung von → *Amphibie* mit der lat. und griech. Vorsilbe *tri-* „drei-“

Triphthong drei nebeneinanderstehende, ineinander übergehende vokalische Laute, wie in frz. *ouaille* [uaj] „Schaf“; aus griech. *tri-* „drei-“ und *phthoggos* „Ton, Laut“

Tripmadam eine Gewürz- und Gemüsepflanze, Art der Fetthenne; aus frz. *tripe-madame, trique-madame* „Hauswurz, Weißer Mauerpfeffer“; die Deutung ist unsicher, vielleicht aus frz. *tétin-madame* „weibliche Brustwarze“, *tétin* „Brustwarze“, zu *tétine* „Brust der Säugetiere, Zitze, Euter“, Ableitung von altfrz. *tete* „Zitze“, oder aus *trique* „Eingeweide“; die erste Deutung würde zu „Hauswurz“ passen, da diese rosettenartig angeordnete Blätter bildet, die eine entfernte Ähnlichkeit mit einer Brustwarze haben, die zweite Deutung paßt eher zum „Weißen Mauerpfeffer“, dessen fleischige, am Boden kriechende, rasenbildende Sprosse einen Vergleich mit Eingeweiden nicht ausschließen, allerdings bleibt dann der Bestandteil „madam“ ungeklärt

Tripodie Einheit aus drei gleichen Versfüßen; aus griech. *tripous,* Gen. *-podos,* „dreifüßig“, aus *tri-* „drei-“ und *pous,* Gen. *podos,* „Fuß“

Triptychon aus drei beweglich miteinander verbundenen Teilen bestehendes Bild, bes. Altarbild; aus griech. *triptychos* „aus drei Schichten bestehend, dreifach“, aus *tri-* „drei-“ und *ptyche,* auch *ptyx,* Gen. *ptychos,* „Falte, Schicht“, zu *ptyssein* „falten“

Triptyk dreiteiliger Schein für den Grenzübertritt von Kraft- und Wasserfahrzeugen; nach → *Triptychon* gebildet

trist traurig, öde; aus frz. *triste* „betrübt, niedergeschlagen, schwermütig, freudlos, armselig“, aus lat. *tristis* „traurig, verstimmt, verdrießlich, unfreundlich; streng, rauh, trocken, kalt, hart“

Triton[1] *griech. Myth.:* Meergottheit, halb Mensch, halb Fisch; nach *Triton,* dem Sohn des Poseidon und der Amphitrite

Triton[2] Kern eines Tritiumatoms; aus griech. *triton* „das dritte“

Triumph Freude, Genugtuung über einen Sieg; aus lat. *triumphus,* altlat. *triumpus* „feierlicher Einzug des siegreichen Feldherrn, Siegesfeier“; das Wort stammt aus einem dreimaligen Ausruf beim feierlichen Umzug der Fratres Arvales (Arvalbrüder, 12 Priester, denen der Kult der Ackergöttin Dea Dia oblag, zu *arvum* „Saatfeld, Flur“) *io triumpe,* was man mit „heißa triumpus“ wiedergeben kann; Herkunft und wörtliche Bedeutung des Wortes sind unklar, es gibt dafür zwei Deutungen: 1. *triumpus* nannte man den Festzug, das Wort soll über etruskische Vermittlung, die nicht bekannt ist, aus griech. *thriambos* übernommen worden sein, was sowohl der Name eines Liedes zu Ehren des Gottes Dionysos wie auch der Beiname des Gottes war; griech. *thriambos* ist, wie Jambus und Dithyrambus, Fremdwort und stammt wohl aus einer vorgriech. Sprache; 2. die andere Deutung führt *triumphus, triumpus* ebenfalls auf den dreimaligen Ausruf der Arvalbrüder zurück, sucht den

Ursprung aber im Lat., was wegen der vom Griech. abweichenden Schreibung (lat. t, griech. th) nicht abwegig ist, und zwar sei der Ruf *io triumpe* im Rhythmus des „Dreischritts" gesungen worden, eines aus drei Schritten bestehenden Tanzes, der später allgemein zum Siegestanz wurde und dessen Name dann auf den Siegeszug des Feldherrn überging; *triumpus* aus *tres,* Gen. *trium,* „drei" und *pes* „Fuß", auch „Versfuß, Schritt" als rhythmische Einheit

Triumvirat Dreimännerkollegium; lat. *triumviratus* „Amt eines Triumvirn", zu *triumvir* „Mitglied der triumviri", eines Gremiums von drei Männern zur Erledigung von Staatsgeschäften, aus *tres,* Gen. *trium,* „drei" und *vir* „Mann"

trivial alltäglich, abgedroschen, platt; aus lat. *trivialis* „dreifach", übertr. „allgemein zugänglich, allbekannt, gewöhnlich", zu *trivium* „Ort, an dem drei Wege zusammenstoßen, Wegkreuzung", danach „allgemein zugängliche, öffentliche Straße", aus *tres* (in Zus. *tri-*) „drei" und *via* „Weg"

Trizeps dreiköpfiger Muskel; aus lat. *triceps* „dreiköpfig", aus *tres* (in Zus. *tri-*) „drei" und *caput* „Kopf"

Trochanter Vorsprung am Oberschenkelknochen, Rollhügel; aus griech. *trochanter* in ders. Bed., zu *trochos* „Rad", eigentlich „Läufer", zu *trochan, trechein* „laufen"

Trochäus Versfuß aus einer langen, betonten und einer kurzen, unbetonten Silbe; aus griech. *trochaios* „Trochäus; laufend", zu *trochan, trechein* „laufen"

Trochit versteinerter Teil des Stiels einer Seelilie; aus griech. *trochos* „Rad", übertr. „runde Scheibe"

Troglodyt Höhlenbewohner; aus griech. *troglodytes* „Höhlenbewohner, bes. die Bewohner Äthiopiens und Südägyptens", aus *trogle* „Höhle, Loch" und *dyein* „ein-, untertauchen"

Trokar hohle Metallnadel mit dreikantiger Spitze (für Punktionen); aus frz. *trocart, trois-quarts* in ders. Bed., mit fehlerhafter Schreibweise aus *trois* „drei" und *carre* „Winkel, Seite"

Troll *nord. Myth.:* dicker, häßlicher Kobold, Unhold; altnord. *troll* in ders. Bed., dazu mhd. *trolle, trol* „Gespenst, Ungetüm, Kobold", ostfries. *trull(e)* „dicke Person", Herkunft unsicher, wahrscheinlich zu ahd., mhd. *trollen* „mit kurzen Schritten laufen"

Trolleybus *engl. und schweizer. Bezeichnung für* Oberleitungsbus; zu engl. *trolley* „Karren; Laufkatze; Kontaktrolle (der Straßenbahn)", wahrscheinlich zu *to troll* „rollen, trudeln"

Trombe Wirbelwind; frz. *trombe* „Wirbelwind" ist unter Einfluß von ital. *tromba* „Trompete" aus *trompe* „Trompete" entstanden, das altfrz. auch „Kreisel" heißt, wahrscheinlich urspr. lautmalend und wegen der Form und Bewegung auf den Wirbelwind übertragen

Trompe *Baukunst:* trichterartige Nische (mit der Öffnung nach unten); frz. *trompe* in derselben Bedeutung, außerdem „Trompete, Jagdhorn"; wegen der Trichterform des Instruments wurde die Bezeichnung auf den Bauteil übertragen

Trompete ein Blechblasinstrument; frz. *trompette* „Trompete", zu *trompe* „Jagdhorn", fränk. **trumpa* „Röhre"

Trope bildlicher Ausdruck; aus griech. *trope* „Wendung, Wechsel, Wandlung, Veränderung" und *tropos* „Ausdrucksweise, Redefigur, Redewendung", beides zu *trepein* „wenden"

Tropen heiße Zone der Erde zwischen den beiden Wendekreisen; aus griech. *trope* „Wendung, Umkehr, Wendepunkt" (nämlich der Sonne; *trope heliou* „Sonnenwende"), zu *trepein* „drehen, wenden"

Trophäe Siegeszeichen; aus spätlat. *trophaeum,* lat. *tropaeum,* griech. *tropaion* „Siegeszeichen, Siegesdenkmal" (bei den Griechen meist eine Holzsäule, an die die erbeuteten Waffen gehängt wurden, bei den Römern meist eine Säule, ein Bogen o.ä. aus Stein oder Erz), zu *trope* „Wendung, Umkehr; Sieg, Niederlage", zu *trepein* „drehen, wenden"

...trophie *in Zus.:* Ernährung; aus griech. *trophe* „Nahrung, Ernährung", zu *trephein* „ernähren"

Trophobiose Form der Symbiose, bei dem ein Tier dem andern die Nahrung liefert und dafür von diesem geschützt wird, z.B. Blattläuse in Ameisenstaaten; aus griech. *trophos* „Ernährer" (zu *trophe* „Nahrung") und *bios* „Leben, Lebensweise"
Tropismus durch äußeren Reiz ausgelöste, gerichtete Bewegung von festsitzenden Tieren und Pflanzen; aus griech. *trope* „Drehung, Wendung", zu *trepein* „drehen, wenden"
Tropophyt an starken Wechsel zwischen niederschlagsreicher und -armer Jahreszeit angepaßte Pflanze; aus griech. *tropos* „Wendung" und *phyton* „Pflanze", zu *phyein* „hervorbringen, wachsen lassen"
Troposphäre unterste Schicht der Erdatmosphäre, in der sich das Wetter abspielt; aus griech. *tropos* „Wendung", übertr. „Art und Weise, Verlauf" und → *Sphäre*
Troß Gesamtheit der Fahrzeuge mit Gepäck, Verpflegung und Ausrüstung einer Truppe; *übertr.:* Gefolge, Anhängerschar; aus mhd. *trosse* „Gepäck", aus mlat. *trossa,* altfrz. *torse* „Bündel", eigtl. „etwas Gebundenes", über vulgärlat. **torsus* aus lat. *tortus* „Gewundenes", zu *torquere* „drehen, winden"
Trosse starkes Hanf- oder Drahtseil; aus mittelniederdt. *trosse,* ndrl. *tros* „Tau, Trosse", zu *torsen* „binden", aus altfrz. *torser* „binden", über mlat. **torsus* aus lat. *tortus* „Gewundenes", zu *torquere* „drehen, winden"
Trottoir erhöhter Fußweg neben der Fahrbahn; frz. *trottoir* in ders. Bed., eigtl. „Weg, auf dem man trippelt", zu *trotter* „mit kurzen Schritten laufen, trippeln"
Troubadour südfrz. (provenzal.) Minnesänger; frz. *troubadour* steht hochsprachlich für prov. *trobador;* der prov. *trobador* und sein Gegenstück, der nordfrz. *trouvère,* entsprechen beide dem hochfrz. *trouveur* „Erfinder", zu frz. *trouver* „finden, erfinden", prov. *trobar* „finden, dichten", altfrz. *trover* „finden, dichten"; die weitere Herkunft ist umstritten, vielleicht spielt (über eine unbelegte Zwischenform **tropare*) lat. *tropus* „bildlicher Gebrauch eines Wortes" eine Rolle; dann wäre die Grundbedeutung „sich in Bildern ausdrücken, in bildlichen Ausdrücken sprechen", doch fehlen die nötigen sprachlichen Brücken (nach Gamillscheg)
Trouble Mühe, Umstände, Schwierigkeiten; aus engl. *trouble* „Sorge, Kummer, Verdruß, Mißgeschick", über mengl. aus altfrz. *trouble, tourble* „Unruhe", zu *troubler* „beunruhigen, trüben", aus vulgärlat. **turbulare* in ders. Bed., aus lat. *turbare* „in Unruhe, Unordnung bringen", zu *turbo* „Wirbel, Wirbelwind, wirbelnde Bewegung"
Troupier altgedienter, erfahrener Offizier (niederen Ranges), Haudegen; frz. *troupier* in ders. Bes., zu *troupe* „Truppe", aus fränk. **throp* „Ansammlung"
Troygewicht *in England und den USA:* Gewicht für Edelmetalle und Edelsteine; aus engl. *troy weight* in ders. Bed., eigtl. „in der Stadt Troyes übliches Handelsgewicht", nach der frz. Stadt *Troyes* im Département Aube, die als Handelsstadt berühmt war und deren Messen vom 12. bis zum 14. Jh. europäische Geltung hatten
Trubel geschäftiges, lärmendes Treiben, lustiges Durcheinander; aus frz. *trouble* „Verwirrung, Unordnung, Unruhe, Störung", aus lat. *turbula* „Lärm", Verkleinerungsform von *turbo* „Verwirrung, Unruhe; Wirbel", zu *turba* „in Verwirrung geratene Menge, Getümmel, Gewühl, Gedränge, Volkshaufe"
Trüffel unterirdisch lebender, rundlicher, knolliger Pilz, Erdschwamm; aus ndrl. *truffel,* frz. *truffe,* aus lat. *tuber,* mundartl. *tufer* „Höcker, Auswuchs, Buckel, Beule, Wurzelknollen", zu *tumere* „schwellen, angeschwollen sein"
Trumpf Karte, die alle andern sticht; volkstümliche Vereinfachung von → *Triumph* mit Bedeutungsverlagerung von „Freude, Genugtuung" auf „höchste, erfolgreichste Karte im Spiel"
Trust Zusammenschluß mehrerer Unternehmen unter einheitlicher Führung; engl. *trust* in ders. Bed. sowie „Treuhand, Pflegschaft; Verwahrung,

Obhut; anvertrautes Gut", eigtl. „Vertrauen, Zuversicht", aus mengl. *trust, trost* aus altnord. *traust* „Trost, Stärke, Hilfe"

Trypanosoma Geißeltierchen; aus griech. *trypanon* „Drillbohrer" (zu *trypan* „bohren") und *soma* „Körper", wegen der spindelförmigen Gestalt mit nur einer Geißel

Tschamara Schnürrock der tschechischen und polnischen Nationaltracht; aus tschech., slowak. *čamara,* aus span. *zamarra* „Schaf-, Lammfelljacke", vielleicht aus bask. *zamar* „Schafwolle"

Tschapka Kopfbedeckung der Ulanen mit viereckigem Oberteil; aus poln. *czapa, czapka* „Mütze", aus altfrz. *chape* (aus lat. *cappa*) „Mantel" und *chapel* „Kopfbedeckung", auch „Kranz", vielleicht durch die Vermittlung von mhd. *schapel, tschapel* „Kranz (als Kopfschmuck)" aus dem Altfrz.

Tschardasch →Csárdás

Tschau! *deutsche Schreibung von* →Ciao!

Tscherwonez urspr. russ. Goldmünze, später Banknote im Wert von zehn Rubel; aus russ. *tscherwonez,* aus poln. *czerwony* „golden, purpurrot"

Tschikosch →Csikós

T-Shirt kurzärmeliges Hemd aus Trikot, meist ohne Kragen; verkürzt aus *Trikot-Shirt,* zu → *Trikot* und engl. *shirt* „Hemd", aus mengl. *shirte,* altengl. *scyrte* „Rock, kurzes Gewand", zu *scort, sceort* „kurz"

Tuba ein Blechblasinstrument; lat. *tuba* „Röhre; Trompete"

Tube röhrenförmiger, biegsamer Behälter; über engl., frz. *tube* aus lat. *tuba* „Röhre"

Tuberkulose eine chronische Infektionskrankheit; Ableitung von *Tuberkel* aus lat. *tuberculum* „kleine Geschwulst, kleiner Höcker", Verkleinerungsform von *tuber* „Auswuchs am Körper, Hökker, Beule", zu *tumere* „aufgeschwollen sein, strotzen"

Tuberose eine mexikan. Zierpflanze; aus lat. *tuberosa,* Fem. zu *tuberosus* „voller Höcker oder Knötchen, knollig", zu *tuber,* Gen. *tuberis,* „Höcker, Buckel, Beule", wegen der Wurzelknollen

Tuff[1] Gestein aus erstarrten, verkitteten vulkan. Auswürfen; aus lat. *tofus, tufus* in derselben Bedeutung, aus dem Oskisch-Umbrischen entlehnt

Tuff[2] Strauß oder Büschel kurzstieliger Blumen; aus frz. *touffe* „Busch, Büschel", aus ndrl. *tuife* „Schopf"

Tukan spechtartiger Vogel Mittel- und Südamerikas; wahrscheinlich ist der Name aus dem Ruf mancher Arten dieser Vogelgruppe entstanden, der ziemlich schrill und krächzend wie *tukaaaan* klingt; der Name „Pfefferfresser", mit dem die Vögel auch bezeichnet werden, ist irreführend, denn sie fressen keinen Pfeffer außer hin und wieder eine Paprikafrucht. Vielleicht ist die Bezeichnung dadurch entstanden, daß der übergroße, rote Schnabel der Vögel im raschen Vorbeifliegen wie eine rote Paprikaschote aussieht

Tularämie auf den Menschen übertragbare Infektionskrankheit der Nagetiere, Hasenpest; nach der kalifornischen Landschaft *Tulare* und aus griech. *haima* „Blut"; die Krankheit wurde zuerst bei Erdhörnchen und anderen kleinen Tieren sowie bei Kaninchenjägern in Tulare beobachtet

Tüll ein feines, netzartiges Gewebe; aus frz. *tulle* in ders. Bed., nach der frz. Stadt *Tulle,* Département Corrèze, wo das Gewebe zuerst hergestellt wurde

Tulpe eine Zierpflanze; aus mhd. *tulipan,* aus frz. *tulipe,* aus türk. *tuliband, tülbend* „Turban", wegen der Ähnlichkeit der geöffneten Blütenkrone mit einem Turban

Tumba Grabdenkmal in Form eines Sarkophags; lat. *tumba* „Grab", aus griech. *tymbos* „Grabhügel", dann auch „Totenkammer", zur idg. Wurzel **tu-* „schwellen"

Tumeszenz Schwellung; aus lat. *tumescens,* Part. Präs. von *tumescere* „schwellen, zu schwellen beginnen", Inchoativum zu *tumere* „geschwollen sein, strotzen"

Tumor Geschwulst; lat. *tumor* „Geschwulst", zu *tumere* „geschwollen, aufgeblasen sein, strotzen"

Tumult Aufruhr, lärmendes, aufgeregtes Durcheinander; aus lat. *tumultus* „lärmende Unruhe, Getöse, Krach, Getümmel, Aufruhr", zu *tumere* „aufbrausen, aufgebracht sein", eigtl. „aufgeschwollen sein, strotzen"

Tumulus vorgeschichtliches Hügelgrab; lat. *tumulus* „Erdhaufen, Erdhügel", zu *tumere* „angeschwollen sein"

Tundra *in den Polargebieten:* baumlose Steppe; aus russ. *tundra* „waldloses, nur mit Gestrüpp bewachsenes Sumpfland", auch „hoher, waldloser Berg", volkstüml. auch „gemähte Stelle", aus finn. *tunturi* „hoher, waldloser Berg" oder lapp. *tundar, tuoddar* „hoher Berg"

tunen einstellen, abstimmen; aus engl. *to tune* in ders. Bed. in Musik und Technik, zu *tune* „richtige Stimmung, Einklang; Harmonie; Melodie, Weise", über mengl. aus altfrz. *ton, tun* „Ton", aus lat. *tonus* „Ton, Spannung"

Tungstein ein Mineral; aus engl. *tungsten,* zu schwed. *tung* „schwer" und *sten* „Stein"; es kommt meist mit Zinn zusammen vor und erschwerte das Ausschmelzen des Zinns

Tunikate sackförmiges, festsitzendes Meerestier, Manteltier; aus lat. *tunicatus* „mit einer Tunika bekleidet", zu *tunica* „ärmelloses, bis auf die Knie reichendes, hemdartiges Untergewand", Fremdwort aus dem Semitischen

Tupamaro Angehöriger einer radikalen, gewalttätigen Gruppe; urspr. Bezeichnung für die Aufständischen in Südamerika gegen die Spanier, nach *Tupac Amaru,* einem Nachkommen der Inkas und Führer des größten Aufstandes in Cuzco in der zweiten Hälfte des 18. Jh.

Turban Kopfbedeckung der Mohammedaner (in der Türkei abgeschafft); aus türk. *tülbend, dülbend,* aus pers. *dulband* in derselben Bedeutung

Turbellarie Plattwurm, der sich mit Hilfe von Wimpern fortbewegt, Strudelwurm; aus lat. *turbellae,* Gen. *turbellarum,* „Lärm, Verwirrung, Bewegung", zu *turba* „Verwirrung, Gedränge, verworrene Masse, Gewimmel" und *turbo* „Wirbel, Windung, Kreisel"

Turbine Kraftmaschine zur Umsetzung der Strömungsenergie von Gas oder Wasser in eine kreisende Bewegung; aus lat. *turbo,* Gen. *turbinis,* „alles, was sich kreisförmig bewegt, Wirbel, Kreisel", zu *turba* „Verwirrung, Gewühl, Gedränge", aus griech. *tyrbe* in derselben Bedeutung, zur idg. Wurzel **tur-, *twer-* „drehen, quirlen, verwirren"

Turbulenz ungeordnete Strömung; wirbelndes Durcheinander; aus lat. *turbulentia* „Unruhe, Verwirrung", zu *turba* „Verwirrung, Getümmel", → Turbine

Turf Pferderennbahn; Pferderennen; Pferderennsport; engl. *turf* in ders. Bed. sowie „Rasenplatz", über mengl., altengl. aus schwed., altnord. *torf* „Rasen", *torfa* „Rasenscholle"

Turgeszenz *Bot.:* Straffheit der Pflanzenzellen; *Med.:* Anschwellung, Blutreichtum; aus lat. *turgescens,* Part. Präs. von *turgescere* „anschwellen, zu schwellen beginnen", Inchoativum zu *turgere* „angeschwollen sein, strotzen"

Turmalin ein Mineral, ein Edelstein; aus frz. *tourmaline,* aus singhales. *turamali* „roter Stein" (er kann allerdings auch in anderen Farben auftreten)

Turnier *früher:* ritterliches Kampfspiel; *heute:* sportlicher Wettkampf größeren Ausmaßes; aus mhd. *turnier* „Kampfspiel", dazu *turnieren* „das Pferd tummeln", aus mlat. *torneare, torniare, turniare,* altfrz. *torneier* „an einem Kampfspiel teilnehmen, das Pferd tummeln, wenden, drehend bewegen", aus lat. *tornare* „drechseln, runden", zu *tornus* „Dreheisen"

Turnüre *im 19. Jh.:* Polster, Wulst hinten unter dem Kleiderrock; aus frz. *tournure* in ders. Bed. sowie „Wendung, Drehung", aus spätlat. *tornatura* „Gedrechseltes", zu lat. *tornare* „runden, drechseln", zu *tornus* „Dreheisen", wegen der runden Form des Polsters

Turnus regelmäßiger Wechsel, festgelegter Umlauf oder Ablauf; aus mlat. *turnus* aus lat. *tornus* „Dreheisen", aus griech. *tornos* „Dreheisen, Zirkel", eigtl. „Umlaufendes"

Tusch nacheinander erklingender Dreiklangstoß der Musikkapelle; aus frz. *touche* „Anschlag (am Klavier), Berühren", zu *toucher* „berühren", aus vulgärlat. **toccare* „(die Glocke) anschlagen, berühren", aus lat. *tangere* „berühren"

Tusche Zeichentinte; Rückbildung zu → *tuschieren*

tuschieren Metall t.: Unebenheiten durch Tusche sichtbar machen und dann glätten; aus frz. *toucher* „Drukkerschwärze, Farben auftragen", eigtl. „berühren", über vulgärlat. **toccare* aus lat. *tangere* „berühren"

Tutel Vormundschaft; aus lat. *tutela* „Fürsorge, Obhut, Schutz, Vormundschaft", zu *tueri* „in Obhut, in Schutz nehmen, bewahren"

Tutiorismus die Einstellung, zwischen zwei Möglichkeiten immer die sicherere zu wählen; aus lat. *tutior,* Komparativ von *tutus* „sicher, gefahrlos", zu *tueri* „beschützen, verteidigen, decken"

Tutor Vormund; älterer Student als Ratgeber jüngerer Studenten; lat. *tutor* „Beschützer, Vormund", eigtl. *tuitor,* zu *tueri* „beschützen, verteidigen, bewahren"

Tuttifrutti Süßspeise aus Früchten, Speiseeis mit Früchten; ital., „alle Früchte", zu *tutto* „ganz, alles" (aus lat. *totus* „ganz") und *frutto* „Frucht" (aus lat. *frux,* Gen. *frugis,* „Frucht")

Tweed kräftiges, kleingemustertes Mischgewebe; engl. *tweed* in ders. Bed., in Anlehnung an den Fluß *Tweed,* der durch das Gebiet fließt, in dem diese Stoffe hergestellt werden, aus *twill* „Tuch in Köperbindung", aus mengl. *twylle* aus altengl. *twili,* zu *twilic* „doppelt gewebt", aus *twi-* „zwei-" und vielleicht aus lat. *licium* „Faden, Querfaden"

Twen Mann oder Mädchen zwischen 20 und 29 Jahren; nach dem Muster von → *Teenager* gebildet aus engl. *twenty* „zwanzig"

Twist 1 aus mehreren Fäden gedrehtes Baumwollgarn; engl. *twist* in ders. Bed., zu *to twist* „drehen, wickeln"; **2** Modetanz mit ausgeprägten Drehungen bes. der Hüften; engl. *twist* in ders. Bed. sowie „Wendung, Drehung, Verdrehung"; beides aus altengl. *twist* „Seil", eigtl. „aus zwei Fäden oder Strängen Zusammengedrehtes", zu altnord. *tvîstra* „teilen", got. *twis* „entzwei", ahd. *zwiski* „zweifach"

Tychismus Lehre, daß alles Geschehen vom Zufall beherrscht werde; aus griech. *tyche* „Zufall, Glücksumstand, Schicksal, Geschick", eigentlich „das, was den Menschen trifft", zu *tygchanein* „treffen, begegnen"

Tympanon oft mit Reliefs oder Malerei verziertes Feld über Fenstern und Türen, Bogenfeld; zu → *Tympanum* „Pauke", da es oft die Form einer umgekehrten Pauke hat

Tympanum Trommelfell; Kesselpauke; aus lat. *tympanum,* griech. *tympanon* „Handpauke, Handtrommel", zu *typtein* „schlagen"

Typ (Typus) Urbild, Urform, Muster; Bauart; Gepräge; Gattung; aus lat. *typus,* griech. *typos* „Schlag, Gepräge; Gestalt; Muster, Vorbild", zu *typtein* „schlagen"

Typhon *veraltet* für Wirbelsturm; griech. *typhon* „Wirbelsturm, Orkan", aus → *Taifun*

Typhus eine fieberhafte Infektionskrankheit; aus griech. *typhos* „Nebel, Dunst", wegen der Benommenheit und Apathie in vielen Fällen

Typographie Buchdruckerkunst; Gestaltung des Schriftsatzes; aus griech. *typos* „Schlag" und *graphein* „schreiben"

Typologie Lehre von den (Menschen-)Typen; aus → *Typ* und griech. *logos* „Wort, Lehre, Kunde", zu *legein* „sagen, sprechen, erklären"

Typoskript maschinengeschriebenes Manuskript; aus griech. *typos* „Schlag" und lat. *scriptum* „das Geschriebene, Schrift, Schriftwerk", zu *scribere* „schreiben"

Typus → Typ

Tyrann Gewaltherrscher; aus griech. *tyrannos* „Alleinherrscher; Gewaltherrscher", weitere Herkunft nicht bekannt

U

überkandidelt *ugs.:* überspannt, ein bißchen verrückt; aus nddt. *kandidel, kanditel* „vergnügt, lustig, munter“, aus lat. *candidus* in der übertr. Bedeutung „heiter, glücklich“ (eigtl. „weiß, glänzend, strahlend“) und der Formel *dideldum, dideldei,* die eine heitere, einfache Melodie andeutet

Ubiquist über die ganze Erde verbreitete Tier- oder Pflanzenart; aus lat. *ubique* „wo auch immer, überall“, aus *ubi* „wo“ und *-que* „und“

Ukas *früher:* Erlaß des Zaren; *allg.:* Befehl, Verordnung; aus russ. *ukasat* „befehlen“, aus *u* „von jmdm. oder etwas weg, zu jmdm. oder etwas hin“ und *kas* „weisen, anweisen“

Ukelei ein Karpfenfisch; aus poln. *ukleja* als Bezeichnung für den Fisch, in ähnlicher Form in fast allen slaw. Sprachen, Herkunft jedoch unbekannt

Ukulele kleine, urspr. portugies. Gitarre mit vier Saiten; aus hawai. *uku lele* „hüpfender Floh“, vielleicht nach dem hawaiischen Spitznamen des brit. Offiziers Edward Purvis, der klein und behende war und der das Instrument, das 1879 von den Portugiesen nach Hawaii gebracht worden war, dort volkstümlich machte (nach Kawena-Pukui-Elbert, Hawaiian Dictionary, Honolulu 1971)

Ulan *urspr.:* poln. leichtbewaffneter Reiter; *in Deutschland bis zum 1. Weltkrieg:* Angehöriger der schweren Kavallerie; aus russ., poln., serb. *ulan,* aus türk. *oğlan* „Knabe, junger Mann“, zu *oğul, oğlu* „Sohn“

Ulkus Geschwür; aus lat. *ulcus* „Geschwür“, aus griech. *helkos, *elkos* „Wunde, Geschwür“

Ultima ratio letztes Mittel, letzter Ausweg; aus lat. *ultima,* Fem. von *ultimus* „der Letzte, Äußerste, am weitesten Entfernte“ und *ratio* „Vernunft, vernünftige Überlegung“, zu *reri* „urteilen, vernünftigerweise bestimmen, meinen“

Ultimatum befristete, mit einer Drohung verbundene Aufforderung; aus lat. *ultimum* „das Letzte, Äußerste“, zu **ulter* „jenseitig, drüben befindlich“

Ultramarin blauer Mineralfarbstoff; aus lat. *ultra* „jenseits“ und *mare* „Meer“, also „von jenseits des Meeres (= des Mittelmeeres) stammend“; der Rohstoff für diese Farbe, der Lapislazuli, wurde aus dem Vorderen Orient eingeführt

ultramontan streng päpstlich gesinnt (von den Ländern nördlich der Alpen her gesehen); aus lat. *ultra* „jenseits“ und *montana* „Berg-, Gebirgsgegend“, zu *mons,* Gen. *montis,* „Berg“

ulzerieren geschwürig werden; aus lat. *ulcerare* „schwären“, zu → *Ulkus*

Umbralglas Glas für Sonnenbrillen; aus lat. *umbra* „Schatten“

Undine weibl. Wassergeist; von Paracelsus (1493–1541) gebildetes Wort (ältere Formen: *undene, undena*), in Anlehnung an lat. *unda* „Welle“

unifizieren vereinheitlichen; aus lat. *unus* „ein, einer“ und *facere* (in Zus. *-ficere*) „machen“

Uniform einheitliche Dienstkleidung; aus lat. *uniformis* „einförmig, einfach“, aus *unus* „einer“ und *forma* „Form, Gestalt, Äußeres“

Unikum Einziges (in seiner Art), etwas Seltenes; aus lat. *unicum* „Einziges in seiner Art“, zu *unum* „eines“

Union Vereinigung; aus lat. *unio,* Gen. *unionis,* „Vereinigung, Einheit“

Unisono einstimmiger Gesang, einstimmiges Spiel sowie Gesang, Spiel in Oktaven; aus ital. *unisono* „Gleichklang“, aus spätlat. *unisonus* „eintönig“, aus lat. *unus* „einer“ und *sonus* „Ton“

Unitarismus Streben nach Einheit, nach einer Zentralgewalt (im Staat); Ableitung von *Unität* „Einheit“, aus lat. *unitas,* Gen. *-atis,* „Einheit, Gleich-

heit", zu *unum* „nur eines, einziges"
Universität Hochschule; aus lat. *universitas,* Gen. *-atis,* „Gesamtheit, Kollegium", zu *universus* „in eines gekehrt, ganz, gesamt, sämtlich", aus *unum* „eines" und *versus* „gewendet", zu *vertere* „wenden, drehen"
Universum Weltall; lat. *universum* „das Ganze, Gesamte, Weltall", eigtl. „das in eins Gewendete, in eins Zusammengefaßte", aus *unum* „eines" und *versus* „gewendet", zu *vertere* „wenden"
Unktion *Med.:* Einreibung, Salbung; aus lat. *unctio,* Gen. *-onis,* „das Salben, Salbe", zu *ungere* „salben, bestreichen"
Unze[1] alte Gewichtseinheit, früher auch als Zahlungsmittel; aus lat. *uncia* „zwölfter Teil eines Asses" (einer Einheit, zu *as* „Einheit, Ganzes"), „Zwölftel", zu *unum* „eines"
Unze[2] Schneeleopard; aus frz. *once* „Leopardenart", aus ital. *lonza* „Luchs, Panther, Leopard" (das anlautende l wurde im Frz. als Artikel verstanden und deshalb abgetrennt), aus lat. *lynx,* Gen. *lyncis,* „Luchs", aus griech. *lygx* „Luchs", → Luchs
Unziale mittelalterliche griech. und röm. Schrift aus abgerundeten Großbuchstaben; aus lat. *uncialis* „ein Zwölftel betragend", zu *uncia* „Zwölftel", als Längenmaß „Zoll" (zwölfter Teil eines Fußes), also „zollhohe Schrift"
up to date zeitgemäß, der Mode entsprechend, auf dem laufenden; engl., „bis heute", wörtlich „bis (herauf) zum (gegenwärtigen) Datum", aus *up* „herauf", *to* „zu" und *date* „Datum, Zeitpunkt", → Datum
Urämie durch mangelhafte Ausscheidung von Urin hervorgerufene Krankheit, Harnvergiftung; aus griech. *ouron* „Harn, Urin" und *haima* „Blut"
Uran chemisches Element; nach dem Planeten *Uranos,* da beide, das Element und der Planet, ungefähr zur gleichen Zeit entdeckt wurden
Uranismus Homosexualität (bei Männern); nach *Urania,* dem Beinamen der Aphrodite, die von *Uranos* ohne Mutter gezeugt wurde; nach der Sage empörten sich die Söhne des Uranos gegen ihn, und Kronos entmannte ihn und warf das abgeschnittene Glied ins Meer; aus dem sich daran ansetzenden Schaum ging Aphrodite (die „Schaumgeborene") hervor
Uräusschlange eine afrikanische Giftschlange; aus griech. *ouraios,* aus altägypt. *wr(r)jt,* gesprochen *weraje*
urban städtisch; *übertr.:* weltmännisch; aus lat. *urbanus* „zur Stadt gehörig, städtisch", zu *urbs,* Gen. *urbis,* „Stadt", wahrscheinlich aus dem Sumerischen
Urea Harnstoff; aus griech. *ouron* „Harn", verwandt mit Sanskrit *vār-* „Wasser"
Ureter Harnleiter; aus griech. *oureter, ourethra* „Harnleiter", zu *ouron* „Harn, Urin"
Urethroskop Gerät zur Untersuchung der Harnröhre; aus → *Ureter* und griech. *skopein* „sehen, betrachten, untersuchen"
urgent dringend; aus lat. *urgens,* Gen. *urgentis,* Part. Präs. von *urgere* „drängen, treiben"
urgieren *österr.:* dringlich machen; aus lat. *urgere* „drängen, treiben"
Uriasbrief Brief, der dem Überbringer Unheil bringt; nach dem Hethiter *Urias* im AT (2. Buch Samuel, 11. Kap., 14–17); Urias hatte eine sehr schöne Frau, die von David im Bad belauscht und danach zum Ehebruch verleitet wurde; um Urias zu beseitigen, sandte David ihn mit einem Brief zu seinem Feldherrn Joab, in dem er diesem befahl, Urias in den Kampf zu schicken, wo er am härtesten sei, damit er sterbe
Urin Harn; aus griech. *ouron* „Harn", verwandt mit Sanskrit *vār-* „Wasser"
Urne henkelloses Gefäß mit Deckel; aus lat. *urna* „Wasser-, Aschenkrug", eigtl. *urcna,* zu *urceus* „Krug", weitere Herkunft nicht bekannt
Urolith Harnstein; aus griech. *ouron* „Harn" (→ Urin) und *lithos* „Stein"
Urologie Lehre von den Harnorganen; aus griech. *ouron* „Harn" (→ Urin) und *logos* „Wort, Lehre, Kunde", zu *legein* „sagen, sprechen, erklären"
Urtikaria Nesselausschlag; aus lat. *urtica* „Nessel, Brennessel", zu *urere*

„brennen, jucken, brennend schmerzen"

Usambaraveilchen eine Zimmerpflanze; nach ihrer Heimat, der ostafrikanischen Landschaft *Usambara*

Usance Gebrauch, Gepflogenheit; frz. *usance* „Gebrauch", zu *user* „gebrauchen", über vulgärlat. **usare* aus lat. *usus* „Gebrauch, Nutzen", zu *uti* „gebrauchen"

User jmd., der regelmäßig Rauschgift nimmt; engl. *user* „Benutzer, Nutznießer", zu *to use* „gebrauchen", aus mengl. *usen,* altfrz. *user* „gebrauchen", über vulgärlat. **usare* aus lat. *uti* (Perf. *usus*) „gebrauchen, anwenden"

Uso (Uzo) griech. *ouzo,* ein griech. Anisschnaps; das Wort soll so entstanden sein: ein griechischer Spirituosenfabrikant gab eines Tages einem Freund eine Kostprobe seines neuesten Produktes zu trinken, und begeistert rief der Freund aus: „Das ist ouzo Massalías!" (Das ist Marseiller Art!, wobei er das ital. Wort *uso* „Brauch, Gebrauch, übliche Art" in ähnlichem Sinne verwendete); einige Anwesende, die das hörten, wollten nun auch den *ouzo Massalías* versuchen, und von da an bürgerte sich das Wort *ouzo* als Bezeichnung für diesen Schnaps ein (nach Pisani)

Usurpator Thronräuber; aus lat. *usurpare* „beanspruchen, sich widerrechtlich aneignen, sich anmaßen", eigtl. „durch Gebrauch an sich bringen", zu *usus* „Benutzung, Gebrauch" und *rapere* „an sich raffen"

Usus Brauch, Gepflogenheit; lat. *usus* „Gebrauch, Benutzung, Ausübung", zu *uti* „gebrauchen, benutzen"

Ususfruktus Nießbrauch; aus lat. *usus* „Benutzung, Gebrauch" und *fructus* „Nutzung, Nutznießung, Genuß, Ertrag, Einkünfte, Früchte"

Utensilien kleine Gebrauchsgegenstände; aus lat. *utensilia* „brauchbare Dinge", zu *utensilis* „brauchbar", zu *uti* „gebrauchen, benutzen"

Uterus Gebärmutter; lat. *uterus* „Bauch, Unterleib", zu Sanskrit *adhara* „unterer"

Utilitarismus Lehre, daß der Nutzen Grundlage und Zweck des menschlichen Handelns sei; aus lat. *utilitas* „Nützlichkeit, Brauchbarkeit", zu *utilis* „brauchbar, nützlich", zu *uti* „gebrauchen, benutzen"

Utopie Schilderung eines künftigen (gesellschaftlichen) Lebens; *übertr.:* Plan ohne reale Grundlage, Wunschtraum; nach *Utopia,* dem Titel eines Romans von Thomas Morus (1478–1535), der darin einen Idealstaat beschreibt und zugleich Mißstände seiner Zeit anprangert, aus griech. *ou* „nicht" und *topos* „Ort, Land, Gegend", also „Nirgendland"

Utraquist Angehöriger der gemäßigten Richtung der Hussiten, die das Abendmahl in beiderlei Gestalt forderten; aus lat. *utraque* „auf beiden Seiten", zu *uterque* „jeder von beiden, beide", aus *uter* „einer von beiden, welcher auch immer" und *-que* „und"

Uzo → Uso

V

Vabanquespiel Wagnis, bei dem man alles einsetzt; va banque spielen: um den gesamten Einsatz der Bank spielen; aus frz. *va banque* „es gilt (handelt sich um, geht um) die Bank", zu *aller* „sich handeln (um), gehen (um)" und *banque* „Bank"
Vademekum kleines Lehrbuch, das man bei sich tragen kann; lat. *vade mecum* „geh mit mir", Imperativ von *vadere* „gehen" und *mecum = cum me* „mit mir"
vados vadoses Wasser: in der Erdkruste befindliches, von Niederschlägen und Oberflächengewässern herrührendes Wasser; aus lat. *vadosus* „seicht, flach", zu *vadum* „seichtes Wasser", zu *vadere* „waten"
Vagabund Landstreicher; aus lat. *vagabundus* „umherschweifend, unstet", zu *vagari* „umherschweifen"
Vagant *MA:* fahrender Schüler, fahrender Spielmann; aus lat. *vagans,* Gen. *vagantis,* Part. Präs. von *vagari* „umherschweifen"
vage unbestimmt, ungenau, verschwommen; aus frz. *vague* „ohne bestimmte Grenzen, unklar", aus lat. *vagus* „umherschweifend", übertr. „unbestimmt, unbeständig", zu *vagari* „umherschweifen, -ziehen, unstet sein"
vagil frei beweglich, fähig zur Ausbreitung; nach dem Muster von → *sessil* aus lat. *vagus* „umherschweifend" und dem Adverb *vage* „weit umher" gebildet, zu *vagari* „umherschweifen"
Vagina weibliche Scheide; lat. *vagina* „Scheide, bes. Degenscheide"
Vagotonie erhöhte Erregbarkeit des parasympathischen Nervensystems; aus → *Vagus* und lat. *tonus* „Spannung"
Vagus Hauptnerv des parasympathischen Nervensystems; lat. *vagus* „umherschweifend", wegen der weiten Verzweigung des Nervs
Vakanz unbesetzte Stelle; *süddt., veraltet:* Ferien; aus lat. *vacans,* Part. Präs. von *vacare* „leer, unbesetzt sein", zu *vacuus* „leer, frei"
Vakuum nahezu luftleerer Raum; *übertr.:* unausgefüllter, freier Raum; aus lat. *vacuum* „leerer Raum, Leere", zu *vacuus* „leer"
Vakzine Kuhpockenlymphe, Impfstoff; aus lat. *vaccinus* „von Kühen stammend", zu *vacca* „Kuh"
Valenz Wertigkeit; aus lat. *valens,* Part. Präs. von *valere* „gelten, wert sein"
Valeriana eine Heilpflanze, Baldrian; aus frz. *valériane,* aus lat. *Valerianus* „aus der Provinz Valeria" in Pannonien, woher die Pflanze stammt; die Anlehnung an lat. *valere* „gesund, kräftig sein" (wegen der Heilwirkung der Pflanze) ist nur volksetymologisch
Valet *veraltet:* Abschied, Abschiedsgruß; aus lat. *vale, valete* „lebe, lebt wohl", zu *valere* „wohl, munter sein, sich wohl befinden"
Valeurs Farbtonwerte, Abstufung von Licht und Schatten; aus frz. *valeur* „Wert", zu *valoir* „wert sein", aus mlat. *valor* „Wert", zu lat. *valere* „Kraft haben, gelten, vermögen"
Valuta Wert (einer Währung); Geldsorte, Währung; ital. *valuta* „Geld, Geldschein, ausländisches Geld, Währung, Wert", zu *valere* „gelten, gültig sein, wert sein", aus lat. *valere* „Kraft haben, stark sein, gelten, vermögen, wert sein"
Valvation Wertbestimmung; aus frz. *évaluation* „Schätzung, Berechnung", zu frz., altfrz. *value* „Wert", aus lat. *valere* „Kraft haben, gelten, vermögen"
Vampir eine Fledermaus; *im Volksglauben:* blutsaugendes Nachtgespenst; aus russ. *upyr* in derselben Bedeutung, weitere Herkunft unklar; die am nächsten liegende Ableitung ist die aus urslaw. **opyr,* zu *netopir* „Fledermaus"; eine andere, weitverbreitete Deutung aus kasantatarisch *ubyr*

„Hexe" gilt als nicht haltbar
Vanadin chemisches Element; nach *Vanadis*, dem Beinamen der Göttin Freia
Vanille ein Gewürz; aus frz. *vanille*, aus span. *vainilla* „Vanille", Verkleinerungsform von *vaina* „Degen-, Messerscheide, Hülse, Schote", aus lat. *vagina* „Schwertscheide", übertr. „Hülse, Schote", wegen der Form der Frucht, die an eine Messerscheide erinnert
Vapeurs Blähungen; *übertr.:* Launen; aus frz. *vapeur* „Dampf, Dunst", Pl., übertr. „hysterische Launen", aus lat. *vapor* „Dunst, Dampf"; nach alter Auffassung wurden die Launen durch zum Gehirn aufsteigende Dämpfe (Blähungen) verursacht
vaporisieren verdampfen; aus frz. *vaporiser* „verdampfen", aus lat. *vaporare* „dampfen", zu *vapor*, Gen. *vaporis*, „Dampf"
Variation Abweichung, Veränderung; aus lat. *variatio*, Gen. *-onis*, „Veränderung", zu *variare* „abwechseln, verschieden sein", →variieren
Varietät Verschiedenheit, Andersartigkeit; *Biol.:* abweichende Form einer Art; aus lat. *varietas*, Gen. *-atis*, „Verschiedenheit, Abwechslung", zu *varius* „mannigfaltig, verschiedenartig"
Varieté Bühne für artistische, tänzerische und musikalische Darbietungen; aus frz. *variété* in derselben Bedeutung, außerdem „Mannigfaltigkeit, Abwechslung, Verschiedenheit", zu *varier* „(ab)wechseln, (sich) verändern", aus lat. *variare*, →variieren
variieren verschieden sein, abweichen; abwandeln; aus lat. *variare* „abwechseln, anders gestalten; sich verändern, verschieden sein", zu *varius* „mannigfaltig, verschiedenartig, bunt"
Varikozele Krampfaderbruch; aus → *Varize* und griech. *kele* „Bruch, Geschwulst"
Variola Pocken; über roman. **variolus* aus lat. *varus*, Pl. *vari*, „Knötchen, Knöspchen, eine Art Gesichtsausschlag", dazu *varulus* „Gerstenkorn am Auge"
Variometer Gerät zum Messen von Schwankungen des Luftdrucks, des erdmagnetischen Feldes u.a.; aus lat. *varius* „wechselnd, verschiedenartig" (zu *variare* „wechseln") und griech. *metron* „Maß", zu *metrein* „messen"
Varize Krampfader; aus lat. *varix*, Gen. *varicis*, „Krampfader", zu *varus* „auseinander-, auswärtsgebogen, von der geraden Linie abweichend"
Vasall Lehnsmann, Gefolgsmann; aus mlat. *vasallus* „Diener, Lehnsmann", aus kelt. *vasallus* „Lehnsmann", zu *vassos, vassus* „Diener, Knecht, Lehnsmann"
Vase Gefäß für Schnittblumen; frz. *vase* „Gefäß, Vase", aus lat. *vas, vasus* „Gefäß, Geschirr, Gerät"
Vasektomie operative Entfernung eines Teils des männlichen Samenleiters; aus lat. *vas* oder *vasus* „Gefäß; männliches Geschlechtsteil", griech. *ek* „heraus" und *tome* „Schnitt", zu *temnein* „schneiden"
vaskulös blutgefäßreich; aus lat. *vasculum* „kleines Gefäß", zu *vas*, auch *vasus, vasum* „Gefäß"
Vasomotoren Gefäßnerven; aus lat. *vas, vasus* „Gefäß" und *motor* „Beweger", zu *movere* „bewegen"
Vasotomie →Vasektomie
Vatermörder *im 19. Jh.:* hoher, steifer Kragen am Herrenhemd mit aufrechtstehenden Ecken; diese Art von Kragen soll in Frankreich *parasite* „Parasit, Schmarotzer, Mitesser" genannt worden sein, weil angeblich beim Essen leicht Speisereste daran hängenbleiben; die Bez. sei dann mißverstanden und als *parricide* „Vatermörder" ausgelegt worden; aus lat. *parricida* „Mörder an nahen Verwandten, Kinder-, Bruder-, Vatermörder usw.", wahrscheinlich aus idg. **pasos* „Verwandter" und lat. *caedere* (in Zus. *-cidere*) „schlagen, fällen"
Vatikan Residenz des Papstes in Rom; oberste Behörde der kath. Kirche; aus lat. *vaticanus* „vatikanisch", eigtl. *mons vaticanus* „vatikanischer Hügel" in Rom, auf dem der Papstpalast steht; die wörtliche Bedeutung des aus dem Etruskischen stammenden Wortes ist unbekannt
Vaudeville possenhaftes Singspiel;

Schlager daraus; aus frz. *Vaux-de-Vire,* eigtl. *Val-de-Vire* „Tal der Vire" in der Normandie, wo nach 1400 der Dichter Olivier Basselin lebte und Volkslieder und Gassenhauer dichtete, die nach seiner Heimat benannt wurden; später ging die Bezeichnung auf ähnliche Trink- und Spottlieder über und schließlich auf das possenhafte Singspiel mit heiteren Spottliedern als Einlagen

Vedute sachgetreue Ansicht (einer Stadt oder Landschaft); aus ital. *veduta* in ders. Bed., eigtl. „das Sehen, Fähigkeit zu sehen, Gesichtsfeld", Part. Perf. von *vedere* (aus lat. *videre*) „sehen"

Vegetation Gesamtheit aller Pflanzen in einem Gebiet; Pflanzendecke, Pflanzenwuchs; aus lat. *vegetatio,* Gen. *-onis,* „Belebung, belebende Bewegung", zu *vegetus* „belebt", zu *vegere* „in Bewegung setzen; lebhaft, munter sein"

vegetativ pflanzlich, ungeschlechtlich; nicht dem Willen unterliegend (Nerven), *eigtl.:* sich von allein bewegend; aus lat. *vegetare* „in Bewegung setzen, beleben", zu *vegetus* „belebt, lebhaft", → Vegetation

vegetieren kümmerlich dahinleben; aus lat. *vegetus* „belebt", also eigtl.: nur noch wie eine Pflanze leben, gerade eben leben, aber ohne Lebensgestaltung

vehement ungestüm, heftig; aus lat. *vehemens,* Gen. *-entis,* „heftig, hitzig, stürmisch", eigtl. „sich schnell bewegend, dreinfahrend", zu *vehere* „(jmdn.) fahren" und *vehi* „reiten, fliegen"; die Deutung aus *vemens* (*ve* „zuwenig" und *mens* „Sinn, Verstand", also „unbesonnen") ist nicht stichhaltig, da *vemens* die verkürzte Form von *vehemens,* diese also die ursprüngliche Form ist

Vehikel altes oder schlechtes Fahrzeug; aus lat. *vehiculum* „Fahrzeug, Wagen, Kahn", zu *vehere* „(jmdn.) fahren, bringen"

Veilchen eine Frühjahrsblume; aus frühnhd. *feil, veil* (ohne Verkleinerungsendung), aus mhd. *viel,* aus lat. *viola,* was sowohl das Veilchen als auch verschiedene Arten der Levkoje bezeichnete; das Wort stammt vermutlich aus einer nicht-idg. Mittelmeersprache

Veitstanz Nervenkrankheit mit Muskelzuckungen, auch *Chorea Sancti Viti* „Tanzwut des Heiligen Veit"; im MA bezeichnete man mit *Veitstanz* oder *Chorea* die Tanzwut, die jedoch (im Unterschied zu der heute als Veitstanz bezeichneten Krankheit) keine organischen Ursachen hatte, sondern eine epidemische Volkskrankheit auf Grund von religiösen Wahnvorstellungen mit ähnlichem Erscheinungsbild war; man glaubte die Betroffenen vom Teufel besessen und betete zum Hl. *Veit,* der Ende des 3. Jh. in Rom durch Beschwörung wunderbare Heilungen vollzogen haben soll

Vektor durch Pfeil gekennzeichnete und durch Lage und Richtung festgelegte Größe in einer Ebene oder im Raum, Fahrstrahl, Leitstrahl; aus lat. *vector* „Träger, Fahrer", zu *vehere* „tragen, fahren"

Velar am hinteren Gaumen, am Gaumensegel, gebildeter Laut; aus lat. *velarium* „Tuch, Plane" und *velum* „Segel"

Velodrom Hallenradrennbahn; aus dem ersten Teil von → *Veloziped* und dem zweiten Teil von → *Hippodrom* gebildet

Velours ein samtartiges Gewebe; frz. *velours* „Samt", aus lat. *villosus* „haarig, zottig", zu *villus* „Haar der Tiere, Zotten"

Veloziped *veraltet für* Fahrrad; aus frz. *vélocipède* „Fahrrad", aus lat. *velox,* Gen. *velocis,* „schnell" und *pes,* Gen. *pedis,* „Fuß"

Velum *im alten Rom:* Türvorhang; *kath. Kirche:* Tuch für kultische Zwekke; häutige Platte oder Hülle; aus lat. *velum* „Segel; Vorhang, Tuch, Hülle"

Vendetta Blutrache; ital. *vendetta* „Rache", aus lat. *vindicta* „Rache, Strafe", zu *vindicare* „gerichtlich in Anspruch nehmen, als zugehörig fordern", aus *vim dico* „ich sage (drohe) Gewalt an", zu *vis* „Gewalt" und *dicere* „sagen"

Vene Blutgefäß; aus lat. *vena* „Blutader"; die weitere Herkunft ist unklar, vielleicht zu *vehere* „tragen, bringen"

Venerabile *kath. Kirche:* Allerheiligstes; aus lat. *venerabile* (neutr.) „verehrungswürdig", zu *venerari* „verehren, anbeten", eigtl. „Liebe bezeigen", zu *venus,* Gen. *veneris,* „Liebe, geliebter Gegenstand"

venerisch venerische Krankheit: Geschlechtskrankheit; aus lat. *venerius* „zur Venus, zur Geschlechtsliebe gehörig", zu *venus,* Gen. *veneris,* „Geschlechtsliebe" und *Venus,* Name der Göttin der Liebe

Venerologie Lehre von den Geschlechtskrankheiten; aus → *venerisch* und griech. *logos* „Wort, Lehre, Kunde", zu *legein* „sagen, sprechen, erklären"

Ventil Vorrichtung zum Absperren und Regeln; aus lat. *ventilare* „der Luft aussetzen, lüften", eigtl. *ventulare,* zu *ventulus* „Luftzug", Verkleinerungsform von *ventus* „Wind"

Ventrikel *Anatomie:* Hohlraum, Herz-, Hirnkammer; aus lat. *ventriculus* „kleiner Bauch, Magen, Herzkammer", Verkleinerungsform von *venter,* Gen. *ventris,* „Bauch, Leib"

Ventriloquist Bauchredner; aus lat. *venter,* Gen. *ventris,* „Bauch" und *loqui* „reden, sprechen"

Veranda überdachter, verglaster (vorgebauter oder eingezogener) Raum am Haus; über engl. *veranda* aus Hindi *baraṇḍā* in derselben Bedeutung, aus Sanskrit *varaṇḍa-* „Wall, Trennwand"

Verb Tätigkeitswort, Zeitwort; aus lat. *verbum* „Wort", zur idg. Wurzel **wer-* „sagen"

verbalisieren zu einem Verb umbilden; in Worte fassen, formulieren; in Anlehnung an frz. *verbaliser* „Worte machen" aus lat. *verbalis* „zum Wort gehörig", zu → *Verb*

verballhornen durch vermeintliches Verbessern verschlimmern; nach dem Lübecker Buchdrucker Johann *Balhorn* (nicht Ballhorn), der 1586 eine Ausgabe der „Lübeckischen Statuta" herausbrachte, in der er Verbesserungen vorgenommen hatte, die allgemeines Mißfallen erregten

Verbene eine Heilpflanze, Eisenkraut; aus lat. *verbenae* „heilige Kräuter oder Zweige" (d.h. Kräuter oder Zweige, die zu kultischen Zwecken, z.B. zum Bekränzen, verwendet wurden), über **verbesna* zu *verbera* „Rute", zur idg. Wurzel **uer-b-* „Reis, Gerte"

Verdikt Urteil, Entscheidung; aus lat. *vere dictum* „der Wahrheit gemäß Gesprochenes, aufrichtiges, richtiges Wort", zu *verus* „wahr" und *dicere* „sagen, sprechen"

Verdüre gewirkter Wandteppich in überwiegend grünen Farben; aus frz. *verdure* „grünes Laub", zu *verd,* ältere Form von *vert* „grün", aus lat. *viridis* „grün", zu *virere* „grün sein, grünen"

verfranzen *urspr.:* sich verfliegen, *dann allg.:* sich verfahren, verirren; nach *Franz,* dem soldatensprachlichen Beinamen des Beobachters im Flugzeug

vergattern die Wache v.: die Wache versammeln und sie auf die Wachvorschriften verpflichten; aus mhd. *vergatern* „sich vereinigen, versammeln", zu *gaten* „zusammenkommen, sich vereinigen, genau passen", zu *gat, gate* „Genosse, jmd., der einem gleich ist; Gatte"

verifizieren als richtig nachweisen, bestätigen, nachprüfen; aus lat. *verus* „wahr" und *facere* (in Zus. *-ficere*) „machen"

Verismus Kunstrichtung, die eine kraß wirklichkeitsgetreue Darstellung anstrebt; aus lat. *veritas* „Wahrheit", zu *verus* „wahr"

verkitschen *ugs.:* verkaufen; vielleicht zu rotw. *Kitt* „Geld", also „zu Geld machen"

verklausulieren zu umständlich, zu schwierig und dadurch schwer verständlich darstellen, eigtl. mit zu vielen Klauseln versehen (Vertrag); Ableitung von → *Klausel*

verknacken *ugs.:* (zu einer Strafe) verurteilen, gerichtlich bestrafen; eigentlich *verknasten* „bestrafen", zu → *Knast,* gaunersprachlich volksetymologisch vermischt mit *Knacks* im Sinne von *einen Knacks weghaben* „krank sein", und *krank* bedeutet im Rotw. „gefangen, verhaftet"

vermaledeien *veraltet für* verfluchen; aus mhd. *vermaledîen, vermaldîen* „verwünschen, verfluchen", über altfrz. *maldire* „verfluchen" aus lat. *maledicere* „lästern, schmähen", aus *male* „schlecht, übel" und *dicere* „reden"
vermeil hochrot; frz. *vermeil* „hochrot", aus lat. *vermiculus* „Scharlachwurm (= Koschenilleschildlaus)", danach übertr. „Scharlachfarbe", eigtl. „Würmchen", Verkleinerungsform von *vermis* „Wurm"
Vermillon fein gemahlener Zinnober; frz. *vermillon* „Zinnober", zu *vermeil* „hochrot", → vermeil
Vernissage Ausstellung der neuen Bilder eines lebenden Malers; Eröffnung einer Kunstausstellung; frz. *vernissage* „Besichtigung einer Ausstellung am Tag vor der Eröffnung", eigtl. „das Lackieren, Firnissen", also „Besichtigung der eben gefirnißten (d. h. neuen) Bilder", zu *vernis* „Lack, Firnis"
Veronika eine Wiesenpflanze, Ehrenpreis; wahrscheinlich nach der heiligen *Veronica*
verquicken (etwas mit etwas) verbinden; zu → *Quecksilber,* denn eigtl. heißt *verquicken* „(Metall) mit Quecksilber verbinden"; diese Bedeutung ging jedoch unter, und erhalten blieb nur die allgemeine Bedeutung „verbinden"
verrotten verfaulen, zerbröckeln; aus mnddt. *vorrotten* in ders. Bed., zu ndrl. *rotten* „verfaulen, verwesen", schwed. *rutten,* dän. *rudden* „verfault", zur idg. Wurzel **reu-d-* „aufreißen"
Vers Zeile einer Strophe; *ugs. auch:* Strophe; aus lat. *versus* „gepflügte Furche; Linie, Reihe, Zeile", eigtl. „das Umwenden des Pfluges", zu *vertere* „wenden"
Versal Großbuchstabe; zu *Vers* „Zeile", da früher ein Vers (eine Zeile im Gedicht) häufig mit großem Buchstaben begonnen wurde
versatil beweglich, gewandt (im Ausdruck); ruhelos, wandelbar; aus lat. *versatilis* „beweglich, leicht drehbar", zu *versare* „drehen"
versiert erfahren, bewandert, geübt; aus frz. *versé* „bewandert, geübt", aus lat. *versare* „sich mit einem Fach, Wissensgebiet beschäftigen, hin und her sinnen", eigtl. „drehen, wenden"
versifizieren in Verse bringen; aus lat. *versificare* „in Verse bringen, Verse machen", aus *versus* „Vers" und *facere* (in Zus. *-ficare,* Intensivum zu *-ficere*) „machen"
Version Fassung, Lesart, Darstellung; frz. *version* „Übersetzung, Auffassungsweise, Lesart", aus lat. *versum* „das Gedrehte, Gewendete", zu *vertere* „drehen, wenden"
Vertebraten Wirbeltiere; aus lat. *vertebra* „Gelenk, Wirbelknochen", zu *vertere* „drehen, wenden"
vertikal senkrecht; aus lat. *verticalis* „senkrecht", zu *vertex,* Gen. *verticis,* „alles, was sich (senkrecht) dreht oder gedreht wird, Wirbel, Flammensäule", übertr. „Spitze, Gipfel, Höhe", zu *vertere* „drehen"
vertrackt schwierig, mühsam, verzwickt; wahrscheinlich zu ndrl. *vertrekken,* „verziehen, verzerren", zu → *trekken*
Verve Schwung; aus frz. *verve* „Begeisterung (des Dichters bei seinem Schaffen), Schwung", altfrz. auch „Ausdrucksweise, Gedanke, Einfall", über vulgärlat. **verva* aus lat. *verba* „Worte", zu *verbum* „Wort"
Vesikatorium blasenziehendes Arzneimittel, Zugpflaster; aus lat. *vesica, vensica* „Blase", wahrscheinlich zu *venter* „Bauch"
Vesper Gebetsstunde, Gottesdienst gegen Abend; *süddt., österr.:* kleine Mahlzeit am Nachmittag; aus lat. *vespera* „Abend", zu *vesper* „Abendstern", wohl zur idg. Wurzel **ue-* „herab" (im Hinblick auf die untergehende Sonne)
Vestibül Vorhalle, Treppenhalle; aus frz. *vestibule* „Hausflur, Vorsaal", aus lat. *vestibulum* „Vorhof, Platz vor dem Haus", weitere Herkunft unsicher
Veteran alter Soldat; alter Mann, der sich im Dienst bewährt hat; aus lat. *veteranus* „alt, betagt; alter Soldat", zu *vetus* „alt"
Veterinär Tierarzt; aus lat. *veterinarius* „Tierarzt", zu *veterinae* (Pl.) „Zugvieh, Lasttiere", zu *veterinus* „einjähriges Tier, Jährling", im Gegensatz zum ganz

jungen Tier, zu *vetus* „alt"

Veto Einspruch; lat. *veto* „ich verbiete", zu *vetare* „verbieten"

Vettel liederliches, schlampiges altes Weib; über mhd. *vetel* aus lat. *vetula* „altes Weib", zu *vetulus* „ziemlich alt, ältlich", Verkleinerungsform von *vetus* „alt"

Vexierbild Bilderrätsel, bei dem eine zu suchende Figur versteckt in ein Bild eingezeichnet ist; Ableitung von → *vexieren*

vexieren sich lustig machen, necken; aus lat. *vexare* „mißhandeln, plagen", eigtl. „schütteln", Intensivum zu *vehere* „bewegen, tragen"

Viadukt Talbrücke, Überführung; über frz. *viaduc* in derselben Bedeutung aus lat. *via* „Weg" und *ductum* „geführt", zu *ducere* „führen"

Viatikum letzte Kommunion (für Sterbende); lat. *viaticum* „das zum Weg, zur Reise Gehörige, Wegzehrung, Reisegeld" zu *via* „Weg, Marsch, Reise"

Vibraphon ein elektrisches Musikinstrument; aus lat. *vibrare* „zittern, schwirren, schwingen" und griech. *phone* „Stimme, Ton, Klang"

Vibrato leichtes Beben des Tons (bei der Singstimme und Streich- und Blasinstrumenten); ital. *vibrato,* als Subst. in ders. Bed., als Adj. „energisch", zu *vibrare* „schwingen, schütteln, zittern, einen Schlag versetzen", aus lat. *vibrare* „schwingen, zittern, schütteln"

vibrieren leicht schwingen, beben; aus lat. *vibrare* „zittern, schwingen, schwirren"

vice versa umgekehrt; aus lat. *vice* „durch Wechsel", Ablativ zu *vicis* „Wechsel", und *versa,* Fem. von *versus* „umgekehrt, gewendet", zu *vertere* „wenden"

Vicomte frz. Adelstitel zwischen Baron und Graf; *früher:* Stellvertreter eines regierenden Grafen; aus frz. *vice-* „stellvertretend" (→ *Vize-*) und *comte* „Graf", aus lat. *comitari* „begleiten", zu *comes,* Gen. *comitis,* „Begleiter (eines Fürsten), einer aus dem Gefolge", aus *com* (ältere Form von *cum*) „mit" und *itare,* Intensivum zu *ire* „gehen"

Videothek Sammlung (und Ausleihe) von Filmen und Fernsehaufzeichnungen; aus lat. *video* „ich sehe" (zu *videre* „sehen") und griech. *theke* „Behältnis"

Vielfraß ein Marder; im Ahd. war *vilifraz* „Gefräßiger" Bezeichnung für die Hyäne; das frühnhd. *veelfratz,* das den Marder bezeichnet, geht jedoch auf norw. *fjeldfross* „Bergkater" zurück

vif lebendig, munter, regsam; frz. *vif,* fem. *vive* „lebendig, lebhaft, munter", aus lat. *vivus* „lebendig, frisch und kräftig", zu *vivere* „leben"

vigilant aufmerksam, pfiffig, schlau; aus lat. *vigilans,* Gen. *-antis,* „wachsam, unermüdlich tätig", zu *vigilare* „wachen", zu *vigil* „wach, munter", zu *vigere* „kräftig, rüstig, frisch sein"

Vignette Zierbildchen oder kleine Zierform; frz. *vignette* „Verzierungsbildchen" (oft in Form einer oder zweier Weinranken oder Weinblätter), zu *vigne* „Weinrebe", aus lat. *vinea* „Weinstock"

vigoroso *Mus.:* kräftig, energisch; ital. *vigoroso* in ders. Bed., zu *vigore* „Kraft, Lebenskraft", aus lat. *vigor* „Lebenskraft, Rüstigkeit", zu *vigere* „kräftig, rüstig, frisch, voller Lebenskraft sein"

Vikar Stellvertreter, in der kath. Kirche eines Geistlichen, in der Schweiz eines Lehrers; evang. Theologe nach der ersten Prüfung; aus lat. *vicarius* „Stellvertreter", zu *vices* „Wechsel, Abwechslung"

Viktimologie Teil der Kriminologie, der sich mit den Beziehungen zwischen Verbrecher und Opfer befaßt; aus lat. *victima* „Opfer, Opfertier" (über **victis,* **victus* „geweihtes Tier" zu got. *weihs* „heilig", aus germ. **wiha* „heilig") und griech. *logos* „Wort, Lehre, Kunde", zu *legein* „sagen, sprechen, erklären"

Viktualien *veraltet für* Lebensmittel; aus lat. *victualia* (Pl.) „Lebensmittel", zu *victus* „Leben, Lebensweise", zu *vivere* „leben"

Villa Landhaus, größeres Einzelwohnhaus; lat. *villa* „Landhaus mit Landgut, Meierhof", entweder (da es auf dem Land auch die Form *vella* gab) aus *vehela* „Fahrzeug, Wagen", zu *vehere* „fahren", oder zu *vicus* „Dorf, Gehöft, Bauernhof"

Villanella *16./17. Jh.:* ital. Bauern-, Hirten-, Tanzliedchen; Verkleinerungsform von ital. *villana* „Bäuerin", zu *villano* „Bauer", aus mlat. *villanus* „Bauer", zu lat. *villa* „Landhaus", → Villa

Vinaigrette eine mit Essig und Kräutern gewürzte Soße; frz. *vinaigrette* in ders. Bed., zu *vinaigre* „Weinessig", aus *vin* „Wein" und *aigre* „sauer, herb; Säure", aus lat. *acer* „scharf, beißend"

Vindikation Anspruch des Eigentümers auf Herausgabe seiner Sache gegenüber dem Besitzer; aus lat. *vindicatio,* Gen. *-onis,* „Anspruchsrecht, Eigentumsklage", zu *vindicare* „gerichtlich in Anspruch nehmen", wahrscheinlich aus *vim dicare* „Gewalt androhen", zu *vis* „Gewalt" und *dicare* „laut, feierlich ankündigen", Intensivum zu *dicere* „sagen, sprechen"

Viola[1] Veilchen, Stiefmütterchen; ital. *viola* in ders. Bed., aus lat. *viola* „Veilchen, Levkoje u.a.", weitere Herkunft nicht bekannt, der Zusammenhang mit griech. *ion* „Veilchen" ist nicht sicher

Viola[2] Bratsche; ital. *viola* in ders. Bed., urspr. Sammelbegriff für mehrere Streichinstrumente mit im einzelnen verschiedenen Zusätzen (viola da braccio, viola da gamba usw.), aus altprov. *viola, viula,* zu *viular* „ein Zupf- oder Blasinstrument spielen", wahrscheinlich urspr. lautmalend aus dem Galloromanischen; die Ableitung aus lat. *vitulari* „frohlocken, jubeln" wird angezweifelt

violent *veraltet:* gewaltsam; aus lat. *violens,* Gen. *-entis,* „gewaltsam, ungestüm", zu *vis* „Kraft, Gewalt"

violett veilchenfarbig, blaurot; aus frz. *violette* „Veilchen", Verkleinerungsform von lat. *viola* „Veilchen, Levkoje; Veilchenfarbe"

Violine Geige; aus ital. *violino* „Geige", Verkleinerungsform von → *Viola*[2]

Violoncello Kniegeige; ital. *violoncello* in ders. Bed., Verkleinerungsform von → *Violone*

Violone Baßgeige, Kontrabaß; ital. *violone* in ders. Bed., Vergrößerungsform von → *Viola*[2]

Viper Giftschlange; aus lat. *vipera* „Schlange"; die Deutung aus lat. *vivipara* „lebende Junge gebärend" (→ vivipar), da man früher glaubte, die Viper lege keine Eier, ist ebenso nur Vermutung wie die Ableitung aus der idg. Wurzel **ueip-* „sich winden, drehen"

Virement *im Staatshaushalt:* Übertragung von Mitteln auf ein anderes Jahr oder einen anderen Titel; frz. *virement* in ders. Bed., zu *virer* „auf ein anderes Konto übertragen", eigtl. „drehen, wenden"

Virginität Jungfräulichkeit, Unberührtheit; aus lat. *virginitas,* Gen. *-atis,* „Jungfernschaft", zu *virgo,* Gen. *virginis,* „Jungfrau"

viril männlich; aus lat. *virilis* „männlich", zu *vir* „Mann"

Virologie Lehre von den Viren; aus → *Virus* und griech. *logos* „Wort, Lehre, Kunde", zu *legein* „sagen, sprechen, erklären"

virtuell der Möglichkeit nach vorhanden, nur gedacht, scheinbar; aus frz. *virtuel* „fähig zu wirken, möglich", als medizinischer Terminus „aus unbekannter Ursache wirkend", aus lat. *virtus* „Tüchtigkeit, Kraft", zu *vir* „Mann"

Virtuose Künstler, bes. Musiker, der die Technik seiner Kunst glänzend beherrscht; aus ital. *virtuoso* in ders. Bed., eigtl. „tüchtiger Mensch", aus mlat. *virtuosus* „tüchtig, kraftvoll", aus lat. *virtus* „Tugend; Tüchtigkeit, Mannhaftigkeit", zu *vir* „Mann"

virulent krankheitserregend, ansteckend; aus lat. *virulentus* „voll Gift, giftig", zu *virus* „Gift"

Virus kleinster, einem Lebewesen ähnlicher Krankheitserreger; aus lat. *virus* „Schleim, Saft, bes. Gift", über griech. *(v)ios* „Gift" aus Sanskrit *viṣa-* „Gift"

Visage *abwertend:* Gesicht; frz. *visage* „Gesicht", das für das untergegangene *vis* „Gesicht" eintrat, eigtl. „Anblick", aus lat. *visus* „das Sehen, Anblick", übertr. „Gesicht", zu *videre* „sehen"

vis-à-vis gegenüber; frz. *vis-à-vis* in ders. Bed., zu veraltetem *vis* „Gesicht", also „Gesicht an (oder zu) Gesicht", → Visage

Visconte *ital. Form von* → Vicomte

Visier beweglicher, das Gesicht schützender Teil des Helms; *an Feuerwaffen:* Zielvorrichtung; frz. *visière* in ders. Bed., zu veraltetem *vis* „Gesicht", → Visage

Vision Traumgesicht, Trugbild, Erscheinung vor dem geistigen Auge; aus lat. *visio,* Gen. *visionis,* „Anblick, Erscheinung, geistige Vorstellung", zu *videre* „sehen"

visitieren (zwecks Prüfung) besuchen; durchsuchen; aus frz. *visiter* „besuchen, besichtigen, durchsuchen", aus lat. *visitare* „besuchen, besichtigen", Intensivum zu *visere* „genau ansehen, besichtigen", Intensivum zu *videre* „sehen"

viskos zähflüssig, leimartig; aus lat. *viscosus* „klebrig, zäh", eigtl. „voller Vogelleim", zu *viscum* „Mistel; aus der Mistel bereiteter Vogelleim"

Vista Sicht, Vorzeigen (eines Wechsels); ital. *vista* „das Sehen, Sicht", aus der Fügung *a vista* „auf Sicht", zu ital., lat. *videre* „sehen"

visuell zum Sehen gehörend, durch Sehen hervorgerufen; aus frz. *visuel* „Gesichts-", aus lat. *visualis* „zum Sehen gehörig", zu *visus* „das Sehen, Anblick", zu *videre* „sehen"

Visum schriftliche Erlaubnis, Sichtvermerk zum Aufenthalt in einem Staat; lat. *visum* „das Gesehene, Bild", zu *videre* „sehen"

Viszera Eingeweide; lat. *viscera,* Pl. von *viscus* „Eingeweide", wahrscheinlich zu *viere* „flechten, winden"

Vitalienbrüder *14./15. Jh.:* Freibeuter, Seeräuber in der Ostsee; aus lat. *vitalis* „zum Leben gehörig" und *victualia* „Lebensmittel" (→ Viktualien), weil sie 1391 Stockholm während der Belagerung durch Dänemark mit Lebensmittel versorgten

Vitalität Lebensfähigkeit, Lebenskraft; aus lat. *vitalitas,* Gen. *-atis,* „Lebenskraft", zu *vitalis* „zum Leben gehörig", zu *vita* „Leben"

Vitamin lebenswichtige, in Spuren wirksame organische Verbindung; aus lat. *vita* „Leben" und → *Aminosäure*

vitiös fehlerhaft, lasterhaft, bösartig; aus lat. *vitiosus* „fehlerhaft, mangelhaft, lasterhaft", zu *vitium* „Fehler, Schaden; Schuld, Vergehen, Laster"

Vitrine Glasschrank, Schauschrank; frz. *vitrine* „Schaufenster, Glasschrank, Schaukasten", zu *vitre* „Glas(scheibe)", aus lat. *vitrum* „Glas"

Vitriol wasserhaltiges Sulfat zweiwertiger Metalle; aus frz. *vitriol,* aus lat. *vitreus* „gläsern", zu *vitrum* „Glas", wegen der Ähnlichkeit mit farbigem Glas

vivace *Mus.:* lebhaft, munter; ital. *vivace* „lebhaft", aus lat. *vivax,* Gen. *vivacis,* „lebhaft, lebensvoll, lebenskräftig", zu *vivere* „leben"

Vivarium kleine Anlage zum Halten von Land- und Wassertieren; lat. *vivarium* „Behälter, Gehege zum Halten lebender Tiere, bes. zum Züchten und Mästen" (z.B. Vogelhaus, Tierpark, Fischteich), aus *vivus* „lebendig" (zu *vivere* „leben") und *-arium* zur Bezeichnung eines Behälters oder Raumes für etwas

Vivianit ein Mineral, Blaueisenerde, Blauerz; 1817 nach dem engl. Mineralogen J. G. *Vivian* benannt

vivipar lebende Junge gebärend; aus lat. *vivipara* (fem.) in ders. Bed., aus *vivum,* Gen. *vivi,* „Lebendiges" (zu *vivere* „leben") und *parere* „gebären"

Vivisektion operativer Eingriff am lebenden Tier (zu Forschungszwecken); aus lat. *vivum,* Gen. *vivi,* „Lebendiges" (zu *vivere* „leben"), und → *Sektion*

Vize- *in Zus.:* stellvertretender; aus lat. *vice* „durch Wechsel", Ablativ zu *vicis* „Wechsel, Abwechslung"

Viztum *MA:* Regierungsbeamter, Vertreter des Landesherrn in einem Bezirk; aus lat. *vicedominus* „Statthalter, Vertreter eines Fürsten", aus *vice* „durch Wechsel", Ablativ zu *vicis* „Wechsel", und *dominus* „Herr"

Vlies Schafwolle, Schaffell; ndrl. *vlies* „Schaffell", mnddt. *vlûs, vlûsch* „Wollflocke, Schaffell", vielleicht aus dem germ. Stamm **plus-* „rupfen, zupfen"

Vokabel einzelnes Wort, bes. aus einer fremden Sprache; aus lat. *vocabulum* „Benennung, Bezeichnung", zu *vocare* „rufen, anreden", zu *vox,* Gen. *vocis,* „Stimme"

Vokal Selbstlaut; aus lat. *vocalis* „klangvoll, tönend; selbstlautender

Buchstabe“, zu *vox*, Gen. *vocis*, „Stimme“

Vokativ Anredefall; aus lat. *casus vocativus* „zum Rufen, Anreden dienender Fall“, zu *vocare* „rufen, anreden“, zu *vox*, Gen. *vocis*, „Stimme“

Volant gefältelter Besatz, Falbel; *veraltet:* Schwungrad; aus frz. *volant* „fliegend, beweglich; Federball, gefalteter Besatz; Schwungrad, Windmühlenflügel“, zu *voler* aus lat. *volare* „fliegen“

Volapük eine Welthilfssprache; aus engl. *world* „Welt“ und *to speak* „sprechen“

Vol-au-vent mit Fleisch gefüllte Blätterteigpastete; frz. *vol-au-vent* in ders. Bed., eigtl. „fliegt in die Luft“, weil der Teig sehr leicht ist und stark aufgeht; als der Erfinder dieser Pastete, ein frz. Koch, sie zum ersten Mal aus dem leichten Blätterteig (und nicht aus dem üblichen Pastetenteig) gebacken hatte, soll sein Gehilfe, als er den Backofen öffnete und die in die Höhe gegangene Pastete sah, erschrocken ausgerufen haben: *Maître, il vole au vent!* „Meister, sie fliegt in die Luft!“ (nach Gorys)

Voliere Vogelhaus, Vogelgehege (in dem die Vögel auch fliegen können); frz. *volière* in ders. Bed., zu *voler* aus lat. *volare* „fliegen“

Volleyball Ballspiel für zwei Mannschaften, wobei der Ball direkt aus der Luft angenommen und weitergeschlagen wird; engl. *volleyball* in ders. Bed., zu *volley* „Salve, Hagel von Geschossen“, im Tennis und Fußball „Flugball“, aus frz. *volée* „Flug“, zu *voler* aus lat. *volare* „fliegen“

Volontär jmd., der zur Ausbildung in einem Betrieb arbeitet; aus frz. *volontaire* in derselben Bedeutung sowie „Freiwilliger“, aus lat. *voluntarius* „freiwillig“, zu *voluntas* „Wille“, zu *volere* „begehren, wünschen, wollen“

Voltameter Gerät zum Messen der Spannungsstärke; aus *Volt* „Maßeinheit für die elektrische Spannung“, nach dem ital. Physiker Alessandro *Volta* (1745–1827), und griech. *metron* „Maß“, zu *metrein* „messen“

Volte *Reitsport:* kreisförmige Figur; *Taschenspielerei:* Kunstgriff beim Kartenmischen; aus lat. *volta* „Wendung, Drehung“, über vulgärlat. **volta* aus lat. *volvere* „drehen, wirbeln, wälzen“

voltigieren auf dem galoppierenden Pferd akrobatische Übungen ausführen; aus frz. *voltiger* in ders. Bed. sowie „(herum)flattern“, zu *volte* „rasche Drehung“, aus ital., lat. *volta* „Wendung, Drehung“, → Volte

Volumen Rauminhalt; Band eines Schriftwerkes; lat. *volumen* „Buch, Band“, urspr. „etwas, was gerollt wird, Schriftrolle, Krümmung, Kreis“, zu *volvere* „rollen, wälzen, drehen“

Voluntarismus Lehre, daß der Wille das Grundprinzip alles Seins und Geschehens sei; aus lat. *voluntarius* „aus freiem Willen geschehend“, zu *voluntas* „Wille“, zu *volere* „wollen“

voluptuös Begierde erregend; aus frz. *voluptueux, -euse* „wollüstig“, aus lat. *voluptuosus* „voll Vergnügen, voll Wonne“, zu *voluptas* „Vergnügen, Genuß, Lust“, zu *volup, volupe* „vergnüglich“, zu *volere* „wollen, Lust haben, wünschen, begehren“

Volute Bauornament in Form einer Spirale; aus lat. *voluta* „Schnecke am Säulenkapitell“, zu *volutum* „das Gedrehte, Gerollte“, zu *volvere* „drehen, rollen“

Vomitorium Brechmittel; lat. *vomitorium* „das Erbrechen Erregende“, zu *vomitare,* Intensivum zu *vomere* „erbrechen“

Vorazität Gefräßigkeit, Heißhunger; aus lat. *voracitas,* Gen. *-atis,* „Gefräßigkeit (eines Menschen)“, zu *vorax,* Gen. *voracis,* „gefräßig“, zu *vorare* „gierig essen, verschlingen“

votieren abstimmen, sich (für etwas) entscheiden; aus frz. *voter* „abstimmen“, zu *vote* „Stimme (bei Abstimmungen)“, aus lat. *votum,* → Votum

Votivbild auf Grund eines Gelübdes einem Heiligen geweihtes Bild; aus lat. *votivus* „durch Gelübde versprochen, geweiht“, zu → *Votum*

Votum Gelübde; Meinungsäußerung, Stimme; lat. *votum* „Gelübde, Versprechen; Wunsch, Verlangen“, zu *vovere* „geloben, feierlich versprechen; wünschen, verlangen“

Voyeur verborgener Zuschauer (bes. bei sexuellen Handlungen); frz. *voyeur* in ders. Bed., zu *voir* aus lat. *videre* „sehen“

vozieren vor Gericht laden, vorladen; aus lat. *vocare* „rufen, herbeirufen“, zu *vox,* Gen. *vocis,* „Stimme“

vulgär gewöhnlich, gemein, ordinär; aus frz. *vulgaire* „allgemein verbreitet, üblich, gewöhnlich, alltäglich, gemein“, aus lat. *vulgaris* „allen gemeinsam, allen zugänglich, öffentlich, gewöhnlich“, zu *vulgus* „das Volk, die breite Masse, die Leute“, auch „Pöbel“

Vulgata von der kath. Kirche als maßgeblich erklärte lat. Bibelübersetzung; lat., Fem. von *vulgatus* „allgemein bekannt, zugänglich, verbreitet“, zu *vulgare* „unters Volk bringen, zum Allgemeingut machen, verbreiten“, zu *vulgus* „das Volk, die breite Masse, die Leute“

vulgo gemeinhin, gewöhnlich; *vor Namen:* genannt; lat. *vulgo* „allgemein, gewöhnlich; im Volk, bei den Leuten“, zu *vulgus* „das Volk, die Leute“

Vulkan feuerspeiender Berg; nach *Vulcanus,* dem röm. Gott des Feuers

vulkanisieren mit Schwefel oder einer ähnlichen Verbindung behandeln; nach *Vulcanus,* dem röm. Gott des Feuers

vulnerabel verletzlich, verwundbar; aus lat. *vulnerabilis* „verletzbar“, zu *vulnerare* „verletzen, verwunden“, zu *vulnus* „Verletzung, Wunde“, wahrscheinlich zu *vellere* „reißen“

Vulva äußeres weibliches Geschlechtsteil; aus lat. *vulva, volva* „Hülle, Tasche“, zu *volvere* „wälzen, rollen“

W

Wacholder ein strauchiges Nadelholz; aus ahd. *wechalter, wecholter, wacholter;* der erste Bestandteil des Wortes zur idg. Wurzel **ueg-* „binden, flechten“ (da man die Zweige zum Flechten verwendete), der zweite Teil ist lautlich an *Holder,* die verkürzte oberdt. Form von →Holunder, angelehnt worden, geht aber auf die germ. Nachsilbe *-dra* „Baum“ zurück (die auch in Flie*der,* Holun*der,* Rüs*ter* auftritt); das Wort wurde schon früh nicht mehr verstanden und ist deshalb vielfach volksetymologisch umgedeutet worden: Weckholder, Wegholder, Reckholder, Queckholder, Bachholder u.a.

Wachtel ein Hühnervogel; aus ahd. *wahtala, quahtila,* ital. *quaglia,* aus lat. *coacula* in ders. Bed., lautmalend nach dem hellen, lauten Paarungsruf des Vogels *püllwerwück*

Wadi nur bei Regen Wasser führendes Flußbett; aus arab. *al-wādī* „das Flußtal, Flußbett, das Tal, der Fluß“

Waggon Eisenbahn-, Güterwagen; mit frz. Aussprache aus engl. *waggon* „Last-, Gepäck-, Güterwagen“, aus mnddt., mhd. *wagen* „Wagen“

Wahnwitz Wahnsinn, Torheit, Unsinn; aus mhd. *wane witz(e)* „mangelnder Witz = mangelnder Verstand“ (z.B. *der ist guoter witze wan* „dem fehlt es an Verstand“), dazu Adj. *wanwitz(e)* „unverständig, unsinnig“, aus mhd., ahd. *wan* „leer, mangelnd“ und mhd. *witz(e),* ahd. *wizzi* „Wissen, Verstand, Klugheit“; nicht verwandt mit „Wahn“

Walkie-Talkie sehr kleines Funk(sprech)gerät, das man bei sich tragen kann; engl. *walkie-talkie* in ders. Bed., aus *to walk* „gehen“ (aus mengl. *walken* „gehen“, eigtl. „dahinrollen“, aus altengl. *wealcan* „rollen“, zu ndrl. *walken* „kneten, walken“) und *to talk* „sprechen“ (→Talkmaster)

Walküre *germ. Myth.:* von Wotan gesandte Botin, die diejenigen Krieger auswählt, die im Kampf fallen werden, und die sie nach Walhall geleitet; aus mhd., ahd. *wal* „Kampfplatz“, altnord. *valr* „Toter auf dem Kampfplatz“ und mhd. *kür* „Prüfung, Überlegung, prüfende Wahl“, aus ahd. *kuri,* altnord. *kyrja,* altengl. *cyre* „Wahl“, zu altnord. *kjosa* „wählen“ (→Kür)

Wampum *bei den nordamerikanischen Indianern:* Schnur aus Muschelschalen (als Schmuck oder Zahlungsmittel); aus Algonkin *wanpanpiak* oder *wanbanbiag* (die beiden ersten Silben nasal gesprochen); das Wort setzt sich wie folgt zusammen: *wanb,* Ableitung von *wab* „weiß“, *anpi* oder *anbi* „Schnur (aus Muschelschalen)“ und *ak* oder *ag* als Pluralendung. Im Englischen wurde es durch die Kolonisten in den Formen *wampumpeak* oder *wampumpeag(e)* wiedergegeben; beim schnellen Sprechen erwies es sich jedoch für die Fremden als zu schwierig und wurde – ohne Rücksicht auf die grammatikalischen Bestandteile – zu *wampum* verkürzt

Wapiti ein nordamerikanischer Hirsch; aus Algonkin *wapiti* „weißes Hinterteil, weißer Steiß“, wegen des weißen Flecks in dem sonst rötlichbraunen Fell

Wappen *urspr.:* Abzeichen eines Ritters an Helm und Schild, *später:* nach bestimmten Regeln gestaltetes Abzeichen, z.B. Stadt-, Familienwappen; aus mhd. das *wâpen, wâfen* „Waffe, bes. Schwert“, sowie „Schildzeichen“, die *wâpen, wâfen* (Pl.) „Gesamtheit der Waffen, Ausrüstung“, aus ahd. *wafan,* älter *waffan* „Waffe“, aus got. *wepna,* ags. *waepn,* altnord. *vapn* „Waffe“; im 16.Jh. trennten sich die im Mhd. entstandenen zwei Formen und Bedeutungen: das *Wappen* bezeichnet seither nur noch das Abzeichen, *Waffe* das Kampfgerät; der Wegfall des auslautenden n und der Wechsel des Artikels sind dadurch zu erklären, daß man *wâfen* nur noch als Plural auffaßte, so daß als Singular „die Waffe" entstand

Wardein Prüfer, z.B. Bergwardein: Erzprüfer; aus ndrl. *waardijn,* mittelndrl. *waerdein, werdein* „Aufseher", aus germ. **warda* „Wache"

waterproof wasserdicht; engl. *waterproof* in ders. Bed., aus *water* „Wasser" und *proof* „undurchdringlich, beständig, bewährt", zu *proof* „Probe" (aus mengl. *profe, proeve* aus altfrz. *prueve, proeve* aus lat. *proba* „Probe", zu *probus* „gut, tüchtig, sich bewährend")

Weltergewicht eine Gewichtsklasse in der Schwerathletik; aus engl. *welterweight* in ders. Bed., eigtl. „Gewicht von 28 Pfund als Handicap für ein Pferd beim Rennen", übertr. „schweres Gewicht, schwerer Reiter, Schwergewichtler", wahrscheinlich zu *welter* „das Wogen des Meeres", zu *to welter* „rollen, wälzen", wohl weil ein schweres Gewicht nur gerollt, gewälzt werden kann

Werft Anlage zum Bauen und Ausbessern von Schiffen; aus ndrl. *werf* „Gelände, Grundstück, Schiffswerkstatt", dieses ist aus zwei Bedeutungsbereichen entstanden: 1. altfries. *warf, werf* „aufgeworfene Erde vor einem Haus oder Gehöft, unbebauter Platz vor einem Haus", 2. altengl. *hwearf* „Ufer, Damm, erhöhter Grund längs einem Wasser"; beide Bedeutungen gehen auf die Grundbedeutung „Platz, auf dem man sich bewegen kann" zurück, zu altfries. *werva,* altengl. *hweorfan* „sich hin und her bewegen" mit Parallelen in anderen nord. Sprachen

Werst russ. Längenmaß, etwa 1 km; russ. *wersta* „gerade Linie, gerade Reihe, Wegmaß", aus altruss. *wrsta* „Alter, Jahrgang, Längenmaß", aus litau. *varstas* „Pfluggewende" und *varsna* „Pflugwende, Meile", verwandt mit lat. *versus,* älter *vorsus* „Reihe, Linie, Furche"

Wesir *in islam. Staaten:* Minister; aus arab. *wazīr* „Minister", wohl eigentlich „Träger von Lasten, von Verantwortung", vielleicht zu *wazara* „tragen, auf sich nehmen", zu *wizr* „Last, Bürde, Verantwortung"; es ist jedoch nicht eindeutig geklärt, ob das Wort wirklich arab. Ursprungs ist oder ein Fremdwort aus dem Persischen

Whisky Branntwein aus Getreide; engl. *whisky* in ders. Bed., aus ir., gäl. *uisce* „Wasser", verkürzt aus *uiscebeathadh* „Lebenswasser"

Whist ein Kartenspiel; engl. *whist* in ders. Bed., frühere Form *whisk,* zu *to whisk* „wegwischen, wegfegen", nach der Bewegung, mit der man die Stiche einstreicht und vom Tisch nimmt; der Wandel zu *Whist* mit s wohl in Anlehnung an *whist!* „still!, pst!", weil bei diesem Spiel, das viel Konzentration erfordert, Ruhe herrschen soll

Wiedehopf ein Zugvogel mit auffallendem Federschopf; aus mhd. *witehopfe,* aus ahd. *wituhopfa;* der erste Teil des Namens geht auf mhd. *wite, wit,* ahd. *witu* „Holz, Wald" zurück; der zweite Teil wurde vermutlich volksetymologisch an mhd. *hopfen, hoppen* „hüpfen" angelehnt; wahrscheinlich ist er lautmalenden Ursprungs, nach dem Ruf des Vogels *upup*

Wiesel ein Marder; aus ahd. *wisula,* wohl zur idg. Wurzel **ueis-* „fließen" (von fauligen, stinkenden Stoffen) mit Verkleinerungsendung, also „kleines Stinktier"

Wigwam Hauszelt der nordamerikanischen Indianer; aus Algonkin, in verschiedenen Formen je nach dem Dialekt: *wigwâm, wigiwâm, wikwâm, wikiwâm* „Wohnung", aus *wigw* oder *wigiw* „er wohnt" (zu *wig, wik* „wohnen") mit Ableitungssilbe *-am*

Windjammer großes Segelschiff; engl. *windjammer* in ders. Bed., aus *wind* „Wind" und *to jam* „drängen, drücken, pressen", also „ein Schiff, das sich gegen den Wind drängt", in der Frühzeit der Dampfschiffahrt abwertend für ein großes und vergleichsweise nicht so schnelles Segelschiff gebraucht

Windsurfen Segelsport mit einer Art Brett mit Mast, Schwert und Segel; aus engl. *to surf* „wellenreiten", zu *surf* „Brandung", ältere Form *suffe,* Herkunft nicht bekannt

Wisent Wildrind; aus ahd. *wisunt, wisant,* wohl zur idg. Wurzel **ueis-* „fließen" (von fauligen, stinkenden Stoffen), so daß der Name als „faulig riechend" zu erklären wäre; das Tier strömt tatsächlich einen scharfen Moschusgeruch aus

Wismut chemisches Element; die Herkunft des Namens ist unsicher, man hat angenommen, er gehe auf *Wiese* und bergmänn. *muten* zurück, da seit 1472 sächsische Bergleute in der Zeche St. Georgen in der *Wiesen* bei Schneeberg im Erzgebirge auf das Metall *gemutet* (es abgebaut) haben (Kluge-Götze); nach anderer Deutung wegen der bunten Farben der Ausblühungen, die an die Blumen auf einer *Wiese* erinnern; nach wieder anderer Deutung aus mundartlichem *Wismat* „weißes Ausgegrabenes, weißes Fördergut" (Lüschen)

Wodka ein russischer Branntwein; aus russ. *wodka* „Branntwein", eigentlich „Wässerchen", Verkleinerungsform von *woda* „Wasser"

Wohlverleih eine Heilpflanze, Arnika; die Bedeutung ist nicht geklärt; gegen die Vermutung „Wohl verleihend" (in bezug auf die Heilkraft) sprechen frühnhd. und mhd. Bezeichnungen wie *wulveleie, wolffeleie, wolferleye,* die eine ebenfalls nicht geklärte Anlehnung an „Wolf" nahelegen

Woilach wollene Pferdedecke; aus russ. *woilok* „Filz", altruss. „Pferdedekke", aus turktatar. *oiluk* „etwas zur Bedeckung Dienendes"

Woiwode *früher in Polen, Siebenbürgen u.a.:* gewählter Fürst; *in Polen 1918–1939:* oberster Beamter einer Provinz; poln. *wojewoda* „Anführer", aus poln. *woj* „Soldat" (heute veraltetes Wort) und *wodzic* „führen"

Wolfram chemisches Element; mhd. *ram* bedeutet „Staub, Schmutz, Ruß"; der Name *Wolfram* galt zuerst für das Wolframerz, das heute mit „Wolframit" bezeichnet wird. Bei der Gewinnung von Zinn aus dem Erz haben früher Beimischungen von Wolfram in Form von schweren Steinen das Ausschmelzen des Zinns aus dem Erz behindert, da das Wolfram wegen seiner Schwere das Zinn nicht freigab, sondern mit sich in die Schlacke nahm und damit den Zinnertrag verringerte. Die Bergleute nannten diese unerwünschte Beimischung *Wolfram* „Wolfsdreck" (mhd. *ram* „schmutziger Staub, Ruß"), da sie das Zinn „auffraß" wie ein Wolf

Workshop Seminar, in dem durch Diskussion und praktische Vorführung Kenntnisse vermittelt werden; aus engl. *workshop* „Werkstatt", aus *work* „Arbeit, Werk" und *shop* „Laden, Geschäft" (→ Shop)

wringen meist in der Zus. auswringen: auswinden, drehend ausdrücken; aus engl. *to wring* „winden, pressen, drehen", aus mengl., altengl. *wringen,* dazu ndrl., mnddt. *wringen* „zusammendrehen, -drücken, -pressen u.ä."; nicht verwandt mit *ringen,* obwohl es landschaftliche Formen ohne anlautendes w gibt, sondern zur idg. Wurzel **uergh-* „drehen, winden"

Wrucke, Wruke *nordostdt.:* Kohlrübe, Rapskohl; der Name wurde von einer anderen Pflanze, der *Rauke* (Senfkohl), auf die Kohlrübe übertragen, aus ital. *ruca, ruchetta,* frz. *roquette* „Senfkohl", aus lat. *eruca* „Senfkohl, Rauke", weitere Herkunft unbekannt

Wyandotte eine aus Nordamerika stammende Haushuhnrasse; vielleicht nach dem Indianerstamm der *Wyandots*

X

Xanthippe böse, zanksüchtige Frau; nach *Xanthippe,* der Frau des griechischen Philosophen Sokrates (469–399 v. Chr.), die (wahrscheinlich zu Unrecht) als zanksüchtig galt

Xenie Sinnspruch; kurzes Spottgedicht; aus griech. *xenion* „Gastgeschenk, gastliche Bewirtung", zu *xenos* „Gastfreund"; der römische Dichter Martial (40–102 n. Chr.) nannte das 13. Buch seiner Epigramme *Xenien* „Gastgeschenke", da es hauptsächlich von solchen Gegenständen handelt, die man damals als Gastgeschenke verteilte. Da seine Epigramme meist von beißendem Witz getragen sind, wurde der Titel zur Bezeichnung von Sinnsprüchen und besonders Spottgedichten überhaupt

Xenokratie Fremdherrschaft; aus griech. *xenos* „fremd; Fremder" und *kratein* „herrschen", zu *kratos* „Kraft, Macht, Gewalt"

Xenon chemisches Element; griech. *xenon* „das Fremde"

Xerodermie krankhafte Trockenheit der Haut; aus griech. *xeros* „trocken" und *derma* „Haut"

Xerographie ein Vervielfältigungsverfahren; aus griech. *xeros* „trocken" und *graphein* „schreiben"

Xerophthalmie Austrocknung der Horn- und Bindehaut des Auges, Augendarre; aus griech. *xeros* „trokken" und *ophthalmos* „Auge", weitere Herkunft nicht bekannt

Xerophyt Trockenheit liebende Pflanze; aus griech. *xeros* „trocken" und *phyton* „Pflanze", zu *phyein* „hervorbringen, wachsen lassen"

xerotherm trocken und heiß (Klima); aus griech. *xeros* „trocken" und *thermos* „warm, heiß"

Xylographie Holzschneidekunst; Holzschnitt; aus griech. *xylon* „Holz" und *graphein* „ritzen, einritzen"

Xylophon Musikinstrument, bei dem kleine, horizontal in einem Rahmen befestigte Stäbe aus Holz oder Metall mit Holzhämmerchen angeschlagen werden; aus griech. *xylon* „Holz" und *phone* „Ton, Klang"

Y

Yankee Spitzname für den Amerikaner der nördlichen USA; aus ndrl. *Janke,* Verkleinerungsform von *Jan* (dem dt. „Hänschen, Hansl" entsprechend), als Spottname der holländischen Siedler in New York für die englischen in Connecticut

Ylang-Ylang ein tropischer Baum (Cananga odorata), aus dessen Blüten ein ätherisches Öl (Kanangaöl, Ylang-Ylang-Öl) gewonnen wird; wahrscheinlich aus einer Philippinensprache (Tagalog) in der Bedeutung „Blume der Blumen"

Yoga altindisches philosophisches System zur Selbsterlösung durch Askese und Meditation; Sanskrit *yoga-* „Anspannung", zur Wurzel *yuj-* „anspannen"

Ysop eine südeuropäische Gewürzpflanze; aus lat. *hyssopus, hyssopum,* aus griech. *yssopos,* aus hebr. *esob* in derselben Bedeutung, allerdings meint die biblische Bezeichnung nicht die Pflanze, die wir heute so bezeichnen

Yttererde ein Mineral, aus dem Ytterbium und Yttrium gewonnen werden; nach dem Fundort *Ytterby* bei Stockholm

Z

Zamperl *bayr.:* kleiner Hund; aus ital. *zampa* „Fuß (der Tiere), Pfote, Tatze", vielleicht gekreuzt aus veraltetem volkstüml. *zanca* „Bein" und *gamba* „Bein"

Zantedeschia eine Zimmerpflanze, Kalla; nach dem ital. Botaniker und Physiker Francesco *Zantedeschi* (1773–1846)

Zapfenstreich Signal am Abend, bei dem die Soldaten wieder in der Kaserne sein müssen; eigtl. Streich (= Schlag), mit dem der Wirt am Abend den Zapfen ins Faß schlug, zum Zeichen, daß nun nichts mehr ausgeschenkt wurde und die Gäste nach Hause, die Soldaten in die Kaserne oder in ihre Quartiere gehen sollten. Vom 30jährigen Krieg an wurde zu einer festgesetzten Zeit am Abend ein Signal getrommelt oder geblasen, auf das hin die Marketender oder Gastwirte den Zapfen ins Faß zu schlagen hatten, daher die Wendung *den Zapfenstreich blasen*

zappenduster völlig dunkel; *übertr.:* zu Ende, nichts mehr zu machen, alles aus; wahrscheinlich aus rotw. *Zofon,* jidd. *zophon* „Dunkelheit, Mitternacht", also „dunkel wie um Mitternacht, wie in tiefster Nacht"

Zar *früher in Rußland, Bulgarien, Serbien:* Herrscher; russ. *tsar,* aus altruss. *cesar,* über got. *kaisar* „Kaiser" aus lat. *Caesar,* urspr. Familienname, dann Beiname des Kaisers

Zaster *ugs.:* Geld; aus rotw., zigeuner. *Saster* „Eisen"

Zäsur Einschnitt, Ruhepunkt; aus lat. *caesura* „Einschnitt", eigtl. „das Hauen, Fällen", zu *caedere* „hauen, schlagen, fällen"

Zebra ein afrikanisches Wildpferd; vielleicht aus vulgärlat. *eciferus,* lat. *equiferus* „Wildpferd", aus *equus, ecus* „Pferd" und *ferus* „wild"; nach anderer Deutung aus einer Kongosprache

Zechine alte venezian. Goldmünze; aus ital. *zecchino* „venezian. Golddukaten", zu *zecca* „Münzstätte", verkürzt aus arab. *dār as-sikka* „Münzstätte, Prägeort", zu *sikka* „Münzstempel, Prägestock, Münze"

Zeder ein Nadelbaum; aus lat. *cedrus,* griech. *kedros,* urspr. „Wacholder", dann „Zeder", wohl zur idg. Wurzel **ked-* „räuchern", wegen der Verwendung als Räuchermittel

zedieren abtreten (Anspruch, Forderung); aus lat. *cedere* „zurückweichen, fortgehen, auf etwas verzichten"

Zeidelbär Honig schleckender Bär; zu *zeideln* „Waben aus dem Bienenstock herausschneiden" (*Zeidler* = Imker); ahd. *zîdal-,* mhd. *zîdel-* ist Bestimmungswort in Zusammensetzungen, die mit Bienen zu tun haben, z. B. *zîdelweide* „Waldgebiet zur Bienenzucht"; zur idg. Wurzel **dei-* „glänzen", wobei man wohl an die goldbraun glänzende Farbe des Honigs gedacht hat

Zeisig ein Singvogel; aus poln. *czyz,* tschech. *čižek,* ukrain. *čyž* in derselben Bedeutung, lautmalend nach dem Ruf *tschitschi-tschiwii*

zelebrieren feiern, festlich begehen; aus lat. *celebrare* in derselben Bedeutung, eigtl. „einer Veranstaltung in großer Zahl beiwohnen und sie dadurch beleben, festlich gestalten" zu *celeber* „belebt, zahlreich besucht, viel besprochen und gehört, gefeiert"

Zellulose ein hochmolekulares pflanzliches Kohlenhydrat; aus lat. *cellula* „kleine Zelle", Verkleinerungsform von *cella* „Zelle, Kammer"

Zelot Glaubenseiferer, Fanatiker; aus griech. *zelotes* „Nacheiferer, Bewunderer", dann auch „religiöser Eiferer", zu *zelos* „Eifer, eifriges Streben; Bewunderung", zur idg. Wurzel **dja-* „zu erreichen suchen"

Zelter auf Paßgang abgerichtetes Pferd; aus mhd. *zelter,* aus ahd. *zeltari* in derselben Bedeutung (zu *zelt* „Paßgang"), aus iber. *thieldo* „im Paßgang laufendes astur. Pferd", wahrscheinlich beeinflußt von lat. *tolutarius* „im Paßgang gehend", eigentlich „die Füße hebend", zu *tollere* „aufheben"

Zement ein Baustoff; aus mhd. *zimente, zement* „Mörtel", aus lat. *caementum* „Bruchstein, Mauerstein", zu *caedere* „hauen, schlagen"

Zenit der senkrecht über dem Beobachter liegende Punkt der Himmelskugel, Scheitelpunkt; aus ital. *zenit,* aus arab. *samt* „Weg, Straße, Richtung", eigentlich *samt ar-ra*ᵓ*s* „Richtung des Kopfes, Scheitelpunkt"; durch Schreibfehler und falsche Lesarten wurde in mittellat. Texten aus *samt cemt* bzw. *zemt* und dieses zu *cenit* bzw. *zenit*

Zenotaph leeres Grabmal zum Gedenken an einen woanders bestatteten Toten; aus griech. *kenotaphion* in derselben Bedeutung, aus *kenos* „leer" und *taphos* „Grab"

Zensur Prüfung; Bewertungsnote; aus lat. *censura* „Prüfung, Begutachtung, Kritik", zu *censere* „prüfen, begutachten, schätzen"

Zentaur Fabelwesen mit Menschenkopf und -brust und Pferdeleib; aus griech. *Kentauros,* Pl. *Kentauroi,* dem Namen eines wilden Volksstammes in den Bergen und Wäldern Thessaliens, nach der Sage Söhne des Ixion und der Nephele, einer von Zeus geformten Wolkengestalt; bei Homer noch menschengestaltig, später halb Mensch, halb Pferd; der Ursprung des Namens ist nicht geklärt; die Anlehnung an griech. *kentein* „spornen, stacheln" (wegen des Pferdeleibes) ist nur sekundär, da die Zentauren in der Sage ursprünglich eben keine Pferdmenschen waren

Zentenarium Hundertjahrfeier; aus lat. *centenarius* „hundert enthaltend, aus hundert bestehend", zu *centenus* „hundertmalig, hundertmal vorhanden" sowie *centeni* (Pl.) „je hundert", zu *centum* „hundert"

Zentifolie eine Rosenart mit dicht gefüllten Blüten; aus lat. *rosa centifolia* „hundertblättrige Rose", aus *centum* „hundert" und *folium* „Blatt"

Zentner Maßeinheit, 100 Pfund; aus lat. *centenarium* „Hundertpfundgewicht", zu *centenus* „hundertmal vorhanden", zu *centum* „hundert"

zentralisieren im Mittelpunkt vereinigen; über frz. *centraliser* aus lat. *centralis* „in der Mitte befindlich", zu *centrum,* → Zentrum

zentrifugal vom Mittelpunkt wegstrebend; aus → *Zentrum* und lat. *fugere* „fliehen"

zentripetal zum Mittelpunkt strebend; aus → *Zentrum* und lat. *petere* „nach etwas streben, verlangen"

Zentrum Mitte, Mittelpunkt; lat. *centrum* „Mittelpunkt (des Kreises)", eigtl. „Schenkel des Zirkels, um den sich der andere Schenkel dreht, Stachel", aus griech. *kentron* „Stachel, Mittelpunkt", zu *kentein* „stechen, durchbohren"

Zeolith ein Mineral; aus griech. *zeon* „siedend, kochend" (zu *zein* „sieden, kochen") und *lithos* „Stein", da es beim Schmelzen schäumt

Zephir warmer Westwind; aus griech. *zephyros* „Westwind", vielleicht zu *zophos* „Dunkel, Schattenreich; Abend, Westen"

Zepter Herrscherstab; aus lat. *sceptrum* „Herrscherstab", aus griech. *skeptron* „Stab, Stock (Wander-, Bettelstab); Herrscherstab", zu *skeptein* „fest aufstemmen, stützen"

Zerealien Feldfrüchte, bes. Getreide; aus lat. *cerealis* „zum Ackerbau, Getreide gehörig", zu *ceres* „Saat, Getreide, Ackerfrucht, Brot", eigtl. „Gaben der Ceres", zu *Ceres,* der röm. Göttin des Ackerbaus und der Fruchtbarkeit

Zerebellum Kleinhirn; aus lat. *cerebellum* „kleines Gehirn", Verkleinerungsform von *cerebrum* „Gehirn", → Zerebrum

Zerebrum Großhirn; aus lat. *cerebrum* „Gehirn", über **keras-rom* zur idg. Wurzel **ker-* „Spitze, Oberstes am Körper, Kopf, Horn"

Zeremonie feierliche, an bestimmte Regeln gebundene Handlung; aus lat. *ceremonia* „Heiligkeit, heilige Handlung, religiöser Brauch", weitere Herkunft nicht bekannt, vielleicht aus dem Etruskischen

Zeroplastik Wachsbildnerei, Wachsbildwerk; aus lat. *cera,* griech. *keros* „Wachs" und → *Plastik*

Zertifikat amtliche Bescheinigung; aus kirchenlat. *certificare* „vergewissern", aus *certus* „sicher" und *facere* (in Zus. *-ficare,* Intensivum zu *-ficere*) „machen"

Zervelatwurst Hartwurst, Dauerwurst; aus ital. *cervellata* „Hirnwurst", zu *cervello* „Gehirn", aus lat. *cerebellum* „kleines Gehirn", → Zerebellum

Zession das Abtreten einer Forderung an einen Dritten; aus lat. *cessio,* Gen. *-onis,* „Abtretung, Übergabe", zu *cedere* „zurückweichen, auf etwas verzichten"

Zeugma Stilfigur, bei der ein Satzteil, meist das Prädikat, nur einmal gesetzt wird, obwohl er zweimal stehen müßte; aus griech. *zeugma* „Zusammengefügtes, Verbindung, Joch, Brücke", zu *zeugnynai* „anschirren, anbinden, fesseln", zur idg. Wurzel **jeug-*, **jug-* „anschirren, verbinden"

Zibebe *südostdeutsch:* Rosine; aus ital. (sizilian.) *zibibbo* „bestimmte, sehr süße Rebsorte", aus arab. *zabīb* „getrocknete Weinbeeren"

Zibetkatze eine Schleichkatze, die aus ihrer Afterdrüse ein stark riechendes, schaumähnliches Sekret, den *Zibet,* absondert; aus ital. *zibetto* „Zibetkatze, Zibet", über mittellat. *zibethum* aus arab. *zabād* „Schaum"

Ziborium Hostienkelch; Baldachin über dem Altar; die Herkunft ist unsicher, vielleicht aus lat. *ciborium* „Trinkbecher", aus griech. *kiborion* „Fruchtgehäuse einer ägyptischen Pflanze" (das als Trinkbecher benutzt wurde), vielleicht auch zu lat. *cibus* „Speise"

Zichorie Wegwarte; aus deren Wurzel gewonnener Kaffeezusatz; aus lat. *cichorium,* griech. *kichoreion* „Wegwarte", weitere Herkunft unbekannt

Zider Obstwein, bes. Apfelwein; aus frz. *cidre,* ital. *sidro,* aus lat. *sicera,* griech. *sikera* „berauschendes Getränk", aus hebr. *šēkār* „berauschendes Getränk aus Obst und Honig", zu *šākar* „sich berauschen, betrinken"

Zieche *süddt.-österr.:* Überzug, z.B. Bettüberzug; aus mhd. *ziech, zieche* „Bettdecke, Kissenüberzug, Sack", über das Roman. aus lat. *theca* „Hülle, Scheide, Decke", aus griech. *theke* „Behälter"

Ziffer Zahlzeichen; aus altfrz., mlat. *cifra,* aus arab. *ṣifr* „Null", zu *ṣafira* „leer sein"

Zigarette mit feingeschnittenem Tabak gefülltes Papierröhrchen; aus frz. *cigarette* in ders. Bed., Verkleinerungsform von *cigar* „Zigarre"

Zigarre fest zusammengerollte Tabakblätter; aus frz. *cigar,* aus span. *cigarro* in ders. Bed., aus Maya (in Yucatan) *zicar, ziqar* „kleine Rolle aus Tabakblättern"

Zigeuner Angehöriger eines weitverbreiteten Wandervolkes; die Herkunft des Namens ist nicht ganz sicher, man leitet ihn heute von den *Athinganern* ab, einer Sekte im Byzantinischen Reich, aus mgriech. *Athigganoi* (gg gesprochen wie ng) „die Unberührbaren", aus *a-* „nicht" und *thigganein* „berühren"; die Mitglieder dieser Sekte hatten ihren Namen wegen ihrer strengen rituellen Reinheitsgebote bekommen. Der Name ging dann auf die Zigeuner über, da man bei ihnen gewisse ähnliche Gebräuche beobachtete, und als sie nach Europa einwanderten, bürgerte er sich auch hier ein. Das anlautende a wurde allmählich verschliffen, der inlautende Nasal hat sich in ital. *zingani* und in einigen anderen Sprachen erhalten, im Deutschen ging er verloren. Die Zigeuner selbst bezeichnen sich als Rom „Mensch(en)"

Zikade ein Insekt; aus lat. *cicada,* verwandt mit griech. *tettix,* Gen. *tettigos* „Baumgrille, Zikade", aus einer unbekannten mittelmeerischen Sprache entlehnt, vielleicht auch nur lautmalend nach dem scharfen Zirpen

Zikkurat *in der babylon., sumer., assyr. Baukunst:* turmartiger, stufenförmiger Tempel; aus akkad. *ziqqurratu* „Spitze, Gipfel, Tempelturm", zu *zaqru* „hoch", zum Verbstamm *zqr* „hoch sein"

Ziliaten Wimpertierchen; aus lat. *ci-*

lium „Augenlid", auch „Augenbraue, Augenwimper", zu *celere* „verbergen"

Zimelium Kleinod, wertvoller Gegenstand; aus griech. *keimelion* „Liegenschaft, Schatz, Kostbarkeit, Kleinod", zu *keisthai* „liegen"

Zimier Helmschmuck; aus frz. *cimier* „Helmschmuck", zu *cime* „Gipfel", aus griech. *kyma* „Welle, Flut, Brandung", eigentlich „das Schwellende", zu *kyein* „schwanger sein"

Zimt ein aus der Rinde des Zimtbaumes auf Ceylon gewonnenes Gewürz; aus mhd. *zimet, zinemin,* aus lat. *cinnamum,* aus griech. *kinnamon,* aus hebr. *qinnamon* in derselben Bedeutung; vielleicht besteht ein Zusammenhang mit dem Namen einer ind. Gewürzpflanze, griech. *anomon;* die Deutung aus malai. *kayumanis* (*kayu* „Holz" und *manis* „süß", also „Süßholz") ist unzutreffend, da Süßholz mit dem Zimtbaum nichts zu tun hat

Zinerarie eine Zimmerpflanze, Aschenblume; aus lat. *cinerarius* „Aschen-", zu *cinis,* Gen. *cineris,* „Asche"; die Pflanze wird häufig von Läusen befallen und sieht dann aus wie mit Asche bedeckt

Zink chemisches Element; von Paracelsus *zincum* benannt, er übernahm die Bezeichnung von Kärntner Bergleuten; der Name ist nicht geklärt, man vermutet eine Anlehnung an *Zinken* „Zacke", weil sich im Schmelzofen davon Zacken an den Wänden absetzen

Zinn chemisches Element; aus ahd. *zin,* entweder aus altnord., skand. *tin, ten,* aus germ. **tina,* zur idg. Wurzel **dei-* „glänzen", oder aus got. *tains,* aus germ. **taina* „Stab", da man in der Schweiz in bronzezeitlichen Pfahlbauten wie auch in Schweden und Jütland in Baumsärgen eingeschlagene Zinnstifte oder -stäbe fand

Zinnie eine Zierpflanze; nach dem Arzt und Botaniker Johann Gottfried *Zinn* (1727–1759)

Zinnober ein Mineral; rote Farbe; aus lat. *cinnabaris,* aus griech. *kinnabari* „Drachenblut" (Malerfarbe), vielleicht aus dem Persischen

Zins Abgabe, Steuer, Miete, Pacht; über mhd., ahd. *zins* „Steuer, Abgabe" aus lat. *census,* urspr. „Schätzung der Vermögensverhältnisse", dann „das für diese Schätzung anzugebende Vermögen sowie die Steuer, Abgabe dafür", zu *censere* „prüfen, schätzen"

Zionismus Bewegung zur Aufrichtung und Sicherung eines nationalen jüd. Staates; zu *Zion,* der biblischen Bezeichnung für Jerusalem, nach dem Berg *Zion* in Jerusalem, der den Tempel trug

zirka ungefähr, etwa; aus lat. *circa* „ringsumher, in der Umgebung, in der Nähe", übertr. „um, gegen, ungefähr", zu *circus* „Kreis"

Zirkel Gerät zum Zeichnen von Kreisen; aus lat. *circulus* „Kreis, Kreislinie, -bahn", Verkleinerungsform von *circus* „Kreis"

Zirkonium chemisches Element; Ableitung von *Zirkon,* einem (Zirkonium enthaltenden) Mineral, aus frz. *jargon* „gelblicher Diamant", über das Ital. aus altfrz. *jargonce,* aus mlat. *iacinctus, iacintus,* aus griech. *hyakinthos,* der Bezeichnung für eine Blume sowie mehrere Korunde verschiedener Färbung (nach Lüschen), → Hyazinthe

zirkulieren in Umlauf sein, kreisen; aus lat. *circulare* „kreisförmig machen", *circulari* „einen Kreis, eine Gruppe bilden", zu *circulus* „Kreislinie, Kreisbahn, Kreis", zu *circus* „Kreis"

Zirkumflex Dehnungszeichen über einem Vokal; aus lat. *circumflexus* „umgebogen", zu *circumflectere* „umbiegen", aus *circum* „um" und *flectere* „biegen, krümmen"

Zirkumskription Umschreibung, Abgrenzung, Grenzlinie; aus lat. *circumscriptio,* Gen. *-onis,* „Begrenzung, Umriß", eigtl. „Beschreibung eines Kreises", aus *circum* „ringsum" (zu *circus* „Kreis") und *scribere* „schreiben"

Zirkus Unternehmen sowie Gebäude für Tierdressuren, artistische und andere Darbietungen; aus lat. *circus* „Kreis, Bahn für Wagen- und andere Rennen"

Zirrhose entzündliche Bindegewebswucherung, die auch Drüsengewebe angreift; aus griech. *kirros* „gelbbraun, rotgelb“, wegen der gelblichen Farbe körniger Verhärtungen des Gewebes

Zirruswolke Federwolke; aus lat. *cirrus* „Haarlocke, Federbüschel, Fransen“, weitere Herkunft unsicher

ziselieren mittels Stichel oder Punze verzieren; aus frz. *ciseler* in derselben Bedeutung sowie „nachgravieren, ausmeißeln“, zu *ciseau* „Meißel, Schere“, aus lat. *caedere* „hauen, schneiden“

Zissalien schlecht geprägte Münzen, die wieder eingeschmolzen werden; aus frz. *cisaille(s)* „Abgeschnittenes, Schnitzel von Münzen“, zu *ciseau* „Meißel, Schere“, aus lat. *caedere* „hauen, schneiden“

Zisterne gemauerter Behälter für Regenwasser; aus lat. *cisterna* in derselben Bedeutung, zu *cista* „Kiste, Kasten“, aus griech. *kiste* „Korb, Kasten“

Zitadelle Befestigungsanlage in einer Stadt, Kernbau einer Festung; aus ital. *citadella* „Stadtfestung, Stadtburg“, Verkleinerungsform von *cittade,* der älteren Form von *città* „Stadt“, aus lat. *civitas,* Gen. *-atis,* „Stadt, Gemeinde, Bürgerschaft“, zu *civis* „Bürger“

Zitat wörtlich angeführte Stelle aus einem Buch; oft gebrauchter Ausspruch; aus lat. *citatus* „herbei-, aufgerufen“, zu *citare* „herbei-, aufrufen“, Frequentativum von *ciere* „erregen, rege machen, herbeirufen“

Zither ein Zupfinstrument; aus griech. *kithara* „große Leier“, ursprünglich mit vier, später mit sieben bis neun Saiten, weitere Herkunft nicht bekannt

Zitrone eine Zitrusfrucht; aus lat. *citrus* 1. „Zitronenbaum“, 2. „afrikan. Nadelbaum mit wohlriechendem Holz“; in der ersten Bedeutung aus griech. *kitron* „Zitrone“, *kitrea* „Zitronenbaum“, in der zweiten Bedeutung aus griech. *kedros* „Zeder“

zivil bürgerlich, nichtmilitärisch; aus lat. *civilis* „bürgerlich, zum Bürger gehörig“, zu *civis* „Bürger“ (im Unterschied zum Soldaten)

zivilisieren mit den Mitteln der Technik und Wissenschaft verfeinern; aus frz. *civiliser* „bürgerlich, gesittet machen“, zu *civil* „bürgerlich, gesittet“, aus lat. *civilis* „bürgerlich“, →zivil

Zloty polnische Währungseinheit, 100 Groszy; poln., „golden“

Zobel ein Marder; aus russ., tschech. *sobol,* vielleicht zu Sanskrit *sabala-* „bunt, scheckig“

Zodiakus Tierkreis; aus griech. *zodiakos* „Tierkreis“, zu *zodion* „Tierchen, Bild des Tierkreises“, Verkleinerungsform von *zoon* „Tier“

Zoff Streit, Ärger, Unfrieden; aus rotw. *Sof, Zoof* „Ende (einer Sache)“, von daher auch im Sinne von „Ende einer Freundschaft oder Beziehung“, vielleicht aus hebr. *sōf* „Ende“

Zölestin ein hell- oder graublaues, perlmutterglänzendes Mineral; aus lat. *caelestis, coelestis, coelestinus* „himmlisch“, zu *caelum* „Himmel“, wegen der Farbe

Zölibat vorgeschriebene Ehelosigkeit der kath. Geistlichen; aus lat. *caelibatus* „eheloser Stand (eines Mannes), Ehelosigkeit“, zu *caelebs,* Gen. *caelibis,* „unverheiratet“, wahrscheinlich über Sanskrit *kevala* „allein, vollständig, ausschließlich eigen, nur“ aus idg. **qaiuelo* „jmdm. ausschließlich eigen, allein“ und idg. **libh* „lebend“

Zömeterium Friedhof, Katakombe; aus mittellat. *coemeterium* „Friedhof“, aus griech. *koimeterion* „Schlafzimmer, Ruhestätte, Grab“, zu *koiman* „zur Ruhe legen“, zu *keisthai* „liegen“

Zönakel *in Klöstern:* Speisesaal; aus lat. *cenaculum* „Speisezimmer“, zu *cenare* „(zu Mittag) essen“, zu *cena,* altlat. *cesnas* „Hauptmahlzeit, Mittagessen“, aus idg. **qert-s-na* „Portion“, zur Wurzel **qert-* „schneiden“

Zone Gebiet, Landstreifen, Gegend, Bezirk; aus griech. *zone* „Gürtel“, übertr. „Erdgürtel, Gebiet“

Zönobit im Kloster lebender Mönch; aus lat. *coenobita* „Klosterbruder, Mönch“, zu *coenobium,* →Zönobium

Zönobium Kloster; aus lat. *coenobium* „Kloster“, über griech. **koinobion* aus *koinos* „gemeinsam“ (vielleicht zu idg. **kom* „zusammen“) und *bios* „Leben“

Zoolith tierische Versteinerung; aus griech. *zoon* „Lebewesen, bes. Tier“ und *lithos* „Stein“

Zoologie Lehre von den Tieren, Tierkunde; aus griech. *zoon* „Lebewesen, bes. Tier" und *logos* „Wort, Lehre, Kunde", zu *legein* „sagen, sprechen, erklären"

Zoom stufenlos verstellbares fotografisches Objektiv, Gummilinse; aus engl. *zoom-lens* „Gummilinse", zu *to zoom* „hochreißen, schnell ansteigen, steil hochfliegen", eigtl. „summen, brummen"; der Bedeutungswandel ist wohl so zu erklären, daß die übertr. Bedeutung „hochfliegen, steil ansteigen" im Gedanken an ein rasch nach oben fliegendes, summendes Insekt entstanden ist, und die Übertragung auf das Objektiv, weil man bei ihm die Brennweite rasch und gleitend vergrößern (und verkleinern) kann

Zoonose von Tieren auf Menschen übertragbare Infektionskrankheit; aus griech. *zoon* „Lebewesen, bes. Tier" und *nosos* „Krankheit, Seuche"

Zoophagen fleischfressende Tiere und Pflanzen; aus griech. *zoon* „Lebewesen" und *phagos* „Esser, Fresser", zu *phagein* „essen"

Zores Ärger, Bedrängnis, *südwestdt.:* Durcheinander; aus hebr. *ṣārōth* „Nöte", zu *ṣārā* „Not"

Zote unanständige Bemerkung, schmutziger Witz; aus ital. *zotico* „ungeschliffen, grob und dumm", frz. *sot* „dumm", aus hebr. *šōṭê* „dumm, töricht"

Zucker aus bestimmten Pflanzen gewonnenes, feinkörniges, süß schmeckendes Nahrungsmittel; aus ital. *zucchero,* aus mlat. *succarum,* aus arab. *sukkar,* pers. *šakar,* über mittelind. *sakkhara-* aus Sanskrit *śarkarā* „Kies, Sand, gemahlener Zucker" (daraus auch griech. *sakchar,* → Saccharin)

Zyklamen Alpenveilchen; aus lat. *cyclamen,* aus griech. *kyklaminos,* zu *kykloma* „runder Gegenstand, Rundung", zu *kyklos* „Kreis", wegen der runden Wurzelknolle

Zyklon Wirbelsturm; aus griech. *kykloun* „im Kreis drehen" und *kyklon* „Kreise drehend", zu *kyklos* „Kreis, Ring"

Zyklop *griech. Myth.:* einäugiger Riese; aus griech. *kyklops,* Gen. *kyklopos,* in derselben Bedeutung, eigentlich „Rundauge", aus *kyklos* „Kreis, Ring, Scheibe" und *ops,* Gen. *opos,* „Auge"

zyklothym gesellig, aufgeschlossen, rasch die Stimmung wechselnd; aus griech. *kyklos* „Kreis, Bewegung im Kreis" und *thymos* „Gemütsbewegung"

Zyklotron Beschleuniger für geladene Elementarteilchen, bei dem diese auf spiralförmigen Bahnen auf sehr hohe Energien beschleunigt werden; aus → *Zyklus* und → *Elektron*

Zyklus Kreis, Kreislauf; zusammengehörige Folge; aus spätlat. *cyclus* aus griech. *kyklos* „Kreis, Kreislauf"

Zylinder röhrenförmiger Körper und Herrenhut; aus griech. *kylindros* „Walze, Rolle", zu *kylindein* „wälzen, rollen"

Zymbal Schlaginstrument, Vorläufer des Beckens; Glockenspiel; aus lat. *cymbalum* „Becken", aus griech. *kymbalon* „Metallbecken", zu *kymbalos* „Wölbung, Kuppe des Helms", zu *kymbe* „Topf, Schale" sowie *kymbos* „Trinkgefäß, Schale"

Zymologie Lehre von der Gärung; aus → *Zyma* und griech. *logos* „Wort, Lehre, Kunde", zu *legein* „sagen, sprechen, erklären"

Zynegetik Kunst, Hunde zu dressieren; aus griech. *kynegetike* „Jägerei", eigentlich „Kunst, Hunde (zur Jagd) zu führen", aus *kyon,* Gen. *kynos,* „Hund" und *hegeisthai* „führen"

Zynismus verletzender, bissiger, pietätloser Spott; nach dem *Kynosarges,* dem Gymnasium bei Athen am Fuß des Lykabettos, in dem Antisthenes (um 440 bis 366 v. Chr.) lehrte; seine Anhänger wurden *Kyniker* genannt, wohl zugleich auch mit Beziehung auf *kyon,* Gen. *kynos,* „Hund" (*kynikos* „hündisch, nach Hundeart"), da die *Kyniker* ein Leben völliger Bedürfnislosigkeit und Selbstgenügsamkeit führten, das von Außenstehenden als „hündisch" empfunden wurde; später, unter Diogenes von Sinope, dem Schüler des Antisthenes, nahm diese Lebensweise immer krassere Formen an, und da Diogenes mit seiner Lehre oft Spott erntete und darauf selbst mit beißendem Spott antwortete, erhielt die Bezeichnung den Sinn von „beißend höhnisch" und schließlich auch von „schamlos" oder „unverschämt"

Zypresse ein Nadelbaum bes. der Mittelmeerländer; aus lat. *cupressus,* aus griech. *kyparissos,* weitere Herkunft unbekannt

Zyste mit Flüssigkeit gefüllte Geschwulst; aus griech. *kystis* „Blase, bes. Harnblase"

Zystoskop Gerät zum Untersuchen der Harnblase, Blasenspiegel; aus → *Zyste* und griech. *skopein* „sehen, betrachten, untersuchen"

Zytoblast Zellkern; aus neulat. *cytus* „Zelle", aus griech. *kytos* „Wölbung, Hohlraum, Rumpf, Leib" und *blaste, blastos* „Keim, Sproß"

Zytologie Lehre von den Zellen; aus neulat. *cytus* „Zelle", aus griech. *kytos* „Wölbung, Hohlraum, Rumpf, Leib" und *logos* „Wort, Lehre, Kunde", zu *legein* „sagen, sprechen, erklären"